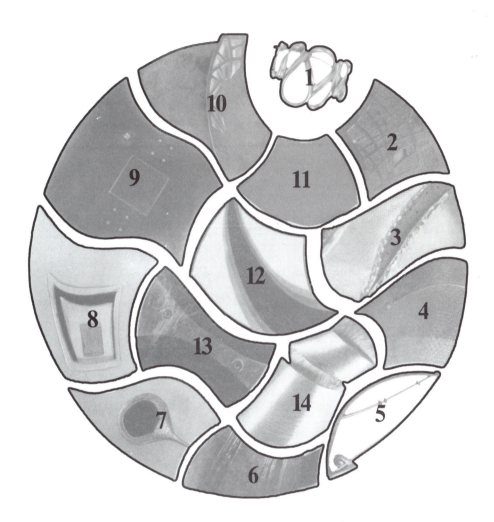

Der Goldtschmid.

Ich Goldtschmid mach köſtliche ding/
Sigel vnd gülden petſchafft Ring/
Köſtlich geheng vnd Kleinot rein
Verſetzet mit Edlem geſtein/
Güldin Ketten/ Halß vnd Arm band/
Scheuren vnd Becher mancher hand/
Auch von Silber Schüſſel vnd Schaln/
Wer mirs gutwillig thut bezaln.

PROF. DR. ERHARD BREPOHL

THEORIE UND PRAXIS DES GOLDSCHMIEDS

14. Auflage

Mit 648 Bildern, 52 Tabellen
und einem Farbteil

FACHBUCHVERLAG LEIPZIG
im Carl Hanser Verlag

Die Deutsche Bibliothek – CIP-Einheitsaufnahme

Ein Titeldatensatz für diese Publikation
ist bei Der Deutschen Bibliothek erhältlich

ISBN 3-446-21389-9

Fachbuchverlag Leipzig im Carl Hanser Verlag
© 2000 Carl Hanser Verlag München Wien
http://www.fachbuch-leipzig.hanser.de
Druck und Bindung: Druckerei zu Altenburg GmbH
Printed in Germany

Vorwort

Seit der Erstauflage dieses Buches im Jahre 1962 ist »*der Brepohl*« zum Standardlehrbuch für die Ausbildung der Goldschmiede und zum allgemeinen Nachschlagewerk in der täglichen Werkstattpraxis geworden.

Die vorliegende Auflage soll wieder Grundlage für die Berufsausbildung der Goldschmiede, Schmuckgürtler, Schmucksteinfasser, Silberschmiede und Graveure sein, und für Meisterprüfungsaspiranten und die Studenten der Hoch- und Fachschulen ein Leitfaden zur Ausbildung. Schließlich wird der interessierte Laie aus dem Buch viele Anregungen für seine Hobbytätigkeit und Informationen über die Arbeitsweise des Goldschmieds bekommen können.

Nachdem neun Auflagen in deutscher Sprache und vier in russischer Sprache erschienen waren, vereinbarten der Verlag und der Autor im Jahre 1987 eine völlige Neubearbeitung. Das neue Manuskript war gerade fertig, da kam am 9. November 1989 der Fall der Mauer, und endlich konnte das, was zusammengehörte, wieder zusammenwachsen.

Jetzt wurde meine Post nicht mehr kontrolliert, ich konnte mich umfassend über den aktuellen Stand von Wissenschaft und Technik informieren und bekam entsprechendes Bildmaterial. Viele freundliche Kollegen haben mir dabei geholfen.

So konnte ich nunmehr mein ganzes Text- und Bildmanuskript völlig umgestalten und 1994 mit der 10. Auflage ein völlig neues Buch vorlegen, das sich auch äußerlich durch den neugestalteten Einband deutlich vom bisherigen Erscheinungsbild unterschied. Das Buch, das von Anfang an in beiden deutschen Staaten verbreitet war, wurde nun zum »gesamtdeutschen« Goldschmiedelehrbuch.

Vieles wurde verändert und erneuert, Bewährtes wurde beibehalten. Geblieben sind:
- der Grundaufbau des Buches von den Werkstoffen über die Halbzeugvorbereitung bis zur abschließenden Oberflächenbearbeitung der Fertigerzeugnisse,
- die enge Verknüpfung wissenschaftlicher Erkenntnisse mit der praktischen Arbeit, indem jedes Problem unter beiden Aspekten betrachtet wird,
- das Bemühen, die theoretischen Zusammenhänge möglichst verständlich darzustellen, ohne dabei die Wissenschaftlichkeit zu vernachlässigen.

Die Kapitel über *Metallkunde* und *Galvanotechnik* wurden ganz neu geschrieben. Zur Abrundung und Ergänzung des bisherigen Stoffes wurden folgende Gebiete zusätzlich aufgenommen: Legierungsrechnen, nichtmetallische Werkstoffe, Silberschmiedearbeiten, industrielle Umformung mit Maschinenwerkzeugen, Kettenherstellung, Jagdschmuck, Mechaniken von Ohrschmuck und Manschettenknöpfen, Reparaturarbeiten u. a. m.

In die 13. Auflage hatte ich noch eine umfassende Anleitung zum *Fassen von Juwelen* aufgenommen, und ich hoffe, daß ich nun nichts Wesentliches vergessen habe!

Die *Metallegierungen* und die *Rezepturen* der Chemikalien wurden entweder von mir selbst ausprobiert oder nach Hinweisen von erfahrenen, zuverlässigen Kollegen übernommen.

Wenn nicht anders angegeben, sind die Mengenverhältnisse (Prozente oder Mischungsteile) nicht auf Volumina, sondern immer auf Massen bezogen.

Auch in der vorliegenden Auflage ist es aus Umfangsgründen nicht möglich, wichtige gestalterisch-künstlerische Aspekte der Schmuckherstellung in gebührender Weise zu berücksichtigen. Um zu demonstrieren, was man mit den verschiedenen Arbeitstechniken machen kann, werden zahlreiche gestalterisch und technisch erstklassige Anwendungsbeispiele – einige auch farbig – im Bild vorgestellt. Da kein Schmuckstück nur in einer einzigen Technik hergestellt werden kann, sind die abgebildeten Schmuckstücke auch Beispiele der Komplexität der Arbeitstechniken, haben also auch über das jeweilige Kapitel hinaus Gültigkeit.

In den Farbteil habe ich einige Arbeiten aus den Werkstätten *Schullin & Seitner,* Wien, und *Helfried Kodré*, Wien, aufgenommen, weil ich diese Arbeiten wegen der hervorragenden Gestaltung und der hohen handwerklichen Qualität besonders schätze. Allen Kollegen und Freunden sei für die Bereitstellung der Fotos gedankt.

In den letzten 10 Jahren passierte es mir in den alten Bundesländern häufig, daß mich Kollegen erstaunt ansprachen: »Ich habe doch vor Jahrzehnten nach Ihrem Buch meine Meisterprüfung gemacht – und Sie leben noch?«. Viele Kollegen haben inzwischen ihre abgenutzte Ausgabe des alten »*Brepohl*« gegen eine Neuauflage ausgetauscht.

So ist es für mich eine besondere Freude, daß dieses Buch mit der Vollendung meines 70. Lebensjahres in 14. Auflage auch im neuen Jahrtausend weitergeführt wird. Es war für mich sehr beruhigend, daß mich viele Kollegen beraten und den Text kritisch durchgesehen haben.

Dafür bedanke ich mich besonders bei den Kollegen:

Prof. Friedrich Becker (Düsseldorf), den wir alle nicht vergessen werden, den Goldschmiedemeistern *Reinhold Bothner* (Pforzheim), *Jochen Kaiser* (Erfurt), *Siegfried Kapp* (Bad Dürrenberg), *Bruno Kawecki* (Dessau), *Artur Kieck* (Wolfen), *Siegfried Meyer* (Freiberg), *Claus Winkelmann* (Wernigerode) und *Uwe Wrabetz* (Haldensleben) sowie Dipl.-Ing. *Volkmar Rössinger* (Arnstadt) und den Galvaniseuren *Strohbach sen.* und *jun.* (Dresden).

Vier Jahrzehnte lang wurde meine Arbeit von vielen Mitarbeitern des Fachbuchverlages Leipzig begleitet, dankbar denke ich an *Gerhard Lehmann,* der es riskierte, mit einem 28jährigen Goldschmied einen Vertrag abzuschließen, und ich bedanke mich heute ausdrücklich bei *Jochen Horn,* der mit großem persönlichen Einsatz dafür gesorgt hat, daß die Neufassung dieses Buches realisiert werden konnte.

Kritische Hinweise zur vorliegenden Ausgabe werden gern entgegengenommen.

Bad Doberan, Januar 2000 *Erhard Brepohl*

Inhaltsverzeichnis

0   Historische Einleitung

Man findet in der kunsthistorischen Literatur immer wieder die gleichen prominenten Goldschmiedearbeiten. Deshalb sollen hier in zwangloser Auswahl einige weniger bekannte Beispiele gezeigt werden, bei denen neben der gestalterischen Qualität die handwerkliche Ausführung besonders bemerkenswert ist. Da die Goldschmiedetechniken über die Jahrhunderte hinweg prinzipiell gleichgeblieben sind, bilden die Schmuckstücke der Vergangenheit auch Anwendungsbeispiele für die hier behandelten Herstellungsverfahren.

Man sollte nicht nur die Pretiosen in den berühmten Schatzkammern bewundern, es lohnt sich, auch in Dorfkirchen und Heimatmuseen nach Werken der Goldschmiede vergangener Zeiten zu suchen (Bilder 0.1 bis 0.22).

Die Geschichte des Schmucks kann man bis weit in die Vorgeschichte zurückverfolgen. Schon vor mehr als 20 000 Jahren wurden kaum bearbeitete Naturprodukte zu dem verwendet, was wir heute als »Körperschmuck« bezeichnen. Vielleicht spielten dabei schon Gesichtspunkte der Schönheit, der Freude am Schmücken eine Rolle, aber im harten Kampf ums Überleben, der Auseinandersetzung mit den Naturkräften, mußte man sich auf das »zum Leben Notwendige« beschränken, und deshalb hatte das, was wir heute als Schmuck bezeichnen, gemäß der Vorstellungswelt jener Zeit seine eigene, im wörtlichen Sinne »lebensnotwendige« Funktion:

– Ketten aus Knochen, Zähnen und Krallen der Beutetiere brauchte man als Jagdzauber.

– Amulette dienten dem Schutz des Körpers vor den unerklärlichen Naturkräften und sollten die bösen Geister vertreiben.

Fertigkeiten und Erfahrungen, die bei der Werkzeugherstellung erworben worden waren, wurden genutzt, um Knochen, Bernstein und Stein mit gravierten Motiven zu verzieren und um aus diesen Werkstoffen sogar plastische Formen zu gestalten. Als die Menschen vor etwa 6000 Jahren lernten, Metall zu bearbeiten, erhöhte sich die Produktivität der Arbeit wesentlich. Mit der entstehenden Arbeits-

teilung in Viehzüchter, Bauern und Handwerker wurde es möglich, daß der einzelne mehr erzeugte, als er selbst verbrauchte. Die Notwendigkeit gemeinsamer Produktion war nicht mehr gegeben.

Alles, was aus Metall anzufertigen war, produzierte der Schmied: Werkzeuge, Waffen und auch Schmuck. Mit der immer weitergehenden Verfeinerung der Methoden der Metallbearbeitung und der wachsenden Vielfalt handwerklicher Verfahren kam es zur größer werdenden Spezialisierung der Metallhandwerker, und in diesem Prozeß entwickelte sich allmählich der Goldschmied, der sich speziell mit Schmuckstücken und edlem Ziergerät aus Gold, Silber, Kupfer, Bronze und Eisen befaßte.

Da sich dieser Spezialisierungsprozeß über einen langen Zeitraum erstreckte und in den verschiedenen Kulturkreisen zu unterschiedlichen Zeiten ablief, kann man nicht sagen, seit wann es Goldschmiede gab.

In der frühen Eisenzeit, also vor etwa 3000 Jahren, waren die Produktivkräfte so weit entwickelt, daß die Erzeugung eines Mehrprodukts möglich wurde und daß es sich lohnte, die Kriegsgefangenen am Leben zu lassen und sie als Sklaven für bevorzugte Stammesangehörige arbeiten zu lassen. Es entwickelten sich die ersten frühgeschichtlichen Hochkulturen im Mittelmeerraum.

Da die Angehörigen der Oberschicht ihre gesellschaftliche Stellung auch äußerlich demonstrieren wollten, wurde ihre Kleidung prunkvoller, und sie unterstrichen ihre Position mit kostbarem Schmuck. So bekam der Schmuck nun eine wichtige, neue Funktion als Abzeichen der Herrscherwürde; die magische Funktion blieb daneben unverändert erhalten.

Die Angehörigen der gesellschaftlichen Oberschicht auf den verschiedenen Ebenen wurden die Hauptauftraggeber der Goldschmiede. Mit ihren Aufträgen sicherten sie die materielle Existenz dieser Handwerker, bestimmten mit ihren Wünschen aber auch Inhalt und Form des entstehenden Schmucks und Edelmetallgeräts.

In den Kulturkreisen des Alten Orients in Vorderasien und in *Ägypten* entwickelte sich das Goldschmiedehandwerk zu hoher Blüte. Neben den vielen Schmuckstücken für die Masse der Bevölkerung entstanden im Auftrag der

Bild 0.1 Brustschmuck. Dünnes Feingoldblech,
Ziermotive mit Formstempeln eingepreßt. Etruskisch,
8. Jh. v. Chr. (Staatl. Museen zu Berlin)

Bild 0.2 Medaillon mit Darstellung der Verkündi-
gung. Gold, Mittelmotiv ziseliert, Rahmen ziseliert,
mit dem Meißel durchbrochen. Oströmisch, um
600 n. Chr., in Ägypten gefunden (Staatl. Museen
zu Berlin)

Bild 0.3 Bügel- und Vogelfibel. Bronze, nach
Wachsmodell gegossen. Kleine Scheibenfibel mit
eingelegten Almandin-Plättchen. 6.–7. Jh., in Weimar
gefunden (Staatl. Museen zu Berlin)

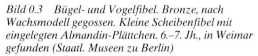

Bild 0.4 Zwei Scheibenfibeln.
Vorderseite einer Fibel: Gold,
Filigranbelötung.   Rückseite
einer anderen Fibel: Silber. Gravierte Runenschrift. 7. Jh., gefunden in Balingen (Landesmu-
seum Stuttgart)

Bild 0.6 Ring mit Bildnis eines Herrschers. Gold, gegossen, Bildmotiv Zellenemail. Romanisch, 11. Jh. (Nationalmuseum Budapest)

Bild 0.5 Kapsel. Lamm Gottes mit Evangelistensymbolen. Bronze, Bildmotive gegossen. Romanisch, Anf. 12. Jh. (Domschatz Quedlinburg)

Bild 0.7 Anhänger mit Fabelwesen. Bronze, gegossen, feuervergoldet. Romanisch, 11. Jh., gefunden auf Burg Regenstein (Harz)

Bild 0.8 Anhänger in Form eines Kreuzes (Rückseite), Maria als Himmelskönigin. Silber, graviert. Gotisch, 14. Jahrhundert (Domschatz Quedlinburg)

Bild 0.9   Ornamentvorlagen für den Goldschmied. a) Anhänger mit Allegorie »Fortitudo« (Tapferkeit) und gravierte bzw. ziselierte Arabesken. Daniel Mignot, 1593. b) Gravierte, niellierte und ziselierte Arabesken. Daniel Hailler, 1604

Bild 0.10   Anhänger mit Zierkette. Sächsisches Wappen, Inschrift: »Sub umbra alarum tuarum« (Unter dem Schatten deiner Flügel). Gold, gegossen, Grubenemail. Sächsisch, 1611 (Staatl. Museen zu Berlin, Kunstgewerbemuseum)

Bild 0.11   Anhänger mit Darstellung einer Sirene. Gold, Edelsteine. Unter Verwendung gegossener Teile montiert, emailliert. Renaissance, 16. Jahrhundert (Grünes Gewölbe, Dresden)

*Bild 0.12   Deckel einer Dose. Chinoiserie. Miniatur-
malerei auf Email. Barock, Anfang 18. Jahrhundert
(Grünes Gewölbe, Dresden)*

*Bild 0.13   Zierkette. Eisen, gegossen. Berlin, Anfang
19. Jahrhundert (Museum für Kunsthandwerk, Dresden)*

*Bild 0.14   Halsschmuck. Gold; Filigranteile mit Ket-
ten verbunden. Um 1830 (Museum des Kunsthandwerks, Leipzig)*

Bild 0.15   Halsschmuck für Bauerntracht. Silber; gepreßte und ziselierte Teile mit Ketten verbunden; vergoldet. Thüringen, 1849 (Privatbesitz)

Bild 0.16   Anhänger in Form eines Kreuzes. Gold; hohlgepreßt, belötet. Um 1850 (Privatbesitz)

Bild 0.17   Medaillon. Gold; Ziermotive aus mehrfarbigem Gold montiert, auf mattgelb gefärbtem Untergrund. Ende 19. Jahrhundert (Privatbesitz)

Bild 0.18   Anhänger in Form eines Kreuzes. Gold; aus zwei gestanzten Hälften montiert. Ende 19. Jahrhundert (Privatbesitz)

Bild 0.19   Brosche. Silber; mattierte Blüte mit Blättern auf gestanztem und verbödetem Rahmen, der mit Kitt gefüllt ist. Ende 19. Jahrhundert (Privatbesitz)

Bild 0.20   Gürtelschnalle und Theaterbeutel. Silber; gegossen. Jugendstil, um 1900 (Museum des Kunsthandwerks, Leipzig)

Bild 0.21   Drei Anhänger. Silber, Edelsteine, Perlen; gepreßt und gegossen, montiert. Um 1900 (Museum des Kunsthandwerks, Leipzig)

Bild 0.22   Anhänger. Golddublee; gepreßte Teile, montiert. Um 1920 (Privatbesitz)

Könige und der Oberschicht besonders herausragende Werke der Goldschmiedekunst in höchster handwerklicher und künstlerischer Vollendung. Erinnert sei nur an die herrlichen Arbeiten aus dem Grab des Tutanchamun. Und wenn man bedenkt, daß all dies für einen früh verstorbenen, relativ unbedeutenden Herrscher geschaffen wurde, kann man vielleicht ahnen, was einst für die mächtigsten Herrscher des Ägyptischen Reiches geschaffen worden ist und unwiederbringlich verlorenging.

Auch im *griechischen Kulturkreis* setzte sich die Entwicklung der Goldschmiedekunst fort. Bekannt sind neben den beachtlichen Arbeiten aus dem Stammland die damit im Zusammenhang stehenden hervorragenden Arbeiten der Thraker und der Skythen.

Wenn auch die *römische Goldschmiedekunst* keine wesentlichen Neuerungen hervorbrachte, so wurden doch die im Mittelmeerraum entwickelten Traditionen bewahrt. In den ersten Jahrhunderten u. Z. begann der innere Zerfall des mächtigen Römischen Reiches, es kam zum Widerspruch zwischen politischer Organisationsform und der ökonomischen Entwicklung, bis schließlich im 5. Jahrhundert das Römische Reich durch slawische und germanische Stämme ausgelöscht wurde.

Bei den Völkerschaften, die auf der Oberstufe der Barbarei standen und noch Gemeineigentum an Grund und Boden und an Produktionsinstrumenten kannten, vollzog sich in Westeuropa der Übergang zur *feudalen Produktionsweise*. An Stelle der Sklaven wurden Hörige und Leibeigene ausgebeutet.

Die *germanischen Völkerschaften* hatten seit der Bronzezeit eine durchaus eigenständige Schmuckauffassung entwickelt. Der Kontakt mit der römischen Kultur bewirkte zwar eine deutliche handwerkliche und gestalterische Bereicherung, aber die eigene Grundhaltung wurde beibehalten. Aus der Zeit der *Völkerwanderung* sind hervorragende Arbeiten der germanischen Goldschmiede überliefert. Besonders prächtig sind die aus fränkischen und thüringischen Fürstengräbern geborgenen Schmuckstücke; erinnert sei auch an die Arbeiten der Wikinger, wie etwa den bekannten »Hiddensee-Schmuck« (Bild 8.25).

Es ist anzunehmen, daß sowohl in den antiken Hochkulturen als auch bei den germanischen Stämmen die ästhetische Seite des Schmucks durchaus von Bedeutung war, daß also der Träger sich damit zieren wollte; im vollen Bewußtsein seiner Individualität wurde mit dem Schmuck die Persönlichkeit des Trägers unterstrichen. Das Schmuckstück hatte oft auch noch einen ganz praktischen Zweck, denn wegen der noch unvollkommenen Schneiderkunst mußten die Gewänder mit Ziernadel und Fibel zusammengehalten werden. Mit all dem sind der hohe gestalterisch-technische Aufwand und die allgemeine Verbreitung des Schmucks, besonders der Fibeln aus Edelmetall und Bronze, noch nicht erklärt. Man muß vielmehr erkennen, daß die oft als Drachen- und Tierdarstellung geformten Schmuckstücke ebenso wie die Amulette der Vorzeit in der Auseinandersetzung mit der Umwelt lebenswichtige Schutzmittel gegen unbegreifliche Naturkräfte und Geister im ideologischen System jener Zeit bildeten.

Mit der Verbreitung des Christentums in Mitteleuropa veränderte sich seit dem 9. Jahrhundert das Aufgabengebiet des Goldschmieds. Der Schmuck des »sündigen« Körpers verliert an Bedeutung, statt dessen geht es um den Schmuck des christlichen Altars und die Bereitstellung der zum Gottesdienst erforderlichen sakralen Geräte. Besonders in der Zeit der *Romanik* entwickelten sich die Klöster zu geistlichen und kulturellen Zentren, dort konzentrierten sich aber auch die Werkstätten der Handwerker in der frühen *Feudalgesellschaft*, und so bestimmten bis zum Ende des 12. Jahrhunderts die Klosterwerkstätten das Niveau der Goldschmiedekunst.

Aus der Zeit um 1120 ist uns das erste umfassende Goldschmiedelehrbuch überliefert. In seinem Werk »De diversis artibus« gibt der Priestermönch *Theophilus* (s. Literaturverzeichnis) einen detaillierten Überblick über die Handwerkstechniken seiner Zeit. Wegen der langsamen Entwicklung der Produktivkräfte lassen sich daraus sogar Rückschlüsse auf die vorhergehenden und die nachfolgenden Jahrhunderte ziehen.

Im 12. Jahrhundert vollzog sich der Übergang vom Frühfeudalismus zum Hochfeudalismus. Siedlungen an günstig gelegenen Handelswegen entwickelten sich zu Städten, und hier konzentrierte sich in zunehmendem Maße das Handwerk. Auch die Zünfte der Goldschmiede formierten sich in den städtischen Siedlungen, die Bedeutung der Klosterwerkstätten ging zurück. Neben sakralen Arbeiten wurden im Auftrag des Feudaladels und des reicher werdenden Bürgertums auch repräsentative Ziergegenstände und Schmuckstücke angefertigt.

So sind aus der *Gotik* neben den sakralen Arbeiten auch profane Werke der Goldschmiedekunst überliefert. Typisch für die gotischen Goldschmiedearbeiten ist die Einbeziehung von Architekturformen in die Gestaltung.

Mit der *Renaissance*, die in Deutschland durch die Reformation bestimmt wurde, entwickelte sich das etablierte Bürgertum neben dem Adel zum Hauptauftraggeber des Goldschmieds. Der Schmuck bekam unter den veränderten gesellschaftlichen Verhältnissen eine bis dahin nicht gekannte Bedeutung. Daneben wurden prächtige Ziergefäße und -geräte geschaffen, mit denen der hohe Entwicklungsstand der Goldschmiedekunst dokumentiert wird. Die Goldschmiedezünfte von Augsburg, Nürnberg, aber auch Leipzig, Dresden, Berlin ragen besonders heraus, ihre Erzeugnisse verbreiteten sich über ganz Europa, viele davon kann man noch heute in den Museen besichtigen.

Der 30jährige Krieg brachte in Deutschland einen allgemeinen wirtschaftlichen und kulturellen Niedergang, von dem besonders das Bürgertum betroffen wurde – die Goldschmiedekunst war zwischen so viel Not und Elend überflüssig geworden. Dagegen konnten die Herrscher der zahlreichen deutschen Feudalfürstentümer ihre Macht festigen.

In der zweiten Hälfte des 17. Jahrhunderts konnten sie, dem Vorbild des französischen Königs Ludwig XIV. folgend, in absolutistischer Manier in den Stilformen des neuaufkommenden *Barock* Prunk und Glanz ihrer Höfe ausbauen, während die Masse der Untertanen durch Fron und Steuerlast bedrängt in Not und Armut blieb. Unter solchen Bedingungen konnte sich das Goldschmiedehandwerk nur langsam von den Kriegsfolgen erholen.

Bis zum Ende des 18. Jahrhunderts bestimmte der *Absolutismus* die gesellschaftlichen Verhältnisse. Als Beispiel kann die Herrschaft Augusts des Starken, Kurfürst von Sachsen und König von Polen, dienen. Er zog erstrangige Künstler nach Dresden, um seine weitge-

spannten Pläne zu verwirklichen. Zu diesen Künstlern gehörte auch der Goldschmied *Johann Melchior Dinglinger*, der für den Fürsten Werke von unvergänglicher Schönheit schuf, wie den Tafelaufsatz »Die Hofhaltung zu Delhi am Geburtstag des Großmoguls Aureng Zeyb« oder das prunkvolle Gefäß »Bad der Diana«. Neben den Werken dieses Hofgoldschmieds sind im »Grünen Gewölbe« in Dresden viele bedeutende Goldschmiedewerke dieser Zeit des Barock, aber auch der Renaissance zu betrachten.

Trotz der feudalen Unterdrückung setzte sich die Entwicklung der *kapitalistischen Produktionsverhältnisse* in den europäischen Staaten fort. In England sicherte sich das Bürgertum sein Mitspracherecht in der konstitutionellen Monarchie, in Frankreich wurde der Absolutismus durch die Revolution beendet. In den deutschen Kleinstaaten konnte sich der gesellschaftliche Fortschritt nur langsam durchsetzen, die Bürgerliche Revolution von 1848 scheiterte.

Den deutschen Kleinbürgern genügte noch die bescheidene Romantik des *Biedermeier* mit dem Bildnis-Medaillon oder dem Ring mit der Haarlocke des Geliebten.

In der Mitte des vorigen Jahrhunderts begann auch in Deutschland die durchgreifende Industrialisierung, und mit der unter preußischer Vorherrschaft durchgesetzten Reichseinigung hatte sich ein mächtiges Wirtschaftssystem entwickelt.

Einige Goldschmiede wurden selbst zu Fabrikanten, die meisten aber bemühten sich, die Ansprüche ihrer »neureichen« Kunden zu erfüllen; das formal und materiell überladene Schmuckstück wurde zum sichtbaren Bankauszug, zur äußeren Widerspiegelung des Kapitals. Es war die Zeit des »*Historismus*«. Stilelemente der vergangenen Epochen wurden wieder aufgegriffen und oft ganz willkürlich miteinander vermischt. Bezeichnenderweise waren die zu dieser Zeit entstehenden Kunstgewerbeschulen auch mit einem entsprechenden Museum verbunden.

Mit den neuen industrietechnischen Methoden konnte Imitationsschmuck als Massenware hergestellt werden. Die Pforzheimer Industrie produzierte den Dublee-Schmuck für das Kleinbürgertum, aus Gablonz (heute: Jablonec) kamen die billigen Schmuckstücke aus

Tombak mit farbigem Glassteinbesatz für die unteren Schichten.

Mit der Bewegung des *Jugendstils* versuchten zahlreiche progressive Künstler gegen den allgemeinen Verfall des Geschmacks anzugehen. Sie bezogen bewußt die Möglichkeiten der Industrietechnik in die Gestaltung ein; daneben wurden aber auch bedeutende Einzelstücke geschaffen.

Für die Schmuckgestaltung hatte dies Auswirkungen auf den Massenschmuck, und der Jugendstil gab der weiteren Entwicklung wesentliche Impulse, die bis heute spürbar sind: Materialien unterschiedlicher Art wurden ohne Rücksicht auf ihren materiellen Wert nur wegen der Gestaltungsabsicht zusammengebracht.

Aus den klassischen Emailtechniken wurden ganz neue Verfahren entwickelt.

Die Handwerkstechniken wurden bis zur Virtuosität gesteigert, und andererseits wurde gezeigt, daß gute Schmuckgestaltung auch industriell umsetzbar ist.

In *unserem Jahrhundert* haben sich die beiden Weltkriege und ihre Folgen, die revolutionären Umwandlungen, die Existenz der beiden deutschen Staaten mit ihren unterschiedlichen Gesellschaftsordnungen auch auf die Entwicklung des Schmucks ausgewirkt.

Nach dem Krieg belebten sich in der DDR die Traditionen des Handwerks, und es entstanden Industriebetriebe für Mode- und Edelmetallschmuck, wobei die Bernsteinverarbeitung besonders hervorzuheben ist. Ausgehend von den traditionellen Zentren der Schmuckfertigung entwickelte sich in der Bundesrepublik Deutschland eine leistungsfähige Schmuckindustrie, und das Goldschmiedehandwerk bekam große Bedeutung.

Das starre System der jahrhundertealten Goldschmiedetechniken wurde durchbrochen:

Flambieren, Galvanoformung, Metallkleben, besonders aber der Präzisions-Schleuderguß eröffneten ganz neue gestalterische Möglichkeiten.

Parallel dazu ist in der Bevölkerung das Bedürfnis nach gut gestaltetem Schmuck, aber auch das kritische Qualitätsverständnis gestiegen.

Deshalb muß der Goldschmied, ausgehend von der Tradition, seine Fähigkeiten und Fertigkeiten ständig weiterentwickeln, damit der Schmuck den steigenden Ansprüchen immer gerecht wird!

Die Goldschmiedearbeiten aus den Museen der alten Bundesländer sind international allgemein bekannt, aber auch in den neuen Bundesländern gibt es einige bemerkenswerte Sammlungen, in denen man sich anhand von Schmuckstücken und Silberschmiedearbeiten über die historische Entwicklung der Goldschmiedekunst informieren kann.

Über die Anfänge der Schmuckgeschichte findet man viel Material in den Museen für Ur- und Frühgeschichte in Weimar, Halle, Potsdam. Sehr anregend sind auch die Objekte in den Museen für Völkerkunde, z. B. in Leipzig. In den Regionalmuseen trifft man auch oft Goldschmiedearbeiten an.

Besonders herausragend ist die schon erwähnte Sammlung des »*Grünen Gewölbes*« in Dresden, der bedeutendsten Schatzkammer mit Werken aus der Zeit der Renaissance und des Barock. Beachtliche Bestände sind auch in den Schatzkammern der Museen für Kunsthandwerk in Berlin-Köpenik und Leipzig zu besichtigen.

Und schließlich sei auf den Besitz der Kirchen hingewiesen, besonders herausragend sind die Schatzkammern der Kirchen in Quedlinburg und Halberstadt sowie im Dom von Erfurt.

1 Metallische Werkstoffe

1.1 Hauptmerkmale der Metalle

Von den zur Zeit bekannten 109 chemischen Elementen sind 88 Metalle, von denen aber nur etwa ein Drittel praktische Bedeutung als Werkstoff hat, denn die Gebrauchsmetalle müssen

- in genügender Menge in der Natur vorkommen,
- mit ausreichender Effektivität aus den Erzen aufzubereiten sein,
- sich mit den üblichen Methoden der Metallbearbeitung umformen lassen,
- solche Gebrauchseigenschaften haben, daß man die aus diesen Metallen gefertigten Erzeugnisse praktisch nutzen kann.

Selbst mit den modernen Verhüttungsmethoden ist es unmöglich, Reinmetalle aus nur einer Atomart bestehend herzustellen. Es sind immer mehr oder weniger viele Fremdatome enthalten, durch die die Eigenschaften beeinflußt werden. Hochgereinigte Metalle werden nur für Spezialaufgaben hergestellt, da alle Raffinierungsprozesse aufwendig und teuer sind. Wenn möglich, beschränkt man sich auf die in den DIN-Vorschriften festgelegten Reinheitsgrade der »technisch reinen Metalle«.

Die Metalle sind durch folgende gemeinsame Eigenschaften gekennzeichnet, die den Metallcharakter dieser chemischen Elemente ausmachen:

- Sie sind spanlos und spangebend formbar.
- Sie sind undurchsichtig, haben hohes Lichtreflexionsvermögen an der polierten Oberfläche.
- Sie weisen eine gute Leitfähigkeit für Wärme und Elektrizität auf.

Diese Eigenschaften der Metalle sind durch Gemeinsamkeiten des Atomaufbaus zu erklären:

- Auf der äußeren Schale der Atomhülle befinden sich nur wenige Elektronen: meist nur eines oder zwei, manchmal auch drei.
- Da die Affinität dieser Außenelektronen nur gering ist, werden sie als Valenzelektronen leicht abgegeben.

- Die verbleibenden Atomrümpfe bilden die Kristallgitter der Metalle, während sich die Valenzelektronen zwischen ihnen relativ frei bewegen.
- Mit steigender Temperatur vergrößert sich die Schwingungsweite der Atomrümpfe um ihre Ruhelage, daher die Wärmeausdehnung der Metalle; weil dabei die Beweglichkeit der Valenzelektronen behindert wird, verringert sich die elektrische Leitfähigkeit.
- In chemischen Verbindungen geben die Metalle bei der Molekülbildung die Valenzelektronen an die Nichtmetallatome ab; die Nichtmetalle werden durch die Aufnahme dieser Elektronen zu Anionen.

Trotz der prinzipiellen Gemeinsamkeit gibt es bei folgenden Eigenschaften erhebliche Unterschiede:

- Dichte
- Härte und Festigkeit
- Schmelztemperatur
- chemische Aktivität

1.2 Metalle im Periodensystem

Anhand des Periodensystems kann man sehr klar den Zusammenhang von Atomaufbau und Eigenschaften der Elemente erkennen (Bild 1.1).

Die Elemente sind in der Reihenfolge ihrer Kernladungszahlen – also der Anzahl der im Atomkern enthaltenen positiv geladenen Protonen – im Periodensystem angeordnet; in der Regel entspricht die Protonenanzahl der Anzahl von Elektronen auf der Atomhülle.

Man kann sich den Aufbau der Atomhülle so vorstellen, daß die negativ geladenen Elektronen auf einzelnen, übereinander liegenden Schalen verteilt sind. Bis zur Kernladungszahl 16 gilt, daß erst die jeweils innere Schale voll besetzt sein muß, ehe sich die Elektronen auf der nächsten anlagern.

So wird, nachdem am Atomkern die beiden Plätze der K-Schale besetzt sind, die L-Schale in der Weise aufgebaut, daß Li ein, Be zwei, B drei Elektronen hat, bis bei Ne die verfügbaren acht Plätze besetzt sind.

Bei den folgenden Elementen wird das System deshalb komplizierter, weil bereits Elektronen auf der nächsten Hauptschale angelagert werden, noch ehe die vorhergehende voll besetzt

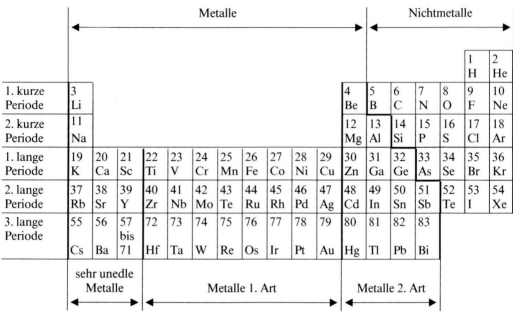

		Metalle											Nichtmetalle					
																1 H	2 He
1. kurze Periode	3 Li											4 Be	5 B	6 C	7 N	8 O	9 F	10 Ne
2. kurze Periode	11 Na											12 Mg	13 Al	14 Si	15 P	16 S	17 Cl	18 Ar
1. lange Periode	19 K	20 Ca	21 Sc	22 Ti	23 V	24 Cr	25 Mn	26 Fe	27 Co	28 Ni	29 Cu	30 Zn	31 Ga	32 Ge	33 As	34 Se	35 Br	36 Kr
2. lange Periode	37 Rb	38 Sr	39 Y	40 Zr	41 Nb	42 Mo	43 Te	44 Ru	45 Rh	46 Pd	47 Ag	48 Cd	49 In	50 Sn	51 Sb	52 Te	53 I	54 Xe
3. lange Periode	55 Cs	56 Ba	57 bis 71	72 Hf	73 Ta	74 W	75 Re	76 Os	77 Ir	78 Pt	79 Au	80 Hg	81 Tl	82 Pb	83 Bi			

sehr unedle Metalle   Metalle 1. Art   Metalle 2. Art

Bild 1.1   Periodensystem der Elemente. a) Gesamt-darstellung, b) wichtige Gruppen von Elementen

11 Na		
19 K	20 Ca	

Grundelemente der wichtigsten Basen

12 Mg	13 Al	14 Si

Aluminium-legierungen

50 Sn	51 Sb	
82 Pb	83 Bi	

Bleilegierungen, Weichlote

	28 Ni	29 Cu	30 Zn
44 Ru	45 Rh	46 Pd	47 Ag	48 Cd
76 Os	77 Ir	78 Pt	79 Au	80 Hg

Edelmetalle und ihre Legierungszusätze

Grundelemente der wichtigsten Säuren

5 B	6 C	7 N	8 O	9 F
	14 Si	15 P	16 S	17 Cl

Stahlveredler

22 Ti	23 V	24 Cr	25 Mn	26 Fe	27 Co	28 Ni

			13 Al
28 Ni	29 Cu	30 Zn	

Buntmetall-Legierungen

50 Sn
82 Pb

ist. Um diese Besonderheiten des Atomaufbaus zu berücksichtigen, mußten beim Periodensystem die Nebengruppen geschaffen werden. So wurde nach dem La (Nr. 57) eine Reihe von Elementen bis Nr. 71 noch eingeschoben.

Beispielsweise sind beim Gold die Schalen K, L, M, N voll besetzt, die letzte Nebenschale der O-Schale mit ihren 14 Plätzen bleibt unbesetzt, während ein Elektron bereits auf der P-Schale angelagert ist, das bei Ionenbildung als Valenzelektron abgegeben wird (Bild 1.2).

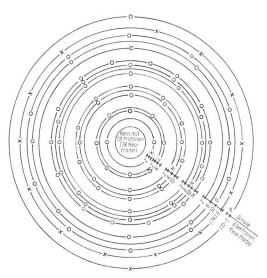

Bild 1.2   Elektronenanordnung im Goldatom (Schema)

Unter Berücksichtigung dieser Besonderheiten ergibt sich eine Periodizität, denn bei den Elementen mit ähnlichem Aufbau der äußeren Schale ist deutliche Übereinstimmung der Eigenschaften festzustellen. Dadurch stehen miteinander verwandte Elemente im Periodensystem jeweils übereinander und bilden eine Familie.

Wie bereits gesagt wurde, gehören die meisten Elemente zu den Metallen oder verhalten sich ähnlich wie Metalle; alle in den Nebengruppen enthaltenen Elemente sind Metalle.

Man kann für die Metalle, die der Goldschmied benutzt, recht interessante Beziehungen aus dem Periodensystem herauslesen:

- So ist es offensichtlich, daß sich die dicht beieinanderstehenden Metalle meist auch gut miteinander legieren lassen, während die weiter auseinanderstehenden oft unverträglich sind.
- Es ist auffallend, daß die erprobten Komponenten der wichtigsten Edelmetallegierungen, nämlich Au, Ag, Cu, in einer gemeinsamen Familie übereinander stehen.
- Damit benachbart sind die Platinmetalle: Die leichten neben dem Silber, die schweren neben dem Gold.
- Auf der anderen Seite stehen neben den Edelmetallen das amalgambildende Hg und die für die Lote erforderlichen Zusätze Cd und Zn.
- Dem Kupfer benachbart sind die Zusatzmetalle für Messing und Neusilber, Zn und Ni.
- Die Komponenten des Weichlots Sn und Pb stehen als verwandte Metalle in der IV. Hauptgruppe übereinander; von den in der I. Nebengruppe stehenden Edelmetallen Au und Ag sind sie so weit entfernt, daß es keine brauchbaren Legierungen gibt.
- Obgleich auch Cu und Sn ebensoweit voneinander entfernt sind, bilden sie die Bronzelegierungen; allerdings sind nur diejenigen bis maximal 15 % Sn praktisch nutzbar, die übrigen sind unverarbeitbar spröde, denn vom Cu kann nur eine geringe Sn-Menge gelöst werden, sonst entstehen spröde Metallide.
- Die wichtigsten Stahlveredler stehen mit Fe in einer Periode, haben also auch eine gewisse Verwandtschaft miteinander; Mo und W lassen durch ihre Stellung in gemeinsamer Familie mit Cr auch gewisse Ähnlichkeiten erkennen.
- Auf der linken Seite des Periodensystems befinden sich bei den »sehr unedlen« Metallen die Basenbildner, während die säurebildenden Nichtmetalle rechts stehen.

1.3   Innerer Aufbau

1.3.1   Atom- und Kristallgefüge

Wenn man von einer gegossenen Silberstange den Gußkopf abschlägt, erkennt man, daß sich das Aussehen der Bruchfläche von der Oberfläche des Metalls deutlich unterscheidet.

Während das Gußstück entsprechend der Beschaffenheit der Gußform außen glatt und eben ist, sieht man, daß die Bruchfläche mattweiß, rauh und körnig ist. Würde man die Stange an einer anderen Stelle zerbrechen, ergäbe sich das gleiche Bild, denn das Gefüge ist, wie bei jedem Metall, aus solchen Körnern aufgebaut.

Bild 1.3 Deutlich ausgebildete Kristallite (Dendriten) an der Oberfläche von langsam erstarrtem Antimon. V = 2,5

Diese Körner enthalten eine geordnete Kristallstruktur, da sie aber eine unregelmäßige äußere Gestalt haben, werden sie als »Kristallite« bezeichnet (Bild 1.3). Als sich nämlich bei der Erstarrung aus der Schmelze gleichzeitig zahlreiche Kristalle entwickelten, haben sie sich schließlich gegenseitig im Wachstum behindert und behielten die Gestalt bei, die sich zufällig ergeben hat. Wenn es möglich wäre, in einen derartigen Kristallit hineinzusehen, träfe man auf eine Welt, die in zehnmillionstel Millimeter gemessen wird:
Tausende von Atomen in regelmäßigen Reihen geordnet, die Reihen zu ausgedehnten Ebenen aneinandergelagert, diese Ebenen wiederum dicht aufeinandergeschichtet. So ergibt sich eine regelmäßige Gitterstruktur.
Der Zusammenhalt innerhalb des Gitters kommt dadurch zustande, daß die Metallatome ihre Valenzelektronen der äußeren Schale abgegeben haben, so daß man eigentlich nicht vom »Atom«-Gitter sprechen sollte, sondern von einem »Ionen«-Gitter, in dem nach Abgabe der Valenzelektronen die positive elektrische Ladung der Protonen überwiegt. Die freigesetzten Valenzelektronen stehen zwar mit der Gesamtmenge der Ionen im Gleichgewicht, gehören aber nicht mehr zu einem konkreten Atom, sondern bewegen sich als »Elektronengas« zwischen dem Ionengitter und sichern durch ihre negative elektrische Ladung den Zusammenhalt des Gesamtgefüges. Das ist das Prinzip der »metallischen Bindung«.

Da die Kristallite unabhängig voneinander aus der Schmelze entstanden sind, stehen die Gitterebenen der einzelnen Kristallite in ganz unterschiedlichen Richtungen zueinander.

Da die Gitterebenen unterschiedlich geschichtet sein können, gibt es verschiedene Gittertypen, die man am deutlichsten erkennen kann, wenn man den kleinsten Teil des Verbandes, die Elementarzelle, herausschält und in der üblichen Darstellungweise die Ionen als Kugeln, die Anziehungskräfte als Verbindungslinien darstellt (Bild 1.4).

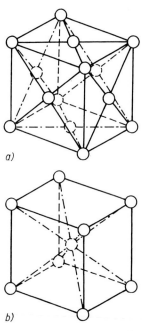

a)

b)

Bild 1.4 Elementarzelle. a) kubisch-flächenzentriertes Gitter, b) kubisch-raumzentriertes Gitter (Schema, Atomabstände übertrieben)

Umgekehrt kann man von der Elementarzelle aus den gesamten Verband des Metallgitters entwickeln, wenn man die Ionenebenen dreidimensional fortsetzt.

Die für den Goldschmied wichtigen Metalle sind nach dem *kubisch-flächenzentrierten Gitter* aufgebaut. Die Elementarzelle entspricht einem Würfel mit drei Schichtungsebenen: Deck- und Bodenfläche mit je vier Eck- und einem Zentralion, dazwischen eine Ebene mit den vier Zentralionen der senkrechten Wandflächen. Nach diesem Gitterprinzip kristallisieren: Au, Ag, Pt, Ir, Pd, Cu, Pb, γ-Eisen u. a.

Noch dichter sind die Ionen im *kubisch-raumzentrierten Gitter* gepackt: Deck- und Bodenfläche des Würfels haben je vier Eckionen, aus der dazwischen befindlichen Gitterebene bildet ein Ion das Würfelzentrum. Nach diesem Gittertyp kristallisieren: Cr, V, α-Eisen u. a.

Es gibt auch wesentlich kompliziertere Kristallgittersysteme. So kristallisieren Cd und Zn nach dem hexagonalen, Sn nach dem tetragonalen System.

1.3.2   Untersuchung des Gefüges

In der Praxis der Metallprüfung genügt es nicht, daß man nur die Bruchfläche ansieht, um eine Aussage über das Kristallitgefüge machen zu können. Man braucht dazu unbedingt eine mikroskopische Untersuchung des Kristallitgefüges mit einem Spezialmikroskop.

Am Prüfstück wird eine Fläche angeschliffen und bis zum feinsten Hochglanz poliert, so daß auch mit dem Mikroskop keine Schleifspuren mehr sichtbar werden. Nun muß diese Fläche vorsichtig mit einem Ätzmittel behandelt werden. Obgleich alle Kristallite eines reinen Metalls die gleiche Zusammensetzung haben, werden sie vom Ätzmittel unterschiedlich angegriffen, weil sie im Metallblock verschiedenartige Orientierung haben; wären sie alle in gleicher Richtung angeordnet, würden sie auch mit gleicher Intensität gelöst – und die Oberfläche bliebe glatt. Das Ergebnis dieser Methode ist die *Kornflächenätzung* (Bild 1.5).

Bei der *Korngrenzenätzung* ist das Ätzmittel so beschaffen, daß die Kristallite selbst unbeschädigt bleiben und lediglich die dünne, leicht lösliche Schicht von Korngrenzensubstanz angegriffen wird. Es zeichnet sich dann das feinlinige, spinnennetzartige Bild der Kristallitkonturen ab (Bild 1.6).

Die so vorbereitete Probe wird auf ein Metallmikroskop gebracht. Eine starke Lichtquelle

Bild 1.5   Kornflächenätzung bei Feingold

strahlt die Oberfläche an und ermöglicht es, daß das Objekt durch Okular und Objektiv bis zu 1200fach vergrößert betrachtet werden kann. Im allgemeinen genügt eine Vergrößerung bis zu ungefähr 500fach.

Welche wichtigen Erkenntnisse aus diesen Schliffbildern gewonnen werden können, verdeutlichen die Beispiele, die den folgenden Abschnitten beigegeben sind.

1.4   Einteilung der Metalle

Es gibt kein umfassendes, einheitliches Gliederungssystem für die Metalle. Alle traditionellen Zuordnungen der Metalle und Zusammenfassungen zu einzelnen Gruppen beruhen auf praktischen Notwendigkeiten und konkreten technischen Aspekten auf der Grundlage spezieller, für die jeweilige Betrachtungsweise wichtiger Eigenschaften.

Bild 1.6   Korngrenzenätzung

Dafür einige Beispiele:
- Nach dem *Schmelzverhalten* unterscheidet man

  leicht-, hoch- und höchstschmelzende Metalle.
- Nach der *Dichte* teilt man sie ein in

  Leicht- und Schwermetalle (Grenzwert ρ = 5 g/cm^3)
- Aus *technologischer Sicht* und nach dem Verwendungszweck werden einzelne Metalle zu Gruppen zusammengefaßt, wie:

  Lagermetalle, Lote, Halbleitermetalle, Federmetalle, Hartmetalle.
- Für den *Gold-* und *Silberschmied* gilt die klassische Heraushebung der Metalle, die vom Luftsauerstoff praktisch nicht angegriffen werden:

  Edel- gegen Unedelmetalle.
- Aufgrund der *optischen Erscheinung* können die Unedelmetalle und deren Legierungen eingeteilt werden:

  Buntmetalle (Cu und seine Legierungen)

  Weißmetalle (Sn, Zn, Sb, Bi, Pb und deren Legierungen)

  Schwarzmetalle (Fe, Stahl, Ni)

Allerdings sind diese aus der Praxis entstandenen Einteilungen nicht ganz wörtlich zu nehmen, und die Klassifizierung ist nicht immer konsequent. So weiß man heute, daß die Edelmetalle gegen Oxidation nicht so resistent sind, wie man früher annahm, die farbigen Goldlegierungen gehören, selbst dann, wenn beim Au 333 der Kupferanteil überwiegt, nicht zu den Buntmetallen, das weiße Neusilber ist ein Buntmetall usw.

Es ist üblich, von »Edelmetallschmuck« zu sprechen, dagegen ist der gleichbedeutende Begriff »Echtschmuck« unkorrekt und als völlig unsinnig abzulehnen, denn alle Metalle können nur »echte« Metalle sein, und jedes Schmuckstück, auch wenn es aus Unedelmetall gefertigt ist, kann nur ein »echtes« Schmuckstück sein.

1.5   Eigenschaften wichtiger Metalle

1.5.1   Allgemeine Eigenschaften

Gold

Es ist seit dem Altertum bekannt, hat als einziges Metall eine schöne, gelbe Farbe, als Blattgold ist es grünlich durchscheinend. Es läßt sich gut polieren, so daß man eine hochglänzende Oberfläche erreicht. Die Dehnbarkeit ist so groß, daß ein Stapel von 10 000 Goldblättchen nur 1 mm dick ist! Die Schmelztemperatur ist so hoch, daß man es gerade noch mit der Stadtgasflamme verflüssigen kann. Die Leitfähigkeit für Wärme und Elektrizität ist geringer als bei Silber und Kupfer. Gold ist praktisch luft-, wasser- und säurebeständig; nur von Königswasser wird es aufgelöst. Von freiem Chlor, von Kalium- und Natriumcyanid, von Brom und von einigen anderen Chemikalien, die aber für den Goldschmied keine Bedeutung haben, wird es angegriffen. Gold geht nur schwer chemische Verbindungen ein. Wegen seines hohen Preises und um Härte, Festigkeit und Gebrauchseigenschaften zu verbessern, die Farbe zu variieren und den Schmelzpunkt zu senken, wird Gold fast ausnahmslos in legierter Form verarbeitet. Die üblichen Farbgoldlegierungen bestehen aus Gold, Silber, Kupfer; den Lotlegierungen werden zur Verminderung des Schmelzbereichs noch Zink und Cadmium zugesetzt, Weißgold wird durch Palladium entfärbt.

Platin

Erst seit der Mitte des 18. Jahrhunderts ist es in Europa bekannt geworden, ohne daß man eine Verwendungsmöglichkeit dafür erkannt hätte. Nachdem in der zweiten Hälfte des vorigen Jahrhunderts die Knallgasflamme entwickelt wurde, konnte das Platin umgeschmolzen werden. Sehr bald schon wurde das anlaufbeständige Platin zum bevorzugten Metall für Juwelenschmuck.

Platin, legiert als Juwelierplatin, das verwandte Palladium mit seinen Legierungen sowie die Palladium-Weißgolde haben das Silber als Juwelenmaterial verdrängt.

Platin ist extrem in seinen Eigenschaften:
- Der Schmelzpunkt ist so hoch, daß dieses Metall nur mit der Knallgasflamme und in speziellen Elektroöfen erschmolzen werden kann.
- Es hat eine grauweiße, stahlähnliche Farbe und bekommt beim Polieren einen hohen Glanz.
- Ebenso wie Gold ist Platin luft-, wasser- und säurebeständig; nur von Königswasser wird es angegriffen.

Tabelle 1.1   Eigenschaften wichtiger Metalle

Metall	Symbol	Ordnungszahl	Relative Atommasse	Wertigkeit	Dichte in g/cm³	Schmelzpunkt in °C	Siedepunkt in °C	Spezifische Wärme in kJ/(kg·K)	Spez. Schmelzwärme in kJ/kg	Wärmedehnung in 10^{-6}m/(m·K)	Wärmeleitfähigkeit in W/(K·m)	Brinellhärte in HB	Zugfestigkeit in N/mm²	Dehnung in %
Gold	Au	79	196,97	1, 3	19,30	1063	2600	0,1310	67	14,30	311,5	18,5	131	40
Platin	Pt	78	195,09	1, 2, 3, 4, 6	21,45	1774	4350	0,1331	113	8,99	73,7	56	132	41
Iridium	Ir	77	192,20	1, 2, 3, 4, 6	22,42	2454	4800	0,1294	117	6,80	59,3	179	491	6
Osmium	Os	76	190,20	2, 3, 4, 6, 8	22,48	2550	5500	0,1302	154	6,57	87,1	350	–	–
Palladium	Pd	46	106,40	2, 3, 4	12,03	1554	3387	0,2273	162	11,86	72,2	47	184	25
Rhodium	Rh	45	102,91	1, 2, 3, 4, 6	12,40	1960	4500	0,2474	217	8,3	149,9	127	410	9
Ruthenium	Ru	44	101,07	4	12,30	2450	2700	0,2315	193	9,1	105,1	220	378	5
Silber	Ag	47	107,87	1	10,35	960,5	2170	0,2332	104	19,17	418,7	26	137	60
Kupfer	Cu	29	63,54	1, 2, 3	8,96	1083	2350	0,3835	205	16,98	414,1	45	221	42
Queck-silber	Hg	80	200,59	1, 2	13,55	-38,84	357	0,1398	12	182	10,5	–	–	–
Zink	Zn	30	65,37	2	7,13	419,5	907	0,3869	111	29,1	111,0	43	35	32
Cadmium	Cd	48	112,41	2	8,64	320,9	767	0,2315	57	30,0	92,1	16	63	55
Zinn	Sn	50	118,69	2 ,4	7,28	231,9	2360	0,2261	59	21,4	67,0	4	27	50
Blei	Pb	82	207,2	2, 4	11,34	327,4	1750	0,1251	24	29,1	35,1	4	13	31
Eisen	Fe	26	55,85	2, 3, 6	7,86	1539	3000	0,4509	272	11,9	71,2	40	210	32
Titan	Ti	22	47,90	2, 3, 4	4,49	1800	3262	0,5568	324	8,35	15,1	120	343	40
Alu-minium	Al	13	26,98	3	2,70	660	2270	0,8959	385	23,86	230,3	17	45	40

- Es geht nur schwer chemische Verbindungen ein.
- Die Leitfähigkeit für Wärme und Elektrizität ist nur halb so groß wie beim Silber.
- Weil Platin etwa so weich und dehnbar wie Kupfer ist, wird es als Juwelierplatin mit Kupfer und Palladium legiert; zur Härtesteigerung wird noch etwas Iridium zugesetzt.

Platinnebenmetalle (Platinoide)
Die dazu zählenden Metalle befinden sich zusammen mit dem Platin in der VIII. Nebengruppe des Periodensystems. Sie ähneln sich in wichtigen chemischen und physikalischen Eigenschaften und sind luft-, wasser- und säurebeständig, mit Ausnahme des Palladiums sind sie sogar gegen Königswasser resistent.
In der Natur kommen sie meist gemeinsam als gediegene Metalle vor.
1803 wurden Palladium und Rhodium, 1804 Iridium und Osmium, aber erst 1844 Ruthenium entdeckt.

Iridium ist ein silberweißes, sprödes und sehr hartes Metall, das sogar bei Rotglut kaum plastisch umgeformt werden kann; es läßt sich spangebend bearbeiten und ist polierfähig. In reiner Form wird es kaum verwendet. Als Legierungszusatz gibt man es dem Platin bei, um die Härte zu erhöhen.

Osmium nimmt unter allen natürlichen Elementen eine Sonderstellung ein: Es hat eine sehr hohe Dichte, extrem hohe Schmelz- und Siedetemperaturen und so außergewöhnliche Härte und Sprödigkeit, daß es spanlos gar nicht verarbeitet werden kann. Es liegt nur als blaugraues Pulver vor und wird als Werkstoff nicht benutzt.

Palladium ist heller als Platin, nimmt beim Polieren hohen Glanz an, unterhalb der Schmelztemperatur erweicht es und ist dann gut schmiedbar und schweißbar. Seine Zähigkeit übertrifft noch die des Platins, dagegen sind Härte und Dehnbarkeit etwas geringer. Von allen Platinmetallen ist Palladium das unedelste, kann deshalb von Schwefel- und Salpetersäure angegriffen werden, und in Königswasser wird es gelöst.

Wegen der Bearbeitungsmöglichkeiten, des niedrigen Schmelzpunktes und des relativ geringen Preises ist Palladium das am meisten verarbeitete Platinnebenmetall. In der Elektrotechnik und in der Zahnprothetik spielt es eine große Rolle. Als Juwelierpalladium wird es vom Goldschmied verarbeitet, als Legierungszusatz entfärbt es das Gold beim Weißgold und verbessert die Eigenschaften des Juwelierplatins.

Rhodium sieht so ähnlich aus wie Platin, ist nur in schmelzendem Kaliumhydrogensulfat $KHSO_4$ sowie in Alkalicyaniden KCN und NaCN löslich. Bei Rotglut ist es gut walz- und schmiedbar.

Wegen seiner guten optischen Eigenschaften und seiner hohen Korrosionsbeständigkeit wird es für galvanische Beschichtungen (»rhodinieren«) benutzt.

Ruthenium ist so hart und spröde, daß es nur als grauweißes Pulver vorkommt. Beim Erhitzen an der Luft bildet es schwarzes Rutheniumdioxid RuO_2, ist aber gegen Chemikalien resistent. Man verwendet es nicht in reiner Form, nur als Legierungszusatz für andere Platinmetalle.

Silber

Es ist seit dem Altertum bekannt, hat eine angenehme weiße Farbe und übertrifft alle anderen Metalle an Reflexionsvermögen, Polierfähigkeit und Glanz, aber auch bezüglich der

Leitfähigkeit für Wärme und Elektrizität. Der an der Luft entstehende dünne Silberoxid-Überzug hat praktisch keine Bedeutung, aber durch den Schwefelgehalt der Luft »läuft es an«, indem sich eine schwarze Silbersulfidschicht bildet. In Wasser ist es praktisch unlöslich, durch den Oxidbelag werden aber keimtötende Silber-Ionen abgegeben. In Salpetersäure wird Silber leicht aufgelöst, auch von Alkalicyaniden wird es angegriffen.

Da das reine Metall für Gold- und Silberschmiedearbeiten zu weich ist, wird es fast nur in legierter Form verarbeitet. Dafür hat sich der Zusatz von 7,7…20 % Cu bewährt; Lotlegierungen enthalten außerdem Zink und Cadmium.

Quecksilber

Es ist ebenfalls seit dem Altertum bekannt. Von allen anderen Metallen unterscheidet es sich dadurch, daß es bereits bei Normaltemperatur schmelzflüssig ist und giftige Dämpfe abgibt. Man muß es deshalb in geschlossenen Gefäßen aufbewahren. Da es sich im Normaltemperaturbereich proportional zur Temperaturerhöhung ausdehnt, wird es bekanntlich für die Thermometer verwendet. Es ist silberweiß und hochglänzend; wegen der hohen Oberflächenspannung rollen die Quecksilbertröpfchen als abgeplattete Kugeln über eine glatte Unterlage. In festem Zustand ist Quecksilber weich und dehnbar. In Salpetersäure und in Königswasser wird es gelöst. Mit dem Quecksilbernitrat wurden die Unedelmetalle »verquickt«. Mit Gold und Silber wurde Quecksilber zu »Amalgamen« legiert, die für die Feuervergoldung und -versilberung gebraucht wurden.

Kupfer

Es ist schon seit der Vorzeit bekannt und war wohl das erste Metall, das die Menschen überhaupt benutzten. Es hat als einziges eine rote Farbe. Kupfer ist gut polierbar, läuft aber an der Luft allmählich an, weil sich zunächst eine rote Oxidschicht bildet, die dann durch die in der Luft enthaltenen Schwefel-, Chlor- und Kohlensäureteile schwarz wird und schließlich in die grüne Patina übergehen kann. In Salpeter- und Salzsäure ist Kupfer löslich, mit Essigsäure wird giftiger Grünspan gebildet. Nach Silber ist Kupfer der beste Leiter für Wärme und Elektrizität. Die spezifische Wärmekapazität ist auffallend hoch, und da es außerdem einen hohen Schmelzpunkt hat, läßt es sich kaum noch mit der normalen Stadtgasflamme schmelzen. Kupfer wird selten für Schmuck, aber häufig für Korpusarbeiten benutzt. Als Zusatzmetall für Edelmetallegierungen hat es große Bedeutung, und es ist die Grundlage der verschiedenen Buntmetall-Legierungen.

Zinn
Es ist seit dem Altertum bekannt, hat eine silberweiße Farbe und hohen Glanz. An der Luft ist es sehr beständig, beim Erwärmen verbrennt es zu Zinnoxid, der weißen »Zinnasche«. Von Säuren wird es angegriffen. Die »Zinnpest«, durch die alte Zinngegenstände zerfallen können, beruht auf der unterhalb von 18 °C möglichen Gefügeumwandlung des tetragonalen β-Zinns in das kubische α-Zinn. Die Ursache dieser oft beschriebenen, aber doch ziemlich selten auftretenden Erscheinung ist noch ungeklärt, man glaubt, daß langanhaltende Kälteeinwirkung begünstigend wirken kann. Zinn ist sehr dehnbar, hat aber nur geringe Festigkeit und schmilzt schon bei niedriger Temperatur. Zusammen mit Kupfer bildet es die Zinnbronze, nach der eine ganze vorgeschichtliche Epoche benannt wird, und mit Blei wird es zum Zinnlot legiert. In Edelmetallegierungen können geringe Zinnanteile aufgenommen werden, größerer Zinngehalt führt zur Versprödung.

Blei
Es ist auch schon seit dem Altertum bekannt, hat eine blauweiße Farbe, an der Luft bildet sich aber bald eine dichte, schützende stumpfgraue Oxidschicht. Auch in Wasser und in Schwefel- und Salzsäure werden unlösliche Schutzschichten gebildet; von Salpetersäure wird Blei gelöst. Blei ist sehr weich, läßt sich mit dem Messer schneiden, seine Dichte liegt deutlich über den Werten der meisten Gebrauchsmetalle.
Es ist als Zusatzmetall im Zinnlot enthalten, bewirkt die Verminderung des Schmelzbereichs beim Niello. Geringe Spuren von Blei können die Edelmetallegierungen bis zur Unbrauchbarkeit verspröden. Anhaftendes Blei »frißt« bei Wärmebehandlung Löcher in die Edelmetallegierungen. Es muß deshalb vor dem Löten oder Glühen entfernt werden: Zu-

nächst wird es so weit wie möglich abgeschabt. Ist das Grundmetall gegen Salpetersäure beständig – wie Goldlegierungen über Au 750 – wird in 20 %iger Salpetersäure gekocht. Legierungen mit niedrigerem Goldgehalt und Silberlegierungen werden in folgender Lösung bei 60 °C behandelt:
1 Teil 30 %iges Wasserstoffperoxid H_2O_2
5 Teile 20 %ige Essigsäure CH_3COOH

Zink
Als Metall ist es erst seit dem 16. Jahrhundert bekannt, wurde aber seit dem Altertum als Erz dem Kupfer zur Messingherstellung zugesetzt. Der bläuliche Glanz des Zinks hält nicht lange an, weil es an der Luft von einer stumpfgrauen Oxidschicht überzogen wird. Bei Erwärmung an der Luft verbrennt es zu Zinkoxid. In Salzsäure ist es gut löslich, es wird auch von Natronlauge und wäßrigem Ammoniak (Salmiakgeist) angegriffen. Zink hat eine auffallend hohe Wärmeausdehnung. Bei Normaltemperaturen ist Zink ziemlich spröde, bei 100…150 °C läßt es sich plastisch umformen, aber bei Temperaturen über 200 °C wird es so spröde, daß man es pulverisieren kann.
Zink wird zur Verminderung des Schmelzbereichs und zur Verbesserung der Gießbarkeit den Edelmetallegierungen zugesetzt; in den Messinglegierungen bewirkt es die Erhöhung der Festigkeit und die Farbänderung des Kupfers.

Cadmium
Erst 1817 wurde es entdeckt. Es hat eine silberweiße Farbe, überzieht sich aber an der Luft mit einer dichten, grauen Oxidschicht, deshalb sind Politur und Glanz nicht beständig. In seinem chemischen Verhalten ähnelt es dem Zink; das Verbrennungsprodukt, Cadmiumoxid, hat aber im Gegensatz zum weißen Zinkoxid eine braune Farbe. Cadmium ist weich und dehnbar.
In der Technik hat es als korrosionsschützender Überzug von Eisen und Stahl große Bedeutung. Ebenso wie Zink wird es den Edelmetall-Lotlegierungen zur Verminderung des Schmelzbereichs zugesetzt; bei Farbgoldlegierungen begünstigt es die Grüngoldfarbe.

Aluminium
1825 wurde es in reiner Form dargestellt, und

erst seit dem Ende des vorigen Jahrhunderts war die großtechnische Aluminiumerzeugung möglich. Es ist silberweiß, gut polierbar, wegen der unsichtbaren, dichten Oxidschicht ist es luft- und wasserbeständig; in Salzsäure und in Natronlauge löst es sich leicht auf. Nach Silber und Kupfer steht es an dritter Stelle bei der Leitfähigkeit für Wärme und Elektrizität. Es hat eine gute Dehnbarkeit, so daß man es beispielsweise zu Blattaluminium ausschlagen kann.

Für Modeschmuck und Korpusware wird Reinstalaluminium (99,99 % Al) benutzt, bei dem die natürliche Oxidschicht durch das Eloxal-Verfahren galvanisch verstärkt wird und dann gut eingefärbt werden kann, so daß gold- und silberähnliche Farben entstehen.

Titan

Eigenschaften. Es wurde erst 1825 rein dargestellt. Die Farbe ähnelt der des Stahls, es läßt sich gut polieren und ist luft- und wasserbeständig, hat aber hohe Affinität zu O, H, N. Das beste Lösungsmittel ist Flußsäure; von heißer, verdünnter Salzsäure wird das Titan ebenfalls angegriffen, in Salpetersäure überzieht es sich aber mit unlöslicher Titansäure $TiO_2 \cdot H_2O$. In sehr reinem Zustand läßt es sich kalt umformen, sonst muß man es rotglühend bearbeiten.

Titan zeichnet sich durch eine interessante Kombination seiner metallischen Eigenschaften aus: Hohe Schmelztemperatur, dabei große Festigkeit und Zähigkeit mit relativ niedriger Dichte. Deshalb ist es ein technisch interessanter Werkstoff, beispielsweise für die Flugzeug- und Raketentechnik. Zur Schmuckgestaltung wird es wegen der reizvollen Effekte, die sich durch die deutlich ausgebildeten Anlaßfarben ergeben, verwendet (Bild F 1.7). Zunehmende Bedeutung gewinnt die Metallbedampfung mit Titannitrid und Titancarbid auch für die Schmuckindustrie, weil damit wirkungsvolle gold- bzw. anthrazitfarbene Überzüge von großer Härte und Abriebfestigkeit entstehen.

Bearbeitung. Da sich Titan in mancher Hinsicht anders verhält als die in der Goldschmiedewerkstatt üblichen Metalle, soll auf die Bearbeitung besonders eingegangen werden. Beim *Sägen* muß man das Sägeblatt zunächst

nur leicht ansetzen, und erst, wenn es sicher gefaßt hat, wird der Anpreßdruck erhöht. Man schont das Sägeblatt, wenn etwas Schmieröl zugegeben wird, trotzdem wird das Sägeblatt schnell stumpf.

Man kann Titan mit den üblichen *Feilen* bearbeiten, wenn man nur mit mäßigem Druck arbeitet, anderenfalls versetzen sich die Spanräume, die Feile »schmiert«. Deshalb muß man sie von Zeit zu Zeit säubern.

Der *Bohrer* muß scharf sein, unbedingt muß man Bohröl benutzen, trotzdem nutzt er sich rasch ab und muß nachgeschliffen werden. Ist ein Bohrer abgebrochen, kann er mit Salpetersäure herausgeätzt werden.

Beim *Fräsen* wird das Werkzeug sehr stark beansprucht, man muß unbedingt mit Öl kühlen, zum *Drehen* ist niedrige Drehzahl zu empfehlen, damit der Meißel möglichst lange scharf bleibt. Günstig ist die Bearbeitung mit Diamant- und Keramikschleifkörpern.

Titan läßt sich spanlos umformen, man muß aber oft zwischenglühen, weil es schnell hart wird. Beim *Walzen* braucht man eine erhebliche Druckkraft. Wenn man *Draht ziehen* will, ist es zweckmäßig, ihn zunächst zu glühen, denn auf der Oxidschicht haftet das Schmiermittel besser. Statt des üblichen Ziehwachses nimmt man Öl oder Seife. Spätestens nach je drei Löchern muß man zwischenglühen. Im Temperaturbereich 650...950 °C kann man das Titan warm *schmieden*, man kann es aber auch in kaltem Zustand bearbeiten, allerdings läßt es sich besser strecken als stauchen.

Man kann Titan weder mit Weich- noch mit Hartlot *löten, schweißen* läßt es sich nur unter Schutzgas. Der Goldschmied kann zur Verbindung der Titanteile nur mechanische Methoden anwenden, wie Nieten oder Fassen. Man kann das Titan aber auch *kleben* wie jedes andere Metall, wenn die Verbundfläche groß genug ist.

Zur *Oberflächenbehandlung* wird zunächst mit unterschiedlicher Körnung geschmirgelt, bis zum Polierpapier. Zum Schleifen und Polieren an der Poliermaschine können die üblichen Präparate nicht benutzt werden; erfahrungsgemäß bekommt man den besten Glanz mit Nikkeloxid-Paste oder mit Edelstahl-Schleifmitteln.

Vorbereitend auf die nachfolgende Farbbehandlung kann es günstig sein, die Oberfläche leicht *anzuätzen*, man bekommt dadurch eine matt-kristalline Struktur. Der Gegenstand wird kurz in 2%ige Flußsäure getaucht, dann wird gut gespült, man kann das Stück dann noch in die übliche Schwefelsäurebeize legen, damit es nicht fleckig wird. Beim Umgang mit Flußsäure ist größte Vorsicht geboten. Da die Haut sofort angegriffen wird, muß man Gummihandschuhe tragen, und weil die entstehenden Dämpfe für die Augen sehr schädlich sind, muß man immer eine Schutzbrille tragen.

Für die Schmuckgestaltung ist Titan besonders wegen der Farbeffekte interessant geworden, die auf der Oberfläche entstehen. Beim *Erwärmen* bilden sich die Anlaßfarben genauso, wie sie vom Stahl bekannt sind, bei Titan sind sie aber markanter ausgeprägt, deutlich voneinander abgesetzt, und die einmal entstandene Farbwirkung ist völlig beständig, so daß man derartig behandelte Schmuckstücke mit gutem Gewissen dem Kunden zur Nutzung übergeben kann.

Die Erscheinung kommt dadurch zustande, daß bei Erwärmung eine Oxidschicht entsteht, in der bestimmte Anteile des Lichts absorbiert werden, und nur der Rest wird als Spektralfarbe reflektiert und von uns wahrgenommen. Mit steigender Glühtemperatur wächst die Oxidschicht in proportionalem Verhältnis, und da mit wachsender Oxidschichtdicke immer mehr Licht absorbiert wird, ergibt sich eine deutlich abgestufte Skala der Anlaßfarben, beginnend mit einem hellen Gelb (in der dünnen Oxidschicht wird nur wenig Licht absorbiert) über grünliche, violette, hellblaue Töne bis zum tiefdunklen Blau (aus der dicken Oxidschicht wird nur noch dieser Rest reflektiert).

Will man beispielsweise einen Streifen Titanblech für einen Armreifen verwenden, wird das eine Ende des Blechstreifens mit einer scharfen, heißen Flamme erhitzt. Wegen der geringen Wärmeleitfähigkeit kann man auf größeren Flächen keine gleichmäßige Färbung erreichen, vielmehr wandert der zuerst entstandene Gelbton nur langsam – und dadurch gut kontrollierbar – über die ganze Streifenlänge, gefolgt von Grün-, Violett- und Blautönen. Merkwürdigerweise bildet sich beim Titan noch einmal bei hoher Glühtemperatur eine Gelbfärbung. Wenn man den fertig gefärbten Streifen rund biegt, stoßen die bei-

den gelben Enden voreinander. Auf ähnliche Weise kann man auch Platten für Broschen oder Anhänger vorbereiten. Besonders gut lassen sich die Farbeffekte mit dem Schweißbrenner erzielen, und mit ihm kann man sogar das Metall anschmelzen, die Fläche wird reliefartig aufgeworfen, die Ränder von Durchbrüchen verdicken sich, es entstehen also Wirkungen, die vom Flambieren des Silbers bekannt sind. Daraus können reizvolle Kontraste zu den glatten, gefärbten Flächen entstehen.

Man kann die Wirkung der farbigen Titanplatte noch steigern, wenn man sie anschließend noch *ätzt*. Dazu wird in üblicher Weise Decklack aufgebracht und die Zeichnung freigeschabt. Da verdünnte Salzsäure nur in warmem Zustand das Titan angreift, würde sich der Decklack ablösen. Nur mit Flußsäure kann man das Titan in kaltem Zustand ätzen, wobei die Arbeitsschutzmaßnahmen unbedingt zu beachten sind.

Beim Ätzen wird zwischen den farbigen Anlauftönen das graue Metall freigelegt. So kann man mit einer grauen Zeichnung die farbige Fläche gliedern und auflockern.

Präziser als mit der Flamme kann man die Titanfärbung mit dem *elektrolytischen Oxidationsverfahren* einstellen, da ein genau definierter Zusammenhang zwischen der angelegten Spannung und der Dicke der Oxidschicht – und damit dem jeweiligen Farbton – besteht.

Die Titanoberfläche muß absolut sauber und fettfrei sein. Man stellt folgende Mischung zusammen:

20 % konzentrierte Salpetersäure
20 % Flußsäure
20 % Milchsäure
40 % destilliertes Wasser

Mit Rücksicht auf die Flußsäure muß man ein Kunststoffgefäß benutzen und beachten, daß Flußsäure schon bei 16 °C verdunstet. Mit der Kunststoffpinzette wird der Gegenstand etwa 10 s lang eingetaucht.

Ohne Zwischenwässerung taucht man den Gegenstand dann in konzentrierte Salpetersäure. Um Fettspuren zu vermeiden, wird das Titan grundsätzlich nicht mehr mit den Fingern berührt. Als Elektrolyt ist eine 10%ige Lösung von Natriumsulfid geeignet. Es werden aber auch jeweils 10%ige Lösungen von Schwefelleber, Natriumcarbonat, Ammoniumsulfat und cyanidischen Salzbädern empfohlen.

Man benutzt eine Edelstahlkathode, das Werkstück wird mit Klammern aus Edelstahl als Kontakte gehalten. Es dürfen keine aktiven Metalle gleichzeitig im Elektrolyt sein, weil dadurch die Qualität der Einfärbung beeinträchtigt wird.

Man arbeitet mit einer Stromdichte von 5 A/dm^2. Mit steigender Badspannung entstehen die unterschiedlichen Schichtdicken und damit die verschiedenen Farbtöne:

16 V – gelb
22 V – dunkelblau
27 V – hellblau
58 V – violett
70 V – blaugrün

Will man an einem Stück mehrere Farbtöne haben, wird die Platte zunächst mit der niedrigsten Spannung behandelt. Der Bereich, der diesen Ton behalten soll, wird abgedeckt, dann setzt man das Verfahren mit der nächsthöheren Spannung fort. Man kann auch umgekehrt verfahren: Erst wird die höchste Spannung eingesetzt, dann wird dieser Bereich abgedeckt und alles übrige mit dem Sandstrahlgebläse wieder abgelöst. Auf die metallische Oberfläche kommt dann bei niedrigerer Spannung eine entsprechend dünnere Oxidschicht und damit eine andere Farbe.

Da mit wesentlich höherer Spannung gearbeitet wird als bei der Edelmetallgalvanik, müssen alle Zuleitungen und Kontakte außerhalb des Bades gut isoliert sein, man arbeitet grundsätzlich mit Gummihandschuhen, und wegen der Knallgasentwicklung muß man für ausreichende Entlüftung sorgen. Auch bei den elektrolytisch erzeugten Farbschichten kann man aus gestalterischen Gründen einzelne Bereiche wieder metallisch blank, also weiß, machen. Dazu kann das Verfahren der Abdeckung, verbunden mit dem Sandstrahlgebläse benutzt werden, oder man deckt mit Lack ab und ätzt mit Flußsäure.

Eisen (Fe)

Es ist seit dem Altertum bekannt. Eisen ist polierfähig und hat eine bläulichweiße Farbe. Ein besonderes Kennzeichen des Eisens ist die gute Magnetisierbarkeit. Reines Eisen bleibt allerdings nur vorübergehend magnetisch, kohlenstoffhaltiges Eisen behält den Magnetismus ständig.

An feuchter Luft rostet es, beim Glühen bildet sich eine schwarze Zunderschicht, es ist in ver-

dünnten Säuren besser löslich als in konzentrierten. Härte und Festigkeit des technisch reinen Eisens sind etwa so groß wie beim Kupfer, mit weiterer Reinheit des Eisens werden sie sogar noch geringer. Deshalb wird es nur ausnahmsweise in reiner Form verwendet, wie für die Eisenkerne von Transformatoren.

Erst durch das Umschmelzen zu Legierungen ergeben sich die Eigenschaften, die das Eisen zu dem meistverbreiteten metallischen Werkstoff machen. Die Zusatzstoffe sind entweder schon beim Verhüttungsprozeß vom Eisen aufgenommen worden (Eisenbegleiter) oder wurden ihm absichtlich zugesetzt (Eisenveredler). Solche Zusatzstoffe sind: Si, Mn, Cr, Mo, V, W, Co, Ni. Von grundsätzlicher Bedeutung ist aber der Einfluß des Kohlenstoffs auf das Eisen. Bis zu 6,67 % C können als Eisencarbid Fe_3C chemisch gebunden werden; der Kohlenstoff kann aber auch als Graphit im Gefüge gelöst sein.

Weitere Informationen über die Eisenlegierungen werden im Kap. 1.8 gegeben.

1.5.2   Verhalten an der Luft und im Wasser

Gold, das typischste Edelmetall, bleibt sogar beim Erhitzen an der Luft unverändert, im Wasser ist es ebenfalls passiv.

Platin und die *Platinmetalle* verhalten sich an der Luft und im Wasser ähnlich wie Gold. Lediglich beim Palladium bildet sich zwischen 400 °C und 850 °C eine blauviolette Oxidschicht, die sich bei weiterer Erwärmung wieder löst.

Silber reagiert in festem Zustand mit Sauerstoff, indem sich an der Oberfläche ein Überzug von Silberoxid Ag_2O bildet. Daher erklärt es sich, daß in Wasser Silber-Ionen freigesetzt werden, die keimtötend wirken. Dieser Überzug erreicht aber nur molekulare Größenordnung und hat deshalb keine praktische Bedeutung, so daß reines Silber gegen Luftsauerstoff resistent wirkt. Dagegen entsteht durch den in der Luft enthaltenen Schwefelwasserstoff H_2S der schwarze Überzug von Silbersulfid Ag_2S, wenn das Feinsilber »anläuft«. Vom Wasser wird Silber in der Regel nicht beeinflußt.

Quecksilber bleibt an trockener Luft unverändert, beim Erwärmen bildet sich bei 300 °C Quecksilber(II)-oxid HgO, das bei 400 °C wieder zerfällt. Das schon bei Normaltemperatur schmelzflüssige Quecksilber ist merklich flüchtig und gibt hochgiftige Quecksilberdämpfe ab. Es muß deshalb in verschlossenen Gefäßen aufbewahrt werden; gegen Wasser ist Quecksilber passiv.

Kupfer bleibt in Wasser und an trockener Luft ziemlich beständig, allmählich bildet sich eine rote Schicht von Kupfer(I)-oxid Cu_2O, die leicht mit der Eigenfarbe des Kupfers verwechselt wird. Durch den Schwefelwasserstoffgehalt der Luft entsteht der dunkle Belag von Kupfer(II)-sulfid CuS. Beim Glühen bildet sich das schwarze Kupfer(II)-oxid CuO, das zusammen mit Kupfer(I)-oxid Cu_2O den spröden, blättrigen »Hammerschlag« ergibt. An feuchter Luft entsteht eine dichte, grüne Patinaschicht aus verschiedenen Kupfersalzen. Früher wurde die Patina durch das basische Kupfercarbonat $CuCO_3 \cdot Cu(OH)_2$ bestimmt, während heute durch den zunehmenden Gehalt von Schwefel und Chlor in der Luft Kupfer(II)-chlorid $CuCl_2 \cdot 3Cu(OH)_2$ und Kupfer(II)-sulfat $CuSO_4 \cdot 3Cu(OH)_2$, beide ebenso basisch, dazu kommen. Unter dem Einfluß der Witterung werden außerdem Schmutz- und Staubpartikel in die Patina eingelagert. So kommt es, daß heute die schöne grüne Patina nur noch auf der Kirchturmspitze entsteht; in Bodennähe, etwa bei einem Denkmal, bleibt es bei einem schwarz-braunen Überzug.

Zinn wird praktisch von Luft und Wasser nicht angegriffen. Beim Erhitzen im Luftstrom verbrennt es zu Zinn(IV)-oxid (Zinnasche) SnO_2, einem weißen, schwerlöslichen Pulver.

Blei überzieht sich an der Luft bald mit einer graublauen Schutzschicht von Bleioxid PbO; dieses Bleioxid bildet sich auch auf dem schmelzenden Metall als sog. »Bleiglätte«. In Wasser entsteht eine Schutzschicht aus Bleihydrogencarbonat $Pb(HCO_3)_2$ und Bleisulfat $PbSO_4$.

Zink wird von reinem Wasser kaum angegriffen. An der Luft bildet sich eine graue Schutzschicht aus basischem Zinkcarbonat $2\,ZnCO_3 \cdot 3\,Zn(OH)_2$; beim Erhitzen verbrennt das Zink zu Zinkoxid (Zinkasche) ZnO, einem weißen, in der Wärme grünlich leuchtenden Pulver.

Cadmium ähnelt in seinem Verhalten dem Zink. An der Luft überzieht es sich mit einem Oxidfilm, bei Erhitzen verbrennt es zu braunem Cadmiumoxid CdO.

Aluminium bildet in der Luft einen dichten Schutzfilm aus Aluminiumoxid Al_2O_3, wodurch es gegen Luft und Wasser resistent ist.

Eisen verändert sich an trockener Luft nicht, durch das Zusammenwirken von Feuchtigkeit und Sauerstoff an freier Atmosphäre oder in lufthaltigem Wasser – also den normalen Umweltbedingungen – zersetzt es sich zu dem bekannten, rotbraunen, schwammigen Rost, dessen chemische Zusammensetzung entsprechend den konkreten Entstehungsbedingungen schwankt und annähernd durch die Formel $x\,FeO \cdot y\,Fe_2O_3 \cdot z\,H_2O$ beschrieben wird. Die poröse Struktur des Überzugs ermöglicht das Fortschreiten des Prozesses, bis der gesamte Metallblock zu Rost zerfallen ist. Beim Glühen des Eisens bildet sich eine spröde, schwarze Schicht von Eisen(II, III)-oxid Fe_3O_4, dem sog. »Eisenhammerschlag«.

1.5.3   Verhalten in Säuren (Tabelle 1.2)

Gold wird auch von starken Säuren nicht angegriffen, nur in Königswasser, einer Mischung aus drei Teilen Salzsäure und einem Teil Salpetersäure, wird der »König der Metalle« zu Tetrachlorogold(III)-säure $H[AuCl_4]$ gelöst.

Platin wird, ähnlich wie Gold, nur von Königswasser angegriffen. In dem heißen Säuregemisch löst es sich zu Hexachloroplatin(IV)-säure $H_2[PtCl_6]$. Im übrigen ist es gegen Säuren resistent.

Palladium löst sich gut in Königswasser, wobei Hexachloropalladium(IV)-säure $H_2[PdCl_6]$ entsteht, die aber wegen ihrer geringen Beständigkeit beim Abdampfen in Palladium(II)-chlorid $PdCl_2$ zerfällt.

Tabelle 1.2   Säurelöslichkeit der Metalle

Metall	Säuren und zugehörige Salze							
	Salpetersäure HNO_3		Salzsäure HCl		Schwefelsäure H_2SO_4		Königswasser 3 Vol.-Teile HCl 1 Vol.-Teil HNO_3	
	Salz	Zustand	Salz	Zustand	Salz	Zustand	Salz	Zustand
Gold	–	–	–	–	–	–	$H[AuCl_4]$	–
Platin	–	–	–	–	–	–	$H_2[PtCl_6]$	h
Palladium	$Pd(NO_3)_2$	h, c, v	–	–	$PdSO_4$	c, k	$H_2[PdCl_6]$	–
Silber	$AgNO_3$	–	–	–	Ag_2SO_4	h	–	–
Quecksilber	$Hg(NO_3)_2$	–	–	–	$HgSO_4$	h, c	$HgCl_2$	–
Kupfer	$Cu(NO_3)_2$	–	–	–	$CuSO_4$	h, c	–	–
Zinn	H_2SnO_3	–	$SnCl_2$	–	–	–	–	–
Blei	$Pb(NO_3)_2$	v	–	–	$PbSO_4$	v	–	–
Zink	–	–	$ZnCl_2$	v	$ZnSO_4$	v	–	–
Cadmium	$Cd(NO_3)_3$	–	$CdCl_2$	–	$CdSO_4$	–	–	–
Aluminium	$Al(NO_3)_3$	h	$AlCl_3$	–	$Al_2(SO_4)_3$	–	–	–
Eisen	$Fe(NO_3)_3$	h, v	$FeCl_2$	v	$FeSO_4$	–	–	–

Nur löslich in
h = heißer Säure
c = konzentrierter Säure
k = kochender Säure
v = verdünnter Säure.

Quecksilber wird in verdünnter Salpetersäure leicht zu Quecksilber(II)-nitrat $Hg(NO_3)_2$ und in heißer, konzentrierter Schwefelsäure zu Quecksilber(II)-sulfat $HgSO_4$ gelöst. In Salzsäure ist es unlöslich, wird aber in Königswasser sehr leicht zu Quecksilber(II)-chlorid $HgCl_2$ gelöst.

Silber ist gegen nichtoxidierende Säuren wie Salzsäure und gegen organische Säuren resistent. Von konzentrierter Schwefelsäure wird es in heißem Zustand gelöst zu Silbersulfat Ag_2SO_4. Am besten greift Salpetersäure das Silber an (Silbernitrat $AgNO_3$); wegen der Resistenz des Goldes kann man mit diesem »Scheidewasser« die beiden Edelmetalle voneinander trennen.

Kupfer wird von Salzsäure nicht angegriffen, dagegen wird es von Salpetersäure unter Bildung giftiger, nitroser Gase zu Kupfer(II)-nitrat $Cu(NO_3)_2$ und in heißer, konzentrierter Schwefelsäure zu Kupfer(II)-sulfat $CuSO_4$ gelöst. Unter Einwirkung von Essigsäure entsteht Grünspan als Gemisch von Kupferacetaten, wie $Cu(CH_3COO)_2 \cdot H_2O$ und $Cu(CH_3COO)_2 \cdot 5\,H_2O$.

Zinn wird nur langsam von Salzsäure zu Zinn(II)-chlorid $SnCl_2$ und in Schwefelsäure zu Zinn(II)-sulfat $SnSO_4$ umgewandelt. In kochender Salpetersäure wird es zu Zinnsäure H_2SnO_3, einem unlöslichen, weißen Pulver, oxidiert.

Blei löst sich in verdünnter Salpetersäure zu Bleinitrat $Pb(NO_3)_2$, nur langsam wird es von verdünnter Schwefelsäure zu Bleisulfat $PbSO_4$ gelöst. In Salzsäure wird nur das Blei(II)-oxid PbO angegriffen und zu Blei(II)-chlorid $PbCl_2$ umgesetzt. Mit Essigsäure bildet sich das sehr giftige Blei(II)-acetat $Pb(C_2H_3O_2)_2$ (Bleizukker).

Zink löst sich leicht in verdünnter Salzsäure zu Zinkchlorid $ZnCl_2$ und in verdünnter Schwefelsäure zu Zinksulfat $ZnSO_4$.

Cadmium wird in Salpetersäure zu Cadmiumnitrat $Cd(NO_3)_2$ gelöst, nur langsam wird es in Schwefelsäure zu Cadmiumsulfat $CdSO_4$ und in Salzsäure zu Cadmiumchlorid $CdCl_2$ umgesetzt.

Aluminium setzt sich in Schwefelsäure zu Aluminiumsulfat $Al_2(SO_4)_3$, in Salzsäure zu Aluminiumchlorid $AlCl_3$ und in heißer Salpetersäure zu Aluminiumnitrat $Al(NO_3)_3$ um.

Eisen bildet in konzentrierten Säuren passive Schutzüberzüge, ist aber in verdünnten Säuren leicht löslich: In Salzsäure entsteht Eisen(II)-chlorid $FeCl_2$, in Schwefelsäure Eisen(II)-sulfat $FeSO_4$ und in heißer, verdünnter Salpetersäure Eisen(III)-nitrat $Fe(NO_3)_3$.

1.5.4   Härte

Für die Beurteilung der Verarbeitungseigenschaften der Metalle und Legierungen haben die Ergebnisse der Werkstoffprüfung große Bedeutung, weil mit den Prüfverfahren in verallgemeinerungsfähiger Form die technologischen Beanspruchungen simuliert werden; besonders wertvoll sind die Ergebnisse der Härteprüfung und des Zugversuchs, denn sie ergeben gute Vergleichsmöglichkeiten, um Auskunft über die plastische Umformbarkeit und die Qualität der Gebrauchseigenschaften zu bekommen.

Die Härte ist allgemein der Widerstand, den ein Körper dem Eindringen eines anderen, härteren Körpers entgegensetzt.

Das Prinzip der Härteprüfung nach *Brinell* (DIN 50351) beruht darauf, daß eine gehärtete Stahlkugel des Durchmessers D mit der Prüfkraft F so lange belastet wird, daß die Kraft innerhalb von 15 s kontinuierlich ansteigt und dann 30 s lang mit dem Maximalwert einwirkt. In dem zu prüfenden Werkstoff entsteht dabei ein Eindruck mit dem Durchmesser d (Bilder 1.8 und 1.9).

Zur Auswertung wird die Größe der Prüfkraft mit der im Werkstück entstandenen Eindruck-

oberfläche verglichen. Da meßtechnisch nicht die Tiefe, sondern der Durchmesser der entstandenen Kugelkalotte ermittelt wird, ergibt sich die Formel

$$HB = \frac{\text{Prüfkraft}}{\text{Eindruckoberfläche}} = \frac{0{,}102 \cdot 2\,F}{\pi\,D\,(D - \sqrt{D^2 - d^2}\,)}$$

F – Prüfkraft in N
D – Kugeldurchmesser in mm
d – Kalottendurchmesser in mm
HB – Brinellhärte-Einheit, ohne Dimensionsgröße

Bild 1.8   Härtemeßgerät

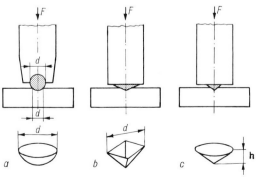

Bild 1.9   Härteprüfverfahren. a)   Brinellhärte, b) Vickershärte, c) Rockwellhärte

Um die Vergleichbarkeit der Meßwerte zu sichern, muß zwischen den Durchmessern von Kugel und Eindruckoberfläche das Verhältnis bestehen:

$$d = (0,2 \ldots 0,7)\ D$$

Die Meßwerte werden bei allen Härteprüfverfahren dimensionslos angegeben.

Zur Prüfung der Edel- und Buntmetalle benutzt man als Kugeldurchmesser $D = 5$ mm; für härtere Prüfstücke beträgt die Prüfkraft $F = 2450$ N, für weichere 1225 N.

So läßt die Brinellhärte wichtige Erkenntnisse über die Bearbeitbarkeit der Metalle und Legierungen zu (Bild 1.10). Aus dem Vergleich der Brinellwerte ersieht man, wie sich die einzelnen Metalle und Legierungen bei solchen Verfahren verhalten, bei denen das Werkzeug in den Werkstoff eindringt, wie beim Schroten, Schmieden, Prägen usw. Ganz allgemein ergeben sich Rückschlüsse auf das Verhalten der Werkstoffe bei plastischer Umformung.

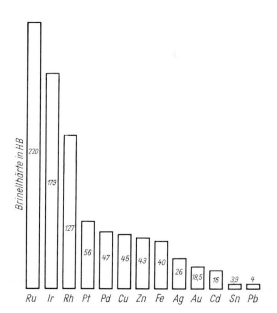

Bild 1.10   Brinellhärte der wichtigsten Metalle (Schema)

Für die Härteprüfung nach *Vickers* (DIN 50133) wird als Prüfkörper eine Diamantpyramide mit dem Spitzenwinkel von 136° verwendet und die Prüflast mit der aus dem Maß der Diagonalen ermittelten Eindruckoberfläche verglichen:

$$HV = \frac{\text{Prüfkraft}}{\text{Eindruckoberfläche}} = \frac{0,189\ F}{d^2}$$

F – Prüfkraft in N

d – Diagonale des Eindrucks in mm

HV – Vickershärte-Einheit ohne Dimensionsgröße

Meist benutzt man die Prüfkraft $F = 294$ N bei einer Belastungsdauer von $10 \ldots 15$ s.

Man wendet dieses Verfahren dann an, wenn das Brinell-Verfahren nicht mehr ausreicht, also bei besonders harten oder besonders dünnen Werkstoffen und bei Beschichtungen, wie etwa galvanischen Überzügen.

Die Härtemessung nach *Rockwell* (DIN 50103) arbeitet mit einer Vorlast von 98 N, dann erst wird die eigentliche Prüflast angelegt. Als Prüfkörper wird eine Stahlkugel von $D = \frac{1}{16}$ Zoll oder ein Diamantkegel mit dem Spitzenwinkel von 120° verwendet.

Es wird direkt die Eindrucktiefe ermittelt, wobei die Rockwell-Einheit festgelegt ist mit

$$1\ HR = 2\ \mu\text{m}.$$

Wegen der einfachen Handhabung und raschen Auswertung ist das Verfahren besonders für Serienprüfungen geeignet.

1.5.5   Zugfestigkeit

Eine besonders klare Vorstellung von den Veränderungen der Eigenschaften eines Metalls während der plastischen Umformung vermittelt der Zugversuch (DIN 50145). Man benutzt dazu heute meist eine Universalprüfmaschine, mit der Zug-, Druck- und Biegeversuche durchgeführt werden können (Bilder 1.11 und 1.12).

Durchführung des Zugversuchs. Ein standardisierter Probestab wird in die Zerreißmaschine gespannt und dann mit der Prüfkraft F belastet. Dabei wird der Stab länger und dünner. Mit steigender Belastung bildet sich in der Stabmitte eine Einschnürung, und schließlich zerreißt er an dieser Stelle (Bild 1.13).

Zur Auswertung der Ergebnisse wird die Prüfkraft F auf den Ausgangsquerschnitt des Stabes A_0 bezogen:

$$\sigma = \frac{F}{A_0}$$

σ – Spannung in N/mm^2

F – Prüfkraft in N

A_0 – Ausgangsquerschnitt in mm^2

Aus dem Verhältnis von Verlängerung und Ausgangslänge ergibt sich die Dehnung

$$\varepsilon = \frac{\Delta L}{L_0} \cdot 100$$

ε – Dehnung in %

ΔL – Verlängerung in mm

L_0 – Ausgangslänge in mm

Spannungs-Dehnungs-Diagramm. Der Dehnungsverlauf ε wird bei wachsender Spannung σ verfolgt und daraus das Diagramm meist selbsttätig von der Maschine aufgezeichnet (Bild 1.14).
Die Spannung bewirkt zunächst die *elastische Verlängerung* des Probestabs, beide Größen sind in diesem elastischen Bereich des Zugversuchs proportional im Sinne des Gesetzes von

Bild 1.12   Eingespannter Prüfstab mit Dehnungsaufnehmer

Hooke, und die Kurve steigt geradlinig an. Beim Nachlassen der Spannung geht die Dehnung auf der gleichen Geraden zum Ausgangswert zurück.
Wenn die Spannung den Wert σ_1 erreicht hat, ist die Proportionalitätsgrenze erreicht, die bei den Metallen mit der Elastizitätsgrenze zusammenfällt; praktisch läßt sich dies nur mit der technischen Elastizitätsgrenze $\sigma_{0,01}$ feststellen, bei einer Spannung also, die bereits die maximale Verlängerung von 0,01 % bewirkt hat. Das hängt damit zusammen, daß einzelne, in optimaler Richtung orientierte Kristallite doch schon bleibend umgeformt werden, während der Gesamtblock nur elastisch deformiert ist.
Wenn die Spannungswerte über $\sigma_{0,01}$ wachsen, beginnt die eigentliche *plastische Verlängerung* des Probestabs. Der Übergang vom elastischen in den plastischen Teil der Kurve erfolgt in der Praxis stetig, deshalb wird als praktische Streckgrenze die Spannung $\sigma_{0,2}$ angenommen, die eine 0,2%ige Verlängerung bewirkt. Während der plastischen Umformung wächst die Dehnung schneller als die Belastung, die Kurve verläuft also flacher als im elastischen

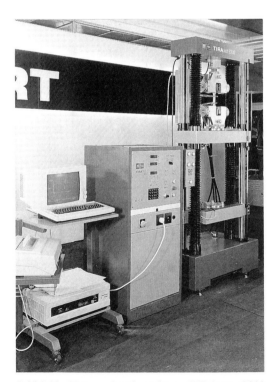

Bild 1.11   Universalprüfmaschine TIRAtest 2300 für Zug-, Druck-, Biegeversuche bis 100 kN Prüflast

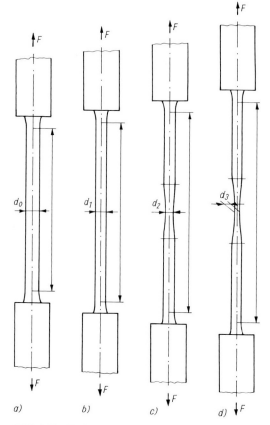

*Bild 1.13	Dehnung des Prüfstabs (schematisch). a) Ausgangsform, b) gleichmäßige Verlängerung, c) beginnende Einschnürung, d) Einschnürung und Bruch.*

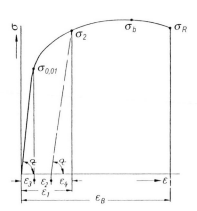

*Bild 1.14	Spannungs-Dehnungs-Diagramm (Schema)*

Bereich. Wenn man die Belastung aufhebt, nachdem bereits eine plastische Umformung erfolgte, bleibt zwar die plastische Verlängerung erhalten, aber die elastische Verlängerung geht wieder zurück.

Wenn beispielsweise bei einem beliebigen Punkt σ_2 entlastet wird, fällt die Kurve nicht senkrecht ab, sondern geht parallel zur Geraden der elastischen Umformung so zurück, daß bei ε_2 die tatsächliche bleibende Dehnung abgelesen werden kann. Betrug die Dehnung also unter Belastung ε_1, geht sie bei Entlastung auf ε_2 zurück.

Wird der gleiche Stab dann wieder belastet, so steigt die Kurve auf der Geraden wieder an, auf der sie abgesunken war, also von ε_2 auf σ_2. Daraus ergibt sich, daß bei mehrfacher Wiederholung der Umformung der elastische Anteil größer wird.

Die Kurve der plastischen Umformung erreicht das Maximum, wenn die Bruchspannung σ_B erreicht ist. Bis zu dieser Belastung wird der Probestab gleichmäßig gedehnt, nun bildet sich in der Stabmitte die »Einschnürung«, die angelegte Kraft wirkt nur noch auf diesen Bereich, und der Querschnitt vermindert sich nur noch hier. Da aber die Spannung immer auf den Ausgangsquerschnitt bezogen wird, erfolgt die weitere Verlängerung bei sinkender Spannung, die Kurve fällt ab; auf den tatsächlichen Querschnitt der Einschnürung bezogen steigt die Spannung allerdings weiter an.

Schließlich zerreißt der Probestab in der Mitte der Einschnürung. Bei der Zerreißfestigkeit σ_Z ist die maximale Verlängerung des Stabes mit der Bruchdehnung δ erreicht.

Praktische Auswertung. Größte Bedeutung für die Beurteilung eines Werkstoffs haben die beiden Meßwerte σ_B und ε.

$$\sigma_B = \frac{F_{max}}{A_0} \qquad \varepsilon = \frac{L_B - L_0}{L_0} \cdot 100$$

σ_B – Zugfestigkeit in N/mm^2
F_{max} – maximale Prüfkraft in N
A_0 – Ausgangsquerschnitt in mm^2
ε – Bruchdehnung in %
$L_B - L_0$ – Verlängerung bis zum Bruch in mm
L_0 – Ausgangslänge in mm

Die Zugfestigkeit σ_B bildet die Grundlage aller konstruktiven Festigkeitsberechnungen, sie gibt auch als Vergleichsgröße eine gute

Vorstellung von der Belastbarkeit eines Werkstoffs bei der Umformung, ergänzt durch die Werte von δ (Bild 1.15).

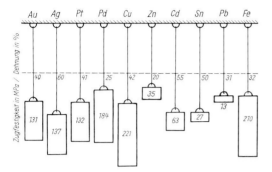

Bild 1.15 Dehnung und Zugfestigkeit der wichtigsten Metalle

Zwischen Zugfestigkeit und Brinellhärte besteht bei den Edel- und Buntmetallen etwa die Beziehung

$$\sigma_B \approx 4 \dots 5 \, HB$$

Folgende Einflüsse können die Festigkeit ändern:
- Bei Legierungsbildung steigt die Festigkeit meist an.
- Bei umgeformten Metallen steigt die Festigkeit zunächst an, sinkt dann aber mit steigendem Umformungsgrad rasch ab, wenn die Streckgrenze erreicht ist.
- Feinkörniges Gefüge ergibt höhere Festigkeit als grobkörniges.
- Mit steigender Temperatur nimmt die Festigkeit ab.

Große Festigkeit und hohe Streckgrenze erfordern einen hohen Kraftaufwand, wenn das Metall bleibend umgeformt werden soll, andererseits wird sich das Werkstück beim Gebrauch nur schwer verbiegen oder verbeulen. Ist die Dehnung gering, kann das Metall beim Walzen, Ziehen, Schmieden, Treiben, Prägen, Biegen usw. nur wenig beansprucht werden. Bei einem Metall mit guter Dehnbarkeit muß die mögliche Verlängerung über 30 % liegen. Auch dem Schneiden und Sägen geht eine plastische Beanspruchung voraus, ehe sich die Teile trennen lassen. Je niedriger die Festigkeit eines Metalls ist, um so weniger Kraft ist

auch zur Trennung nötig. Für Feingoldblech kann man eine Papierschere benutzen, während man für ein Stahlblech gleicher Dicke eine kräftige Blechschere braucht. Von dem Metall, aus dem ein Ring gefertigt werden soll, verlangt man eine gewisse Festigkeit, damit sich das Stück nicht verbiegen oder verdrücken läßt. Die Dehnung des Materials muß andererseits groß genug sein, um die einzelnen Teile des Rings bei der Anfertigung biegen, hämmern und auftiefen zu können.

Das Fassungsmaterial muß eine möglichst hohe Dehnung haben, damit es leicht an den Stein gedrückt werden kann. Allerdings darf die Härte – der Abnutzungswiderstand – nicht zu gering sein, sonst würde die Fassung schnell verschleißen.

Ähnlich ist es mit einer Trauringlegierung: Hier muß die Dehnung groß genug sein, um den Ring schmieden zu können, andererseits soll eine hohe Härte die Abnutzung weitgehend einschränken, und schließlich muß die Festigkeit groß genug sein, um das Verbiegen des Rings im Gebrauch zu verhindern. Von einer Kette verlangt man, daß sie aus einem Metall mit hoher Festigkeit gefertigt ist, eine gewisse Härte muß die Abnutzung der Glieder einschränken; trotzdem müssen die Glieder sich bei der Herstellung gut biegen lassen.

So könnte man die Reihe der Anwendungsbeispiele noch fortsetzen. Im weiteren Verlauf der Abhandlung wird die Anwendung der Ergebnisse des Zugversuchs immer wieder aufgegriffen.

Für die wichtigsten Edelmetallegierungen sind deshalb die Werte von Härte, Dehnung und Zugfestigkeit als Kurven dargestellt und können aus den Diagrammen abgelesen werden.

1.5.6 Wärme

Die Wärme eines Stoffes – und damit auch eines Metalls – wird bestimmt durch die ungeordnete Eigenbewegung der enthaltenen Elementarteilchen.

Ein Maß für diese innere Energie ist in erster Linie die *Temperatur* des Metalls.

Wird dem Metall eine *Wärmemenge* zugeführt, erhöht sich die Temperatur, und die Energie dieser ungeordneten Bewegung der Teilchen wächst.

Weil sich dabei auch deren Schwingungsweite vergrößert, erhöht sich das Volumen, und so kommt es zur *Wärmeausdehnung* der Metalle. Innerhalb des Metalls wird die zugeführte Wärmeenergie auf Grund der *Wärmeleitfähigkeit* vom wärmeren zum kälteren Bereich transportiert, bis sich im ganzen Metallblock der Gleichgewichtszustand eingestellt hat.

Temperatur. Die Temperatur wird in °C gemessen; bei Temperaturänderung wird die Differenz in K ausgedrückt. Wird ein Metall beispielsweise beim Glühen von 20 °C auf 650 °C erwärmt, beträgt die Differenz 630 K.

Wärmemenge. Die zur Temperaturerhöhung erforderliche Wärmemenge ergibt sich aus der Beziehung

$Q = m \cdot c \cdot \Delta t$
Q – Wärmemenge in kJ
m – Masse in kg
c – spezifische Wärmekapazität
    in kJ/(kg · K)
Δt – Temperaturänderung in K

Der jeweilige Wärmebedarf als typische Eigenschaft der Metalle wird durch die *spezifische Wärmekapazität* ausgedrückt, die sehr unterschiedlich sein kann und sich mit der Erhöhung der Temperatur etwas ändert, so daß man mit einem Durchschnittswert rechnet.

Beispiel: Welche Wärmemenge ist erforderlich, um 25 g Gold von 20 °C auf 1063 °C zu erwärmen?

$Q_1 = 0{,}025\ \text{kg} \cdot 0{,}1310\ \text{kJ/(kg} \cdot \text{K)} \cdot 1043\ \text{K}$
$= \underline{3{,}42\ \text{kJ}}$

Um das Metall nach Erreichen der Schmelztemperatur zu verflüssigen, also den Zusammenhalt des Gitterverbandes aufzulösen, ist als zusätzliche Energie die *Schmelzwärme* erforderlich. Beim vorliegenden Beispiel sind dies unter Berücksichtigung der spezifischen Schmelzwärme des Goldes und der Masse

$Q_2 = m \cdot q = 0{,}025\ \text{kg} \cdot 67\ \text{kJ/kg} = \underline{1{,}68\ \text{kJ}}$

q – spezifische Schmelzwärme in kJ/kg

Um 25 g Gold von Normaltemperatur bis zum Schmelzpunkt zu erwärmen und anschließend zu verflüssigen, sind demnach erforderlich:

$Q_1 = 3{,}42\ \text{kJ}$
$\underline{Q_2 = 1{,}68\ \text{kJ}}$
$Q_{\text{ges}} = 5{,}10\ \text{kJ}$

Die zur Wärmebehandlung der Metalle notwendige Wärmemenge wird beispielsweise als Verbrennungswärme am Brenner der Gaspistole oder als Strahlungswärme im Elektroofen durch Wärmeübertragung dem Arbeitsgegenstand zugeführt. Dabei geht ein großer Teil der Wärmeenergie verloren, weil die Übertragung nicht genau auf das Objekt gezielt werden kann. So werden Lötunterlage, Schmelztiegel und der umgebende Raum mit beheizt. Der Wirkungsgrad ist also gering. Demnach muß eine weit größere Wärmemenge aufgebracht werden, als rechnerisch für die Temperaturerhöhung des Metalls ermittelt wurde.

Die in der Übersicht (Bild 1.16) zusammengestellten Werte geben eine gute Vergleichsmöglichkeit, und es zeigt sich, daß zwischen den Metallen erhebliche Unterschiede bestehen können. So benötigt man beispielsweise zum Erhitzen und Schmelzen des Kupfers etwa die

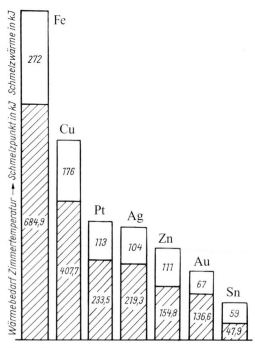

Bild 1.16   Wärmebedarf zur Verflüssigung von 1 kg Metall (Schema)

dreifache Wärmemenge, die zum Schmelzen des Goldes notwendig ist, obgleich beide Metalle fast gleiche Schmelztemperaturen haben.

Wärmeausdehnung. Jedes Metall dehnt sich beim Erwärmen nach allen Seiten gleichmäßig aus und zieht sich bei Abkühlung wieder zusammen. Da diese Erscheinung bei Drähten und Stäben besonders deutlich wird, betrachtet man meist die lineare Verlängerung, und mit dem Längen-Temperaturkoeffizienten α wird ausgedrückt, um wieviel sich ein Stab von 1 m verlängert, wenn er um 1 K erwärmt wird. Zum Vergleich sind die Meßwerte auf Bild 1.17 zusammengestellt.

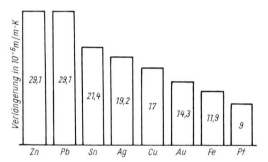

Bild 1.17   *Wärmeausdehnung der wichtigsten Metalle (Schema)*

Erwärmt man zwei Stäbe gleicher Form und Größe aus Zink und Platin, beträgt die Verlängerung des Zn-Stabes mehr als das Dreifache der des Pt-Stabes.
Die auffallend geringe Wärmeausdehnung des Platins wirkt sich sehr nachteilig und störend aus, wenn man beispielsweise Platin oder Weißgold auf normales Farbgold dubliert. Das Grundmetall wird beim Löten stark gedehnt, während sich das dünne Platinblech fast nicht verändert. Nachdem beide Metalle durch das Lot fest verbunden sind, wird die Kontraktion des Farbgolds stark behindert, weil sich das Platin bei der Abkühlung kaum verändert. Hat man einen silbernen Gegenstand mit Stahl-Bindedraht fest umwickelt, kann es passieren, daß der Bindedraht beim Löten den Gegenstand einschnürt und dessen Form verändert, weil sich der Stahldraht weit weniger ausdehnt als das Silber.
Die Wärmeausdehnung des Glases ist sehr gering und entspricht mit $\alpha = 8{,}6 \cdot 10^{-6}$ m/(m $\cdot$ K)

ungefähr der des Platins. Man muß deshalb dem Email Zusatzstoffe beimischen, die dessen Ausdehnung beim Erwärmen erhöhen, damit es sich überhaupt mit den üblichen Grundmetallen vereinigen läßt.

Wärmeleitfähigkeit. Man vergleicht das Leitvermögen mit Hilfe der Wärmeleitfähigkeit λ in W/(m $\cdot$ K) (Bild 1.18).

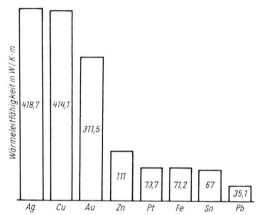

Bild 1.18   *Wärmeleitfähigkeit der wichtigsten Metalle (Schema)*

Von der hohen Wärmeleitfähigkeit des Silbers hat sich wohl schon jeder Goldschmied überzeugen können, wenn er einen Silberdraht in der Hand hält, um eine Kugel anzuschmelzen. Vergleicht man die Leitfähigkeit eines Platin- und eines Silberdrahts, so ergibt sich, daß durch den Silberdraht in der gleichen Zeit die sechsfache Wärmemenge geleitet wird. Wollte man durch den Platindraht die entsprechende Wärmemenge leiten, dürfte seine Länge nur $\frac{1}{6}$ des Silberdrahts betragen, oder man brauchte bei gleicher Länge die sechsfache Zeit.
Soll ein Ring mit hitzeempfindlichem Stein an der Schiene gelötet werden, muß so schnell erhitzt werden, daß sich der Stein nicht erwärmen kann. Wenn die Lötung bei einem Gold- oder Platinring möglich ist, kann bei einem gleichartigen Silberring so viel Wärme weggeleitet werden, daß an der Lötstelle nicht die erforderliche Hitze erreicht wird, während sich der gesamte Ring so aufheizt, daß der Stein bedrohlich gefährdet wird.

1.5.7   Reflexionsvermögen

Das sichtbare Licht umfaßt die elektromagnetischen Strahlungen, deren Wellenlängen etwa in dem Bereich zwischen 400 nm und 700 nm liegen.

Alle Metalle sind als undurchsichtige Körper aufzufassen, die an der Oberfläche einen Teil des auffallenden Lichts absorbieren und die restliche Strahlung reflektieren. Dadurch werden Eigenfarbe und Helligkeit der Metalle bestimmt.

In Form eines Diagramms ist auf Bild 1.19 dargestellt, welcher Anteil der Strahlungen unterschiedlicher Wellenlänge von den Edelmetallen reflektiert wird, wenn das auftreffende Licht mit 100 % eingesetzt wird.

Deutlich erkennt man beim Gold, dem einzigen farbigen Edelmetall, daß die Reflexion der violetten und blauen Töne wesentlich geringer ist als bei den gelben und roten.

Silber hat unter allen Metallen das höchste Reflexionsvermögen; die Werte der Platinmetalle

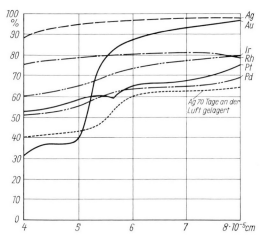

Bild 1.19   Reflexionsvermögen der wichtigsten Edelmetalle im Bereich des sichtbaren Lichts

liegen deutlich niedriger; der Kurvenverlauf ist bei allen diesen weißblauen Metallen ähnlich.

Wenn das Silber anläuft, verringert sich das Reflexionsvermögen sehr, weil in dem entstehenden Silbersulfid-Belag erhebliche Teile des Lichts absorbiert werden. In der zunächst dünnen Schicht, die noch gelblich aussieht, werden die violetten und blauen Strahlungen zurück-

gehalten; mit steigender Schichtdicke entspricht die Absorption der abgebildeten Kurve, und die Schicht sieht bräunlich-gelb aus; wird der Belag noch dicker, wird das auffallende Licht fast restlos absorbiert, so daß der Silbergegenstand dann schwarz oder blauschwarz aussieht. Bei den mit Schwefelleber geschwärzten (»oxidierten«) Silbergegenständen wird eine solche Wirkung beabsichtigt.

Wenn man Silbergegenstände galvanisch rhodiniert, um sie vor dem Anlaufen zu schützen, wird das Reflexionsvermögen des Silbers durch das etwas niedrigere des Rhodiums ersetzt, man hat aber die Gewißheit, daß diese Wirkung auf die Dauer erhalten bleibt, weil das Rhodium an der Luft absolut beständig ist.

1.6   Edelmetallegierungen

Als Legierung bezeichnet man die Mischung von zwei oder mehr Metallen bzw. von Metall mit Nichtmetallen, die meist durch Zusammenschmelzen der Komponenten hergestellt werden, ausnahmsweise aber auch durch Diffusion fester, flüssiger oder gasförmiger Stoffe in Metall entstehen können. Diese Mischungen haben selbst wieder metallische Eigenschaften.

Durch gezielte Auswahl und Dosierung der Komponenten können die Eigenschaften der reinen Metalle wesentlich beeinflußt und ganz neue Qualitäten geschaffen werden. Bei den Edelmetallen kommt noch die Verminderung des Preises dazu.

1.6.1   Löslichkeit der Metalle

Verhalten in flüssigem Zustand
Beim Zusammenschmelzen der Metalle können sich folgende Möglichkeiten ergeben.

Völlige Unmischbarkeit. Es gibt in flüssigem Zustand keine gegenseitige Löslichkeit der Komponenten, die Metalle lagern sich entsprechend ihrer Dichte in deutlich unterscheidbaren Schichten übereinander ab. Dementsprechend würden sich beim Gießen die Metalle voneinander getrennt in der Form absetzen.

Wenn mit den Metallen in flüssigem Zustand

keine homogene Mischung zu erreichen ist, besteht keine Möglichkeit, daraus eine brauchbare Legierung herzustellen!

Völlige Löslichkeit. Hierbei lösen sich die Metalle in jedem beliebigen Mischungsverhältnis zu einer homogenen Schmelze, in der die Ausgangsstoffe nicht mehr zu unterscheiden sind. Dieser Fall ist der bei weitem häufigste und wichtigste, denn nur aus einer homogenen Schmelze kann eine Legierung entstehen.

Begrenzte Löslichkeit. In der Schmelze des einen Metalls wird nur eine begrenzte Menge des jeweils anderen Metalls aufgenommen; wird diese Grenze überschritten, setzt sich der Überschuß als unlösliche Schicht in der Schmelze ab.

Als Beispiel dafür kann das System Ag-Ni dienen: In der Nickelschmelze lassen sich bis zu 2 % Ag lösen, im flüssigen Silber bis zu 0,4 % Ni. Ist der Anteil des zugesetzten Metalls höher, bilden die beiden Phasen übereinanderliegende Schmelzschichten. So würde bei einer 50%igen Legierung die Schmelze aus einer Nickelschicht mit 2 % Ag und einer Silberschicht mit 0,4 % Ni bestehen.

Voraussetzung für eine praktisch nutzbare Legierung ist immer, daß eine homogene, einphasige Schmelze gebildet wird, in der die beteiligten Komponenten restlos gelöst sind. Es kommen also nur solche Mischungen in Frage, die im flüssigen Zustand völlig löslich sind bzw. bei begrenzter Löslichkeit noch im Homogenitätsbereich liegen, wie etwa bei dem Beispiel des Systems Ag-Ni nur Ni mit maximal 2 % Ag bzw. Ag mit maximal 0,4 % Ni.

Verhalten in festem Zustand (Bild 1.20)
Homogene Mischkristalle. Wenn die beteiligten Metalle den gleichen Gittertyp bilden und etwa gleiche Atomgröße haben, kann es sein, daß die völlige Löslichkeit auch in festem Zustand beibehalten wird. Das Kristallgitter wird von den Atomen der beteiligten Metalle gemeinsam aufgebaut, in jedem Kristallit sind die Legierungsmetalle in gleichem Verhältnis wie in der Gesamtlegierung verteilt. So entspricht das Mikroschliffbild einer Legierung Au-Ag oder Au-Cu dem eines reinen Metalls.

Heterogenes Kristallgemenge. Sind die Komponenten aber in ihrem strukturellen Aufbau unterschiedlich, so »entmischt« sich die einheitliche Schmelze beim Erstarrungsprozeß, und jeder Gitterverband wird jeweils nur von einer Atomart gebildet, die Kristallite bestehen immer nur aus einem der beteiligten Metalle. Diese Form absoluter Unlöslichkeit in festem Zustand kommt in der Praxis nur selten vor.

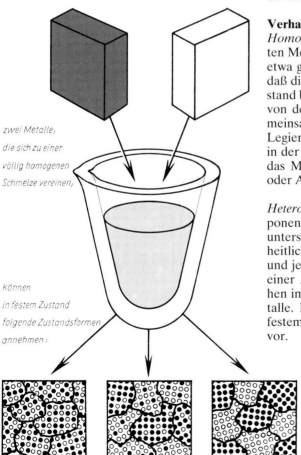

zwei Metalle,
die sich zu einer
völlig homogenen
Schmelze vereinen,

können
in festem Zustand
folgende Zustandsformen
annehmen:

a   *b*   *c*

Bild 1.20 Legierungsbildung aus der homogenen Schmelze (Schema). a) homogene Mischkristalle, b) begrenzte Mischkristallbildung, c) heterogenes Kristallgemenge

Begrenzte Mischkristallbildung. Während die Komponenten in flüssigem Zustand eine völlig homogene Schmelze bilden, entstehen bei der Erstarrung Mischkristalle, in denen jeweils eine Metallart überwiegt, und im Kristallgitter dieses Metalls wird eine begrenzte, geringe Menge der Atome des anderen Metalls eingebaut. Die unterschiedlichen Kristallarten sind auf dem Mikroschliffbild deutlich zu erkennen. Dieser Legierungstyp kommt ziemlich häufig vor und hat für die Praxis sehr große Bedeutung, weil sich dabei die Eigenschaften der Legierungen besonders stark von denen der reinen Metalle unterscheiden, wie etwa beim System Ag-Cu.

Intermetallische Verbindungen. (Metallide). Im Kristallgitter sind die Atome der beteiligten Metalle in ganzzahligem Mengenverhältnis enthalten. Dieses Verhältnis der Atommengen wird mit Hilfe der chemischen Symbole ausgedrückt. Wenn solche Ausdrücke, wie AuCu, Au_2Cu_3 bei flüchtiger Betrachtung auch an chemische Molekülformeln erinnern, so haben sie tatsächlich nichts damit zu tun, denn es handelt sich nur um die Angabe des Mengenverhältnisses bei metallischen Bindungen. Bei ganzzahligem Verhältnis können nämlich die Atome des Gitterverbandes in regelmäßiger Folge geordnet sein, so daß beispielsweise die Atome des einen Metalls die Würfelecken, die des anderen die Zentralplätze besetzen. Zur Ordnung der Atome entsprechend der Gitterstruktur kommt also noch die regelmäßige Platzverteilung, deshalb spricht man von einer »Überstruktur«. Es können sehr komplizierte Gitterverbände gebildet werden, die sich von denen der reinen Metalle wesentlich unterscheiden und deren Komponenten in solchen Verhältnissen stehen können wie Cu_5Zn_8, $Cu_{31}Sn_8$.
Alle Metallide sind hart, spröde und kaum plastisch formbar.

1.6.2   Randsysteme der Legierung Au-Ag-Cu

1.6.2.1   System Au-Ag

Zustandsdiagramm
Mit diesem Diagramm wird das Verhalten der

Legierungen bei Änderung des Aggregatzustands fest-flüssig dargestellt. Aus einer solchen Übersicht lassen sich wesentliche Aussagen über die Charakteristik jeder beliebigen Metallmischung des betreffenden Systems ableiten. Diese Diagramme bilden deshalb eine der wichtigsten Grundlagen der Metallkunde.
Da die Legierung Au-Ag einen besonders einfachen Kurvenverlauf hat, soll daran das Prinzip erläutert werden (Bild 1.21). Im Koordinatensystem werden auf der Senkrechten die Temperaturen in °C, auf der Waagerechten die Konzentration der Legierung in Tausendteilen aufgetragen. Im Ergebnis von Messungen werden für einige Legierungen des Systems die Umwandlungstemperaturen empirisch ermittelt, die Werte in das Diagramm eingetragen und durch Kurven miteinander verbunden.

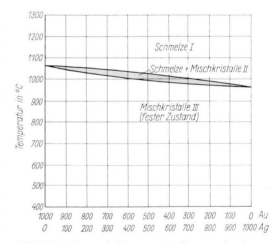

Bild 1.21   Zustandsdiagramm des Systems Au-Ag

Während bei reinen Metallen die Änderung des Aggregatzustands bei konstanter Temperatur – dem Schmelzpunkt – erfolgt, gibt es bei den Legierungen ein Temperaturintervall zwischen Beginn und Ende der Erstarrung mit den Liquidus- und Solidustemperaturen.
So begrenzt die Liquiduskurve den flüssigen und die Soliduskurve den festen Zustand der Legierung; zwischen beiden Kurven ist der Übergangsbereich, in dem Schmelze und Mischkristalle, also flüssige und feste Phase, nebeneinander vorliegen. Demnach sind die Metalle im Bereich I schmelzflüssig. II be-

zeichnet das teigartige Übergangsstadium, und im Bereich III besteht die Legierung aus festen Mischkristallen.

Das Diagramm ist sowohl für den Verlauf des Erstarrungsprozesses als auch umgekehrt für das Erschmelzen gültig. So kann man sehen,

- bei welcher Temperatur eine bestimmte Legierung erstarrt,
- welche Temperatur erreicht sein muß, um sie zu verflüssigen,
- wann sie »schmort«,
- wie geglüht werden muß und
- ob man ablöschen soll usw.

Dazu einige Ablesebeispiele:

1000 Au (0 Ag). Es handelt sich um Feingold. Bei 1063 °C, dem Schmelz- bzw. Erstarrungspunkt, erfolgt die Änderung des Aggregatzustands fest-flüssig. Bei dieser Temperatur befindet sich das Metall so lange in einem teigartigen Übergangsstadium, bis die Umwandlung fest-flüssig abgeschlossen ist.

Au 900 (Ag 100). Hierbei sieht man, daß kein einfacher Umwandlungspunkt mehr vorliegt, sondern daß sich der Schmelzpunkt zu einem Temperaturintervall erweitert, d. h., der teigartige Übergangszustand liegt zwischen zwei unterschiedlichen Temperaturwerten. Bei etwa 1058 °C werden aus der Schmelze die ersten Mischkristalle ausgeschieden (Liquiduspunkt), und erst bei 1048 °C ist die Mischkristallbildung abgeschlossen (Soliduspunkt). Zwischen Liquidus- und Soliduspunkt liegt das für Legierungen typische Schmelzintervall.

Au 500 (Ag 500). Bei der Legierung, in der beide Metalle im gleichen Mengenverhältnis miteinander gemischt sind, ist das Intervall zwischen Liquiduspunkt 1020 °C und Soliduspunkt 1000 °C noch größer.

Au 250 (Ag 750). Mit steigendem Silbergehalt verringert sich der Abstand zwischen Liquidus- und Soliduspunkt wieder (988 . . .975 °C).

Au 0 (Ag 1000). Schließlich haben wir beim Feinsilber die konstante Umwandlungstemperatur von 961 °C.

Zusammenfassend ist festzustellen: Alle irgendwie möglichen Liquiduspunkte des Systems liegen auf einer erhaben gewölbten Kurve, während die Soliduspunkte auf einer nach unten gewölbten Kurve liegen. Beide Kurven treffen sich in den Schmelzpunkten der reinen Metalle.

Ein solches Diagramm ist typisch für die Bildung homogener Mischkristalle.

Eigenschaften und Bedeutung

Wie aus dem Diagramm ersichtlich ist, liegen alle Liquidus- und Solidustemperaturen zwischen den Schmelzpunkten von Au und Ag.

Die Farbe ändert sich mit steigendem Silbergehalt vom Gelb des Feingolds über grünlich bis zum Weiß des Silbers. Zwischen Au 600 und Au 700 entsteht eine besonders deutliche Grünfärbung; bei 50 %igem Atomverhältnis von Au und Ag, also bei Au 646, wird der intensivste Grüngold-Farbton erreicht.

Nur solche Legierungen, deren Goldgehalt unter Au 523 liegt, können von Salpetersäure zersetzt werden, Legierungen mit höherem Goldgehalt werden kaum angegriffen. In Königswasser lassen sie sich lösen, wenn der Feingehalt über Au 750 liegt, der Silberanteil also weniger als ¼ beträgt; bei höherem Silbergehalt bedeckt sich der Gegenstand mit einer unlöslichen Schutzschicht aus Silberchlorid AgCl, die den weiteren Angriff verhindert. Die Anlaufgrenze liegt bei Au 377. Legierungen mit geringerem Goldanteil werden also von den in der Atmosphäre enthaltenen Schwefel- und Ammoniumanteilen geschwärzt, deshalb kann man sie auch mit Schwefelleber schwarz färben.

Die reinen Au-Ag-Legierungen werden in der Praxis kaum benutzt, es wird meist noch etwas Kupfer zugesetzt, selbst dem Grüngold werden noch weitere Metalle zulegiert.

So sind die Au-Ag-Legierungen nur als Randsystem der Dreistofflegierungen Au-Ag-Cu wichtig.

1.6.2.2   System Au-Cu

Zustandsdiagramm (Bild 1.22)

Wegen der engen Verwandtschaft beider Metalle werden, wie bei der eben behandelten Legierung, in jeder Zusammensetzung nur homogene Mischkristalle gebildet.

Die Liquidus- und Solidustemperaturen aller Legierungen liegen *unter* den Schmelzpunkten der Ausgangsmetalle Gold (1063 °C) und Kupfer (1084 °C). Bei der Konzentration von Au 820, Cu 180 wird das Minimum von 889 °C erreicht. Die Temperatur bleibt während der

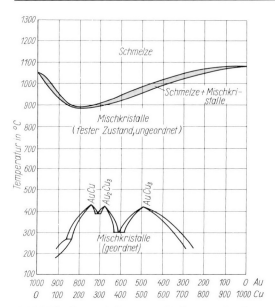

Bild 1.22   Zustandsdiagramm des Systems Au-Cu

Änderung des Aggregatszustands konstant, so daß Liquidus- und Solidustemperatur gleich sind. Bei dieser Temperatur treffen deshalb beide Kurven in einem Punkt zusammen.

Aus dem Diagramm ist außerdem zu ersehen, daß im festen Zustand unter 400 °C bei den Atomverhältnissen AuCu, Au_2Cu_3, $AuCu_3$ intermetallische Verbindungen durch Bildung von Überstrukturen entstehen können, wodurch in diesem Bereich bei langsamer Abkühlung oder durch Tempern wesentliche Steigerungen von Härte und Festigkeit auftreten können (vgl. »Glühen und Aushärten«).

Eigenschaften und Bedeutung
Das Au-Cu-System umfaßt die Rotgoldlegierungen mit reinem Kupferzusatz. Beim Gießen und Löten muß man auf das Temperaturminimum zwischen Au 850 und Au 700 Rücksicht nehmen, weil solche Legierungen bei etwa 900 °C erschmelzen; man muß besondere niedrig schmelzende Lote auswählen.
Bei der Verarbeitung der Legierungen zwischen Au 500 und Au 750 ist zu berücksichtigen, daß sie im Aushärtungsbereich liegen. Will man solche Legierungen nach dem Gießen oder nach dem Glühen in weichem Zustand weiterbearbeiten, muß die Aushärtung durch Ablöschen in Wasser oder Spiritus ver-

hindert werden; soll das Werkstück dagegen hart bleiben, muß es nach dem Glühen bei niedriger Temperatur getempert werden.
Von starken Säuren, besonders Salpetersäure, werden die Legierungen unter Au 650 zersetzt, bei höherem Feingehalt erfolgt kein Angriff. Alle Legierungen sind in Königswasser löslich. Ein wichtiger Nachteil ist die geringe Luftbeständigkeit, weil die Legierungen unter Au 508 merklich anlaufen; mit Schwefelleber können sie geschwärzt werden.
Lediglich die Au-900-Legierung hat als Münzgold eine gewisse Bedeutung erlangt, sonst gilt auch hier, daß noch weitere Metalle zugesetzt werden, so daß auch Au-Cu vorwiegend als Randsystem der Dreistofflegierung Au-Ag-Cu Bedeutung hat.

1.6.2.3   System Ag-Cu

Das ist die eigentliche Silberlegierung, denn trotz aller Bemühungen gibt es praktisch keine bessere Silberlegierung für Schmuck und Silberschmiedearbeiten als eben diese mit Kupfer. Die alte Feingehaltsangabe nach »Lot« ist nicht mehr zulässig. Mit dem Stempelgesetz ist festgelegt worden, daß der Anteil des Silbers in der Gesamtlegierung in Tausendteilen anzugeben ist, und so wird ja auch gestempelt.
»Ag 900« bedeutet also, daß von 1000 Teilen dieser Legierung 900 Teile Silber sind; die restlichen 100 Teile bestehen aus dem Zusatzmetall, üblicherweise also Kupfer.

Zustandsdiagramm (Bild 1.23 a)

Die Ag-Cu-Legierungen bilden ein eutektisches System, bei dem zwischen beiden Metallen eine Mischungslücke besteht, weil im Kristallgitter des einen nur eine begrenzte Menge der Atome des anderen Metalls aufgenommen werden kann. Ein Eutektikum ist ein Gemenge aus zwei oder mehreren Stoffen, die bei einem konstanten Temperaturminimum nebeneinander auskristallisieren (griech.: ευτηχτος eutektos: leicht schmelzend).
Obgleich man Silber und Kupfer in jedem beliebigen Verhältnis miteinander legieren kann, besteht das Gefüge doch immer nur aus den im Schliffbild deutlich unterscheidbaren Kristallarten:

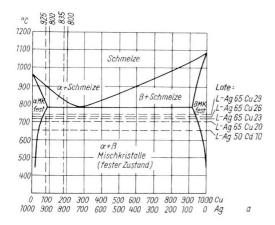

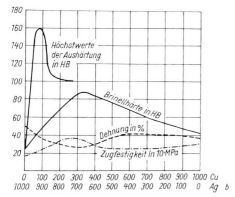

Bild 1.23 System Ag-Cu. a) Zustandsdiagramm, b) Diagramm der mechanischen Eigenschaften

- silberreiche α-Mischkristalle mit maximal Cu 90
- kupferreiche β-Mischkristalle mit maximal Ag 80

Liquidus- und Soliduskurve treffen im *Eutektischen Punkt* (Ag 720; 779 °C) zusammen. Während die Liquiduskurve fast geradlinig von den Schmelzpunkten der reinen Metalle zu diesem Punkt abfällt, enthält die von den gleichen Temperaturpunkten ausgehende Soliduskurve als waagerechten, durch den Eutektischen Punkt verlaufenden Abschnitt die Eutektikale (Ag 910 bis Ag 80; 779 °C), die folgende Bedeutung hat:

- Beginn und Ende der bei konstanter Temperatur verlaufenden Entstehung des eutektischen Gefüges,

- Solidustemperatur der betreffenden Legierung,
- zusammen mit den von der Eutektikalen ausgehenden Entmischungskurven wird der eutektische Bereich markiert.

Man unterscheidet:
- eutektische (Ag 720)
- übereutektische (Ag 910 bis Ag 720)
- untereutektische (Ag 720 bis Ag 80)
- außereutektische Legierungen (Ag 1000 bis Ag 910; Ag 80 bis Ag 0
(Bilder 1.24 bis 1.27)

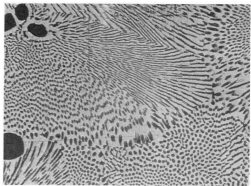

Bild 1.24 Legierung Ag 720. Eutektisches Gefüge (α-Mischkristalle hell, β-Mischkristalle dunkel). V = 400

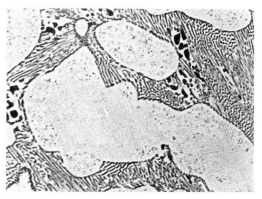

Bild 1.25 Legierung Ag 800. Obereutektische Gefüge, große α-Primärkristalle, umgeben von Eutektikum. V = 320

Zum besseren Verständnis des eutektischen Systems soll der Abkühlungsverlauf an einigen Beispiellegierungen erläutert werden.

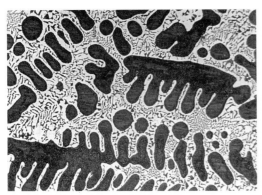

Bild 1.26   Legierung Ag 500. Untereutektische Gefüge, große β-Primärkristalle, umgeben von Eutektikum. V = 250

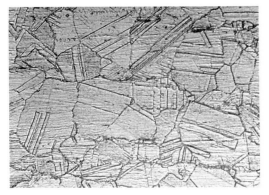

Bild 1.27   Legierung Ag 950. Außereutektisches Gefüge, nur α-Mischkristalle. V = 400

Ag 720: Aus der Schmelze entstehen bei der konstanten Temperatur von 779 °C gleichzeitig α- und β-Mischkristalle. Es bildet sich bei diesem Temperaturminimum ein feinkörniges Gefüge, das für das Eutektikum charakteristisch ist. Härte und Festigkeit erreichen die Höchstwerte des Systems Ag-Cu.
Ag 800: Eine übereutektische Legierung, bei der im Temperaturintervall 820 ...779 °C zunächst nur die silberreichen α-Mischkristalle ausgeschieden werden, während sich dadurch der Silbergehalt der Restschmelze verringert. Wenn diese Restschmelze den Feingehalt von Ag 720, also die eutektische Zusammensetzung, erreicht hat, wird rings um die α-Primärkristalle das feinkörnige eutektische Gefüge aus α- und β-Mischkristallen gebildet.

Ag 950: Im Temperaturbereich 930 ...890 °C erstarrt die Legierung als homogenes Gefüge von α-Mischkristallen, da bei dieser außereutektischen Legierung der Kupferanteil unter der Löslichkeitsgrenze der α-Mischkristalle (9 % Cu) liegt. Bei fortschreitender Abkühlung des Kristallgefüges in festem Zustand vermindert sich das Lösungsvermögen der α-Mischkristalle, so daß bei 700 °C die Entmischungskurve geschnitten wird und bei weiter absinkender Temperatur Kupfer aus den α-Mischkristallen an den Korngrenzen als α-Mischkristalle ausgeschieden wird. In der Praxis wird allerdings durch die rasche Abkühlung dieser Ausscheidungsprozeß unterdrückt.
Ag 500: Die untereutektischen Legierungen haben für den Goldschmied wegen ihrer gelblichen Färbung keine praktische Bedeutung. Da der Kupferanteil über dem eutektischen Wert liegt, werden im Temperaturintervall 870 ...779 °C zunächst primäre β-Mischkristalle ausgeschieden; wenn der Feingehalt der Restschmelze Ag 720 erreicht hat, bildet sich um die kupferreichen Primärkristalle das eutektische Gefüge.

Allgemeine Eigenschaften

Für Gold- und Silberschmiedearbeiten werden Legierungen mit mehr als 72 % Ag benutzt. Deshalb wird hier nur dieser Bereich des Silber-Kupfer-Systems behandelt (Tabelle 1.3). Mit steigendem Kupferzusatz wird das strahlend weiße Silber gelblich getönt. Beim Ag 800 macht sich der Unterschied zum Feinsilber schon deutlich bemerkbar; die eutektische Legierung Ag 720 hat ein unschönes Gelbweiß. Wenn das Kupfer mit 50 % beteiligt ist, sieht die Legierung schon rötlich aus, übersteigt der Kupferanteil aber ⅔ der Gesamtmenge, setzt sich das Rot des Zusatzmetalls deutlich durch. Wie noch ausführlich dargelegt wird, macht das Schmelzen von Feinsilber wegen der sprunghaft ansteigenden Sauerstoffaufnahme bei Überschreitung des Schmelzpunktes Schwierigkeiten. Bei Silber-Kupfer-Legierungen entfällt diese Erscheinung, weil die auch bei höheren Temperaturen beständige Verbindung Kupfer(I)-oxid Cu_2O gebildet wird, von der schon 1 % genügt, um die ganze Legierung hart und spröde, ja brüchig, zu machen. Beim Schmelzen von Silber und Silberlegierungen

Tabelle 1.3 Silberlegierungen

Bezeichnung	Zusammensetzung in $^{1000}/_{000}$			Schmelz-bereich in °C	Dichte in g/cm^3	Brinell-härte in HB	Zugfestigkeit in MPa	Deh-nung in %
	Silber	Kupfer	Cad-mium					
Ag 925	925	75	–	800 ... 900	10,4	64 ... 76	270 ... 300	28
Ag 900	900	100	–	779 ... 880	10,3	65 ... 79	290 ... 300	25
Ag 835	835	165	–	779 ... 840	10,2	76 ... 88	300 ... 330	23
Ag 835 Cd	835	55	110	750 ... 875	10,2	56 ... 70	300 ... 330	38
Ag 800	800	200	–	779 ... 820	10,1	80 ... 92	310 ... 340	23
Ag 720	720	280	–	779 ... 820	10,0	85 ... 95	340 ... 370	23

muß deshalb der Zutritt des Sauerstoffs so weit wie möglich verhindert werden.

Die Ausscheidungsvorgänge im Kristallgefüge verursachen erhebliche Härtesteigerungen; dies wirkt sich besonders im Grenzgebiet zwischen außer- und übereutektischem Zustand, also bei Ag 920, aus. Soll eine solche Legierung nach dem Gießen oder nach dem Glühen weich bleiben, muß sie abgeschreckt werden; durch Tempern bei mäßigen Temperaturen kann die Härte des fertigen Erzeugnisses erhöht werden.

Beim Löten ist zu beachten, daß sich bei allen Legierungen des eutektischen Bereichs bereits bei 779 °C das Gefüge aufzulösen beginnt, weil sich das Eutektikum verflüssigt: Die Legierung »schmort« oder »schnurrt«.

Man muß berücksichtigen, daß es sich bei dem Zustandsdiagramm immer um ein Idealbild handelt, mit dem das Verhalten der Metalle und Legierungen bei extrem langsamer Abkühlung beschrieben wird, so daß es bei den praktisch genutzten Legierungen zu Abweichungen im Verhalten kommt. Im außereutektischen Bereich verläuft beispielsweise die Soliduskurve praktisch bei tieferen Temperaturen. Das hat beispielsweise zur Folge, daß Ag 925 wie eine eutektische Legierung bei 779 °C erstarrt, also beim Löten genauso gefährdet ist wie die anderen Gebrauchslegierungen. Erst bei dem Silbergehalt von mehr als Ag 950 liegen die Solidustemperaturen über 800 °C.

Demnach darf die Arbeitstemperatur des Lotes für alle üblichen Silberlegierungen nicht über 740 °C liegen, ganz gleich, ob damit Ag 500 oder Ag 925 gelötet werden soll. Erst bei

Legierungen über Ag 950 sind strenger fließende Lote möglich.

Unter Ausnutzung der Eigentümlichkeit der Schmelzbereiche des Ag-Cu-Systems kann man sogar hochsilberhaltige Legierungen, also etwa über Ag 970, mit der eutektischen Ag-Cu-Legierung Ag 720 löten, denn die Differenz der Schmelzbereiche 940 ... 900 °C und 779 °C ist groß genug.

Zum Emaillieren bevorzugt man Legierungen mit hohem Schmelzbereich, da die Farbemails bei 750 ... 800 °C aufgeschmolzen werden müssen. Am besten wäre dafür Feinsilber geeignet, wegen der geringen Härte und Festigkeit nimmt man statt dessen Ag 970. Auch für Niello ist diese Legierung gut geeignet, man kann aber auch Ag 925 niellieren, wenn die Arbeitstemperatur der Mischung nicht zu hoch ist.

Wie aus den Tabellen und Diagrammen ersichtlich ist, werden Härte und Festigkeit des Silbers durch Kupferzusatz wesentlich gesteigert, das Maximum liegt im Bereich der eutektischen Legierung Ag 720. Die Gebrauchslegierungen sind etwa doppelt so hart wie reines Silber, sie sind gut formbar, haben aber trotzdem genügend Festigkeit im Gebrauch.

Auf die Säurelöslichkeit hat die Legierungsbildung keinen wesentlichen Einfluß, da sich Silber und Kupfer gegen die wichtigsten Säuren ähnlich verhalten:

Silberlegierungen werden in Salpetersäure und in konzentrierter Schwefelsäure gelöst. Bei den Legierungen wird in verdünnter Schwefelsäure, der Beize, nur das Kupferoxid gelöst; gegen Salzsäure und gegen Königswasser sind die Silberlegierungen resistent.

Anlaufen der Ag-Cu-Legierungen

Silber läßt sich sehr gut polieren, und es hat unter allen Metallen das beste Reflexionsvermögen, so daß eine polierte Silberfläche das auffallende Licht fast restlos reflektiert. Deshalb zeichnet es sich durch besonders hohen Glanz aus. Andererseits bekommt man durch das Weißsieden eine gleichmäßige, mattweiße Oberfläche. Dies gilt nicht nur für Feinsilber, sondern auch, mit gewissen Abstrichen, für die üblichen Schmucklegierungen bis zum Silbergehalt von Ag 800.

Leider hat das Silber einen wichtigen Nachteil, der sich mit steigendem Kupferanteil noch erhöht: Alle Silbererzeugnisse »laufen an«.

Als Edelmetall ist das Silber zwar gegen den Luftsauerstoff praktisch resistent, aber mit dem in der Luft enthaltenen Schwefel verbindet es sich zu Silbersulfid Ag_2S. Das Kupfer bildet Kupfer(I)-sulfid Cu_2S und außerdem Kupfer(I)-oxid (rot) Cu_2O sowie Kupfer(II)-oxid (schwarz) CuO.

Durch Industrie- und Heizungsabgase ist in jüngster Zeit der Schwefelgehalt der Luft deutlich angestiegen, was sich besonders in den Großstädten und in den industriellen Ballungsgebieten auswirkt. In der winterlichen Heizperiode erhöht sich der Schwefelgehalt der Luft generell, und wenn dann noch der Nebel die Luft herunterdrückt, kann man fast zusehen, wie die Silbergegenstände anlaufen.

Die Anlaufschicht bildet sich allmählich. In der ersten, dünnen Sulfidschicht wird nur ein Teil des Lichts absorbiert, so daß der Gegenstand gelblich, fast wie vergoldet, wirkt. Mit wachsender Schichtdicke erscheint die Oberfläche bräunlich, dann wird sie schmutzig blau, blauschwarz und schließlich tief schwarz. In diesem Zustand ist dann das hohe Reflexionsvermögen des Silbers umgeschlagen in eine fast vollständige Absorption des Lichts. Mit steigendem Kupfergehalt erhöht sich die Gefahr des Anlaufens und die Anlaufgeschwindigkeit. Ag 800 läuft also leichter und intensiver an als Ag 925.

Wenn Silberschmuck in direktem Kontakt mit der Haut getragen wird, kann durch schwefelhaltige Ausdünstungen der Haut und durch schwefelhaltige Kosmetika das Anlaufen besonders intensiviert werden. Bei organischen Störungen und Erkrankungen kann es zu erhöhter Schwefelabsonderung durch die Haut

kommen. Wenn bei einem Ring oder einem Armband die schwarzen Sulfide durch Abrieb in den Poren der Haut festgehalten werden, sieht die Haut unter dem Schmuckstück schwarz aus. Der Kunde glaubt dann oft, daß er minderwertiges Silber erhalten habe, und daß er irgendwie vom Goldschmied betrogen worden sei, wenn sein Schmuckstück anläuft und die Haut schwarz wird. Solche Erscheinungen werden auch beim berufsbedingten Umgang mit Chemikalien beobachtet (vgl. Goldlegierungen).

Es ist Aufgabe des Fachmanns, dem Kunden die Zusammenhänge geduldig zu erklären, um das nötige Vertrauensverhältnis zu festigen! Grundsätzlich muß gesagt werden, daß es kein Mittel gibt, um das Anlaufen von Silberlegierungen zu verhindern!

Alle Versuche, durch Legierungszusätze – etwa wie bei rostfreiem Stahl – die Resistenz zu erreichen, sind erfolglos geblieben.

Man kann nur durch einen schützenden Überzug den Zutritt der aggressiven Stoffe verhindern, aber auch dabei konnte keine befriedigende Lösung gefunden werden.

Rhodinieren. Der galvanische Rhodiumüberzug schützt die Silberoberfläche zuverlässig, er ist hart und abriebfest – aber der Silbergegenstand verliert den Silberglanz, das Rhodium wirkt blauweiß, mit hartem Glanz wie eine Verchromung, was besonders bei Tafelgerät die Wirkung völlig entstellt. Bei Reparaturlötungen läuft der Rhodiumüberzug blauschwarz an. Dies läßt sich nicht wieder beheben, man muß neu rhodinieren.

Lackieren. Mit Zaponlack oder aushärtbarem Einbrennlack kann die Metalloberfläche lange Zeit geschützt werden – vorausgesetzt, daß das Schmuckstück nicht getragen, das Tafelgerät nicht benutzt wird. Nachteilig ist der Lackglanz der Oberfläche. Durch den Abrieb im Gebrauch wird an den beanspruchten Stellen die Silberlegierung freigelegt, sie läuft hier an, während die noch vom Lack bedeckten Flächen blank bleiben. Einen solchen fleckigen Gegenstand kann man nur schwer säubern. Durch Abkochen in Sodalösung wird der Lack gelockert und kann dann abgebürstet werden. Nach der Säuberung muß man neu lackieren.

Passivieren. Bei diesem Verfahren wird eine

dünne Wachsschicht aufgebracht, die optisch nicht wahrnehmbar ist und die recht gut abdeckt. Man hat das Verfahren besonders für die Lagerhaltung des Handels entwickelt, um die Warenpflege zu erleichtern. Im Gebrauch ist der Überzug rasch abgerieben.

Benutzen und Putzen. Das sind die einzig zuverlässigen Mittel zur Pflege der Silbersachen. Durch regelmäßigen Gebrauch wird auf natürliche Weise die entstehende Sulfidschicht immer wieder abgerieben, die erhabenen Stellen bleiben blank, in den Vertiefungen verstärkt sich die Schwärzung. Das kann durchaus positiv sein, wird doch dadurch die Plastizität von Reliefgestaltungen noch unterstützt.
Silber muß regelmäßig geputzt werden!
Das gilt für die Ware im Geschäft ebenso wie für den privaten Schmuck, das Silbergerät und die Bestecktteile im Haushalt. Mit den handelsüblichen Tauchbädern ist das kein Problem.
Wenn das nicht ausreicht, muß der Goldschmied die Silbersachen seiner Kunden aufarbeiten.
Ein großes Problem ist die Pflege historischer Silberarbeiten in den Museen und Sammlungen, denn mit jeder auch noch so vorsichtigen Reinigung wird die Oberfläche angegriffen.
Wollte man silberne Gegenstände völlig vor aggressiven Stoffen schützen, müßte man sie in luftdichten Behältnissen unter Schutzgas aufbewahren – eine Illusion!

Spezielle Eigenschaften
Im Laufe der Zeit haben sich Vorzugslegierungen für Schmuck, Tafelgerät und Besteck herausgebildet, bei denen besonders günstige Bearbeitung und optimale Gebrauchseigenschaften zusammentreffen.

Ag 970. Wegen des geringen Kupferanteils liegen die Eigenschaften noch dicht bei denen des Feinsilbers: Farbe und Anlaufbeständigkeit sind gleich, beim Glühen bleibt die Legierung weiß, es entsteht höchstens eine innere Oxidzone. Wegen des hohen Schmelzbereichs eignet sich Ag 970 gut zum Emaillieren, durchsichtige Farben bekommen eine hohe Leuchtkraft. Bis zu 75 % kann die Legierung ohne Zwischenglühen umgeformt werden, deshalb eignet sie sich auch gut für stark plastische Treib- und Ziselierarbeiten, zarte Drahtgestal-

tungen und zum Tiefziehen. Im Gebrauch kann die weiche Legierung leicht verbiegen und verkratzen, deshalb sollte man möglichst die fertigungsbedingte Härtesteigerung beibehalten. Durch Aushärtung könnte man die Härte von 50 HB auf mehr als 100 HB steigern, in der Praxis wird diese Möglichkeit noch immer kaum genutzt. Bei der Fertigung muß man die Neigung zur Aushärtung berücksichtigen, und um sie zu unterdrücken, soll man nach dem Glühen sofort abschrecken, damit das homogene Gefüge erhalten bleibt.

Ag 925. Es ist das englische »sterling silver«, bzw. »standard silver«. Wegen der Ausgewogenheit von Fertigungs- und Gebrauchseigenschaften ist es die bevorzugte Legierung für Silberschmuck.
Farbe und Anlaufbeständigkeit sind noch ähnlich wie beim Feinsilber. Die Legierung eignet sich gut für Nielloarbeiten, es können auch niedrig schmelzende Emails aufgebracht werden. Um nach dem Glühen die Aushärtung zu verhindern, muß sofort abgeschreckt werden. In der Legierung vereinen sich gute Formbarkeit beim Bearbeiten mit der nötigen Stabilität im Gebrauch. Ag 925 hat den höchsten Aushärtungseffekt von 60 HB in geglühtem, auf 160 HB im ausgehärteten Zustand, wenn die Legierung nach dem Glühen bei etwa 300 °C getempert und langsam abgekühlt wird.

Ag 900. Diese Legierung wird für Schmuck immer noch am häufigsten verwendet. In ihrem Verhalten liegt sie durchweg um einige Grade hinter der eben beschriebenen Ag-925-Legierung. Sie hat nicht mehr ganz die Feinsilberfarbe, sondern muß nach der abgeschlossenen Bearbeitung durch mehrfaches Beizen »weißgesotten« werden, damit wenigstens an der Oberfläche der Feinsilberanteil größer wird. Die Anlaufgefahr ist größer als bei den bisher behandelten Legierungen. Zum Gießen, Biegen, Löten, Treiben, Ziselieren ist sie gleichermaßen gut geeignet. Für zarte Filigranarbeiten und stark ausgearbeitete Blechziselierungen ist sie jedoch zu fest. Als Emailrezipient ist Ag 900, ebenso wie alle eutektischen Legierungen, ungeeignet.

Ag 835. Für den industriell gefertigten Schmuck wird diese Legierung häufig benutzt.

Ihr Hauptvorteil besteht darin, daß Farbe und Anlaufbeständigkeit noch fast dem Ag 900 entsprechen. Dem steht entgegen, daß die mechanische Bearbeitung schwieriger ist, weil Härte und Umformungswiderstand deutlich höher sind. Wenn auch noch Aushärtungseffekte nachzuweisen sind, so doch nicht mehr in dem Maße wie bei den bisher behandelten außereutektischen Legierungen.

Ag 800. Hieraus werden Korpusarbeiten und Bestecke hergestellt. Der Hauptvorteil ist der niedrigere Preis. Der wichtigste Nachteil ist die schon deutlich erkennbare gelbliche Färbung und die geringere Luftbeständigkeit. Durch »Weißsieden« kann der Silbergehalt an der Oberfläche zwar erhöht werden, aber doch nicht so weit wie beim Ag 900. Hinzu kommt, daß durch den hohen Kupfergehalt in sauren Speisen schon die Entstehung giftiger Kupfersalze nachgewiesen werden kann; das bekannteste Beispiel ist der Grünspan, Kupferacetat, in Essig. Der Vergleich der mechanischen Eigenschaften mit Ag 925 zeigt deutlich, um wieviel weniger Ag 800 knetbar ist. Wenn die Legierung bei der Bearbeitung stark gebogen, gedehnt oder in ähnlicher Weise beansprucht werden muß, ist regelmäßiges Zwischenglühen unbedingt erforderlich. Allerdings läßt sich die Ag-800-Legierung besser gießen als Legierungen höheren Feingehalts. Die Liquidustemperatur liegt bei 800 °C, so daß man mit der Gießtemperatur von etwa 900 °C schon auskommt; das wäre die Temperatur, bei der Ag 925 gerade zu erschmelzen beginnt.

Ag 720. Diese eutektische Legierung wird wegen der gelblichen Färbung kaum verwendet; lediglich die Ag-750-Legierung hatte bis ins 19. Jahrhundert als 12lötiges Silber eine gewisse Bedeutung gehabt. Bei der eutektischen Legierung erreichen Härte und Festigkeit des Ag-Cu-Systems ihre Höchstwerte, während die Dehnung ihr Minimum zeigt. Daraus ergibt sich, daß die Ag-720-Legierung schlecht umformbar, aber hart und federnd im Gebrauch ist. In manchen Fällen wird man deshalb Federn, Nadelstiele oder andere stark beanspruchte Teile hieraus herstellen. Als Lotlegierung für außereutektische Legierungen wird Ag 720 dann verwendet, wenn Email aufgebracht werden soll.

Über die Beschaffenheit der wichtigsten deutschen Silbermünzen kann man sich in der Tabelle 1.4 informieren.

Wirkung weiterer Zusatzstoffe

Metalle
Wenn die Ag-Cu-Legierung durch Aufnahme weiterer Metalle zur Drei- oder Mehrstofflegierung wird, können die Eigenschaften wesentlich verändert werden. Es kann sein, daß durch bewußt zugefügte Metalle (Legierungszusätze) die Eigenschaften für bestimmte Zwecke gezielt beeinflußt werden, wie beispielsweise durch Zusätze von Zn und Cd bei der Herstellung der Lotlegierungen. Es kann sich aber auch um unerwünschte Stoffe (Verunreinigungen) handeln, durch die die Eigenschaften so ungünstig werden können, daß man die Legierung gar nicht mehr verwenden kann.

Nickel. Den gebräuchlichen Ag-Cu-Legierungen kann man ohne Bedenken bis zu 10 Tausendteile Ni zusetzen, dadurch wird das Kornwachstum gehemmt und die Festigkeit gesteigert. Wenn der Nickelanteil aber 25 Tausendteile überschreitet, wird die Legierung durch ungelöste Nickelanteile hart, brüchig und schließlich unbrauchbar.

Eisen. Es ist weder in flüssigem noch in festem Zustand mit Silber mischbar. Eisen- und Stahlteilchen bleiben deshalb als harte, spröde Fremdkörper in der Legierung. Besonders beim Umschmelzen der Feilung muß man vorsichtig sein, weil die Eisenteilchen unbedingt erst mit dem Magnet entfernt werden müssen. An der polierten Oberfläche ergeben sie gleiche Erscheinungen wie beim Kommasilber.

Blei. Bleihaltige Legierungen sind warmspröde, weil Pb und Ag ein Eutektikum von nur 304 °C bilden, das sich besonders an den Korngrenzen anlagert. Aus dem Weichlot und von den Unterlagen beim Auftiefen kann Blei an das Arbeitsstück gelangen. Es muß vor der Wärmebehandlung bzw. vor dem Umschmelzen entfernt werden!

Zinn. Geringe Zinnzusätze verringern den Schmelzbereich der Gesamtlegierung. Feinsil-

Tabelle 1.4 Deutsche Edelmetallmünzen seit 1873

Goldmünzen des Deutschen Reiches (1873 bis 1916)

Wertangabe	Gesamtmasse (in g)	Feinmasse (in g)	Feingehalt (in Tausendteilen)
20 Mark	7,964	7,168	900
10 Mark	3,982	3,584	900
5 Mark	1,991	1,792	900

Silbermünzen des Deutschen Reiches (1873 bis 1916)
(90 Mark entsprechen immer der Gesamtmasse von 500 g Ag 900)

Wertangabe	Gesamtmasse (in g)	Feinmasse (in g)	Feingehalt (in Tausendteilen)
5 Mark	27,778	25,000	900
2 Mark	11,111	10,000	900
1 Mark	5,556	5,000	900
50 Pfennig	2,778	2,500	900
20 Pfennig	1,111	1,000	900

Silbermünzen in Deutschland (1918 bis 1945)

Wertangabe	Gesamtmasse (in g)	Feinmasse (in g)	Feingehalt (in Tausendteilen)
5 RM (große Ausgabe)	25,000	12,5000	500
3 RM u. 3 Mk	15,000	7,500	500
2 RM (große Ausgabe)	10,000	5,000	500
1 RM u. 1 Mk	5,000	2,500	500
5 RM (kleine Ausgabe)	13,890	12,500	900
2 RM (kleine Ausgabe)	8,000	5,000	625

Silbermünze der Bundesrepublik Deutschland (seit 1951)

Wertangabe	Gesamtmasse (in g)	Feinmasse (in g)	Feingehalt (in Tausendteilen)
5 DM	11,200	7,000	625

ber kann bis zu 190 Tausendteile Sn aufnehmen, bekommt dadurch ein heterogenes Gefüge, ist weniger anlaufend als die Legierung Ag-Cu, darüber hinaus weicher und dehnbarer. Überschreitet bei der Ag-Cu-Legierung der Zinnanteil 90 Tausendteile Sn, entsteht die spröde Verbindung Cu_4Sn. Da das Zinn beim Schmelzen stark oxidiert, bildet sich außerdem SnO_2, das sich zusammen mit den intermetallischen Verbindungen an den Korngrenzen ablagert und die Versprödung noch verstärkt.

Aluminium. Bis zu 50 Tausendteile Al sind in der festen Legierung löslich; die Farbe wird noch weißer, es wächst aber die Oxidationsnei-

gung, außerdem wird die Legierung härter. Ein höherer Aluminiumgehalt führt jedoch zur Versprödung durch Verbindungen, wie Ag_3Al. Hinzu kommt, daß sich beim Glühen und Schmelzen sehr leicht die Sauerstoffverbindung Al_2O_3 bildet, die sich an den Korngrenzen absetzt und die Legierung beim Bearbeiten brüchig macht.

Zink und Cadmium. Da Zn und Cd schon bei niedrigen Temperaturen verdampfen und verbrennen, können sie nur mit besonderer Vorsicht in die Schmelze gegeben werden. Beide Metalle bilden die wichtigsten Zusätze der Ag-Cu-Legierung. Wenn die Löslichkeit, die ziemlich hoch ist, überschritten wird, kommt es zur Versprödung der Gesamtlegierung. Da diese Zusatzmetalle besonders für das Verständnis der Lotlegierungen wichtig sind, sollen sie hier ausführlich vorgestellt werden (Bild 1.28).

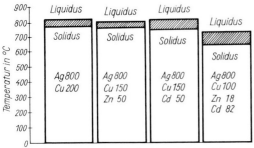

Bild 1.28   Verminderung des Schmelzbereichs von Ag 800 durch Zusatz von Zn und Cd (Schema)

Ag-Zn: Wenn auch bis zu 200 Tausendteile Zn in festem Zustand vom Ag gelöst werden können, soll in der Praxis der Anteil 140 Tausendteile Zn nicht überschreiten. Solche Legierungen sind anlaufbeständig, gut polierbar und haben eine hohe Dehnbarkeit.

Ag-Cd: Diese Legierungen sind auch luftbeständig und gut bearbeitbar; die Löslichkeitsgrenze liegt sogar erst bei 300 Tausendteilen Cd.

Ag-Zn-Cd: Die Schmelzbedingungen dieses Dreistoffsystems sind so günstig, daß es als Lot gut geeignet wäre. Das Schmelzintervall ist besonders deshalb so groß, weil nacheinander unterschiedliche Kristallarten gebildet werden. Die Festigkeit eines solchen Lotes wäre jedoch für die praktischen Beanspruchungen zu gering.

Ag-Cu-Cd: Kupfer löst das Cd nicht, sondern bildet mit ihm die spröde intermetallische Verbindung Cu_2Cd; wenn jedoch genügend Silber vorhanden ist, wird von ihm das Cd gelöst. Eine solche Legierung hat hohe Anlaufbeständigkeit, ist zäh und dehnbar. Die Ag-Cu-Cd-Legierungen eignen sich besonders gut als Tiefziehlegierungen.

Ag-Cu-Zn: Wenige Tausendteile Zn, kurz vor dem Ausgießen zugesetzt, erhöhen die Gießbarkeit der Ag-Cu-Legierung. Da das Kupfer bis zu 350 Tausendteile Zn lösen kann, lassen sich erhebliche Mengen von Zn in die Legierung einbauen, so daß diese Legierung als Lot

geeignet ist. Wird jedoch die Lösungsgrenze überschritten, muß man damit rechnen, daß sich der Zinküberschuß beim Löten mit dem Arbeitsmaterial legiert: Das Lot »frißt«. Zweckmäßigerweise macht man das eutektische Ag-Cu-Verhältnis zur Basis des Lotes und verringert dann den Schmelzbereich durch Zugabe von Zn, damit die Arbeitstemperatur des Lotes um mindestens 50 K unter der Solidustemperatur des Arbeitsmetalls liegt. Durch den Zinkzusatz wird die Legierung außerdem anlaufbeständiger und bildsamer.

Ag-Cu-Zn-Cd: Man kann die Vierstofflegierung besonders dann einsetzen, wenn einerseits ein übereutektischer Silbergehalt gebraucht, andererseits eine niedrige Arbeitstemperatur verlangt wird. Die starke Verringerung des Schmelzbereichs ist dadurch möglich, daß Zn und Cd ihrerseits ein niedrigschmelzendes Eutektikum bilden.

Nichtmetalle

Silicium. Es kann aus dem Quarz des Tiegelmaterials reduziert werden. Bis zu 15 Tausendteile können als Ag-Si-Mischkristalle gebunden werden. Als »Hartsilber« wird die Legierung sogar technisch genutzt. Größere Siliciumanteile bleiben ungelöst an den Korngrenzen, und die Legierung wird so spröde, daß sie nicht mehr verwendet werden kann. Die Grobkristallisation kann so weit gehen, daß Wärmerisse entstehen.

Schwefel. Es bilden sich harte Verbindungen, wie Ag_2S und Cu_2S, die sich sowohl zwischen den Kristalliten als auch in ihnen selbst ablagern können. Die Herkunft des Schwefels kann folgende Ursachen haben: schwefelhaltiges Ausgangsmaterial, schwefelhaltige Brennstoffe und Feuerungsgase, Beizrest oder Schwefelsäurereste von der Kupferelektrolyse.

Phosphor. Geringe Spuren genügen schon, um die spröden intermetallischen Verbindungen AgP_2 oder Cu_3P zu bilden, die sich als eutektische Einschlüsse an den Korngrenzen ablagern. Diese Legierungen werden spröde, laufen besonders schnell an und lassen sich schlecht galvanisieren. P wird beim reduzierenden Schmelzen von Phosphorkupfer leicht freigegeben, wenn es nicht restlos zum Desoxidieren, d. h. zum Entfernen von Kupferoxid, verbraucht wird.

Gasförmige Stoffe

Sauerstoff. Silber kann oberhalb des Schmelzpunktes das 20fache seines Volumens an Sauerstoff lösen, also 1 l Schmelze (10 500 g Ag) nimmt bis zu 20 l O_2 auf. Wenige Grad unter dem Erstarrungspunkt sinkt die Löslichkeit jedoch auf die Hälfte des Silbervolumens ab, und der Sauerstoff wird explosionsartig abgegeben – das Metall »spratzt« (Bild 1.29). Die Sauerstoffteilchen, die nicht mehr aus dem erstarrten Gußblock entweichen können, wer-

den in dessen Randzonen als Gasblasen festgehalten. Die Hohlräume verringern die Festigkeit und behindern die Dehnung des Metalls; außerdem kann es beim Walzen und Ziehen leicht einreißen (Bild 1.30). Wird der Metallblock während der Verarbeitung geglüht, so dehnt sich das Gas aus und beult die weich gewordene Oberflächenschicht hoch: Es bildet sich »*Blasensilber*« (Bild 1.31).

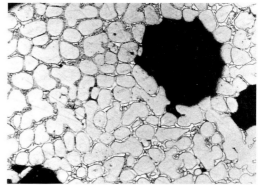

Bild 1.30   Legierung Ag 800. Große Gasporen im Gefüge. V = 200

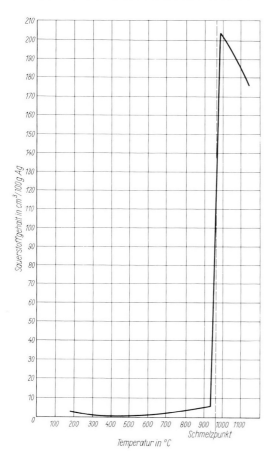

Bild 1.29   Abhängigkeit von Temperatur- und Sauerstoff-Aufnahmefähigkeit bei Feinsilber (bemerkenswert ist die Änderung am Schmelzpunkt)

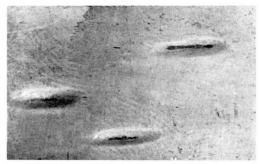

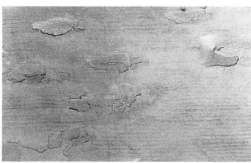

Bild 1.31   Legierung Ag 800. »Blasensilber«. a) Blasen auf dem Blech nach Walzen und Glühen, b) aufgebrochene Blasen durch weitere Beanspruchung. V = 2

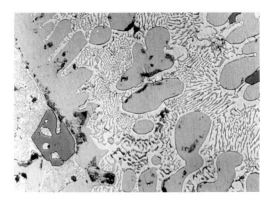

Bild 1.32   Legierung Ag 500. Primäre und eutekti-sche Kupfer(I)-oxid-Einschlüsse. V = 320

Bild 1.33   Legierung Ag 800. »Kommasilber« mit harten Einschlüssen an der Oberfläche. V = 4

Ist das Silber mit Kupfer legiert, wird der aufgenommene Sauerstoff an das Kupfer abgegeben, das die Verbindung Kupfer(I)-oxid bildet, die auch in festem Zustand stabil ist. Besonders deutlich läßt sich die Verbindung bei niedrigem Silbergehalt nachweisen. Man unterscheidet folgende Erscheinungsformen des Cu_2O:

- *Korngrenzensubstanz.* Die Einschlüsse sind feinverteilt zwischen den Kristalliten angelagert und verringern dadurch die Formbarkeit des Metalls (Bild 1.32).
- *Kommasilber.* Die Cu_2O-Teile sind zu harten Fremdkörpern zusammengeballt. Beim Polieren der Oberfläche werden sie nicht angegriffen und ragen deshalb über die Fläche hinaus, brechen bei der Bearbeitung aus und hinterlassen kleine Löcher. Da das die Fremdkörper umgebende Metall vom Po-

lierwerkzeug nicht erfaßt werden kann, sieht man an der Metalloberfläche kommaartige Fehlerstellen (Bild 1.33).
- *Blausilber.* An der Oberfläche der Silberlegierungen sieht man dunkle Flecken, die von der Tiefenoxidation beim Glühen stammen.

Schwefeldioxid. Es ist in den Feuerungsgasen enthalten und schädigt die Schmelze dadurch, daß es ähnlich dem Sauerstoff von der Schmelze aufgenommen wird, beim Erstarren entweichen will und wie Sauerstoff in Hohlräumen festgehalten wird, so daß sich auch »Blasensilber« bildet. Außerdem können die Verbindungen Cu_2S und Ag_2S entstehen, die den Zusammenhalt des Gußblocks deshalb schwächen, weil sie sich als Korngrenzensubstanz ablagern.

1.6.3   Dreistoffsystem Au-Ag-Cu

Dreistoffdiagramm
Während das Schmelzdiagramm der Zweistofflegierung auf einer Fläche dargestellt werden kann, müssen die Vorgänge des Dreistoffsystems in einem räumlichen Diagramm erfaßt werden, das die Form eines dreiseitigen Prismas hat; die Ecken entsprechen den reinen Metallen, die Seitenwände werden von den Zweistoffsystemen Au-Ag, Au-Cu, Ag-Cu gebildet (Bild 1.34).
Die Umwandlungskurven der Zweistoffsysteme werden im Raumdiagramm zu Umwandlungsflächen. Es ist verständlich, daß die Eigenschaften der Randsysteme in das Dreistoffsystem hineinwirken, so daß die Umwandlungsflächen direkt an diese Kurven anschließen. Wenn beispielsweise in eine Silber-Kupfer-Schmelze einige Prozent Gold geworfen werden, bleibt für eine solche Legierung aus den drei Metallen das eutektische Verhalten der Ag-Cu-Legierung bestimmend; erst mit einem deutlich größeren Goldgehalt ändert sich die Beschaffenheit der Dreistofflegierung gegenüber dem Randsystem.
Die Liquiduskurven der Randsysteme gehen in die *Liquidusfläche* über, auf der sich alle Liquiduspunkte der Dreistofflegierung befinden. Oberhalb dieser Fläche liegt der schmelzflüssige Bereich, unterhalb dieser Fläche ist der Zweiphasenzustand – Schmelze und

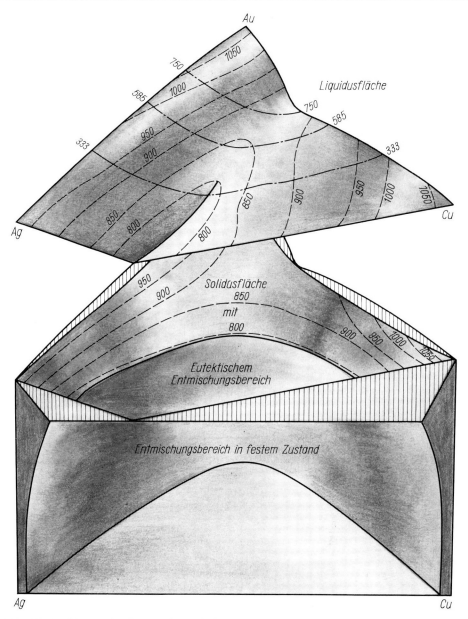

Bild 1.34   Dreistoffsystem Au-Ag-Cu. Zustandsdia-gramm in räumlicher Darstellung (die Liquidusflä-che wurde angehoben, damit die Solidusfläche mit dem eutektischen Entmischungsbereich sichtbar wird)

Mischkristalle stehen im Gleichgewichtszu-stand nebeneinander – es ist die teigartige Masse aus festen und flüssigen Metallteilen.

Die Form der Fläche läßt sich mit einer Land-schaft vergleichen: Von ihrer tiefsten Stelle aus – dem eutektischen Punkt des Ag-Cu-Systems bei 779 °C – steigt eine »eutektische Rinne« bis auf 800 °C leicht an (Punkt »K«); als »flaches Tal« verläuft dieser Minimalbereich bis zum tiefsten Punkt des Au-Cu-Systems (889 °C).

Mit einem »Steilhang« steigt die Liquidusflä-che zum System Au-Ag an, während sich eine

»flache Trift« langsam zur Kupferecke hinzieht.

Die *Solidusfläche* wird durch den eutektischen Entmischungsbereich bestimmt, weil diese Erscheinung aus dem Ag-Cu-System weit in das Dreistoffsystem hineinwirkt. Es wird also ein eutektisches Entmischungsgefüge aus α- und β-Mischkristallen gebildet, in denen jeweils noch ein geringer Goldanteil enthalten ist.

Im außereutektischen Bereich werden wie beim Ag-Cu-System homogene Mischkristallgefüge aus jeweils nur einer Kristallart gebildet; natürlich sind nun in den Mischkristallen immer Goldatome enthalten.

Der eutektische Bereich erstreckt sich im Dreistoffsystem von der Eutektikale des Ag-Cu-Systems mit fast halbrundem Bogen bis zu einem Goldgehalt von Au 410 in Richtung auf die Goldecke. Aus der Eutektikalen – also einer linearen Umwandlungskurve – wird nun ein eutektischer Raum, der durch eine konvex und eine konkav gewölbte Fläche eingeschlossen ist. Beim Diagramm Au 333 (Bild 1.44a) ist der Schnitt durch diesen eutektischen Bereich deutlich zu erkennen. Diese Darstellungsform erklärt sich daraus, daß das eutektische Gefüge nicht bei konstanter Temperatur wie beim Ag-Cu-System, sondern während eines Temperaturintervalls entsteht. Schließlich ist zu beachten, daß der eutektische Bereich des Dreistoffsystems von der Ag-Cu-Eutektikale (779 °C) zum Punkt »K« hin (800 °C) leicht ansteigt.

Ebenso wie im Zweistoffsystem Ag-Cu die Soliduskurve von der Eutektikalen aus zu den Schmelzpunkten der Ausgangsmetalle steil ansteigt, verläuft auch die Solidusfläche vom eutektischen Bereich des Dreistoffsystems zu den beiden Soliduskurven Au-Ag und Au-Cu mit steilem Anstieg; nur zur Goldecke hin steigt sie langsamer an.

Beim System Ag-Cu erweitert sich der Entmischungsbereich im festen Zustand mit sinkender Temperatur, dementsprechend verlaufen die Entmischungskurven. Eine Legierung, die mit einem homogenen Gefüge, beispielsweise nur aus α-Mischkristallen bestehend, entstanden war, konnte bei fortschreitender Abkühlung, nachdem sie den Entmischungsbereich erreicht hat, nicht mehr alle in den Mischkristallen gebundenen Cu-Teile binden, so daß sie als β-Mischkristalle ausgeschieden werden.

Aus dem homogenen Mischkristallgefüge wird also ein zweiphasiges.

Ähnliche Entmischungserscheinungen gibt es auch im Dreistoffsystem. Die eutektische Fläche erweitert sich in festem Zustand zu einem Entmischungsbereich, der mit sinkender Temperatur weit in das Dreistoffsystem hineinreicht. Wie ein »Kellerraum« dehnt sich der Entmischungsbereich unter der eutektischen Fläche aus.

Konzentrationsdreiecke und Vertikalschnitte

Es ist leicht einzusehen, daß ein solcher komplizierter Raumkörper für die Praxis der Metallkunde zu unübersichtlich ist und daß man einfacher zu übersehende Darstellungen braucht. Die wichtigsten und entscheidenden Teile des Raumdiagramms, nämlich Liquidus- und Solidusfläche, stellt man deshalb jeweils als *Konzentrationsdreieck* dar, indem das Relief der Körperfläche in der Art einer Landkarte abgebildet wird. Alle Punkte gleicher Temperatur werden miteinander verbunden, so daß Linien gleicher Temperatur, die *Isothermen*, entstehen.

Auf Bild 1.35 ist dargestellt, wie die Liquidusfläche übertragen wird. Die Isothermen werden wie geographische Höhenlinien behandelt, mit denen man Punkte gleicher Höhe miteinander verbindet, um auf der Landkarte das Landschaftsrelief wiedergeben zu können: Je dichter die Höhenlinien zusammenliegen, um so steiler steigt der Berg an. Und so drücken die Isothermen auch das Relief der Temperaturfläche aus (Bilder 1.36 u. 1.37).

Auf folgende Weise kann man im Konzentrationsdreieck den Wert einer bestimmten Legierung ablesen: Je weiter man sich von der Ecke eines reinen Metalls entfernt, um so geringer ist dessen Anteil an der Gesamtlegierung; andererseits steigt der Gehalt dieses Metalls, je dichter man an die betreffende Ecke herankommt. Nach diesem Prinzip wird der Anteil des jeweiligen Metalls auf einer Geraden abgelesen, die parallel zu der dem betreffenden Metall gegenüberliegenden Dreiecksseite verläuft. In diesem Sinne dienen die Hilfslinien mit den am Rand eingetragenen Größen des Metallgehalts als Orientierung.

Als Ablesebeispiele sollen folgende Punkte des Liquidusdreiecks dienen (Angabe in Tausendteilen):

Ⓐ   460 Au, 360 Ag, 180 Cu
Ⓑ   320 Au, 280 Ag, 400 Cu
Ⓒ   680 Au, 60 Ag, 260 Cu

Der *Vertikalschnitt* wird, wie der Name sagt, senkrecht durch das Raumdiagramm gelegt. Man sieht auf Bild 1.38 das Dreistoffsystem, das oben mit der Liquidusfläche abgeschlossen ist. Drei Schnitte, parallel zu der der Goldecke gegenüberliegenden Seite, entsprechen den drei wichtigsten Schmucklegierungen. So ist der Goldgehalt auf der ersten Schnittfläche überall Au 333, während die Anteile der Zusatzmetalle Ag und Cu veränderlich sind.

Der Unterschied der beiden zweidimensionalen Darstellungsmöglichkeiten besteht darin:

● Aus dem *Konzentrationsdreieck* kann man das Verhalten *aller* Legierungen bei *einer*

bestimmten thermischen Umwandlungserscheinung erkennen.

● Auf dem *Vertikalschnitt* wird bei *einem bestimmten*, konstanten Goldgehalt das Verhalten der Legierungen bei *allen* thermischen Umwandlungen dargestellt.

Thermische Eigenschaften

Unter Einfluß des Ag-Cu-Systems wird auch das Dreistoffsystem durch die eutektische Entmischung in α- und β-Mischkristalle, die aber jetzt noch einen gewissen Goldanteil besitzen, bestimmt:

● *α-Mischkristall*   Gold, Silber und wenig Kupfer

● *β-Mischkristall*   Gold, Kupfer und wenig Silber.

Bild 1.35   Dreistoffsystem Au-Ag-Cu. Projektion der dreidimensionalen Liquidusfläche auf das zweidimensionale Konzentrationsdreieck

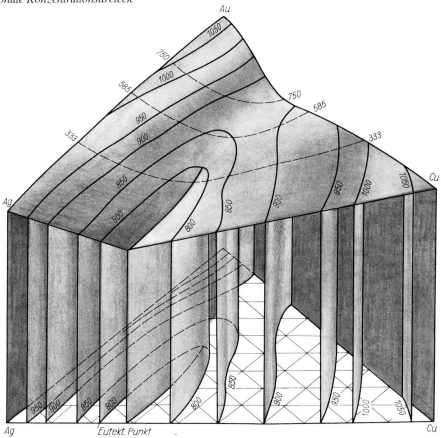

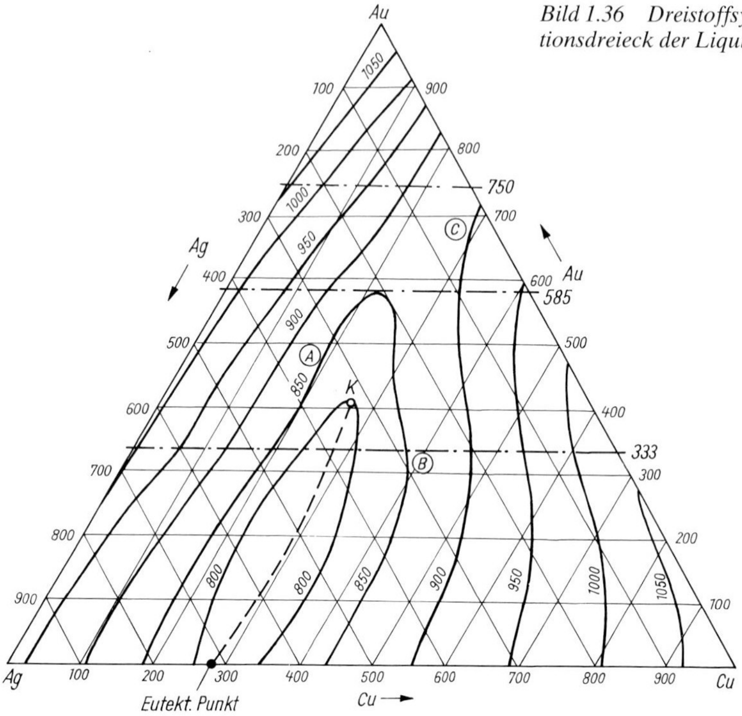

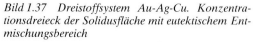

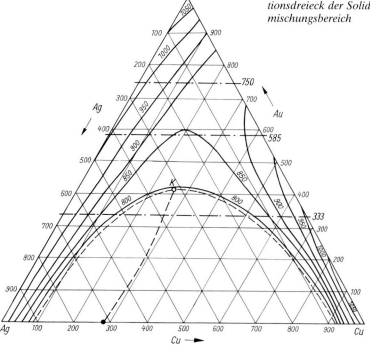

Bild 1.36   Dreistoffsystem Au-Ag-Cu. Konzentrationsdreieck der Liquidusfläche

Bild 1.37   Dreistoffsystem Au-Ag-Cu. Konzentrationsdreieck der Solidusfläche mit eutektischem Entmischungsbereich

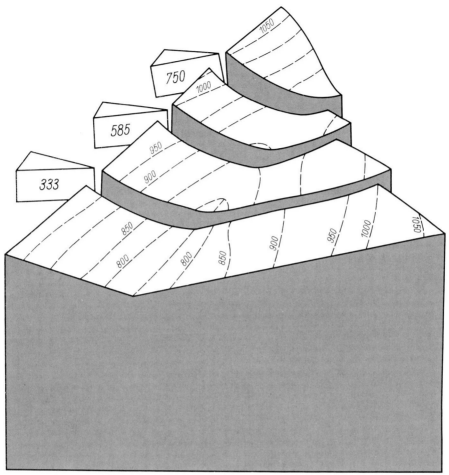

Bild 1.38 Dreistoffsystem Au-Ag-Cu. Abtrennung der Vertikalschnitte Au 333, Au 585, Au 750 in schematischer Darstellung

Wie sich die Zusammensetzung der Mischkristalle mit steigendem Goldgehalt ändert, kann man aus der Übersicht (Bild 1.39) ersehen. Da Gold mit beiden Zusatzmetallen unbegrenzt mischbar ist, nimmt mit steigendem Goldgehalt auch die Menge des im α-Mischkristall gelösten Cu bzw. des im β-Mischkristall gelösten Ag derartig zu, daß sich mit wachsendem Goldanteil beide Kristallarten in ihrer Zusammensetzung immer mehr annähern, bis schließlich bei Au 420 beide Kristallarten gleiche Zusammensetzung haben, der Unterschied zwischen α- und β-Mischkristallen also aufgehoben ist. So kommt es, daß dann, wenn der Goldgehalt über Au 420 liegt, nur noch

homogenes Mischkristallgefüge aus der Schmelze entsteht.

Die reinen eutektischen Legierungen mit ihrem Schmelzminimum und dem typischen Feinkorngefüge aus α- und β-Mischkristallen werden auf der Linie zwischen dem eutektischen Punkt des Systems Ag-Cu und dem Punkt »K« gebildet.
Beiderseits dieser Linie entstehen im Entmischungsbereich die über- und untereutektischen Legierungen mit den zuerst entstandenen großen Primärkristallen und dem bei eutektischer Temperatur entstehenden Feinkorngefüge.

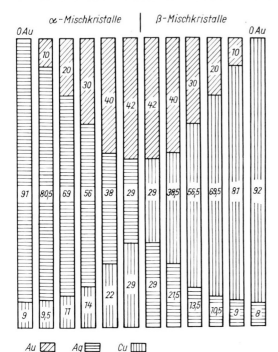

α - *Mischkristalle* | β - *Mischkristalle*

Au ▨   Ag ▤   Cu ▥

*Bild 1.39   Annäherung der Konzentration von α-
und β-Mischkristallen bei steigendem Goldgehalt*

Außerhalb des eutektischen Entmischungsbereichs befinden sich an beiden Seiten die Legierungen mit dem einphasigen, außereutektischen Mischkristallgefüge, denn diese Legierungen enthalten weniger Cu, als im α-Mischkristall bzw. weniger Ag, als im β-Mischkristall aufgenommen werden kann.

Der Charakter dieses Gefüges außerhalb des Entmischungsgebiets – also auch von mehr als Au 420 – ist immer gleich: homogenes Mischkristallgefüge aus nur einer Kristallart.

Da sich im festen Zustand bei Temperaturen unterhalb des eutektischen Bereichs das Entmischungsgebiet allseitig erweitert, werden die meisten der außereutektischen Legierungen bei der Abkühlung von der Entmischung erfaßt. Das bedeutet, daß im festen Zustand eine Temperatur erreicht wird, bei der nicht mehr alle in das Atomgitter aufgenommenen Metallteile gebunden werden können, so daß unterhalb dieser Grenztemperatur aus den α-Mischkristallen Cu und aus den β-Mischkristallen Ag ausgeschieden werden. Die Entmischung ist aber ein Vorgang, der nur dann voll wirksam werden kann, wenn die Atome zu dieser Diffusion genügend Bewegungsenergie – also Wärme – aufweisen. Je niedriger die Temperatur wird, um so langsamer vollzieht sich diese Entmischung. Nur bei extrem langsamer Abkühlung würde deshalb dieser Effekt überhaupt erst möglich. In der Praxis kühlt aber das Gußstück so rasch ab, daß die Diffusion mehr oder weniger unterdrückt wird, »einfriert«, so daß bei Raumtemperatur die α-Mischkristalle mehr Cu und die β-Mischkristalle mehr Ag enthalten, als aus dem Zustandsdiagramm zu erwarten wäre.

Mechanische Eigenschaften

Während im Zustandsdiagramm die Umwandlungsbereiche durch mehrere übereinanderliegende Flächen beschrieben werden mußten, gibt es bei den mechanischen Eigenschaften jeweils nur einen Meßwert für eine bestimmte Legierung, und folglich werden die Eigenschaften im Konzentrationsdreieck nur mit einer Fläche dargestellt.

Als Beispiel soll das Bild der *Brinellhärte* dienen (Bild 1.40): Die Härtewerte türmen sich zu einem Berg auf, dessen Gipfel bei den Au-500-Legierungen mittlerer Farbe liegt. An der Silberecke hat der Berg seinen tiefsten Ausläufer. Während er von der Kupferecke aus leicht ansteigt, erstreckt sich vom Au-Ag-System her ein »Steilhang« bis zum Gipfel. In den Randsystemen werden mit der eutektischen Ag-Cu-Legierung (Ag 720) und dem 750-Rotgold Höchstwerte erreicht. Verbindet man die Punkte gleicher Härte miteinander, bekommt man »Höhenlinien«, die auf ein Konzentrationsdreieck übertragen werden können. Hieraus lassen sich die Werte ebenso ablesen, wie sich die Struktur eines Berges aus der Landkarte ersehen läßt.

Ein Vergleich mit dem Diagramm der *Zugfestigkeit* (Bild 1.41) zeigt, daß es in seinem Aufbau sehr stark dem Härtediagramm ähnelt: Legierungen großer Härte haben auch durchweg eine hohe Zugfestigkeit.

Bei der *Dehnung* (Bild 1.42) liegen die Verhältnisse gerade umgekehrt, denn man kann als Durchschnittsregel sagen, daß die Legierungen großer Härte meist geringe Dehnung zeigen. Man muß sich deshalb dieses Bild nicht als Berg, sondern als einen Krater vorstellen, denn im Bereich der Au-400-Legierung mittlerer Farbe hat die Dehnung das Minimum.

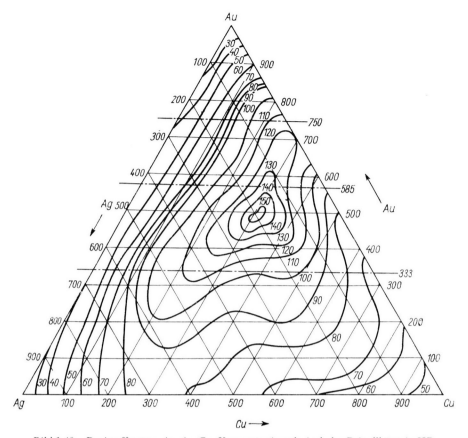

Bild 1.40   Dreistoffsystem Au-Ag-Cu. Konzentrationsdreieck der Brinellhärte in HB

Chemische Eigenschaften

Die chemische Resistenz ändert sich im Dreistoffsystem sprunghaft in Abhängigkeit vom Anteil der Goldatome an der Gesamtmenge der Atome, nämlich bei 2/8, 3/8, 4/8 Goldatome (Bild 1.43).

Bei der Umrechnung in Masseeinheiten muß man bedenken, daß Silber und Kupfer unterschiedlich große relative Atommassen haben, so daß die Abgrenzung der Resistenzzonen bei blassen und roten Legierungen unterschiedlich ist:

- *Anlaufend* (0/8 ... 2/8, 0 ... 25 % Goldatome): Die Legierungen dieses Bereichs werden nicht nur von den Säuren zersetzt, sondern sogar vom Schwefelwasserstoff der Luft verfärbt und in Schwefelleberlösung geschwärzt.
- *Zersetzbar* (2/8 ... 3/8, 25 ... 37,5 % Goldatome): Die Zusatzmetalle werden von starken Säuren herausgelöst, das Gold bleibt als unlöslicher Bodensatz zurück.
- *Angreifbar* (3/8 ... 4/8, 37,5 ... 50 % Goldatome): Starke Säuren greifen die Legierungsbestandteile so weit an, bis der Anteil der Goldatome 50 % beträgt und die Legierung damit resistent ist.
- *Resistent* (4/8 ... 8/8, 50 ... 100 % Goldatome): Selbst gegen starke Mineralsäuren sind diese Legierungen widerstandsfähig; nur von Königswasser werden sie gelöst.

Anlaufen der Au-Ag-Cu-Legierungen

Es sei an dieser Stelle noch einmal betont, daß Feingold sich unter atmosphärischen Einflüssen nicht verändert.

Wenn sich Goldlegierungen im Laufe der Zeit verfärben, so liegt es an den gleichen Reaktionen der Zusatzmetalle, die bei den Silberlegierungen behandelt worden sind.

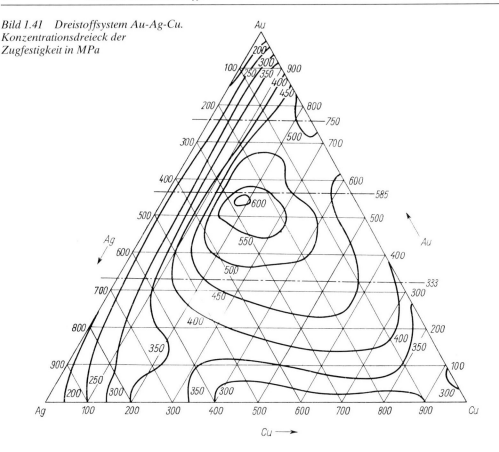

Bild 1.41   Dreistoffsystem Au-Ag-Cu. Konzentrationsdreieck der Zugfestigkeit in MPa

Die Resistenzgrenze des Dreistoffsystems liegt bei 25 % Goldatome. Das heißt: Wenn eine Goldlegierung gegen die Einflüsse der Luft unempfindlich sein soll, muß mindestens 1 Goldatom auf 3 Atome der Zusatzmetalle kommen. In die üblichen Feingehaltsangaben umgerechnet ergeben sich unter Berücksichtigung der unterschiedlichen Atommassen folgende Grenzwerte:

	Au	Ag	Cu
Blaßgold	377	623	–
Mittelfarbe	440	280	280
Rotgold	508	–	492

Für die Praxis bedeutet dies:
- Alle üblichen Legierungen mit dem Feingehalt Au 333 sind anlaufgefährdet.
- Rotgoldlegierungen neigen mehr zum Anlaufen als blasse.
- Rotgoldlegierungen können sogar noch an-

laufen, wenn das Masseverhältnis von Au und Cu 1:1 beträgt.
Die Farbänderung beim Anlaufen ist nicht so kraß wie bei den Silberlegierungen.
Blasse Goldlegierungen werden stumpf grünlich-gelb; Rotgoldlegierungen werden schmutzig-braun.
Wie bei den Silberlegierungen gibt es kein Mittel, um das Anlaufen zu verhindern.
Durch *galvanische Vergoldung* kann man eine resistente Feingoldschicht auftragen, aber dadurch wird die Legierungsfarbe verändert, und im Gebrauch nutzt sich die Beschichtung wieder ab.
Lacküberzüge ergeben gleiche Nachteile wie bei den Silberlegierungen. Ebenso, wie es bei den Silberlegierungen beschrieben wurde, kann die Haut auch durch Goldlegierungen schwarz werden. Das ist kein Qualitätsmangel, sondern eine objektive Erscheinung, die durch die Konstitution des Trägers verursacht wird,

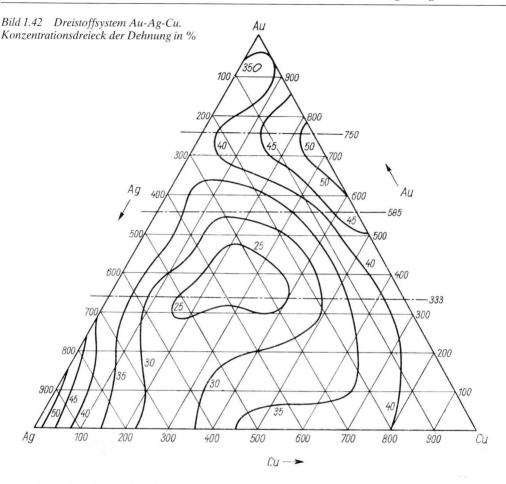

Bild 1.42 Dreistoffsystem Au-Ag-Cu. Konzentrationsdreieck der Dehnung in %

und es kann durchaus sein, daß solche Personen keinen Goldschmuck tragen können.

Das Anlaufen des Schmucks und die Schwärzung der Haut können aber auch durch aggressive Chemikalien gefördert werden.

Das kann berufsbedingt bei Chemikern, Laboranten, Fotografen, Friseuren sein; häufig verursachen aber auch Kosmetika solche Schwärzungen.

Was ist dagegen zu tun?

Bei der Berufstätigkeit soll man den Schmuck ablegen, und man muß sich entscheiden, ob man auf die kosmetischen Stoffe oder auf den Schmuck verzichtet.

Lacküberzüge nutzen sich genauso schnell ab wie bei Silberlegierungen. Besser ist es, eine *galvanische Goldplattierung* aufzubringen, weil dadurch die Oberfläche einen höheren Feingehalt und damit eine größere Resistenz

bekommt.

Das wirklich sichere Gegenmittel, um den genannten Nachteilen zu entgehen, ist die *Erhöhung des Goldgehalts* der Legierung. Au 585 ist zwar gegen atmosphärische Einflüsse völlig resistent, durch gewisse Chemikalien kann es aber doch noch Verfärbungen und Hautschwärzung geben. Generelle Beständigkeit gibt es erst ab Au 750.

Praktische Goldlegierungen

Ähnlich wie bei den Silber-Kupfer-Legierungen haben sich auch bevorzugte Goldfeingehalte herausgebildet.

Mit dem Stempelgesetz von 1884 wurde festgelegt, daß der Goldgehalt nicht mehr nach »Karat«, sondern nach Tausendteilen angegeben werden muß.

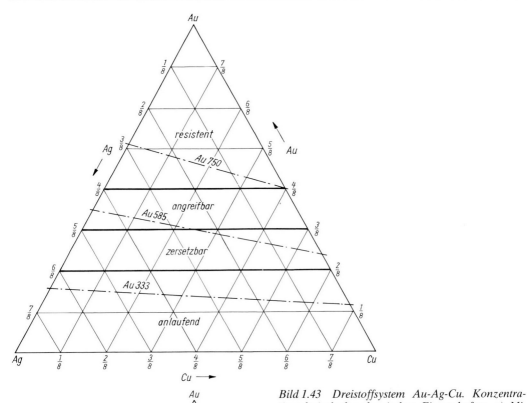

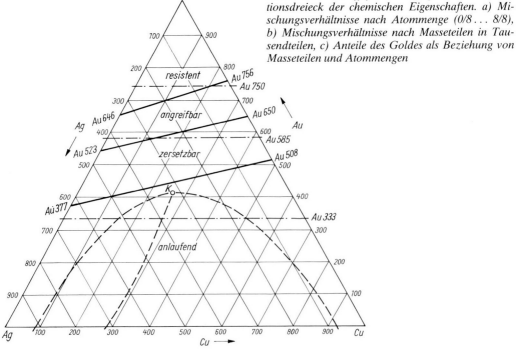

Bild 1.43   Dreistoffsystem Au-Ag-Cu. Konzentrationsdreieck der chemischen Eigenschaften. a) Mischungsverhältnisse nach Atommenge (0/8 ... 8/8), b) Mischungsverhältnisse nach Masseteilen in Tausendteilen, c) Anteile des Goldes als Beziehung von Masseteilen und Atommengen

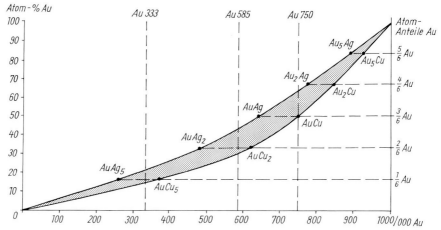

Bild 1.43   c) Anteile des Goldes als Beziehung von Masseteilen und Atommengen

Atom-verhältnis	Atom-% Au	Atom-verhältnis	Atom-% Au
Au$_5$Cu	91,08	Au$_5$Ag	90,12
Au$_2$Cu	86,11	Au$_2$Ag	78,50
AuCu	75,61	AuAg	64,61
AuCu$_2$	60,78	AuAg$_2$	37,83
AuCu$_5$	38,27	AuAg$_5$	26,75

In Abhängigkeit von den Anteilen der Zusatzmetalle ergeben sich bei gleichem Goldgehalt die unterschiedlichen Farben der Legierungen. Einen ersten Versuch zur Objektivierung und Normung der Farbbezeichnungen von Goldlegierungen stellt die DIN EN 28654 dar.

Au-333-Legierung

Schmelzdiagramm. Es ergibt sich als Vertikalschnitt des Dreistoffsystems (Bild 1.44). Links stehen die silberreichen Blaßgoldlegierungen, und je weiter man nach rechts kommt, um so größer wird der Kupferanteil, bis bei 667 Tausendteilen Cu das Rotgold mit reinem Kupferzusatz steht.

Der eutektische Bereich liegt zwischen 120 und 550 Tausendteilen Cu. Bei 250 Tausendteilen Cu werden gleichzeitig α- und β-Mischkristalle aus der Schmelze ausgeschieden, es entsteht das feinkörnige, eutektische Gefüge. Zwischen 120 und 250 Tausendteilen Cu werden aus der Schmelze zuerst α-Mischkristalle und zwischen 250 und 550 Tausendteilen zuerst β-Mischkristalle gebildet; die Restschmelze erstarrt in beiden Fällen dann eutektisch.

Außerhalb des eutektischen Bereichs entsteht aus der Schmelze ein homogenes Gefüge, links aus silberreichen α-Mischkristallen, rechts aus kupferreichen β-Mischkristallen (Bilder 1.45 und 1.46). Wenn die Abkühlungstemperatur den Entmischungsbereich erreicht, vermindert sich die Aufnahmebereitschaft, sie tendieren zu Zweistoff-Mischkristallen, aus den α-Mischkristallen werden die Kupferteile und aus den β-Mischkristallen die Silberteile ausgeschieden. Da diese Diffusionsvorgänge eine gewisse Zeit brauchen und mit sinkender Temperatur immer langsamer ablaufen, wird bei der in der Praxis üblichen relativ raschen Abkühlung ein Mischkristall-Zustand eingefroren.

Eigenschaften. Mit der Feingehaltsangabe ist das Masseverhältnis von $\frac{1}{3}$ Gold und $\frac{2}{3}$ Zusatz beschrieben. Das tatsächliche Mengenverhältnis ergibt sich aber erst aus dem Verhältnis der beteiligten Atome. Wegen der wesentlich geringeren Atommasse der Zusatzmetalle ist ihr Anteil so groß, daß 2 Goldatome von jeweils 9 Atomen der Zusatzmetalle (Ag, Cu) umgeben sind!

Üblicherweise werden die Legierungen nach ihrem Hauptbestandteil bezeichnet (Kupferlegierungen, Aluminiumlegierungen), dann wären die Au-333-Legierungen lediglich »goldhaltige Silber- bzw. Kupferlegierungen«. Vielmehr soll mit der Benennung die Nähe zum Gold suggeriert werden, die tatsächlich gar nicht vorhanden ist:

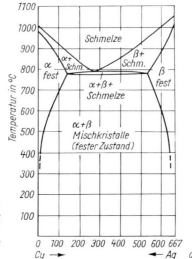
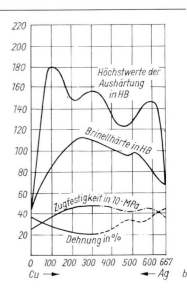

Bild 1.44 *Dreistoffsystem Au-Ag-Cu. Vertikalschnitt Au 333. a) Zustandsdiagramm, b) mechanische Eigenschaften*

- Die Farbe unterscheidet sich auch bei guter Politur deutlich von der des Goldes.
- An der Luft sind besonders die kupferhaltigen Rotgoldlegierungen ziemlich unbeständig und laufen leicht an.
- In Salpetersäure sind alle Au-333-Legierungen leicht löslich.
- In der Praxis werden die mittelfarbigen Legierungen bevorzugt, wegen hoher Härte und Festigkeit bei geringer Dehnung wird die Bearbeitung aber sehr erschwert.
- Da die bevorzugten Legierungen im eutektischen Bereich liegen, »schmoren« sie bereits bei etwa 780 °C, wenn das eutektische Gefüge zerfällt, es müssen also Lote mit entsprechend niedriger Arbeitstemperatur verwendet werden, trotzdem ist das Löten schwierig.

Durch ergänzende Zusätze von Nickel und Zink kann man die mechanischen Eigenschaften so weit beeinflussen, daß sich die Dehnung verdoppelt und die Legierung zum Tiefziehen verwendet werden kann. Löt- und Gießbarkeit werden aber durch diese Zusatzmetalle noch ungünstiger, so daß man genau entscheiden muß, wofür die ausgewählte Legierung verwendet werden soll.
All dem steht nur ein wirklicher Vorzug gegenüber: der relativ niedrige Preis.
In Tabelle 1.5 sind einige Beispiellegierungen zusammengestellt.

Au-375-Legierung
Nach der alten Bezeichnung wären das 9 Karat, ein Feingehalt, der bisher in Deutschland nicht üblich war, als Konsequenz aus dem Europäischen Binnenmarkt aber wohl bald die traditionelle Billiglegierung Au 333, das »8er Gold«, verdrängen wird, weil im internationalen Vergleich Au 375 die Untergrenze des Feingehalts bildet.
Verglichen mit dem Au 333 sind die Gebrauchseigenschaften etwas besser:
- Farbe und Politur sind ähnlich, Anlaufbeständigkeit und chemische Resistenz sind deutlich günstiger.
- Der eutektische Bereich ist schmaler, etwa bei 160 . . .420 Tausendteile Kupfer; die eutektische Temperatur ist noch deutlich unter 800 °C.
- Nur die blassen und die rötlichen Randlegierungen lassen sich etwas besser löten.
- Härte und Festigkeit der mittelfarbenen Legierungen ist noch etwas höher.

Au-585-Legierungen
Schmelzdiagramm. Man sieht auf Bild 1.47 deutlich, wie alle derartigen Legierungen ein Schmelzintervall durchlaufen, in dem ein Gefüge homogener Mischkristalle entsteht (Bild 1.48). Auffallend sind die Temperaturunterschiede sowohl zwischen den blassen und den roten als auch zwischen diesen beiden und den mittleren Legierungen.

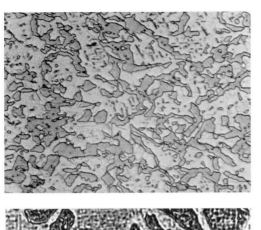

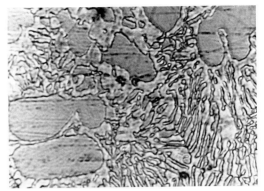

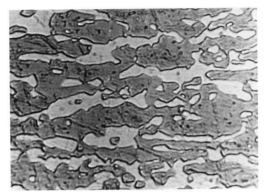

Bild 1.45 *Legierung Au 333. Eutektisches Gefüge. a) Rekristallisationsgefüge nach Umformung und Glühen. V = 630. b) Entmischung der α- und β-Mischkristalle durch anschließendes Tempern. V = 1600*

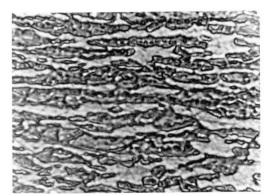

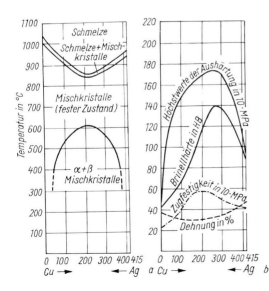

Bild 1.46 *Legierung Au 333. Untereutektisch (β-Mischkristalle grau geätzt). V = 1600. a) Gußgefüge, b) gewalzt und bei 700 °C geglüht, Rekristallisationsgefüge, c) nach dem Glühen getempert (4 h bei 400 °C). Ausscheidungsvorgänge in den Mischkristallen*

Bild 1.47 *Dreistoffsystem Au-Ag-Cu. Vertikalschnitt Au 585. a) Zustandsdiagramm, b) mechanische Eigenschaften*

Tabelle 1.5   Goldlegierungen Au 333

Farbe	Zusatzmetalle in Tausendteilen					Eigenschaften				
	Silber	Kupfer	Zink	Zinn	Nickel	Schmelz-bereich in °C	Brinell-härte in HB	Zug-festig-keit in N/mm^2	Deh-nung in %	Dichte in g/cm^3
blaßgelb	534	133	–	–	–	870...790	100	440	28	11,0
gelb	445	222	–	–	–	820...800	110	470	24	10,9
mittelgelb	333	334	–	–	–	825...800	115	480	25	10,9
orange	200	467	–	–	–	900...800	110	410	30	10,8
rot	95	572	–	–	–	950...860	100	450	35	10,7
gelb	114	431	114	–	8	950...925	100	440	42	10,8
hellgelb	255	350	47	15	–	840...795	80	400	57	11,2

Bei etwa 600 °C treten die mittleren, bei etwas niedrigeren Temperaturen die meisten der übrigen Legierungen in eine Entmischungs-zone ein. Sie wird als Ausläufer des Entmi-schungsbereichs des Dreistoffsystems gebil-det, der sich zur Goldecke hinzieht. Bei der Entmischung vermindert sich die Löslichkeit innerhalb der Kristallite, und die Überschüsse werden als zweite Kristallart ausgeschieden.

Eigenschaften. Es ist die wichtigste Schmuckle-gierung. Das Au 585 ist finanziell erschwing-lich, hat trotzdem angenehme Farbe und ho-hen Glanz; Härte und Festigkeit entsprechen den praktischen Anforderungen im Gebrauch, trotzdem lassen sich die Legierungen recht gut formen (Tabelle 1.6).
An der Luft sind alle Legierungen dieses Fein-

gehalts beständig, laufen also praktisch nicht an. Die rötlichen Legierungen sind noch in Säure löslich, die blassen werden nur schwach angegriffen.
Die Bearbeitung der mittelfarbigen Legierun-gen kann mitunter Schwierigkeiten machen, die rötlichen und die blassen, also die kupfer-reichen und die silberreichen Legierungen sind dagegen leichter formbar.
Im allgemeinen ist Au 585 besser zu löten als Au 333, denn zwischen Solidustemperatur – dem ersten Aufglänzen der Oberfläche – und Liquidustemperatur – der völligen Verflüssi-gung – liegt eine durchschnittliche Differenz von etwa 40 K.
Die Gießbarkeit ist auch günstig.
Wie auf Bild 1.47b zu erkennen ist, besteht bei fast allen Au-585-Legierungen die Gefahr der

Tabelle 1.6   Goldlegierungen Au 585

Farbe	Zusatzmetalle in Tausendteilen					Eigenschaften				
	Silber	Kupfer	Zink	Cad-mium	Nickel	Schmelz-bereich in °C	Brinell-härte in HB	Zug-festig-keit in N/mm^2	Deh-nung in %	Dichte in g/cm^3
blaßgelb	382,5	32,5	–	–	–	990...970	65	280	34	13,7
grüngelb	310	35	–	70	–	810...800	105	450	46	13,7
gelb	280	135	–	–	–	870...830	130	510	32	16,6
mittelgelb	188	227	–	–	–	850...810	130	540	36	15,5
mittelgelb	110	184	71	–	50	880...830	120	470	35	13,5
orange	90	325	–	–	–	890...850	110	480	44	13,4
rot	–	415	–	–	–	970...930	80	430	53	13,2

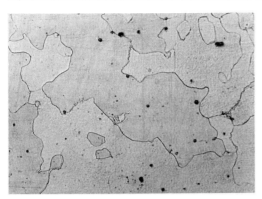

Bild 1.48 Legierung Au 585. Weichgeglüht, homogenes Gefüge. V = 250

Bild 1.50 Legierung Au 750. Umgeformt und geglüht, Rekristallisationsgefüge. V = 200

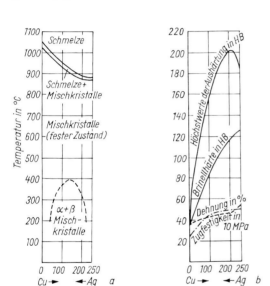

Bild 1.49 Dreistoffsystem Au-Ag-Cu. Vertikalschnitt Au 750. a) Zustandsdiagramm, b) mechanische Eigenschaften

Aushärtung. Die Maximalwerte auf der rötlichen Seite werden durch die Überstruktur $AuCu_3$ des Au-Cu-Randsystems verursacht. Will man während der Verarbeitung ein bildsames Material behalten, ist es immer ratsam, die Legierung nach dem Glühen oder Gießen bei etwa 650 °C abzuschrecken.

Au-750-Legierung

Schmelzdiagramm. Die Zusammenhänge sind leicht zu erfassen (Bild 1.49): Liquidus- und Soliduskurve verlaufen im Abstand von etwa 20 K, beginnend bei mehr als 1000 °C auf der Silberseite zu weniger als 900 °C auf der Kupferseite. Während also bei Au 585 und Au 333 das »Tal« des Dreistoffsystems noch geschnitten wurde, liegt der Vertikalschnitt des Au 750 außerhalb dieser Verminderung des Schmelzbereichs im Gebiet des steilen Anstiegs von Liquidus- und Solidusfläche. Es werden nur homogene Mischkristalle aus der Schmelze gebildet (Bild 1.50).

Im festen Zustand schiebt sich die Entmischungszone des Dreistoffsystems sogar bis zu dem mittleren Bereich der Au-750-Legierungen hin, bei denen unter 400 °C noch eine Entmischung einsetzen kann, die aber wegen der geringen Diffusionsmöglichkeiten bei diesen Temperaturen praktisch kaum wirksam wird.

Eigenschaften. Bei der Beschreibung des Au 333 wurde darauf verwiesen, daß der Anteil der Goldatome noch geringer ist, als es die Angabe der Tausendteile vermuten läßt. Hier ist es nun umgekehrt: 10 Goldatome kommen auf 7 Atome der Zusatzmetalle Ag und Cu!

Der bedeutende Anteil des Goldes an der Gesamtlegierung wirkt sich auf die Eigenschaften deutlich aus. Bei hoher Polierfähigkeit ist die Farbe satt und voll, sie bleibt an der Luft unverändert erhalten (Tabelle 1.7).

In chemischer Hinsicht ähnelt die Legierung schon fast dem Feingold, denn auch sie wird nur noch von Königswasser angegriffen und bleibt auch gegen starke Säure resistent.

Ein Vergleich der mechanischen Eigenschaften des Au 750 mit den Au-585-Legierungen

Tabelle 1.7   Goldlegierungen Au 750

Legierungsfarbe	Zusatzmetalle in $^{1000}/_{000}$			Schmelz-bereich in °C	Dichte in g/cm^3	Brinell-härte in HB	Zug-festig-keit in N/mm^2	Deh-nung in %
	Silber	Kupfer	Cad-mium					
blaß-gelbgrün	250	–	–	1038 ... 1030	15,9	32	186	36
hell-gelbgrün	214	36	–	1025 ... 990	15,8	65	275	39
grünlich-gelb	167	83	–	970 ... 940	15,6	97	363	42
hellgelb	125	125	–	895 ... 885	15,4	120	471	45
rötlich-gelb	83	167	–	895 ... 880	15,2	125	481	47
orange	–	250	–	900 ... 890	14,8	135	520	52
grün	167	–	83	1025 ... 1000	15,5	58	412	45

zeigt, daß die Au-750-Legierungen durchweg leichter zu bearbeiten sind.
Bei den mittleren Farben ist dies besonders auffällig, denn Härte und Festigkeit wachsen beim Au 750 mit dem Kupfergehalt. Überall da, wo feine Treibarbeiten, zarte Drahtbiege-arbeiten oder ähnliche Methoden angewandt werden sollen, die das Material stark bean-spruchen, wird eine gelbliche Au-750-Legie-rung günstiger sein.
In jedem Fall ist die Festigkeit so groß, daß die Tragfähigkeit garantiert ist. Durch Aushär-tung können diese Werte noch beträchtlich ge-steigert werden, besonders bei den rötlichen Legierungen. Dies erklärt sich durch die Über-struktur AuCu des Au-Cu-Randsystems. Die Aushärtung ist bei den Au-750-Legierungen deshalb so stark ausgeprägt, weil sich beide Ursachen überlagern:
Im mittleren Bereich erfolgt die Entmischung in α- und β-Mischkristalle; auf der rötlichen Seite kommt die Überstruktur AuCu dazu.
Während der Bearbeitung ist es deshalb un-umgänglich, die Legierung nach dem Glühen abzuschrecken, zur Aushärtung sind die Hin-weise in Kapitel 4.7.3 zu beachten.
Gießen und Löten bereitet bei allen Au-750-Legierungen keine Schwierigkeiten.
Zum Emaillieren ist besonders die Legierung zu empfehlen, bei der Cu und Ag zu gleichen Teilen enthalten sind.

Zusammenfassend kann gesagt werden, daß Aussehen, Verarbeitungsmöglichkeiten und Aushärtung bei den Au-750-Legierungen so günstig sind, daß diese Legierungen für Einzel-anfertigungen bevorzugt werden sollten, wenn auch der höhere Goldgehalt das Material et-was verteuert.

Sonstige Goldlegierungen
Heute werden kaum noch *Goldmünzen* als Zahlungsmittel in Umlauf gebracht; nur aus-nahmsweise werden goldene Gedenkmünzen oder -medaillen geprägt. Es wurden dafür fol-gende Legierungen benutzt:
Au 986 (23 ⅔ Karat), »Dukatengold«, die Le-gierung der österreichischen und deutschen Dukaten.
Au 916,7 (22 Karat) wurde in Großbritannien (Sovereign, Guinee), aber auch in Rußland und in der Türkei als Münzlegierung verwen-det.
Au 900 (etwa 21 ⅔ Karat) ist seit dem vorigen Jahrhundert bis in die Gegenwart die bevor-zugte Münzlegierung. Im Deutschen Kaiser-reich wurden die bekannten Münzen von 5, 10 und 20 Mark geprägt (s. Tabelle 1.4). In allen europäischen Ländern, aber auch in den USA wurde diese Münzlegierung benutzt. Ge-nauere Informationen über die Beschaffenheit von Goldmünzen muß man der Spezialitera-tur entnehmen.

Zahngold muß wegen der erforderlichen Mundbeständigkeit mindestens den Feingehalt von Au 750 haben. Während früher das Au 833 (20 Karat) das »Zahngold« war, gibt es heute, um die Verarbeitungs- und Gebrauchseigenschaften zu verbessern, eine ganze Reihe von speziellen Dentallegierungen aus Gold und Platinmetallen, die nicht mehr nach dem Feingehalt, sondern nach dem Verwendungszweck klassifiziert sind. Da beispielsweise Pd bei gleicher Mundbeständigkeit die 2,5fache Goldmenge ersetzen kann, liegt der Goldgehalt einiger Dentallegierungen sogar noch unter Au 750. Der Goldschmied muß also vorsichtig sein, wenn ihm Dentallegierungen als Altgold angeliefert werden!

Außer den bei uns üblichen *Schmucklegierungen*, die sich auch international weitgehend durchgesetzt haben, gibt es auch noch solche, die zu bestimmten Zeiten in bestimmten Ländern benutzt wurden oder auch heute noch benutzt werden. Dafür einige Beispiele:

Au 666 (16 Karat) und *Au 625 (15 Karat)* wurden in einigen Ländern benutzt, haben sich aber nicht durchgesetzt.

Au 500 (12 Karat) hat in den USA und in Südamerika größere Bedeutung, es ist die Legierung mit besonders hohen Härtewerten.

Au 375 (9 Karat) ist der niedrigste zugelassene Feingehalt in Großbritannien.

Es hat immer wieder Versuche gegeben, zur Preisminderung Goldlegierungen unter Au 333 in den Handel zu bringen, wie das österreichische »Viertelgold« *Au 250 (6 Karat)*, die sich aber wegen der unschönen Farbe und wegen der geringen Anlaufbeständigkeit nicht durchsetzen konnten.

Nickelweißgold

Das durch Zusatz von Pd entfärbte »edle« Weißgold wird im Zusammenhang mit den Platinmetallen behandelt, hier geht es um das »unedle« Weißgold.

Da bereits 135 Tausendteile Ni genügen, um eine Goldlegierung zu entfärben, kann man damit Weißgold herstellen.

Im System Au-Ni (Bild 1.51) werden aus der Schmelze homogene Mischkristalle gebildet, aber schon bei etwa 800 °C setzt die Entmischung ein. Kupfer ist mit Nickel in jedem Verhältnis mischbar, genauso wie beim System Au-Cu. Silber nimmt nur wenig Nickel auf, bei

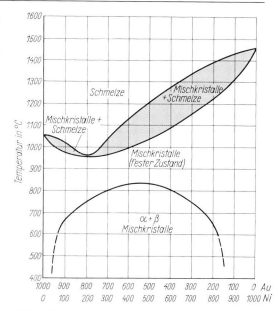

Bild 1.51 Zustandsdiagramm des Systems Au-Ni

höherem Nickelgehalt kommt es zur Versprödung.

Das unedle Weißgold wird deshalb ohne Ag aus Au-Ni-Cu legiert; zur Verbesserung der Gießbarkeit und zur Verringerung des Schmelzbereichs kann noch etwas Zn zugesetzt werden.

Das Nickelweißgold hat gegenüber dem Palladiumweißgold nur einen Vorteil: Es ist billiger. Im übrigen hat es nur Nachteile:

- Härte und Festigkeit sind etwa doppelt so groß.
- Beim Glühen bildet sich ein Überzug von Nickel(II)-oxid NiO.
- Durch Einwirkung von Schwefel wird es warmbrüchig.
- Die Abfälle kann man nicht selbst einschmelzen, sondern muß sie der Scheideanstalt übergeben.

Um Mißerfolge zu vermeiden, sind unbedingt die Verarbeitungsvorschriften des Lieferwerkes zu beachten. Normalerweise gilt folgende Verfahrensweise.

Um Grobkristallisation zu vermeiden, arbeitet man mindestens mit dem Umformungsgrad von 50 % nach jedem Glühen.

Die Glühtemperatur soll zwischen 600 °C und 700 °C liegen. Bei jeder Wärmebehandlung muß der Gegenstand mit Borsäure abgedeckt werden, denn das Nickeloxid ist weder in Beize noch in einer anderen Säure löslich – durch das chemische Auslösen des Nickels bekäme man eine gelbliche Oberfläche. Deshalb kann man das Oxid nur durch Abschleifen entfernen. Nickelweißgold muß nach jedem Glühen langsam abkühlen, beim Ablöschen kann es Spannungsrisse geben. Gegen Schwefel ist es besonders empfindlich, weil Ni besonders leicht Sulfide bildet, die sich an den Korngrenzen konzentrieren, den Zusammenhalt des Gefüges schwächen und zu der gefürchteten Warmbrüchigkeit führen. Schwefel kann freigesetzt werden aus den Feuerungsgasen, der Lötholzkohle und sogar aus Gips.

Farbige Metallide des Goldes

Es wurde schon erwähnt, daß das Gold mit Kupfer Überstrukturen bildet. Das bedeutet, daß sich innerhalb der Mischkristalle die Atome beider Metalle auf den Gitterplätzen in regelmäßigem Rhythmus verteilen, wenn ihre Anzahl einem einfachen Atomverhältnis entspricht, das mit einer Formel ausgedrückt werden kann; trotz ähnlicher Schreibweise hat dies nichts mit den chemischen Formeln der Molekularverbindungen zu tun; die angegebenen Atomzahlen sind unabhängig von der Wertigkeit.

Das Gold bildet einige Metallide, die sich durch auffallende Farbtöne auszeichnen. Am bekanntesten ist das purpurviolette »Amethystgold«, ein Metallid nach $AuAl_2$, was einem Masseverhältnis von 78,5 % Au und 21,5 % Al entspricht. Trotz des hohen Masseanteils des Goldes macht das leichte Al $\frac{2}{3}$ der Atomanzahl aus und bestimmt so die Eigenschaften: Die Verbindung ist korrosionsanfällig; sie ist so hart und spröde, daß sie nur gegossen und dann etwa wie ein Edelstein spangebend bearbeitet werden kann; jede Art der spanlosen Umformung, wie Schmieden, Walzen, Ziehen ist unmöglich. Man hat versucht, das Amethystgold als Farbkontrast in die Schmuckgestaltung einzubeziehen, wegen der genannten Einschränkungen ist man wieder davon abgekommen.

Das gleiche gilt aus gleichen Gründen für weitere Metallide des Goldes wie
KAu_2(violett), KAu_4(olivgrün),
$RbAu_2$(tiefgrün), $AuIn_2$(hellblau).

Alle Versuche, durch weitere Zusatzmetalle die Eigenschaften der Metallide zu verbessern, brachten keinen Erfolg. So bleiben die farbigen Metallide ein Kuriosum ohne praktische Bedeutung für den Goldschmied.

Die Wirkung weiterer Zusatzstoffe
Metalle
Für die Lotlegierungen werden Zn und Cd gebraucht, Sn, Pb, Fe können unbeabsichtigt in die Goldlegierung gelangen.

Zink. Die Löslichkeit der Metalle des Dreistoffsystems für Zn beträgt maximal
Au 40 Tausendteile
Ag 200 Tausendteile
Cu 400 Tausendteile
Feingold bildet bereits mit 50 Tausendteilen Zn die spröde Verbindung Au_3Zn, durch die Aufnahmefähigkeit der übrigen Komponenten wird dies in der Dreistofflegierung aber verhindert.

Ein Zusatz weniger Tausendteile Zn vor dem Ausgießen der Au-Ag-Cu-Legierungsschmelze wirkt als leichtes Reduktionsmittel und erhöht die Gießbarkeit.

Durch Zinkzusatz wird die gelbe Farbe der Blaßgoldlegierungen verbessert.

Bei der Au-333-Legierung erhöht ein gewisser Zinkzusatz die Beständigkeit gegen Schwefel. Dies ist aber praktisch unwichtig, denn die Empfindlichkeit gegen Ammoniak wird gesteigert, so daß die Legierung durch Seifen- und Waschlösungen leicht anläuft. Hinzu kommt, daß bereits die Ammoniakausscheidungen der Haut genügen, um Spannungskorrosionen hervorzurufen, in deren Folge das Metall sogar reißen kann.

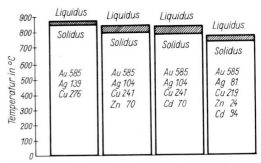

Bild 1.52   Verminderung des Schmelzbereichs von Au 585 durch Zusatz von Zn und Cd (Schema)

Besonders wichtig ist das Zn bei der Lother-stellung, denn geringe Zusätze genügen, um den Schmelzbereich der Dreistofflegierung herabzudrücken, wie es auf Bild 1.52 zu sehen ist.

Cadmium. Gold kann mehr als 200 Tausend-teile Cd und Silber über 300 Tausendteile Cd in festem Zustand lösen, so daß die Unlöslich-keit des Cd in Cu nicht stört.
Durch Cadmiumzusatz wird die Farbe des Au-Ag-Grüngoldes noch intensiver. Besonders wichtig ist die Verminderung des Schmelzbe-reichs der Au-Ag-Cu-Legierung durch Cadmi-umzusatz; wenn außerdem noch Zn zugesetzt wird, bekommt man eine noch wirksamere Schmelzpunkterniedrigung als durch eines der beiden Metalle. Auf der schematischen Dar-stellung (Bild 1.52) sieht man, wie bei einer Au-585-Legierung, deren Zusatzanteil aus 1 Teil Ag und 2 Teilen Cu besteht, der Schmelz-bereich dadurch verringert wird, daß diese Zu-satzmetalle teilweise durch die angegebenen Anteile von Zn und Cd ersetzt werden.
Die große Bedeutung dieser Zusatzmetalle bei der Lotherstellung besteht darin, daß trotz konstantem Goldgehalt der Schmelzbereich verringert werden kann. So können die Fein-gehalte von Arbeitsmetall und Lot überein-stimmen, das Lot bleibt kontrollfähig, erfüllt also die Voraussetzungen eines »Kontrollots«.
Wenn auch für spezielle Fälle noch geringe Anteile anderer Metalle zugegeben werden, sind Zn und Cd nach wie vor die wichtigsten Komponenten der Edelmetallote.
Zinn. Von der Au-Ag-Cu-Legierung können bis zu 40 Tausendteile ohne nennenswerte Schädigung aufgenommen werden. Die Ver-sprödung der Goldlegierung durch Verunrei-nigung mit Zinnlot wird vorwiegend durch das enthaltene Pb bewirkt. Wenn allerdings die Löslichkeitsgrenze von 40 Tausendteilen Sn überschritten wird, ist die Entstehung von Zinnoxiden zwischen dem Erstarrungsgefüge und von spröden Zinnverbindungen nicht zu vermeiden.
Blei. Bruchteile eines Prozents genügen be-reits, um die spröde Verbindung Au_2Pb zu bil-den, die sich an den Korngrenzen ablagert (Bild 1.53). Da die Verbindung bei 418 °C schmilzt, ist die Legierung sowohl in warmem als auch in kaltem Zustand nicht umformbar.

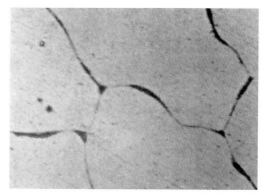

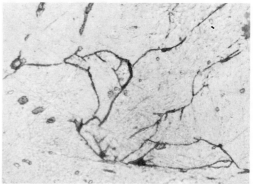

Bild 1.53 Legierung Au 720 mit 1 % Pb. Ausschei-dung von Au_2Pb an den Korngrenzen. a) Gußzu-stand, b) erste Mikrorisse bei beginnender Umfor-mung. V = 630

Das aufgenommene Blei kann aus dem Weich-lot oder aus der Treibunterlage stammen. In jedem Fall muß es vor einer Wärmebehand-lung restlos entfernt werden.
Eisen. Wegen des hohen Schmelzbereichs und der leichten Oxidierbarkeit werden Eisen- und Stahlteilchen als unlösliche Fremdkörper, wie es bei den Silberlegierungen beschrieben wurde, im Gefüge eingeschlossen.
Aluminium. Dehnbarkeit und Anlaufbestän-digkeit niedriger Goldlegierungen werden durch geringe Al-Zusätze erhöht. Sobald je-doch die geringe Lösefähigkeit überschritten wird, bilden sich spröde intermetallische Ver-bindungen, wie Au_4Al, und beim Umschmel-zen können außerdem noch Störungen durch das entstehenden Al_2O_3 auftreten.

Nichtmetalle
Silicium. Wie schon bei den Silberlegierungen

erwähnt, kann es aus dem Tiegelmaterial stammen, mit Gold wird das niedrigschmelzende Eutektikum von 370 °C gebildet.

Schwefel. Auf die vielfältige Herkunft des

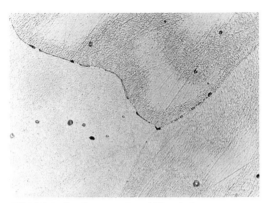

Bild 1.54   Legierung   Au   585.   Anlagerung von Schwefelverbindungen an den Korngrenzen. V = 800

Schwefels wurde schon verwiesen. Mit Gold geht Schwefel keine Verbindung ein, aber mit den Zusatzmetallen, wodurch es zu Versprödung kommt (Bild 1.54).

Phosphor. Wenn das Stadtgas nicht genügend gereinigt ist oder wenn phosphorhaltige Schmelzzusätze benutzt werden, kann Phosphor in die Schmelze gelangen. Obwohl es keine Reaktion mit dem Gold gibt, bildet

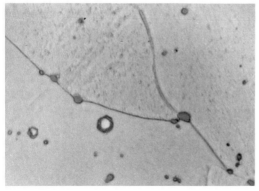

Bild 1.55   Legierung Au 585 mit 0,1 % P. Phosphidausscheidungen an den Korngrenzen und innerhalb der Kristallite. V = 630

Phosphor mit den Zusatzmetallen spröde Verbindungen mit niedrigschmelzenden Eutektika (Bild 1.55).

Gasförmige Stoffe
Das Gold reagiert nicht mit dem Sauerstoff, aber die Zusatzmetalle verhalten sich ebenso wie bei den Silberlegierungen.
Wenn Wasserstoff in eine sauerstoffhaltige Schmelze gelangt, entsteht Wasserdampf, der in Hohlräumen zwischen den Kristalliten eingeschlossen wird und so bei der weiteren Verarbeitung erhebliche Schäden verursacht.
Andere Gase, wie Kohlenoxid, Kohlendioxid, Schwefeldioxid usw., werden ebenfalls in Hohlräumen festgehalten, die Folgen sind ähnlich wie beim Blasensilber.

1.6.4   Platinlegierungen

In zunehmendem Maße hat unter den sechs Metallen der Platingruppe – der »Platinoide« – zweifellos das Platin für die Schmuckgestaltung größte Bedeutung; daneben nutzt man seit einigen Jahrzehnten Palladium nicht nur zur Entfärbung des Weißgolds, sondern auch als eigenständigen Schmuckwerkstoff (Bild 1.56).

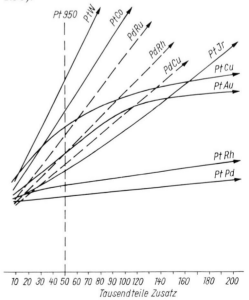

Bild 1.56   Platin, Palladium. Erhöhung der Brinellhärte durch Legierungsbildung

Vom Goldschmied werden diese Metalle nicht in reiner Form, sondern immer als Legierungen benutzt, nämlich als Juwelierplatin und Juwelierpalladium.

Juwelierplatin
Obgleich das Platin teurer als Gold ist, gibt es für die Legierungen auch international keine verbindlichen Vorschriften über Zusammensetzung und Kennzeichnung. Normalerweise werden die Legierungen mit der Angabe des chemischen Symbols und des Platingehalts in Tausendteilen gestempelt.
»Pt 950« bedeutet, daß die Legierung 950 Tausendteile Platin und 50 Tausendteile an Zusatzmetallen enthält. Im Unterschied zum Gold werden die Eigenschaften des Platins schon durch geringe Zusatzanteile wesentlich verändert (Tabelle 1.8).
Folgende Eigenschaften des Platins werden durch die Zusatzmetalle beeinflußt:
- Die hohe Schmelztemperatur wird vermindert.
- Die Wärmedehnung wird vergrößert.

- Zähigkeit und Verschleißfestigkeit werden erhöht, ohne daß die Legierung versprödet.
- Duktilität und Formänderungsvermögen werden vergrößert, trotzdem bleibt die Formstabilität gewährleistet.
- Für federnde Teile werden Härte und Festigkeit wesentlich erhöht.

Die Vorzüge der Platinlegierungen für die Schmuckgestaltung sind seit rund 100 Jahren bekannt und wurden seither genutzt:
- Diamanten und edle Farbsteine kommen in der farbneutralen grau-weißen Fassung voll zur Geltung.
- Wegen der Resistenz gegen Umwelteinflüsse bleiben Farbe und Glanz des Juwelierplatins im Gebrauch unverändert erhalten.
- Wegen der hohen Festigkeit und Zähigkeit nutzt sich Platinschmuck im Gebrauch kaum ab.
- Mit den Zusatzmetallen kann man die mechanischen Eigenschaften modifizieren, so daß duktile Legierungen für Fassungen, formstabile Legierungen für feine Monta-

Tabelle 1.8 Platin- und Palladiumlegierungen

Benennung	Zusammensetzung in Masse-%			Dichte in g/cm^3	Schmelz- bereich in °C	Brinellhärte in HB	Zugfestig- keit in N/mm^2	Dehnung in %	Verwendung
	Platin	Palla- dium	sonstige Metalle						
Pt/Cu 960	96	0	4 Kupfer	20,3	1745…1730	110	363	25	Montage- und Fasser- arbeiten
Pt/Co 950	95	0	5 Cobalt	20,2	1740…1730	130	–	–	Schleuderguß-Legierung
Pt/Ir 800	80	0	20 Iridium	21,7	1830…1815	190	–	–	Montagearbeiten, Ketten, federhart
Pt/W 950	95	0	5 Wolfram	20,9	1860…1840	155	–	–	federharte Teile, durch plastische Umformung mehr als 300 HB
Pt/Pd 960	96	4	0	20,8	1760…1750	55	314	39	Fasserarbeiten
Pt/Pd 950	95	4,5	0,5 Iridium	21,0	1760…1740	69	216	23	Montagearbeiten
Pt/Au 950	95	0	5 Gold	21,0	1740…1670	95	334	18	Montagearbeiten
Pt/Rh 950	95	0	5 Rhodium	20,7	1830…1810	70	235	44	Montagearbeiten
Pt/Ir 950	95	0	5 Iridium	21,5	1800…1780	80	226	40	Montagearbeiten, feder- harte Teile
Pd/Cu	0	95	5 Kupfer	11,8	1490…1470	85	275	21	Montage- und Fasser- arbeiten
Pd/Ru	0	95	4,5 Ruthenium, 0,5 Iridium	12,0	1570…1550	110	304	23	Montagearbeiten
Pd/Rh 950	0	95	2 Rhodium, 3 Ruthenium	12,0	1560…1540	95	314	23	Montagearbeiten

gen, ja sogar für feingliedrige Ketten, möglich sind, und es gibt federharte Legierungen, aus denen man Ringe gestalten kann, in denen Brillanten nur durch Federspannung gehalten werden.

Für die Juwelierplatin-Legierungen haben sich folgende Zusatzmetalle bewährt:
- Mit *Kupfer* bildet das Platin ein System homogener Mischkristalle, durch intermetallische Verbindungen werden Härte und Festigkeit wesentlich gesteigert, was bei der handelsüblichen Legierung Pt 960 genutzt wird. Sie zeichnet sich als universell einsetzbare Legierung mit guten Gebrauchseigenschaften aus.
- Mit Zusatz von *Kobalt* erreicht man ähnlich gute mechanische Eigenschaften, außerdem wird die Gießbarkeit positiv beeinflußt.
- Durch Zusatz von *Palladium* wird die Härte des Platins kaum verändert, so daß solche Legierungen für Fasserarbeiten, aber auch für plastische Umformungen gut geeignet sind.
- Wesentliche Härtesteigerungen werden durch Zusatz von *Iridium* bewirkt, so daß man federharte Legierungen bekommt. Zur Erhöhung der Härte wird Iridium auch anderen Zusatzmetallen in geringer Menge beigemischt.
- Durch Zusatz von *Wolfram* bekommt man extrem harte, federnde Legierungen.
- Auch *Gold* und *Rhodium* werden als Zusatzmetalle verwendet. Solche Legierungen finden aber mehr in der allgemeinen Technik Verwendung.

Platinschmuck hat in den letzten Jahren wesentlich an Bedeutung gewonnen. Dabei beschränkt sich die Anwendung des Juwelierplatins keineswegs darauf, Trägermetall für Diamanten zu sein, sondern es ist zu einem Material avantgardistischer Schmuckgestaltung geworden, wobei die Kombination mit Gold eine wichtige Rolle spielt.

Wenn man sich mit der Verarbeitung von Juwelierplatin beschäftigen will, muß man dessen Besonderheiten beachten. Die Anfertigung von Platin-Schmuck ist nicht »schwieriger«, sondern anders, man braucht mehr Genauigkeit und Ausdauer:
- Für jeden Zweck muß man die am besten geeignete Legierung auswählen.

- Der Kontakt mit anderen Metallen muß verhindert werden. Deshalb muß man nach dem Walzen und Ziehen zunächst in 10%iger Salpetersäure 3 . . . 5 min lang bei 70 °C beizen.
- Erst danach wird das Juwelierplatin bei 950 . . .1000 °C geglüht.
- Nach dem Glühen kann man in Wasser ablöschen oder an Luft abkühlen lassen.
- Durch Diffusion von Kohlenstoff, Silicium und Boraten wird Platin versprödet. Deshalb muß man bei der Wärmebehandlung auf Holzkohle, Tontiegel und gipshaltige Substanzen verzichten.
- Zum Erhitzen ist die Knallgas-Flamme (Sauerstoff-Wasserstoff-Gemisch) am besten geeignet; man kann auch Propan-, Erd- oder Stadtgas mit Sauerstoffzusatz verwenden; das kohlenstoffhaltige Acetylen ist ungeeignet.
- Schweißen ist besser als Löten, Flußmittel dürfen nicht verwendet werden und sind auch unnötig, weil sich Platin in der Hitze nicht verfärbt.
- Wegen der hohen Flammentemperatur muß man eine dunkle Schutzbrille tragen.
- Ringschienen, Fassungen und Teile, die mehr als 0,8 mm dick sind, werden geschweißt, indem man ein etwa 0,1 mm dickes Schweißmetall so in die Fuge steckt, daß es allseitig etwas herausragt.
- Feingold kann aufgeschmolzen werden, ohne daß sich das hochschmelzende Juwelierplatin thermisch verändert.
- Dünne Teile werden angelötet; eventuelle Farbunterschiede der Lötfuge gleicht man durch nachträgliches Galvanisieren aus.
- Juwelierplatin kann man prinzipiell auch mit dem Schleudergußverfahren gießen, man braucht aber spezielle Einbettmasse und Tiegel, die Schmelztemperatur liegt bei 2000 °C. Man soll das Gießen deshalb Spezialfirmen überlassen.
- Das Laubsägeblatt wird mit Ziehwachs eingestrichen, damit es besser gleitet.
- Spezielle Feilen mit unterschiedlichem Hieb sollen nur für Platin benutzt werden.
- Zur Nachbehandlung werden Schleifwerkzeuge und Schmirgel mit Körnungen im Bereich 280 . . .1000 eingesetzt.
- Zum Polieren benutzt man die auch in der Dentaltechnik üblichen Spezialpräparate.

Zunächst entsteht ein stumpfer bis mittlerer Glanz. Durch anschließende Behandlung mit einer Wollschwabbel ohne Poliermittelzusatz entwickelt sich der typische Platinglanz.

Juwelierpalladium
Obgleich Palladium als Zusatz zum Weißgold allgemein verwendet wird, hat sich trotz jahrelanger Bemühungen das Juwelierpalladium international noch nicht so durchsetzen können, wie es diesen Legierungen zukäme. Die Ursachen liegen wohl in der traditionellen Stellung des Platins, denn ihm gegenüber hat das Juwelierpalladium deutliche Vorzüge:
- Es ist billiger als Juwelierplatin.
- Wegen der niedrigeren Dichte des Pd braucht man für den gleichen Gegenstand nur etwa die Hälfte der Platinmenge.
- Die Farbe ist noch weißer als die des Pt.
- Die Luftbeständigkeit ist ebenso gut wie bei Pt.
- Obgleich Juwelierpalladium sich noch besser verarbeiten läßt, also eine noch günstigere Duktilität hat, entspricht es den Gebrauchseigenschaften des Juwelierplatins.

Auch beim Juwelierpalladium genügen geringe Zusätze – meist nur von etwa 50 Tausendteilen – um die Eigenschaften zu modifizieren, meist nimmt man *Rhodium* und *Ruthenium*, es werden aber auch *Kupfer*, *Iridium* und *Platin* zugesetzt.
Einige internationale Beispiele sind in der Übersicht (Tabelle 1.8) zusammengestellt.

Palladiumweißgold
Um das teure Juwelierplatin zu ersetzen, wurden seit Beginn unseres Jahrhunderts Versuche angestellt mit der Zielsetzung, durch Entfärben des Goldes ähnliche Wirkungen zu erzielen.
Platin ist als Goldzusatz ungeeignet, weil die entstehende Legierung von Platinweißgold zu dunkel aussieht. Außerdem ist sie für die Verarbeitung zu hart und wegen der hohen Dichte des Pt zu schwer und damit zu teuer.
Über die Möglichkeiten der Entfärbung des Goldes durch Ni wurde bereits gesprochen.
Auf der Basis der Platinmetalle hat sich in der Praxis nur das Pd als Entfärbungszusatz zum Gold durchgesetzt.
Dieses »edle Weißgold« wird als Dreistofflegierung Au-Pd-Ag benutzt, denn die Komponenten bilden paarweise als Randsysteme des Dreistoffsystems nur homogene Mischkristalle, sind also gegenseitig völlig löslich. Bereits 160 Tausendteile Pd bewirken die Entfärbung.
Der im Vergleich mit dem Nickelweißgold etwas höhere Preis wird durch folgende Vorzüge gerechtfertigt:
- Die Farbe kommt der des Juwelierplatins nahe.
- Bei Löten und Glühen verändert sich die Farbe nicht.
- Es läßt sich gut spanlos und spangebend bearbeiten.
- Beim Fassen lassen sich die Körner leicht aufrichten,
- und es entsteht ein tadelloser Glanzschnitt.

Um Warmbrüchigkeit zu vermeiden, soll auch das Palladiumweißgold nicht auf der Lötholzkohle gelötet werden.

1.6.5 Legierungsrechnen

Umrechnung von Karat und Lot in Tausendteile
Erst mit dem »Stempelgesetz«, das am 1. 1. 1888 in Kraft trat, wurde in Deutschland der Umgang mit Edelmetallen und deren Legierungen einheitlich geregelt. So wurde u. a. festgelegt, daß der Feingehalt der Gold- und Silberlegierungen generell in Tausendteilen anzugeben ist und die bis dahin üblichen Bezeichnungen »Karat« und »Lot« nicht mehr zulässig sind.
Trotzdem sollen dazu einige Hinweise gegeben werden, damit man im Bedarfsfall auch ältere Edelmetallerzeugnisse richtig beurteilen kann.
Bis zur Einführung des einheitlichen Metrischen Maßsystems wurde die Masse der Edelmetalle mit folgenden Einheiten ausgedrückt (Tabelle 1.9).
Grundlage dieser Einteilung der Masse-Einheiten ist die »Kölnische Mark«, die im Laufe der Zeit in vielen deutschen Ländern eingeführt wurde.
Die Feingehaltsangaben wurden von diesen Masse-Einheiten abgeleitet, indem die Menge der jeweiligen Legierung als »Rauhgewicht« zugrundegelegt wurde, man sprach von »1 rau-

Tabelle 1.9   Alte Masse-Einheiten der Edelmetalle

Mark	Unze	Lot	Karat	Pfennig	Grain	Umrechnung in g
1	8	16	24	256	288	233,8
		1	$1\frac{1}{2}$	16	18	14,6
			1	$10\frac{2}{3}$	12	9,74

hen Mark«. Bei Goldlegierungen wurde die darin enthaltene Feingoldmenge in Karat angegeben, bei Silberlegierungen gab man die Feinsilbermenge in Lot an (Bilder 1.57 u. 1.58). Bei einer 18karätigen Legierung besteht also die Gesamtmenge von 1 Mark – also 24 Karat – aus
18 Karat Feingold und 6 Karat Zusatzmetall.
Dies entspricht dem Verhältnis von
¾ Gold und ¼ Zusatz bzw.
750 Tausendteile Gold und 250 Tausendteile Zusatz.
So wurde also mit den *Einheiten der Masse* das *Verhältnis des Goldanteils* ausgedrückt.
Im gleichen Sinne könnte man die heute üblichen Tausendteile auch als Masseteile auffassen, denn:
In der Masse von 1 kg – also 1000 g – einer 750-Au-Legierung sind 750 g Feingold und 250 g Zusatz enthalten.
Beim Silber wurde angegeben, wieviel Lot Feinsilber in der Gesamtmasse einer Silberlegierung von 1 Mark – also 16 Lot – enthalten ist. Beispielsweise lag in zahlreichen Zünften die untere Grenze des zulässigen Feinsilberge-

halts bei 13 Lot. Demnach mußte die »rauhe Mark« mindestens 13 Lot Feinsilber enthalten, dem 3 Lot Kupfer zulegiert waren.
Zwischen den alten und den heutigen Feingehaltsangaben besteht folgende Beziehung:

$$\text{Tausendteile} \qquad \text{Karat bzw. } Lot$$
$$Gesamtmenge : Feinmenge = Gesamtmenge : Feinmenge$$

Der Gesamtmenge entsprechen immer 1000 Tausendteile bzw. 24 Karat oder 16 Lot. Die in der Legierung enthaltene Feingoldmenge bzw. Feinsilbermenge wird der Bezugseinheit entsprechend in die Proportion eingesetzt.

1. Beispiel: Welchem Feingehalt in Tausendteilen entsprechen die erwähnten 13 Lot Silber?

$$1000 : x = 16 : 13$$
$$x = \frac{1000 \cdot 13}{16} = \underline{\underline{812,5 \text{ Ag}}}$$

2. Beispiel: Wieviel Lot entsprechen der Legierung Ag 875?

$$1000 : 875 = 16 : x$$
$$x = \frac{875 \cdot 16}{1000} = \underline{\underline{14 \text{ Lot Silber}}}$$

3. Beispiel: Wieviel Tausendteile Gold entsprechen einem Dukatengold von $23\frac{1}{2}$ Karat?

$$1000 : x = 24 : 23,5$$
$$x = \frac{1000 \cdot 23,5}{24} = \underline{\underline{979,2 \text{ Tausendteile Au}}}$$

4. Beispiel: Wieviel karätig ist Au 400?

$$1000 : 400 = 24 : x$$
$$x = \frac{400 \cdot 24}{1000} = \underline{\underline{9,6 \text{ Karat Au}}}$$

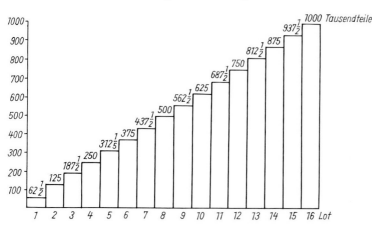

Bild 1.57   Silberfeingehalt, ausgedrückt in Lot und Tausendteilen (Schema)

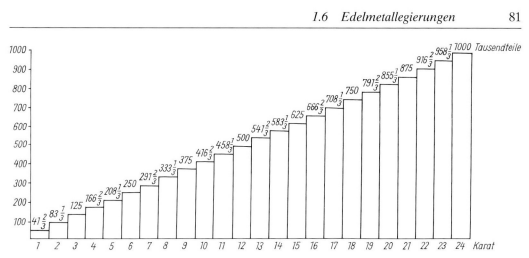

Bild 1.58 Goldfeingehalt, ausgedrückt in Karat und Tausendteilen (Schema)

Grundlagen der Umrechnung

Es sind verschiedene Methoden zur Berechnung der Edelmetallegierungen und zum Umlegieren der Edelmetalle entwickelt worden. Das hier benutzte Verfahren ist scheinbar umständlicher, hat aber den Vorzug, daß nur *ein einziges Proportionsschema* gebraucht wird, in das die Größen unverwechselbar eingesetzt werden können. Selbst wenn man nur gelegentlich solche Legierungsberechnungen zu machen hat, findet man sich mit einiger Überlegung schnell wieder in dieses System hinein.

Das Grundschema lautet:

Tausendteile   Gramm
Gesamtmenge : Feinmenge = Gesamtmenge : Feinmenge

Dabei sind:

Gesamtmenge der Tausendteile: Allgemeingültige Bezugsgröße; sie beträgt immer 1000 Tausendteile.

Feinmenge in Tausendteilen: Anteil des Feingoldes an der Gesamtmenge – also der Feingehalt – ausgedrückt in Tausendteilen, wie Au 585 oder Au 333.

Gesamtmenge in Gramm: Gesamtmasse der Legierung

Feinmenge in Gramm: Masse des in der Legierung enthaltenen Feingolds.

Bei den Erläuterungen zum Legierungsrechnen werden die reinen Metalle mit ihren Symbolen bezeichnet, also Feingold »Au«, Feinsilber »Ag«; für die Legierungen gilt die übliche Schreibweise, wie »Au 585« oder »Ag 925«.

Die Bezugsgröße für die Gesamtlegierung steht mit 1000 Tausendteilen immer fest. Da man mit der Proportion jeweils eine Unbekannte bestimmen kann, müssen noch zwei Größen vorgegeben sein.

Es lassen sich also folgende Aufgaben lösen:

• *Feingehalt berechnen* aus der Gesamtmasse der Legierung und der Masse des darin enthaltenen Feingolds.

• *Gesamtmasse berechnen,* wenn mit einer bestimmten Feingoldmasse die Legierung eines bestimmten Feingehalts hergestellt werden soll.

• *Feinmasse berechnen,* wenn die Gesamtmasse der Legierung und deren Feingehalt bekannt sind.

Berechnung von Neulegierungen

Trotz des umfangreichen Angebots von Edelmetallegierungen durch die Scheideanstalten kann es doch vorkommen, daß man Legierungen selbst zusammenstellen muß, beispielsweise um spezielle Farbtöne zu bekommen oder einfach nur, um sich einmal schnell und unkompliziert helfen zu können.

Die Berechnung solcher Neulegierungen ist recht einfach, wenn man das erwähnte Grundschema benutzt. Aus der Praxis ergeben sich folgende Aufgabenstellungen:

	Feingehalt	Gesamt-masse	Feinmasse
a)	gegeben	gegeben	gesucht
b)	gegeben	gesucht	gegeben
c)	gesucht	gegeben	gegeben

Beispiel a) Es sollen 25 g einer Au-585-Legierung hergestellt werden. Wieviel Au ist erforderlich?

$$1000 : 585 = 25 : x$$

$$x = \frac{585 \cdot 25}{1000} = \underline{\underline{14,63 \text{ g Au}}}$$

Beispiel b) Wieviel g Au 333 kann man aus 4,2 g Au herstellen?

$$1000 : 333 = x : 4,2$$

$$x = \frac{1000 \cdot 4,2}{333} = \underline{\underline{12,61 \text{ g Au 333}}}$$

Beispiel c) Welcher Feingehalt ergibt sich, wenn 6 g Au mit 2 g Cu und 1,5 g Ag zusammengeschmolzen werden?

Gesamtmasse = 6 g + 2 g + 1,5 g = 9,5 g

$$1000 : x = 9,5 : 6$$

$$x = \frac{1000 \cdot 6}{9,5} = \underline{\underline{631,6 \text{ Tausendteile}}}$$

Umlegieren

Nun geht es darum, aus einer oder mehreren vorhandenen Legierungen eine neue herzustellen, die einen anderen Feingehalt hat als die Ausgangslegierungen. Das Ausgangsmaterial kann aus Arbeitsabfällen bestehen, es kann aber auch Altmaterial sein, das der Kunde angeliefert hat.

Unter den heutigen Bedingungen lohnt es normalerweise nicht, das Umlegieren in der Goldschmiedewerkstatt durchzuführen, denn erfahrene und leistungsfähige Scheideanstalten arbeiten das Altmaterial problemlos um, und sie bieten ein breites Sortiment erprobter Edelmetallegierungen als vorbereitete Halbzeuge an. Da im vorliegenden Fachbuch aber das Fachwissen des Goldschmieds möglichst vollständig dargestellt werden soll und um zu verhindern, daß traditionelle Kenntnisse der alten Goldschmiedekunst verlorengehen, werden die zum Umlegieren erforderlichen Berechnungsverfahren trotzdem hier behandelt.

Tabelle 1.10   Herunterlegieren und Hochlegieren

Herunterlegieren	Hochlegieren
Die Masse der Ausgangslegierung oder die Masse der Ziellegierung können als bekannt vorgegeben sein.	
Feingoldmasse	Zusatzmasse
bleibt unverändert	
Auf der Grundlage der konstanten Masse von	
Feingold	Zusatzmetallen
wird die unbekannte Gesamtmasse berechnet.	

Grundformel:

$G : F = G : F$	$G : Z = G : Z$
(in $^{1000}/_{000}$) (in g)	(in $^{1000}/_{000}$) (in g)

Die erforderliche Masse von	
Zusatzmetallen	Feingold
wird als Differenz von Gesamtmasse und	
Feingold	Zusatzmetallen
ermittelt.	

G = Gesamtmasse;
F = Feingoldmasse;
Z = Masse der Zusatzmetalle

Herunterlegieren und Hochlegieren

(Tabelle 1.10)

Herunterlegieren. Hierbei hat grundsätzlich die Ausgangslegierung den höheren, die Ziellegierung den niedrigeren Feingehalt (Tabelle 1.10, Bild 1.59a).

Die Masse des Feingolds bleibt konstant, ist also bei Ausgangs- und Ziellegierung gleich.

Die Differenz zwischen beiden Legierungen wird durch Zugabe von Zusatzmetallen ausgeglichen.

Bei der Berechnung wird die konstante Feingoldmenge zur Grundlage gemacht; es kann entweder die Masse der Ausgangslegierung oder der Ziellegierung gegeben sein.

Anhand der folgenden Beispiele werden die einzelnen Rechenoperationen erläutert.

1. Beispiel. Ausgangslegierung: 9,2 g Au 585
Ziellegierung: x g Au 333
Wieviel g Zusatzmetall sind erforderlich, und wieviel g Au 333 erhält man?

a) Umrechnungsverfahren: Herunterlegieren, Rechengrundlage ist demnach die Feingoldmasse.

b) Aus der gegebenen Masse der Ausgangslegierung wird die darin enthaltene Feingoldmasse errechnet.

$$1000 : 585 = 9,2 : x$$

$$x = \frac{585 \cdot 9,2}{1000} = 5,38 \text{ g Au}$$

c) Da diese Feingoldmasse konstant bleibt, wird mit ihr die Masse der Ziellegierung errechnet.

$$1000 : 333 = x : 5,38$$

$$x = \frac{1000 \cdot 5,38}{333} = 16,16 \text{ g Au 333}$$

d) Erforderliche Zusatzmenge als Differenz von Ziel- und Ausgangslegierung.

$$16,16 - 9,20 = 6,96 \text{ g Zusatz}$$

e) Man schmilzt zusammen: 9,20 g Au 585
                          + 6,96 g Zusatzmetalle
                          ─────────────────────
   Man erhält: 16,16 g Au 333

2. Beispiel: Ausgangslegierung: x g Au 750
              Ziellegierung: 13,4 g Au 585

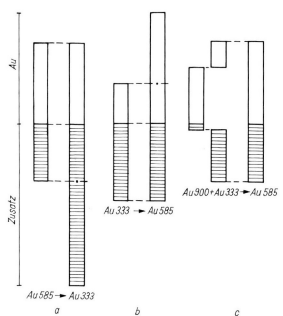

Au 585 → Au 333

a   *b*   *c*

Au 333 → Au 585

Au 900 + Au 333 → Au 585

Wieviel g Au 750 und wieviel g Zusatzmetall sind erforderlich?

a) Umrechnungsverfahren: Herunterlegieren

b) Aus der vorgegebenen Masse der Ziellegierung wird die dafür erforderliche Feingoldmasse ermittelt.

$$1000 : 585 = 13,4 : x$$

$$x = \frac{585 \cdot 13,4}{1000} = 7,84 \text{ g Au}$$

c) Da die Feingoldmasse konstant ist, kann mit ihr errechnet werden, wieviel Au 750 gebraucht wird.

$$1000 : 750 = x : 7,84$$

$$x = \frac{1000 \cdot 7,84}{750} = 10,45 \text{ g Au 750}$$

d) Erforderliche Zusatzmenge:

$$13,4 - 10,45 = 2,95 \text{ g Zusatz}$$

e) Man schmilzt zusammen: 10,45 g Au 750
                          + 2,95 g Zusatz
                          ─────────────────────
   Man erhält: 13,40 g Au 585

Hochlegieren. Es ist in jeder Beziehung die Umkehrung des Herunterlegierens (Tabelle 1.10 und Bild 1.59b): Jetzt hat die Ausgangslegierung den niedrigeren, die Ziellegierung den höheren Feingehalt.
Die Umlegierung erfolgt durch Zugabe von Feingold. Die *Masse der Zusatzmetalle bleibt unverändert,* und sie wird deshalb zur Rechengrundlage. Die Grundformel wird in diesem Sinne umgewandelt, indem statt der Feinmenge *(F)* jetzt die Zusatzmenge *(Z)* sowohl für die Tausendteile als auch für die Masse eingesetzt wird.

1. Beispiel.   Ausgangslegierung: 7,7 g Au 333
              Ziellegierung: x g Au 585
Wieviel g Feingold sind erforderlich, und wieviel g Au 585 erhält man?

a) Umrechnungsverfahren: Hochlegieren. Rechengrundlage ist demnach die Zusatzmasse.

Bild 1.59 Legierungsrechnen (Schema). a) Herunterlegierungen, b) Hochlegieren, c) Zwischenlegieren

b) Die in der Ausgangslegierung enthaltene Masse an Zusatzmetallen wird errechnet.

$G : Z = G : Z$

$1000 : 667 = 7,7 : x$

$x = \dfrac{667 \cdot 7,7}{1000} = 5,14$ g Zusatz

c) Da die Masse der Zusatzmetalle nicht verändert wird, errechnet man aus dieser konstanten Größe die Masse der Ziellegierung.

$G : Z = G : Z$

$1000 : 415 = x : 5,14$

$x = \dfrac{1000 \cdot 5,14}{415} = 12,39$ g Au 585

d) Erforderliche Feingoldmasse als Differenz von Ziel- und Ausgangslegierung:
12,39 g − 7,70 g = 4,69 g Au

e) Man schmilzt zusammen: 7,70 g Au 333
    + 4,69 g Au
    _____

Man erhält: 12,39 g Au 585

2. Beispiel   Ausgangslegierung: *x* g Au 585
        Ziellegierung: 16,8 g Au 750

Wieviel g Au 585 und wieviel g Feingold sind erforderlich?

a) Umrechnungsverfahren: Hochlegieren

b) Aus der Masse der Ziellegierung wird die Masse der Zusatzmetalle errechnet.

$G : Z = G : Z$

$1000 : 250 = 16,8 : x$

$x = \dfrac{250 \cdot 16,8}{1000} = 4,2$ g Zusatz

c) In wieviel g Au 585 ist diese Zusatzmenge enthalten?

$G : Z = G : Z$

$1000 : 415 = x : 4,2$

$x = \dfrac{1000 \cdot 4,2}{415} = 10,12$ g Au 585

d) Erforderliche Feingoldmenge

16,8 g − 10,12 g = 6,68 g Au

e) Man schmilzt zusammen: 10,12 g Au 585
    + 6,68 g Au
    _____

Man erhält: 16,80 g Au 750

Zwischenlegieren. Die neue Legierung wird aus zwei vorhandenen Legierungen erschmolzen, ohne daß Feingold oder Zusatzmetalle zugefügt werden. Die dazu erforderlichen Mengen der Ausgangslegierungen werden nach dem Prinzip des Mischungsrechnens ermittelt: Die eine Legierung hat zu wenig Feingold, aber zuviel Zusatzmetall – bei der anderen ist es umgekehrt. Der Feingehalt der Ziellegierung liegt also zwischen den beiden Feingehalten der Ausgangslegierungen (Bild 1.59c).

Es wird zunächst festgestellt, wie groß die Differenzen der Feingehalte zwischen Ausgangslegierungen und Ziellegierung sind, und aus den umgekehrten Werten der Differenzen wird die Gesamtmasse nach dem folgenden Schema errechnet; dabei ist es gleichgültig, ob die Masse der Ziellegierung oder die Masse einer der beiden Ausgangslegierungen feststeht, zwei Größen müssen immer variabel sein.

1. Beispiel. Ausgangslegierungen: *x* g Au 333
            y g Au 750
        Ziellegierung: 100 g Au 585

Wieviel g Au 333 und Au 585 müssen zusammengeschmolzen werden?

a) Umrechnungsverfahren: Zwischenlegieren

b)

Feingehalte der Ausgangslegierungen	Feingehaltsdifferenz zur Ziellegierung	Legierungsverhältnis	Metallmasse
Au 333 Au 750	− 252 + 165	165 g Au 333 252 g Au 750	*x* g Au 333 *y* g Au 750
		417 g Au 585	100 g Au 585

c) Die erforderlichen Mengen der beiden Ausgangslegierungen werden aus ihrer Proportionalität zur Gesamtmasse der Ziellegierung bestimmt. Zu diesem Zweck werden sie verglichen mit dem Legierungsverhältnis, das aus den Differenzbeträgen gebildet wurde.

$165 : x = 417 : 100$

$x = \dfrac{165 \cdot 100}{417} = 39,57$ g Au 333

$$252 : y = 417 : 100$$

$$y = \frac{252 \cdot 100}{417} = 60{,}43 \text{ g Au } 750$$

d) Man schmilzt zusammen: 39,57 g Au 333
     + 60,43 g Au 750

Man erhält: 100,00 g Au 585

---

2. Beispiel   Ausgangslegierungen: x g Au 333

     8,3 g Au 900

     Ziellegierung: y g Au 585

Wieviel g Au 333 werden gebraucht und wieviel g Au 585 erhält man?

a) Umrechnungsverfahren: Zwischenlegieren

b)

Fein-gehalte der Aus-gangs-legierun-gen	Fein-gehalts-differenz zur Ziel-legierung	Legierungs-verhältnis	Metallmasse
Au 333 Au 900	− 252 + 315	315 g Au 333 252 g Au 900	x g Au 333 8,3 g Au 900
		567 g Au 585	y g Au 585

c) Vergleich der Verhältnismassen mit den tatsächlichen Massen.

$$252 : 8{,}3 = 567 : y$$

$$y = \frac{8{,}3 \cdot 567}{252} = 18{,}68 \text{ g Au } 585$$

$$315 : x = 252 : 8{,}3$$

$$x = \frac{315 \cdot 8{,}3}{252} = 10{,}38 \text{ g Au } 333$$

d) Man schmilzt zusammen: 10,38 g Au 333
     + 8,30 g Au 900

Man erhält: 18,68 g Au 585

Umlegieren mit bestimmter Farbe. Hierbei sind alle Zusatzmetalle, die in der Ausgangs- und in der Ziellegierung enthalten sind, mengenmäßig festgelegt; meist ausgedrückt in Tausendteilen. Dadurch ergeben sich bestimmte Gold-

farben, und es ist möglich, die Farbe der Ausgangslegierung zu ändern, so daß eine andersfarbige Ziellegierung entsteht.

Bei der Berechnung genügt es nicht mehr, die Zusatzmenge als Ganzes zu ermitteln, sondern jetzt muß jedes Zusatzmetall einzeln umgerechnet werden (Bilder 1.60 u. 1.61).

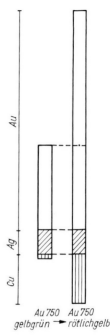

Au 750   Au 750
gelbgrün → rötlichgelb

Bild 1.60   Legierungsrechnen (Schema). Änderung der Farbe bei gleichem Feingehalt

Selbstverständlich kann man beim Umschmelzen keines der Metalle aus dem Tiegel entfernen, deshalb können alle Veränderungen ausschließlich durch Zugabe der jeweiligen Komponenten erreicht werden.

Bei der Umrechnung verfährt man so, daß zunächst bei der Legierung, deren Masse bekannt ist – das kann die Ausgangs- oder die Ziellegierung sein –, die Einzelmassen aller Komponenten berechnet werden.

Beim *Herunterlegieren* bleibt immer die Feingoldmasse konstant, die Zusatzmetalle ändern sich; dagegen bleibt beim *Hochlegieren* die Masse von einem der Zusatzmetalle konstant, Feingold und die übrigen Zusatzmetalle ändern sich.

Beim Herunterlegieren geht man stets von

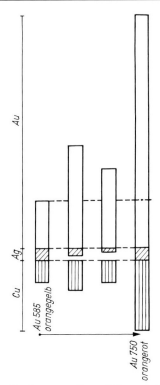

Bild 1.61   Legierungsrechnen (Schema). Hochlegieren mit Veränderung der Farbe

dem Zusatzmetall aus, dessen Anteil sich verringert; sind alle Zusatzmetalle fallend, so ist von demjenigen auszugehen, dessen Differenz zwischen altem und neuem Zusatzgehalt prozentual am größten ist. Dies muß man abschätzen.

Zur besseren Kontrolle ist es ratsam, immer eine solche vergleichende Übersicht der Zusammensetzung von Ausgangs- und Ziellegierung aufzustellen, wie es bei den folgenden Beispielen gezeigt wird. Wenn dabei eine negative Differenz auftritt, würde es bedeuten, daß die errechnete Menge von diesem Metall aus der Schmelze entfernt werden müßte – was, wie gesagt, praktisch nicht möglich ist. In diesem Fall muß die Rechnung auf der Basis dieses Metalls wiederholt werden.

1. Beispiel. Ausgangslegierung: 12 g Au 585, orangegelb, mit 138 Tausendteilen Ag und 277 Tausendteilen Cu
Ziellegierung: x g Au 750, orangerot, mit 36 Tausendteilen Ag und 214 Tausendteilen Cu.

a) Umrechnungsverfahren: Hochlegieren   durch Zugabe von Au und einem Zusatzmetall.

b) Zusammensetzung der Ausgangslegierung:

$$1000 : 585 = 12 : x$$

$$x = \frac{585 \cdot 12}{1000} = \underline{\underline{7{,}02 \text{ g Au}}}$$

$$1000 : 138 = 12 : x$$

$$x = \frac{138 \cdot 12}{1000} = \underline{\underline{1{,}66 \text{ g Ag}}}$$

$$1000 : 277 = 12 : x$$

$$x = \frac{277 \cdot 12}{1000} = \underline{\underline{3{,}32 \text{ g Cu}}}$$

Gesamtzusatz: 1,66 g Ag + 3,32 g Cu = $\underline{\underline{4{,}98 \text{ g}}}$

c) Umrechnung auf Basis der Gesamtzusatzmenge (entspricht dem bisher behandelten Verfahren des Hochlegierens)

Gesamtmasse der Ziellegierung:

$$1000 : 250 = x : 4{,}98$$

$$x = \frac{1000 \cdot 4{,}98}{250} = \underline{\underline{19{,}9 \text{ g Au } 750}}$$

Bestandteile der Ziellegierung:

$$1000 : 750 = 19{,}9 : x$$

$$x = \frac{750 \cdot 19{,}9}{1000} = \underline{\underline{14{,}93 \text{ g Au}}}$$

$$1000 : 36 = 19{,}9 : x$$

$$x = \frac{36 \cdot 19{,}9}{1000} = \underline{\underline{0{,}72 \text{ g Ag}}}$$

$$1000 : 214 = 19{,}9 : x$$

$$x = \frac{214 \cdot 19{,}9}{1000} = \underline{\underline{4{,}26 \text{ g Cu}}}$$

	Gesamtmasse	Au	Ag	Cu
Ausgangslegierung	12,0	7,02	1,66	3,32
Differenz	+ 7,9	+ 7,91	– 0,94	+ 0,94
Ziellegierung	19,9	14,93	0,72	4,26

Aus dieser vergleichenden Übersicht wird offensichtlich, daß dieses einfache Verfahren des Hochlegierens auf Basis der Gesamtzusatzmenge nicht anwendbar ist, weil 0,94 g Ag aus der Ausgangslegierung entfernt werden müßten!

d) Umrechnung auf Basis des Kupferzusatzes
Gesamtmasse der Ziellegierung:

$$1000 : 214 = x : 3,32$$

$$x = \frac{1000 \cdot 3,32}{214} = \underline{15,51 \text{ g Au } 750}$$

Bestandteile der Ziellegierung:

$$1000 : 750 = 15,51 : x$$

$$x = \frac{750 \cdot 15,51}{1000} = \underline{11,63 \text{ g Au}}$$

$$1000 : 36 = 15,51 : x$$

$$x = \frac{36 \cdot 15,51}{1000} = \underline{0,56 \text{ g Ag}}$$

	Gesamt-masse	Au	Ag	Cu
Ausgangslegierung	12,0	7,02	1,66	3,32
Differenz	+ 3,51	+ 4,61	– 1,10	0
Ziellegierung	15,51	11,63	0,56	3,32

Mit der konstanten Kupfermenge bekommt man auch kein brauchbares Ergebnis, es müßte ebenfalls Silber aus der Ausgangslegierung entfernt werden.

e) Umrechnung auf Basis des Silberzusatzes
Gesamtmenge der Ziellegierung:

$$1000 : 36 = x : 1,66$$

$$x = \frac{1000 \cdot 1,66}{36} = \underline{46,1 \text{ g Au } 750}$$

Bestandteile der Ziellegierung:

$$1000 : 750 = 46,1 : x$$

$$x = \frac{750 \cdot 46,1}{1000} = \underline{34,58 \text{ g Au}}$$

$$1000 : 214 = 46,1 : x$$

$$x = \frac{214 \cdot 46,1}{1000} = \underline{9,87 \text{ g Cu}}$$

	Gesamt-masse	Au	Ag	Cu
Ausgangslegierung	12,0	7,02	1,66	3,32
Differenz	+ 34,1	+ 27,56	0	+ 6,55
Ziellegierung	46,1	34,58	1,66	9,87

In diesem Fall gibt es nur positive Differenzen, und damit ist die Forderung erfüllt, daß der Ausgleich generell durch Zugabe der Metalle erfolgen muß.

f) Man schmilzt zusammen:

$$
\begin{array}{rl}
& 12,0 \text{ g Au 585} \\
+ & 27,55 \text{ g Au} \\
+ & 6,55 \text{ g Cu} \\
\hline
\text{Man erhält:} & 46,10 \text{ g Au 750}
\end{array}
$$

2. Beispiel. Ausgangslegierung: x g Au 833 mit 83 Ag und 84 Cu
Ziellegierung: 41,65 g Au 585 mit 104 Ag und 311 Cu

a) Umrechnungsverfahren: Herunterlegieren durch Zugabe beider Zusatzmetalle; die Feingoldmenge bleibt konstant.

b) Zusammensetzung der Ziellegierung:

$$1000 : 585 = 41,65 : x$$

$$x = \frac{585 \cdot 41,65}{1000} = \underline{24,37 \text{ g Au}}$$

$$1000 : 104 = 41,65 : x$$

$$x = \frac{104 \cdot 41,65}{1000} = \underline{4,33 \text{ g Au}}$$

$$41,65 - (24,37 + 4,33) = \underline{12,95 \text{ g Cu}}$$

c) Gesamtmasse der Ausgangslegierung bei 24,37 g Au:

$$1000 : 833 = x : 24,37$$

$$x = \frac{1000 \cdot 24,37}{833} = \underline{29,26 \text{ g Au } 333}$$

d) Zusammensetzung der Ausgangslegierung:

$$1000 : 83 = 29,26 : x$$

$$x = \frac{83 \cdot 29,26}{1000} = \underline{2,43 \text{ g Ag}}$$

$$29,26 - (24,37 + 2,43) = \underline{2,46 \text{ g Cu}}$$

	Gesamt-masse	Au	Ag	Cu
Ausgangslegierung	29,26	24,37	2,43	2,46
Differenz	+ 12,39	0	+ 1,90	+ 10,49
Ziellegierung	41,65	24,37	4,33	12,95

e) Man schmilzt zusammen:

$$29,26 \text{ g Au } 833$$
$$+ \quad 1,90 \text{ g Ag}$$
$$+ \; 10,49 \text{ g Cu}$$

Man erhält: $\qquad$ 41,65 g Au 585

Farbänderung bei konstantem Feingehalt. Dieser Fall tritt dann ein, wenn die Legierung nicht in gewünschter Farbe zur Verfügung steht und eine andersfarbige Legierung des gleichen Feingehalts zu diesem Zweck benutzt werden soll. Durch Zugabe von Zusatzmetall wird die Farbe beeinflußt; zum Ausgleich des Feingehalts der größeren Masse der Ziellegierung muß natürlich auch noch Feingold zugesetzt werden.

Das Berechnungsverfahren entspricht dem Hochlegieren.

Beispiel. Ausgangslegierung: 24,9 g Au 750, hellgrün, mit 214 Tausendteilen Ag und 36 Tausendteilen Cu
Ziellegierung: x g Au 750, rötlichgelb, mit 83 Tausendteilen Ag und 167 Tausendteilen Cu.

a) Berechnungsverfahren: Hochlegieren, da der Silberanteil fällt, bildet Ag die Rechengrundlage.

b) Zusammensetzung der Ausgangslegierung:

$$1000 : 750 = 24,9 : x$$
$$x = \frac{750 \cdot 24,9}{1000} = \underline{18,68 \text{ g Au } 750}$$

$$1000 : 214 = 24,9 : x$$
$$x = \frac{214 \cdot 24,9}{1000} = \underline{5,32 \text{ g Ag}}$$

$$24,9 - (18,68 + 5,32) = \underline{0,9 \text{ g Cu}}$$

c) Gesamtmasse der Ziellegierung:

$$1000 : 83 = x : 5,32$$
$$x = \frac{1000 \cdot 5,32}{83} = \underline{64,1 \text{ g Au } 750}$$

d) Zusammensetzung der Ziellegierung:

$$1000 : 750 = 64,1 : x$$
$$x = \frac{750 \cdot 64,1}{1000} = \underline{48,08 \text{ g Au}}$$

$$1000 : 167 = 64,1 : x$$
$$x = \frac{167 \cdot 64,1}{1000} = \underline{10,70 \text{ g Cu}}$$

	Gesamt-masse	Au	Ag	Cu
Ausgangs-legierung	24,9	18,68	5,32	0,90
Differenz	+ 39,2	+ 29,40	0	+ 9,80
Ziel-legierung	64,1	48,08	5,32	10,70

e) Man schmilzt zusammen:

$$24,90 \text{ g Au } 750$$
$$+ \; 29,40 \text{ g Au}$$
$$+ \quad 9,80 \text{ g Cu}$$

Man erhält: $\qquad$ 64,10 g Au 750

1.7 Kupferlegierungen

Während den Edelmetallen Kupfer nur in geringer Menge zugesetzt wird, um deren Eigenschaften zu verbessern, bildet es nun die Grundlage der Kupferlegierungen, die auch als »*Buntmetalle*« bezeichnet werden (Tabelle 1.11).
Es gelten folgende Normen:

DIN 1705: Guß-Zinnbronze, Rotguß
DIN 1709: Guß-Messing, Guß-Sondermessing
DIN 1714: Guß-Mehrstoff-Aluminiumbronze
DIN 1716: Guß-Zinn-Blei-Bronze
DIN 1718: Benennung der Kupferlegierungen
DIN 1787: Halbzeuge aus Kupfer
DIN 17660: Messing, Sondermessing
DIN 17662: Zinnbronzen
DIN 17663: Neusilber
DIN 17664: Kupfer-Nickel-Legierungen
DIN 17665: Aluminiumbronzen.

Cu-Zn ergibt das *Messing.*
Wird das Kupfer mit Ni, Al, Ag, Be, Mn, Si und speziell mit Sn legiert, werden *Bronzen* gebildet, die nach dem Zusatzmetall benannt werden, wie »Aluminiumbronze«.
Unter den Mehrstofflegierungen sind in unse-

Tabelle 1.11 Technisch wichtige Kupferlegierungen

Werkstoff-sorte	Legierungselemente in %					Brinell-härte in HB	Festig-keit in N/mm²	Deh-nung in %	Verwen-dung
	Cu	Zn	Sn	Ni	Begleit-metalle				
CuZn 4	95...97	3... 5	–	–	0,2	60	225	40	Emailarbeiten
CuZn 10	89...91	9...11	–	–	0,2	60	235	41	Emailarbeiten, Modeschmuck, Dublee
CuZn 15	84...86	14...16	–	–	0,3	60	255	42	Modeschmuck
CuZn 20	78...81	19...22	–	–	0,3	65	265	43	Modeschmuck
CuZn 30	69...73	27...31	–	–	0,3	70	284	45	Tiefzieh-arbeiten
CuZn 37	62...65	35...38	–	–	0,5	80	334	30	Spanlose Kaltformung
CuSn 4	95...97	–	3... 5	–	0,3	70	314	48	Spanlose Kaltformung
CuSn 8	91...93	–	7... 9	–	0,3	90	392	55	Spanlose Kaltformung
CuSn 12	87...89	–	11...13	–	0,3	105	314	15	Gußlegierung
CuSn 14	85...87	–	13...15	–	0,3	115	230	5	Gußlegierung
CuSn 4 Zn 3	93...94	2... 7	3... 5	–	0,2	110	420	60	Rohre, Federn, Gußteile
CuSn 6 Zn 6	86...90	5... 7	5... 7	–	0,2	100	400	50	Rohre, Federn, Gußteile
CuSn 10 Zn	87...89	1... 3	8...11	–	0,2	90	294	10	Rohre, Federn, Gußteile
CuNi 12 Zn 24	61...63	24...28	–	11...13	0,2	80	350	40	Tiefzieh-arbeiten, Besteck
CuNi 18 Zn 20	60...64	23...17	–	17...19	0,2	85	380	36	Tiefzieh-arbeiten, Besteck
CuNi 25 Zn 15	58...62	12...18	–	24...26	0,2	95	400	32	Tiefzieh-arbeiten, Besteck

rem Zusammenhang *Rotguß* (Cu-Sn-Zn) und *Neusilber* (Cu-Ni-Zn) wichtig.

Mit Zn, Sn und Al bildet das Kupfer α-Mischkristalle, indem geringe Mengen dieser Metalle in das kubisch-flächenzentrierte Gitter des Kupfers eingebaut werden, maximal 39 % Zn, 14 % Sn, 9 % Al. Kupferlegierungen mit solchem Gefüge sind gut plastisch formbar. Wenn der Anteil der Zusatzmetalle an der Gesamtlegierung größer ist, entstehen kompliziert aufgebaute Metallide. Mit einem mäßigen Anteil von β-Mischkristallen ergeben sich noch praktisch nutzbare Gußlegierungen, alle weiteren Metallide sind so hart und spröde, daß solche Legierungen nicht mehr verwendbar sind.

Aus den komplizierten peritektischen Systemen werden nur die praktisch wichtigen Bereiche abgebildet (Bilder 1.62 und 1.63).

Messing. Wenn auch aus dem Diagramm hervorgeht, daß sich der Bereich der α-Mischkristalle von 33 % Zn bei 902 °C auf 39 % Zn bei 454 °C erweitert, so wird in der Praxis bei Legierungen dieses Bereichs ein Zwischenzustand »eingefroren«, so daß mit einem gewissen Anteil von β-Mischkristallen im Gefüge zu rechnen ist, wenn die Legierung mehr als 33 % Zn enthält. Solche Legierungen haben eine höhere Festigkeit – was den Gebrauchswert durchaus erhöhen kann – ohne daß sie spröde sind. Beim Polieren werden die β-Mischkri-

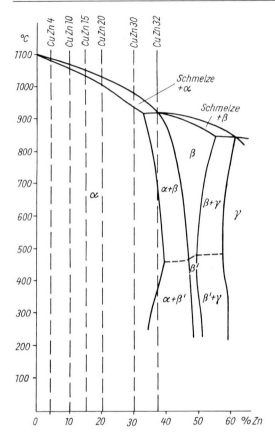

Bild 1.62   Zustandsdiagramm Cu-Zn (Ausschnitt)

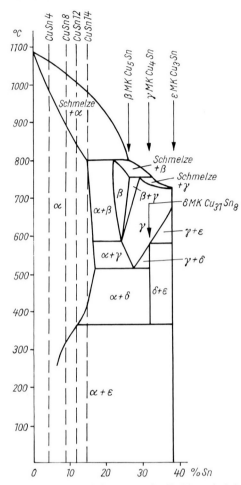

Bild 1.63   Zustandsdiagramm Cu-Sn (Ausschnitt)

stalle schwerer abgelöst, so daß sie ein Relief bilden, und man bekommt keinen Hochglanz. Beim Ätzen werden sie leichter herausgelöst, und der Ätzgrund wird rauh. Je mehr der β-Anteil das Gefüge bestimmt, um so schwieriger wird die Umformung in kaltem Zustand, während sich gute Warmformung einstellt. Reines β-Messing, »Schraubenmessing«, wird im Strangpreßverfahren geformt.

Für den Gold- und Silberschmied kommen vorwiegend solche Messingsorten in Frage, die auch bei rascher Abkühlung nur α-Mischkristalle bilden, die also höchstens 33 % Zn enthalten. Legierungen mit geringem Zinkgehalt werden noch von der Kupferfarbe beeinflußt, sind also rot (CuZn 4) bis hellrot (CuZn 20), mit steigendem Zinkanteil ergeben sich goldähnliche Farbtöne. Mit dem Zinkgehalt stei-

gen Härte und Festigkeit, während die Dehnung abnimmt.

Für Modeschmuck und als Grundmetall des Dublee wird CuZn 10 bevorzugt. Es ist gut formbar, ist deutlich härter als Kupfer und hat deshalb gute Gebrauchseigenschaften; durch »Gelbbrennen« kann der rötliche Farbton verändert werden, so daß es fast »goldfarbig« wird.

Besonders CuZn 4, aber auch noch CuZn 10 sind als Grundmetalle für Emailarbeiten geeignet.

Traditionellerweise werden die rötlichen Messingsorten als »Tombak« bezeichnet, ohne daß eine genaue Abgrenzung dafür gegeben werden kann.

Zum Aufziehen von Gefäßen und Schalen, zum Ziselieren und für Ziergerät aller Art wird meist CuZn 33 benutzt, weil Formbarkeit bei der Fertigung, Festigung im Gebrauch, Farbe und Polierbarkeit in einem guten Verhältnis stehen.
Die bisher als »Sondermessing« bezeichneten Cu-Zn-Knetlegierungen (DIN 17660) enthalten zur Verbesserung der mechanischen Eigenschaften (Festigkeit, Verschleißfestigkeit) und der Korrosionsbeständigkeit geringe Zusätze anderer Metalle, wie Al, Fe, Mn, Ni, Sn und sogar Si. Zur Verbesserung der spanenden Bearbeitung wird etwas Pb zugesetzt.

Zinn-Bronzen. Mit Sicherheit kann man bis zu dem Zinngehalt von 6 % mit reinem α-Mischkristallgefüge rechnen; solche Legierungen sind ohne Schwierigkeiten plastisch formbar.
Bei höherem Zinngehalt wird nach komplizierten Umwandlungsvorgängen ein eutektoides Gefüge aus α-Mischkristallen und dem spröden Metallid Cu_3Sn gebildet.
Seit der nach dieser Legierung benannten Bronzezeit hat sich die Zinn-Bronze als Gußlegierung bewährt. Als Gußlegierung kann die Bronze bis zu 20 % Sn enthalten, genormt sind aber nur Bronzen bis maximal 11 % Sn. Bekanntlich hat sich die Zinn-Bronze beim Glokkenguß und bei figürlichem Kunstguß bewährt, aber auch in der Technik hat diese Gußlegierung Bedeutung.

Mit steigendem Zinngehalt wird die rote Kupferfarbe zu einem warmen Goldton, Härte und Festigkeit steigen, während die Dehnung abnimmt.

Rotguß. Dies ist eine Zn-Sn-Bronze, die wegen des Zinkzusatzes eine noch dünnflüssigere Schmelze ergibt, so daß damit feinste Gußarbeiten hergestellt werden können.

Neusilber. Im Gegensatz zu den bisher behandelten Zusatzmetallen bilden Ni mit Cu in jedem Mischungsverhältnis ein homogenes Mischkristallgefüge, und so ist es möglich, daß die Neusilberlegierungen aus 58...67 % Cu, 11...26 % Ni und 12...26 % Zn nur aus Mischkristallen bestehen und keine Metallide gebildet werden, so daß sie zur spanlosen Formung gut geeignet sind.

Die genormte Gußlegierung mit 45...50 % Cu, 10...16 % Ni, Rest Zn hat ein heterogenes Gefüge aus kfz α-Mischkristallen und kfz β-Mischkristallen.
Wegen der silberähnlichen Farbe und der hohen Luftbeständigkeit, verbunden mit guten mechanischen Eigenschaften wird Neusilber bei der Schmuckgestaltung mit eingesetzt. Es läßt sich gut vergolden und versilbern. Federn und Nadelstiele werden auch bei Edelmetall-Schmuckstücken wegen der größeren Festigkeit und Federung mitunter aus Neusilber gemacht. Da diese Teile nicht mit dem Edelmetall verlötet werden, darf das Stück trotzdem gestempelt werden!

Als »Alpaka« bildet es das Grundmetall versilberter Bestecke, die aber heute durch die strapazierfähigeren Stahlbestecke verdrängt worden sind.
Die Legierung wurde in China als »Packfong« und seit der Mitte des 18. Jahrhunderts in Europa als »Weißkupfer« verwendet. Weitere Bezeichnungen für Neusilber, oft auch in versilbertem Zustand gemeint, sind: Argentan, Alpacca bzw. Alpaka, Christofle-Metall, Alfénide.

1.8 Stahl und Gußeisen

Eisen und Stahl in all ihren vielfältigen Modifikationen bilden nach wie vor die wichtigsten Werkstoffe der Technik. Dies trifft auch auf die Werkzeuge, Hilfsmittel und Maschinen zu, die in Handwerk und Industrie zur Herstellung von Schmuck und Gerät eingesetzt werden. Darüber hinaus werden hochwertige Stähle als Werkstoffe für Bestecke, Tischgerät und sogar für Schmuck genutzt.
Da es genügend Spezialliteratur über diese Werkstoffe gibt, soll hier nur eine ganz kurze Übersicht gegeben werden.

Veredeln des Roheisens
Beim Erschmelzen der Eisenerze im Hochofen entsteht das Roheisen, aus dem durch weitere Raffination über weißes Roheisen die verschiedenen Stahlsorten und über graues Roheisen die Gußeisenarten produziert werden (Tabelle 1.12).

Tabelle 1.12   Veredlung des Roheisens

Roheisen: Produkt des Hochofenprozesses. Verunreinigt durch Fremdelemente:	
0,3 ... 5,0 % C	Härte, Festigkeit erhöht, Dehnbarkeit verringert, Schmelztemperatur verringert
0,3 ... 2,5 % Si	Graphitbildung begünstigt, Gießbarkeit verbessert
0,5 ... 0,6 % Mn	Bildung von Eisencarbid begünstigt, Härte, Festigkeit erhöht
0,1 ... 2,2 % P	Schmelze wird dünnflüssig, Eisen wird hart, spröde
0,03 .. 0,1 % S	Schmelze wird dickflüssig, Eisen wird warmbrüchig

Weißes Roheisen entsteht bei schneller Abkühlung. Durch **Mn** begünstigt. C als Fe_3C gebunden. Bruchfläche weiß, hart, strahlig. Ausgangsstoff für Stahl	**Graues Roheisen** entsteht bei langsamer Abkühlung. Durch **Si** begünstigt. C als Graphitkristalle ausgeschieden. Bruchfläche grau, körnig. Ausgangsstoff für Gußeisen
Stahl ist schmiedbares Eisen, aus weißem Roheisen, durch Umschmelzen in Konverter, Siemens-Martin-Ofen oder Elektroofen raffiniert. Enthält maximal 1,7 % C	**Gußeisen** enthält Eisenbegleiter, aus grauem Roheisen, im Kupolofen umgeschmolzen. Gut gießbar, gutes Formfüllungsvermögen; hart, spröde, stoßempfindlich. Enthält 2,5 ... 3,8 % C

Baustahl	**Unlegierter Werkzeugstahl,**	**Legierter Stahl,**	**Grauguß** ist lang-	**Hartguß** ist schnell
schmiedbar, nicht härtbar, enthält 0,05 ... 0,35 % C	härtbar, enthält 0,35 ... 1,7 % C	durch Eisen-begleiter veredelt	sam erstarrtes Gußeisen, spröde	erstarrtes Gußeisen, zäh, hart

Stahlsorten

Den Anwendungsfällen entsprechend sind Stähle mit ganz unterschiedlichen Eigenschaften entwickelt worden. So muß man genau darauf achten, daß für jeden Zweck der richtige Stahl ausgewählt wird. Das gilt auch, wenn man Punzen, Meißel oder Treibambosse selbst herstellen will. Nur wenn nach den Behandlungsvorschriften verfahren wird, kann man ein brauchbares Stahlwerkzeug bekommen. Aus der Fülle der Stahlsorten seien hier einige ausgewählt:

Maschinenbaustähle. Einfache Eisen-Kohlenstoff-Stähle für wenig beanspruchte Maschinenteile, meist nach der Mindestzugfestigkeit benannt, wie St 34 oder St 38.

Hochbaustähle. Mit Mn, Cr, Mo legiert, gut schweißbar, verwendet für Stahl- und Brückenkonstruktionen.

Niedriglegierte Baustähle. Für Rohrleitungsbau mit hoher Warmfestigkeit, legiert mit Mn, Cr-V, Cr-Mo, Cr-Mo-V.

Vergütungsstähle. Durch abschließendes Vergüten sind Zähigkeit und Festigkeit erhöht. Der Kohlenstoffanteil beträgt 0,2 ... 0,55 %, außerdem sind Mn, Si, Cr, Mo, Ni einzeln oder kombiniert zulegiert.

Einsatz- und Nitrierstähle. Durch Wärmebehandlung wird die Oberfläche mit C bzw. N angereichert. Beim Härten entsteht eine besonders harte Oberfläche, der Kern bleibt weich und zäh.

Federstähle. Sie haben hohes elastisches Formänderungsvermögen, das durch Wärmebehandlung und anschließende Kaltumformung erreicht wird. Für hohe Beanspruchung gilt: 1 % C, Zusatz von Si und Mn.

Werkzeugstähle. Sie können gehärtet und angelassen werden. Unlegierte Werkzeugstähle enthalten 0,35 ... 1,7 % C. Für höhere Ansprüche werden legierte Stähle verwendet. Die Werkstoffqualität ist abhängig vom Reinheitsgrad, der Erschmelzungsart und den Legierungszusätzen. Dementsprechend gibt es drei Güteklassen (W 1 ... 3).

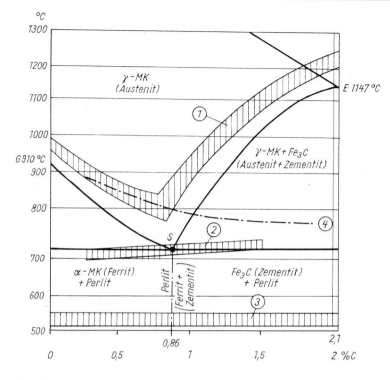

Bild 1.64 Eisen-Kohlenstoff-Diagramm. Ausschnitt mit Temperaturbereichen der Wärmebehandlung. (1) Normalglühen, (2) Weichglühen, (3) Spannungsfreiglühen, (4) Härten

Zunder- und hitzebeständige Stähle. Durch Zusatz von Cr, Ni und Si ist die Dauerbeanspruchung bis zu 600 °C möglich.

Nichtrostende und säurebeständige Stähle. Durch Zusatz von 12 % Cr wird eine dichte Oxidschicht gebildet, die den Stahl zuverlässig vor Korrosion schützt; durch weitere Zusätze von Ni, Mn und Mo können Festigkeit und Zähigkeit beeeinflußt werden. Solche Stähle werden für Bestecke, Korpuswaren und Schmuck verwendet, beispielsweise
- X7Cr14 (0,07 % C; 14 % Cr; 0,6 % Mn; 0,4 % Si; Rest Fe)
- X12CrNi 188 (0,12 % C; 18 % Cr; 8 % Ni; 0,4 % Mn; 0,4 % Si; Rest Fe)

Wärmebehandlung der Stähle (Bild 1.64)

Normalglühen. Rekristallisation im Austenit-Bereich mit langsamer Abkühlung, um nach Gießen, Schmieden, Walzen, Schweißen wieder normales, feinkörniges Gefüge zu bekommen.

Weichglühen. Nach intensiver Kaltumformung wird das Gefüge durch mehrstündiges Glühen rekristallisiert.

Spannungsfreiglühen. Durch Wärmebehandlung bei niedrigen Temperaturen werden innere Spannungen des Gefüges ausgeglichen.

Härten. Der Stahl wird auf die erforderliche Temperatur erhitzt, dann in Wasser abgeschreckt. Dabei entsteht das Martensit-Gefüge, wodurch der Stahl hart, aber für weitere Nutzung zu spröde wird.

Anlassen. Durch langsames Erwärmen des abgeschreckten Stahls bei mäßigen Temperaturen wird der Martensit teilweise wieder abgebaut, mit steigender Anlaßtemperatur gehen Härte und Sprödigkeit zurück. Der Zusammenhang zwischen der Temperatur und der Färbung der Oxidschicht ist aus Tabelle 1.13 zu ersehen.

Vergüten. Gehärtete Stähle mit 0,25 ... 0,6 % C werden bei 500 ... 600 °C angelassen. Dadurch wird der Martensit zu Perlit umgebildet, und man bekommt zähharte Stähle.

Tabelle 1.13   Anlaßfarben und -temperaturen

Anlaßfarbe	Temperatur in °C	Anwendung
Weißgelb	210	Meßwerkzeuge
Strohgelb	220	Werkzeuge für harte Metalle
Gelb	230	Meißel
Dunkelgelb	240	Fräser, Reibahlen
Gelbbraun	250	Metallsägen
Braunrot	260	Hämmer, Schraubendreher
Rot	270	Schnitt- und Stanzwerkzeuge
Violett	280	Körner, Steinmeißel
Dunkelblau	290	Federn
Tiefblau	300	Federn

Hinweise für die Edelstahlverarbeitung

Wegen des sehr geringen Kohlenstoffgehalts lassen sich die rostfreien Stähle nicht durch Abschrecken härten, nur durch Kaltumformung kann die Härtesteigerung erreicht werden.

Bei der Erwärmung darf der Stahl nicht mit Kohlenstoff in Kontakt kommen, es würden unerwünschte Aufkohlungen entstehen, und durch Chromcarbide würden Farbe, Polierbarkeit und Verarbeitungsmöglichkeiten beeinträchtigt.

Man kann die Stähle für Schleudergüsse benutzen, wenn die nötige Hitze erreicht wird. Dazu braucht man spezielle Einbettmasse.

Edelstähle können mit Silberlot, besser noch mit Weißgoldlot bei guter Abdeckung mit Borax-Borsäure-Mischungen gelötet werden. Weil das Lot aber die Fuge nicht ausschwemmt, sondern mehr diffundiert, muß die Fuge möglichst dicht und schmal sein.

Tabelle 1.14   Bezeichnung von Eisen- und Stahlsorten

Marken-bezeichnung	Erschmelzungsart, Vorbehandlung	Zugfestigkeit in N/mm²	Zusatzstoffe in %		Werkstoff, Auslieferungs-zustand
			C	Metalle	
A St42 N	alterungsbeständig	412 (42 kp/mm²)	–	–	unlegierter Baustahl, normalgeglüht
T St38 G	Thomas-Stahl	373 (38 kp/mm²)	–	–	unlegierter Baustahl, weichgeglüht
MY C35 V70	saurer Siemens-Martin-Stahl	–	0,35	–	unlegierter Stahl, vergütet auf 687 N/mm²
C100 W2 G	–	–	1,0	–	unlegierter Werkzeugstahl Güteklasse 2, weichgeglüht
EB 13 CrV53 V	basischer Elektro-Stahl	–	0,13	(⁵/₄=) 1,25 Cr; (³/₁₀=) 0,3 V	niedriglegierter Stahl, vergütet
X10 CrNi18.8 V	–	–	0,10	18 % Cr; 8 % Ni	hochlegierter Stahl, vergütet
GGL-20	–	196 (20 kp/mm²)	–	–	unlegiertes Gußeisen (Grauguß) Lamellengraphit
GS-E 25 CrMo56	Elektro-Stahlguß	–	0,25	(⁵/₄=) 1,25 Cr; (⁶/₁₀=) 0,6 Mo	niedriglegierter Gußstahl

Zum Schweißen können die üblichen Verfahren angewendet werden. Als Beize benutzt man die Mischung aus
3 Teilen Salzsäure, 1 Teil Salpetersäure, 1 Teil Schwefelsäure.
Zum Polieren wird der Stahl mit Poliergrün auf Leder- oder Filzscheiben vorbearbeitet, dann auf Wollscheiben mit Polierweiß zum Hochglanz gebracht.

Bezeichnung der Eisen- und Stahlsorten
In Tabelle 1.14 sind einige Beispiele zusammengestellt. *Baustähle* und einfaches *Gußeisen* werden nach der Mindestzugfestigkeit benannt. Alle *übrigen Stahlsorten* werden nach den wichtigsten Zusatzstoffen bezeichnet, indem das chemische Symbol zusammen mit der Qualitätskennziffer angegeben wird. Bei *nied-riglegierten Stählen* ergibt sich diese Größe, indem der tatsächliche prozentuale Gehalt mit folgenden Faktoren umgerechnet wird:
C – Faktor 100
Cr, Co, Mn, Ni, Si, W – Faktor 4
Al, Cu, Ti, Mo, V – Faktor 10
Bei *hochlegierten Stählen* wird der tatsächliche prozentuale Anteil der Zusatzstoffe angegeben; zur Kennzeichnung wird »X« vor die Stahlmarke gesetzt; für den C-Gehalt wird die Kennziffer beibehalten.
Zusätzlich zu diesen grundsätzlichen Angaben werden noch weitere Informationen in Form von Kennbuchstaben gegeben, indem vorangestellt über Erschmelzungsart und besondere Eigenschaften informiert wird, die Hinweise auf die Behandlungsart des Halbzeugs werden nachgestellt.

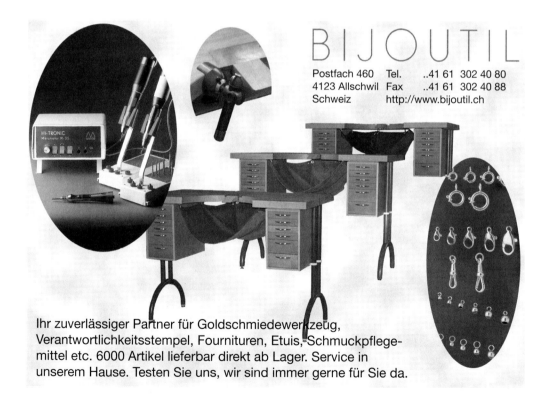

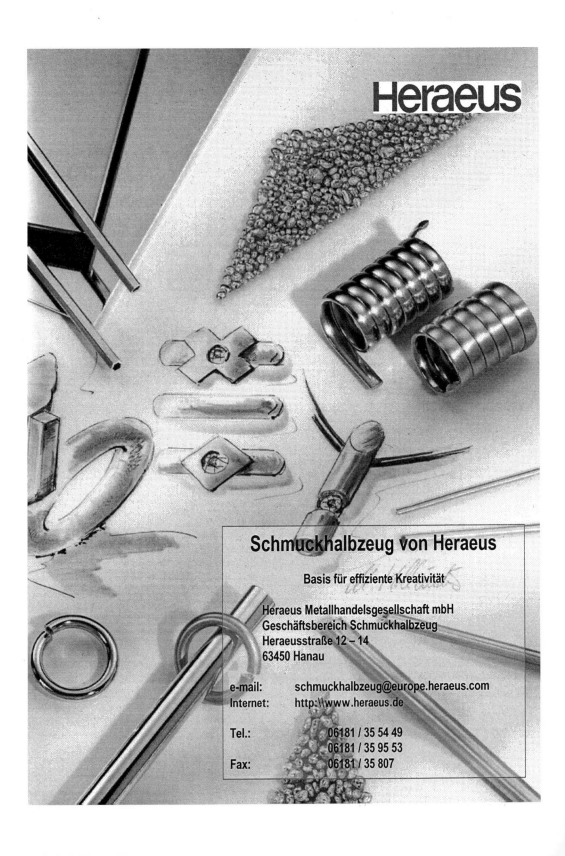

Heraeus

Schmuckhalbzeug von Heraeus

Basis für effiziente Kreativität

Heraeus Metallhandelsgesellschaft mbH
Geschäftsbereich Schmuckhalbzeug
Heraeusstraße 12 – 14
63450 Hanau

e-mail:	schmuckhalbzeug@europe.heraeus.com
Internet:	http:\\www.heraeus.de
Tel.:	06181 / 35 54 49
	06181 / 35 95 53
Fax:	06181 / 35 807

2 Nichtmetallische Werkstoffe

Es geht hierbei um Werkstoffe, die der Goldschmied zur Ergänzung seiner Gestaltungen benutzt und die er selbst bearbeiten kann. Deshalb werden die Edelsteine hier nicht mit einbezogen; wer sich für das Schleifen interessiert, muß sich in der Spezialliteratur informieren. Aus gleichem Grund sind auch Keramik und Porzellan ausgelassen worden.

2.1 Elfenbein

Um die Ausrottung der Elefanten durch die rücksichtslosen Banden von Elefantenjägern zu verhindern, wurden im Internationalen Artenschutzabkommen Handel und Verarbeitung von Elfenbein weltweit untersagt. Auch die Bundesrepublik Deutschland hat dieses Abkommen unterschrieben, deshalb darf jetzt das Elfenbein nicht mehr verarbeitet und zum Kauf angeboten werden.
Fossiles Mammut-Elfenbein, das in letzter Zeit verstärkt angeboten wird, darf verarbeitet werden. Wachsende Bedeutung dürfte zukünftig die Bearbeitung von »Bein« – also Rinderknochen – bekommen.
Da der Goldschmied in unserem Lehrbuch möglichst umfassend über alles, was mit seinem Beruf zusammenhängt, informiert werden soll und auch historische Arbeitstechniken mit einbezogen worden sind, ist es doch gerechtfertigt, hier auf die verschiedenen Elfenbeinsorten und ihre Verarbeitung einzugehen, zumal das »Rinder-Bein« auf ähnliche Weise bearbeitet wird.

Elefantenstoßzahn. Dieses Material ist das eigentliche Elfenbein im engeren Sinne, der Begriff wird aber auch für einige ähnliche Stoffe angewandt.
Die gebogenen Elefantenstoßzähne haben einen breitovalen, fast kreisförmigen Querschnitt, auf etwa $1/3 \ldots 2/3$ der Gesamtlänge sind sie hohl, die massive Spitze hat einen »Kern« aus Nervenfasern.
Die Stoßzähne der *westafrikanischen* Elefanten sind $2 \ldots 3$ m lang, $15 \ldots 16$ cm dick und haben eine Masse von $45 \ldots 80$ kg, sie sind gelblich, grünlich, rötlich, schwach transparent (»Glasbein«); die *ostafrikanischen* Elefanten haben stumpfmilchweiße Stoßzähne (»Milchbein«).
Dagegen sind die Stoßzähne der *asiatischen*

Tabelle 2.1   Elfenbeinsorten

Material	Dichte in g/cm^3	Farbe	Struktur	Festigkeit
Elefantenstoßzahn	$1,7 \ldots 1,83$	gelblich-weiß, auch grünlich-weiß, rötlich-weiß	typische Maserung	elastisch, geringe Sprödigkeit
Mammutzahn	etwa 3,0	gelblich-weiß	fossil, feine Haarrisse	hart, spröde
Walroßhauer	1,95	grünlich- bis gelblich-weiß	ähnlich Elefantenzahn	elastisch, geringe Sprödigkeit
Nilpferdzahn	1,9	weiß	dicht	hart
Narwalzahn	1,95	reinweiß	feine Maserung	spröde
Pottwalzahn	1,9	gelblich-weiß	feine Maserung	gut schnitzbar
Bein (Rinderknochen)	–	gelblich-weiß	glatt bis feinstreifig	weich, elastisch
Kunststoff	$1,0 \ldots 1,3$	weiß bis gelblich	glatt, dicht	elastisch, weich

Elefanten nur 1 . . . 1,5 m lang bei einer Massse von 20 . . . 30 kg, sie haben eine reine weiße Farbe, vergilben aber leider sehr leicht, sie sind feinkörniger und weicher. Obgleich das asiatische Elfenbein leichter zu bearbeiten ist, kommt in Europa das afrikanische häufiger vor.

Zur richtigen Beurteilung des Materials ist der Hinweis wichtig, daß Elfenbein seiner Zusammensetzung und Struktur nach immer »Zahn« und niemals »Bein« im Sinne von Knochen ist. Die auch in die Umgangssprache aufgenommene Farbbezeichnung »Elfenbeinweiß« ist also als ein leicht gelblicher, gebrochener Weißton aufzufassen. Der Elfenbeinzahn kann aber auch mehr zum Weiß oder auch zu Grünlich, Rötlich, Bräunlich tendieren.

Mammutstoßzahn. Gelegentlich werden sogar die fossilen, bis zu 5 m langen Stoßzähne des Mammuts, des Vorläufers unserer heutigen Elefanten, verarbeitet. Dieses Material ist härter, dichter und schwerer als normales Elfenbein, oft ist es von feinen braun-grünen Haarrissen durchzogen.

Hauer des Walrosses. Dieses Material hat große Ähnlichkeit mit dem Elefanten-Elfenbein. Die Hauer werden 60 . . . 70 cm lang bei einer Masse von 2 . . . 3 kg, sie sind außen gerippt, glashart und dunkel, innen sind sie grünlich-gelblich. Walroßhauer kommen heute als Arbeitsmaterial nur noch selten vor, sind aber bei älteren Arbeiten nachzuweisen.

Nilpferdzähne. Die Schneid- und Eckzähne sind 40 . . . 60 cm lang und haben eine Masse von 4 . . . 5 kg. Sie ergeben ein hartes, weißes Material, das nur wenig vergilbt.

Narwalzahn. Es ist das kostbarste Elfenbein und stammt von dem bis zu 3 m langen, schraubenartig gewundenen, hohlen Stoßzahn – meist ist es nur der linke, weil der rechte verkümmert ist: die Legende vom »Einhorn« hängt damit zusammen. Das Material ist härter und spröder als Elefantenzahn, reinweiß mit feiner Struktur, im Schnitt zeigen sich zarte, konzentrische Kreise.

Pottwalzahn. Sie sind etwa 12 cm lang und 6 cm dick und ergeben ein gelblich-weißes, gut

schnitzbares Material, das besonders in Grönland und Nordamerika benutzt wird.

Bein. Dabei handelt es sich um gewöhnlichen Knochen, meist vom Rind. Man benutzt die besonders dichten, feinfasrigen Teile solcher Knochen und verarbeitet sie ähnlich wie Elfenbein.

Imitationen. Zur Nachahmung des Elfenbeins benutzt man heute Kunststoffe, die sich durch die geringere Dichte und das völlig homogene Gefüge von den natürlichen Materialien unterscheiden.

Bearbeitung des Elfenbeins (Bilder 2.1 bis 2.3). Unter allen Elfenbeinsorten wird auch heute noch der eigentliche Elefantzahn bevorzugt, obgleich das Aufkommen immer geringer wird. Der besondere Reiz ergibt sich aus der angenehmen Tönung in Verbindung mit der zarten Maserung: Im Längsschnitt zeigt sich eine netzartige Struktur aus rautenförmigen Elementen, ähnlich dem Holz, in Querrichtung besteht es aus vielen Ellipsen. Bis in die Steinzeit sind die Elfenbeinschnitze-

Bild 2.1　Dosen. Elfenbein, gedrechselt. Wilfried Weiße, Erfurt.

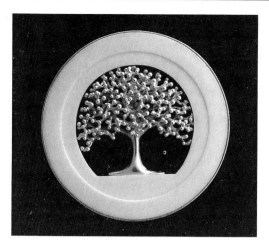

Bild 2.2   Brosche. Elfenbein, gedrechselt; Gold, Schleuderguß. Rainer Schumann, Dresden

Bild 2.3   Anhänger. Elfenbein, geschnitzt. Gudrun Höpner, Dresden

reien zurückzuverfolgen, und auch heute noch sind Reliefs und Vollplastiken aus Elfenbein beliebt. Neben den hauptberuflichen Elfenbeinschnitzern haben sich bis heute immer wieder Goldschmiede mit der Bearbeitung dieses Materials beschäftigt, da es gerade mit

dem Gold eine edle Kombination ergibt. Unter dem Begriff »Chryselephantin« (χρυσελε–φαντινορ) waren solche Gold-Elfenbein-Arbeiten schon bei den alten Griechen beliebt. Ähnlich wie bei der Holzbearbeitung muß man die Faserrichtung beachten, denn quer zur Faser wird die Oberfläche aufgerissen, das Material splittert, und man bekommt keine glatte Fläche.

Wegen der geringen Wärmeleitung kann es beim Bohren und Fräsen zu örtlicher Überhitzung kommen, es riecht »brenzlich«, das Elfenbein wird gelb. Man soll deshalb mit Wasser kühlen und nur mit niedriger Drehzahl arbeiten.

Nach folgender Grundtechnologie wird das Elfenbein verarbeitet.

Die Rohform wird mit der Säge aus dem Zahn herausgeschnitten. Je nach Größe kann man dazu Kreissäge, Bandsäge oder Laubsäge benutzen.

Mit dem Stechbeitel kann man die Form grob zuarbeiten; im Gegensatz zur Holzbearbeitung sollen nur kleine Späne abgenommen werden.

Zur Vorarbeit benutzt man grobe Fräser, Raspeln, grobe Feilen.

Die Details werden mit feineren Fräsern, die im Handstück der biegsamen Welle des Technikmotors eingesetzt sind, herausgearbeitet, eventuell muß dabei mit Wasser gekühlt werden. Auch Stichel und Schaber werden benutzt.

Zum Drechseln nimmt man Schrotstähle wie bei Hartholz, dann arbeitet man mit feineren Werkzeugen nach.

Man kann Elfenbein auch spanlos formen, wenn man es zunächst etwa 20 min lang in Wasser kochen läßt. Die Struktur erweicht dabei so weit, daß man langsam und vorsichtig – möglichst immer noch im Wasser – das Elfenbein in gewünschter Weise biegen kann. Bis zur völligen Abkühlung soll die Stellung fixiert bleiben, damit es sich nicht wieder zurückformt. Seit der Antike bis in die Gegenwart werden in der Literatur Rezepte angegeben, wonach es möglich sein soll, das Elfenbein wie Holzfurnier abschälen und zu ebenen Platten ausbügeln zu können. Tatsächlich geht das nicht!

Das fertig geformte Elfenbein wird mit Bimsmehl und Wasser geschliffen; als Schleifmittelträger kann man, dem Anwendungsfall entsprechend, Zahnbürste, Leinenlappen, Holz-stäbchen, Schwabbel- oder Filzscheibe an der Poliermaschine – oder einfach die Finger-kuppe benutzen.

Zum Polieren nimmt man Wiener Kalk oder Schlämmkreide mit Spiritus, es gibt auch spe-zielle Polierpasten für Elfenbein; die Polier-mittelträger müssen weicher als beim Schlei-fen sein.

Da Elfenbein sehr weich ist, werden scharfe Kanten und ebene Flächen leicht verschliffen. Die zur Metallbearbeitung üblichen Schleif- und Poliermittel dürfen auf keinen Fall be-nutzt werden, weil sich die schwarzen Reste in die Poren und Risse festsetzen, und man kann sie beim Auswaschen nicht wieder entfernen. Nach dem Schleifen und Polieren, aber auch zur Reinigung alter Stücke, kocht und bürstet man mit einer Mischung von Seifenlauge und Spülmittel, Verhältnis 1 : 1.

Zur Aufhellung von leicht vergilbten Elfen-beinarbeiten legt man sie bis zu 4 Tage lang in Wasser, dem etwas Wasserstoffperoxid zuge-setzt ist.

Nur sehr stark vergilbte Elfenbeinarbeiten werden gebleicht, indem man sie etwa 10 h lang in eine kalte, 30%ige oder in eine auf etwa 35 °C erwärmte 10%ige Wasserstoffperoxidlö-sung legt. Dann soll man sie zum Spülen etwa 20 h lang in Wasser liegenlassen.

Die Wirkung des Bleichmittels muß während der Behandlung immer wieder kontrolliert werden, denn bei zu intensiver Einwirkung (Dauer, Konzentration, Temperatur) wird das im Elfenbein enthaltene Fluorapatit zu stark

herausgelöst; das Material wird zwar weiß, aber es wird auch porig und matt, so daß es den eigentlichen Reiz des Elfenbeins verliert. Durch Nachpolieren kann man die Oberfläche wieder glätten, mit reinem Olivenöl wird das Elfenbein eingestrichen, damit das Öl in die Poren eindringt.

Es gibt zahlreiche Rezepte zum Färben von El-fenbein, die meist darauf hinausgehen, daß das Material mit natürlichen, nämlich tierischen oder pflanzlichen Farbstoffen gebeizt wird; synthetische Farben haben sich nicht bewährt, weil sie meist nicht beständig genug sind. Die Aufnahmefähigkeit des Elfenbeins für solche Farbstoffe wird verstärkt, wenn man es vorher in eine warme, stark verdünnte Salz- oder Sal-petersäure einlegt; dann muß es gut in Wasser gespült werden.

Bewährte *Färbemittel* sind:
Sud von schwarzem Tee zum Braunfärben;
Lösungen von Teerfarbstoffen für weitere Farbtöne.

Bearbeitung von Bein (Bilder 2.4 und 2.5). Fer-tige Erzeugnisse aus Bein können zwar den El-fenbeinarbeiten ähneln, da aber Elfenbein

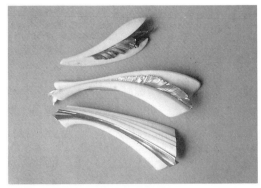

Bild 2.4   Broschen. Bein, gefeilt und poliert; Silber, Schleuderguß. Fachschule für Ang. Kunst Heiligen-damm (Abschlußarbeit Barbara Hesse)

Bild 2.5   Anhänger. Kamee aus Bein graviert

eine Zahnsubstanz, Bein nichts weiter als Rinderknochen ist, ergeben sich bei der Bearbeitung doch einige Unterschiede.

Man verwendet Röhrenknochen mit etwa 6 cm Durchmesser, die bis zu 30 cm lang sind und eine Wanddicke von 1,5 cm erreichen können. Man bevorzugt die Knochen ausgewachsener Rinder, weil sie besonders dichtes, festes Gefüge haben.

Zunächst müssen Knochenmark, Fett und Blut gründlich entfernt werden. Nachdem sie schon vom Fleischer ausgekocht worden sind, muß man sie noch mehrere Stunden lang kochen; zunächst in einer Waschmittellösung, dann in klarem Wasser, das mehrfach gewechselt wird. Auf der Kreissäge werden die Stücke grob zugeschnitten, feinere Formen sägt man mit groben Laubsägeblättern aus.

Schon beim Auskochen sieht man, daß sich eine etwa 1,5 mm dicke Schicht von der Knochenoberfläche ablöst, mit dem Schaber muß man die verbliebenen Reste noch entfernen. Zur spangebenden Formung ist Schmirgelpapier in unterschiedlicher Körnung am besten geeignet. Stahlwerkzeuge nutzen sich bei der Bearbeitung des Knochens schnell ab, deshalb wird man Feilen nur dann benutzen, wenn die Form auf andere Weise nicht erreicht wird. Man beginnt mit grobem Schmirgelpapier, dann kann man Naßschleifpapier und Polierpapier benutzen. So entsteht schon ein matter Seidenglanz. Da sich dunkle Schleifkörner in die Poren des Knochens eindrücken, soll man solche Schmirgelarten meiden. Wenn sich nach und nach das Schmirgelpapier abnutzt und mit Knochenstaub versetzt, wirkt es milder, und das Schleifen geht schon in das Polieren über. Man kann das Schmirgelpapier auf Holzscheiben kleben, die mit der Poliermaschine betrieben werden.

Die Knochen lassen sich bohren und mit den Fräsern des Technikmotors formen, Diamant- und Keramikschleifkörper sind besser geeignet als Metallfräser. Knochen läßt sich auch gravieren und schnitzen. Da die fasrige Struktur noch stärker ausgeprägt ist als bei Elfenbein, wird der Schnitt quer zur Faser unsauber und fransig, die Kanten brechen leicht aus.

Man kann den Seidenglanz, der sich mit dem Polierpapier ergibt, stehenlassen; einen höheren Glanz erreicht man, wie bei Bernstein, wenn Polierkorund oder Wiener Kalk mit Spiritus zu einem Brei angerührt wird. Der Brei wird einfach mit dem Finger oder mit einem weichen Leder aufgetragen, und dann wird so lange gerieben, bis er als trockenes Pulver abfällt.

Mit Holzbeizen und mit Stoffarben kann man Knochen einfärben, durch Fettreste und Strukturunterschiede wird die Farbe aber nicht gleichmäßig aufgenommen, die Oberfläche kann fleckig und wolkig werden.

Der entstehende Knochenstaub setzt sich in die Poren der Haut und gelangt beim Atmen an die Schleimhäute und in die Lunge. Wegen der hohen Gesundheitsgefährdung muß ein Atemschutz, mindestens ein feuchtes Tuch, benutzt werden, außerdem muß die Poliermaschine eine Absaugvorrichtung haben.

2.2   Perlmutt

»Die Perlmutter« (eigentlich »der Perle Mutter«) wird heute als »das Perlmutt« bezeichnet, es wird auf der Schaleninnenseite von Perlmuscheln, einigen Seeschneckenarten und Kopffüßlern (Nautilus) gebildet.

Größte praktische Bedeutung haben die Schalen der Seeperlmuschel, da sie bei der Suche nach den Perlen als Nebenprodukt anfallen. Die, für die Perlmuttverarbeitung besonders erwünschten dickschaligen Muscheltiere liefern kaum brauchbare Perlen, die perltragenden Arten sind dünnschalig.

Prinzipiell besteht die Muschelschale aus drei Schichten:
- Die äußere Schicht enthält vorwiegend den dunklen Gerüsteiweißstoff »Conchin«.
- Die mittlere Schicht wird aus winzigen trigonalen Calciumcarbonat-Prismen gebildet, die senkrecht auf der Außenschale stehen.
- Die innere, also die eigentliche Perlmuttschicht, besteht aus feinsten Aragonit-Plättchen (rhombisches Calciumcarbonat), die dachziegelartig übereinandergeschichtet und durch Conchin verkittet sind und so lamellare Schichten bilden.

Der besondere Reiz des Perlmutt ergibt sich aus den optischen Eigenschaften – zusammenfassend als »Lüster« bezeichnet –, die durch Absorption, Beugung und Reflexion des Lichts in den hauchdünnen Kristall- und Conchinschichten verursacht werden.

Durch Eigenfarbe und optische Dichte ergeben sich die unterschiedlichen Erscheinungsformen der Perlmuttarten entsprechend Muschel- und Schneckenarten und deren Herkunft.

Der Grundfarbton kann in verschiedene Richtungen tendieren, wie rosa, bläulich, grünlich, gelblich. Üblicherweise ist Perlmutt farblos und leicht durchscheinend, wodurch das Lüster besonders gut zur Geltung kommt; bei den Schnecken kann das Perlmutt porzellanartig dicht und deutlich gefärbt sein, wie grün, braun, rosa.

Aus dem Gehäuse der Helmschnecke, die klar abgesetzte weiße und dunkelbraune bzw. blaßbraune Schichten haben, werden die bekannten »Muschelkameen« geschnitten.

Perlmutt als Bestandteil der Schutzhülle von Weichtieren kommt immer nur in Form von mehr oder weniger stark konkav gewölbten Platten vor, maximal 30 cm, meist aber nur 10 . . . 20 cm lang und nur wenige Millimter dick. Obgleich der Grundbestandteil, das Kalciumcarbid, ziemlich weich ist, ergibt sich durch die besondere Anordnung und die Bindung der Bausteine mit dem Conchin die für die Schutzhülle erforderliche Härte und Festigkeit des Perlmutts.

Verarbeitung   (Bild F 2.7). Während Horn, Schildpatt und Elfenbein in heißem Zustand gebogen werden können, ist das bei Perlmutt nicht möglich. Man muß also immer von den mehr oder weniger stark gewölbten Platten ausgehen. Wenn man kleine Plättchen daraus zuschneidet, man denke etwa an die bekannten Hemdenknöpfe, fällt die Wölbung kaum auf; ist das Material dick genug, kann man die Plättchen auch flachschleifen und so als Besatzwerkstoff für Schmuck verwenden; man kann auch Mosaik- und Einlegearbeiten anfertigen, indem unterschiedliche Farb- und Helligkeitswerte verschiedener Perlmuttarten zusammengestellt werden.

Perlmutt läßt sich prinzipiell spangebend bearbeiten, man muß aber berücksichtigen, daß wegen der Zähigkeit des Materials die Werkzeuge mehr beansprucht werden als bei der Metallbearbeitung.

Mit der Laubsäge läßt es sich trennen, wobei in Abhängigkeit von der Dicke des Perlmutts gröbere oder feinere Sägeblättchen benutzt

werden. Mit den zur Metallbearbeitung üblichen Werkzeugen wie Feilen, Bohrer, Fräser, Stichel, Schaber kann Perlmutt geformt werden. Wegen der erwähnten Werkzeugbeanspruchung sind aber härtere Werkzeuge zu empfehlen: zum Trennen Diamantscheiben, zum Formen Korund- und Siliciumcarbidscheiben, Bohrer und Drehmeißel mit Hartmetall.

Zur Feinbearbeitung eignen sich Schmirgelpapiere unterschiedlicher Körnung und Bimsmehl.

Fleckige, fehlerhafte Perlmuttware wird nach dem Schleifen gebleicht. Dazu wird das Perlmutt 5 . . . 10 h in 30 . . . 50%iges Wasserstoffperoxid eingelegt. Dann mit Wasser und Seife gewaschen, gespült und mindestens 20 min in Wasser gekocht. Wenn nämlich nicht so gründlich gespült wird, können im Gebrauch farbige Textilien beim Kontakt mit solchem Perlmutt noch ausgebleicht werden.

Nach dem Bleichen kann zur Verbesserung der Farbe und zur Auflockerung des Oberflächengefüges noch eine nachfolgende Säurebehandlung vorgenommen werden, wodurch das anschließende Polieren erleichtert und die Qualität der Politur verbessert wird: Die Perlmuttgegenstände werden 20 . . . 60 s lang in heiße 2%ige Salzsäure eingetaucht.

Zum Polieren wird bei Drehzahlen von 2000 . . . 3000 min^{-1} mit Schwabbel- und Filzscheiben gearbeitet, auf die ein spezielles Glanzwachs oder auch eine Paste aus Wiener Kalk aufgebracht wird.

Zum Einfärben wird Perlmutt zunächst in folgender Mischung gebeizt:

1 l Ammoniumhydroxid (Salmiakgeist)
80 g Silbernitrat

für dunklere Farbtöne kann man noch 30 . . . 40 g Kupfersulfat zufügen. Die Einwirkungsdauer kann zwischen 6 h und 36 h schwanken. Danach wird gründlich gespült.

In einem sauren Farbbad mit 3 . . . 5 g/l Anilinfarbe wird die Ware bei Temperaturen dicht unter dem Siedepunkt so lange behandelt, bis der gewünschte Farbton erreicht ist.

Zum Kitten von Perlmutt und zum Befestigen auf Metall wird Zweikomponentenkleber verwendet.

Zum Auswaschen verschmutzter Gegenstände nimmt man nur Bürste und Seife.

2.3 Schildpatt

Die besten Qualitäten stammen von der echten Karettschildkröte. Der Panzer besteht aus Knochenplatten, die in die Lederhaut des Tieres eingelagert und von außen mit Hornplatten bedeckt sind. Die 13 Hauptplatten des Rückenpanzers erreichen jeweils Größen von etwa 20 cm × 30 cm bei 3 . . . 7 mm Dicke und jeweils etwa 250 g Masse. Die 13 Bauchplatten sind weniger wertvoll, weil sie nur ein gelbliches (»blondes«) Schildpatt mit dunkler Zeichnung ergeben.

Dagegen haben die Platten des Rückenpanzers eine geflammte gelbe, rötliche oder rotbraune Zeichnung auf dunklem grünlichem bis schwarzbräunlichem Grund. Besonders wertvoll ist das schwarzgelb gefleckte Schildpatt Ostindiens und das weitgeflammte Material Chinas. Dagegen ist das mit kleinen rotbraunen Flecken übersäte ägyptische Schildpatt von geringem Wert.

Schildpatt besteht aus reinem Protein, also einem Gerüsteiweißstoff, der auch in Haaren, Hufen und Federn vorkommt; Horn ist ähnlich aufgebaut.

Verarbeitung. Durch Erwärmen in heißem Leinöl, kochendem Wasser oder über Wasserdampf wird Schildpatt weich und biegsam. Will man eine Platte planrichten, so spannt man sie während der Abkühlung zwischen zwei Stahlplatten, um so die Rückstellkraft auszuschalten.

Man kann sogar mehrere Schildpatteile miteinander verschweißen. Dazu werden die Verbundkanten zunächst abgeschrägt, um die Bindeflächen zu vergrößern. Die entfetteten Stücke werden in kochendem Wasser erweicht und dann im Schraubstock so zusammengepreßt, daß sie zu einer homogenen Masse verschmelzen. Natürlich ist einige Übung nötig, bis man die richtigen Bedingungen zum Verschweißen herausgefunden hat.

Die spangebende Formung wird ebenso wie bei Metall und mit den gleichen Werkzeugen vorgenommen. Man muß nur aufpassen, daß das Schildpatt nicht zu heiß wird, damit es nicht verbrennt. Kleine Löcher werden nicht gebohrt, sondern mit der heißen Nadel durchstochen.

Die Feinbearbeitung kann mit Schmirgelpapier oder mit Bimsmehl erfolgen.

Zum Polieren kann man Zinnoxid (»Zinnasche«) mit Öl anrühren, es hat sich aber auch eine Mischung von

 1 Teil Schellack in

14 Masseteilen 96 %igem Alkohol bewährt.

Dies entspricht einer üblichen Möbelpolitur! Mit Leder und weichem Lappen wird die Politur eingerieben.

Das aus dem Panzer der Karettschildkröte gewonnene Schildpatt ist heute zu einer Rarität geworden. Während es früher zu Zierkämmen, Haarbürsten, Dosen, Etuis verwendet wurde, gibt es heute dafür recht gute Imitationen aus Kunststoff. Der Goldschmied kann Schildpatt sehr gut in Kombination mit Edelmetallen als Besatzmaterial und für Einlegearbeiten verwenden.

2.4 Horn

Im engeren Sinn meint man damit das »Horn eines Tieres« als Objekt, wie etwa bei einem Trinkhorn. Im weiteren Sinn wird mit dem Wort auch das Material bezeichnet, aus dem dieses Tierhorn besteht, und in diesem Sinn wird es hier verstanden. Dagegen ist das Geweih eine Knochensubstanz, auch wenn das Geweih des Hirschs fälschlich »Hirschhorn« genannt wurde.

»Büffelhorn« ist die wertvollste Art der Tierhörner. Es stammte ursprünglich von Wisent und Auerochsen, später vom amerikanischen Bison. Begehrt sind Hörner von Antilope, Gazelle und Gnu wegen ihrer feinen Maserung.

Heute werden meist die Hörner vom Rind (»Stierhorn«), aber auch von Schaf und Ziege benutzt.

Die Substanz ähnelt dem Schildpatt, es ist also ebenfalls ein blättchenartig angelagerter Gerüsteiweißstoff.

Das heute meistbenutzte Rinderhorn kann nach Rasse und Herkunftsgebiet unterschiedlich sein. Oft ist es sandfarbig, es gibt aber auch gestreiftes und geflecktes Horn in weißer, grauer, brauner und schwarzer Farbe; es kann durchscheinend bis undurchsichtig sein.

Da die Hörner über spitz zulaufenden Knochenzapfen am Kopf der Tiere wachsen, sind sie im unteren Teil hohl, nur die Spitze ist massiv.

Bei der Verarbeitung wird die massive Spitze

abgetrennt. Aus ihr werden Knöpfe und andere massive Gegenstände gedrechselt. Alle bei der Metallbearbeitung üblichen Werkzeuge können zur spanenden Umformung benutzt werden, man muß nur die Überhitzung vermeiden.

Das untere, rohrförmige Ende des Horns kann man beispielsweise in einzelne Ringe zersägen und so verarbeiten; meist wird es aber längs aufgeschnitten, in heißem Wasser erweicht und zu flachen Platten gestreckt. Bis zur völligen Abkühlung muß es, ähnlich wie Schildpatt, zwischen Stahlplatten gepreßt bleiben.

Zur Feinbearbeitung kann Horn mit Schmirgelpapier oder mit Bimsmehl behandelt werden.

Man kann es mit den zur Metallbearbeitung üblichen Pasten polieren, wenn man die rotierenden Filzscheiben benutzt; man kann aber auch die beim Schildpatt genannte Schellack-Alkohol-Lösung benutzen.

Aus Horn wurden früher solche einfachen Gebrauchsgegenstände wie Schuhanzieher und Kämme gemacht, die man heute billiger aus Kunststoff fertigt. Bei der Schmuckgestaltung wird Horn gern mit Metall und mit anderen Werkstoffen kombiniert; aus Horn werden aber auch Knöpfe, Gürtelschnallen und andere Modeartikel angefertigt (Bilder F 2.8, 2.9 bis 2.10).

2.5   Holz

Hilfsmittel und Werkzeuge aus Holz waren für den Goldschmied immer wichtig, aber hier soll es um den Einsatz des Holzes bei der Gestaltung von Schmuck und Gerät gehen (Bilder F 2.11 bis F 2.14), denn es ist dazu gut geeignet:

- Farbe und Maserung lassen sich gut gestalterisch nutzen.
- Es läßt sich gut spangebend formen.
- Bei Gerät ist die gute Wärmeisolierung günstig.
- Der Preis ist relativ gering.

Holzstruktur

Wachstumsbedingt hat das Holz eine fasrige Struktur, bestehend aus radial um die Stammachse angeordnete Zellen, den *Jahresringen*, die im Frühjahr durch schnelles Wachstum hell und weich, im Winter aber durch langsames

Wachstum dunkel und hart werden. Im Inneren des Stammes ist das abgestorbene *Kernholz* dunkel, nach außen liegt das saftführende, hellere und weichere *Splintholz*.

Die Eigenschaften werden wesentlich durch die Faserrichtung bestimmt. So ist quer zur

Bild 2.8   Brosche und Armreifen. Silber mit Hornbesatz. Waltraud Behrendt, Arnstadt

Bild 2.9   Halsschmuck. Silber; Mittelteil aus Horn gefeilt, poliert. Rolf Lindner, Erfurt

Bild 2.10   Armreif. Glieder aus Horn gefeilt, poliert; Verbindungen aus Gold. Rolf Lindner, Erfurt (Museum des Kunsthandwerks Leipzig)

Stammachse geschnittenes *Hirnholz* homogener und dichter als das parallel zur Achse geschnittene *Langholz* mit ausgeprägter Maserung. Die mechanische Festigkeit ist in Faserrichtung wesentlich größer als quer dazu.

Edelhölzer

Der Gold- und Silberschmied verarbeitet vorzugsweise die dichten, farbigen Edelhölzer; von weniger wertvollen Holzsorten werden solche Stücke benutzt, die wegen ihrer Farbe und Maserung in die Gestaltung einbezogen werden. Für Schmuck und Gerät genügen meist kleine Schnittabfälle von den Edelhölzern, die zu niedrigen Preisen von holzverarbeitenden Betrieben abgegeben werden.

Ebenholz. Echtes Ebenholz ist auffallend dicht, schwer, hart und spröde. Das eigentliche Kernholz ist schwarz, dunkelgrau oder dunkelbraun, bei manchen Stücken erkennt man eine bläuliche Streifung. Das helle Splintholz wird nicht verarbeitet. Die beste Qualität bildet das blauschwarze Madagaskar-Ebenholz. Macassa-Ebenholz ist deutlich gemasert: schwarze Streifen auf rotbraunem Grund.
Wegen seines dichten Gefüges läßt sich Ebenholz recht gut drechseln, schnitzen, feilen und sehr gut polieren; es hat aber keine ausgeprägte Spaltbarkeit.
Da dieses dunkle Edelholz besonders gut zu Silber kontrastiert, wird es als wertvolles Besatzmaterial für Schmuck verwendet; bei Gerät werden Henkel, Griffe, Messerhefte daraus gefertigt. Wegen seines relativ hohen Preises versucht man, das Ebenholz durch weniger wertvolle dunkel gebeizte Hölzer zu ersetzen.

Mahagoni. Das klassische Mahagoni stammt von Kuba und von anderen Inseln der Karibik. Die Bestände sind aber so weit dezimiert, daß man meist auf Mahagoni-Arten des mittelamerikanischen Festlands zurückgreift. Aus West- und Zentralafrika kommen deutlich gestreifte Mahagonihölzer.
Typisch für alle Arten ist der rotbraune Farbton – der im Laufe der Zeit nachdunkelt – mit deutlich ausgeprägter Zeichnung: gefleckt, geflammt, gewellt, gestreift, gemasert.
Da die Holzfasern in wachsender Richtung angeordnet sind, läßt sich Mahagoni nur schwer spalten und hobeln, beim Trocknen bleibt es

formstabil, d. h., es verzieht sich nicht und reißt nicht ein. Man kann Mahagoni gut schnitzen und spangebend bearbeiten.
Wegen seiner eigentümlichen Farbe und Zeichnung wurde Mahagoni immer schon gern für Schmuck und Gerät benutzt, und man kann sagen, daß es von allen Edelhölzern den stärksten Kontrast zum Gold hat.

Palisander. Es hat einen schokoladenbraunen Grundton mit violettem Schimmer; im Längsschnitt ist es tiefschwarz gebändert. Palisander ist hart, schwer, gut schnitzbar und spangebend formbar, wobei ein veilchenartiger Geruch entsteht; es läßt sich nur schwer spalten.
Bei der Oberflächenveredlung ist zu beachten, daß beim Polieren überschüssiger Farbstoff austreten kann, wodurch die Oberfläche unansehnlich matt wird. Deshalb soll vor dem Polieren dieser Farbstoffüberschuß mit Spiritus oder stark verdünnter Salzsäure abgelöst werden.
Kombiniert mit Edelmetallen wird Palisander gern für Schmuck und Gerät verwendet. Aus Stücken mit deutlicher Maserung kann man auch großflächige Gestaltungen entwickeln.

Zeder. Schon im 3. Jahrhundert v. u. Z. wurden Zedern aus Libanon als Nutzholz – besonders zum Schiffbau – geschlagen. Jetzt sind die Zedernarten geschützt und werden in Europa nicht mehr gehandelt. Bei den heutigen »Zigarrenkisten-Zedern« handelt es sich tatsächlich um Wacholderarten mit ihrem typischen aromatischen Geruch. Dieses »Zedernholz« ist etwas heller als Mahagoni, ist reizvoll gemasert und dunkelt nicht nach.
Man kann es gut schnitzen und spangebend bearbeiten, es ist leicht spaltbar, beim Trocknen verändert sich die Form kaum, und es reißt nicht ein.

Maserholz. Unabhängig von den Holzsorten werden unter diesem Sammelbegriff solche Stücke zusammengefaßt, bei denen die dekorative Wirkung durch eine reizvolle Zeichnung gewellter, geschweifter, krauser, verwirbelter Linien zustande kommt. Solche Wuchsanomalien entstehen in knorrigen Stammauswüchsen oder auch im Wurzelbereich.
Gemaserte Stücke gibt es von folgenden Holzarten:

Bruyere, Buchsbaum, Eibe, Esche, Maser-Birke, Nußbaum, Olive, Rüster, Schwarzpappel, Zuckerahorn.

Seit dem Altertum wurden gemaserte Hölzer für dekorative Zwecke benutzt. Gedrechselte Prunkgefäße waren in Renaissance und Barock sehr beliebt. Auch heute werden die dichten, gemaserten Hölzer vorzugsweise zum Drechseln benutzt. Obgleich die gemaserten Hölzer von ganz unterschiedlichen Baumarten stammen, gibt es beim Schnitzen und Drechseln normalerweise keine Probleme, sie lassen sich auch gut polieren.

2.6 Kunststoffe

Im Alltag sind wir ständig und überall von Produkten aus Kunststoff umgeben, längst hat man die Vorurteile aufgegeben; durch immer weitere Verbesserung und Modifizierung der Eigenschaften werden die Einsatzgebiete ständig erweitert.

Ganz allgemein bezeichnet man als Kunststoffe solche makromolekularen Materialien, deren Ausgangsstoffe durch Umwandlung von Naturprodukten oder vollsynthetisch gewonnen werden.

Nach ihrer technischen Anwendung unterscheidet man

- Plaste (plastisch geformt oder plastisch formbar),
- Elaste (gummiartig elastisch),
- synthetische Fasern,
- Fluidplaste (flüssig, z. B. Leime, Lacke, Harze).

Zur Information über Kunststoffe und ihre Verarbeitung gibt es genügend Spezialliteratur. Da aber besonders die Plastwerkstoffe für die Schmuckgestaltung – vom Einzelstück bis zum modischen Massenschmuck – zunehmende Bedeutung bekommen haben, sollen hier für einige ausgewählte Plaste Informationen über die Eigenschaften und Hinweise zur Verarbeitung gegeben werden.

Plaste sind Werkstoffe, die aus organischen Makromolekülen bestehen. Einige werden durch Modifikation hochmolekularer Naturstoffe gewonnen (Cellulose-, Kaseinplaste), die meisten werden aber vollsynthetisch aus niedermolekularen Stoffen hergestellt. Sie sind plastisch formbar (Thermoplaste) oder plastisch geformt worden (Duroplaste).

Kunststoffe

Polystyrol. Es ist ein typischer Thermoplast. Das glasklare Material läßt sich in vielen Nuancen einfärben, es kann durchsichtig oder undurchsichtig sein, hat eine harte, glänzende Oberfläche, gegen Säuren ist es beständig, von Lösungsmitteln wird es angegriffen. Modeschmuck und Souvenirartikel werden im *Spritzgußverfahren* produziert (Bild 2.15).

Von dem Vorratstrichter gelangt das Polystyrol-Granulat über eine Dosiervorrichtung in die Plastiziereinrichtung. Mit dem hydraulisch betriebenen Spritzkolben wird die Masse im elektrisch beheizten Spritzzylinder mit jedem Hub vorwärtsgeschoben. Dabei erwärmt sie sich immer weiter, bis sie bei 190 . . . 250 °C so dünnflüssig ist, daß sie schließlich durch die Düse in die Form gespritzt werden kann.

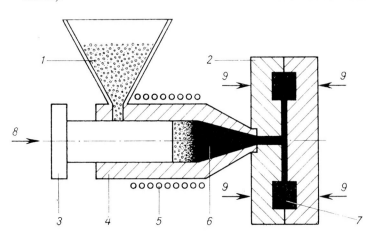

Bild 2.15 Wirkungsweise der Spritzgußmaschine für Kunststoffe (schematisch).
(1) Kunststoffgranulat,
(2) zweiteilige Form,
(3) Druckkolben,
(4) Gehäuse, (5) Heizung,
(6) erweichter Thermoplast,
(7) Gußstück,
(8) Druckkraft,
(9) Formschließkräfte

Die Spritzgußmaschinen werden automatisch gesteuert:
- Schließen der zweiteiligen Gußform
- Hub des Kolbens
- Vorwärtschieben der Plastmasse im Spritzzylinder
- Einspritzen in die Gußform
- Abkühlen der Plastmasse in der Form
- Öffnen der Form
- Auswerfen des Gußstücks
- Schließen der Form und Beginn des neuen Zyklus.

Zum Kleben werden die Verbundflächen mit Lösungsmittel angequollen und dann aneinandergepreßt.

Bis etwa 100 °C bleibt Polystrol formstabil. Man kann Polystrol zwar auch spangebend bearbeiten, aber durch die unvermeidliche Reibungswärme erweichen die Späne und versetzen die Zähne von Laubsäge und Feile. Wenn man eine Platte mit einem dünnen Laubsägeblatt durchsägt, kann es passieren, daß sich die Platte hinter dem Sägeblatt wieder verschweißt. Man muß also den Wirkungsbereich gut mit Wasser oder Druckluft kühlen. Der Hauptnachteil des Polystrols ist die geringe Schlagbiegefestigkeit. Deshalb wurden schlagfeste Polystyrole entwickelt, bei denen Elaste in das Gefüge eingelagert sind, die sogar bei gemeinsamer Polymerisaton den Polystyrolmolekülen aufgepfropft werden können.

Eine Spezialentwicklung ist ein Polymerisat aus
- *A*crylnitril (chemische Beständigkeit)
- *B*utadien (Elastizität)
- *S*tyrol (Härte, thermoplastische Eigenschaften)

Dieses *ABS*-Plast zeichnet sich durch besonders günstige Gebrauchseigenschaften aus; bemerkenswert ist es, daß dieses Plast sogar galvanisch mit Metall beschichtet werden kann.

Polyethylen (PE). Man unterscheidet bei diesem Polymerisat
PE-ND (niedrige Dichte) 0,915 ... 0,939 g/cm^3 und
PE-HD (hohe Dichte) 0,940 ... 0,965 g/cm^3.
Die Eigenschaften dieser beiden Arten sind unterschiedlich, so haben beide ihre praktische Bedeutung.

Bemerkenswert ist der Vergleich des Polyethylens mit Polystyrol.
Beide sind Thermoplaste. Polyethylen ist milchig durchscheinend, kann aber auch in leuchtenden Farben als undurchsichtiges Material eingefärbt werden. Es hat hohe Formbeständigkeit und ausgezeichnete Bruchsicherheit, bemerkenswert ist auch die Beständigkeit gegen Wärme und Chemikalien. Man kann ein Stück Polyethylen beliebig oft hin und her biegen, ohne daß es zum Bruch kommt.

Für den Spritzguß ist es gut geeignet, Komplikationen ergeben sich durch den hohen Schwund bei der Abkühlung; er beträgt 1 ... 3 % und liegt damit weit über den Werten des Polystrols.

Durch Vakuumformung können Platten und Folien über geeigneten Formen tiefgezogen werden.

Mit scharfen Werkzeugen und bei ausreichender Kühlung ist auch spangebende Formung möglich.

Polyethylen hat eine paraffinähnliche Oberfläche; gegen Wasser, Chemikalien und sogar gegen organische Lösungsmittel ist es resistent. Deshalb läßt sich Polyethylen nicht kleben oder schweißen, sogar Bedrucken und Lackieren sind schwierig. Bauteile aus Polyethylen werden deshalb vorzugsweise mechanisch, beispielsweise durch Zusammenstecken, miteinander verbunden.

Polymethakrylat (Piacryl, Plexiglas, Acrylglas, PMMA). Es ist ebenfalls ein thermoplastisches Polymerisat, unterscheidet sich aber deutlich von den beiden bisher behandelten Plasten.

Es ist glasklar durchsichtig mit hoher Lichtdurchlässigkeit (92 %) und kann in leuchtenden Farben unter Beibehaltung der Durchsichtigkeit eingefärbt werden. Polymethakrylat ist witterungsbeständig und gegen nichtoxidierende Säuren sowie gegen Laugen, Mineralöle und Fette resistent.

Für die spangebende Bearbeitung ist es vorzüglich geeignet: Es läßt sich mit groben Feilen und Sägen gut bearbeiten, man kann es bohren, drehen, fräsen usw. Es läßt sich schweißen und kleben.

In erwärmtem Zustand kann man es gut biegen, bei 120 ... 170 °C läßt es sich als zähe Masse dehnen und tiefziehen; die Umformungskräfte müssen aber während der Abkühlung erhalten bleiben, damit die Formbeständigkeit gesichert wird.

Man kann Polymethakrylat sogar als Gußmaterial verwenden, wenn man erst im Anwendungsfall das monomere Ausgangsmaterial mit dem »Härter« und dem »Beschleuniger« mischt. Dabei können Pigmente oder Kunststoffarben zugesetzt werden, durch Zugabe von Füllstoffen wie Schiefermehl oder Metallpulver lassen sich weitere Gestaltungseffekte erzielen. Das Modell wird mit Siliconkautschuk abgeformt, man gießt das Polymethakrylat in die zweiteilige Form, läßt es darin aushärten, und dann kann man das fertige Formstück entnehmen.

Ungesättigte Polyesterharze (UP). »Ester« sind Verbindungen, die unter Wasserabspaltung aus organischen Säuren und Alkohol entstehen. Durch Polykondensation wachsen daraus lineare Makromoleküle, die aber noch freie Valenzen haben, also »ungesättigt« sind. In diesem Zustand bilden sie eine harzähnliche, zähflüssige Masse. Dieses ungesättigte Harz wird in Styrol gelöst, und bei Zugabe von Katalysatoren polymerisiert das Styrol, die Doppelbindungen der freien Valenzen an den Harzmolekülen werden aufgespalten, und durch Brücken von Polystyrol werden die Polyestermoleküle miteinander verbunden, also »vernetzt«. So wird aus dem Gießharz ein harter Formkörper, ein »Duroplast«.

Aus dieser spezifischen Eigentümlichkeit ergeben sich die Anwendungsverfahren.

Man kann das Polyesterharz in vorbereitete Formen gießen und so zu festen Formkörpern erstarren lassen, man kann aber auch andere Substanzen oder Objekte damit umhüllen und in dem Polyesterharz einbetten.

Polyesterharze sind glasklar, lichtbeständig, resistent gegen Wasser, schwache Säuren und organische Lösungsmittel, sie lassen sich in vielen Tönen einfärben. Beim Aushärten tritt eine starke Schrumpfung ein.

Man kann Formkörper gießen, die dann in die Schmuckgestaltung einbezogen werden. Nach dem Aushärten lassen sich dann diese Polyestergußstücke nach Bedarf auch noch recht gut spangebend bearbeiten und formen.

Man kann das Gießharz auch direkt auf die Metalloberfläche eines Schmuckstücks gießen, um etwa Vertiefungen oder Zellen, die mit Stegen begrenzte sind, auszufüllen, die Wirkung erinnert an durchsichtiges Email. Wenn man den Rand der Zelle mit Blech- oder Papierstreifen noch weiter erhöht, kann man so viel Polyesterharz aufbringen, daß der Volumenschwund beim Aushärten ausgeglichen wird. Setzt man weniger Härter zu, dauert die Aushärtung länger, bei gleicher Qualität ist der Schwund deutlich geringer. Die offene Oberfläche des Gießharzes bleibt wegen des Kontakts mit dem Luftsauerstoff klebrig, deshalb soll man eine Folie auflegen, die nach der Aushärtung wieder abgezogen wird.

Nach dem Aushärten kann man die Oberfläche abschleifen und polieren.

Ein wichtiges Anwendungsgebiet sind die *glasfaserverstärkten Platten*. Glasfasermatten werden mit dem Gießharz getränkt, schichtenweise aufeinandergelegt und im Prozeß der Vernetzung zu einer kompakten Platte ausgehärtet. So können auf entsprechend geformten Grundkörpern beispielsweise Schutzhelme, Bootskörper oder Karosserieteile gestaltet werden. Mit Polyesterharz kann man auch Metalle kleben.

Epoxidharz. Es ist die Grundlage für die wichtigsten Metallkleber, die handelsüblich in zwei Tuben – »Harz« und »Härter« – abgepackt angeboten werden. Laut Gebrauchsanweisung werden beide Stoffe im Verhältnis 1:1 vermischt, auf beide Verbundflächen aufgetragen, die Verbundteile werden dann ohne wesentlichen Druck zusammengebracht, und nach etwa 12 Stunden sind die Metalle zuverlässig miteinander verbunden. Das ist der praktische Vorgang, dem folgender chemischer Prozeß zugrunde liegt.

Das Harz besteht aus linearen Epoxid-Makromolekülen, die aus zwei kompliziert aufgebauten organischen Verbindungen, nämlich Epichlorhydrin und Dioxidiphenylpropan (kurz: Dian) durch Polyaddition gebildet werden, ohne daß weitere Stoffe frei werden.

Wenn die zähflüssige Harzmasse mit dem »Härter« – einer Verbindung aus der Amin-Gruppe – vermischt wird, kommt es zur Vernetzung der Makromoleküle zu einem formstabilen Duroplast. An den Enden der Makromoleküle befinden sich noch die für Epichlorhydrin typischen Sauerstoffringe, nach deren

Aufspaltung das Amin-Molekül die beiden Harzmoleküle verkettet:

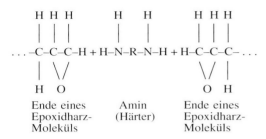

Ende eines   Amin   Ende eines
Epoxidharz-   (Härter)   Epoxidharz-
Moleküls   Moleküls

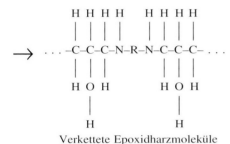

Verkettete Epoxidharzmoleküle

Die Epoxidharze sind glasklar mit leicht gelblich-bräunlicher Tönung und lassen sich leicht einfärben. Gegen aggressive organische und anorganische Stoffe sind sie beständig. Sie haben fast keinen Schwund beim Aushärten, deshalb eignen sie sich auch als Gießharze.

Anwendungsbeispiele

In den Bildern zum Kapitel 2 sowie in den Farbteilen des Buches werden Schmuckstücke gezeigt, mit denen überzeugend demonstriert wird, wie nichtmetallische Werkstoffe die Schmuckgestaltung bereichern können. Traditionelle Werkstoffe in ungewöhnlicher Bearbeitung haben ebenso Anteil wie moderne Kunststoffe mit ihren neuen technologischen Möglichkeiten, ihren ungewöhnlichen Farben und Texturen.

Bild 2.16   Brosche, Ohrschmuck. Silber getrieben, granuliert; Kunststoff modelliert, bemalt. Gabriele Putz, Magdeburg

Bild 2.18   Halsschmuck. Kunststoff montiert; Silber, Leder. Gerhild Freese, Berlin (Staatl. Museen zu Berlin, Kunstgewerbemuseum)

Bild 2.19   Ansteckschmuck. Piacryl, thermisch geformt; Silber. Fachschule für Ang. Kunst Heiligendamm (Abschlußarbeit Annette Pergande)

3 Chemikalien

3.1 Säuren und Basen

3.1.1 Das Wesen von Säuren und Basen
(Tabelle 3.1)

Tabelle 3.1 Säuren und Basen

Säure		Base	
Das *Molekül* besteht aus			
H $\mid$ Cl H$_2$ $\mid$ SO$_4$		Na $\mid$ OH NH$_4$ $\mid$ OH	
Wasserstoff als chemisch wirksamer Bestandteil	Säurerest als Nichtmetall oder Nichtmetalloxid	Metall bzw. Ammoniumgruppe	Hydroxid-Ion als chemisch wirksamer Bestandteil
Die Anzahl der			
H-Ionen		OH-Ionen	
entspricht der *Wertigkeit* des			
Säurerests.		Metalls.	
In wäßriger Lösung erfolgt die *Dissoziation* in frei bewegliche, elektrisch positiv geladene			
Wasserstoff-Ionen		Metall- bzw. Ammonium-Ionen	
und negativ geladene			
Säurerest-Ionen H$_2$SO$_4$ $\rightarrow$ 2 H$^+$ + SO$_4$ $^{2-}$		Hydroxid-Ionen NaOH $\rightarrow$ Na$^+$ + OH$^-$	
Die *Stärke* der Säuren und Basen wird durch den Dissoziationsgrad in wäßriger Lösung ausgedrückt.			
Der *Name* wird gebildet aus			
dem charakteristischen Zentralatom des Säure-Rests mit dem Zusatz »-säure« (Schwefel-säure). Die niedrigere Oxidationsstufe wird durch »-ige«, die höhere durch »Per-« ausgedrückt (Schweflige Säure, Perchlorsäure); »Ortho-« und »Meta-« für unterschiedlichen Wassergehalt (Orthoborsäure).		dem bestimmenden Metall (bzw. Ammonium) mit dem Zusatz »-hydroxid« (Natrium-hydroxid). Die wäßrige Lösung wird als »Base« bezeichnet.	
Blaues Lackmuspapier wird *rot* (pH<7).		*Rotes* Lackmuspapier wird *blau* (pH>7).	
Schmeckt *sauer*.		Fühlt sich *seifig* an.	
Metalle werden zu Salzen gelöst.		*Fette* werden emulgiert und verseift.	
Neutralisation: Bei einer Reaktion von Säure mit Base entsteht unter Wasserabspaltung ein Salz, die chemischen Aktivitäten heben sich auf (pH=7). H$_2$SO$_4$ + 2 KOH $\rightarrow$ K$_2$SO$_4$ + 2 H$_2$O			

3.1.2 Die wichtigsten Säuren
(Tabelle 3.2)

Tabelle 3.2 Wichtige Säuren

Name	Formel		Wertigkeit des Säurerests	Salz
	Wasserstoff	Säurerest		
Blausäure	H	CN	I	Cyan*id*
Borsäure (Orthoborsäure)	H_3	BO_3	III	Bor*at*
Metaborsäure	H	BO_2	I	Metabor*at*
Tetraborsäure	H_2	B_4O_7	II	Tetrabor*at*
Chromsäure	H_2	CrO_4	II	Chrom*at*
Dichromsäure	H_2	Cr_2O_7	II	Dichrom*at*
Flußsäure	H	F	I	Fluor*id*
Kieselsäure	H_2	SiO_3	II	Silic*at*
Kohlensäure	H_2	CO_3	II	Carbon*at*
Phosphorsäure	H_3	PO_4	III	Phosph*at*
Salpetersäure	H	NO_3	I	Nitr*at*
Salzsäure	H	Cl	I	Chlor*id*
Schwefelsäure	H_2	SO_4	II	Sulf*at*
Schwefelwasserstoff	H_2	S	II	Sulf*id*
Tetrachlorogold(III-)Säure	H	$[AuCl_4]$	I	Chloroaur*at*

Borsäure H_3BO_3
Es handelt sich um eine schwache Säure, die in Form von weißen, fettig erscheinenden, schuppigen Blättchen kristallisiert und als weißes Pulver in den Handel kommt. In heißem Wasser ist sie gut löslich. Die Salze heißen Borate, von denen für den Goldschmied Borax besonders wichtig ist.
Beim Erwärmen wird aus der Borsäure das Kristallwasser ausgetrieben, so daß zunächst bei etwa 70 °C Metaborsäure (Schmelzpunkt 160 °C) und bei 500 °C Bortrioxid entstehen.

$$H_3BO_3 \rightarrow HBO_2 + H_2O$$
Orthoborsäure   Metaborsäure   Wasser
$$2\,HBO_2 \rightarrow B_2O_3 + H_2O$$
Metaborsäure   Bortrioxid   Wasser

Dieses Bortrioxid bildet bei 577 °C eine zähe, fadenziehende Masse über dem Gegenstand, es ist sehr hitzebeständig und wird sogar bei Kontakt mit Kohle bei Weißglut nicht reduziert. Wenn ein Metallgegenstand damit überzogen wird, bildet das Bortrioxid bei Glühtemperatur eine zähe, dichte Glasur, und außerdem ist es chemisch aktiv: Metalloxide werden zu Metaboraten umgesetzt, beispielsweise

$$B_2O_3 + CuO \rightarrow Cu(BO_2)_2$$
Bortrioxid   Kupfer(II)-oxid   Kupfermetaborat

Bei Temperaturen unter 900 °C setzen sich die im Bortrioxid gelösten Metaborate als träge, unbewegliche Schlackenschicht über die Metalloberfläche an und verhindern den Zutritt neuer aktiver Bortrioxidteile. Durch die Unmischbarkeit beider Stoffe wird die Oxidlöslichkeit des Borsäureüberzugs stark eingeschränkt.

Erst bei Temperaturen über 900 °C ist das Bortrioxid so beweglich, daß es sich von der Metalloberfläche in die Außenschicht der Glasur abführen läßt und damit neuen, aktiven Bortrioxidteilen den Zutritt zur Metalloberfläche ermöglicht. Deshalb wird die Borsäure bei Temperaturen unter 900 °C als Abdeckmittel beim Löten und Glühen von Edelmetallgegenständen eingesetzt, bei höheren Temperaturen aber auch als Lötmittel, zumal die geringe Viskosität das Ausbreiten des Lotes begünstigt.
In der Schwefelsäure-Beize wird der Borsäureüberzug bzw. die Bortrioxid-Glasur gut gelöst.

Salpetersäure
- reine Salpetersäure (100%ig)

    Dichte 1,52 g/ml
- rote, rauchende Salpetersäure (98%ig)

    Dichte 1,50 g/ml
- konzentrierte Salpetersäure (69,2%ig)

    Dichte 1,41 g/ml
- verdünnte Salpetersäure (25,5%ig)

    Dichte 1,15 g/ml

Es ist eine sehr starke Säure, in reinem Zustand eine farblose, ölige Flüssigkeit, unter Lichteinwirkung bildet sich Stickstoffdioxid NO_2, wodurch der stechende Geruch und die gelbe bis braunrote Farbe entstehen.

Salpetersäure ist in jedem Verhältnis mit Wasser mischbar. Bei 69,2 % HNO_2 liegt eine konstante Mischung vor, die auch bei Erwärmung bis zum Siedepunkt von 121,8 °C erhalten bleibt.

Salpetersäure ist eine stark oxidierend wirkende Säure: Organische Stoffe werden unter Gelbfärbung zerstört (auch die Haut!), Metalle werden zunächst oxidiert und dann zu Nitraten gelöst.

Bei Kupfer entspricht das folgender Reaktion:

$$3\,Cu \ + \ 2\,HNO_3 \ \rightarrow$$

Kupfer   Salpetersäure

$$3\,CuO \ + \ H_2O \ + \ 2\,NO$$

Kupfer(II)-oxid   Wasser   Stickoxid

Zur Oxidation werden also zwei Säuremoleküle verbraucht, wobei Wasser und Stickoxid frei werden. Das Stickoxid ergänzt sich an der Luft sofort zu Stickstoffdioxid NO_2 und entweicht als rotbrauner, giftiger Dampf. Das Metalloxid wird nun zu Salz gelöst:

$$3\,CuO \ + \ 6\,HNO_3 \ \rightarrow$$

Kupfer(II)-oxid   Salpetersäure

$$3\,Cu(NO_3)_2 \ + \ 3\,H_2O$$

Kupfernitrat   Wasser

Sechs weitere Salpetersäuremoleküle werden zur Salzbildung verbraucht, wobei nochmals Wasser frei wird.

Zusammenfassend stellt sich der Lösungsvorgang so dar:

$$3\,Cu \ + \ 8\,HNO_3 \ \rightarrow$$
$$3\,Cu(NO_3)_2 \ + \ 4\,H_2O \ + \ 2\,NO$$

Entsprechend verläuft der Lösungsvorgang bei Silber:

$$6\,Ag \ + \ 2\,HNO_3 \ \rightarrow$$
$$3\,Ag_2O \ + \ 2\,NO \ + \ H_2O$$

$$Ag_2O \ + \ 2\,HNO_3 \ \rightarrow$$
$$2\,AgNO_3 \ + \ H_2O$$

Zusammengefaßt:

$$6\,Ag \ + \ 4\,HNO_3 \ \rightarrow$$
$$3\,Ag_2NO_3 \ + \ 2\,H_2O \ + \ NO$$

Gold und Platin werden von Salpetersäure nicht angegriffen, einige Unedelmetalle, wie Aluminium, Chrom, Eisen, sind nur in verdünnter Salpetersäure löslich, weil sich in konzentrierter ein undurchlässiger Oxidfilm bildet.

Zum Trennen des Goldes von Silber wird 50%ige Salpetersäure – das Scheidewasser – benutzt.

Salpetersäure braucht man zum Ätzen, zum Lösen verschiedener Metalle, für Beizen und Gelbbrennen, für Prüfsäure und zur Herstellung des Königswassers.

Salpetrige Säure HNO_2 ist nur in verdünnter Lösung bekannt, ihre Salze heißen Nitrite.

Salzsäure HCl

Chlorwasserstoffgas ist ein farbloses Gas von stechendem Geruch, stark hygroskopisch, in Wasser gelöst ergibt es die Salzsäure.
- rauchende Salzsäure (40%ig)

    Dichte 1,198 g/ml
- konzentrierte Salzsäure (24 . . . 36%ig)

    Dichte 1,12 . . . 1,18 g/ml
- verdünnte Salzsäure (12,5%ig)

    Dichte 1,06 g/ml

Beim Erhitzen von verdünnter Salzsäure verdampft Wasser, aus der konzentrierten wird bei der Siedetemperatur von 111 °C Chlorwasserstoffgas abgegeben; in beiden Fällen stellt sich ein konstantes Gemisch von 20,24 % HCl und 79,76 % Wasser ein.

Salzsäure ist eine stechend riechende, stark ätzende wäßrige Lösung von Chlorwasserstoffgas, die als *rohe Salzsäure* durch Verunreinigung mit Eisen(II)-chlorid gelb gefärbt ist.

Viele Unedelmetalle werden zu Chloriden gelöst, wie

$$Zn \ + \ 2\,HCl \ \rightarrow \ ZnCl_2 \ + \ H_2$$

Zink   Salzsäure   Zinkchlorid   Wasserstoff

Einige Chloride bilden auf dem jeweiligen Metall einen schwer löslichen Überzug, der weitere Säureeinwirkung verhindert. So wird Silber von einem käsigen, unlöslichen Überzug von Silberchlorid abgedeckt, das nach folgender Reaktion entsteht:

$$2\,HCl \;+\; 2\,Ag \;\rightarrow\; 2\,AgCl \;+\; H_2$$

Dadurch bleibt das Silber in Salzsäure praktisch unlöslich.

Salzsäure wird zum Auflösen der Metalle, zur Herstellung des Lötwassers, als Fällungsmittel für Silber und als Bestandteil des Königswassers benutzt.

Königswasser

Königswasser entsteht durch Mischung von 3 Raumteilen Salzsäure und 1 Raumteil Salpetersäure.

Da sich die Mischung bei längerer Aufbewahrung zersetzt, muß sie jeweils vor dem Gebrauch neu angesetzt werden. Der Verwendungszweck ist darauf beschränkt, die »Könige« unter den Metallen – Gold und Platin – zu lösen.

Am Beispiel des Goldes soll der Lösungsvorgang erläutert werden:

Zunächst wird die Salzsäure durch die Salpetersäure oxidiert

$$\underset{\text{Salpetersäure}}{HNO_3} \;+\; \underset{\text{Salzsäure}}{3\,HCl} \;\rightarrow$$

$$\underset{\text{Nitrosylchlorid}}{NOCl} \;+\; \underset{\text{Chlor}}{Cl_2} \;+\; \underset{\text{Wasser}}{2\,H_2O}$$

Dabei entstehen die beiden Wirkungsstoffe
- Nitrosylchlorid $O{=}N{-}Cl$, das als Säurechlorid der salpetrigen Säure aufgefaßt werden kann, und
- Chlorionen, die »in statu nascendi«, also sofort bei ihrer Freisetzung, auf die Goldionen einwirken und dadurch wesentlich aggressiver als Chlorgas Cl_2 sind.

$$\underset{\text{Gold}}{Au} \;+\; \underset{\text{Nitrosylchlorid}}{NOCl} \;+\; \underset{\text{Chlor}}{Cl_2} \;\rightarrow$$

$$\underset{\text{Goldchlorid}}{AuCl_3} \;+\; \underset{\text{Stickoxid}}{NO}$$

Das entstandene Gold(III)-chlorid bindet sofort ein weiteres Molekül der Salzsäure zu Chlorogoldsäure, die im Handel »Goldchlorid« genannt wird

$$AuCl_3 \;+\; HCl \;\rightarrow\; H[AuCl_4]$$

Diese komplexe Säure bildet zusammen mit vier Molekülen Wasser hellgelbe Kristalle, in Wasser gelöst ergibt sie eine ebenso gefärbte Flüssigkeit

$$H[AuCl_4] \;\cdot\; 4\,H_2O$$

Beim Platin verläuft die Reaktion ähnlich. Das Endprodukt ist Chloroplatinsäure, die zusammen mit sechs Wassermolekülen auskristallisiert

$$H_2[PtCl_6] \;\cdot\; 6\,H_2O$$

Schwefelsäure H_2SO_4
- reine Schwefelsäure (100%ig)
  Dichte 1,85 g/ml
- konzentrierte Schwefelsäure (98,3%ig)
  Dichte 1,84 g/ml
- rohe Schwefelsäure (94 . . . 98%ig)
  Dichte um 1,84 g/ml
- verdünnte Schwefelsäure (etwa 10%ig)
  Dichte 1,06 . . . 1,11 g/ml

In heißer, konzentrierter Schwefelsäure werden alle Metalle, außer Gold und Platin, zu Sulfaten gelöst.

Schwefelsäure ist eine ölige, in reinem Zustand farblose Flüssigkeit mit hoher Dichte. Durch organische Verunreinigungen ist sie als »technische Schwefelsäure« dunkel gefärbt, »rauchende Schwefelsäure« enthält überschüssiges Schwefeltrioxid SO_3 und ist deshalb besonders aktiv.

Schwefelsäure ist stark hygroskopisch, entzieht vielen Stoffen sogar das chemisch gebundene Wasser, wodurch organische Substanzen verkohlen.

Schwefelsäure läßt sich in jedem Verhältnis mit Wasser verdünnen, indem sie mit dünnem Strahl in Wasser gegossen wird. Niemals darf aber umgekehrt das Wasser in die Säure gegossen werden, denn bei der Verdünnung wird eine solche Hitze frei, daß die Wassertröpfchen sieden, verspritzen und Säureteile mitreißen.

Die Metalle werden nach folgender Reaktion gelöst:

$$Zn \;+\; H_2SO_4 \;\rightarrow\; ZnSO_4 \;+\; H_2$$

Selbst solche Metalle, die elektrochemisch edel sind, können, ähnlich wie in Salpetersäure, durch vorherige Oxidation gelöst werden, beispielsweise Kupfer.

$$Cu \quad + \quad H_2SO_4 \quad \rightarrow$$
Kupfer   Schwefelsäure
$$CuO \quad + \quad SO_2 \quad + \quad H_2O$$
Kupfer(II)-oxid   Schwefeldioxid   Wasser

Das ist deshalb möglich, weil die Schwefelsäure bei der Oxidation zu schwefliger Säure wird, die sofort zu Schwefeldioxid und Wasser zerfällt.

Nun wird dieses Kupferoxid ebenso gelöst, wie in der Beize der beim Glühen entstandene schwarze Belag von Kupfer(II)-oxid abgelöst wird:

$$CuO \quad + \quad H_2SO_4 \quad \rightarrow$$
Kupferoxid   Schwefelsäure
$$CuSO_4 \quad + \quad H_2O$$
Kupfersulfat   Wasser

Die Gesamtreaktion wäre dann:

$$Cu \quad + \quad 2\,H_2SO_4 \quad \rightarrow$$
$$CuSO_4 \quad + \quad SO_2 \quad + \quad 2\,H_2O$$

Das rote Kupfer(I)-oxid wird in der Schwefelsäure zunächst zu Kupfer(II)-oxid umgesetzt und dann ebenfalls auf die eben beschriebene Weise gelöst.

$$Cu_2O \quad + \quad H_2SO_4 \quad \rightarrow$$
Kupfer(I)-oxid   Schwefelsäure
$$2\,CuO \quad + \quad SO_2 \quad + \quad H_2O$$
Kupfer(II)-oxid   Schwefeldioxid   Wasser

Da die Oxidbildung nur in konzentrierter Schwefelsäure möglich ist, löst beispielsweise kalte, auf weniger als 20 % verdünnte Schwefelsäure nur die besonders unedlen Metalle, wie Eisen, Zink, Aluminium, während beispielsweise Kupfer und Silber nicht angegriffen werden. Das macht man sich zunutze, wenn ein Edelmetallrohr mit Hilfe einer Seele aus einem dieser Unedelmetalle gebogen wurde und dann ausgeätzt werden muß.

Die Schwefelsäure wird vom Goldschmied zur Beize, bei der Strichprobe, als Zusatz zur Gelbbrenne, zum Auflösen verschiedener Metalle und bei der sauren Verkupferung verwendet.

3.1.3   Die wichtigsten Basen (Tabelle 3.3)

Natriumhydroxid NaOH
Es bildet weiße, durchscheinende, spröde, kristalline Blättchen, die stark hygroskopisch sind; zwischen den Fingern fühlen diese sich schmierig an. In Wasser gelöst ergibt NaOH eine starke Base, die als kräftiges Reinigungs- und Entfettungsmittel genutzt wird. Fettstoffe und Mineralöle werden emulgiert, d. h. fein verteilt mit der Base vermischt; außerdem werden die Fette zu Glycerol und fettsauren Salzen – den Seifen – gelöst.

Kaliumhydroxid KOH
Es entspricht im Aussehen und in der Wirkungsweise dem Natriumhydroxid und wird deshalb auch in gleicher Weise praktisch genutzt.

Ammoniumhydroxid NH$_4$OH
Wenn das farblose, stechend riechende Ammoniakgas NH$_3$ in Wasser geleitet wird, rea-

Tabelle 3.3   Wichtige Basen

Chemische Bezeichnung der Base	Sonstige Benennung	Benennung der Lauge	Formel		Wertig-keit
			Basenrest	Hydroxyl-gruppe	
Ammoniumhydroxid	Salmiakgeist	Salmiakgeist	NH$_4$	OH	I
Calciumhydroxid	Ätzkalk	Kalkwasser	Ca	(OH)$_2$	II
Kaliumhydroxid	Ätzkali	Kalilauge	K	OH	I
Natriumhydroxid	Ätznatron	Natronlauge	Na	OH	I

gieren beide Stoffe miteinander, und die Reaktionsprodukte werden sofort in der Lösung dissoziiert.

$$NH_3 \ + \ H_2O \ \rightleftarrows \ NH_4^+ \ + \ OH^-$$

Das entstehende Ammoniumhydroxid besteht also aus den dissoziierten positiven Ammonium-Ionen und den Hydroxyl-Ionen, und nur in dieser Form ist diese Lauge existent; eine direkte chemische Verbindung beider Stoffe besteht nicht. Bei Erwärmung verläuft die Reaktion umgekehrt, d. h., die Base zerfällt wieder zu Ammoniak und Wasser.
Als schwache Base wirkt Ammoniumhydroxid ähnlich wie Natriumhydroxid als Reinigungs- und Entfettungsmittel.

3.2 Salze

3.2.1 Benennung der Salze

Bei einem *Salz* ist der Säurewasserstoff durch ein Metall ersetzt worden, das Salz besteht demnach aus Metall und Säurerest.
In einem *Doppelsalz* sind zwei verschiedene Salze miteinander vereint, so daß sie zwar im festen Zustand beständig sind, in wäßriger Lösung aber so zerfallen, als ob beide Salze einzeln gelöst würden. So zerfällt Alaun

$$KAl(SO_4)_2 \ \rightarrow \ K^+ \ + \ Al^{3+} \ + \ 2\,SO_4^{2-}$$

Das *Komplexsalz* dagegen ist eine Vereinigung höherer Ordnung, bei der ein Salz mit völlig neuen Eigenschaften entsteht, das auch in der wäßrigen Lösung nicht wieder in die einfachen Ausgangsbestandteile zerfällt, sondern ein Komplexion bildet, wie etwa Kaliumgoldcyanid:

$$K[Au(CN)_2] \ \rightarrow \ K^+ \ + \ [Au(CN)_2]^-$$

Aus der Tabelle 3.4 sind die Namen der Salze und ihr Zusammenhang mit den jeweiligen Säuren und Metallen zu ersehen. Aus den Endungen kann man auf den Sauerstoffgehalt der betreffenden Säure schließen:
-id bei sauerstofffreien Säuren,
-at bei Säuren mit normalem Sauerstoffgehalt,
-it bei Säuren mit geringem Sauerstoffgehalt,

. . . hypo . . .it bei untersauerstoffhaltigen Säuren,
Per . . . at bei höher sauerstoffhaltigen Säuren (Persäuren).

3.2.2 Die wichtigsten Salze (Tabelle 3.4)

3.3 Umgang mit Giften

Um Menschen und Umwelt vor Gefährdungen und Schädigungen durch giftige Stoffe zu schützen, sind in den Bundesländern Verordnungen über den Umgang mit Giften erlassen worden, in denen alles geregelt ist, was in diesem Zusammenhang zu beachten ist. Der Goldschmied muß sich mit der für sein Land verbindlichen Giftverordnung beschäftigen. Folgende allgemeingültige Hinweise können trotzdem hier gegeben werden.
Gifte sind chemische Stoffe, die durch ihre toxische Wirkung im lebenden Organismus vorübergehend oder bleibend Gesundheitsschädigungen verursachen oder den Tod herbeiführen können.
Die in Frage kommenden Chemikalien werden in drei Kategorien eingeteilt, von denen folgende für unsere Branche wichtig sind:
Abteilung 1 (hochgiftig)
● Quecksilberverbindungen
● Cyanwasserstoffsäure (Blausäure) und deren Salze, die für galvanische Bäder benutzt werden
Abteilung 2 (sehr giftig)
  Solche Chemikalien kommen beim Goldschmied nicht vor.
Abteilung 3 (giftig)
● Salpetersäure (auch rauchende)
● Salzsäure (auch verdünnte)
● Schwefelsäure (auch verdünnte)
● Ammoniaklösung (Salmiakgeist)
● Kaliumhydroxid (Kalilauge)
● Natriumhydroxid (Natronlauge)
● lösliche Kupfer- und Silberverbindungen
● Methanol.
Die Verpackung der Gifte muß so beschaffen sein, daß Verschütten, Ausfließen oder Verdunsten ausgeschlossen sind. Die Behältnisse – beispielsweise Flaschen – müssen sich deutlich von Lebensmittelbehältnissen unterscheiden. Auf der Verpackung sind Namen des Erzeugnisses, Herstellungsfirma und chemische Be-

Tabelle 3.4   Wichtige Salze

Chemische Bezeichnung	Sonstige Benennung	Formel		Wertig-keit	Verwendung
		Metall	Säurerest		
Natriumtetra*borat*	Borax	Na_2	B_4O_7	II	Flußmittel
Calcium*carbonat*	Kohlensaurer Kalk	Ca	CO_3	II	Poliermittel
Kalium*carbonat*	Pottasche	K_2	CO_3	II	Schmelzmittel, Galvanik
Natrium*carbonat*	Soda	Na_2	CO_3	II	Schmelzmittel, Galvanik
Natriumhydrogen-*carbonat*	Doppelt-kohlensaures Natron	Na	HCO_3	I	Reinigungs- und Entfettungsmittel
Kupfer*carbonat*, basisches	Malachit, Patina	Cu Cu	CO_3 $(OH)_2$	II	Reaktionslot
Zink*carbonat*	Weißrost	Zn	CO_3	II	natürliche Schutzschicht auf dem Zinkmetall
Ammonium*chlorid*	Salmiak	NH_4	Cl	I	Lötmittel
Gold(III-)*chlorid*	Chlorgold	Au	Cl_3	III	Galvanik, Scheidung
Kalium*chlorid*		K	Cl	I	Galvanik
Natrium*chlorid*	Kochsalz	Na	Cl	I	Schmelzmittel, Fällmittel
Quecksilber(II-)*chlorid*	Sublimat	Hg	Cl_2	II	Ätzmittel für Stahl
Silber*chlorid*	Chlorsilber	Ag	Cl	I	Galvanik, Scheidung
Zink*chlorid*	Lötwasser	Zn	Cl_2	II	Lötmittel
Zinn(II-)*chlorid*	Zinnsalz	Sn	Cl_2	II	Analyse
Kaliumdi*chromat*	Kaliumbichromat	K_2	Cr_2O_7	II	Ätzmittel für Silber
Natriumdi*chromat*	Natriumbichromat	Na_2	Cr_2O_7	II	Silberstrichprobe
Silberdi*chromat*	Silberbichromat	Ag_2	Cr_2O_7	II	Silberstrichprobe
Gold(I-)*cyanid*	Zyangold	Au	CN	I	Galvanik
Natriumgold*cyanid*		Na	$Au(CN)_2$	I	Galvanik
Silber*cyanid*	Zyansilber	Ag	CN	I	Galvanik
Natriumsilber-*cyanid*		Na	$Ag(CN)_2$	I	Galvanik

Fortsetzung Tabelle 3.4

Chemische Bezeichnung	Sonstige Benennung	Formel		Wertig-keit	Verwendung
		Metall	Säurerest		
Kaliumsilber*cyanid*		K	$Ag(CN)_2$	I	Galvanik
Calcium*fluorid*	Flußspat	Ca	F_2	II	Ätzmittel für Glas, Flußmittel
Ammonium*nitrat*	Ammoniaksalpeter	NH_4	NO_3	I	Metallfärbung
Kalium*nitrat*	Kalisalpeter	K	NO_3	I	Schmelzmittel
Kupfer(II-)*nitrat*	Salpetersaures Kupfer	Cu	$(NO_3)_2$	II	Scheidung
Natrium*nitrat*	Natronsalpeter	Na	NO_3	I	Schmelzmittel
Quecksilber(III-)*nitrat*		Hg	$(NO_3)_2$	II	Quickbeize
Silber*nitrat*	Höllenstein	Ag	NO_3	I	Galvanik
Dinatriumhydro-gen*phosphat*	Phosphorsaures Natron	Na_2	HPO_4	II	Galvanik
Calcium*sulfat*	Schwefelsaures Kali	Ca	SO_4	II	Gips
Kupfer*sulfat*	Kupfervitriol	Cu	SO_4	II	Galvanik

zeichnung anzugeben; außerdem das Wort »Gift«.

Bei Abteilung 1 ist die Beschriftung weiß auf schwarzem Grund, bei den Abteilungen 2 und 3 rot auf weißem Grund vorgeschrieben. Um irrtümliche oder mißbräuchliche Verwendung der Gifte zu verhindern, müssen sie von anderen Stoffen getrennt und gegen unberechtigten Zugriff gesichert aufbewahrt werden.

Für größere Giftmengen braucht man eine spezielle Giftkammer, in der wiederum die Chemikalien der Abteilung 1 gesondert in einem verschlossenen Giftschrank verwahrt werden.

In der Goldschmiedewerkstatt kommen normalerweise nur geringe Giftmengen vor, dafür genügt zur Aufbewahrung der Chemikalien der Abteilung 3 ein stabiler, verschießbarer Schrank mit der Aufschrift »Gift«. Die Gifte der Abteilung 1 werden in einer Stahlkassette – ebenfalls mit »Gift« beschriftet – aufbewahrt, die im Schrank festgemacht ist.

Gifte, die zu gewerblichen Zwecken verwendet werden, dürfen nur an den Betriebsinhaber oder dessen Beauftragten abgegeben werden, vorausgesetzt, daß er mindestens 18 Jahre alt ist, die Giftprüfung abgelegt hat oder mindestens einmal jährlich über den Umgang mit Giften belehrt worden ist.

Zu- und Abgang der Gifte ist in einem Giftbuch einzutragen. Unabhängig von Vorschriften und Gesetzen soll man sich aus eigenem Interesse immer über die Gefährlichkeit dieser giftigen Stoffe bewußt sein:

● Trotz langjähriger Routine darf die Vorsicht nicht vernachlässigt werden.
● Gummihandschuhe benutzen!
● Keine Gifte an Körper und Kleidung bringen!
● Nach Gebrauch sofort wieder verschließen!
● Jeglichen Mißbrauch verhindern!

4 Zurichtungsarbeiten

4.1 Wägen, Messen und Prüfen

4.1.1 Maßeinheiten

Wissenschaft, Technik und Wirtschaft werden in zunehmendem Umfang internationalisiert, so daß ein auf der ganzen Welt geltendes Maßsystem geschaffen werden mußte. Ausgehend von 7 Basiseinheiten wurde das *Internationale Einheitensystem* (Système International d'Unités), kurz »SI«, geschaffen, das in Deutschland verbindlich ist.

Dadurch ist eine große Anzahl historisch entstandener Einheiten durch SI-Einheiten ersetzt worden.

Beispielsweise sind kp, PS und cal abgeschafft worden, und wir müssen in N, W und J »denken«.

Tatsächlich sind aber solche traditionelle Maßeinheiten zählebig, denn man hat sich daran gewöhnt, mit ihnen gewisse Größenvorstellungen zu verbinden. Es sei an »Zentner« und »Pfund« erinnert, die schon seit mehr als 100 Jahren abgeschafft worden sind und im Alltag immer noch existieren.

Selbstverständlich werden im vorliegenden Buch nur *SI-Einheiten* benutzt. Eine Auswahl der für den Goldschmied besonders wichtigen Maßangaben sind in Tabelle 4.1 zusammengestellt. Nähere Informationen über das Einheitensystem muß man der Spezialliteratur entnehmen.

Für jede Größe, wie Länge, Masse usw., gibt es eine Maßeinheit, wie m, kg, der dann abgeleitete Einheiten zugeordnet werden, die als Potenzen aus der SI-Einheit in Verbindung mit einem Zahlfaktor durch Einheitengleichungen definiert werden. So ist beispielsweise die SI-Einheit für die Dichte kg/m^3, man verwendet aber die abgeleitete Einheit g/cm^3; zwischen beiden besteht nach der Einheitengleichung die Beziehung

$$1 \text{ g/cm}^3 = 10^3 \text{ kg/m}^3$$

4.1.2 Wägen

Man muß genau unterscheiden zwischen »*Masse*« und »*Gewicht*«.

Die Masse entspricht der tatsächlichen, von äußeren Bedingungen unabhängigen Größe der Substanzmenge; dagegen ist das Gewicht –

Tabelle 4.1   *Wichtige Maßeinheiten*

Größe	Formelzeichen	SI-Einheit	Weitere, abgeleitete Einheiten	Ungültige Einheiten
Länge	l	m	= 100 cm = 1000 mm 1 cm = 10 mm	
Masse	m	kg	= 1000 g 1 g = 1000 mg 1 k (metr. Karat) = 0,2 g	
Dichte	ρ	kg/m^3	= 10^{-3} g/cm^3	
Kraft	F	N		p, kp, Mp (1kp = 9,81 N)
Zugfestigkeit	σ_B	N/m^2	= 1 N/m^2 1 MPa = 1 N/mm^2 = 10^6 N/m^2	kp/mm^2 (1 kp/mm^2 = 9,81 N/mm^2)
Brinellhärte	HB	–	HB (Zahlenwert entspricht der ungültigen Einheit kp/mm^2)	kp/mm^2
Zeit	t	s	1 h = 60 min = 3600 s	
Temperatur	T	K	°C	°K (1 °K $\hat{=}$ 1 K)
Temperatur-differenz	ΔT	K	(bei Celsius-Temperaturen auch °C)	grd

genau: »die *Gewichtskraft*« – von der Kraft abhängig, mit der der Körper von der Erde angezogen wird. Zwischen Masse und Gewicht besteht die Beziehung

$$F_G = m \cdot g$$

F_G – Gewichtskraft in N
m – Masse in kg
g – Fallbeschleunigung in m/s^2

Da auf der Erde die Schwerkraft im Polargebiet größer ist ($g = 9{,}832$ m/s^2), erscheint die gleiche Masse dort schwerer als am Äquator ($g = 9{,}788$ m/s^2). Für den 45. Breitengrad, also für unseren Lebensbereich, wirkt $g = 9{,}806$ m/s^2 mit annähernd konstanter Größe, so daß in unserem Alltag Masse und Gewicht scheinbar identisch sind, und so kommt es, daß in der Umgangssprache beide Begriffe nicht deutlich unterschieden werden und die Substanzmenge als »*Gewicht*« bezeichnet wird.
Bei der Wägung wird auf der Waage das Gewicht als die »*Schwere*« des Körpers bestimmt, und man schließt davon auf die Substanzmenge.
So werden auf der Balkenwaage die Gewichte von Ware und Wägestücken miteinander verglichen, also die Kräfte, mit denen sie von der Erde angezogen werden:

$$F_{G1} = F_{G2}$$
$$m_1 \cdot g = m_2 \cdot g$$

F_{G1} – Gewichtskraft der Ware in N
m_1 – Masse der Ware in kg
F_{G2} – Gewichtskraft der Wägestücke in N
m_2 – Masse der Wägestücke in N
g – Fallbeschleunigung in m/s^2

Beide Waagschalen unterliegen den gleichen Erdanziehungsbedingungen (in der Gleichung kann »g« gekürzt werden!), und man kann demnach direkt von der Massengröße der Wägestücke auf die Masse der Ware schließen:

$$m_1 = m_2$$

»Der Ring wiegt 5,6 g« ist also eine falsche Aussage.
Richtig muß es heißen: »Der Ring hat eine Masse von 5,6 g.« Wollte man das Gewicht ausdrücken, müßte es korrekt heißen: »Der Ring hat eine Gewichtskraft von 54,936 mN.«
Noch immer gehört die *traditionelle Goldwaage* zur Grundausstattung der meisten Goldschmiedewerkstätten. Sie wirkt nach dem

Prinzip der Hebelwaage (früher: »Balkenwaage«, Bild 4.1): In der Pfanne der Säule ist die Schneide des Waagehebels gelagert; an beiden Enden des Hebels hängen die beweglich gelagerten Waagschalen. Mit dem Zeiger, der starr in der Hebelmitte befestigt ist, wird der Ausschlag der Waage kontrolliert.

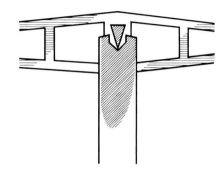

Bild 4.1 Lager des Waagebalkens mit Pfanne und Schneide

So wirkt diese Waage als zweiseitiger Hebel mit gleich langen Hebelarmen; bei Übereinstimmung von Last und Wägestücken stellt sich Gleichgewicht im Sinne des Hebelgesetzes ein. Normalerweise ist eine solche Goldwaage auf die Belastung bis 200 g und die Genauigkeit bis zu 10 mg – also 0,01 g – eingerichtet.
Die Wägestücke von 1 g aufwärts sind aus Messing gefertigt, die Milligramm-Wägestücke sind Aluminium-Plättchen in typischer Form.

Mit der *elektronischen Präzisionswaage* ist eine neue Generation an Goldwaagen entstanden: Das Wägegut wird auf die Waagschale gelegt – und sofort wird die Masse auf der Digitalanzeige ausgewiesen. Das bedeutet einen erheblichen Zeitgewinn gegenüber dem althergebrachten Verfahren, bei dem der Goldschmied die erforderlichen Wägestücke auswählen, auflegen und wieder abnehmen muß – und zwischendurch hat er geduldig zu warten, bis die Waage sich ausgependelt hat.
Den beachtlichen Vorzügen der modernen elektronischen Waage steht nur eines entgegen: Sie ist wesentlich teurer als die herkömmliche Hebelwaage. Deshalb muß man unter folgenden Gesichtspunkten prüfen, ob

sie in dem betreffenden Betrieb ausgelastet wird und welcher Typ wirklich zweckmäßig ist:
- Rechtfertigt die zu erwartende Zeitersparnis den hohen Anschaffungspreis?
- Welche Ansprüche bestehen bezügliche Wägebereich und Genauigkeitsgrad?
- Was wird an Zusatzeinrichtungen gebraucht?

Eine solche Präzisionswaage funktioniert nach folgendem Prinzip:
Die aufgelegte Last wird durch eine elektromagnetisch erzeugte Gegenkraft kompensiert. Dies wird im allgemeinen durch eine Spule im Spalt eines zylindersymmetrischen Elektromagneten realisiert. Wird die Last vergrößert, muß das Magnetfeld verstärkt werden, bis der Lagen-Sollwert wieder erreicht ist. Dieser Zusammenhang wird über einen Regelkreis kontrolliert: Will die Lastschale absinken, registriert dies der Lagensensor, und über einen elektrischen Verstärker sorgt er für die Erhöhung des Spulenstroms. Die Größe des Kompensationsstroms wird an einem Meßwiderstand als Meßspannung abgegriffen, einem Analog-Digital-Wandler zugeführt und digital angezeigt. Durch die erforderliche Größe des Magneten und die Wärmeentwicklung in der Spule ist dieser Waagentyp auf die Maximallast von etwa 1 kg Masse begrenzt. Laständerungen werden sehr sensibel als Spannungsänderungen registriert, daher die große Genauigkeit.

Der technische Standard kann am Beispiel der »Sartorius Portable« (Sartorius GmbH, Göttingen) erläutert werden (Bild 4.2).
Zwischen *Wägebereich* und *Ablesbarkeit* be-

steht bei den in Frage kommenden Typen folgender Zusammenhang (Tabelle 4.2).

Tabelle 4.2   Wägebereich und Genauigkeit

Modell	Wägebereich in g	Ablesbarkeit in g
PT 120	121	0,01
PT 600	610	0,1
PT 1200	1200	0,1
PT 6	6100	1

Der *Tarawert* – also die Masse des Behältnisses oder der Verpackung – kann über den ganzen Wägebereich eingestellt werden.
Nach 1,5 s wird das genaue Ergebnis auf dem Digitalanzeigefeld sichtbar.
Die Waage kann im Temperaturbereich 0 °C . . . 40 °C betrieben werden.
Nutz- und Störsignale werden vom Gerät unterschieden, so daß die Waage an beliebigen Stellen aufgestellt und benutzt werden kann, daher »Portable« (»transportabel«). Mit dem Akku kann die Waage 20 h netzfrei betrieben werden, dann muß wieder aufgeladen werden.
Auf Wunsch kann das Gerät so ausgerüstet werden, daß das Ergebnis in jeweils zwei der folgenden Einheiten ablesbar ist: g / kg / k (Karat) / oz (ounce) / troy (engl. Wägeeinheit für Edelmetalle) / lb (pound).
Es sind überdies spezielle Anwendungsprogramme möglich:
- Prozent-Wägung
- Netto-Total-Rezeptur
- Zählen
- ± Kontrolle / Klassieren / Dosieren

An die Waage kann eine Zweitanzeige angeschlossen werden, man kann sie mit einem Meßwertdrucker kombinieren, und die Ergebnisse können auch in ein Computersystem eingespeist werden.
Im Goldschmiedebetrieb wird man auf der PT 120 die meisten der täglich anfallenden Wägungen erledigen können, der Silberschmied wird eher die PT 600 oder PT 1200 brauchen. Es ist zu überlegen, welche Zusatzeinrichtungen nötig sind und auf welche verzichtet werden kann. Nur in Großbetrieben wird man die volle Leistungsfähigkeit der elektronischen Waagen ausnutzen können.

Bild 4.2   Elektronische Waage

4.1.3 Längenmessung

Mit Hilfe eines Meßgeräts werden Länge und Dicke eines Körpers mit einem bekannten, als Längeneinheit dienenden Normal verglichen. Ein erfahrener Goldschmied biegt einen Fassungsstreifen leicht zwischen den Fingern, und dann weiß er, ob die Dicke stimmt. Aber trotzdem ist es falsch, aus einem verkehrten Berufsstolz heraus auf das Messen ganz verzichten zu wollen und sich nur auf das »Gefühl« zu verlassen.

Man kann beispielsweise das optimale Verhältnis von Umformungsgrad und Zwischenglühen beim Walzen nur durch exakte Kontrolle der Dickenabnahme sichern.

Das *Lineal* ist das einfachste Längenmeßgerät. Meist wird es in der Goldschmiedewerkstatt als biegsames Stahllineal benutzt. Die Genauigkeit ist auf 1 mm beschränkt. Das Lineal wird so aufgelegt, daß das Auge möglichst senkrecht auf die Meßkante sehen kann, damit Ablesefehler vermieden werden.

Innen- und Außenmaße lassen sich mit dem *Meßschieber* exakter ermitteln. Mit der Nonius-Teilung kann man das Längenmaß bis zu der Genauigkeit von 0,1 mm ablesen. Das Prinzip des Nonius beruht darauf, daß die Länge von 9 mm in 10 Abschnitte aufgeteilt ist; jeder Teilstrich entspricht demnach der tatsächlichen Länge von 0,9 mm und ist also um 0,1 mm kürzer als ein Teilstrich des Hauptmaßstabs. Die Zehntelmillimeter werden an der Stelle abgelesen, wo ein Teilstrich des Nonius mit einem der Hauptteilung übereinstimmt.

Beispiel (Bild 4.3): Die Nullmarke des Nonius steht hinter dem Maßstabwert 25 mm, und der 4. Teilstrich des Nonius deckt sich mit einem Millimeterstrich des Maßstabs.

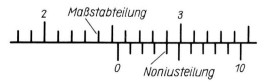

Bild 4.3   Nonius des Meßschiebers

Das bedeutet
$$4 \cdot 1 \text{ mm} = 4,0 \text{ mm des Maßstabs},$$
davon zurückgerechnet
$$4 \cdot 0,1 \text{ mm} = 3,6 \text{ mm des Nonius}.$$
Also ergibt sich als Differenzbetrag
$$4,0 \text{ mm} - 3,6 \text{ mm} = 0,4 \text{ mm}$$
Das Meßergebnis ist demnach
$$25 \text{ mm} + 0,4 \text{ mm} = \underline{25,4 \text{ mm}}$$

Es gibt aber auch Meßschieber, die mit einer Meßuhr kombiniert sind, so daß man den ermittelten Wert direkt auf der Kreisskala ablesen kann. Bei der modernsten Ausführungsform des Meßschiebers wird das Maß über eine elektronische Digitalanzeige ausgewiesen.

Das *Zehntelmaß* wird vorwiegend zur Messung von Metalldicken der Bleche sowie der Durchmesser von Stäben und Rohren benutzt. Das Meßergebnis ist nicht sehr zuverlässig, reicht aber als Orientierungswert für den Goldschmied meist aus. Das Gerät ist billig und läßt sich einfach bedienen. Es beruht auf dem Storchschnabelsystem. Im Meßbereich $0 \dots 20$ mm wird der Wert auf eine Skala mit einer Teilung von 0,1 mm Genauigkeit übertragen.

Bei der *Meßschraube* (Bild 4.4) dient eine Gewindespindel als Längennormal. Der zu messenden Länge entspricht eine bestimmte Anzahl von Spindeldrehungen. Normalerweise hat das Gewinde eine Steigung von 0,5 mm.

Bild 4.4   Feinmeßgeräte: Tellermikrometer, Werkstatt-Mikrometer, Zehntelmaß

Demnach bewirkt eine Umdrehung, daß die Meßspindel um 0,5 mm weitergedreht ist. Die Teilungshülse hat eine Halbmillimeterteilung; die Teilungstrommel hat 50 Teilstriche, die jeweils 0,01 mm entsprechen.

Beispiel (Bild 4.5): Auf der Teilungshülse entspricht der letzte sichtbare Strich 8,5 mm, die Trommel ist bis auf 0,27 mm gedreht.
Beide Werte zusammen ergeben

$$8,5 \text{ mm} + 0,27 \text{ mm} = \underline{8,77 \text{ mm}}$$

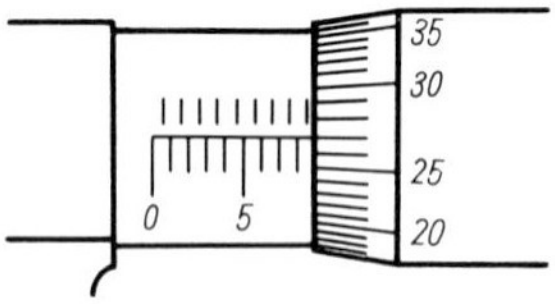

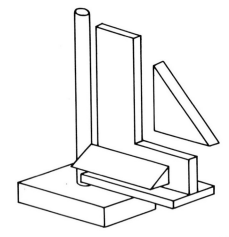

Bild 4.5   Teilungstrommel und Teilungshülse der Meßschraube

Bei der *Meßuhr* wird in einem U-förmigen Bügel ein Taster gegen das zu messende Objekt geschoben, dessen Weg über ein mechanisches System auf die Meßuhr übertragen wird, so daß man das Maß auf der Kreisskala mit der Genauigkeit von 0,01 mm ablesen kann. Dieses Gerät ist bequemer zu handhaben als die Schraube.

Das *Digital-Elektronen-Mikrometer* »Mikrodigit« ist ein besonders hochwertiges Instrument zur Dickenmessung. Das Objekt wird in einem U-förmigen Bügel mit einem Taster gemessen. Die Auswertung erfolgt über einen Mikroprozessor mit Digitalanzeige bei einer Genauigkeit bis 0,001 mm. Die Ergebnisse können gespeichert, und in jeder Position kann die Nullstellung eingerichtet werden, so daß das Gerät auch für vergleichende Messungen gut geeignet ist.

4.1.4   Längenprüfung

Mit den Prüfgeräten wird festgestellt, ob ein Werkstück den vorher festgelegten Anforderungen bezüglich Größe, Form, Maßhaltigkeit, Winkelgenauigkeit genügt. Normalerweise haben die Prüfgeräte keine Maßeinteilung.

Das *Haarlineal* ist die einfachste Form des Prüfgeräts. Man kontrolliert damit, ob die Fläche eines Körpers eben ist. Mit der leicht gerundeten, messerförmigen Kante – der Meßschneide – wird das Haarlineal senkrecht auf die Oberfläche des Prüfstücks gehalten, und dabei überprüft man, ob ein Lichtspalt sichtbar wird. Das Werkstück muß dann so nachgearbeitet werden, daß nur die Teile, die am Lineal anlagen, abgeschliffen werden, damit die kontrollierte Fläche ganz eben wird.

Mit dem einfachen *Stahlwinkel*, dessen beide Schenkel senkrecht aufeinander stehen, wird die Rechtwinkligkeit des Werkstücks kontrolliert, wobei sowohl der innere als auch der äußere Winkel genutzt werden kann. Hält man das Prüfstück in den Winkel und betrachtet es gegen Licht, darf an den Berührungskanten oder -flächen kein Lichtspalt entstehen. Liegt es nicht gleichmäßig an, muß entsprechend nachgearbeitet werden, wie es beim Haarlineal beschrieben wurde. Beim Anschlagwinkel hat man am schmalen Schenkel noch eine zusätzliche Anschlagplatte, auf die man das Prüfstück drückt, um am langen Schenkel die Rechtwinkligkeit vergleichen zu können (Bild 4.6).

Häufig verwendet der Goldschmied den *Präzisionswinkel*, dessen Schenkel mit einer Feder auseinandergedrückt und mit einer Stellschraube zusammengezogen werden. Man

Bild 4.6   Anwendungsmöglichkeiten des Anschlagwinkels

kann damit besonders gut die Maße kleiner Werkstücke miteinander vergleichen.

Der *Meßschieber* muß auch als Prüfgerät erwähnt werden, denn zwischen den beiden Schenkeln kann die Parallelität des Werkstücks gut überprüft werden, und man kann sogar zusätzlich noch die Rechtwinkligkeit der dazwischenliegenden Seite kontrollieren.

4.1.5 Dichte

Bekanntlich wird damit das Verhältnis von Masse und Volumen ausgedrückt

$$\rho = \frac{m}{V}$$

Die Dichte gehört zu den wichtigen, unveränderlichen Eigenschaften der Stoffe. Bei der Untersuchung der Edelsteine spielt die Ermittlung der Dichte eine wichtige Rolle, weil man damit die Steine voneinander unterscheiden kann und weil Imitationen dadurch leicht ausgesondert werden können. Bekannt ist auch die Geschichte, wonach *Archimedes* unter Ausnutzung der Dichte mit der Methode der Wasserverdrängung nachwies, daß eine vom Goldschmied angefertigte Krone nicht, wie vereinbart, aus Feingold, sondern betrügerischerweise aus legiertem Gold gemacht worden war.

Die Dichte einer Legierung läßt sich leicht errechnen, wenn man die in 1 g der Legierung enthaltenen Masseanteile der beteiligten Metalle zugrunde legt:
- Mit Hilfe der jeweiligen Dichte werden die Einzelvolumina der enthaltenen Legierungsmetalle errechnet.
- Als Summe der einzelnen Volumina wird das Gesamtvolumen von 1 g Masse der betreffenden Legierung bestimmt.
- Aus der Beziehung von Gesamtmasse (1 g) und Gesamtvolumen ergibt sich schließlich die Gesamtdichte der Legierung.

$$V_{ges} = V_1 + V_2 + V_3 + \ldots + V_n$$
$$V_{ges} = \frac{m_1}{\rho_1} + \frac{m_2}{\rho_2} + \frac{m_3}{\rho_3} + \ldots + \frac{m_n}{\rho_n}$$

Aus der Beziehung

$$V_{ges} = \frac{m_{ges}}{\rho_{ges}}$$

wird durch Umstellung

$$\rho_{ges} = \frac{m_{ges}}{V_{ges}}$$

Da $m_1 + m_2 + m_3 + \ldots + m_n = 1$ g ist, läßt sich die Dichte mit dem errechneten Gesamtvolumen leicht bestimmen

$$\rho_{ges} = \frac{1}{V_{ges}}$$

1. Beispiel: Legierung aus Au 333 und Cu 667

$$V_{ges} = \frac{m_1}{\rho_1} + \frac{m_2}{\rho_2} = \frac{0,333 \text{ cm}^3}{19,3} + \frac{0,667 \text{ cm}^3}{8,96}$$
$$= 0,0917 \text{ cm}^3$$

$$\rho_{ges} = \frac{1}{V_{ges}} = \frac{1 \text{ g}}{0,0917 \text{ cm}^3} = \underline{\underline{10,91 \text{ g/cm}^3}}$$

2. Beispiel: Legierung aus Au 585, Ag 280, Cu 135

$$V_{ges} = \frac{m_1}{\rho_1} + \frac{m_2}{\rho_2} + \frac{m_3}{\rho_3} = \frac{0,585}{19,3} \text{ cm}^3 + \frac{0,280}{10,39} \text{ cm}^3 +$$
$$\frac{0,135}{8,96} \text{ cm}^3 = 0,0723 \text{ cm}^3$$

$$\rho_{ges} = \frac{1}{V_{ges}} = \frac{1 \text{ g}}{0,0723 \text{ cm}^3} = \underline{\underline{13,83 \text{ g/cm}^3}}$$

Die tatsächlichen Dichtewerte der wichtigsten Metalle und der handelsüblichen Edelmetallegierungen sind in den Tabellen über die Eigenschaften aufgeführt.

Ausgehend von diesen Werten kann man die *Masse von Halbzeugen*, also von Drähten und Blechen, recht einfach ermitteln, indem man aus den Abmessungen das Volumen errechnet. In Übereinstimmung mit der Einheit der Dichte werden alle Längenmaße in cm eingesetzt.

Die Ausgangsformel ist

$$m = V \cdot \rho$$

Daraus ergeben sich als wichtigste Anwendungen
- Masse von Vierkantdraht $m = a^2 \cdot l \cdot \rho$
- Masse von Runddraht $m = r^2 \cdot \pi \cdot l \cdot \rho$
- Masse von Blech $m = a \cdot b \cdot s \cdot \rho$

1. Beispiel: Welche Masse hat ein Runddraht, 1,5 mm Durchmesser, 25 cm lang, aus
a) Au 333 ($\rho = 10,8$ g/cm^3),
b) Au 585 ($\rho = 13,5$ g/cm^3)?

$m = r^2 \cdot \pi \cdot l \cdot \rho$
a) $m = 0,075^2 \cdot 3,14 \cdot 25 \cdot 10,8$ g $= \underline{4,77\ \text{g}}$
b) $m = 0,075^2 \cdot 3,14 \cdot 25 \cdot 13,5$ g $= \underline{\underline{5,96\ \text{g}}}$

2. Beispiel: Welche Masse hat ein Blechstreifen, 15 mm × 2 mm Querschnitt, 20 cm lang, aus Ag 900 ($\rho = 10,3$ g/cm^3)?

$m = a \cdot b \cdot s \cdot \rho = 1,5 \cdot 20 \cdot 0,2 \cdot 10,3$ g $= \underline{61,8\ \text{g}}$

Andererseits ist oft die Frage wichtig, welche Abmessungen aus dem vorhandenen Material möglich sind, wie lang oder wie dick ein Draht oder ein Blechstreifen sein kann.

● Länge von Vierkant- bzw. Runddraht:
$$l = \frac{m}{A \cdot \rho}$$

● Dicke des Vierkantdrahts: $a = \sqrt{\dfrac{m}{l \cdot \rho}}$

● Dicke des Runddrahts ($d = 2\,r$):
$$d = 2\sqrt{\frac{m}{\pi \cdot l \cdot \rho}}$$

● Länge bzw. Breite des Blechs: $a = \dfrac{m}{b \cdot s \cdot \rho}$

● Dicke eines Blechs: $s = \dfrac{m}{a \cdot b \cdot \rho}$

1. Beispiel: Wie dick wird ein Runddraht von 12 cm Länge aus 3 g Au 585 ($\rho = 13,5$ g/cm^3)?

$$d = 2\sqrt{\frac{m}{\pi \cdot l \cdot \rho}} = 2\sqrt{\frac{3}{3,14 \cdot 12 \cdot 13,5}}\ \text{cm} = 0,154\ \text{cm}$$
$$= \underline{1,54\ \text{mm}}$$

2. Beispiel: Wie lang wird ein Runddraht von 1 mm Durchmesser aus 7 g Au 333 ($\rho = 10,8$ g/cm^3)?

$$l = \frac{m}{r^2 \cdot \pi \cdot \rho} = \frac{7}{0,05^2 \cdot 3,14 \cdot 10,8}\ \text{cm} = \underline{\underline{82,57\ \text{cm}}}$$

3. Beispiel: Wie dick kann ein Blechstreifen von 15 mm Breite und 18 cm Länge aus 10 g Ag 900 ($\rho = 10,3$ g/cm^3) werden?

$$s = \frac{m}{a \cdot b \cdot \rho} = \frac{10}{1,5 \cdot 18 \cdot 10,3}\ \text{cm} = 0,036\ \text{cm}$$
$$= \underline{0,36\ \text{mm}}$$

In gleicher Weise kann man prinzipiell die Masse jedes Metallkörpers mit hinreichender Genauigkeit ermitteln, vorausgesetzt, daß seine Form sich mit geometrischen Größen ausdrücken läßt.
Beispiel: Ein glatter Trauring soll aus einem Band 2 · 4 mm, Ringinnendurchmesser 20 mm, gefertigt werden. Wieviel Au 333 wird gebraucht?

$$m = (R^2 - r^2)\,\pi \cdot h \cdot \rho = (1,2^2 - 1^2) \cdot 3,14 \cdot 0,4 \cdot 10,8\ \text{g}$$
$$= \underline{\underline{5,97\ \text{g}}}$$

Wie dick könnte der Ring werden, wenn nur 4 g Au 333 verfügbar sind?

$$m = (R^2 - r^2)\pi \cdot h \cdot \rho$$
$$4 = [(1 + x)^2 - 1^2] \cdot 3,14 \cdot 0,4 \cdot 10,8$$
$$x^2 + 2x - 0,295 = 0$$
$$x = 0,14\ \text{cm} = \underline{1,4\ \text{mm}}$$

In vielen Fällen wird man den Entwurf nur *angenähert auf geometrische Elementarformen reduzieren* können, und damit bekommt man natürlich nur einen ungefähren Überschlag der erforderlichen Metallmenge. Aber auch das kann für die Vorkalkulation nützlich sein, und es ist immer gut, wenn man im voraus abschätzen kann, ob das verfügbare Kundenmaterial ausreicht.

Ein weiterer praktischer Aspekt ergibt sich daraus, daß Gegenstände *gleicher Form* auch *gleiche Volumina* haben. So kann man ganz einfach ermitteln, welche Masse das gleiche Schmuckstück aus anderem Material haben muß.

$$V_1 = \frac{m_1}{\rho_1} \qquad\qquad V_2 = \frac{m_2}{\rho_2}$$

Wegen der Übereinstimmung der Volumina kann man beide Aussagen gleichsetzen

$$m_1 : \rho_1 = m_2 : \rho_2$$

Beispiel: Ein Ring hat die Masse von 7,8 g Ag 900 (ρ = 10,2 g/cm^3). Welche Masse hat der gleiche Ring in
a) Au 333 (ρ_1 = 10,8 g/cm^3) und
b) Au 585 (ρ_2 = 13,5 g/cm^3)?

In der Übersicht (Bild 4.7) sind für einige wichtige Legierungen die Zusammenhänge von Masse und Volumen grafisch dargestellt, so daß man auch ohne Rechnung die Werte des Beispiels ermitteln kann.

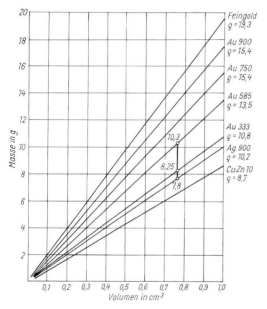

Bild 4.7 Beziehung von Masse und Volumen bei einigen wichtigen Legierungen

Will man für einen konkreten Gegenstand wissen, welche Masse er in unterschiedlichen Legierungen hat, markiert man zunächst die bekannte Masse auf dem Strahl der betreffenden Legierung. Da das Volumen konstant bleibt, liest man in senkrechter Richtung am Strahl der gesuchten Legierung die neue Masse ab. Selbstverständlich kann man auch umgekehrt für jedes Volumen die zugehörige Masse auf dem Strahl der betreffenden Legierung ermitteln.

Zur Berechnung nutzt man die Proportionalität von Masse und Dichte:

a) 7,8 : 10,2 $= m_1 : 10,8$
  $m_1 = $ <u>8,25 g Au 333</u>

b) 7,8 : 10,2 $= m_2 : 13,5$
  $m_2 = $ <u>10,32 g Au 585</u>

Ermittlung der Dichte durch Wägung. Aus der Edelsteinkunde ist die hydrostatische Waage (Bild 4.8) als zuverlässiges und unkompliziertes Untersuchungsgerät bekannt, denn man kann damit schnell und mit ausreichender Genauigkeit die Dichte der Edelsteine bestimmen. Weniger bekannt ist es, daß man auf gleiche Weise auch die Dichte von Metallschmuckstücken ermitteln kann, um auf den Feingehalt schließen zu können. Besonders bei weißen Legierungen kann diese Methode gute Dienste leisten. Selbstverständlich müssen die Prüfstücke aus einer einzigen Metallegierung bestehen und dürfen keine Edelsteine oder andere Besatzwerkstoffe enthalten. Nicht nur zur

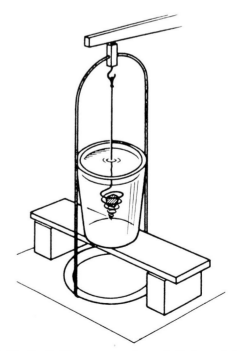

Bild 4.8 Goldwaage, umgebaut als hydrostatische Waage

Unterstützung der Strichprobe, sondern auch für die Bereiche, die von der Strichprobe nicht mehr erfaßt werden, kann die Dichteprüfung nützlich sein.

Nach dem *Prinzip des Archimedes* entspricht die Differenz zwischen der tatsächlichen Masse und der bei der Wägung in Flüssigkeit ermittelten scheinbaren Masse eines Körpers der Masse der verdrängten Flüssigkeit. Da 1 g Wasser ein Volumen von 1 cm³ ausfüllt, entspricht dieser Betrag auch dem Betrag des Volumens des Prüfkörpers

$$|V| = |m - m'|$$

und es gilt die Beziehung

$$\rho = \frac{m}{m - m'} \cdot \rho_W$$

bzw. $|\rho| = |\frac{m}{m - m'}|$

m	–	Masse des Prüfkörpers in g
m'	–	scheinbare Masse in Wasser in g
ρ	–	Dichte des Prüfkörpers in g/cm³
ρ_W	–	Dichte des Wassers = 1 g/cm³

Das Verfahren selbst ist recht einfach.

Zunächst wird die Masse an Luft ermittelt durch die ganz normale Wägung.

Dann setzt man eine Brücke über eine Waagschale, damit ein Glas mit Wasser über die Waagschale gestellt werden kann, ohne deren Beweglichkeit zu behindern. An einem möglichst dünnen Feinsilberdraht (es kann auch ein anderes korrosionsbeständiges Metall sein) wird der Gegenstand befestigt. Der Draht ist so am Waagebalken über dem Glas aufzuhängen, daß der Gegenstand im Wasser frei beweglich schweben kann. Nachdem die Waage zum Ausgleich des Drahtes austariert worden ist, wird der Gegenstand am Draht befestigt und im Wasser schwebend gewogen. Die Werte setzt man in die Formel ein und errechnet die Dichte des fraglichen Objekts. Nun kann man mit den in den Tabellen der Eigenschaften aufgeführten Dichtewerten der Metalle und Edelmetallegierungen vergleichen.

Tabelle 4.3   Probiersäuren

Bezeichnung	Zusammensetzung	Dichte in g/ml
Goldprobiersäure (Au 333)	20 ml konzentrierte Salpetersäure	1,41
	20 ml Wasser	
Goldprobiersäure (Au 585)	40 ml konzentrierte Salpetersäure	1,41
Goldprobiersäure (Au 750)	40 ml konzentrierte Salpetersäure	1,41
	1 ml konzentrierte Salzsäure	1,198
	15 ml Wasser	
Silberprobiersäure	3 g Kaliumdichromat	
	3 ml konzentrierte Schwefelsäure	11,84
	32 ml Wasser	
Platinunterscheidungssäure	18 ml konzentrierte Salpetersäure	1,41
	24 ml konzentrierte Salzsäure	1,198
	6 ml Wasser	

Bild 4.9   Hilfsmittel zur Edelmetallstrichprobe: Probiersäuren, Probierstein, Probiernadeln, Probierstern

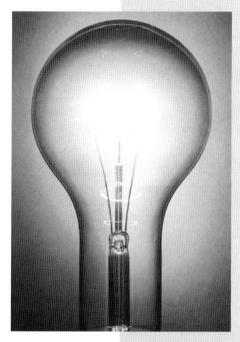

4.2   Prüfen der Edelmetalle und ihrer Legierungen

Die Metalle und Legierungen, mit denen der Goldschmied arbeitet, kann man nach der Farbe in zwei Gruppen einteilen:

- *Farbig* – Feingold, farbige Goldlegierungen, farbige Unedelmetallegierungen
- *Weiß* – Feinsilber, Silberlegierungen, Weißgold, Platin, Platinmetalle und deren Legierungen, weiße Unedelmetalle und deren Legierungen.

Mit der Edelmetallprobe sollen folgende Problemstellungen geklärt werden:

- *Qualitative Probe:* Handelt es sich um ein Edelmetall oder eine edelmetallhaltige Legierung?
- *Quantitative Probe:* Wie hoch ist der Edelmetallanteil an der Gesamtlegierung?

Die folgenden Untersuchungsmethoden kann der Goldschmied in seiner Werkstatt ohne besondere chemische Kenntnisse und Hilfsmittel anwenden. Die Ergebnisse sind für den praktischen Gebrauch ausreichend, obgleich mit gewissen Abweichungen und Ungenauigkeiten gerechnet werden muß. Die absolut genaue und zuverlässige Aussage ist nur durch die Analyse in einem speziellen Edelmetallprobierlabor möglich.

4.2.1   Hilfsmittel zur Strichprobe

Probiersäuren

Die Probiersäuren bezieht man als fertige Präparate im Handel. Bei selbst hergestellten Probiersäuren kann es Abweichungen und damit Fehlergebnisse durch Konzentrationsunterschiede der Ausgangschemikalien geben (Tabelle 4.3).

Die Säuren werden in Glasflaschen aufbewahrt, deren eingeschliffener Stöpsel sich zu einem Stab verjüngt, der in die Flüssigkeit taucht. Mit diesem Stab entnimmt man die Flüssigkeit und streicht sie auf (Bild 4.9).

Probierstein

Als Material hat sich der schwarze »lydische« Kieselschiefer am besten bewährt, weil er alle Eigenschaften aufweist, die man von einem guten Probierstein erwartet:

Er muß ganz schwarz, matt geschliffen sein, eine homogene, feinkörnige und porenfreie Struktur haben, härter als das Prüfmetall und beständig gegen Säuren sein.

Um die Probierstriche nach dem Gebrauch wieder zu entfernen, wird die Oberfläche mit Holzkohle und Wasser abgerieben. Der gereinigte und getrocknete Stein wird dann mit gutem Öl hauchdünn eingerieben, um das Gefüge geschmeidig zu erhalten.

Trotz unterschiedlicher Versuche ist es noch nicht gelungen, für den Probierstein einen künstlichen Stoff mit gleichen Eigenschaften zu finden.

Probiernadeln

Es sind etwa 6 cm lange Messingstreifen, an deren vorderem Ende ein kleiner Streifen einer Edelmetallegierung angelötet ist, die als Vergleichslegierung dient. Der Feingehalt muß genau stimmen; günstig ist es, wenn man vom gleichen Feingehalt Vergleichslegierungen in mehreren Farben hat. Das Sortiment richtet sich nach den Erfordernissen des Betriebes.

Diese Hilfsmittel kann man sich auch leicht selbst herstellen. Es genügt aber auch, wenn man mit irgendeinem Vergleichsstück, dessen Feingehalt man kennt und dessen Farbe mit der Probe übereinstimmt, den Vergleichsstrich macht; das kann ein Stück Draht oder Blech oder auch ein beliebiges Schmuckstück sein, denn der Abrieb ist so minimal, daß dadurch kein Schaden entsteht.

Bei dem Probierstern sind an den Spitzen eines sternförmigen Messingblechs die erforderlichen Vergleichslegierungen angelötet.

4.2.2   Farbige Metalle und Legierungen

Qualitative Goldprobe

Mit dieser ersten Untersuchung soll festgestellt werden, ob in der fraglichen Legierung überhaupt Gold enthalten ist.

Zunächst entfernt man durch Schaben oder Feilen an einer unauffälligen Stelle des Gegenstands die eventuell vorhandene Goldauflage. Mit dieser freigelegten Stelle wird auf dem Probierstein ein Strich von etwa 5 mm Breite und 20 mm Länge angebracht.

Dieser Strich wird mit konzentrierter Salpetersäure – der Au-585-Prüfsäure – betupft. Nach etwa 5 s kontrolliert man die Wirkung und kann entsprechend der folgenden Tab. 4.4 eine erste Einstufung vornehmen.

Tabelle 4.4 Strichprobe mit Au-585-Prüfsäure bei farbigen Legierungen

Reaktion am Strich	Mögliche Legierung	Weiterer Nachweis
Auflösung ohne Rückstand	a) Goldlegierung mit weniger als Au 300	a) Goldnachweis mit Au-333-Prüfsäure
	b) Silber-Kupfer-Legierung mit weniger als Ag 500	b) Silbernachweis
	c) unedle Legierung	
Braunfärbung des Strichs, brauner Rückstand	Goldlegierung mit weniger als Au 500	quantitative Probe
Kein Angriff	Goldlegierung mit mehr als Au 500	quantitative Probe

Weil nach dieser Untersuchung der Goldgehalt nur bei Legierungen von über Au 500 mit Sicherheit nachgewiesen werden kann, wiederholt man die Probe mit verdünnter Salpetersäure – der Au-333-Probiersäure – in den Fällen, wenn der Probestrich aufgelöst oder braun gefärbt wurde.
Nun ergeben sich folgende Möglichkeiten:

Tabelle 4.5 Strichprobe mit Au-333-Prüfsäure bei farbigen Legierungen

Reaktion am Strich	Mögliche Legierung	Weiterer Nachweis
Auflösung ohne Rückstand	a) Goldlegierung mit weniger als Au 160	a) Reagenzglasprobe
	b) Silber-Kupfer-Legierung mit weniger als Ag 500	b) Silbernachweis
	c) unedle Legierung	
Braunfärbung des Strichs, brauner Rückstand	Goldlegierung mit Au 160 bis Au 300	quantitative Probe
Kein Angriff	Goldlegierung mit mehr als Au 300	quantitative Probe

Mit der Strichprobe kann man also das Gold in Legierungen zwischen Au 1000 und Au 160 nachweisen, bei niedrigerem Feingehalt muß die Reagenzglasprobe herangezogen werden.
In der Salpetersäure wird Silber zu grauem Silbernitrat $AgNO_3$, Kupfer zu grünem Kupfernitrat $Cu(NO_3)_2$ gelöst, während Gold nicht angegriffen wird.
Die Aussage mit der 585-Au-Prüfsäure ist deshalb möglich, weil bei dem Goldgehalt von über 500 Au auch die Zusatzmetalle von der konzentrierten Salpetersäure nicht mehr angegriffen werden, die ganze Legierung also resistent ist. Wenn der Goldgehalt geringer ist, werden die Zusatzmetalle aber herausgelöst, während das Gold als brauner Rückstand ungelöst bleibt. Ist aber kein Gold enthalten, werden die Bestandteile restlos zu Nitraten gelöst. Meist geschieht dies unter lebhaftem Aufbrausen der Säure. Da fast immer Kupfer als wesentlicher Bestandteil in den farbigen Unedelmetallegierungen enthalten ist, wird die zurückbleibende Salzlösung meist die Farbe des grünen Kupfernitrats annehmen.
Die verdünnte Salpetersäure ist als Au-333-Prüfsäure so eingestellt, daß sie bereits bei Au 300 die Zusatzmetalle nicht mehr angreifen kann.

Reagenzglasprobe. Sie wird dann angewandt, wenn eine Legierung bei der Strichprobe wie eine unedle Legierung reagiert hat und trotzdem vermutet wird, daß ein geringer Goldanteil enthalten ist.
Die Wirkung beruht auf der Löslichkeit der Zusatzmetalle und der Beständigkeit des Goldes in erwärmter konzentrierter Salpetersäure. In einem Reagenzglas wird eine Probe des fraglichen Metalls von etwa 0,5 g in erwärmter Salpetersäure gelöst. Wärend die Unedelmetalle und das Silber zu Nitraten ge-

löst werden, setzt sich das Gold als dunkel-braunes Pulver am Boden ab. Durch Filtern wird es von der Lösung getrennt, mit destilliertem Wasser ausgewaschen und auf Filterpapier getrocknet. Nimmt der Staub, wenn man ihn mit dem Schaber drückt und reibt, Metallglanz an, handelt es sich mit ziemlicher Sicherheit um Gold.

Quantitative Goldprobe

Nachdem mit der qualitativen Probe der Goldnachweis erbracht worden ist, soll nun der ungefähre Anteil des Goldes an der Gesamtmenge der Legierung ermittelt werden.

Aufgrund der Ergebnisse der qualitativen Probe ergibt sich schon eine erste Einstufung, durch die die folgende Untersuchung erleichtert wird.

Das fragliche Metall wird wieder auf den Stein gestrichen; man macht aber nun einige Striche mit solchen Legierungen, von denen man annimmt, daß sie ungefähr der fraglichen Legierung entsprechen. Hierzu benutzt man entweder die Legierungen von den Probiernadeln oder vom Probierstern, man kann aber auch irgendein anderes Stück benutzen, dessen Feingehalt genau bekannt ist.

Quer über die Striche der unbekannten und der Vergleichslegierungen streicht man die Probiersäure auf. Nun setzt die gleiche Reaktion wie bei der qualitativen Probe ein. Bei der Beobachtung des Lösungsvorgangs vergleicht man nun Lösungsgeschwindigkeit und -intensität aller aufgestrichenen Legierungen. Durch diesen Vergleich kann man aus der Identität mit einer bekannten Legierung auf den *ungefähren* Feingehalt der zu prüfenden Legierung schließen. Bei ausreichender Erfahrung kann man die Aussage mit einer Toleranz von 50 Tausendteilen treffen.

Die Anwendung der quantitativen Probe ist allerdings auf den Goldgehalt zwischen 200 und 800 Tausendteile beschränkt. Höhere oder niedrigere Gehalte müssen analytisch bestimmt werden.

Die folgenden Beispiele sollen helfen, das Verfahren noch besser zu verstehen.

1. Beispiel. Die qualitative Probe ergab eine Goldlegierung mit 160 . . . 300 Au. Auf den Stein wird je ein Strich der Vergleichslegierungen Au 333, Au 250, Au 200 zusammen mit der fraglichen Legierung aufgestrichen. Darüber streicht man Au-333-Säure. Zuerst wird die Au-200-Legierung angegriffen, dann zersetzt sich die Legierung Au 250, während Au 333 unverändert bleibt. Da die fragliche Legierung ähnlich wie Au 250 unter Braunfärbung gelöst wird, kann man erwarten, daß sie ungefähr diesem Feingehalt entspricht.

2. Beispiel. Die qualitative Probe ergab einen Goldgehalt von mehr als Au 500. Auf den Stein werden als Vergleichslegierungen Au 585, Au 666, Au 750 zusammen mit der fraglichen Legierung aufgestrichen. Darüber streicht man Au-750-Säure. Zuerst wird Au 585 angegriffen, dann Au 666, während Au 750 unverändert bleibt. Da auch die fragliche Legierung nicht angegriffen wird, liegt deren Feingehalt bei Au 750 oder darüber; die genaue Angabe ist nur durch eine Analyse möglich.

Feingoldnachweis

Zur ersten Voruntersuchung schmilzt man eine kleine Probe des Metalls ohne Flußmittelzusatz ein. Dabei muß es eine meergrüne Farbe annehmen und auch nach der Abkühlung fleckenlos bleiben. Ein brauner Überzug deutet auf Verunreinigungen hin. Ist dieser Versuch erfolgreich verlaufen, wendet man die Reagenzglasprobe an:

- Etwa 1 g des dünn ausgewalzten Probematerials wird in etwa 6 ml Königswasser gelöst. Um überschüssige Salpetersäure zu zersetzen, wird gekocht. Es dürfen sich dabei keine gelblichweißen Silberchloridflocken zeigen.
- Die Lösung ist mit 20 . . . 30 ml dest. Wasser zu verdünnen.
- 5 g Hydrazinchlorhydrat werden zugegeben, die Lösung umgerührt. Alles Gold wird als brauner Schlamm auf den Gefäßboden gefällt, bis die überstehende Lösung wasserklar ist.
- Von der klaren Flüssigkeit wird etwas abgenommen und mit Ammoniak (Salmiakgeist) versetzt. Bläuliche Färbung deutet auf Kupfer hin; bei Flockenbildung kann Blei, Wismut, Eisen, Aluminium usw. enthalten sein.
- Wenn die fragliche Lösung bisher die Probe bestanden hat, gibt man noch einige Tropfen Schwefelammoniumlösung dazu; ergibt sich dann immer noch kein Niederschlag, han-

delt es sich mit ziemlicher Sicherheit um Feingold.

4.2.3 Weiße Metalle und Legierungen

Voruntersuchung

Zunächst wird die fragliche Legierung ebenso wie die farbige Legierung bei der qualitativen Probe auf den Probierstein gestrichen und mit Au-585-Säure behandelt. Dabei ergeben sich die in Tabelle 4.6 genannten Möglichkeiten:

Tabelle 4.6 Strichprobe mit Au-333-Prüfsäure bei weißen Legierungen

Reaktion am Strich	Mögliche Legierung	Weiterer Nachweis
Auflösung ohne Rückstand und ohne Gelbfärbung der Säure	a) Silberlegierung b) Platin-Silber-Legierung c) unedle Legierung	a) Silbernachweis
Angriff oder Auflösung mit Gelbfärbung der Säure	a) Palladium b) Palladium-Legierung	Analyse
Keine Auflösung, jedoch Rotfärbung	Weißgold mit weniger als Au 500	Analyse
Angriff mit Braunfärbung und Rückstand	Weißgold mit weniger als Au 500 (hoher Anteil an unedlen Weißmetallen und Silber)	Silbernachweis
Kein Angriff, Strich unverändert	a) Platin b) Platinlegierung c) Weißgoldlegierung mit mehr als Au 500 d) unedle Legierung	Platinnachweis

Silber und Silberlegierungen

In der Praxis wird man durch Farbe und Glanz und durch die Gesamterscheinung des Stückes schon bei der ersten Betrachtung erkennen, ob zwischen Silberlegierung und Neusilber zu entscheiden ist, oder ob es um Weißgold und Platin geht.

Wenn also aus der Voruntersuchung der Silbernachweis erforderlich ist oder wenn auf Silbergehalt durch die äußere Erscheinung des Stückes geschlossen wurde, führt man zunächst die *qualitative Probe* durch, wobei meist das folgende Verfahren benutzt wird.

Strichprobe mit roter Silberprobiersäure. Es genügt, wenn die Prüfstelle geschabt und darauf ein Tröpfchen Säure gegeben wird. Handelt es sich um eine Silber-Kupfer-Legierung, werden beide Metalle durch die Schwefelsäure zu Sulfaten gelöst. Während das Kupfersulfat unverändert bleibt, wird das Silbersulfat zu Silberdichromat umgesetzt:

$$K_2Cr_2O_7 \quad + \quad Ag_2SO_4$$
Kaliumdichromat $\quad$ Silbersulfat
braunrot

$$\rightarrow \quad Ag_2Cr_2O_7 \quad + \quad K_2SO_4$$
$\quad$ Silberdichromat $\quad$ Kaliumsulfat
$\quad$ blutrot

Wenn Silber nachgewiesen werden kann, wird der braunrote Tropfen der Prüfsäure kräftig blutrot umgefärbt.

Bei Legierungen unter Ag 250 ist die blutrote Umfärbung nicht mehr zu erkennen, die Legierung verhält sich wie eine silberfreie Unedelmetallegierung. Legierungen mit geringem Silberanteil müßte man also mit der Reagenzglasprobe überprüfen. Es kann aber gesagt werden, daß bei dem niedrigen Silbergehalt durch den hohen Kupferanteil die Farbe gelblich bis rötlich ist, so daß solche Legierungen nicht mehr für Schmuck und Gerät, höchstens für technische Erzeugnisse verwendet werden können.

Strichprobe mit Salpetersäure und Natriumchloridlösung. Die fragliche Legierung wird auf den Probierstein aufgestrichen und mit konzentrierter Salpetersäure übertupft. Zusammen mit den Unedelmetallen wird auch das Silber zu Nitrat gelöst. Bei Zugabe von etwas Natriumchloridlösung wird es zu Silberchlorid gefällt:

$$AgNO_3 \quad + \quad NaCl$$
Silbernitrat   Natriumchlorid
$$\rightarrow \quad AgCl \quad + \quad NaNO_3$$
Silberchlorid   Natriumnitrat

Der Nachweis für Silber ergibt sich dadurch, daß der Tropfen durch entstehendes Silberchlorid milchig trübe wird. Dagegen bleibt die Lösung klar, wenn kein oder nur wenig Silber enthalten ist.

Reagenzglasprobe. Sie dient dem Nachweis des Silbers unter einem Anteil von Ag 250. Das Verfahren beruht auf der gleichen chemischen Reaktion wie bei der eben beschriebenen Strichprobe, die Wirkung ist aber deutlicher zu erkennen. Etwa 0,25 g der fraglichen Legierung werden im Reagenzglas mit Salpetersäure gelöst, mit destilliertem Wasser wird dann verdünnt. Wenn Silber enthalten ist, wird bei Kochsalzzugabe ein trüber, käsiger Niederschlag von Silberchlorid ausfallen; bleibt die Legierung klar, ist kein Silber enthalten. Um sicher zu sein, daß es sich tatsächlich um ausgefälltes Chlorsilber handelt, gibt man etwas Ammoniak zu: Die Trübung muß dann wieder verschwinden.

Quantitative Probe. Im Gegensatz zu allen bisher beschriebenen Methoden ist die quantitative Probe keine chemische, sondern eine rein optische Untersuchung. Sie beruht darauf, daß sich die Farbe der Silber-Kupfer-Legierungen mit steigendem Kupferanteil von weiß über gelblich bis zu rötlichen Tönen ändert. Auf dem Probierstein wird ein Strich der fraglichen Legierung aufgetragen, daneben streicht man einige Vergleichslegierungen, von denen man annimmt, daß ihr Feingehalt etwa im Bereich der unbekannten liegt. Auf dem schwarzen Stein stehen so die dünnen Abriebspuren der Legierungen nebeneinander. Aus dem Vergleich der Farbabstufung muß man unter den Vergleichslegierungen diejenige herausfinden, deren Farbe der fraglichen Legierung am nächsten kommt. So kann man den Feingehalt auf 30 Tausendteile genau bestimmen. Die Methode versagt allerdings, wenn durch weitere Zusatzmetalle die Farbe beeinflußt wird,

wie etwa bei einer Lotlegierung durch Zink und Cadmium.
Genauere Prüfungen, wie die Rhodanprobe oder die Kochsalzanalyse, sind nur durchführbar, wenn man eine ausreichende chemische Ausrüstung und die nötige Erfahrung hat.

Feinsilbernachweis
Diese Untersuchung entspricht der Reagenzglasprobe. 1 g Silber wird in 5 ml Salpetersäure gelöst. Bildet sich ein schwarzer Bodensatz, ist Gold enthalten. 20...30 ml Ammoniak werden zugesetzt, bis ein Stück Lackmuspapier blau gefärbt ist. Wenn die Neutralisation gerade erreicht ist, bildet sich ein vorübergehender Niederschlag von Silberoxid, der von nochmals zugesetztem Ammoniak wieder gelöst wird. Setzt sich ein bleibender Niederschlag ab, kann es Blei, Wismut, Eisen oder Aluminium sein. Färbt sich die Lösung blau, ist Kupfer enthalten. Nur Cadmium und Zink sind mit dieser Methode nicht nachzuweisen.

Platin, Platinlegierung und Weißgold
Mit der *qualitativen Probe* soll zunächst festgestellt werden, ob das fragliche Metall einen hohen Platingehalt hat oder ob es sich nur um Weißgold mit hohem Goldanteil bzw. um eine säurebeständige Unedelmetallegierung handelt, nachdem es bei der Voruntersuchung mit der Au-585-Probiersäure, also der konzentrierten Salpetersäure, beständig blieb.

Strichprobe. Der Metallstrich wird auf dem Probierstein zunächst mit Au-750-Prüfsäure

Tabelle 4.7 *Strichprobe mit Platin-Unterscheidungssäure bei weißen Legierungen*

Reaktion am Strich	Mögliche Legierung	Weiterer Nachweis
Mehr oder weniger schnelle Auflösung	Weißgold	Analyse
Kein Angriff	a) Platin b) Platinlegierung mit mehr als Pt 800 c) unedle Legierung	Analyse

betupft. Wird er dadurch angegriffen, kann man auf Weißgold mit höchstens 666 Tausendteilen Goldgehalt schließen. Erfolgt aber kein Angriff der Au-750-Säure, wird nun ein gleichartiger Strich mit Platinunterscheidungssäure behandelt. Die Wirkung beruht darauf, daß Platin nur in heißem Königswasser gelöst wird, also in dem kalten Säuregemisch beständig bleibt, während Weißgold gelöst wird. Lediglich einige unedle Legierungen, wie einige legierte Stähle, werden ebenfalls nicht gelöst, aber sie kann man normalerweise durch das Aussehen schon aussondern (Tabelle 4.7).

Reagenzglasprobe
- Etwa 0,5 g der fraglichen Legierung werden in verdünnter Salpetersäure (1:1) gekocht. Silber, Nickel und andere unedle Metalle werden gelöst; Palladium, Gold, Platin bleiben zurück.
- Die Lösung wird durch Königswasser ersetzt. Weißgold färbt sich in kaltem Königswasser dunkel; rings um das Palladium wird die Säurelösung dunkel gefärbt. Nur Platin bleibt passiv.
- Das Königswasser wird erwärmt. Nun löst sich Platin, und die Flüssigkeit färbt sich braunrot.
- Durch weiteres Erwärmen wird die Lösung eingeengt; bei Zugabe von etwas Salmiak entsteht, wenn die Lösung platinhaltig ist, ein gelber bis braunroter Niederschlag von Platinsalmiak $(NH_4)_2 [PtCl_6]$.

Quantitative Platinprobe. Im allgemeinen soll man die genaue Bestimmung der Platinlegierungen einem Edelmetallprobierlabor überlassen, weil durch die enge Verwandtschaft der Platinmetalle leicht Irrtümer auftreten können. Ein ungefähres Bild von der Legierung kann man sich durch die folgende Methode machen, die auf der unterschiedlichen Lösungsgeschwindigkeit der Platinmetalle im erwärmten Königswasser beruht.
Die fragliche Legierung streicht man zusammen mit einigen Vergleichslegierungen bekannter Zusammensetzung auf eine unglasierte Porzellanplatte auf. Königswasser wird auf etwa 700 °C erwärmt. In diese Lösung taucht man die Platte mit den Probestrichen und vergleicht in Abständen von etwa 2 s die Wirkung. Die Untersuchungslegierung wird

etwa der Legierung entsprechen, die ähnliches chemisches Verhalten zeigt.

4.3 Scheiden

Das Prinzip soll am Beispiel eines alten, bewährten Verfahrens hier erläutert werden, um dem Berufsnachwuchs das Verständnis für die chemischen Prozesse zu erleichtern, die der Lösung der Edelmetalle zugrunde liegen, aber auch, um dieses alte Arbeitsverfahren nicht ganz in Vergessenheit geraten zu lassen.
Da diese Edelmetallscheidung bei unsachgemäßer Durchführung erhebliche Verluste und Ungenauigkeiten ergeben könnte und außerdem ein beträchtlicher Zeitaufwand erforderlich ist, würde die Arbeit gar nicht mehr lohnen, Umweltbelastung und Gesundheitsgefährdung sind aus heutiger Sicht gar nicht mehr zu rechtfertigen.
Selbstverständlich wird man heute das Scheidegut an den Spezialbetrieb übergeben. Die optimale technische Ausrüstung, die große Erfahrung und die wissenschaftliche Überwachung aller Arbeiten bieten die Gewähr dafür, daß die Edelmetalle rentabel zurückgewonnen und als hochwertige Halbzeuge wieder zur Verfügung stehen.

4.3.1 Prinzip der Quartscheidung

Die Quartscheidung ist auf konzentrierte Edelmetallabfälle, wie Bruch und Feilung, beschränkt; für Schliff und Fußbodengekrätz kommt dieses Verfahren nicht in Frage (Tabelle 4.8).

Vorbereitung der Metalle

- Größere Fremdstoffteile werden herausgelesen, Eisenteile mit dem Magnet entfernt.
- Durch leichtes Ausglühen werden brennbare Verunreinigungen entfernt, wie Holz, Papier, Kitt, Wachs, Fett usw.
- In konzentrierter heißer Salzsäure werden unedle Fremdmetalle gelöst, wie Sn, Pb (vom Zinnlot), Zn, Fe, Al usw. Auf Zinn ist besonders zu achten, denn wenn es nicht als Chlorid gelöst wird, fällt es in Salpetersäure als flockiger Niederschlag von Zinnsäure

Tabelle 4.8   Arbeitsgänge bei der Quartscheidung

Vorbereitung des Ausgangsmaterials

Ausbrennen (brennbare Stoffe entfernen)
Ausmagneten (Eisenteile entfernen)
Kochen in Salzsäure (Sn, Pb, Zn, Fe, Al zu
Chloriden gelöst)
Auf höchstens Au 250 legieren, dünn
auswalzen

|

In Salpetersäure lösen

(Ag, Cu, Zn zu Nitraten gelöst)

|

Niederschlag auf Au ausarbeiten

In Königswasser lösen
(Au zu H[AuCl$_4$])
Mit FeSO$_4$ zu Au reduzieren
Au schmelzen

Lösung auf Ag ausarbeiten

Mit NaCl fällen
(AgNO$_3$ zu AgCl)
Mit Zn und verd. H$_2$SO$_4$
zu Ag reduzieren
Ag schmelzen

aus. Wenn keine Blasen mehr hochsteigen, ist der Lösungsprozeß beendet.
- Die Lösung wird abgegossen, das Metall ausgewaschen.
- Nun ist das gesamte Metall zusammenzuschmelzen. Vermutet man, daß der Feingehalt über Au 250 liegt, muß auf Au 250 (das ist »ein Quart Gold«) mit Silber- oder Kupferzusatz heruntergelegt werden. Bei höherem Goldgehalt ist das Metall gegen die Säure mehr oder weniger resistent und wird nicht restlos zersetzt.
- Größere Metallmengen gießt man in Wasser, um Granalien (kugelige Metallteile) herzustellen; kleinere Mengen walzt man möglichst dünn aus, schneidet Streifen und wickelt daraus Röllchen, die der Säure eine möglichst große Angriffsfläche bieten.

Lösen in Salpetersäure
- Das vorbereitete Metall kommt in ein Gefäß, das zu etwa ⅓ mit leicht verdünnter Salpetersäure gefüllt ist. Die Unedelmetalle und das Silber werden zu Nitraten gelöst, während sich ein stark goldhaltiger Schlamm absetzt.
- Die nitrathaltige Lösung wird abgezogen,

den Rest bearbeitet man nochmals mit frischer, erwärmter Salpetersäure. Wenn keine rotbraunen Stickoxiddämpfe mehr aufsteigen, ist der Lösungsvorgang abgeschlossen.
- Die Flüssigkeit wird zu der bereits abgenommenen Lösung gegossen und zur Silberausarbeitung zurückbehalten.
- Den Rückstand wäscht man mit destilliertem Wasser aus und filtert ihn.

Lösen in Königswasser
- Der Rückstand wird in Königswasser gelöst. Etwaige Verunreinigungen gehen dabei ebenso in Lösung wie das Gold selbst. Keinesfalls darf der Silbergehalt 5 % überschreiten, denn dann überzieht sich das zu lösende Metall mit einer Schicht von unlöslichem Silberchlorid, das einen weiteren Säureangriff verhindert.
- Um überschüssiges, unverbrauchtes Königswasser zu entfernen, wird unter Abzug bis zur Sirupdicke eingedampft.

Reduktion des Goldes
- Aus der Salzlösung, die vom Königswasser gebildet wurde, fällt man nun durch Zugabe von Eisen(II)-sulfat-Lösung das metallische

Gold. Wenn trotz weiterer Zugabe von Eisen(II)-sulfat-Lösung kein neuer Niederschlag ausfällt, ist die Reduktion beendet.

- Die Lösung läßt man mindestens zwei Stunden lang absetzen, dann wird abgegossen, der verbleibende Schlamm (also das Feingold) ausgewaschen und getrocknet.
- Von der Reinheit des Goldes kann man sich durch eine Probe überzeugen.
- Das Feingold wird geschmolzen.

Reduktion des Silbers

- Die nitrathaltige Lösung, die nach der Bearbeitung mit der Salpetersäure abgezogen wurde, wird nun so lange mit Kochsalz versetzt, bis kein Niederschlag von Silberchlorid mehr ausfällt.
- Den käsigen, weißen Niederschlag läßt man absetzen. Durch Rühren ballt er sich zusammen. Die darüberstehende kupfernitrathaltige Lösung gießt man ab, weil sich die Ausarbeitung auf Kupfer nicht lohnt.
- Der Niederschlag wird ausgewaschen, bis das Waschwasser mit Lackmuspapier nicht mehr sauer reagiert.
- Dem Schlamm setzt man verdünnte Schwefelsäure und bis zur Sättigung Zink zu, um das metallische Silber auszufällen:

$$2\,AgCl \;+\; Zn \;+\; H_2SO_4$$
$$\rightarrow \quad ZnSO_4 \;+\; 2\,HCl \;+\; 2\,Ag$$

- Der Schlamm wird zusammengeschmolzen.

4.3.2   Ausarbeitung in der Scheideanstalt

Je höher der Anteil der Edelmetalle an der Gesamtmasse des Scheideguts ist, um so einfacher ist die Bearbeitung in der Scheideanstalt. Das wirkt sich auch auf die Scheidekosten und die Bearbeitungsdauer aus.

Deshalb soll man grundsätzlich aus allen Abfällen die Fremdstoffe herauslesen, die offensichtlich nicht edelmetallhaltig sind, wie Kitt- und Gipsreste, Holz- und Eisenteile usw.

Die Eisenteile werden mit dem Magnet herausgezogen. Um organische Substanzen, wie Sägespäne und Schmirgelpapier, zu reduzieren, wird die ganze Masse ausgebrannt.

Es ist nicht nötig, die Abfälle selbst zusammenzuschmelzen.

Wegen des unterschiedlich hohen Edelmetallanteils werden Bruch, Feilung und Gekrätz gesondert gesammelt und beim Versand auch getrennt verpackt. Jeder Posten muß genau gekennzeichnet sein. Es erleichtert die Arbeit der Scheideanstalt, wenn man angibt, auf welche Edelmetalle ausgearbeitet werden soll; dies gilt besonders für den Hinweis, ob Platinmetalle enthalten sind oder nicht.

Bruch. Das sind alle während der Arbeit anfallenden Blech- und Drahtabfälle sowie alle sonstigen Arbeitsabfälle; auch all das, was die Kunden als Altmaterial abgegeben haben, gehört dazu. Soweit es möglich ist, soll man den Bruch nach Feingehalt sortieren. Der Bruch wird gewogen und in ein festes Behältnis gefüllt, etwa einen stabilen Karton. Eine Plastiktüte wäre unzweckmäßig, weil sie durch spitze und scharfe Teile beschädigt werden kann.

Der Behälter ist genau, möglichst unter Angabe des enthaltenen Metalls, zu kennzeichnen:

> 418 g Bruch von 1405 und 1406

oder: 320 g Bruch, hauptsächlich Au 333.

Feilung. Damit sind die Abfälle der spangebenden Bearbeitung, also Feilen, Drehen, Bohren usw., gemeint. Auch die ausgebrannten Reste des Schmirgelpapiers kommen dazu. Die Feilung wird ausgewogen und in eine dicht schließende Büchse gefüllt, die mit einem Klebstreifen verschlossen werden kann; man kann sie auch in eine Plastiktüte schütten, die in einen Karton gepackt wird.

Gekennzeichnet wird

> 216 g Feilung von Au 585 (ohne Platinmetalle),

oder: 326 g Feilung von Au 925.

Gekrätz. Alles, was auf dem Werkbrett zusammengekehrt und aus dem Arbeitsfeld genommen wird, faßt man als Brettgekrätz zusammen. Fußbodengekrätz und die Rückstände vom Kratzen und Polieren werden extra gesammelt. Beide Gekrätzarten sind gesondert zu verpacken, da der Edelmetallinhalt unterschiedlich groß ist. Es wird gewogen und ebenso wie Bruch in einen stabilen Karton oder in einen anderen dichten Behälter gepackt.

Man beschriftet beispielsweise:

7,38 kg Fußbodengekrätz (Au, Ag, ohne
Platinmetalle)

oder: 425 g Brettgekrätz (vorwiegend Au,
wenig Ag, keine Platinmetalle).

Platinhaltige Abfälle. Die Aufarbeitung von
Abfällen der Platinmetalle ist besonders aufwendig und teuer, besonders dann, wenn die
einzelnen, einander sehr verwandten Platinmetalle noch von einander getrennt werden
müssen. Platinhaltige Abfälle müssen deshalb
immer als getrennte Posten verpackt und gekennzeichnet werden. Es muß möglichst genau
angegeben werden, welche Platinmetalle enthalten sind:

11,8 g Bruch mit etwa 90 % Pt

oder: 28,4 g Feilung von Weißgold 18 W (Au,
Ag, Pd).

Auch bei gemischten Abfällen gibt man den
ungefähren Platingehalt an:

19,4 g gemischte Feilung (Au, Ag, etwa
20 % Pt und Pd)

Elektrolyt-Rückstände. Die Entsorgung ver-
brauchter galvanischer Bäder übernehmen die
Scheideanstalten als Service-Leistung.

4.4   Schmelzen

4.4.1   Schmelzvorgang

Es ist für den Goldschmied ein selbstverständ-
licher, alltäglicher Vorgang, daß beispielsweise
irgendwelche Goldschnipsel zur Wiederverwendung zusammengeschmolzen werden, daß
also ein Metallblock vom festen in den flüssigen Zustand gebracht werden kann, wenn genügend Wärmeenergie zugeführt wird.

Die komplexen Vorgänge, die sich dabei im
Mikrobereich abspielen, sind bisher noch nicht
völlig erforscht und sollen hier nur so vereinfacht beschrieben werden, wie es zum Verständnis der praktischen Arbeit nötig ist.

Schon bei Zimmertemperatur ist das Kristallgitter kein starres, unbewegliches Gebilde,
sondern ein dynamisches System, in dem die
von den umherschwirrenden Elektronen um-
gebenen Metallionen innerhalb vorgegebener
Bereiche in ständiger Bewegung sind, durch
gegenseitige Anziehungskräfte aber als Ge-
samtverband zusammengehalten werden; im

Modell stellt man es sich so vor, als ob Atom-
kugeln durch Gummibänder miteinander verbunden wären.

Bei Temperaturerhöhung um etwa 15 K verdoppelt sich die Bewegung, wodurch sich der
Atomverband auflockert: Das Gefüge erweicht, weil sich mit wachsendem Atomabstand die Kohäsionskräfte verringern. Als
praktische Auswirkung kann man beobachten,
daß sich ein Werkstück beim Glühen verbiegt,
wenn es keine flache Unterlage hat; außerdem
verursacht die Vergrößerung des Atomab-
stands die Wärmeausdehnung des Metalls.

Ist schließlich die Schmelztemperatur erreicht,
wird die Bewegungsenergie größer als die gegenseitigen Anziehungskräfte, so daß sich die
Atome aus dem Gitterverband lösen können.

Das Gefüge bricht nicht plötzlich zusammen,
sondern man muß sich das Erschmelzen des
Metallblocks als einen allmählich fortschreitenden Prozeß vorstellen:

Da die Schmelztemperatur zuerst an der Oberfläche des Blocks erreicht wird, beginnt auch
hier die Gefügeauflösung, während der Kern
noch nicht die Umwandlungstemperatur erreicht hat. Im Mikrobereich muß man sich den
Zerfall der Kristallite ähnlich vorstellen, denn
zunächst lösen sich die relativ locker gebundenen Außenatome im Korngrenzenbereich,
und erst nach und nach setzt sich die Gefügeauflösung des Kristalls von außen nach innen
zum Kristallkern fort (Bild 4.10).

Dieser Zerfallsprozeß des Kristalls wird durch
den *»Frenkeldefekt«* noch gefördert – oder

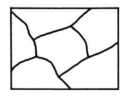
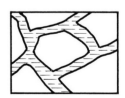

*Bild 4.10   Auflösung der Kristallite beim Schmelzen
(Schema)*

überhaupt erst ermöglicht: Bei Annäherung an die Schmelztemperatur wird die kristallografische Ordnung immer mehr gestört, indem eine erhebliche Anzahl von Atomen ihre Gitterplätze verlassen und sich zwischen die regelmäßig geordneten Nachbaratome drängen. So werden einerseits Gitterlücken gebildet, während andererseits die Ordnung des Gesamtgitters durch die Atome auf den Zwischengitterplätzen gestört wird. Wären die Atome starre Kugeln, so bliebe bei Gitterbausteinen gleicher Größe nicht genügend Zwischenraum übrig, um zusätzliche Teilchen aufzunehmen. In Wirklichkeit sind die Elektronenhüllen der Atome jedoch deformierbar, und es erscheint einleuchtend, daß bei geringer Verschiebung der Nachbarn zusätzliche Atome in ein Kristallgitter hineingezwängt werden können. Zwischen den schrumpfenden Kristalliten bildet sich immer mehr Schmelze, die Reste der Kristallite schwimmen in der Schmelze wie Eisstücke im Wasser. Äußerlich bemerkt man, daß sich das Metall in einem teigartigen Zustand befindet.

Während sich die Oberflächenschicht verflüssigt und die Metallteile auf den Boden des Tiegels fließen, setzt sich der Auflösungsprozeß des Metallblocks immer weiter fort, bis von den ursprünglichen Metallteilen nichts mehr zu bemerken ist und eine homogene, bewegliche Schmelze entstanden ist.

Während dieser Zeit wird die zugeführte Wärmemenge zur Auflösung des Gitterverbandes verbraucht und den Atomen zur Erhöhung der Bewegungsenergie zugeführt. Bei reinen Metallen bleibt die Temperatur konstant, bis der gesamte Block restlos verflüssigt ist, also bis alle Gitterverbände aufgelöst sind. Bei Legierungen steigt die Temperatur während der Gitterauflösung normalerweise leicht an, nämlich von der Solidus- zur Liquidustemperatur; nur bei der eutektischen Legierung sind beide Temperaturpunkte identisch, so daß auch in diesem Fall die Kurve wie beim reinen Metall gerade bleibt.

Wenn die Beziehung von Zeit und Temperatur grafisch dargestellt wird, ergeben sich die typischen Schmelzkurven (Bild 4.11).

Der zur Änderung des Aggregatszustands erforderliche Wärmeverbrauch ist bei den einzelnen Metallen unterschiedlich, er ist von der spezifischen Wärmekapazität und der Schmelzwärme des jeweiligen Metalls abhängig (vgl. Tab. 1.16).

4.4.2 Schmelzzubehör

Schmelzeinrichtungen

Das Schmelzverfahren blieb seit der Antike bis in die Mitte des vorigen Jahrhunderts fast unverändert: Der Tiegel mit dem zu schmelzenden Metall wurde zwischen glühende Holz-

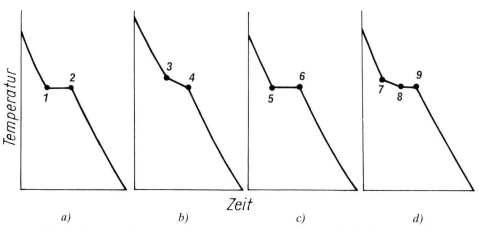

Bild 4.11 *Wichtige Grundtypen der Schmelzkurven. a) Reines Metall; (1–2) Schmelz- bzw. Erstarrungskurve, b) Normallegierung; (3) Liquidustemperatur, (4) Solidustemperatur, c) eutektische Legierung; (5) Liquidustemperatur, (6) Solidustemperatur, (5–6) eutektische Temperatur, d) über- bzw. untereutektische Legierung; (7) Liquidustemperatur, (7–8) Entstehung der Primärkristalle, (8–9) Entstehung des eutektischen Gefüges, (9) Solidustemperatur*

kohlen gestellt, die oft noch mit dem Blasebalg angefacht wurden, um das Metall zu verflüssigen. Das gleiche Verfahren wurde noch bis vor einigen Jahren mit den Koksöfen angewandt. Aber selbst mit diesem effektiveren Brennstoff blieb diese Schmelzmethode langwierig, mühsam und sogar riskant, denn nur zu leicht zerbrach ein Tiegel, und man mußte das Edelmetall aus der Asche herauswaschen!

Eine grundsätzliche Veränderung des Schmelzverfahrens brachte erst die allgemeine Verbreitung des Stadtgases in der zweiten Hälfte des vorigen Jahrhunderts.

Schmelzen mit Stadtgas. Der Goldschmied benutzt zum Schmelzen seiner meist nur geringen Metallmengen nach wie vor hauptsächlich die offene Gasflamme.

Es kann Stadtgas, Erdgas, Propan, Ethylen sein. Zur Verbrennung kann Druckluft aus dem elektrisch betriebenen Gebläse genutzt werden; bei Propan und Ethylen kann bei entsprechender Beschaffenheit der Brenner die angesaugte Luft ausreichen; für hochschmelzende Metalle wie Platin können Propan und Ethylen in Spezialbrennern mit reinem Sauerstoff zusammengebracht werden, wodurch Temperaturen von 2750 °C bzw. 3200 °C erreicht werden. Nähere Informationen über Gase und Brenner findet man im Kap. 8.1.4.

Da das *Stadtgas* bequem aus dem Versorgungsnetz entnommen werden kann, gibt man ihm den Vorzug, obgleich es wegen seiner unerwünschten Beimengungen durchaus Nachteile für das Schmelzgut haben kann. Die *Schmelzpistole* entspricht in ihrem prinzipiellen Aufbau der Lötpistole, ist aber größer und robuster; größere Leitungsquerschnitte sind nötig, damit mehr Gas und Luft durchströmen können, denn nur mit einer genügend großen Flamme wird der Schmelze die nötige Wärmemenge zugeführt.

Die richtige Einstellung des Gas-Luft-Gemischs erfordert einiges Geschick: Die gewünschte Gasmenge und die zur Verbrennung erforderliche Luftzufuhr werden mit Ventilen reguliert. Man soll eine kräftige Rausch-

flamme mit ausgedehnter Reduktionszone anstreben. Zu hoher Luftdruck ergibt eine oxidierende Flamme von geringer Hitze, außerdem wird Kaltluft in die Schmelze geblasen, wodurch sich an der Oberfläche der Schmelze ein Erstarrungshäutchen bildet. Ist der Luftdruck dagegen zu gering, werden die Gasteile ungenügend verbrannt, die Flamme hat zuwenig Hitze.

Metallmengen über 50 g bis etwa 150 g schmilzt man zweckmäßigerweise im *Schmelztopf* (Bild 4.12); das ist eine topfförmige Schamottemuffel, die durch eine seitliche Öffnung mit der Schmelzpistole beheizt wird. Ein Tiegel mit dem Material wird eingesetzt, und ein Schamottedeckel verschließt das Schmelzgefäß. Den Tiegel selbst stellt man im Schmelztopf auf einen passenden Schamottefuß, damit er sicher steht; durch mehrfaches Drehen während des Schmelzprozesses verhindert man die einseitige Überhitzung. Der Schmelztopf hat den Vorzug, daß er bei sparsamem Gasverbrauch die Wärme gut konzentriert und zusammenhält.

Man erreicht höhere Temperaturen und größere Effektivität, wenn nicht nur Luft, sondern *reiner Sauerstoff*, wie er in Stahlflaschen handelsüblich ist, dem Stadtgas zugeführt wird. So kann man auch höher schmelzende Metalle verflüssigen, und generell wird der Schmelzprozeß erleichtert und beschleunigt. Recht gut sind dazu die Brenner geeignet, die der Glasbläser benutzt.

Natürlich ist im gleichen Sinn auch *Erdgas* zu verwenden, wenn man die dafür zugelassenen Brenner benutzt.

Steht kein Stadtgas zur Verfügung oder will man eine von Verunreinigungen freie Flamme haben, ist *Propan* gut geeignet. Einfache Pro-

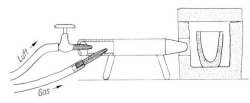

Bild 4.12   Schmelztopf mit zugehörigem Brenner

panbrenner sind so konstruiert, daß sie nur eine Schlauchzuführung für das Flaschengas haben; die erforderliche Verbrennungsluft saugen sie selbsttätig durch die Öffnungen im Brennerkopf an. Die Gebrauchsvorschriften sind unbedingt einzuhalten, dabei ist besonders wichtig, daß der Druck am Ausgang des Flaschenventils mit dem zulässigen Druck des Brenners übereinstimmt.

Man kann sogar das beim Stahlschweißen übliche *Acetylenverfahren* anwenden. Es ist sauber, sehr effektiv, und man kann damit auch höher schmelzende Metalle verflüssigen. Der Brenner muß so eingestellt werden, daß eine reduzierende Flamme entsteht; günstig ist die weiche Flammenverteilung mit dem »Brausekopf«.

Elektro-Schmelzöfen. Das Schmelzen mit Elektroenergie hat folgende Vorzüge:
- Gleichmäßige Erwärmung
- kontrollierbare und regelbare Temperatur
- keine Beeinflussung der Schmelze durch Brennstoffe und Brennstoffrückstände
- wesentlich kürzere Schmelzdauer
- bedeutend höhere Schmelztemperaturen als bei Gasbeheizung

Man kann den zum Emaillieren üblichen elektrischen *Muffelofen* benutzen, wenn damit die erforderlichen Schmelztemperaturen erreicht werden. Dadurch, daß die Tiegel nur durch die Strahlungswärme erhitzt werden, ist der Wirkungsgrad nur gering, der größte Teil der Wärmeenergie wird an die umgebende Luft abgegeben. Man muß die Arbeit so organisieren, daß gleichzeitig mehrere Tiegel eingesetzt werden oder daß mit den Tiegeln auch die Küvetten für den Schleuderguß ausgeglüht werden. So kann die entstehende Energie besser genutzt werden.

Sehr effektiv ist der *Transformator-Tiegelschmelzofen* nach dem System *Hellberg* der Firma Arno Lindner, München (Bild 4.13). Der Ofen wird in unterschiedlichen Größen angeboten. Der kleinste mit maximal 200 g Au 585 Schmelzgut ist auch für den handwerklichen Kleinbetrieb geeignet, die größeren sind mehr für die Industrie prädestiniert – mit dem größten kann man je Charge 4500 g Au 585 erschmelzen!

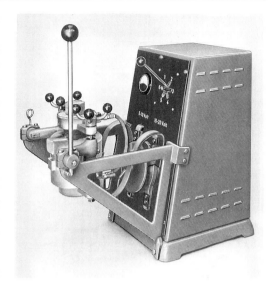

Bild 4.13   Elektrischer Transformator-Tiegelschmelzofen

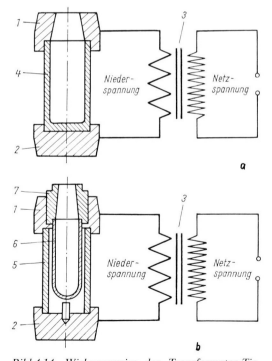

Bild 4.14 Wirkungsweise des Transformator-Tiegelschmelzofens. a) Graphittiegel-Heizelement (bis 1300 °C), b) Graphit-Kohlerohr-Heizsystem (bis 1600 °C), (1) oberer und (2) unterer Kohlekontakt, (3) Transformator, (4) Graphittiegel, (5) Kohlerohr, (6) Keramiktiegel, (7) Ausgußrohr

Das Konstruktionsprinzip besteht darin, daß der Graphittiegel fest zwischen Kohlekontakte eingespannt wird, so daß er selbst zum elektrischen Widerstand wird (Bild 4.14). Der Netzstrom wird auf Niederspannung transformiert, wodurch die erforderliche hohe Stromstärke erreicht wird, mit der der Tiegel bis zur Weißglut erhitzt werden kann. Solche Graphittiegel sind nur für Temperaturen bis 1300 °C zu benutzen. Für höhere Temperaturen bis 1600 °C werden Keramiktiegel verwendet, die in einem Graphitrohr stecken, das als elektrischer Widerstand dient.
Es gibt Zusatzeinrichtungen, mit denen die Temperatur kontrolliert und geregelt werden kann.

Wenn das Metall erschmolzen ist, wird auf dem Tiegel eine Kokille befestigt, dann braucht man nur noch mit einem Handhebel den Tiegel zu kippen, und das Metall fließt sicher in die Form. Kupferhaltige Legierungen werden mit einem Graphitstab umgerührt, der dabei auch desoxidierend wirkt. Für Weißgold nimmt man einen neutralen Quarzstab, für Silber einen aus Stahl. Sogar ein Rohr zur Einleitung von Schutzgas kann an der Öffnung des Schmelztiegels angebracht werden.

Schmelztiegel und Schmelzschalen
Graphittiegel. Sie bestehen aus einem Graphit-Ton-Gemisch. Die Tiegel müssen trocken und frostfrei gelagert werden. Da sie ungebrannt geliefert werden, muß man sie langsam erwär-

Bild 4.15   Schmelztiegel: Hessische Tontiegel, Graphittiegel, Schmelzlöffel, Schmelzschale mit Deckel, Graphitrohr

men, mit Borax ausschmelzen und dann ausglühen. Danach sind sie erst verwendbar. Sie sind zwar teuer, aber bei schonender Behandlung sind sie sehr lange haltbar (Bild 4.15). Zum oxidierenden Schmelzen mit Salpeter sind sie ungeeignet, weil der Kohlenstoff gelöst würde.

Hessische Tontiegel. Sie bestehen aus fettem, eisen- und kalkfreiem Ton, dem Quarzsand und Ziegelmehl zugesetzt sind, damit er nicht reißen und schwinden kann. Sie werden in gebranntem Zustand geliefert, sind billiger als Graphittiegel. Sie sind wenig empfindlich, wenn sie – ebenso wie Graphittiegel – vorgewärmt und mit Borax glasiert werden. Anhaftende Metallrückstände bricht man nicht aus, sondern schmilzt sie mit etwas Borax ab.

Umgang mit Schmelztiegeln. Jeder Tiegel darf nur für einen bestimmten Feingehalt verwendet werden, deshalb bringt man an der Außenwand ein entsprechendes Zeichen an. Ehe das Metall eingesetzt wird, wärmt man den Tiegel vor; wenn er glüht, gibt man nach und nach das Metall hinein, bis er ungefähr zur Hälfte gefüllt ist. Durch das Vorwärmen schränkt man die Oxidationsmöglichkeit und -dauer des eingesetzten Metalls wesentlich ein. Bei großen Tiegeln hat sich ein Stück Holzkohle als Deckel gut bewährt, weil es einen reduzierenden Verschluß bildet. Mit einer runden Zange, die mit ihrem Maul den Tiegel möglichst weit umspannt, hebt man ihn aus dem Ofen; greift man mit einer flachen Zange zu, kann leicht ein Stück der Wandung herausbrechen. Verbrauchte Tiegel werden zum Fußbodengekrätz gegeben und zusammen mit diesem ausgeschieden.

Schmelzschalen. Sie werden aus dem gleichen Material wie die Hessischen Tontiegel hergestellt, müssen also ebenso behandelt werden. Eine neue Schmelzschale wird also auch zunächst vorgewärmt und mit Borax ausgeschmolzen, so daß sich eine erste Glasur bildet. Man richtet es bei den Schmelzschalen so ein, daß immer nur Legierungen gleichen Feingehalts darin erschmolzen werden. Die Schmelzschale ist so geformt, daß das flüssige Metall immer gut von der Schmelzflamme erfaßt werden kann. Um die Wärme auf das Metall zu konzentrieren, wird die Schmelzmulde zur Hälfte von einem Deckel geschützt.

Wenn die Boraxglasur dunkelbraun geworden ist, deutet dies auf die Sättigung mit Kupferboraten hin, die Legierung wird nicht mehr ausreichend gereinigt und kann nach dem Guß brüchig sein. Solche Schmelzschalen muß man aussondern.

Man kann in der Schmelzschale maximal 30 g Au 585 erschmelzen. Die Schale wird zusammen mit dem Deckel in einer Haltevorrichtung befestigt. Da die Schale durch die Wärmebelastung und durch die Befestigung im Schmelzschalenhalter erheblichen Belastungen ausgesetzt ist, kann es leicht passieren, daß sie in der Hitze zerbricht. Dazu ein kleiner, hilfreicher Hinweis: Man schont die Schale, wenn man aus 1 mm dickem Stahlblech eine Pfanne biegt, in die das Schalenunterteil hineinpaßt. Die Kanten des hochgeklappten Blechzuschnitts stoßen aufeinander, und man braucht sie nur noch zusammenschweißen zu lassen.

Reduzierende Schmelzmittel

Natriumtetraborat (Borax) $Na_2B_4O_7$. Borax ist der wichtigste Schmelzzusatz, und er spielt ebenso als Flußmittel beim Hartlöten eine große Rolle, deshalb wird er in diesem Zusammenhang noch einmal behandelt (Kapitel 8.1.3); die grundsätzlichen Eigenschaften werden aber bereits hier dargestellt. Als Schmelzmittel hat er folgende Wirkungen:

- Geschmolzener Borax bildet eine Glasur der Tiegelwände.
- Die Schmelze wird gegen Sauerstoffzutritt abgedeckt.
- Vorhandene Metalloxide werden gelöst.

Borax ist ein Salz der in freier Form nicht existierenden Tetraborsäure $H_2B_4O_7$, das als Dekahydrat $Na_2B_4O_7 \cdot 10\ H_2O$ farblose, durchsichtige monokline Kristalle bildet, die durch Verwitterung an trockener Luft trübe werden. Aus der wäßrigen Boraxlösung kristallisiert bei Temperaturen über 60 °C der sog. »Juwelierborax« als hexagonale Kristalle mit fünf Kristallwasser-Molekülen $Na_2B_4O_7 \cdot 5\ H_2O$. Bei langsamer Erwärmung und längerem Erhitzen bei 741 °C wird aus dem Borax das Kristallwasser ausgetrieben, er wird zu *calciniertem Borax*, der beim Erwärmen nicht mehr »aufbläht«. Als Lötmittel ist er aber in dieser

Form nicht geeignet, weil er ein lockeres Pulver bildet, das von der Gasflamme weggeblasen wird.

Der zum Löten benutzte Juwelierborax gibt bei 350 ... 400 °C den größten Teil seines Kristallwassers ab, wodurch das unerwünschte »Aufblähen« verursacht wird, und beim weiteren Erwärmen zerfällt er in Natriummetaborat und Bortrioxid, in schmelzflüssigem Zustand verschmelzen beide miteinander:

$$Na_2B_4O_7 \rightarrow 2\ NaBO_2 + B_2O_3$$
Borax   Natriummetaborat   Bortrioxid

So, wie es bereits im Zusammenhang mit der Borsäure beschrieben wurde, werden die unerwünschten Metalloxide durch das Bortrioxid in Metaborate umgesetzt. Das in der Borax-Schmelze enthaltende Natriummetaborat mischt sich leicht mit den neu gebildeten Boraten und bewirkt deren Abführung aus dem Grenzbereich Metall–Flußmittel, so daß immer neue aktive Bortrioxid-Teile an die Wirkungsstelle gelangen können.

Während die Borsäure bei Temperaturen unter 900 °C auf dem Metall nur eine zähe Schlackenschicht bildet, in der keine neuen, aktiven Wirkungsstoffe an die Metalloberfläche herangeführt werden, hat Borax auch schon bei Temperaturen ab etwa 700 °C den Vorteil größerer Oxidlöslichkeit.

Natriumcarbonat (Soda) Na_2CO_3. Dieses Natriumsalz der Kohlensäure bildet als Kristallsoda mit 10 Molekülen Wasser große, klare Kristalle; calciniert, also frei vom Kristallwasser, kommt Soda als weißes Pulver in den Handel. Der Goldschmied verwendet es als Zusatz beim reduzierenden Schmelzen, weil es bei 860 °C schmilzt und Metalloxide aus der Schmelze zu Carbonaten löst, die sich als Schlacke absetzen, während die Flamme vom Natrium gelb gefärbt wird:

$$Na_2CO_3 + CuO$$
Natriumcarbonat   Kupfer(II)-oxid
$$\rightarrow CuCO_3 + Na_2O$$
       Kupfercarbonat   Natriumoxid

Kaliumcarbonat (Pottasche) K_2CO_3. Im Aussehen und in der Anwendung ähnelt die Pottasche stark dem Soda. Sie schmilzt bei 897 °C; die Flamme färbt sich violett, wenn das Kalium beim reduzierenden Schmelzen frei wird.

Schmelzmittelgemische. Gerade bei der Zusammenstellung solcher Mischungen verfährt man in der Goldschmiedewerkstatt noch immer ziemlich gedankenlos. Bestenfalls richtet man sich nach irgendwelchen alten Rezepten, oft nimmt man auch nur die Stoffe, die gerade vorrätig sind, und vertraut dem Zufall.

Die richtige Mischung wird man nur erreichen, wenn man sich über die Zielsetzung klar ist:

- Erhöhung der Wirksamkeit der einzelnen Komponenten.
- Veränderung der Schmelztemperaturen der Chemikalien.

Mitunter findet man noch Rezepte, die Borsäure und Soda als Gemisch empfehlen. Da jedoch beim Zusammenschmelzen Borax entsteht, könnte man diesen billigeren Stoff auch gleich zusetzen:

$$H_2B_4O_7 \quad + \quad Na_2CO_3$$
Tetraborsäure \qquad Natriumcarbonat
$$\rightarrow \quad Na_2B_4O_7 \quad + \quad H_2CO_3$$
\qquad Borax \qquad Kohlensäure

Ein Blick auf die Übersicht (Tabelle 4.9) zeigt, daß Borax einen relativ hohen Schmelzpunkt hat. Er wird erst bei Temperaturen wirksam, die etwa 50 K unter dem Silber-Kupfer-Eutektikum liegen. Praktisch hat dies zur Folge, daß die Legierung bereits oxidieren kann, noch ehe der Borax seine schützende Glasur darüber ausgebreitet hat. Die übrigen reduzierenden Schmelzmittel, wie Kaliumcarbonat (Pottasche), Natriumcarbonat (Soda) oder Natriumchlorid (Kochsalz), haben noch höhere Wirkungstemperaturen. Wie aus der Übersicht weiter zu erkennen ist, kann sich die Schmelztemperatur bei Schmelzmittelgemischen wesentlich verringern. Pottasche mit Soda ergibt bei 690 °C, Kochsalz und Soda sogar bei 620 °C ein Minimum. Gibt man nun Stoffe mit einem derartigen Minimum zum Borax, dann wird auch die Wirktemperatur der entstehenden Dreistoffmischung noch erheblich unter der des reinen Borax liegen. Außerdem wird der Gehalt an Natrium- und Kaliummetaboraten noch erhöht, so daß die vom Bortrioxid gebildeten Schlackenteile noch schneller als beim reinen Borax von der Entstehungsstelle weggeleitet werden können, beispielsweise:

$$K_2CO_3 \quad + \quad Na_2B_4O_7$$
Kaliumcarbonat \qquad Borax
$$\rightarrow \quad 2\,KBO_2 \quad + \quad 2\,NaBO_2 \quad + \quad CO_2$$
Kaliummetaborat Natriummetaborat Kohlendioxid

Man kann also die Vorzüge des Borax auch bei Legierungen mit niedrigem Schmelzbereich anwenden. Eine glückliche Vereinigung der vorteilhaftesten Eigenschaften ergibt sich beispielsweise bei folgenden Rezepten:

2 Teile Soda, 2 Teile Pottasche, 1 Teil Borax oder für besonders niedrig schmelzende Legierungen
1 Teil Kochsalz, 2 Teile Pottasche, 1 Teil Borax.

Tabelle 4.9   Schmelzmittel

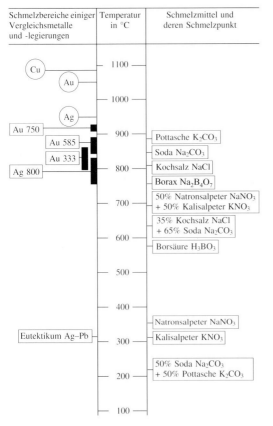

Schmelzbereiche einiger Vergleichsmetalle und -legierungen	Temperatur in °C	Schmelzmittel und deren Schmelzpunkt
Cu		
Au		
	1100	
	1000	
Ag		
Au 750	900	Pottasche K_2CO_3
Au 585		Soda Na_2CO_3
Au 333	800	Kochsalz NaCl
Ag 800		Borax Na_2B_4O_7
	700	50% Natronsalpeter NaNO_3 + 50% Kalisalpeter KNO_3
		35% Kochsalz NaCl + 65% Soda Na_2CO_3
	600	Borsäure H_3BO_3
	500	
	400	
		Natronsalpeter NaNO_3
Eutektikum Ag–Pb	300	Kalisalpeter KNO_3
	200	50% Soda Na_2CO_3 + 50% Pottasche K_2CO_3
	100	

Unter verschiedenen Bezeichnungen bietet der Werkzeughandel solche Schmelzpulver an, deren erprobte und wissenschaftlich begründete Zusammensetzung mit ziemlicher Sicherheit einen Erfolg garantiert.

Oxidierende Schmelzmittel

Kaliumnitrat (Kalisalpeter) KNO_3. Das Kaliumsalz der Salpetersäure bildet farblose, luftbeständige Kristalle. Man verwendet Salpeter zum oxidierenden Schmelzen – »Abtreiben« –, weil er bei 339 °C schmilzt und dann in der Lage ist, unedle Metalle zu oxidieren, weil sich das Kaliumnitrat in Kaliumnitrit, das Salz der salpetrigen Säure, umwandelt:

$$KNO_3 \; + \; Pb \; \rightarrow \; KNO_2 \; + \; PbO$$

Kaliumnitrat Blei Kaliumnitrit Bleioxid

Natriumnitrat (Natronsalpeter) $NaNO_3$. Es ist dem Kalisalpeter sehr ähnlich, hat aber den Nachteil, daß es stark hygroskopisch ist. Als Schmelzmittel wirkt Natronsalpeter wie der verwandte Kalisalpeter, schmilzt schon bei 316 °C. Werden Natron- und Kalisalpeter im Verhältnis 1:1 gemischt und zusammengeschmolzen, verringert sich der Schmelzbeginn auf 218 °C.

Wie wichtig die Abstimmung des Schmelzverhaltens der Schmelzmittel und deren Gemische auf die Schmelzpunkte der Metalle und die Schmelzbereiche der Legierungen ist, kann man aus der Übersicht (Tabelle 4.9) ersehen.

4.4.3 Schmelzen von Gold, Silber und deren Legierungen

Schmelzen von reinen Metallen

Feingold. Wenn das Metall in Form von Granalien vorliegt, kann es ohne besondere Vorkehrungen und Zusätze geschmolzen werden. Anders ist es mit dem braunen, pulverförmigen Staubgold, das bei der Scheidung gewonnen wird. Um etwaige Verunreinigungen zu entfernen, mischt man das Staubgold mit etwas Salpeter und Borax, feuchtet es an und drückt es in den Tiegel. Durch langsames Anwärmen wird das Wasser wieder ausgetrieben, und schließlich schmilzt man das Metall nieder.

Würde man das Goldpulver trocken schmelzen, könnten sich Hohlräume bilden, die sich mit Gasen anreichern, wodurch das Feingold oder die daraus gefertigte Legierung brüchig werden könnte; außerdem würde der Goldstaub von der Gasflamme weggeblasen.

Feinsilber. Ebenso wie Feingold wird auch granuliertes Silber ohne Zusatz geschmolzen.
Mit dem Produkt der Silberscheidung ist es jedoch anders. Würde man das Silberchlorid direkt abtreibend schmelzen, gingen bedeutende Teile des Metalls verloren, weil sie sich ungelöst zwischen die Schlacke setzen. Man soll deshalb auf jeden Fall die Reduktion zu metallischem Silber vornehmen. Trotzdem können noch Reste der Chlorverbindung enthalten sein, deshalb wird das geschiedene Silber mit Soda niedergeschmolzen, wodurch das Chlor gebunden und in die Schlacke abgeführt wird.

Legieren mit reinen Metallen

Wenn man auch niemals völlig reine Ausgangsmaterialien hat, so ist jedoch darauf zu achten, daß sie mindestens *technisch* rein sind. Zusatzmetalle unbekannter Zusammensetzung, wie Altmessing, Kupfermünzen oder Kupfer aus der Elektrotechnik können durch geringen Gehalt an Fremdstoffen das Gefüge der neuen Legierung völlig zerstören.
Als Schmelzmittel genügt bei Neulegierung im allgemeinen ein Zusatz von etwas Borax. Um unnötige Sauerstoffaufnahme und deren Folgen zu vermeiden, gibt man auf die Schmelze folgendes Abdeckmittel:
3 Teile Holzkohle (rein, keine präparierte Holzkohle)
2 Teile Zucker
1 Teil Salmiak
Man bekommt dadurch eine Reduktionszone über der Oberfläche der Schmelze.

Silber – Kupfer. Man muß dafür sorgen, daß das Kupfer gar nicht oder nur wenig oxidieren kann. Deshalb wird es möglichst zu dünnen Streifen gewalzt, mit Borsäure eingestrichen und so weit vorgewärmt, daß sich eine schützende Glasur auf der Metalloberfläche bildet. Setzt man es als dicke Stücke oder grobe Granalien zu, wird man im Gußstück immer Kupferflecken haben, die leicht anlaufen und zu Bearbeitungsfehlern führen.

Nun wird zunächst das Feinsilber geschmolzen und dann nach und nach das vorbereitete Kupfer zugesetzt. Es ist zu bedenken, daß das Kupfer wegen seiner hohen spezifischen Wärmekapazität mehr Schmelzwärme verbraucht als Silber. Würde man auf einmal zuviel Kupfer in die Metallschmelze bringen, kann es vorkommen, daß es zu einem schwer schmelzbaren Block verschweißt.

Gold – Silber – Kupfer. Um diese Dreistofflegierung herzustellen, setzt man die beiden Edelmetalle gleichzeitig in den Tiegel, so daß sie sich beim Erschmelzen gleich legieren. Dadurch braucht man gar nicht bis zum Schmelzpunkt des Goldes erwärmen. Sind die Edelmetalle flüssig, wird das vorbereitete Kupfer ebenso wie bei der Silber-Kupfer-Legierung zugesetzt. Legiert man in kleinen Schmelzschalen, genügt es, wenn das Schmelzgut unter weicher, desoxidierender Flamme leicht geschüttelt wird, um die Vereinigung der Metalle zu unterstützen.

Sonstige Mehrstofflegierungen. Damit sind hauptsächlich Farbgold- und Lotlegierungen gemeint, bei denen oft Metalle mit niedrigem Schmelzpunkt zugesetzt werden.

Die Ansicht, daß die Metalle in der Reihenfolge ihrer Schmelzpunkte eingebracht werden sollen, ist irrig: Prinzipiell schmilzt man erst die Edelmetalle und gibt dann die Unedelmetalle zu. Um das Verdampfen und Oxidieren der niedrigschmelzenden Zusatzmetalle zu vermeiden, bindet man sie in Vorlegierungen; beispielsweise Zink in Form von Messing, Cadmium als Legierung mit Silber.

Wenn man das Cadmium nur einfach in die Edelmetallschmelze schüttet, verbrennt ein unkontrollierbarer Anteil dieses niedrig schmelzenden Metalls mit einer rotbraunen Cadmiumoxid-Wolke. Mit folgendem Verfahren kann dies weitgehend verhindert werden: Das Edelmetall – oder die Edelmetallegierung – wird geschmolzen, dann läßt man es im Tiegel oder in der Schmelzschale so weit abkühlen, daß es gerade erstarrt. Diesen glühend heißen »König« hebt man leicht an, schiebt das Cadmium darunter, und durch die Hitze des Edelmetalls wird das Cadmium ohne äußere

Wärmezufuhr erschmolzen, und sofort legiert es sich mit dem heißen Edelmetall. Wenn das Cadmium völlig legiert ist, wird die Legierung erneut erschmolzen, um sie völlig zu homogenisieren, und dann gießt man sie aus. Wenn man das Zink nicht als Messing, sondern in reiner Form zusetzen will, verfährt man ebenso.

Noch besser und wirkungsvoller ist folgendes Verfahren: Die Legierungsmetalle werden zu möglichst dünnen Streifen ausgewalzt. Wenn ein Silberlot Ag-Cu-Zn-Cd hergestellt werden soll, packt man alle Zusatzmetalle in das Feinsilberblech ein, wie man ein Buch in Packpapier einwickelt. Dann wird das Paket durch mehrfaches Falten möglichst klein und dicht zusammengelegt und -gehämmert. Beim anschließenden Schmelzen legieren sich in dem Paket zunächst die niedrigschmelzenden Metalle unter Luftabschluß, und erst zum Schluß wird auch das umhüllende Silberblech in die Legierung einbezogen. Anschließend soll man die Legierung noch zweimal auswalzen und umschmelzen, um sie völlig zu homogenisieren.

Umschmelzen von Legierungen

Fehlerfreie Legierungen. Wenn man einwandfreie Abfälle, Granalien oder Bruch von Edelmetallegierungen schmelzen will, braucht man beim Umschmelzen nur etwas Borax zuzusetzen. Durch ein Abdeckmittel kann der Sauerstoffzutritt eingeschränkt werden. Grundsätzlich soll man nicht länger schmelzen, als unbedingt erforderlich ist.

Fehlerhafte Legierungen. Hierzu gehören alle Legierungen, die kaum oder gar nicht mehr weiterverarbeitet werden können.

Ehe man versucht, die Eigenschaften der Legierung durch nochmaliges Umschmelzen zu verbessern, muß nach folgenden Richtungen diagnostiziert werden:
● Wodurch sind die Fehler entstanden oder
● wodurch könnten sie verursacht sein?
Nicht immer wird man darauf eine eindeutige Antwort geben können, aber eine Vermutung hat man meist.
Bei Fehlern, die durch falsche Behandlung während der Bearbeitung entstanden sind, wie

etwa Rißbildung beim Walzen, verursacht durch hohe Beanspruchung beim Walzen ohne zwischendurch zu glühen, genügt das einfache Umschmelzen ohne besondere Zusätze.

Die weitaus meisten Fehler sind jedoch auf Verunreinigungen zurückzuführen, die während dem Zusammenschmelzen beim Legieren entstanden sind.

Reduzierendes Umschmelzen. Diese Art des reinigenden Schmelzens wendet man an, wenn man vermutet, daß die Verunreinigungen durch Sauerstoff oder andere Gase verursacht wurden, die entweder in reiner Form im Metallblock gelöst oder als Metallverbindungen auftreten können. Die häufigste Erscheinungsform des Sauerstoffs in der Edelmetallegierung ist das rote Kupfer(I)-oxid Cu_2O, also eine Verbindung, die auch bei höheren Temperaturen beständig ist und erst in schmelzflüssigem Zustand durch Reduktionsmittel gelöst werden kann.

Das reduzierende Schmelzen kann auf folgende Weise erfolgen:
- Bei mäßigen Verunreinigungen genügt es, wenn man das erwähnte Schmelzmittelgemisch zusetzt.
- Durch Zugabe von 0,5 % Cd kann man leicht und ohne Schaden für die Gesamtlegierung auch größere Mengen von Oxiden auflösen. So, wie es beschrieben worden ist, setzt man das Cadmium der betreffenden Legierung zu. Während des anschließenden Schmelzprozesses soll das Cadmium durch Reduktion der enthaltenen Metalloxide umgesetzt werden und als Cadmiumoxid entweichen. Da eventuell verbleibende Cadmium-Reste die Legierung nicht beeinträchtigen, kann dieses harmlose Verfahren sehr empfohlen werden.
- Dagegen ist die Reduktion mit Phosphorkupfer komplizierter, da unverbrauchte Reste zu Schädigungen der Legierung führen können. Deshalb muß man mit möglichst geringer Dosierung arbeiten und nur bei Bedarf nach und nach noch etwas mehr zugeben. Normalerweise genügt der Zusatz von 1 % Phosphorkupfer zur Legierung; es entspricht etwa 0,15 % P. Man setzt es ebenso wie Cadmium zu. Die Metalloxide werden nach folgendem Schema gelöst:

$$5\,Cu_2O + 2\,P \rightarrow P_2O_5 + 10\,Cu \quad (1)$$
$$Cu_2O + P_2O_5 \rightarrow 2\,CuPO_3 \quad (2)$$
$$10\,CuPO_3 + 2\,P \rightarrow 6\,P_2O_5 + 10\,Cu \quad (3)$$

Die Reduktion läuft zunächst nach (1) ab, indem sich gasförmiges Phosphorpentoxid bildet. Durch die Verringerung des Cu_2O-Anteils erfolgt dann die Reaktion nach (2), wobei Kupfermetaphosphat $CuPO_3$ entsteht, das nur zum Teil nach (3) wieder gelöst wird, der andere Teil wird verschlackt, da es in der Metallschmelze unmischbar ist. Die entweichenden P_2O_5-Dämpfe hüllen als Schutzgas Schmelzoberfläche und Gießstrahl ein.

Leider hat dieses wirkungsvolle Reduktionsmittel den Nachteil, daß verbleibende Phosphorreste bereits in kleinen Mengen (0,001 % P genügt) die Gesamtlegierung erheblich schädigen können. Es bilden sich spröde Verbindungen, wie Ag_2P, Cu_3P, Ni_3P, die mit den betreffenden Metallen niedrigschmelzende Eutektika bilden.

Oxidierendes Schmelzen. Wenn man vermutet, daß die Schädigung der Legierung durch Beimengungen unedler Fremdmetalle, wie Pb, Sn, Zn, Al usw. verursacht worden ist, schmilzt man die Legierung mit oxidierenden Schmelzmitteln um, also mit Chemikalien, die Sauerstoff abgeben, damit die unerwünschten Metalle als Oxide gebunden und in die Schlacke abgeführt werden können.

Zunächst wägt man die Legierung aus. Man benutzt Hessische Tontiegel, weil Graphittiegel durchbrennen können. Die Tiegel werden zu etwa einem Drittel mit Metall gefüllt. Wenn es flüssig ist, gibt man bis zur gleichen Menge Salpeter zu und schmilzt, bis die Masse nicht mehr brodelt. Solange der Salpeter aktiv ist, bleibt die Flamme grünlich, hört die Flammenfärbung auf, ist er verbraucht. Der Tiegelinhalt wird auf eine Stahlplatte gegossen, die Schlacke abgeschlagen und zerkleinert; etwaige Goldteilchen sucht man heraus. Das Metall wird nun in Salpetersäure abgekocht, gewaschen und getrocknet. Ein Ende des Blocks hämmert man möglichst dünn aus. Wenn es nicht hält und graue Bruchflächen zeigt, muß der Arbeitsgang wiederholt werden.

Nun kann man den Mengenverlust durch Zusatz von Kupfer und etwas Silber ausgleichen, denn in einem neuen Tiegel muß das abgetriebene Metall noch mal durchgeschmolzen werden.

Schmelzen von Feilung. Wenn die Feilung durch Umschmelzen regeneriert werden soll, müssen folgende Bedingungen erfüllt sein:

- Sie muß nur von einer Legierung mit bestimmtem Feingehalt stammen.
- Es dürfen keine Fremdmetalle zwischen der Feilung sein.
- Die Feilung darf keine Schmirgel-, Schleif- und Polierrückstände enthalten.
- Außerdem dürfen keine wesentlichen Anteile anderer nichtmetallischer Verunreinigungen enthalten sein.

Die Eisenteile zieht man mit dem Magnet heraus, dann wird die Feilung auf einem Stahlblech leicht geglüht, um brennbare Teile zu veraschen.
Ist die Feilung nicht wesentlich verunreinigt, genügt es, wenn man sie zusammen mit dem Schmelzmittelgemisch (s. Kap. 4.4.2) in Seidenpapier wickelt (damit sie von der Schmelzflamme im Tiegel nicht weggeblasen werden kann), gut durchhitzt und dann ausgießt.
Vermutet man jedoch schädigende Verunreinigungen, dann mischt man die Feilung zunächst mit Salpeter, packt sie ebenfalls in Seidenpapier und schmilzt sie oxidierend aus; der »König« wird entnommen und nochmals nach dem reduzierenden Verfahren umgeschmolzen.

4.4.4   Schmelzen von Platin und Weißgold

Wenn in einer Kleinwerkstatt nur wenig Platin und Weißgold verarbeitet werden, soll man die Abfälle zur Aufarbeitung an die Scheideanstalt geben. Nicht nur, weil man dazu höhere Schmelztemperaturen braucht, als die übliche Gasflamme liefert, sondern auch wegen der Empfindlichkeit dieses Materials gegen Verunreinigungen. Bei solchen Betrieben, die sich auf Juwelenarbeiten spezialisiert haben, kann allerdings eine Platinschmelzanlage rentabel sein.

Es können die üblichen Graphittiegel nicht benutzt werden, weil sich der Kohlenstoff in der Schmelze löst, beim Erstarren wieder abgegeben wird und dadurch Porosität verursachen kann. Generell kann man sagen, daß bei den erforderlichen hohen Temperaturen chemische Reaktionen begünstigt werden. So können die Bestandteile der Tontiegel zu Al, Si und Ca reduziert werden, wodurch mit Pt spröde Verbindungen gebildet werden können. Günstig ist es deshalb, wenn der Tiegel mit gebranntem Kalk CaO ausgekleidet wird.
Abdeck- und Schmelzmittel werden normalerweise nicht gebraucht; dem Weißgold kann man möglicherweise etwas Borax zusetzen.
Am besten kann man diese hochschmelzenden Metalle und Legierungen im elektrischen Induktionsofen erschmelzen. Früher mußten die weißen Edelmetallegierungen mit der Knallgasflamme erschmolzen werden: War die Flamme nicht richtig eingestellt, reagierten die Feuerungsgase mit den Metallen. Da man meist das Metall nicht völlig verflüssigen, sondern nur sintern konnte, mußte man den »König« aus dem Tiegel herausnehmen und die zusammengeschweißten Teilchen im heißen Zustand durch kräftiges Schmieden zu einem homogenen Metallblock verdichten. Heute gießt man Platin und Weißgold ebenso wie die üblichen Goldlegierungen in die Gußformen.

4.5   Gießen

4.5.1   Gießbarkeit

Man darf die Gießbarkeit nicht als nur eine Eigenschaft auffassen, sondern unter diesem Begriff ist ein ganzer Komplex physikalischer Bedingungen zusammengefaßt.

Oberflächenspannung. Beschaffenheit des Gießstrahls, Ausbreitungsgeschwindigkeit in der Form und Formausfüllungsvermögen hängen davon ab.
Während die Atome im Inneren der Schmelzflüssigkeit ihre Kräfte gegenseitig ausgleichen können, haben die Atome der Randzone einen Energieüberschuß. Sie sind bestrebt, durch Verkleinerung der Flüssigkeitsoberfläche den Mehrbetrag auszugleichen oder doch zu verringern. Die kleinste Oberfläche hat die Kugel,

und so kommt es, daß beispielsweise das schon bei Zimmertemperatur geschmolzene Quecksilber in Form von kleinen, silbrig glänzenden Kugeln über den Tisch rollt.

Bei fast allen Metallen stehen Temperatur und Oberflächenspannung in umgekehrtem Verhältnis, so daß mit steigender Temperatur die Oberflächenspannung einer Schmelze abnimmt; das Kupfer macht eine Ausnahme, denn seine ohnehin schon große Oberflächenspannung wächst noch mit der Erwärmung. Zum Vergleich werden einige Werte zusammengestellt (Tabelle 4.10), die bei Metallschmelzen ermittelt worden sind.

Durch Zusatz von Fremdstoffen und durch Legierungsbildung kann die Oberflächenspannung erheblich vermindert werden. So wird der extrem hohe Wert des Kupfers durch Zusatz von 50 % Sn fast um die Hälfte – nämlich auf 600 mN/m – herabgesetzt. Aus gleichem Grund gibt man den Edelmetallegierungen kurz vor dem Ausgießen mitunter etwas Zn oder Cd zu.

Tabelle 4.10   Oberflächenspannung einiger Metalle

Metall	Oberflächen-spannung in mN/m	Temperatur in °C
Kupfer	1103	1131
Zink	750	600
Zinn	510	500
Blei	400	500

Viskosität. Auch sie beeinflußt das Formausfüllungsvermögen, außerdem hängen von ihr die Gasabgabe und die Schlackenablösung ab. Die Viskosität ist die durch die innere Reibung und den Formänderungswiderstand verur-

Tabelle 4.11   Viskosität reiner Metalle bei Schmelztemperatur

Metall	Viskosität in Pa·s
Kupfer	0,35
Zink	0,34
Blei	0,27
Cadmium	0,23
Zinn	0,19

sachte Zähflüssigkeit der Schmelze. Temperatur und Viskosität stehen in umgekehrtem Verhältnis: Mit steigender Temperatur nimmt die innere Reibung ab, die Viskosität wird geringer, das Formausfüllungsvermögen wird günstiger. Zum Vergleich einige Viskositätswerte beim Erreichen der Schmelztemperatur (Tabelle 4.11).

Die Viskosität der Schlacke muß um das Mehrfache höher sein, damit sie zähflüssig im Tiegel zurückbleibt, wenn die dünnflüssige Schmelze ausgegossen wird.

Dampfdruck. Wenn der Dampfdruck des Metalls bei Siedetemperatur den atmosphärischen Druck erreicht, geht das Metall in gasförmigen Zustand über. In geringem Maße verdampfen die Metalle auch schon unterhalb dieser Temperatur. Ein besonders deutliches Beispiel hierfür ist das Quecksilber, das sich durch seinen hohen Dampfdruck bereits bei Zimmertemperatur merklich verflüchtigt, obgleich der Siedepunkt erst bei 327 °C erreicht wird. Ähnlich ist es bei Zink, das schon nach Überschreiten des Schmelzpunktes verdunstet, wodurch der Zinkgehalt einer Legierung bei zu lang anhaltendem Schmelzen deutlich geringer wird.

Gießtemperatur. Wenn man die Gießbarkeit eines Metalls bzw. einer Legierung beurteilen will, ist es wichtig zu wissen, ob die vorhandene Wärmequelle ausreicht, um die erforderliche Temperatur zu erreichen.

Die Schmelztemperatur und die zum Gießen erforderliche Überhitzung müssen unter der Leistungsgrenze der Wärmequelle liegen. Für eine Silberlegierung Ag 925 mit der Liquidustemperatur von 900 °C braucht man bei 100 K Überhitzung eine Temperaturhöhe von etwa 1000 °C; für eine Legierung Ag 800 braucht man dagegen bei gleicher Überhitzung nur 920 °C, denn die Liquidustemperatur liegt bei 820 °C. Solche Werte sind besonders unter dem Gesichtspunkt wichtig, daß die Gasflamme nur Temperaturen bis etwa 1100 °C ermöglicht. Außerdem sind noch spezifische Wärmekapazität und Schmelzwärme mit dem Wärmeinhalt der Wärmequelle zu vergleichen.

4.5.2   Gießvorgang

Im Schmelztiegel muß das Metall völlig durchgeschmolzen sein, so daß keine festen Metallteile mehr enthalten sind. Das Metall muß so
heiß sein, daß der Liquiduspunkt erst erreicht
wird, wenn das flüssige Metall die Form restlos
ausgefüllt hat. Deshalb ist das Metall im Tiegel
noch über den Schmelzpunkt hinaus zu erhitzen. Von der Eigenart des Gießmetalls, der
Länge des Weges vom Tiegel zur Form und
von der Modellform hängt es ab, um wieviel
das Metall überhitzt werden muß.
Wenn die Schmelze die richtige Temperatur
hat, ist die Schlackendecke abzuziehen. Dann
wird das Metall ohne abzusetzen mit ruhigem,
dünnen Strahl in die Form gegossen. Der
Gießstrahl soll möglichst kurz sein, damit das
Metall auf dem Wege nicht unnötig abkühlt
und möglichst wenig Gase aus der Luft aufnehmen kann. Wenn man unter den Gießstrahl ein
brennendes Holz hält und durch die Flamme
gießt, wird der Sauerstoffzutritt fast ganz verhindert. Es genügt bei kleinen Güssen, durch
die leuchtende offene Schmelzflamme des
Gasbrenners zu gießen.
Nachdem das flüssige Metall die Form gut ausgefüllt hat, soll es möglichst schnell erstarren.

4.5.3   Erstarrungsvorgang

Im wesentlichen ist der Erstarrungsvorgang
die Umkehrung des Schmelzprozesses.
Während in der Gasphase sich die Metallteilchen weitgehend voneinander lösen können
und sich frei im Raum bewegen, besteht in der
Schmelze zwischen Metallionen und freien
Elektronen eine gegenseitige Bindung, so daß
trotz der erheblichen Beweglichkeit der Metallteilchen die Schmelze einen geschlossenen
Verband bildet. Hört die Wärmezufuhr auf,
verringert sich die Beweglichkeit der Atome
bzw. der Metallionen in der Schmelze, bis der
eigentliche Erstarrungsprozeß beginnt.

Keimbildung. Voraussetzung zur Einleitung
der Erstarrung ist eine deutliche Unterkühlung in der Weise, daß die Temperatur unter
die Erstarrungstemperatur absinkt. Erst unter
dieser Voraussetzung setzt die Keimbildung
ein. Man stellt sich den Vorgang so vor, daß in

der Schmelze einzelne Atome so dicht zusammentreffen, daß sie sich gegenseitig anziehen
und zu einer Elementarzelle ordnen können.
Wenn sich genügend Atome zusammengefun-
den haben, kann beispielsweise ein Würfel des
kubisch-flächenzentrierten Systems als Keim
eines Kristallverbandes entstehen.

Kristallwachstum. An diesen ersten Keim, die
Elementarzelle, lagern sich immer mehr

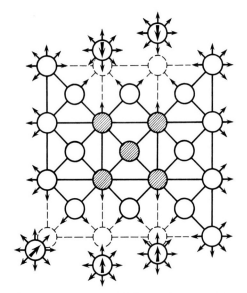

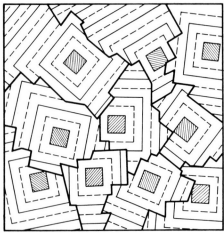

*Bild 4.16 Keimwachstum   und   Kristallitgefüge
(Schema). a) Wachstum des Kristallitkeims durch
Anlagerung von Atomen aus der Schmelze, b) Entstehung des Kristallitgefüges durch das Zusammentreffen der wachsenden Kristalle*

Atome aus der Schmelze an, wenn sie sich bis zur gegenseitigen Anziehung genähert haben. Da sich auch die neu angelagerten Atome dem System der Elementarzelle anpassen, entwickelt sich der Kristallverband mit regelmäßigen Gitterebenen dreidimensional als einheitlicher Kristall (Bild 4.16).

Kristallgefüge. Tatsächlich ist der Vorgang der Kristallbildung noch komplizierter, aber die hier entwickelte vereinfachte Darstellung genügt, um die praktischen Prozesse verstehen zu können. Und immer muß man die Komplexität des Erstarrungsvorgangs berücksichtigen. An sehr vielen Punkten bilden sich in der Schmelze solche Kristallkeime, in der Schmelze sind sogar noch Keime des früheren Kristallsystems enthalten, die noch nicht aufgelöst worden sind. Und während die Keime zu Kristallverbänden wachsen, entstehen immer noch weitere Keime, die dann ebenso wachsen.

Erstarrungswärme. Wenn eingangs auf die Notwendigkeit der Unterkühlung hingewiesen wurde, so muß jetzt noch einmal darauf eingegangen werden. Die von den Ionen der zuerst entstandenen Kristalle abgegebene Bewegungsenergie wird wieder in Wärme umgewandelt, so daß sich auch ohne äußere Wärmezufuhr der Metallverband wieder bis zur Erstarrungstemperatur aufheizt. Durch die ständige Wärmeableitung und -abstrahlung an die Umgebung des Metallblocks setzt sofort wieder eine Unterkühlung ein, und der Erstarrungsvorgang setzt sich fort. Wenn man den minimalen Temperaturwechsel messen könnte, müßte das waagerechte Kurvenstück der Erstarrungskurve nicht als Gerade, sondern als welliger Linienzug dargestellt werden. Allerdings sind diese Temperaturschwankungen so minimal, daß sie nur theoretische Bedeutung zur Erklärung des Erstarrungsprozesses haben. Experimentell nachweisbar und zur Beschreibung der thermischen Verhältnisse bemerkenswert ist der Umstand, daß sich die Temperatur des Metalls vom Beginn der Erstarrung bis zu deren Beendigung bei reinen Metallen nicht, bei Legierungen nur langsam verringert. Wenn die Wärme allerdings in bevorzugter Richtung abgeführt wird, wachsen die Kri-

stalle nach allen Richtungen gleichmäßig und müßten sich als regelmäßige Würfel entwickeln. Wenn aber die Wärme in eine bevorzugte Richtung abgeleitet wird, bekommen die Kristalle eine lineare Ausbildung, es entstehen stenglige, tannenbaumartige gezahnte Kristallformen, die Dendriten (Bild 4.17).

Bild 4.17   Entstehung eines Dendriten durch gerichtetes Wachstum des Kristalls (Schema)

Keimbildung und Keimbildungsgeschwindigkeit. Beide Erscheinungen sind voneinander unabhängige Eigenschaften, die bei jedem Metall unterschiedlich sind. Die Keimbildungszahl bezieht sich auf die Anzahl der Keime, die in der erstarrenden Schmelze während einer bestimmten Zeit gebildet werden. Mit der Keimbildungsgeschwindigkeit wird ausgedrückt, wie schnell sich der Anteil der kristallisierten Bestandteile des erstarrenden Metalls in einer bestimmten Zeit vergrößert.

Man kann beide Eigenschaften nicht ändern, man kann aber die äußeren Bedingungen so beeinflussen, daß sie möglichst günstig gelenkt werden.

Normalerweise wird man ein möglichst feinkörniges Gefüge anstreben. Das bedingt, daß viele Keime gleichzeitig entstehen, diese Keime schnell wachsen und aneinanderstoßen. Man muß also versuchen, Keimbildungszahl und Kristallisationsgeschwindigkeit dadurch zu vergrößern, daß man

● die Schmelze nicht mehr als nötig erhitzt
● für möglichst schnelle Abkühlung des erstarrenden Metalls sorgt.

Beim Kokillenguß bilden sich an den Formwänden, bedingt durch die Unterkühlung der Schmelze, zunächst zahlreiche kleine Kristallite, an die sich eine Zone von stengligen Kristalliten (Dendriten) anschließt, die zur Mitte der Gußform gerichtet sind. Beim Formguß bildet sich durch die langsame Wärmeableitung und die damit verbundene langsame Abkühlung ein gleichmäßig grobkörniges Gefüge (Bild 4.18).

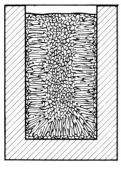 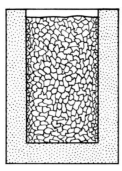

Kokillenguß   Formguß

Bild 4.18 Unterschiedliches Gefüge bei Kokillen- und Formguß (Schema)

4.5.4 Volumenschwund

Für die Praxis ist die Verringerung des Rauminhalts während der Erstarrung des Metalls eine besonders wichtige Erscheinung (Bild 4.19).

● Bereits in flüssigem Zustand verringert sich der Rauminhalt mit sinkender Temperatur.
● Während des Erstarrens erfolgt eine sprunghafte Volumenverminderung, die bei einigen Metallen ganz erheblich sein kann.
● Eine geringe Volumenverminderung vollzieht sich dann noch im festen Zustand.

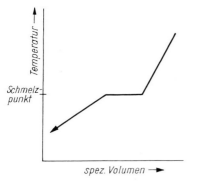

Bild 4.19 Volumenänderung eines Metalls in Abhängigkeit von der Temperatur

Diese Schrumpfung kommt dadurch zustande, daß die Metallatome in flüssigem Zustand einen erheblichen Bewegungsradius haben. Wenn sie sich bei der Erstarrung zu Gitterverbänden ordnen, sind sie dichter »gepackt«,

also enger zusammengerückt. Bei der Abkühlung von der Erstarrungs- auf die Zimmertemperatur verringern sich die Atomabstände im festen Zustand in Umkehrung zur bekannten Ausdehnung der Metalle bei Erwärmung (Tabelle 4.12).

Aus den drei Phasen der Volumenverminderung ist die Schrumpfung während des Erstarrens besonders wichtig und hat auch für die folgenden Erscheinungen die größte Bedeutung.

Tabelle 4.12   Volumenabnahme reiner Metalle beim Erstarren

Metall	Volumenabnahme in %
Gold	5,03
Silber	5,0
Kupfer	4,25
Blei	3,38
Zink	4,7
Cadmium	4,72
Zinn	2,9

Unscharfe Oberfläche. Es ist die einfachste Folge der Volumenverminderung des erstarrenden Gußstücks. Während das flüssige Metall die Form vollkommen ausfüllt, zieht sich das Gußstück beim Erstarren zusammen, so daß die Oberfläche des Gußblocks nicht mehr dicht an den Formwänden anliegt. Bei feinen Formgüssen mit zarter Ornamentierung oder scharfen Kanten wirkt sich diese Erscheinung besonders unangenehm aus.

Beim Schleuderguß werden derartige Schäden weitgehend ausgeschaltet, weil das Metall durch die Zentrifugalkraft gegen die Formwand gepreßt wird; bei den übrigen Gießverfahren läßt sich dieser Nachteil nicht gänzlich beseitigen, man kann lediglich durch einen möglichst hohen Gußkopf für einen gewissen Druck auf das erstarrende Metall sorgen. Bei maßgenauen Gußstücken muß die Form um das Schwundmaß größer sein als das fertige Stück.

Lunkerbildung. Man bezeichnet die Hohlräume, die an oder in einem Gußstück durch Volumenverminderung entstehen, als Lunker. Die Kristallbildung beginnt an den Wänden der Gußform, weil sie die Wärme aufnimmt und damit vom Metall weggeleitet. In den Kristalliten werden die Atome dicht gepackt, dadurch nehmen sie einen geringeren Raum ein als im flüssigen Zustand, so daß das schmelzflüssige Metall nachsinkt und die Volumendifferenz ausgleicht. So kommt es, daß an der freien Eingußöffnung das Metall muldenförmig einsinkt (Bild 4.20); es entsteht ein Außenlunker, der mit der Atmosphäre in Verbindung steht und deshalb oxidiert.

An die bereits entstandenen Kristalle setzen sich neue an, die in die Schmelze hineinwachsen. Wenn mit fortschreitender Abkühlung auch an der Eingußöffnung die Erstarrung einsetzt, kann das Schrumpfen nicht mehr durch das Absinken der Eingußoberfläche ausgeglichen werden, sondern es bilden sich unter der Eingußoberfläche mehr oder weniger große Hohlräume im Blockinneren, die luftleer bleiben (Bild 4.20b). Man bezeichnet sie als Innenlunker, ihre Oberfläche bleibt metallisch blank, weil sie nicht mit dem atmosphärischen Sauerstoff zusammenkommen. Da der Block allseitig, nach innen fortschreitend erstarrt, bleibt schließlich nur noch eine Restschmelze

im Blockinneren; auf Bild 4.20 ist dies schematisch dargestellt. Nach deren Erstarrung bleiben nochmals Innenlunker zurück, die mitunter tief unter der Eingußöffnung im Blockinneren sein können.

Es ist klar, daß solche Hohlräume im Gußblock nachteilig sind. Die Lunkerbildung läßt sich nicht völlig vermeiden, man kann nur die nachteiligen Folgen so weit wie möglich einschränken:

- Geringe Gießgeschwindigkeit und niedrige Gießtemperatur verringern die Lunkerbildung dadurch, daß noch flüssiges Metall nachfließt, während die ersten Teile schon erstarren und damit schrumpfen.
- Wenn man Formen mit Gußkopf verwendet, wird die Lunkerbildung weitgehend auf diesen Teil des Gußstücks beschränkt, weil der Gußkopf möglichst lange flüssig bleiben soll (Bild 4.20d bis f).
- Beim Formguß muß man darauf achten, daß der Kanal zwischen Gußstück und Gußkopf dick genug ist, damit hier keine vorzeitige Erstarrung eintritt, denn dann könnte der Gußkopf nicht mehr die »flüssige Reserve« bilden.
- Beim Formguß kann man außerdem an den Stellen, die am weitesten vom eigentlichen Gußkopf entfernt sind, zusätzliche Reserven als »verlorene Köpfe« schaffen, wie es auf dem Bild 4.25 zu erkennen ist.

Gußspannungen. Sie entstehen dadurch, daß das erstarrende Gußstück nicht ungehindert schrumpfen kann. Es entstehen Kräfte, und wenn sie einen gewissen Mindestwert überschreiten, kann sich das Gußstück entweder verziehen, oder es reißt ein. Nach Ursache und Erscheinung unterscheidet man äußere und innere Gußspannungen.

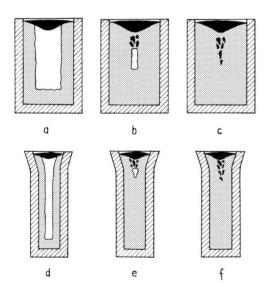

Bild 4.20 Lunkerbildung im Gußstück (Schema). (weiß: Schmelze; grau: erstarrtes Metall; schwarz: Lunker).
a) bis c) Lunker im Werkstück, d) bis f) Lunker im Gußkopf.
a) und d) Außenlunker, b) und e) Innenlunker, c) und f) Innen- und Außenlunker

Äußere Gußspannungen entstehen dadurch, daß sich das unnachgiebige Formmaterial der Kontraktion, also dem Zusammenziehen des erstarrenden Gußstücks, entgegenstellt. Meist kommt dies bei Metallkokillen vor. Der Ring auf Bild 4.21a ist um einen Stahldorn gegossen. Er will sich erstarrend zusammenziehen, wird aber durch den Kern daran gehindert, und schließlich wird die Volumenänderung durch einen Riß ausgeglichen. Das H-förmige Gußstück will sich in Pfeilrichtung zusammenzie-

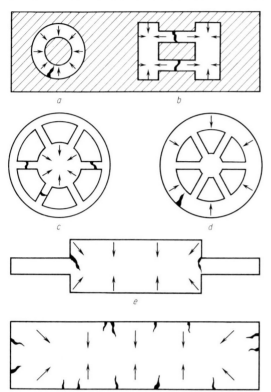

Bild 4.21   Entstehung von Gußspannungen
(Schema). a) und b) äußere Gußspannungen, c) bis e)
innere Gußspannungen, f) Schichtenspannung

steht, jedoch groß genug, zwingt sie die Speichen zur Nachgiebigkeit und zerreißt sie. Bei der Radform auf Bild 4.21d ist das Zentrum kleiner, es schwindet schneller als bei dem eben beschriebenen Beispiel. Da der Radkranz auffallend dick ist, erstarrt er als letzter Teil. Die Speichen wollen das Schrumpfen aufhalten. Durch die frei werdende Spannung kann entweder der Radkranz einreißen, oder die Speichen verbiegen sich. Bei der dicken Welle (Bild 4.21e) werden die dünnen Zapfen bereits fest sein, wenn der eigentliche Körper zu schrumpfen beginnt. An der Ansatzstelle kann das bereits erstarrte Metall nicht nachgeben und wird hier einreißen.

Wenn es in vielen Fällen auch nicht zu offensichtlichen Rissen kommt, so entstehen doch an den kritischen Stellen derartige innere Spannungen, daß das Material hier während des Gebrauchs einreißt.

Schichtenspannungen treten bei dicken Gußblöcken durch die von der Formwand zum Blockinneren schichtenweise fortschreitende Erstarrung auf. Größere plattenförmige Gußstücke können sich durch solche Spannungen verziehen, bei dicken Stücken gibt es Risse. Zu Schichtenspannungen kommt es besonders bei beschleunigter Abkühlung, während sie bei langsamer Wärmeableitung weitgehend vermieden werden können (Bild 4.21f).

4.5.5   Gießen mit Schwerkraft

4.5.5.1   Grundlagen

Gießt man das flüssige Metall aus dem Schmelztiegel in die Form, so wirken die physikalischen Gesetze der Schwerkraft und der Hydrodynamik beim Einströmen des Metalls in die Form; bis zur Erstarrung übt die Schmelze dann noch einen hydrostatischen Druck auf die Gießform aus.

So kann man den Gießvorgang in drei Phasen gliedern:
● Die Schmelze fließt aus dem Tiegel in die Gußform.
● Die Schmelze durchströmt die Gußform.
● Die Schmelze füllt die Gußform aus.

Mit Fallgeschwindigkeit kommt die Schmelze in der Gußform an

hen, denn die dicken Balken ergeben die stärkste Spannung. Die dünnen Verbindungsstege können nicht nachgeben und reißen ein (Bild 4.21b).

Innere Gußspannungen sind auf die ungleichmäßige Abkühlungsgeschwindigkeit von Gußteilen mit sehr verschiedenartigen Querschnitten zurückzuführen. Während die dünnen Teile bereits erstarrt sind, also fast ihr endgültiges Volumen erreicht haben, beginnen die dickeren, langsamer erstarrenden erst zu schwinden, ihnen steht also noch die Volumenverminderung bevor. So kann sich das Mittelteil der radförmigen Brosche auf Bild 4.21c erst zusammenziehen, nachdem der dünne äußere Kranz und die Speichen bereits erstarrt sind. Die Speichen wollen also das Zentrum an der Kontraktion hindern; ist die Spannung, die durch die Schrumpfung des Radzentrums ent-

$$v = \sqrt{2 \cdot g \cdot h_1}$$

und erreicht dadurch die kinetische Energie

$$E_k = \frac{m}{2}v^2 = m \cdot g \cdot h_1$$

g – Fallbeschleunigung in m/s^2
h_1 – Höhe des Gießstrahls in m
v – Fallgeschwindigkeit in m/s
m – Masse der Schmelze in kg
E_k – kinetische Energie in J

Beispiel: Mit welcher kinetischen Energie trifft die Schmelze (m = 100 g) aus der Höhe h_1 (15 cm) auf die Gußform auf?
$E_k = m \cdot g \cdot h_1 = 0{,}1 \cdot 9{,}81 \cdot 0{,}15 \text{ J} = \underline{0{,}147 \text{ J}}$

Die wirksame Energie ist also abhängig von der Fallhöhe und der Masse der Schmelze.
Solange das Metall flüssig ist, wirkt sein hydrostatischer Druck, durch den die Ausfüllung der Form begünstigt wird, mit dem aber auch die Wandung der Gußform belastet wird:

$$p = h_2 \cdot g \cdot \rho \cdot 10^3$$

h_2 – Füllhöhe der Form in m
ρ – Dichte des Gußwerkstoffs in g/cm^3
p – hydrostatischer Druck in Pa

Dieser Druck ist nur abhängig von der Dichte des Werkstoffs und von der Höhe der Flüssigkeitssäule, also dem Abstand vom Boden der Gußform bis zum Flüssigkeitsspiegel; es spielt also keine Rolle, wie breit der Eingußtrichter und damit der Gußkopf ist, nur durch die Höhe des Gußkopfs wird der Druck beeinflußt. Für diesen hydrostatischen Druck gilt, daß er sich allseitig gleichmäßig ausbreitet. Die Schmelze drückt also nicht etwa nur auf den Boden der Form, sondern auf die Seitenwände und sogar auf den Bereich neben dem Eingußkanal wirkt die gleiche Belastung.

Beispiel: Welcher hydrostatische Druck wirkt in einer Gußform, wenn darin eine Silberschmelze (ρ = 10,3 g/cm^3) mit der Füllhöhe h_2 (10 cm) steht?
$$p = h_2 \cdot g \cdot \rho \cdot 10^3$$
$$= 0{,}1 \cdot 9{,}81 \cdot 10{,}3 \cdot 10^3 \text{ Pa}$$
$$= \underline{1{,}01 \cdot 10^4 \text{Pa}}$$

Bei den geringen Mengen der Edelmetallschmelze ist der hydrostatische Druck unerheblich. Beim Glockenguß beispielsweise ist er

aber so groß, daß die Lehmform in den Boden eingelassen und die Erde ringsum festgestampft werden muß, damit die Form dieser Belastung standhält.

4.5.5.2   Kokillenguß

Die Kokille ist eine Gußform aus Metall, die der Goldschmied meist nur zur Herstellung seiner Halbzeuge benutzt.

Blech- und Drahteingüsse
Im Handel werden zur Herstellung von Rohlingen zur Blech- und Drahtherstellung verschiedene Arten von Eingüssen angeboten, die praktisch erprobt sind und mit denen man optimale Gußstücke erzielen kann.
Zur Herstellung von Planchen – also plattenförmigen Rohlingen für Bleche – sind besonders solche Eingüsse günstig, deren Breite man selbst entsprechend der eingesetzten Metallmenge und der gewünschten Blechgröße einstellen kann. Für den Kleinbetrieb gibt es kombinierte Gußformen, mit denen man sowohl Planchen unterschiedlicher Breite als auch Stangen unterschiedlicher Dicke gießen kann (Bild 4.22).
Für Sonderformen kann man einen Spezialeinguß ohne großen Aufwand selbst herstellen (Bild 4.23). In zwei rechteckige Stahlplatten werden die Eingußtrichter eingeschlagen. Aus Vierkantstahldraht kann man eine beliebige Kontur des Rohlings biegen. Den gebogenen Draht legt man zwischen diese Stahlplatten, klemmt sie in eine Schraubzwinge – und der Einguß ist fertig.

Bild 4.22   Kombinierter Blech- und Drahteinguß

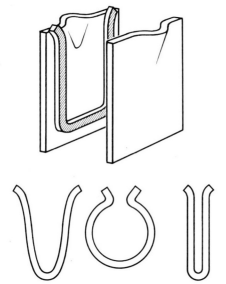

Bild 4.23   Selbstgebaute Kokille mit verschiedenen Einsätzen

Vor dem Guß werden die Metalleingüsse über einer Kerze eingerußt, um eine Gleit- und Isolierschicht für das einfließende Metall zu erhalten. Nur in Ausnahmefällen streicht man eine hauchdünne Ölschicht auf, beispielsweise bei massiven rohrförmigen Drahteingüssen, die man mit der Kerze nicht behandeln kann. Werden Öl oder Wachs zu dick aufgetragen, können sie durch die Hitze der Schmelze sieden oder verbrennen, wodurch natürlich Gußfehler entstehen.

Statt dieser traditionellen Methoden sollte man heute einfach die Kokille mit Silicon-Spray isolieren.

Es ist immer zweckmäßig, die Form auf eine Eisenplatte zu stellen, die mit Sand bestreut ist; so können eventuell auslaufende Metallteile aufgefangen werden.

Größere Blech- und Drahteingüsse stellt man leicht geneigt auf, damit die Schmelze nicht bis auf den Boden fällt und spritzt, sondern hineingleiten kann.

Formen aus Eisen und Stahl müssen je nach Art und Größe mindestens handwarm vorgewärmt werden, damit die Schmelze nicht plötzlich abgeschreckt wird. Leichtmetalleingüsse sind besonders für kleine Mengen bis 100 g sehr praktisch, und sie brauchen wegen ihrer hohen Wärmeleitfähigkeit nicht vorgewärmt zu werden.

Trauringeingüsse
Wenn Trauringe häufig und in größerer Stückzahl angefertigt werden sollen, ist der Rotationsguß zu empfehlen, werden aber nur gelegentlich Trauringe verlangt, dann ist der verstellbare eiserne Einguß immer noch günstig (Bild 4.24).

In jede Formhälfte ist ein halbes Trauringprofil eingearbeitet, die Breite läßt sich an der äußeren Drehschraube verstellen. Es ist zweckmäßig, in einer kleinen Tabelle die eingestellten Breiten mit der ermittelten Fertigmasse zusammenzustellen; man erspart sich dadurch unnötige Experimente. Für die Fingerrundung wird ein federndes Stahlbelch als Kern eingeschoben; man muß es von Zeit zu Zeit nachdehnen, damit es immer die Form dicht verschließt. Es wird immer so eingesetzt, daß seine Fuge nach unten weist; mit etwas Lehm oder Wassertripel kann man sie abdichten.

Zweckmäßigerweise wählt man einen möglichst kleinen Durchmesser für den Rohling, denn je mehr der Ring beim nachfolgenden Schmieden und Walzen beansprucht wird, um so besser ist die Qualität des fertigen Stückes!

Die Form wird, wie der einfache Metalleinguß, vor Gebrauch eingerußt, dann setzt man sie zusammen und wärmt sie handwarm vor. Das Metall muß ruhig und stetig hineingegossen – nicht hineingestürzt – werden. Man muß sich über den Verlauf der anschließenden Erstarrung klar werden, damit man Lunker und Fehlstellen vermeiden kann.

Zuerst kristallisiert das Metall dort, wo die Unterkühlung durch die Wärmeableitung im Kontakt mit der Gußform am stärksten ist: auf der Profilseite des Traurings und an der Außenwand des Gußkopfs. Dieser Volumenschwund wird durch die aus dem Gußkopf nachsinkende Schmelze ausgeglichen, voraus-

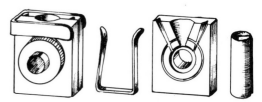

Bild 4.24   Geöffneter Trauringeinguß

gesetzt, daß das Metall im Gußkanal zwischen Kopf und Schiene noch flüssig ist. Wenn diese Engstelle vorzeitig durchkristallisiert, kann der Volumenausgleich nur aus dem Trauring selbst kommen, so daß an der Stelle, die bis zuletzt flüssig war, etwas Material fehlt: Es bildet sich ein muldenförmiger Außenlunker auf der Trauringinnenseite unter dem Gußkanal (Tabelle 4.13).

Tabelle 4.13 Fehlermöglichkeiten beim Trauring-guß

Merkmale	Ursachen	Gegenmittel
Gußform nicht ausgeflossen	Metall zu kalt, Form zu kalt oder zu heiß	höhere Schmelztemperatur, Form handwarm
Poröser Guß	Gase oder Luft können nicht entweichen	Form einrußen statt einzuölen; Luftkanäle erweitern
Lunker auf der Ringinnenseite unter dem Gußkopf	Kanal zwischen Gußkopf und Ring zu eng, Schmelze zu kalt	Gußkanal erweitern, höhere Gießtemperatur, Form handwarm

4.5.5.3 Formguß

Da man die Gußform selbst herstellen kann, lassen sich Halbteile und komplette Schmuckstücke abformen und gießen. Eine solche Form kann man nur einmal benutzen, deshalb wird das Verfahren als »Guß in verlorene Form« bezeichnet.
Der Formguß hat große Vorzüge, besonders wenn man nicht nur mit der Schwerkraft im Standgußverfahren die Schmelze in die Form einbringt, sondern unter Ausnutzung der Fliehkraft den Schleuderguß einsetzt. Wenn sich auch in den kleineren Goldschmiedewerkstätten immer mehr der Schleuderguß durchsetzt, sollen hier zunächst die traditionellen Methoden behandelt werden, denn

- es wäre schade, wenn diese Verfahren in Vergessenheit geraten würden,
- nach wie vor kann man sie vorteilhaft anwenden, wenn in der Werkstatt nur gelegentlich gegossen wird und deshalb die Anschaffung und Installation der Schleuderguß-Ausrüstung nicht lohnen würde.

Generell gilt für den Formguß:
- Das Schmuckstück wird in einem Arbeitsgang aus einem Stück hergestellt, die aufwendige Lötmontage entfällt.
- Da es eine spanlose Formung ist, entstehen nur geringe Metallabfälle und -verluste.

Gießen in Ossa Sepia
Der Sepiaguß ist eine schnelle und ziemlich sichere Gießmethode. Der Anwendungsbereich ist dadurch begrenzt, daß die Dicke der Schale nur Modelle bis zu einer bestimmten Größe zuläßt und daß außerdem diffizile Feinheiten der Modelloberfläche nicht wiedergegeben werden.
Als Formmaterial gilt der Rückenschulp (Rückenschale) des gemeinen Tintenfischs *(Sepia officinalis)*. Auf der einen Seite hat die Sepiaschale eine dünne, harte Kruste; die andere Seite der elliptischen Schale ist dagegen weich und nachgiebig, so daß man ein Metallmodell eindrücken und abformen kann. Schalen, die spröde, porös und bröcklig sind, und solche, die eine grobe Maserung haben, kann man nicht als Gußform verwenden.
Vorbereitung der zweiteiligen Form: Das Modell muß aus einem festen Werkstoff sein, weil es mit einem gewissen Druck in die Sepiaschale gepreßt werden muß. Kunststoff oder Metall eignen sich besonders dafür, zumal man sie spangebend formen kann.

Beispiel: Schiene zu einem Herrenring
Modell. Wenn keine fertige Schiene zum Abformen vorhanden ist, muß man das Modell selbst anfertigen. Je nach Form und Größe kann man es aus einem massiven Stück Kunststoff oder aus einem Plastikrohr zurechtfeilen. Man kann sich aber auch an die alte Methode halten und das Modell aus Blei anfertigen, weil dieses Metall leicht ausgeschmiedet und zurechtgefeilt werden kann, und überdies kann man die spätere Wirkung am Metallmodell besser erkennen.
Aus einem Streifen Blei sägt, schmiedet und feilt man die erforderliche Form und biegt sie zur Schiene herum. Dabei läßt man die Weite des Rings etwas kleiner, weil sie sich bei der Nacharbeit des Gußstücks noch vergrößert. Soll das Modell an bestimmten Stellen verstärkt werden, setzt man etwas Zweikomponenten-Metallkleber auf. Bei der Formung ist

zu beachten, daß das Modell nicht »unter sich« gehen darf, weil dann kein formgetreuer Abdruck entstehen würde bzw. beim Entnehmen des Modells Formmaterial mitgerissen werden könnte. Es ist sogar ratsam, die Innenseite der Schiene nicht ganz glatt zu lassen, sondern leicht durchzuwölben, weil das auch die Modellentnahme erleichtert.

Gußform. Eine Schale mittlerer Größe wird quer zur Hauptrichtung zertrennt. Beide Hälften werden auf dem Abziehstein flachgezogen. Dadurch bekommt man eine ebene Fläche, die mindestens so groß sein muß, daß das Modell bequem darauf Platz hat.

Die Schale benutzt man so, daß das dickere Ende nach unten kommt. In die feinkörnige Kalkmasse der beiden abgezogenen Schalenhälften drückt man die Schiene so ein, daß in jedem der beiden Formteile etwa die halbe Schienenbreite aufgenommen wird. Man muß so fest zusammendrücken, daß sich die abgezogenen Schalenhälften dicht berühren. Zusammen mit dem Modell werden mindestens zwei Markierungswinkel aus Stahl- oder Messingblech mit eingedrückt. Die Außenränder der Form werden nun zurechtgeschnitten. Man achte darauf, daß zwischen Modell und Außenwand genügend Formmaterial stehenbleibt, beim Gießen könnte sonst hier das Metall herauslaufen. Außer durch Markierungswinkel kann man durch einige Sägeschnitte, die über die Seitenwände beider Schalenwände laufen, die genaue Passung anzeichnen. Das Modell wird vorsichtig herausgenommen. Zwischen den beiden Schienenenden schneidet man noch einen Verbindungssteg in die Form. Man erleichtert dadurch das vollständige Ausfließen der Form. Der Gußkanal wird als breiter, aber flacher Trichter eingeschnitten. Schließlich ritzt man vom Modelleindruck nach oben noch einige Luftkanäle mit der Reißnadel, um Luft und Verbrennungsgase abzuleiten.

Die fertige Form wird mit einem weichen, trockenen Pinsel gesäubert, entsprechend den Markierungswinkeln und -schnitten zusammengesetzt und mit Bindedraht zusammengebunden. Wenn in die harte Schalenrückwand einige Kerben gefeilt werden, verhindert man das Verrutschen des Bindedrahts. Nachdem die Form durch *leichte* indirekte Wärme ganz ausgetrocknet wurde, ist sie fertig zum Guß.

Vorbereitung der dreiteiligen Form. Um bei einem Herrenring auch den Steindurchbruch im Ringkopf aussparen zu können, genügt die Form aus den zwei Hälften nicht, man braucht noch ein drittes Formteil.

Beispiel: Massiver Herrenring mit Steinöffnung (Bild 4.25).
Modell. Man kann das Modell aus einem massiven Kunststoffblock ausarbeiten und zurechtfeilen. Es wäre auch möglich, daß man ein Plastrohr nimmt und im Bedarfsfall mit Metallkleber an den erforderlichen Stellen verstärkt. In manchen Fällen kann man die Rohform des Ringes auch aus Epoxidharz oder Blei gießen, wobei die Fingeröffnung ausgespart wird. Man biegt die Außenkontur und die Fingeröffnung aus dünnem Messingblech, drückt beide in Holzkohle und gießt mit Kunststoff oder Blei aus. Das Rohmodell wird dann auf die gewünschte Form zurechtgefeilt. Wenn einige Grundformen vorhanden sind, lassen sich die unterschiedlichen Modelle leicht herstellen.

Sägt man die Schiene des Bleimodells hinten auf, ist es auf jede beliebige Weite biegbar.
Gußform. Eine große Sepiaschale teilt man in drei Stücke. Die beiden äußeren werden für die Schiene, das Mittelstück für den Kopf benutzt. Die drei Teile werden flachgezogen. In die beiden äußeren Stücke drückt man den

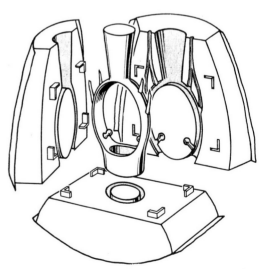

Bild 4.25   Geöffnete dreiteilige Sepiaform mit Gußrohling

Ring bis zu den Ringschultern zusammen mit den Markierungswinkeln ein. Man nimmt dann das Modell heraus, setzt die Formhälften zusammen und zieht die Unterseite beider Teile so weit ab, bis fast der Schienenkern erreicht ist.

Das Modell setzt man dann wieder ein und drückt den Ringkopf in die flachgezogene Seite des Schalenmittelstücks, bis alle drei Formteile auch auf dieser Fläche vollkommen dicht aneinanderliegen; auch hierbei sind Markierungswinkel nötig. Nun kann das Modell herausgenommen werden. Gußkanal und Luftabzüge werden wie bei der zweiteiligen Form eingeschnitten, der Abdruck ausgepinselt. Die Form setzt man dann so zusammen, wie auf Bild 4.26 gezeigt wird.

Guß. Beim Sepiaguß wird ein besonders langer Kopf gebraucht, man muß also eine ausreichend große Metallmenge schmelzen. Da bei niedriger Temperatur gegossen werden muß, ist es besonders empfehlenswert, die Gießbarkeit dadurch zu verbessern, daß man kurz vor dem Ausgießen etwa 0,5 % reines Zink zusetzt. Der Zinkzusatz bewirkt, daß die bei niedriger Temperatur besonders große Oberflächenspannung und Zähigkeit der Schmelze günstig beeinflußt werden. Die Schmelze wird nochmals gut durchgemischt und, sobald sich an der Oberfläche ein Erstarrungshäutchen zeigt, ausgegossen. Würde man zu heiß gießen, verbrennt die Form vorzeitig, wodurch die Feinheiten des Abdrucks verlorengehen, außerdem würde der Guß porös.

Bild 4.26   Geschlossene dreiteilige Sepiaform, zum Guß vorbereitet

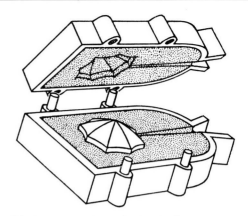

Bild 4.27   Formrahmen für Sandguß

Sandguß
Durch den Schleuderguß ist der Sandguß heute völlig verdrängt worden. In der Vergangenheit war der Sandguß aber sehr verbreitet, und man hat damit beachtliche Ergebnisse erzielt. Es war durchaus möglich, beispielsweise eine Filigranbrosche mit allen Feinheiten in Sand nachzugießen!

Formrahmen, auch »Formflasche« genannt. Er besteht aus zwei rechteckigen Rahmenteilen aus Eisen oder Leichtmetall, die genau aufeinander passen. An einer Schmalseite ist der Gußtrichter ausgearbeitet. Die Führungsstifte des einen Rahmens greifen in entsprechende Löcher des Gegenstücks, so daß beide Teile immer genau aufeinander passen.

Zubereitung des Sandes. Der trockene Formsand wird durch ein Haarsieb in eine Schüssel gebracht und langsam mit Wasser angefeuchtet, dann mit einem Löffel durchgemischt und durchgeknetet, bis er geschmeidig und bildsam ist. Zur Probe kann man kleine Kugeln zwischen den Fingern formen; ist der Sand gut, dürfen sie nicht zerfallen, wenn man sie hochwirft und wieder auffängt.

Herstellung der Form. Im Prinzip ist es das gleiche Verfahren wie in der Eisengießerei – nur alles etwas kleiner.

Beispiel: Achteckige getriebene Brosche (Bild 4.27).
Der Formrahmen, in den die Führungslöcher eingelassen sind, wird mit seiner Innenseite auf eine Glasplatte gelegt. In das untere Drittel des Formrahmens legt man das Modell auf die gleiche Glasplatte. Modell und Grundplatte

werden mit Formpuder, der in ein poröses Leinensäckchen gefüllt ist, bestreut. Es handelt sich um *Lycopodium*, den Sporenstaub des Keulenbärlapps aus der Gruppe der *Lycopodiaceen*, ein gelbes, feinkörniges Pulver. Nun wird der Rahmen mit etwas Sand gefüllt, den man mit einem kleinen Holzstößel leicht gegen das Modell drückt, damit er sich den Feinheiten der Modelloberfläche möglichst gut anpaßt. Erst dann stampft man mit dem Stößel nach und nach den Sand fest; es wird so lange Sand nachgefüllt, bis die Form reichlich gefüllt ist. Mit einem Stahlblech zieht man die Formhälfte entsprechend der Rahmenhöhe ab.

Diese gefüllte Rahmenhälfte wird nun gewendet und so hingelegt, daß das Modell nach oben kommt. Dann setzt man die zweite Formhälfte auf. Das Modell wird gut gesäubert und zusammen mit der gesamten Sandfläche wieder mit dem Formpuder isoliert. Nun wird ebenso, wie es bei der ersten Formhälfte beschrieben wurde, Sand eingefüllt, leicht angedrückt, schließlich vollgestampft und abgezogen.

Jetzt können die Formhälften getrennt werden. Mit einem Holzstäbchen wird das Modell durch leichtes Klopfen gelockert, so daß es herausfällt, wenn man die Form umdreht, das Modell wird also nicht mit der Pinzette herausgenommen. Vom Modellabdruck aus wird in beide Formhälften der Gußkanal eingeschnitten. Es ist immer ratsam, mit dem Einschnitt am Modell zu beginnen! Mit Wasser und weichem Pinsel glättet man den Gußkanal, damit die Schmelze gut hineingleiten kann, ohne daß Sandteile mitgerissen werden. Der Gußkanal soll möglichst lang sein wegen des hydrostatischen Drucks. Luftkanäle brauchen bei den kleinen Schmuckstücken nicht eingeschnitten zu werden, weil die getrocknete Formmasse porös genug ist. Besonders wichtig ist es, daß die fertige Form genau überprüft und jedes lose Sandteilchen entfernt wird, anderenfalls entstehen störende Poren am Gußstück.

Vorbereitung zum Guß und Gießen. Die Form wird zusammengesetzt, mit einer Zwinge zusammengeschraubt und durch indirekte Erwärmung, z. B. auf einem Ofen, *langsam* getrocknet. Geht die Austrocknung zu schnell, kann die Form reißen! Um festzustellen, ob alles Wasser ausgetrieben worden ist, hält man einen Spiegel über den Einguß. Beschlägt er nicht, kann die Form mit der offenen Flamme so weit erhitzt werden, bis sie die zum Gießen nötige Wärme hat. Gleichzeitig wird das Metall geschmolzen, um etwa 150 K über die Liquidustemperatur erhitzt und schließlich in die heiße Form gegossen (Bild 4.28).

Bild 4.28   Anhänger. Silber, vergoldet. In Sand gegossen, mit Stichel und Meißel nachgearbeitet. Lajos Bartha, Budapest (Ungarn)

4.5.6   Gießen mit Fliehkraft

4.5.6.1   Grundlagen

Der prinzipielle Unterschied gegenüber dem traditionellen Standgußverfahren besteht darin, daß beim Rotationsguß das flüssige Metall nicht einfach durch die Schwerkraft in die Form fließt, sondern durch die wesentlich größere Fliehkraft gegen die Wände der Form geschleudert wird. Beim Schleuderguß bewegt sich die Gießform auf einer Kreisbahn um das Rotationszentrum. Aus physikalischer Sicht entspricht die Gußform einem Massepunkt mit der Masse m, der mit der Winkelgeschwindigkeit ω im Abstand r um das Zentrum kreist (Bild 4.29).

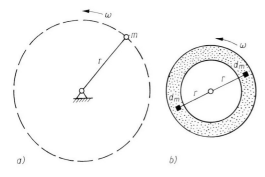

*Bild 4.29 Physikalisches Grundprinzip der Kreis-
bewegung (Schema). a) Rotation eines Massepunktes
auf einer Kreisbahn, b) Rotation eines ringförmigen
»starren Körpers«*

Demzufolge bekommt die Schmelze die kinetische Energie von

$$E_k = \frac{m}{2} \cdot r^2 \; \omega^2$$

m – Masse der Schmelze in kg
r – Abstand vom Drehpunkt in m
ω – Winkelgeschwindigkeit in s^{-1}
E_k – kinetische Energie in J

Durch die Rotationsbewegung entsteht die
Normalbeschleunigung

$$a_n = \omega^2 \cdot r$$

a_n – Normalbeschleunigung in m/s^2

Die Winkelgeschwindigkeit ω wird in der Praxis ermittelt durch die Beziehung

$$\omega = \frac{\pi \, n}{30} \text{ also } a_n = r \left(\frac{\pi \, n}{30} \right)^2$$

n – Drehzahl in min^{-1}

Beispiel: Welche kinetische Energie entsteht,
wenn eine Schmelze von 100 g Silber in der
Gießmaschine mit $n = 300 \; min^{-1}$ in die Form
geschleudert wird ($r = 25$ cm)?

$$E_k = \frac{m}{2} \cdot r^2 \; \left(\frac{\pi \, n}{30} \right)^2$$
$$= \frac{0,1}{2} \cdot 0,25^2 \; \left(\frac{3,14 \cdot 3 \cdot 10^2}{3 \cdot 10} \right)^2 \text{ J}$$
$$= \underline{\underline{3,08 \text{ J}}}$$

Dabei wirkt die Normalbeschleunigung

$$a_n = r \left(\frac{\pi \cdot n}{30} \right)^2 = 0,25 \cdot \left(\frac{3,14 \cdot 3 \cdot 10^2}{3 \cdot 10} \right)^2 \text{ m/s}^2$$
$$= \underline{\underline{246,49 \text{ m/s}^2}}$$

Wenn die Schmelze in die rotierende Kokille
gegossen wird, wirken Normalbeschleunigung
und Fliehkraft auf jedes Metalltröpfchen, so
daß die flüssigen Metallteilchen mit wesentlich
höherer Energie in die Form gepreßt werden
als durch die einfache Schwerkraft. Jedes Metalltröpfchen ist als Massepunkt aufzufassen,
der einen bestimmten Abstand vom Drehpunkt hat, und so gelten für jede dieser Teil-
massen die Gesetze der Fliehkraft. Also bekommt jedes Teilchen die kinetische Energie

$$dE_k = \omega^2 \cdot r^2 \cdot d\frac{m}{2}$$

Die Schmelze als Ganzes ist aber gleichmäßig
in der rotierenden Kokille verteilt. Zu jedem
Metalltröpfchen gibt es ein gleiches, das in entgegengesetzter Richtung gegen die Wandung
geschleudert wird. So heben sich die wirksamen Energien und Kräfte gegenseitig auf. Daraus folgt, daß der Schwerpunkt der Gesamtmasse mit dem Drehpunkt zusammenfällt.
Die Gesamtmasse der Schmelze ist also als
»starrer Körper« anzusehen, für den gilt

$$E_k = \omega^2 \int r^2 \cdot d\frac{m}{2}$$

Wegen $r = 0$ wird die kinetische Gesamtener-
gie ausgewuchtet, $E_k = 0$.
Die Beschleunigung ist in der rotierenden Kokille besonders hoch.

Beispiel: Wie hoch wird die Normalbeschleunigung, wenn ein Trauring mit dem Innendurchmesser von 20 mm in der rotierenden Kokille
bei $n = 3000 \; min^{-1}$ gegossen wird?

$$a_n = r \left(\frac{\pi \, n}{30} \right)^2 = 1 \cdot 10^{-2} \cdot \left(\frac{3,14 \cdot 3 \cdot 10^3}{3 \cdot 10} \right)^2 \text{ m/s}^2$$
$$= \underline{\underline{986 \text{ m/s}^2}}$$

Aus den berechneten Beispielen ergeben sich
folgende interessante Vergleichswerte:
- Standguß
  $a = 9,81 \; m/s^2$
- Schleuderguß
  $a_n = 246 \; m/s^2$; also etwa 25mal so groß
- Rotationskokillenguß
  $a_n = 986 \; m/s^2$; also etwa 100mal so groß

4.5.6.2   Schleuderguß

Wollte man konsequent sein und das Verfahren, wie es bei Kokillen-, Sand- und Ossa-Sepia-Guß üblich ist, nach der Beschaffenheit der Gußform bezeichnen, müßte man jetzt vom »Wachsausschmelz-Verfahren« sprechen, denn prinzipiell wird die Gußform nach dieser seit mehr als 2000 Jahren bekannten Methode hergestellt.
Die völlig neue Qualität ergibt sich aus dem Verfahren, mit dem das Metall in diese Form eingebracht wird, und insofern ist es gerechtfertig, dieses Präzisionsgießverfahren nach der Gießmethode zu bezeichnen.

Seit den 20er Jahren haben die Goldschmiede zaghaft versucht, dieses von den Zahntechnikern entwickelte Verfahren zu übernehmen und Einzelstücke, die aus Wachs modelliert waren, mit Hilfe der Handschleuder in Metall umzusetzen. Wenn dieses Verfahren des »verlorenen Gusses« auch noch weiter verbessert wurde, bekam der Schleuderguß seine eigentliche Bedeutung, als es in den 50er Jahren möglich wurde, durch rationelle Vervielfältigung der Wachsmodelle das Verfahren für die Serienproduktion zu nutzen. Es waren folgende Voraussetzungen erforderlich:
- Wachsmodelle müssen mit Hilfe einer Gummiform vervielfältigt werden.
- Einbettungsverfahren und Qualität der Einbettmasse müssen den höheren Ansprüchen der Serienfertigung angepaßt werden.
- Eine Schleudergießmaschine für entsprechend große Metallmengen mußte entwickelt werden.

Inzwischen ist der industrielle Schleuderguß so weit entwickelt worden, daß gleichzeitig vier große Küvetten in einem mit Schutzgas gefüllten Vakuumkessel rotieren und so qualitativ und quantitativ höchste Ansprüche erfüllt werden können.
Aber andererseits ist der Schleuderguß als Reproduktionsverfahren auch für den handwerklichen Kleinbetrieb entwickelt worden mit einer rationellen und dabei durchaus erschwinglichen Ausrüstung. Es ist also kein Problem mehr, daß ein Goldschmied seine Produktion auf den Schleuderguß einrichtet und seine Modelle über das »Wachsbäum-

chen« vervielfältigt. Neben der Umsetzung des Einzelstücks soll gerade dieser Aspekt in den folgenden Ausführungen wichtig sein.
Folgende Vorzüge zeichnen generell das Schleudergießverfahren aus:
- Modelle beliebiger Form, auch solche, die »unter sich« gehen, können leicht abgegossen werden.
- Wegen der hohen Kräfte fließt das Modell mit größerer Sicherheit aus, Lunker werden weitgehend vermieden.
- Da fast kein Gußkopf nötig ist, braucht man wenig Materialüberschuß.

Ausrüstung
Man muß sich darüber klar sein, welche Bedeutung der Schleuderguß in der Werkstatt haben soll. Ob man beispielsweise nur gelegentlich ein Wachsmodell abgießen will oder ob Kleinserien über die Gießtechnik realisiert werden sollen. Den Erfordernissen entsprechend muß man die Ausrüstung wählen!
- *Umsetzung von modellierten Wachsunikaten*
  Verschiedene Wachssorten
  Modellierwerkzeuge
  Küvetten
  Einbettmasse, wie sie der Dentist benutzt
  Tischschleuder oder Handschleuder
- *Umsetzung einzelner Metallmodelle*
  Formrahmen
  Plastilin
  Siliconkautschuk
  Vaseline als Isoliermittel
  Injektionswachs
  Küvetten
  Einbettmasse, wie sie der Dentist benutzt
  Tischschleuder oder Handschleuder
- *Serienfertigung nach Metallmodellen*
  Formrahmen
  Plastilin
  Siliconkautschuk oder Kautschukschnipsel mit Vulkanisiergerät
  Vaseline
  Injektionswachs
  Wachsinjektor oder Tischschleuder
  Küvetten mit Gummiteller und Buckel für Schmelzmulde
  elektrisch beheiztes Schweißmesser für Wachs
  Spezial-Einbettmasse
  Vakuumglocke mit Vibrator
  Glühofen

Rotations-Gußschleuder oder Zentrifugal-Gießmaschine

Wachsmodell herstellen

Wachssorten. Die Modellierwachse werden in unterschiedlicher Härte bereitgestellt, und dementsprechend unterschiedlich ist auch ihr Plastizitätsintervall (Bild 4.30).
Die *knetbaren Wachse* sind plastisch formbar. Sie werden als rechteckige, quadratische oder runde Platten, 0,3 . . .1,0 mm dick, angeboten; es werden das weiche, niedrig schmelzende rote und das mittelharte, höherschmelzende blaue Wachs dafür verwendet. Auch die in der Zahntechnik gebräuchlichen Lanzettwachse unterschiedlicher Härte (blau – hart, grün – mittelhart, elfenbein – weich) sind zur Gestaltung von Schmuckmodellen gut geeignet.
Mit der Entwicklung des *Hartwachses* sind die Möglichkeiten der Formgebung wesentlich erweitert und verbessert worden, denn man kann es wie weiches Holz spangebend bearbeiten, also sägen, bohren, feilen und schmirgeln. Sie werden, ähnlich wie Halbzeuge, schon in vorgefertigter Form geliefert, beispielsweise
- kompakte Blöcke 150 mm x 90 mm x 37 mm
- Blockabschnitte 6 . . .24 mm dick
- Stangen 95 mm x 30 mm x 30 mm
- Wachsdrahtstäbe 0,6 . . .5,0 mm Durchmesser
- Wachsprofilstäbe unterschiedlicher Form
- Wachsdraht auf Spule 2,5 mm und 3,5 mm Durchmesser
- spezielle Formen wie Rasterplatten, Netzgitter usw.

Werkzeuge. Für die Bearbeitung der *knetbaren Wachse* braucht man Metallwerkzeuge zum Schneiden, Modellieren und Schaben:

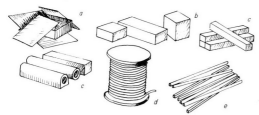

Bild 4.30 Modellwachs. a) Platten aus knetbarem Wachs, b) Hartwachsblöcke, c) Wachsstangen, d) Wachsdrähte auf Rollen, e) Profilstäbe aus Hartwachs

- kleine, scharfe Messer
- lanzettförmige und gerundete Werkzeuge
- Modellierwerkzeuge verschiedener Form
- Werkzeuge, die man sich dem eigenen Bedarf entsprechend zurichtet
- Gute Dienste leistet ein Modelliergerät, das man sich aus einem Bastlerlötkolben (24 V, 40 W) selbst anfertigen kann. Mit einem zwischengeschalteten Regelwiderstand läßt sich die Temperatur auf 60 . . . 85 °C einstellen. Statt der Lötkolbenspitze setzt man Werkzeuge unterschiedlicher Form ein, die man sich aus Kupferdraht selbst anfertigen kann. Sie können als Spatel, Messer, Kugelspitze, Lanzette geformt sein; praktisch sind auch geriffelte oder gezahnte Spatel.

Für die *Hartwachse* benutzt man die üblichen spangebenden Werkzeuge:
- grobe Laubsägeblätter, wie sie zur Holzbearbeitung üblich sind
- Raspeln und grobe Feilen
- Schaber

Modell aus knetbarem Wachs. Das knetbare Modellierwachs ist plastisch formbar, und diese Formbarkeit ist stark temperaturabhängig. Die wichtigsten Werkzeuge zur Formung des Wachses sind die Finger, aber wenn das Wachs einige Zeit in der Hand bearbeitet worden ist, wird es so weich und druckempfindlich, daß es nur noch mit größter Vorsicht gehalten werden kann; man kann das entstehende Modellstück leicht verquetschen. Deshalb muß es zwischendurch in den Kühlschrank oder in kaltes Wasser gelegt werden, damit es sich wieder stabilisiert.
Bei der Formung kann man direkt von der *Wachsplatte* ausgehen, und man erhält dann die Wirkung des Blechs. Mit dem Skalpell schneidet man die Wachsplatte zu, und man kann sie dann leicht mit den Fingern biegen und falten. Man muß ausprobieren, wie weich das Wachs zur Bearbeitung sein muß, damit man die gewünschte Gestaltungsabsicht verwirklichen kann. Es erweicht, wie gesagt, schon, wenn man es zwischen den Fingern hält; zieht man es kurz durch die Flamme, wird es noch wesentlich bildsamer. Mit dem Haartrockner (»Fön«) läßt sich das Wachs gleichmäßig erwärmen, oft genügt es schon, wenn man unter der Glühlampe arbeitet.
Ratsam ist es, daß man eine kleine Spiritus-

lampe oder die Gasflamme zur Hand hat, damit man nach Bedarf Wachs und Werkzeug anwärmen kann.

Mit dem spitzen Messer kann man Durchbrüche aus der Platte herausschneiden, oder man durchsticht das Wachs mit einem heißen Werkzeug.

Beim Aufschmelzen der Durchbrüche wird kein Material entfernt, man bekommt derartige Verdickungen der Kanten, als ob sie angestaucht wären. In gleicher Weise kann man jede Kante der Wachsplatte anschmelzen, wenn man sie an die Flamme hält.

Reizvolle Effekte der Oberflächengestaltung ergeben sich, wenn man auf die glatte Platte flüssiges Wachs aufbringt. Die Wirkung muß man selbst ausprobieren. Man kann es einfach auftropfen, aber günstiger ist es, wenn man das Wachs gezielt und dosiert aufbringen kann. Dazu fertigt man sich ein kleines Hilfsmittel selbst an. An einem Metalltrichter ist ein dünnes Ausflußrohr angelötet, das man sich in unterschiedlicher Dicke aus Kugelschreiberminen selbst ziehen kann. Als Schablonen-Rohrfeder gibt es solche Hilfsmittel auch fertig zu kaufen. Das Wachs wird in den Trichter gefüllt, geschmolzen, und dann läuft durch das Ausflußrohr ein gleichmäßiger Strang heraus. Man kann damit sauber und gezielt Kanten verstärken oder kleine Noppen auf die Platte aufsetzen.

Texturen und Muster unterschiedlicher Art kann man mit beliebigen Werkzeugen einritzen und herauskratzen; wärmt man das Werkzeug leicht an, schmilzt das Wachs beim Ritzen leicht an, und die Spur wird weicher. Mit etwas Fantasie wird der Gestalter eigene Möglichkeiten entdecken.

Man kann *Wachsteile zusammenschweißen*, wenn man beispielsweise auf die Wachsplatte Teile aufsetzen oder einen fertig geformten Ringkopf mit der Schiene verbinden will. Dazu wird zwischen die Verbundflächen ein angewärmtes Messer gehalten, das Wachs schmilzt, man zieht das Messer heraus, und mit leichtem Druck hält man die Verbundteile so lange zusammen, bis sie miteinander verschmolzen sind.

Wachsdrähte können gebogen, auf die Wachsplatte aufgelegt und mit der Flamme angeschmolzen werden.

Mit dem Wachsdraht kann man, ähnlich wie mit Metalldraht, offene, luftige Gestaltungen realisieren. Die Wachsdrähte lassen sich mühelos biegen und zusammenschweißen. Um die Gesamtform zu stabilisieren, kann man es über einer Metall- oder Holzunterlage aufbauen, die leicht eingefettet werden muß, damit man das Wachs wieder abnehmen kann. Sehr gut eignet sich zum Aufbau des Rings eine Arzneiflasche von geeignetem Durchmesser. Will man aber die Drahtkonstruktion in Form einer Hohlkugel gestalten, macht man aus der Einbettmasse eine Kugel und baut darauf das Netz aus den Wachsdrähten auf. Die Einbettmasse bleibt dann Bestandteil der Gießform. Solche Montagearbeiten aus Wachsdrähten sollen aber keine Imitationen von Drahtmontagen sein, sondern man muß die Eigenständigkeit des Verfahrens betonen, indem man beispielsweise die Verdickungen der Schweißstellen gestalterisch nutzt und außerdem die Dicke der Drähte variiert.

Mit dem Mundzerstäuber, wie er etwa zum Fixieren von Kohlezeichnungen üblich ist, kann man flüssiges Blauwachs auf die Wachsplatte sprühen, so daß sich eine gleichmäßige Rauhigkeit der Oberfläche ergibt, auf dem Gußstück wird das dann eine reizvolle Mattierung.

Besonders interessante Möglichkeiten der Arbeit mit dem Modellierwachs ergeben sich, wenn man die vorgegebenen Blech- und Drahtformen verläßt und das Wachs zwischen den Fingern zu freien, *vollplastischen Gebilden* knetet – wenn man also wirklich modelliert. Dabei erweist sich besonders deutlich, daß man gestalterische Möglichkeiten hat, die bei der direkten Metallformung kaum oder gar nicht zu erreichen sind.

Wenn man die nötigen gestalterischen Voraussetzungen besitzt, kann es bis zu figürlichen Motiven gehen, die miniaturisiert in die Schmuckgestaltung einbezogen werden können. Die Rohform wird man mit den Fingern vorkneten. Durch Schneiden und Schaben werden die Feinheiten der Form herausgearbeitet, durch den Druck mit dem Modellierwerkzeug wird die Formung unterstützt und die Oberfläche glattgezogen. Wenn man die Oberfläche mit einem angewärmten Werkzeug überstreicht, wird die modellierte Fläche noch weiter geglättet.

In gleicher Weise kann man auch beispielsweise einen Herrenring aus dem Modellierwachs aufbauen. Zur Stabilisierung benutzt man, wie schon empfohlen, einen runden Dorn aus Metall, Holz, Glas oder Kunststoff, eventuell den Ringriegel. Der Dorn muß leicht eingefettet sein, damit das fertige Modell abgenommen werden kann. Bei einem Stahldorn kann man auch so verfahren, daß man ihn neben dem Modell so lange erwärmt, bis durch die Wärmeleitung das Wachs anschmilzt und man ihn dann abziehen kann.

Modell aus Hartwachs. Zweifellos ist es viel einfacher, ein Wachsmodell für einen Herrenring herzustellen, als den Ring aus massivem Metall zu sägen und zu feilen oder ihn als Mantelring anzufertigen.

Besonders günstig ist es, wenn man die handelsüblichen Ringtuben (Wachsstangen mit dem Grundprofil des Rings) aus Hartwachs verwenden kann, bei denen bereits die Fingeröffnung ausgespart ist und die schon die Grundkontur des Rings haben. Mit einem Holz-Laubsägeblatt wird ein keilförmiges Stück von der Stange abgesägt, und dann kann man mit einer Holzraspel oder mit groben Feilen Ringkopf und Schiene formen. Braucht man einen Durchbruch für den Stein, wird ein Loch gebohrt oder eingebrannt und dann die Öffnung ausgesägt. Das fertig geformte Modell glättet man abschließend mit Schaber und Schmirgelpapier.

Wenn das Hartwachs nur als massiver Block verwendet werden kann, muß man ein geeignetes Stück heraussägen und keilförmig abziehen. Mit dem Zirkel wird auf beiden Seiten die Fingeröffnung angezeichnet, ein Loch gebohrt oder eingebrannt und der Durchbruch herausgesägt. Die Fingeröffnung, eventuell auch die Grundform des gesamten Rings, kann man recht gut auf der Drehmaschine ausarbeiten. Dann kann man den Rohling genauso weiterbearbeiten, wie es beschrieben wurde.

Einbetten des Wachsmodells (Bild 4.31)
Der Gußkanal wird durch den Gußstift oder einen Wachsstreifen gebildet, der leicht angewärmt und mit dem Modell verbunden wird. Der Gußstift soll, entsprechend der Masse des Modells 1 . . .2 mm dick und 10 . . .20 mm lang sein. Der Gußkanal muß so angebracht werden, daß

• das Modell in Strömungsrichtung liegt, ver-

gleichbar mit dem Verlauf der Rippen und Adern eines Blattes, damit die Schmelze in Richtung der Fliehkraft in die Form fließt.
• er möglichst am massivsten Teil des Gußstücks sitzt, damit die Hauptmasse der Schmelze einen möglichst kurzen Weg hat.
• die Ansatzstelle am fertigen Gußstück möglichst leicht versäubert werden kann.

Wenn nötig, kann man bei größeren Modellen auch mehrere Gußstifte oder Wachsdrähte ansetzen.

Wichtig ist, daß auch innerhalb des Modells die Querschnitte so dimensioniert werden, daß die Schmelze die ganze Form ausfüllen kann. Wenn beispielsweise der Gußkanal an der Schiene angesetzt wird, muß sie so dick sein, daß die erforderliche Metallmenge in den

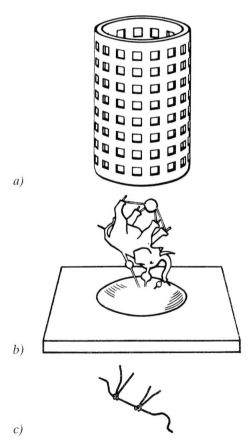

a)

b)

c)

Bild 4.31 Vorbereitetes Einzelmodell mit Küvette (Schema). a) Küvette, b) Modell mit gewölbtem Ständer, c) Drahtgerüst

Ringkopf fließen kann, ehe die Schiene erstarrt ist.

Die flach gewölbte Schmelzmulde der Küvette ergibt sich, wenn das Modell mit dem Gußstift in ein entsprechend geformtes Holz- oder Metallstück gesteckt wird; man kann dafür auch Wachs oer Plastilin verwenden.

Grundsätzlich muß der Abstand von Schmelzmulde und Gußstück möglichst gering sein, damit das Metall auf diesem Wege nicht unnötig abgekühlt wird. Man kann auf den Gußstift noch eine kleine Wachskugel stecken und zwischen ihr und dem Modell den Stift noch etwas mit Wachs verstärken. So bekommt man einen Gußkopf zum Ausgleich der Schwundmasse beim Erstarren.

Als Küvetten benutzt man Stahlrohrabschnitte unterschiedlicher Größe; damit die Einbettmasse schneller austrocknet, können sie gelocht sein.

Das Wachsmodell wird in Spiritus getaucht, um es zu entfetten, besser ist es, wenn man noch ein spezielles Netzmittel benutzt.

Es werden die in der Zahntechnik üblichen Einbettmassen benutzt. In einem Gummibecher wird etwas destilliertes Wasser mit der erforderlichen Menge der Einbettmasse vermischt und gut umgerührt. Man muß versuchen, die Luftbläschen aus der sahnigen Masse weitgehend zu entfernen. Dazu stößt man den Becher mehrfach auf den Tisch auf und bläst in die flüssige Masse hinein. Die Einbettmasse muß dünnflüssig, sahnig und ohne Klumpen sein.

Nun streicht man auf das Modell zunächst mit weichem Pinsel die dünnflüssige Einbettmasse, wobei wiederum auf eine blasenfreie Struktur zu achten ist. Wenn nötig, wird auf die erste Schicht trockene Einbettmasse gestäubt; man verhindert dadurch das Abtropfen und die Rißbildung der Form beim Austrocknen. Nach 2 . . . 3 min wird die Einbettmasse weiter aufgetragen, bis eine etwa 5 mm dicke Schicht das Wachsmodell einhüllt.

Nun stülpt man die Küvette darüber und gießt sie mit der Einbettmasse voll. Die durchbrochene Küvette muß mit Papier umwickelt werden, damit die Masse nicht herausläuft. Zwischen Modell und Wand sollen etwa 10 mm, bis zum Boden der Form 15 mm Abstand bleiben.

Dieses unkomplizierte Einbettungsverfahren genügt für gelegentliche Einzelstücke. Sind in der Einbettmasse noch Luftblasen enthalten, entstehen am Gußmodell »Warzen«, die zusätzliche Nacharbeit bedingen. Wenn man eine Vakuumglocke mit Vibrator zur Verfügung hat, wird die Einbettmasse natürlich genauso damit behandelt wie beim später beschriebenen Einbetten des Gußbaums.

Trocknen und Glühen

Die fertige Form soll man nicht unnötig lange stehenlassen. Wenn die Einbettmasse gebunden hat, nimmt man die Gußhalbkugel ab, die Gußstifte werden herausgezogen. Zum Trocknen wird die Form so aufgestellt, daß die Öffnung nach unten weist, so daß das Wachs abfließen kann.

Durch indirekte Erwärmung, beispielsweise auf einem Ofen oder im Emailofen bei niedriger Temperatur, wird die Form langsam – und das ist ganz wichtig – getrocknet und vorgewärmt. Wenn keine andere Möglichkeit besteht, genügt auch eine langsam brennende Gasflamme, über der die Form auf ein Drahtnetz aufgelegt ist; wird zu schnell erwärmt, reißt die Form ein und ist dann unbrauchbar. Man steigert die Hitze so lange, bis die Gußkanäle innen kirschrot glühen.

Gießen

Für den Anfänger und auch für den, der nur selten mit dem Schleuderguß zu tun hat, ist die *Tischschleuder* (Bild 4.32) am sichersten. Die Konstruktion ist so einfach, daß man sich das Gerät auch selbst anfertigen kann. Bei kleineren Küvetten genügt es, wenn die Form auf einen der beiden Teller gestellt wird, bei größeren braucht man ein Gegengewicht.

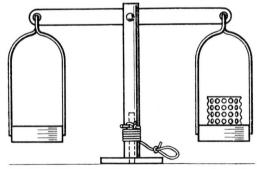

Bild 4.32   Einfache Tischschleuder mit aufgestellter Küvette

Die vorgewärmte Form kommt auf den Teller der Schleuder, wird nochmals mit der Gasschmelzpistole erhitzt, und dann gibt man das Gußmetall auf die Schmelzmulde.

Wenn man in einer Schmelzschale Metall schmilzt, ist es üblich, durch leichtes Schütteln festzustellen, ob das Metall durchgeschmolzen ist. So etwas soll man bei der Gußform vermeiden, denn die Oberflächenspannung würde unterbrochen, so daß ein Teil der Schmelze in die Form rutschen und den Gußkanal verstopfen könnte. Den Schmelzzustand muß man durch Beobachtung erkennen!

Wenn also das Metall durchgeschmolzen ist, beginnt der Guß:

Die Schnur wird abgezogen, das Rohr dreht sich, und damit auch der Arm mit den Schmelztellern, mit großer Geschwindigkeit um die haltende Achse, die Schmelzteller fliegen hoch, und die Schmelze wird durch die Fliehkraft in die Form geschleudert.

Die Vorzüge des Verfahrens sind

● einfache Handhabung
● große Anfangsgeschwindigkeit
● beachtliche Betriebssicherheit
● geringe Kosten

Nach einiger Übung wird man mit der *Hand-*

schleuder (Bild 4.33) das gleiche Ergebnis erzielen; trotzdem ist man hierbei immer von subjektiven Einflüssen abhängig, und die Gefahr von Fehlgüssen ist weit größer. Es ist nicht ratsam, wie man es manchmal hört, die Schleuder kurz abzusenken, ehe man sie rotieren läßt; die Oberflächenspannung wird dabei

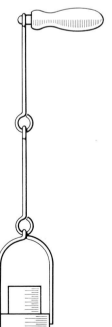

Bild 4.33   Handschleuder

Bild 4.34   Aus Wachs modellierte Einzelstücke. a) Broschen, Silber. Fachschule für Ang. Kunst Heiligendamm, b) Brosche, Gold. Rainer Schumann, Dresden, c) Brosche, Silber, Schiefer. Rainer Schumann, Dresden

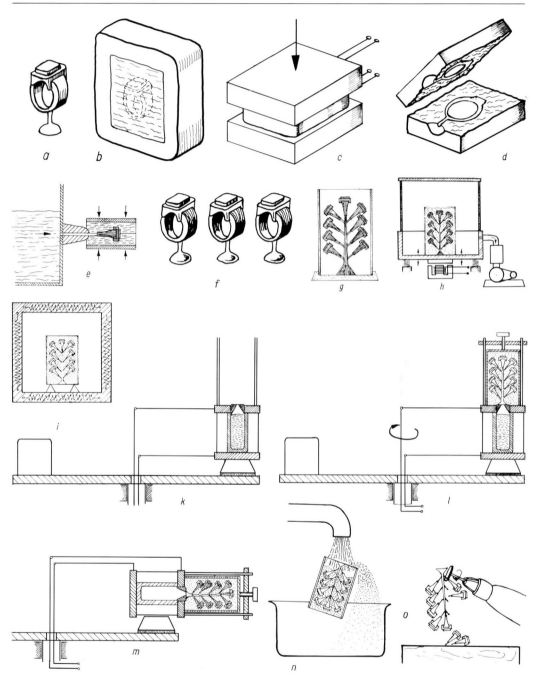

Bild 4.35   Vervielfältigung eines Metallmodells mit der Zentrifugal-Gießmaschine. a) Metallmodell, b) Modell, in Rohgummi eingebettet, c) Behandlung in der Vulkanisierpresse, d) getrennte Gummiform, e) Wachs in die Gummiform spritzen, f) Wachsmodell, g) Wachsbaum in der Küvette, h) Küvette, i) Wachsausschmelzen und Vorwärmen der Küvette im Elektro-Glühofen, k) Schmelzen des Metalls, l) Küvette auf Schmelztiegel montiert, Gießmaschine rotiert, m) Eingießen des Metalls in die rotierende Küvette, n) Herauslösen des fertigen Gußbaums aus der Küvette, o) Abtrennen des fertigen Stückes

zwar durchbrochen, aber das Metall erstarrt im Gußkanal, noch ehe die Drehung in vollem Schwung ist.

Günstiger ist es, die Schleuder ruhig, aber entschlossen, zunächst langsam, doch dann rasch beschleunigend rotieren zu lassen. So wird die Form zügig mit dem flüssigen Metall gefüllt, das dann mit großer Kraft gegen die Wandung der Form gepreßt wird.

Nach etwa 3 min wird die heiße Küvette in kaltes Wasser getaucht, um das Gußstück von den Resten der Einbettmasse zu trennen. Der Gußkanal wird abgeschnitten, und das Gußstück muß nun noch nachgearbeitet, geglättet, geschliffen und poliert werden.

Wenn es sich um ein Einzelstück handelt, ist die Arbeit damit abgeschlossen (s. Bild 4.34).

Metallmodell für Serienfertigung (Bild 4.34)
Das nach dem Wachsmodell hergestellte Einzelgußstück kann aber auch als Urmodell für eine Gummiform genutzt werden, um danach serienmäßig Wachsmodelle herstellen zu können (Bild 4.35). Diese Methode wird deshalb gern angewandt, weil man so die speziellen Gestaltungsmöglichkeiten der Wachsbearbeitung direkt nutzen und umsetzen kann. Es lassen sich Effekte erzielen, die mit den traditionellen Metallbearbeitungsverfahren nicht oder nur schwer möglich sind. Aus gestalterischer Sicht ist dieser Weg der Modellherstellung besonders erstrebenswert, weil nur so die gußtypischen Merkmale entstehen können. Selbstverständlich ist auch hierbei der Schwund bei der anschließenden Formung der Wachsmodelle aus der Gummiform zu berücksichtigen; im nächsten Abschnitt wird darauf näher eingegangen. Das Urmodell muß also entsprechend größer und dicker modelliert werden.

Ebenso kann das Metallmodell mit den üblichen Arbeitsmethoden des Goldschmieds als Einzelstück montiert werden, das dann direkt in Gummi abgeformt werden kann.

Wenn die Gummiform aus Silikonkautschuk gegossen wird, kann das Modell aus einer beliebigen Edelmetallegierung oder einem anderen resistenten Metall sein, aber auch Holz oder Kunststoff sind möglich. Will man aber die Gummiform aus Kautschukplatten vulkanisieren, muß man die Hitze und den frei werdenden Schwefel berücksichtigen. In solchen Fällen ist für das Modell am besten Au 585 geeignet, möglichst noch rhodiniert. Auch Messing ist geeignet. Silber und Unedelmetalle müssen vergoldet werden. Weichlötungen und hitzeempfindliche Modellwerkstoffe kann man nicht benutzen.

Der Abguß kann niemals besser sein als das Original!

Bei der Anfertigung des Metallmodells sind zwei Grundforderungen zu berücksichtigen:
- Es muß sehr präzis gearbeitet sein, weil sich alle Unregelmäßigkeiten an den Gußstükken wiederfinden.
- Das Wachsmodell schrumpft in der Gummiform um 5 ... 10 %, folglich muß das Metallmodell um so viel größer sein.

Zum Ausgleich des Schwunds müssen Bleche und Drähte um knapp 10 % dicker sein. Soll eine Ringschiene beim fertigen Stück 0,9 mm dick sein, muß sie beim Modell 1 mm Dicke haben, denn es kommt ja noch die Materialabnahme beim Versäubern des Metallmodells und des fertigen Gußstücks hinzu.

Zargen- und Krappenfassungen werden unter Berücksichtigung der Korrekturen für Metalldicke und Steinöffnung wie bei jedem üblichen Schmuckstück angelötet. Sie fließen beim Guß gut aus, und beim Fassen gibt es keine Schwierigkeiten. Die Fassung muß etwas weiter sein, der Stein muß »Luft« haben, dann wird er im Gußstück straff sitzen.

Besonders deutlich kommen die Vorzüge des Schleudergusses bei der Vervielfältigung gleichartiger Schmuckteile, wie Armbandglieder, Ohrringe und Manschettenknöpfe, zur Geltung, denn man erspart sich die monotone Angleichung der Teile und erhält doch völlige Übereinstimmung.

Auch für offene Drahtmontagen ist das Gußverfahren günstig. Es ist immer wieder verblüffend, mit welcher Präzision die Drahtarbeiten aus der Gußform kommen. Dies trifft auch für stark durchbrochene Ornamente zu. Es ist auch möglich, Kordeldraht, der beispielsweise als Zierrahmen um eine Fassung gelötet ist, abzuformen. Man muß nur darauf achten, daß er möglichst dicht gewickelt und sauber angelötet ist; anderenfalls setzt sich Gummi in die kleinen Öffnungen und wird beim Entformen abgerissen, wodurch die Qualität des Modells beeinträchtigt wird.

Hohlkörper, die stark konisch nach unten zulaufen, und solche, die über die Halbkugel hinausgehen, kann man nicht mehr abformen. Hierzu gehören auch korbartige Ringköpfe mit stark konischem Unterkörper. Solche komplizierten Hohlkörper müssen in mehreren Teilen gegossen und dann zusammengelötet werden. Am besten ist es, wenn man zunächst das Stück komplett herstellt und dann mit einem sauberen Sägeschnitt trennt. Wenn es sich einrichten läßt, sollte man Führungsstifte und -bohrungen anbringen, dann wird die Montage vereinfacht.

Man muß bei der Modellfertigung schon an die spätere Nacharbeit der Gußstücke denken. Durch geeignete Gestaltung kann man unnötige Erschwernisse vermeiden; zur Erleichterung der Nacharbeit kann es sogar günstig sein, das Modell aus einzelnen Teilen zu gießen und dann zu montieren. Jedes Modell muß mit äußerster Sorgfalt versäubert und nachgearbeitet werden. Jede unsaubere Lötstelle bildet sich am Gußstück präzis ab! Bis zur höchsten Politur muß das Modell gebracht werden, wenn das Fertigstück glänzen soll. Alle mattierten Flächen des Schmuckstücks werden auch schon am Modell mattiert, so kann man sie besser nacharbeiten, als wenn sie noch glatt sind.

An das Metallmodell wird ein Gußkanal aus Runddraht oder flachgewalztem Draht gelötet.

Herstellung der Gummiform
Vulkanisierte Gummiform. Dieses Verfahren wird vorzugsweise bei der industrietechnischen Produktion angewandt. Für den Kleinbetrieb ist das bequemere Verfahren mit Siliconkautschuk zu empfehlen.

In einen stabilen Metallrahmen werden zwei passende Scheiben Rohkautschuk und dazwischen das Metallmodell so eingelegt, daß der Gußkanal bis zum Rand reicht. Hohlräume im Modell werden mit Kautschukschnipseln ausgestopft, wie etwa die innere Höhlung eines Ringkopfs. Die Kautschukplatten sollen nur wenig über den Rahmen herausragen. Beiderseits wird der Rahmen mit Stahlplatten bedeckt. Unter der Vulkanisierpresse wird bei 150 °C etwa 20 ... 40 min lang vulkanisiert (Bild 4.36 a).

Mit einem Skalpell oder einer halbierten Rasierklinge, die in ein Schutzblech eingeklemmt

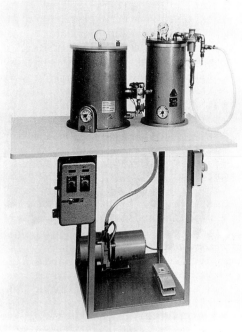

Bild 4.36   Zusatzanlagen zum Schleuderguß.
a) Vulkanisierpresse, b) Wachsinjektor

ist, wird der massive Gummiblock vorsichtig mit unregelmäßigen Schnitten aufgetrennt, bis das Modell entnommen werden kann. Die entstehenden Unebenheiten der Trennfläche gewährleisten später die genaue Passung der Formhälften. Durch gezielte Schnitte sorgt man dafür, daß empfindliche Teile des späteren Wachsmodells bequem entnommen werden können, ohne abzureißen.

Wenn flache, plattenförmige Teile, wie Münzen oder flache Anhänger, abgeformt werden sollen, werden Modell und Gummiplatten vor dem Vulkanisieren mit Talkum eingepudert, damit man sie nach dem Vulkanisieren ohne Messer trennen kann. Durch zwei Stahlhalbkugeln, die mit einvulkanisiert werden, sichert man die Passung der Formhälften.

Gummiform aus Siliconkautschuk. Es werden Siliconkautschukmischungen angeboten, die Gummiformen unterschiedlicher Härte ergeben. Gummi und Vernetzer werden nach der Gebrauchsanleitung zu einer gießbaren Flüssigkeit vermischt. Im Vakuumrüttler wird die Mischung nach dem Anrühren entlüftet; ebenso dann noch einmal, wenn das Modell eingebettet ist.

Als Formrahmen genügen einfache Blechstreifen, die entsprechend gebogen werden. Das Modell mit dem Gußstift wird zur Hälfte in Plastilin gedrückt, zur Führung werden noch einige Stahlkugeln mit eingedrückt. Mit Vaseline wird isoliert, und dann gießt man den Siliconkautschuk darüber.

Nach der Aushärtung werden Plastilin und Stahlkugeln entfernt, die Oberfläche der Formhälfte wieder mit Vaseline isoliert, damit nun die zweite Formhälfte darübergegossen werden kann.

Die fertigen Formhälften haben dort, wo in der ersten Form die Stahlkugel war, Führungsbuckel, so daß sie nach Entnahme des Modells paßgerecht zusammengesetzt werden können. Bei Ringen mit glatter Innenseite kann man auf besonders einfache Weise die Gummiform herstellen. Das Ringmodell steckt man auf ein passendes Messingrohr mit untergelöteter Bodenplatte. Durch ein zweites, entsprechend größeres Rohr wird der Formrahmen gebildet, so daß die Siliconkautschukmasse eingegossen werden kann. Nach dem Aushärten wird das äußere Rohr abgezogen, die Gumiform quer

zur Ringschiene aufgeschnitten, und so kann man das Modell herausnehmen. Beim späteren Einspritzen des Wachses muß natürlich das innere Messingrohr in der Gummiform bleiben.

Herstellung der Wachsmodelle
Das Gußwachs soll
● möglichst schnell erkalten,
● möglichst wenig schrumpfen,
● eine gewisse Elastizität haben und
● ohne Rückstände verbrennen.

Damit sich die Wachsmodelle leicht entnehmen lassen, wird die Gummiform leicht mit Talkum eingepudert und gelegentlich mit Siliconspray behandelt.

Bei der industriellen Fertigung benutzt man den *Wachsinjektor* (Bild 4.36 b). In einem Vorratsbehälter wird das Wachs mit einem elektrisch beheizten Wasserbad flüssiggehalten. Die Kautschukform wird mit zwei Aluminiumplatten fest zusammengedrückt und an die Düse des Wachsinjektors gehalten. Dabei wird sie zuerst evakuiert, und dann wird sofort das Wachs mit leichtem Überdruck in die Gummiform gespritzt.

Da man die elastische Form bequem auseinanderbiegen kann, lassen sich die empfindlichen Wachsmodelle gut herausnehmen. Im Kleinbetrieb wird ein solcher Injektor nicht ausgelastet. Es wird eine *Injektionsspritze* zum Einfüllen des flüssigen Wachses empfohlen, aber besser ist folgendes Verfahren: Die Siliconkautschukform wird zusammengebunden und auf einen Teller der *Tischschleuder* gestellt, in dem etwas Sägespäne sind, um die richtige Höhe und den sicheren Stand zu gewährleisten. Auf die Gummiform wird ein Trichter gesteckt, in den flüssiges Wachs gegossen wird, und dann wird die Schleuder sofort abgezogen, so daß das Wachs mit der Fliehkraft ganz präzis gegen die Gummiform gepreßt wird und alle Feinheiten der Form wiedergibt.

Einbetten des Gußbaums
An einem zentralen Wachsstamm mit Fuß werden die Gußkanäle der Wachsmodelle mit einem elektrisch erhitzten Kolben angeschweißt – es geht auch mit einem angewärmten Messer. Die Modelle müssen einen Mindestabstand von 2 mm haben, und bis zum Rand der Küvette müssen 5 mm Abstand sein,

damit die Einbettmasse nicht reißt. Die einzelnen Schmuckstücke werden spiralförmig rings um den Stamm des Bäumchens angesetzt, damit sie nach und nach ausfließen; würde man mehrere auf gleicher Höhe ansetzen, würden nicht alle ausfließen. Alle Modelle müssen so schräg angesetzt sein, daß sie in Richtung der Fliehkraft liegen.

Der Stamm des Bäumchens steht auf einem Gummiteller mit eingearbeitetem Buckel für die spätere Gußmulde.

Man braucht für diesen komplizierten Guß eine Einbettmasse von besonders hoher Qualität. Der angerührte Brei wird mit einem Rührgerät durchgemischt, dann unter der Vakuumglocke mit Vibrator vorevakuiert, damit die enthaltenen Luftteilchen entweichen. Man kann sehen, um wieviel sich das Volumen deutlich vermindert.

Das Bäumchen taucht man in Spiritus oder in ein speziell dafür vorgesehenes Netzmittel. Die Küvette wird auf den Gummiteller gesetzt, auf dem sich auch das Bäumchen befindet. Zum Ausgleich des Volumenschwunds beim Entlüften wird um die Küvette eine höhere Manschette aus dünnem Kunststoff gebunden, die dann, wenn die Einbettmasse fest ist, wieder entfernt wird.

Nun wird die vorevakuierte Einbettmasse so in die Küvette gegossen, daß sie neben den Wachsmodellen an der Küvettenwand hineinfließt und vom Boden aufsteigend das Bäumchen einhüllt. Wenn die Küvette reichlich gefüllt ist, kommt sie unter die Vakuumglocke, und man sieht deutlich, wie die Luftblasen aus der Einbettmasse herausdrängen, und die Form bleibt so lange im Vakuum, bis keine Luft mehr austritt. Dabei ist auch die überschüssige Einbettmasse auf das Niveau der Küvette zurückgegangen, und man kann die Manschette abnehmen.

Der Gummiteller wird abgenommen, und nach 20 min beginnt man vorsichtig, das Wachs mit der Gasflamme herauszuschmelzen. Im Elektroofen wird die Küvette bei einem Temperaturanstieg von 100 K/h innerhalb von 7 h auf 700 °C erhitzt und so zum Guß vorbereitet. Man kann auch die Küvette – die ja durch das Ausbrennen des Wachses schon vorgewärmt ist – in den auf etwa 250 °C heißen Ofen stellen und so weiter mit steigender Ofentemperatur aufheizen.

Man soll es so einrichten, daß zwischen Einbetten und Gießen etwa 6 . . .7 h liegen – nicht mehr. Die Endtemperatur soll 550 °C bis maximal 700 °C betragen. Die eigentliche Gießtemperatur kann dann tiefer liegen, die Küvette soll entsprechend abgekühlt werden:

Gießtemperatur =

$$\frac{\text{Liquidustemperatur d. Legierung}}{2} + 50 \quad \text{(in °C).}$$

Für Au 585 wären das beispielsweise

$$(\frac{850}{2} + 50)\ °C = \underline{475\ °C}$$

Erforderliche Metallmenge

Wenn auch die Dichte des Wachses etwas geringer ist, kann man sie mit 1 g/cm³ annehmen, dadurch hat man noch einen gewissen Sicherheitsbetrag. Durch Vergleich mit der Dichte des Gußmetalls läßt sich die Menge des benötigten Metalls leicht bestimmen – das Verfahren gilt natürlich auch für den Guß von Einzelstücken nach modellierten Wachsmodellen.

$$V_W = V_M$$
$$m_W : \rho_W = m_M : \rho_M$$
Wegen $\rho_W = 1\ \text{g/cm}^3$ ergibt sich
$$m_M = \rho_M \cdot m_W$$

V_W – Volumen des Wachses
m_W – Masse des Wachses
V_M – Volumen des Metalls
m_M – Masse des Metalls
ρ_M – Dichte des Metalls
ρ_W – Dichte des Wachses

Schmelz- und Gießanlagen

Tiegelguß-Schleuder. Diese Anlage ist für den handwerklichen Kleinbetrieb gut geeignet. Man kann damit sowohl Einzelstücke als auch Gußbäumchen schnell und risikolos gießen. Je Charge können bis zu 50 g Edelmetallegierung eingesetzt werden (Bild 4.37). Während bei der Tischschleuder die Zentrifugalkraft dadurch entsteht, daß eine Schnur abgezogen wird, entwickelt sich bei der Tiegelguß-Schleuder die Zentrifugalkraft durch die plötzliche Entspannung einer kräftigen Spiralfeder, die den Schleuderarm, auf dem Küvette und Tiegel befestigt sind, herumschleudert.

Das Metall wird in einem Graphittiegel mit Hilfe eines elektrischen Schmelzofens, der sich

Bild 4.37   Tiegelguß-Schleuder

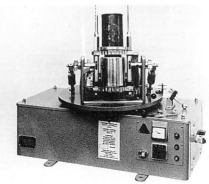

auf dem Schleuderarm befindet, erschmolzen. Wenn das Metall flüssig ist, wird die vorgewärmte Küvette ebenfalls auf den Schleuderarm gesetzt, und man schiebt den Ofen so dicht an die Küvette heran, daß die Gußöffnung des Tiegels genau vor dem Eingußkanal steht. Durch Hebeldruck wird dann der eigentliche Gießvorgang ausgelöst: Die Feder entspannt sich, so daß der Arm mit großer Wucht in Drehung versetzt wird und dabei das flüssige Metall durch die entstehende Zentrifugalkraft in die Form geschleudert wird.

Zentrifugal-Gießmaschine. Als Beispiel wird die Anlage der Firma Arno Lindner, München, beschrieben. Es gibt diese Gießmaschine in unterschiedlichen Größen. In jedem Fall ist es eine ausgesprochene Serienguß-Anlage, die nur bei großem Materialdurchlauf ausgelastet werden kann (Bild 4.38 a). Nach dem Prinzip des Hellberg-Ofens (s. Kap. 4.4.2) dient ein Graphitrohr als Heizwiderstand, das die Wärme auf den eigentlichen Keramiktiegel überträgt; auf diese Weise sind Temperaturen bis 1600 °C möglich. Das Schmelzgut kann auch direkt im Graphittiegel erwärmt werden, aber nur bis 1300 °C. Dadurch, daß der Netzstrom auf 5 ... 12 V transformiert wird, er-

Bild 4.38   *Elektrische Schmelz- und Zentrifugal-Gießmaschine. a) ohne Küvette, b) aufgesetzte Küvette, c) Küvette fest mit Schmelztiegel verbunden, d) Gießstellung bei Rotation*

reicht man die zum Schmelzen erforderliche Stromstärke. Im Maschinengehäuse befinden sich die elektrischen und mechanischen Steuer- und Antriebsaggregate. Die Schmelz- und Gießeinrichtung ist auf der drehbaren Metallscheibe untergebracht.

Der Tiegel wird zunächst in senkrechter Stellung vorgeheizt, das Metall wird eingefüllt und erschmolzen. Ist es verflüssigt, wird die vorgeheizte Küvette aufgesetzt und mit dem Haltemechanismus fixiert.

Mit einem Elektromotor wird die Drehscheibe rasch beschleunigt, wobei der Schmelzstrom noch eingeschaltet bleibt, damit die Schmelze heiß bleibt. Ist die volle Drehzahl erreicht, wird über einen Auslöser die Schmelz- und Gießeinrichtung in die waagerechte Gießstellung – hydraulisch gebremst – umgekippt, und dabei schaltet sich der Strom ab.

Bei allen vorher beschriebenen Schleudergießeinrichtungen – Hand-, Tisch-, Tiegelguß-Schleuder – setzt die Formausfüllung schon mit Beginn der Beschleunigung ein; wenn die volle Drehzahl – und damit die maximale Zentrifugalkraft – erreicht wird, ist der Gießvorgang schon abgeschlossen. Es wird erst dann gegossen, wenn die maximale Kraft wirksam ist.

Mit der Zentrifugal-Gießmaschine ist es möglich, Goldlegierungen, wie Gelb- und Rotgold, Weißgold, Silber, Messing, Tombak, Bronze und Neusilber, dünnflüssig und schonend zu schmelzen und in die Form zu schleudern.

Tabelle 4.14   Technische Daten der Schleudergieß-Anlage

Maximale Schmelztemperatur	1300 ... 1600 °C
Maximale Schmelzmasse, Silberlegierungen	
im Graphittiegel	140 ... 1400 g
Keramiktiegel im Graphitrohr	120 ... 800 g
Maximale Schmelzmasse, Goldlegierungen	
im Graphittiegel	200 ... 1900 g
Keramiktiegel im Graphitrohr	160 ... 1100 g
Maximale Küvettengröße	70 $\varnothing$ × 90 mm ... 125 $\varnothing$ × 220 mm
Elektrische Leistung bei Normallast	1 ... 3,2 kW
Elektrische Leistung bei zeitweiser Oberlast	1,4 ... 4 kW
Anheizen von Raum- auf Schmelztemperatur	10 ... 20 min
Schmelzdauer bei 1000 °C Schmelztemperatur	4 ... 10 min
Abmessung mit Schutzvorrichtung	
	800 mm × 800 mm ... 1350 mm × 1350 mm

Je nach Ofentyp werden bei den Zentrifugal-Gießmaschinen der Firma Lindner die in Tabelle 4.14 zusammengestellten Werte erreicht.

Vakuum-Gießanlage (Bild 4.39). Während bei den bisher behandelten Gießanlagen das schmelzende Metall durch die Fliehkraft in die Form geschleudert wurde, wird es jetzt durch Evakuierung der Küvette in die Form hineingesaugt.

Die Formvorbereitung mit dem Wachsbaum, der in die Küvette eingebettet wird, entspricht dem Schleuderguß. Die Wand der Küvette muß gelocht sein, dicht unter der Oberkante sitzt ein Flansch, der für den luftdichten Verschluß gebraucht wird. Der eingesetzten Metallmenge entsprechend sind die Küvetten unterschiedlich groß.

Die Vakuum-Pumpe hat eine Doppelfunktion: Mit ihr werden die Luftblasen aus der flüssigen Einbettmasse herausgetrieben, außerdem wird mit ihr die Metallschmelze in die Form gesaugt.

Auf dem Gerät befindet sich der Rüttler, kombiniert mit der Vakuumanlage, so daß zunächst die angerührte Einbettmasse und dann auch die gefüllte Küvette entlüftet und damit blasenfrei wird.

Die vorgeglühte Küvette wird in die Aufnahmekammer so eingesetzt, daß mit Flansch und Dichtungsring die Auflage exakt abgedichtet wird.

Das Metall wird auf der Küvette mit der Schmelzpistole verflüssigt. Währenddessen wird die aufgesetzte Vakuumglocke evakuiert. Wenn dann mit einem Fußschalter die Aufnahmekammer mit der Vakuumglocke ver-

Bild 4.39   Vakuum-Gießanlage

bunden wird, entsteht ein plötzlicher Unterdruck, und die Luft wird durch die poröse Einbettmasse aus dem Hohlraum der Form abgezogen, so daß die darüber befindliche Schmelze rasch und vehement in die Form gesaugt wird und den Hohlraum ausfüllt.

Dieses Verfahren ist deshalb besonders vorteilhaft, weil die Küvette ruhig stehenbleibt, alle Risiken und Belastungen, die sich durch die Rotation ergeben, entfallen.

4.5.6.3   Rotationsguß mit Kokille

Auf diese Weise kann man fugenlose Trauringe leichter und rationeller herstellen als mit der einfachen Standgußkokille. Das Verfahren ist unkompliziert:

Die genau dosierte Metallmenge wird in der Schmelzschale verflüssigt, die rohrförmige Ko-

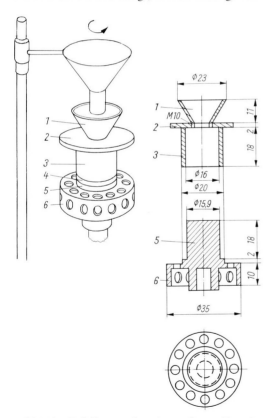

kille wird auf volle Drehzahl gebracht; dann kippt man das flüssige Metall in den schwenkbaren, starren Einguß, so daß die Schmelze gegen die Wandung der Rotationskokille geschleudert wird und sich ringsum gleichmäßig anlagert. Au 585 wird bei reduzierter Drehzahl eingegossen. Soll der Trauring Halbrundprofil bekommen, muß er auf diese Form gerandelt oder abgedreht werden.

Man kann sich die einfache Rotationskokille von einem Dreher ohne großen Aufwand anfertigen lassen (Bild 4.40).

In den Deckel des oberen Rohrstücks (2) ist der Gußtrichter (1) eingeschraubt. Dieses Rohr (3) wird lose auf den massiven Bolzen (5) aufgesetzt. Mit Hilfe von Zwischenringen (4), die ebenfalls auf den Bolzen geschoben werden, reguliert man den Abstand des Rohrdeckels von der Oberkante des Bolzens, und damit wird die Breite des Traurings eingestellt. Mit dem Kranz (6), der ringsum durchlocht ist, wird der ruhige Lauf der Kokille gesichert, denn er wirkt als Schwungmasse. Als Antrieb dient der Motor einer kleinen elektrischen Kaffeemühle mit einer Drehzahl von mindestens 3000 min^{-1}. Damit der Motor trotz der hohen Zentrifugalkräfte ruhig läuft, soll er keine Gleitlager, sondern zuverlässige Rollager haben. Um die Hände freizuhalten, ist ein Fußschalter, der auch als Drehzahlregler dient, ratsam, wie er bei der elektrischen Nähmaschine üblich ist.

4.6   Walzen und Ziehen

4.6.1   Wesen der Umformung

Wenn man das Phänomen der Umformung eines metallischen Werkstoffs untersuchen will, muß man sich darüber klar sein, daß im Gefüge gleichzeitig nebeneinander zahlreiche verwickelte Vorgänge ablaufen, die überhaupt nur dadurch zu erfassen sind, daß man sie in Einzelerscheinungen aufteilt. Dieses methodische Prinzip wird auch hier bei den Erläuterungen angewandt – man muß sich aber immer über die Komplexität der Vorgänge klar sein! Folgende Fragen sind zu beantworten:

Bild 4.40   Kokille zum Rotationsguß von Trauringen. (1) Eingußtrichter, (2) Rohrdeckel, (3) oberes Rohrstück, (4) Zwischenringe, (5) massiver Stutzen, (6) Lochkranz

- Was geschieht innerhalb *eines* Kristallits?
- Wie verändert sich der Kristallverband?
- Auf welche Weise wird der ganze Metallblock umgeformt?

Verständlicherweise können diese Fragen im Rahmen dieses Lehrbuchs nur in vereinfachter Form behandelt werden. Grundsätzlich sind die Vorgänge im Einzelkristallit und im Kristallitverband bei allen Beanspruchungsarten gleich; dagegen ist die Veränderung des Blockganzen von der Umformungsmethode abhängig: Beim Schmieden ist es anders als beim Ziehen, beim Biegen anders als beim Nieten. Nur deshalb, weil die allgemeinen Erscheinungen der Umformung – also die Veränderungen von Einzelkristallit und Kristallitverband – beim Walzprozeß besonders klar zu übersehen ist, sollen sie am Beispiel dieser Umformungsart beschrieben werden.

Elastische Umformung
Bereits bei der Erläuterung des Spannungs-Dehnungs-Diagramms wurde die elastische Umformung beschrieben. Jeder plastischen Umformung geht sowohl im ganzen Metallblock als auch in jedem einzelnen Kristallit eine elastische Umformung voraus. Sie ist dadurch gekennzeichnet, daß sich der gesamte Metallblock bei Zugbeanspruchung in Zugrichtung verlängert bzw. bei Druckbelastung in Druckrichtung zusammendrückt; hört die Belastung auf, nimmt der Metallblock seine ursprüngliche Form wieder an.

In der Praxis wird es immer so sein, daß während der elastischen Umformung des Metallblocks wohl die meisten Kristallite nur elastisch beansprucht sind, daß aber doch schon bei einzelnen, besonders günstig orientierten Kristalliten eine erste bleibende Umformung einsetzen kann. Umgekehrt wird es auch nach deutlicher bleibender Umformung des Blockganzen noch einzelne Kristallite geben, die nur elastisch beansprucht wurden.

Die Veränderungen innerhalb eines Kristallits bei elastischer Beanspruchung sind in vereinfachter Weise auf Bild 4.41 dargestellt. Modellmäßig kann man sich die Vorgänge am leichtesten so vorstellen, daß man sich die Atome als Kugeln, die zwischen ihnen wirkenden elektrischen Anziehungskräfte als Gummibänder vorstellt. Bei Bild 4.41 b ist deutlich zu sehen, wie die Atome ihren Abstand in Druckrichtung verringern, während das Gitter in Gegenrichtung geweitet wird. Wirkt der Druck in schräger Richtung auf den Gitterverband, wird aus dem Quadrat ein Rhombus (s. Bild 4.41 c). Bei Zugbeanspruchung herrscht das gleiche Prinzip in umgekehrter Form: In Zugrichtung weitet sich das Gitter auf, während es sich in der Gegenrichtung zusammenschiebt.
Wenn man sich die Umformung am »Gummi-

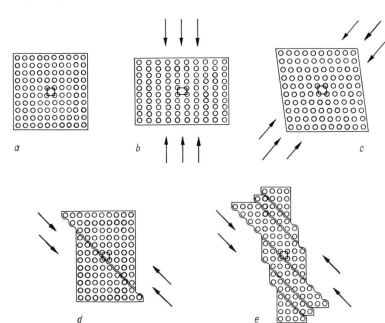

Bild 4.41   Veränderung des Gitterverbands bei der Umformung (Schema). a) Ausgangszustand, b) elastische Umformung bei senkrechter Krafteinwirkung, c) elastische Umformung bei diagonaler Krafteinwirkung, d) beginnende plastische Umformung auf einer Gleitebene, e) fortschreitende Umformung auf weiteren Gleitebenen

bandmodell« vorstellt, dürfte klar sein, daß der Gitterverband bei vollständiger Entlastung seine ursprüngliche Form wieder annimmt.

Dadurch, daß in jedem Einzelkristallit die beschriebenen Vorgänge ablaufen, kann auch der ganze Kristallitverband elastisch umgeformt werden. Im Gegensatz dazu muß man bei der folgenden plastischen Umformung zwischen den Vorgängen im Einzelkristallit und im Kristallitverband unterscheiden.

Plastische Umformung
Jeder plastischen Umformung geht eine elastische voraus. Während aber bei dieser nach Entlastung die Formänderung aufgehoben wird und das Gefüge die Ausgangsform wieder annimmt, bleibt beim plastischen Umformen die Formänderung nach Entlastung erhalten.

Vorgänge im Einzelkristallit. Wenn die Belastung die Elastizitätsgrenze überschritten hat, vergrößern sich die Atomabstände nicht weiter, sondern der ganze Atomverband verschiebt sich auf bevorzugten »Gleitebenen«. Das sind Kristallflächen, die besonders dicht mit Atomen besetzt sind. Bei den kubischen Metallen sind es die Diagonalflächen. Wenn man sich beim »Gummibandmodell« das vorstellt, können sich die Bänder nicht weiter dehnen, von allen Atomen der Gleitfläche werden sie abgerissen, die Atome »holpern« um eine »Gleitstufe« weiter, und sie werden wieder von den Gummibändern verbunden, so daß die gegenseitige Bindung der Atome wieder hergestellt ist (Bild 4.41 d). Wenn der gesamte Kristallit dadurch auch seine Außenform verändert hat – er wurde gestreckt – so bleibt die dem jeweiligen Gittersystem entsprechende Ordnung der Atome erhalten. Ein Goldkristall ist auch nach dem Walzen immer noch nach dem kflz-Gitter gebaut! Je mehr Gleitebenen in einem Kristallit vorhanden sind und je stärker sich die Atome auf diesen Ebenen verschieben, um so mehr verändert der Kristallit seine ursprüngliche Form. Während er sich in einer Richtung fadenartig verlängert, wird er in der Gegenrichtung immer schmaler (Bild 4.41 e). Eine solche Verschiebung des Gitterverbandes ist nur möglich, wenn die Belastung in Richtung der bevorzugten Gleitflächen wirkt; einer Spannung, die in anderer Richtung einwirkt, setzt der Kristallit einen hohen Wi-

derstand entgegen, weil nur ein verminderter Kräfteanteil zur Umformung genutzt werden kann – oft reicht es nur zu einer elastischen Verschiebung des Gitters (Bild 4.41 b). Die plastische Umformung eines Kristallits ist also im Gegensatz zur elastischen Umformung richtungsunabhängig.

Mit dem Umformungsgrad wächst der Umformungswiderstand des Gittergefüges: Je mehr der Kristallit seine ursprüngliche Gestalt geändert hat und je stärker die Deformation fortgeschritten ist, um so mehr Kraft braucht man zur Fortsetzung der Umformung.

Vorgänge im Kristallitverband. Bei der Erläuterung des Erstarrungsvorgangs (s. Abschnitt 4.5.3) wurde darauf hingewiesen, daß ein Metallblock kein einheitlicher Kristall ist, sondern aus einer Vielzahl von Kristalliten besteht, die *regellos* – also richtungsunabhängig – verteilt sind. Diese Regellosigkeit wirkt sich so aus, daß die bevorzugten Gleitebenen der einzelnen Kristallite nach unterschiedlichen Richtungen orientiert sind. Es ist deshalb gleichgültig, in welcher Richtung die Belastung auf einen Vielkristall – das ist ja jeder Metallblock – einwirkt, immer werden zunächst nur die Kristallite nachgeben und sich plastisch umformen lassen, die zufällig in optimaler Umformungsrichtung liegen. Wurde beim Einzelkristall gesagt, daß seine Umformbarkeit richtungsabhängig ist, darf man vom vielkristallinen Metallblock sagen, daß er sich in jeder Richtung gleichermaßen formen läßt.

Wenn sich nun ein Kristallit, der in Umformungsrichtung liegt, streckt, wirkt sich das sofort auf die Nachbarkristalle aus, weil sie ja mit ihm in direktem Kontakt stehen und mit ihm verbunden sind. Sie werden zunächst elastisch verspannt, dann in ihrer Lage verändert und immer weiter gedreht, bis auch sie von der plastischen Umformung erfaßt werden: Das Gefüge »fließt« (s. Bild 4.56). Mit steigendem Umformungsgrad werden immer mehr Kristallite gestreckt, bis schließlich auf dem Gefügebild nur noch fadenartig langgezogene Kristallite zu erkennen sind, es ist die typische Walz- bzw. Ziehstruktur. Durch die plastische Umformung wird der richtungsunabhängige Metallblock zu einem in Bearbeitungsrichtung geordneten Kristallitgefüge.

Es zeigt sich also, daß mit der Belastung nicht

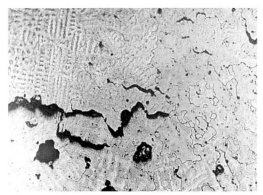

Bild 4.42   Legierung Au 585. Grobkörniges Gefüge,
bei beginnender Umformung gerissen. V = 125

nur der Umformungswiderstand der Atome
auf den Gleitebenen des Einzelkristalls überwunden werden muß, sondern daß die stärksten Widerstandkräfte aus der gegenseitigen
Behinderung der Kristallite erwachsen. Wenn
zwischen den Kristalliten noch zusätzlich
spröde Korngrenzensubstanzen abgeschieden
sind, wirken diese als versteifendes Gerüst und
können die Umformung hemmen oder völlig
unmöglich machen (Bild 4.42).
Im Laufe des Umformungsprozesses werden
schließlich die Kristallite bis an die Grenzen
ihrer Formbarkeit gestreckt, immer größere
äußere Kräfte sind dazu erforderlich. Schließlich kann es so weit kommen, daß bei anhalten-

der Krafteinwirkung die Trennfestigkeit überschritten wird – und das Gefüge beginnt an einzelnen Stellen einzureißen.
Generell gilt für die Metalle, daß mit wachsendem Umformungsgrad Härte, Zugfestigkeit
und Streckgrenze steigen, während die Dehnung sinkt. Auf Bild 4.43 wird am Beispiel des
Kupfers gezeigt, wie sich die mechanischen
Eigenschaften mit dem Umformungsgrad
ändern. Bei anderen Metallen und Legierungen sind die konkreten Werte zwar unterschiedlich, aber die Tendenz und der Kurvenverlauf sind prinzipiell gleich.

4.6.2   Walzen

Walzvorgang
Das Walzen kann man als einen örtlich fortschreitenden Umformungsprozeß auffassen,
in dessen Verlauf die Dicke des Metallblocks
verringert wird, wobei gleichzeitig seine Länge
zunimmt, während die Breite fast unverändert
bleibt. Zwischen den Walzzylindern, die sich
gegeneinanderdrehen, wird der Metallblock
gestaucht und gleichzeitig aufgrund der entstehenden Reibung weiterbefördert.
Ehe man die Umformung beim Walzen verstehen kann, muß man die Vorgänge zwischen ruhenden Preßflächen betrachten.

Stauchen zwischen ruhenden Preßflächen. Der
Metallblock wird in Wirkungsrichtung der
Druckkräfte belastet, während er quer dazu
unbelastet bleibt. Dies entspricht der Beanspruchung beim Schmieden, Treiben, Ziselieren, Prägen usw.
Das innere Gefüge des Metallblocks wird
durch die äußeren Kräfte nicht gleichmäßig
umgeformt, sondern es gibt Zonen, in denen
keine oder nur geringe Deformation erfolgt,
und andere, die besonders stark von der Umformung erfaßt werden (Bild 4.44).

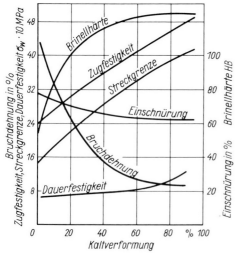

Bild 4.43   Änderung der Eigenschaften eines Metalls
bei der Umformung (Beispiel: Kupfer)

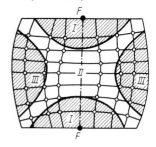

Bild 4.44
Fließkegel (Schema)

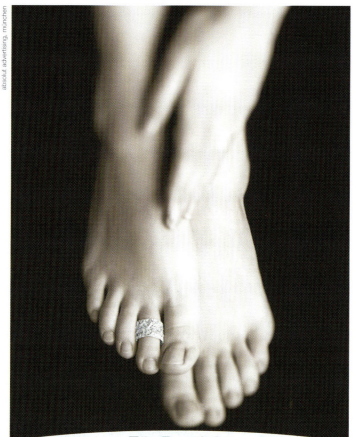

absolut advertising, münchen

**Für Bereiche,
die andere Halbzeuge nicht erreichen –
C. Hafner Kreativ-Halbzeuge**

C. HAFNER
Gold- und Silberscheideanstalt
Bleichstr. 13-17
D-75173 Pforzheim
Tel. (0 72 31) 920-0
Fax (0 72 31) 920-207
eMail: schmuck@c-hafner.de
Internet: http://www.c-hafner.de

C. HAFNER
MIT UNS FÄNGT SCHMUCK AN

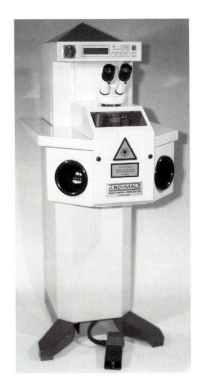

Halbzeug.
Selbstverständlich
Allgemeine.

Kreativität braucht einen
freien Kopf. Deshalb ist mit
Halbzeug der Allgemeinen
besonders gut arbeiten.
Weil Qualität und Service
so selbstverständlich sind,
daß man gar nicht mehr
darüber nachdenken muß
– und Sie sich auf das
Wesentliche konzentrieren
können. Rufen Sie uns an:
Telefon 0 72 31 / 96 02 88.

Allgemeine ⬤
Gold- und
Silberscheideanstalt AG

Degussa-Hüls Gruppe

Besseres Licht im Verkauf

Tageslicht-Leuchten und Lampen für Ihre Arbeit

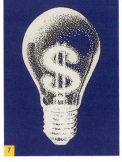

1 DIALITE PRO · Optimierter Tageslicht-Mix
6.500 - 5.500 K · Lichtstärke 2 x 36 Watt, für
5.000 Lux und mehr, flimmerfrei & dimmbar

2 Verkaufen im besten Tageslicht – gut für Ihre
Ware und das Geschäft

3 DIALITE FM A · Design-Licht am Zug-Seil

4 DIALITE FM L · Feinstes Arbeitslicht, flimmerfrei

5 FM LS 2/13 · Formvollendetes High-Tech Licht
für wirkungsvolle Präsentation

6 Kommunikation im richtigen Tageslicht für
bessere Preise und gutes Verkaufen

7 DIALITE · Gutes Tageslicht für beste Geschäfte

8 DIALITE XHIO · Starkes Licht 4 x 36 W mit
Halogen-Spot 50 W für Farbwechsel & Asterismus

9 NEODYM · Farbkorrigierte Halogenlampe –
weniger gelb & mehr rot für reinere und intensivere
Farbwiedergabe spezifischer Steine

10 DIALITE Flip · Mobiles Tageslicht – klappt auf,
macht an und ist schnell da wo Licht fehlt

11 SOLUX · Tageslicht-Halogenlampe 12V/50 W für
Vitrine, Schaufenster und Verkauf. 4.700 Kelvin

SYSTEM® EICKHORST

Lichtblicke für Ihren Verkauf

SYSTEM EICKHORST · Borsteler Chaussee 85-99 · 22453 Hamburg · Tel. 040-51 40 00-0 · Fax 040-51 78 14 · e-Mail Info@Eickhorst.COM

- Durch den Kontakt von Werkzeug- und Werkstückoberfläche entsteht eine so starke Reibung, daß hier das Metall nicht seitlich ausweichen kann. Dadurch bleiben auch die unter den Reibungsflächen liegenden Gefügebestandteile unverändert, so daß im Bereich I keine oder nur geringe Umformung erfolgt.
- Durch den äußeren Druck wird der Metallblock quer zur Belastungsrichtung ausgebaucht, und deshalb kann in diesem Bereich III die senkrecht wirkende Druckkraft nicht auf das Gefüge einwirken.
- So konzentriert sich die Gefügeänderung auf den Bereich II, der zwischen den Zonen liegt, die von der Umformung nicht erfaßt werden.

Die Lageänderung der Bereiche I und III kommt also vorwiegend durch die Verdrängung zustande, die sich bei der Gefügeumformung des Bereichs II ergibt.

In den Punkten F bleibt das Metallgefüge unverändert; die Verbindung zwischen beiden Punkten ist die Fließscheide FF, von der aus das Gefüge gleichermaßen nach beiden Seiten weggedrängt wird.

Wenn der belastete Metallblock besonders dick und die wirkende Kraft nur gering ist, kann es passieren, daß sich an den Preßflächen ein »Fließkegel« bildet, an den sich ein Bereich starker Umformung anschließt. Das geschieht beispielsweise an den Stellen, wo ein Hammer auftrifft, und auch auf der Gegenseite, die auf dem Amboß aufliegt. Dazwischen liegt im Blockinneren ein Bereich, auf den die Druckkraft nicht mehr wirkt und der deshalb unverändert bleibt.

Stauchen zwischen bewegten Preßflächen. Diese Belastungsart entspricht dem Walzvorgang. Die Walzenrollen bilden schräge Druckflächen, zwischen denen das Metall während der Beanspruchung durch die entstehende Haftreibung kontinuierlich weiterbewegt wird.

Wenn man annimmt, daß sich der Walzendruck gleichmäßig stark dem gesamten Metallquerschnitt mitteilt, erfolgt die Beanspruchung im Bereich von α. Durch den Reibungswiderstand an den Walzflächen bilden sich wieder Zonen geringster Umformung, die Fließkegel (Bild 4.45). Die Fließscheide FF

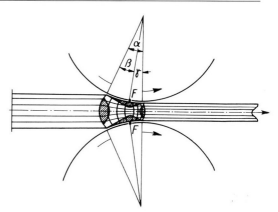

Bild 4.45   Walzvorgang mit Fließkegel (Schema)

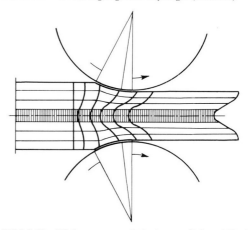

Bild 4.46   Walzvorgang. Bei einem dicken Block wird die Kernzone vom Walzendruck nicht erfaßt

liegt nun nicht mehr in der Körpermitte, sondern ist seitlich verschoben. Ebenso, wie es bei den ruhenden Preßflächen beschrieben wurde, weicht der Körper der Belastung zu beiden Seiten der Fließscheide gleichermaßen aus. Daraus ergibt sich nun, daß das Metall im Bereich von β zurückgedrängt wird, es wirkt der Rückstau. Im Gebiet von γ dagegen wird das Metall vorwärtsgeschoben, von der Voreilung erfaßt. Demnach wird das Metall im Bereich des Rückstaus langsamer, im Bereich der Voreilung schneller als die Umfangsgeschwindigkeit der Walze bewegt; lediglich auf der Fließscheide bewegt sich das Metall vorübergehend im Tempo der Walzenrolle.

Hinzu kommt noch, daß sich der Walzendruck nicht so gleichmäßig, wie es zur vereinfachten Darstellung angenommen wurde, dem gesamten Metallquerschnitt mitteilt, sondern daß die Randzonen stärker als der Kern des Metallblocks umgeformt werden. Es kann sogar vorkommen, ähnlich wie es bei den ruhenden Preßflächen angedeutet wurde, daß der Kern nicht mit von der Umformung erfaßt wird (Bild 4.46). Dadurch schiebt sich die stark umgeformte Randzone in Walzrichtung über den Kern hinweg. An der Stirnseite des Walzblocks kann man mitunter diese Erscheinung nachweisen.

Walze
Die abgebildete Walze (Bild 4.47) ist speziell für den Kleinbetrieb konstruiert. Das Walzengestell besteht aus vier Rundsäulen, die Ober- und Unterplatte miteinander verbinden. Auf den polierten Führungssäulen des Walzengestells können die Walzenlager, in denen sich die Zapfen der Walzenrollen drehen, verschoben werden. Die Rollen sind 45 mm dick und 90 mm breit. Mit dem oberen Paar können Bleche zwischen 5 mm und 0,01 mm, mit den unteren Rollen Vierkantdrähte zwischen 5 mm und 1 mm bearbeitet werden. Die Walze kann mit mäßigem Kraftaufwand betrieben

werden, weil die Drehbewegung der Kurbel für die Drahtwalze mit $i = 6:1$, für die Blechwalze mit $i = 12:1$ ins Langsame übersetzt wird. Mit einem zentralen Handrad wird die Blechwalze, mit zwei Sterngriffspindeln die Drahtwalze reguliert. Aus einer guten Blechwalze muß das Metall mit einer glatten, fast polierten Oberfläche herauskommen. Dazu braucht man Walzenrollen aus hochwertigem Stahl, die auch nach längerem Gebrauch fehlerlos ihre Politur behalten. Die Gesamtkonstruktion einer solchen Maschine muß möglichst robust sein, weil alle Funktionsteile erheblich beansprucht werden. Eine besondere Abart der Walze ist die Bördelmaschine, wie sie beispielsweise der Klempner häufig benutzt. Der Goldschmied kann sie als Profilwalze beispielsweise zur Herstellung hohlgewölbter Armreifen verwenden. Zwischen den Rollen wird der Blechstreifen gleichmäßig gewölbt und zwangsläufig zur Armreifform eingerollt. Nach dem Walzen braucht man nur noch die erforderliche Länge abzuschneiden, zusammenzulöten und zu verböden, um einen geschlossenen, hohlen Armreif herzustellen.

a)   *b)*

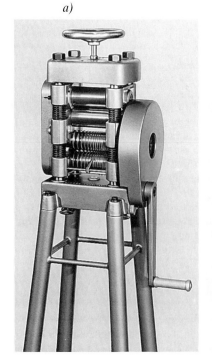

Bild 4.47 Kombinierte Blech- und Drahtwalze. a) Antrieb mit Handkurbel, b) Antrieb mit Elektromotor

Zur Pflege der Walze und zur schonenden Behandlung sind folgende Hinweise zu beachten:

- Keine harten und spröden Werkstoffe, wie gehärtete Stahlteile, gezundertes Metall walzen.
- Boraxreste vom Werkstück entfernen.
- Material vor dem Walzen gut trocknen.
- Walzenrollen gleichmäßig beanspruchen, damit sie nicht nur in der Mitte abgenutzt werden.
- Wenn nötig, werden Walzenzylinder mit feinstem Polierpapier abgezogen, indem man es um ein Rundholz legt, das so lang wie die Walzenbreite ist. Das zusammengelegte Polierpapier schiebt man zwischen die Walzenrollen, so daß sie beim Drehen nachpoliert werden; der Holzstab verhindert das Herausgleiten des Polierpapiers. Möglichst nicht mit Schmirgelpapier bearbeiten, die Walzenrollen bekommen dabei Streifen.

Vorbereitung des Gußblocks
Durch das Gießen bekommt der metallische Werkstoff, den man zu Blech und Draht verarbeiten will, seine Rohform. Danach wird er abgebeizt, damit alle harten Borax- und Schlackenteile restlos entfernt werden. Der Gußblock muß kräftig und systematisch vorgeschmiedet werden. Erst nachdem das Metall gut durchgeknetet und vorbereitet wurde, wenn erforderlich, wird zwischengeglüht, kann man mit dem Walzen beginnen.
Man soll die zusätzliche Mühe des Vorschmiedens nicht scheuen – die Qualität des Halbzeugs wird dadurch deutlich verbessert!

Arbeiten an der Walze
Walzen von Blech. Vor dem Walzen überzeuge man sich zunächst nochmals, ob der Metallblock von Verunreinigung frei ist und ob die Walzenrollen völlig glatt sind. Jedes Schmutzteilchen hinterläßt am fertigen Stück einen Abdruck, der mühsam herausgeschliffen werden muß. Nun schiebt man den Block von einer Seite zwischen die Walzenrollen, deren Abstand so groß sein muß, daß sie ihn durch die entstehende Reibung festhalten. Während man den Metallblock mit einer Hand gegen die Walzenrollen drückt, dreht man mit der anderen Hand den Hebel so weit, bis die Walze »greift«. Nun erst kann man mit voller Kraft die Walzenrollen bewegen, indem man mit

beiden Händen und, wenn nötig, mit ganzer Körperkraft den Handhebel dreht. So befördert man das Metall durch die Walze und nimmt es auf der anderen Seite wieder ab.
Es bleibt sich gleich, ob man an dieser oder jener Seite den Block wieder einsteckt. Man kann das Arbeitsstück vorwärts und dann wieder rückwärts walzen. Die Walz*richtung* kann aber erst nach vorherigem Zwischenglühen geändert werden. Wenn eine quadratische Platte gewalzt werden soll, muß sie erst in der Längsrichtung gestreckt, zwischengeglüht und dann rechtwinklig dazu zur vorherigen Bearbeitungsrichtung verlängert werden.

Tabelle 4.15   Fehlermöglichkeiten beim Walzen

Merkmale	Ursachen	Gegenmittel
Blech ist verspannt	Ungleichmäßiger Angriff der Walzenrollen (Mitte abgenutzt)	Glühen, zuwenig beanspruchten Bereich des Blechs schmieden; Walze abdrehen lassen
Blech ist verspannt	Walzrichtung ohne Zwischenglühen geändert	Glühen, mit dem Hammer nachspannen
Blech ist einseitig verzogen	Walze wirkt einseitig, weil Rollen einseitig abgenutzt sind; Walzenlager ungleichmäßig eingestellt	Walze abdrehen lassen; Walzenlager nachstellen
Blech reißt an den Kanten ein	Werkstoff verunreinigt: Grobkornbildung durch zu häufiges Glühen. Werkstoff über die Streckgrenze beansprucht	Risse mit der Säge aufweiten, glühen, erneut walzen. Verunreinigtes Metall umschmelzen
Blech reißt stark ein, zerbröckelt, mosaikartige Rißbildung	Streckgrenze überschritten, Grobkorngefüge, meist aber Verunreinigungen im Werkstoff	Umschmelzen oder an Scheideanstalt zur Umarbeitung geben

Mit jedem Walzgang soll, besonders beim Handwalzen, immer nur ein geringer Dickenunterschied bewältigt werden:

- Die Walze wird dadurch geschont.
- Der arbeitende Goldschmied spart seine Kraft.
- Das Metall wird zügiger und nicht ruckweise durch die Walze gebracht.

Dieser letzte Punkt ist besonders wichtig, denn immer, wenn der Walzprozeß stockt, entsteht eine Stufe auf dem Blech! Wenn der Abstand der Walzzylinder so klein ist, daß man nur mit größter Kraftanstrengung das Blech ein Stückchen durchbringt und wieder zurückdrehen muß, hat man mehr geschadet, als ein solcher »Zeitgewinn« einbringt.

Will man dem Blechstreifen eine gebogene Form geben, zieht man, vorausgesetzt, daß die Walze keine Zentraleinstellung hat, eine der beiden Walzspindeln stärker an, so daß das Metall an einer Seite mehr als an der anderen gestreckt wird.

Besonders wichtig ist es, daß die Dehnbarkeit der betreffenden Legierung berücksichtigt wird. Zu seltenes Glühen ist ebenso falsch wie zu häufiges Glühen. Oft wird aber der Fehler gemacht, daß der dicke Ausgangsblock bereits nach wenigen Walzgängen geglüht wird, weil der Umformungswiderstand eben sehr hoch ist. Ist das Blech aber dann dünn, läßt sich

demnach leicht durchwalzen, wird man erst durch die entstehenden Risse an das Glühen erinnert. Tatsächlich muß aber der Walzvorgang nicht vom »Gefühl«, sondern mit der Meßschraube kontrolliert werden (Bild 4.48).
Beispiel: Wenn eine Legierung um 50 % umgeformt werden soll, muß man nach folgenden Walzstufen glühen:
10 . . . 5 mm 5 . . . 2,5 mm 2,5 . . . 1,25 mm usw.

Walzen von Draht. Bei der Bearbeitung von Drähten gelten die gleichen Umformungsprinzipien wie bei der Blechumformung, denn das Gefüge verschiebt sich beim Drahtwalzen in ähnlicher Weise. Während aber bei der Blechwalze die Umformungskräfte nur in senkrechter Richtung auf den Block wirken, entstehen im Profil der Drahtwalze auch Kräfte in schräger Richtung, die als Normalkräfte auf die seitlichen Flächen des Sechskantdrahtes drücken. Ebenso wie bei der Blechherstellung muß der Rohblock vorgeschmiedet und geglüht werden. Die Bearbeitung beginnt in einem sechsseitigen Walzprofil, in den folgenden Rillen wird es dann immer mehr einem quadratischen Querschnitt angenähert.

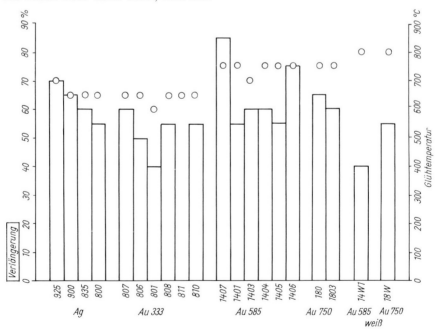

Bild 4.48   Zulässige Verlängerung beim Walzen und erforderliche Rekristallisationstemperatur für wichtige Edelmetall-Legierungen

Nach jedem Walzgang wird der Walzenabstand etwas verringert, der Draht um 90° gedreht und wieder eingesteckt. Grundsätzlich geht man erst dann zur nächsten Profilrille über, wenn die vorhergehende voll ausgenutzt worden ist, die Walze also bis zum Kontakt der Walzzylinder nachgestellt worden ist.

4.6.3 Ziehen

Das Prinzip des Verfahrens besteht darin, daß ein angespitzter Draht durch die konische Öffnung eines Werkzeugs aus hartem Werkstoff gezogen wird, um die Dicke des Drahtes zu verringern und ihn gleichzeitig dem Profil der Öffnung entsprechend zu formen.

Ziehvorgang
Normalerweise wird das Ausgangsmaterial zunächst in der Drahtwalze vorbehandelt. Während beim Walzen die zur Umformung erforderlichen Kräfte über die Walzenrollen auf das Werkstück übertragen werden, müssen sie beim Ziehen über den Draht selbst auf die Wirkungsstelle, den Ziehkonus, übertragen werden. Demnach wird die Größe der möglichen Zugkraft durch die Festigkeit des Werkstoffs begrenzt. Das wirkt sich besonders beim Ziehen dünner Drähte aus.
Während der Draht den Ziehkonus durchläuft, verringert sich der Drahtdurchmesser auf das Maß des zylindrischen Bereichs. Je steiler der Konus ist, um so größer ist die Dickenabnahme; damit steigen aber gleichzeitig Umformungswiderstand und Kraftaufwand.
Durch die Reibung am Ziehkonus bilden sich ähnliche Fließkegel wie beim Walzen. Wenn der Draht durch die Öffnung des Zieheisens gezogen wird, werden vom Ziehkonus besonders die Außenzonen des Materials zurückgehalten, während die Kernzone fast unverändert bleibt. Dies wirkt sich so aus, daß die Randzonen zurückgeschoben werden, während sie beim Walzen über den Kern vorwärtsgeschoben werden.

Ziehwerkzeuge
Das wichtigste Werkzeug beim Ziehprozeß ist zweifellos das *Zieheisen*. Dieses »Eisen« ist eine Platte aus hochwertigem Stahl, in die Löcher gleicher Form eingelassen sind, deren Größe sich von einem Loch zum anderen gleichmäßig verringert. Die Beschaffenheit der Ziehöffnung kann man auf Bild 4.49 sehen. Die Dickenänderung erfolgt im Ziehkonus, während im zylindrischen Teil das Profil kalibriert wird. Bei dem am meisten benutzten Grundtyp sind mehrere Reihen runder Löcher in abgestufter Größe zur Runddrahtherstellung eingearbeitet, daneben werden Spezialzieheisen verwendet, deren Öffnungen quadratisch, rechteckig, dreieckig, messerförmig sein können; für besondere Formen kann man außerdem noch Fassonzieheisen anfertigen lassen.
Vom Zustand der Zieheisen hängt die Qualität des Drahtes ab. Nur wenn die Löcher absolut glatt sind, kann ein einwandfreier Draht entstehen. Die Behandlung des Zieheisens fängt mit der Aufbewahrung an. Wenn man es achtlos in einen Kasten zusammen mit harten und weichen Werkzeugen wirft, können ernsthafte Schäden entstehen. Ein Halter, in den die Eisen zur Aufbewahrung gesteckt werden, macht sich immer bezahlt.
Daß man Zieheisen nur zum Ziehen benutzt, sollte selbstverständlich sein; aber mancher »spart« und verwendet sie als Nietböckchen, Richtplatte oder Auflage zum Bördeln von Blech. Bricht es aus, dann wird auf das schlechte Material geschimpft!
In regelmäßigen Abständen müssen die Wachsreste aus den Ziehöffnungen entfernt werden. Natürlich darf man nicht versuchen, mit harten, scharfen Gegenständen das Wachs

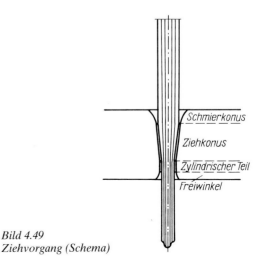

Bild 4.49
Ziehvorgang (Schema)

herauszukratzen, sondern das Zieheisen wird gründlich mit Benzin ausgewaschen; keinesfalls darf es erwärmt werden, um etwa das Wachs abzubrennen!

Zum Arbeiten wird das Zieheisen zwischen zwei Schutzbacken aus Kupfer oder einem anderen weichen Metall in den Schraubstock gespannt. Den Draht faßt man mit der *Ziehzange*, einer etwa 20...30 cm langen Spezialzange. Sie ist kräftig konstruiert, die Hebel sind so lang, daß man die Zange mit beiden Händen halten kann. Das flache Maul ist scharf gezahnt, damit der Draht auch bei kräftigem Zug nicht herausrutschen kann. Von Zeit zu Zeit ist es von Wachsresten und Metallrückständen, die sich zwischen den Zähnen eindrücken, zu säubern (Bild 4.50).

Drähte über 2 mm Dicke können kaum noch von Hand gezogen werden. Hat man häufig so

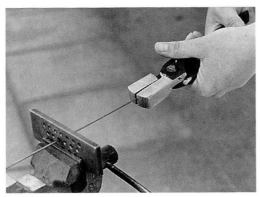

Bild 4.50   Drahtziehen mit der Ziehzange

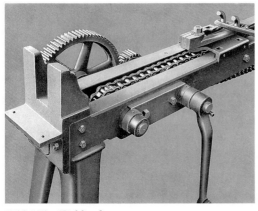

Bild 4.51   Ziehbank

dickes Material zu bearbeiten, wird man ohne *Ziehbank* nicht auskommen. Die Ziehzange ist mit der Kette bzw. dem Gurt so verbunden, daß sie durch die Ziehkraft gleichzeitig so fest zusammengepreßt wird, daß der Draht sicher gehalten wird. Die Zange wird nicht direkt gezogen, sondern Kette bzw. Gurt werden mit einer Kurbel auf eine Spindel gewickelt. Die Ziehkraft wird dadurch indirekt auf die Zange übertragen. Zur weiteren Erleichterung kann sogar noch eine Zahnradübersetzung zwischengeschaltet werden (Bild 4.51).

In der Industrie werden, beispielsweise bei der Kettenherstellung, sehr lange, dünne Drähte gebraucht, die mit den beschriebenen handwerklichen Methoden nicht hergestellt werden können. Man verwendet den *automatischen Drahtzug*. Der zu ziehende Draht wird auf eine Spule gewickelt, das angespitzte Ende führt man durch die Öffnung des Zieheisens und befestigt es an einer zweiten Spule, die mit einem Elektromotor gedreht wird. So wird der dünne Draht schnell, sicher und gleichmäßig gezogen und aufgespult. Man kann den Draht auch gleichzeitig durch mehrere hintereinander angeordnete Zieheisen führten, um mit einem Zug eine noch größere Dickenabnahme zu erreichen.

Bei dünnen Drähten benutzt man für die letzten Züge *Ziehsteine*, das sind durchbohrte Diamanten oder Korunde, die in eine Stahlplatte eingelassen sind. Man hat mit solchen harten Werkstoffen die Gewähr dafür, daß die Maßhaltigkeit über lange Zeit gewahrt bleibt. In letzter Zeit ist man dazu übergegangen, für den gleichen Zweck Hartmetall-Sinterkörper einzusetzen, die ebenfalls sehr haltbar sind, deren Preis aber viel niedriger ist.

Ziehen von Draht

Grundsätzlich soll man so weit wie möglich walzen, damit man nur möglichst wenig ziehen muß, denn das Walzen ist bequemer als das mühsame und anstrengende Drahtziehen. Das gewalzte Profil, meist wird der gewalzte Draht sechseckig oder quadratisch sein, muß dann noch so groß sein, daß beim Ziehen noch die gewünschte Form und Dicke des Drahts erreicht werden kann. Wenn man beispielsweise einen Runddraht von 0,8 mm Dicke braucht, kann man nur so weit walzen, bis die schmalste Stelle des Walzprofils 0,9 mm mißt.

Man überzeuge sich, ob an dem Draht keine harten Verunreinigungen, wie Eisenzunder, Lötmittelreste usw., anhaften. Dann wird er gut durchgeglüht. Eine etwa 20 mm lange Ziehspitze wird angefeilt, bei dickeren Drähten auch angewalzt. Dann wärmt man den Draht leicht an und streicht ihn mit Ziehwachs ein, um die Reibung am Ziehkonus zu verringern. Nun probiert man aus, bis zu welchem Loch der Draht noch mühelos durchgesteckt werden kann, und beginnt bei dem Loch mit dem Ziehen, wo die Spitze gerade noch hindurchpaßt. Sie wird mit der Ziehzange erfaßt, und gleichmäßig ohne abzusetzen wird der Draht durch die Löcher des Zieheisens gezogen. Dabei darf grundsätzlich kein Loch übersprungen werden, denn dadurch käme es zu ungleichmäßiger Abnutzung und damit ungleichmäßiger Abstufung der Löcher; außerdem würde das Arbeitsmaterial übermäßig beansprucht, man bleibt stecken, oder der Draht zieht sich nur ruckweise durch. Ein solcher scheinbarer Zeitgewinn beeinträchtigt die Qualität, man wird so niemals einen homogenen, glatten Draht bekommen.

Ebenso wie beim Walzen ist auch beim Ziehen regelmäßiges Zwischenglühen wichtig. Dünner Draht wird über den Fingern der linken Hand zu einem Bund gewickelt, damit er bequem geglüht werden kann. Im Glühofen wird er gleichmäßiger erhitzt als mit der Flamme. Man darf nur so weit ziehen, bis der maximale Umformungsgrad erreicht ist, der auf der Übersicht (s. Bild 4.48) angegeben ist.

In den Fassonzieheisen wird der Draht prinzipiell genauso wie im Rundzieheisen geformt. Auch hierbei wird man so weit wie möglich vorwalzen. Für quadratischen Querschnitt wird in der üblichen Drahtwalze vorgeformt, für rechteckige und messerförmige Profile wird das Material außerdem noch in der Blechwalze flachgewalzt, damit es sich besser der Ziehöffnung anpaßt. Halbrunddrähte stellt man so her, daß zwei vorgewalzte Drähte an einem Ende etwa auf 20 mm Länge zusammengelötet werden. Dies wird die Ziehspitze. Wenn die so verbundenen Drähte durch das Rundzieheisen gezogen werden, formen sich beide zwangsläufig halbrund.

Herstellung eines Scharnierrohrs

Das Scharnierrohr stellt man aus einem parallelen Blechstreifen her, der zunächst rundgehämmert und dann rundgezogen wird.

Da beim Biegen der äußere Bereich des Rohres gedehnt, der innere aber gestaucht wird, entspricht die erforderliche Streifenbreite des Zuschnitts der neutralen Phase, die zwischen äußerem und innerem Umfang verläuft, so daß deren Durchmesser an beiden Enden um eine halbe Metalldicke kürzer als der äußere Durchmesser ist. Der Umfang der neutralen Phase, also die erforderliche Streifenbreite, ist also:

$$U_n = (D - s)\,\pi$$

U_n – Umfang der neutralen Phase in mm
D – Außendurchmesser in mm
s – Metalldicke in mm

Arbeitsfolge (Bild 4.52): Ein Blechstreifen wird etwas breiter, als es die Berechnung ergibt, zugerichtet, damit man das fertige Rohr noch einige Löcher weiter ziehen kann, um es glatt und rund zu bekommen. Die Kanten des Blechstreifens werden leicht schräg gefeilt, damit sie gut aneinanderpassen. Um die Zieh-

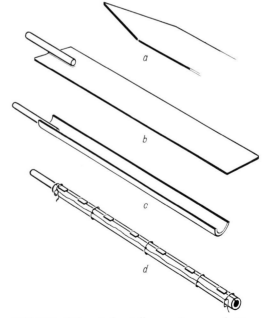

Bild 4.52 Scharnierherstellung. a) angeschnittene Ziehspitze, b) Blechstreifen mit aufgelötetem Runddraht als Ziehspitze, c) rinnenförmig vorgearbeitetes Scharnier, d) zum Löten vorbereitetes Scharnier

spitze zu bekommen, kann man den Streifen an einem Ende spitz anschneiden; besser ist es jedoch, wenn man statt dessen einen Runddraht, dessen Dicke dem gewünschten Innendurchmesser entspricht, an einem Ende des Blechstreifens anlötet, denn das Rohr bleibt dann gleichmäßig rund und wird nicht durch die Ziehzange deformiert.

In einer Hohlkehle, die in ein Holz eingefeilt ist, wird das Blech mit der Finne des Bretthammers etwas mehr als halbrund geschlagen. Dabei sollen die Hammerschläge nicht auf die Mitte des Blechstreifens, sondern nur auf die Randzonen treffen, anderenfalls windet sich die Fuge schraubenförmig. Der Blechstreifen wird geglüht und die Fuge gefrischt. Nun zieht man das Rohr so weit, bis die Fuge voreinanderstößt, dabei ist Ziehwachs zu vermeiden, weil sonst das Lot nicht fließt. Das gezogene Rohr wird nun gelötet. Damit die Fuge sich beim Erwärmen nicht öffnet, kann das Rohr auch mit Bindedraht zusammengebunden werden.

Es sind lange, schmale Lotstücke zu verwenden. Nach dem Löten beizt man ab und entfernt die Lotreste. Schließlich wird das Rohr noch durch einige folgende Löcher gezogen, um es endgültig glatt und rund zu bekommen und den gewünschten Außendurchmesser zu erreichen.

Braucht man ein Hohlprofil – etwa quadratisch, rechteckig, dreieckig – kann man mit einem passenden Zieheisen dies folgendermaßen herstellen:

Zunächst wird nach dem beschriebenen Verfahren ein rundes Rohr mit etwas größerem Durchmesser angefertigt.

In das Rohr steckt man einen Kupferdraht, der genau dem Innendurchmesser entspricht; er bildet die »Metallseele«. Dieser Draht soll an beiden Enden um etwa 20 mm über das Rohr herausragen. Ein Drahtende bildet die Ziehspitze und wird deshalb leicht festgelötet (mit Hartlot!).

Nun zieht man durch das Fassonzieheisen, beispielsweise mit Vierkantöffnung, bis die gewünschte Form und Größe erreicht ist. Vom fertigen Rohr sägt man das Stück ab, das mit der Ziehspitze verlötet ist. Man spannt dann das Zieheisen so in den Schraubstock, daß die Vorderseite nach hinten kommt. Das aus dem Rohr herausragende hintere Drahtende steckt

man durch das passende Loch des Zieheisens und zieht die Seele aus dem Rohr heraus, das sich gegen die Wandung des Zieheisens stützt und dadurch zurückgehalten wird.

Wenn man aber das Hohlprofil biegen will, muß die Seele im Rohr bleiben, bis die gewünschte Biegung fertig ist; dann läßt sich der Metallkern nur durch Ätzen herauslösen, wie es im Abschnitt 5.9.5 erläutert wird.

4.7   Glühen und Aushärten

4.7.1   Rekristallisation

Bei der Behandlung der Umformungsvorgänge des Kristallverbandes wurde bereits erläutert, wie das Gefüge mit steigendem Umformungsgrad immer mehr in einen unnatürlichen Zwangszustand gebracht wird, bis schließlich alle Kristallite fadenartig in Beanspruchungsrichtung orientiert sind. Diese Verschiebung des Gefüges hat verschiedene Änderungen der Eigenschaften zur Folge:

- Härte und Festigkeit wachsen,
- die Dehnung sinkt immer weiter ab.

Wenn das Maximum der Beanspruchung erreicht ist, kann man das Metall nicht weiter umformen, denn es würde anderenfalls reißen und zu Bruch gehen.

Um die Eigenschaften des umgeformten Metalls wieder annähernd auf die Ausgangswerte zu bringen, muß der Zwangszustand der Gefügedeformation aufgehoben werden; der Metallblock muß rekristallisieren.

Verlauf der Rekristallisation
Der gesamte Rekristallisationsprozeß kann in drei Etappen gegliedert werden, die normalerweise an jedem Punkt des Metalls in zeitlicher Aufeinanderfolge verlaufen; innerhalb des Blocks können sie wegen der ungleichmäßigen Temperaturverteilung nebeneinander liegen, etwa so, daß die Neuformierung der Kristalle in der Randzone schon abgeschlossen ist, während der Kern noch gar nicht die Rekristallisationstemperatur erreicht hat (Bild 4.53).

Keimbildung. Der Rekristallisationsprozeß hat mehrere Parallelen mit der Kristallbildung aus der Schmelze. So ist die Keimbildung nur möglich, wenn die Atome genügend Bewegungsenergie in Form von Glühhitze aufgenommen haben, damit sie ihre bisherigen Plätze verlassen können. Die erforderliche

a)

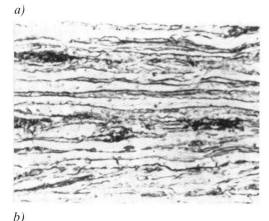

b)

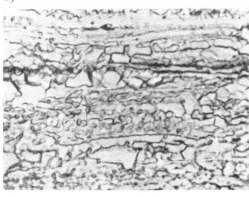

c)

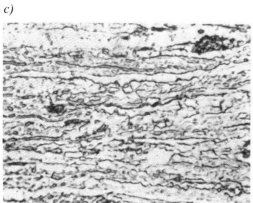

Bild 4.53 Entstehung des Rekristallisationsgefüges. (Beispiel: Stahl C 10; 90 % kaltgewalzt). V = 2000. a) Walzstruktur, b) Entstehung neuer Kristallite im deformierten Gefüge, c) fortgeschrittene Rekristallisation

Mindesttemperatur ist bei den einzelnen Metallen unterschiedlich:
● Gold braucht ungefähr 400 °C,
● bei Kupfer und Silber genügen 200 °C,
● Blei und Zinn rekristallisieren schon bei Zimmertemperatur.

Bei diesen Metallen überlagern sich Umformung und Rekristallisation, und das Zwischenglühen ist gar nicht erforderlich.

Wenn also die nötige Bewegungsenergie zugeführt worden ist, lösen sich aus dem verspannten Kristallverband zunächst diejenigen Atome, die unter besonders hoher Spannung stehen. Meist äußerst sich dies so, daß sich an den Korngrenzen der alten, umgeformten Kristallite die ersten Atome zusammenfinden, um neue, spannungsfreie Keimzellen zu bilden, wie es auf Bild 4.54 deutlich zu erkennen ist.

Keimwachstum. Wenn dem Metallblock weitere Energie zugeführt wird, werden sich immer mehr Atome aus den alten, spannungsreichen Kristalliten lösen und an den entstandenen neuen Keimen ansetzen. Die neugebildeten Verbände wachsen in die alten Gefügebestandteile hinein und zehren sie nach und nach auf. Im Gegensatz zur Kristallisation aus der Schmelze ist dieser Vorgang weniger richtungsbedingt, d. h., es werden kaum dendritische Kristalle gebildet, sondern das neue Gefüge besteht aus ungefähr gleich großen, zur

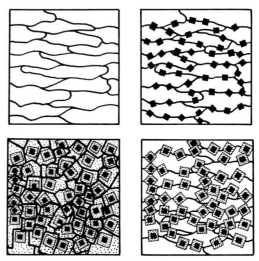

Bild 4.54 Neubildung der Kristalle durch Keimwachstum (Schema)

Kugelform neigenden Kristalliten. Der Rekristallisationsvorgang ist abgeschlossen, wenn sämtliche Atome aus den umgeformten Kristalliten in spannungsfreien Verbänden eingeordnet sind. In der Praxis läuft dieser Rekristallisationsprozeß innerhalb weniger Sekunden ab.

Kornvergröberung. Wenn man das Metall länger als nötig glüht, kommt es sogar zu weiteren Reaktionen zwischen den neuentstandenen Kristalliten, indem sich benachbarte Verbände zu immer größeren Kristalliten zusammenschließen. Das bedeutet, daß sich die Anzahl der Kristallite verringert und daß die verbleibenden Kristallite immer größer werden. Das Ergebnis ist eine zunehmende Kornvergröberung und damit eine deutliche Verschlechterung der Eigenschaften.
Um solche Schäden zu vermeiden, soll der Metallblock nicht länger als unbedingt nötig geglüht werden.

Korngröße
Wenn der Block vor dem Glühen nicht oder nur wenig umgeformt wurde, kann es passieren, daß sich das Gefüge überhaupt nicht verändert, daß also keine Rekristallisation erfolgt.
Erst nach einer Mindestumformung setzt eine deutliche Rekristallisation mit extrem grober Kristallneubildung ein, wie das auf dem Diagramm (Bild 4.55) zu erkennen ist. Da nur wenige Kristallite an der Umformung beteiligt waren, gibt es nur wenige Spannungszentren, und die Rekristallisation kann nur von wenigen Keimen ausgehen.
Je höher der Umformungsgrad ist, um so mehr Spannungszentren werden gebildet und um so mehr Kristallkeime können entstehen. Auf den Bildern 4.56 und 4.57 wird der Zusammenhang von Korngröße, Rekristallisationsgefüge und Umformungsgrad schematisch dargestellt. Bei allen Edelmetallen und deren Legierungen verläuft die Rekristallisation prinzipiell auf gleiche Weise, wenn auch mit etwas verschobenen Werten.
Die Beschaffenheit des Rekristallisationsgefüges ist sowohl vom Umformungsgrad als auch

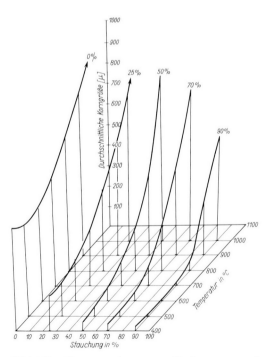

Bild 4.55   Zusammenhang von Umformungsgrad, Glühtemperatur und Korngröße bei der Rekristallisation des Goldes

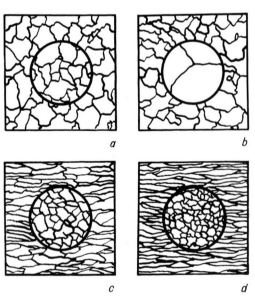

Bild 4.56   Deformation des Gefüges bei plastischer Umformung (quadratische Felder) und zugehöriges Rekristallisationsgefüge (runde Felder), schematisch. a) nicht umgeformt, b) 10 % umgeformt, c) 50 % umgeformt, d) 75 % umgeformt

von der Glühtemperatur abhängig. Wie bereits im vorigen Abschnitt ausgeführt wurde, ist zur Rekristallisation eine Mindesttemperatur nötig; die Höhe dieser Rekristallisationstemperatur ist bei den einzelnen Metallen unterschiedlich. Je weiter die Temperatur über diesen Mindestwert hinaus erhöht wird, um so schneller wachsen die Kristalle, wodurch schließlich eine Vergröberung des Gesamtgefüges eintritt. Im Extremfall kann es zur Grobkornbildung kommen, wenn folgende Umstände zusammentreffen:

- zu niedriger Umformungsgrad,
- zu langsames Anwärmen beim Glühen,
- zu hohe Glühtemperatur,
- zu lang anhaltende Glühdauer.

Die Zusammenhänge der Einflußgrößen wird am Beispiel des Goldes auf Bild 4.55 gezeigt.

Da Grobkorngefüge zur spanlosen Weiterverarbeitung ungeeignet ist und zur Rißbildung neigt, soll man auf jeden Fall ein möglichst feinkörniges Gefüge anstreben, indem folgende Hinweise beachtet werden:

- Entsprechend den Verarbeitungsvorschriften für Metalle ist das Material bis zum maximalen Umformungsgrad zu beanspruchen.
- Bei der Rekristallisation soll das Arbeitsstück so schnell wie möglich auf die erforderliche Temperatur erwärmt werden.
- Die vorgeschriebene Glühtemperatur ist unbedingt einzuhalten.
- Die Glühdauer darf nicht länger als unbedingt nötig sein.

4.7.2 Oxidation beim Glühen

Verhalten der reinen Metalle
Obwohl schon bei der Besprechung der reinen Metalle das Verhalten gegenüber dem Luftsauerstoff behandelt wurde, soll hier noch eine kurze Zusammenstellung erfolgen.

Gold. Es bleibt in festem und in flüssigem Zustand gegenüber Sauerstoff völlig passiv.

Platin. Bei Temperaturen über 1000 °C wird in geringer Menge ein flüchtiges Oxid gebildet.

Palladium. Beim Glühen bildet sich vorübergehend ein Oxid, das bei Temperaturen über 870 °C wieder zersetzt wird.

Rhodium, Iridium, Ruthenium, Osmium. Diese reinen Metalle werden höchstens als geringe Zusätze in Legierungen verwendet. Sie bilden zwar Oxide, die teilweise sogar beständiger sind als bei den übrigen Platinmetallen, wirken sich aber für die Gesamtlegierung meist kaum aus. Hinzu kommt, daß bei Legie-

Bild 4.57 Abhängigkeit der Rekristallisationskorngröße vom Grad der plastischen Umformung (Beispiel: Aluminium). Von oben nach unten: Verfeinerung des Rekristallisationsgefüges in Abhängigkeit vom Umformungsgrad

rungsbildung die Oxidationsfreudigkeit noch stark vermindert wird.

Silber. Die vorübergehend gebildete Oxidverbindung ist bereits bei Temperaturen von über 190 °C nicht mehr beständig. Wichtiger ist die Fähigkeit, bei steigender Temperatur Sauerstoff ungebunden im Gefüge aufzunehmen, die Löslichkeit für Sauerstoff bei Überschreitung des Schmelzpunktes wesentlich zu steigern und bei Abkühlung diesen Sauerstoff wieder abzugeben.

Kupfer. Als Unedelmetall bildet Kupfer zunächst rotes Cu_2O, das dann weiter oxidiert zu CuO. Dadurch entsteht auf der Oberfläche ein dichter, schwarzer Überzug, der keinen Sauerstoff hindurchläßt. Bei Fortdauer des Glühens wandern Kupferteile aus dem Inneren durch die Oxidschicht hindurch, werden zu CuO gebunden und ermöglichen so das weitere Wachstum der Oxidschicht. Je dicker sie wird, um so langsamer geht die Diffusion, bis sie ganz aufhört.

Aus dieser Zusammenstellung ist zu ersehen, daß Gold und die Platinmetalle gegen Sauerstoff weitgehend unempfindlich sind und daß gegebenenfalls auftretende Oxidationsschäden meist auf die Anwesenheit von Silber und Kupfer zurückzuführen sind. Deshalb müssen diese Wirkungen bei den Edelmetallegierungen noch besonders behandelt werden.

Silber-Kupfer-Legierung

In dieser Legierung wirkt sich das unterschiedliche Verhalten beider Metalle gegenüber Sauerstoff so aus, daß das Silber bei höheren Temperaturen Sauerstoff aufnimmt, in das Innere des Metalls weiterleitet und dort die Kupferoxidation ermöglicht. Außerdem oxidiert das Kupfer an der Oberfläche direkt.

Bei den silberreichen, außereutektischen Legierungen tritt die »innere Oxidation« besonders deutlich auf. Während der geringe Kupferanteil kaum eine Verfärbung der Oberfläche bewirkt, kommt es zu der durch das Silber begünstigten Tiefenoxidation als Cu_2O (Bild 4.58).

Im Bereich der Ag-800-Legierung erreicht die Oxidationsfähigkeit ihren Höchstwert. Der große Kupferanteil ermöglicht eine ausgiebige Oberflächenoxidation, außerdem sind genü-

gend große α-Mischkristalle vorhanden, um den Sauerstoff ins Innere zu leiten und unter der Oberfläche Cu_2O-Schichten zu bilden (Bild 4.59). Mit sinkendem Silbergehalt vermindert sich die Fähigkeit der inneren Oxida-

a)   b)

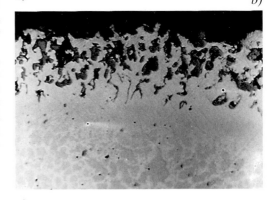

c)

Bild 4.58   Oxidation beim Glühen. V = 100. a) Ag 965 (1 h lang bei 700 °C geglüht, innere Oxidation, b) Ag 855 (6 h lang bei 700 °C geglüht), äußere und innere Oxidation

tion, denn das feinkörnige, eutektische Gefüge behindert die Sauerstoffdiffusion, und die Oxidation beschränkt sich fast ausschließlich auf die Oberfläche.

Bei untereutektischen Legierungen verhindern die überwiegenden β-Mischkristalle die Diffusion gänzlich, es kommt nur noch zur Oberflächenoxidation.

Bei der Verarbeitung unserer üblichen Legierungen, die meist über Ag 800 liegen, wird durch Beizen zwar die schwarze Oxidschicht der Oberfläche gelöst, die gefährliche innere Oxidationszone jedoch nicht zersetzt. Wenn noch Reste des rötlichen Cu_2O nach dem Beizen an der Oberfläche verblieben sind, muß der Gegenstand kurz in konzentrierte Salpetersäure getaucht werden, der Belag löst sich sofort. Bei mehrfacher Wiederholung von

Glühen und Beizen, wie es beim Weißsieden üblich ist, wird Kupfer an die Oberfläche diffundiert, dort oxidiert und durch Beizen gelöst, so daß schließlich eine dünne, silberreiche Schicht an der Oberfläche bleibt. Man muß sich darüber klar sein, daß gleichzeitig auch die Tiefenoxidation fortschreitet, wie es auf Bild 4.60 zu sehen ist. Beim nachfolgenden Schleifen kann die Schicht der Tiefenoxidation in Form von graublauen, wolkigen Flecken (»Blausilber«) sichtbar werden; außerdem bilden die Schichten der inneren Oxidation Schwächezonen, an denen das Metall aufblättert und schiefert.

Gold-Kupfer-Legierung

Wenn dieser Legierung auch keine wesentliche praktische Bedeutung zukommt, ist sie doch für das Verständnis der Dreistofflegierung wichtig.

Bei geringem Kupferanteil bildet sich an der Oberfläche eine dünne Oxidschicht, die nur langsam wächst, weil nur wenige Kupferatome zur Diffusion verfügbar sind und das Gold – im Gegensatz zum Silber – völlig unbeteiligt bleibt. Mit wachsendem Kupferanteil kommt es außerdem zu einer schwachen inneren Oxidation, während gleichzeitig die äußere Oxidation entsprechend der größeren Kupfermenge dicker werden kann. Auch hierbei kann die innere Oxidationszone chemisch nicht entfernt werden.

a)

b)

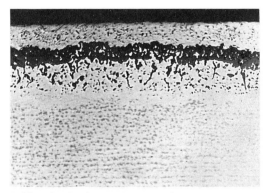

Bild 4.59 Fortschreitende Oxidation beim mehrfachen Glühen von Ag 800. V = 250. a) innere Oxidation, b) äußere Oxide wachsen in die Zone der inneren Oxidation

Bild 4.60 Oxidation beim Glühen von Ag 800 (mehrfach bei 700 °C geglüht und jedesmal gebeizt). Silberreiche Oberschicht; dichte CuO-Schicht; heterogene Cu_2O-Schicht; Normalgefüge. V = 250

Gold-Silber-Kupfer-Legierung
Die Verhältnisse der Dreistofflegierung lassen
sich aus dem bisher Gesagten leicht ableiten.
Die goldarmen Legierungen, wie die Au-333-
Legierung, entsprechen noch dem, was bei der
Silber-Kupfer-Legierung gesagt wurde, d. h.,
wenn der Silberzusatz überwiegt, wird die Tiefenoxidation gefördert (Bild 4.61); die rötlichen Legierungen werden fast nur oberflächlich oxidiert (Bild 4.62), während bei den
eutektischen Legierungen die Oxidationsfreudigkeit am geringsten ist.
Auf Bild 4.63 wird ein interessantes Beispiel
für eine geglühte und gebeizte Legierung gezeigt, bei der das heterogene Gefüge der $\alpha+\beta$-
Mischkristalle an der Oberfläche derartig diffundiert ist, daß nur noch die bekannte grün-

lichgelbe Sudschicht, die fast nur aus Gold und
Silber besteht, übrigbleibt.
Bei Legierungen über Au 500 wirkt sich die
oxidationsfördernde Wirkung des Silbers
selbst bei blassen Legierungen nur noch wenig
aus, und es sind vornehmlich die kupferreichen
Legierungen, die entsprechend dem Gold-
Kupfer-System stärker oxidieren, wobei auch
noch eine Tiefenoxidation auftreten kann.
Die Legierungen über Au 750 sind am wenig-
sten oxidationsfreudig. Es bildet sich lediglich
eine dünne Oxidschicht an der Oberfläche, die
durch Beizen leicht entfernt werden kann.

4.7.3 Aushärten

Unter diesem Begriff werden verschiedenartige Erscheinungen der Gefügeumwandlung
im festen Zustand zusammengefaßt, die folgende Gemeinsamkeiten haben:

● Sie vollziehen sich im festen Zustand im
  Temperaturbereich zwischen Solidus- und
  Zimmertemperatur.
● Aus dem schmelzflüssigen Zustand bildet
  sich dieses Gefüge nur bei extrem verlang-
  samter Abkühlung, wenn erst nach mehreren Stunden die Zimmertemperatur erreicht
  wird.
● Bei der praktisch üblichen relativ raschen
  Abkühlung des Metalls in der Gußform werden Umwandlungen weitgehend unterdrückt.

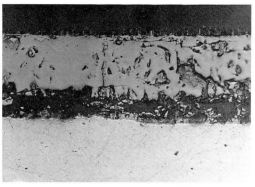

*Bild 4.61   Oxidation beim Glühen. Silberreiche Au-
333-Legierung (3 h bei 800 °C geglüht). Innere und
äußere Oxidation. V = 400*

*Bild 4.62   Oxidation beim Glühen. Kupferreiche
Au-333-Legierung (6 h bei 800 °C geglüht). Konzentrierte Tiefenoxidation. V = 400*

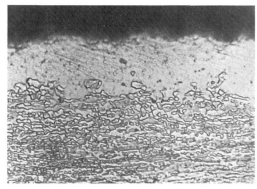

*Bild 4.63   Oxidation beim Glühen. Mittelfarbige
Au-333-Legierung (mehrfach bei 800 °C geglüht und
jedesmal gebeizt). Kupferarme Außenzone über dem
Normalgefüge. V = 800*

- Wenn das Gußstück sofort abgelöscht wird, bleibt das Solidusgefüge erhalten, der Zustand dieses Temperaturbereichs wird also »eingefroren«.
- Technisch interessant ist die Möglichkeit, daß man das Aushärtungsgefüge auch nachträglich durch Behandlung bei Umwandlungstemperatur erreichen kann.

Ursachen der Aushärtung

Ausscheidungsvorgänge im eutektischen System. Beim Silber-Kupfer-Diagramm (s. Bild 1.23 a) erkennt man an den Endpunkten der Eutektikale je eine leicht geschwungene Kurve, die im festen Zustand bis zu niedrigen Temperaturen reicht. Aus dem Verlauf dieser Kurven ergibt sich, daß sich das Lösungsvermögen der begrenzten Mischkristalle mit sin-

kender Temperatur verringert. Während beispielsweise der α-Mischkristall bei eutektischer Temperatur einen Kupferanteil von 90 Tausendteilen hat, verringert sich der Kupfer-

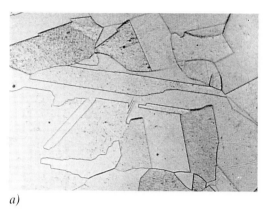

a)

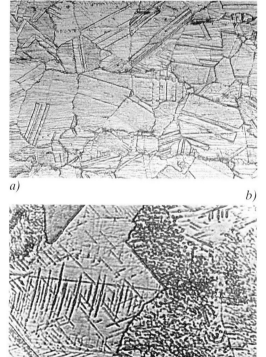

a)   b)

c)   b)

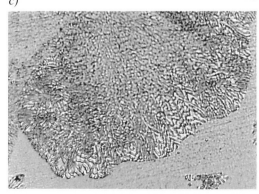

Bild 4.64   Aushärtung von Ag 965. a) Ausgangsgefüge homogener Mischkristalle, b) lamellare Ausscheidungen von β-Mischkristallen (4 h lang bei 400 °C getempert)

Bild 4.65   Aushärtung von Au 585. a) Rekristallisationsgefüge. V = 200, b) Zerfall der Mischkristalle (3 h lang bei 400 °C getempert). V = 200, c) Detail eines eutektisch zerfallenen Mischkristalls. V = 1000

gehalt bei 200 °C auf nur noch 10 Tausendteile. Die überschüssigen Kupferteile werden als β-Mischkristalle ausgeschieden. So kann eine Ag-965-Legierung (Bild 4.64), die zuächst homogen mit α-Mischkristallen erstarrt ist, im festen Zustand bei Überschreitung der Entmischungskurven in α- und β-Mischkristallite zerfallen. Je tiefer die Temperatur sinkt, je geringer also das gegenseitige Lösungsvermögen wird, um so größer wird der Anteil der β-Mischkristalle am Gesamtgefüge.

Der entsprechende Vorgang spielt sich auf der Kupferseite des gleichen Diagramms bei der Entmischung der β-Mischkristalle ab.

Für die Dreistofflegierung Au-Ag-Cu trifft die Entmischung in entsprechender Weise zu (Bild 4.65).

Ausscheidungsvorgänge im homogenen Mischkristallsystem. Sehr eng verwandt mit der eben beschriebenen Erscheinung ist die Entmischung, wie sie beispielsweise das System Gold – Nickel zeigt (s. Bild 1.51). Ganz gleich, welche Zusammensetzung vorliegt, immer erstarrt die Legierung zunächst mit homogenen Mischkristallen. Wenn sie jedoch so weit abgekühlt ist, daß sie in den Entmischungsbereich eintritt, können sich die beiden Metalle, die in den homogenen Mischkristallen vereinigt sind, nicht mehr vollständig binden, und das überschüssige Metall wird als zweite Kristallart an den Korngrenzen ausgeschieden. So wird aus dem ursprünglich homogenen Gefüge ein Gemenge goldreicher bzw. nickelreicher begrenzter Mischkristalle.

Umwandlung des Atomgitters. Im Verlauf der Abkühlung verändern diejenigen Legierungen, deren Bestandteile in einem ganzzahligen Atomverhältnis zueinander stehen, ihr Gittergefüge zur Überstruktur. Ein typisches Beispiel ist die Legierung AuCu, also mit dem Atomverhältnis 1 : 1, was ungefähr Au 750 entspricht. Die Atome sind nach dem kflz-Gitter angeordnet, die Verteilung der beiden Metallarten innerhalb des Kristalls ist aber dem Zufall entsprechend unregelmäßig. Wenn die Umwandlungstemperatur erreicht ist, verzerrt sich das Gitter zum tetragonalen System, und außerdem wechseln die Atome ihre Plätze innerhalb des Gittes so, daß die Gold- und Kupferatome in regelmäßiger Folge angeordnet

sind (Bilder 4.66 bis 4.68). Beim Atomverhältnis AuCu₃, was etwa Au 500 entspricht, bleibt bei Umwandlungstemperatur das kflz-Gitter erhalten, die Gold- und Kupferatome ordnen

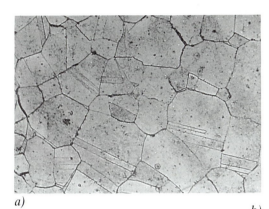

a)

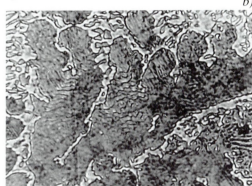

b)

c)

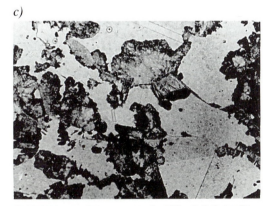

Bild 4.66   Aushärtung von Au 333. a) Rekristallisationsgefüge, b) Zerfall der Mischkristalle (1 h lang bei 300 °C getempert). V = 250, c) fortschreitende Entmischung des Gefüges (7 h lang bei 400 °C getempert), V = 300

sich aber auch dabei in regelmäßiger Reihung im Gitterverband an.

Aushärtung der wichtigsten Edelmetallegierungen

Silber-Kupfer. Die Ausscheidungsvorgänge, wie sie bei der Silber-Kupfer-Legierung auftreten, wurden bereits im vorigen Abschnitt behandelt.

Die günstigsten Aushärtungsbedingungen erreicht man bei diesen Legierungen durch folgende Behandlung:

- Glühen,
- Abschrecken,
- bei 300 °C »tempern«,
- langsam abkühlen lassen.

Die höchsten Werte der Aushärtung erzielt man bei der Legierung Ag 925, weil sie besonders starke Ausscheidungseffekte zeigt, schon bei etwa 765 °C wird der Entmischungsbereich erreicht, und dadurch bilden sich in besonders großem Umfang die β-Mischkristalle an den Korngrenzen. Von 68 HB in geglühtem Normalzustand steigt die Härte auf 160 HB durch die Aushärtung an.

Bei den übereutektischen Legierungen ist die Härtesteigerung vergleichsweise gering; bei eutekischer Zusammensetzung ist sie kaum zu bemerken.

Gold-Silber-Kupfer. Die Entmischung des Randsystems Ag-Cu und die Gitterumwandlung bei Au-Cu wirken sich auf das Dreistoffsystem aus (s. Bild 1.37).

Von der Eutektikale des Silber-Kupfer-Systems dehnt sich der eutektische Bereich bis zu

a)

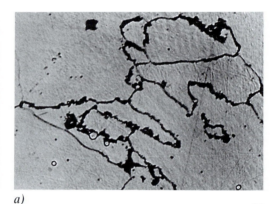

a)

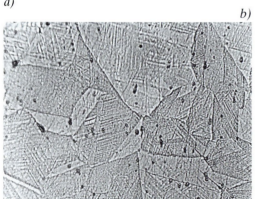

b)

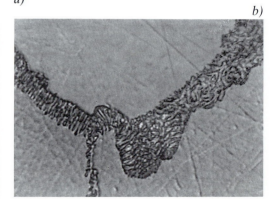

b)

Bild 4.67   Gitterumwandlung.   Rotgoldlegierung Au 750, Rest Cu. V = 320. a) Rekristallisiertes Ausgangsgefüge (nach Umformung bei 700 °C geglüht), b) Gefüge der intermetallischen Phase AuCu (20 min lang bei 350 °C getempert)

Bild 4.68   Aushärtung von Au 585. a) Beginnender Gefügezerfall an den Korngrenzen (15 min lang bei 400 °C getempert). V = 100, b) Detail mit deutlich erkennbarem eutektischem Zerfallsgefüge. V = 1600

etwa 415 Tausendteilen Goldgehalt aus. Außerdem setzen sich die Entmischungskurven
des Systems Ag-Cu räumlich fort. Während
der Entmischungsbereich bei 600 °C bis über
Au 600 reicht, erfaßt er bei 400 °C auch die Legierung Au 750. Das bedeutet, daß eigentlich
nur die Legierungen über Au 800 auch bei sehr
langsamer Abkühlung als homogene Mischkristalle erstarren.

Bei der Au-333-Legierung ähnelt das Dia-
gramm des Vertikalschnitts noch stark dem
eutektischen System Ag-Cu. In ähnlicher
Weise erreicht die Aushärtung im homogenen
Bereich dicht an der Eutektikale die höchsten
Werte (s. Bild 1.44 a).

Bei Au 585 und Au 750 wird der Entmischungsbereich erst erreicht, nachdem die Legierung bereits homogen erstarrt ist (s. Bilder
1.47 a und 1.49 a). Daraus erklärt sich der Aushärtungseffekt, besonders bei Au 585. Auf den
Bildern 4.65 und 4.68 werden die Korngren-

zenausscheidungen am Beispiel dieser Legierung gezeigt.

Von der Kupferseite ragen die Bereiche der
Gitterumwandlung in das Dreistoffsystem hinein, wie es auf Bild 4.69 zu erkennen ist. Die
einfache Ordnung der Atome nach AuCu₃ im
Bereich der Legierungen von Au 500 bewirkt
keine wesentliche Veränderung der Eigenschaften; dagegen wirkt sich die Gitterumwandlung nach AuCu auf der rötlichen Seite
der Au-750-Legierungen stärker aus. Dadurch, daß hierbei sowohl Entmischung als
auch Gitterumwandlung vorliegen, werden besonders hohe Aushärtungswerte erreicht (s.
Bild 1.49).

Anlaßdauer und -temperatur sind bei der
Dreistofflegierung je nach Zusammensetzung
unterschiedlich.

Gold-Platin. Die Legierung entmischt sich in
festem Zustand in goldreiche und platinreiche

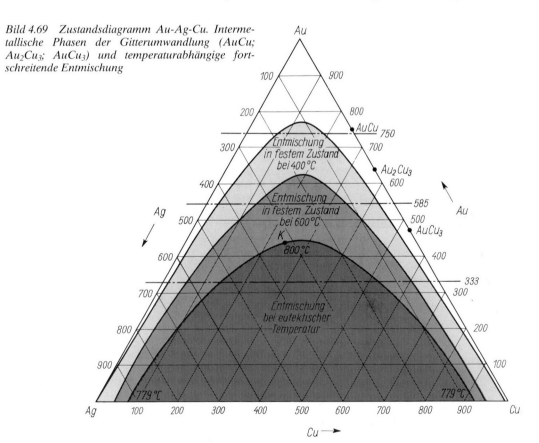

*Bild 4.69   Zustandsdiagramm Au-Ag-Cu. Interme-
tallische Phasen der Gitterumwandlung (AuCu;
Au₂Cu₃; AuCu₃) und temperaturabhängige fortschreitende Entmischung*

Mischkristalle besonders zwischen Au 700 und Au 100. Schon in abgeschrecktem Zustand ergeben sich bei der Legierung hohe Härtewerte (100 ... 150 HB). Durch Aushärtung können die Werte bis 400 HB gesteigert werden.

Gold-Palladium. In diesem System werden nur homogene Mischkristalle ohne Aushärtungseffekte erzielt.

Gold-Nickel. Wie bei Gold-Platin tritt eine Entmischung in festem Zustand ein, die aber nur zu geringen Aushärtungswerten führt.

Silber-Platin. Bei Legierungen zwischen Pt 600 und Pt 900 ist die Bearbeitung nur möglich, wenn bei 800 °C abgeschreckt wird; durch Aushärtung können anderenfalls Werte bis zu 200 HB erreicht werden.

Praktische Bedeutung der Aushärtung
Unerwünschte Folgen. Leider haben sich die Vorzüge der Aushärtung bei der Edelmetallverarbeitung noch immer nicht genügend verbreitet, obgleich unerwünschte Folgen beim Aushärten durchaus vermieden werden können.
Wenn eine Legierung, die zum Aushärten neigt, nach dem Gießen oder Glühen langsam abkühlt, kann es passieren, daß sie härter und weniger bildsam ist als vorher. Es kann sogar so weit gehen, daß sie zur weiteren plastischen Formung ungeeignet ist. Dies erklärt sich dadurch, daß bei der langsamen Abkühlung die Entstehungsbedingungen der Aushärtung erfüllt wurden. Man kann dies besonders deutlich bei Au 750 beobachten, und wenn durch falsche Behandlung noch Grobkristallbildung hinzukommt, ist die Gefahr der Rißbildung besonders groß.

Veredlung durch Aushärtung. Eine ausgehärtete Legierung hat folgende Vorzüge:
● Der Abnutzungswiderstand wird wesentlich gesteigert.
● Elastizität, Federkraft und Festigkeit werden erhöht.
● Die höhere Festigkeit ermöglicht geringere Metalldicken und damit bedeutende Materialeinsparungen.
Materialeinsparung und Verbesserung der Gebrauchseigenschaften sind sowohl für den

Hersteller als auch für den Kunden interessante Aspekte, deshalb sollte das Verfahren überall, wo es sinnvoll ist, in die Technologie einbezogen werden. Das Arbeitsstück wird vollständig geformt, montiert und versäubert. Dann beginnt die thermische Behandlung:
● Das Stück wird zunächst auf übliche Weise geglüht und, wenn erforderlich, abgeschreckt, um ein gleichmäßiges Ausgangsgefüge zu schaffen.
● Nun wird das Werkstück auf Anlaßtemperatur erwärmt, diese Temperatur einige Zeit gehalten, damit die Gefügeumbildung erfolgen kann, und dann an Luft langsam abgekühlt.
Die auf der Übersicht zusammengestellten Verarbeitungsvorschriften sind unbedingt einzuhalten. Darüber hinaus gelten folgende allgemeine Regeln:
● Hohe Anlaßtemperatur beschleunigt zwar wegen der erhöhten Beweglichkeit der Atome die Gefügeumwandlung, die Härtewerte sind aber nur gering.
● Bei niedrigerer Temperatur ist der Anteil von Ausscheidungskristallen größer und damit die Härte höher.
● Nach Umformung und Rekristallisation ist die Aushärtung wirkungsvoller als direkt aus dem Gußzustand.
● Im heterogenen Teil der Au-333-Legierung geht die Ausscheidung schneller als im homogenen Bereich von Au 333, Au 585 und Au 750.
● Je höher der Goldgehalt, um so länger ist die Aushärtungsdauer.
Das Hauptproblem bei der praktischen Durchführung der Aushärtung ist die Bestimmung der richtigen Anlaßtemperatur. Man braucht dazu einen elektrischen Glühofen mit Temperaturregulierung, wie er auch zum Emaillieren und zu anderen Wärmebehandlungen gebraucht wird; er ist in vielen Werkstätten vorhanden.
Man kann sich aber auch eine einfache Anlage selbst aufstellen. In einem Metalltopf, möglichst aus rostfreiem Stahl, oder einem Gefäß aus Jeaner Glas wird ein Salzgemisch erschmolzen, das bei der Aushärtungstemperatur flüssig ist. Mit einem Thermometer wird noch zusätzlich kontrolliert. In diese Salzschmelze wird die Ware so lange wie nötig eingelegt und so getempert.

4.7.4   Glühen

Glüheinrichtung

Gasflamme. Im Kleinbetrieb wird wohl nach wie vor mit der einfachen Gasflamme geglüht. Kleinere Gegenstände werden auf die Lötunterlage gelegt und mit der Lötpistole erwärmt. Bei größeren Stücken benutzt man die Schmelzpistole. Als Unterlage empfiehlt sich eine Glühplatte (Bild 4.70). Sie hat den Vorteil, daß die Flamme von allen Seiten den Gegenstand umstreicht, während das Arbeitsstück flach aufliegt und sich nicht verziehen kann. Der Platz, an dem die größeren Glühungen durchgeführt werden, soll sich – ebenso wie der Schmelzplatz – in einer möglichst dunklen Ecke der Werkstatt befinden, damit man die Glühfarbe immer unter annähernd gleichen Bedingungen beobachten kann, ohne durch Witterung oder Tageszeit wesentlich beeinflußt zu werden.

Glühofen. Verglichen mit der offenen Gasflamme ist der elektrische Glühofen, möglichst mit Thermostat ausgestattet, bei weitem besser zur Wärmebehandlung der Metalle geeignet:
- Die Hitze ist konstant und wirkt überall gleichmäßig.
- Auch größere Werkstücke werden im Ganzen auf einmal erfaßt.
- Spannungen und Formänderungen durch ungleichmäßige Erwärmung können vermieden werden.
- Es gibt keine chemische Schädigung durch das Flammengas.

Verminderung der Oxidation
Die Ursachen der Oxidation und ihre möglichen Folgen wurden in den vorhergehenden Abschnitten dargestellt. Bei solchen Legierungen, die nur oberflächlich oxidieren, gibt es im allgemeinen keine Bedenken gegen das einfache Glühen an der Atmosphäre. Gefährlicher ist die Tiefenoxidation. Wenn eine Legierung dazu neigt, ist es ratsam, sich nach geeigneten Schutzmaßnahmen umzusehen. Das gilt aber auch für solche Stücke, die man nicht in die Beize bringen kann, oder bei bereits polierten, die nicht ohne weiteres erneut nachgearbeitet werden können.

Vakuum. Das wäre die ideale Bedingung, aber für den Klein- und Mittelbetrieb ist der Aufwand zu hoch.

Schutzgas. Darunter versteht man sauerstofffreie Gase, wie Ammoniak, unverbranntes Stadtgas oder Propan und andere reduzierende Gase, die über das Glühgut geleitet werden und dadurch den Sauerstoffzutritt verhindern. Auch diese Einrichtung ist bisher lediglich bei der Großverarbeitung von Halbzeugen rentabel. Dagegen kann man mit einfachsten Mitteln bei Glühungen im Muffelofen eine ähnliche Wirkung erreichen. Das Glühgut wird mit einer dichten Schicht von Holzkohlengrieß bedeckt. In der Wärme verbrennt die Kohle zu Kohlenoxidgas und verhindert dadurch den Zutritt des Sauerstoffs zur Metalloberfläche. Das Verfahren hat lediglich den Nachteil, daß das entstehende geruch- und geschmacklose Gas giftig ist und deshalb abgeleitet werden muß.

Schutzsalze. In der Großfertigung werden die Werkstücke mitunter im Salzbad geglüht. Das sind Salzgemische, die bei konstanter Temperatur, meist über 500 °C, schmelzen. Das Metall wird so lange eingetaucht, bis es rekristallisiert ist, dann nimmt man es heraus und entfernt das anhaftende Salz. Dieses Verfahren bietet folgende Vorteile:
- Aus dem Schmelzpunkt des Salzgemischs kann man auf die Glühtemperatur schließen.
- Das Verfahren wirkt schnell, da die Hitze direkt auf das Metall übertragen wird.
- Da das Metall beim Glühen in das flüssige Salz getaucht ist, kann es nicht oxidieren.

Eine Anlage, wie sie zum Aushärten beschrieben wurde, kann man auch als Schutzsalzglühanlage benutzen, wenn das eingesetzte Salzge-

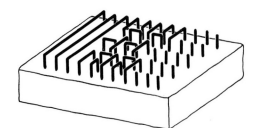

Bild 4.70   Universelle Glüh- und Lötunterlage

misch bei höherer Temperatur schmilzt. Eine ideale Schutzsalzanlage zum Glühen und Aushärten kann man so aufbauen, daß ein Topf mit niedrigschmelzendem Vergütungssalz, der andere mit höherschmelzendem Glühsalz gefüllt wird.

Borsäure. Der Borsäureüberzug, wie er im Kleinbetrieb angewandt wird, wirkt auch als oxidschützende Schmelze. Man wendet die Borsäure folgendermaßen an:
Der Gegenstand wird mit Fluxit bzw. einem anderen Lötmittel eingestrichen und in das Borsäurepulver getaucht. Man wärmt den eingestrichenen Gegenstand an, bis das Kristallwasser ausgetrieben ist, und dann glüht man normal weiter. Sogar die Politur der Oberfläche bleibt erhalten. Bei Montierungen ist es deshalb zweckmäßig, die Teile, die man am fertigen Stück nur noch schwer oder gar nicht mehr erreichen kann, bereits vor der Montage zu polieren, mit Borsäure einzustreichen und dann einzulöten.

Abschrecken

Das Abschrecken bzw. Ablöschen wird an das Glühen angeschlossen, um die Abkühlung zu beschleunigen, damit das Rekristallisationsgefüge erhalten bleibt, die Aushärtung mit ihren Folgen aber verhindert wird.

Wasser. Das einfachste Mittel zum Ablöschen ist Wasser. Die Wirkung ist aber oft zu schroff. Wenn auch die Aushärtung damit zuverlässig unterdrückt wird, können empfindliche Legierungen durch die schnelle Volumenverminderung beim Abkühlen Spannungen, ja sogar Spannungsrisse bekommen, die sich manchmal erst bei der nachfolgenden Bearbeitung bemerkbar machen.

Spiritus. Für empfindliche Legierungen ist unbedingt Spiritus zu empfehlen. Die Hitze des eingetauchten Metalls bewirkt, daß es von Spiritusdämpfen umhüllt wird, die das plötzliche Abkühlen durch ihre geringere Wärmeleitung vermindern und damit unnötige Spannungen ausschließen. Außerdem wirkt der Spiritus reduzierend auf die Metalloberfläche. Große Gegenstände dürfen nicht in Spiritus behandelt werden, weil sie so viel Wärme abgeben, daß sich der Spiritus entzünden kann.

Beize. Man findet in den Werkstätten immer noch die Unsitte, daß in Beize abgelöscht wird. Aber davon ist unbedingt abzuraten. Wie noch ausführlich begründet wird, setzen sich dabei Säureteile im Metallgefüge fest und verursachen sogar noch Schäden beim späteren Gebrauch des Gegenstands.

Praktische Grundregeln für das Glühen
- Die Bearbeitungsvorschriften für die Metalle sind unbedingt einzuhalten.
- Maximale Umformung – niedrige Glühtemperatur – kurze Glühdauer ergeben optimales Gefüge.
- Um Schädigungen durch Oxidation einzuschränken, glühe man so selten wie möglich.

5 Handwerkliche Grundtechniken

5.1 Werkstatt des Goldschmieds

5.1.1 Werkstatteinrichtung

Erstaunlicherweise kommt uns die mehr als 400 Jahre alte Goldschmiedewerkstatt gar nicht so fremd vor (Bild 5.1). Beim Arbeitsplatz mit Feilnagel, Fell und Hocker fehlt nur die Einbuchtung. Die Ziehbank könnte unverändert für dicke Drähte benutzt werden. Zieheisen, Feilen, Zangen, Hämmer, Ambosse,

Bild 5.1 Goldschmiedewerkstatt. Etienne de Laune, Augsburg 1576 (Kupferstichkabinett Dresden).
Links: Gehilfe an der Ziehbank; rechts: Goldschmied am Muffelofen; Mitteltisch: Goldschmiede beim Ziselieren und Schleifen. Ringsum an den Wänden die auch heute noch wohlbekannten Goldschmiedewerkzeuge

Tiegel, die an den Wänden hängen, sind in ihrer Form bis heute unverändert geblieben – möglicherweise sind heute die Werkstoffe besser. Die grundsätzliche Veränderung ist aber bei den Verfahren der Wärmebehandlung zu beobachten, also Glühen, Schmelzen und besonders Löten. Mit dem abgebildeten Muffelofen hätte der heutige Goldschmied sicherlich Schwierigkeiten!

Obgleich viele Werkstätten auch heute noch dem abgebildeten Beispiel sehr nahe kommen, weil der Traditionalismus bei den Goldschmieden besonders ausgeprägt ist, soll all dies zugunsten einer modernen Arbeitsumweltgestaltung mit dem folgenden Vorschlag in Frage gestellt werden.

Eine gut durchdachte Arbeitsorganisation ist Voraussetzung für jede rationelle Fertigung. Dieser Grundsatz gilt keineswegs nur für die Serienproduktion, sondern auch für das Handwerk. Eine wichtige Grundlage dafür ist eine zweckmäßig eingerichtete Werkstatt.

Einerseits sollen mit diesem Vorschlag dem jungen Goldschmied Anregungen zur Neuein-

richtung einer Werkstatt gegeben werden, andererseits soll der erfahrene Meister veranlaßt werden, seine Werkstatt unter diesen Gesichtspunkten einmal kritisch zu betrachten, um möglicherweise das eine oder andere zu verändern.

Neben der produktionstechnischen Seite sollte man aber auch einen anderen Aspekt nicht unterschätzen: Da man die längste Zeit des Lebens in der Werkstatt verbringt, soll sie so behaglich wie möglich eingerichtet sein. Dazu gehört ein bequemer Arbeitsstuhl ebenso wie ein angenehmer Ausblick aus dem Fenster.

Man kann kein universelles Einheitsmodell einer Goldschmiedewerkstatt konstruieren, jede Werkstatt ist anders und muß anders sein, weil in jedem Fall ganz unterschiedliche Anforderungen erfüllt sein müssen:

- Bestimmend für die Konzeption sind die vorhandenen Räumlichkeiten, die meist nicht oder nur mit großem Aufwand verändert werden können, also: Anzahl und Größe der Räume, Fenster und Türen, Heizung, Energieversorgung.
- Ganz unterschiedliche Erfordernisse ergeben sich aus der Anzahl der Arbeitsplätze; dabei ist es noch ein Unterschied, ob etwa der Lehrling neben dem Meister untergebracht werden muß, oder ob die Plätze für Facharbeiter gebraucht werden, die ohne wesentliche Anleitung selbständig arbeiten können.
- Zwangsläufig ergeben sich ganz unterschiedliche Akzentuierungen aus dem Produktionsprofil:

Verhältnis Neuanfertigung – Reparatur, Dominanz von Einzel- oder Kleinserienfertigung,

eingesetzte Werkstoffe,

bevorzugte Spezialtechniken, wie Schleuderguß, Emaillieren.

Das abgebildete Beispiel (Bild 5.2) kann deshalb nur als Rahmenmodell einer Goldschmiedewerkstatt aufgefaßt werden. Dabei wird angenommen, daß ein Alleinmeister Neuanfertigungen und Reparaturen ausführt.

Das Zentrum jeder Goldschmiedewerkstatt ist das Werkbrett, denn an diesem Arbeitsplatz verbringt der Goldschmied mehr als ⅔ der Gesamtarbeitszeit.

Schön ist es, wenn man außerdem noch einen Tisch hat, an dem man zeichnen und gravieren kann, und wo man beispielsweise auch einmal ein Blech zuschneidet.

Als zusätzliche Arbeitsplätze werden für die Grundausstattung gebraucht:

- Schmelz- und Glühtisch
- Blech- und Drahtwalze
- Werkbank mit Schraubstock, an dem auch Drähte gezogen werden
- Holzklotz mit Steckambossen
- Chemikalientisch mit Abzug
- Galvanisieranlage
- Kratzvorrichtung
- Schleif- und Polierplatz mit Absaugvorrichtung.

Wünschenswert ist es immer, auch wenn die Werkstatt nur von einem Alleinmeister genutzt wird, daß neben der Hauptwerkstatt

Bild 5.2 Goldschmiede-werkstatt.
(1) Werkbrett, (2) Zeichentisch, (3) Schmelz- und Glüheinrichtung, (4) Walze, (5) Werkbank mit Schraubstock, (6) Holzklotz mit Steckambossen, (7) Chemikalientisch mit Abzug, (8) Galvanisieranlage, (9) Kratzvorrichtung, (10) Poliermaschine, (11) Ultraschall-Reinigungsanlage, (12) Wasserversorgung, (13) Tresor

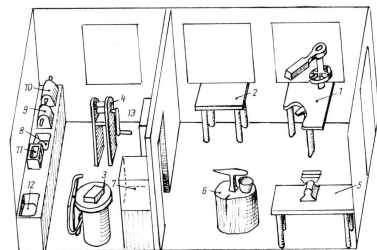

noch ein zweiter Raum als »Schmutzwerkstatt« zur Verfügung steht, denn dann können Schleifen und Polieren, ebenso wie alle chemischen Behandlungen einschließlich der Galvanik dorthin verlagert werden.

Es hängt von der Größe der beiden Räume ab, welche weiteren Arbeitsverrichtungen dorthin gebracht werden können, wie etwa Schmelzen und Glühen oder die Zurichtungsarbeiten.

Bei allen zusätzlichen Maschinen und Anlagen muß geprüft werden, in welchem der beiden Räume sie am besten aufgestellt werden können. Der Emailplatz muß beispielsweise unbedingt vom der Poliereinrichtung getrennt werden. Will man eine Schleudergußanlage mit allen Zusatzeinrichtungen aufbauen, wäre ein spezieller Raum wünschenswert, es geht aber auch in der Schmutzwerkstatt. Bohrmaschine, Drehbank, Spindelpresse können wahlweise in einem der beiden Räume aufgestellt werden. Werkzeugschränke, Tresore, Ablageregale, Sitzgelegenheiten und manches mehr muß natürlich noch dazu kommen.

5.1.2 Arbeitsplatz

So wie die wesentlichen Arbeitsverfahren – mit Ausnahme des Lötens – und die dazu verwendeten Werkzeuge seit Jahrhunderten gleich geblieben sind, hat sich auch der Arbeitsplatz des Goldschmieds nicht verändert, obgleich er aus ergonomischer Sicht ganz erhebliche Mängel hat.

Die kritiklose Übernahme der überlieferten Arbeitsgewohnheiten kann wohl nur durch den ausgeprägten Traditionalismus im Goldschmiedehandwerk erklärt werden.

Ganz offensichtlich sitzt der Goldschmied seit Jahrhunderten an seinem Werktisch unbequem! Statt der physiologisch bedingten Sitzhöhe wird die Höhe des Tischs von nur etwa 80 cm zugrundegelegt und danach die Höhe des Schemels nach einer alten Regel so bemessen, daß der Goldschmied die Ellenbogen bei waagerechter Stellung der Oberarme auf die Tischplatte auflegen kann. Notfalls werden dementsprechend die Füße des Schemels noch gekürzt. Daraus ergibt sich besonders für große Menschen eine Sitzhaltung, die auf die Dauer zu gesundheitlichen Schäden führen muß. Logisch ist es vielmehr, daß aus einer er-

gonomisch begründeten Sitzhöhe die Maße des Tischs abgeleitet werden.

Der Tisch dient als Arbeitsfläche und als Werkzeugablage. Beide Bereiche sollen voneinander getrennt sein. Die eingelassene Arbeitsbucht mit Feilnagel und Brettfell hat sich prinzipiell bewährt, kann aber im Detail verbessert werden.

Zum Arbeiten werden der Feilnagel und die Tischfläche hinter dem Feilnagel und neben der Bucht gebraucht. Üblicherweise wird mit der rechten Hand das Werkzeug geführt, mit der linken wird das Werkstück festgehalten; bei manchen Arbeiten ist es nötig, daß der linke Arm am Werkbrett abgestützt wird.

Die beiden Ablagebereiche für die Werkzeuge liegen hinter dem Arbeitsbereich, und sie werden durch die Armlänge und einen physiologisch bedingten Greifwinkel von etwa 120° begrenzt.

Alle Werkzeuge und Hilfsmittel, Fournituren und Halbzeuge sollen griffbereit untergebracht sein, wobei alles, was man häufig braucht, möglichst dicht am Arbeitsbereich sein soll, das andere kann im hinteren Bereich und über dem Werkbrett, aber auch neben dem Arbeitsplatz in erreichbarer Nähe sein.

Der Technikmotor hat zunehmende Bedeutung für den Goldschmied bekommen, deshalb muß das Handstück mit der biegsamen Welle auch direkt greifbar sein. Selbstverständlich muß der Goldschmied die Lötpistole immer zur Hand haben, und der Arbeitsplatz muß schnell zum Löten eingerichtet sein.

Wichtig ist eine gute Arbeitsplatzbeleuchtung durch Tages- und Kunstlicht, möglichst schräg von vorn links.

Selbstverständlich muß der Tisch auch beim Hämmern und Feilen fest und stabil stehen.

Das abgebildete Beispiel (Bild 5.3) soll als Vorschlag für die Gestaltung des Arbeitsplatzes aufgefaßt werden, das man natürlich den konkreten eigenen Bedingungen entsprechend abwandeln muß.

Der Arbeitsstuhl soll bequem, in der Höhe verstellbar und auf einem fünfarmigen Fahrkreuz beweglich sein.

Die Tischhöhe kann 95 . . . 100 cm betragen.

Aus ergonomischen und funktionellen Überlegungen ist die Tischform aus einem Quadrat von 100 cm Seitenlänge entwickelt worden, und die Besonderheit besteht darin, daß die

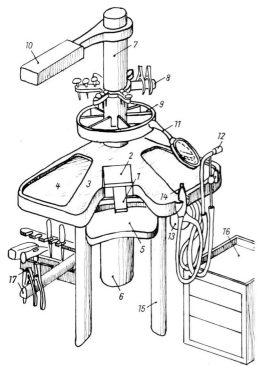

Bild 5.3   Arbeitsplatz des Goldschmieds.
(1) Feilnagel, (2) Stahlplatte, (3) Arbeitsbereich,
(4) Werkzeugablage, (5) Feilungsblech, (6) Stützfuß,
(7) Säule, (8) Werkzeugablage, (9) Ablagefächer,
(10) Beleuchtung, (11) Lupe, (12) Lötpistole,
(13) Technikmotor, (14) Handstück, (15) Stützfuß,
(16) Ablageschränkchen, (17) schwenkbare Werkzeugablage

Bucht an einer Ecke ausgearbeitet worden ist.
Durch diese Anordnung der Bucht wird der
optimale Greifbereich ausgenutzt, und es
bleibt auf der gegenüberliegenden Ecke genügend Platz für eine Säule, an der Zusatzeinrichtungen dreh- und schwenkbar untergebracht werden können.
Die Seitenkanten der Bucht verlaufen parallel
zur Armhaltung beim Arbeiten am Feilnagel.
Den Ärger mit dem wackelnden Feilnagel, der
nur im Werkbrett verkeilt ist, kann man sich
ersparen, wenn er mit zwei Flügelschrauben
am Werkbrett sicher befestigt wird; so kann
man ihn schnell wechseln und je nach Bedarf
einen keilförmigen oder einen flachen Feilna-

gel anschrauben. Hinter dem Feilnagel befindet sich eine Stahlplatte als Arbeitsfläche.
Statt des üblichen Brettfells kann man ein Auf-
fangblech – ähnlich einem Kuchenblech – verwenden. Wenn man unterschiedliche Metalle
und Legierungen bearbeitet, kann man auch
mehrere Bleche in Führungsschienen einlegen, so daß bei Bedarf eines davon herausgezogen wird. Günstig ist sogar eine Leuchte unter dem Arbeitsplatz, um heruntergefallene
Teile schnell wiederfinden zu können.
Das hintere Tischbein wird über der Arbeits-
platte als Rundsäule weitergeführt, an der man
zusätzliche Ablageflächen, Werkzeughalte-
rungen und die Arbeitsplatzbeleuchtung un-
terbringt, ohne die Tischfläche einzuschränken. Günstig ist es auch, eine große Arbeits-
lupe schwenkbar anzubringen, damit sie bei
Bedarf über den Arbeitsplatz gedreht werden
kann. Zur Beleuchtung des Arbeitsplatzes
rechnet man mit einer Beleuchtungsstärke von
300 . . . 500 Lux. Man kann eine übliche Ar-
beitsplatzleuchte an den Schwenkarm montieren, möglicherweise aber auch einen blen-
dungsfreien Strahler, wie ihn der Zahnarzt
benutzt.
Die Lötpistole hängt an der Tischkante, die
Schläuche laufen unter dem Werkbrett. Auf
der Unterseite der Tischplatte ist der Technikmotor so untergebracht, daß das Handstück
der biegsamen Welle bis zum Feilnagel reicht.
Wenn man das Handstück beispielsweise bei
Faßarbeiten auch in senkrechter Stellung einsetzen muß, ist es ratsam, an der Säule eine
Haltevorrichtung für den Technikmotor vor-
zusehen.
Der Tisch wird vorn unter dem Arbeitsbereich
neben der Bucht durch zwei Beine abgestützt.
An diesen Tischbeinen können noch zusätzliche schwenkbare Halterungen für Werkzeuge
angebracht werden. Neben dem Arbeitsplatz
steht ein Werkzeugschränkchen, das auf Rollen beweglich ist.
Die Ablagebereiche auf dem Werktisch sind
vertieft ausgefräst, so daß die Werkzeuge nicht
vom Tisch fallen können; außerdem werden
dadurch Ablage- und Arbeitsbereiche deutlich
voneinander getrennt.
Durch eine solche komplexe Gestaltung des
Arbeitsplatzes wird aus dem einfachen Werkbrett eine universelle Arbeitseinheit, in der der
Goldschmied all das griffbereit um sich hat,

was er für die Arbeit braucht, ohne daß sein Arbeitsbereich eingeschränkt wird.

Die Tischform ist auch günstig, wenn mehrere Tische in der Werkstatt aufgestellt werden müssen, denn sie können immer so neben dem Fenster plaziert werden, daß auf jeden Platz das Licht aus der günstigsten Richtung fällt und daß sich die Kollegen nicht gegenseitig behindern.

Aus einer solchen Erweiterung des traditionellen Werkbretts zur universellen Arbeitseinheit ergeben sich also viele Vorzüge, und warum soll sich der Goldschmied seinen Arbeitsplatz nicht genauso rationell einrichten, wie es beispielsweise der Zahnarzt schon längst getan hat?

5.2   Vorgang der Spanabnahme

5.2.1   Spanbildung

Wenn auf einen senkrecht stehenden Keil, beispielsweise einen Meißel, eine genügend große Kraft wirkt, wird der Werkstoff beiderseits der Wirkungsstelle verdrängt, dann löst sich der Zusammenhalt des Gefüges, und so kann der Keil in den Werkstoff eindringen. Das ist das Wirkungsprinzip des »Trennens«, wie es beim Schneiden der Metalle praktisch angewandt wird.

Wirkt der Keil aber schräg zur Oberfläche auf den Werkstoff ein, wie beim Gravieren, wird ein Span gebildet, und auf diesem Prinzip beruhen alle Verfahren der spanenden Formung (Bild 5.4).

Wenn der Schneidenkeil in den Werkstoff eindringt, entstehen Spannungen, das Metall wird vor der Schneide elastisch, dann plastisch umgeformt, der Werkstoff wird gestaucht. Ist die Spannung so groß, daß der Widerstand des Werkstoffgefüges überschritten wird, reißt es an der »Spanwurzel« ein, und der abgelöste Werkstoff schiebt sich über die Spanfläche des Werkzeugs hinweg. Wegen der anfänglichen plastischen Umformung ist der Span dicker als die Spantiefe des Werkstoffs.

Nur bei besonders zähen Werkstoffen bleibt nach dieser hohen Beanspruchung der Gefügezusammenhalt des Spans erhalten, und er rollt als gleichmäßige Spirale vor der Schneide ab, bei spröden Werkstoffen werden nur

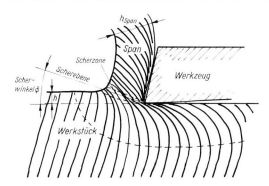

Bild 5.4 Spanbildung. Anstauchen des Spans, Abscheren an der Scherebene, Abfließen des Spans an der Werkzeugschneide. Deformation des Gefüges durch Schraffur angedeutet

kurze, bröcklige Spanstücke abgenommen. So ergeben sich Grundtypen, zwischen denen die tatsächliche Spanform einzuordnen ist:

Bruchspäne: Typisch für spröde Werkstoffe. Kurze, bröcklige Stücke werden abgelöst. Da solche Späne gut abgeführt werden können, erreicht man hohe Zerspanungsleistungen.

Scherspäne: Sie entstehen, wenn zähe Werkstoffe bei niedriger Schnittgeschwindigkeit bearbeitet werden. Der Span wird hochgebogen, reißt lamellenartig ein, verschweißt aber wegen der hohen Reibungswärme wieder.

Fließspäne: Bei zähen Werkstoffen und hoher Schnittgeschwindigkeit werden sie als homogene Metallteile abgehoben und rollen sich spiralförmig ein, besonders bei der Arbeit an der Drehmaschine sind solche langen Späne hinderlich und störend.

direkt auf dem Werkstoff entlanggleiten, sondern als Freifläche mit dem Winkel α gegen den Metallgrund geneigt sein.

Keilwinkel β: Er wird zwischen den beiden Wangen des Keils, also zwischen Span- und Freifläche, gebildet. Je größer dieser Winkel ist, um so widerstandsfähiger und haltbarer ist das Werkzeug; eine schlanke Schneide bricht leicht aus.

Spanwinkel γ: Damit wird die Neigung der Spanfläche, also der eigentliche Hauptschneide, bezogen auf die Senkrechte angegeben. Je schräger diese Fläche liegt, je größer also γ ist, um so leichter kann der Span abgehoben werden.

Schnittwinkel δ: Er wird auf die gleiche Werkzeugfläche, die Spanfläche bezogen, drückt aber deren Neigung in bezug auf die Waagerechte, also die zu bearbeitende Werkstückfläche, aus. Je kleiner δ, um so größer ist die Schnittwirkung – um so leichter nutzt sich aber auch die Schneidkante ab.

Wenn der Keilwinkel β besonders groß und wenn das Werkzeug besonders steil geführt wird, kommt die Spanfläche in eine Stellung, die über die Senkrechte hinausgeht, und man erreicht statt der Schnittwirkung eine schabende Metallabnahme.

In einem solchen Fall wird $\delta > 90°$, und es entsteht ein negativer Spanwinkel $-\gamma$.

Winkelverhältnisse. Für den Schnittwinkel gilt
$\alpha + \beta = \delta$
Bei positivem Spanwinkel ($+\gamma$) ergibt sich
$\alpha + \beta + \gamma = 90°$ bzw. $\delta + \gamma = 90°$
bei negativem Spanwinkel ($-\gamma$) dagegen
$\alpha + \beta - \gamma = 90°$ bzw. $\delta - \gamma = 90°$

5.2.2 Schneidengeometrie

Für die Wirkungsweise des spanabhebenden Keils und für die Effektivität der Zerspanungsleistung ist es wichtig, daß das Werkzeug richtig angeschliffen ist, daß besonders die folgenden Winkel stimmen (Bild 5.5).

Freiwinkel α: Die Wange des Keils, die der Oberfläche des Werkstücks zugewandt ist, soll, um unnötige Reibung zu vermeiden, nicht

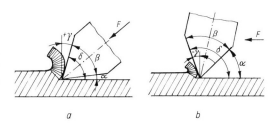

Bild 5.5 Winkel am spanabhebenden Keil.
a) Schneiden mit positivem Spanwinkel, b) Schaben mit negativem Spanwinkel

Bild 5.10   Arbeiten mit der Laubsäge

klemmt, muß sie vorsichtig gelockert werden. Will man die Säge im Schnitt zurückziehen, muß sie auch ständig bewegt werden.

Um Durchbrüche auszusägen, wird zunächst die entsprechende Stelle durchbohrt, das Sägeblatt, nachdem das untere Spannfutter gelöst wurde, hindurchgesteckt und schließlich in der oben beschriebenen Weise wieder eingespannt.

Um den Weg der Laubsäge genau verfolgen und kontrollieren zu können, muß das Werkstück von Zeit zu Zeit mit einer weichen Bürste von den Spänen gesäubert werden.

Bild 5.11 kann als Anwendungsbeispiel für die Sägetechnik gelten.

5.3.4 Sägemaschinen

Jeder Goldschmied weiß, wie mühsam und langwierig die Arbeit mit der Laubsäge ist, besonders wenn man dicke Metallstücke damit trennen muß. Es gäbe zwar noch die Handsäge des Schlossers mit dem wellenförmig geschränkten Sägeblatt, aber damit bekommt man eine zu große Spanmenge, deshalb ist sie für Edelmetalle ungeignet.

Die Maschinensägen entsprechen in der Grundkonstruktion denjenigen, die aus der Tischlerwerkstatt für die Holzbearbeitung allgemein bekannt sind: Band- und Kreissägen.

Bei den *Bandsägen* wird das endlose Sägeband über Laufrollen geführt und mit einem Elektromotor angetrieben (Bild 5.12). Das Werkstück wird auf dem Arbeitstisch geführt. Es können unterschiedliche Schnittgeschwindigkeiten eingestellt werden. Bei der Feinbandsäge sind sogar Kurvenschnitte mit ziemlich kleinem Radius möglich. Trotzdem kann eine solche Bandsäge für Schmuckhalbzeuge kaum genutzt werden, sie eignet sich mehr für den Zuschnitt größerer Bleche für Korpusware. Wegen des hohen Anschaffungspreises wird die Bandsäge nur in größeren Betrieben benutzt.

Die *Kreissäge* ist für den Kleinbetrieb nützlicher. Sie eignet sich zwar nur für gerade Schnitte, aber auch dicke Stangen, Rohre und Bleche werden schnell und sauber ohne Mühe damit getrennt. Das Kreissägeblatt ist robuster als die Bandsäge. Möglicherweise reicht für den Kleinbetrieb schon eine solche kleine Kreissäge, die als Zusatzgerät für die Heimwerker-Bohrmaschine angeboten wird.

Bild 5.11   Sägeübungen. a) lineare Schnitte und gesägte Stege, b) Passungsteile. Birgit Karsten, Firma Wilfried Nothdurft, Schwerin

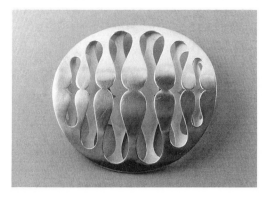

Bild 5.13   Bucheinband. Silber. Gesägte Motive mit gravierten Effekten. Ernst Brepohl, Arnstadt (1939)

5.4 Feilen

Das Feilen gehört zu den Grundfertigkeiten des Goldschmieds und ist das wichtigste spangebende Arbeitsverfahren bei der Formung der Metalle und Nichtmetalle, denn mit der Feile werden die ebenen und gewölbten Flächen des Werkstücks in die gewünschte Form gebracht und geglättet.

5.4.1 Aufbau und Wirkungsweise der Feile

Bild 5.12   Schmuckstücke in Sägetechnik. a) Brosche. Zwei gesägte Platten mit versetzten Durchbrüchen. Fachschule für Ang. Kunst Heiligendamm, b) Armreif. Gesägte Durchbrüche, glatt verbödet. Fachschule für Ang. Kunst Heiligendamm, c) Brosche. Gold. Gesägte Durchbrüche, versetzt angeordnet. Rainer Schumann, Dresden

Auf dem *Feilenblatt* befindet sich die eigentliche Arbeitsfläche mit dem *Feilenhieb*. Bei den Nadelfeilen ist der *Griff* angeschmiedet; größere Feilen haben statt dessen am Feilenblatt einen spitzen Dorn, die *Angel*, mit dem sie in ein *Holzheft* eingeschlagen werden (Bild 5.14). Die Feilenrohlinge bestehen aus hochwertigem Werkzeugstahl oder aus chromlegiertem Stahl, sie werden geschmiedet, geglüht und

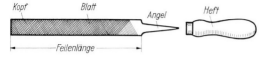

Bild 5.14   Grundform der Feile

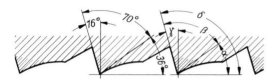

Bild 5.15   Zahnform der gehauenen Feile

glattgeschliffen. Dann wird von Hand oder mit der Feilenhaumaschine der Hieb eingeschlagen. Der Goldschmied braucht normalerweise doppelhiebige Feilen, bei denen der zuerst eingeschlagene, schräge Unterhieb durch den ebenfalls schrägen Oberhieb unterbrochen wird. Die Hiebrillen kreuzen sich so, daß zwischen ihnen die Feilzähne stehenbleiben (Bild 5.15).

Die günstigste Form der Anordnung der Zähne erreicht man, wenn der Unterhieb im Winkel von 71°, der Oberhieb mit 54° zur Feilenachse geneigt sind. Durch diese unterschiedliche Schräglage der Hiebrillen und durch unterschiedliche Teilung von Unter- und Oberhieb erreicht man, daß die Zähne nicht genau hintereinander stehen. Sie sind also in jeder Reihe leicht versetzt, und deshalb ist es möglich, daß jeder Zahn an der Spanabnahme gleichmäßig beteiligt ist.

Würden die Zähne genau hintereinander stehen, könnten nur die ersten das Werkstück angreifen, es würden Rillen entstehen, in denen die folgenden Zähne unbeteiligt entlanggleiten.

Beim Einhauen des Hiebs entsteht eine Rille, und das verdrängte Material wird als Grat aufgeworfen. Aus diesem Prinzip ergibt sich die typische Form des Feilenzahns. So entspricht jeder Zahn einem spanabhebenden Keil mit einem negativen Spanwinkel, der deshalb mehr schabend als schneidend die Werkstoffteilchen abnimmt.

Um eine lange Standzeit – und damit eine geringe Abnutzung – der Feile zu sichern, muß

der Keilwinkel möglichst groß sein. Die idealen Winkel am Feilzahn sind:

Freiwinkel $\alpha = 36°$
Spanwinkel $\gamma = 16°$
Keilwinkel $\beta = 70°$
Schnittwinkel $\delta = 106°$

Die Wirkungsweise des einzelnen Zahns ist vergleichbar mit einem Stichel oder einem Sägenzahn. Beim Vorwärtsschieben löst er Teilchen aus der Oberfläche des Werkstücks heraus, sie sammeln sich im Spanraum vor dem Zahn, und wenn der Zahn über die Kante des Werkstücks hinausgelangt, fallen diese Späne ab.

Das Verhältnis von Spanabnahme und Größe der Spanräume muß so abgestimmt sein, daß alles abgenommene Material in diesen Spanräumen Platz findet, anderenfalls »greift« die Feile nicht mehr, und durch die losen Späne wird die Oberfläche des Werkstücks verkratzt. Bei einer groben Feile ist also ein großer Zahnabstand nötig.

Bei der Bearbeitung von besonders weichen Werkstoffen, wie Blei, Zinn, Aluminium, können Feilen mit feinem Hieb leicht »verschmieren«. Durch das Zusammenwirken von Reibungswärme und Arbeitsdruck werden die Späne fest in die Spanräume gepreßt, so daß sie nicht mehr von der Feile abfallen können, die Feile wird wirkungslos. Noch schlimmer ist dies bei der Bearbeitung von Kunststoffen. Mit der Drahtbürste muß man solche Feilen wieder säubern. Mit chemischen Mitteln lassen sich die Teilchen meist nicht lösen, ohne daß auch die Stahlfeile angegriffen wird. Für solche weichen Werkstoffe kann man nur grobe Feilen mit großen Spanräumen benutzen; zur Feinbearbeitung muß man dann zum Schmirgelpapier übergehen.

5.4.2   Einteilung der Feilen

Hieb

Die Feinheit des Hiebs wird durch die Hiebnummer ausgedrückt. Je enger und damit feiner der Hieb ist, um so höher ist die Nummer:

0 1 2 3 4 5 6
grob   mittel   fein

Dies sind aber keine absoluten Werte, sondern sie stehen immer in Beziehung zur Feilenlänge. Bei gleicher Hiebnummer sind die

Zahnabstände bei einer 30 cm langen Feile größer als bei einer Nadelfeile.

Größe
Die großen Feilen, die man beim Arbeiten mit beiden Armen hält, während das Werkstück im Schraubstock eingespannt ist, wurden früher in Stroh verpackt geliefert, sie heißen deshalb *Stroh-* oder *Armfeilen*
Bastard- oder *Handfeilen* sind die mittelgroßen, die der Goldschmied mit einer Hand führt, wenn er am Feilnagel arbeitet. Sie sind ebenso wie die Armfeilen in ein Holzheft eingelassen.
Bei den kleinen *Nadelfeilen* ist der runde Griff mit angeschmiedet.
Das es innerhalb dieser Gruppen noch verschiedene Größen gibt, muß man bei der Werkzeugbestellung die genaue Länge angeben (Bild 5.16). Bei Arm- und Handfeilen wird nur das Blatt – ohne Angel – gemessen, bei Nadel- und Riffelfeilen die Gesamtlänge.

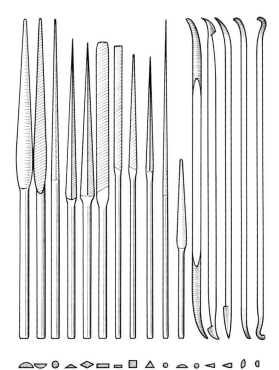

Bild 5.16 Verschiedene Formen von Nadel- und Riffelfeilen

Spitzfeilen

Name	Form	Name	Form
Rundfeile		Messerfeile	
Halbrundfeile		Flachfeile mit gerundeten Kanten	
Vogel-zungenfeile		Flachfeile mit flachen Kanten	
Dreikant-feile		Vierkantfeile	
Dach- oder Barettfeile		Schwertfeile	

Parallelfeilen

Name	Form
Flachfeile mit gerundeten Kanten	
Flachfeile mit flachen Kanten	
flache Scharnierfeile	
runde Scharnierfeile	

Bild 5.17 Einteilung der Feilen nach dem Querschnitt

Form
Zur Beschreibung der Feilen müssen Gesamtform und Querschnitt des Feilenblatts angegeben werden.
- *Parallelfeilen* haben in der gesamten Blattlänge gleiche Breite.
- *Spitzfeilen* verjüngen sich zur Spitze hin.

Die Einteilung nach dem *Querschnitt* ist aus der Übersicht (Bild 5.17) zu ersehen.
Riffelfeilen sind Spezialfeilen des Gold- und Silberschmieds. Man benutzt sie, um solche Stellen des Werkstücks bearbeiten zu können, die mit den normalen, geraden Nadelfeilen nicht erreicht werden (Bild 5.18). Die Riffelfeilen bestehen aus Vierkantstäben, die an den Enden ausgeschmiedet und leicht gebogen sind. Nur diese Enden tragen den Hieb, während das Mittelstück den Griff bildet. Die Form des Feilenblatts richtet sich nach dem Verwendungszweck.
Da meist die gleiche Wirkung auf effektivere Weise mit den Fräsern des Technikmotors erreicht wird, ist heute die Bedeutung der Riffelfeilen stark zurückgegangen.

Bild 5.18   Anwendung der Riffelfeile

Werkzeugbestellung
Wenn man bei der Werkzeugbestellung eine Feile eindeutig beschreiben will, sind folgende Angaben nötig:
Hiebnummer Feilenlänge Feilenform.
Es muß also beispielsweise heißen:
Nadelfeile – Hieb 3 – Gesamtlänge 140 mm – spitz – dreikantig.

5.4.3   Behandlung und Aufbewahrung der Feilen

Solche Feilen, an denen eine Angel angeschmiedet ist, müssen in ein Holzheft eingelassen werden, in dem die Angel durch Haftreibung festgehalten wird. Zunächst muß das Heft vorgebohrt werden. Die Angel wird in das Holzheft gesteckt, dann faßt man die Feile am Blatt an und stößt sie mit dem Heft mehrfach auf eine feste Unterlage, bis die Angel festsitzt. Keinesfalls darf man beim Aufschlagen am Holzheft anfassen, denn wenn sich die Feile versehentlich löst, trifft die Spitze der Angel auf die Hand, und es kann zur Verletzung kommen (Bild 5.19).
Es ist leichtsinnig, aus Bequemlichkeit etwa auf das Heft ganz zu verzichten und die Angel als Griff zu benutzen – die Angel sticht sich schnell in die Handfläche ein! Die Handfeilen bewahrt man am besten so auf, daß sie in einer Haltevorrichtung am Arbeitsplatz hängen. Es genügt ein schmales Brett mit kurzen Einkerbungen, in denen die Feilen zwischen Heft und Blatt gehalten werden. Die Nadelfeilen legt

man in einen kleinen Kasten oder steckt sie mit dem Griff in ein gelochtes Brett.
Auf dem Werkbrett liegen nur die Feilen, die gerade gebraucht werden. Keinesfalls darf man die Feilen zusammen mit anderen Werkzeugen in die Schubladen legen, weil einerseits die Feilen durch gehärtete Werkzeuge und andererseits auch die übrigen Werkzeuge durch die Feilen beschädigt werden können. Unter Einwirkung schwerer Werkzeuge können Feilen wegen ihrer Sprödigkeit sogar zerbrechen.
Die Feile ist weder ein Kistenöffner noch ein Rührstab für die Metallschmelze, sondern sie soll ausschließlich zum Feilen benutzt werden! Während des Gebrauchs versetzt sich der Feilenhieb mit Materialspänen und Schmutzteilchen, wodurch die Wirksamkeit stark verringert wird. Deshalb reinigt man Feilen von Zeit zu Zeit mit Benzin und Drahtbürste.

5.4.4   Vorrichtungen zum Befestigen des Werkstücks

Schraubstock. Für besonders große und schwere Stücke eignet sich der im Gesenk geschmiedete *Zangenschraubstock* aus Stahl, obgleich er häufiger zum Einspannen von Werkzeugen und Hilfsmitteln, etwa beim Silberschmieden, benutzt wird (Bild 5.20). Wenn man sich selbst Werkzeuge oder Hilfsmittel zurechtfeilen will, wird man auch diesen Schraubstock benutzen.
Für kleinere Werkstücke ist der *Parallel-*

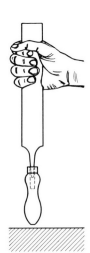

Bild 5.19   Befestigung der Feile im Heft

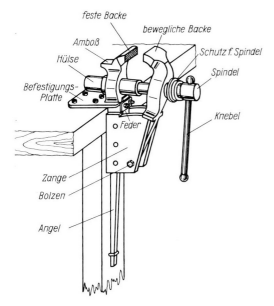

Bild 5.20   Zangenschraubstock

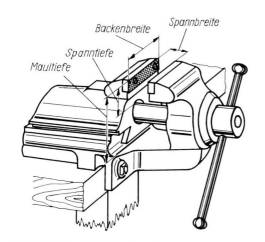

Bild 5.21   Parallelschraubstock

schraubstock (Bild 5.21) besser geeignet, weil man sie zwischen den parallelen Backen sicherer festhalten kann. Er ist aus Gußeisen oder Stahlguß hergestellt. Nachteilig ist die begrenzte Spanntiefe. Gut bewährt hat sich die verbesserte Ausführung als drehbarer Parallelschraubstock. Man kann so das Werkstück in die günstigste Stellung beim Feilen bringen. Wenn man beim Drahtziehen das Zieheisen einspannt, kann man es so drehen, daß man

den langen Draht durch das ganze Zimmer ziehen kann.

Empfindliche Werkstücke werden durch *Schutzbacken* aus Blei, Kupfer, Aluminium, Messing oder Kunststoff geschont. Es sind damit einfache Winkelbleche gemeint, die zwischen Werkstück und Schraubstockbacken eingelegt werden (Bild 5.22).

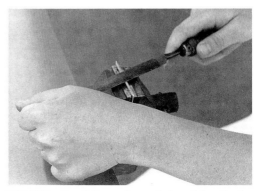

Bild 5.22   Bearbeitung des zwischen Schutzbacken eingespannten Werkstücks mit der Handfeile

Schnallzange. Da der Goldschmied meist kleinere Werkstücke bearbeitet, bevorzugt er auch kleine Spannwerkzeuge. Das Stück wird – ähnlich wie beim Schraubstock – eingespannt, indem es dadurch zwischen den Bakken gehalten wird, daß eine Stahlschnalle die Griffe zusammendrückt. Die Zange wird mit der linken Hand gefaßt und das Werkstück gegen den Feilnagel gelehnt, während man mit der rechten Hand die Feile führt.

Stielkloben. Er ähnelt in seiner Anwendung der Schnallzange, die Backen werden jedoch mit Schraube und Flügelmutter angezogen. Während die Schnallzange vorwiegend zum Einspannen von Blechteilen benutzt wird, befestigt man im Stielkloben die Drähte besonders gut; eine Kerbe in den Spannbacken verhindert das Verrutschen. Durch den hohlen Stiel kann man Drähte beliebiger Länge stekken, um sie zu befeilen (Bild 5.23).

Kittstock. Man bezeichnet damit Holzstäbe, an deren aufgerauhtem Kopfende etwas Kitt aufgeschmolzen ist. Das angewärmte Werkstück wird auf den ebenfalls vorgewärmten Siegellack gedrückt und hält dadurch nach dem Erkalten fest. Form und Größe des Kittstocks richten sich nach der Eigenart des Werkstücks (Bild 5.24); für kleinere Gegenstände genügt ein Bleistift als Kittstock.

Bild 5.23   Anspitzen eines im Stielkloben befestigten Runddrahts

Bild 5.24   Bearbeitung eines auf dem Kittstock befestigten Werkstücks

Finger. Obgleich all diese Haltevorrichtungen zur Verfügung stehen, muß der Goldschmied doch oft das Werkstück beim Feilen in der Hand halten. Dabei soll man sich gar nicht erst angewöhnen, es »freihändig« zu bearbeiten, sondern man hält es grundsätzlich an den Feilnagel und stützt es auf diese Weise ab. Der

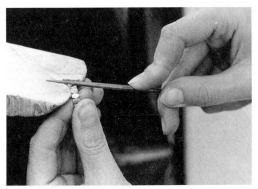

Bild 5.25   Bearbeitung eines Werkstücks am Feilnagel

Bild 5.26   Bearbeitung eines Werkstücks mit der Handfeile am Feilnagel

Feilnagel ist ja das seit Generationen erprobte Hilfsmittel des Goldschmieds beim Feilen seiner Werkstücke (Bilder 5.25 und 5.26).
Während zum Sägen die gerade Fläche des Feilnagels als Auflage für das Werkstück günstig ist, benutzt man zum Feilen die schräge Fläche dieses Holzkeils. Bei einem ausgearbeiteten Feilnagel entsteht durch die Abnutzung vorn eine steile, schräge Fläche, und für bestimmte Anwendungsfälle raspelt man sich diese Fläche noch zurecht; damit Drähte, Stäbe und Rohre eine sichere Auflage haben, feilt man in das Holz noch Führungsrillen ein.

Zangen. Ausnahmsweise hält man kleine Werkstücke auch mit der Zange fest. Wegen der spitzwinkligen Öffnung des Zangenmauls werden manche Werkstücke nicht sicher genug festgehalten. Für Blechteile kann man eine Parallelzange mit verstellbarer Backe benutzen, günstig ist auch die beim Sägen erwähnte Polygripzange.

5.4.5 Anwendung der Feilen

Allgemeines. Zunächst überzeugt man sich davon, daß am Werkstück keine Rückstände von Löt- oder Schmelzmitteln oder anderen harten Stoffen mehr haften. Diese Verunreinigungen können eine Härte bis zu 7,5 haben, also härter als Stahl sein!
Für die Befestigung in den Spannvorrichtungen gelten folgende Regeln:
● Das Werkstück darf nicht weiter als unbedingt nötig über die Spannbacken herausragen, weil es sonst federt.
● Spannt man es zu tief ein, kann die Feile an den gehärteten Backen der Spannvorrichtung beschädigt werden.
● Nach Möglichkeit soll man das Werkstück in der Backenmitte befestigen.
Mit mäßigem Druck schiebt man die Feile vorwärts und zieht sie unbelastet zurück.
Von der *Feinheit des Hiebs* hängt es ab, wieviel Material abgenommen wird und welche Oberflächenqualität man erreicht. Mit der groben Feile wird die Rohform des Werkstücks zugerichtet, und erst wenn die gewünschte Form erreicht worden ist, greift man zu einer feineren. Schon bei der formgebenden Bearbeitung soll man an die Oberflächengüte denken, also gegen Ende der Bearbeitung möglichst feinere Feilen einsetzen.
Wenn die Oberfläche des zugerichteten Arbeitsstücks geglättet werden soll, beginnt man stets mit der gröberen Feile; ist damit der optimale Zustand erreicht, greift man zu einer feineren. Eine besonders glatte Oberfläche erzielt man, wenn die Schlichtfeile mit Kreide eingestrichen wird. Dadurch verkleinern sich die Spanräume, und die kleinen Späne werden in die Kreideschicht eingedrückt, so daß die bearbeitete Oberfläche nicht mehr durch lose Späne zerkratzt werden kann.
Mit einer weichen Bürste wird die bearbeitete Fläche von Zeit zu Zeit gesäubert, um die Späne zu entfernen und dadurch die Wirkung der Feile zu verfolgen.
Die *Feilengröße* muß im richtigen Verhältnis zur Größe des Arbeitsstücks stehen. Einen

goldenen Ohrring kann man ebensowenig mit der Armfeile formen, wie einen großen Messingteller mit der Nadelfeile. Ebenso einleuchtend ist die Notwendigkeit, entsprechend der Form des Werkstücks die geeignete *Feilenform* auszusuchen. Die Flachfeile ist für die Bearbeitung ebener oder gewölbter Flächen bestimmt, und man kann damit beispielsweise keine gerundeten Durchbrüche nacharbeiten; dafür braucht man eine Rund- oder Halbrundfeile.

Gerade Fläche. Eine Fläche läßt sich nur dann absolut glatt feilen, wenn das Werkstück fest eingespannt bzw. gehalten wird. Die Feile muß bei jedem Strich unbedingt gerade geführt werden, anderenfalls werden die Flächen gewölbt und die Kanten stumpf. Es ist darauf zu achten, daß die Feile bei der Arbeit nicht über die Kanten kippt, weil sie dann schnell abgerundet werden. Um die Wirkung der Feile zu kontrollieren und um Kratzer zu vermeiden, feilt man im Kreuzstrich, d. h., die Feile wird nicht rechtwinklig zur Vorderkante des Werkstücks geführt, sondern abwechselnd halbrechts und halblinks zur Hauptrichtung.

Gewölbte Fläche. Wenn das Werkstück im Schraubstock eingespannt ist, muß die Feile so geführt werden, daß sie bei jedem Strich der Wölbung entsprechend mitgeht. Handelt es sich dagegen um ein kleineres Arbeitsstück, das am Feilnagel bearbeitet wird, führt man nicht nur die Feile entsprechend der Wölbung, sondern man bewegt außerdem das Stück in gleicher Weise gegen den Feilstrich.

Rundungen. Will man einen runden Zapfen anfeilen, wird das betreffende Stück zunächst auf quadratischen Querschnitt zugerichtet, dann zum Sechseck gefeilt und schließlich auf die runde Form gebracht. Im Schraubstock wird ein eingekerbtes Holz eingespannt, den Zapfen legt man auf die Kerbe. Während man mit der Feile beim Vorwärtsschieben mit der Rundung mitgeht, wird gleichzeitig der Zapfen gegen die Feilrichtung gedreht. Eine gleichmäßige Rundung ist nur zu erreichen, wenn der Zapfen beim Bearbeiten ständig gedreht wird. Wenn es sich um kleinere Gegenstände handelt, beispielsweise einen Nadelstiel, der angespitzt werden soll, spannt man ihn in einen

Stielkloben. In den Feilnagel arbeitet man eine Rille ein. Ebenso wie der Zapfen im gekerbten Holz gedreht wurde, bewegt man auch den Nadelstiel in der Rille des Feilnagels und feilt ihn dabei nach dem Drahtende zu dünner, bis schließlich eine gleichmäßige Spitze entstanden ist.

Auf Bild 5.27 werden einige Feilübungen als Anregung für die Ausbildung gezeigt.

Bild 5.27   Feilübungen. a) facettierte Ringe und Perlstäbe, b) abgestufte Sechsecke, c) montierte und befeilte Hohlkörper. Birgit Karsten, Firma Wilfried Nothdurft, Schwerin

5.5   Bohren

5.5.1   Dreul und elektrische Bohrmaschine

Als Spezialwerkzeug war der Dreul so etwas wie ein Symbol des Goldschmiedehandwerks, und obgleich schon vor Jahrzehnten der Elektromotor mit biegsamer Welle aus der Dentaltechnik in die Goldschmiedewerkstatt übernommen worden ist, meinen manche älteren Meister auch heute noch, daß man ohne den Dreul nicht auskommen kann.

Tatsächlich können mit den modernen Technik-Bohrmaschinen alle Ansprüche des Goldschmieds erfüllt werden, und wegen der elektronischen Drehzahlregulierung kann man sehr rationell mit großer Geschwindigkeit arbeiten, und wenn es erforderlich ist, kann man auch ganz langsam und vorsichtig bohren. Auch für Perlen braucht man nicht mehr den Dreul oder die Bohrrolle! Wenn hier trotzdem diese alten Hilfsmittel erwähnt werden, so soll dies als Beitrag zur Traditionspflege aufgefaßt werden.

5.5.2   Bohrmaschinen

Dreul. Er ist, wie alle alten, erprobten Werkzeuge, sehr sinnvoll konstruiert (Bild 5.28). Die Drehbewegung wird durch eine Schwungmasse so verstärkt, daß die erforderliche Schnittgeschwindigkeit erreicht wird. Der Bohrer ist in einem Dreibackenfutter am Ende der Welle eingespannt. Zu Beginn wird der »Balken« hochgeschoben, indem der Lederriemen um die Welle gewickelt wird. In diesem Zustand setzt man den Dreul auf die vorgesehene Bohrstelle, und wenn man dann den Balken herunterdrückt, wickelt sich der Riemen ab, die Welle kommt in Bewegung. Nun braucht man einige Übung, um im richtigen Moment den Balken wieder so hochzuschieben, daß der Riemen sich erneut um die Welle wickeln kann – und dabei muß die Welle immer genau senkrecht bleiben, damit der Bohrer nicht abbricht. Da der Riemen in entgegengesetzter Richtung aufgewickelt worden ist, wird die Drehbewegung gebremst, und wenn man dann den Balken erneut herunterdrückt, dreht sich die Welle wieder – aber nun in ent-

Bild 5.28 Bohren einer Perle mit dem Dreul

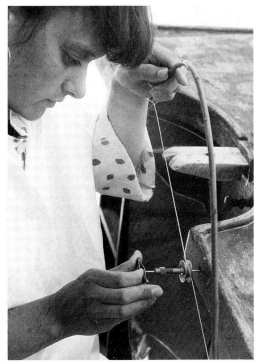

Bild 5.29 Bohren einer Perle mit der Bohrrolle

gegengesetzter Richtung. Hat man den richtigen Rhythmus gefunden, dreht sich der Dreul spielend hin und her, der Balken geht auf und ab, und scheinbar mühelos schiebt sich der Bohrer in das Metall.

Bohrrolle. Sie wurde speziell zum Bohren von Perlen benutzt. Der Bohrer ist auch dabei in ein Futter gespannt und befindet sich so an dem einen Ende der kurzen Welle der Bohrrolle; das andere Ende ist angespitzt. Um die Führungsrolle wird die Sehne eines Fiedelbogens gelegt, mit dem die Bohrrolle dann in Drehung versetzt wird. Geführt wird sie dadurch, daß beim Bohren die Spitze der Welle gegen die Kante des Werkbretts gedrückt wird, weil der Goldschmied mit der rechten Hand die Perle gegen den Bohrer schiebt (Bild 5.29).

Also eine recht urtümliche Methode! Aber es ging.

Heute wird jede Perle problemlos mit dem Handstück der biegsamen Welle gebohrt, weil man die Drehzahl beliebig einstellen kann.

Technik-Bohrmaschine. An dieser Stelle eine Vorbemerkung: In der Umgangssprache werden die Begriffe »Maschine« und »Motor« nicht klar genug unterschieden, man spricht von Bohr-»Motor« oder auch Polier-»Motor«. Tatsächlich ist der Motor nur das eigentliche Antriebsaggregat und somit nur ein Teil der gesamten Anlage, der Maschine.

Die Technik-Bohrmaschine besteht aus folgenden Bestandteilen (Bild 5.30):

Bild 5.30 Bohren mit dem Technikhandstück

- *Drehstrommotor,* dessen maximale Drehzahl je nach Bauart zwischen 8000 und 24000 min^{-1} bei einer Leistungsaufnahme von 200 bis 400 W liegen kann. Ein wuchtiger Anker verleiht dem Motor ein hohes Drehmoment und damit hohe Durchzugkraft.
- Mit dem *Fußregler* – fälschlich oft noch als »Anlasser« bezeichnet – wird die Drehzahl in mehreren Stufen, bei den modernen Ausführungen auch stufenlos geregelt.
- Das Drehmoment wird mit Hilfe der *biegsamen Welle* (Bohrschlauch) übertragen, einer Stahlspirale, die sich in einem flexiblen Schlauch dreht.
- An diese biegsame Welle wird das *Handstück* angeschlossen, in dessen Dreibackenfutter die Werkzeuge befestigt werden. Es gibt zahlreiche unterschiedliche Ausführungen. Wichtig ist, daß auch im Dauerbetrieb das Werkzeug gleichmäßig rundläuft. In das Universal-Handstück können unterschiedliche Spannzangen für Schaftdicken 0 ... 5 mm eingesetzt werden; beim Schnellspann-Handstück können die Werkzeuge sogar bei laufender Welle rasch ausgewechselt werden, der Schaftdurchmesser muß einheitlich 2,34 mm betragen.

Wenn das Gerät auch als Bohrmaschine bezeichnet wird, hat es wohl als Antriebsmaschine für Fräser, Schleifkörper und Polierwerkzeuge für den Goldschmied eine noch größere Bedeutung.

Zum Bohren und beim Gebrauch bei Faßarbeiten ist es günstig, wenn die biegsame Welle von oben auf den Arbeitsplatz kommt, der Motor wird an einem speziellen Stativ, oder wenn er an mehreren Arbeitsplätzen gebraucht wird, an einer Laufschiene aufgehängt. Bei Fräs- und Polierarbeiten ist es besser, wenn die biegsame Welle waagerecht zum Feilnagel kommt; dazu wird der Motor zweckmäßigerweise unter dem Werkbrett liegend angebracht.

Man kann es so einrichten, daß der Motor wahlweise in dieser oder jener Stellung eingesetzt wird. Es ist aber auch möglich, zwei Technik-Bohrmaschinen zu benutzen, die eine hängend zum Bohren, die andere liegend für die übrigen Arbeiten.

Um die sichere Führung des Bohrers zu gewährleisten, gibt es als Zusatzeinrichtung noch den Bohrtisch, in dessen Halterung das Handstück fest eingespannt wird und mit dessen beweglichem Tisch das Werkstück sicher gegen den Bohrer gedrückt wird.

Im Schnellspann-Handstück wird der Bohrer mit dem Haltering festgezogen, bei den anderen Handstücken muß man eine passende Spannzange (Dreibackenfutter) einsetzen und darin den Bohrer befestigen, indem man den Schraubkopf (nur mit der Hand!) fest anzieht.

Auf dem Werkstück reißt man das Zentrum der gewünschten Bohrung am besten durch zwei gekreuzte Linien an. In deren Schnittpunkt setzt man den Körner auf und markiert mit leichtem Schlag die Stelle. Besser ist noch der »automatische Körner« geeignet, den man mit einer Hand bedienen kann, weil er selbsttätig auslöst.

Als Bohrunterlage benutzt man ein kleines Brett, keinesfalls arbeitet man aber direkt auf dem Feilnagel, weil darin Löcher entstehen, die sich mit Edelmetallfeilung versetzen und somit unnötige Verluste ergeben. Außerdem hat man auf dem Platz ein Ölnäpfchen stehen, in das der Bohrer vor jeder Bohrung eingetaucht wird. Dadurch schont man den Bohrer, er läuft nicht heiß, und die Bohrung wird glatt. Den Bohrer setzt man senkrecht oder, wenn erforderlich, auch schräg auf die angekörnte Stelle (Bild 5.30). Der Fußregler wird leicht durchgetreten, der Bohrer bewegt sich zunächst langsam, dann immer schneller. Gleichzeitig drückt man ihn in Bohrrichtung vorwärts. Der Vorschub darf keinesfalls größer sein als nötig. Durch überhöhten Druck beschleunigt man nicht die Schnittgeschwindigkeit, sondern gefährdet höchstens den Bohrer! Arbeitsbewegung und Vorschubbewegung müssen aufeinander abgestimmt sein.

Wenn man mit dem Spitzbohrer arbeitet, muß man bei tieferen Löchern mehrfach den Bohrer herausziehen, weil er sonst wegen seiner geringen Spanabführung festklemmt. Beim Spiralbohrer ist darauf zu achten, daß die Spannut noch so weit herausragt, damit Späne abgeführt werden können, andernfalls kann er auch verklemmen (Tabelle 5.1).

Die Späne, die an der Oberfläche des Werkstücks liegenbleiben, bürstet man von Zeit zu Zeit mit einem weichen Pinsel ab.

Tabelle 5.1 Fehlermöglichkeiten beim Bohren

Merkmale	Ursachen	Gegenmittel
Löcher zu groß, unrund; Bohrer bricht ab	einseitiger Anschliff der Schneidkante	nachschleifen
Bohrer arbeitet nur langsam oder gar nicht	Bohrer ist stumpf	anschleifen
Rauhes Loch, Bohrer bricht aus	Schneidwinkel zu klein	nachschleifen
Bohrer arbeitet zu langsam	Schneidwinkel zu groß	nachschleifen
Bohrer dreht sich nicht mit	Bohrer hält nicht im Bohrfutter	Futter fester spannen oder kleineres Futter benutzen
Bohrer stumpft schnell ab und bricht	Vorschub zu groß	leichter aufdrücken, geringeren Vorschub
Bohrer wird heiß, stumpft schnell ab, bricht	Drehzahl zu hoch, zu wenig Öl	langsamer bohren, nachölen

Tischbohrmaschine. Da im Handstück der biegsamen Welle nur dünne Bohrer eingespannt werden können, braucht man für größere Bohrungen noch eine weitere Bohrmaschine. In der Tischbohrmaschine können je nach Bauart Bohrer mit Schaftdurchmesser bis 6 mm und mehr eingespannt werden. Überdies ist bei dieser Maschine die sicherste Führung des Bohrers gewährleistet. Es muß aber geprüft werden, ob sich die Anschaffung für eine kleine Werkstatt lohnt, oder ob man mit der Kombination eines Bohrtischs mit der einfachen Handbohrmaschine auskommt.

Handbohrmaschine. Ebenso wie im Haushalt ist auch in der Werkstatt eine kleine Heimwerker-Handbohrmaschine nützlich, in der Bohrer bis zum Schaftdurchmesser von 10 mm eingespannt werden können. Empfehlenswert ist eine Maschine mit stufenloser Drehzahlregelung. Durch Zusatzeinrichtungen kann der Einsatz noch erweitert werden: Mit dem erwähnten Bohrtisch wird sie zur Tischbohrmaschine, sie kann aber auch zum Antrieb einer Kreissäge oder einer kleinen Drehbank be-

nutzt werden; außerdem können in dieser Maschine größere Fräser, Schleifkörper und Polierwerkzeuge eingesetzt werden.

Bild 5.31 Mikromotor »Supertronic MC 30/40«

Bohrmaschine mit Mikromotor. Dies ist eine interessante Neuentwicklung, die sich dadurch auszeichnet, daß der Antriebsmotor im Handstück selbst untergebracht ist (Bild 5.31). Dadurch entfällt die Übertragung des Drehmoments mit der biegsamen Welle, statt dessen stellt eine flexible Elektroleitung die Verbindung zum Steuergerät dar, so daß man damit wesentlich bequemer arbeiten kann. Mit einem Fußschalter kann die Drehzahl zwischen 0 und dem Maximum von 30 000 min^{-1} geregelt werden. Ebenso wie bei der Technik-Bohrmaschine können außer Bohrern auch Fräser und Schleifkörper eingesetzt werden.

5.5.3 Wirkung des Bohrers

Am einfachen Spitzbohrer läßt sich die Wirkungsweise des Bohrers am leichtesten erklären (Bild 5.32a).
An der Stirnseite des Werkzeugs befinden sich die beiden meißelartigen Schneiden, die als spanabhebende Keile wirken. Die Schneidflächen sind so angeschliffen, daß ein Schneidwinkel von etwa 51° entsteht. Die Bohrerspitze wird durch die beiden Schneiden gebildet, die im Winkel von 110 ... 120° stumpfwinklig zueinander stehen. Diese Spitze ist nötig, damit man den Bohrer sicher ansetzen und geradlinig vorwärtsschieben kann. Die

Anschliffflächen der Schneiden müssen gegeneinander versetzt werden. Lediglich beim Dreulbohrer sind beide Schneiden auf der gleichen Seite, so daß sie bei der hin- und hergehenden Drehbewegung abwechselnd zum Einsatz kommen.

Beim Bohren wirken gleichzeitig Schnitt- und Vorschubkraft. Bei der drehenden Arbeitsbewegung werden die Schneiden gegen das Werkstoffgefüge geführt, dabei müssen an jeder Schneide genügend große Kräfte wirksam werden, damit der Zerspanungswiderstand überwunden wird; so werden die Werkstoffteilchen abgelöst und müssen dann als Späne abgeführt werden. Durch die Vorschubkraft wird der rotierende Bohrer in Richtung seiner Hauptachse vorwärtsgeschoben, so daß mit jeder Drehung eine Spanschicht abgenommen wird. Beide Kräfte müssen aufeinander abgestimmt sein.

5.5.4   Bohrerarten (Bild 5.32)

Spitzbohrer. Er wurde als Grundtyp bereits beschrieben. Von der Bohrerspitze mit den beiden Schneiden verjüngt sich der Bohrer mit einer »Taille« zum Einspannschaft hin. Dadurch wird die Reibung im Bohrkanal vermindert, außerdem werden bei der freihändigen Führung des Bohrers kleine Abweichungen von der senkrechten Vorschubrichtung ausgeglichen. Die Taille ist auch zur Spanabfuhr erforderlich.

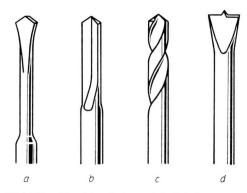

Bild 5.32   Maschinenbohrer. a) Spitzbohrer, b) »Eureka«-Bohrer, c) Spiralbohrer, d) Zentrumsbohrer

Vorteile:
● Man kann ihn leicht aus einem Rundstab geeigneter Dicke selbst zurechtfeilen und härten.
● Wegen seiner Taille bricht er bei freihändigem Vorschub nicht so leicht weg wie die anderen Bohrer.
● Bei eingesenkten Fassungen ist die Auflage für den spitzen Steinunterkörper schon vorbereitet.
Nachteile:
● Er arbeitet langsam.
● Die Führung ist nicht ganz präzis.
● Die Späne werden schlecht abgeführt.
● Mit dem Nachschleifen kommt man immer weiter in den verjüngten Bereich des Schafts, und damit verringert sich der Durchmesser.

Obgleich der Spitzbohrer in der allgemeinen Metallbearbeitung kaum noch üblich ist, wird er in der Goldschmiedewerkstatt noch immer benutzt.

»Eureka«-Bohrer (Bild 5.32b). Es handelt sich um eine Weiterentwicklung des Spitzbohrers. Für den Goldschmied hat sich dieser Bohrertyp besonders gut bewährt. Die Schneiden liegen ähnlich wie beim Spitzbohrer, das Anschleifen ist demnach ganz einfach. Der Bohrer hat jedoch keine Taille, sondern ist auf der ganzen Länge parallelwandig, so daß er nach mehrfachem Anschleifen noch den ursprünglichen Durchmesser behält. Die Spanabfuhr wird durch eine eingefräste Nut besorgt, die von der Spitze aus senkrecht nach oben führt. Dieser Bohrer vereint in sich alle Vorteile, die der Goldschmied verlangt:
● Sichere Führung,
● hohe Knickfestigkeit,
● auch in kleinsten Dimensionen ungehinderte Spanabfuhr.

Spiralbohrer (Bild 5.32c). Dieser in der allgemeinen Metallverarbeitung übliche Bohrertyp ist hinlänglich bekannt und muß hier nicht näher beschrieben werden. Wegen seiner guten seitlichen Führung und sicheren Spanabfuhr hat er sich auch bei hohen Schnittgeschwindigkeiten gut bewährt. Der Schaft ist aber wegen der eingefrästen Nut sehr geschwächt, nur eine ziemlich dünne »Seele« ist übriggeblieben. Der Goldschmied benutzt üblicherweise nur recht dünne Bohrer, deren Durchmesser oft noch unter 1 mm liegt und die demnach auch eine entsprechend dünne Seele haben.

Daraus ergibt sich, daß der Goldschmied die Spiralbohrer nur in der Ständerbohrmaschine mit maschineller Vorschubführung benutzen kann. Bei freihändiger Führung mit dem Handstück der biegsamen Welle bricht er zu leicht ab.

Die Vorteile des Spiralbohrers – hohe Schnittgeschwindigkeit und gute Spanabfuhr – können bei den kleinen Arbeiten des Goldschmieds nicht genügend genutzt werden.

Zentrumsbohrer, Perlbohrer (Bild 5.32d). Die beiden gegeneinander versetzt geschliffenen Hauptschneiden liegen im Gegensatz zum Spitzbohrer in einer Ebene rechtwinklig zur Hauptachse des Bohrers. Zwischen diesen beiden Hauptschneiden ist die eigentliche Führungsspitze angebracht, die den Bohrer zentriert und das Verlaufen verhindert. Man verwendet diese Bohrer nur, um zylindrische Vertiefungen mit *flachem Boden* herzustellen, wie sie der Goldschmied braucht, wenn er undurchsichtige Steine oder halbrunde Perlen in eingelassenen Fassungen mit Körnern befestigen will.

5.5.5   Herstellung eines Spitzbohrers

Natürlich sind alle oben beschriebenen Bohrertypen Maschinenwerkzeuge, die industrietechnisch aus hochwertigem Werkzeugstahl angefertigt und so preisgünstig angeboten werden, daß die Selbstherstellung nicht lohnt. Trotzdem kann es für den Goldschmied nützlich sein, wenn er relativ schnell und unkompliziert einen Bohrer von bestimmtem Durchmesser, den er gerade nicht vorrätig hat, auch einmal selbst anfertigen kann.

Arbeitsfolge. Ein rundes Stück Werkzeugstahl, das ungefähr der gewünschten Schaftdicke entspricht, wird an einem Ende so ausgeglüht, wie es die Länge des Bohrers bedingt. Den Hals feilt man so an, wie es auf Bild 5.33a zu sehen ist. Den Kopf läßt man etwas dicker stehen, damit er anschließend flach ausgeschmiedet werden kann (Bild 5.33b), um die erforderliche Schneidenbreite zu erreichen. Nun feilt man den Verlauf der »Taille« zu und gibt die

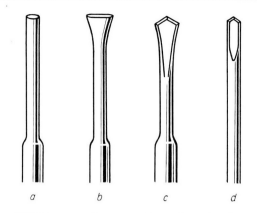

Bild 5.33   Herstellung eines Spitzbohrers für den Dreul. a) gefeilte Rohform, b) geschmiedeter Schneidkopf, c) fertiger Anschliff, d) Spitzbohrer, aus einer Stecknadel gefertigt

Schneidflächen an (Bild 5.33c). Dann wird der so vorbereitete Bohrer vom Stahlstab abgeschnitten. Man überzeuge sich davon, daß er gerade läuft und nicht schlägt.

Um den Bohrer zu härten, wird er vom Schaft nach vorn geglüht und sofort in Wasser abgeschreckt. Weil der Spitzbohrer in diesem Zustand zu hart und brüchig wäre, muß er angelassen werden, d. h., der Hals wird geschmirgelt, und mit der Spitzflamme läßt man ihn vom Schaft her mit leichter Flamme an, bis die Schneide strohgelb gefärbt ist. Die endgültigen Schneidflächen werden auf dem Ölstein angeschliffen, besser und bequemer geht es aber an einer rotierenden feinkörnigen Schleifscheibe; optimal ist eine Diamantscheibe.

Wenn der Bohrer für den Dreul benutzt werden soll, müssen – wie schon gesagt – beide Schneiden auf der gleichen Seite liegen.

Für kleinste Bohrungen kann man sich einen Bohrer leicht aus einer Stecknadel gestalten, die leidglich zur Schneide hin etwas flachgefeilt wird (Bild 5.33 d).

5.6   Fräsen

5.6.1   Wirkungsweise des Fräsers

Am einfachsten kann man beim Walzenfräser erkennen, wie die Späne abgenommen werden (Bild 5.34). Am rotierenden Werkzeug befinden sich ringsum mehrere Schneidzähne, die

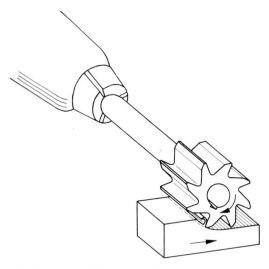

Bild 5.34   Spanbildung beim Walzenfräser

nacheinander zum Einsatz kommen. In der Fräsmaschine wird das Werkstück gegen das Werkzeug geschoben (Vorschubbewegung), während sich der Fräser auf der starr eingespannten Welle in entgegengesetzter Richtung bewegt (Hauptbewegung). Entsprechend der eingestellten Schnittiefe werden aus dem Werkstück Späne abgelöst. Da der Fräser immer erst ein Stück auf dem Werkstück entlanggleitet, ehe er faßt und den Span abnimmt, wird die Oberfläche leicht wellig. Der Span ist zunächst dünn und wird durch die entgegenwirkende Vorschubkraft nach oben hin dicker. Um diesen Nachteil auszugleichen, wird auch das Gleichlaufverfahren benutzt, bei dem Vorschub- und Hauptbewegung gleichgerichtet sind; der Span wird von oben nach unten abgenommen. Die bearbeitete Fläche wird glatter, da aber der Span zuerst dicker und dann dünner ist, wird der Fräserzahn dabei stärker beansprucht.

Jeder Zahn des Fräsers ist also ein spanabhebender Keil und muß deshalb aus hochwertigem Werkzeugstahl unter Berücksichtigung der geeigneten Winkelverhältnisse geformt werden.

Mit dem Walzenfräser wird die Oberfläche des Werkstücks geglättet, indem eine Schicht abgespant wird.

Die Anwendungsmöglichkeiten des Fräsers

gehen aber wesentlich weiter, denn mit Fräsern geeigneter Form können Profile, Nuten und sogar Gewinde geformt werden.

So wichtig solche Fräser und Fräsmaschinen für die allgemeine Metallbearbeitung sind, haben sie aber für die Schmuckherstellung keine Bedeutung; dagegen sind die folgenden Kleinfräser sehr nützlich und wichtig.

5.6.2   Kleinfräser

Aus der Dentaltechnik wurden diese Werkzeuge übernommen, und sie haben sich bei der Schmuckherstellung, aber auch bei Silberschmiedearbeiten sehr bewährt, sie gehören heute zur Grundausstattung des Goldschmieds. Viele Arbeiten, die früher nur mit Feile oder Riffelfeile möglich waren, kann man heute schneller und sauberer mit den kleinen Fräsern ausführen; besonders in Vertiefungen oder in schalenförmigen Werkstücken, die mit herkömmlichen Mitteln kaum oder gar nicht zu bearbeiten waren, erzielt man mit dem Fräser gute Ergebnisse.

Die Kleinfräser werden in Verbindung mit der Technik-Bohrmaschine betrieben, man spannt sie genauso wie die Bohrer in das Handstück. Dementsprechend haben sie den gleichen Schaft wie die Bohrer; oft ist der Schaftdurchmesser mit 2,34 mm dem Schnellspann-Handstück angepaßt (Bild 5.35).

Bild 5.35 Verwendung des Technikmotors zum Fassen und Fräsen. Fasserhammer mit verschiedenen Einsätzen; Technikhandstück mit Fräser, verschiedene Fräser und Bohrfutter

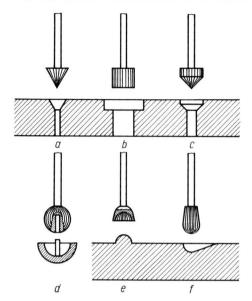

Bild 5.36 *Verschiedene Fräserformen. a) Spitz-fräser, b) Walzenfräser, c) Steinruhfräser, d) Kugel-fräser, e) Finierfräser, f) Fassonfräser*

Aus den praktischen Erfordernissen haben sich so vielfältige Formen des Fräserkopfs ergeben, daß hier nur eine Übersicht der wichtigsten Typen möglich ist (Bild 5.36). Dazu einige Anwendungsbeispiele:

- Mit dem *Spitzfräser* kann eine Bohrung konisch aufgeweitet werden.
- Der *Walzenfräser* kann zum Glätten von Flächen, zum Versäubern von Lotnähten benutzt werden, man kann auch eine Bohrung oval aufweiten; wenn auch die Stirnseite verzahnt ist, kann man damit eine Steineinsenkung mit flachem Boden nacharbeiten *(Stirnfräser)*.
- Besonders zur Nacharbeit von Hohlschalen ist der *Kugelfräser* gut geeignet. Sehr nützlich ist es, wenn der Kugelfräser ein Loch hat, in das der Perlstift hineinpaßt, weil dann die Schale auch um den eingelöteten Stift versäubert werden kann.
- In den Kopf des *Finierfräsers* ist eine halbkuglige Schneidhöhlung eingelassen. Man kann damit Nietköpfe halbkuglig formen.
- Sehr wichtig ist der *Steinruhfräser*. Er ist eine Kombination von Spitz- und Walzenfräser. Mit ihm wird die Auflage für den Unterkörper runder Steine eingearbeitet.

- *Spezialfräser* gibt es in vielen Formen, damit mit ihnen schwer zugängliche Stellen des Werkstücks bearbeitet werden können.

Man verwendet beim Fräsen das Handstück in senkrechter und in waagerechter Stellung. Soll beispielsweise eine Bohrung mit dem Spitzfräser konisch erweitert werden, wird das Handstück wie beim Bohren senkrecht geführt. Will man mit dem Walzenfräser eine Fläche glätten, faßt man das Handstück mit der ganzen Hand und zieht es in waagerechter Stellung über die Werkstückoberfläche.

Für alle Arbeiten mit den Kleinfräsern ist es ratsam, daß man bei hoher Drehzahl mit geringem Vorschub arbeitet. Drückt man den Fräser zu kräftig gegen das Werkstück, »hakt« der Fräser, und die Oberfläche wird wellig.

Für die Grobbearbeitung benutzt man Fräserköpfe mit wenigen langen Zähnen, für die glättende Nacharbeit solche mit vielen kleinen Zähnen.

5.7 Drehen

5.7.1 Anwendungsmöglichkeiten

Drehen ist das verbreitetste spanende Fertigungsverfahren der Metallbearbeitung. Für den Heimwerker gehört eine kleine Drehmaschine zur Grundausstattung, aber in der Goldschmiedewerkstatt findet man sie nur selten, obwohl es viele Anwendungsmöglichkeiten gibt:

- Werkzeuge und Hilfsvorrichtungen kann man auf der Drehmaschine selbst anfertigen oder schon vorhandene nacharbeiten.
- Scheibenförmige und kurze rotationssymmetrische Werkstücke können mit der Plandrehvorrichtung flach, gewölbt oder auch konzentrisch profiliert bearbeitet werden.
- Die Mantelfläche von Rohren und Stangen wird durch Langdrehen geglättet oder auch profiliert.
- Große Bedeutung hat die Bearbeitung und Dekoration von Trauringen und Armreifen.

Zur Bearbeitung der kleinformatigen Werkstücke des Goldschmieds ist eine Präzisionsdrehmaschine, wie sie der Feinmechaniker benutzt, empfehlenswert.

Im vorliegenden Fachbuch kann das Drehen nur als eines der Spanungsverfahren in kurzer

Form behandelt werden; wer sich intensiver damit beschäftigen will, findet die erforderlichen Informationen in der Spezialliteratur und in der Gebrauchsanleitung seiner Drehmaschine.

5.7.2   Wirkungsweise

Das Drehen ist ein Spanungsverfahren mit *rotierender Schnittbewegung* des Werkstücks und quer dazu verlaufender *Vorschubbewegung* des Drehmeißels. Aus beiden ergibt sich die resultierende *Wirkbewegung*. Mit der *Anstellbewegung* wird das Werkzeug an das Werkstück herangeführt, mit der *Zustellbewegung* wird die Schnittiefe festgelegt, und mit der *Nachstellbewegung* gleicht man die Werkzeugabnutzung aus (Bild 5.37). Aus der Hauptbewegung ergibt sich am Schneidenpunkt in Schnittrichtung die Schnittgeschwindigkeit *v*.

Die Wirtschaftlichkeit des Verfahrens wird entscheidend von der Standzeit *T*, also der Nutzungsdauer des Werkzeugs bis zur Abstumpfung, bestimmt, die abhängig ist von folgenden Bedingungen:

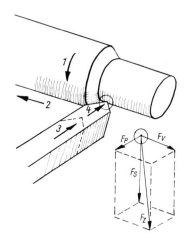

Bild 5.37   *Bewegungsvorgänge beim Drehen.*
(1) Schnittbewegung, (2) Vorschubbewegung,
(3) Anstellbewegung, (4) Zustell- und Nachstellbewegung

- Werkstoff des Werkstücks,
- Werkstoff des Werkzeugs,
- Schneidenform des Drehmeißels,
- Spanungsquerschnitt, also Spanmenge.

Da alle anderen Parameter vorgegeben sind, kann nur die Schnittgeschwindigkeit beeinflußt werden. Deshalb wird sie auf die gewünschte Standzeit abgestimmt, indem eine geeignete Drehzahl gewählt wird. Dafür gibt es in den Metall-Tabellenbüchern genaue Angaben.

Beim Außen- und Innendrehen auf der Normaldrehmaschine muß das Werkzeug mindestens 1 ... 2 h verwendbar bleiben, bis dann die Arbeit zum Werkzeugwechsel unterbrochen werden muß.

5.7.3   Drehmaschine

Die Feinmechaniker-Drehmaschine ist relativ einfach aufgebaut. Sie wird universell, also zum Plandrehen ebenso wie zum Innen- und Außendrehen, benutzt. Der Vorschub des Drehmeißels wird meist von Hand geregelt, deshalb entfällt das Vorschubgetriebe mit Leit- und Zugspindel.

So besteht sie aus folgenden Baugruppen:

- Gestell,
- Antrieb (Motor, Transmission, Getriebe),
- Werkstückträger (Spindelstock, Spannfutter),
- Werkzeugträger (Schlitten, Reitstock).

5.7.4   Werkstückaufnahme (Bild 5.38)

Eine exakte »Bestimmung« des Werkstücks, also die genaue Lagefixierung beim Spannen in die Maschine, ist Voraussetzung für ein gutes Ergebnis beim Drehen. Dazu werden genaue Spannfutter und Dorne sowie die richtige Zentrierbohrung gebraucht.

Die Werkstückaufnahme muß so beschaffen sein, daß das Werkstück

Bild 5.38 Werkstückaufnahme bei der Drehmaschine. a) Stab im Bohrfutter, geführt mit Zentrierspitze, b) Stab im Dreibacken-Spannfutter, c) Rohr, mit Dreibackenfutter innen gespannt, d) Rundscheibe zum Planschleifen im Dreibackenfutter außen gespannt, e) quadratische Platte, außen im Vierbackenfutter gespannt

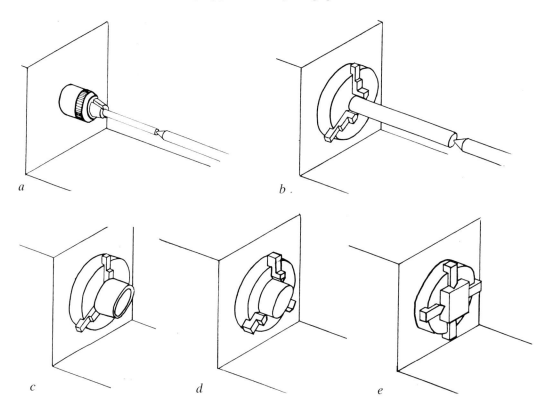

- fest, sicher und lagebestimmt mit dem rotierenden Teil der Maschine verbunden wird,
- beim Einspannen nicht beschädigt wird,
- möglichst schnell befestigt und wieder entnommen werden kann.

An der Spindel der Drehmaschine sitzt das *Spannfutter*, meist mit drei Spannbacken, zwischen denen zylindrische Teile eindeutig bestimmt konzentrisch gespannt werden können. Die Backen sind so geformt, daß mit ihnen auch ringförmige Teile innen gespannt werden können. Alle Spannbacken werden über eine Planspirale mit dem Futterschlüssel gleichzeitig und damit konzentrisch an das Werkstück geführt.

Das Backenfutter allein kann nur für Werkstücke benutzt werden, deren Länge maximal dem dreifachen Durchmesser entspricht. Deshalb wird es besonders zum Plandrehen verwendet. Für längere Werkstücke sind Gegenhalter nötig. Üblicherweise ist dies eine Körnerspitze in der Reitstockpinole, die in eine Zentrierbohrung greift. Besser als die starre Körnerspitze ist eine kugelgelagerte, mitlaufende Spitze, weil dabei keine Reibung in der Zentrierbohrung auftritt.

Zum Plandrehen eckiger Werkstücke werden Spannfutter mit zwei oder vier Backen benutzt.

Lange, zylindrische Werkstücke kann man auch mit zwei Zentrierbohrungen bestimmen und zwischen Spitzen spannen, damit sie auf ihrer ganzen Länge bearbeitet werden können. Allerdings reicht die Reibung in den Zentrierbohrungen zur Fixierung nicht aus, man braucht eine zusätzliche Mitnehmervorrichtung:

- Spannzangen, in denen Ringe innen und außen sicher gehalten werden.
- Spannzangen, in denen Ringe innen und außen sicher gehalten und schnell gewechselt werden können, sind für den Goldschmied besonders nützlich.

5.7.5   Werkzeugaufnahme

Der Drehmeißel wird in die Werkzeugaufnahme auf dem Werkzeugschlitten gespannt (Bild 5.39). Dabei muß

- der Drehmeißel parallel zur Unterlage auf seiner ganzen Fläche aufliegen,

- die Schneidspitze des Drehmeißels mit dem Zentrum des Werkstücks auf gleicher Höhe sein.

Die einfachste Aufnahmevorrichtung ist die *Spannklaue*, deren Druckplatte mit einer Regulierschraube parallelgestellt und dann mit der Befestigungsschraube gegen den Drehmeißel gepreßt wird. Die Höhe des Drehmeißels wird durch untergelegte Blechstreifen ausgeglichen.

Vorteilhafter ist der *Schnellwechsel-Werkzeughalter*, mit dem das Werkzeug schnell gewechselt, auf Höhe gestellt und befestigt wird.

Im *Revolverkopf* sind mehrere Drehmeißel sternförmig eingespannt, die bei Bedarf schnell durch Drehung des Revolverkopfs zum Einsatz gebracht werden können. Der Arbeitsprozeß braucht beim Werkzeugwechsel nicht unterbrochen zu werden.

Auch die *Pinole* des Reitstocks kann als Werkzeughalter dienen, wenn man mit Hilfe von Spannzangen oder Bohrfutter Zentrier- oder Spiralbohrer einspannt, um das Werkstück auf der Drehmaschine zu bohren.

5.7.6   Drehmeißel

Für alle Anwendungsfälle gibt es standardisierte Drehmeißel. Ursprünglich fertigte man sie aus hochwertigem Werkzeugstahl. Aber wegen der geringen Standzeiten benutzt man solche Drehmeißel nur noch für weichere Werkstoffe und bei Einzelfertigung. Besser sind Verbundwerkzeuge, bei denen nur noch der Werkzeugschaft aus Stahl ausreichender Festigkeit besteht. Für das eigentliche Schnei-

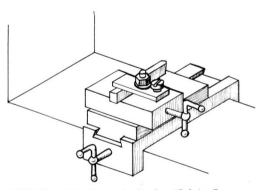

Bild 5.39   Befestigung des Drehmeißels im Support

denteil wird dann ein härteres, verschleißfesteres Material benutzt. Diese Schneiden werden auf den Stahlschaft geschweißt, gelötet oder geklemmt. Wenn solche Verbundwerkzeuge auch teurer sind, wird die Arbeit wegen der größeren Standzeit wesentlich erleichtert. Man verwendet heute:

- *Schnellarbeitsstahl*, aus dem der ganze Meißel zugerichtet werden kann, aus dem man aber auch nur das eigentliche Schneidenteil braucht, das auf einen einfachen Stahlschaft geschweißt wird.
- *Hartmetall*. Ein solches Schneidplättchen kann auf den Schaft aufgelötet werden.
- *Superharte Schneidstoffe, Diamant*. In ihren Eigenschaften übertreffen sie noch die Schneidkeramik, sind aber teurer.

Dem Verwendungszweck entsprechend gibt es unterschiedliche Meißelformen:

- *Gerader Drehmeißel* (Bild 5.40a) zum Schruppen beim Lang- und Plandrehen.
- *Gebogene Drehmeißel* (Bild 5.40b) zum Nacharbeiten beim Lang- und Plandrehen.
- *Innendrehmeißel* (Bild 5.40c) zur Bearbeitung von Innenzylindern und Innenkegel.
- *Innen-Eckdrehmeißel* (Bild 5.40d) für scharfkantige Absätze an Innenzylindern.
- *Spitze und breite Drehmeißel* (Bilder 5.40e und f) zum Schlichten beim Lang- und Plandrehen.
- *Abgesetzte Drehmeißel* (Bild 5.40g) zur Bearbeitung abgesetzter Zylinder beim Langdrehen.
- *Stechmeißel* (Bild 5.40h) zum Einstechen von Rillen und zum Abstechen.
- *Gewindedrehmeißel* (Bild 5.40i) für Außen- und Innengewinde.

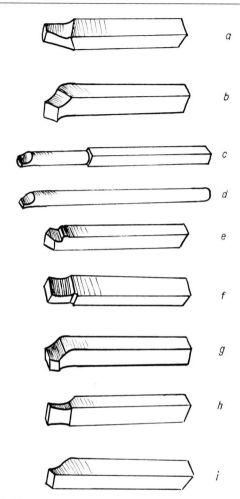

Bild 5.40 Formen der Drehmeißel. a) gerader Drehmeißel, b) gebogener Drehmeißel, c) spitzer Drehmeißel, d) Innen- und Eckdrehmeißel, e) spitzer Drehmeißel, f) breiter Drehmeißel, g) abgesetzter Drehmeißel, h) Stechmeißel, i) Gewindedrehmeißel

5.8 Schmieden

5.8.1 Begriff

Man darf das Schmieden wohl als Urform der metallischen Umformung bezeichnen. Zwischen Hammer und Amboß wird das Werkstück durchgeknetet und dabei in die gewünschte Form gebracht. Bei der Stahlbearbeitung bezieht sich der Begriff nur auf die Umformung in glühendem Zustand, während die Kaltformung als »Hämmern« bezeichnet wird.

Dagegen meint der Goldschmied mit »Schmieden« generell die spanlose Querschnittveränderung eines Metallstücks, die Umformung kann im heißen oder im kalten Zustand erfolgen. Da die Edelmetalle und ihre Legierungen in kaltem Zustand ausreichende Bildsamkeit haben, braucht man sie zum Schmieden nur selten warmzumachen.

Wenn dagegen dünnere Bleche zwischen Hammer und Amboß plastisch modelliert werden, handelt es sich um Methoden der »Treibtechniken«, die im Zusammenhang mit den

Silberschmiedearbeiten behandelt werden.
Prinzipiell ist zu unterscheiden:

- *Vorschmieden*: Bearbeitung des gegossenen
  Rohlings, um ihn zur Weiterverarbeitung
  durch Walzen, Ziehen usw. vorzubereiten
- *Fertigschmieden*: Herstellung eines Fertiger-
  zeugnisses durch Querschnittveränderung.

5.8.2 Umformungsvorgänge beim Schmieden

Die größte Effektivität der Umformung erzielt
man mit Kugel- und Finnenhammer. Beide
dringen tief in das Grundmetall ein und verringern dadurch die Metalldicke; gleichzeitig verdrängen sie das Gefüge neben der Schlagstelle.
Beim Einschlagen mit dem Kugelhammer
wird das Gefüge ringsum gleichmäßig verdrängt, dagegen streckt sich das Grundmetall
unter dem Finnenhammer nur in einer Richtung, nämlich quer zur Finne. Der Block wird
in dieser Richtung verlängert.
Bei der Bearbeitung mit Kugel- und Finnenhammer wird der Block aber an seiner Oberfläche stark deformiert, muß also anschließend
gründlich planiert werden.
Wenn keine wesentliche Formänderung gebraucht wird, benutzt man Hämmer mit flach-
gerundeter oder ganz flacher Bahn, wodurch
es nur geringe Nacharbeit gibt (Bild 5.41).
Mit flachgewölbten oder ganz flachen Hämmern wird die umgeformte Fläche planiert, indem die durch die umformende Hammerbean-
spruchung entstandenen Einschläge geebnet
werden. Dabei ist zu berücksichtigen, daß
dann, wenn das Werkstück gewölbt ist, wie
etwa ein Ring oder ein Armreif, eine möglichst
ebene Schlagfläche benutzt wird, damit die
Einschläge beim Planieren nicht zu klein werden.

5.8.3 Hämmer

Da zum Schmieden die gleichen Hämmer benutzt werden, die man auch zum Treiben verwendet, sollen sie hier beschrieben werden;
beim Silberschmieden wird dann darauf Bezug
genommen.
Für die Fassonhämmer gibt es ganz unterschiedliche Bezeichnungen, im vorliegenden

Buch werden folgende Begriffe benutzt:
Die klassische Grundform ist der einfache
Handhammer (Bild 5.41), auch *Schlosserhammer*, mit der flachen Bahn auf der einen Seite
und der keilförmigen Finne auf der anderen.
Der Holzstiel ist durch das Auge des Hammers
gesteckt und festgekeilt. Er soll aus Esche sein,
damit er fest und doch etwas elastisch ist. Für
gute Hämmer wird ein Stahl mit 0,38 ...
0,5 % C verwendet. Der Hammerkörper
muß zäh bleiben, deshalb dürfen nur die
Schlagflächen gehärtet werden.
In jeder Werkstatt braucht man solche Hand-
hämmer für grobe Arbeiten: Es werden Nägel
eingeschlagen, oder man schlägt auf einen
Meißel. Unvermeidlich sind dann Narben und
Einschläge auf der Schlagfläche. Keinesfalls
dürfen aber solche Hämmer für Schmiede-
und Treibarbeiten benutzt werden; die dafür

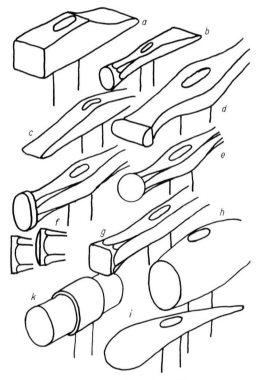

*Bild 5.41   Gold- und Silberschmiedehämmer.
a) Schlosserhammer, b) Bretthammer, c) Finnenhammer, d) Sickenhammer, e) Kugelhammer, f) Planier-
und Schlichthammer, g) Tellerhammer, h) Holzhammer, i) Hornhammer, k) Kunststoff-Hammer*

vorgesehenen Hämmer sind streng getrennt nur für die Metallumformung zu verwenden. Ihre Schlagflächen müssen immer völlig glatt und makellos sein, man muß sie polieren, und während des Gebrauchs müssen sie immer wieder nachgearbeitet werden. Jede Unregelmäßigkeit der Hammerfläche prägt sich bei jedem Hammerschlag ab.

Goldschmiedehammer, Bretthammer. Für besonders feine und diffizile Schmiede- und Treibarbeiten des Goldschmieds wird der Bretthammer benutzt. Die Bahn ist rund und flachgewölbt, die andere Seite ist als Finne geformt.

Schweifhammer, Finnenhammer. Die Schlagflächen sind beide als Finnen mit unterschiedlicher Rundung geformt, die seitlichen Kanten sind leicht gerundet.

Sickenhammer. Es ist eine Sonderform des Finnenhammers mit schärferer Finne als beim Schweifhammer. Die Unterseite des Hammers verläuft gerade zwischen beiden Schlagflächen, steht also rechtwinklig zum Hammerstiel.

Kugelhammer, Treibhammer. Die Schlagfläche bildet eine Halbkugel: Größe und Durchmesser können unterschiedlich sein. Ein besonderer Typ ist der robuste *Polterhammer.*

Planierhammer. Die Hammerbahn hat kreisförmigen Umfang und ist flach bis stark gewölbt, bei der Bearbeitung entsteht der typische »Hammerschlag«.

Schlichthammer. Die Bahn kann kreisförmige oder quadratische Kontur haben, sie kann ganz flach oder mäßig gewölbt sein.

Tellerhammer. Die Schlagfläche bildet ein Quadrat mit gerundeten Kanten, leicht durchgewölbt.

Ziselierhammer (Bild 5.42). Die Hammerbahn ist flach, kreisförmig, relativ groß, damit man den Punzen sicher trifft. Die Gegenseite ist kugelförmig. Der Stiel ist schlank, damit er gut federt, sein Ende, ballig ausgearbeitet, liegt gut in der Hand. Nur dann, wenn man mit dem

Hammer in den engen Raum eines Gefäßes gelangen will, ist er einseitig mit nur einer Schlagfläche; normalerweise aber ist der Hammer zweiseitig. Es können unterschiedlich geformte Schlagflächen des gleichen Typs zusammengestellt sein, also beispielsweise eine gerundete und eine flache Bahn des Schlichthammers. Es können aber auch unterschiedliche Typen kombiniert werden, so daß auf der einen Seite die Finne eines Schweifhammers, auf der anderen die Halbkugel eines Treibhammers ausgeformt ist.

Holzhammer. Die Grundform ist immer zylindrisch, die Schlagfläche flach oder leicht gerundet mit abgerundeten Kanten. Der Holzhammer gibt keine Schlageindrücke auf der Oberfläche des Werkstücks. Weiche Hämmer gleicher Form können auch aus Hartgummi oder Kunststoff sein; solche Hämmer sind etwas schwerer, wirkungsvoller und nutzen sich langsamer ab.

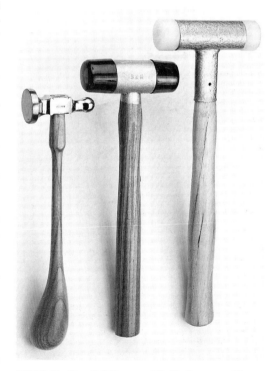

Bild 5.42 Spezialhämmer. Ziselierhammer, Kunststoffhammer »Nyloflex« mit auswechselbaren Schlageinsätzen, Kunststoffhammer, rückschlagfrei

Hornhammer. Es ist ebenfalls ein »weicher« Hammer, der aus der massiven Spitze eines Rinderhorns gemacht ist. Die Naturform wird beibehalten, so daß die Schlagfläche auf der einen Seite spitz ist, auf der anderen Seite aber leicht gerundet. Durch die modernen Hämmer mit den Schlagflächen aus Gießharz sind die Hornhämmer heute weitgehend verdrängt worden.

5.8.4 Ambosse

Damit sind alle festen Schlagunterlagen aus Stahl gemeint, die beim Schmieden und Treiben benutzt werden (Bild 5.43).
Wirklich gute Ambosse müssen aus dem gleichen Stahl wie die Hämmer geschmiedet sein, denn auch sie müssen zäh und schlagelastisch sein, und die gehärtete Schlagfläche muß möglichst widerstandsfähig sein. Trotz dieser Qualitätsforderungen werden solche Werkzeuge traditionsgemäß als »Eisen« bezeichnet.

Bretteisen. Der Goldschmied benutzt es für

*Bild 5.43 Ambosse und andere Schlagunterlagen.
a) Bretteisen, b) Holzklotz, c) Flachstock, d) Einsteckfaust, e) Bodeneisen, f) kleiner Einsteckamboß, g) Bördeleisen, h) Hornamboß, i) Schweifstock, k) Mulden im Holzklotz zum Auftiefen*

seine kleinen Arbeiten. Es ist ein quadratischer Stahlblock, dessen Kantenlänge dem Verwendungszweck entsprechend 50 ... 100 mm betragen kann. Die Oberfläche muß glatt und eben sein, möglicherweise ist eine Kante gerundet.

Holzklotz. Die folgenden Ambosse haben meist einen konischen Einsteckfuß, mit dem sie in den Holzfuß eingesteckt werden können, denn der Holzklotz nimmt die Wucht des Hammers auf, so daß der Amboß nicht zurückfedert. Seit Jahrhunderten gehört ein solcher Holzklotz in die Werkstatt: Ein etwa 50 cm hohes Stück eines möglichst dicken Baumstamms, in dessen Oberfläche passende Löcher zum Einstecken der Ambosse und dazwischen Mulden zum Auftiefen eingearbeitet sind.
Man kann diese Ambosse aber auch mit dem Einsteckfuß in den Schraubstock spannen.

Flachstock. Es ist ein Amboß, dessen Schlagfläche dem Bretteisen entspricht, die Seitenflächen sind konisch eingezogen, und mit dem Einsteckfuß wird der Flachstock im Holzklotz befestigt (Bild 5.44).

Einsteckfaust. Es handelt sich um einen etwa 20 cm hohen, stabilen Amboß, der in den Holzklotz gesteckt werden kann. Die Schlagfläche ist meist gerundet, beim *Bodeneisen* – das zum Planieren des Becherbodens gebraucht wird – ist sie flach. Den Erfordernissen entsprechend gibt es diese Ambosse mit unterschiedlicher Kontur: rund, quadratisch, oval. Als *Bördeleisen* hat der Einsteckamboß eine scharfkantige Schlagfläche, die keilförmig an einer Seite gerade, an der anderen schräg verläuft.

Kleiner Einsteckamboß. Sie sind nur etwa 12 cm hoch und können ganz unterschiedliche Querschnitte haben, also rund, oval, quadratisch, rechteckig; sie können eben mit unterschiedlich gerundeten Kanten sein; sie können aber auch mehr oder weniger gewölbt sein. Besonders günstig ist es, wenn ein ganzer Satz davon zur Verfügung steht, zu dem noch ein Verlängerungsstück gehört, um im Bedarfsfall ihre Höhe zu vergrößern, und ein Lagereisen, um die Wandung von Hohlgefäßen bearbeiten zu können (Bild 5.44).

Bild 5.44 Einsteckambosse. Ambosse unterschiedlicher Form. Verlängerungsstück, Lagereisen

Bild 5.45 Verschiedene Riegel. Ringriegel, kantiger Riegel, Armreifriegel

Hornamboß (Bild 5.43). Der massive Ständer hat auch einen Einsteckfuß für den Holzklotz, die beiden konischen »Hörner« können unterschiedliche Form haben. Beim »*Sperrhaken*« hat ein Horn runden Querschnitt, das andere kann oben flachgerundet oder ganz eben sein. Beide Hörner liegen so, daß ihre Arbeitsflächen ganz waagerecht verlaufen. Beim

»*Schweifstock*« dagegen ist die obere Arbeitsfläche »geschweift«, beide Hörner haben runden Querschnitt und sind konisch; eines dikker, das andere dünner.

Für die Ambosse gilt wie für die Hämmer, daß man nur dann befriedigende Ergebnisse erreicht, wenn die Oberfläche absolut glatt und poliert ist. Man darf niemals mit dem Hammer direkt auf den Amboß schlagen – eine störende »Schlagmarke« wäre die Folge. Erst nachdem ein solcher Einschlag ausgeschliffen ist, darf man weiterarbeiten.

Weitere Amboßformen. Neben den beschriebenen Standardformen braucht der Silberschmied immer wieder neue Spezialambosse, und da muß er selbst in der Lage sein, sie den konkreten Bedingungen entsprechend zurechtzuschmieden. Der Bestand an solchen »Eisen« der verschiedensten Formen und Größen ist der Stolz des Silberschmieds und die Grundlage seiner Arbeit.

Riegel. Auch die konischen Armreif-, Ring- und Zargenriegel sind als Ambosse anzusehen (Bild 5.45). Der Querschnitt richtet sich nach dem gewünschten Zweck. Der Armreifriegel wird meist rund oder oval sein; der Ringriegel ist immer rund, nur manche Riegel haben eine eingefräste Rille für die Steinspitze; die Zargenriegel werden außer rund und oval in verschiedenartigen eckigen Formen hergestellt, die sich aus dem Verwendungszweck ergeben.

Bild 5.46 Bearbeitung des Werkstücks mit der Finne des Bretthammers auf dem Bretteisen

Bild 5.47   Vorschmieden einer Stange auf dem Bretteisen

Bild 5.48   Schmieden eines Ringes auf einem Runddorn

Bild 5.49   Schmieden eines Ringes auf dem Ringriegel

Wie man die Ambosse benutzt, wird auf den Bildern 5.46 bis 5.49 gezeigt.

5.8.5   Pflege der Werkzeuge

Grundsätzlich muß man sich darüber im klaren sein, daß sämtliche Fehler der Hammerbahn oder der Amboßfläche mit jedem Schlag dem Arbeitsstück eingeprägt werden. Der einwandfreie Zustand der Schmiedewerkzeuge ist deshalb besonders wichtig. Folgende Forderungen müssen unbedingt erfüllt sein:

- Die Hammerbahn muß so hart sein, daß sie sich möglichst wenig verändern kann.
- Hammerbahn und Amboßfläche müssen unbedingt glatt und möglichst poliert sein.
- Durch regelmäßige Pflege müssen die Werkzeuge auch während des Gebrauchs in makellosem Zustand erhalten bleiben.

Sollte trotzdem ein Werkzeug Schrammen, Kratzer, Einschläge oder Beulen bekommen haben, müssen diese völlig herausgeschmirgelt werden, ohne daß sich die Gesamtform der Schlagfläche oder des Ambosses ändert. Dann wird auf Polierpapier und zum Schluß mit Korundpulver und Leder der alte Glanz wieder hergestellt. Wenn die Werkzeuge nur selten benutzt werden, schützt man sie durch einen leichten Fettüberzug vor dem Rosten.

5.8.6   Wirkung unterschiedlicher Hammerformen auf das Werkstück (Bild 5.50)

Flache Schlagfläche. Bei der flächigen Hammerbahn wirkt mit jedem Hammerschlag eine senkrechte Kraft auf eine relativ große Fläche des Grundmetalls, der entstehende Druck – also die Kraft pro Flächeneinheit – ist relativ gering. Hinzu kommt die Wirkung der Reibung unter der Schlagfläche, die dem Prinzip der ruhenden Preßflächen entspricht. Das Gefüge des Grundmetalls wird verdichtet, im Wirkungsbereich unter der Schlagfläche verformen sich zwar die Kristallite und verschieben dadurch ringsum die benachbarten Kristallite außerhalb des Druckfeldes, trotzdem

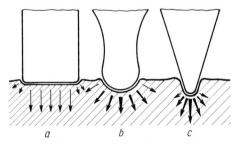

Bild 5.50   Wirkung unterschiedlicher Hämmer auf das Gefüge des Werkstoffs. a) flache, b) kuglige Schlagfläche, c) keilförmige Schlagfläche

ist deren Umformungswiderstand so groß, daß es nur zu einer geringen, ringsherum gleichmäßigen Materialverdrängung kommt. Die flache Hammerbahn ist deshalb für größere Formänderungen beim Schmieden ungeeignet, sie ist aber unentbehrlich, wenn die Oberfläche nach dem Umschmieden nachgearbeitet und geglättet werden soll. Die Kanten der Schlagfläche müssen etwas abgerundet sein, damit sie keine Kerben an der Materialoberfläche hinterläßt. So ist der Hammer mit der geraden Schlagfläche als Schlicht- und Planierhammer gut geeignet.

Gewölbte Schlagfläche. Die Schlagkraft wirkt auch hierbei vorzugsweise senkrecht auf das Gefüge des Grundmetalls, aber an der gewölbten Fläche wird die Schlagkraft als Normalkraft wirksam, also grundsätzlich senkrecht zur Schlagfläche. Dabei entwickelt sich eine seitliche Schubkraft. Hinzu kommt, daß die Reibung an der Schlagfläche geringer ist, verglichen mit der ebenen Hammerbahn, und dadurch wird das Gefüge wirkungsvoller umgeformt. Bei einer flachgewölbten Schlagfläche wirkt die Hauptkraft vorwiegend senkrecht, aber wegen der gleichzeitig wirkenden Seitenkräfte werden die Gefügeteile weggedrängt, und der Hammer dringt auch bei gleicher Schlagstärke tiefer ein als bei flacher Bahn. Ist die Schlagfläche allseitig gleichmäßig gerundet, wird die Wirkung auch nach allen Seiten hin gleichmäßig sein. Je nach dem Grad der Wölbung kann das Verhältnis der senkrechten und der Seitenkräfte modifiziert werden: Je stärker die Rundung, um so tiefer dringt der Hammer in den Grundwerkstoff ein. Allerdings wird die Metalloberfläche von einer stark gerundeten Schlagfläche stärker deformiert als von einer flach gewölbten. So muß man immer von Fall zu Fall abwägen, welche Hammerform zweckmäßig ist.

Kuglige Schlagfläche. Es ist die gewölbte Bahn mit der kleinstmöglichen Schlagfläche. Die Kraft konzentriert sich auf eine kleine Wirkungsfläche, so daß ein hoher Druck erzeugt wird. Die Schlagkraft in senkrechter Richtung ist groß, außerdem wirken starke seitliche Schubkräfte, die auf das ringsum befindliche Gefüge einwirken. So dringt der Kugelhammer, verglichen mit dem flachen Schlichtham-

mer, bei gleicher Kraftwirkung viel tiefer in das Gefüge ein und wirkt bei dicken Blöcken auch intensiver auf die Kernzone ein. Natürlich wirken beim Kugelhammer ebenso wie beim flachgewölbten Hammer die Umformungskräfte immer gleichmäßig konzentrisch.

Keilförmig gerundete Schlagfläche. Wegen seiner kleinen Oberfläche bewirkt der Hammer einen hohen Flächendruck. Die Kraft wirkt nur auf die kleine Keilfläche in Normalrichtung, der Hammer dringt tief in das Arbeitsmaterial ein; die Reibung ist nur gering. Außerdem entstehen starke seitliche Schubkräfte, durch die das Gefüge quer zur Hammerfinne merklich verdrängt wird. So kommt es, daß das Grundmetall in einer Vorzugsrichtung umgeformt wird.

5.8.7 Vorschmieden

Damit ist die Vorbereitung des Gußblocks zur Weiterverarbeitung durch Walzen und Ziehen gemeint. Aus folgenden Gründen soll jeder Gußblock vorgeschmiedet werden:

- Das Gefüge wird beim Vorschmieden so stark umgeformt, daß auch Dendriten und Grobkristalle beim nachfolgenden Glühen umkristallisieren, so daß aus dem Gußgefüge ein gleichmäßiges Feingefüge entsteht.
- Beim Walzen und Ziehen wird das Metall nicht nur zusammengedrückt, sondern auch innerhalb des Blocks zwischen Kern- und Randzone verschoben; der Kern wird von der Umformung kaum erfaßt. Dagegen wirken die Hammerschläge stärker auf das Blockinnere ein.
- Schließlich wird der Rohling durch das Vorschmieden in die zum Walzen und Ziehen erforderliche Ausgangsform gebracht.

Das Vorschmieden ist nur dann effektiv, wenn ein möglichst hoher Umformungsgrad erreicht wird, denn nur dann entsteht ein feinkörniges Rekristallisationsgefüge. Deshalb braucht man einen kräftigen Hammer und eine stabile Schmiedeunterlage.

Man kann keine allgemeingültigen Richtlinien für das Vorschmieden geben, trotzdem wird man mit folgendem Verfahren meist auskommen:

Einen *Blechplanchen* schlägt man mit einem

mäßig gerundeten Finnenhammer einmal durch, dreht den Gußblock um und bearbeitet die Seite, die auf dem Amboß auflag, ebenfalls mit dem Finnenhammer, aber nun quer zur vorigen Bearbeitungsrichtung. Dann glättet man beide Seiten des Blocks mit einem flachgewölbten, leicht balligen Hammer.

Ein Vierkantstab wird auch mit der Finne, die rechtwinklig zur Hauptachse steht, durchgeschmiedet. Dann die gegenüberliegende Seite, und ebenso die beiden übrigen Seiten. Anschließend wird mit dem flachgewölbten Hammer nachgearbeitet, indem zuerst die vier Kanten und dann die Hauptflächen durchgehämmert werden. Durch das Vorschmieden der Kanten wird die Gefahr des Einreißens vermindert.

Zur Drahtherstellung wird der Rohling oft als *runde Stange* gegossen. Zur Vorbereitung auf das Walzen wird sie mit dem flachgewölbten Hammer so umgeschmiedet, daß sich ein quadratischer Querschnitt mit abgerundeten Kanten bildet.

5.8.8   Formschmieden

Es ist leider eine Tatsache, daß aus dem *Goldschmied* im Laufe der Zeit immer mehr ein *Goldarbeiter* geworden ist, weil die grundlegende Arbeitstechnik, nach der dieser Beruf benannt wird, immer mehr vernachlässigt worden ist. Das muß nicht so sein, es gibt auch heute noch genügend Möglichkeiten, edle Schmiedeformen in die Gestaltung einzubeziehen. Das Schmieden ist doch eine wahrhaft materialgerechte Technik, denn die Querschnittumformung, die zwischen Hammer und Amboß entsteht, kann man mit keiner anderen Methode erreichen. Wenn möglich soll man deshalb die Werkspuren – also die Hammerschläge – auf der geschmiedeten Oberfläche stehenlassen; nur in Ausnahmefällen, wenn es die Gesamtgestaltung erfordert, soll man sich zur Überarbeitung mit Feile und Schmirgelpapier entschließen.

Wenn hier einige Grundlagen der Schmiedetechnik behandelt werden, so ist darauf hinzuweisen, daß der interessierte Goldschmied zunächst durch gezielte Übungen seine Fertigkeiten entwickeln muß, Möglichkeiten der Verknüpfung von Elementarformen suchen

muß. Erst dann kann er darangehen, mit dem Hammer ein komplettes Schmuckstück zu formen und so die Schmiedetechnik als Gestaltungsmittel einzusetzen.

Schmiedeübungen

Material. Voraussetzung für die erfolgreiche Ausführung einer Schmiedearbeit ist fehlerloses Material von möglichst hoher Dehnbarkeit. Besonders geeignet ist Ag 925 oder eine weiche Goldlegierung, möglichst über Au 750. Das sind Metalle, deren Dehnung über 40 % liegt. Schmiedearbeiten sind aber durchaus mit allen Silber-Schmucklegierungen möglich; bei Gold sollte man möglichst nicht Au 333 benutzen, aus Au 585 läßt sich aber durchaus ein geschmiedeter Ring anfertigen.

Um dem fertigen Gegenstand möglichst hohe Festigkeit im Gebrauch zu geben, verzichtet man auf das abschließende Glühen; besser ist noch eine nachträgliche Aushärtung, um den Gegenstand zu veredeln.

Grundübungen. Sie können aus Kupfer gemacht werden, und erst wenn man das nötige Materialgefühl bekommen hat, versuche man es in Edelmetall.

Bild 5.51 a. Ausgangsform ist eine runde gegossene Stange. Mit einem leicht gewölbten Bahnhammer wird sie auf dem Flachstock zum Vierkantstab umgeschmiedet. Dazu wird die Stange zunächst auf der ganzen Länge einmal durchgehämmert, indem gleichmäßig Schlag neben Schlag gesetzt wird. Dann dreht man die Stange und hämmert in gleicher Weise die Gegenseite durch, die eben auf der Amboßbahn auflag. Anschließend werden auch die beiden übrigen Seiten in gleicher Weise bearbeitet. Wichtig ist, daß sich bei der Bearbeitung das Vierkantprofil nicht verschiebt; die Flächen müssen immer rechtwinklig zueinander stehen. Hat der Stab sich zu einem rhombischen Querschnitt verdrückt, muß er zu einem Sechskant, dann rund und schließlich wieder vierkant geschlagen werden.

Bild 5.51 b. Wenn man ein Ende des Vierkantstabs kräftiger durchschmiedet als die Gesamtform, entsteht die erste Schmiedegrundform: die keilartige Verbreiterung des Stabendes.

Bild 5.51 c. Man bekommt eine interessante Gegenbewegung, wenn die Stabenden rechtwinklig zueinander ausgeschmiedet werden. Wenn die Verbreiterung, die man mit dem balligen Hammer erzielt, nicht ausreicht, kann man den Finnenhammer einsetzen. Er wird so gehalten, daß die Finne parallel zur Stabachse verläuft. Durch fächerartige Anordnung der Hammerschläge bekommt man eine erhebliche Breite, ohne daß der Stab in Längsrichtung wesentlich gestreckt wird.

Bild 5.51 d. Bearbeitet man dagegen nur das Mittelstück der vierkantigen Ausgangsform mit dem flachgewölbten Hammer, wird der Stab an dieser Stelle breiter und dünner.

Bild 5.51 e. Beide Gestaltungsmöglichkeiten lassen sich auch miteinander verbinden; der Stab wird an den Enden keilförmig gebreitet, rechtwinklig dazu wird die Stabmitte ausgeschmiedet.

Bild 5.51 f. Will man ein Stabende anspitzen, muß es von allen Seiten durchgeschmiedet werden. Meist genügt dazu der ballige Hammer nicht, mit dem Finnenhammer geht es leichter. Die Finne muß quer zur Stabachse stehen. Jede Seite wird so bearbeitet, daß die Schläge zum Stabende hin verstärkt werden, damit der gewünschte Verlauf entsteht. Grundsätzlich werden auch hierbei immer die gegenüberliegenden Seiten nacheinander bearbeitet.

Bild 5.51 g. Wenn der Vierkantstab auf einer Seite besonders intensiv bearbeitet wird, entsteht ein rechteckiger Querschnitt. Schlägt man aber mit dem Finnenhammer auf eine Kante, wird der Stab einseitig gestreckt, er biegt sich in einer Richtung durch und bekommt dabei ein dreieckiges Profil.

Bild 5.51 h. Reizvolle Wirkungen lassen sich erzielen, wenn der Stab, nachdem er in die Vierkantausgangsform geschmiedet wurde, zur weiteren Bearbeitung durchgebogen wird. Bei dem abgebildeten Beispiel wurde er in der Mitte gebogen und hier flach ausgeschmiedet.

Bild 5.51 i. Auch in diesem Fall wurde der Stab in der Mitte durchgebogen. Er ist dann auf dem Hornamboß an der Biegestelle flachgeschmiedet worden. Zusätzlich sind die Hammerschläge so gesetzt worden, daß eine Seite des flachgeschmiedeten Teils besonders stark gestreckt wurde, dadurch ist die Biegestelle noch leicht schräg ausgeformt.

Bild 5.51 j. Nun folgen noch einige Weiterentwicklungen der Grundformen. Wenn man am Vierkantstab eine runde Spitze haben will, geht man von der Methode aus, die mit Bild 5.49 f beschrieben wurde. Die quadratische Spitze schmiedet man dann sechskant und schließlich rund um.

Bild 5.51 k. Der Vierkantstab wird dachförmig

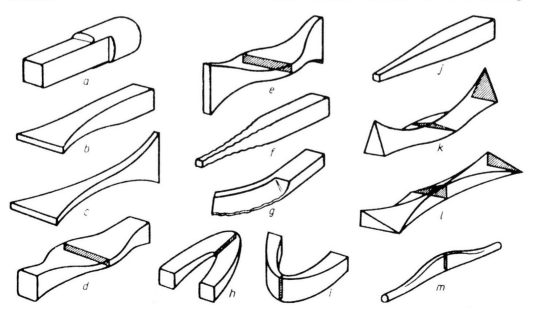

Bild 5.51   Elementarformen der Querschnittwandlung beim Schmieden

ausgeschmiedet, indem man ihn zunächst an beiden Kanten abschlägt. Mit fortschreitender Bearbeitung verbreitern sich die schrägen Flächen, bis sie sich schließlich an der Oberkante berühren.

Von der Hammerstellung ist es abhängig, wie schräg das Dreiecksprofil wird. Bei dem abgebildeten Beispiel wurde das Profil noch differenziert, in der Stabmitte ist es stumpfwinklig, an den Enden spitzwinklig. Demzufolge ist die Mitte des Stabes flacher und breiter als die Enden.

Bild 5.51 l. Hierbei haben die Stabenden einen dreieckigen Querschnitt, weil die obere Seite nur auf einer Kante ausgeschmiedet worden ist. Im mittleren Bereich wurde dagegen die andere Kante zu einem Dreiecksprofil umgeschmiedet. So ergibt sich ein schwingender Verlauf der Flächen und Kanten des ganzen Stabes.

Bild 5.51 m. In diesem Fall wurde ein Rundstab mit dem flachgewölbten Bahnhammer einseitig in der Stabmitte flachgeschmiedet.

Alle beschriebenen Grundformen stellen Gestaltungselemente dar, die direkt schon zu Schmuckstücken umgesetzt werden können. Ihr Reiz offenbart sich besonders dann, wenn sie an einem längeren Stück in mehrfacher Reihung angebracht werden. Wurde für die Übungen auch der Flachstock empfohlen, könnte man beispielsweise die vierkantige Ausgangsform zum Armreif oder Trauring biegen, verlöten und dann in der Art der Grundübungen auf dem Riegel oder auf dem Hornamboß ausschmieden. Trotzdem sollen die *Grund*formen nur das sein, was der Begriff ausdrückt: elementare Übungen zur Herausbildung der nötigen Fertigkeiten und Anregungen zur Gestaltung. Gerade bei dieser Bearbeitungsmethode erweist es sich, daß man nicht nur am Zeichenbrett ein »Muster« entwerfen kann, sondern daß die Gestaltung aus der Metallformung erwächst.

Herstellung eines massiven Bandrings

Durch die Perfektionierung des Schleudergußverfahrens kann man auch im Kleinbetrieb einen solchen Bandring auf einfache Weise nach einem Wachsmodell gießen. Schöner ist es, wenn man ihn aus dem Metall schmiedet, und außerdem muß der Goldschmied auch heute noch in der Lage sein, einen solchen Ring als solides Einzelstück aus Metall schmieden zu können. Es gäbe dann noch eine Form der Kombination, daß nämlich ein fugenloser Rohling gegossen wird, den man dann nur noch nachschmiedet. Dies braucht nicht extra beschrieben zu werden, es ergibt sich aus der Beschreibung der Gießmethoden und der folgenden Anweisung eines geschmiedeten Bandrings.

Allgemeiner Arbeitsgang (Bild 5.52). Ganz gleich, welche Fasson man anstrebt, folgende Arbeitsgänge sind für die Grundformung nötig:

● Ein Vierkantstab wird so dick zugeschmiedet, wie es für die dickste Stelle des Mittelteils erforderlich ist. In der Drahtwalze wird der Stab an beiden Seiten, den späteren Schienenteilen, dünner gewalzt.

● In der Blechwalze setzt man den Walzprozeß fort, wenn die Schiene flach sein soll.

● Dann erst schmiedet man auf dem Flachstock mit dem Hammer den vorgesehenen Verlauf von Kopf und Schiene als Rohform aus.

● Um den vorgeschmiedeten Stab auf die runde Ringform zu bringen, legt man einen Stahldorn, dessen Durchmesser etwa dem Außenmaß des späteren Rings entspricht, auf eine Bleiplatte und schlägt ihn in das Blei ein. Es entsteht eine Rille, über die der

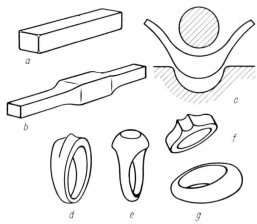

Bild 5.52   Herstellung eines geschmiedeten Bandrings. a) Rohling, b) Grundform mit angewalzter Schiene, c) Durchbiegen auf Blei, d) bis g) verschiedene Formen des Bandrings

vorgeschmiedete, gestreckte Ring gelegt wird, so daß die Ringmitte über der Rille liegt. Mit einem Stahldorn, der etwas dünner als der Ringinnendurchmesser ist, wird der Ringkopf in die Bleirille hineingeschlagen. Dabei ist darauf zu achten, daß sich zuerst der dickste Teil, also der spätere Ringkopf, durchwölbt. Im Schraubstock lassen sich dann die dünnen Schienenteile leicht herumbiegen und gegen den Dorn drücken.

• Die beiden Schienenenden werden schräg gefugt und mit »hartem« – also hochschmelzendem – Lot verbunden. Die Ringweite soll noch etwas kleiner sein, damit der Ring dann auf Ringriegel und Hornamboß die endgültige Form erhalten kann.

Spezielle Gestaltungsmöglichkeiten. Die so vorbereitete Grundform wird nun der Gestaltungsabsicht entsprechend weiterbearbeitet. Dafür einige Beispiele:

Bild 5.52 d. Das Band wurde mit rechteckigem Querschnitt vorgeschmiedet. Die Schiene verjüngt sich nach beiden Seiten vom Kopf aus. Auf dem Hornamboß wird das Ringmittelteil dachförmig nach hinten verlaufend angeschmiedet. Die so entstandenen Schrägflächen werden schließlich mit einem gerundeten Formpunzen noch hohlgekehlt.

Bild 5.52 e. Der Ausgangsstab muß fast so breit sein wie das Mittelteil. Die Schienenteile sind in Höhe und Breite dünner gewalzt, so daß sie sich deutlich vom Kopf absetzen. Den Kopf schmiedet man auf die endgültige Form aus, wobei er noch etwas breiter als die Ausgangsform wird. Die Schiene wird halbrund ausgeschmiedet. Notfalls wird die Form des Rings noch mit der Feile nachgearbeitet und korrigiert.

Bild 5.52 f. Während sich die Breite des Ringes nach hinten nur unwesentlich verringert, besteht in der Höhe ein bedeutender Unterschied. Das Ringmittelteil erhebt sich betont über die Gesamtform. Man wird zunächst das Mittelteil als rechteckige Platte lassen. Erst zum Schluß steckt man den Ring auf den Hornamboß, kerbt die Rille zunächst mit einem stumpfwinkligen Meißel vor und schlägt sie schließlich mit einem Stabdorn entsprechender Größe ein.

Bild 5.52 g. Der Vollständigkeit halber sei noch der alte Bandring, wie er sich vor etwa einem Jahrhundert herausgebildet hat, erwähnt. Die Form ähnelt einem Trauring mit halbrundem Profil, er ist aber am Ringmittelteil verdickt. Aus der vorgeschmiedeten Grundform, die rundgebogen und zusammengelötet den Ring ergibt, wird das halbrunde Profil auf Hornamboß oder Ringriegel angeschmiedet. Die alten Bandringe wurden mit der Feile zum Schluß noch nachgearbeitet.

Herstellung von Ringschienen

Eine geschmiedete Schiene wird den Herrenoder Damenring immer angenehm als handwerkliche Gestaltung ausweisen und ihn wohltuend von industrieller Produktion unterscheiden.

Eine solche geschmiedete Schiene läßt sich grundsätzlich nach zwei Methoden herstellen:

• Man behandelt sie wie einen Bandring, d. h., die Verdickung bleibt in der Stabmitte, der vorgeschmiedete Rohling wird zum Ring gebogen und fertiggeschmiedet. An der dicksten Stelle wird das geschmiedete Stück mit der Säge getrennt, und so hat man die symmetrischen Enden der Ringschiene, zwischen die dann noch der Ringkopf gelötet werden muß.
Nachteilig ist, daß die Schiene, wie jeder Bandring, an der dünnsten Stelle eine Fuge hat.

• Im anderen Fall wird die Schiene aus einem Stück geschmiedet, denn die Stabenden bleiben dick und bilden die späteren Ringschultern, während die Stabmitte als Schienenteil dünngeschmiedet wird. Dabei ist es schwieriger, die Enden des Stabes symmetrisch auszuformen.

Allgemeiner Arbeitsgang (Bild 5.53). Wie beim Bandring geht man vom Vierkantstab aus, dessen Querschnitt dem dicksten Teil der Schiene entspricht (Bild 5.53 a). In der Blechwalze drückt man den mittleren Teil des Stabes dünner. Die bearbeiteten Flächen muß man immer wieder wechseln, indem man den Stab aus der Walze herausnimmt, dreht und wieder neu einspannt. Auf dem Flachstock wird die Bearbeitung der Schienenrohform mit dem Hammer fortgesetzt. Dann wird die Schiene, ebenso wie es beim Bandring beschrieben wurde, in der Bleirille rundgeschlagen. Man verfährt auch hierbei so, daß zuerst die dicken Stellen rundgeschlagen und dann erst die leichter formbaren dünnen Bereiche herumgebogen werden (Bild 5.53 b). Auf Ringriegel und Hornamboß gibt man dem Rohling die endgültige Form.

Spezielle Gestaltungsmöglichkeiten. Die Grundform kann vielfältig weiterbearbeitet werden.
Bild 5.53 c. Diese einfachste Form ergibt sich, wenn man von einem Stab mit rechteckigem Querschnitt ausgeht. Zur Schienenmitte hin wird der Stab schmaler und dünner ausgeschmiedet; die Seitenflächen bleiben trotzdem gerade.
Bild 5.53 d. Die geschmiedete Schiene muß nicht immer wuchtig und schwer sein. Bei diesem Beispiel hat die Schiene gleichmäßige Breite. Der ursprüngliche rechteckige Querschnitt ist zur Schienenmitte hin zu einem quadratischen Querschnitt dünngeschmiedet worden.
Bild 5.53 e. Die Rohschiene ist zunächst halbrund vorgeschmiedet worden. Im dicksten Teil wurde dann eine Kerbe mit einem runden Dorn eingeschlagen.
Welche gestalterische Möglichkeiten sich aus der Querschnittumformung mit dem Hammer ergeben, soll an den Beispielen (Bilder 5.54 bis 5.56) gezeigt werden.

Bild 5.54   Geschmiedete Ringe. Silber. Fachschule für Ang. Kunst Heiligendamm

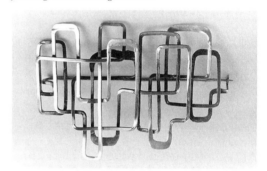

Bild 5.55   Brosche. Silber. Aus einem Stück geschmiedet. Fachschule für Ang. Kunst Heiligendamm

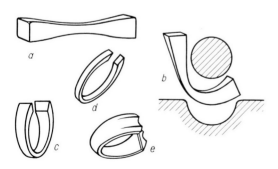

Bild 5.53   Herstellung einer geschmiedeten Ringschiene. a) vorgewalzte Grundform, b) Durchbiegen auf Blei, c) bis e) verschiedene Formen der Ringschiene

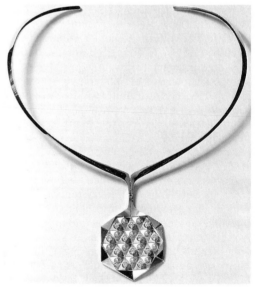

Bild 5.56   Halsschmuck. Gold, Perlen, Brillanten. Querschnittwandlung des Halsreifs durch Schmieden. Oskar Stork, Berlin

5.9 Biegen

5.9.1 Veränderung des Gefüges

Es gehört zu den Besonderheiten der Metalle, daß sie durch Einwirkung äußerer Kräfte elastisch und plastisch biegsam sind. Um die inneren Vorgänge auf einfache Weise darstellen zu können, wird als allgemeingültiges Beispiel ein Metallstab auf zwei Stützen angenommen, auf den eine Mittellast wirkt.

Elastische Biegung

Wenn die Belastung unter der Elastizitätsgrenze des jeweiligen Metalls bleibt, hält die Umformung nur so lange an, wie die Belastung wirkt. Wird der Stab entlastet, nimmt er seine ursprüngliche Form wieder an. Man kann es sich schematisch so vorstellen, daß im unteren Bereich des Stabes die Atomabstände größer werden, während sie im oberen Bereich kleiner werden. In der Mitte des Stabes, entlang der Hauptachse, verläuft eine neutrale Faser, und nur in diesem zentralen Bereich haben die Atome noch ihre ursprünglichen Abstände (Bild 5.57). Gegen die äußere Biegekraft entwickeln sich im Gefüge innere Gegenkräfte – Spannungen –, die den Ausgangszustand des Metallstabs wieder herstellen wollen. Man unterscheidet:

- Druckspannungen im gestauchten oberen und
- Zugspannungen im gestreckten unteren Teil des Stabes.

Es ergibt sich daraus, daß bei allen federnden Teilen die äußere Belastung kleiner sein muß als diese inneren Spannungen. Praktisch bedeutet dies beispielsweise die Überdehnung einer Feder, die nach Entlastung nicht mehr die ursprüngliche Form wieder annimmt, ja sogar zerrissen werden kann.

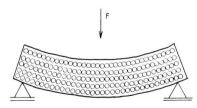

Bild 5.57 Elastische Biegung. Änderung der Gesamtform und des Gefüges (Schema)

Bleibende Biegung

Wenn die äußere Belastung des Stabes so weit erhöht wird, daß sie zwischen Elastizitäts- und Zugfestigkeitsgrenze liegt, setzt die plastische Umformung ein, d. h., daß der Stab bei Entlastung nicht wieder seine ursprüngliche Form annimmt.

Die bleibende Umformung beginnt jeweils in den Zonen, die am weitesten von der neutralen Faser entfernt sind; dort geht die elastische Umformung in eine bleibende Umformung über (Bild 5.58). Der Vorgang ist so zu verstehen, daß in diesen Zonen der Abstand der Atome sich so weit vergrößert bzw. verkleinert hat, daß auf diese Weise keine weitere Änderung mehr möglich ist. Nun setzt die plastische Umformung dadurch ein, daß die Kristalle, die in optimaler Umformungsrichtung liegen, sich als einzelne Gleitpakete auf den Gleitebenen verschieben; es tritt also der Zustand ein, der bei der plastischen Umformung ausführlich beschrieben worden ist (s. Kap. 4.6.1).

Man könnte sagen, daß das Biegen eine Abart der plastischen Umformung ist, bei der die einzelnen Zonen des Gefüges auf unterschiedliche Weise erfaßt werden. Im abgebildeten Beispiel werden die Randzonen 1 und 4 (Bild 5.59) nur plastisch, die Kernzonen 2 und 3 nur elastisch umgeformt. Wird die Belastung weggenommen, so wollen sich die elastisch umge-

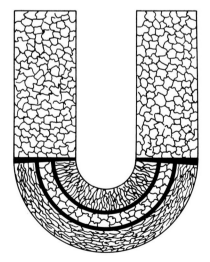

Bild 5.58 Plastische Biegung. Gefügeänderung (stark schematisiert)

formten Teile 2 und 3 in ihre ursprüngliche Lage zurückziehen, sie entwickeln Zug- bzw. Druckspannungen. Dagegen gehen die Teile der plastisch umgeformten Randzonen 1 und 4 nur so viel zurück, wie sie elastisch umgeformt sind, wodurch sie die elastisch umgeformten Teile der Kernzone an deren vollständigem Ausgleich hindern (Bild 5.60). Dabei zeigt sich, daß die inneren Fasern der plastisch umgeformten Randzonen 1 und 4 sogar noch von den Spannungsbreichen der angrenzenden, lediglich elastisch umgeformten Teile 2 und 3 erfaßt werden.

Mit steigender äußerer Belastung werden immer mehr Kristallite an der plastischen Umformung beteiligt, und diese plastische Umformung kommt immer dichter an die neutrale Faser heran; andererseits werden die Kristallite mit wachsender Umformung immer stärker deformiert, und dies wirkt sich besonders auf die Randzonen aus, ähnlich wie es schon beim Walzen beschrieben wurde. Es kann so weit gehen, daß durch diese Belastung in den Randzonen die Zugfestigkeit überschritten wird, der Zusammenhalt des Gefüges aufhört und die Dehnungsfähigkeit des Gefüges erschöpft ist: Es kommt zum Bruch. Dies wirkt sich dann als Oberflächenrisse aus.

Soll trotzdem ein Metall, das nur eine geringe Dehnung hat, stark gebogen werden, empfiehlt es sich, das Gefüge durch Zwischenglühen zu rekristallisieren, weil auf diese Weise immer wieder ein neues, formbares Gefüge gebildet wird. Daraus ergeben sich praktische Konsequenzen:

• Grundsätzlich soll man zu Draht- und Blechbiegearbeiten solche Legierungen verwenden, die eine niedrige Elastizitätsgrenze haben, damit das Material mit möglichst ge-

ringem Kraftaufwand gebogen werden kann. Welche Mühe macht es mitunter, die hohe Elastizitätsgrenze des Au 585 zu überwinden, wenn aus dieser Legierung eine Ringschiene gebogen werden soll! Besonders deutlich erkennt man den elastischen Bereich, wenn man Rundösen wickelt. Man hat 20 Umdrehungen gewickelt, glaubt fertig zu sein und entlastet das Drahtende – aber sowie man losläßt, federt es um eine Umdrehung zurück, und man muß noch eine zusätzliche Windung wickeln.

• Hat man einen Gegenstand aus einer Legierung gefertigt, die nur einen niedrigen Elastizitätsbereich hat, muß man damit rechnen, daß er sich auch im Gebrauch leicht verbiegt und verbeult.

• Wenn das Modell zu grobes Gefüge hat, geben einzelne Kristallite der Belastung besonders leicht nach. Statt der gleichmäßigen Biegung erhält man einen Knick.

• Ähnliche Erscheinungen treten auf, wenn der Draht ungleichmäßig geglüht wurde. Die rekristallisierten Teile des Drahts geben dem Druck leichter nach, während an den nicht rekristallisierten Stellen der gleiche Druck nur eine elastische Umformung ermöglicht. Wenn vor dem Glühen bereits die Festigkeitsgrenze erreicht wurde, kann es an den genannten Stellen sogar zum Bruch kommen.

5.9.2 Biegezangen

Schon frühzeitig versuchten die Metallhandwerker, ihren Werkstoff nicht nur mit den Fingern zu formen, sie entwickelten Werkzeuge, mit denen zarte Motive gebogen und mit denen die Handkraft verstärkt werden konnte. Diese Werkzeuge, die sich über Jahrhunderte hinweg in fast unveränderter Form erhalten haben, sind die Biegezangen.

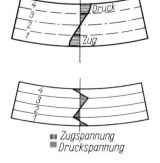

Bild 5.59 Gebogener Stab. Spannungsverteilung unter Belastung

Bild 5.60 Gebogener Stab. Spannungsverteilung in entlastetem Zustand

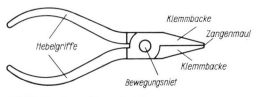

Bild 5.61 Grundform der Zange

Aufbau und Wirkungsweise der Zangen
(Bild 5.61)

Physikalisch gesehen besteht die Zange aus zwei zweiseitigen Hebeln mit gemeinsamem Drehpunkt. Die beiden Klemmbacken bilden das Zangenmaul, auf die Griffe wirkt die Handkraft, mit der die Backen zusammengeklemmt werden. Aus den unterschiedlichen Abständen vom Drehpunkt ergibt sich die Kraftübersetzung der Zange, also die Verstärkung der Handkraft zu der auf das Werkstück einwirkenden Druckkraft. Nach dem Hebelgesetz entsteht die effektivste Kraftübersetzung durch

kurzes Maul – lange Griffe.

Demnach ist die Kraftwirkung auf das Werkstück in der Nähe des Drehpunktes im Inneren des Mauls am größten. Die Stellung des Werkstücks läßt sich aber nicht willkürlich einrichten, sie wird durch die Reibung im Zangenmaul bestimmt. Beim Zusammendrücken der Backen rutscht das Werkstück im Maul so weit vor, bis das Gleichgewicht von Druck- und Reibungskraft erreicht ist. Man kann deshalb den wirksamsten, inneren Bereich des Zangenmauls normalerweise nicht nutzen. Durch Aufrauhen der Backen wird zwar die Reibung größer, aber weil die empfindlichen Werkstücke dadurch beschädigt werden, bevorzugt der Goldschmied Zangen mit glatten, sogar polierten Backen. Für besonders empfindliche Werkstücke werden die Backen mit Leder oder Kunststoff belegt.

Bei den Goldschmiedearbeiten geht es normalerweise gar nicht so sehr um die Kraftübersetzung und die hohen Druckkräfte im Zangenmaul, sondern mehr um die Möglichkeiten der Formgebung. Deshalb ist es wichtig, daß man ein genügend großes Sortiment von Zangen unterschiedlicher Maulformen zur Verfügung hat, um Drähte und Bleche formen und biegen zu können.

Zangenarten (Bild 5.62)

Meist sind die Zangen aus unlegiertem Werkzeugstahl gefertigt; für Spezialzangen wird auch legierter Stahl mit Zusätzen von Chrom, Vanadium oder Molybdän benutzt.

Normalerweise werden die Zangen mit nur einer Hand bedient – üblicherweise der rechten –, indem die Griffe in der Handfläche zusammengedrückt werden.

Daraus ergeben sich Form und Größe dieser Werkzeuge. Die Gesamtlänge der Normalzange liegt bei 13 ... 16 cm; daneben werden für besonders feine Arbeiten die kleinen »Genfer« Zangen (auch »Regleuse«-Zangen) benutzt, deren Gesamtlänge bei 12 cm liegt. Nach der Form des Mauls unterscheidet man folgende Grundtypen:

Flachzange. Die Arbeitsflächen der Zange sind eben und rechteckig, um durch erhöhte Reibung das Werkstück besser festhalten zu können, sind die Flächen mit einem Hieb aufgerauht. Die Kanten der beiden Backen verlaufen parallel. Ehe man eine Flachzange in Betrieb nimmt, empfiehlt es sich, die Arbeitsflächen der Backen zu glätten, weil der Goldschmied normalerweise den Hieb nicht braucht; in den relativ weichen Edelmetallen ergäben sich sonst leicht Druckstellen. Man kann die Backen mit der Siliciumcarbid-Scheibe an der Schleifmaschine glätten; da die Backen meist weicher als die Feile sind, lassen sie sich auch glattfeilen. Man kann die Backenflächen zum Niet hin etwas mehr abschleifen, damit das Maul im Bereich der meistverarbeiteten Metalldicken von 0,6 ... 1,2 mm wie eine Parallelzange wirkt. Wenn es erforderlich ist, läßt sich das Maul auch außen beschleifen und befeilen, um die vorgegebene Form der Backen zu ändern.

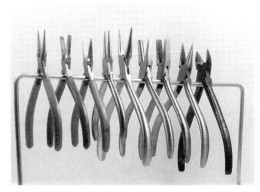

Bild 5.62 Verschiedene Zangenarten. »Genfer« Zangen (rund, flach, spitz), Normalzangen (rund, flachgerundet, gerundet und flach, flach, spitz), Seitenschneider

Spitzzange, spitze Flachzange. Das Zangenmaul läuft nach vorn spitz zu, die Arbeitsflächen der Backen sind eben. Die Spitzzange entspricht einer Sonderform der Flachzange.

Schienenzange. Meist muß man sich diese Zange aus der Flach- oder Spitzzange selbst zufeilen. Die Arbeitsfläche der einen Backe bleibt eben, während die andere leicht gewölbt ist. Wie der Name sagt, ist die Schienenzange dazu bestimmt, die Ringschiene zu formen. Man kann damit runde Formen von größerem Durchmesser biegen, ohne befürchten zu müssen, daß die Innenseite der Rundung durch Zangeneindrücke beschädigt wird. Sehr zweckmäßig ist es, wenn in die Arbeitsflächen der Backen zwei gegenüberliegende Rillen eingefeilt werden: Soll beispielsweise mit einer solchen Zange ein Ring aus hochkantstehendem Flachdraht gebogen werden, kann der Draht nicht umkippen.

Rundzange. Die Backen sind zu konischen, runden Dornen ausgearbeitet, die meist mehr oder weniger spitz zulaufen. Es werden damit die kleinen Rundungen gebogen, die mit der Schienenzange nicht möglich sind. Aber Vorsicht: Wegen der kleinen Kontaktfläche ist der wirksame Druck groß, und es entstehen leicht Eindruckmarken im Werkstück.

Spezialzangen. Aus den beschriebenen Grundtypen haben sich im Laufe der Zeit, bedingt durch spezielle Erfordernisse, verschiedene Abwandlungen entwickelt. Aus der Vereinigung zweier Grundtypen ist die *Rundflachzange* entstanden, deren Backen hinten flach, vorn aber konisch angespitzt sind. Bei der *Rundhohlzange* ist eine Backe als normaler, runder Dorn ausgearbeitet, die andere Backe legt sich halbrund ausgehöhlt darum. Bei der *Nietzange*, die bei Ohrringbrisuren und Broschscharnieren verwendet wird, sind die Backen so gebogen, daß sich nur die Spitzen berühren. So wird nur der Niet von der Zange erfaßt. Die *Kastenzange* ist ähnlich geformt: Nur eine Backe ist gerundet, die andere bleibt flach. Dadurch wird es möglich, daß über die Ränder hinweg der Boden eines Kastens erfaßt wird. Bei der *Ringbiegezange* greifen die beiden Backen so ineinander, daß der zwischengelegte Draht herumgebogen wird.

Aufbewahrung der Zangen

Um die Zangen während der Arbeit immer griffbereit zu haben, hat es sich bewährt, sie so aufzuhängen, daß man die Form der Backen deutlich erkennt. So kann man beispielsweise am Werkbrett neben dem Feilnagel einen U-förmigen Blechbügel anbringen; es gibt auch spezielle Ständer, die man auf das Werkbrett stellen kann und bei denen die Zangen in Löcher einer drehbaren Scheibe eingehängt werden. Sehr zweckmäßig ist es, wenn man am Werkbrett eine schwenkbare Stange anbringt, auf die man die Zangen hängt. Auf jeden Fall soll man die Zangen nicht zwischen dem anderen Werkzeug auf dem Arbeitstisch ablegen, lästiges Suchen bleibt unvermeidlich!

5.9.3   Biegen von Draht

Biegen mit der Hand

Als der Mensch das Metall zu formen begann, benutzte er zunächst einfach seine Hände als naturgegebene »Werkzeuge«. Auch heute noch richtet der Goldschmied einen dünnen Draht »zwischen Daumen und Zeigefinger« oder biegt einen dünnen Armreif von Hand nach.
Die Anwendungsmöglichkeiten dieses einfachen Verfahrens der Formgebung sind aber aus folgenden Gründen begrenzt:
* Mit der relativ geringen Fingerkraft läßt sich nur ein geringer Druck erreichen.
* Deshalb lassen sich kurze und dicke Drähte nur schwer mit den Fingern biegen.
* Kleine, diffizile Motive lassen sich mit den Fingern nicht gestalten.

Biegen mit Zangen

Der Umformungswiderstand eines Drahtes wächst mit der Dicke und der Festigkeit des Metalls. Je größer dieser Umformungswiderstand ist, um so größer muß die Biegekraft sein. Daraus ergeben sich Grenzen der Umformungsmöglichkeit mit den Biegezangen. Es ist durchaus möglich, daß man die dicke Schiene eines Herrenrings aus Au 585 mit der Schienenzange nicht mehr herumbiegen kann, weil trotz der Hebelwirkung die Handkraft dazu nicht mehr ausreicht. Hinzu kommt, daß mit steigendem Backendruck die Gefahr unerwünschter Eindrücke im Draht immer größer wird. Was nützt es, daß man einen Runddraht mit großer Kraftanstrengung gebogen hat, wenn dabei dessen Oberfläche durch die Eindrücke der Rundzange unbrauchbar geworden ist?

Sehr wichtig ist die zweckentsprechende Auswahl der geeigneten Zange:

- Eine Ringschiene kann man weder mit der Flachzange noch mit der Rundzange biegen.
- Ein Draht läßt sich nicht mit der Schienenzange geraderichten, dazu ist die Flachzange da.
- Wenn der Draht mindestens auf der Länge einer Backenbreite gerade bleiben soll, wird die Flachzange benutzt.
- Die Schienenzange kann man für solche Rundungen verwenden, die ungefähr mit der abgerundeten Backenfläche übereinstimmen.
- Rundungen mit größerem Durchmesser werden um einen Dorn entsprechender Größe gebogen, eventuell unter Zuhilfenahme einer Flachzange.
- Kleine Rundungen biegt man mit der Rundzange (Bild 5.63).

Der Draht darf aber nur einen geringen Biegewiderstand haben, damit keine Biegemarken an seiner Oberfläche entstehen. Will man feine Drahtornamente ausreichender Festigkeit biegen, soll man Flachdraht benutzen – beim Filigran wird dies seit Jahrhunderten praktiziert.

Aus der Beschaffenheit des Drahtes ergibt sich, daß man niemals absolut scharfkantige

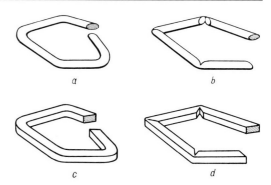

Bild 5.64 Quadratischer Rahmen. a) Runddraht, gerundete Ecken, b) Runddraht, scharfe Ecken, c) Vierkantdraht, gerundete Ecken, d) Vierkantdraht, scharfe Ecken

Formen biegen kann (Bild 5.64 a, b). Dies muß schon beim Entwurf berücksichtigt werden. Braucht man aus bestimmten funktionellen oder gestalterischen Gründen doch scharfkantige Knicke, muß der Draht an der Biegestelle vorher mit Dreikant- oder Messerfeile eingekerbt werden (Bild 5.64 b, d). Die Kerbtiefe ist abhängig von der gewünschten Wirkung und von der Festigkeit des Materials. Je tiefer man kerbt, um so scharfkantiger wird zwar die Biegung, aber um so leichter kann das Material beim Umbiegen wegbrechen.

Nachdem der Draht an der vorgekerbten Stelle in gewünschter Weise umgeknickt worden ist, muß die Kerbe verlötet werden. Erst dann feilt man die nächste Knickstelle ein, denn wegen der Schwächung des Querschnitts kann das Metall beim Hantieren leicht an einer vorgekerbten Stelle wegbrechen (Bild 5.65).

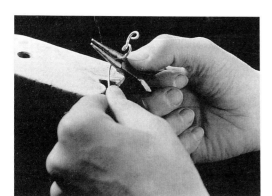

Bild 5.63   Drahtbiegen mit der Rundzange

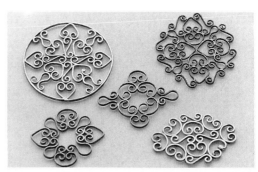

Bild 5.65   Übungsbeispiele. Schnörkel aus Flachdraht gebogen und montiert. Birgit Karsten, Firma Wilfried Nothdurft, Schwerin

Biegen mit anderen Hilfsmitteln

Herstellung runder Ösen. Ganz gleich, ob der Draht in der Walze oder im Zieheisen zugerichtet worden ist, immer muß man sich vor der Weiterverarbeitung davon überzeugen, daß er fehlerfrei ist. Er darf keine Schiefer oder andere Unregelmäßigkeiten haben, sondern muß auf der ganzen Länge makellos sein. Der fertig gezogene Draht wird gleichmäßig geglüht, und gerade dabei ist die Gleichmäßigkeit wichtig. Nach dem Glühen muß das Metall völlig entspannt sein. Ist der Draht sehr dünn, kann man ihn zum Glühen auf ein Messingrohr wickeln, denn so läßt er sich gleichmäßig erwärmen, und die Gefahr des »Verschmorens« durch partielle Überhitzung ist gering.

Als Ösenriegel für Rundösen genügt ein zylindrischer Dorn aus beliebigem Material: ein Nagel, ein runder Messingstab oder etwas ähnliches. Besser ist es jedoch, wenn man sich eine Kollektion von speziellen Spindeln unterschiedlicher Dicke anlegt, die an einem Ende flachgefeilt und mit der Halterung für den Draht versehen sind:

- Man kann eine Längsrille einfeilen, in der das Drahtende mit dem Schraubkloben festgeklemmt wird,
- man kann die Spindel durchbohren
- oder einschlitzen, um den Draht durchstecken zu können.

Wenn man eine größere Menge von Ösen braucht, kann man die Spindel über einem Wickelholz drehen, damit sie besser geführt und der Draht gleichmäßig gespannt wird. Zu dem Zweck werden zwei Holzleisten an einem Ende zusammengenagelt und dann mit leichtem Druck in den Schraubstock gespannt. Der Draht wird zwischen den Leisten geführt, und den Anpreßdruck regelt man nach Bedarf (Bild 5.66).

Braucht man nur eine kurze Spindel, wird der Wickeldorn zusammen mit dem Drahtende in den Stielkloben eingespannt. So legt man ihn auf den Feilnagel, den Draht biegt man quer zur Hauptachse des Riegels und drückt ihn dicht an. Mit dem Stielkolben wird der Dorn ständig gedreht, während man mit der anderen Hand den Draht führt und dafür sorgt, daß er gut am Dorn anliegt und daß dabei die Windungen dicht nebeneinander liegen (Bild 5.67).

Sehr rationell kann man größere Mengen von Ösen auch so herstellen, daß man den Dorn in die Bohr- oder in die Drehmaschine spannt und die Ösenspirale auf den rotierenden Dorn wickelt.

Um die Spirale zu entspannen, wird sie zusammen mit dem Dorn geglüht und so rekristallisiert.

Nun muß die Spirale vom Dorn abgestreift werden. Dazu spannt man das Zieheisen in umgekehrter Richtung in den Schraubstock, der Ösenriegel wird in ein passendes Loch gesteckt, wobei die Ösenspirale an der scharfkantigen Seite des Zieheisens anliegt. Mit der Ziehzange wird der Dorn durchgezogen, während die Spirale zurückgehalten wird.

Die Spirale wird dann gebeizt, gekratzt und getrocknet. Anschließend trennt man die einzelnen Ösen ab, indem die Spirale quer zu ihren Windungen aufgesägt wird (Bild 5.68).

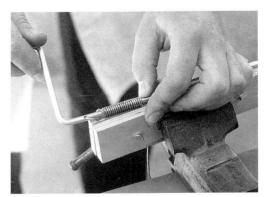

Bild 5.66   Wickeln der Ösenspirale am Schraubstock

Bild 5.67   Wickeln von Ösen am Feilnagel

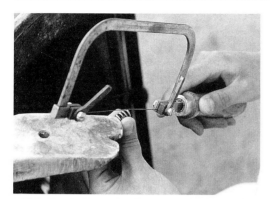

Bild 5.68   Aufsägen der abgezogenen Ösenspirale

Bild 5.69   Herstellung langovaler Ösen. Ösenriegel mit Klebpapier umwickelt

Herstellung ovaler Ösen. Auch hierzu muß der Draht fehlerlos vorbereitet und gleichmäßig ausgeglüht worden sein.

Aus Messing, Kupfer oder anderem Metall fertigt man sich die Riegel an. Für kurzovale Ösen genügt ein runder Dorn, der etwas flachgewalzt wird; für breitovale Ösen schneidet man den Riegel als Blechstreifen zu und rundet die Kanten leicht ab.

Der Riegel wird mit einem schmalen Streifen von dünnem Klebepapier oder bei kleinen Spiralen auch nur mit Seidenpapier umwickelt (Bild 5.69). Man erleichtert sich dadurch später das Abstreifen der Spirale.

Zur Fixierung des Drahtendes kann man eine Rille in das Ende des Riegels einfeilen. So läßt sich der Draht mit dem Riegel bequem in den Feilkloben oder bei kleineren Ösen in den Stielkloben einspannen.

Der Draht wird genauso um den Riegel gewickelt, wie es bei der Herstellung der Rundösen beschrieben wurde.

Die Spirale wird zusammen mit dem Dorn geglüht. Dabei verbrennt das Papier, das zwischen Riegel und Spirale gewickelt war, und außerdem wird der Draht entspannt.

Die ovale Spirale wird ebenso wie die runde im Zieheisen abgestreift (Bild 5.70). Sollte sie aber doch so fest sitzen, daß sie sich nicht abziehen läßt, muß man den Riegel durchbiegen und die Ösen aufsägen, um sie einzeln abziehen zu können.

Beim Aufsägen muß man sich über den Verwendungszweck klar sein:

- Sollen die Ösen nur zusammengehängt werden, schneidet man sie auf der Breitseite auf,
- will man sie nach den Zusammenhängen verlöten, werden sie auf der Schmalseite aufgeschnitten.

Man kann die Spirale bequem aufsägen, wenn man einen dünnen Riegel hineinsteckt, der ein Stück über die Spirale herausragt und zur Führung des Sägeschnitts einen passenden Schlitz hat. So fallen die Ösen nicht gleich ab, man kann die Spirale besser festhalten und hat eine sichere Auflage auf dem Feilnagel.

Wenn man größere Mengen kleiner ovaler Ösen – etwa zur Anfertigung von Ketten – braucht, benutzt man einen Riegel aus Kupfer. Er wird nicht mit Papier umwickelt, damit die kleinen Ösen gleichmäßig werden. Die Ösenspirale wird auf dem Riegel geglüht, dann spannt man ein Ende des Riegels in den Schraubstock, faßt das andere mit der Ziehzange, und so reckt man den Riegel, er wird dabei dünner, und man zieht nun die Spirale ab.

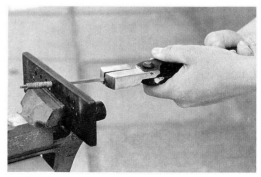

Bild 5.70   Abziehen der Ösenspirale im Zieheisen

Geschlossene und offene Spirale. Man könnte sie auch als Zug- und Druckfeder bezeichnen, wie man sie zu Funktionselementen braucht (Bajonettverschluß, Federring, Ziehglieder usw.). Da man für solche funktionellen Spiralen Materialien hoher Festigkeit und Elastizität braucht, werden sie aus Stahl, Neusilber oder Messing gemacht.

Mitunter wird die Spirale auch als Gestaltungselement genutzt: Man legt sie um eine Steinfassung, belötet damit einen Armreif oder drückt sie flach zusammen und kombiniert sie mit Filigran. Solche Zierspiralen werden natürlich aus dem gleichen Material gefertigt wie das ganze Schmuckstück.

Die geschlossene Spirale wird genauso gewickelt wie die Ösenspirale, so daß die Windungen dicht nebeneinanderliegen, bei Zugbeanspruchung kann sie sich ausdehnen.

Will man eine Spirale haben, bei der ein konstanter Abstand zwischen den Windungen besteht – wie es bei einer Druckfeder üblich ist – könnte man im einfachsten Fall die normale Spirale auseinanderziehen, also überdehnen. Aber dabei werden die Abstände ungenau. Besser ist es, wenn man gleichzeitig zwei Drähte um den Riegel wickelt. Die beiden Drahtenden werden nebeneinander zusammen mit dem Riegel in die Haltevorrichtung gespannt und dann straff um den Riegel gewickelt. Wenn man dann die Wicklung vom Riegel abzieht, sind zwei gleiche Spiralen entstanden.

Man kann den gleichmäßigen Abstand der Spirale auch dadurch erreichen, daß man ein etwa 2 cm langes Führungsteil als Abstandhalter verwendet. Es wird aus möglichst hartem Draht – beispielsweise Messing – gleicher Dicke auf einen etwas dünneren Dorn mit gleichmäßigen offenen Windungen gewickelt. Unter Berücksichtigung der Rückfederung muß das Spiralstück straff auf den Dorn passen. Während sich der Dorn dreht, wird mit einer Hand der gespannte Draht durch den Schlitz eines Brettchens straff zugeführt, mit der anderen Hand wird der Abstandhalter gegen Mitdrehen gesichert und langsam auf dem Dorn verschoben (Bild 5.71).

Herstellung von Kordeldraht

Voraussetzung ist ein völlig gleichmäßig ausgeglühter Runddraht.

Braucht man nur ein kurzes Stück, bis etwa 50 cm, werden die beiden Enden des Drahts seitlich zwischen die Backen des Schraubstocks gespannt. So bildet sich eine Drahtschlinge, auf die ein kurzes Rohrstück geschoben wird, und durch das Schlingenende steckt man einen Dorn, so daß der Draht fest gespannt wird, und mit der anderen Hand dreht man den Dorn so lange, bis die Windung dicht genug geworden ist (Bild 5.72).

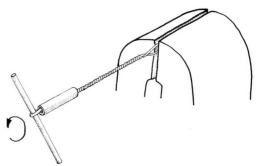

Bild 5.72   Einfache Methode zum Kordieren von Runddrähten

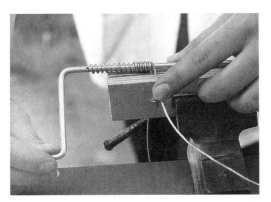

Bild 5.71   Herstellung einer Spirale mit regelmäßigem Abstand der Windungen

Dünnen Kordeldraht, wie er etwa für Filigran gebraucht wird, kann man zwischen zwei flachen Vierkanthölzern verdrillen. Als Unterlage nimmt man ein Brett, etwa 10 cm breit, 60 cm lang; das zweite Holz ist etwa 7 cm breit und 40 cm lang. Die beiden Drähte werden an einem Ende mit einigen Umdrehungen ver-

bunden, zwischen die Hölzer gelegt, und mit Druck schiebt man das obere Holz vorwärts, so daß sich die Drähte gleichmäßig verdrillen.
Für längere Drähte ist es rationeller, wenn man die beiden Drahtenden in eine Bohr- oder Drehmaschine einspannt. Der Draht wird mit einem Dorn, der wieder durch die Schlinge gesteckt ist, leicht gespannt, und bei langsamer Drehzahl wird der Draht kordiert.
In älteren Werkstätten findet man noch die Kordiermaschine, bei der die Bewegung der Handkurbel über ein Zahnradgetriebe so übersetzt wird, daß sich das Maul, in dem die Drahtenden eingespannt sind, rasch dreht. Heute ist diese Maschine nicht mehr erforderlich, weil man den gleichen Effekt eleganter mit der langsam laufenden Bohr- oder Drehmaschine erreicht.

»Faulenzer«-Arbeiten

Der Draht wird auf einer einfachen Schablone um kurze Stahlstifte gebogen; gleichartige Einzelmotive kann man ebenso leicht herstellen wie ein fortlaufendes Bandornament (Bild 5.73).
Herstellung des »Faulenzers«. Man kann sich einen »Faulenzer« auf einfache Weise selbst herstellen: In ein kleines Holzbrett werden kurze Stahlstifte eingeschlagen – gewöhnliche Nägel, deren Köpfe vorher entfernt wurden. Die Stifte sollen nur so weit herausragen, daß man den Draht bequem darum wickeln kann. Anordnung und Dicke der Stifte ergeben sich aus dem Entwurf des vorgesehenen Motivs.
Auf folgende Weise kann man sich einen universell nutzbaren »Faulenzer« anfertigen: Eine Messingplatte, etwa 1 mm dick, 10 cm × 10 cm Kantenlänge, wird zugerichtet. Darauf

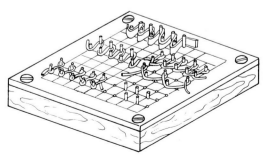

Bild 5.73   »Faulenzer« mit Anwendungsbeispielen

Bild 5.74   Halsschmuck. Gold. Glieder auf dem »Faulenzer« gebogen. Erhard Brepohl, Arnstadt (1954)

reißt man ein Karonetz im Abstand von 3 mm an. In den Schnittpunkten der Linien werden Löcher gebohrt, die der Dicke der Stifte entsprechen. Dann wird die Messingplatte auf ein passendes Holzbrett geschraubt. In die vorgegebenen Löcher werden die Stifte dann jeweils so eingeschlagen, wie es das Motiv erfordert.
Drahtbiegen auf den »Faulenzer«. Grundsätzlich kann man mit diesem Hilfsmittel Drähte von unterschiedlicher Dicke und von beliebigem Querschnitt biegen: runde, flachgewalzte, quadratische und gekordelte. Wichtig ist bei allen Biegearbeiten, daß der Draht gleichmäßig geglüht worden ist. Sollen die gewickelten Teile anschließend gelötet werden, ist der Draht vor Beginn der Arbeit zu beizen und zu kratzen.
Mit der Rundzange biegt man zunächst am Anfang des Drahtes eine Schlinge, damit er auf den ersten Stift sicher aufgesetzt werden kann. Nun ist der Draht eindeutig fixiert, und man kann ihn dem Motiv entsprechend um die weiteren Stifte biegen. Es ist darauf zu achten, daß der Draht immer straff gespannt ist und daß er immer dicht um die Stifte gelegt wird; man kann ihn auch mit einer Flachzange anziehen. Wenn das Motiv fertig ist, löst man es mit einem kleinen Schraubenzieher von den Stiften und sägt das übrigbleibende Drahtende ab (Bild 5.74).
Handelt es sich aber um ein fortlaufendes Ornament, wird das gewickelte Stück genauso mit dem Schraubenzieher abgehoben, und dann werden die letzten Windungen des Moti-

ves auf die ersten Stifte gesteckt, so daß die Kontinuität des Ornaments gesichert ist, wenn der Draht wieder um die übrigen Stifte gelegt wird (Bild 5.75).

Richten von Drähten

Hiermit sind alle Methoden gemeint, mit denen man Drähte glättet und Unebenheiten ausgleicht (Bild 5.76).

Richten von Hand. Vielfach lassen sich von Hand »zwischen Daumen und Zeigefinger« kleine Unebenheiten ausgleichen. Man kann den Druck genau regulieren und auf die richtige Stelle lenken, trotzdem ist die Anwendbarkeit begrenzt.

Richten auf der Richtplatte (Bild 5.76 a). Ein Drahtstück wird allseitig gerade, wenn es auf die Richtplatte aufgelegt und durch leichte Schläge mit einem weichen Hammer (Holz, Kunststoff) so bearbeitet wird, daß es jeweils an Stellen, wo es gekrümmt ist, gegen die Stahlplatte gedrückt wird. Runddrähte müssen mit besonderer Vorsicht bearbeitet werden,

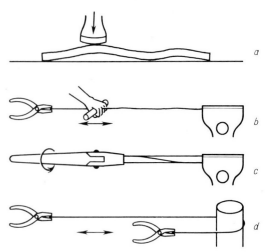

Bild 5.76   Richten von Drähten. a) auf der Richtplatte, b) durch Recken, c) mit der Zange durch Verdrehen, d) durch Recken mit zwei Zangen

damit sie keine harten Einschläge bekommen. Durch ständiges Drehen erreicht man, daß der Runddraht schließlich allseitig aufliegt. Beim eckigen Draht müssen die Flächen aufliegen, keinesfalls darf man auf die Kanten schlagen.

Außer diesen Arbeiten, bei denen das Material allseitig gerade ausgerichtet werden soll, werden auch gebogene Formen, die nur in einer Ebene planiert werden sollen, auf der Richtplatte bearbeitet. Einen Armreif oder eine Ringschiene legt man auf die Stahlplatte und schlägt mit dem Hammer das Material da an, wo es noch von der Ebene absteht. In solchen Fällen ist es nötig, daß das Stück mehrfach gewendet wird, bis es überall gleichmäßig aufliegt.

Bild 5.75   Anhänger mit Muschelkamee. Gold. Rahmenornament mit »Faulenzer« gebogen. Erhard Brepohl, Arnstadt (1954)

Richten durch Recken (Bild 5.76 b, d). Wenn man einen langen, dünnen Draht hat, der verkrümmt und verbogen ist, kann man ihn durch Recken ausrichten. Ein Drahtende wird in den Schraubstock gespannt, das andere hält man frei in der Hand oder faßt es mit der Zange. Mit einem Rundholz fährt man mehrmals auf dem gespannten Draht entlang, bis er gleichmäßig glatt ist. Wenn es sich um kürzere Stücke handelt, faßt man die Enden mit je einer Flachzange, legt den Draht um einen Runddorn, spannt und zieht ihn so mehrfach am Dorn entlang.

Richten mit Zangen (Bild 5.76 c). Gerade diese Methode wird in der Praxis häufig angewandt. Es sei besonders auf das Verdrehen hingewiesen, das man benutzt, wenn ein kantiger Draht verdrallt ist. Er muß in entgegengesetzter Richtung drehend gebogen werden. Man faßt den Draht mit zwei Zangen so, daß zwischen ihnen die betroffene Stelle liegt, und dreht so weit, bis beim Nachlassen des Drucks der Draht wieder seine normale Stellung hat. Kurze Drahtstücke werden zwischen den Backen der Flachzange geglättet; handelt es sich um gebogene Formen, muß man sie mit der Schienen- oder mit der Rundzange ausrichten.

Richten auf Dornen und Riegeln. Gebogene Formen lassen sich besser nacharbeiten, wenn man sie auf einem möglichst genau passenden Dorn oder auf einem konischen Riegel ausrichtet. Wohl täglich benutzt der Goldschmied beispielsweise den Ringriegel, um die Schienen auf die runde Form zu bringen. Ein solcher konischer Richtdorn hat immer den Vorteil, daß er in sich alle Größen stufenlos zwischen dem größten und dem kleinsten Durchmesser enthält. Allerdings muß man beim Ausrichten eines Traurings beispielsweise mehrfach umstecken, damit der Ring auf dem Konus nicht ebenfalls konisch geformt wird. Außer den runden, konischen Riegeln, die in verschiedenen Abmessungen als Ringriegel und Zargenriegel gebraucht werden, sind auch andere Querschnitte nützlich. So unterscheidet man:

- Armreifriegel (rund, oval),
- Ringriegel (rund, oval, quadratisch),
- Zargenriegel (rund, oval, quadratisch, rechteckig, sechseckig).

5.9.4 Biegen von Blech

Biegen mit der Hand

Auch beim Biegen und Richten von Blechen wird man ohne den gefühlvollen Druck der Hand nicht auskommen. Die Einschränkungen, die beim Drahtbiegen gegeben wurden, treffen mindestens in gleicher Weise hier zu, wobei noch berücksichtigt werden muß, daß der Umformungswiderstand bei Blechen oft noch größer ist als bei Drähten, so daß man dazu noch mehr Kraft braucht.

Biegen mit Zangen

Mit den gleichen Zangen, die bei der Drahtbearbeitung behandelt wurden, biegt man auch die Bleche, und das, was dort gesagt wurde, trifft prinzipiell auch für das Biegen von Blechen zu. Aus der Beschaffenheit der Zangen ergeben sich aber außerdem bei der Blechformung noch gewisse Besonderheiten:

- Die Öffnung des Zangenmauls bildet einen spitzen Winkel, deshalb kann der Zangendruck nicht gleichmäßig auf die Oberfläche des Blechs wirken, sondern konzentriert sich auf die in den Winkel eingespannte Kante.
- Der Wirkungsbereich ist auf die Länge des Zangenmauls beschränkt.

Daraus ergibt sich, daß mit den Zangen nur Blechstreifen gebogen werden können, und daß deren Breite nicht größer als der Wirkungsbereich des Zangenmauls sein darf, meist sind es schmale Blechstreifen, wie Fassungen, Zargen, Ringschienen. Breite Bleche müssen mit Methoden behandelt werden, die im nächsten Abschnitt beschrieben werden.

Es wurde schon erwähnt, daß man das Maul der Zange so korrigieren kann, daß für Bleche üblicher Dicke eine Flächenpressung entsteht. Es gibt Spezialzangen mit flachem Maul, bei denen eine Backe so eingestellt werden kann, daß das Zangenmaul parallel greift; sie sind aber umständlich in der Handhabung und haben sich im Arbeitsprozeß nicht genügend durchgesetzt.

Bei der Rundzange mit ihren konischen Backen erreicht man eine gleichmäßige Rundung nur, wenn die Breite des Blechstreifens wesentlich kleiner ist als die Länge der Zangenbacken.

Biegen mit anderen Hilfsmitteln

Wenn man von Hand oder mit den Zangen das Blech nicht mehr formen kann, muß man die folgenden Methoden anwenden, die schon dem Verfahren des Treibens nahekommen.

Hammer auf Bleiunterlage (Bild 5.77 a). Das Blech wird auf ein glattes Stück Blei gelegt. Die Gestalt der Hammerfläche richtet sich nach der erstrebten Form. Bei dem abgebilde-

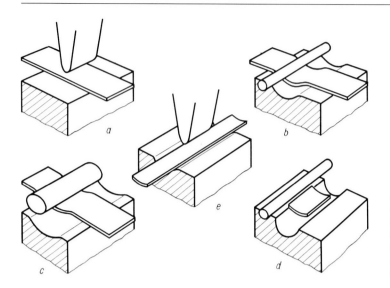

Bild 5.77   Biegen von Blechstreifen. a) mit Hammer auf Bleiunterlage, b) mit Dorn auf Bleiunterlage, c) mit Dorn auf Holzunterlage, d) mit Hammer auf Stahlunterlage, e) mit Dorn auf Stahlunterlage

ten Beispiel soll eine Rille in das Blech gedrückt werden, deshalb der Finnenhammer. Wegen der weichen Unterlage sind bei dichter Schlagfolge kaum Werkspuren zu sehen.

Wie immer, wenn man auf Blei arbeitet, muß man darauf achten, daß weder auf der Rückseite noch auf der Vorderseite des Arbeitsstückes Bleireste haftenbleiben, weil sie sich bei einer nachfolgenden Wärmebehandlung mit dem Grundmetall legieren, wodurch sich dann »angefressene« Stellen ergeben.

Bei feineren Formen kann statt des Hammers auch ein geeigneter Punzen benutzt werden.

Dorn auf Bleiunterlage (Bild 5.77 b). Mit einem Stahldorn schlägt man eine Rille in den

Bild 5.78   Biegen von Blech mit Stahldorn auf Bleiunterlage

Bleiklotz. Darüber wird das Blech gelegt. Auf das Blech kommt über die Rille ein Dorn, der etwas kleiner ist als der, mit dem der Bleiblock vorgearbeitet wurde. Wenn man mit dem Hammer auf den Dorn schlägt, drückt sich das Blech in die vorbereitete Bleirille (Bild 5.78). Dadurch, daß die Rille bereits vorher eingeschlagen worden ist, kann man tiefere Wölbungen erzielen, als wenn man auf der glatten Bleiunterlage biegt. Der glatte Dorn hinterläßt, im Gegensatz zur Hammerbahn, keine Einschlagspuren im Blech. Das Verfahren zeichnet sich dadurch aus, daß man leicht und schnell beliebige Rillen in das weiche Blei einschlagen kann.

Dorn auf Holzunterlage (Bild 5.77 c). Das Verfahren entspricht in den Grundzügen dem auf Bleiunterlage. Die Holzrille hat den Vorzug, daß sie längere Zeit beständig ist und dadurch das Biegen von mehreren gleichartigen Formen erleichtert. Bei der Holzunterlage bleibt es sich gleich, ob der Dorn aus Stahl oder Holz ist; man kann auch, wie beim abgebildeten Beispiel, den Hammerstiel benutzen.

Hammer auf Stahlunterlage (Bild 5.77 d). Normalerweise kommt für diese Arbeiten der würfelförmige Fassonamboß in Frage, in den auf allen sechs Seiten Rillen von unterschiedlicher Form und Größe eingelassen sind. Da diese Rillen im Gegensatz zum Blei oder Holz scharfkantig abschließen, besteht die Gefahr, daß das gebogene Blech empfindliche Druckstellen bekommt. Soll ein langer Blechstreifen, wie es bei der Scharnierherstellung üblich ist, in der Stahlrille halbrund geformt werden, kann man ihn nur mit dem Finnenhammer hineinschlagen, und dabei muß man darauf achten, daß sich die scharfe Kante am Ende der Rille nicht in das Blech einschlägt. Deshalb kann man dazu auch keinen Dorn benutzen.

Dorn auf Stahlunterlage (Bild 5.77 e). Aus den eben genannten Gründen können auf dem Profilamboß nur solche Blechstücke gebogen werden, die kürzer und schmaler als die Rille sind (Bild 5.79).

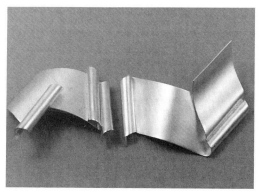

Bild 5.79   Brosche. Silber, aus Blechstreifen gebogen. Fachschule für Ang. Kunst Heiligendamm

Bördeln und Umlegen

Als Schlagunterlage nutzt man Stähle unterschiedlicher Form, um die das Blech herumgeschlagen wird.
Bördeln bedeutet soviel wie »einen Rand anlegen«.
Als *Umlegen* bezeichnet man alle Methoden, bei denen das Blech um eine Stahlform herumgebogen wird.
Beide Verfahren lassen sich nicht genau abgrenzen.

Rechtwinklig umbiegen (Bild 5.80 a). Am einfachsten läßt sich das Blech rechtwinklig umbiegen, wenn es gegen die scharfe Kante eines rechtwinkligen Stahlblocks – etwa eines Bretteisens – gelegt, zunächst mit dem weichen Hammer leicht angebogen und dann mit dem Bretthammer fest gegen die Unterlage geschlagen wird.

Rechtwinklig knicken. Besonders bei dicken Blechen ist es – wie bei Drähten – nicht mög-

lich, eine scharfkantige Biegung zu erreichen, das Material wird immer, zumindest an der Außenfläche, mehr oder weniger rundlich gebogen sein. Will man scharfkantig knicken, muß das Blech – wie der Draht – vor dem Biegen eingekerbt werden. Die Knickkante wird zunächst genau angerissen. Handelt es sich um einen schmalen Blechstreifen, so kann man mit Messer- oder Dreikantfeile einkerben. Längere Streifen schneidet man mit dem Spitzstichel vor. Statt dessen kann man auch am Riß ein Lineal mit zwei Zwingen festspannen; mit dem Ziehschaber fährt man dann so oft auf dem Riß am Lineal entlang, bis das Blech tief genug vorgekerbt ist. Es wird dann ebenso umgebogen, wie es beim Draht beschrieben wurde. Auch beim Blech wird jeder gebogene Winkel sofort verlötet, damit es an dieser empfindlichen Stelle beim weiteren Arbeiten nicht wegbricht.

Gerundet umbiegen (Bild 5.80 b). Der Vorgang ähnelt dem Rechtwinkligbiegen, jetzt hat die Stahlunterlage aber eine gerundete Kante, wie

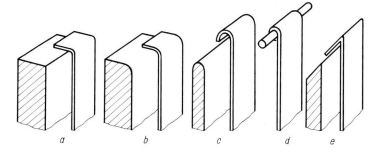

Bild 5.80   Bördeln und Umlegen. a) rechtwinklig umbiegen, b) gerundet umbiegen, c) halbrund umbiegen, d) rund umbiegen, e) umklappen

sie beim Bretteisen ja auch meist anzutreffen ist.

Halbrund umbiegen (Bild 5.80 c). Das Blech wird zunächst halbrund umgeschlagen, dann biegt man es um ein Stahlblech geeigneter Dicke, das eine passende Rundung hat. Man kann das herumgebogene Blech auch noch im Schraubstock gegen die Stahlplatte pressen, damit es fest anliegt und dadurch parallelwandig wird.

Rund umbiegen (Bild 5.80 d). Schließlich kann man das halbrund umgelegte Blech bis zur vollen Rundung herumschlagen, wenn man einen Dorn von entsprechendem Durchmesser hineinsteckt und um ihn das Blech mit dem Bretthammer schlägt – zunächst mit der Bahn und die letzte Rundung mit der Finne.

Umklappen (Bild 5.80 e). In diesem Fall soll das Blech schließlich so weit umgelegt werden, daß es aufeinander liegt. Man nimmt es zunächst rechtwinklig herum und glüht es aus. Dann wird das Blech um ein scharfkantiges Umlegeisen weiter mit dem Hammer geschlagen, bis es spitzwinklig umgeklappt ist. Auf dem Bretteisen wird der umgeklappte Streifen gegen das Grundblech geschlagen.

5.9.5   Biegen von Scharnier

Beim Biegen eines Scharnierrohrs besteht immer die Gefahr, daß es sich nicht gleichmäßig rundbiegt, es könnte einknicken. Dickwandige Rohre von geringem Querschnitt kann man eventuell noch mit großem Radius biegen, normalerweise erreicht man eine saubere Biegung nur mit einer Drahteinlage, der »Seele«. Überdies kann man nur gelötete oder nahtlose Rohre einwandfrei biegen, eine offene Fuge kann beim Biegen leicht aufgehen.

Einlegen der Metallseele. Das Rohr wird mit einem Metallstab ausgefüllt, so daß die Biegestelle nicht einknicken kann. Diese »Seele« muß zum Schluß ausgeätzt werden.
Für *Silber-* und für *Goldlegierungen unter Au 500* kann man als Einlage einfachen Baustahl benutzen. Wenn nicht zwischengeglüht werden muß, kann man auch Aluminium verwenden.

Für *Goldlegierungen mit höherem Feingehalt,* wie Au 585, nimmt man Kupfer.
Entsprechend der beim Ätzen gegebenen Hinweise benutzt man als Lösungsmittel:

Stahl	– verdünnte Schwefelsäure
Aluminium	– Salzsäure
Kupfer	– Salpetersäure

Um den Angriff der Säuren zu erleichtern, kann man die Fuge des Rohres mehrfach anbohren – zum Schluß werden diese Stellen wieder zugelötet. Bei dicken Rohren legt man als Seele ein Rohr ein, weil es sich leichter herausätzen läßt.
Auf jeden Fall muß die Auswahl und Konzentration der Säure so sein, daß das eigentliche Arbeitsmetall nicht angegriffen wird.
Bei nahtlosem Rohr wird als Seele ein Draht gewählt, der gerade hineinpaßt, eventuell zieht man das Rohr mit dem Draht noch etwas dünner, damit beide dicht aneinanderliegen.
Wenn das Rohr aber aus einem Blechstreifen gefertigt wird, schlägt man es mit dem Hammer bis zum Halbrund, dann legt man die Seele ein, läßt sie etwas länger, damit man sie gleich als Ziehspitze benutzen kann, und schlägt das Blech um diesen Draht, bis beide Blechkanten voreinander stehen. So wird das Rohr gelötet und dann auf die gewünschte Dicke gezogen.
Um die Oberfläche des Rohres vor Beschädigungen beim Biegen zu schützen, kann man einen dünnen Plastikschlauch darüberziehen, man kann es auch mit Bindedraht umwickeln. Die Backen der verwendeten Zangen können mit Leder belegt sein.
Es dauert ziemlich lange, bis das eingelegte Metall herausgeätzt ist, weil die Säure nur eine kleine Angriffsfläche hat. Auf alle Fälle muß die Einlage restlos herausgelöst werden. Anschließend wird in Natronlauge zur Neutralisation abgekocht, dann noch in Wasser.

Biegen mit Sandfüllung. Das Verfahren, wie es in der Technik bei dicken Rohren häufig angewandt wird, kann auch bei der Edelmetallbearbeitung mit Erfolg eingesetzt werden.
Es hat entschiedene Vorzüge:
● Leichtes Einbringen der Füllmasse,
● ungehinderte Bearbeitungsmöglichkeit,
● müheloses Entfernen der Füllung.
Voraussetzung ist allerdings eine so große

Rohrdicke, daß der Sand gleichmäßig das Rohr ausfüllen und stabilisieren kann.

Ein Ende des Rohres wird verschlossen, indem man es verlötet, zusammendrückt oder zusammenfaßt, dann wird der feinkörnige, trockene Sand eingefüllt, man stößt das Rohr mehrfach auf, damit der Sand zusammenrutscht; Feststampfen ist nicht nötig. Dann wird das andere Rohrende auf gleiche Weise verschlossen.

Beim Biegen liegt die verlötete Fuge innen, so daß sie gestaucht und nicht gestreckt wird. Man kann auch zwischenglühen.

Wenn die gewünschte Biegung erreicht ist, wird das Rohr geöffnet und der Sand herausgeschüttet.

Biegen mit Kunststoffseele. Man zieht einen passenden Plastdraht als Seele in das Metallrohr, das sich dann bequem und problemlos biegen läßt. Beim abschließenden Glühen verbrennt die Kunststoffeinlage, so daß alle Umstände des Ausätzens entfallen.

Rohr-Biegevorrichtung. Hiermit kann man Rohr in kaltem Zustand biegen, ohne es mit einer Füllung zu stabilisieren; auch Stangen und Profilteile lassen sich damit biegen. Das Biegemoment wird mit wanderndem Kraftangriff so übertragen, daß die Wandung des Rohrs im Dehnungsbereich gewalzt und damit gestreckt wird. Das Rohr wird mit einer Spannvorrichtung am Biegesegment fixiert (Bild 5.81). Mit Stütz- und Biegerolle wird das Rohr um das Biegesegment gewalzt und gebogen.

Die Profile der Walzen und des Biegesegments

Bild 5.81   Rohr-Biegevorrichtung

müssen mit dem Rohrdurchmesser übereinstimmen, deshalb können nur solche Rohre bearbeitet werden, für die passende Werkzeugprofile vorhanden sind. Der mögliche Biegeradius wird durch die Größe des Biegesegments bestimmt.

Trotz dieser Einschränkungen ist die Vorrichtung sehr nützlich!

5.9.6   Herstellung von Ösenketten

Grundlagen

Eine Kette besteht aus aneinandergereihten Elementen, die beweglich miteinander verbunden sind.

Im allgemeinen Sprachgebrauch wird der Begriff in vielfältiger Form benutzt: »Bergkette«, »Kettenstich«, »Kettfäden«, »Kettenreaktion«. Aber auch im Bereich des Schmucks hat der Begriff unterschiedliche Bedeutung. Da gibt es neben den Schnürketten mit aufgereihten, durchbohrten Elementen, wie Perlen, Korallen, Edelsteinen, die eigentliche *Schmuckkette* aus ineinandergehängten Ösen – und um solche Ösenketten soll es hier gehen.

Heute werden die Ösenketten von der Schmuckindustrie auf rationelle Weise mit Hilfe von Kettenautomaten als Massenware produziert, nur so ist es möglich, den großen Bedarf an Anhänger- und Zierketten zu befriedigen. Der Goldschmied kann damit in keiner Weise konkurrieren. Trotzdem hat die handgearbeitete Kette auch heute noch ihre Berechtigung, wenn es etwa für einen bestimmten Anhänger keine passende Industriekette gibt oder wenn eine individuelle Zierkette verlangt wird.

Ösenketten werden hauptsächlich als Hals- und Armschmuck getragen, sie können aber auch Bestandteil anderer Schmuckarten sein, um beispielsweise bei Ansteck- oder Ohrschmuck Zierelemente beweglich aufzuhängen.

Im praktischen Gebrauch kann es bei einer Halskette oder bei einem Armband zu erheblichen Zugbeanspruchungen kommen – etwa wenn man im Gebrauch daran hängenbleibt –, deshalb werden die Ösen meist hart verlötet.

Darüber hinaus muß man berücksichtigen, daß die Glieder durch die gegenseitige Reibung

einem ständigen Verschleiß unterliegen, deshalb muß in Abhängigkeit von der Größe der Glieder und der Belastung durch die Behangteile eine ausreichende Drahtdicke gewählt werden.
Nach der Funktion unterscheidet man:

- Anhängerketten, die in Form und Größe auf die Gestaltung des Anhängers abgestimmt sein müssen, die aber wegen der Dominanz des Anhängers nur untergeordnete ästhetische Bedeutung haben.
- Zierketten, die als eigenständige Schmuckstücke gestaltet werden.

Als Richtwerte für die Länge kann man annehmen:

- Armband etwa 18 cm
- Anhängerkette 42 . . . 45 cm
- Zierkette 37 . . . 60 cm

Für die Zierketten kann man keine verbindlichen Richtwerte angeben, denn sie können direkt am Halsansatz getragen werden, sie können aber auch tief herabhängen oder mehrfach um den Hals geschlungen werden.
Dünne Ketten werden aus Draht – meist aus Runddraht – gearbeitet, dicke Ketten und solche mit größeren Gliedern werden aus Rohrmaterial angefertigt, um die einzusetzende Materialmenge und damit auch das Gewicht zu reduzieren.

Ankerkette

Sie besteht aus fortlaufend ineinandergehängten Ösen, so daß im Wechsel die eine »liegend«, die andere »stehend« angeordnet ist. Die Ankerkette kann man als Grundform der Gliederkette ansehen (Bild 5.82 a).

Runde Glieder. Wenn das Innenmaß der Öse nur so groß ist, daß die beiden eingehängten Ösen sich berühren, ergibt dies eine »geschlossene« Ankerkette. Hierzu muß die Spindel, über die die Ösenspirale gewickelt wird, einen Durchmesser haben, der etwas größer als die doppelte Drahtdicke ist. Eine kleine Zugabe ist erforderlich, weil sich nach dem Aufsägen und Zusammenbiegen der Ösendurchmesser etwas verringt (Bild 5.82 b).
Jede Öse wird immer in die jeweils vorangehende eingehängt, sofort mit zwei Flachzangen – oder Spitzzangen – so zusammengebogen, daß die Fuge dicht schließt.

Hat man häufig Ösenketten anzufertigen, lohnt es sich, Standardzangen für spezielle Aufgaben umzuformen. So kann man eine Spitzzange besonders spitz anschleifen und dann in die Arbeitsfläche der Spitze zwei Halbrundrillen einfeilen, die der Drahtdicke entsprechen, so daß man mit einer solchen Hakenzange die Ösen bequem aufnehmen und beim Zusammenbiegen festhalten kann. Die normale Flachzange wird so präpariert, daß die Seitenkanten der Arbeitsflächen leicht abgerundet werden, damit es keine scharfen Eindrücke geben kann (Bild 5.83).

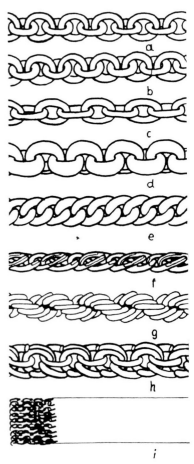

Bild 5.82   Handgearbeitete Ketten. a) einfache Ankerkette, b) geschlossene Ankerkette, c) Ankerkette mit ovalen Gliedern, d) Erbskette, e) Panzerkette, f) Pariser Kette, g) Kordelkette, h) Garibaldi-Kette, i) Milanaise-Band

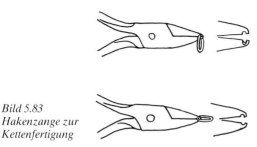

Bild 5.83
Hakenzange zur
Kettenfertigung

Das Zusammenlöten der Ösen ist bei der Kettenfertigung deshalb kompliziert, weil auch das Lot der bereits fertigen Ösen nachfließen kann, so daß die Nachbarglieder steif werden. Diese Gefahr ist noch größer bei der Kettenreparatur.

Um das Steiffließen zu vermeiden, gibt es bei der Kettenmontage folgende Möglichkeiten:

• Jede Öse wird sofort zugelötet, wenn sie in der vorhergehenden Öse eingehängt worden ist. Das bedeutet aber, daß das Kettenstück nach jeder Lötung erst wieder auf Zimmertemperatur abgekühlt sein muß, ehe die nächste Öse eingehängt werden kann.

• Bei runden Ösen kann man die Kette komplett zusammenhängen, spannt sie dann straff und dreht die Ösen so, daß alle Fugen frei stehen und dann in einem Arbeitsgang gelötet werden können.

• Man kann sich die Montage aber auch dadurch erleichtern, daß im voraus die Hälfte der Ösen bereits zugelötet wird, so daß man diese geschlossenen Ösen dann jeweils mit einer offenen verbindet. Zum Verlöten wird die Kette ebenso straff gespannt, die bereits fertigen Ösen werden so gedreht, daß die Lötstelle keinen Kontakt mit der Nachbaröse hat.

• Eine rationelle Methode, die auch bei der Kombination unterschiedlicher Ösenformen erfolgreich angewandt werden kann und bei der die durch die Abkühlung bedingten Wartezeiten wegfallen, ist die partielle Montage: Zunächst werden die Ösen paarweise zusammengehängt und zugelötet, dann werden je zwei Paare durch eine weitere Öse verbunden und verlötet – und so geht es weiter, bis alle Kettenstücke miteinander vereint sind.

In manchen Fällen ist es günstiger, wenn je zwei Glieder steif miteinander verlötet werden, weil dann die Lage der liegenden und der stehenden Öse eindeutig fixiert ist.

Bei der fertigen Kette dürfen die Lötstellen nicht sichtbar sein. Die Lotpaille darf deshalb nur so groß sein, daß sie die Fuge gerade ausfüllt, denn eventuelle Überschüsse müssen nachträglich weggefeilt werden. Das gilt besonders für Rundösen; bei ovalen verlegt man die Fuge auf die Schmalseite, so daß die Lötstelle von der Nachbaröse verdeckt wird.

Ovale Glieder. Die Länge der Glieder kann unterschiedlich sein, die Dicke des Ösenriegels darf aber höchstens der doppelten Drahtdicke entsprechen, andernfalls könnten sich die Glieder verdrehen (Bild 5.82 c).

Die vorgesehene Drahtmenge wird halbiert, und man wickelt aus der einen Hälfte Ösen in Rechtsrichtung, aus der anderen in Linksrichtung. Nur wenn die so hergestellten Ösen im Wechsel angeordnet werden, hängt die Kette gerade, andernfalls bekommt sie einen »Drall«. Zur Unterscheidung wird eine Ösenart schwarz gelassen, die andere gebeizt.

Die ovalen Ösen werden genauso zusammengehängt wie die runden. Man dreht die Ösen so, daß die Fugen zweier Ösen jeweils zusammenstehen.

Nun wird die ganze Kette gebeizt, weil ja die Hälfte der Ösen noch schwarz ist. Zur Vorbereitung auf das Löten wird die Kette in eine wäßrige Borax- oder Fluxitlösung gelegt und ausgekocht. Dann nimmt man die Kette heraus und erwärmt sie auf einem Stahlblech leicht, damit das Lötmittel antrocknet.

Die Kette wird an den Kettenhaken gehängt, mit der Kornzange streift man an ihr entlang, um die Glieder auszurichten. Das Lot wird angelegt, und zum Löten wird die Kette nicht straffgezogen, sondern frei hängengelassen.

Nach dem Löten wird die Kette gebeizt und durch ein quadratisches Zieheisen gezogen, um sie zu kalibrieren. Dies ist gleichzeitig die beste Kontrolle der Haltbarkeit aller Kettenglieder.

Man kann die Kette noch veredeln, wenn man sie auf einem besonders langen Feilnagel fixiert, straffzieht und so die Glieder feilt und schmirgelt.

Sonderformen. Die elementare Ankerkette läßt sich noch weiter modifizieren bezüglich

- Form und Größe der Ösen,
- Beschaffenheit des Drahtes,
- Kombination unterschiedlicher Ösen.

Auf Bild 5.84 sind einige Möglichkeiten zusammengestellt.

Wenn Ösen verdreht werden sollen, montiert man sie zunächst als normale Ösen und verdreht sie erst, nachdem sie zugelötet worden sind. Zu dem Zweck wird in die Kante des Werkbretts ein Haken eingeschraubt, und ein gleicher Haken wird in den Stielkloben eingespannt. Zwischen diesen beiden Haken spannt man die ovale Öse kräftig und verdreht jede einzelne Öse.

Mehrfache Ankerkette. Auf der Lötunterlage werden zwei oder mehr Ankerketten so nebeneinandergelegt, daß die beweglichen Glieder immer in einer Reihe nebeneinander stehen, und die Ketten werden mit Stiften auf der Lötunterlage gespannt, damit sie beim Löten

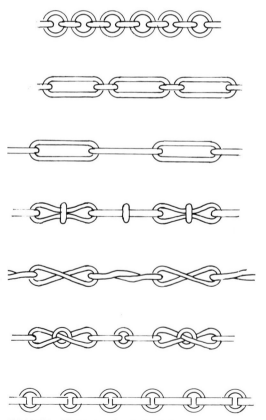

Bild 5.84 Varianten der Ankerkette

genau aneinanderstoßen. Wenn nötig, wird das fertige Band in der Blechwalze noch nachgerichtet.

Bei größeren Gliedern aus Scharnierrohr kann man über die Verbindungsstelle noch Zierösen löten.

Erbskette

Es handelt sich um eine spezielle Form der Ankerkette, bei der die Glieder aus dünnen Blechstreifen gebogen und zur Stabilisierung leicht durchgewölbt sind (s. Bild 5.82 d).

Schon aus der Völkerwanderungszeit sind solche Erbsketten überliefert, als Bestandteil des Trachtenschmucks waren sie bis in die Gegenwart weit verbreitet. Durch das große Angebot billiger Industrieketten ist die handgearbeitete Erbskette heute bedauerlicherweise fast völlig verdrängt worden; damit aber das Herstellungsverfahren nicht gänzlich vergessen wird, soll es hier festgehalten werden. Eine Erbskette paßt auch heute noch zu einem modernen Anhänger!

Um die Glieder zu formen, muß man sich ein Rollwerkzeug aus Rundstahl anfertigen, das man in einen Holzgriff steckt. Am Ende des Rundstabs wird eine Kugel von etwa 4 mm Durchmesser zurechtgefeilt, die dann noch leicht aufgerauht wird. Etwa 5 cm dahinter wird die Führungsrille für eine Schnur eingefeilt (Bild 5.85).

Da die Handkraft möglicherweise nicht ausreicht und um die Hand zu entlasten, wird in die Führungsrille des Rollwerkzeuges eine Schnur gelegt, die eine so lange Schleife bildet, daß sie mit dem Fuß niedergetreten werden kann. Auf diese Weise wird eine hohe Preßkraft erreicht.

Die fertigen Glieder werden nacheinander zu-

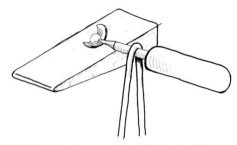

Bild 5.85 Ausformung eines Gliedes der Erbskette

sammengehängt und sogleich verlötet. Wenn man die Kette auf einen Drahthaken hängt, kann man sie leicht zulöten. Man richtet es so ein, daß die Ösen so gedreht werden, daß die Fugen paarweise zusammenstehen und steif verlötet werden. So bleiben die Fugen unsichtbar, und die Glieder können nicht unkontrolliert steifffließen.

Fuchsschwanzkette

Sie hat einen großen Vorzug: Man kann die Ösen schon vor der Montage verlöten, so daß sie dann ohne Risiko zusammengehängt werden können. Deshalb war diese Kette schon im Altertum sehr beliebt, konnte man doch eine fortlaufende Ösenkette in dem einfachen Holzkohlenfeuer nicht löten, weil es nicht möglich war, die Löthitze genau auf die Fuge zu konzentrieren, ohne daß die Nachbarösen steifflossen.
Die Fuchsschwanzkette hat eine bestechende Wirkung, fast wie ein flexibler Schlauch aus Edelmetall. Aber die manuelle Fertigung der Kette ist aufwendig und langwierig, und da die Ösen ganz dicht ineinandergehängt werden müssen, ist sie ziemlich materialintensiv. Wegen dieser Einschränkungen wird die handgearbeitete Fuchsschwanzkette heute nur noch selten angefertigt. Dagegen kommt ziemlich häufig der gleiche Typ als dünne Anhängerkette vor, die aus dem Kettenautomaten stammt; aber die Schönheit und Gediegenheit der handgearbeiteten Kette ist damit nicht zu erreichen.

Einfache Fuchsschwanzkette. Sie wird aus runden Ösen hergestellt, die sauber und zuverlässig verlötet sein müssen, denn sie werden bei der anschließenden Umformung stark beansprucht. Wenn bei der fertigen Kette eine Fuge aufgeht, kann man nur versuchen, diese Stelle nachzulöten, gelingt dies nicht, muß man die Kette von der defekten Stelle an neu aufbauen, denn bei der Fuchsschwanzkette kann man die Öse nicht auswechseln.
Das günstigste Verhältnis von Drahtdicke und Ösendurchmesser muß man ausprobieren (Bild 5.86).
Die erste Öse wird mit der Rundzange so zusammengedrückt, daß sie die Form einer »Acht« bekommt. Dann formt man daraus das

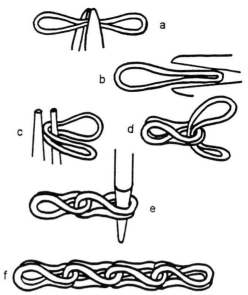

Bild 5.86   *Herstellung der einfachen Fuchsschwanzkette. a) Anordnung der Glieder, b) aus Rundösen geformtes Glied, c) Umbiegen des Glieds, d) Flachdrükken einer Schlinge, e) Einschieben in vorhergehendes Glied, f) Erweiterung des neu entstandenen Gliedes*

erste Kettenglied, indem die »Acht« so herumgebogen wird, daß die beiden Schlingen voreinanderstehen.
Dann wird die nächste Öse ebenfalls zur »Acht« geformt, eine Schlinge drückt man aber so dicht zusammen, daß man sie durch die beiden Schlingen der ersten Öse hindurchfädeln kann. Danach wird diese zusammengedrückte Schinge wieder mit einem spitzen Dorn aufgeweitet und rundgeformt. Schließlich werden auch die beiden Schlingen der durchgefädelten Öse so herumgebogen, daß sie voreinanderstehen. Nun kann in gleicher Weise eine dritte Öse eingefädelt werden; und so geht es weiter, bis die Kette lang genug ist.

Fuchsschwanzkette mit mehr als zwei Schlingen. Als Beispiel wird die Variante mit vier Schlingen behandelt.
Jedes Glied wird um die Stifte eines »Faulenzers« gewickelt, die so angeordnet sind, daß eine »Kleeblattform« entsteht (Bild 5.87). Dann wird das Glied sorgfältig zugelötet.
Die Schlingen der ersten beiden Glieder werden schräg hochgebogen, die Schlingen des zweiten Gliedes werden außerdem so zusam-

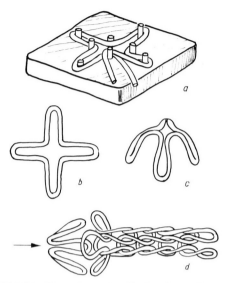

Bild 5.87   Herstellung der Fuchsschwanzkette mit vier Schlingen. a) Draht um Stifte gelegt, b) zusammengelötetes Glied, c) vorgebogenes Glied, d) Montage der Kette

mengedrückt, daß man die beiden Glieder ineinanderstecken kann. Mit dem spitzen Dorn werden die durchgesteckten Schlingen wieder aufgeweitet, und dann werden sie so weit herumgebogen, daß in gleicher Weise das dritte Glied durchgesteckt werden kann; und so geht es weiter, bis die Kette fertig ist.

Da die Glieder beim Zusammenhängen deformiert und stark beansprucht werden, sind sie noch ungleichmäßig, und die Kette hat noch nicht die erforderliche Beweglichkeit. Deshalb muß sie vorsichtig ausgeglüht und dann kalibriert werden. Dazu wird ein kleines Hartholzbrett benutzt, das ähnlich wie ein Zieheisen Löcher in verlaufender Größe hat, die leicht konisch aufgeweitet sind und durch die die Kette gerade hindurchpaßt.

Durch das erste Glied wird ein Draht gesteckt und zur Schlinge verdreht, so daß er durch das Loch gesteckt und mit der Ziehzange erfaßt werden kann. Wie durch ein Zieheisen wird die Kette hindurchgezogen. Wenn nötig benutzt man anschließend noch ein kleineres Loch, bis die Kette gleichmäßig geformt und leicht beweglich ist. Das Holzbrett ist besser als ein Zieheisen, weil darin die Glieder an den scharfen Kanten verkratzen würden.

Panzerkette

Grundform. Während bei der Ankerkette liegende und stehende Ösen im Wechsel angeordnet sind, besteht die Panzerkette aus gleichmäßig flachliegenden Gliedern, nämlich aus verdrehten runden oder ovalen Ösen (Bild 5.82 e).

Die Panzerkette entsteht auf recht einfache Weise. In das letzte Kettenglied wird die neue Öse

- eingehängt
- verlötet
- verdreht.

Bei der Dimensionierung der Ösen ist zu berücksichtigen, daß ihr Innendurchmesser durch die Verdrehung kleiner wird, es muß dafür gesorgt werden, daß die Panzerkette möglichst dicht wird, aber trotzdem dürfen sich die Glieder nicht verklemmen. Man bekommt das richtige Maß für die Öse, wenn

Innendurchmesser = 2,25 Drahtdicke.

Die neue Öse wird in die letzte, fertig geformte Öse eingehängt und sofort verlötet.

Man braucht eine Parallelzange, die man sich aus einer Flachzange zurechtschleifen kann. Gut ist es, wenn man die Backen mit hartem Leder oder mit Kunststoff beklebt.

Mit dieser Zange werden die letzte fertige und die neu eingehängte Öse quer erfaßt (Bild 5.88); die Fuge muß in Richtung der Ketten-Hauptachse, in der Mitte der herausragenden Ösenhälfte liegen.

In dieser Stellung wird die neue Öse mit der bereits erwähnten Hakenzange erfaßt und verdreht.

Besser ist es, einen U-förmigen Bügel aus

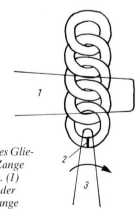

Bild 5.88   Verdrehen des Gliedes einer Panzerkette (Zange durchsichtig dargestellt). (1) Parallelzange, (2) Fuge der neuen Öse, (3) Hakenzange

Rundstahl zu verwenden, der in Form und Rundung den Kettengliedern entspricht. Der Bügel wird durch die neue Öse geführt, dicht hinter der Öse mit einer Parallelzange erfaßt, und durch Verdrehen des Bügels wird das Glied geformt.

Um die fertige Kette zu egalisieren und um zu gewährleisten, daß sie gut hängt, werden durch beide Endösen Hilfsdrähte gefädelt. Den einen spannt man in den Schraubstock, den anderen faßt man mit der Ziehzange und zieht kräftig an. Zum Kalibrieren reibt man die Kette in gespanntem Zustand zwischen zwei Hartholzbrettern (etwa 5 cm breit, 40 cm lang, 1 ... 2 cm dick), die man beim Reiben kräftig zusammenpreßt. Schneller geht es, wenn man die Kette durch die Blechwalze vorsichtig walzt.

Panzerkette mit Verbindungsösen. Als Vorschlag für weitere Variation wird diese Kombination von Panzer- und Ankerkette vorgestellt (Bild 5.89). Die Glieder werden als Doppelösen paarweise zusammengehängt und verlötet. Mit ovalen Doppelösen werden sie verbunden.

Hohlglieder. Wenn die Panzerkette aus Hohlgliedern gemacht werden soll, werden Ösen aus Edelmetallrohr und Unedelmetall-Seele ebenso gewickelt wie aus massivem Draht. Die Ösen werden aufgesägt und die Seele herausgeätzt. Danach werden die Hohlglieder genauso montiert, verlötet und verdreht wie die massiven Ösen.

Pariser Kette (s. Bild 5.82 f)

Ein 0,6 mm dicker Draht wird auf einem Kupferriegel (1,55 mm x 4 mm) gewickelt, und durch anschließendes Nachwalzen wird die Spirale auf dem Riegel flachgedrückt. Die Ösen werden an der Schmalseite aufgesägt

Bild 5.89   Panzerkette mit Verbindungsösen

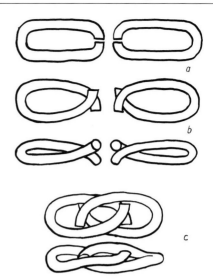

Bild 5.90   Pariser Kette. a) Ausgangsform, b) übereinandergebogene Ösen, c) Ösen zusammengesteckt als Kettenglied

(Bild 5.90). Je zwei Ösen werden ineinandergesteckt und so verdreht, daß sie an beiden Längsseiten verlötet werden können und dadurch gemeinsam ein Kettenglied bilden. An den gerundeten Enden muß genügend Platz für die Nachbarglieder sein. Diese Enden werden mit einer Flachzange – besser noch, mit einer Parallelzange – verdreht.

Die fertige Kette wird in der Blechwalze kalibriert. Wenn die Kette frei hängt, darf sie keinen Drall haben.

Abschließend wird die Kette beiderseitig glattgefeilt und geschmirgelt.

Kordelkette

Die Ösen werden so zusammengehängt, daß die Kette einer Schnur ähnelt. Um die Masse zu verringern, werden meist hohle Glieder verwendet, die genauso verarbeitet werden wie massive (s. Bild 5.82 g).

Runde Ösen werden aufgesägt und über einem genau angepaßten Dorn (5 ... 8 cm lang, leicht konisch, das letzte Stück zylindrisch) so aufgedehnt, daß die Fuge gerade so weit aufgeht, wie es der Ösendicke entspricht. Die hohlen Ösen müssen ausgeätzt werden. Die fertig aufgedehnten Ösen – hohle ebenso wie massive – werden geglüht.

Bild 5.91   Kordelkette, zum Löten mit Bindedraht umwickelt

Das Prinzip beim Zusammenhängen besteht darin, daß immer zwei Ösen gleichzeitig eingehängt werden. Dabei wird die eine Öse in die letzte Kettenöse so eingehängt, daß die Fuge nach oben steht; die andere wird nur aufgesteckt und die Fuge nach unten gedreht.

Die Kette umwickelt man beim Einhängen mit Bindedraht, damit die eingehängten Ösen nicht verrutschen und die zu verlötenden Ösen dicht aneinanderliegen. Man hängt ein etwa 2 cm langes Stück ein, wickelt den Bindedraht nach und verlötet die Ösen paarweise (Bild 5.91).

Die Wirkung der Kordelkette ist abhängig vom Verhältnis der Drahtdicke zum Innendurchmesser der Ösen. Als Richtwert kann gelten:

Der Innendurchmesser muß der dreifachen Drahtdicke entsprechen, denn die nach oben gedrehte Öse muß durch drei der vorigen Ösen gehängt werden.

Ist der Innendurchmesser zu klein, kann man die Ösen nicht ineinanderhängen; ist er zu groß, wird die Kette zu locker, und man sieht deutlich die offenen Fugen der Ösen.

Garibaldi-Kette

Ein 0,6 mm dicker Runddraht wird auf einem Rundriegel von 1,7 mm Durchmesser als lockere Spirale mit etwas Abstand zwischen den Windungen gewickelt. Die Glieder werden aus jeweils zwei Drahtumdrehungen gebildet. Es werden je zwei Glieder ineinandergehängt und so gedreht, daß die Drahtenden voreinanderstehen, damit man sie in dieser Stellung miteinander verlöten kann. Die Glieder werden also paarweise steif verlötet (s. Bild 5.82 h).

Man kann die Kette auch flachschlagen oder glattwalzen; dann wird sie noch glattgefeilt und geschmirgelt.

Milanaise-Band

Das Band entsteht aus ineinandergedrehten Spiralen (s. Bild 5.82 i). Aus dünnem Rund-

draht wird eine fortlaufende Spirale gewickelt. Entsprechend der Breite des Bandes werden Spiralstücke abgeschnitten, die dann ineinandergedreht und ausgerichtet werden. Dann wird das Band flachgedrückt und flachgewalzt – dadurch wird es etwas länger. Die Enden der Spiralen werden so miteinander verlötet, daß auf der einen Seite des Bandes die Spiralen 1–2, 3–4, 5–6 usw. verbunden werden, auf der anderen Seite müssen 2–3, 4–5, 6–7 usw. zusammengelötet werden.

Phantasie-Ketten

Die bisher behandelten Standardtypen können entsprechend den gestalterischen Erfordernissen beliebig abgewandelt werden, indem man beispielsweise Form und Größe der Glieder ändert, wie es bei der Ankerkette beschrieben wurde. Außerdem hat der Goldschmied auch die Möglichkeit, unterschiedliche Kettentypen zu kombinieren oder auch ganz neue Kettenglieder zu schaffen (Bilder 5.92 bis 5.94).

Kugelkette

Man kennt die einfache Industriekette, an der beispielsweise der Gummistöpsel des Waschbeckens befestigt wird. Solche Ketten werden

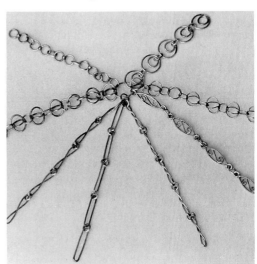

Bild 5.92   Übungsbeispiele für verschiedene Zierketten. Birgit Karsten, Firma Wilfried Nothdurft, Schwerin

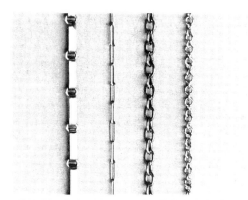

Bild 5.93   Beispiele unterschiedlicher Ankerketten

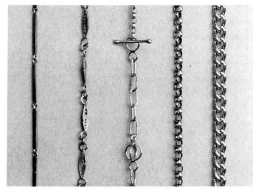

Bild 5.94   Verschiedene handgearbeitete Ketten. Ankerkette, Erbskette, Ankerkette mit Ziergliedern, Ankerkette mit Filigranteilen, Stabkette

automatisch gefertigt: Der Knebel besteht aus Runddrahtstücken mit kleinen Kugeln an beiden Enden. Die eigentlichen Glieder werden aus nahtlosem Rohr zur Kugel gestaucht, so daß die Knebelenden in der verbleibenden Kugelöffnung festgehalten werden. (Bild 5. 95a).
Mit handwerklichen Mitteln läßt sich diese Technologie nicht nachvollziehen, man kann aber auf andere Weise eine entsprechende Wirkung erzielen.

Beispiel: Kugelarmband, Durchmesser 10 mm. Aus dünnem Blech werden Halbkugelschalen mit Anke und Kugelpunzen aufgetieft und in der Mitte durchbohrt.
Die Dimensionierung des Zuschnitts für die

Halbkugeln kann man nach der gleichen Methode berechnen, die im Zusammenhang mit dem Tiefziehen behandelt wird.

Zuschnitt   Halbkugelschale

A_1 = A_2

$d_1^2 \frac{\pi}{4}$ = $d_2^2 \frac{\pi}{2}$

d_1 = $\sqrt{2\,d_2^2} = \sqrt{2 \cdot 10^2}$ mm = 14,14 mm

$\approx \underline{\underline{14\ mm}}$

Die Scheibe wird also mit dem Aushauer Nr. 14 ausgeschnitten.
Als Knebel werden kurze Runddrahtstücke mit Widerständen an den Enden gebraucht.
Man kann beispielsweise das eine Drahtende zu einer kleinen Öse biegen, den Knebel durch zwei gegeneinandergestellte Halbkugeln stecken und eine kleine Öse als Widerstand an das freie Knebelende löten (Bild 5. 95c).
Man könnte aber auch auf das Drahtende als Widerstand kurze Scharnierstücke löten, das erste vor der Montage, das zweite nachdem der Knebel durch die beiden Halbschalen gesteckt worden ist.
In jedem Fall besteht bei der Montagelötung die Gefahr des Steifffließens. Deshalb muß die Flamme mit besonderer Vorsicht geführt werden, sehr gut bewährt sich dabei die heiße, spitze Flamme eines Mikrolötgeräts.

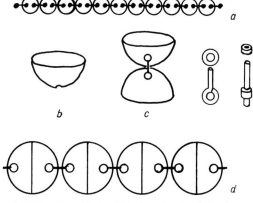

Bild 5.95   Kugelkette (Glieder durchsichtig dargestellt). a) Industriekette, b) Halbkugelschale, c) Montage der Halbkugelschalen, d) zusammengelötete Halbkugelschalen

Zum Schluß werden je zwei Kugelhälften zusammengelötet. Damit ist das Kugelarmband fertig.

Als Verschluß eignet sich ein Schraubverschluß, wie er im Kapitel 12.4.1 beschrieben wird.

Gestrickter Geflechtschlauch

Historische Position. Hierbei handelt es sich nicht um eine Kette im eigentlichen Sinne, die aus einzelnen, miteinander verbundenen Gliedern oder sinnvoll ineinandergehängten Ösen gestaltet wird, sondern vielmehr um einen flexiblen Schlauch, bestehend aus einem einzigen, sehr langen, dünnen Draht, der zu vielen ineinandergreifenden Maschen verstrickt worden ist.

Das Verfahren ist sehr alt:

- Es gibt aus der Antike solche Geflechtschläuche aus Golddraht, die mehr als zwei Jahrtausende alt sind.
- Seither kommen diese Geflechtschläuche immer wieder in den wesentlichen europäischen und orientalischen Kulturkreisen bis in die Gegenwart vor.

Der mittelalterliche Mönch *Theophilus* hat im 62. Kapitel seines 3. Buches beschrieben, wie die Ketten für das gegossene Weihrauchfaß anzufertigen sind:

»Willst du Ketten machen, ziehe zunächst feinere oder gröbere Drähte aus Kupfer oder Silber und biege mit Hilfe einer Ahle drei, vier, fünf oder sechs Schlingen, entsprechend der Größe, die du willst, je nach den Maßverhältnissen eines jeden Rauchfasses, ob es ein kleineres oder größeres ist.« Danach sollen die »Ketten« durch ein gelochtes Brettchen gezogen werden, um sie zu kalibrieren.

Es ist durchaus möglich, daß mit diesem Verfahren ein solcher gestrickter Schlauch hergestellt wird, wie er hier behandelt werden soll.

Mit dem Geflechtschlauch verbinden sich interessante Probleme in Hinsicht auf die Technikgeschichte der Edelmetallverarbeitung. Neben der Kunstfertigkeit bei der Verschlingung des Drahtes zum dekorativen Geflecht ist die Bereitstellung des Ausgangsmaterials zu bewundern: Eine gegossene Stange mußte so dünn wie möglich ausgeschmiedet und dann im Zieheisen bis zur gewünschten Dicke heruntergezogen werden, wobei der Draht möglichst lang aus einem Stück erhalten bleiben muß, weil Ansatzstellen den Verlauf des Geflechts stören. Heute wäre das mit Strangguß, elektrischer Drahtwalze und hochwertigen Ziehsteinen kein Problem – aber wie stellte man vor mehr als 2000 Jahren den Bohrer für das letzte, 0,2 mm dicke Loch des Zieheisens her?

Herstellungsverfahren. Man braucht eine Spule mit einem möglichst langen Runddraht von 0,2 mm Durchmesser. Die ersten Übungen macht man aus Kupfer, dann darf es Silber – möglichst Ag 925 – sein; wenn man gleichmäßig genug arbeiten kann, versuche man es mit dem etwas härteren Au 585.

Als Werkzeug braucht man eine Häkelnadel Größe 0,6.

Bei der textilen Strickarbeit werden bekanntlich mindestens zwei Stricknadeln gebraucht, damit die oberste Maschenreihe sicher aufgenommen wird. Für den formstabilen Metalldraht ist dies nicht erforderlich, die gebogenen Maschen halten fest. Man benutzt eine Häkelnadel, weil man damit den festen Metalldraht bequemer durch die Maschen ziehen kann als mit einfachen Stricknadeln. Nach Form und Anordnung handelt es sich aber um Strickmaschen!

Beispiel: Gestrickter Geflechtschlauch mit sechs Maschen. Wie bei vielen »Handarbeiten« ist der Anfang das Schwierigste. In unserem Fall geht es um die ersten Schlingen, von denen das ganze System ausgehen soll. Es gibt dafür mehrere Möglichkeiten, hier soll eine vorgestellt werden, die einfach und praktisch erprobt ist.

Dazu wird der Draht dreimal um drei Finger gewickelt, dann in der Mitte zusammengebunden, so daß man sechs Schlaufen zur Verfügung hat, die sternförmig verteilt werden (Bild 5.96a).

Diese Schlaufen werden hochgebogen, die unteren Enden bindet man zusammen, so daß die Schlaufen dann trichterförmig nebeneinander stehen (Bild 5.96b).

Nun wird der Draht auf der Innenseite einer Schlinge angelegt, mit der Häkelnadel durchgezogen (Bild 5.96f) und über die Schlinge gehoben (Bild 5.96g). Mit den Fingern werden beide Schlingen flachgedrückt.

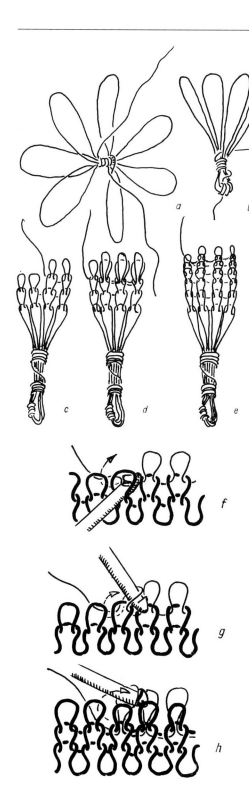

Der Draht wird dann hinter die nächste Schlinge gelegt und wiederum mit der Häkelnadel durchgezogen.

In dieser Weise könnte man den ganzen Schlauch ausführen (Bild 5.96c).

Gediegener wirkt es, wenn das Geflecht noch dichter wird. Hierfür werden nur vier Maschenreihen in beschriebener Weise ausgeführt. Dann legt man den Draht noch einmal hinter die Masche der vorletzten Reihe, zieht ihn mit der Häkelnadel durch und hebt die Schlinge über die oberste Maschenreihe (Bild 5.96h). Nach diesem Verfahren wird dann der Geflechtschlauch weiter aufgebaut, also kontinuierlich werden die Schlingen durch die vorletzte Reihe gezogen und über die oberste Maschenreihe gehoben (Bild 5.96d und e).

Die fertige Geflechtkette muß noch verdichtet und kalibriert werden. Deshalb zieht man sie durch die Löcher eines Scharnier-Zieheisens, besser aber noch durch die Löcher eines dazu vorbereiteten Brettchens, weil die weichen Holzkanten schonender den Geflechtschlauch zusammendrücken. Man muß selbst beurteilen, bis zu welchem Maß der Schlauch zusammengedrückt werden soll.

5.9.7 Filigran

Seit der Antike waren Filigran und Granulation insofern miteinander verknüpft, daß die Drähte und Kugeln gemeinsam mit Hilfe des Reaktionslotes auf den Rezipienten gelötet wurden.

Mit dem Bauern- und Volksschmuck der vergangenen Jahrhunderte entwickelte sich aber das Filigran zu einer Spezialtechnik ornamentaler Drahtgestaltung, Metallkugeln gehörten zwar immer dazu, hatten aber nur noch untergeordnete Bedeutung. Zur Montage wurde das übliche Hartlot verwendet. Unter dieser Voraussetzung wird auch hier das Filigran als eigenständiges Verfahren behandelt.

Nach der gestalterischen Wirkung und nach dem technischen Verfahren unterscheidet man

Bild 5.96 Herstellung des Geflechtschlauchs. a) zusammengebundene Schlaufen, b) Schlaufenbündel, c) einfache Maschenreihen, d) doppelte Maschenreihen, e) Weiterführung des Geflechts, f) Durchziehen des Drahts, g) Anheben des Drahts, Ausformung der Masche, h) Entstehung der doppelten Maschenreihe

- Filigranbelötung auf Metallrezipient,
- Filigran-Netzwerk in A-jour-Verarbeitung.

Die gestalterische Qualität einer Filigranarbeit wird durch die möglichst delikate, zarte und elegante Ausführung bestimmt. In diesem Sinne wird »Filigran« sogar in der Umgangssprache in übertragener Bedeutung für eine besondere Arbeit benutzt.

Material

Filigranschmuck kann man grundsätzlich aus allen Gold- und Silberlegierungen herstellen. Man bevorzugt heute aber, wohl in Übereinstimmung mit dem traditionellen Bauernschmuck, das Silberfiligran. Wegen seiner guten Formbarkeit und Anlaufbeständigkeit ist Ag 925 zu empfehlen.

Filigrandraht

Die Wirkung des Filigrans wird durch den hochkant stehenden Flachdraht mit der Kornreihe auf der Schmalseite bestimmt: »Korndraht« ist die wörtliche Übersetzung des Begriffs »Filigran« (ital.: »filo« – Draht; »grano« – Korn). Dieser Flachdraht ergibt die zarte Wirkung bei ausreichender Stabilität.

Die günstigste Abmessung muß man am konkreten Entwurf ausprobieren.

Man stellt den Filigrandraht auf folgende Weise her:

- *Kordeldraht* entsteht durch Kordieren von zwei dünnen Runddrähten. Da normalerweise größere Mengen gebraucht werden, soll man eine Kordiermaschine oder eine Bohrmaschine benutzen. Die Windungen müssen möglichst eng aneinanderliegen.
- *Gewindedraht* wird heute bevorzugt, weil er bequemer hergestellt und verarbeitet werden kann. Auf einen Runddraht wird ein möglichst grobes Gewinde geschnitten. Auch hierbei lohnt sich ein rationelles Verfahren. So kann man ein Drahtende in das Futter einer Bohrmaschine spannen, und man läßt den rotierenden Draht durch ein Gewindeschneideisen laufen. Man hält es mit einer Hand fest und zieht es mit leichter Kraft von der Bohrmaschine weg, damit der Draht immer gespannt bleibt. Die Drähte dürfen nicht zu lang sein, damit sie sich in sich nicht zu sehr verdrallt werden.

Kordel- und Gewindedrähte werden in der Blechwalze flachgewalzt. Die fertigen Drähte müssen gleichmäßig weichgeglüht werden.

Filigranbelötung

Mit kleinen Zangen wird der flache Filigrandraht der Zeichnung entsprechend gebogen und mit einer kleinen Schere auf Länge geschnitten.

Fortlaufende Ornamentformen können auch mit dem »Faulenzer« gebogen werden.

Zur Ergänzung kann man einzelne oder zusammengelötete Kugeln benutzen, die aber wesentlich größer sind als diejenigen, die heute zur Granulation verwendet werden. Deshalb stellt man sie auf folgende Weise her: Von einem Blechstreifen werden möglichst kleine Paillen abgeschnitten, man kann auch Drahtstücke gleicher Größe oder ganz feine Ösen nehmen. Diese Teilchen legt man auf die Lötunterlage – vorher kann man sie mit einem Lötmittel benetzen – und erhitzt sie, bis sie sich durch ihre Oberflächenspannung kugelförmig zusammenziehen. Auf der Unterseite bleiben sie flach, dadurch können sie später beim Auflöten nicht wegrollen.

Zur Ergänzung kann man aus *rundem* Kordel- bzw. Gewindedraht Ösen, Drahtkegel oder Spiralringe auflöten.

Das Lot wird als Paille ganz sparsam an die Filigrandrähte geheftet – nicht auf das Blech gelegt! Beim Erwärmen sorgt man für ausreichende Unterhitze, damit das Blech heißer als die Drähte wird. Dadurch zieht sich das Lot unter das Filigran, und die Drähte können nicht verschmoren. Würde man die Paille flach auf das Blech legen, besteht immer die Gefahr, daß sich das Lot auf der Blechoberfläche zwischen den Drähten ausbreitet (Bild 5.97).

Bild 5.97   Armreif. Silber, geschwärzt, mit Filigranornamenten belötet. Manaba Magomedova, Tiflis

Filigran-Netzwerk

Zur Stabilisierung des feinen Drahtornaments werden Rahmen aus dickerem Vierkantdraht gebraucht. Sie bilden nicht nur die äußere Einfassung, sondern umschließen auch einzelne Teilbereiche. Durch eine solche Unterteilung größerer Flächen wird das Einpassen der Filigranteile erleichtert, und außerdem ergibt sich noch eine gestalterische Gliederung.

Man konstruiert zuerst das Rahmengerüst.

Für die einzelnen Filigranteile werden Drahtstücke der erforderlichen Länge zugeschnitten. Mit feinen Zangen werden die Formen gebogen.

Für spiralförmige Schnörkel bewährt sich ein kleines Hilfsmittel: Ein Runddrahtstift – man kann ihn in einem Holzheft befestigen – von etwa 1 mm Dicke wird mit der Säge so eingeschlitzt, daß man das Ende des Filigrandrahtes damit erfassen kann. Auf einer ebenen Unterlage rollt man dann die flache Spirale um den Stift.

Den Erfordernissen entsprechend können die gebogenen und gewickelten Teile mit der Zange oder in einer Schablone noch umgeformt werden. So kann eine locker gewickelte Flachspirale die Form eines Tropfens oder eines Blattes bekommen.

Alle fortlaufenden Muster werden auf dem »Faulenzer« gebogen.

Es ist typisch für die Filigrangestaltung, daß die Motive oft symmetrisch sind und sich mehrfach wiederholen, deshalb ist auf genaue Übereinstimmung der Teile zu achten.

Die fertigen Elemente werden auf ebener Unterlage flach ausgerichtet. Dann wird mit ihnen das Feld des Rahmens ausgefüllt. Man kann alle Teile gleichzeitig einlegen, man kann aber auch einzelne schon vormontieren. In jedem Fall richtet man es so ein, daß die einzelnen Teile straff in die Rahmen eingepaßt werden, so daß sie sich mit leichter Federkraft gegenseitig abstützen, und dabei müssen sie ganz flach in einer Ebene liegen (Bilder 5.98 und 5.99).

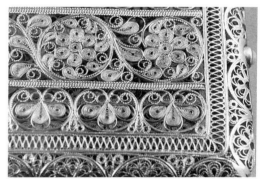

Bild 5.98 Zigarettenetui (Detail). Silber, vergoldet. Offenes Filigran. Goldschmiedeschule Krasnoje (Wolga, Rußland)

Bild 5.99 Truhe. Silber. Offenes Filigran. Venedig, Ende 17. Jahrhundert (Grünes Gewölbe Dresden)

Alle Kontaktstellen werden mit Lötmittel bestrichen. Das Anlegen von Lotpaillen wäre sehr mühsam, und außerdem würden die Fugen zu sehr ausgeschwemmt. Deshalb hat sich das Streulot dafür besser bewährt, wenn man es sparsam aufträgt. Man sollte sich auf die alte Methode besinnen: Das Lotpulver wird mit einer angespitzten Gänsefeder – oder einem Plastikröhrchen – aufgenommen, und mit einem spitzen Metallstab zieht man so viel Pulver ab, wie man für die Fuge braucht.

Plastisches Filigran

Sehr wirkungsvoll kann man plastische Gestaltungen aus den luftigen Zellen des Filigran-Netzwerks formen. So entstehen Filigrankugeln, die aus zwei Hälften zusammengelötet werden, aber auch Rosetten, Blüten und Schleifen, ja sogar Büchsen und Dosen, ganz aus Filigran gestaltet.
Die einzelnen Bauteile werden zunächst als filigrangefüllte Zellen mit stabilem Rahmen auf flacher Lötunterlage montiert. Dann wird das Teil wie eine kompakte Platte durchgewölbt, indem es in einer Holzmulde mit Holz- oder Kunststoffhammer umgeformt wird. Die durchgewölbten Teile werden dann miteinander verlötet.

Nachbehandlung

Goldfiligran wird wie jede andere Goldarbeit gebeizt, entsudet und poliert.
Das Silberfiligran kann man auf die übliche Weise beizen, kratzen und eventuell noch polieren. Schöner ist es aber, sowohl bei Filigranbelötung als auch beim offenen Filigran, wenn man den Kontrast von Matt und Politur nutzt. Deshalb werden die fertigen Arbeiten durch mehrfaches Beizen bzw. durch Mattversilberung so behandelt, daß eine mattweiße Oberfläche entsteht. Mit Polierstahl und Polierstein werden die glatten Rahmenteile und die Körner des Filigrans herauspoliert.
Möglicherweise könnte man auch eine alte Methode des Bauernschmucks wieder aufgreifen: Silberfiligran-Netzwerk wird auf eine vergoldete Hintergrundplatte durch Nietung oder Verschraubung montiert.

5.10   Übungen zur Berufsausbildung

In den Rahmenrichtlinien für die Ausbildung im Goldschmiedehandwerk sind die inhaltlichen Schwerpunkte für die Ausbildungsabschnitte festgelegt, so daß auch den Kleinbetrieben eine erprobte Systematik vorgegeben wird. Auf dieser Grundlage kann die Goldschmiedelehre sowohl methodisch als auch qualitätsmäßig derartig vereinheitlicht werden, daß man nach Beendigung der Lehre unabhängig vom jeweiligen Ausbildungsbetrieb ein gutes Niveau erwarten kann. Auf der Grundlage dieser einheitlichen Richtlinien muß der Ausbilder konkrete Übungsaufgaben vorgeben, die geeignet sind, den Auszubildenden zur Entwicklung der erforderlichen handwerklichen Fertigkeiten anzuregen und diese Fertigkeiten zu festigen. Schön ist es, wenn der Lernende bereits mit diesen Übungen auch an gestalterische Probleme herangeführt wird, indem man ihm zwar den Rahmen der Aufgabe vorgibt, die konkrete Gestaltung aber ihm überläßt. Man kann beispielsweise die Sägetechnik immer wieder nach alterprobten Schablonen üben lassen; nützlicher und für den Lehrling anregender ist es, wenn er das Motiv selbst entwerfen kann.
Einige Beispiele aus dem Ausbildungsprogramm der Firma *Wilfried Nothdurft*, Schwerin, sind den jeweiligen Abschnitten zugeordnet worden.
Außerdem sollen hier Beispiele aus dem interessanten Ausbildungsprogramm vorgestellt werden, das Prof. *Friedrich Becker*, Düsseldorf, entwickelt hat, weil dabei in mustergültiger Weise handwerkstechnische und gestalterische Aspekte miteinander verbunden worden sind.
Bild 5.100 *Sägen, Feilen.* Gerade und gebogene Linien, parallelwandige Stege, scharfkantige Durchbrüche, symmetrische Anordnung – also alle erdenkbaren Schwierigkeiten – sind hier vereint. Wegen der Klarheit von Formen und Restformen kann man die Qualität leicht überprüfen. Besondere Schwierigkeiten ergeben sich bei den Paßstücken (untere Reihe), die so präzis bearbeitet sein müssen, daß sie in jeder Position einsetzbar sind.
Bild 5.101 *Feilen.* Die Ausgangsform wird auf unterschiedliche Weise so umgestaltet, daß glatte, gleichmäßige Flächen und Kanten ent-

Bild 5.100   Säge- und Feilübungen. Messingplatten, 55 mm × 55 mm, 1 mm dick

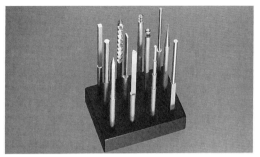

Bild 5.101   Feilübungen. Messingstäbe, 150 mm lang, 6 mm dick

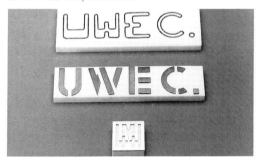

Bild 5.102   Schriftgestaltung als Säge- und Biege-übungen. Grundplatte 120 mm × 30 mm, 6 mm dick

Bild 5.103   Übungen zum Drahtbiegen und Belöten. Silber auf Messing, 50 mm × 59 mm, 1 mm dick

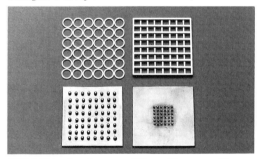

Bild 5.104   Lötübungen. Silber, 35 mm × 35 mm, 1 mm dick

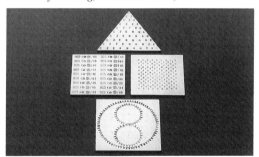

Bild 5.105   Punzierungsübungen.   Messingplatten, 50 mm × 50 mm, 1,5 mm dick

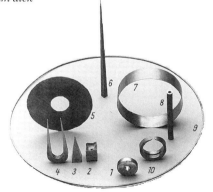

Bild 5.106   Schmiedeübungen. (1) Lochplatte, Außendurchmesser 21 mm, Innendurchmesser 5 mm, 5 mm dick, (2) Vierkantprisma mit konkaver Einstauchung, 12 mm × 12 mm, 16 mm hoch, (3) Pyramide, 11 mm × 11 mm, 30 mm hoch, (4) U-Form, 57 mm hoch, (5) Scheibe, Außendurchmesser 70 mm, Innendurchmesser 19 mm, 0,4 mm dick, (6) Nadel, 5 mm × 5 mm, 127 mm hoch, (7) Reif, Durchmesser 68 mm, Breite 17,4 mm, 0,4 mm dick, (8) Rohr, Außendurchmesser 6 mm, Höhe 62 mm, 3,4 mm dick, (9) Reif, 1,4 mm × 1,4 mm, 210 mm Durchmesser, (10) offener Ring, Innendurchmesser 20 mm

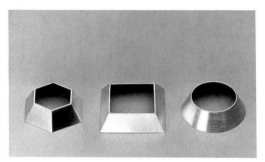

Bild 5.107   Konische Zargen, Messing, 1 mm dick

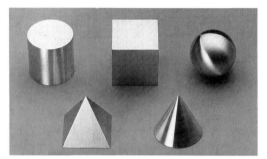

Bild 5.108   Montierte Hohlkörper. Durchmesser bzw. Grundfläche 40 mm, 1 mm dick

Bild 5.109   Gedrehte Profilteile. Messing

Bild 5.104 *Löten*. Das Verfahren wird als Montage von Drahtelementen und als Flächenbelötung geübt. Auch hierbei wird der Lehrling durch die Klarheit der Formen zu größter Genauigkeit veranlaßt.

Bild 5.105 *Punzierung*. Um das richtige Gefühl für die Schlagstärke beim Punzieren zu bekommen, brauchte man die Punzen nur in einer Reihe so lange einzuschlagen, bis die Eindrücke deutlich und gleichmäßig sind. Erstaunlicherweise kann man aber sogar dabei reizvolle Muster gestalten.

Bild 5.106 *Schmieden*. Die einfache Kupfer-Lochscheibe (Bild 5.106/1) bildet die Grundform, aus der alle abgebildeten Beispiele mit dem Hammer auf dem Amboß entstanden sind. Bei den Beispielen wurde die Scheibe bis zur Bohrung eingesägt.

Bild 5.107 *Konische Zargen*. Sie alle wurden aus der Abwicklung gebogen, die eckigen wurden mit Gehrungsschnitten geknickt; Fuge und Gehrungen wurden abschließend gelötet.

Bild 5.108 *Montierte Hohlkörper*. Die Kugel wurde aus zwei Hälften zusammengesetzt, alle übrigen Körper wurden aus den Abwicklungen montiert.

Bild 5.109 *Drehen*. Der Lernende soll den Gebrauch unterschiedlicher Drehmeißel kennenlernen, und er soll erfahren, welche Wirkungen damit entstehen können. Bei all dem soll er auch zur Einhaltung der Maßgenauigkeit angehalten werden.

stehen. Der sichere Umgang mit unterschiedlichen Feilen wird effektiv gefördert.

Bild 5.102 *Sägen, Biegen*. Gestaltete Schriftformen sind für die handwerklichen Grundtechniken genutzt worden. Die Buchstaben sind aus Draht gebogen oder aus Blech gesägt worden.

Bild 5.103 *Biegen, Belöten*. Mit den systematischen Übungen wird der Lernende dazu angehalten, gebogene und gerade Ornamente aus Runddraht zu gestalten. Wegen der Klarheit der Formen ist die Sauberkeit der Biegearbeiten und der Lötungen leicht zu kontrollieren.

Werkzeuge, Maschinen und Geräte
für den Gold- und Silberschmied.
Bijouterie-Halbfabrikate
Chatons · Broschen · Gußringe · Perlen · Steine

Seit 1840

GEBR. OTT

Gebr. Ott GmbH · Postfach 1964 · 63409 Hanau
Telefon (06181) 24322–23 · Telefax (06181) 24324

6 Silberschmiedearbeiten

6.1 Begriffsklärung

Treiben. Es ist der Oberbegriff, unter dem alle handwerklichen Fertigungsverfahren zur Herstellung von Gefäßen und Hohlkörpern sowie zur Reliefgestaltung aus Blech zusammengefaßt werden.

Das Blech wird mit Stahl- und Holzhämmern unterschiedlicher Form oder mit verschiedenartigen Stahlpunzen auf weichen bzw. nachgiebigen Unterlagen (Holz, Filz, Leder, Blei, Kitt) oder auf unterschiedlichen Stahlambossen geformt.

Alle Metalle mit ausreichender Dehnung können so verarbeitet werden: Edelmetalle und deren Legierungen, Kupfer und Knetmessing, Aluminium, Stahl.

Industrietechnisch werden entsprechend geformte Gefäße durch Metalldrücken und Tiefziehen, Reliefs mit Pressen im Formstanzverfahren hergestellt.

Tiefen, Auftiefen. Man schlägt mit einem gewölbten Hammer oder mit einem Kugelhammer auf die Gefäßinnenseite, als Unterlage dient eine Holzmulde. Das Blech formt sich zu einer Schale, Schüssel oder Halbkugel. Die Dicke des Blechs kann sich etwas vermindern, der Umfang wird kleiner.

Poltern. Es ist das gleiche Umformungsverfahren, das Blech wird aber mit einem besonders schweren Kugelhammer umgeformt.

Planieren, Spannen. Mit dem flachgewölbten Hammer wird das Blech auf dem glatten Stahlamboß vom Zentrum zum Rand hin spiralförmig mit einzelnen Schlägen geglättet und gespannt, wobei im Bedarfsfall der Schlagbereich auch ausgehend von der Spirale strahlenförmig erweitert werden kann.

Aufziehen. Nachdem in die Blechscheibe die erforderlichen Falten eingeschlagen worden sind, bearbeitet man die Außenseite des Gefäßes mit dem Finnenhammer oder mit dem flachgewölbten Aufziehhammer auf der Schlagunterlage bzw. dem Amboß aus Holz oder Stahl. Das gefaltete Metall wird dabei gestaucht, so daß das Gefäß enger wird, während die Blechdicke, besonders im Bereich der Randzone, zunehmen kann. Die Ausgangsform für das Aufziehen kann eine Scheibe oder eine Abwicklung sein. Anwendungsbeispiele: Schüssel, Becher, Kelch, Kanne.

Einziehen. Es ist die Weiterführung des Aufziehens in der Weise, daß der obere Bereich des Gefäßes so weit verengt wird, daß die verbleibende Öffnung einen kleineren Durchmesser als das eigentliche Gefäß hat, wie etwa bei einer Kugelvase. Man spricht auch von »Einziehen«, wenn der Gefäßkörper partiell verengt wird, wie etwa bei einer Flasche oder bei einer Vase mit geschweifter Kontur.

Stauchen. Dickwandige Gefäße können durch Schläge auf die Gefäßkante in diesem Bereich noch dicker werden, gleichzeitig wird dadurch der Rand stabilisiert.

Abziehen der Kante. Um einen Zuschnitt zusammenlöten zu können, muß die Überlappung keilförmig dünner werden. Mit dem flachgewölbten Hammer wird auf einem flachen oder, wenn es die Gesamtform erforderlich macht, auf einem gewölbten Amboß die Randzone des Blechs dünner geschlagen.

Ziselieren, Treibziselieren. Mit Profilpunzen und Ziselierhammer – ausnahmsweise auch mit dem gewölbten Hammer – wird das Blech von der Rückseite her als Relief geformt, oft wird dann von vorn die Fläche des Hintergrunds wieder abgesetzt.

Die Schlagunterlage muß aus weichem, nachgiebigem Material sein, wie Filz, Blei, Holz, meist ist es aber Treibkitt. Das Blech kann bei der Bearbeitung dünner werden.

6.2 Umformung beim Treiben

Das Treiben ist eine spanlose Umformungsmethode, demnach vollziehen sich im Gefüge prinzipiell die gleichen Veränderungen des Atomgitteraufbaus und des Kristallitverbands, die im Zusammenhang mit dem Walzen beschrieben worden sind. Trotzdem ergeben sich aus den speziellen technologischen Bedingungen einige Besonderheiten.

Beim Treiben muß man grundsätzlich zwischen den beiden folgenden Beanspruchungsarten unterscheiden:

• Das Blech wird nur stellenweise deformiert.
• Das ganze Blechteil wird umgeformt.

Wenn beispielsweise mit dem Kugelpunzen ein halbkugliger Buckel aus einem Blech auf Bleiunterlage herausgetrieben werden soll, spielt sich folgender Prozeß ab (Bild 6.1): Unter dem Kugelpunzen bildet sich zunächst im Blech der vom Schmieden her bekannte Druckkegel, die Unterlage bietet aber keinen so starken Gegendruck wie der Amboß, denn das Blech drückt sich in das Blei ein. Dabei werden die Kristallite plastisch umgeformt. Das Blech wird an der Bearbeitungsstelle gestreckt, indem sich die Oberfläche auf Kosten der Metalldicke vergrößert.

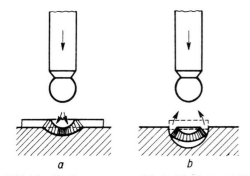

a   *b*

Bild 6.1   Umformungsprozeß beim Treiben und Ziselieren. a) ein Teil des Gesamtblechs wird umgeformt, b) das Blechstück wird vollständig umgeformt

Je tiefer der Punzen eindringt, um so mehr werden diejenigen Bereiche beansprucht, die von Anfang an umgeformt worden sind, so daß in der höchsten Wölbung des Buckels die Streckgrenze zuerst erreicht wird und bei Überbeanspruchung das Blech hier einreißen kann. So sind in der herausgetriebenen Wölbung des Blechs alle Stadien der Materialbeanspruchung vereint: von der Maximaldehnung der höchsten Kuppe bis zum unveränderten Gefüge in der Randzone. Beim nachfolgenden Glühen entsteht dadurch ein ganz unterschiedliches Rekristallisationsgefüge. An den maximal beanspruchten Stellen ist es feinkörnig, während es sich in den tieferen Bereichen immer mehr vergröbert.

Anders ist es, wenn eine zugeschnittene Platte in der Anke zu einem halbkugligen Knopf gewölbt werden soll. In diesem Fall wird zuerst die Randzone von der Umformung erfaßt, denn hier staucht sich das Material zusammen. Je weiter die Umformung fortschreitet, um so größer wird der von der Stauchung erfaßte Bereich. Auch in diesem Fall erfolgt die Deformation des Kristallgefüges durch Verschiebungen der Atomgitterverbände, aber bei dieser Art der Umformung wächst die Metalldicke im äußeren Bereich der Platte, während sich der Plattendurchmesser verringert. Verglichen mit dem vorher behandelten Blechbuckel ist die Materialbeanspruchung in der zugeschnittenen Platte genau umgekehrt verteilt: Die Maximalbeanspruchung liegt in der Randzone des Knopfs, zum Zentrum hin wird die Gefügeveränderung immer geringer; in der Plattenmitte sind das ursprüngliche Gefüge und die ursprüngliche Metalldicke erhalten geblieben.

Diese beiden Möglichkeiten der Blechumformung gelten für die handwerklichen Methoden der Bearbeitung durch Treiben und Ziselieren ebenso wie für alle Verfahren, bei denen das Blech mit Maschinenwerkzeugen geformt wird.

Während beim Schmieden immer nur der Stahlamboß als Unterlage benutzt wird, braucht man beim Treiben oft eine Holzunterlage, auf der das Blech keine scharfen Eindruckstellen bzw. Schlagspuren bekommt. Die Schlagwirkung ist besonders dann sehr intensiv, wenn das Blech bei der Hammerbearbeitung so gehalten wird, daß es auf der Schlagunterlage nicht fest aufliegt, sondern daß der Schlag auf das hohl anliegende Blech trifft (s. Bild 6.3c).

Beim *Auftiefen* liegt das Blech hohl über einer Holzmulde. Mit dem Kugelhammer werden dicht nebeneinander »Beulen« in das Blech geschlagen, so daß es sich auf Kosten der Blechdicke streckt, bis das ganze Blech durch die dicht nebeneinander liegenden Beulen an die Wandung der Holzmulde angedrückt ist und sich so der Form anpaßt.

Das *Aufziehen* wird erleichtert, wenn in das Blech vorher Falten gelegt worden sind (s. Bild 6.12), denn so nutzt man auch die besonders günstige Umformungsmöglichkeit des hohl liegenden Blechs. Der Schlag mit der Finne des

Schweifhammers wirkt konzentriert auf die
hochstehende Falte: Weil durch die Stabilität
des Gesamtgefäßes das aufgefaltete Blech
nicht seitlich weggedrückt wird, kann es durch
den Schlag mit dem keilförmigen Hammer nur
gegen die Schlagunterlage gedrückt werden;
dadurch wird die Falte eingeebnet, das Gefäß
wird enger, und das Blech kann dicker werden.
Voraussetzung ist, daß der Hammer senkrecht
auf die Gefäßwand trifft. Würde man ihn beim
Einziehen der Falten schräg halten, entstünde
eine zusätzliche Schubkraft, wodurch das Metall nicht gestaucht, sondern längs der Falte
gleichzeitig weggeschoben würde, so daß sich
die Gefäßwand verlängern könnte.
Auch wenn man das Gefäß ohne Falten auf-
zieht, nutzt man den gleichen Effekt. Das
Blech wird so an die Kante des Einziehholzes
gestützt, daß es an der eigentlichen Schlagstelle hohl liegt. Auch hierbei muß der Finnenhammer rechtwinklig auf das Blech treffen, um
es so gegen die Schlagunterlage zu drücken.
Beim *Planieren* wird das fertig geformte Werkstück auf einer passenden Stahlunterlage mit
dem flachen oder dem leicht gewölbten Hammer bearbeitet. Die Einschläge, die bei der
vorhergegangenen Formgebung entstanden
sind, werden nun ausgeglichen, die Blechdicke
wird egalisiert. Durch die Schläge wird das Gefüge so beansprucht, wie es beim »Schmieden«
erläutert wurde.

6.3   Spannen

Mit gezielten Hammerschlägen kann man eine
weiche Blechplatte stabilisieren, Wellen und
Beulen ausgleichen, und man kann es dabei so
einrichten, daß die Platte eben bleibt oder daß
sie straff durchgewölbt wird.
Der Spannhammer kann eine Masse von
500 . . . 1000 g haben; eine Bahn ist glatt mit gerundeten Kanten, die andere flach gewölbt.
Als Schlagunterlage dient ein Flachstock mit
quadratischer, ebener Bahn von mindestens
12 cm Kantenlänge.
Zur Übung kann man Abfallblechstücke benutzen, die geglüht, mit Bimsmehl gescheuert
und dann gut gesäubert und getrocknet sind.
Auf einer solchen matten Oberfläche kann
man die Einschläge besonders gut erkennen.
Gerade beim Spannen kommt es darauf an,

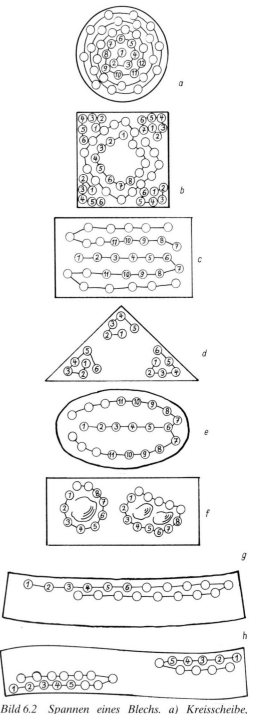

*Bild 6.2   Spannen eines Blechs. a) Kreisscheibe,
b) Quadrat, c) Rechteck, d) Oval, e) Beulen im Blech,
g) und h) verzogene Blechstreifen*

daß man mit beiden Händen gefühlvoll arbeitet: Mit der rechten schlägt man gezielt und durchaus energisch zu, so daß der Hammer immer ein wenig zurückprallt; mit der linken Hand wird das Blech auf dem Flachstock gut festgehalten, wobei man die Schlagwirkung spürt und dadurch ständig konrollieren kann; das Ergebnis wird außerdem mit dem Auge überwacht.

Keinesfalls darf der Hammer verkantet werden, das Ergebnis wären »Mondsichel«-Einschläge, die Hammerhaltung muß sofort korrigiert werden. Nach einiger Zeit beherrscht man diese Koordinierung von Hammerarbeit und Ergebniskontrolle.

Beim Spannen sind folgende Grundsätze zu beachten (Bild 6.2):

- Die Schläge dürfen nicht dicht nebeneinander gesetzt werden,
- egal, welche Außenform das Blech hat, die Schläge werden immer von der Mitte her kreisförmig nach außen geführt,
- die Randzone wird weniger oder gar nicht bearbeitet, damit sich an den Kanten keine Wellen bilden,
- rechteckige und ovale Bleche werden in Längsrichtung bearbeitet.

Nachdem man das Blech so durchgespannt hat, wie es auf Bild 6.2a gezeigt ist, hält man es schräg gegen Licht. So erkennt man am besten, ob das Blech ganz glatt ist, oder ob es noch Beulen hat. Eine Beule bedeutet, daß das Metall an dieser Stelle zu stark gedehnt wurde, so daß es sich aus der Ebene nach vorn oder hinten herausgedrückt hat. Solche Beulen müsse geradegezogen werden. Es nützt nichts, wenn man auf diese Beule schlägt, denn man kann das aufgewölbte Blech nicht zurückdrücken, sondern mit jedem Schlag würde es mehr gedehnt, und die Beule würde nur noch größer.

Wenn man dagegen die Metallfläche rings um die Beule mit gezielten Schlägen spannt, wird diese Randzone härter, und das Blech dehnt sich in Richtung nach der glatten Fläche stärker aus, weil in dieser Richtung der Umformungswiderstand geringer ist. In Folge der rings um die Beule entstehenden Spannung wird der durchgewölbte Bereich schließlich glattgezogen. Wenn nötig, wird das Ausspannen so oft wiederholt, bis die Wölbung verschwunden ist. Selbstverständlich muß rechtzeitig zwischengeglüht werden. Häufig liegen

solche Beulen dicht nebeneinander; sie werden gemeinsam eingeebnet (Bild 6.2f).

Die Eckbereiche des Blechs werden so gespannt, daß man sie wie Dreiecksflächen behandelt, deren Spitzen zum Rand zeigen und die jeweils von ihrem Zentrum aus bearbeitet werden (Bilder 6.2b, d).

Auf der Richtplatte wird die Qualität der gespannten Fläche kontrolliert.

Immer wieder kommt es vor, daß sich lange Blechstreifen beim Zuschneiden oder beim Walzen verziehen, daß also eine Seite des Streifens länger wird als die andere. In solchen Fällen wird der Streifen im Bereich der kürzeren Seite gespannt und dadurch so gestreckt, daß sich die Längen der Kanten ausgleichen. Danach wird der Blechstreifen ausgeglüht und nochmals im Ganzen gespannt (Bild 6.2g,h).

In Weiterführung des Verfahrens kann das ebene Blech auch so gespannt werden, daß es in der Form eines Uhrglases straff durchgewölbt wird. Dazu wird die flachgewölbte Hammerbahn verwendet, und man schlägt vom Rand aus in spiralförmigem Verlauf bis zur Mitte. Nachdem die Randzone durch die Schläge verfestigt ist, können bei der fortschreitenden Bearbeitung die Kristallite der äußeren Kraft nur dadurch ausweichen, daß sie sich in Richtung zur noch unbearbeiteten Blechmitte hin umformen. Da sich der Rand nicht ausweitet, das Blech mit jedem Hammerschlag aber gedehnt wird, kann es sich innerhalb des vorgegebenen Umfangs strecken, und so wölbt es sich durch. Natürlich muß bei der Bearbeitung das gewölbte Blech immer so auf dem Flachstock gehalten werden, daß die Schlagstelle genau auf dem Amboß aufliegt.

Solche in Wölbung gespannte Bleche haben eine hohe Stabilität. Der Silberschmied benutzt sie als Gefäßdeckel, hohl gewölbten Gefäßboden, Leuchterfuß und in reiner Form als Gong.

6.4 Auftiefen

Mit dem Kugelhammer wird das Blech in eine der Gefäßform entsprechende Holzmulde geschlagen.

Als Schlagunterlage eignet sich besonders der Holzklotz; ein standfester, etwa 60 cm hoher Abschnitt eines Baumstamms aus Hartholz.

Mit dem Stemmbeitel werden einige Mulden unterschiedlicher Größe und Tiefe sorgfältig ausgearbeitet. Man kann auch Hartholzklötze mit eingearbeiteter Mulde verwenden, die man in den Schraubstock einspannt, aber sie federn beim Schlag immer etwas nach.

Mit kugelförmigen und gewölbten Hämmern kann man ganz gezielt schlagen, sie eignen sich besonders zur Bearbeitung dünner Bleche.

Für dicke Bleche und tiefere Gefäßformen wendet man das »Poltern« an. Mit schweren – und dadurch besonders wirkungsvollen – Kugelhämmern oder sogar mit dem kugligen Einsteckamboß stampft man mit großer Wucht das Blech in die Holzmulde.

Als Übungsstücke für das Auftiefen eignen sich runde Schalen von 15 ... 20 cm Durchmesser. Das Material kann Kupfer oder Messing sein; die Blechdicke soll 0,7 ... 1,0 mm betragen.

Gewölbte Schale. Es ist die einfachste Form einer aufgetieften Schale, sie entspricht einem Kugelabschnitt. Der Fuß wird als Zarge untergelötet (Bild 6.3).

Zunächst wird eine Schablone angefertigt, damit man die Form kontrollieren kann (Bild 6.3b). Diese Vorbereitungsarbeit ist bei der Anfertigung aller Korpusgegenstände erfor-

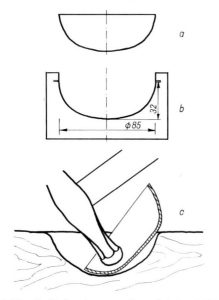

Bild 6.3   Auftiefen einer gewölbten Schale. a) Seitenansicht, b) Schablone, c) Bearbeitung in der Holzmulde

derlich, muß also bei den folgenden Beispielen nicht nochmals ausführlich behandelt werden.

Die Zeichnung des Seitenrisses wird auf Transparentpapier übertragen. An der Mittelachse wird die Zeichnung zusammengeknickt, und man überprüft die Symmetrie. Um sicher zu gehen, genügt es, daß man nur eine Hälfte der Zeichnung auf das Transparentpapier überträgt und die andere Hälfte auf dem zusammengefalteten Transparentpapier ergänzt.

Für Schablonen eignet sich gut eine 3 mm dicke Hartfaserplatte, auf die die Seitenansicht vom Transparentpapier übertragen wird; für kleinere Formen genügt auch stabile Pappe.

Die Form wird ausgesägt, nach oben bleibt die Schablone noch etwas länger. Gefäßhöhe und Mittelachse werden mit einer Linie auf der Schablone markiert.

Die Schablone bewahrt man zur Wiederverwendung auf, deshalb werden die wichtigsten Daten darauf vermerkt:

- Größe, Dicke, Masse der Platine,
- Abmessung der fertigen Schale (Durchmesser und Höhe),
- Hauptarbeitsgänge, Arbeitszeit, Masse der fertigen Schale.

Wenn man für dieses einfache Beispiel einen solchen Aufwand auch nicht zu betreiben brauchte, soll dieses Modell auch für kompliziertere Anwendungsfälle gültig sein!

Mit dem rechnerisch ermittelten Durchmesser wird die Platine angerissen, ausgeschnitten und befeilt. Für Kontrollmessungen während der Bearbeitung ist es bei dieser, wie auch bei allen folgenden Platinen, wichtig, daß das Zentrum dauerhaft markiert wird.

Am einfachsten läßt sich das Gefäß formen, wenn die Holzmulde genau der Schalenform entspricht. Das wäre wünschenswert, ist aber durchaus keine Bedingung und trifft in den seltensten Fällen zu.

Beim Auftiefen wird das Blech grundsätzlich von außen nach innen bearbeitet!

Man beginnt also am Rand und setzt die Schläge in einem spiralförmigen Verlauf dicht nebeneinander, bis das Zentrum erreicht ist. Auf diese Weise wird das Blech vom Rand aus mit kräftigen, gleichmäßigen Schlägen in die Mulde getieft. Da es hohl liegt, gibt es leicht nach und dehnt sich (Bild 6.3c).

Beim Auftiefen wird das Blech etwas dünner.

Schon wenn man einmal rings um den Rand

geschlagen hat, sieht man deutlich die beginnende Wölbung. Auch bei der weiteren Bearbeitung achte man immer darauf, daß das
Blech an der Schlagstelle hohl liegt.
Nachdem die Schale einmal durchgehämmert
worden ist, vergleicht man das Ergebnis mit
der Schablone. Wenn man noch weiter tiefen
muß, kann die Arbeit in gleicher Weise wiederholt werden. Die Mulde muß immer so beschaffen sein, daß auch die inzwischen einge-
engte Form noch hohl liegt. Die fertig getiefte
Schale vergleicht man wieder mit der Schablone. Wenn der Verlauf der Rundung noch
nicht überall stimmt, korrigiert man die noch
unbefriedigenden Stellen, indem man hier
noch etwas nachschlägt.

Flache Schale mit niedrigem Rand (Bild 6.4).
Wenn die Schale eine Standfläche haben soll,
wird der Schalenrand von der Außenkante be-

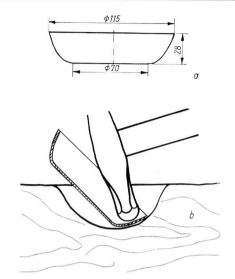

Bild 6.4   *Auftiefen einer flachen Schale mit niedrigem Rand. a) Seitenansicht, b) Bearbeitung in der
Holzmulde*

bearbeitet, die etwa mit der Rundung des Randes übereinstimmt.
Meist ist der äußere Rand der Schale nach dem
Auftiefen noch etwas nach außen gewölbt, die
Wandung der Schale ist also noch nach innen
statt nach außen gewölbt. In diesen Fällen wird
der Rand auf dem Flachstock mit dem flachgewölbten Hammer nachgerichtet (Bild 6.6).

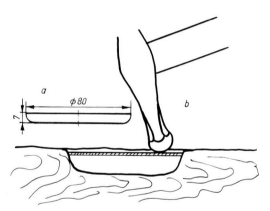

Bild 6.5   *Auftiefen einer flachen Schale mit hohem
Rand. a) Seitenansicht, b) Bearbeitung in der Holzmulde*

ginnend nur bis zur Markierung des Bodens
getieft; die Bodenfläche bleibt unbearbeitet.
Wenn nötig, kann die Tiefung des Randes
auch wiederholt werden; mit der Schablone
wird die Arbeit kontrolliert.

Flache Schale mit hohem Rand (Bild 6.5).
Nicht immer wird man solche Holzmulden zur
Verfügung haben, die mit der gewünschten
Schalenform übereinstimmen. Man kann sich
dann so helfen, wie es auf dem Bild zu sehen
ist. Der Rand der Schale wird in diesem Fall in
einer halbkuglig ausgearbeiteten Holzmulde

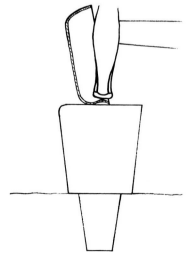

Bild 6.6   *Ausrichten des Rands der Schale*

Nacharbeit der aufgetieften Schalen. Nun kann das Planieren beginnen. Man benutzt als Amboß geeignete Fausteisen mit passender Wölbung, deren Oberfläche natürlich gut poliert sein muß. Man schlägt mit einem mäßig gewölbten Knaufhammer. Die leicht vorgeritzte Kontur der Standfläche bei den flachen Schalen wird mit überhämmert, so daß ein gerundeter Übergang entsteht.

Der Boden der flachen Schalen ist nach der Vorformung meist noch etwas nach außen gewölbt, die Schale hat noch keine sichere Standfläche. Die Schale wird deshalb umgewendet und mit dem Boden auf die Richtplatte gelegt. Mit dem Spannhammer bearbeitet man die hohl liegende Bodenfläche. Wenn es dem Anfänger noch nicht gelingt, eine absolut ebene Standfläche zu bekommen, richtet man es so ein, daß der Boden leicht nach innen durchgespannt wird. Dadurch bekommt die Schale eine gute Stabilität, und da sie nur auf der Bodenkante aufsteht, kann sie nicht kippen.

Auf einem Abziehstein wird die Oberkante der Schale glattgezogen, dann wird diese Kante noch geschmirgelt.

6.5 Aufziehen

Während das Spannen auf ebene oder nur leicht gewölbte Bleche beschränkt ist, beim Tiefen nur eine Schalenform entsteht, ist das Aufziehen die eigentliche Methode, um aus der flachen Blechscheibe nahtlos ein Hohlgefäß zu gestalten. Es ist immer wieder faszinierend, wie mit einfachen Hämmern und geringen Hilfsmitteln durch das Geschick des Silberschmieds die Gefäßwand hochwächst, wie sich das Blech staucht und streckt, wie das Metall ganz unterschiedlich reagiert, wenn man die Hammerhaltung etwas ändert. So kann aus der Platine ein Becher, eine schlanke Weinkanne oder eine Kugelvase werden.

Das kann man nicht aus einem Buch erlernen, sondern das muß man sich unter Anleitung eines erfahrenen Meisters Schritt für Schritt erarbeiten. Was hier dazu gesagt wird, soll als Anregung zu eigenen Versuchen dienen. Wer Spaß daran findet, wird es weiter betreiben und seine Fertigkeit entwickeln. Man muß ja nicht gleich ein Meister der Silberschmiedekunst werden, aber es ist doch schön, wenn

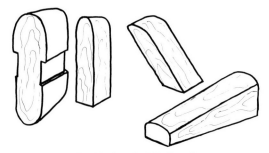

Bild 6.7   Aufziehhölzer für Werkstücke unterschiedlicher Form

auch ein Goldschmied einen gewissen Einblick in das Arbeitsgebiet bekommt – war es doch noch im 18. Jahrhundert selbstverständlich, daß Schmuck und Ziergerät vom gleichen Meister angefertigt wurden.

Schale mit flachem Boden und hohem Rand. Nun soll die Schale noch weiter bearbeitet werden, die bereits durch das Auftiefen einen hohen, schräg stehenden Rand bekommen hat, denn dieser Rand soll nun so weit aufgezogen werden, bis er rechtwinklig zum Gefäßboden steht.

Man spannt in den Schraubstock ein passendes Aufziehholz (Bild 6.7). Mit dem Finnenhammer wird der Rand der vorgetieften Schale gestaucht und dadurch eingezogen.

Im Gegensatz zum Auftiefen wird jetzt beim Aufziehen das Blech gestaucht, und demzufolge kann es während der Bearbeitung dicker werden.

Während beim Auftiefen von außen nach innen gearbeitet wurde, schlägt man nun von innen nach außen!

An der Schlagstelle muß das Blech immer hohl liegen.

Bei der Schale bedeutet dies, daß die Wandung vom Boden beginnend bearbeitet wird. Die Schale wird mit der linken Hand so gegen die Kante des Aufziehholzes gedrückt, daß die Schalenwand hohl liegt. Der Finnenhammer wird so geführt, daß er senkrecht auf das Aufziehholz trifft (Bild 6.8a), nur so kann das Blech gestaucht werden; schlägt man schräg, dann wird das Blech gestreckt, es wird dünner, und der Schalenrand verlängert sich (Bild 6.8b). Dicht nebeneinander und ganz gleichmäßig müssen die Schläge gesetzt werden. Durch ringförmige Hilfslinien kann man den

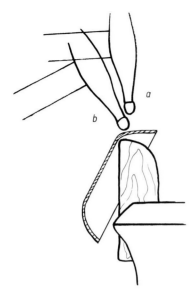

Bild 6.8 Einziehen des Randes einer Schale.
a) Rand wird gestreckt, b) Rand wird gestaucht

Schlagverlauf markieren. Die Schale wird auf dem Holz immer weiter gedreht, so daß der Schalenrand vom Gefäßboden aus spiralförmig ringsum bearbeitet wird, bis die Oberkante erreicht ist. Je dichter man an die Außenkante kommt, um so größer wird der Umformungswiderstand, deshalb muß die Intensität der Schläge kontinuierlich verstärkt werden.

Nach dem Zwischenglühen kann, falls erforderlich, die Bearbeitung wiederholt werden. Dabei kann man wieder vom Schalenboden aus beginnen, man kann aber auch mit der Bearbeitung weiter oben beginnen, wenn der untere Bereich der Schale ausreichend eingezogen ist.

Die Nacharbeit, also das Absetzen der Kante zwischen Boden und Rand, das Planieren und die abschließende Oberflächenbehandlung der aufgezogenen Schale entspricht dem folgenden Beispiel und wird bei dem Becher genau behandelt.

Becher mit konischer, gerader Wandung (Bild 6.10). Man kann einen solchen Becher auf ganz unterschiedliche Weise aus der Platine aufziehen, jeder Meister hält seine Methode natürlich für die beste und schnellste. Alle Verfahren hier zu behandeln würde nur verwirren,

deshalb wurde eines ausgewählt, das sich vielfach bewährt hat und mit Sicherheit zum Erfolg führt.

Jeder Goldschmied sollte irgendwann einmal einen solchen Becher aufziehen, auch wenn er nicht tiefer in das Silberschmieden eindringen will, um die Umformung des Blechs zwischen Hammer und Amboß an einem solchen Beispiel erlebt zu haben.

Man braucht für den Becher nur wenige Werkzeuge:

- Finnenhammer zum eigentlichen Aufziehen (s. Bild 5.41c)
- Planierhammer zum Glätten (s. Bild 5.41f)
- Holzhammer zum Nachrichten (s. Bild 5.41h)
- Faltholz zum Einschlagen der Falten (Bild 6.9)
- Aufziehholz zum Einstauchen der Falten (s. Bild 6.7)
- Bodeneisen zum Abschlagen des Becherbodens (s. Bild 5.43e)
- Bechereisen zum Planieren der Wandung (s. Bild 5.43i)

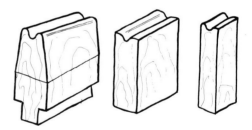

Bild 6.9 Falthölzer für Platinen unterschiedlicher Größe

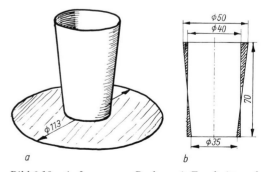

Bild 6.10 Aufgezogener Becher. a) Zuschnitt und Endform, b) Seitenansicht und Vereinfachung für die Berechnung

Aus den Grundmaßen des Bechers wird der Durchmesser der Platine berechnet (Bild 6.10).

$$d_1 = \sqrt{d_2^2 + 4\,d_2 h} = \sqrt{4^2 + 4 \cdot 4 \cdot 7}\ \text{cm} = \underline{11,3\ \text{cm}}$$

Das ist aber nur ein theoretischer Wert, dem die Annahme zugrundeliegt, daß
- sich die Blechdicke nicht ändert,
- der Becher zylindrisch, also geradwandig wäre.

Tatsächlich ist er aber konisch, und durch das Stauchen kann die Wanddicke zunehmen. Da es von der Hammerführung abhängt, ob und in welchem Maße die Wandung gestaucht wird, kann man keinen verbindlichen Wert für den Korrekturfaktor angeben, das muß jeder selbst ausprobieren.

Im vorliegenden Fall könnte man orientieren auf den ungefähren Wert von

125 mm Platinendurchmesser.

Bei dieser Abmessung ist die Blechdicke im Bereich von 0,8 ... 0,9 mm zu wählen; ist er dünner, entstehen zu leicht Falten am Rand, ist er dicker, wird die Arbeit zu mühsam und anstrengend.

Nach der Seitenansicht des Bechers wird eine Schablone aus Pappe oder Hartfaser zugeschnitten.

Wichtig ist eine deutliche Markierung der Platinenmitte, weil von da aus während der Ar-

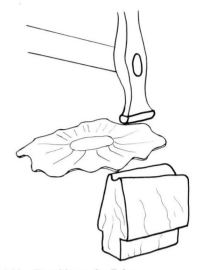

Bild 6.12   Einschlagen der Falten

beit immer wieder die entstehende Form kontrolliert wird. Zunächst wird mit dem Zirkel die Platine in Standfläche und Wandung aufgeteilt.

Mit dem Finnenhammer wird die Kante der Becherwandung rings um die vorgezeichnete Kontur des Bodens über dem Aufziehholz angeschlagen. Dadurch hebt sich die Wandung schon vom Boden ab (Bild 6.11).

Auf dem Falzholz werden ringsum strahlenförmig in regelmäßigen Abständen von der Bodenfläche ausgehend bis zum Rand hin Rillen eingeschlagen, die »Falten«; sie dürfen aber nicht zu tief sein (Bild 6.12).

Wenn sich bei der Bearbeitung die Bodenfläche verzogen hat, muß sie nachgerichtet werden.

Wann zwischengeglüht werden muß, merkt man bei der Bearbeitung am besten. Normalerweise wird nach jedem Bearbeitungsgang geglüht.

Über dem Aufziehholz werden dann die Falten mit dem Finnenhammer zusammengestaucht, indem das Blech vom Boden aus spiralförmig bis zum Rand durchgehämmert wird (Bild 6.13).

Jeder Hammerschlag muß bewirken, daß das Metall gestaucht und damit die Wandung verengt wird. Diese Wirkung wird nur erreicht, wenn der Finnenhammer senkrecht auf die Erhebung der Falte trifft und das hohl liegende Metall gegen das Aufziehholz drückt. So wird

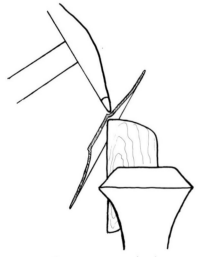

Bild 6.11   Markierung des Becherbodens (Absetzen des Bodens)

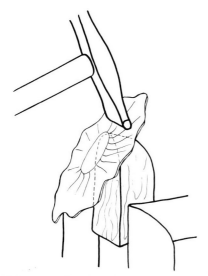

Bild 6.13   Einziehen der Falten

die gefaltete Wandung vom Boden zum Rand hin gestaucht durch das Einschlagen der Falten. Mit dem Fortgang der Bearbeitung verwerfen sich die Falten des noch unbearbeiteten Bereichs immer mehr, je dichter man an den Rand kommt, denn hier muß ja das meiste Metall gestaucht werden.

Der Anfänger muß sorgfältig darauf achten, daß bei der fortschreitenden Umformung die Falten nicht übereinander geschlagen werden, denn beim folgenden Arbeitsgang würde das Blech an dieser Stelle zum Rand hin einreißen. Wenn eine solche Überlappung zu befürchten ist, muß man das Aufziehen sofort unterbrechen. Entweder versucht man, auf dem Bechereisen die Stelle von außen zu glätten, oder man legt das Werkstück auf einen glatten Amboß und schlägt die Überlappung mit dem Finnenhammer auseinander.

Wenn man beim Aufziehen immer genau in tangentialer Richtung den Finnenhammer aufschlägt, ist es unvermeidlich, daß man bei dem folgenden Arbeitsgang wieder genau auf den gleichen Einschlag trifft. Das Blech wird ungleichmäßig beansprucht. Es ist deshalb günstiger, wenn man die Finne leicht schräg hält, denn wenn man sie beim nächsten Arbeitsgang in anderer Schräglage führt, bekommt man »fischgrätenartige« Schlagspuren.

Nach dem ersten Arbeitsgang ist der Rand schon etwas angehoben, die Falten sind noch nicht vollständig geglättet, das Metallgefüge ist verfestigt. Deshalb wird geglüht und nochmals von der Bodenfläche aus mit dem Finnenhammer unter Berücksichtigung der »Fischgrätenrichtung« durchgehämmert.

Nach diesem zweiten Durchgang wird abermals geglüht und die angehobene Wandung weiter eingestaucht, indem von der Bodenmarkierung aus bis zum Gefäßrand spiralförmig mit dem Finnenhammer durchgehämmert wird (Bild 6.14). Es ist aber nicht damit getan, daß man »irgendwie« auf das Blech hämmert, sondern gerade jetzt muß jeder Schlag »sitzen«. Beim Aufziehen der inzwischen weitgehend geglätteten Wandung muß man immer wieder Hammerhaltung und Position des Werkstücks beobachten. Die Wandung staucht sich nur ein, wenn

- der Hammer senkrecht auf das Blech trifft,
- das Werkstück immer so gegen die Kante des Aufziehholzes gehalten wird, daß das Blech an der Schlagstelle hohl liegt,
- die Schlagstärke vom Boden bis zum Rand kontinuierlich wächst, damit der steigende Umformungswiderstand überwunden werden kann.

Nach jedem Hammerdurchgang muß sich der Durchmesser der Metallwandung deutlich verringert haben.

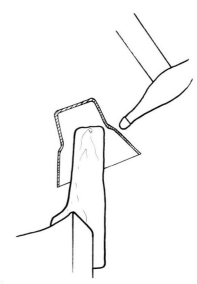

Bild 6.14   Stauchen der Becherwandung mit dem Finnenhammer

Die Bodenfläche wird zwischendurch nachgerichtet.

Sicher wird man nicht schon mit dem ersten Versuch den Becher problemlos aufziehen können. Fehler sind ganz normal! Nach dem ersten Versuch und den dabei gemachten Erfahrungen fängt man noch einmal von vorn an. Bei dem beschriebenen Verfahren wurden also nur einmal Falten gelegt, die weitere Einengung erfolgte durch Stauchen der glatten Wandung auf dem Aufziehholz mit dem Finnenhammer.

Man kann aber durchaus mehrmals Falten legen, um das folgende Einstauchen zu erleichtern. Wichtig ist dabei nur, daß die Einkerbungen der Falten beim zweiten Arbeitsgang an die Stelle kommen, wo vorher die Erhöhung war.

Beide Methoden sind also praktikabel.

Da beim Aufziehen ausschließlich eine weiche Unterlage benutzt wird, bleibt die Wandung unpräzis und plump. Deshalb wird die Wandung nun auf dem Bechereisen mit dem Holzhammer gerichtet. Dann wird auf der gleichen Schlagunterlage die Wandung mit dem Planierhammer nachgespannt. Wieder wird von dem Boden beginnend spiralförmig geschlagen. Dabei werden die Schläge – wie beim Spannen üblich – mit etwas Abstand nebeneinander gesetzt, und die Schlagstärke wird so dosiert, daß die Wandung nicht etwa gestreckt wird.

In der Schablone muß der Becher auf beiden Seiten noch etwa 1 mm Spielraum zum Planieren haben – dann ist das Aufziehen beendet. Wenn sich beim Drehen in der Schablone noch

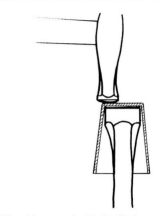

Bild 6.16   *Absetzen der Bodenfläche*

Unregelmäßigkeiten zeigen, müssen sie durch Aufziehen des betreffenden Bereichs ausgeglichen werden.

Zwischen Boden und Wandung ist die Kante noch gerundet, deshalb muß nun der Boden »abgeschlagen«, also deutlich markiert werden. Das ist eine riskante Arbeit, bei der nur zu leicht die stark strapazierte Kante einreißen kann – und die ganze Mühe wäre vergeblich gewesen. Jedenfalls darf man nie direkt auf die Kante schlagen, sondern nur auf die angrenzenden Bereiche der Wandung und des Bodens.

Mit dem Bleistiftzirkel wird die Bodenkontur nochmals markiert. Der Becher wird über ein Bodeneisen gestülpt, und mit dem flachgewölbten Planierhammer wird ein 2 mm breiter Streifen auf der Becherwand neben der Kante glattgeschlagen. Dabei muß der Becher immer dicht am Bodeneisen anliegen (Bild 6.15).

Der äußere Bereich des Bodens wird dann mit dem flachen Planierhammer mit leichten Einzelschlägen gespannt; dabei darf sich das Metall nicht dehnen, weil sich sonst der Boden verziehen würde (Bild 6.16).

Mit feinem Bimsmehl werden Boden und Wandung gescheuert, damit man auf der matten Fläche alle Unregelmäßigkeiten deutlich erkennen kann. Eventuelle Korrekturen im Bereich der Kante sind noch möglich, man soll aber nicht den Ehrgeiz haben, es bis zur ganz scharfen Kante zu treiben, zumindest für den Anfänger wäre das zu gefährlich.

Beim Planieren wird die Wandung nicht nur geglättet, sondern sie bekommt die reizvolle Hammerschlag-Textur (Bild 6.17). Als Unter-

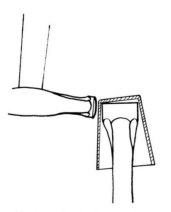

Bild 6.15   *Absetzen der Becherwandung*

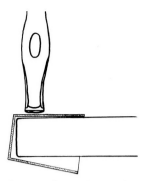

Bild 6.17 Planieren der Becherwandung

lage wird das Bechereisen benutzt. Der flach gewölbte Planierhammer hinterläßt rundliche Eindrücke, der ebene Planierhammer mit gerundeter Kante dagegen längsgerichtete Einschläge.

Es bedarf einer gewissen Übung, bis man einen eigenen, gleichmäßigen Schlagrhythmus gefunden hat, der Voraussetzung für eine ebenmäßige Oberfläche ist. Zwei- bis dreimal wird der Becher vom Boden bis zur Oberkante gleichmäßig durchgehämmert. Mit der Schablone wird die Wirkung kontrolliert. So kann es erforderlich werden, beispielsweise den oberen Bereich beim zweiten Mal nicht mit zu hämmern, damit sich der Becherrand nicht zu weit ausdehnt.

Nachdem die Oberkante abgezogen worden ist, wird mit der quergestellten Finne des Aufziehhammers die Kante gestaucht, so daß sich nach außen und innen ein kleiner Wulst bildet, wodurch die Wandung dicker und der Becher gediegener erscheint.

Abschließend wird die Standfestigkeit nochmals überprüft. Ist der Boden nach außen gewölbt, so daß der Becher noch kippt, muß man ihn hohl nach innen durchspannen, dann steht er sicher auf der Bodenkante.

6.6 Herstellung einer Kanne aus der Abwicklung

Zunächst muß eine genaue technische Zeichnung angefertigt werden, damit man selbst einen genauen Eindruck von Form, Größe und Proportion bekommt (Bild 6.18). Vom Korpus der Kanne wird eine Schablone angefertigt. Der Körper der Kanne wird aus 0,8 mm dik-

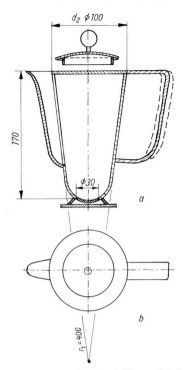

Bild 6.18 Kanne aus der Abwicklung. a) Schnittdarstellung, b) Draufsicht

kem Silberblech als Abwicklung eines Kegelstumpfmantels mit eingelöteter Bodenplatte angefertigt (Bild 6.19).

Auf der Seitenansicht werden die beiden geraden Seiten bis zu ihrem Schnittpunkt verlängert, um das Zentrum für die Bögen der Abwicklung zu ermitteln. Die obere Bodenlänge muß dem Umfang der Kannenöffnung entsprechen:

$$U_2 = 2 r_2 \pi$$

Demnach beträgt der Zentriwinkel des Zuschnitts

$$360° : \alpha = 2\,r_1\pi : 2\,r_2\pi$$

$$\alpha = \frac{360° \cdot 2 r_2 \pi}{2 r_1 \pi} = 360° \cdot \frac{50\ \text{mm}}{400\ \text{mm}} = \underline{\underline{45°}}$$

Die beiden Längsseiten werden so schräggefeilt, daß sich beim Löten eine möglichst große Bindefläche ergibt.

Über einem konischen Rundholz oder -stahl wird die Abwicklung herumgebogen und mit dem Holzhammer nachgeschlagen, bis die Kanten der Fuge genau zusammenpassen.

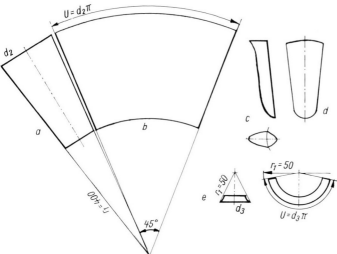

Bild 6.19   Zuschnitt für die Kanne. a) Seitenansicht des Gefäßkörpers, b) Zuschnitt, c) Seiten- und Draufsicht der Schnaupe, d) Vorderansicht der Schnaupe, e) Zuschnitt und Seitenansicht der Fußzarge

Es wird spannungsfrei geglüht, die Fuge wieder blank gemacht, und dann bindet man die Zarge mit dickem Bindedraht fest zusammen. Nach dem Beizen werden die Lotreste weggefeilt und -geschabt. Um sie völlig zu glätten, wird die Fuge auf dem Bechereisen mit einem flach gewölbten Hammer leicht überhämmert. Wenn nötig, muß die Zarge nach dem Löten nachgerichtet werden.

Der untere Bereich der Zarge wird noch weiter eingezogen, um die Bodenöffnung zu verkleinern. Hierzu wird die Zarge auf eine Holzkante gelegt und mit dem Finnenhammer bei ständiger Drehung eingestaucht (Bild 6. 20).

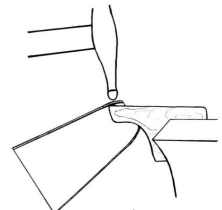

Bild 6.20   Einziehen der Gefäßrundung

Eine leicht durchgewölbte runde Silberplatte wird in die verbleibende Öffnung eingepaßt. Die Zarge wird »auf den Kopf« gestellt, die Bodenplatte eingesetzt und in dieser Stellung eingelötet.

Damit ist die eigentliche Formgebung des Kannenkörpers abgeschlossen, und man kann mit dem Planieren beginnen.

Zunächst wird die Zarge gebeizt und versäubert. Auf dem matten Silber kann man beim Planieren die Hammerschläge gut beobachten. Der Planierhammer soll nur schwach gewölbt sein, damit die Einschläge flach und ausreichend groß werden. Eventuelle Abweichungen von der Schablonenform muß man beim Planieren noch ausgleichen.

Als Schlagunterlage benutzt man für den Bodenbereich ein Bodeneisen passender Wöl-

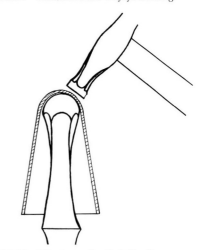

Bild 6.21   Planieren des Gefäßbodens

bung (Bild 6.21) und für die Wandung das Bechereisen oder einen ähnlichen Rundstahl.
Wichtig ist, daß die Durchmesser von Zarge
und Bechereisen möglichst gut übereinstimmen (Bild 6.22).
Nun kann die Schnaupe angesetzt werden. Sie
muß sehr sorgfältig gestaltet sein, denn
• sie muß gut gießen,
• der Gießstrahl muß so abreißen, daß der
  letzte Tropfen wieder in die Kanne zurück-
  fließt,
• sie muß zur Gesamtform des Gefäßes passen.
Im vorliegenden Fall wird die Schnaupe aus
einem Stück zugeschnitten; Länge der Oberkante und Gesamtlänge können als Richtwerte aus der Zeichnung entnommen werden.
Der Zuschnitt wird auf dem Holzblock mit der
Hammerfinne vorgeformt, herumgebogen und
im unteren Bereich über einem Kugelpunzen
auf die gewünschte Form getrieben.
Die Schnaupe setzt man auf die Lötnaht der
Kannenzarge, weil dadurch der größte Teil der
Naht wieder verschwindet. Die Schnaupe muß
der Form des Kannenkörpers genau angepaßt
werden; die richtige Lage wird auf dem Korpus
mit einem Riß rings um die Schnaupe markiert.
Aus der Kannenzarge wird mit etwa 2 mm Abstand innerhalb der Markierung die erforderliche Ausgußöffnung herausgesägt. Dann setzt
man die Schnaupe auf und bindet sie fest. Die
Lotpaillen werden innen auf dem schmalen
Überstand der Ausgußöffnung angelegt, und
mit kräftiger Flamme wird die Naht der
Schnaupe gut durchgelötet. Auf diese Weise
braucht man auf dem Kannenkörper nichts zu

versäubern. Hätte man das Lot außen an die
Schnaupe angelegt, gäbe es viel Ärger, wenn
das Lot auf den Hammerschlag laufen würde!
Ist die Schnaupe gut angelötet, kann man die
Zugabe an der Ausgußöffnung in der
Schnaupe im geraden Bereich mit der normalen Feile, an der kurzen Rundung mit der Riffelfeile wegnehmen.
Der Deckel hat kein Scharnier, er wird als lo-
ses Teil nur aufgesteckt. Auf die Kannenöffnung wird eine kreisringförmige Platte, die
ganz leicht durchgewölbt ist, gelötet. In die
Öffnung dieser Abdeckung wird die Steck-
zarge des Deckels genau eingepaßt. Die Konstruktion des Deckels ist aus der Zeichnung zu
erkennen.
Der Kannengriff wird aus einem 3 mm dicken
und 25 mm breiten Silberstreifen nach der
Zeichnung geschmiedet, gebogen und angelötet.
Aus Edelholz können der Deckelgriff und die
Verkleidung des Henkels zurechtgefeilt und
dann mit Silbernieten befestigt werden.
Die Kanne wird nach dem Beizen mit der
Rundbürste an der Poliermaschine geschliffen,
dann mehrfach weißgesotten, bis das Silber
einen angenehmen Seidenglanz bekommen
hat.

6.7 Anfertigung eines bauchigen Gefäßes

Die Grundform wird als Kegelstumpfmantel
hergestellt. Aus der Verlängerung der Mantel-
linien ergibt sich der Schnittpunkt für die Konstruktion der Abwicklung als Ausschnitt eines
Kreisrings (Bild 6.23). Aus dem Umfang ergeben sich die Bogenlängen und der Zentriwinkel $\alpha = 40°$ der Abwicklung.
Für die Schränken der Längsnaht werden an
einer Seite noch 6 mm zugegeben. Aus einem
0,8 mm dicken Kupferblech wird die Abwicklung ausgeschnitten und mit dem Holzhammer
um ein passendes Rundholz so herumgebogen,
daß die Fuge genau zusammensteht und als
Lötnaht mit Schränken verlötet werden kann.
Durch je einen umlaufenden Riß werden auf
dem Konus markiert:
• die größte Weite des Gefäßbauchs, 75 mm
  über dem Boden (100 mm Durchmesser),
• die engste Stelle des Halses, 115 mm über

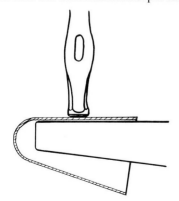

Bild 6.22 Planieren der Gefäßwandung

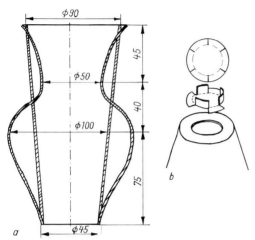

Bild 6.23   Bauchiges Gefäß aus der Abwicklung.
a) Schnittdarstellung und Vereinfachung für den
Schnitt, b) Bodenplatte mit Schränken

dem Gefäßboden (50 mm Durchmesser).
Bei allen Arbeiten vom Formen bis zum Planieren gibt es das Problem, daß man beim
Hämmern den Amboß nicht sehen kann. Man
muß deshalb immer erst mit leichten Schlägen
die richtige Stellung des Arbeitsstücks auf dem
Amboß suchen. Wenn man den richtigen
Klang der Stahlunterlage hört und in der Hand
die sichere Lage spürt, kann man kräftig zuschlagen. Trifft man nicht die richtige Stellung,
gibt es unerwünschte Beulen! Wann man zwischenglühen muß, wird man beim Arbeiten
durch die wachsende Verfestigung des Metalls
selbst am besten merken.
Zunächst muß durch indirektes Treiben mit
dem Prelleisen der Bauch ausgearbeitet wer-

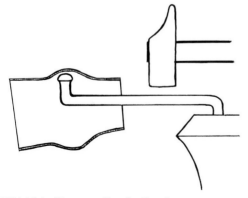

Bild 6.24   Herausprellen der Rundung

den (Bild 6.24). Man schlägt auf den Arm des
Prelleisens, und dadurch trifft der Kopf des federnden Prelleisens von innen gegen das koni-
sche Rohr, so daß es aufgebeult wird. Man
konzentriert die Schläge auf den markierten
Bereich der stärksten Wölbung und gibt der
Form nach und nach den geforderten Verlauf.
Mit der Schablone wird die Kontur kontrolliert.
Auf dem gewölbten Einsteckamboß, der im
Lagereisen befestigt ist, wird die herausge-
beulte Wandung geglättet.
Über einem halbkugelförmigen Einsteckamboß wird dann der Hals mit dem Finnenhammer eingezogen (Bild 6.25). Da sich dabei das
Metall stauchen muß, wird das Gefäß immer
so gegen den Amboß gehalten, daß die Schlagstelle hohl liegt. Nach jedem Zwischenglühen
wird der Schlagbereich immer dichter an die

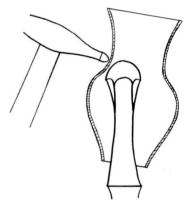

Bild 6.25   Einziehen des Halses

engste Stelle des Halses vorgeschoben, bis die
Kontur mit der Schablone übereinstimmt.
Durch die Formänderung beim Treiben wird
das Blech aber nicht nur gestaucht, sondern
unvermeidlich auch gestreckt. Die Verlängerung des oberen Gefäßrandes muß abgeschnitten werden, damit man beim Aufdehnen des
Randes nicht unnötig viel Mühe aufwenden
muß. Der Rand wird auf eine Holzkante gelegt, und man streckt ihn durch Schläge quer
zur Kante mit dem Finnenhammer.
Wenn der Gesamtverlauf der Kontur stimmt,
wird der Boden eingelötet. Zu dem Zweck
wird am Boden ein 10 mm breiter Rand umgelegt, so daß die Öffnung nur noch 25 mm
Durchmesser hat. Die Bodenscheibe hat 35

mm Durchmesser, davon werden auf einem 5 mm breiten Streifen 6 Schränken herausgeschnitten, drei davon hochgebogen, damit die Scheibe von innen in die Bodenöffnung geschoben werden kann. Die hochgebogenen Schränken werden auf einem flachen Einstekkamboß, dem Bodeneisen, mit dem Holzhammer umgeschlagen, so daß der Boden schon fixiert ist. Dann kann gelötet werden.

Auf dem Bodeneisen wird dann die Bodenfläche geglättet und gespannt, indem mit dem flachen Hammer vom Zentrum nach außen spiralförmig geschlagen wird, wobei die Schränken verschlagen werden.

Nun kann das Gefäß geglättet und nachgearbeitet werden. Es wird der flache Planierhammer benutzt, man muß verschiedene Ambosse mit passenden Wölbungen haben, damit das Gefäß immer seine Form behält. Die Schläge werden dicht und gleichmäßig von unten nach oben spiralförmig um den Gefäßkörper geführt.

6.8   Goldschmiedische Treibarbeiten

Auch wenn man das Treiben in erster Linie mit der Arbeit des Silberschmieds in Verbindung bringt, gibt es doch auch bei der Schmuckgestaltung immer wieder Anwendungsmöglichkeiten für diese Methode der handwerklichen Blechumformung. Die Treibarbeiten des Goldschmieds könnte man als Miniaturisierungen der Silberschmiedearbeiten ansehen, wobei dann noch Besonderheiten hinzukommen, die sich aus den speziellen Formen der Schmuckteile ergeben.

An den folgenden Beispielen soll dies verdeutlicht werden.

Halbkugliger Knopf. Man stellt ihn am einfachsten in der Anke mit dem Kugelpunzen her (Bilder 6.26 u. 6.27). Die Anke ist das in der Goldschmiedewerkstatt übliche Gesenk mit einer Folge abgestufter, halbkugliger Vertiefungen. Dieses Stahlgesenk kann eine dicke Platte sein, in die die Vertiefungen in mehreren Reihen eingearbeitet sind, oder ein Würfel, auf dessen Seitenflächen die Vertiefungen angebracht sind. Die Kugelpunzen hat der Goldschmied als Satz in abgestuften Größen zur Verfügung.

Die zugeschnittene Kreisscheibe wird zu-

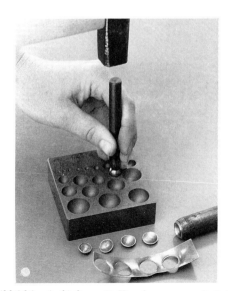

Bild 6.26   Auftiefen mit Kugelpunzen und Anke. a) Satz Kugelpunzen, b) verschiedene Anken, c) Auftiefen in der Anke

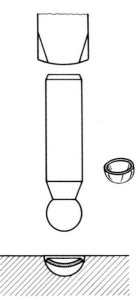

Bild 6.27 Herstellung eines halbkugligen Knopfs in der Anke

nächst in eine größere Mulde gelegt und mit einem Kugelpunzen, dessen Durchmesser etwas kleiner als der der Mulde ist, schalenförmig vorgewölbt. Dann wird der vorgeformte Knopf nacheinander in den folgenden Mulden mit jeweils angepaßten Kugelpunzen weiter aufgetieft. Die Endform ist erreicht, wenn der Knopf doppelt so hoch wie sein Durchmesser ist. Man muß beachten, daß ein zu großer Kugelpunzen an den Kanten der Mulde beschädigt werden kann; ist er aber zu klein, liegt das Blech nicht dicht genug an, und der Rand des Knopfs bleibt wellig. Das Formgebungsverfah-

ren entspricht dem Auftiefen des Silberschmieds, wobei aber Kugelpunzen und Anke wie ein Stanzwerkzeug wirken.

Ovale Hohlschale. Wenn der Knopf nicht rund ist, sondern eine andere Grundform hat, muß man das zugeschnittene Blech frei treiben, wie dies am Beispiel einer ovalen Schale für einen Anhänger beschrieben werden soll (Bild 6.28). Man kann das Blech zunächst vorwölben, indem man es auf dem Bretteisen durchspannt: Von innen nach außen wird die Platte mit dem Bretthammer durchgehämmert, wobei die Intensität der Schläge nach außen hin vermindert wird; der Rand bleibt ganz unbearbeitet. Man kann die Platte auch in einer geeigneten Holzmulde vorwölben, indem man das Blech mit gleichmäßigen Schlägen in die Mulde drückt. Die Bearbeitung auf Holz hat den Vorteil, daß keine Schlagspuren entstehen. Die kurze Rundung des Außenrandes wird über einem Kugelpunzen entsprechender Größe so eingeschlagen, daß sich das Material einstaucht (Bild 6.29).

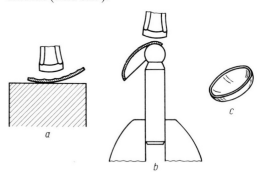

Bild 6.29   Herstellung einer ovalen Hohlschale über dem Punzen

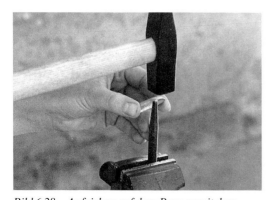

Bild 6.28   Aufziehen auf dem Punzen mit dem Bretthammer

Hohlgewölbter Ring. Man geht von einer parallelwandigen Zarge aus (Bild 6.30a). Diese Zarge wird so, wie es auf dem Bild zu sehen ist, in schräger Stellung auf dem Hornamboß mit einem flachgerundeten Finnenhammer bei ständiger Drehung des Rings durchgehämmert. Günstig ist es, wenn man einen Dorn zur Verfügung hat, in dem eine dem Ring entsprechende Rille eingedreht ist (Bild 6.30b), denn dann braucht man den Blechstreifen nur noch in diese Rille hineinzuschlagen. Mit einem Kugelpunzen, der gerade in die Fingerrundung

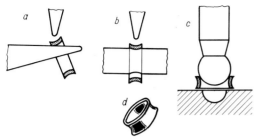

Bild 6.30 Herstellung eines hohlgewölbten Traurings. a) Ausformung mit dem Finnenhammer auf
dem Hornamboß, b) Nachschlagen des hohlgewölbten Bandes, c) Aufdehnen der Höhlung, d) fertiger
Ring

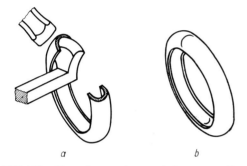

Bild 6.31 Herstellung eines erhaben gewölbten
Armreifs. a) Durchwölben des Bandes auf dem Pro-
fileisen, b) fertiger Armreif

paßt, dehnt man die Seiten weiter auf (Bild
6.30c). Zweckmäßigerweise benutzt man dabei
als Unterlage die Anke, damit der Kugelpunzen nicht aufschlagen kann.

Erhaben gewölbter Armreif. Er wird ebenfalls
aus dem Band entwickelt (Bild 6.31a). Der zugeschnittene Blechstreifen wird zunächst mit
einem schmalen Finnenhammer in eine Holzrille geschlagen, so daß er sich durchwölbt; dabei heben sich gleichzeitig die Enden des Streifens an, und er beginnt sich zum Reif zu
runden. Nach Bedarf muß zwischengeglüht
werden. Mit dieser Methode soll man den Reifen möglicherweise dann noch in schmaleren
Rillen so weit wie es geht vorbereiten. Dann
wird er zusammengelötet. Über einem Profil-
eisen, das der für den Armreif vorgesehenen
Rundung entspricht, wird er mit dem Bahnhammer dann noch weiter herumgestaucht
und gleichzeitig geglättet (Bild 6. 31b).

Offener Mantelring (Bild 6.32). Ein solcher
Ring entsteht in reiner Treibarbeit. Man geht
von einer symmetrischen Blechschablone aus,
nach der die Grundform auf dem Arbeitsblech
angerissen wird. Zur Kontrolle der weiteren
Treibarbeit ist es gut, die Mittellinie anzureißen. Die Kontur wird ausgesägt. In einer flachen Holzrille formt man mit dem Finnenhammer die beiden Hälften des Ringkopfs vor. Auf
Blei wird die Schienenwölbung mit dem Modellierpunzen eingeschlagen. Nun rundet sich
das Schienenband schon zum Ring, man biegt
es weiter und hilft noch dadurch nach, daß man
die Schiene über einem passenden Kugelpunzen an den Seiten einstaucht. Schließlich biegt
man die Verbundenden des Ringkopfs voreinander und lötet sie zusammen (Bild 6.32b).
Diese Rohform des Rings muß dann noch geglättet werden, indem man sie über geeigneten
Punzen nachhämmert, bis alle Unebenheiten
ausgeglichen sind.
Die Öffnung des Ringkopfs wird auf den
Hornamboß gesteckt, und mit dem Finnenhammer zieht man die Oberkante leicht nach
außen, ähnlich wie es bei dem hohlgewölbten
Ring beschrieben wurde. Schließlich wird der
Ring mit einem straff passenden Rohr verbödet.

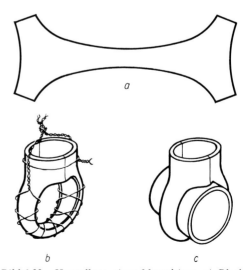

Bild 6.32 Herstellung eines Mantelrings. a) Blechschablone, b) fertige Außenform, zum Löten vorbereitet, c) Einsetzen der Verbödung

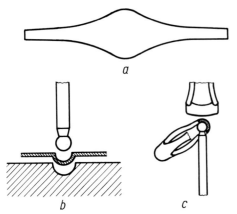

*Bild 6.33   Herstellung eines Mantelrings. a) Blech-
schablone, b) Einwölben des Mittelteils, c) Einziehen
der Schiene über dem Punzen*

Geschlossener Mantelring (Bild 6.33). Dies ist
eine besonders eigenwillige Form eines Mantelrings. Die Grundform wird nach Schablone
zugeschnitten. Als Material dient 0,5 mm dik-
kes Au 750. Die Vertiefung, in der die Perle
mit der granulierten Umrahmung sitzt, wird
zunächst mit dem Kugelpunzen auf Blei vorge-

drückt und dann mit geeigneten Punzen wei-
tergeformt, so daß die Perle gut darin sitzt
(Bild 6.34).
Die Ränder des immer noch geraden Blechstreifens werden nach innen gerollt, indem
man sie zunächst über passenden Punzen,
dann frei auf Holz umlegt. Gleichzeitig muß
der Ring im Ganzen herumgebogen werden,
bis schließlich die Schienenenden voreinander
stehen und verlötet werden können. Dann rollt
man den Ring so, wie es auf dem Bild zu sehen
ist, nach innen weiter ein, bis die Schiene in
ihrem schmalsten Teil wie ein Rohr vollkommen geschlossen ist.

*Bild 6.34   Goldener Mantelring mit granulierter
Hohlschale; Zuchtperle. Hildegard Risch,
Köln-Wesseling*

7 Umformung mit Werkzeugmaschinen

7.1 Funktionsprinzip der Pressen

7.1.1 Aufbau der Maschinen

Diese Werkzeugmaschinen gehören zu den Schneid- und Umformmaschinen, die besonders für die industrielle Serienfertigung von Halbteilen aus Blech von großer Bedeutung sind und mit denen die in diesem Kapitel behandelten Maschinenwerkzeuge angetrieben werden.

Sie alle bestehen aus folgenden Baugruppen (Bild 7.1):
- Trägerelement (1) (Ständer, Gestell)
- Antriebselement (2) (Elektromotor)
- Übertragungselemente (3) (Wellen, Schwungrad, Kupplung, Getriebe, Bremsen)
- Arbeitselemente (4) (bewegliche und feste Werkzeugträger, Stößel und Tisch)
- Zusatzelemente (5) (Steuer- und Regeleinrichtungen, Bedienungssystem, Werkstoffführung)

An einigen typischen Beispielen sollen die physikalischen Grundlagen und die Wirkungsweise dieser Maschinen erläutert werden.

Alle weitergehenden Informationen über die Pressen müssen aus der Spezialliteratur und den Mitteilungen der Herstellerbetriebe entnommen werden. Wer mehr über die physikalischen Zusammenhänge wissen will, muß sich mit den entsprechenden Lehrbüchern beschäftigen. Hier kann es nur um einige grundsätzliche Aspekte gehen!

Bei jeder Presse entstehen erhebliche Reibungsverluste innerhalb der Maschine auf dem Weg vom Antrieb bis zum Werkzeugträger; außerdem wird bei der eigentlichen Werkstoffumformung Reibungsarbeit verbraucht.

Bei den Spindelpressen ist diese Differenz zwischen induzierter und effektiver Arbeit beispielsweise besonders groß, der Wirkungsgrad beträgt nur

$$\eta = \frac{W_{AE}}{W_{AI}} \approx 0{,}2 \ldots 0{,}6$$

W_{AE} – effektives Arbeitsvermögen
W_{AI} – induziertes Arbeitsvermögen

Zur Vereinfachung der folgenden Erläuterungen wird der Wirkungsgrad generell vernachlässigt. In der Praxis müßte man das errechnete Arbeitsvermögen mit dem für die konkrete Maschine gültigen Wirkungsgrad korrigieren: $W_{AE} = W_A \cdot \eta$

7.1.2 Fallhammer

Noch im vorigen Jahrhundert wurde diese elementare Form der Presse zur Formung von Schmuckhalbteilen benutzt (Bild 7.2). Heute hat der Fallhammer (Fallwerk) nur noch historische Bedeutung; da man aber daran die Wirkungsweise besonders gut erklären kann, wird er hier mit aufgenommen.

Man verwendet ihn besonders zu Formstanzarbeiten. Der Unterstempel mit der Negativform wird auf dem Tisch befestigt, der Oberstempel ist in dem beweglichen Stößel – früher »Bär« genannt – eingespannt.

Der Stößel wird über einen Rollenzug hochgezogen, und im freien Fall trifft er, über Führungsschienen gelenkt, auf das über dem Unterstempel liegende Blech und drückt es mit seiner Preßkraft in die Relieform.

Die Anwendungsmöglichkeiten waren nur begrenzt, denn
- die erreichbare kinetische Energie und damit das Arbeitsvermögen sind nur gering,
- wegen der ungenauen Stößelführung ist nur eine geringe Präzision erreichbar,
- die Arbeitsgeschwindigkeit ist nicht groß.

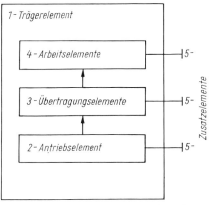

Bild 7.1   Aufbau der Pressen (Schema)

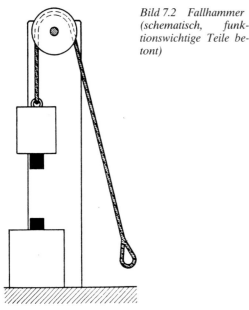

Bild 7.2   Fallhammer (schematisch, funktionswichtige Teile betont)

Wenn der Stößel mit Muskelkraft in die Ausgangsposition hochgezogen wird (1 → 2), geht die dabei aufgewandte Arbeit in das System über und wird als potentielle Energie gespeichert (2):

$$E_{pot2} = F_G \cdot h_1 = m \cdot g \cdot h_1$$
$$= 20 \cdot 9{,}81 \cdot 2 \, \text{Nm} = \underline{392{,}4 \, \text{Nm} = 392{,}4 \, \text{J}}$$

E_{pot} – potentielle Energie in J
F_G – Gewichtskraft in N
h_1 – Zughöhe in m

Wenn der Stößel aus dieser Ausgangsposition (2) ausgelöst wird, fällt er auf das umzuformende Blech (2 → 3). Beim Auftreffen (3) hat die Masse des Stößels m die Fallhöhe h_2 zurückgelegt, die Geschwindigkeit v erreicht; dadurch ist die kinetische Energie E_{kin3} entstanden:

$$E_{kin3} = \frac{m}{2} v^2 = m \cdot g \cdot h_2$$
$$= 20 \cdot 9{,}81 \cdot 1{,}995 \, \text{Nm} = \underline{391{,}42 \, \text{J}}$$

E_{kin3} – kinetische Energie beim Auftreffen in J
m – Masse des Stößels in kg
v – Geschwindigkeit beim Auftreffen in m/s
h_2 – Fallhöhe in m

Physikalische Grundlagen. Wegen der einfachen Konstruktion kann man gerade am Fallhammer die Wirkungsweise recht gut erklären. Als Beispiel soll angenommen werden (Bild 7.3):
Masse des Stößels $m = 20$ kg
Ausgangshöhe $h_1 = 2$ m
Mit einem Formstanzwerkzeug soll aus einem Blech ein Buckel von $h_3 = 5$ mm Höhe herausgetrieben werden.
Wie groß ist die dabei wirksame Preßkraft F_P?

Diese kinetische Energie – die Wucht des niederfallenden Stößels – erzeugt das Arbeitsvermögen W_A, das zur Überwindung des Umformungswiderstands des Blechs auf dem 5 mm langen Arbeitsweg h_3 (3 → 4) genutzt wird:

Bild 7.3   Energie, Arbeit und Preßkraft beim Fallhammer

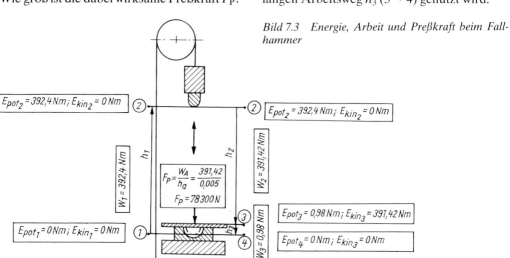

$E_{\text{kin}3} = W_A = F_P \cdot h_3$

W_A – Arbeitsvermögen in Nm
F_P – wirksame Preßkraft in N
h_3 – Arbeitsweg der Umformung in m

Die zur Umformung verfügbare Preßkraft ist demnach

$$F_P = \frac{W_A}{r_3} = \frac{391{,}42}{0{,}005}\,\text{N} = 78\,300\,\text{N} = \underline{\underline{78{,}3\,\text{kN}}}$$

In der Phase der Umformung muß der Stößel den Arbeitsweg h_3 zurücklegen, und die dazu erforderliche Bewegungsenergie ergibt sich aus folgender Differenz

$W_{\text{kin}3} = E_{\text{pot}2} - W_{\text{kin}2} = (392{,}4 - 391{,}42)\,\text{Nm}$
$\qquad = 0{,}98\,\text{Nm}$

bzw. aus den Bedingungen

$W_{\text{kin}3} = m \cdot g \cdot h_3 = 20 \cdot 9{,}81 \cdot 0{,}005\,\text{Nm}$
$\qquad = 0{,}98\,\text{Nm}$

Gemäß dem Satz von der Erhaltung der Energie muß nach Beendigung der Umformung, wenn also der Stößel seine Ruhelage (4) erreicht hat, die gesamte potentielle Energie $E_{\text{pot}2}$ verbraucht sein:

$E_{\text{pot}2}\quad = W_A \qquad\quad + W_{\text{kin}3}$
$m \cdot g \cdot h_1 = F_P \cdot h_3 \qquad + m \cdot g \cdot h_3$
$392{,}4\,\text{Nm} = 391{,}42\,\text{Nm} + 0{,}98\,\text{Nm}$

Im Normalfall wird das von der Presse erzeugte Arbeitsvermögen bei der Blechumformung zur Überwindung des Umformungswiderstands des Werkstoffs vollständig umgesetzt.

Ist W_A zu klein, wird der Buckel nicht vollständig ausgeformt, möglicherweise wird man dann durch einen zweiten Schlag des Stößels nachhelfen müssen.
Andererseits wäre es aber auch möglich, daß W_A so groß ist, daß es bei der Werkstoffumformung nicht vollständig verbraucht wird. In einem solchen Fall bleibt ein Energieüberschuß, der dann auf das Werkzeug einwirkt, wodurch es beschädigt oder sogar zerstört werden könnte.
Eine solche Überlastung muß man dadurch vermeiden, daß die Fallhöhe reduziert wird.
Je kleiner dieser Arbeitsweg h_3 wird, auf dem

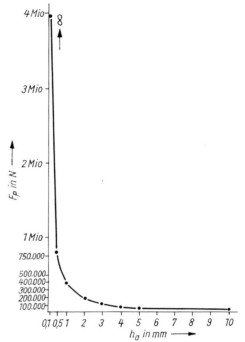

Bild 7.4 *Abhängigkeit von Preßkraft und Arbeitsweg*

die Wucht des Stößels umgesetzt wird, um so größer wird die dabei wirkende Preßkraft F_P mit folgender Tendenz (Bild 7.4):

$$h_3 \rightarrow 0; \quad F_P \rightarrow \infty$$

Dieser gefährliche Zusammenhang muß bei allen Pressen beachtet werden!

7.1.3 Fußhebelpresse

Die verfügbare Preßkraft ist nicht groß, aber zum Ausschneiden, Lochen, Biegen und Formstanzen kleiner Schmuckhalbteile hat sich die Fußpendelpresse gut bewährt, und sie wird auch heute noch benutzt (Bilder 7.5 und 7.6).
Da sie mit Muskelkraft betrieben werden muß, ergibt sich für den Arbeiter auf die Dauer eine erhebliche physikalische Belastung. Die Unfallgefahr ist groß, weil durch die Monotonie Bein- und Handbewegung nicht mehr koordiniert werden und der Stößel zu früh ausgelöst werden kann.

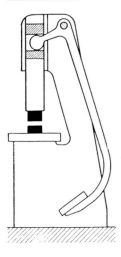

Bild 7.5   Fußhebelpresse (schematisch, funktionswichtige Teile betont)

Die Presse wird vom Arbeiter mit dem Fuß – also durch Muskelkraft – angetrieben. Diese Kraft wirkt auf den langen Arm des Fußhebels, dadurch drückt die Bewegungskraft F_B auf den Stößel (Bild 7.7). Nach dem Hebelgesetz wird so die Fußkraft entsprechend dem Übersetzungsverhältnis der Hebel verstärkt:

$$F_F \cdot l_1 = F_B \cdot l_2 \text{ bzw. } \frac{F_F}{F_B} = \frac{l_2}{l_1}$$

F_F – Fußkraft in N

F_B – Bewegungskraft in N

l_1 – langer Hebelarm

l_2 – kurzer Hebelarm

Durch die Bewegungskraft wird der Stößel in eine beschleunigte Bewegung versetzt, so daß er beim Auftreffen auf den Werkstoff die Geschwindigkeit v und die kinetische Energie E_{kin} – die wieder dem Arbeitsvermögen W_A entspricht – erreicht. So ergibt sich der Zusammenhang

$$E_{kin} = W_A$$

$$F_B \cdot h_2 = F_P \cdot h_a$$

Bei der Fußhebelpresse hat der Stößel eine sichere Führung, deshalb ist diese Presse gut zum Ausschneiden von Halbteilen geeignet. Der Arbeitsweg entspricht dann der Blechdicke und ist demnach ziemlich klein, so daß eine große Schnittkraft entsteht.

Bild 7.6   Fußhebelpresse. $F_N = 40$ MN, $H = 70$ mm, $h_{ges} = 1300$ mm

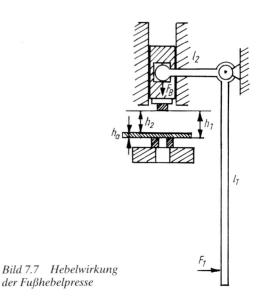

Bild 7.7   Hebelwirkung der Fußhebelpresse

Beispiel: Welche Fußkraft F_F ist erforderlich, wenn aus 1 mm dickem Blech (CuZn 37; $\sigma_B = 290$ N/mm^2) eine runde Scheibe ($d = 50$ mm) ausgeschnitten werden soll?

$l_1 = 1500$ mm; $l_2 = 200$ mm; $h = 100$ mm.

Am Fußpedal gilt

$$F_F \cdot l_1 = F_B \cdot l_2 \quad (1)$$

Beim Stößelniedergang entwickelt sich kinetische Energie, die als Arbeitsvermögen genutzt wird:

$$F_B \cdot h_2 = F_P \cdot h_a \qquad (2)$$

Die Preßkraft F_P wird als Schnittkraft F_S zur Trennung des Werkstoffes genutzt

$$F_P = F_S = d \cdot \pi \cdot s \cdot \sigma_B \qquad (3)$$

Zur Beantwortung der Frage wird (1) nach F_F umgestellt, dann wird (2) nach F_B umgestellt und in (1) eingesetzt:

$$F_F = \frac{l_2 \cdot F_B}{l_1} \quad (1) \qquad F_B = \frac{F_P \cdot h_a}{h_2} \quad (2)$$

$$F_F = \frac{l_2 \cdot h_a \cdot F_P}{l_1 \cdot h_2}$$

Nun wird für F_P noch (3) eingesetzt:

$$F_F = \frac{l_2 \cdot h_a \cdot d \cdot \pi \cdot s \cdot \sigma_B}{l_1 \cdot h_2}$$

$$F_F = \frac{200 \cdot 1 \cdot 50 \cdot 3{,}14 \cdot 1 \cdot 290}{1500 \cdot 99} \text{ N} = \underline{61{,}3 \text{ N}}$$

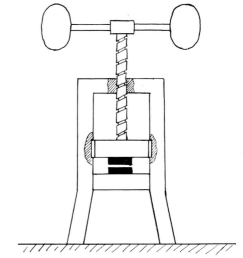

Bild 7.8 Handspindelpresse (schematisch, funktionswichtige Teile betont)

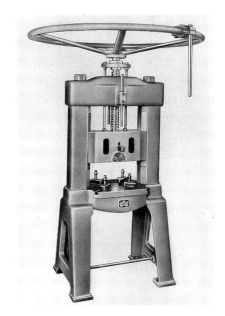

Bild 7.9 Zweiständer-Handspindelpresse. $F_P = 250$ MN, $H = 250$ mm, $h_{ges} \approx 2150$ mm

7.1.4 Handspindelpresse

Über eine Stange sind zwei rotierende Massen miteinander verbunden. Sie treiben die in der Mutter geführte Spindel an, mit der die drehende Bewegung in die vertikale des Werkzeugträgers umgewandelt wird (Bilder 7.8 und 7.9).

Wenn die rotierenden Massen mit der Handkraft in Bewegung gebracht worden sind, wirken sie als zwei Massenpunkte, die sich im Abstand r mit der Umfangsgeschwindigkeit v_U um den Drehpunkt bewegen. Dabei entwickelt jede der beiden Massen die Rotationsenergie

$$\frac{E_{\text{rot}}}{2} = \frac{m}{2} \cdot v_{\text{U}}^2 = \frac{m}{2} \cdot \omega^2 \cdot r^2$$

E_{rot} – Rotationsenergie in Nm

m – rotierende Masse in kg

v_{U} – Umfangsgeschwindigkeit in m/s

ω – Winkelgeschwindigkeit in s^{-1}

r – Rotationsradius in m

n – Drehzahl in min^{-1}

Beide Massenpunkte ergeben also

$$E_{\text{rot}} = 2\,\frac{m}{2} \cdot v_{\text{U}}^2 = 2\,\frac{m}{2} \cdot \omega^2 \cdot r^2$$

Wegen $\omega = \dfrac{\pi \cdot n}{30}$ wird daraus

$$E_{\text{rot}} = m\,(\frac{\pi \cdot n \cdot r}{30})^2 = \underline{\underline{1{,}1 \cdot 10^{-2}\ m \cdot n^2 \cdot r^2}}$$

Diese Rotationsenergie wird über die Spindel in kinetische Energie E_{kin} umgewandelt, mit der sich der Stößel in Richtung auf den Werkstoff bewegt. Beim Auftreffen hat er dadurch das Arbeitsvermögen W_{A}, mit dem der Werkstoff umgeformt wird und das bei dieser Umformung verbraucht werden muß, damit keine Restenergie auf Werkzeug und Presse einwirken kann.

Trotz der unterschiedlichen Art des Antriebs gelten bei der Einwirkung des Stößels auf den Werkstoff die gleichen physikalischen Gesetzmäßigkeiten, die beim Fallhammer beschrieben worden sind.

Mit der Spindelpresse kann man ein recht hohes Arbeitsvermögen erzeugen, das zu vielfältigen Arten der Umformung genutzt werden kann. Deshalb ist die Spindelpresse universell einsetzbar:

● Wegen der sicheren Schwalbenschwanzführung des Werkzeugträgers können präzise Schnittwerkzeuge eingesetzt werden, und man erreicht auf dem durch die Blechdicke bestimmten kurzen Arbeitsweg eine besonders große Preßkraft ($h_{\text{a}} = s$).

● Beim Tiefziehen kann man das Arbeitsvermögen als Umformungsarbeit über einen längeren Arbeitsweg wirken lassen.

● Schließlich eignet sich die Spindelpresse für alle Verfahren, die zwischen den beiden Extremen – Schneiden und Tiefziehen – liegen, wie Prägen, Biegen, Formstanzen, Planieren usw.

7.1.5   Reibspindelpresse

Während alle bisher beschriebenen Pressen mit Muskelkraft angetrieben werden, – wenn auch unter Ausnutzung physikalischer Gesetzmäßigkeiten unterstützt – wird diese ebenso wie alle folgenden Pressenarten mit einem

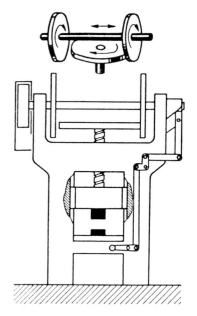

Bild 7.10   Zweiständer-Reibspindelpresse (schematisch, funktionswichtige Teile betont)

Elektromotor angetrieben (Bilder 7.10 und 7.11). Trotz prinzipieller Ähnlichkeit entwickelt die Reibspindelpresse viel größere Energie als die einfache, handbetriebene Spindelpresse, muß also auch wesentlich robuster gebaut sein. Mit solchen Pressen kann man beispielsweise Besteckteile ausschneiden und formen.

Der Elektromotor wirkt über ein Getriebe auf die waagrechte Welle, so daß die beiden Graugußscheiben rotieren. Mit einer Hebelvorrich-

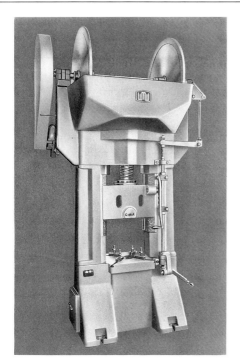

Bild 7.11 Zweiständer-Reibspindelpresse.
$F_P = 630\ MN,\ H = 224\ mm,\ h_{ges} = 2800\ mm$

tung kann man vom Tisch aus die rotierende Welle seitlich verschieben. Dadurch wird jeweils eine der beiden vertikal angeordneten Antriebsscheiben gegen das horizontal laufende, mit Leder belegte Schwungrad gedrückt, so daß es sich in Bewegung setzt. Durch wechselseitiges Anpressen der Treibscheiben an das Schwungrad wird dessen Drehrichtung, und damit auch die der Spindel, geändert, so daß der Stößel auf und ab bewegt wird. Trotz konstanter Drehzahl der Antriebswelle wachsen mit Vergrößerung des Berührungsdurchmessers auf der Treibscheibe Umfangsgeschwindigkeit und Drehzahl des Schwungrads. Physikalisch gesehen ist es eine »rotierende Masse« und nimmt die Energie E_{rot} auf:

$$E_{rot} = \frac{I \cdot \omega^2}{2}$$

Auf Grund seiner geometrischen Form hat die Schwungscheibe das Massenträgheitsmoment

$$I = \frac{m}{2}\,r^2$$

Die Winkelgeschwindigkeit ergibt sich aus

$$\omega = \frac{\pi \cdot n}{30}$$

so daß im vorliegenden Fall die Rotationsenergie beträgt:

$$E_{rot} = \frac{m \cdot r^2 \cdot \pi^2 \cdot n^2}{2 \cdot 2 \cdot 30^2} = \frac{m \cdot r^2 \cdot \pi^2 \cdot n^2}{3600}$$

E_{rot} – Rotationsenergie in Nm (=J)
I – Massenträgheitsmoment in kg · m²
ω – Winkelgeschwindigkeit in s⁻¹
m – Masse in kg
n – Drehzahl in min⁻¹
r – Radius in m

Wenn der Stößel auf den Werkstoff auftrifft, wirkt die im Schwungrad gespeicherte Rotationsenergie E_{rot} als Arbeitsvermögen W_A, das zur Umformung auf dem Arbeitsweg h_a verbraucht werden muß.

Beispiel: Das Schwungrad einer Reibspindelpresse hat $m = 200$ kg, $r = 1$ m. Beim Auftreffen auf den Werkstoff erreicht es die Drehzahl $n = 150$ min⁻¹. Wie groß ist das Arbeitsvermögen?

$$
\begin{aligned}
E_{rot} = W_A &= \frac{m \cdot r^2 \cdot \pi^2 \cdot n^2}{3600} \\
&= \frac{200 \cdot 1^2 \cdot 3{,}14^2 \cdot 150^2}{3600}\ \text{N} \cdot \text{m} = \underline{12\,325\ \text{Nm}}
\end{aligned}
$$

Welche Preßkraft steht zum Schneiden eines 2 mm dicken Blechs zur Verfügung?

$$
\begin{aligned}
F_P &= \frac{W_A}{h_a} = \frac{12\,325}{0{,}002}\ \text{N} = 6\,162\,500\ \text{N} \\
&= \underline{6\,162{,}5\ \text{kN}}
\end{aligned}
$$

Für die Reibspindelpresse gelten folgende Merkmale:
- Das hohe Arbeitsvermögen ergibt bei kurzem Arbeitsweg sehr hohe Preßkraft.
- Durch Veränderung der Antriebszeit kann die Größe dieser Kraft beeinflußt werden, damit die zulässige Nennbelastung der Presse nicht überschritten wird.
- Die Presse arbeitet relativ langsam; wenn die Außenzone des Antriebsrades benutzt

wird, kommt es aber zu hoher Beschleunigung.

- Daraus ergibt sich, daß solche Pressen für alle schweren Schneid-, Stanz- und Prägearbeiten geeignet sind. Die langsame Druckwirkung ist beim Pressen, besonders aber beim Tiefziehen günstig.
- Für Massenartikel aus dünnem Blech muß man andere Pressentypen benutzen.

7.1.6   Exzenterpresse

Mit einem Elektromotor wird über ein Schwungrad, durch ein Getriebe übersetzt, die Exzenterwelle bewegt. Eine Pleuelstange überträgt die drehende in eine geradlinige Bewegung, so daß der Werkzeugträger in den Führungsschienen auf und ab läuft (Bilder 7.12 und 7.13)

Hier wird also das physikalische Prinzip des Schubkubelgetriebes angewandt, dessen Hauptelmente sind:

- Exzenterwelle mit Exzenterzapfen,
- Pleuel, auch Schubstange genannt,
- Stößel als Träger des beweglichen Werkzeugoberteils.

Alle Teile sind durch Gelenke verbunden.
Die gleichmäßige Drehbewegung der Exzenterwelle wird in eine beschleunigte Hubbewegung des Stößels umgesetzt. Wenn der rotierende Exzenterzapfen seinen höchsten und tiefsten Punkt durchläuft ($\alpha = 0°$; 180°), sind dies für den Stößel oberer und unterer Totpunkt: Die Hubbewegung kehrt sich um, und

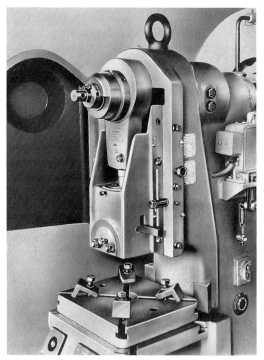

Bild 7.13 Einständer-Exzenterpresse (Teilansicht mit geöffneter Verkleidung des Stößels). F_P = 160 MN, H = 4 . . .60 mm, h_{ges} = 1700 mm, Hubzahl 110 min^{-1}

in diesem Moment beträgt die Hubgeschwindigkeit $v = 0$. Zwischen beiden Totpunkten wächst die Hubgeschwindigkeit des Stößels bis zum Maximum bei mittlerer Stellung des Exzenterzapfens ($\alpha = 90°$; 270°) und fällt dann wieder ab (Bild 7.14).

An der Exzenterwelle wirkt das konstante Drehmoment

$$M_d = F_T \cdot r = F_T \cdot \frac{H}{2}$$

M_d – Drehmoment in Nm
r – Radius in m
F_T – Tangentialkraft am Exzenter in N
H – Hubhöhe des Stößels in m

Aus der konstanten Tangentialkraft F_T ergibt sich in Abhängigkeit von der jeweiligen Stellung des Exzenterzapfens – ausgedrückt mit dem Kurbelwinkel α – die jeweils wirksame Preßkraft F_P. Da die Schubstange in der Praxis wesentlich länger als der Radius der Exzenterwelle ist, weicht sie während des Bewegungsvorgangs nur so wenig von der Senkrechten ab,

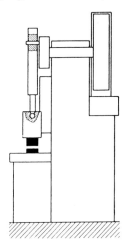

Bild 7.12 Exzenterpresse (schematisch, funktionswichtige Teile betont)

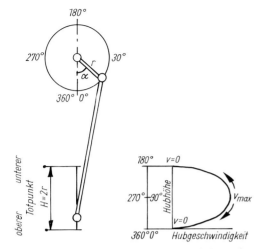

Bild 7.14 Wirkungsweise des Schubkurbelgetriebes

daß dies vernachlässigt werden kann, und so ergibt sich die einfache Beziehung für die Preßkraft:

$$F_P = \frac{F_T}{\sin \alpha}$$

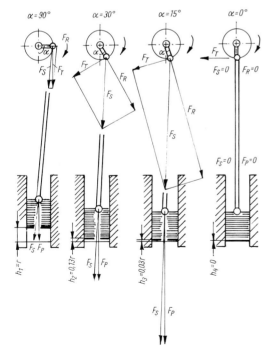

Bild 7.15 Umwandlung der Tangentialkraft über die Schubkraft in die Preßkraft

Auf Bild 7.15 wird gezeigt, wie die Tangentialkräfte F_T über die Schubkräfte F_S in die jeweils wirksame Preßkraft F_P umgewandelt werden. Bei waagerechter Stellung des Exzenterzapfens ist $\alpha = 90°$, und wegen $\sin 90° = 1$ gilt

$$F_P = \frac{F_T}{1}$$

Tangentialkraft F_T und Preßkraft F_P sind in dieser Stellung also gleich groß.
In der Totpunktlage ist $\alpha = 0$, also gilt $\sin \alpha = 0$

$$F_P = \frac{F_T}{0} = \infty$$

Mit der Annäherung an die Totpunktlage erreicht also die Preßkraft unzulässig hohe Werte, durch die Werkzeug und Maschine gefährdet werden (Bild 7.16). Deshalb wird als maximal zulässige Nennpreßkraft bei Exzenterpressen generell festgelegt:

$$F_{PN} = 2 \, F_T$$

Die zugehörige Winkelgröße für die Stellung des Exzenterzapfens ergibt sich nach

$$\frac{F_T}{F_{PN}} = \frac{1}{2} = \sin \alpha \qquad \text{also } \alpha_N = 30°$$

Demzufolge darf beim Niedergang des Stößels der Hub nur im Bereich $\alpha = 90° \dots 30°$ genutzt werden. In den Betriebsanleitungen wird angegeben, wie die Presse in Abhängigkeit vom Arbeitsvorgang eingerichtet werden muß.
Man kann die Hubhöhe den jeweiligen Arbeitsaufgaben anpassen. So läßt sich der Stößelhub durch Verstellen der Exzenterbuchse regulieren, zur Feineinstellung kann die Stößelspindel verstellt werden, und oft ist auch noch der Tisch verschiebbar.
Aus dem konstruktiven Aufbau ergeben sich die Besonderheiten der Exzenterpresse:

● Jede Umdrehung der Welle entspricht einem Stößelhub, die Presse arbeitet also sehr schnell. Das bedeutet, daß in kurzer Zeit viele Teile ausgeschnitten, gestanzt oder gebogen werden können.
● Folgewerkzeuge können wirkungsvoll eingesetzt werden.
● Die Exzenterpresse kann auch im Einzelhub betrieben werden.
● Meist ist die Exzenterpresse mit einem Zwangsauswerfer im Stößel ausgerüstet, was besonders bei Gesamtwerkzeugen nützlich ist.

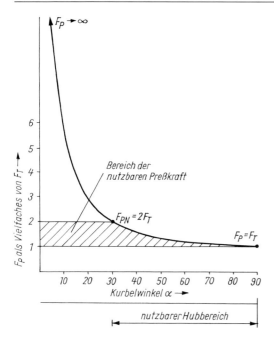

Bild 7.16   *Abhängigkeit von Preßkraft und Kurbel-winkel*

schwindigkeit der ruhige Lauf der Maschine erreicht, wobei der Stößel durch die vier Säulen eine optimale Führung behält. Hinzu kommt, daß der Werkstoff in Bandfom selbsttätig über einen Walzenvorschub von einer Spule zur anderen geführt wird (Bild 7.17).

Bild 7.17   *Säulen-Stanzautomat. F_P = 25 MN, H = 6 mm, h_{ges} = 1300 mm*

- Als Zusatzausrüstung ist besonders die hydraulische Tiefzieheinrichtung, die in den Tisch eingebaut werden kann, zu erwähnen.
- Zur Verarbeitung von Bandmaterial gibt es Abwickel-, Richt-, Vorschub- und Aufwikkeleinrichtungen.

Die *Einständer-Exzenterpresse* hat den Vorteil, daß ihr Tisch von allen Seiten einen guten Zugang bietet und daß die Höhe verstellbar ist; dem steht entgegen, daß dieser Typ nur für leichte Arbeiten eingesetzt wird, da der Stößel einseitig geführt wird und der Exzenter nur an einer Seite gehalten wird. Dagegen bietet die Doppelständer-Exzenterpresse eine sichere Stößelführung, der Exzenter ist beiderseits gelagert, aber der Tisch ist nur von einer Seite zugängig.
Eine Abwandlung des Grundtyps stellt der Säulenstanzautomat dar. Der Antrieb erfolgt von unten. Von der Kurbelwelle wird das Antriebsmoment über Pleuelstange und Traverse auf vier Führungssäulen des Stößels weitergeleitet. Dadurch wird trotz der großen Hubge-

7.1.7 Hydraulische Presse (Bild 7.18)

Über die Wirkungsweise hydraulischer Anlagen kann man sich in einem elementaren Physiklehrbuch informieren (Bild 7. 19). Das Prinzip beruht auf folgendem Zusammenhang. Es wirken eine kleine Antriebskraft F_1 und eine kleine Kolbenfläche A_{K1} über einen langen Weg h_1 auf eine große Kolbenfläche A_{K2} mit kleinem Arbeitshub h_2 und erzeugen so eine große Preßkraft F_2. Dabei wird die Flüssigkeitsmenge V_V bewegt, die unter gleichmäßigem Druck p steht und so als Übertragungselement dient. Zwischen wirksamer Preßkraft F_2 und der erforderlichen Antriebskraft F_1 ergibt sich folgendes Übersetzungsverhältnis:

$$F_2 = \frac{A_{K2}}{A_{K1}} \cdot F_1 = \frac{h_1}{h_2} \cdot F_1$$

Bei den modernen Pressen erfolgt der Antrieb nicht mehr über Kolben, sondern über rotierende Hydromotoren mit dem gleichen Effekt. Über Steuerelemente wird der Flüssigkeitsstrom, und damit der hydraulische Druck,

Bild 7.18 Hydraulische Einständerpresse.
$F_P = 100\,MN$, $H = 250\,mm$, $h_{ges} = 220\,mm$

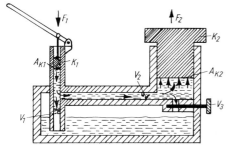

Bild 7.19 Prinzip der hydraulischen Kraftübertragung

beim Stempelniedergang zur Arbeitsfläche des Preßkolbens gelenkt. Soll dieser Kolben wieder angehoben werden, wird der hydraulische Druck gegen seine Unterseite gelenkt (Bild 7.20).
Durch die Beschaffenheit der hydraulischen Antriebs- und Übersetzungselemente bieten diese Pressentypen interessante Anwendungsmöglichkeiten bei der Werkstoffumformung:
• Hubzahl, Hubgeschwindigkeit, Hubhöhe, Hublänge können stufenlos verändert und eingestellt werden.

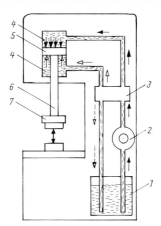

Bild 7.20 Hydraulische Presse (Schema). (1) Vorratsbehälter, (2) Hydromotor, (3) Steuerelemente, (4) Druckraum, (5) Druckkolben, (6) Preßstange, (7) Stößel

• In allen Hubbereichen steht die volle Nennpreßkraft zur Verfügung.
• Gegen Überlastung sind sie unempfindlich.
Da die Presse relativ langsam läuft, ist sie für Schneidwerkzeuge weniger gut geeignet.

7.2 Schneiden

7.2.1 Begriff

Als »Schneiden« wird die spanlose Trennung metallischer und nichtmetallischer Werkstoffe bezeichnet.
Man unterscheidet folgende Schneidverfahren (Bild 7.21):
• *Keilschneiden*: Nur eine Schneide dringt in den Werkstoff ein, der auf einer festen Unterlage liegt (Meißel, Aushauer).
• *Scherendes Schneiden*: Die beiden Scherbakken bilden einen Messerwinkel und wirken so auf den dazwischenliegenden Werkstoff (Blechschere, Schneidewerkzeug mit schrägen Kanten).
• *Parallelschneiden*: Beide Schneiden stehen parallel zueinander und trennen so den zwischen ihnen liegenden Werkstoff (Schneidwerkzeug).
Da in diesem Kapitel die serienmäßige Herstellung von Schnitteilen behandelt werden soll, geht es nur um die parallelwirkenden Schneidwerkzeuge, die als Oberstempel und

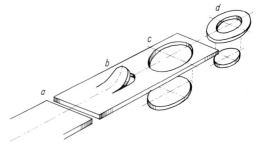

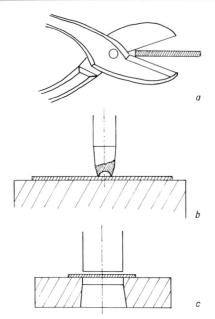

*Bild 7.22   Parallelschneiden. a) Abschneiden,
b) Einschneiden, c) Ausschneiden, d) Lochen*

*Bild 7.21   Möglichkeiten des Schneidens. a) sche-
rendes Schneiden, b) Keilschneiden, c) Parallelschneiden*

Schneidplatte in die Presse gespannt und von
ihr angetrieben werden.
Auf diese Weise werden bei der Serienfertigung die Blechteile sehr vorteilhaft ausgeschnitten, weil
● hohe Produktivität gesichert ist,
● große Genauigkeit erreicht wird,
● die Herstellung vieler gleicher Schnitteile
  möglich ist und
● alle handwerklichen Aufwendungen entfallen.

7.2.2   Einteilung der Schneidwerkzeuge

Der einmalige Aufwand zur Herstellung des
Schneidwerkzeugs ist hoch. Das Werkzeug ist
demnach relativ teuer und amortisiert sich nur
bei einer genügend großen Serie. Je mehr
Teile zu fertigen sind, um so größer kann der
Aufwand für das Werkzeug sein.
Es gibt für das Trennen mit Schneidwerkzeu-
gen folgende Anwendungsmöglichkeiten (Bild
7.22):
● *Abschneiden:* völlige Werkstofftrennung

längs einer nicht geschlossenen Trennlinie
(offener Schnitt).
● *Einschneiden:* stellenweises Trennen des
  Werkstoffs längs einer nicht geschlossenen
  Trennlinie ohne Ablösung des getrennten
  Teils (offener Schnitt).
● *Ausschneiden:* völlige Werkstofftrennung
  längs einer geschlossenen Trennlinie (ge-
  schlossener Schnitt).
● *Lochen:* gleiches Verfahren wie das Aus-
  schneiden, aber in diesem Fall bildet das
  ausgeschnittene Teil den Abfall. Damit der
  Oberstempel mit allseitig gleich großem
  Spiel in den Durchbruch der Schneidplatte
  trifft, muß er möglichst genau geführt wer-
  den.
Entsprechend Bild 7.23 unterscheidet man
verschiedene Führungen.

7.2.3   Vorgänge beim Schneiden

Damit der Schneidstempel ungehindert in der
Öffnung der Schneidplatte bewegt werden
kann, muß zwischen ihnen ein Schneidenspiel
eingerichtet werden, so daß mit einem Schnei-
denspalt der direkte Kontakt beider Werkzeugteile verhindert wird.
Der Schneidvorgang beginnt mit dem Auftreffen des Schneidstempels auf dem zu schneidenden Werkstoff (Bild 7.24):
● *Elastische Umformung*: Der Blechstreifen
  wird zunächst durchgebogen.
● *Plastische Umformung*: Zwischen den
  Schneidkanten von Stempel und Platte wird
  der Werkstoff gequetscht und gestaucht.
● *Werkstofftrennung*: Der Zusammenhalt des
  Gefüges wird durch die äußeren Kräfte
  überwunden (Bild 7.24b), es entstehen

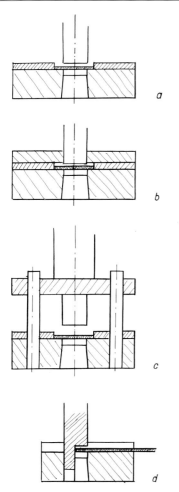

Bild 7.23 *Stempelführung. a) Freischnitt, b) Plattenführung, c) Säulenführung, d) Hinterführung*

Risse, und dann reißt der Werkstoff völlig ab.

● *Rückfederung*: Bei der anschließenden Entlastung federn die getrennten Teile wegen ihres elastischen Umformungsanteils wieder zurück. Das ausgeschnittene Teil muß mit dem Stempel aus der Schneidplatte gedrückt werden, der Werkstoffstreifen muß mit dem Abstreifer vom Stempel gelöst werden.

Die erforderliche Schneidkraft ergibt sich aus der Scherfestigkeit des Werkstoffes und der Scherfläche. Damit ist nicht die Oberfläche des Schnittteils gemeint, sondern die beim Schneiden entstehende Fläche, die sich aus dem Um-

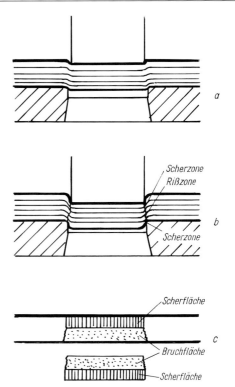

Bild 7.24 *Vorgänge beim Schneiden. a) plastische Umformung, b) Rißbildung zwischen den Scherzonen, c) Scher- und Bruchflächen bei Schnitteil und Restmetall*

fang des Werkstücks und der Blechdicke ergibt!

$$F_s = A_s \tau \quad \text{bzw.} \quad F_s = l \cdot s \cdot \tau$$

F_s – Schneidkraft in N
A_s – Scherfläche in mm^2
l – Länge der Scherfläche in mm
s – Werkstoffdicke in mm
τ – Scherfestigkeit in N/mm^2.

Mit hinreichender Genauigkeit besteht zwischen der Scherfestigkeit τ und der Zugfestigkeit σ_B der Zusammenhang

$$\tau \approx 0.8 \, \sigma_B$$

Man kann also mit dieser Werkstoff-Grundgröße rechnen und hat damit sogar noch einen Sicherheitsbetrag:

$$F_s = s \cdot l \cdot \sigma_B$$

7.2.4   Schneidwerkzeuge

Freischneidwerkzeug

Das Freischneidwerkzeug (Bild 7.25) hat keine Führungsteile, der Stempel wird direkt vom Pressenstößel geführt, deshalb ist es nur für einfache Teile anwendbar. Es ist relativ billig, weil es nur aus Stempel und Schneidplatte, vielleicht noch einem Abstreifer besteht.
Man verwendet diesen einfachen Typ bei geringen Stückzahlen von Teilen geringer Präzision. Voraussetzung ist eine ausreichend genaue Stempelführung in der Presse.

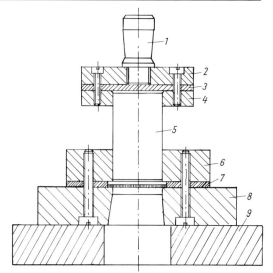

Bild 7.26   Plattengeführtes Schneidwerkzeug. (1) Einspannzapfen, (2) Stempelkopfplatte, (3) Druckplatte, (4) Stempelhalteplatte, (5) Schneidstempel, (6) Führungsplatte, (7) Zwischenlage, Werkstoffführung, (8) Schneidplatte, (9) Grundplatte

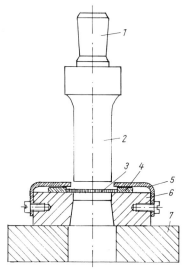

Bild 7.25   Freischneidwerkzeug. (1) Einspannzapfen, (2) Schneidstempel, (3) Platine, (4) Werkstoffführung, (5) Abstreifer, (6) Schneidplatte, (7) Grundplatte

Plattengeführtes Schneidwerkzeug

Über der Schneidplatte ist eine Führungsplatte angebracht, in der ein dem Stempel angepaßter Durchbruch eingearbeitet ist (Bild 7.26), damit der Stempel genau in die Öffnung der Schneidplatte trifft. Die Zwischenlagen dienen als Abstandhalter und als Führung des Werkstoffstreifens. Die Führungsplatte bildet auch den Abstreifer.
Da man nicht mit den Fingern unter den Stempel kommen kann, wird eine wichtige Unfallgefahr beseitigt.
Der Stempelhub wird normalerweise so be-

messen, daß die Stempelkante 1 ... 3 mm in die Schneidplatte eintaucht und 1 ... 5 mm in die Führungsplatte zurückgezogen werden kann.

Säulengeführte Schneidwerkzeuge

Mit den in der Grundplatte befestigten Säulen wird der Stempel indirekt geführt (Bild 7.27). Der Grundkörper – das Säulenführungsgestell – kann als standardisierte Baugruppe vorgefertigt werden.

Schneidwerkzeug mit hinterführtem Stempel

Am Schneidstempel befindet sich als verlängerter Ansatz die Hinterführung (Bild 7.28), die in einem entsprechenden Durchbruch der Schneidplatte gleitet und so bemessen sein muß, daß sie beim Hub nicht aus diesem Durchbruch herausgezogen wird.
Das Werkzeug ist ein typisches Beispiel für ein offenes Schneidwerkzeug.

Schneidwerkzeug mit Gummikissen

Es ist für die Schmuckherstellung typisch, daß die Serie nur relativ wenige Teile ausmacht, so

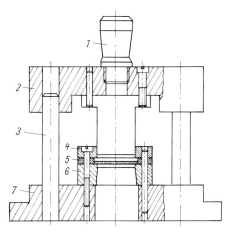

*Bild 7.27 Säulengeführtes Schneidwerkzeug.
(1) Einspannzapfen, (2) Oberstempelführung, (3)
Führungssäulen, (4) Führungsplatte, (5) Zwischenlage, (6) Schneidplatte, (7) Grundplatte mit Führungssäulen*

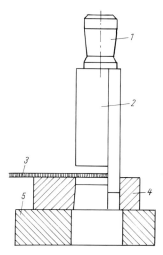

*Bild 7.28 Schneidwerkzeug mit hinterführtem
Stempel. (1) Einspannzapfen, (2) Schneidstempel mit
Führungsteil, (3) Werkstoff, (4) Schneidplatte mit
Führungsschlitz, (5) Grundplatte*

daß die Anfertigung eines komplizierten
Schneidwerkzeugs nicht lohnt, daß aber andererseits die rein handwerkliche Fertigung –
etwa durch Aussägen mit der Laubsäge – zu
mühsam ist.
In solchen Fällen soll man überprüfen, ob der
Gummischnitt benutzt werden kann. Die

Schneidschablone kann man sich auf einfache
Weise selbst herstellen, allerdings dauert das
Einlegen und Schneiden etwas länger als beim
üblichen Schnittwerkzeug, und es entsteht etwas mehr Abfall.

Die Gummi-Schneidwerkzeuge gehören zu
denjenigen mit nur einer Schneide. Die Werkstofftrennung geht etwa so vor sich wie beim
Abreißen von Papier an der Tischkante.

Der Oberstempel besteht aus Gummiplatten,
die in einem auf der Unterseite offenen Kasten
– dem Schneidkoffer – untergebracht sind
(Bilder 7.29 und 7.30). Auf dem Pressentisch

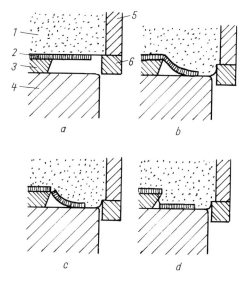

*Bild 7.29 Wirkungsweise des Gummi-Schnitts.
(1) Gummikissen, (2) Schnitteil, (3) Schneidplatte,
(4) Grundplatte, (5) Koffer, (6) Spannplatte. a) Gummikissen sitzt auf, b) Rand abgebogen, c) Rand gegen
Grundplatte gedrückt, d) Rand abgerissen*

steht ein Sockel mit der eigentlichen, der Form
des Schnitteils entspechenden Schneidplatte.
Das Blech wird auf diese Schneidplatte gelegt.
Beim Stempelniedergang wird das Blech vom
Gummikissen zunächst fest gegen die Schneidplatte gedrückt, dann wird das überstehende
Blech rings um die Schneidplatte herunterge-
bogen und auf der Sockeloberfläche festgehalten. Der Biegeradius wird immer kleiner, im

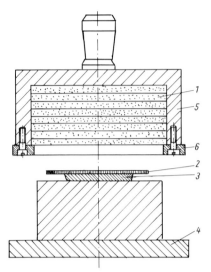

Bild 7.30   Schneidwerkzeug mit Gummikissen.
(1) Gummiplatten, (2) Schnitteil, (3) Schneidplatte,
(4) Grundplatte, (5) Koffer, (6) Spannplatte

Blech entstehen zunehmende Zugspannungen, bis es schließlich durch die an der Kante
der Schneidplatte entstehende Kerbwirkung
abgerissen wird.

Die Schneidplatte besteht aus Werkzeugstahl,
sie soll etwa fünfmal so dick wie das Blech sein.
Man bearbeitet sie so, daß ihre Kontur genau
mit dem Schnitteil identisch ist. Ringsum soll
die Schneidplatte einen Freiwinkel von etwa 4°
haben. Die Oberfläche der Platte muß völlig
glatt sein, weil sich alle Unregelmäßigkeiten
auf dem Blech abformen würden. Die Schneidplatte wird mit dem Sockel verschraubt, der
mindestens eine Randbreite von 20 cm haben
soll.

Damit der Gummi beim Umformungsvorgang
nicht seitlich ausweichen kann, sind die Platten
in dem Koffer zusammengefaßt, der unten mit
der Spannplatte verschlossen wird. Man verwendet Platten aus synthetischem Gummi, die
mehrere Tausend Schnitte aushalten, und
dann kann man sie immer noch untereinander
auswechseln.

7.2.5   Bauelemente der Schneidwerk-
zeuge

Schneidstempel

Schneidstempel und Schneidplatte sind die eigentlichen Werkzeugteile.
Aus einem vorgedrehten Rundstab kann man
auf der Stempelstoßmaschine auch komplizierte Schnittkonturen ausarbeiten. Der Übergang vom Werkzeugteil zum Kopf des Stempels wird als Hohlkehle ausgearbeitet, um die
Stabilität zu erhöhen (s. Bild 7.25).
Wenn größere oder kompliziertere Formen
ausgeschnitten werden sollen, wird der Stempel in einem *Stempelkopf* montiert (s. Bild
7.26):
Der eigentliche *Schneidstempel* steckt in der
Stempelhalteplatte, darüber befinden sich die
gehärtete *Druckplatte* und die *Stempelkopfplatte* mit dem *Einspannzapfen*.
Die hohe Belastung beim Aufschlag des Stempels wird von der Druckplatte aufgenommen,
die deswegen gehärtet sein muß. Damit der
Stempel beim Hochziehen mitgenommen
wird, ist er an seiner Oberkante etwas angestaucht.

Schneidplatte

In der Schneidplatte ist der dem Stempel entsprechende Durchbruch eingearbeitet. Damit
die Schneidplatte öfter nachgeschliffen werden kann, ohne die Maßhaltigkeit zu beeinträchtigen, ist die Öffnung oben 3 ... 5 mm
parallelwandig; der darunter liegende Bereich
öffnet sich konisch mit einem Winkel von
0,5 ... 3°, damit die ausgeschnittenen Teile
ohne festzuklemmen durchfallen können (s.
Bild 7.26). Heute wird die Schneidöffnung
auch mit einem durchgehenden Konus von
0,5° ausgeformt.
Zwischen Stempel und Öffnung der Schneidplatte muß ein genügend großer Schneidspalt
bleiben, damit die Schneidwerkzeuge ungehindert aneinander vorbeigleiten können; andererseits darf das Spiel nicht zu groß sein, damit
kein Grat gebildet wird.

Stempelführung

Sowohl bei Platten- als auch bei Säulenfüh-

rung kann man sich das mühevolle Anpassen erleichtern, wenn man die Gießharz-Ausfüllung benutzt. Bei der Führungsplatte wird der Durchbruch größer ausgearbeitet und dann mit Gießharz ausgegossen, dem zur Verbesserung der Gleitfähigkeit Graphit zugesetzt wird, während der genau justierte Stempel darin steckt. Bei der Stempelführung können die Führungsbuchsen ausgegossen werden.
Bei *plattengeführten Schneidwerkzeugen* (s. Bild 7.26) ist die Führungsplatte fest mit der Schneidplatte und den Zwischenlagen verbunden. Die Dicke der Führungsplatte ist abhängig von Festigkeit und Dicke des zu schneidenden Werkstoffs, auf alle Fälle muß sie ausreichend sein, um den Stempel auch bei der hohen Beanspruchung während des Schneidvorgangs sicher in der Schneidöffnung zu führen.
Die *Säulenführung* (s. Bild 7.27) hat den Vorteil, daß die Führungsteile vom eigentlichen Werkzeug unabhängig sind. Deshalb kann dieses Werkzeug auch als Auswechselgestell gestaltet werden, das als Grundmodell vorgefertigt wird und das dem jeweiligen Anwendungsfall entprechend mit Schneidstempel und -platte bestückt wird. Da diese Teile auswechselbar sind, kann man im gleichen Gestell später auch andere Werkzeuge einbauen.

Streifenführung

Die Zwischenlagen des plattengeführten Schneidwerkzeugs dienen auch dazu, den durchlaufenden Werkstoffstreifen seitlich genau zu führen (Bild 7.31). Um Abweichungen der Streifenbreite auszugleichen, kann man eine Führungsleiste mit federnden Druckstücken ausrüsten.

Vorschubbegrenzung

Um zu sichern, daß der Streifen bei Handvorschub nach jedem Arbeitsgang eine genau festgelegte Strecke weiterrückt, werden die beiden folgenden Verfahren angewandt.
Ein ganz einfaches Hilfsmittel ist der *Einhängestift* (Bild 7.32), der an der Schneidplatte so angeordnet ist, daß der Streifen mit der Kante des vorhergehenden Durchbruchs anschlägt.
Damit der Streifen schon am Anfang richtig eingelegt werden kann, wird der *Anschneideanschlag* eingeschoben, gegen den die Vorderkante des Streifens zunächst anstößt; nach dem ersten Schnitt wird der Anschlag weggezogen, und dann bestimmt man den weiteren Vorschub mit dem Einhängestift.

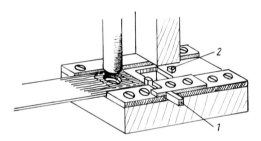

Bild 7.32 Vorschubbegrenzung beim Folgeschneidwerkzeug mit (1) Anschneideanschlag und (2) Einhängestift

Genauer, aber auch aufwendiger ist der *Seitenschneider* (Bild 7.33). Der Streifen wird gegen einen seitlich angebrachten Anschlag gescho-

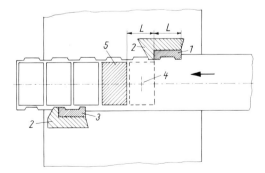

Bild 7.33 Vorschubbegrenzung beim Folgeschneidwerkzeug. (1) erster Seitenschneider, (2) fester Anschlag, (3) zweiter Seitenschneider, (4) Lochstempel, (5) Ausschneidstempel

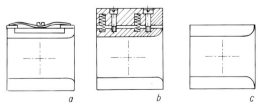

Bild 7.31 Streifenführung. a) und b) federnde Führungsleisten, c) feste Führungsleiste

ben, und der Seitenschneider trennt beim Niedergang vom Werkstoffstreifen einen etwa 1 mm breiten Streifen ab, der so lang wie ein Vorschubschritt ist. Der Seitenschneider ist also ein zusätzlicher Schneidstempel mit offener Schneidkante. Wenn er mit dem Stempelkopf wieder hochgezogen wird, kann der Streifen bis zum Anschlag weitergeschoben werden. Um auch das letzte Ende des Streifens nach Durchlaufen des ersten Seitenschneiders noch nutzen zu können, wird hinter den Arbeitsstempeln noch ein zweiter Seitenschneider eingebaut.

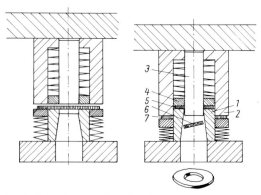

Bild 7.34 Gesamtschneidwerkzeug. a) vor und b) nach dem Schneidvorgang. (1) Stempel und (2) Schneidplatte zum Ausschneiden, (3) Stempel und (4) Schneidplatte zum Lochen, (5) Schnitteil, (6) Lochungsabfall, (7) Abfallstreifen

7.2.6   Mehrfachschneidwerkzeuge

Folgeschnittwerkzeug

Wenn in einem Werkstück mehrere Lochungen angebracht werden müssen, kann man die einzelnen Arbeitsschritte in einem Arbeitsgang ausführen, indem die erforderlichen Schneidwerkzeuge in einem Werkzeug hintereinander angeordnet werden. Beim Streifendurchlauf werden nacheinander die erforderlichen Lochungen angebracht, und in der letzten Stufe wird das Werkstück ausgeschnitten. Beim weiteren Arbeiten fällt mit jedem Hub der Presse ein fertiges Werkstück aus dem Werkzeug. Die Wirkungsweise ist auf den Bildern 7.32 und 7.33 zu sehen.

Gesamtschneidwerkzeug

Hiermit werden Außen- und Innenkontur von Blechteilen mit nur einem Hub, also in einem Arbeitsgang, ausgeschnitten. Der Aufbau des Werkzeugs ist auf Bild 7.34 zu erkennen. Es ist als Säulenführungsgestell gebaut, die Schneidelemente sind aber anders als üblich angeordnet: Der Stempel zum Ausschneiden ist auf der Grundplatte, die Schneidplatte im Oberstempel angeordnet; dagegen sind die Lochstempel im Oberteil, deren Schneidplatte im Ausschneidstempel.

Beim Niedergang schneidet das Werkzeugoberteil mit Schneidplatte und Lochstempel das Teil aus. Der Abfallstreifen wird auf den Stempel geschoben und das Schnitteil in die Schneidplatte gedrückt. Beim Rückgang wird das Teil durch den Auswerfer auf die Höhe der

Schneidplatte gehoben; der Abfallstreifen wird mit Hilfe des Abstreifers vom Stempel gelöst.

Die Lochausschnitte fallen durch die Durchbrüche des Werkzeugunterteils hindurch, das ausgeschnittene Werkstück wird schließlich wieder in seine Ausgangsposition, nämlich in den Durchbruch des Abfallstreifens, zurückgedrückt und so mit diesem Streifen aus dem Werkzeugbereich herausbefördert.

7.2.7   Werkstoffausnutzung

Wenn die fortlaufenden Werkstücke aus einem Streifen ausgeschnitten werden sollen, muß man dafür sorgen, daß möglichst wenig Abfall entsteht. Man kann die Ausnutzung des Werkstoffs dadurch verbessern, daß man die auszuschneidenden Teile in eine möglichst günstige Stellung zueinander bringt, oder daß man gleichzeitig unterschiedliche Teile aus dem gleichen Streifen herausschneidet.

Unter Berücksichtigung der folgenden Größen werden Streifenbreite B und Vorschublänge L festgelegt, um die Werkstoffausnutzung rechnerisch bestimmen und durch Variantenvergleich optimieren zu können.

Steg- und Randbreite (b_{St}; b_R) werden in Abhängigkeit von Blechdicke s und Steglänge aus dem Diagramm (Bild 7.35) ermittelt. Bei gekrümmten Schneidkanten wird als Abstand

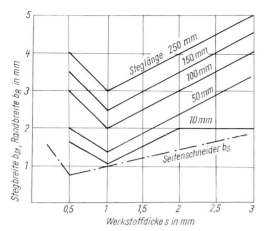

Bild 7.35 Diagramm zur Ermittlung der Steg- und Randbreiten

die kleinste Steglänge – also 10 mm – angenommen.

1. Beispiel: Ermittlung des Abfallverhältnisses bei dem abgebildeten Schnitteil (Bild 7.36).

Streifenbreite B $= b_T + 2\,b_R + 2b_S$
$= 5\,cm + 2 \cdot 0,2\,cm + 2 \cdot 0,1\,cm$
$= \underline{5,6\,cm}$

Streifenlänge L $= l_T + b_{St} = 10\,cm + 0,1\,cm$
$= \underline{10,1\,cm}$

Teilbreite b_T – Breite des Schnitteils
Teillänge l_T – Länge des Schnitteils
Stegbreite b_{St} – Abstand zwischen den Schnitteilen
Randbreite b_R – Abstand zwischen Teil und Rand
Seitenabschnitt b_S – Abschnitt des Seitenschneiders

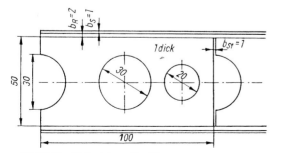

Bild 7.36 Beispiel zur Streifenausnutzung

Erforderliche Werkstoffoberfläche für ein Teil:
$A_W = B \cdot L = 5,6 \cdot 10,1\,cm = \underline{56,56\,cm^2}$

Oberfläche eines Schnitteils:
$A_T = b_T \cdot l_T - (\dfrac{r_1^2\,\pi}{2} + r_2^2\,\pi + r_3^2\,\pi) = 5 \cdot 10\,cm^2$
$- (\dfrac{1,5^2\,\pi}{2} + 1,5^2\,\pi + 1^2\,\pi)\,cm^2 = \underline{36,26\,cm^2}$

Fläche des Abfalls $A_A = A_W - A_T$
$= 56,56\,cm^2 - 36,26\,cm^2 = \underline{\underline{20,3\,cm^2}}$

Der Rentabilitätsvergleich ergibt sich aus folgenden Größen:

Abfallverhältnis
$A_V = \dfrac{A_A}{A_W} = \dfrac{20,3}{56,56} \cdot 100\,\% = \underline{35,89\,\%}$

Werkstoffausnutzung
$W_A = 100\,\% - A_V = 100\,\% - 35,89\,\% = \underline{64,11\,\%}$

2. Beispiel: Der Zuschnitt einer Ringschiene soll mit einem Folgewerkzeug ausgeschnitten werden. Wie muß der Schneidstempel angeordnet werden, damit der Werkstoff optimal ausgenutzt wird?
Einige der möglichen Lösungen sind auf Bild 7.37 zusammengestellt.
Zum Vergleich ist der erforderliche Abschnitt des Blechstreifens ($A_W = B \cdot L$) eingezeichnet. Bei der Lösung d) im Bild ist zu berücksichtigen, daß sich der erforderliche Streifenabschnitt auf zwei Schnitteile bezieht.
Grundsätzlich sind die Teile immer so dicht aneinandergereiht, daß zwischen ihnen nur b_{St} bleibt.
Wenn die Teile parallel nebeneinander liegen [b) $W_A = 38\,\%$] oder fortlaufend hintereinander liegen [c) $W_A = 33\,\%$], wird der Streifen nur ungenügend genützt.
In doppelter Reihe ist das Verhältnis günstiger [d) $W_A = 41\,\%$], aber der Werkzeugaufwand ist höher, denn man braucht entweder zwei Stempel oder ein kompliziertes Wendeschneidwerkzeug.
Die günstigste Werkstoffausnutzung ergibt

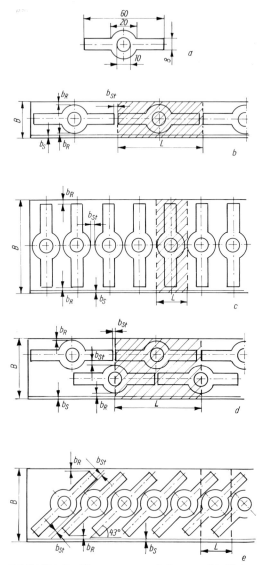

Bild 7.37   *Streifenausnutzung bei unterschiedlicher Anordnung des Schnitteils (Randbreite $b_R = 1$ mm, Stegbreite $b_{St} = 1$ mm, Seitenschneider $b_S = 1$ mm).*
a) Schnitteil, b) bis e) unterschiedliche Anordnung des Schnitteils auf dem Streifen

sich, wenn die Teile schräg nebeneinander liegen, weil dann Fingerauflage und Schiene jeweils auf den Abstand b_{St} zusammenrücken [e] $W_A = 48\,\%$].
Jedes Werkstück ist anders, deshalb muß man immer wieder neue Überlegungen anstellen, um das Material möglichst gut auszunutzen!

7.3   Biegen

7.3.1   Begriff

Die mit Hilfe von Schneidwerkzeugen hergestellten Blechteile werden mit Biegewerkzeugen weiterverarbeitet. Das Blech wird innerhalb der Biegezone plastisch umgeformt, während außerhalb dieser Zone der Werkstoff unverändert bleibt. Das Materialgefüge wird genauso beansprucht wie bei der handwerklichen Biegeumformung: Man kann folgende Verfahren der maschinellen Blechumformung unterscheiden (Bild 7.38):

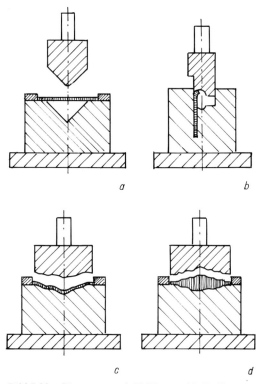

Bild 7.38   *Biegearten. a) V-Biegen, b) Rollbiegen, c) Formbiegen, Formstanzen, d) Prägen*

Einfaches Biegen. Die Biegelinie liegt zwischen den Kanten des Blechs, es ist also eine offene Biegelinie.

Rollbiegen. Die Blechkante wird im Rollwerkzeug umgebördelt, indem sich die Biegekante ständig weiterschiebt.

Formbiegen, auch »*Formstanzen*«. »Hohlprä-
gen« ist ein unlogischer Begriff, man sollte ihn
für dieses Verfahren nicht anwenden. Das
Blech wird reliefartig umgeformt, die Biegelinien sind unendlich, also in sich geschlossen,
und die Blechdicke bleibt unverändert.

Prägen. Auch mit diesem Verfahren wird das
Blech als Relief mit unendlichen Biegelinien
umgeformt; während aber beim Formbiegen
die Blechdicke konstant bleibt, wird sie jetzt
dem Relief entsprechend verändert. Das Relief kann einseitig oder beidseitig eingearbeitet
werden.

7.3.2 Einfaches Biegen

Vorgänge beim Biegen

Der Werkstoff wird wie ein Träger auf zwei
Stützen auf Biegung belastet, wenn der Biegestempel auftrifft. Das Blech klappt hoch, stützt
sich auf die Biegekanten der Biegeplatte und
gleitet auf ihnen entlang, bis der Oberstempel
seine tiefste Stellung erreicht hat und der Biegespalt ausgefüllt ist (Bild 7.39).

Beim Biegen wird der Werkstoff an der Außenseite auf Zug, an der Innenseite auf Druck
beansprucht.

Eine wichtige Erscheinung beim Biegen ist die
Rückfederung, denn nach der Entlastung
formt sich das gebogene Teil um den elastischen Anteil zurück, ähnlich wie das ja auch
beim Biegen von Hand bekannt ist. Das Maß
der Rückfederung ist abhängig von

- Härte und Festigkeit des Werkstoffs,
- Größe des Biegeradius.

Je größer der Radius, um so größer die Rückfederung.
Um diese Rückfederung einzuschränken, sind
folgende Maßnahmen zu empfehlen:

- Werkstoff durch Glühen entspannen,
- kleinstmöglichen Biegeradius wählen,
- Biegespalt an der eigentlichen Biegestelle
  etwas verengen, um den Werkstoff zusätzlich zu stauchen.

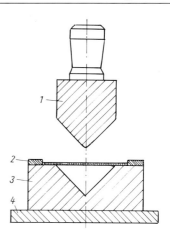

*Bild 7.39   V-Biegewerkzeug. (1) Biegestempel,
(2) Einlegebleche, (3) Werkstoff, (4) Grundplatte*

- Wenn es konstruktiv möglich ist, Biegewinkel des Werkzeugs kleiner wählen, damit
  das Werkstück nach der Rückfederung den
  geforderten Biegewinkel annimmt.

Um Rißbildung und Überbeanspruchung des
Werkstoffs zu vermeiden, soll die Biegekante
quer zur Walzrichtung liegen.

Aufbau des Biegewerkzeugs

Die Grundbestandteile sind *Biegestempel* und
Biegeplatte. Zur Führung des Biegestempels
können *Führungssäulen* benutzt werden, man
kann das Biegewerkzeug aber auch in ein *Säulenführungsgestell* einarbeiten.
Um für das zugeschnittene Blechteil eine genaue Auflage zu sichern, können auf dem Unterstempel *Einlegebleche* angebracht werden,
und damit sich kompliziertere Werkstücke
während des Biegevorganges nicht verschieben, können federnde *Gegenhalter* in die Biegeplatte eingearbeitet werden, die als *Auswerfer* dienen.

Die Beschaffenheit des Werkzeugs soll an zwei
Ausführungsbeispielen erläutert werden.

V-Biegewerkzeug

Hiermit wird ein einfaches Winkelblech hergestellt. Da der Blechstreifen während des Bie-

gevorgangs zwischen Biegestempel und Biegekante geführt wird, genügt das Einlegeblech,
ein Gegenhalter ist nicht erforderlich.

Biegewerkzeug mit Keiltrieb

Der Biegestempel wirkt über eine kräftige Feder, so daß beim Stempelniedergang das Bie-
geteil zunächst U-förmig gebogen wird (Bild
7.40); dann wird das Werkstück noch tiefer in
die Biegeplatte gedrückt, der Gegenhalter
trifft in seiner tiefsten Stellung auf einen festen
Anschlag. Nun kommt der Keiltrieb zum Einsatz: Die senkrechte Bewegung wird durch
Keilstempel in eine horizontale umgesetzt, so

daß die Schiebebacken das Werkstück endgültig formen können. Wenn das Werkzeugoberteil wieder angehoben wird, gehen die Schiebebacken zurück, und der Gegenhalter fördert
als Auswerfer das fertig gebogene Werkstück
auf die Ebene der Biegeplatte zurück.

7.3.3   Rollbiegen

Mit diesem Verfahren wird beispielsweise ein
Scharnierband angerollt; besonders wichtig ist
es zum Anrollen des umgebördelten Gefäßrandes.
Damit man das fertige Gefäß aus dem Werkzeug entnehmen kann, muß der Rollzylinder
geteilt sein (Bild 7.41). Er ist auf Ober- und
Unterstempel verteilt.

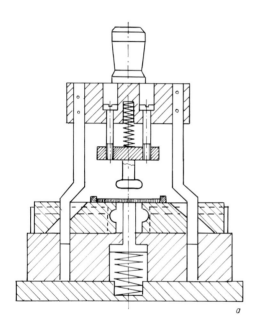

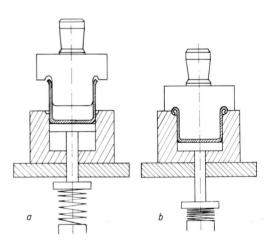

Bild 7.41   Rollbiegewerkzeug mit geteiltem Roll-
zylinder für umgebördelten Gefäßrand, a) vor und b)
nach der Umformung

Der Gefäßboden wird gegen einen federnden
Auswerfer gedrückt, die Wand wird im Unterstempel geführt, und die Oberkante wird zunächst im niedergehenden Oberstempel her-
umgerollt, bis die gerundete Kante an die
Gefäßwand anstößt.

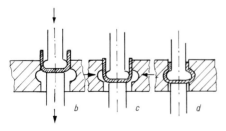

Bild 7.40   Biegewerkzeug mit Keiltrieb. a) Gesamt-
ansicht, b) U-förmige Umformung mit federndem
Biegestempel, c) Einformung der Rundung mit Keil-
stempeln, d) fertiges Werkstück

7.3.4 Formbiegen, Formstanzen

Formstanzwerkzeuge

Das Verfahren wird bei der Herstellung von Serienschmuck häufig angewandt, um aus Blech reliefartige Zierteile zu produzieren, die eine ähnliche Wirkung ergeben wie Ziselierungen bei der Einzelfertigung; die Blechdicke bleibt bei der Umformung unverändert.

Das Relief wird negativ in den Unterstempel eingearbeitet, so daß es der gewünschten Ansichtsseite des Blechs entspricht. Mit dem Oberstempel wird das Blech in die Form gedrückt, deshalb muß er dem um die Blechdicke verminderten positiven Relief entsprechen.

Ober- und Unterstempel können in ein plattengeführtes oder auch in ein säulengeführtes Werkzeug eingebaut werden; man kann sie aber auch zusammen mit dem Schneidstempel und der Schneidplatte in ein kombiniertes Folge- oder Gesamtwerkzeug einsetzen, um in einem Hub beide Arbeitsgänge zusammenzufassen.

Nachdem der Werkzeugmacher Ober- und Unterstempel vorbereitet hat, arbeitet der Stahlgraveur die Reliefs ein. Zur Bearbeitung des harten Werkstoffs nutzt er alle Möglichkeiten der spangebenden Formung. Seine typischen Werkzeuge sind Meißel unterschiedlicher Form; wachsende Bedeutung haben kleine Fräser, die mit Technikmotor und biegsamer Welle betrieben werden; trotzdem haben auch die Riffelfeilen noch ihre Bedeutung.

Zur Nacharbeit werden Formpunzen und Polierwerkzeuge verwendet.

Von Präzision und Oberflächengüte des Werkzeugs hängt die Qualität des Stanzteils ab. Besonders sorgfältig muß der Negativstempel gestaltet werden, denn auf ihm formt sich die Oberseite des Reliefs.

Wenn eine große Stückzahl von Erzeugnissen und damit eine lange Einsatzdauer des Werkzeugs zu erwarten ist, muß man damit rechnen, daß abgenutzte und beschädigte Stempel ersetzt werden müssen. In solchen Fällen ist es günstig, wenn vom Stahlgraveur zunächst ein positiver Modellstempel als »Urform« ausgearbeitet wird, der nicht direkt zum Stanzen benutzt wird, sondern nur zur Ausformung der eigentlichen Arbeitsstempel dient. Der gehärtete Modellstempel wird in den weichen Stahlblock des Unterstempels kalt eingesenkt, um das gewünschte Negativrelief (Bild 7.42) abzuformen.

Nachdem der Unterstempel gehärtet worden ist, wird der Oberstempel so eingepreßt, daß sich in ihm das Positivrelief abbildet, das vom Stahlgraveur um die Blechdicke reduziert wird; abschließend wird auch dieser Oberstempel gehärtet.

Bei der Ausformung des Gegenstempels in der Presse wird der Stahl sehr beansprucht, deshalb muß das Relief vorsichtig mit gleichmäßigem Druck ausgeformt werden. Bei höheren Reliefs wird der Gegenstempel schon grob vorgeschnitten, um die Materialverdrängung zu erleichtern.

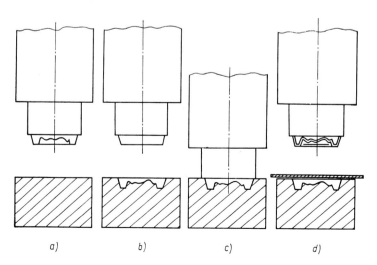

a)   b)   c)   d)

Bild 7.42 Herstellung von Ober- und Unterstempel zum Formstanzen. a) gehärteter Modellstempel mit weichgeglühtem Unterstempel, b) gehärteter Unterstempel mit weichgeglühtem Oberstempel, c) Oberstempel, in Unterstempel eingesenkt, d) gehärtete Stempel in Funktion

Man kann die Ausformung auch durch Ätzen unterstützen. Dazu wird der Stempel mit Decklack überzogen, leicht auf das Relief aufgeschlagen, so daß der Lack an den Kontaktstellen abgequetscht wird; beim anschließenden Ätzen werden die freiliegenden Stellen gelöst. Anpressen und Ätzen werden so oft wiederholt, bis das Relief voll ausgebildet ist.
Selbstverständlich kann man auch ohne Modellstempel das Werkzeug ausarbeiten. Normalerweise wird der positive Stempel zuerst graviert; wenn es im konkreten Fall günstiger ist, kann aber auch mit dem negativen Relief begonnen werden. So ist es beispielsweise bequemer, für eine Perlkante eine Reihe von Halbkugeln auszufräsen, als sie aus dem Stahl positiv zu modellieren.

Formbiegewerkzeuge mit Gummikissen
Mit dem Gummikissen kann man Reliefgestaltungen sehr gut in Blech umsetzen. Auf dem Sockel wird eine entsprechend modellierte Form befestigt. Sie muß nicht unbedingt aus Metall geformt werden, Hartholz oder ein hartes Plastikmaterial eignen sich ebenfalls dafür. Besonders gut lassen sich flache Reliefs mit weichen Übergängen abformen. Da das Blech ebenso wie beim Schneiden zwischen Gummi und Gegenform fest angepreßt wird, kann es bei großen Höhenunterschieden und scharfen Kanten des Reliefs dazu kommen, daß das Blech über die Zugfestigkeit hinaus beansprucht wird und einreißt. Wenn man die Reliefform in einem Winkel von 7 ... 10° aufstellt, kommt es zu einer wälzenden Umformung, so daß der Werkstoff besser fließt (Bild 7.43).

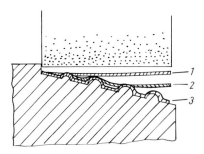

Bild 7.43 Formbiegewerkzeug mit Gummikissen zur »wälzenden Umformung«. (1) vor, (2) während und (3) nach der Umformung

7.3.5 Prägen

Wie schon bei der Begriffsbestimmung erläutert wurde, verändert sich jetzt die Dicke des Materials.
Bei der einseitigen Prägung liegt das Werkstück auf einer flachen Unterlage, die man zweckmäßigerweise etwas riffelt oder strukturiert, damit sich das Prägestück nicht verschieben kann. In den Oberstempel ist das Negativrelief genauso eingearbeitet wie in den Unterstempel des Formstanzwerkzeugs. Beim Stempelniedergang wird das Material aus den tiefliegenden Reliefbereichen in die erhabenen verdrängt, außerdem wird ein Materialüberschuß als Grat ringsum herausgequetscht. Dies ist insofern vorteilhaft, weil dadurch die Werkzeugstempel nicht direkt aufeinanderschlagen können. Wegen der Materialverdrängung werden höhere Kräfte als beim Formstanzen gebraucht, außerdem ist es bei Reliefs mit größeren Höhenunterschieden zweckmäßig, wenn die Umformung langsam erfolgt und der Pressendruck allmählich ansteigt, damit die Werkstoffteilchen genügend Zeit zum Fließen haben. In solchen Fällen wären hydraulische Pressen besonders geeignet. Mit einem plötzlichen Schlag würde das Relief nicht völlig ausgeprägt.
Wenn das Relief, wie etwa bei einer Münze, beidseitig aufgeprägt werden soll, ist der Unterstempel auch als Negativrelief graviert.
Um zu verhindern, daß sich der seitliche Grat bildet, umgibt man den Werkstoff mit einem massiven Prägering, der während des Prägevorgangs beide Formstempel dicht umschließt.

7.4 Tiefziehen

Mit diesem Verfahren wird aus der ebenen Blechscheibe – der Platine – durch Dehnen und Stauchen ein nahtloser Hohlkörper hergestellt. Gefäße, Kastenfassungen für Schmucksteine und sogar nahtlose Rohre kann man maßgenau und mit glatter Oberfläche auf rationelle Weise in großer Stückzahl industrietechnisch produzieren.

7.4.1 Arbeitsweise und Werkzeuge

Die Hauptbestandteile des Werkzeugs sind: *Ziehstempel, Ziehring* und *Niederhalter* (Bilder 7.44 und 7.45). Beim Niedergang des Stößels wird die Platine vom Ziehstempel in den Ziehspalt hineingedrückt. Dabei muß sich der für den Gefäßrand erforderliche Werkstoff um die gerundete Kante des Ziehrings herumziehen und in den Ziehspalt zwischen Stempel und Ziehring fließen.

Daraus ergeben sich komplizierte Umformungsvorgänge, denn Teile des Werkstoffs müssen in radialer Richtung gedehnt und benachbarte Teile in tangentialer Richtung gestaucht werden, weil die Werkstoffdicke beim Tiefziehen durchweg unverändert bleibt. Die Werkstoffverdrängung beim Umformen der Platine hat zur Folge, daß sich die Gefäßwand verlängert.

Besonders bei dünnen Blechen besteht die Gefahr, daß sich an der Gefäßwand Falten bilden, deshalb ist es notwendig, das Blech rings um den Ziehstempel mit einem Niederhalter glatt zu halten.

Wenn das Werkzeug einen Auswerfer hat, wird das fertig geformte Gefäß beim Anheben des Stempels wieder aus der Ziehöffnung gedrückt. Man kann deshalb damit auch tellerartige Gefäße mit flachem Rand herstellen.

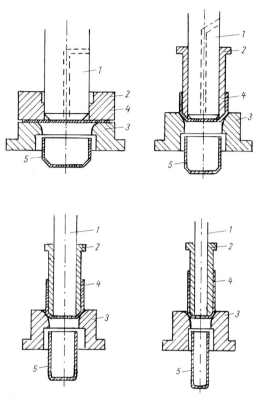

Bild 7.45 *Tiefziehwerkzeug für mehrere Ziehstufen. (1) Stempel, (2) Niederhalter, (3) Ziehring, (4) Ausgangsform, (5) Endform*

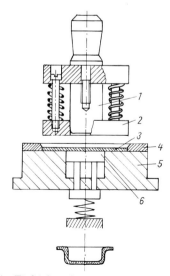

Bild 7.44 *Tiefziehwerkzeug mit Auswerfer. (1) Stempel, (2) Niederhalter, (3) Platine, (4) Einlegeblech, (5) Ziehring mit Ziehradius, (6) Auswerfer*

Ist der Ziehring nach unten offen, wird dann, wenn der Ziehstempel seinen tiefsten Punkt erreicht hat, das fertige Gefäß durch den Ziehring hindurchgeschoben. Wenn es aus dem unteren Bereich des Ziehrings herauskommt, dehnt es sich am Rand etwas aus, weil sich der elastische Anteil der Umformung wieder entspannt. Beim Anheben des Ziehstempels wird deshalb das fertige Gefäß an der Unterkante des Ziehrings festgehalten und, weil der Stempel nach vorn ganz leicht verjüngt ist und weil über die Entlüftungsbohrung der Druckausgleich am Gefäßboden erfolgt, löst sich das Gefäß vom Stempel und fällt durch die Öffnung des Pressentischs (s. Bild 7.45).

Nur in Ausnahmefällen kann das Gefäß aus der Platine in einem Zug hergestellt werden. Wenn der Gefäßdurchmesser weniger als 60 % des Durchmessers der Platine beträgt, muß in mehreren Ziehstufen nach und nach der entstehende Gefäßdurchmesser immer weiter verkleinert werden. Mit diesen Arbeitsschritten wird die Kantenrundung des Gefäßbodens immer weiter verkleinert.

Bei den Werkzeugen für die weiteren Ziehstufen muß der Niederhalter so gestaltet sein, daß er rings um den Ziehstempel in das Gefäß hineinpaßt, so daß der Werkstoff der Gefäßwandung zwischen Ziehstempel und Ziehradius ohne Faltenbildung herumfließen kann.

7.4.2 Bestimmung des Zuschnitts

Ganz gleich, ob ein Gefäß mit dem Hammer aufgezogen, auf der Drückbank geformt oder im Tiefziehverfahren hergestellt wird, das gewünschte Ergebnis kann nur erreicht werden, wenn die Platine in Form und Größe richtig zugeschnitten worden ist. Normalerweise liegt zuerst der Entwurf des Endprodukts vor, und danach muß die Dimensionierung des Zuschnitts ermittelt werden. Dabei soll man sich nicht auf irgendwelche »Faustregeln« verlassen, sondern die exakte Berechnungsmethode benutzen, die auf der bekannten Beziehung beruht

$$m = V \cdot \rho = A \cdot s \cdot \rho$$

A – Oberfläche des Blechs in cm^2
s – Dicke des Blechs in cm
V – Volumen des Blechs in cm^3
ρ – Dichte des Metalls in g/cm^3
m – Masse des Blechs in g

Man kann davon ausgehen, daß folgende Übereinstimmungen zwischen Platine und Gefäß bestehen:

- gleiche Dichte, weil sie aus dem gleichen Metall bestehen ($\rho_1 = \rho_2$)
- gleiche Masse, weil nichts weggeschnitten oder angesetzt wird ($m_1 = m_2$)
- gleiche Blechdicke, weil sich diese Abmessung beim Umformen nicht ändern soll ($s_1 = s_2$)

Unter Berücksichtigung dieser Prämissen ergibt sich, daß die Oberflächen von Zuschnitt und Endprodukt gleich groß sind!
$$A_1 = A_2$$

Da bei rotationssymmetrischen Gefäßen – also solchen mit rundem Querschnitt – von einer runden Blechscheibe – auch »Platine« oder »Ronde« genannt – auszugehen ist, kann der Durchmesser des Zuschnitts leicht errechnet werden, wie dies an folgenden Beispielen gezeigt werden soll.

In der Praxis ist die Materialdicke normalerweise wesentlich kleiner als der Gefäßdurchmesser, deshalb kann der Unterschied von Innen- und Außendurchmesser vernachlässigt werden.

1. Beispiel: Wie groß muß die Platine sein, aus der ein zylindrisches Gefäß nach Bild 7.46a hergestellt werden soll?

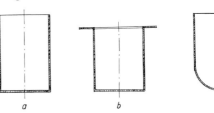

Bild 7.46 Zuschnittberechnung. a) zylindrisches Gefäß, b) zylindrisches Gefäß mit Rand, c) zylindrisches Gefäß mit gerundetem Boden

Platine = Gefäß
$$d_1^2 \, \frac{\pi}{4} = d_2^2 \, \frac{\pi}{4} + d_2 \cdot \pi \cdot h$$

Daraus wird:
$$d_1^2 \, \frac{\pi}{4} = \frac{\pi}{4} \, (\, d_2^2 + 4 \cdot d_2 \cdot h \,)$$
$$d_1 = \sqrt{d_2^2 + 4 \cdot d_2 \, h}$$

Die Zahlenwerte werden in cm eingesetzt:
$$d_1 = \sqrt{4^2 + 4 \cdot 4 \cdot 6} \ \text{cm} = \underline{\underline{10,58 \ \text{cm}}}$$

Als Verallgemeinerung ergibt sich folgende Grundformel:
$$A_1 = A_2$$
$$d_1^2 \, \frac{\pi}{4} = A_2$$
$$d_1 = \sqrt{\frac{4}{\pi} \cdot A_2}$$

An der Stelle A_2 wird die Flächenformel des jeweiligen Gefäßes eingesetzt, die möglichst in eine solche Form gebracht wird, daß $\frac{\pi}{4}$ ausgeklammert werden kann, damit es sich gegen $\frac{4}{\pi}$ kürzen läßt, wie beim nächsten Beispiel.

2. Beispiel: Zylindrisches Gefäß mit abgesetztem Rand nach Bild 7.46 b.
Der kreisförmige Rand kann mit dem Gefäßboden zu einer gemeinsamen Kreisfläche mit dem Durchmesser d_3 zusammengefaßt werden.

$$d_1 = \sqrt{\frac{4}{\pi} A_2} = \sqrt{\frac{4}{\pi}(d_3^2 \frac{\pi}{4} + d_2 \cdot \pi \cdot h)}$$

$$d_1 = \sqrt{d_3^2 + 4 \cdot d_2 \cdot h}$$

3. Beispiel: Zylindrisches Gefäß mit halbkugligem Boden nach Bild 7.46 c.

$$d_1 = \sqrt{\frac{4}{\pi}(d_2^2 \frac{\pi}{2} + d_2 \cdot \pi \cdot h)} = \sqrt{2\,(d_2^2 + 2\,d_2 \cdot h)}$$

Sowohl beim Tiefziehen als auch bei Silberschmiedearbeiten entspricht die Gefäßform nicht solchen einfachen geometrischen Körperformen, sondern sie ist aus ästhetischen und funktionellen Gründen komplizierter geformt. In solchen Fällen wird der Körper in einzelne elementargeometrische Formen zerlegt, deren Oberflächen annähernd dem gewünschten Gefäß entsprechen, wie dies beim folgenden Beispiel gezeigt wird.

4. Beispiel: Welchen Durchmesser muß die Platine haben, aus der der Körper einer Kanne nach Bild 7.47 hergestellt werden kann?
Die Wandung der Kanne wird in zwei Kegelstumpf-Mantelflächen und eine Kugelkalotte zerlegt. Die Berechnung kann nach zwei Methoden erfolgen:

a) Berechnung der Mantelflächen.

$A_{ges} = A_{Kegel\,1} + A_{Kegel\,2} + A_{Kalotte}$

$A_{ges} = \pi\,[l_1\,(r_1 + r_2) + l_2\,(r_2 + r_3) + 2 \cdot r_4 \cdot h]$

$A_{ges} = \pi\,[4,5\,(4,2 + 2,6) + 8,1\,(2,6 + 4,6) + 2 \cdot 6,3 \cdot 10,8]$

$A_{ges} = \underline{\underline{706,5\ cm^2}}$

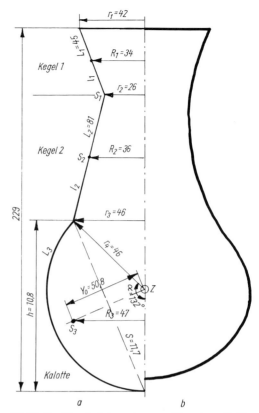

Bild 7.47 *Zuschnittberechnung für eine Kaffeekanne. a) Gesamtansicht, b) Einteilung des Kannenkörpers in Elementarkörper*

b) »Guldinsche Regel«: Da es sich um rotationssymmetrische Körper handelt, kann man die einzelnen Mantelflächen der Teilkörper auch nach diesem Verfahren recht einfach errechnen. Die Betrachtung geht davon aus, daß eine Konturlinie um die Hauptachse des Gegenstandes rotiert und dabei eine Spur hinterläßt, die der Mantelfläche des Körpers entspricht.
Man braucht
● die Länge der Konturlinie L
● die Lage des Linienschwerpunkts S
● den Abstand Schwerpunkt – Körperachse als Rotationsradius R

Dann ergibt sich

$A_{ges} = 2\pi\Sigma L_n \cdot R_n$

Die *Länge* gerader Linien wird aus der maßstabgerechten Zeichnung abgenommen, Kreisbögen müssen berechnet werden:

$360° : 2r_4 \cdot \pi = 132° : L_3$

$L_3 = \dfrac{2r_4 \cdot \pi \cdot 132}{360} \text{ cm} = 14{,}5 \text{ cm}$

Der *Schwerpunkt* einer geraden Linie liegt in deren Mitte. Bei einer gebogenen Linie befindet er sich außerhalb dieser Linie, und man muß ihn auf der Winkelhalbierenden des Zentriwinkels festlegen, indem man den Abstand y_0 des Schwerpunkts s vom Kreismittelpunkt z bestimmt; die Länge der Kreissehne S wird aus der Zeichnung entnommen.

$y_0 = \dfrac{r_4 \cdot S}{l_3} = \dfrac{6{,}3 \cdot 11{,}7}{14{,}5} \text{ cm} = 5{,}08 \text{ cm}$

Der jeweilige *Rotationsradius* wird aus der Zeichnung entnommen.
Mit diesen Voraussetzungen kann man die Gesamtfläche ermitteln.

$A_{\text{ges}} = 2\,\pi\,(L_1 \cdot R_1 + L_2 \cdot R_2 + L_3 \cdot R_3)$

$A_{\text{ges}} = 2\,\pi\,(4{,}5 \cdot 3{,}4 + 8{,}1 \cdot 3{,}6 + 14{,}5 \cdot 4{,}7)\ \text{cm}^2$

$= \underline{\underline{706{,}5 \text{ cm}^2}}$

Der Durchmesser der Ausgangsplatine ergibt sich dann nach

$d_1 = \sqrt{\dfrac{4}{\pi}\,A_{\text{ges}}} = \sqrt{\dfrac{4}{\pi}\,706{,}5}\ \text{cm} = \underline{\underline{30 \text{ cm}}}$

c) *Zuschnittberechnung aus der Masse.* Wenn bereits ein fertiges Erzeugnis als Modell vorliegt, gestaltet sich die Berechnung des Zuschnitts runder Gefäße recht einfach, weil man nicht von der Oberfläche, sondern von der Masse ausgehen kann.
So bekommt man auch bei komplizierten Formen gute Ergebnisse.
Die Masse der runden Platine ergibt sich nach

$m = V \cdot \rho$

Das Volumen der Rundsäule wird eingesetzt

$m = \dfrac{d_1^2 \cdot \pi \cdot s}{4} \cdot \rho$

Nach d_1 umgestellt

$d_1 = \sqrt{\dfrac{4 \cdot m}{\pi \cdot s \cdot \rho}}$

Da sich Masse und Blechdicke während der Bearbeitung nicht ändern, werden beide Werte am fertigen Modell ermittelt und in diese Formel der Platine eingesetzt.

Beispiel: Ein silberner Becher soll im Tiefziehverfahren hergestellt werden. Wie groß muß der Zuschnittdurchmesser sein?
Gegeben sind: $m = 123{,}6$ g; $\rho = 10{,}3$ g/cm^3 für AgCu 10; $s = 0{,}08$ cm

$d_1 = \sqrt{\dfrac{4 \cdot m}{\pi \cdot s \cdot \rho}} = \sqrt{\dfrac{4 \cdot 123{,}6}{0{,}08 \cdot 10{,}3 \cdot \pi}}\ \text{cm} = \underline{\underline{13{,}82 \text{ cm}}}$

Zuschnitt-Diagramm. Hat man häufig die Zuschnitte für gleichartige runde Gefäße unterschiedlicher Größe festzulegen, kann man sich leicht aus einigen errechneten Werten solche Kurven entwickeln (Bild 7.48), an denen man sofort die Größen ablesen kann. Als Beispiel wird der zylindrische Becher benutzt, dessen Grundformel bereits abgeleitet wurde:

$d_1 = \sqrt{d_2^2 + 4 \cdot d \cdot h}$

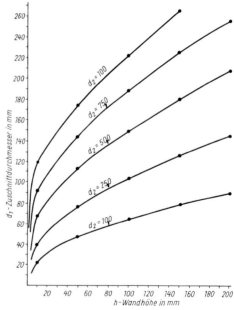

Bild 7.48 *Zuschnitt-Diagramm*

Wie man sieht, verläuft die Kurve nicht linear, wodurch noch einmal bestätigt wird, daß man die erforderliche Platinengröße nicht nach irgendwelchen Faustregeln bestimmen kann.

7.4.3 Tiefziehstufen

In einem Zug lassen sich aus der Platine nur Gefäße mit niedrigem Rand ziehen; hohe Gefäße mit kleiner Bodenfläche kann man nur in mehreren Arbeitsgängen – Ziehstufen – herstellen.

Die Ermittlung der Abstufungen der Ziehdurchmesser beruht auf dem Ziehverhältnis m:

Für den ersten Zug gilt $m_1 = \dfrac{d_2}{d_1}$

für die weiteren Züge $m_2 = \dfrac{d_3}{d_2} \cdots \dfrac{d_n}{d_{n-1}}$

m – Ziehverhältnis
d_1 – Zuschnittdurchmesser in mm
d_2 – Außendurchmesser nach dem ersten Zug in mm
d_n – Außendurchmesser nach dem n-ten Zug in mm

Als Erfahrungswerte gelten:
- für den ersten Zug $m_1 = 0{,}55 \ldots 0{,}6$
- für alle weiteren Züge $m_n = 0{,}75 \ldots 0{,}8$

Beispiel: Für einen Becher (Bild 7.49) werden folgende Ziehstufen ermittelt:

$d_2 = m_1 \cdot d_1 = 0{,}6 \cdot 17{,}4 = 10{,}4$ gewählt: 100 mm
$d_3 = m_2 \cdot d_2 = 0{,}8 \cdot 10{,}0 = 8{,}0$ gewählt: 80 mm
$d_4 = m_2 \cdot d_3 = 0{,}8 \cdot 8{,}0 = 6{,}4$ gewählt: 65 mm
$d_5 = m_2 \cdot d_4 = 0{,}8 \cdot 6{,}5 = 5{,}2$ gewählt: 50 mm

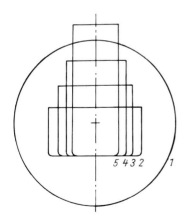

Bild 7.49   Ermittlung der Ziehstufen. (1) Platine, d_1 = 174 mm, (2) 1. Zug, d_2 = 100 mm, (3) 2. Zug, d_3 = 80 mm, (4) 3. Zug, $d_4 = 65$ mm, (6) letzter Zug, Fertigerzeugnis, $d_5 = 50$ mm, h = 137 mm

7.5 Biegen von Draht

Bei der industriellen Schmuckfertigung gibt es zahlreiche rationelle Verfahren zur Umformung von Blechteilen. In den vorangegangenen Kapiteln wurde dargestellt, wie mit unterschiedlichen Pressen, zweckentsprechenden Werkzeugen die Bleche problemlos gebogen oder plastisch ausgeformt werden können.

Im Gegensatz dazu gibt es weit weniger Möglichkeiten, um Drahtteile mit ähnlich rationellen Methoden zu formen. Viel zu oft müssen in der industriellen Serienfertigung die Drähte mit rein manufakturellen Verfahren bearbeitet werden; Effektivität und Produktivität sind nur gering:

- Noch immer werden die Drähte rein manuell mit Zangen gebogen.
- Wenn es die Form zuläßt, werden einfache Biegevorrichtungen benutzt, in denen der Draht zwischen entsprechend gestalteten Backen mit Hebeldruck gebogen wird.
- Mitunter kann man den Draht um einen geeigneten Dorn wie eine Ösenspirale wickeln.
- Auch das Prinzip des »Faulenzers« wird für die Serienfertigung benutzt.

Mit all diesen Verfahren wird nur eine geringe Effektivität und Produktivität erreicht.

Als Werkzeugmaschine für die Drahtumformung kann der *»Ubimat«* (Universal-Drahtbiegeautomat) (Bild 7.50) vorgestellt werden, mit dem Fassonteile hochproduktiv gebogen werden können.

Allerdings sind dessen Möglichkeiten durch die Biegewerkzeuge und durch Länge und Dicke des Drahtes begrenzt.

Der Draht läuft von einer Sammelrolle über einen Rollenrichtapparat zum eigentlichen Werkzeugbereich. Aus verschiedenen Richtungen werden Biegeschieber gegen den Draht geführt, deren Arbeitsflächen zweckentsprechend gestaltet sind. Das fertig gebogene Teil wird dann abgeschnitten.

Von der Antriebswelle aus werden über Exzenter- und Kurvenscheiben die Werkzeugschieber gesteuert, so daß mit jeder Umdrehung ein Halbteil fertiggebogen und abgeschnitten ist. Werkzeugkosten und Aufwand beim Einrichten der Maschine sind relativ hoch, deshalb muß die Auflage möglichst groß sein. Ursprünglich wurde der Ubimat zur Pro-

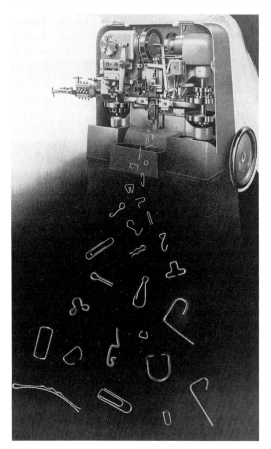

Bild 7.50   *Drahtbiegeautomat*

duktion von Massenartikeln wie Büroklammern, Haarklemmen usw. entwickelt; in der Schmuckindustrie hat sich die Maschine aber schon seit langer Zeit erfolgreich bewährt.

7.6 Kettenherstellung

Wenn auch die industrielle Drahtumformung ziemlich unrationell ist, so bildet die Kettenfertigung eine Ausnahme, denn auf hochproduktiven Automaten entstehen Industrieketten, bei denen heute auch recht komplizierte Formen möglich sind. Während der Industrieschmuck stark von den Schwankungen der Mode bestimmt wird, sind die Ketten davon kaum betroffen, so daß sich Standardtypen herausgebildet haben, die seit Jahrzehnten unverändert geblieben sind.

Gerade bei diesen Maschinen ist noch deutlich zu erkennen, wie der Ingenieur die monotonen Handgriffe des Handarbeiters – in dem Fall des Kettenmachers – auf den Mechanismus des Automaten umzusetzen verstand.

Als Beispiel soll die Panzerkettenmaschine dienen (Bild 7.51). Es wirkt faszinierend, wenn man zusieht, wie der Draht zugeführt und zur Öse gewickelt wird, wie die Zangen herankommen und die Öse zusammenbiegen. Während die Zange noch die Öse hält, wird bereits die nächste Öse gewickelt und in das vorige Glied eingerollt.

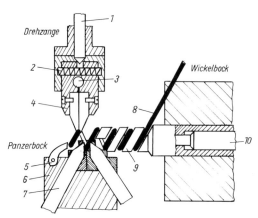

Bild 7.51   *Werkzeugteil des Panzerkettenautomaten (schematisch). (1) Schließstößel, (2) Zugfeder, (3) Zangenbolzen, (4) Zangenkopf, (5) Gegenhalter, (6) Panzerzange, (7) Messer, (8) Draht, (9) Wickelspirale, (10) Wickeldorn*

Der Ablauf der einzelnen Arbeitsschritte wird rein mechanisch über Kurvenscheiben und Übertragungsstößel geregelt. Alle diese Scheiben sind auf der Antriebswelle befestigt, und jede von ihnen regelt nur einen bestimmten Bewegungsvorgang. So braucht man für die Zange je eine Scheibe für die Arbeitsgänge
● Öffnen
● Vorwärtsschieben
● Schließen
● Verdrehen
● Heben und Senken
Das alles geschieht ohne die direkte Einwirkung eines Arbeiters und dabei in einem solchen Tempo, daß man die Entstehung der Kette optisch kaum noch verfolgen kann. In

einer Stunde wird eine Kette von 20 m Länge produziert!

Eine Auswahl möglicher Typen von Industrieketten ist auf Bild 7.52 zusammengestellt.

In Speziallötvorrichtungen werden die Kettenglieder kontinuierlich verlötet. Außerdem können die Ketten flachgeschlagen und glanzgeschnitten werden.

Die Kettenproduktion ist in erster Linie ein ingenieur-technisches Problem und kann deshalb hier nur als kurze Information behandelt werden.

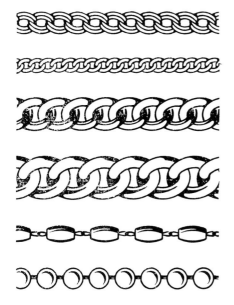

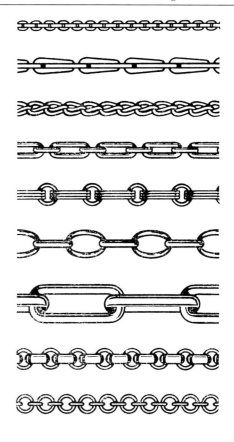

Bild 7.52   Maschinell gefertigte Ketten

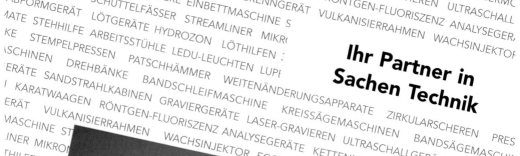

8 Verbindende Techniken

8.1 Löten

8.1.1 Begriffsklärung

Beim *Löten* werden metallische Werkstücke durch geschmolzene metallische Bindemittel unlösbar, stoffschlüssig verbunden.

Das *Lot* – meist eine Legierung, selten ein reines Metall – schmilzt, fließt wegen der Kapillarwirkung in die Lötfuge zwischen die Verbundteile, füllt diesen Zwischenraum aus und vereint sich durch Diffusion mit den zu lötenden Metallen.

Zur Unterstützung des Lötvorgangs werden *Lötmittel* (auch »Flußmittel« genannt) eingesetzt.

Die Lötstelle muß bis zur *Arbeitstemperatur* des Lotes erhitzt werden, also bis zu der Temperatur, bei der das schmelzende Lot die Fuge ausfüllt. Die Arbeitstemperatur muß unter der Solidustemperatur der Verbundmetalle liegen, so daß sie in festem Zustand bleiben; dagegen werden beim Schweißen die Verbundmetalle an der Nahtstelle schmelzflüssig!

Die *Wirkungstemperatur* des Flußmittels muß niedriger als die Arbeitstemperatur des Lotes sein, damit das Flußmittel seine Funktion erfüllen kann.

Die Arbeitstemperatur der *Weichlote* liegt unter 450 °C; bei den *Hartloten* beträgt sie mehr als 650 °C.

8.1.2 Lote

Eigenschaften der Lote

Aus der Begriffsdefinition sind die Hauptaufgaben der Lote und damit die zu deren Erfüllung notwendigen Eigenschaften bereits zu erkennen:

a) Das Lot muß schmelzen, während der Grundwerkstoff noch in festem Zustand ist.
Durch verschiedenartige Legierungszusätze wird erreicht, daß sich das Schmelzintervall der Hartlote in gewünschter Weise verringert;

da der Goldschmied fast ausschließlich hochschmelzende Metalle und Legierungen verwendet, liegen die Schmelzbereiche der Weichlote, die nur aus niedrigschmelzenden Metallen zusammengesetzt sind, ohnehin wesentlich tiefer als die der zu lötenden Metalle. Der Unterschied zwischen Arbeitstemperatur des Lotes und Schmelzbeginn des Grundwerkstoffs soll mindestens 50 K betragen. Wenn die Solidustemperatur des Grundmetalls überschritten wird, setzt das gefürchtete »Schmoren« ein, und meist ist dann das Werkstück im ganzen oder wenigstens in einzelnen Teilen unverwendbar geworden. Der Mindestunterschied von 50 K kann jedoch keine Norm sein, sondern bei dünnen Drahtmontierungen (Filigran) ist beispielsweise die Gefahr stellenweiser Überhitzung so groß, daß der Temperaturunterschied wesentlich größer sein muß.

b) Das flüssige Lot muß sich auf dem zu lötenden Metall ausbreiten können.
Die angestrebte Benetzbarkeit setzt eine gewisse »Verwandtschaft« beider Metalle voraus. Jeder Goldschmied hat es aber schon erlebt, daß sich das Lotstück schmelzend zur Kugel zusammenzieht, anstatt sich auf dem Grundwerkstoff auszubreiten oder die Fuge auszufüllen. Eine solche überhöhte Oberflächenspannung kann unterschiedliche Ursachen haben. Häufig liegt es am Temperaturunterschied: Das Lot ist geschmolzen, aber durch die hohe Wärmeableitung des Werkstücks ist die Lötstelle noch nicht auf der gleichen Temperatur, es wurde also nicht genügend vorgewärmt. Die mangelnde Verwandtschaft hat in diesem Fall also thermische Ursachen. Es kann aber auch daran liegen, daß sich auf dem Lot oder auf dem zu lötenden Metall eine Oxidhaut, also ein artfremder Stoff, gebildet hat. Schließlich kann die Ursache mangelnder Ausbreitungsfähigkeit ein zu großer Unterschied von Struktur und Gefüge zwischen Lot und Grundmetall sein. Man muß sich vorstellen, daß jede Metalloberfläche niemals so glatt ist, wie sie unserem Auge erscheint, sondern daß sie aus den stufenartigen Endflächen der Kristallgitter besteht (ultramikroskopisch mit einer scharfkantigen Felslandschaft vergleichbar). Das schmelzende Lot soll aber möglichst dicht, fast auf Atomabstand, an diese Oberfläche herankommen, besonders weit herausra-

gende Teile lösen und, alle Hindernisse überwindend, darauf entlanggleiten.

c) Lot und Grundmetall sollen sich möglichst dauerhaft vereinigen.
Wenn die Ausbreitungsfähigkeit von der Verwandtschaft zwischen Grundwerkstoff und Lot abhängig ist, so trifft dies mindestens in gleichem Maße auf die Möglichkeit der dauerhaften Vereinigung zu. Während das Lot schmilzt und auch das Grundmetall stark erwärmt ist, haben die beteiligten Metallatome eine so hohe Beweglichkeit bekommen, daß sie zu umfangreichen Diffusionsvorgängen befähigt sind. Bei der Behandlung der Ausbreitungsfähigkeit wurde bereits darauf verwiesen, daß Teile des Grundwerkstoffs vom Lot gelöst werden und dadurch die Ausbreitung des Lotes günstig beeinflußt wird. Für die Festigkeit und Homogenität der Lötnaht ist die Diffusion von entscheidender Bedeutung. Im flüssigen Lot werden Teile des Verbundwerkstoffs gelöst, so daß in den Kontaktzonen eine gewisse Annäherung der Zusammensetzung von Grundmetall und Lot erreicht wird. Bei anhaltender Erwärmung oder durch wiederholtes Nachglühen, wenn beispielsweise mehrfach in der Nähe der ursprünglichen Naht gelötet werden muß, setzt sich die Diffusion immer weiter fort. Es kann so weit gehen, daß man beim Mikroschliff die Lötnaht gar nicht mehr erkennen kann.
So entsteht ein Gefüge, wie es auf Bild 8.1 schematisch gezeigt wird. Das Lot hat nur noch im Inneren der Fuge die ursprüngliche Struktur, in den Randzonen hat sich das Lot mit Teilen des Grundwerkstoffs angereichert; auch im Grundwerkstoff hat sich eine schmale

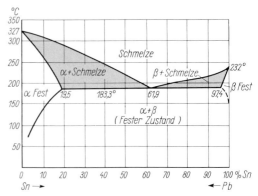

Bild 8.2   *Zustandsdiagramm Pb-Sn*

Mischzone gebildet.
In der Praxis können diese Zonen unterschiedlich stark ausgebildet sein. Es kann sein, daß sich das Lot bis zu seiner Kernzone mit dem Grundmetall mischt, andererseits kann es vorkommen, besonders bei Weichloten, daß die Mischzone am Verbundmetall kaum ausgebildet ist.

Weichlote

Fast alle technisch wichtigen Weichlote sind auf der Blei-Zinn-Basis legierte »Zinnlote«. Das System (Bild 8.2) ähnelt sehr dem bekannten Silber-Kupfer-System. Bei 183,3 °C wird ein eutektisches Gefüge gebildet, das Minimum liegt bei 61,9 % Sn. Das Blei kann in seinem α-Mischkristall maximal 19 % Sn lösen; mit sinkender Temperatur nimmt diese Löslichkeit ab. Im Gegensatz zum Silber-Kupfer-System kann dieser Ausscheidungsprozeß durch Ablöschen nicht aufgehalten werden, da

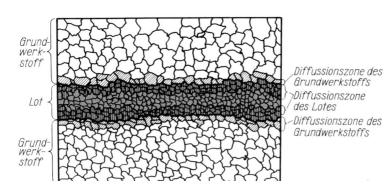

Bild 8.1   *Gefügeaufbau der Lötnaht (schematisch)*

er sich bei relativ niedrigen Temperaturen abspielt. Der Goldschmied bevorzugt die Lote mit 50 . . . 60 % Zinngehalt, weil in diesem Bereich niedrige Schmelztemperatur und ausreichende Festigkeit zusammentreffen; auch für Weichlötungen an Kupfer- und Messinggegenständen sind diese Lote gut geeignet. Für Lebensmittelbehälter, also auch Trinkgefäße, muß der Bleigehalt möglichst gering sein, man benutzt dann LSn 90. Durch Zusatz von Sb wird die Festigkeit der Weichlote erhöht.

Zur weiteren Verminderung der Arbeitstemperatur können noch andere Metalle zugefügt werden, wie etwa beim *»Woodschen Metall«*
4 Teile Bi, 2 Teile Pb, 1 Teil Sn, 1 Teil Cd,
dessen Arbeitstemperatur bei nur 65 °C liegt, so daß es für besonders empfindliche Teile angewandt werden kann; die Festigkeit der Lötung ist allerdings nur gering.

Zinnlote wird der Goldschmied nur in Ausnahmefällen einsetzen, denn sie haben, verglichen auch mit den Hartloten, deutliche Nachteile:

- Die Zinn-Blei-Legierung ist nicht nur »weich« im Sinne von »niedrigschmelzend«, sie hat auch nur geringe Härte und Festigkeit.
- Die erwähnte Diffusion zwischen Lot und Grundmetall ist nur gering.
- Die Lotlegierung hat ganz andere Zusammensetzung als die Grundmetalle, es fehlt die »Verwandtschaft«, wenn sich beispielsweise die Legierungen Cu-Zn und Pb-Sn gegenüberstehen.
- Schon bei Erwärmung auf mehr als 100 °C ist die Weichlötung hitzeempfindlich.
- Die Zugfestigkeit beträgt nur durchschnittlich 50 N/mm^2, während mit einer Silberhartlötung 8 . . . 10fache Festigkeitswerte erreicht werden.
- Besonders bei farbigen Legierungen und Metallen stört die grauweiße Zinnlotnaht.

Die Zinnlote sind in DIN 1707 genormt.

Hartlote

Im Zusammenhang mit den Edelmetallegierungen wurde der Einfluß der Zusatzmetalle auf Gefüge und Eigenschaften behandelt. Dabei zeigte sich, daß besonders Zink und Cadmium geeignet sind, das Schmelzintervall der Gold- und Silberlegierungen herabzudrücken.

Tatsächlich enthalten die meisten Edelmetall-Lote diese Zusatzmetalle.

Dem Stempelgesetz entsprechend darf der Feingehalt der Silberlegierungen 10 % unter dem gestempelten Wert liegen. Deshalb kann man die üblichen Silberlote verwenden, auch wenn deren Silbergehalt nur 650 Tausendteile beträgt – ihr Anteil an der Gesamtmasse des gelöteten Gegenstands ist ja nur gering.

Silberlote werden in den verschiedensten Bereichen der Technik auch zum Löten von Kupfer und Kupferlegierungen, sogar für Stahl, benutzt. Deshalb sind in DIN 8513 Teil 2 zahlreiche Lote mit niedrigerem Silbergehalt aufgeführt, die aber wegen der gelblich-rötlichen Farbe für den Goldschmied keine Bedeutung haben. Er benutzt für die Silberlegierungen nur Lote mit mindestens 65%igem Silbergehalt (Tabelle 8.1).

Da der Goldgehalt aber nur um 0,5% von der Stempelangabe abweichen darf, muß das Goldlot den gleichen Feingehalt wie das Grundmetall haben, es muß ein »Kontrollot« sein! Die Verminderung des Schmelzbereiches erfolgt durch Modifikation der Zusatzmetalle. Die Goldlote sind nach dem Feingehalt gruppiert, die konkrete Anpassung an die jeweilige Legierung richtet sich nach dem Verhältnis von Solidustemperatur der Grundlegierung und der Arbeitstemperatur (Tabelle 8.2).

Um ein konkretes Beispiel zu geben:
Au-585-Legierungen mit reinem Silberzusatz (blaßgelb), ebenso wie mit reinem Kupferzusatz (rötlich), deren Solidustemperaturen etwa 1000 °C bzw. 950 °C betragen, können mit einem Lot, dessen Arbeitstemperatur bei 900 °C liegt, gelötet werden.

Eine mittelfarbige 585-Legierung mit 200 Tausendteilen Kupfer würde bei dieser Temperatur schmelzen, wegen der Solidustemperatur von etwa 810 °C dürfte das Lot höchstens eine Arbeitstemperatur von 750 °C haben.

Tabelle 8.1   *Silberlote*

Marke	Zusammensetzung in Masse-% Ag	Zusatz	Arbeits-temperatur in °C	Dichte in g/cm³	Zugfestigkeit in N/mm²	Dehnung in %	Vorzugsweise Anwendung
L-Ag30Cd22	30	Cu, Cd, Zn	680	9,2	480	31	Kupfer, Kupferlegierungen
L-Ag34Cd20	34	Cu, Cd, Zn	640	9,1	530	32	Kupfer, Kupferlegierungen
L-Ag40Cd20	40	Cu, Cd, Zn	610	9,3	530	21	Kupfer, Kupferlegierungen, Golddublee
L-Ag50Cd10	50	Cu, Cd, Zn	650	9,5	430	30	Kupfer, Kupferlegierungen, Silberlegierungen
L-Ag65Cu29	65	Cu, Zn	740	9,7	380	25	Schmuck, Gerät aus Silberlegierungen
L-Ag65Cu26	65	Cu, Zn	730	9,7	420	30	Schmuck, Gerät aus Silberlegierungen
A-Ag65Cu23	65	Cu, Zn	720	9,7	420	30	Schmuck, Gerät aus Silberlegierungen
L-Ag65Cu20	65	Cu, Zn	700	9,7	420	30	Schmuck, Gerät aus Silberlegierungen

Tabelle 8.2   *Gold- und Platinlote*

Zusammensetzung in Masse-% Au	Zusatz	Arbeitstemperatur in °C	Dichte in g/cm³	Vorzugsweise Anwendung
75	Ag, Cu, Zn, Cd	820	15,3	»hartes« Lot für Au 750
75	Ag, Cu, Cd	725	15,1	»weiches« Lot für Au 750
58,5	Ag, Cu, Zn	850	16,1	»extrahartes« Lot für Au 585
58,5	Ag, Cu, Zn	820	15,3	»hartes« Lot für Au 585
58,5	Ag, Cu, Zn	775	15,3	»mittleres« Lot für Au 585
58,5	Ag, Cu, Zn	760	15,3	»weiches« Lot für Au 585
33,3	Ag, Cu, Zn	790	12,3	»hartes« Lot für Au 333
33,3	Ag, Cu, Zn	760	12,3	»mittleres« Lot für Au 333
33,3	Ag, Cu, Zn	740	12,4	»weiches« Lot für 333
56,0	Pd, Ag, Cu, Cd	920	17,2	Lot für Weißgold Au 585 und Au 750
83,3	Pt, Pd, Ni	920	19,9	Lot für Juwelierplatin

8.1.3 Flußmittel

Wirkung der Flußmittel

Beim Erwärmen bildet sich bei den meisten Metallen, ähnlich wie beim Glühen, eine Oxidschicht. Sie wird durch das vorbereitende Schaben zwar mechanisch entfernt, aber mit dem Flußmittel muß dafür gesorgt werden, daß noch verbliebene Reste gelöst werden. Folgende Aufgaben hat das Flußmittel beim Lötprozeß zu erfüllen:

- Vorhandene Oxidreste müssen gelöst werden.
- Lötstelle und Lot sind durch eine glasurartige Deckschicht vor erneuter Oxidation geschützt.
- Das Flußmittel darf den Fluß des Lotes nicht behindern, sondern muß die Ausbreitung des Lotes fördern.
- Die Flußmittelreste müssen ohne mechanische Einwirkung zu entfernen sein.

Aus diesen Forderungen ergibt sich, daß ein Flußmittel folgende Bedingungen erfüllen muß:

a) Arbeitstemperatur des Lotes und Wirkungstemperatur des Flußmittels müssen aufeinander abgestimmt sein.

Es ist notwendig, daß die Wirkungstemperatur etwas niedriger ist als die Arbeitstemperatur; außerdem muß die Reaktionsgeschwindigkeit, also das Lösungstempo des Lötmittels, größer sein als die Lötgeschwindigkeit. Was nützt das beste Lötmittel, wenn es erst schmilzt, nachdem das Lot bereits flüssig ist, oder wenn es die Oxide erst dann löst, wenn die Lötung abgeschlossen sein müßte? Im Idealfall steigt die Wirkungstemperatur mäßig an und verharrt auch dann unter der Arbeitstemperatur des Lotes, wenn die Lötung einige Zeit in Anspruch nimmt. Ein solches Lötmittel ist bei unterschiedlichen Lötgeschwindigkeiten einsatzfähig. Wenn die Reaktionsfähigkeit aber zu schnell erschöpft ist, kann das Lötmittel nur bei schnellen Lötungen benutzt werden. Ein gutes Flußmittel muß also eine so hohe Reaktionsgeschwindigkeit haben, daß es die Oxidreste löst, ehe die Arbeitstemperatur des Lotes erreicht ist; wenn das Lot fließt, muß das Lötmittel noch aktiv genug sein, um während der Dauer des Lötprozesses die Neuoxidation zu verhindern.

b) Möglichst niedrige Viskosität und geringe Oberflächenspannung sollen die Ausbreitung des Lotes fördern.

Beide Begriffe wurden bereits bei der Erläuterung des Gießvorgangs der Metalle behandelt. Als Viskosität wird die Zähigkeit, die innere Reibung des Flußmittels bezeichnet. Von ihr ist die Beweglichkeit des Flußmittels abhängig. Die Viskosität muß niedrig genug sein, um die Ausbreitung des fließenden Lotes nicht zu behindern, andererseits muß sie noch so groß sein, daß das Flußmittel als zusammenhängende Deckschicht Lot und Lötstelle überzieht.

Das Bestreben eines Stoffes, sich in flüssigem Zustand zusammenzuziehen, ist auf die Oberflächenspannung zurückzuführen. Es ist einleuchtend, daß ein Stoff, der sich etwa wie Quecksilber zur Kugel ballt, als Flußmittel ungeeignet ist. Ein gutes Flußmittel muß eine so niedrige Oberflächenspannung haben, daß es die Oberfläche des Grundwerkstoffs in schmelzendem Zustand mühelos benetzt.

c) Verunreinigungen müssen in genügendem Umfang vom Lötmittel verschlackt und abgeführt werden.

Es genügt nicht, wenn das Lötmittel die Oxidreste nur löst, es muß auch in der Lage sein, die Lösungsprodukte von der Lötstelle wegführen zu können. Anderenfalls wird das Lot durch eine zähe Schlackenschicht an der Beweglichkeit gehindert, und das Lötmittel kann keine neuen Wirkstoffe an die Metalloberfläche heranführen.

d) Lötmittelreste müssen leicht wieder lösbar sein.

Die anhaftenden Reste der praktisch gebräuchlichen Weichlötmittel kann man leicht abwaschen, die Reste der Hartlötmittel lösen sich in warmem Wasser oder in Beize.

Weichlötmittel

Zinkchlorid $ZnCl_2$. Als »Lötwasser« kann man es sich leicht selbst herstellen. Zinkblechabfälle werden in Salzsäure gelöst. Durch einen gewissen Zinküberschuß muß die völlige Sättigung der Salzlösung gesichert werden, freie Salzsäure würde zur Korrosion der Verbundmetalle führen.

$$2\,HCl + Zn \rightarrow ZnCl_2 + H_2\uparrow$$
Salzsäure Zink Zinkchlorid Wasserstoff

Schließlich wird mit der gleichen Menge Wasser verdünnt.
Trockenes Zinkchlorid ist ein weißes Salz, stark hygroskopisch, und bildet bei 283 °C eine dünnflüssige Schmelze. Wenn die Wirktemperatur erreicht ist, bildet es mit Wasser, wozu mitunter schon die Luftfeuchtigkeit genügt, Chlorwasserstoffgas:

$$ZnCl_2 + H_2O \rightarrow ZnO + 2\,HCl$$
Zinkchlorid Wasser Zinkoxid Chlorwasserstoff

Das entstandene Gas löst die Oxide der Lötstelle zu Chloriden:

$$2\,HCl + CuO$$
Chlorwasserstoff Kupferoxid
$$\rightarrow CuCl_2 + H_2O$$
Kupferchlorid Wasser

Das bei der Chlorwasserstoffbildung entstandene Zinkoxid und die aus den Metalloxiden gebildeten Chloride werden im schmelzenden Zinkchlorid gelöst.
Zinkchlorid ist zwar ein wirkungsvolles Lötmittel bei Weichlötungen, die Anwendbarkeit wird aber dadurch eingeschränkt, daß sich die auf dem Werkstück verbleibenden Lötmittelreste mit der Luftfeuchtigkeit zu Chlorwasserstoff ergänzen und zur Korrosion, besonders bei Eisen und Kupfer, oder zu Hautschäden führen. In der Elektrotechnik und der Feinmechanik darf deshalb kein solches Lötmittel benutzt werden, das Chlorionen auf dem Werkstück zurücklassen kann.

Ammoniumchlorid (Salmiak) NH_4Cl. Salmiak ist ein weißes Pulver, das nur bei höherem Druck zwischen 530 °C und 600 °C verflüssigt werden kann. In Wasser ist es löslich.
Das Pulver wird zu einem Block zusammengepreßt, dem »Salmiakstein«, auf dem der durch Kupferoxid verunreinigte, heiße Lötkolben abgerieben und dabei gesäubert wird:

$$2\,NH_4Cl + CuO$$
Ammoniumchlorid Kupferoxid
$$\rightarrow CuCl_2 + 2\,NH_3 + H_2O$$
Kupferchlorid Ammonium Wasser

Als selbständiges Lötmittel wird Salmiak beim Niello verwendet.

Lötmittelmischung. Die Wirktemperatur, also die effektivste Wirksamkeit des einfachen Lötwassers, liegt etwa 50 K über der Arbeitstemperatur der gebräuchlichen Weichlote. Durch Zusatz von Ammoniumchlorid kann, in Abhängigkeit vom Mengenverhältnis, der Schmelzbereich beträchtlich vermindert werden. Bei einem Verhältnis von 28 % Ammoniumchlorid und 72 % Zinkchlorid wird das Minimum von 180 °C erreicht. Durch die Mischung beider Stoffe werden außerdem bei höheren Temperaturen unter Abspaltung von Chlorwasserstoffgas die Zinkammoniumchloride $Zn(NH_3)Cl_2$ und $Zn(NH_3Cl)_2$ gebildet, die den Lötprozeß fördern:

$$ZnCl_2 + NH_4Cl$$
Zinkchlorid Ammoniumchlorid
$$\rightarrow Zn(NH_3)Cl_2 + HCl$$
Zinkammoniumchlorid Chlorwasserstoff

Die beiden Salze werden im gewünschten Verhältnis gemischt und in Wasser gelöst.
Wenn auch die Wirktemperatur und damit die Effektivität des Lötwassers durch diese Mischung günstig beeinflußt wird, bleiben die möglichen Nachwirkungen durch Salzsäureentwicklung bestehen. Wenn man diese Lötmittel anwendet, muß für die völlige Beseitigung der Lötmittelreste gesorgt werden!

Kolophonium. Aus dem Harz von Nadelbäumen wird Kolophonium als Destillationsprodukt gewonnen. Es besteht hauptsächlich aus Harzsäuren nach der Summenformel $C_{20}H_{30}O_2$. Das honiggelbe weiche Harz schmilt je nach spezieller Zusammensetzung zwischen 100 °C und 200 °C. Im Gegensatz zu den bisher behandelten Lötmitteln ist es völlig unschädlich, verbleibende Reste wirken sogar korrosionshemmend auf das gelötete Grundmetall. Die Oxidlöslichkeit ist aber wesentlich geringer als beim Lötwasser. So wird beim Kupfer zwar die dünne, rosafarbene Oxidhaut zersetzt, eine dicke, schwarze Zunderschicht bleibt jedoch resistent. Man kann das Kolophonium nur nach gründlicher Säuberung der Lötstelle und bei hoher Lötgeschwindigkeit einsetzen.

Lötmittelpräparate. Im Handel werden zahlreiche Weichlötmittel angeboten, deren Zusammensetzung die Aktivität der chlorhaltigen Lötmittel mit neutralisierenden und korrosionshemmenden Stoffen verbindet. Solange aber Chlorionen enthalten sind, wird man keine völlige Unschädlichkeit erreichen. Es genügt nicht, daß ein Lötmittel »säurefrei« ist, es müßte »chlorfrei« sein.

Die als »Lötfett«, »Lötpaste«, »Lötöl« usw. angebotenen Präparate sind so abgestimmt, daß durch Zusätze von Harzen, Fetten, Ölen, organischen Säuren, Vaseline u. a. die schädigenden Folgen praktisch ausgeschlossen werden. Für Goldschmiedearbeiten, aber auch für Lötungen am Gerät, sowohl bei Edelmetallen als auch bei Buntmetallen, erfüllen diese Präparate ihren Zweck, und man braucht kein »Lötwasser« selbst anzusetzen. Es wurde hier vor allem deshalb behandelt, um die Wirkungsweise der Weichlötmittel zu erläutern.

Hartlötmittel

Die Chemikalien, die bei den Hartlötungen als Flußmittel eingesetzt werden, bezeichnet man als Hartlötmittel.

Borax und Borsäure. Die Wirkungsweise beider Stoffe wurde bereits behandelt.

Borax ist das klassische Hartlötmittel der Goldschmiede; »Boraxbrüder« nannten sie

sich einst. Wenn der Boraxreibteller auch von dem Werkbrett verschwunden ist, so ist Borax doch auch in den üblichen Präparaten als wesentlicher Bestandteil enthalten, und bei Korpusarbeiten kommt man ohne aufgestreuten Borax nicht aus.

Borsäure verwendet der Goldschmied dann, wenn der polierte Gegenstand seinen Glanz trotz der Lötung behalten soll und eine Oxidation der Oberfläche vermieden werden muß. Als Flußmittel setzt er Borsäure nicht ein. Beide Stoffe bilden in der Glühhitze eine glasurartige Schmelze, die in Bortrioxid B_2O_3 zerfallen ist. Das Bortrioxid reagiert mit den Metalloxiden unter Bildung von Boraten, z. B.:

$$CuO \quad + \quad B_2O_3 \quad \rightarrow \quad Cu(BO_2)_2$$
Kupferoxid   Bortrioxid   Kupfermetaborat

In der *Borsäure* setzen sich bei Temperaturen unter 900 °C diese Lösungsprodukte, wie es auf Bild 8.3a schematisch dargestellt ist, als dichte Schicht auf der Metalloberfläche ab. Dadurch wird zwar eine Schutzdecke erzeugt, es können aber keine neuen Bortrioxidteile an die Wirkungsstelle gelangen. Erst wenn die Temperatur 900 °C übersteigt, erhöht sich die Beweglichkeit des Flußmittels, und die entstandenen Borate können sich mit dem Bortrioxid mischen (Bild 8.3b). Nun lassen sich alle vorhandenen Bortrioxidteile nutzen; man erreicht die höchstmögliche Aktivität des Flußmittels, und so kann Borsäure als Lötmittel bei Temperaturen verwendet werden, wo Borax schon unwirksam ist, beispielsweise bei

Bild 8.3 Wirkung der Flußmittel auf die Metalloxid-Oberfläche (Schema). a) Borsäure, geschmolzen, unter 900 °C und b) über 900 °C, c) Borax, geschmolzen

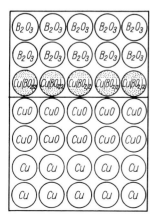

a

b

c

Messing- und Neusilberloten.
Borax zerfällt dagegen beim Überschreiten des Schmelzpunktes in Bortrioxid und Natriummetaborat. Das Bortrioxid löst die metallischen Verunreinigungen, wie eben bei der Borsäure beschrieben, zu Metaboraten. Die neugebildeten Metaborate werden vom vorhandenen Natriummetaborat gelöst und mit ihm von der Entstehungsstelle weggeführt, damit neues Bortrioxid an die Oxidschicht herankommen kann, um ebenfalls wirken zu können (Bild 8.3c). Der Vorgang wird sich so lange fortsetzen, bis das Bortrioxid aufgebraucht oder das Oxid restlos gelöst ist.

Lötmittelpräparate. Jedem Goldschmied sind die Nachteile des Borax aus praktischer Erfahrung bekannt. Die angebotenen Präparate zeichnen sich durch folgende Vorzüge aus:
● Die Wirkungstemperatur ist niedriger.
● Das »Blähen« wird vermindert.
● Die Lösefähigkeit ist größer.
● Sie müssen nicht erst angerieben werden, sondern sind immer gleichmäßig einsatzfähig.
Unter Bezeichnungen wie »Fluoron«, »Fluxit« sind solche Präparate allgemein bekannt. Die Präparate sind auf der Basis von Boraten aufgebaut, hinzu kommen Phosphate und Fluoride, mit denen die Eigenschaften des Borax verändert werden.
Für alle Lötungen an Schmuckstücken aus Edelmetallegierungen haben sich die Präparate bewährt, und es besteht normalerweise kein Anlaß dafür, heute noch den einfachen Borax zu benutzen. Nur bei besonders hochschmelzenden Loten greift man noch darauf zurück. Von den Scheideanstalten werden sogar Spezialflußmittel geliefert, die auf bestimmte Legierungen abgestimmt sind. Für Korpuswaren aus Silber, besonders aber für solche aus Kupfer und Kupferlegierungen, reichen die Lötmittelpräparate wie »Fluoron« oder »Fluxit« nicht aus, um in der länger anhaltenden Löthitze ausreichenden Oxidationsschutz zu gewährleisten.
Man kann die Lötfuge in üblicher Weise mit dem Präparat einstreichen, das Lot anlegen, und dann streut man zur Intensivierung der Wirkung noch etwas Boraxpulver darüber. Allerdings liegen die Wirktemperaturen immer noch ziemlich hoch, auch wenn das Boraxpul-

ver durch das Präparat in seinem Schmelzverhalten beeinflußt wird.
Günstiger ist es, wenn man für solche Korpusarbeiten ein Gemisch zusammenstellt aus 2 Teilen Borax, 2 Teilen Pottasche, 1 Teil Kochsalz.
Eine ähnliche Mischung wurde bereits beim Schmelzen empfohlen. Man kann so den Schmelzbereich um etwa 200 K, verglichen mit reinem Borax, vermindern. Man soll dieses Gemisch nicht in Beize lösen, da das Kochsalz mit der Schwefelsäure reagiert. Es genügt, wenn man das Werkstück kurz in Wasser kocht.

8.1.4 Wärmequellen

Lötkolben

Beim elektrisch beheizten Lötkolben wird eine Heizspirale erwärmt. Über einen Verbindungsstab wird die erzeugte Wärme auf den eigentlichen Kolben übertragen. Entsprechend den jeweiligen Erfordernissen wählt man eine geeignete Größe und Form des Lötkolbens aus. Normalerweise wird man einen kleinen Kolben, wie ihn der Rundfunkmechaniker benutzt, und einen robusten für Korpusarbeiten brauchen. Um die Oxidbildung auf dem Kupferkolben zu verhindern, kann man ihm mit Silberhartlot überschmelzen.
Der Kolben speichert die aufgenommene Wärme und gibt sie beim Kontakt mit dem Werkstück dorthin ab. Dem Wärmebedarf entsprechend wird man die Kolbengröße auswählen müssen. Wenn besonders große Wärmemengen gebraucht werden, reicht der elektrisch beheizte nicht aus, dann verwendet man noch die alte Form des Kupferkolbens mit Stahlstiel und Holzgriff, der mit der Gasflamme heiß gemacht wird.

Gasförmige Brennstoffe (Tabelle 8.3)

Stadtgas. Wie das Stadtgas durch Verkoken der Kohle gewonnen wird, wurde im Chemieunterricht behandelt. Es gehört zu unserem Alltag, denn über ein Verbundsystem werden Haushalte und Betriebe damit versorgt. In zunehmendem Maße wird es aber durch Erdgas ersetzt. Trotzdem bleiben wir zunächst noch

Tabelle 8.3   Eigenschaften der Brenngase

Hauptbestandteile in Vol.-%	Dichte in kg/m³	Zünd-temperatur in °C	Zünd-grenze in Mischung mit Luft in Vol.-%	Flammen-temperatur in °C mit		Theoretische Luftmenge für 1 m³ Gas in m³
				Saug-luft	Sauer-stoff	
Stadtgas						
50 Wasserstoff H$_2$ 34 Methan CH$_4$ 8 Kohlenmonoxid CO	0,68	560	6 . . . 35	1100	1800	3,86
Erdgas						
80 . . . 90 Methan CH$_4$ 1 . . . 14 Stickstoff N 3 . . . 7 Ethan CH$_3$ -CH$_3$	0,85	645	5 . . . 13	1700	2790	9,55
Propangas						
nur Propan CH$_3$ -CH$_2$ -CH$_3$	2,004	510	2,3 . . . 9,5	1900	2750	23,8
Acetylengas						
nur Acetylen HC ≡ CH	1,171	335	3 . . . 82	2325	3200	11,9

beim Stadtgas, das sich für unsere Branche gut bewährt hat.

Mit Gebläseluft erreicht man eine Flammentemperatur von 1100 °C, mit Sauerstoffzufuhr 1800 °C. Es zeichnet sich durch einige Vorzüge aus:

- Es ist allgemein verbreitet und leicht zu installieren.
- Als Niederdrucksystem ist es unkompliziert zu handhaben.
- Die Löt- und Schmelzbrenner sind seit langem bewährt.

Dem stehen aber erhebliche Nachteile gegenüber:

- Stadtgas ist giftig.
- Als Gas-Luft-Gemisch ist es explosibel.
- Oft ist es durch Fremdstoffe, besonders Schwefelverbindungen, verunreinigt, so daß die Metalle bei Wärmebehandlung geschädigt werden können.

Erdgas. Die Tendenz geht zunehmend dahin, daß das Erdgas, wie gesagt, die Dominanz des seit mehr als 100 Jahren bewährten Stadtgases

verdrängt, weil die Vorzüge des Erdgases beeindruckend sind, denn es ist

- wirtschaftlicher,
- effektiver,
- sauberer,
- ungiftig.

Als Heizgas sind die Vorzüge besonders offensichtlich, für den Goldschmied bedeutet die Umstellung auf Erdgas wirklich eine »Umstellung«, sowohl bezüglich der Ausrüstung als auch der Löttechnologie.

- Überall müssen neue Brenner angeschafft werden.
- Es wird die 2,5fache Menge an Verbrennungsluft verbraucht.
- Wegen der geringen Brenngeschwindigkeit reißt die Flamme leicht ab und erlischt, auch die Sparflamme bleibt nicht konstant.
- Die Flamme ist fast unsichtbar, so daß der Goldschmied sie kaum kontrollieren kann.

Propan. Wenn der Anschluß an das Gasverbundsystem nicht möglich ist, bevorzugt der Goldschmied Propan als Flaschengas. Es gibt auch Beispiele dafür, daß die Goldschmiede, statt auf Erdgas überzugehen, lieber Propangas zum Arbeiten einsetzen.

Propan läßt sich unter Druck verflüssigen und so in Stahlflaschen speichern. Man richtet es sich so ein, daß etwa 80 % verflüssigt sind, der Rest muß gasförmig bleiben, damit äußere Temperaturschwankungen durch Volumenänderungen ausgeglichen werden können. Bei + 20 °C beträgt der Dampfdruck des Propans 0,75 MPa. 1 kg flüssiges Propan ergibt 511 l Gas, so daß aus der 1300 mm langen 33-kg-Flasche rund 16 000 l Gas entnommen werden können.

Auch Propan ist als Gas-Luft-Gemisch explosibel, es ist giftig, und es kommt noch die Besonderheit dazu, daß es im Leitungssystem und in der Flasche unter höherem Druck steht als das Stadtgas, so daß an Leitungen, Verbindungen und Armaturen höhere Anforderungen gestellt werden müssen. Außerdem ist es schwerer als Luft, so daß ausströmendes Gas sich am Boden des Raumes sammelt. Es entweicht also nicht, wenn man die Fenster öffnet! Während reines Propan geruchlos ist, hat das technische Propan geringe Anteile von Butan, Ethan und Pentan, wodurch es den charakteristischen Geruch bekommt.

Verglichen mit Stadtgas hat Propan

- wesentlich höheren Eigendruck,
- höheren Luftbedarf,
- langsamere Brenngeschwindigkeit,
- höheren Heizwert,
- keine wesentlichen Beimengen von Verunreinigungen.

Wenn man sich darauf eingestellt hat, kann man mit dem Propan gut arbeiten. Lästig ist, wie bei allen Arten von Flaschengas, daß man auf die Abfüllstation angewiesen ist.

Wegen der besonderen Gefährlichkeit dürfen Propananlagen nur von Spezialbetrieben aufgebaut und überwacht werden.

Acetylen, Ethin HC ≡ CH. Daß man Acetylen zum Stahlschweißen benutzt, ist allgemein bekannt, daß es in einem Goldschmiedelehrbuch erwähnt wird, scheint ungewöhnlich. Aber man kann die heiße Flamme sehr gut bei Korpusarbeiten verwenden und, darauf sei ausdrücklich hingewiesen, der Goldschmied kann sie vorteilhaft zum Schmelzen nutzen, aber auch zu Lötungen, die mit anderen Mitteln

kaum möglich wären, denn man erreicht schon bei einfacher Luftzufuhr 1800 °C und mit Sauerstoff mehr als 3000 °C.

Man kann Acetylen in einem kleinen, transportablen Gasentwickler selbst herstellen. Das Gas entsteht durch Reaktion von Carbid mit Wasser:

$$CaC_2 + 2\,H_2O \rightarrow C_2H_2 + Ca(OH)_2$$
Calciumcarbid Wasser Acetylen Calciumhydroxid

1 kg Carbid ergibt etwa 300 l brennbares Gas. Der Entwickler ist mit einer bestimmten Menge Wasser gefüllt, in das ein mit Carbidstücken gefüllter Stahlkorb eingehängt wird. Es kommt zur Reaktion. Das entstehende Gas drängt das Wasser vom Carbid weg, die Gasentwicklung hört auf. Wenn Gas entnommen wird, steigt der Wasserspiegel wieder, so daß kontinuierlich das erforderliche Gas erzeugt wird, das nach einem Reinigungsprozeß dem Brenner zugeführt wird. Der Entwickler ist mit einer Überdrucksicherung ausgerüstet, und bei sachgemäßer Behandlung ist er völlig ungefährlich.

Da man in der Goldschmiedewerkstatt nicht ständig Acetylen braucht, bevorzugt man in unserer Branche das Druckacetylen aus der Stahlflasche. Da sich das Gas nicht wie Propan verflüssigen läßt, ist es in Aceton gelöst; außerdem ist die Flasche mit poröser Kieselgur gefüllt, die das im flüssigen Aceton gelöste Acetylen aufsaugt. Der Innendruck beträgt 1,8 MPa, und dabei können 360 l Acetylen in 1 l Aceton gelöst werden.

Mit dem Reduzierventil wird der Flaschendruck auf etwa 0,2 MPa vermindert. Mit der Luft bildet auch das Acetylen ein explosibles Gemenge.

Um Verwechslungen der Stahlflaschen und der Armaturen auszuschließen, gelten genormte Farbkennzeichnungen, und für die Armaturen sind unterschiedliche Anschlußarten vorgeschrieben (Tabelle 8.4).

Gaslöteinrichtungen

Vom ersten Tag seiner Lehrzeit an arbeitet der Goldschmied mit der Gasflamme, und er übt sich in der Handhabung der kleinen Lötpistole ebenso wie im Umgang mit dem größeren Schmelz- und Glühbrenner.

Tabelle 8.4   Merkmale von Gasflaschen und Armaturen

Gassorte	Farbmarkierung der Flasche	Anschluß für Reduzierventil	Flaschendruck in MPa
Propangas	rot	Linksgewinde W $21,8 \times \frac{1}{4}''$	0,75 (bei 20 °C)
Acetylengas	gelb	Klemmbügel	1,8
Sauerstoff	blau	Rechtsgewinde R $\frac{3}{4}''$	15

Im Brennerkopf kommt das Gas mit der Verbrennungsluft zusammen, das Gemisch wird entzündet und ergibt die Brennerflamme. Der Brennerkopf kann so konstruiert sein, daß die Luft durch das Gas selbst angesaugt wird, wie bei Propan und Acetylen. Meist wird aber durch eine zweite Leitung Druckluft zum Brennerkopf geführt. Um die Hitze der Flamme noch zu erhöhen, kann man auch reinen Sauerstoff zuführen. Mit Regulierventilen können Gas- und Luftzufuhr gesteuert werden.

Stadtgas. Bei der Mundlötpistole wird durch ein Rohr das Gas zugeführt, während man durch das andere Luft bläst, die im Brennerkopf durch eine dünne Düse mit dem Gas zusammenkommt. Bei dem auf Bild 8.4a gezeigten Modell wird die Gaszufuhr mit einer Stellschraube geregelt, die Luft wird durch einen flexiblen Schlauch mit dem Mund eingeblasen, so daß man ungehindert von allen Seiten auf das Werkstück einwirken kann. Die zweite Pistole (Bild 8.4b) ist eigentlich nur die Weiterführung des alten Lötrohrs. Die Gaszufuhr reguliert man über einen Druckhebel, man muß das Blasrohr im Mund halten, so daß man immer an einen konstanten Abstand vom

Werkstück gebunden ist.
Sehr günstig ist für den Goldschmied der Brenner, den der Glasbläser benutzt. Wahlweise kann man dem Stadtgas Druckluft oder Sauerstoff zuführen. Dadurch ist der Brenner sowohl für feine Schmucklötungen als auch zum Schmelzen – sogar von Platinlegierungen – einsetzbar.
Zum Glühen, Schmelzen und für Korpusarbeiten braucht man eine größere, etwa 40 cm lange Pistole, deren Rohr etwa 10...12 mm Innendurchmesser haben soll. Die Verbrennungsluft wird mit Hilfe eines elektrisch betriebenen Druckluftgebläses zugeführt. Gas- und Luftmenge sind auch bei dieser größeren Pistole regelbar.
Wenn das Gas ohne Gebläseluft verbrennt, bildet sich eine weiche, helle Flamme von geringer Hitze, mit der man das zu lötende Werkstück vorwärmt, damit das Flußmittel nicht aufbläht.
Wird etwas Luft zugeführt, entsteht eine gerichtete, aber noch weiche Rauschflamme, mit der man höchstens dünnwandige Zargen oder Drähte von geringer Dicke löten kann, weil die Flammenwärme noch gering ist.
Wenn die Luftzufuhr erhöht wird, bildet sich

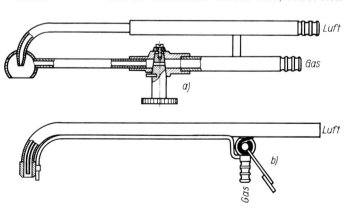

Bild 8.4   Gaslötpistole (Darstellung teilweise, geschnitten), Luft mit dem Mund eingeblasen. a) Gaszufuhr mit Stellschraube reguliert, Luft über Schlauch zugeführt, b) Gaszufuhr mit Druckhebel reguliert, Luft direkt durch Lötrohr zugeführt

die schärfere Rauschflamme, die zum Glühen der Metalle gut geeignet ist, weil sie die dafür erforderliche Hitze entwickelt und das Glühgut großflächig gleichmäßig überstreicht.

Verstärkt man die Luftzufuhr noch weiter, dann bildet sich am Lötrohrkopf in Richtung des Luftstroms eine kegelförmige Spitz- oder Stichflamme. Sie besteht aus zwei ineinandergeschobenen Flammenkegeln. Wenn nicht genügend Sauerstoff verfügbar ist, leuchtet der äußere Kegel hell, weil unverbrannte Rußteilchen aufglühen; bei gesättigtem Sauerstoffanteil ist dieser äußere Flammenkegel bläulich, der innere dunkel.

Wegen des unverbrannten Kohlenmonoxids ist der innere Flammenkegel reduzierend, die Flammentemperatur in diesem Bereich ist nur gering. Der äußere Kegel wirkt dagegen oxidierend, die höchste Flammentemperatur entsteht im vorderen Bereich einer scharfen Spitzflamme. Es ist also falsch, wenn man so dicht an das Werkstück herangeht, daß es vom inneren Flammenkegel erfaßt wird; der äußere Flammenkegel prallt ungenutzt ab.

Besonders gut kann man beim Löten von Korpusarbeiten die Flammenführung kontrollieren. Richtig ist es, wenn man das zu lötende Werkstück zunächst mit der weichen Rauschflamme so lange überstreicht, bis das Lötmittel nicht mehr bläht. Allmählich wird die Rauschflamme durch weitere Luftzufuhr etwas schärfer eingestellt, und so überstreicht man das ganze Werkstück weiter, bis es überall gleichmäßig glüht. Erst dann wird mit noch mehr Luft die spitze Flamme eingestellt, und die heiße, vordere Flammenzone auf die Lötnaht und die Lotpaillen gerichtet. Wenn ausreichend vorgewärmt wurde, fließt das Lot schnell und füllt die Naht rasch und sauber aus. Ist das Werkstück im ganzen aber noch zu kalt, entsteht nur an der Oberfläche der Lötstelle die erforderliche Temperatur, das Lot schmilzt zwar, kann aber die zu kalte Fuge nicht ausfüllen, es verschweißt nur mit dem Grundmetall und legiert sich, »das Lot frißt«.

Bei besonders großen Silberschmiedearbeiten kann es passieren, daß man mit der Rauschflamme nicht genügend vorwärmen kann. Dann muß entweder mit einer zweiten Flamme von der Rückseite aus nachgeholfen werden, oder man muß die Rückseite mit glühenden Holzkohlen zusätzlich erwärmen.

Erdgas. Den besonderen Erfordernissen des Erdgases entsprechend sind Spezialbrenner konstruiert worden, die komplizierter als die bisher für Stadtgas üblichen sind. Es ist wesentlich mehr Verbrennungsluft erforderlich, deshalb kann man nicht mehr mit dem Mund blasen, sondern braucht immer ein Druckluftgebläse. Das ist für den Goldschmied, der jahrelang mit seinem Atem die Lötflamme reguliert hat, eine große Umstellung. Außerdem muß der Kopf der Lötpistole so eingerichtet sein, daß die Luft nach und nach zugeführt wird, damit bei der geringen Brenngeschwindigkeit die Flamme nicht ausgelöscht wird.

Es wurden Spezial-Erdgasbrenner verschiedener Größe entwickelt, so daß sowohl für feine Lötungen als auch zum Schmelzen und für Korpusarbeiten geeignete Brenner verfügbar sind. Es gibt auch Pistolen, bei denen der Brennerkopf ausgewechselt werden kann, so daß man sie zu unterschiedlichen Arbeiten nutzen kann.

Propan. Die meisten Erdgasbrenner sind so gebaut, daß man sie universell, also auch für Propan, einsetzen kann. Es gibt aber auch Spezialbrenner, in die man wie bei der Stadtgaspistole Luft mit dem Mund einblasen kann. Voraussetzung ist eine entsprechende Druckminderung des Propangases, damit das Rückschlagventil des Brenners wirksam bleibt und kein Gas eingeatmet werden kann.

Bei einem anderen, häufig angewandten Spezialbrenner nutzt man den relativ hohen Eigendruck des Propangases und verzichtet ganz auf eine gesonderte Luftzufuhr. Der Brennerkopf ist dann so gestaltet, daß die erforderliche Verbrennungsluft vom ausströmenden Gasstrom mitgerissen wird. Dieser Brenner hat auswechselbare Brennerköpfe, so daß man unterschiedlich große Flammen einstellen kann. Die Intensität der Flamme wird durch die Dosierung der Gaszufuhr geregelt. Wegen des hohen Gasdrucks muß für die Zuleitung ein besonderer Hochdruckschlauch benutzt werden. Die erreichbare Flammentemperatur ist abhängig von den Verbrennungsbedingungen. Wenn man die Propananlage mit einer Sauerstoff-Flasche kombiniert, wird die Flammentemperatur wesentlich erhöht. Günstig ist dafür der Brenner, den der Glasbläser benutzt, denn man kann damit wahlweise Sauerstoff oder Gebläsedruckluft aufnehmen.

Acetylen. Normalerweise wird das Druckacetylen aus der Flasche benutzt. Die Größe der Flasche richtet sich nach dem Bedarf. Über einen Acetylen-Druckminderer und eine Rückschlagsicherung kommt das Gas durch einen Spezialschlauch zum Brenner. Ähnlich wie beim Propanbrenner ist der Kopf so eingerichtet, daß die erforderliche Verbrennungsluft vom Gasstrom mitgerissen wird. Zweckmäßig ist ein ganzer Brennersatz mit verschiedenen Düsen unterschiedlicher Größe. Diese Anlage kann – ebenso wie die Propananlage – sowohl vom Silberschmied als auch vom Goldschmied eingesetzt werden. Wegen der höheren Flammentemperatur – verglichen mit Stadtgas – kann man wesentlich schneller und effektiver arbeiten – das Risiko des Verschmorens ist natürlich auch größer.

Noch wirkungsvoller ist der Acetylen-Sauerstoff-Brenner mit seiner Flammentemperatur von über 3000 °C, wie er zum Stahlschweißen verwendet wird. Zur Ausrüstung gehören in diesem Fall Druckminderer und Rückschlagsicherung für Acetylen und für Sauerstoff, Hochdruckschlauch und natürlich der spezielle Brenner. Keinesfalls dürfen die Zubehörteile verwechselt werden (s. Tabelle 8.4). Der Brenner muß auf die Zusammenführung von Acetylen und Sauerstoff eingerichtet sein. Man kann den gleichen Brennersatz verwenden, wie er zum Stahlschweißen üblich ist, man muß nur darauf achten, daß auch die feinen Düsen enthalten sind, mit denen man die kleinen, dünnen, extrem heißen Flammen zum Löten von Schmuckstücken erzielt.

Voraussetzung zum Betreiben einer solchen Acetylen-Anlage ist eine elementare Schweißerprüfung, die man beispielsweise durch einen Schweißerlehrgang bei der Handwerkskammer erwerben kann. Dabei wird auch über die erforderlichen Arbeitsschutzbestimmungen informiert.

Abgesehen von dem direkten fachlichen Anwendungsbereich ist es durchaus vorteilhaft, wenn der Goldschmied auch einmal eine Hilfsvorrichtung oder einen Ständer für eine Maschine selbst aus Stahlteilen zusammenschweißen kann.

In der Goldschmiedewerkstatt gibt es, wenn man das Verfahren beherrscht, zahlreiche Anwendungsmöglichkeiten für die heiße Acetylen-Sauerstoff-Flamme:

Hochschmelzende Metalle, wie Platin, kann man mühelos schmelzen, und in jedem Fall hat man auch die üblichen Edelmetallegierungen viel schneller erschmolzen als mit Stadtgas. Bei richtiger Einstellung des Verhältnisses von Acetylen und Sauerstoff bekommt man eine reduzierende Flamme, die zum Schmelzen besonders günstig ist.

Bei allen Lötungen von Korpusarbeiten wird die Fuge schneller auf die erforderliche Löttemperatur erhitzt, als die Wärme abgeleitet werden kann. Mit rauschender Flamme wird das Werkstück zunächst so weit erhitzt, daß es sich möglichst nicht mehr verzieht, dann kann man die Flamme konzentrieren und auf die Lötstelle richten, so daß das Lot schnell fließt.

Sogar Schmucklötungen lassen sich mit dem Acetylenbrenner ausführen. Besonders augenfällig ist dies bei Reparaturen an steinbesetzten Schmuckstücken. Wegen der hohen Lötgeschwindigkeit wird die Wärme gar nicht an den Stein gebracht, wenn man beispielsweise einen Silberring enger machen will.

Mikro-Löt- und -Schweißanlage (Bild 8.5).
Der Brenner ist so gestaltet, daß die in der Medizin üblichen Kanülen als Düsen benutzt werden können, so daß man Durchmesser bis zu 1 mm zur Verfügung hat. Dementsprechend ist die Flamme sehr klein und spitz: 0,5 . . . 2 mm Durchmesser und 10 . . . 40 mm lang. Dabei ist die Flamme extrem heiß, man kann mit über 3000 °C rechnen. Die Anlage

Bild 8.5   Mikro-Löt- und -Schweißanlage

kann in den Kombinationen Propan – Sauerstoff und Acetylen – Sauerstoff konstruiert sein. Die Flaschen haben ein Fassungsvermögen von 5 l. Druckminderer, Rückschlagventil und Spezialschlauch sind erforderlich. Das Verbrennungsgas kann mit Flußmittel angereichert werden, so daß man gar kein Flußmittel auf die Lötstelle aufbringen muß.

Die spitze, heiße Flamme ist für den Goldschmied sehr nützlich. Kleine Teile, wie Ösen, Kettenglieder, können schnell und sicher punktförmig erhitzt werden. Bei der Montage eines Schmuckstücks braucht man nur die eigentliche Verbundstelle zu erwärmen, so daß benachbarte Lötstellen nicht nachfließen können. Bei Reparaturen an Schmuckstücken mit Steinbesatz braucht man nicht mehr auszufassen und kann sogar dicht neben dem Stein noch löten.

Wegen der großen Hitze wird die Wärme wesentlich schneller zugeführt, als sie durch die Wärmeleitfähigkeit des metallischen Werkstücks weggeführt werden könnte. Deshalb ist das sonst übliche Vorwärmen des Werkstücks nicht nötig, sondern es wird nur ganz kurzfristig direkt an der Lötstelle erhitzt. Daraus ergibt sich eine ganz andere Technologie gegenüber traditionellen Gewohnheiten. Großflächige und dicke Teile lassen sich mit der Miniaturlötflamme nicht löten.

Die Beherrschung dieser Mikroflamme muß man üben, denn so schnell, wie das Lot schmilzt, ist auch der Schmelzbereich des Verbundmetalls rasch erreicht, das bedeutet: Wenn man nicht aufpaßt, ist die Arbeit sofort verschmort!

Wasserschweißgerät. Durch elektrolytische Zersetzung von Wasser werden Wasserstoff und Sauerstoff im Verhältnis 2 : 1 gewonnen, und diese Gase bringt man in einem Mikrobrenner zusammen, so daß die heiße »Knallgasflamme« gebildet wird (Bild 8.6). In dem Gerät wird eine 29,4 %ige Kalilauge zersetzt. In der wäßrigen Lösung dissoziiert KOH zu K^+ und OH^-. Es kommt zur elektrolytischen Reaktion:

Katode	*Anode*
$K^+ + e^- \rightarrow K$	$OH^- - e^- \rightarrow OH$

Sofortige Reaktion mit dem Wasser:

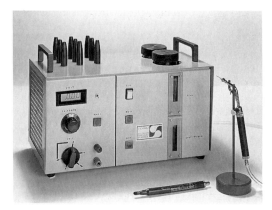

Bild 8.6   Universelle Mikro-Löt- und -Schweißanlage

$$2 K + 2 H_2O \qquad 2 OH + H_2O$$
$$\rightarrow 2 KOH + H_2 \qquad \rightarrow 2 H_2O + \tfrac{1}{2} O_2$$

Das Gerät wird direkt an das Stromnetz angeschlossen. Die Elektrolyse wird über Trafo und Gleichrichter gesteuert, so daß die entstehende Gasmenge geregelt werden kann. Der Elektrolyt wird durch Zugabe von destilliertem Wasser regeneriert, der Anteil von KOH bleibt unverändert. Das Gerät arbeitet also sehr wirtschaftlich.

Auch hierbei wird ein Mikrobrenner mit Kanüle als Brennerdüse verwendet. Die Flammentemperatur liegt bei 2000 . . . 3000 °C.

Durch Zwischenschalten eines Hilfsaggregats (»Booster«) wird die Flammenleistung noch erhöht, und man bekommt eine reduzierende Flamme. Es wird dabei das Gas durch ein Gefäß mit Methylalkohol geleitet, ehe es zur Düse gelangt:

$$CH_3OH + \tfrac{1}{2} O_2 \rightarrow CO + H_2 + H_2O$$

Beschaffenheit der Flamme und Anwendungsmöglichkeiten entsprechen der Mikrolötanlage.

8.1.5   Lötunterlagen

Traditionellerweise benutzt der Goldschmied die *Lötholzkohle*, um die Verbundteile zum Löten aufzubauen. Es ist ein quaderförmiges Stück ausgewählter, astfreier Holzkohle, die so präpariert ist, daß sie im Gebrauch möglichst wenig abbrennt. Eine neue Kohle kerbt man an den Kanten ein, umwickelt sie mit dikkem Bindedraht, glüht sie langsam vor und wärmt sie so weit durch, daß die Kanten rot aufglühen. Wenn sie dabei reißt, wie es oft vorkommt, wird sie durch den umgelegten Draht doch unverändert zusammengehalten. Man kann noch ein übriges tun und die Kohle in ein Kästchen aus dünnem, zunderfreiem Stahlblech einsetzen, das die Kohle etwa bis zur halben Höhe aufnimmt. Trotz der Präparation ist ein gewisser Abbrand der Holzkohle unvermeidbar. Aus der ursprünglich glatten Oberfläche wird eine Mulde, und der Aufbau der Verbundteile wird immer schwieriger.

Wenn die Lötholzkohle nicht zuverlässig präpariert ist, was leider bei der handelsüblichen vorkommt, glimmt sie nach – verhält sich also wie gewöhnliche Holzkohle –, und wenn man sie unbeachtet auf dem Werktisch stehen läßt, ist der Zimmerbrand vorbereitet.

Für Korpuswaren werden *Schamottesteine* als Lötunterlage benutzt, die gegen große Wärmebeanspruchung beständig sind. Wegen der harten, porösen Oberfläche können aber leicht Kratzer auf dem Werkstück entstehen.

Günstig sind Platten aus *feinporigem Leichtschamotte*, mit denen Elektroglühöfen ausgekleidet werden. Man kann sie leicht sägen und feilen, sie nehmen wenig Wärme auf, verschleißen nicht in der Hitze und geben keine störenden Gase ab.

Allgemein verbreitet waren Lötunterlagen aus *Asbest* in Form von Platten aus gepreßten Fasern, asbesthaltige Formkörper, Asbestmehl bei Montage von Gürtlerarbeiten. Heute wissen wir, daß durch Asbestfasern schwere gesundheitliche Schädigungen verursacht werden. Die unsichtbaren, 0,005 . . . 0,1 mm dünnen Fasern können beim Atmen in die Lunge gelangen. Mit ihrem Widerhaken halten sie sich fest, verletzen die feinen Zellen und können Entzündungen verursachen, die zum Krebs führen.

Der Einsatz von Asbest und asbesthaltigen Stoffen ist deshalb grundsätzlich untersagt! Es gibt inzwischen hitzebeständige künstliche Stoffe, die alle Anforderungen erfüllen. Sie werden als Platten oder Preßkörper benutzt und behalten ihre Form auch nach längerem Gebrauch unverändert; da sie eine gewisse Porosität haben, kann man ebenso wie bei Holz-

kohle die Teile aufstecken oder Stecknadeln als Löthilfen verwenden.

8.1.6   Weichlötverfahren

Vorbemerkung

Für jeden verantwortungsbewußten Goldschmied muß es selbstverständlich sein, daß er so selten wie möglich zum Zinnlot greift.

Es sei daran erinnert, daß der Goldschmied heute beispielsweise mit dem Mikrobrenner noch in der Nähe hitzeempfindlicher Steine hartlöten kann, was noch vor einigen Jahren undenkbar war.

Erst wenn alle anderen Möglichkeiten ausgeschlossen werden müssen, sei die Weichlötung akzeptiert.

So wird man bei Reparaturen die Weichlötung mitunter nicht umgehen können. Es ist aber nicht gerechtfertigt, nur deshalb zum Zinnlot zu greifen, weil das Stück von einem »Pfuscher« verdorben worden ist. Man soll vielmehr den Kunden von den Vorzügen der Hartlötung überzeugen, gegen einen entsprechenden Mehrpreis die Zinnlotreste entfernen und dann hartlöten. Auch an Neuanfertigungen müssen manchmal Zinnlötungen durchgeführt werden, wenn man sie »finiert«, also die Bearbeitung abschließt.

Man soll in jedem Fall prüfen, ob statt der Zinnlötung die Metallklebung möglich ist; bei einer späteren Reparatur ist sie weniger störend als die Weichlötung.

Die Zinnlötung hat folgende Nachteile:

- Die Festigkeit der Zinnlötung ist wesentlich geringer als die der Hartlötung.
- Wenn ein Schmuckstück bereits mit Weichlot behandelt worden ist, kann nicht mehr hart gelötet werden, weil das Zinnlot bei größerer Hitze oxidiert und außerdem durch Legierungsbildung das Grundmetall »zerfressen« wird.
- Wenn Weichlotreste in eine Edelmetallschmelze gelangen, wird die gesamte Legierung wegen der intermetallischen Verbindungen des Bleis unverwendbar spröde.

Beim Umgang mit Weichlot ist deshalb unbedingt zu beachten:

Zinnlot und alle Hilfsmittel der Weichlötung dürfen keinesfalls mit den Edelmetallen und

den für deren Bearbeitung bestimmten Werkzeugen zusammenkommen!
Deshalb:

- Alle Schaber, Feilen, Löthilfsmittel, Lötunterlagen, Lötmittel und Lote, die zum Weichlöten gebraucht werden, in einem besonderen Kasten aufbewahren!
- Ehe man mit Zinnlot arbeitet, Fell und Arbeitsplatz frei machen!
- Zinnlothaltige Abfälle getrennt aufbewahren, niemals mit den normalen Feilungsresten zusammenbringen!

Frischen

Jede Lötung setzt die metallische Reinheit der zu verbindenden Metalle und Lote voraus, d. h., die Lötung muß gefrischt werden. Die einfachste und meistbenutzte Methode besteht darin, daß mit dem Dreikanthohlschaber überall da, wo die Bindung erfolgen soll, die Oxidhaut entfernt und die Verbundfläche metallisch blank wird. Man achte darauf, daß kein Grat zurückbleibt.
Ebenso ist auch das Lot zu säubern.
Natürlich kann jede andere mechanische oder chemische Säuberungsmethode ebenso angewendet werden, z. B. Beizen und Kratzen bzw. Bearbeiten mit der Glasbürste, Feilen, Schmirgeln, Fräsen usw. Je sauberer die Bindefläche, um so sicherer ist der Erfolg!

Anpassen

Die Mühe und Sorgfalt, die man für das genaue Passen der Fuge anwendet, macht sich im Löterfolg und in der geringen Nacharbeit bezahlt!
Die Lötfuge muß gut voreinander stehen, der Abstand zwischen den Verbundteilen soll nur gering sein; andererseits muß für das Lot noch genügend Platz bleiben. Die geringe Eigenfestigkeit der Weichlötung muß man durch eine geeignete Hilfskonstruktion abfangen, so daß die Verbundteile zusätzlich abgestützt und die Verbundfläche vergrößert wird. Dazu einige Beispiele:

- Wenn eine Fassung oder eine Zarge mit Zinnlot auf das fertige Stück montiert werden soll, sorge man dafür, daß vorher auf das Schmuckstück ein genau passender Innen- oder Außenrand hart angelötet wird: Die

Zarge wird so zusätzlich abgestützt, und die Bindefläche ist größer (Bild 8.7 a).

- Sollen zwei Drahtenden aufeinanderstoßend verlötet werden, genügt die Bindefläche nicht, man muß mindestens einen Blechstreifen zur Verstärkung unterlegen, der an einem Ende hart angelötet wird; besser ist es, ein straff passendes Rohr über die Lötstelle zu schieben (Bild 8.7 b, c).
- Manchmal läßt es sich nicht umgehen, daß bei einer Reparatur die Ringschiene mit Zinn angelötet werden muß, weil das Ringoberteil beispielsweise mit hitzeempfindlichen Steinen ausgefaßt ist, die man nicht herausnehmen und wieder einsetzen kann. In solchen Fällen fertigt man aus dünnem Blech ein Rohr, dessen Innenmaß der Ringweite enspricht. Auf dieses Rohr wird das Ringoberteil weichgelötet, dann schiebt man die Schiene ebenfalls darauf und lötet auch sie mit Zinnlot an. Wenn schließlich die überstehenden Teile des Rohrs abgesägt werden, ist eine größtmögliche Haltbarkeit gesichert (Bild 8.7d).

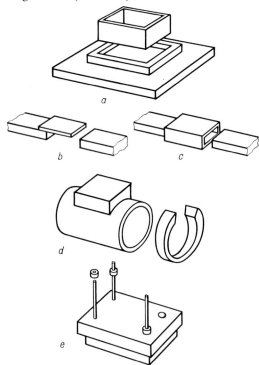

Bild 8.7 Vergrößerung der Bindefläche bei Weichlötungen

• Häufig sollen an fertigen Schmuckstücken Einzelteile, wie Emailplatten, mit Stiften auffiniert werden: Die Stifte werden mit Hartlot angelötet, das ganze Schmuckstück wird bis zur Politur fertiggestellt. Dann steckt man die Stifte, die etwas länger als nötig sind, durch die genau passenden Bohrungen. Eine kleine Öse aus Vierkantdraht wird auf den Stift geschoben und mit Zinnlot am Stift und am Schmuckstück festgelötet. Mit dem halbkuglig-hohlen Finierfräser formt man schließlich aus Öse und Stiftende einen halbkugligen, nietartigen Knopf (Bild 8.7e).

Zusammensetzen der Verbundteile

Manchmal wird es genügen, wenn die Teile einfach zusammengestellt oder aneinandergeschoben werden, man bringt sie so auf die Lötunterlage – eine Lötholzkohle oder eine andere hitzebeständige Unterlage – und kann das Lot anlegen. In anderen Fällen hält man mit der einfachen Kornzange oder mit der Lötkornzange das Werkstück frei in der Hand, ohne eine Lötunterlage zu benutzen. Die Lötkornzange hat den Vorteil, daß sie durch eigene Federkraft zusammenhält.

Schließlich wird man Methoden, wie Klammern, Binden, Aufstecken usw., die beim Hartlöten noch genauer beschrieben werden, benutzen müssen.

Auftragen von Flußmittel und Lot

Grundsätzlich ist das *Flußmittel* auf die ganze Verbundstelle aufzutragen. Flüssige Lötmittel trägt man mit dem Pinsel auf, für Lötfett und Lötpaste ist ein kleiner Spatel erforderlich. Wenn mit dem *Kolben* gelötet wird, streicht man ihn zunächst mehrfach über den Salmiakstein, damit er metallisch blank wird. Dann fährt man mit der Zinnlotstange über die Kolbenspitze, es wird etwas Lot verflüssigt, das dann am Lötkolben festhaftet.

Für die *Flammenlötung* braucht man, wie bei der Hartlötung, Lotpaillen. Die Lotstange muß auf die erforderliche Dicke heruntergewalzt werden. Dadurch hat man einen Blechstreifen, der mit der Blechschere durch parallele Schnitte zerteilt wird; schneidet man dann quer dazu, erhält man die erforderlichen Lötstücke. Sie sollen schmallang und möglichst dünn sein; kurze, dicke Lotstücke neigen zur Kugelbildung und verteilen sich nur schwer in der Fuge.

In manchen Fällen ist es günstig, wenn eines der beiden Verbundteile schon vor dem Zusammensetzen an der Bindefläche mit einer glatten Lotschicht überzogen, »verlotet« ist. Entweder streicht man das Lot mit dem vorbereiteten Kolben auf die mit Flußmittel überzogene Grundfläche, oder man legt Lot und Flußmittel auf und erwärmt mit weicher Flamme so, daß sich das Lot gleichmäßig über die Fläche verteilt.

Bei allen normalen Flammenlötungen legt man gleichzeitig Flußmittel und Lotstücke so auf, daß das Lot direkt an der Fuge liegt und beim Erwärmen in diese hineingesogen wird. Die Lotmenge soll so bemessen sein, daß die Fuge gut ausgefüllt wird, ohne daß unnötige Reste zurückbleiben.

Fließen des Lotes

Wenn man den *Kolben* benutzt, achte man darauf, daß er heiß genug ist und eine ausreichende Zinnmenge an seiner Spitze hat. Die Kolbenspitze wird auf der Fuge abgesetzt. Durch leichtes Bewegen des Kolbens wird das Grundmetall an der Verbindungsstelle bis zur Arbeitstemperatur erhitzt, damit so das Lot vom Kolben zum Werkstück überfließt. Durch die kontinuierlich vom Kolben nachströmende Wärme wird es flüssig gehalten und kann in die Fuge eindringen. Ist die Fuge so groß, daß die Lotmenge des Kolbens nicht ausreicht, wird in der beschriebenen Weise nochmals Zinnlot am Kolben aufgenommen und wieder auf die Fuge übertragen.

Wenn das Lot mit der *Flamme* zum Fließen gebracht werden soll, wird es von der Eigenart des Werkstücks und der Beschaffenheit der Fuge abhängen, welchen Zustand der Flamme man bevorzugt. Da die Zinnlötung nur eine geringe Hitze braucht, ist sie mit der Gaspistole schnell durchgeführt. Wenn eine kleine Lötung so rasch durchgeführt werden soll, daß benachbarte Steine nicht erwärmt werden, wird eine kleine, spitze Flamme nützlich sein. Zweckmäßiger ist für Zinnlötungen immer die weiche Rauschflamme, mit der man so lange über den Gegenstand kreist, bis das Lot gleichmäßig geschmolzen ist und die Fuge ausfüllt.

Mitunter gelingt dies nicht völlig beim ersten Versuch oder es läuft in eine andere Richtung, dann wäre es grundfalsch, durch Steigerung der Hitze das Lot zu »quälen«: Das Flußmittel verliert seine Wirkung, das Lot überzieht sich mit einer dunklen Oxidschicht, es »verbrennt« und ist nun erst recht unbrauchbar. Wenn die Lötung aus irgendeinem Grund erfolglos oder nicht völlig befriedigend war, hilft nur eines: die Lötstelle säubern, neues Lot und neues Flußmittel auftragen und den Lötprozeß wiederholen.

Versäubern

Nur das Lot, das die Fuge ausfüllt, ist für den Zusammenhalt der verbundenen Teile nutzbar. Alles überschüssige Lot, das neben und auf der Fuge sitzt, muß entfernt werden. Wenn man einige Erfahrung hat, wird man nur so viel Lot anlegen, wie unbedingt gebraucht wird, und durch geschickte Flammenführung bringt man es in die Fuge, ohne daß unnötige Rückstände verbleiben. So erspart man sich die aufwendige Versäuberung.
Bleiben trotzdem noch geringe Lotreste zurück, genügt ein scharfer Schaber, um das weiche Metall zu entfernen. Der Schaber ist bei Weichlötungen deshalb besonders günstig, weil man hiermit besser als mit jedem anderen Werkzeug spürt, wenn man auf das härtere Grundmetall kommt. In speziellen Fällen muß man sich kleine Schaber besonderer Form anfertigen, um auch an schwerzugänglichen Stellen versäubern zu können. Trotzdem werden auch andere spanende Werkzeuge, wie Stichel, Feilen, Riffelfeilen, Fräser usw., zum Versäubern der Weichlötstellen benutzt. Allerdings können sich die Feilen leicht mit dem weichen Metall zusetzen.
Beizen und andere chemische Nachbehandlungsverfahren sind nicht nötig, weil sich die Lötung unterhalb der Glühtemperatur der Edelmetallegierungen abspielt. Eine Veränderung der Oberfläche des Grundmetalls ist ausgeschlossen, vorausgesetzt, man hat es nicht beim Löten unsachgemäß überhitzt.

8.1.7 Hartlötverfahren

Vorbemerkung

In diesem Zusammenhang ist »hart« im Sinne von »schwerfließend« gemeint, es beinhaltet aber auch »höhere Festigkeit« der Verbundstelle. Im Gegensatz dazu haben die »weichen«, bei niedrigeren Temperaturen schmelzenden Lote deutlich geringere Festigkeit und Härte.
Das Hartlot ähnelt in seiner Zusammensetzung den Verbundmetallen, so daß es zu einer besonders innigen Vereinigung durch Diffusion kommt. Eine solche Lötung hält hohe Beanspruchung beim Walzen, Schmieden, Biegen, Treiben usw. aus. Wegen der geringen Differenz zwischen Arbeitstemperatur des Lotes und Schmelzbereich der Verbundmetalle sind beim Hartlöten aufwendigere Vorbereitungen nötig, es werden größere Kenntnisse und längere Erfahrung bei der Flammenführung gebraucht, wenn eine haltbare Verbindung ohne Beschädigung der Verbundmetalle erreicht werden soll.

Frischen

Das, was über die Vorbereitung zum Weichlöten gesagt wurde, trifft gleichermaßen auch auf die Hartlötung zu. Die absolute Sauberkeit der Lötstelle ist auch hier unumgänglich. Es sei ausdrücklich betont, daß nicht nur die Oxidhaut, sondern auch die Sudschicht abgeschabt werden muß. Andernfalls kann es vorkommen, daß sich das Lot zwar mit der Sudschicht verbindet, daß aber der Zusammenhalt zwischen dieser und dem Werkstoff selbst so gering ist, daß unter der Sudschicht das aufgelöste Teil wegreißt. Schließlich sei davor gewarnt, das Frischen zu vernachlässigen und sich ganz auf die Oxidlöslichkeit des Lötmittels zu verlassen: Reklamationen des Kunden sind die Folge!

Anpassen

Alle Teile, die durch vorhergehende Bearbeitung innere Spannung haben, müssen vor der Montage geglüht und dadurch entspannt werden. Die Fuge einer Öse würde sich sonst beim Erwärmen aufweiten; die voreinanderstehen-

den Enden einer Zarge verschieben sich.
Jeder geschlossene Hohlkörper muß vor dem Erwärmen angebohrt werden, um den nötigen Druckausgleich der eingeschlossenen Luft herzustellen; sonst könnte die Kugel eines Ohrsteckers oder ein verböderter Herrenring durchaus beim Erhitzen aufplatzen.

Schon beim Weichlöten wurde auf die Bedeutung der exakten Anpassung der Verbundteile hingewiesen, beim Hartlöten ist das noch wichtiger. Je sorgfältiger die Lötstelle vorbereitet und zusammengepaßt ist, um so leichter läßt es sich löten und um so geringer ist die Nacharbeit:

- Der Abstand muß so gering sein, daß Flußmittel und Lot eindringen können.
- Der Spalt muß vollständig mit Lot ausgefüllt werden.
- Es soll möglichst wenig Lot außerhalb der Fuge bleiben.

Der Lötspalt soll bei Goldschmiedearbeiten maximal 0,1 mm breit sein – das entspricht etwa der Dicke einer Rasierklinge; bei Korpusarbeiten kann er auch noch doppelt so breit sein. In den schmalen Spalt einer gut vorbereiteten Fuge wird das flüssige Lot durch die Kapillarwirkung hineingesogen, und man bekommt eine saubere Lötung hoher Festigkeit.
Mit einiger Übung kann man auch eine schlecht vorbereitete Fuge ausschwemmen, aber spätestens beim Polieren erkennt man die Unsauberkeit der Arbeit, außerdem ist die Festigkeit nur gering.

Wegen der wesentlich höheren Festigkeit der Hartlötung muß die Bindefläche nicht unbedingt derartig vergrößert werden wie beim Weichlöten, aber sicherer ist es natürlich immer, wenn man dünne, aneinanderstoßende Teile, wie zarte Ösen, dünne Fassungen, aber auch Ringschienen – die ja eine hohe Beanspruchung aushalten müssen – an der Lötstelle etwas verändert. Es ist immer zweckmäßig, wenn man die Fuge schräg anlegt, indem man entweder die Fuge schräg schneidet oder die Schnittfläche leicht abschrägt; wenn möglich, sollte man beides tun (Bild 8.8a).

Anstatt einen Draht zum Anlöten einfach auf die Grundplatte zu stellen, soll man die Bindefläche entweder dadurch vergrößern, daß man das Ende des Drahtes zu einem Fuß formt oder die Grundplatte anbohrt, den Draht hineinstellt und so festlötet (Bild 8.8b).

Wenn eine Zargenfassung mit eingelöteter Steinauflage auf eine Platte gesetzt werden soll, ist es zweckmäßig, wie auf Bild 8.8c zu sehen ist, die Auflage nach unten etwas überstehen zu lassen und in die Grundplatte eine solche Öffnung zu feilen, daß man den Überstand der Auflage gerade hineinsetzen kann, und so wird die Fassung von der Rückseite her eingelötet.

Wenn hohle Gegenstände zusammengesetzt werden sollen, hat man oft Mühe, die dünnen Kanten genau voreinander zu richten, zumal sie sich beim Erwärmen oft noch verziehen. Besser ist es, wenn ein dünnes Blech zwischen beide Teile gebracht wird, auf das man von beiden Seiten das Lot anlegt und dessen Überstand zum Schluß weggesägt wird (Bild 8.8d).

Wenn solche Teile, die eine besonders hohe Beanspruchung aushalten müssen, wie breite Ringschienen oder auch ein zerbrochener Löffelstiel, wieder verlötet werden müssen, empfiehlt sich die auf Bild 8.8e gezeigte Methode. Das Werkstück ist beiderseits rechtwinklig zur Fuge eingesägt worden, ein schmaler Verbindungsstreifen aus dünnem Blech wird eingesetzt und zusammen mit der Fuge verlötet.

Oftmals soll in eine Ringschiene ein Stück eingesetzt werden, entweder um die Weite zu ändern oder um eine schadhafte Stelle zu ersetzen. Um dieses Stück beim Löten sicher zu halten und um für den späteren Gebrauch eine möglichst große Stabilität zu gewährleisten, wird es, ebenso wie die Endstücke der Schiene, schwalbenschwanzförmig zugefeilt, eingesetzt und verlötet (Bild 8.8f).

Das Ansetzen der Schiene an einen neugefertigten Ring macht deshalb oft Mühe, weil sie nur schlecht am Ringkopf festhält, sich beim Lötprozeß verschiebt, während gerade das Lot fließt, und so mancherlei Ärger verursacht. Als einfaches und wohl in fast allen Fällen anwendbares Gegenmittel sei empfohlen, an die Enden der Schiene eine Stufe zu feilen, die oft nur wie ein dünner Grat zu wirken braucht, die aber ausreicht, um die Schiene beim Löten abzustützen (Bild 8.8g). Wenn man die Schiene dann noch richtig festbindet (s. Bild 8.12a), hat man kaum noch Schwierigkeiten bei dieser für die Gesamtwirkung des Rings entscheidenden Lötung.

Will man eine Zarge auf eine Fläche löten, gibt es mitunter schwierige Nacharbeit, wenn das

nicht so: sondern so:

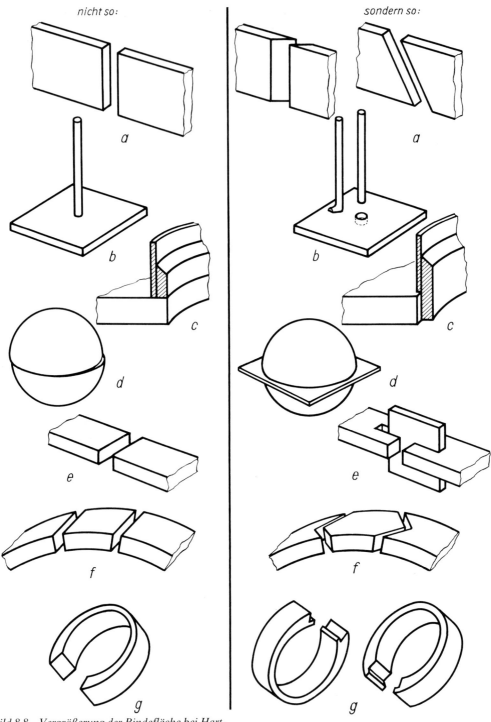

*Bild 8.8   Vergrößerung der Bindefläche bei Hart-
lötungen*

Lot außen angelegt worden ist. Besser ist es, wenn man zunächst die Paillen auf der Innenseite der Zarge an deren Unterkante anlegt, so weit erhitzt, daß sie gerade zu schmelzen beginnen, und dann erst die Zarge auf das Blech setzt. Nun hat man die Gewähr, daß beim Erwärmen das Lot nicht auf der Fläche verläuft, sondern die Fuge sicher ausfüllt.

Wenn glatte Bleche zusammengelötet werden sollen, besteht immer die Gefahr, daß das flüssige Lot nicht den Weg in den Fugenspalt findet, sondern seitlich wegfließt. In solchen Fällen kann das »Stecklot« nützlich sein: Ganz dünn ausgewalzte Lotstreifen werden so in den Lötspalt gepreßt, daß möglichst wenig darüber herausragt. Beim Erwärmen wird sich das Lot dann nur noch in der Fuge ausbreiten.

Bei den bisher behandelten Beispielen handelte es sich letztlich immer um gegeneinanderstoßende Teile. Ganz andere Probleme ergeben sich bei den Flächenfugen, weil das Lot dann einen relativ großen Weg zurücklegen

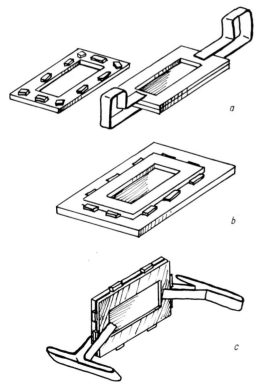

Bild 8.9 »Verloten« einer Platte. a) Paillen auf der Rückseite verteilt, b) Paillen außen angelegt, c) Lotspalt an einer Zarge

und einen großen Verbundbereich ausfüllen muß. Man kann eine der beiden Verbundflächen »verloten« und dann beim Erwärmen die Fuge gleichmäßig ausfüllen (Bild 8.9). Wenn aber das Lot von außen angelegt werden muß, ist es zweckmäßig, die Verbundflächen mit Fräser oder Schleifrädchen des Technikmotors aufzurauhen. Weiter ist es zweckmäßig, den Lötspalt in Flußrichtung des Lotes zu verengen. Die vorbereitete Spaltöffnung nimmt genügend Lot auf und leitet es weiter, bis die Fuge gut ausgeflossen ist. Die engste Stelle muß allerdings noch so groß sein, daß das Flußmittel herausgedrängt werden kann. Beispiel für solche Flächenlötungen ist das Einlöten einer Zarge bei Korpusarbeiten.

Lötnaht an Korpusarbeiten

Wenn Korpusarbeiten aus der Abwicklung hergestellt werden, muß der Blechzuschnitt herumgebogen und zusammengelötet werden. Diese Naht wird bei der anschließenden Hammerarbeit stark beansprucht, sie muß deshalb besonders haltbar sein.

Um die Bindefläche zu vergrößern ist es ratsam, die beiden Verbundkanten dünn auszuhämmern und schrägzufeilen, damit eine *Überlappungsnaht* entsteht (Bild 8.10a). Besonders bei Korpusarbeiten aus Unedelmetallen ist es besser, eine *Schränkungsnaht* auszuarbeiten. Ein solcher Mehraufwand zahlt sich bei der anschließenden mechanischen Beanspruchung aus. Als Beispiel wird ein Rohr von 80 mm Durchmesser und 120 mm Höhe mit dem Zuschnitt-Umfang von 250 mm angenommen. Für die Naht werden auf jeder Seite 4 mm zugegeben. Die Einteilung der Schränken kann man auf Bild 8.10b sehen; die beiden äußeren Schränken müssen immer auf der späteren Innenseite sein. Die Schränken werden eingeschnitten und hochgebogen. Die andere Kante des Zuschnitts wird dünngeschlagen und -gefeilt, so daß sie zwischen die vorbereiteten Schränken paßt. Mit dem Holzhammer werden die Schränken gegen das zwischen sie eingepaßte Blech gehämmert.

Mit Bindedraht oder mit Klammern werden die Verbundteile zusammengehalten – und dann kann man löten.

Die Überlappungsnaht, besonders aber die Schränknaht wird sorgfältig mit dem Planier-

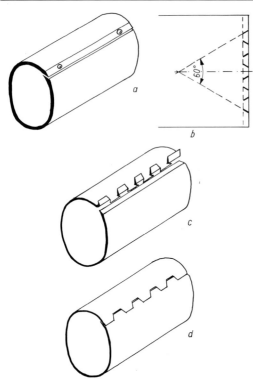

Bild 8.10 Lötnahtvorbereitung bei Silberschmiede-arbeiten. a) Überlappungsnaht, b) Einschneiden der Schränkung, c) vorbereitete und d) fertige Schränkungsnaht

hammer auf Stahlunterlage flachgeschlagen, bis die Nahtstelle wieder der allgemeinen Blechdicke entspricht. Wenn die Schränknaht gut durchgelötet ist, kann man bedenkenlos ein solches Rohr mit dem Hammer weiter formen, als ob es aus einem Stück wäre.

Zusammensetzen

Bei Weichlötungen genügt es meist, wenn das Werkstück in der Kornzange zusammengehalten und kurz erwärmt wird.

Wegen der wesentlich größeren Hitze und der dadurch erforderlichen längeren Erwärmungsdauer läßt sich eine Hartlötung nur ausnahmsweise auf diese Weise durchführen.

Normalerweise müssen die Verbundteile möglichst sicher und stabil fixiert werden, damit man sie ungestört so erwärmen kann, daß das Hartlot die Fuge ausfüllt und die Verbundteile fest miteinander verbindet. Außerdem möchte

man die linke Hand frei haben, um mit der »Dirigiernadel« notfalls noch während der Lötung kleine Korrekturen vornehmen zu können.

Jede Montage ist anders, und jedesmal muß sich der Goldschmied eine neue Möglichkeit ausdenken, um die Verbundteile zusammenzuhalten, bis das Lot geflossen ist. Einige Grundmethoden sollen hier vorgestellt werden, die man den jeweiligen Bedingungen der Praxis dann anpassen muß.

Lötzange, Lötpinzette. Im Unterschied zu den Biegezangen und den üblichen Kornzangen kann man bei diesen Lötwerkzeugen die Schenkel arretieren, manche schließen auch durch Federkraft, so daß die Verbundteile sicher zusammengehalten werden, ohne daß man die Zange ständig zusammendrücken muß.

Nachteilig ist aber, daß durch den engen Kontakt die Wärme aus dem Werkstück in die Zange abgeführt wird, so daß sich die Erwärmungsdauer verlängert; bei ungünstigem Größenverhältnis kann die Lötung dadurch sogar undurchführbar sein. Hält man die Zange in der Hand, kann sie bald so heiß werden, daß man die Erwärmung abbrechen muß, ehe das Lot geflossen ist.

Wenn die Teile in eine Pinzette gespannt werden können, dann ist die beim Dentisten übliche Quarzzange zu empfehlen. Die Schenkel bestehen aus Quarzstäben, zwischen denen die Verbundteile gehalten werden, und sie zeichnen sich durch beachtliche Vorzüge aus:

- Die Wärmeleitung ist nur ganz minimal.
- Weder Lötmittel noch Lot haften daran fest.
- Wegen der geringen Wärmeausdehnung kann man sie rotglühend in kaltem Wasser ablöschen.
- Gehen die Quarzschenkel zu Bruch, kann man sie leicht auswechseln.
- Durch eine Klemmvorrichtung kann man die Schenkel in beliebiger Stellung arretieren.

Als Löthilfe werden auch Zangenpaare angeboten, die über verstellbare Arme mit einem Löttisch verbunden sind. Da man sie in verschiedene Stellungen bringen kann, sind sie recht vielseitig einsetzbar (Bild 8.11).

Man kann

- die Zange einzeln benutzen,

- die Verbundteile in beiden Zangen befestigen und voreinanderrücken,
- ein Teil auf den Löttisch legen und andere Teile mit den Zangen dagegenstellen.

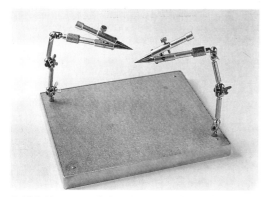

Bild 8.11 Löttisch, kombiniert mit beweglichen Klemmzangen

Mit Stellschraube oder Feder wird das Zangenmaul zusammengedrückt.
Zweifellos bieten diese Vorrichtungen manche Erleichterung, trotzdem haben sie keinesfalls die alterprobten Verfahren des Zusammenbaus verdrängt.

Aufbau auf der Lötunterlage. Die Lötholzkohle hat sich als Lötunterlage seit Generationen bewährt:
- Wenn sie richtig präpariert ist, hat sie nur einen geringen Abbrand und damit eine lange Lebensdauer.
- Sie nimmt nur wenig Wärme auf, so daß die aufgelegten Teile rasch heiß werden.
- Man kann die Oberfläche mit einer großen Feile glätten, wenn man eine ebene Unterlage braucht.
- Ebenso leicht lassen sich auch, wenn es erforderlich ist, Vertiefungen einschneiden oder Rillen einritzen.
- Wenn es nötig ist, kann man die Verbundteile in die Kohle eindrücken, um sie zu fixieren.
- Nadeln und andere Löthilfsmittel sticht man in die Kohle ein.

Trotz der Präparierung bleibt aber immer die Gefahr, daß die Holzkohle, nachdem sie tagsüber oft benutzt wurde, nachglüht und dann nach Arbeitsschluß sogar zur Brandursache werden kann.

Asbestunterlagen dürfen nach den Vorschriften der Arbeitshygiene nicht mehr verwendet werden.
Es gibt aber heute asbestfreie, hitzebeständige Lötunterlagen, die als Blöcke im ähnlichen Format wie die Holzkohle und für großflächige Lötungen als Platten angeboten werden. Mit diesen Lötunterlagen kann man genauso gut arbeiten wie mit der Holzkohle, und sie sind völlig ungefährlich. Man sollte sich darauf einstellen!

Auf der glatten Lötunterlage kann man ebene Drahtmontagen ganz einfach ausführen, indem man die Verbundteile auflegt und aneinanderrückt, so daß sie an der Fuge zusammenstoßen. Wenn beispielsweise an eine runde Fassung mehrere Drähte sternförmig in regelmäßigem Abstand anzulöten sind, ist es günstig, wenn in die Lötunterlage vorher entsprechende Hilfslinien eingeritzt wurden.
Auch für andere Fälle sind solche Hilfslinien bei der Montage ebener Formen nützlich.
Würde man jedoch eine glatte Metallplatte auf die flache Lötunterlage legen, um sie mit dünnen Drähten zu belöten, müßte man mit ziemlicher Sicherheit damit rechnen, daß die Belötungen überhitzt werden, wodurch sich das Lot auf diese Motive zieht, ohne die Verbindung mit dem Grundmetall herzustellen. Man braucht dazu Unterhitze, deshalb muß man für solche Fälle eine Lötunterlage benutzen, wie sie beim Glühen beschrieben wurde.
Der findige Goldschmied hat in seiner Schublade ein Kästchen mit verschiedenartigen Stützen, Böckchen und anderen Unterlagen, die er verwendet, um bei der Montage die Verbundteile so aneinanderzusetzen, abzustützen und zu unterlegen, daß sie in der gewünschten Stellung zusammengelötet werden können. Alte Nägel, Büroklammern, Stanzabfälle, einige Holzkohlenbröckchen, ein Knäuel alten Bindedrahts und was sonst noch als brauchbar aufbewahrt wurde, findet man in dieser eigenartigen Sammlung. Oft ist ein kleines Stück Stahlblech, in bestimmter Form gebogen, das ersehnte Hilfsmittel, ohne das man sich vergeblich müht, die Lötung zu bewerkstelligen.
Manchmal erleichtert man sich das Zusammenbauen auch dadurch, daß mit einigen Stichelspänen, die man mit dem Spitzstichel an dem zu lötenden Gegenstand aufstellt, eine

provisorische Auflage geschaffen wird, die das sichere Löten ermöglicht.

Binden. Es ist eine sehr zuverlässige Methode, um die Bauteile bis zur Lötung fest und sicher zusammenzuhalten (Bild 8.12). Das Binden ist aber zeitaufwendig, und wenn man die Drähte nicht sachgemäß anlegt, kann das Werkstück beschädigt werden. Sollte es andere Möglichkeiten geben, wie Zusammenstecken oder Klammern, sind diese zu bevorzugen.

Bindedraht ist einfacher, weichgeglühter Stahldraht, überzogen mit der schwarzen Eisenoxidschicht, den der Goldschmied in Dik-

ken zwischen 0,2 und 0,5 mm braucht; für Silberschmiedearbeiten benutzt man ihn auch bis zur Dicke von 1,0 mm.

Durch Kordeln von zwei oder drei Drähten kann man die Gesamtdicke noch erhöhen.

Die üblichen Bindedrähte haben folgende Vorzüge:
- niedriger Preis,
- mäßige Härte, gute Biegsamkeit,
- hoher Schmelzbereich,
- ausreichende Festigkeit.

Weil er billig ist, kann man mit dem Bindedraht großzügig umgehen, wegen seiner guten Biegsamkeit kann man ihn um jede beliebige

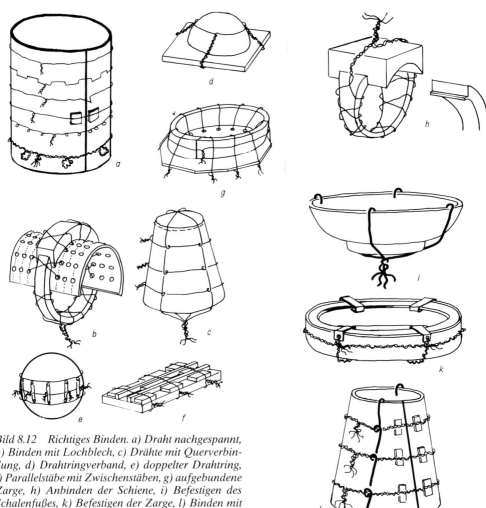

Bild 8.12   Richtiges Binden. a) Draht nachgespannt, b) Binden mit Lochblech, c) Drähte mit Querverbindung, d) Drahtringverband, e) doppelter Drahtring, f) Parallelstäbe mit Zwischenstäben, g) aufgebundene Zarge, h) Anbinden der Schiene, i) Befestigen des Schalenfußes, k) Befestigen der Zarge, l) Binden mit materialgleichem Draht

Form wickeln; wenn man die richtige Dicke wählt, ist er auch in der Löthitze haltbar, vorausgesetzt, daß man ihn ordnungsgemäß angelegt hat.

Bei der Anwendung muß man mit folgenden Erscheinungen rechnen:

● Eisen dehnt sich wesentlich geringer aus als die damit gebundenen Edelmetalle und Legicrungen,

● Durch die Löthitze kann das schwarze Eisenoxid des Bindedrahts reduziert werden, es kommt zur Diffusion mit dem gebundenen Metall, und der Draht lötet fest.

● Bei partieller Überhitzung verbrennt der freistehende Stahldraht, indem er völlig durchzundert und versprüht; seine Funktion als Bindedraht hört damit auf.

Wegen seines hohen Schmelzbereichs müßte der Stahldraht in der normalen Gasflamme völlig beständig sein; tatsächlich kann aber beispielsweise ein freistehendes Stück dieses Bindedrahts leicht druchbrennen. Das hängt damit zusammen, daß der Draht eine nichtmetallische Oberfläche aus Zunder Fe_3O_4 hat, die in der Löthitze aktiviert wird und bis zum Kern des Drahtes weiterwächst. Andererseits ist die Zunderschicht sehr nützlich, weil dadurch das Anhaften des Drahtes am Grundmetall verhindert wird; kommt er aber mit dem Lötmittel in Berührung, wird die Oxidschicht reduziert, und er haftet doch an.

Man kann den Bindedraht durch Einstreichen mit Polierrot, Tripel oder Lehm vor direkter Flammeneinwirkung schützen. Unproblematisch ist der Gebrauch von »Hitze-Stop«, der von den Werkzeughandlungen angeboten wird.

Wegen der geringen Wärmedehnung kann es passieren, daß der Stahldraht in der Löthitze nicht genug nachgibt, so daß er das zusammengebundene Metall wegen dessen höherer Wärmedehnung einschnürt wie ein festverschnürtes Postpaket. Deshalb darf der Bindedraht auch nicht zu dick sein, sondern soll etwa der Wanddicke des Werkstücks entsprechen.

Einige Anwendungsbeispiele sollen dazu dienen, den Goldschmied zu eigenen Erfindungen anzuregen. Dabei ist immer wichtig, daß mit dem Draht keine größeren Öffnungen überspannt werden, wie etwa eine Fassungszarge, eine Ringschiene oder die Öffnung

einer Dose – der Bindedraht würde schnell verbrennen.

Um den nötigen Spannungsausgleich zu erreichen, wird der Draht nach dem Binden mit der Flachzange nachgespannt (Bild 8.12 a). Man kann ihn auch so knicken, daß er brückenartig mit Abstand über die Fuge geht. Bei Korpusarbeiten ist es günstig, wenn man in Abständen von etwa 4 cm kleine Ösen in den Draht rollt, um damit die Dehnung auszugleichen.

Um den Bindedruck auf größere Flächen zu verteilen, schiebt man in erforderlichen Abständen Blechstreifen unter den Draht. Mit Stahlblech kann die Oberfläche verkratzt werden, außerdem kann es durch Flußmittelreste anhaften und muß dann mechanisch entfernt werden. Besser sind Streifen aus Feinsilber, es ist weicher und läßt sich nach dem Beizen leicht wieder abnehmen – man muß nur aufpassen, daß es nicht mit festgelötet wird.

Auf Bild 8.12 b wird eine sehr zweckmäßige Hilfskonstruktion gezeigt, um die Ringschiene gerade an den Kopf zu löten. Auf ein Stahlblech, das der Ringweite entsprechend gewölbt ist, sind Parallelen aufgerissen und in regelmäßigen Abständen Bohrungen angebracht. Wenn nun Kopf und Schiene, wie

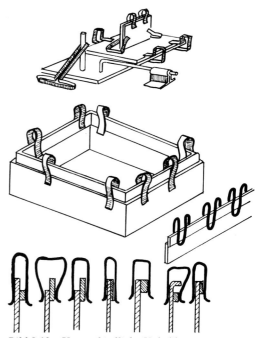

Bild 8.13   Unterschiedliche Halteklammern

abgebildet, kreuzweise gebunden werden, kann man an den Linien des Hilfsblechs erkennen, ob beide Teile in richtiger Stellung sind. Man kann auch ohne das Hilfsblech Schiene und Kopf montieren, wenn man die, an der Schiene eingefeilte Stufe nutzt (s. Bild 8.8 g u. Bild 8.12 h).

Einen Fingerhut kann man so, wie es auf Bild 8.12 c zu sehen ist, binden, um den Deckel bequem auflöten zu können; sinngemäß kann man eine solche Konstruktion auch für Korpusarbeiten nutzen.

Dadurch, daß der Draht nicht über die Rundung der Halbkugel greift, kann sie nicht verrutschen (Bild 8.12 d).

Das ähnliche Prinzip erkennt man beim Zusammenlöten der beiden Halbkugeln (Bild 8.12 e), das auch für Korpusarbeiten gültig ist. Die Drähte schnüren nicht ein, trotzdem werden die Teile sicher zusammengehalten. An der Fuge biegt man die Drähte etwas an und unterlegt sie an der Fuge, damit der Stahldraht nicht mit dem Flußmittel zusammenkommt und festbäckt.

Um die parallelen Drähte aufzulöten, werden Stahlblechstücke entsprechender Dicke zwischengelegt (Bild 8.12 f). Der Bindedraht greift um Drähte und Hilfsbleche herum.

Mit dem Beispiel auf Bild 8.12 g wird gezeigt, wie eine Zarge auf einem Grundblech befestigt werden kann, wenn die Öffnung später herausgesägt werden soll. Zur Vorsicht ist um die bereits gelötete Zarge ein Draht gelegt worden, damit sie beim Auflöten nicht aufplatzen kann.

Wenn man an eine Schale den Fuß anlöten muß, wird der Draht am Rand der Schale eingehängt und kreuzweise über den Fuß gezogen (Bild 8.12 i).

Ähnlich wird eine Zarge in einer Schale mit umgreifenden Haken befestigt; durch Nachspannen des Bindedrahts zieht man sie fest an (Bild 8.12 k).

In Sonderfällen, wenn keine andere Befestigungsmöglichkeit gefunden werden kann, wäre es sogar möglich, das Werkstück zu durchbohren und mit Drähten aus dem Arbeitsmaterial zu binden, also einen silbernen Gegenstand mit Silberdraht. Nach gelungener Lötung werden die überflüssigen Reste der Drähte entfernt, die Bohrungen mit den durchgesteckten Drähten verlötet und schließlich versäubert.

Klammern. Man hat dabei folgende Vorzüge:
- Die Verbundteile sind schnell zusammengesetzt.
- Wenn man gute Klammern zur Verfügung hat, bleiben die Verbundteile auch in der Glühhitze sicher aneinander.
- Die beim Binden genannten nachteiligen Folgen entfallen.
- Nach vollendeter Lötung sind die Klammern leicht abgezogen.

Normalerweise werden Klammern aus einfachen Stahlblechabfällen gemacht, aber
- in der Hitze verlieren sie die Federung,
- nach mehrmaligem Gebrauch haben sie keine Spannkraft mehr,
- die abspringenden Zunderteile verunreinigen die Feilung.

Besser ist es, wenn man dafür hitzebeständige legierte Stähle beschaffen kann. Man kann sie aus Runddraht flachschmieden, dann gibt es keine scharfen Kanten, mit denen das Werkstück verkratzen könnte. Solche Klammern haben den unschätzbaren Vorzug, daß sie auch in der Löthitze ihre Federkraft uneingeschränkt behalten und daß die Oberfläche völlig blank bleibt.

Man kann für die Klammern auch recht gut den Prothesendraht des Dentisten benutzen, der in den Abmessungen von 0,6 mm bis 1,4 mm Durchmesser angeboten wird.

Auf Bild 8.13 sind einige Klammerformen und ihre Anwendung zusammengestellt. Aus den konkreten Bedingungen beim Arbeiten werden sich weitere Formen und andere Anwendungsmöglichkeiten ergeben.

Aufstecken auf der Lötunterlage. Sowohl bei der Lötholzkohle als auch bei den anderen feinporigen Lötunterlagen ist es möglich, die Verbundteile selbst oder irgendwelche Hilfsmittel einzudrücken oder einzustecken.

Wenn auf einem Schmuckteil ein senkrechter Stift hart angelötet werden muß, bohrt man das Blech etwas an, um die Kontaktfläche zu vergrößern, und man läßt den Stift so lang, daß man daraus ein ungleichschenkliges »U« biegen kann. Den längeren Schenkel steckt man in die Lötunterlage, den kürzeren in die angebohrte Verbundstelle. So kann man den Stift sicher anlöten; dann kürzt man ihn auf die erforderliche Länge.

Will man eine Krappenfassung montieren, ist

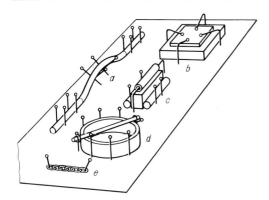

Bild 8.14   Anwendung von Stecknadeln

es mitunter zweckmäßig, die Fassung umzudrehen und die Krappen in die Lötunterlage einzudrücken, damit sie sich während des Lötvorgangs nicht verschieben können.

Oft ist die einfache Stecknadel ein nützliches Hilfsmittel bei der Vorbereitung der Lötung, einige Anwendungsbeispiele sind auf Bild 8.14 zusammengestellt.

Ein Stab oder ein Rohr wird nicht wegrollen, wenn man beiderseits einige Nadeln einsticht; außerdem sieht man auf Bild 8.14a, wie man durch kreuzweise eingesteckte Nadeln kleine Auflageböckchen bekommt.

Durch die Federkraft gebogener Stecknadeln lassen sich manche Teile leicht zusammendrücken, wie die beiden Platten auf Bild 8.14b. Mit gebogenen Nadeln wird das Rohr auf Bild 8.14c sicher gehalten.

Bei Bild 8.14d wurde das Ende zweier Nadeln zur Schlinge gebogen, um den Runddraht festzudrücken.

Auch für Kettenlötungen sind die Nadeln gut geeignet. Man kann damit die Kettenglieder straff spannen (Bild 8.14e). Eine schwere Kette rutscht nicht von der Lötunterlage, wenn sie mit Nadeln festgesteckt wird.

Löten in Gips. Mit dieser Methode soll die Montage solcher Schmuckstücke erleichtert werden, die aus vielen kleinen Teilen zusammengesetzt werden müssen. Statt etwa die einzelnen Teile mühsam Stück für Stück zusammenzulöten, können sie alle mit einem einzigen Lötvorgang verbunden werden.

Die alte Bezeichnung des Verfahrens wird zwar beibehalten, aber heute wird nicht mehr Gips, sondern die beim Schleuderguß übliche

Einbettmasse benutzt, denn sie ist hitzebeständiger und reißt beim Löten nicht so leicht ein.

Das Verfahren wird am Beispiel der abgebildeten Brosche erläutert (Bild 8.15).

Alle Einzelteile werden mit Fluxit oder einem anderen Lötmittel eingestrichen und dann so weit erwärmt, daß sie mit einer Glasurschicht überzogen sind.

Die leicht gewölbte Gesamtform wird auf einer Glasplatte aus Plastilin modelliert, und darauf werden alle Einzelteile so aufgelegt, daß sie dicht aneinanderstoßen, und außerdem werden sie leicht eingedrückt, damit sie sich nicht verschieben.

Rings um die Plastilinform wird ein Rahmen aus Stahlblech auf die Glasplatte gestellt, der etwas größer und höher als das Modell ist; außen wird der Rahmen mit Plastilin abgedichtet.

Auf die Fugen legt man kleine Stücke angefeuchteten Seidenpapiers, damit die Einbettmasse nicht dazwischenlaufen kann; man kann die Fugen auch mit etwas Holzkohlepulver isolieren.

Die Einbettmasse wird angerührt, zuerst setzt man einige Kleckse auf die Fugen, damit die Teile fixiert bleiben, dann wird das ganze Modell übergossen und der Rahmen gefüllt. Die Dicke der Schicht richtet sich nach Größe und Beschaffenheit des zu lötenden Objekts. Ist sie zu dick, braucht man unnötig viel Hitze, ist sie zu dünn, bricht die Form beim Glühen leicht auseinander.

So, wie es auch beim Einbetten der Gußformen üblich ist, läßt man die Form gut austrocknen, nimmt den Rahmen ab und löst vorsichtig das Plastilin ab, ohne Metallteilchen aus der Form herauszureißen. Notfalls kann man jetzt noch die Stellung der Verbundteile etwas kor-

Bild 8.15   Gipslötung. Innerhalb des Formrahmens Bauteile auf Plastilin aufgebaut, dann mit Gips ausgegossen

rigieren. Auf die Fugen kommt etwas Lötmittel, und man legt die Lotstücke an.

Wenn erforderlich, kann man die Verbundteile an den Lötfugen mit dünnen, kurzen Drahtstücken überbrücken und dann die Lotpaillen anlegen; das schmelzende Lot wird dann mit größerer Sicherheit in die Fuge geführt.

Eventuell kann man die Form im Glühofen vorwärmen; ist diese Möglichkeit nicht gegeben, wärmt man den Block mit großer, rauschender Flamme langsam und gleichmäßig vor, bis er rotglühend ist, dann erhitzt man weiter, bis alles Lot in gewünschter Weise geflossen ist. Sind alle Fugen gleichmäßig gelötet, wird die heiße Form in Wasser abgeschreckt, die Einbettmasse zerspringt, und man kann das fertige Stück herauslösen.

Montieren auf säurelöslichen Metallen. Bei manchen schwierigen Montagen wird die folgende Methode unumgänglich sein. Als Beispiel wird die Drahtmontage einer offenen Hohlkugel beschrieben. Es wird kaum möglich sein, eine solche komplizierte Montage auf andere Weise zu erreichen. Mann könnte noch an die Gipslötung denken, aber das ergäbe nur die beiden Halbkugeln, die dann frei zusammengelötet werden müßten – und das ist praktisch kaum durchführbar, ohne daß sie wieder auseinanderfallen.

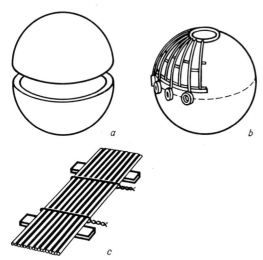

Bild 8.16 Montieren auf säurelöslichen Metallen. a) vorbereitete Hilfskugel, b) Drahtgerüst auf der Hilfskugel, c) Stäbe mit zwischengelegten Hilfsstäben

Aus dünnwandigem Blech wird zunächst eine Hilfskonstruktion gemacht, die nach beendeter Montage herausgeätzt wird. Ähnlich, wie es bereits beim Biegen der Scharnierrohre erläutert wurde, verwendet man für Silberlegierungen und für Goldlegierungen unter Au 500 als Hilfsmaterial einfachen Baustahl, der mit verdünnter Schwefelsäure herausgeätzt werden kann, für Goldlegierungen mit höherem Feingehalt Kupfer, das mit Salpetersäure gelöst werden kann. Bei dem angenommenen Beispiel formt man zunächst eine dünnwandige Blechkugel, die aus zwei Halbkugeln gebildet wird (Bild 8.16a). Es ist nun einfach, die Einzelteile auf die Kugel aufzusetzen und dann im Ganzen oder auch abschnittsweise zusammenzulöten. Dabei muß man auf eine gute gegenseitige Verbindung achten (Bild 8.16b).

Nach beendeter Montage wird die Hilfskugel an mehreren Stellen angebohrt und dann herausgeätzt, so daß die Edelmetallkonstruktion als Drahtgerüst übrig bleibt.

Durch den Einsatz solcher Hilfsmetalle, die nachträglich ausgeätzt werden, ergeben sich auch bei anderen Drahtmontierungen viele Anwendungsmöglichkeiten. Sollen beispielsweise mehrere Drähte in gleichmäßigem Abstand nebeneinander gelötet werden, legt man immer einen Hilfsdraht geeigneter Dicke dazwischen, bindet alle Drähte an, und es stört nicht, wenn auch die Hilfsdrähte mit festgelötet werden, sie werden ja zum Schluß weggeätzt (Bild 8.16c).

Auf gleiche Weise kann man eine Spirale mit regelmäßigem Abstand zwischen den Windungen auf einen Stab löten, wenn man mit ihr zusammen eine Hilfsspirale wickelt, beide auflötet und die Hilfsspirale schließlich herausätzt.

Auftragen von Lötmittel und Lot

Da die Lötmittel durch Lichteinwirkung zersetzt werden können, bewahrt man sie in lichtundurchlässigen Gefäßen auf, am Arbeitsplatz braucht man nur eine kleine standsichere Flasche. Mit dem Boraxpinsel, der dem Aquarellpinsel ähnlich ist, aber weniger wertvolle Haare hat, wird das Fluxit aufgetragen.

Mit einem dünnen Aquarellpinsel kann man Flußmittel und Lot präziser auftragen. Bei schonender Behandlung bleiben solche Pinsel lange Zeit brauchbar, vorausgesetzt, daß man mit ihnen nicht an heiße Verbundteile kommt. Es hat sich als zweckmäßig erwiesen, wenn man jedes Einzelteil, ehe man es zum Löten anlegt, auf seiner *ganzen Oberfläche* mit dem Lötmittel bestreicht bzw. es hineintaucht. Da es 10 bis 20 Lötungen überdauert, kann man bedenkenlos an dem einmal bestrichenen Teil nach und nach weitere Teile anlöten, ohne erneut frischen und einstreichen zu müssen.

Beispielsweise wird folgendermaßen verfahren: Wenn die Fassungszarge zugerichtet ist, wird sie mit dem Lötmittel eingestrichen; handelt es sich um eine montierte Fassung, wird auch die Auflagezarge eingestrichen. Die Fassungszarge lötet man zusammen, schiebt die Auflage ein und lötet sie fest. Das einmal aufgestrichene Lötmittel reicht für all diese Lötungen aus, und wenn die Fassung dann in das Schmuckstück eingelötet wird, braucht man die Zarge auch nicht noch einmal zu frischen.

Grundfalsch wäre es – wie es leider in manchen Werkstätten noch üblich ist –, das Werkstück nach jeder Lötung in einem bereitstehenden Wassergefäß abzulöschen und zu beizen. Daß man niemals in Beize ablöscht, dürfte wohl allgemein bekannt sein. Durch die Unterbrechung der Montage muß selbstverständlich jedesmal neu gefrischt werden, man muß wieder Lötmittel aufstreichen. Nicht nur, daß dadurch unnötiger Arbeitsaufwand entsteht, wird das Metall durch die verstärkte Sudbildung geschädigt, und man hat überdies die Mühe, am fertigen goldenen Schmuckstück den grünen Sud, der durch die falsche Behandlung entstanden ist, unter bedeutenden Verlusten an Zeit und Material wieder zu entfernen.

Lange Drähte und Rohre beträgt man schnell mit dem Lötmittel, wenn dies in einer Langhalsflasche aufbewahrt wird, denn dann braucht man das Metall nur kurz hineinzutauchen.

Entgegen manchen anderen Behauptungen sei hier nochmals ausdrücklich betont, daß man bei allen Lötungen an Schmuckstücken den Reibeborax nicht mehr braucht! Welch umständliches Verfahren! Aus einer Spritzflasche wird auf den unglasierten Boraxteller etwas Wasser gespritzt, dann reibt man darauf den Boraxbrocken, bis ein mehr oder weniger dicker Brei entsteht, den man auf das Arbeitsstück aufträgt. Scheint die Sonne auf

das Werkbrett, trocknet der Brei ständig wieder ein. Hat man endlich die Verbundteile auf der Lötunterlage richtig liegen – muß der Brei erneut angerieben werden. Das Werkbrett vibriert etwas, und wenn der Boraxbrei wieder fertig ist, kann der kunstvolle Aufbau der Lötteile schon zusammengefallen sein – und das Spiel beginnt von vorn!

Neben dem Fluxit gibt es weitere Hartlötpräparate, die teilweise unter anderer Markenbezeichnung ähnliche Wirkung haben, es gibt sogar solche Lötmittel, die direkt auf bestimmte Arbeitslegierungen und Lote abgestimmt sind. Man soll auf alle Fälle zu derartigen Lötmittelpräparaten greifen, die auf wissenschaftlicher Grundlage entwickelt wurden, denn durch ihre optimale Wirksamkeit erleichtern sie den ganzen Lötprozeß wesentlich.

Der Goldschmied verwendet normalerweise das Hartlot in Form von Paillen – beim Weichlöten wurde diese Möglichkeit schon erwähnt. Das Lotblech wird dünn ausgewalzt, schmale parallele Streifen werden eingeschnitten, und davon trennt man durch Schnitte in Querrichtung die Paillen ab. Diese dünnen Paillen sollen eine schmal-rechteckige Form haben. Würfelförmige Lotstücke würden sich beim Erwärmen leicht zu Kugeln zusammenziehen, sie könnten die Fuge nicht gleichmäßig ausfüllen, und sie würden »fressen«.

Das Lot bewahrt man nach Sorten getrennt in Lotschalen aus dickwandigem Porzellan oder in selbstgefertigten Schälchen aus Silber auf.

Der Pinsel wird kurz in Lötmittel getaucht, dann nimmt man mit ihm eine Paille auf und überträgt sie auf die Lötstelle.

Man mache es dem Lot so bequem wie möglich, indem man das Lotstück genau auf oder an die Fuge legt, so daß es beim Erschmelzen durch das physikalische Kapillarprinzip in den Spalt hineingezogen wird. Legt man aber die

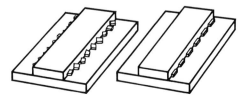

Bild 8.17   Falsches und richtiges Anlegen der Lotpaillen

Lotstücke liederlich und ungleichmäßig neben die Fuge, darf man sich nicht wundern, wenn das Lot eigene Wege sucht (Bild 8.17)!

Beim Anlegen des Lotes denke man immer schon an das Versäubern:

- Jede Paille, die man anlegt, vergleiche man mit der Größe der Fuge. Ist das Lotstück zu klein, kann es die Fuge nicht ausfüllen; ist es zu groß, muß man nachträglich den überstehenden Rest beim Versäubern mühsam wieder entfernen.

- Das Lot muß grundsätzlich so angelegt werden, daß etwaige Reste leicht zu entfernen sind.

- Bei Drahtlötungen achte man darauf, daß die Drähte dicht am Grundblech anliegen. Man versuche, mit möglichst wenigen Lotstücken auszukommen, die man so anlegt, daß ein eventuell erforderliches Versäubern erleichtert wird.

- Wenn irgend möglich, lege man das Lot an solche Stellen, die am fertigen Stück kaum oder gar nicht zu sehen sind, also auf die Rückseite oder auf die Innenseite des Schmuckstücks.

- Man legt das Lot nur auf einer Seite an die Fuge, dann kann man am besten kontrollieren, ob die Bindefläche ausgefüllt worden ist.

Ein guter Goldschmied lötet bei jeder Erwärmung möglichst viele Fugen mit möglichst wenig Lot!

Wenn Bleche aufeinanderzulöten sind, so wendet man die Verlotung an. Soll beispielsweise eine Monogrammplatte aufgelötet werden, wird zunächst deren Rückseite mit Lot ausgeschwemmt, wobei man darauf achten muß, daß es möglichst gleichmäßig und glatt auf der Fläche verteilt wird. Dann feilt man die Fläche glatt oder zieht sie auf dem Abziehstein ab, so daß nur so viel Lot verbleibt, wie zum Bindevorgang notwendig ist.

Anders ist es beim Dublieren. Für besondere dekorative Effekte ist es reizvoll, wenn eine dünne Feingoldplatte auf eine dickere Platte des Arbeitsgoldes gelötet wird. In das Arbeitsgold werden kreuz und quer mit dem Spitzstichel feine Rillen graviert, die Bindefläche streicht man leicht mit Lötmittel ein, und die Lotstücke legt man außen an das Feingoldblech an. Würde man beide Platten ohne solche Rillen verlöten, würde sich das Lot nicht gleichmäßig verteilen, und es gäbe störende Unebenheiten unter dem Feingold. Selbstverständlich muß die Grundplatte besonders von unten erwärmt werden, damit das Lot nicht auf das Feingold fließt!

Bei Brillantschmuck wird mitunter ein dünnes Weißgoldblech auf Gelbgold dubliert. Dabei werden die Lotpaillen in die Steinbohrungen gelegt, durch gezielte Erwärmung zieht man das Lot nach außen.

Im Zusammenhang mit den Edelmetallötungen spielt die Borsäure eine wichtige Rolle. Jeder Goldschmied weiß, daß sich die einzelnen Bauteile oft vor der Montage, zumindest aber vor dem endgültigen Zusammenbau des Schmuckstücks besser versäubern und polieren lassen als zum Schluß.

Die Hohlschale eines Perltellers läßt sich ohne Perlstift spielend polieren, manche Partien der Ringinnenseite sind ohne Fingerauflage und Ringschiene leichter zu erreichen als nach der Endmontage. In solchen Fällen wird das Teil bis zum Polieren fertig bearbeitet, mit Lötmittel eingestrichen und in Borsäure-Pulver getaucht. Dies haftet an der polierten Oberfläche an, und beim Erwärmen entsteht die schon mehrfach erwähnte Glasur, unter der auch nach mehreren Lötungen die Politur der Metallfläche erhalten bleibt.

Fließen des Lotes

Um das Hartlot mit der Gasflamme einer normalen Lötpistole zum Fließen zu bringen, gibt es nur eine Methode: Der ganze Gegenstand wird mit weicher Rauschflamme in gleichmäßig kreisender Bewegung umspült, damit er sich ganz allmählich erwärmt. Nach und nach stellt man die Flamme schärfer und spitzer ein und konzentriert die Hitze immer mehr auf die Lötstelle. Zwischendurch wird der ganze Gegenstand mit der weichen Flamme wieder nachgewärmt. So fährt man fort, bis das Lot fließt.

Das Lot zieht sich immer dorthin, wo die Wärme am größten ist. In Ausnutzung dieses Prinzips wird man die Verteilung der Hitze so regulieren, daß das Lot gezwungen wird, den vorgesehenen Weg zu nehmen. Wenn man beispielsweise eine dünne Öse auf eine dicke Platte so auflöten will, daß sie freisteht, muß man bedenken, daß die Öse weit schneller die

Wärme aufnimmt, die der Arbeitstemperatur des Lotes entspricht, als die Platte. Dadurch käme es nicht zur Vereinigung beider Teile, sondern das Lot würde sich auf die Öse ziehen und sie »verkleistern«. Richtig ist es, wenn bei einer solchen Lötung die Platte auf einer gitterartigen Unterlage liegt, die auch von unten den Zutritt der Wärme möglich macht. Man führt die Flamme so, daß die Platte zunächst von unten, dann oben kreisend rings um die Öse vorgewärmt wird. Dabei wird die Öse selbst durch die indirekte Wärmeübertragung heiß genug, und man muß die Flamme gar nicht direkt auf sie richten.

Eine weitverbreitete Methode ist die Anwendung von zwei oder noch mehr Lotsorten an einem Stück. Etwa so, daß die Fassung kurz vor dem »Schmoren« mehr zusammengeschweißt als gelötet wird; für die weitere Montage verwendet man ein Lot mittlerer Arbeitstemperatur; die Schlaufe des Anhängers oder die Seitenteile des Rings werden zum Schluß mit einem besonders niedrig schmelzenden Reparaturlot »aufgepappt«.
Aus der Sicht der Metallkunde ist dies aber unnötig, und die praktischen Erfahrungen bestätigen es: Ein mittleres Silberlot für alle vorkommenden Silberlegierungen und je ein mittleres Goldlot für die jeweiligen Feingehalte der Goldlegierungen genügen für alle Arbeiten!
Die Begründung liegt darin, daß die legierungsbildende Diffusion zwischen Lot und Grundwerkstoff bei jeder Erwärmung weitergeht. So wird im Laufe der Montage beispielsweise das Lot in der Fuge einer Fassung bei jeder Erwärmung immer weiter mit dem Grundwerkstoff diffundieren und dabei so innig mit ihm verwachsen, daß schließlich, auch wenn man es wollte, die Fuge in der Glühhitze nicht mehr geöffnet werden kann. So wird durch diese Eigentümlichkeit der fortschreitenden Diffusion das Nachfließen des Lotes stark eingeschränkt, und wenn man die Erwärmung bei den nachfolgenden Lötungen richtig steuert, also die bestehenden Lotstellen schont, kann das Nachfließen ganz verhindert werden.

Sehr unangenehm ist es, wenn das Lot »frißt«. Es kann beispielsweise bei einer Drahtbelötung vorkommen, daß das Lot noch nicht überall durchgeschossen ist, man wärmt die fehlenden Stellen stärker nach (der Goldschmied sagt dann, daß man »das Lot quält«), schließlich fließt es doch noch unter dem Draht in gewünschter Weise entlang. Aber da, wo die Lotpaille lag, hat sich eine kleine Mulde im Grundmetall gebildet, das Lot hat »gefressen«. Die Erklärung ergibt sich dadurch, daß in dem Lot mehr Zink und Cadmium enthalten ist, als von den übrigen Metallen gelöst werden kann, und durch die anhaltende Erwärmung bekommen die ungelösten Metallteile Gelegenheit, sich mit dem zu lötenden Metall zu legieren und dann diese gebundenen Teile des Grundmetalls mit in die Fuge zu ziehen.
Ein solches Lot muß nochmals geschmolzen werden, damit die Komponenten besser vermischt werden. Zur Verhütung derartiger Enttäuschungen soll man grundsätzlich die Arbeitstemperatur des Lotes nicht wesentlich überschreiten, und außerdem soll man diese Temperatur nicht länger als unbedingt nötig beibehalten. Besser ist es immer, wenn man bei einer unbefriedigenden Lötung die Erwärmung abbricht, nochmals Lötmittel nachträgt, eventuell auch eine weitere Lotpaille auflegt und dann erneut erwärmt.
Der Grundsatz, daß ein Werkstück erst gleichmäßig vorgewärmt werden soll, ehe man die Hitze auf die Lötstelle selbst richtet, läßt sich nicht beibehalten, wenn das Schmuckstück einen hitzeempfindlichen Stein enthält. Meist geht es dabei um die Verengung eines Ringes. Im Zusammenhang mit der Weitenänderung von Ringen (s. Kap. 13.6) wird diese ganze Problematik behandelt.

Verhindern des Lotflusses

Durch das Gegenlötmittel kann man die Ausbreitung des fließenden Lotes begrenzen und ihm einen bestimmten Weg vorschreiben. Wenn sich das Lot aber bereits auf einer Metallfläche ausgebreitet hat, kann auch ein Lehmüberzug das Nachfließen nicht verhindern!
Es ist eine immer noch anzutreffende Methode, daß man das Schmuckstück mit einem Brei aus Kreide oder Lehm an den Stellen bestreicht, wo man das Nachfließen des Lotes verhindern und empfindliche Teile vor der Hitze schützen will. Tatsächlich ergeben sol-

che Stoffe eine gewisse Wärmeisolierung, weil sie geringe Wärmeleitung haben. Trotzdem ist von der Verwendung dieser Mittel abzuraten:

- Da der Metallgegenstand im ganzen erwärmt wird, werden die abgedeckten Stellen durch die metallische Wärmeleitung weit mehr erwärmt, als die Abdeckmittel verhindern können.
- Lötfugen werden unter dem Lehm rauh, grau und unansehnlich.
- Man kann den Grad der Erwärmung unter dem Abdeckmittel nicht mehr beobachten.

Bei richtiger Flammenführung ist es unnötig, hitzeempfindliche freistehende Teile oder irgendwelche Lötfugen durch solche Schutzmittel abzudecken, besser ist es, wenn der Goldschmied ständig das ganze Stück beobachten kann. Natürlich erfordert das Hartlöten einige Erfahrung, aber unter der weichen Flamme, die von einem geschickten Handwerker geführt wird, kann nichts verschmoren!

Eine einfache, allerdings nicht immer ausreichende Methode, um bestimmte Metallteile vor dem Lotfluß zu schützen, besteht darin, daß man diese Teile schwarzglüht und ohne Lötmittel läßt.

Wenn man mit weichem Bleistift auf dem Metall zeichnet, kann man bei kleinen Lötungen einen Damm gegen das sich ausbreitende Lot bekommen.

Besonders beim Anlöten von Scharnieren oder bei Lötungen an Ketten kann man Steiffließen durch Einstreichen mit Öl oder Fett-Tripel verhüten. Vorsicht, auf dem heißen Metall breiten sich die Fette leicht aus und können auch in den Fugen die metallische Bindung verhindern.

Wirksam, wenn auch ziemlich stinkend, ist es, den heißen Gegenstand an den Stellen, die vor dem Lot geschützt werden sollen, in eine Gummiplatte zu drücken. Beim anschließenden Löten wirken die Verbrennungsrückstände als Gegenlötmittel. Schließlich kann man größere Flächen mit einem Brei aus Lehm oder Schlämmkreide einstreichen.

Grundsätzlich gilt: Ein tüchtiger Goldschmied lenkt den Weg des Lotes mit der Flamme, nicht aber mit Gegenlötmitteln!

Versäubern

Wer richtig gelötet hat, braucht nur wenig zu versäubern! Wenn keine zwingenden Gründe vorliegen, soll mit dem Versäubern erst begonnen werden, wenn die gesamte Montage des Schmuckstücks beendet ist, wenn also keine weiteren Lötungen mehr nötig sind und der Goldschmied erleichtert feststellt: »Das Schmuckstück ist aus dem Feuer!« Anderenfalls könnten die versäuberten Fugen noch nachfließen.

Nach der Montage wird zunächst abgebeizt und dann erst versäubert, damit die anhaftenden Lötmittelreste vorher abgelöst werden. Man wird soweit wie möglich mit Handfeilen und Nadelfeilen die Lötstelle glätten, in Mulden und schwer zugänglichen Stellen benutzt man Riffelfeilen unterschiedlicher Profile, besser ist es aber, mit Technikhandstück und Fräsern solche Stellen nachzuarbeiten.

Mit dem Dreikant-Hohlschaber oder auch mit kleinen selbstgeschliffenen Schabern setzt man die Arbeit fort, um die Feilstriche zu glätten und die letzten Lotreste zu entfernen. Mit einiger Übung kann man die Fläche mit dem Schaber bis zum Polieren vorbereiten.

Meist wird dann die bearbeitete Stelle noch geschmirgelt, zum Schluß wird geschliffen und poliert.

Komplizierte Montagen

Nur selten wird man ein Schmuckstück ganz ohne Lötung estalten können, normalerweise wird es aus mehr oder weniger vielen Einzelteilen zusammengelötet. Deshalb sind nahezu alle in diesem Buch abgebildeten Schmuckstücke auch Beispiele für Montage-Lötungen. Welche komplizierten Montagen möglich sind, wird auf den Bildern F 8.18 und F 8.20 gezeigt.

8.2   Schweißen

8.2.1   Grundlagen

Man bringt den Begriff sofort in Verbindung mit der Stahlbearbeitung. Das Schweißen kann aber auch für Silberschmiede- und Korpusgürtlerarbeiten nützlich sein. Es gilt folgende allgemeine Begriffsdefinition:

»Metallschweißen ist ein Vereinigen metallischer Werkstoffe unter Anwendung von Wärme oder von Druck oder von beiden, und zwar mit oder ohne Zusätze von artgleichem Werkstoff (Zusatzwerkstoff) mit gleichem oder nahezu gleichem Schmelzbereich.« Die Verbundteile werden unter der Voraussetzung homogen miteinander vereint, daß es gelingt, die Atome so dicht zusammenzubringen, daß die gegenseitigen Bindekräfte wirken können – der Abstand darf dann nur noch 0,1 nm betragen!

Bei der ältesten Methode, dem *Feuerschweißen*, ist das Prinzip noch besonders deutlich zu beobachten. Die Kontaktbereiche der beiden Verbundmetalle werden im Schmiedefeuer bis zur Weißglut erhitzt und dadurch so weit erweicht, daß dann auf dem Schmiedeamboß durch Hammerschläge die Vereinigung vollzogen werden kann. Wenn es erforderlich ist, können die Verbundstellen nochmals erhitzt und zusammengeschmiedet werden, bis die völlige homogene Vereinigung vollzogen ist.

Nach dem gleichen Prinzip wird bei der Dublee-Herstellung die Goldschicht auf den Tombak-Körper aufgeschweißt, indem die Verbundteile unter Luftabschluß erhitzt und dann sofort mit hohem Druck unter einer Presse zusammengedrückt und vereint werden. So diffundieren die Verbundteile ganz innig ineinander.

Bei den modernen Verfahren des *Schmelzschweißens* ist kein Preßdruck nötig, denn durch die extrem hohe Hitze der Schweißflamme gelingt es, die Verbundmetalle an der Naht so schnell zu erhitzen, daß die Ränder der Naht erschmelzen und sich entweder direkt oder mit Hilfe eines gleichartigen Zusatzwerkstoffs miteinander verbinden.

Das Schweißen unterscheidet sich also deutlich von den Lötverfahren:

- Beim *Schmelzschweißen* werden die Verbundmetalle an der Naht schmelzflüssig.
- Beim *Löten* bleiben die Verbundmetalle im festen Zustand, nur das Lot schmilzt.

Wenn das Schweißen auch vorwiegend bei der Stahlmontage eingesetzt wird, kann man es auch in unserem Zusammenhang bedingt nutzen, denn Gold, Silber und deren Legierungen lassen sich ebenso schweißen wie Kupfer und einige Messingarten.

Auch Verbundteile aus Platin kann man zuverlässig verschweißen, die Fuge verschmilzt völlig, während sie sogar bei Speziallot noch sichtbar bleibt.

Dabei kommen folgende Anwendungsarten in Frage:

- *Verbindung auf Stoß* mit Hilfe eines Schweißdrahtes aus dem jeweiligen Metall mit der typischen Nahtform der Schweißraupe.
- *Überlappung* der Verbundteile und Verschmelzung an der Kontaktfläche.
- *Oberflächengestaltung* durch Auftragschweißen oder durch Flambieren.

Nachdrücklich muß betont werden, daß trotzdem für den Silberschmied das Löten die wichtigste Verbundmethode bleibt! Das Schweißen kann beispielsweise in folgender Weise nützlich sein:

Ein Gefäß wird aus der Abwicklung hergestellt. Wird dann die Gefäßnaht verschweißt, kann man die endgültige Gefäßform mit Hammer und Amboß gestalten, ohne fürchten zu müssen, daß die Naht wieder aufgeht. Sollen dann an das Gefäß noch Schnaupe, Henkel und Fuß angesetzt werden, kann man unbedenklich löten, denn die geschweißte Fuge fließt nicht nach.

8.2.2   Gasschweißen

Für alle Anwendungsfälle der Bearbeitung von Edel- und Buntmetallen wird generell das Gasschweißen angewandt, meist mit dem Acetylen-Sauerstoff-Brenner (Bild 8.24).

Günstig ist es, wenn man einen Satz von Brennern verfügbar hat, in dem auch besonders feine Düsen enthalten sind, denn diese Wärmequelle kann man auch sehr vorteilhaft für andere Zwecke in der Werkstatt einsetzen:

- Wegen der hohen Hitze kann man mit einem feinen Brenner sogar Lötungen an Schmuckstücken mit hitzeempfindlichen Edelsteinen ohne Hitzeschutz des Steins ausführen, weil das Lot bereits fließt, ehe noch die Wärme an den Stein geleitet worden ist.
- Mit kräftigen Brennern ist es möglich, größere Korpusgegenstände zu löten und zu glühen, bei denen man wegen der Wärmeableitung mit der normalen Stadtgasflamme

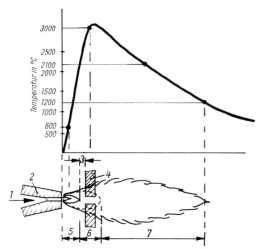

Bild 8.24   Schweißflamme. a) Flammentemperatur-Kurve, b) Flammenform. (1) Brenngasgemisch $C_2H_2:O_2= 1:1,1$; (2) Brennerdüse, (3) Abstand Flammenkegel-Werkstück 2 ... 5 mm, (4) Werkstück, (5) Kern mit leuchtender Hülle, (6) Schweißbereich, (7) Streuflamme

erhebliche Schwierigkeiten haben würde.

• Auch zum Schmelzen ist die heiße Flamme des Acetylen-Sauerstoff-Brenners gut geeignet; sogar hochschmelzende Metalle, wie Stahl, Juwelierplatin und -palladium, können damit verflüssigt werden.

Wenn man sich darauf eingerichtet hat, das Schweißen oft anzuwenden, so daß man größere Mengen Acetylen braucht, lohnt sich ein kleiner Entwickler, in dem aus Calciumcarbid und Wasser die jeweils benötigte Menge des Gases erzeugt wird.

Man kann das Acetylen aber auch als Flaschengas beziehen und direkt aus der Flasche entnehmen. Das hat den Vorteil, daß man jederzeit auch kleine Mengen des Gases sofort zur Verfügung hat, aber Flaschengas ist teurer als das aus dem Entwickler, und außerdem müssen die Flaschen immer wieder nachgefüllt werden.

8.3 Granulieren

Als Granulation bezeichnet man die Ziertechnik, bei der kleine Metallkügelchen (Granalien) in unlösbarer Verbindung mit einer Metalloberfläche verlötet bzw. verschweißt werden.

Umfassende Informationen über das Verfahren aus historischer und technischer Sicht findet man in *Wolters*, Granulation und *Brepohl*, Theophilus (Literaturverzeichnis).

Die Wiederbelebung der Granulation in unserem Jahrhundert ist von zahlreichen Irrtümern, Mißverständnissen und »Geheimnissen« begleitet, da man von der falschen Annahme ausging, daß es sich um eine alte Spezialtechnik handelt, über die es keine Hinweise in den historischen Quellen gibt. Zum besseren Verständnis der Zusammenhänge muß deshalb zunächst das einst allgemein übliche Reaktionslötverfahren behandelt werden.

Historische Lötverfahren

Seit der Antike bis ins Mittelalter benutzte man den jeweiligen Erfordernissen entsprechend zwei ganz unterschiedliche Verfahren nebeneinander:

• *Montagelötung*, bei der die Fuge mit einer niedrigschmelzenden Lotlegierung ausgefüllt wird; dies entspricht prinzipiell unserem heute üblichen Verfahren.

• *Belötung*, wobei mit Hilfe eines *Reaktionslotes* Filigrandrähte und Granalien auf die Metallfläche gelötet werden.

Es wurden also beispielsweise die Stege für die ägyptischen Zelleneinlagen, die Drahtornamente germanischer Scheibenfibeln, die Filigranschnörkel und Steinfassungen mittelalterlicher Bucheinbände genauso aufgelötet wie die Granalien der bewundernswerten etruskischen Schmuckstücke.

Das dabei angewandte Verfahren der Belötung mit Reaktionslot wird in den Quellen durchaus zuverlässig beschrieben und läßt sich folgendermaßen darstellen (Bild 8.25):

• Auf das Grundblech wird eine chemische Kupferverbindung aufgebracht.

• Dazu kommt eine organische Substanz als Reduktionsmittel, die gleichzeitig als Kleber dient, und meist noch ein Flußmittel.

• Auf den so vorbereiteten Rezipienten werden Drähte, Stege und Kugeln aufgelegt.

• Im reduzierenden Holzkohlenfeuer wird das Werkstück so lange erhitzt, bis die Belötung vollzogen ist.

Beim Erwärmen zerfällt die organische Substanz. Es wird Kohlenstoff frei, der, unterstützt durch das reduzierende Holzkohlenfeuer, die

Bild 8.25   Belötung mit Filigrandrähten und Grana-
lien. »Goldschatz von Hiddensee«. Ende 10. Jahr-
hundert, Jütland (Kulturhistorisches Museum Stral-
sund). a) Gesamtansicht der Scheibenfibel, b) Detail

Kupferverbindung reduziert, so daß fein ver-
teilte Kupferteilchen ausgeschieden werden,
die geschützt durch das Flußmittel in die Oberfläche des Grundmetalls und der Belötungs-
elemente diffundieren. Dadurch wird in der
Außenzone eine Kupferlegierung gebildet.
Wenn man davon ausgeht, daß für das Werkstück technisch reines Feinsilber oder Feingold verwendet wird, kann man mit einer ausreichenden Temperaturdifferenz zwischen der
niedrigschmelzenden Ag-Cu- bzw. Au-Cu-
Oberfläche und dem festen Metallkörper rechnen.
Man hatte also empirisch die Unterschiede der
Schmelztemperaturen erkannt, wie sie durch
die moderne Metallkunde bestätigt werden:
- Auf *Feinsilber* (960,5 °C) entsteht eine eu-

tektische Legierung Ag-Cu (Solidustemperatur 779 °C).
- Der Schmelzpunkt des *Feingoldes* (1063 °C)
wird durch Cu bis zum Minimum bei Au 820
(889 °C) vermindert.
- Sogar bei *hochkarätigen Au-Ag-Legierungen* bewirkt Cu noch eine deutliche Verminderung des Schmelzbereichs. So wurden bei
etruskischen Arbeiten Legierungen von
etwa 2/3 Au, 1/3 Ag ermittelt, deren Liquidustemperatur (1060 °C) auf 860 °C gesenkt
werden kann.

Der besondere Vorzug des Reaktionslotes besteht darin, daß
- auf dem Rezipienten eine gleichmäßige Lotschicht ausreichender Dicke entsteht,
- auch an den nicht belöteten Stellen durch
die Diffusion keine sichtbaren Lotreste bleiben,
- alle bei der Verwendung von Lotpaillen nötigen Versäuberungsarbeiten entfallen,
- das Holzkohlenfeuer reduzierend wirkt,
- die Erwärmung von der Rückseite her erfolgt, so daß die aufgelegten Drähte nicht
verschmoren können.

Als man dazu überging, aus Ersparnisgründen
Edelmetallegierungen niedrigeren Feingehalts
zu verwenden, konnte man durch Kupferdiffu-
sion die Solidustemperatur nicht oder nicht
ausreichend vermindern:
- Bei Silberlegierungen bleibt die eutektische
Temperatur unverändert bei 779 °C.
- Bei Au-Ag-Cu-Legierungen mittlerer und
rötlicher Farbe wirkt sich die Erhöhung des
Kupferanteils kaum auf das Schmelzverhalten aus.
- Au-Ag-Legierungen unter Au 500 werden
durch Cu nur auf die eutektische Temperatur von 800 °C gebracht.

So kommt es, daß die Reaktionslötung seit
Jahrhunderten mit der Einführung von Legierungen niedrigeren Feingehalts vergessen und
durch die Anwendung des normalen Hartlots
verdrängt worden ist.
Auch Filigran und Kugeln lötete man mit
Hartlot auf, aber feine Granulationen waren
so nicht möglich und wurden deshalb aus dem
gestalterischen Repertoire des Goldschmieds
verdrängt. Erst durch Funde antiker, besonders aber der etruskischen Granulationen
wurde das Interesse daran am Anfang unseres
Jahrhunderts wieder geweckt.

Da die Filigranbelötung – wenn auch in der vergröberten Form des Bauernschmucks – die Zeiten überdauert hatte, konzentrierte man sich auf die Suche nach dem »Geheimnis« der Granulation. Dabei ist man sich bis heute vielfach nicht ganz klar darüber geworden, daß auf diese Weise lediglich die alte Reaktionsbelötung wiederentdeckt worden ist, wie sie beispielsweise schon von *Plinius, Herodot, Theophilus* und anderen beschrieben worden ist.

Metalle

Zur Granulation werden Gold und Silber in reiner Form oder als Legierungen hohen Feingehalts benutzt: Goldlegierungen über Au 750 mit hohem Silberanteil und Silberlegierungen über Ag 925.

Man kann sie sogar kombinieren, so daß Rezipient und Kugeln unterschiedliche Feingehalte haben oder daß Goldgranalien auf Silberblech aufgebracht werden.

Herstellung der Granalien

Ein Blech wird so dünn wie möglich ausgewalzt, und davon werden wie beim Lot Paillen abgeschnitten. Man kann auch von dünnen Drähten kleine Stücke abschneiden. Für die besonders feine »Staubgranulation« kann man die Kügelchen aus Feilung schmelzen.

Damit die Paillen nicht miteinander verschmelzen, werden sie angefeuchtet und mit einem Miniaturquirl im Holzkohlenpulver verrührt, so daß sie mit dem Pulver überzogen werden.

In einen Tiegel bringt man im Wechsel schichtenweise Holzkohlenpulver und Metallteilchen ein.

Der Tiegel wird so lange erhitzt, bis sich die Metallteilchen zu Kugeln zusammengezogen haben. Während auf der Lötunterlage die Kugeln an der Auflagestelle flach bleiben, werden sie im Holzkohlenpulver gleichmäßig rund.

Der Tiegelinhalt wird in ein Gefäß gegossen und ausgeschlämmt, dann getrocknet.

Um die Kugeln zu sortieren, fertigt man sich ein gestaffeltes Sieb an. Dazu braucht man einige Siebe aus Metalldraht unterschiedlicher Maschenweite, man kann auch Bleche mit unterschiedlichen Bohrungen benutzen. Die Siebe werden in einem Rohr geeigneter Größe

so angeordnet, daß die Lochgrößen von einem Sieb zum anderen abnehmen. Dadurch werden die Kugeln nach Größe sortiert in den einzelnen Einsätzen festgehalten.

Reaktionslötung der Granalien

Als Reaktionslot kommen folgende Kupferverbindungen in Betracht:
- *Malachit,* basisches Kupfercarbonat $CuCO_3 \cdot CuOH_2$. Wie *Plinius* berichtet, wurde bereits in der Antike das Pulver dieses Steins zum Löten verwendet, deshalb nannten man ihn »chrysokolla« (gr.: χρυσοκολλα Goldleim).
- *Kupfer(II)-oxid* CuO, das früher in verunreinigter Form durch Glühen als Kupferhammerschlag gewonnen wurde.
- *Kupfer(II)-hydroxid* $Cu(OH)_2$, das beim Erhitzen mit Alkali in schwarzes Kupfer(II)-oxid übergeht.
- *Kupferchlorid* $CuCl_2 \cdot 2H_2O$, früher gewann man es durch Glühen eines salzbestrichenen Kupferblechs.
- *Kupfersulfat* $CuSO_4 \cdot 5H_2O$.

Das Kupfersalz wird als wäßrige Lösung auf den Rezipienten in den Bereichen aufgebracht, die mit Granalien belegt werden sollen. Dieser Lösung können noch ein Klebstoff – beispielsweise Tragant – und etwas Flußmittel – wie Fluxit, Fluorin – zugesetzt werden.

Auf die so vorbereitete Metalloberfläche werden die Granalien aufgelegt.

Nach dem Trocknen wird mit reduzierender Flamme langsam angewärmt, dann die Hitze weiter gesteigert, so daß das Kupfer aus seiner Verbindung freigesetzt und zur Diffusion gebracht wird. Dabei ist es meist günstig, wenn die Wärme auch von unten an das Blech gelangen kann.

Wenn die Oberfläche gerade spiegelnd erglänzt, weil die Solidustemperatur erreicht ist, kommt es zur Vereinigung des Rezipienten mit den Granalien – und das ist der entscheidende Moment!

Wenn Dauer und Grad der Erwärmung zu gering sind, binden die Granalien nicht zuverlässig genug: ist die Hitze zu hoch, wird die Metalloberfläche rauh, und der Reiz der Granulation geht verloren.

Nach Möglichkeit müssen alle Granalien in

einem Arbeitsgang aufgebracht werden, denn es ist immer schwierig, einzelne abgefallene Kügelchen zu ergänzen.

Aufschweißen der Granalien

Diese Methode wird bei besonders feinen Granulationen angewandt. Es wird kein metallisches Bindemittel benutzt.
Die Oberfläche wird mit verdünntem Flußmittel, das eventuell mit Kleber versetzt sein kann, bestrichen.
Die Granalien werden nicht gebeizt, damit die von der Kugelherstellung stammende Kohlenstoffkruste erhalten bleibt, und so werden sie aufgesetzt.
Es wird so lange erhitzt, bis die Oberfläche gerade aufglänzt, und in den Moment verschweißen die Granalien mit der erschmelzenden Oberfläche des Rezipienten.
Man kann davon ausgehen, daß die Granalien während des Aufschweißens völlig flüssig sind, aber wegen der Oberflächenspannung des Metalls, die noch durch den Kohlenstoffüberzug erhöht wird, behalten sie ihre Form, ohne auseinanderzufließen. Jeder Goldschmied kennt ja diesen Effekt, wenn die Lotpaille sich zur Kugel zusammenzieht, statt in die Fuge zu fließen.

Auflöten mit Hartlot

Natürlich kann man mit dem normalen Hartlot, das als Streulot oder Paillen aufgebracht wird, auch Kugeln auf ein Blech löten, wie dies etwa beim bäuerlichen Filigranschmuck üblich war. Das geht aber nur bei einzelnen, größeren Kugeln, feine Granulationen würden in der Lotschmelze versinken. Deshalb gehört dies nicht zu diesem Kapitel.

Granulationsgestaltung

Nur durch beharrliches Üben und Probieren wird man *seine* Methode finden. Obgleich im Laufe der Zeit zahlreiche Fachleute ihre Erfahrungen mehr oder weniger deutlich beschrieben haben, kann man die Granulation nicht wie eine Rezeptur übernehmen, sondern man muß sich die Fertigkeiten unter Beachtung der behandelten Grundbedingungen selbst erarbeiten.

Bild 8.26   Anhänger als Kugel. Gold. Flächige und lineare Granulation. Dieter Nentwig, Leipzig

Ein bedeutender Granuleur sagte einmal: »Wenn die Granuliererei eine so einfache Sache würde, daß jeder Stümper die Kugeln mühelos auf die Platte bekommt, wäre die Technik nur noch eine sinnlose Spielerei!«
Die gestalterischen Möglichkeiten ergeben sich aus den unterschiedlichen Anordnungen der Granalien. Man kann
- die Granalien punktförmig aufsetzen,
- lineare Gestaltungen aus Granalien zusammenstellen,
- nach dem Prinzip der dichtesten Kammerfüllung die Granalien zu Dreiecken, Rosetten, Trauben zusammenziehen,
- ganze Flächen mit Granalien belegen,
- schließlich ganz feine Kügelchen als Staubgranulation aufbringen.

Trotz aller technischen Probleme ist die Granulation in erster Linie eine Methode der Gestaltung. Nur wer sich künstlerisch stark genug fühlt, um diese Technik mit eigenem Leben zu erfüllen, soll sich daran wagen, mit goldenen Kugeln auf goldenen Grund zu zeichnen und zu malen (Bilder 8.26 und F 8.27).

Schweißgranulation mit Au 585

Nach den praktischen Erfahrungen von *Siegfried Meyer,* Freiberg, sind Granulationsarbeiten sogar mit der mittelfarbigen Legierung 1403 möglich.
Zur Granalienherstellung wird das Blech so dünn wie möglich ausgewalzt, feinste Paillen geschnitten und im Holzkohlenpulver zu Granalien geschmolzen. Die Granalien werden ge-

waschen und in einem Satz von 12 Sieben mit Maschenweiten zwischen 0,85 mm und 0,1 mm sortiert.

Die Dicke des Grundblechs soll der Granaliengröße entsprechen. Lineare Motive werden dünn vorgraviert, damit die Kugeln sicher liegen. Das Blech wird gut geschmirgelt und entfettet.

Als Löt- und Bindemittel verwendet man eine Mischung von 1 Teil Tragantlösung – wie sie beim Emaillieren üblich ist – und 4 Teilen Reiborax. Mit feinem Aquarellpinsel wird zunächst diese Mischung aufgetragen, und dann werden die Granalien mit dem Pinsel aufgelegt.

Den Rezipienten legt man auf eine Stahlplatte, etwa 1,5 ... 2 cm dick, die genau der Wölbung des Goldblechs angepaßt ist und die ringsum etwa 1 cm übersteht. Damit das Lötmittel nicht aufbläht, wird es etwa 4 h lang getrocknet.

Das überstehende Stahlblech wird ringsum mit der Flamme erhitzt, so daß es sich nach innen hin gleichmäßig erwärmt. Erst nachdem die Goldplatte auf diese Weise gut vorgewärmt worden ist, streicht man mit der großen Rauschflamme über das Goldblech, bis Rezipient und Granalien gerade »spiegeln«, die Oberfläche also zu schmelzen beginnt. Kurze Zeit hält man diesen Temperaturzustand konstant, so daß die Granalien mit dem Untergrund verschweißen können, ohne aber tief einzusinken oder gar auseinanderzulaufen.

Diesen Moment abzupassen ist die eigentliche Schwierigkeit der Granulation – und das muß man zunächst an kleinen Probeplatten üben.

8.4 Verstiften und Vernieten

Begriffsklärung

Es handelt sich um unlösbare Verbindungen, denn nur mit größerem Aufwand und durch Zerstörung des Nietkopfs kann man sie wieder öffnen.

Man unterscheidet:

- *Verstiftung.* Mit dem Scharnierstift werden die Scharnierröhrchen verbunden, und sie sind um diesen Stift beweglich (Gelenk eines Kastendeckels).
- *Lose Nietung.* Zwei oder mehr durchbohrte Teile werden unlösbar miteinander verbun-

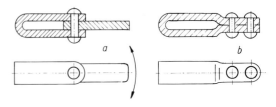

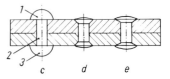

Bild 8.30 Vernietung und Nietformen. a) lose Nietung, b) starre Nietung, c) Halbrundniet, (1) Schließkopf, (2) Nietschaft, (3) Setzkopf, d) Senkniet, e) Linsenniet

den, bleiben aber trotzdem gegeneinander beweglich (Gelenk einer Zange) (Bild 8.30).

- *Festnietung.* Durchbohrte Teile werden starr miteinander verbunden (Befestigung eines nichtmetallischen Kannengriffs).

Der Niet besteht aus

- dem vorbereiteten *Setzkopf,*
- dem zylindrischen *Schaft,* der durch die Bohrungen gesteckt wird,
- dem *Schließkopf,* der aus dem herausragenden Ende des durchgesteckten Schafts geformt wird.

Es gibt ausnahmsweise auch Niete ohne Setzkopf, wenn der Nietschaft auf eine Unterlage gelötet oder aus dem Ende eines Zapfens gedreht wird.

Üblicherweise sind Setz- und Schließkopf pilzförmig, aber auch der *Halbrundniet* ist nicht halbkuglig, sondern hat etwa das Verhältnis $d:h = 10:6$.

Aus gestalterischen oder praktischen Gründen kann der Nietkopf teilweise (*Linsenniet*) oder ganz (*Senkniet*) in die umgebende Fläche eingelassen sein.

In der allgemeinen Metallbearbeitung versteht man unter »Verstiften« etwas ganz anderes als das, was hier im Zusammenhang mit dem Bewegungsscharnier behandelt wird. Auch die standardisierten Niete haben für Schmuck und Gerät keine Bedeutung. Wie sollte das beispielsweise bei einem angenieteten Ohrringbügel auch aussehen?

Verstiften

Nachdem alle Scharnierteile angelötet worden
sind, probiert man Passung und Funktionsfähigkeit zunächst mit einem provisorischen Stift
– möglichst aus Stahl –, der bequem durch das
ganze Scharnier geschoben werden kann (Bild
8.32). Der eigentliche Scharnierstift wird
durch Reibung in den Teilen des Kastenschar-
niers festgehalten, während sich die Deckel-
scharniere um den Stift frei bewegen lassen.
Um diese Funktion zu erreichen, werden zunächst im zusammengesetzten Scharnier alle
Röhrchen mit einer leicht konischen Reibahle
von einer Seite her aufgeweitet. Um spätere
Reparaturen zu erleichtern, wird die Ahle von
oben nach unten bzw. von rechts nach links
eingeführt. Anschließend werden die Teile des
beweglichen Scharniers noch etwas mehr aufgerieben.
Auch der Stift wird leicht konisch befeilt, damit er sich möglichst formschlüssig dem Scharnier anpaßt – keinesfalls darf er dabei zu spitz
werden. Danach muß der Stift gut geschmirgelt und poliert werden. Bei längeren Scharnieren wird der Stift beim Einschieben geölt
und unter ständigem Drehen mehr hineingedreht als geschoben. Keinesfalls darf man den
Stift mit Gewalt hineinschlagen.
Bei dickeren und längeren Scharnieren läßt
man das dünnere Stiftende so weit herausragen, daß man es durch ein passendes Loch des
Zieheisens stecken und mit der Ziehzange fassen kann. Auf diese Weise wird der konische
Stift möglichst weit in das Scharnier hineingezogen.
In entsprechender Weise werden auch Scharniere an Schmuckstücken – etwa beim Armreif
oder bei Armbandgliedern – verstiftet.

Vernieten

Die Verbundteile werden exakt senkrecht
durchbohrt. Wenn es drei Teile sind, kann man
erst die beiden äußeren bohren, dann das mittlere einschieben, markieren, herausnehmen
und so bohren. Dadurch kann sich nichts verschieben.
Der Nietschaft muß straff in die Bohrung passen, wegen des Kleinformats der Goldschmiedearbeit bedeutet dies, daß ein Draht gerade
auf die passende Dicke gezogen werden muß.

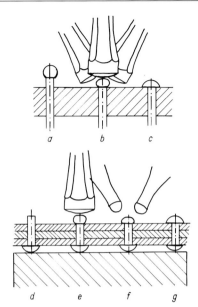

*Bild 8.31   Vernieten. a) Draht mit angeschmolzener
Kugel, b) Ausformen, c) fertiger Nietkopf, d) durch-
gesteckter Nietschaft, e) Anschlagen des Setzkopfes,
f) Ausformen des Setzkopfes, g) fertiger Niet mit beiden Köpfen*

Der Setzkopf entsteht auf folgende Weise: Ein
Drahtende wird kurz in Lötmittel getaucht,
dann hält man es senkrecht von oben in die
Lötflamme, bis das Metall schmilzt, wodurch
sich das Drahtende zu einer Kugel zusammenzieht. Auf einem Nietbänkchen wird die Kugel
mit leichten Hammerschlägen zum Nietkopf
umgeschmiedet. Das Nietbänkchen ist ein
kleiner Stahlblock mit Bohrungen in steigenden Durchmessern. Keinesfalls darf das empfindliche Zieheisen ersatzweise dafür benutzt
werden (Bild 8.31).

Befestigen von Stiften und Nieten

Der Stift muß sich im Scharnierrohr schon
durch die Reibung festziehen (Bild 8.32). Die
Stiftspitze wird so weit abgesägt, daß nur der
Überstand für den Nietkopf bleibt. Das aus
dem Scharnier vorstehende dickere Ende wird
auf das Bretteisen gestellt, und mit dem Bretthammer wird das dünnere Ende des Stifts zunächst flachgeschlagen, damit der Stift fixiert
ist. Nun kann man im Wechsel die beiden Stift-
enden mit dem Hammer zu Nietköpfen formen.

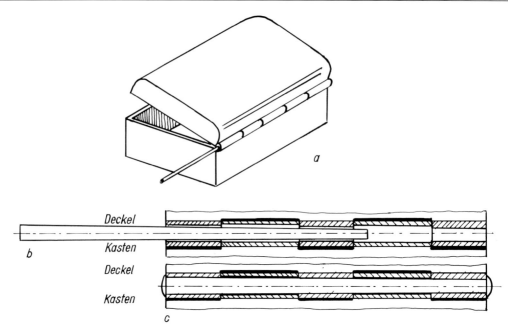

Bild 8.32   Fünfteiliges Bewegungsscharnier mit Stift (drei Teile am Kasten, zwei am Deckel). a) Kasten mit fertig montiertem Scharnier, b) Einführen des konischen Stifts in das Scharnier, c) fertig eingesetzter Stift

Oft sind die Scharnierenden nicht so bequem zugängig, weil die Kastenwand noch weitergeht. Möglicherweise muß man dann einen Flachpunzen als Auflage nehmen, der Kopf muß mit der Hammerfinne oder mit einem Punzen geformt werden.

Beim Scharnierstift genügt ein geringer Überstand des Nietkopfs zur Befestigung.

Beim *Niet* braucht man aber einen kräftigen Schließkopf (s. Bild 8.30). Prinzipiell wird er genauso angeschlagen wie beim Stift. Bei größeren, dekorativen Nietköpfen macht es sich gut, wenn man sie mit einem Kugelpunzen oder mit der Kugel des Ziselierhammers formt. Mit einem passenden Hohlpunzen wird der Kopf nachgeformt, eventuell kann man ihn auch mit einem Hohlfräser abschließend bearbeiten.

Der kleine Nietkopf am Nadelscharnier oder am Ohrringbügel wird wechselseitig mit der Hammerfinne auf dem Bretteisen oder einem Flachpunzen vorsichtig angeschlagen und dann mit gezielten Schlägen sauber nachgeformt. Abschließend reibt man mit dem Polierstahl nach, damit der Kopf ringsum dicht anliegt, so daß man nicht daran hängenbleiben kann.

Sowohl beim Verstiften als auch beim Vernieten kann der Kopf eingesenkt werden. Dazu werden die Scharnierenden bzw. die Nietbohrungen konisch aufgefräst, und die Nietköpfe werden in diese Vertiefungen eingeschlagen.

8.5   Schrauben

Gewinde

Aus der Alltagserfahrung weiß jeder von uns,
- was ein Gewinde ist,
- wie man irgendwelche Bauteile miteinander verschraubt,
- daß eine Verschraubung mühelos wieder gelöst werden kann,
- daß bei Übereinstimmung der Durchmesser jede Schraube in jede beliebige Gewindebohrung paßt.

Daß Bolzen und Mutter immer zusammenpassen, weil die Gewindeform immer gleich ist, ist selbstverständlich, und man denkt darüber gar nicht nach. Ein schönes Beispiel für die Vorzüge der Normung, die nicht nur die Industrie, sondern alle Bereiche unseres Alltags erfaßt hat. Die Gewindeformen wurden in einem der

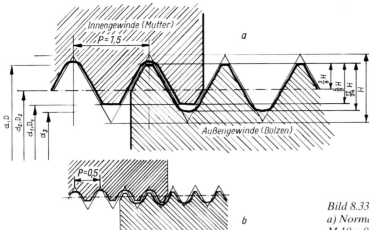

Bild 8.33   Metrisches Gewinde.
a) Normalgewinde M 10, b) Feingewinde
M 10 × 0,5

ersten DIN-Blätter festgelegt und sind inzwischen als ISO-Gewinde international standardisiert. DIN 13 bezieht sich auf das metrische Regelgewinde, in DIN 13 werden auch die metrischen Feingewinde beschrieben (Bild 8.33).
Die Gewinde werden nach Außendurchmesser des Bolzens bzw. Innendurchmesser der Bohrung bezeichnet:
M 10 für den Durchmesser von 10 mm.
Bei Feingewinden, bei denen Abstände und Tiefe der Gewindegänge kleiner sind, gibt man die Teilung mit an, beispielsweise
M 10 × 1; M 10 × 0,5

Gewindeschneideisen

Es gehört zur Eigenart der Goldschmiedearbeit, daß ein Gewindedurchmesser von 2 mm schon sehr groß ist. Bei diesen kleinen Abmessungen wäre das normale metrische Gewinde zu fein, man könnte beispielsweise die Halteschraube vom Gewindestift eines Ohrrings einfach abziehen. Deshalb gibt es für den Goldschmied spezielle Schneideisen mit besonders grobem Gewinde für den Bereich 0,8 … 2 mm Durchmesser, deren Teilung gröber als das metrische Normalgewinde ist.
Ein so dünner Stift wird beim Gewindeschneiden stark auf Torsion beansprucht, ist er zu weich, wird er in sich verdreht und bricht schließlich ab. Deshalb soll er nach dem Ziehen möglichst nicht geglüht werden.

Um das Gewinde auf den Schraubenstift zu schneiden, genügt das *Schneideisen*, bei dem in steigender Folge die Schneidöffnungen eingearbeitet sind. Für jeden Gewindedurchmesser gibt es in der oberen Reihe den Vorschneider, in der unteren den Fertigschneider (Bild 8.34). Der Stift muß so dick sein, daß er dem Außenmaß des angestrebten Gewindes entspricht, er wird leicht angespitzt und in die Vorschneidöffnung hineingedreht; die Späne werden in die Bohrungen neben dem Gewindeloch abgeführt. Dieses Gewinde ist zunächst noch trapezförmig. In dem darunterliegenden Loch wird es dann scharfkantig eingeschnitten. Besser als das Schneideisen ist die *Gewinde-*

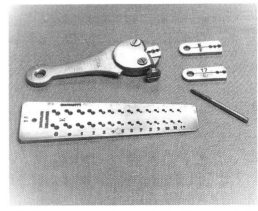

Bild 8.34   Gewindekluppe mit Einsätzen, Gewinde-schneideisen, Gewindebohrer

Schneidkluppe mit auswechselbaren Schneid-backen, weil mit der Spannschraube die Schneidtiefe eingestellt werden kann, so daß bei loser Einstellung vorgeschnitten, dann nachgestellt und schärfer eingeschnitten wird. So kann man selbst die jeweilige Schneidtiefe bestimmen.

In die Bohrung wird das Gewinde mit dem *Gewindebohrer* eingeschnitten, einem gehärteten Stahlstift, beidseitig abgeflacht, damit die Späne abgeführt werden können. Er hat die erforderlichen Gewindegänge eingearbeitet, zum Vorschneiden ist er an der Spitze leicht konisch. Die Bohrung muß dem Innenmaß des Gewindes entsprechen, damit es vollständig eingeschnitten werden kann. Als Richtwerte kann man annehmen:

- bis M 3:   Gewinde $\times$ 0,7 = Bohrung
  M 2 $\times$ 0,7 = 1,4 mm
- über M 3: Gewinde $\times$ 0,8 = Bohrung
  M 4 $\times$ 0,8 = 3,2 mm

Vorsichtig und gefühlvoll muß man das Gewinde in die Bohrung schneiden, man darf keine Gewalt anwenden, denn die feinen, gehärteten Gewindebohrer brechen leicht ab. Beim Vorschneiden dreht man $\frac{1}{2}$ Umdrehung vorwärts und dann wieder $\frac{1}{4}$ Umdrehung zurück.

Immer, also beim Vor- und Nachschneiden aller Innen- und Außengewinde, ist es zweckmäßig, mit Seife oder Öl zu schmieren, um die Reibung zu vermindern.

Anwendung

Während Gewindeverbindungen, Schrauben und Muttern beispielsweise für den Uhrmacher seit eh und je ganz selbstverständlich sind, hat der Goldschmied eine gewisse Scheu davor, er versucht, möglichst ohne Verschraubung auszukommen. Er akzeptiert das Gewinde eigentlich nur bei der Ohrschraube und bei der Vorbereitung des Filigrandrahts. Tatsächlich gäbe es aber durchaus Möglichkeiten, die Verschraubung auch bei der Schmuckmontage einzusetzen. Man könnte riskante Lötungen umgehen, der Benutzer hätte die Möglichkeit, das Schmuckstück selbst zu demontieren, um es zu reinigen oder zu verändern.

Dagegen nutzt der Silberschmied Gewinde und Schrauben durchaus für seine Arbeit.

8.6   Kleben

Es stehen heute hochwertige Kleber und Kitte für die unterschiedlichsten Anwendungsfälle zur Verfügung, so daß sowohl Metallteile miteinander verbunden als auch nichtmetallischer Besatz auf dem Metallträger befestigt werden kann.

Besatzwerkstoffe, die bei der Schmuckgestaltung oft nicht gefaßt, sondern aufgeklebt oder aufgekittet werden, sind:

- *organische Substanzen* wie Perlen, Korallen, Bernstein, Elfenbein, Horn, Schildpatt, Grandeln, Holz, Kunststoff
- *anorganische Substanzen* wie Schmucksteine, Schiefer, Keramik, Glas, Porzellan.

8.6.1   Kleber

Es handelt sich um nichtmetallische Werkstoffe in flüssiger, pastenartiger oder fester Form, mit denen feste Körper miteinander dauerhaft verbunden werden können.

Voraussetzung für eine innige Bindung sind ausreichend große Bindekräfte des Klebers, nämlich

- Adhäsion (Haftung der Moleküle des Klebers an der Verbundfläche)
- Kohäsion (Zusammenhalt der Moleküle innerhalb des Klebers)

Natürliche Grundstoffe:
- Eiweiß aus tierischen Produkten (Knochen, Haut, Leder)
- Kohlehydrate (Stärke, Dextrin)
- Pflanzensäfte und -harze (Gummiarabikum, Kautschuk, Kolophonium)

Synthetische Grundstoffe:
- Kunstharz
- Synthetischer Kautschuk
- Wasserglas

Bei allen diesen Grundstoffen und den daraus hergestellten Klebern bilden natürliche und künstliche Makromoleküle die entscheidenden Bauteile, die die Bindekräfte bestimmen.

Die Verfestigung des Klebers geschieht

- *physikalisch* durch Verdunsten eines Lösungsmittels oder durch Abkühlung des vorübergehend geschmolzenen Klebers,
- *chemisch*, indem der zugesetzte »Härter« die Vernetzung der Kunstharz-Makromoleküle bewirkt.

Die Tendenz geht von den Naturprodukten weg zu den künstlichen Substanzen, weil solche Klebungen im Gebrauch größere Resistenz gegen äußere Einwirkungen wie Feuchtigkeit, Wärme, Chemikalien haben.

Es gibt ein breites Angebot handelsüblicher Klebstoffe, mit denen praktisch alle bei der Schmuckherstellung anfallenden Aufgaben erfüllt werden können. Voraussetzung für eine haltbare Klebung ist die Auswahl des geeigneten Klebers für den konkreten Fall und die vorschriftsmäßige Anwendung.

Folgende Gesichtspunkte sind besonders zu berücksichtigen:

- Welche Werkstoffe sollen verbunden werden?
- Sollen die Flächen nur durch einen dünnflüssigen Kontaktkleber vereint werden, oder muß die Fuge mit einem pastösen Kitt ausgefüllt werden?
- Welche Abbindezeit ist erforderlich?
- Soll der Kleber in der Fuge hart oder elastisch sein?
- Welchen mechanischen und chemischen Belastungen ist die Klebung im Gebrauch ausgesetzt?

8.6.2 Kitte

Man kann die Kitte als feste Klebstoffe bezeichnen, die

- im schmelzflüssigen Zustand auf die Verbundwerkstoffe aufgetragen werden müssen,
- den Zwischenraum ausfüllen,
- nach der Abkühlung die Verbundteile zusammenhalten.

Mit modernen aushärtbaren Klebern auf Kunststoffbasis kann man die Werkstoffe unkomplizierter und vielleicht sogar mit höherer Festigkeit verbinden, eine solche Verbindung läßt sich aber nur schwer wieder lösen – den Kitt braucht man nur zu erwärmen, und schon sind die Teile wieder getrennt.

Mastix und Schellack sind für den Goldschmied die wichtigsten natürlichen Kitte, die entweder direkt oder als Grundlage von Kittmischungen verwendet werden.

Mastix. Er ist das Harz des Mastixstrauchs (*Pistacia lentiscus L.*), der auf der griechischen Insel Chios und auf anderen Mittelmeerinseln angebaut wird. In Form von kleinen, schwach gelblichen, durchsichtigen Perlen kommt Mastix in den Handel. Mit Mastix können Besatzwerkstoffe aufgekittet werden.

Schellack. Er kommt aus Indien und Thailand. Es handelt sich um Absonderungen der Lackschildlaus (*Tachardia lacca*), die auf den Ästen bestimmter Bäume die Grundsubstanz als harzige Masse ablagert. In gereinigter Form kommt Schellack in Form von bräunlichen, glänzenden, spröden Blättchen in den Handel. Auch mit Schellack können Besatzwerkstoffe direkt aufgekittet werden, man verwendet ihn auch, um den Faden der Perlkette in der Kittkapsel zu befestigen.

Als Beispiele seien folgende Kittmischungen genannt:

Steinkitt: 1 Teil Schellack und 1 Teil Mastix werden in Spiritus gelöst und mit Traubenzucker zu einem steifen Brei angerührt. Diese Mischung ist geeignet zum Aufkitten von Edelsteinen und Perlen und zur Befestigung der Perlschnüre in der Kittkapsel.

Perlkitt: Neben dem erwähnten Steinkitt gibt es den handelsüblichen »Perlzement«. Man kann einen Perlkitt auch so anfertigen, daß man Tischlerleim erwärmt und zusammen mit feinkörnigem Gips zu einem zähflüssigen Brei anrührt.

Korallenkitt: 1 Teil Schellack und 1 Teil Mastix werden zusammengeschmolzen.

Besteckkitt: 2 Teile Schellack werden erwärmt und mit 1 Teil Schlämmkreide versetzt.

Ausfüllkitt: Hiermit werden hohle Gegenstände ausgefüllt und versteift. Tischlerleim wird unter ständigem Rühren mit feinem Kalkpulver und etwas Schwefelblüte versetzt, bis ein zähflüssiger Brei entstanden ist.

8.6.3 Befestigen von Besatzwerkstoffen

Allgemeine Hinweise. Die heutigen handelsüblichen Kleber und Kitte zeichnen sich durch erstaunlich hohe Festigkeit aus, aber trotzdem muß man sich darüber klar sein, daß die Klebeverbindung generell gegen Biege- und Scherbeanspruchung, besonders aber gegen Biegeschälbeanspruchung, empfindlich ist. Deshalb soll die Klebefläche immer möglichst groß sein, und außerdem ist es zweckmäßig, den Metallrezipienten so zu gestalten, daß der Besatzwerkstoff noch zusätzlich gesichert wird, etwa durch eine Rahmenzarge oder durch den Perlstift.

Es gelten folgende Gesichtspunkte:

- Die Bindefläche soll so groß wie möglich sein.
- Günstig ist es, wenn der Besatz möglichst flach und glatt geformt ist, etwa als Platte oder Cabochon, so daß er im Gebrauch möglichst wenig Angriffsfläche bietet.
- Herausragende Teile, die etwa säulenförmig gestaltet sind, muß man vermeiden.
- Die Metallgrundfläche soll stabil genug sein, damit sie sich nicht verbiegen und dadurch ablösen kann.

Rahmenzarge. Zur Aufnahme seitlicher Kräfte setzt man den Besatz in eine Rahmenzarge, die seiner Kontur entsprechend gebogen und auf eine Grundplatte gelötet ist. Unter Berücksichtigung der Gesamtgestaltung kann die Zarge wie eine Fassung als Blechstreifen geformt sein, es genügt aber auch schon ein Vierkantdraht. Diese Zarge kann dicker als eine Fassung sein, und sie kann niedriger als die Seitenkante des Steins sein. Meist hat der aufzuklebende Besatz eine flache Unterseite, so daß man ihn ganz einfach auf ein ebenes Blech setzen kann. Hat die Unterseite aber eine andere Form, muß das Blech dementsprechend angepaßt werden, damit Besatz und Grundwerkstoff möglichst dicht aneinanderliegen.

Perlteller mit Stift. Sinngemäß kann das folgende auch auf andere Besatzstoffe übertragen werden. Die Perlen werden deshalb besonders behandelt, weil der Goldschmied recht oft mit ihnen zu tun hat und weil sie als wertvolle Besatzmaterialien besonders sorgfältig befestigt werden müssen.

Grundsätzlich braucht man immer beide Bauteile: Perlteller und Stift. Ohne Teller sitzt die Perle nicht sicher genug auf dem Stift, selbst wenn man einen hochwertigen Kleber benutzt; wird sie ohne Stift auf dem Teller befestigt, ist sie durch seitliche Kräfte gefährdet.

Wenn die Perle mit Kitt befestigt werden soll, kann man den Teller etwas mehr durchwölben,

als es der Perldurchmesser erfordert, damit genügend Raum für den Kitt bleibt (s. Bild 8.35). Wie weit der Teller um die Perle greift, richtet sich nach dem Anwendungsfall, am sichersten ist eine halbkugliche Schale. Eleganter wirkt die Perle allerdings, wenn der Teller kleiner und dadurch unsichtbar bleibt. Mit einem zuverlässigen modernen Kleber ist dies durchaus vertretbar. Als Perlstift nimmt man niemals nur einen glatten Runddraht, besser ist ein Gewindestift oder ein verdrehter Vierkantdraht. Die Dicke des Stifts ist von der Perlgröße abhängig: Die Perle wird bis zur Tiefe von $2/3$ ihres Durchmessers so angebohrt, daß der Stift gerade hineinpaßt.

Eine dicke Perle kann man beim Anbohren in der Hand halten, eine kleinere wird in den Perlhalter eingespannt. Ein solcher Perlhalter besteht aus zwei Blechen mit Bohrungen in gestaffelter Größe, die durch zwei Schieber zusammengeklemmt werden (s. Bild 5.29).

Entgegen manch anderer Behauptung können Perlen immer mit Technikmotor und biegsamer Welle gebohrt werden.

Man wird es so einrichten, daß etwaige Fehler der Perloberfläche auf die Rückseite kommen, damit die Ansichtsseite möglichst fehlerlos bleibt. Grundsätzlich arbeitet man bei niedriger Drehzahl. Der Bohrer bleibt trocken. Man zieht ihn immer wieder heraus, nach dem anhaftenden Bohrmehl kann man die Tiefe beurteilen. Das Mehl bläst man ab, und so bohrt man, bis die gewünschte Tiefe erreicht ist.

Es ist davon abzuraten, auch den Bohrkanal mit Gewinde zu versehen, um den Stift einzuschrauben. Eine solche Perle ist nur schwer wieder zu lösen, und wenn der Stift einmal abgebrochen ist, kann man ihn nur mit großem Aufwand wieder entfernen.

Dagegen ist folgende erprobte Methode zu empfehlen (Bild 8.35): Am Ende des Perlstifts bringt man eine an einen Schlüsselbart erinnernde Verbreiterung an. In der Perle wird am Ende des Bohrkanals eine Verbreiterung eingefräst, und mit dem gleichen Fräser arbeitet man neben dem Bohrkanal eine Nut ein, dabei wird der Anfang des Bohrkanals nicht erweitert. Man muß den Stift schräg einführen, wenn die Perle ganz aufsitzt, wird sie um $180°$ gedreht, so daß zusätzlich zum Kitt eine sichere mechanische Halterung entsteht.

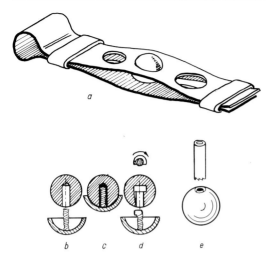

Bild 8.35 Befestigen und Ablösen von Perlen.
a) Perlhalter, b) vorgebohrte Perle, Perlteller mit
Stift, aufgekittete Perle, c) Sicherheitsstift und Perle
mit ausgefrästem Bohrkanal, d) Sicherheitsstift wird
eingedreht e) Ausfräsen des abgebrochenen Perlstifts

Aufkitten der Perle. Wenn die Perle auf traditionelle Weise befestigt werden soll, benutzt
man den Perlkitt, der in erwärmtem Zustand
als zähflüssige Masse aufgebracht wird und der
nach der Abkühlung mit ausreichender Sicherheit die Perle mit dem Metall verbindet. Wenn
es bei einer Reparatur erforderlich ist, kann
man die Perle leicht wieder abnehmen.
Beim Aufkitten ist generell zu beachten:
- An aufgerauhten Verbundflächen haftet der
  Kitt besser als an glatten, polierten Flächen.
- Die Flächen müssen sauber und fettfrei sein.
- Der heiße Kitt bindet nur an vorgewärmten
  Verbundteilen, deshalb muß auch die Perle
  angewärmt werden.
Um den Bohrkanal mit Kitt zu füllen, fertigt
man sich aus Silberdraht einen Miniaturkol-
ben an. Man wärmt ihn leicht vor, setzt ein
Kittröllchen, das zwischen den Fingern ge-
formt wurde, darauf und schiebt es in die Boh-
rung. Der Kolben wird nachgewärmt. Dabei
füllt der Kitt die Bohrung aus, ohne daß man
befürchten muß, daß die Perle zu heiß würde.
Ebenso werden Perlteller und -stift mit Kitt
betragen.
Zum Aufkitten genügt die Sparflamme der
Lötpistole. In einer Hand hält man die Perle
und in der anderen das Schmuckstück. Beide
Verbundteile – also auch die Perle – werden so

erwärmt, daß der Kitt schmilzt. Solange man
die Perle noch zwischen den Fingern halten
kann, nimmt sie keinen Schaden, deshalb soll
man sie nicht mit der Kornzange festhalten.
Wenn beide Verbundteile heiß genug sind,
werden sie zusammengeschoben. Nach der
Abkühlung können die herausgepreßten Kitt-
teile mit der Kornzange abgesprengt werden.

Ablösen der Perle. Im Normalfall wird wie
beim Aufkitten erwärmt; dann wird die Perle
unter leichter Drehung abgezogen.
Die meisten Schwierigkeiten entstehen, wenn
der Perlstift abgebrochen ist und im Bohrkanal
der Perle festsitzt. Wenn es nicht gelingt, durch
Erwärmen der Perle den Stift herauszutreiben,
wird er ausgefräst (Bild 8.35). Ein dünnwandiges, hartes Rohr, etwa aus Stahl oder aber auch
aus Au 585, dessen Innenmaß dem Perlstift
entspricht, wird an einer Kante als Hohlfräser
gezahnt. Mit dem Spitzstichel wird um den
Stift in die Perle eine Führungsrille gestochen,
und mit dem provisorischen Hohlfräser, der in
das Bohrfutter gespannt wird, legt man den
Stift auf etwa 2 mm Tiefe frei. Dann läßt er sich
mit einer schlanken Zange fassen und herauslösen.

Aufkitten von Besatzwerkstoffen. Grundsätzlich gilt für alle Besatzwerkstoffe die gleiche
Verfahrensweise beim Aufkitten, die am Beispiel der Perle beschrieben wurde.
Man kann aus den aufgeführten Mischungen
einen geeigneten Kitt auswählen, wobei man
auch die Farbe berücksichtigt. Wie bei der
Perle muß der Kitt auf Besatzwerkstoff und
Grundmetall aufgeschmolzen werden, anschließend erst werden beide Teile gleichmäßig erwärmt, bis der Kitt flüssig geworden ist –
und dann werden sie zusammengedrückt. In
dieser Stellung hält man sie noch so lange fest,
bis der Kitt erstarrt ist.

Kleben von Perlen und Besatz. Wegen ihrer
großen Zuverlässigkeit werden heute meist
Kunstharzkleber für die Besatzstoffe, einschließlich der Perlen, benutzt – aufgekittet
wird nur noch selten:
- Die Adhäsions- und Kohäsionskräfte sind
  größer.
- Die Anwendung ist einfacher.
- Es gibt nicht den riskanten Zusammenhang

von Verbundtemperatur und Haftfähigkeit.
- Durch Zusatz von Farbstoffen kann der Kleber dem Besatz angeglichen werden.

Man verwendet Epoxid- und Polyesterharze, die handelsüblich als Kleinstmengen in Tubenform angeboten werden. Es gibt

- Zwei- und Einkomponentenkleber, weiß undurchsichtig und farblos durchsichtig;
- schnellhärtende Kleber, die in einigen Sekunden erstarren, bei denen die Verbundteile ganz präzis zusammengepaßt und endgültig zusammengepreßt werden müssen, denn man kann nichts mehr korrigieren;
- normalhärtende Kleber, die erst nach 24 Stunden völlig ausgehärtet und belastbar sind und mit denen auch Hohlräume zwischen Besatz und Metallgrund ausgefüllt werden können.

8.6.4 Verbinden von Metallteilen

Erst mit der Entwicklung der Kunstharzkleber, besonders der Epoxidharze, konnte in den vergangenen Jahrzehnten das Kleben als völlig neue Verbundmethode metallischer Bauteile eingeführt werden. Es wurden erstaunliche Ergebnisse erzielt; aber man muß ganz klar sagen:
Bei jeder Klebung sind die Festigkeitswerte niedriger als bei einer Weichlötung und wesentlich niedriger als bei der Hartlötung.
Die Festigkeit der Verbindung ergibt sich aus dem Verhältnis einer äußeren Kraft bezogen auf die Bindefläche, ausgedrückt in N/mm^2. Wenn man die Bindefläche vergrößert, kann bei gleicher Festigkeit eine entsprechend große Kraft aufgenommen werden – und dies macht man sich beim Kleben zunutze.
Außerdem muß man gerade bei der Klebung genau ermitteln, welche Belastungsfälle auftreten können (Bild 8.36).
Die *Druckbelastung* kann genauso hoch wie bei der Hartlötung sein.
Bei Belastung auf *Zug* und *Abscheren* erreicht man hohe Festigkeitswerte, wenn die Verbundfläche groß genug ist. Bei *Biegeschälbeanspruchung* ist die Klebung besonders gefährdet, denn dabei wirkt die äußere Kraft nur auf einen schmalen Bereich, so daß die zulässigen Festigkeitswerte dort wesentlich überschritten werden.

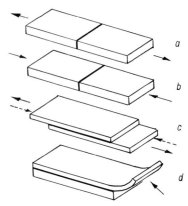

Bild 8.36 Belastungsmöglichkeiten der Klebung. a) und b) Belastung quer zur Klebung, c) Belastung längs zur Klebung, d) Belastung schräg zur Klebung

Ebenso gefährlich ist es, wenn ein *Biegemoment* auf herausragende und turmartig hochstehende Teile wirken kann.
Die Klebung ist immer dann besonders zuverlässig, wenn die Verbundteile durch geeignete Konstruktion mechanisch zusammengehalten werden, so daß der Kleber nur gebraucht wird, damit sich die Verbundteile nicht wieder selbsttätig lösen können. Aus all dem ergibt sich, daß die Klebung

- eine möglichst große Verbundfläche haben soll,
- bei stumpfem Stoß unmöglich ist,
- besonders günstig bei Überlappung und Überlaschung ist,
- so angelegt sein muß, daß die entstehenden Kräfte von den Metallteilen selbst aufgenommen werden,
- auch durch Nietung unterstützt werden kann.

Die Anpassung der Verbundsituation an die speziellen Bedürfnisse und Bedingungen der Klebung kann an einem einfachen Beispiel er-

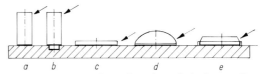

Bild 8.37 Konstruktive Gestaltung bei schräger Belastung. a) Säule mit einfacher Flächenklebung, b) Säule mit eingelassenem Zapfen, c) flach aufgeklebte Scheibe, d) gewölbte Platte, e) Platte mit Zarge gesichert

läutert werden, der Befestigung eines säulen-
förmigen Körpers auf einer Platte (Bild 8.37).
- Im ersten Fall können nur geringe Kräfte
aufgenommen werden.
- Durch den angearbeiteten Zapfen wird die
äußere Kraft konstruktiv aufgefangen.
- Der gleiche Effekt entsteht durch die
ringsum hart aufgelötete Zarge.
- Wenn es möglich ist, die Höhe der Säule zu
reduzieren, vermindert sich das wirksame
Biegemoment, und die Chance der Befestigung wird wesentlich größer.

Es besteht kein Zweifel daran, daß die Lötverfahren die dominierenden Methoden der
Montage bei Schmuck und Gerät sind, aber
trotz aller Skepsis hat sich die Metallklebung
als nützliche Ergänzung eingeführt, weil sie
unter bestimmten Bedingungen deutliche Vorzüge hat:
- Die Verbundteile können vor der Montage
fertig bearbeitet werden, etwa durch Polieren, Galvanisieren, Emaillieren.
- Kleben geht schneller als Löten.
- Alle durch die Wärmebehandlung entstehenden Risiken entfallen.
- Versäubern und Nacharbeiten sind nicht erforderlich.
- Die Verbundteile, und das ist bei Korpus-

ware besonders interessant, können sich
nicht verziehen.
Als Nachteile stehen dem gegenüber (Bild
8.38):
- Nur die Druckfestigkeit ist so groß wie bei
der Lötung, bei allen anderen Belastungsar-
ten ist die Festigkeit geringer.
- Biegeschälbeanspruchung muß vermieden
werden.
- Die Bindefläche muß größer sein.
- Nach Möglichkeit soll die Klebung durch
selbsttragende Konstruktion unterstützt
werden.
- Im Gegensatz zur Edelmetallhartlötung ist
die Fuge nach der Klebung noch sichtbar.

Anwendungsbeispiele: Die beiden Ringe (Bilder 8.39 und 8.40) sind vollständig geklebt.
Wie aus den Konstruktionszeichnungen ersichtlich ist, setzt dies ein selbsttragendes System mit großen Bindeflächen voraus. Auch
die Steine wurden eingeklebt, so daß sich neue
Möglichkeiten der Fassungsformen ergeben.
Diese Ringe wurden als Testmodelle hergestellt, und nach monatelangem Gebrauch

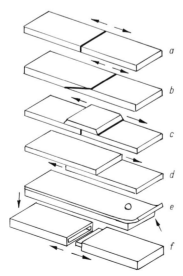

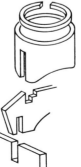

*Bild 8.38 Gestaltung der Klebeflächen. a) Verbin-
dung auf Stoß, b) angeschrägte Naht, c) aufgeklebte
Lasche, d) Überlappung, e) Klebung mit Hilfsniet, f)
ineinandergesteckte Rohre*

*Bild 8.39 Geklebter Ring.
a) Modell, b) Konstruktionsprinzip*

dem bearbeiteten Metall ab. Weiche Metalle setzen sich in den Poren fest und hemmen die Schleiffähigkeit, während spröde Metalle das Ausbrechen der Körner fördern.

Beim Schleifen mit Fett-Tripel auf der rotierenden Filzscheibe spielt sich prinzipiell der gleiche Vorgang ab, nur in abgeschwächter, gemilderter Form, denn die Quarzkristalle des Tripels sind besonders feinkörnig und drücken sich außerdem noch in den weichen Filz hinein.

Auch beim *Polieren* werden noch Teile der Oberfläche abgespant, aber nun von weicheren, besonders feinkörnigen, rundlichen, nicht mehr scharfkantigen Poliermitteln. Erst durch das gleichzeitige Fließen des Metalls kommt die gewünschte Einebnung der Oberfläche zustande. Wenn nämlich das Werkstück gegen die rotierende Scheibe, auf der das Poliermittel aufgetragen ist, gedrückt wird, erhitzt sich das Metall an dem Kontaktpunkt sehr stark, so daß Dehnbarkeit und Bildsamkeit des Metalls derartig wachsen, daß die feinsten Unebenheiten verrieben und zusammengedrückt werden, Erhöhungen verschieben sich in benachbarte Vertiefungen.

Beim *Druckpolieren* mit Polierstahl oder Blutstein (Hämatit) oder in der Poliertrommel wird die Oberfläche nur spanlos durch Verreiben der Unebenheiten geglättet.

9.1.3 Hilfsmittel und Werkzeuge

Schleif- und Poliermaschine

Es handelt sich um einen Elektromotor, dessen Antriebswelle nach einer oder nach beiden Seiten verlängert ist, um darauf die Werkzeugträger befestigen zu können.

Die Schleifscheibenaufnahme hat zwei Flanschscheiben, zwischen denen die Scheibe mit Muttern festgespannt wird. Für die üblichen Filze und Rundbürsten hat sich die konische Spindel mit Gewinde bewährt.

Statt des Kollektor-Motors mit Kohlekontakten benutzt man heute den Wechselstrom-Kurzschlußanker-Motor. Dadurch entfallen alle Probleme der abgenutzten Kohlen und des verschmierten Kollektors, denn der Käfiganker des Kurzschlußläufers ist völlig wartungsfrei. Aus der speziellen Konstruktion dieses Motortyps ergeben sich einige Besonderheiten, die man beim Arbeiten berücksichtigen muß:

• Da der Motor einen hohen Anlaufstrom braucht, muß das Netz mit 10 A abgesichert sein.

• Um den Kurzschlußläufer auf die volle Nenndrehzahl zu bringen, wird zunächst eine Anlaufwicklung geschaltet und dann der Dauerbetrieb.

Demnach muß man die erste Schaltstufe einige Sekunden wirken lassen, ehe man umschaltet. Keinesfalls darf man aber die Anlaufstufe für langsame Dauerbelastung nutzen! Anders ist es, wenn der Hersteller für den Motor unterschiedliche Drehzahlen vorgesehen hat, die wahlweise benutzt werden können.

Die Leistung eines guten Motors soll mindestens 200 W betragen. Aus der Netzfrequenz des Wechselstroms von 50 Hz ergibt sich unter Berücksichtigung des Schlupfs beim Asynchronmotor eine Drehzahl von $2800 \ldots 3000 \, min^{-1}$, die direkt zum Schleifen und Polieren genutzt werden kann. Bei polumschaltbaren Motoren kann auch die halbe Drehzahl, also $1400 \ldots 1500 \, min^{-1}$ genutzt werden. Zum Kratzen soll die Drehzahl $700 \ldots 750 \, min^{-1}$ betragen.

Man kann die Drehzahlverminderung auch durch einen Widerstandsregler erreichen, aber dadurch vermindert sich auch das Leistungsvermögen, bei starker Belastung würde er fast stehenbleiben. Man soll deshalb zum Kratzen einen Spezialmotor benutzen, der für die verminderte Drehzahl ausgelegt ist.

Wegen der starken Schmutzentwicklung beim Schleifen und Polieren, aber auch um die abgenommenen Edelmetallteile aufzufangen, wird die Schleif- und Poliermaschine mit geeigneten Auffangvorrichtungen kombiniert.

Der einfachste *Staubfänger* ist ein Kasten, der den Schmutz hinter dem rotierenden Werkzeug auffängt.

Wesentlich wirkungsvoller ist aber eine leistungsfähige *Absauganlage*, die wie ein Staubsauger wirkt.

In *Kompaktanlagen* unterschiedlicher Konstruktion sind Poliermaschine, Exhaustor, Filtereinrichtung und Beleuchtung zusammengefaßt (Bild 9.2).

Für feinere Arbeiten wird der *Technikmotor*

Bild 9.2 Zweispindlige Poliermaschine mit Absaugvorrichtung

mit biegsamer Welle und Handstück eingesetzt.

Schleif- und Poliermittel

Diamant C. Diamantpulver ist das absolut härteste Schleifmittel. Da Naturdiamant bekanntlich sehr teuer ist, wird heute in der Technik fast ausschließlich das Pulver des synthetischen Diamanten benutzt.

Aluminiumoxid Al_2O_3. Korund kommt in der Natur in reinster Form als Rubin und Saphir vor. Außerdem findet sich Naturkorund in Form von körnigen Einsprengungen in Fremdgestein, Härte 9.

Schmirgel, ein graues bis schwarzes Mineral, besteht aus etwa 65 % Al_2O_3; es ist mit Magnetit, Eisenglanz und Quarz vermengt. Je nach Reinheit schwankt die Härte zwischen 6 und 8. Das Hauptvorkommen befand sich auf der Insel Naxos im Ägäischen Meer. Die Naturblöcke wurden feinkörnig zermahlen und ergaben das bekannte Schleifmittel. Heute verwendet man fast ausschließlich die verschiedenen Arten des Elektrokorunds.

Elektrokorund ist ein künstliches Erzeugnis. Als *Normalkorund* werden Bauxit und Kohlenstoff im elektrischen Lichtbogen bei 2200 °C erschmolzen, wobei die Bestandteile des Bauxits durch den Kohlenstoff reduziert werden. Das Endprodukt enthält etwa 94...99 % Al_2O_3, außerdem Verunreinigungen von Eisen, Titan und Silicium.

Edelkorund wird aus reinem Bauxit im Elektroofen erschmolzen. Durch Erhitzen mit Natriumhydroxid im Druckkessel und anschließendes Fällen erhält man ein bis zu 99 %iges Al_2O_3, dessen Härte höher als die des natürlichen Korunds sein kann.

Siliciumdioxid SiO_2. Quarz ist die reinste Form des kristallisierten Siliciumdioxids, es kommt in vielfältiger Form in der Natur vor, Härte 7. Als Quarzmehl oder -sand wird es zu Sandpapier, Scheuerpulver, Schleifpasten und im Sandstrahlgebläse benutzt.

Kieselerde ist aus den Panzern von Radiolarien (Strahlentierchen) und Diatomeen (Kieselalgen) gebildete Erde, die von verschiedenen Verunreinigungen versetzt ist. Die gelbliche Erde wird geschlämmt und gereinigt, gebrannt und gemahlen. Das Endprodukt ist *Tripel*, wie er als Grundlage verschiedener Schleifmittel benutzt wird. Künstlicher Tripel ist eine feinkörnige Mischung verschiedener Zustandsformen des Siliciumdioxids: wasserfreie Kieselsäure, Kristallquarz, Quarzsand.

Siliciumcarbid SiC (Carborundum). Es entsteht bei über 2000 °C durch Zusammenschmelzen von Koks und Quarzsand unter Zusatz von Sägemehl und Kochsalz im Elektroofen. Die meist schwarzen Kristalle haben die Härte 9,5. Die Sprödigkeit des Materials bedingt, das es vorwiegend für weiche Metalle und spröde Stoffe eingesetzt wird.

Eisenoxid Fe_2O_3. *Blutstein*, Hämatit, ist eine natürliche Erscheinungsform des Eisenoxids. Der stahlgraue Stein wird – ähnlich wie der Polierstahl – zum Druckpolieren von Hand benutzt. *Polierrot*, Pariser Rot, wird meist aus gemahlenem und geschlämmtem Roteisenstein oder durch künstliche Oxidation von Eisenspänen hergestellt. Je dunkler die rote Farbe, um so härter ist das Poliermittel.

Chromoxid Cr_2O_3. Es bildet das *Poliergrün*, das sich besonders für harte Metalle eignet. Man stellt Chromoxid ausschließlich künstlich her.

Zinnoxid SnO_2. Durch Verbrennen von Zinn entsteht es als graues Pulver. Wegen der geringen Härte des feinkörnigen Pulvers eignet es sich besonders zur Feinpolitur und zum Aufpolieren.

Zinkoxid ZnO. Im Aussehen und in der Verwendung entspricht es dem Zinnoxid. Es wird ebenfalls durch Verbrennen des Metalls an der Luft erzeugt.

Magnesiumoxid MgO. Dieses weiße, flockige Pulver, auch *Magnesia* genannt, ist ein besonders mildes Poliermittel. Zusammen mit Aluminiumoxid, Wiener Kalk und anderen Zusätzen ergibt es *Polierweiß*.

Calciumcarbonat $CaCO_3$ (Kalk). Schlämmkreide wird aus Naturkreide gewonnen, die sich durch Ablagerung kleinster, kalkgepanzerter Meerestiere gebildet hat. Die verwitterte Kreide wird mit Wasser zu einem dünnen Brei angerührt, der Schlamm, der sich dabei absetzt, getrocknet und gegebenenfalls noch einmal gemahlen. Man erhält so die Grundlage zu verschiedenen Putzpulvern und Polierpasten.

Wiener Kalk, gebrannter Kalk, wird aus dem Mineral Dolomit hergestellt, wobei Calcium und Magnesium aus den Carbonatverbindungen in Oxide überführt werden. Da Wiener Kalk nicht luftbeständig ist, muß er verschlossen aufbewahrt werden.

Körnung. Die Korngröße der Schleifmittel wurde früher, beispielsweise beim Schmirgelpapier, nach »Nummern« angegeben. Sie entsprachen der Maschenzahl eines Siebs bezogen auf die Länge von einem Zoll, durch das das Schleifmittel gerade noch fallen konnte:

$$\text{Nummer} = \frac{\text{Anzahl der Maschen}}{\text{1 Zoll Länge}}$$

Neben dieser traditionellen Kennzeichnung gibt es die exakte Größenangabe nach durchschnittlicher Korngröße in μm. Die normten Körnungen sind in Tabelle 9.1 zusammengestellt.

Bindung. Bei den festen Schleifkörpern müssen die Schleifkörner durch spezielle Bindemittel zusammengehalten werden, die so beschaffen sind, daß sie die scharfkantigen, akti-

Tabelle 9.1   Genormte Körnung der Schleifmittel

Beschaffenheit	Oberflächen-bearbeitung	Körnung	
		Nummer	μm
Grob	Vorschleifen	20 ... 36	1000 ... 500
Mittel	Fertigschleifen	46 ... 80	400 ... 200
Fein	Feinschleifen	100 ... 200	125 ... 60
Sehr fein	Feinstschleifen	220 ... 600	63 ... 28

Tabelle 9.2   Bindungsmittel der Schleifkörper

Charakteristik	Keramische Bindung	Organische Bindung
Hauptmerkmal	unelastisch	elastisch
Material	Ton, Feldspat, Quarz, ähnlich wie Porzellan verarbeitet	Gummi, Schellack, Kunstharze (Phenolharze) werden ausgehärtet
Verarbeitung	Bindemasse mit Wasser und Schleifkörnern gemischt, in Formen gepreßt, bei 1400 ... 1600 °C gebrannt	Kunstharz mit Schleifkörnern gemischt, in beheizte Formen gefüllt, unter Druck ausgehärtet
Vorzüge	gegen Wasser und Öl resistent, hohe Porösität, Härte kann fein abgestuft werden	elastisch, unempfindlich gegen Stoß
Nachteile	empfindlich gegen Druck- und Stoßbelastung	bei 300 °C verbrennt das Bindemittel, deshalb hitzeempfindlich; Härte kann nur grob abgestuft werden

ven Schleifkörner sicher festhalten, die abgestumpften, wirkungslosen Körner aber rechtzeitig freigeben, damit die scharfen Schleifkörner der nächsten, tiefer liegenden Zone zum Einsatz kommen können.

Die Unterschiede von keramischer und organischer Bindung sind in der Tabelle 9.2 zusammengestellt.

9.1.4 Arbeitsmethoden

Schmirgeln

Schmirgelpapier. Die Feinheit des Schmirgelpapiers ist von der Korngröße abhängig (Tabelle 9.1). Beim Naßschleifen sind die Körner mit einem wasserfesten Kleber aufgebracht. Es wird besonders für nichtmetallische Werkstoffe verwendet, da die abgelösten Teile mit dem Wasser abgeführt werden, bleibt die bearbeitete Fläche homogen, ohne störende Kratzer.

Schmirgelhölzer (Schmirgellatten, Schmirgelfeilen). Sie werden vom Goldschmied gern benutzt. Es sind Holzstäbe, ähnlich wie Feilen geformt, mit rechteckigem, dreieckigem, halbrundem oder rundem Querschnitt. Es gibt solche, die mit Schmirgelpapier beklebt sind, und solche, auf die das Schleifmittel direkt aufgeklebt ist.

Schmirgeln. In der Reihenfolge der Bearbeitung des Werkstücks kommt das Schmirgeln nach dem Feilen, um die Werkspuren zu beseitigen und die Oberfläche so weit zu glätten, daß anschließend feingeschliffen und poliert werden kann.

Nacheinander werden immer feinere Schmirgelpapiere benutzt, wobei man bei jeder folgenden Bearbeitung quer zur vorhergehenden Richtung schmirgelt. Wenn ausnahmsweise der Schmirgelstrich erhalten bleiben soll, wird nur in einer Richtung gearbeitet.

Damit eine ebene Fläche beim Schmirgeln ganz straff bleibt, wird das Schmirgelpapier auf eine glatte Unterlage gelegt, und darauf reibt man das Werkstück so lange, bis die Fläche ganz gleichmäßig bearbeitet ist.

Soll das Werkstück am Feilnagel geschmirgelt werden, wären zunächst die Schmirgelhölzer zu empfehlen, weil man damit noch ziemlich exakte Flächen behält, zumal man die Hölzer

Bild 9.3   Arbeiten mit der Schmirgellatte

in unterschiedlichen Profilen verfügbar hat (Bild 9.3).

Wenn es nicht so sehr auf Exaktheit der Flächen und Kanten ankommt, umwickelt man die Feile mit einem Streifen Schmirgelpapier. Mit der Halbrundfeile kann man auf diese Weise auch gerundete Flächen bearbeiten, wie das Innere einer Ringschiene. Wenn man das Schmirgelpapier um den Finger wickelt, kann man recht gut eine gerundete Form glätten, wie einen aufgetieften Knopf.

Schleifen mit gebundenen Schleifmitteln

Schleifscheibe. Zur Formung und zum Anschleifen von Werkzeugen verwendet man Schleifscheiben unterschiedlicher Körnung, meist mit Siliciumcarbid in keramischer Bindung. Sie werden entweder mit einer speziellen Schleifmaschine betrieben, man kann sie aber auch an der Poliermaschine benutzen, wenn die Sicherheitsvorkehrungen eingehalten werden. Schleifscheiben sind sehr praktisch, aber gefährlich, wenn mit ihnen nicht sachgemäß umgegangen wird.

Beim Aufspannen gelten folgende Hinweise (Bild 9.4):

- Durch Klangprobe ist zu prüfen, ob die spröde Scheibe Risse hat.
- Wenn das Loch zu groß ist, ist eine passende Buchse aus nichtquellendem Material einzusetzen.
- Die Scheibe wird zwischen zwei gleich große Flansche gespannt, die mindestens $\frac{2}{3}$ des Durchmessers erfassen.
- Zwischen Scheibe und Flansch legt man eine

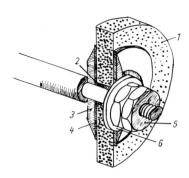

Bild 9.4 Befestigung der Schleifscheibe auf der Welle. (1) Schleifscheibe, (2) Buchse, (3) Flansch, (4) Zwischenlage, (5) Mutter, (6) Unterlegscheibe

Bild 9.5   Planschleifen des Werkstücks auf dem Abziehstein

weiche Zwischenlage aus Pappe oder Gummi.
• Mit Unterlegscheibe und Doppelmutter wird die Schleifscheibe befestigt.
• Beim ersten Probelauf beiseite treten.
• Die Scheibe muß ohne Unwucht ganz gleichmäßig laufen.
Die Scheibe wird mit einer Schutzhaube soweit wie möglich bedeckt, um den Arbeiter bei eventuellem Zerspringen der Scheibe zu schützen.
Die verstellbare Vorlage, auf die das Werkstück aufgelegt wird, muß möglichst dicht an die Scheibe gerückt werden, damit das Werkstück nicht in den Spalt kommen kann.
Beim Arbeiten an der Schleifscheibe muß immer eine Schutzbrille getragen werden.
Die Scheibe läuft immer in Richtung zur Schleifvorlage, auf die man das Werkstück auflegt und mit leichtem Druck gegen die Umfangsfläche der Scheibe schiebt, die Seitenflächen dürfen niemals benutzt werden.
Soll ein Meißel angeschliffen werden, hält man ihn mit der Schneide schräg nach oben und drückt die Schneidfläche abwechselnd mit leichtem Druck gegen die Scheibe. Dabei muß man immer aufpassen, daß die Schneide nicht zu heiß wird und ausglüht. Es ist auch ratsam, das Werkstück während der Bearbeitung öfter in kaltes Wasser zu tauchen. Kleine Werkstücke hält man im Feilkloben fest, damit man nicht mit den Fingern an die Scheibe kommen kann.
Sinngemäß werden kleine Schleifkörper von

unterschiedlicher Gestalt zur Bearbeitung von Werkstücken aus Metallen und Nichtmetallen mit dem Technikmotor betrieben. Die Schleifkörper werden auf einen Trägerstift aufgekittet oder zwischen Flanschscheiben aufgeschraubt (s. Bild 9.6).

Abziehstein. Man benutzt einen flachen, quaderförmigen Schleifkörper von 20 ... 30 cm Länge. Mindestens zwei derartige Abziehsteine von unterschiedlichen Feinheitsgraden sollten in jeder Werkstatt vorhanden sein, denn man kann damit jedes Werkstück schnell und präzis planschleifen. In gleichmäßigen Zügen reibt man den zu schleifenden Gegenstand so lange über die Steinoberfläche, bis die Metallfläche überall gleichmäßig angegriffen ist. Die Schleifrichtung muß während der Bearbeitung mehrfach gewechselt werden, um Schleiffrillen und einseitige Beanspruchung zu vermeiden. (Bild 9.5)

Rotierende Schleifscheibe. Gut geeignet sind solche Scheiben, die in Sägeschärfautomaten benutzt werden, deren Körnung zwischen 25 (grob) und 10 (fein) liegt. Die Bearbeitung geht damit schneller als auf dem Schleifstein, die Scheiben nutzen sich gleichmäßig ab und der Metallabrieb fällt ohne mineralische Beimengungen an (Bild 9.6).

Siliciumcarbid-Stäbe (Carborundum-Feilen). Sie sind durchschnittlich 15 cm lang, weisen unterschiedliche Körnung auf, sie können quadratischen, rechteckigen, dreieckigen, halb-

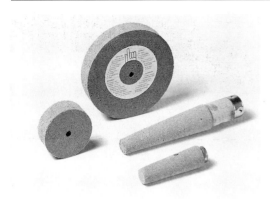

Bild 9.6   Spezialschleifkörper zur Bearbeitung von Schmuckstücken

runden oder runden Querschnitt haben (Bild 9.7). Damit sich der Abrieb nicht in den Poren festsetzt, müssen Werkstoffe wie Glas, Email, Edelstein naß bearbeitet werden. Man arbeitet am Feilnagel, eventuell legt man ein abwaschbares Brettchen auf, an dem zwei Leisten befestigt sind, damit es sich nicht verrutscht. Auf dem Werkbrett steht ein Glas mit Wasser. Bei scharfkantigen Gegenständen darf man nicht mit dem Schleifstab über die Kante kippen. Ehe das nächstfeinere Schleifmittel eingesetzt wird, muß gut ausgewaschen werden. Mit dem feineren Schleifstab arbeitet man quer zur vorherigen Bearbeitungsrichtung, um die Werkspuren zu glätten. Die Rondiste der Edelsteine und die Kante der Emailplatte darf nie in Querrichtung geschliffen werden, weil das Material ausbrechen kann, man schleift immer in Richtung der Kante. In entsprechender Weise

Bild 9.7   Schleifen mit Schiefer- und Siliciumcarbid-Stäben

können mit den Schleifstäben auch Email, Glas und Edelstein (unter Härte 9) bearbeitet werden.

Bimsstein. Dieses poröse Material ähnelt in Anwendung und Wirkungsweise dem Siliciumcarbid, ist aber weniger hart. Die rohen Brocken werden grob zugehauen und dann mit einer alten Feile in die gewünschte Form gebracht. Bimsstein eignet sich besonders zum Naßschleifen größerer Silbergegenstände.

Schiefer. Er ist ein unentbehrliches natürliches Feinschleifmittel. Schiefersteine werden in ähnlicher Form geliefert wie die Siliciumcarbid-Stäbe. Man kann dieses weiche Material aber auf jede beliebige Form selbst zurechtfeilen. Mit spitz zugearbeiteten Schiefersteinen kann man sogar schwer zugängige Stellen bearbeiten. Alles, was über die Schleifstäbe bereits gesagt wurde, gilt auch hier, die Oberfläche wird aber feiner.

Schleifkohle. Wenn diese präparierte Holzkohle auch nicht direkt zu den Schleifkörpern gehört, wird sie doch genauso benutzt. Meist sind es quadratische Stäbe, die man leicht befeilen kann. Bei diesem weichen Material muß mit viel Wasser gearbeitet werden. Die Schleifkohle ist das mildeste Naßschleifmittel, und die Oberfläche bekommt einen matten Glanz. Die manuelle Bearbeitung mit den Schleifkörpern war früher die einzige Möglichkeit, um die Oberfläche der Werkstücke zu glätten, in den letzten Jahrzehnten wurden die zeitaufwendigen Methoden immer mehr verdrängt durch Schmirgeln und Bearbeitung mit Schleifmaschine und Technikmotor mit biegsamer Welle (Bild 9.8). Es gibt aber trotzdem immer Werkstücke, die nur mit den herkömmlichen Methoden wirklich exakt nachbehandelt werden können: Eine Fläche bleibt nur dann eben, wenn sie mit flachen Schleifkörpern bearbeitet wird, denn weder mit Filz noch mit Bürste läßt sich das gleiche Ergebnis an der Schleifmaschine erreichen.

Schleifen mit losen Schleifmitteln

Für alle losen Schleifmittel braucht man einen Schleifmittelträger,
• auf den das Schleifmittel aufgetragen wird,

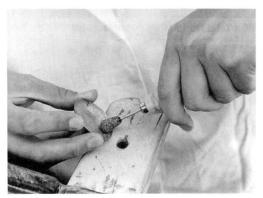

Bild 9.8   Schleifen mit Siliciumcarbid-Werkzeugen im Technikhandstück

Bild 9.9   Polieren mit Polierhölzern

- auf dem es während der Bearbeitung festhält,
- von dem es abfällt, wenn seine Wirkung erfüllt ist.

Schleifmittel und Schleifmittelträger. Für gröbere Vorarbeiten, besonders bei der Großsilberbearbeitung, benutzt man *Bimsmehl,* also gemahlenen Bimsstein. Für feinere Arbeiten, also für Schmucksachen, wird Tripel verwendet. Diese Stoffe werden als Brei angerührt; mit Wasser vermengt greifen sie stärker an, mit Öl oder Fett wirken sie milder.
Tripel verwendet man meist als Fett-Tripel, wie er als fertige feste Paste von Werkzeughandlungen geliefert wird.

Schleifen von Hand. Die menschliche Hand ist der einfachste Schleifmittelträger. Je nach Art des Objekts bestreicht man Finger oder Handballen mit Schleif- und Bindemittel und scheuert damit den Gegenstand. Wenn ein sulfierter, also künstlich geschwärzter Silbergegenstand stellenweise wieder aufgehellt werden soll, kommt man meist auf diese Weise am besten zurecht. Aber mit dem Finger kann man nicht alle Stellen eines Schmuckstücks erreichen, deshalb braucht man auch noch feinere Schleifmittelträger.

Für die *Schleifhölzer* (Putz-, Polierhölzer) ist das dichte, zähe Holz des Pfaffenhütchens (*Euonymus europaeus*) mit seiner festen Struktur besonders gut geeignet. Man kann daraus leicht jede gewünschte Form selbst

schnitzen. Zum Gebrauch taucht man das Hölzchen in den Schleifmittelbrei, so daß das Schleifmittel anhaftet und sich beim Arbeiten in das Holz eindrückt. Man erreicht mit spitzen Hölzchen auch die feinsten Vertiefungen und andere schwer zugängliche Stellen (Bild 9.9).
Für zarte Durchbrüche und Ketten werden *Ziehfäden* als Schleifmittelträger benutzt, die man als zopfartiges Bündel zur Verfügung haben soll. Es richtet sich nach der Größe der Durchbrüche, ob man nur einen oder mehrere Fäden benutzt. Der Zopf hängt an einem Ha-

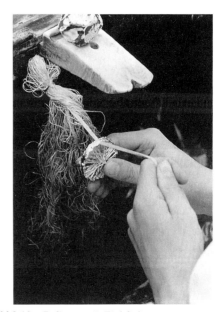

Bild 9.10   Polieren mit Ziehfäden

ken an der Werkbrettkante, Fett-Tripel wird auf die Fäden gestrichen. Man fädelt sie dann durch den Durchbruch, und auf den straffgespannten Fäden reibt man das Arbeitsstück so lange hin und her, bis es vollständig geschliffen ist (Bild 9.10). Hält man den Faden jedoch zu locker, werden die Kanten abgerundet!

Schleifen mit Maschinenwerkzeugen. Auf die konische Arbeitsspindel der Schleifmaschine werden Zirkularbürsten und Filze unterschiedlicher Form aufgeschraubt.

Die *Filzscheiben* werden zur Nachbehandlung ebener und gewölbter Flächen benutzt, um die Schmirgelspuren zu beseitigen und das Werkstück zum Polieren vorzubereiten. Sie werden den Verwendungsmöglichkeiten entsprechend in unterschiedlicher Form und Größe angeboten (Bild 9.11):

- zylindrische Scheibe
- konischer Ringdorn
- Kombination von beiden
- Linsenform
- Kegelform

Mit der Raspel oder mit einer groben Feile kann man die rotierenden Filzscheiben umformen, zur Bearbeitung von Trauringen oder Armreifen kann man eine passende Rille in die Stirnfläche einarbeiten.

Die Filzscheibe wird auf den konischen Dorn der Poliermaschine gedreht, erst dann schaltet man den Motor ein. Auf die rotierende Scheibe wird das Schleifmittel aufgetragen, und so wird sie zu einem wirksamen Schleifkörper, der in einer Minute 2800mal über das Werkstück gleitet.

Zum Schleifen müssen die *Rundbürsten* härtere Borsten haben als zum Polieren, besonders intensiv wirken solche Bürsten, deren

Borsten im Gebrauch schon kürzer geworden sind. Während die Filzscheibe vorzugsweise zur Bearbeitung von Flächen benutzt wird, nimmt man die Bürste für alle freien Formen, denen sich die flexiblen Borsten bequem anpassen. Dagegen wäre die Zirkularbürste für glatte Flächen und scharfe Kanten ungeeignet, weil die straffen Formen verschliffen werden.

Schleifen mit dem Technikmotor. Zur Nacharbeit schwer zugänglicher Bereiche und feiner Formelemente braucht man besonders kleine Schleifwerkzeuge, die mit Handstück und biegsamer Welle des Technikmotors betrieben werden. Es sind Filzscheiben und Zirkularbürsten wie bei der Schleifmaschine – nur kleiner. Sie werden an einen Trägerstift geschraubt oder geklebt, damit man sie in das Handstück spannen kann. Die Polierwerkzeuge sind aus weicherem Material, haben aber gleiche Form (Bilder 9.12 und 9.13).

Polieren

Bei diesem wichtigen Arbeitsgang der Oberflächenbehandlung von Edelmetallgegenständen hängt die Qualität entscheidend von der Vorbehandlung ab. Nur wenn die Metalloberfläche durch das Schleifen einwandfrei geglättet worden ist, kann man eine makellose Politur erreichen:

- Alle Bearbeitungsspuren (Einschläge, Kratzer, Feil- und Schmirgelstriche) müssen so weit beseitigt worden sein, daß man sie mit bloßem Auge nicht mehr wahrnehmen kann.
- Durch immer feinere Schleifmittel und durch ständigen Wechsel der Schleifrichtung wird die Warenoberfläche optimal für das nachfolgende Polieren vorbereitet.
- Nach dem Schleifen ist die Metalloberfläche zwar geglättet, aber sie ist noch matt und glanzlos.

Durch das Polieren wird die so vorbereitete Oberfläche noch weiter eingeebnet, bis sie schließlich ihren metallischen Hochglanz bekommt.

Es wurde schon festgestellt, daß es keine scharfe Abgrenzung zwischen Schleifen und Polieren gibt, trotzdem kann man sagen, daß beim Schleifen die Materialabnahme überwiegt, während es beim Polieren mehr um das

Bild 9.11 Werkzeuge für Poliermaschine

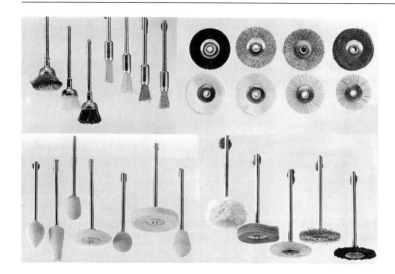

Bild 9.12   Werkzeuge für Technik-Handstück

Bild 9.13   Polieren mit Technik-Handstück

Glätten der noch verbliebenen Unebenheiten geht, wobei nur noch wenig oder gar kein Material abgenommen wird.

Nach unserem heutigen Erkenntnisstand können die Metalle mit folgenden Methoden poliert werden:

a) Druckpolieren: Dazu gehört die älteste Poliermethode mit dem Polierstahl, die auch heute noch angewandt wird. Hinzu kommt das moderne Trommelverfahren.

b) Elektrolytisches Polieren: Es ist das modernste Polierverfahren. Hierbei wird auf galvanische Weise die Oberflächenrauhigkeit abgetragen.

c) Mechanisches Polieren: Meist poliert der Goldschmied seine Erzeugnisse durch Abrieb

mit Poliermitteln auf Poliermittelträgern, deshalb soll dieses Verfahren hier zunächst behandelt werden.

Poliermittel und Poliermittelträger. Während beim Schleifen die festen Schleifmittel eine wichtige Rolle spielen, gibt es keine entsprechende Kompaktpoliermittel, man verwendet nur lose Präparate auf entsprechenden Trägern.

Man bevorzugt feine Polierpasten, in denen die Poliermittel mit Fettstoffen gebunden sind. Sie werden unter Bezeichnungen wie *Polierrot, Pariser Rot* (Eisenoxid), *Polierweiß* (Zinnoxid), *Poliergrün* (Chromoxid) angeboten, außerdem gibt es *Spezialpräparate* für die verschiedensten Zwecke. Man muß ausprobieren, was für die jeweilige Legierung am günstigsten ist.

Diese losen Poliermittel müssen auf geeignete Poliermittelträger aufgebracht werden, die prinzipiell in Form und Größe den Schleifmittelträgern entsprechen, aber aus weicherem Material bestehen.

Es ist unbedingt erforderlich, daß alle Schleifmittelreste gründlich von der Metalloberfläche abgewaschen werden, ehe man mit dem Polieren beginnt, weil sonst keine saubere Politur möglich ist.

Polieren von Hand. Nach der Vorbehandlung mit Schleifhölzern setzt man die Bearbeitung mit *Polierhölzern* fort; das sind die gleichen

Holzstäbchen, aber jetzt mit Poliermittel belegt. Auch die *Ziehfäden* werden genauso zum Polieren benutzt.

Die *Lederfeile* ist ein spezielles Polierwerkzeug. Es ist ein schmales Holzbrettchen, ähnlich geformt wie die Schmirgelfeile, aber auf der Arbeitsfläche mit weichem Leder beklebt. Auf das Leder streicht man etwas Poliermittel und bearbeitet so die Metallfläche. Auf diese Weise werden glatte Flächen nach der Bearbeitung mit dem Polierstahl nachpoliert, damit sie den letzten Hochglanz bekommen.

Polieren mit Maschinenwerkzeugen. Es werden die gleichen Maschinen und Werkzeuge wie beim Schleifen verwendet, und man wiederholt die Arbeitsgänge nun mit den Poliermitteln auf den weicheren Poliermittelträgern. Nur zur letzten Nachbehandlung gibt es noch spezielle Werkzeuge: Die *Schwabbelscheibe* besteht aus zahlreichen runden Stoffscheiben – meist aus Nessel oder Barchent –, die frei beweglich aneinanderliegen und im Zentrum mit einem durchbohrten Flansch zusammengehalten werden; bewährt haben sich auch Schwabbelscheiben aus weichem Leder. Mit Schwabbelscheiben arbeitet man bei hoher Drehzahl und verwendet nur wenig Poliermittel. Die letzte und höchste Politur erreicht man mit dem *Wollrad:* Ein durchbohrter Holzkern ist ringsum dicht mit Fäden aus weißer Baumwolle oder grauer Schafwolle besetzt. Das Wollrad wirkt wie ein rasch rotierendes Poliertuch. Man soll möglichst kein Poliermittel aufstreichen, die am Werkstück haftenden Reste genügen; verwendet man zu viel Poliermittel, wird die Ware verschmiert.

Druckpolieren mit Polierstahl und Polierstein

Es ist eine Methode der spanlosen Metallbearbeitung, Poliermittelzusätze gibt es nicht. Die Metallfläche wird nur durch den Druck des darauf geriebenen glatten Werkzeugs eingeebnet. Das Verfahren hat folgende Vorzüge:
- Man erreicht einen besonders hohen Glanz.
- Das Oberflächengefüge wird verdichtet.
- Es gibt keine Materialverluste.
- Man kann scharf abgegrenzte Bereiche eines matten Gegenstands herauspolieren.

Dem stehen als Nachteile gegenüber:
- Das Verfahren ist langwierig und teuer.

- Eine große Fläche sauber und streifenfrei zu polieren erfordert große Übung.
- Drahtkonstruktionen oder Ziselierungen kann man mit dem Stahl nicht gleichmäßig polieren, das Verfahren ist für glatte Flächen prädestiniert.
- Dünnwandige Gegenstände können durch den erforderlichen Druck verbeult werden.

Polierstahl. Man verwendet hochwertigen, gehärteten Stahl. Dem Anwendungsfall entsprechend wird er geformt, wobei alle Kanten völlig abgerundet sein müssen. Nur mit einem hochglänzend polierten Werkzeug erreicht man gute Ergebnisse. Der Polierstahl wird in einem Holzheft befestigt.

Polierstein. Meist wird ein Blutstein (Hämatit) von besonders dichtem Gefüge benutzt, der ähnlich wie ein Polierstahl geformt wird. Mit Hilfe einer Messingfassung wird er mit dem Holzheft verbunden. Selbstverständlich muß auch der Polierstein eine ganz glatte Oberfläche haben. Mit einem solchen Polierstein bekommt man einen noch edleren Glanz als mit dem Stahl.

Behandlung der Werkzeuge. Sowohl Polierstahl als auch Polierstein müssen von Zeit zu Zeit aufpoliert werden, indem man sie zunächst mit Korundpulver auf dichtem Sohlenleder, dann mit Zinnoxid auf weichem Leder abzieht. Dabei werden sie immer in Längsrichtung geführt, damit die entstehenden Mikrorillen quer zur Arbeitsrichtung verlaufen, so wird eine streifige Politur vermieden.

Arbeitsweise. Der Gegenstand muß gut entfettet sein, damit der Stahl nicht »schmiert«, deshalb soll man die Bearbeitungsfläche auch nicht mehr mit der Hand berühren. Man braucht eine feste Unterlage, oft ist es der Feilnagel, darüber legt man ein weiches Wolltuch und darauf den Gegenstand. Um die Reibung des Stahls bzw. des Steins auf der Metalloberfläche zu vermindern, wird er etwas angefeuchtet, so bekommt man einen glatten Polierstrich. Bei kleineren Flächen genügt etwas Speichel, und man arbeitet »mit Geduld und Spucke«; man kann sich aber auch eine Polierlösung aus Salmiakgeist und Seife machen. Nachdem die Fläche einmal poliert worden ist, bearbeitet man sie noch einmal in Querrich-

Bild 9.14   Handpolitur mit Blutstein

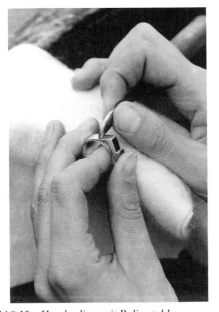

Bild 9.15   Handpolitur mit Polierstahl

Tücher zu wickeln, damit sie nicht beschädigt werden können.

Mattieren

Während die durch das Schleifen geglättete Oberfläche beim Polieren glänzend wird, bewirkt das Mattieren ein Aufrauhen der glatten Fläche, so daß sie stumpf und matt wirkt. Entsprechend der angewandten Methode wird das Matt mehr oder weniger feinkörnig; daß es über die ganze Fläche gleichmäßig wird, muß besonders angestrebt werden, wenn man nicht ausdrücklich eine andere Wirkung beabsichtigt.

Bild 9.16   Schleuderbürsten mit beweglichen ein- und zweireihigen Drahtbündeln; Bimsstein

Mattierpunzen. Besonders grobkörnig wird die Oberfläche, wenn sie mit einem aufgerauhten Punzen bearbeitet wird.

Schleuderbürste. Um einen durchbohrten Holzkern sind in mehreren Reihen bewegliche Stahldrahtbüschel angeordnet (Bild 9.16). Diese Drahtbüschel fliegen um die Welle der Poliermaschine, wenn sie mit möglichst hoher Drehzahl läuft. Das Werkstück wird immer nur leicht gegen die Bürste gestupst, so daß nur eine kleine Fläche erfaßt wird, denn die Drahtspitzen sollen nicht eindrücken; schiebt man die Ware zu fest gegen die drehende Bürste, bilden sich Streifen und Rillen. Mit Klebstreifen können Teile der Oberfläche abgedeckt werden. Eine Weiterentwicklung stellt die Bürste mit festen Drahtbündeln dar, deren Wirkung durch unterschiedliche Drahtdicken noch differenziert werden kann (Bild 9.17).

tung, damit Streifenbildung vermieden wird. Wenn ein Gegenstand innen und außen bearbeitet werden muß, wird man immer erst innen und dann außen polieren (Bilder 9.14 und 9.15). Es ist gut, wenn man nach dem Druckpolieren noch mit der Lederfeile oder mit Filz und Rundbürste nacharbeitet; zumindest soll man die Oberfläche mit Wollrad und weichem Wolltuch nachreiben.

Aufbewahrung der Werkzeuge. Die Stähle steckt man nach der Arbeit in eine Büchse mit Sägespänen, damit sie nicht rosten und nicht verkratzen können. Die Steine sind in weiche

Bild 9.17 Schleuderbürste mit festen Drahtbündeln

Sandstrahlgebläse. Man erreicht damit eine besonders feinkörnige, gleichmäßige Mattierung, auch empfindliche, hohle Gegenstände werden nicht beschädigt.

Für geringe Ansprüche genügt dieses alterprobte Gerät, das man sich auch selbst bauen kann (Bild 9.18): ein zylindrisches Behältnis, etwa 60 cm hoch; 30 cm Durchmesser, im unteren Teil trichterförmig mit Schlauchansatz für ein kräftiges Druckluftgebläse. Die Hände steckt man durch die Manschetten, durch das Fenster beobachtet man die Arbeit. Man füllt mit etwa 2,5 kg Quarzsand oder mit Edelkorund, wie er in der Dentaltechnik üblich ist.

Wenn das Gebläse eingeschaltet wird, schleu-

dert die Druckluft den Sand in der Kammer hoch, so daß er auch gegen die Warenoberfläche geworfen wird. Die Sandkörner ergeben Eindruckstellen an der Warenoberfläche, so daß sie dann matt erscheint.

In diesem Sinne ist das Sandstrahl-Mattieren eine Methode der Oberflächengestaltung. Durch Teilabdeckung polierter Partien entstehen reizvolle Kontraste.

Im Zusammenhang mit dem Schleudergußverfahren hat sich ein neues Anwendungsgebiet des Sandstrahlens entwickelt, nämlich das Verputzen des Gußstücks. In einer Kompaktanlage sind Gebläse, Strahlkabine und Absauganlage zusammengefaßt. Man benutzt nicht Sand, sondern Edelkorund mit scharfkantigen Körnern, der in Korngrößen zwischen 25 μm und 250 μm zur Verfügung steht. Damit werden alle Reste der Einbettmasse abgeschlagen. Natürlich kann diese Anlage auch

Bild 9.19 Feinstrahlgerät mit einem und mit zwei Strahltanks

für dekorative Mattierungen benutzt werden. Durch ein Absaug-Injektionssystem wird äußere Staubentwicklung verhindert, und die abgestrahlte Einbettmasse wird durch Staubabscheider von den Korundteilchen getrennt, so daß sie wiederverwendet werden können. Während der Bearbeitung hält man die Gegenstände in der Strahlkabine mit der Hand fest und beobachtet durch das Sichtfenster in dem gut ausgeleuchteten Bearbeitungsraum das Ergebnis.

Eine interessante Weiterentwicklung ist die Feinstrahlkabine (Bild 9.19). Das Werkstück wird mit einer Hand in der Kabine gehalten,

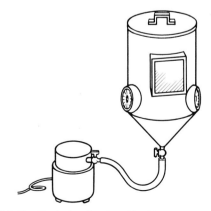

Bild 9.18 Einfaches Sandstrahlgebläse

Bild 9.20   Kratzanlage. Edelstahl mit Kunststoffbeschichtung

mit der anderen Hand führt man einen flexiblen Schlauch mit der Sprühdüse gegen das Werkstück, so daß man wie mit einem Schreibgerät daran entlangfahren kann. Bei dem Modell mit zwei Düsen kann man wahlweise unterschiedliche Strahlmittel verwenden.

Kratzen

An der Kratzmaschine wird die Ware mit der rotierenden Messingdrahtbürste unter ständiger Wasserzufuhr bearbeitet, wobei die Warenoberfläche einen feinen Mattglanz bekommt. Jede Borste wirkt dabei wie ein kleiner Polierstahl (Bild 9.20).
Die Bezeichnung des Verfahrens als »Kratzen« ist etwas irreführend, weil tatsächlich die Oberfläche geglättet wird und keinesfalls irgendwelche Kratzer entstehen dürfen. Da das »Kratzen« aber ein fester Begriff der Fachterminologie ist, wird er auch hier beibehalten.
Bei silberner Schmuck- und Korpusware wird auf diese Weise die weiße Sudschicht behandelt, um den schönen Mattglanz des Silbers zur Geltung zu bringen. Bei goldenen Gegenständen wird durch das Kratzen das nachfolgende Abschleifen der grünen Sudschicht erleichtert.

Kratzwerkzeuge. Die Zirkularbürsten haben feine Borsten aus gewelltem Messing- oder Neusilberdraht, etwa 0,15 ... 0,25 mm dick. Außer der Normalform gibt es solche für Ringschienen und für die Becherinnenseite. Es gibt auch schmallange Handbürsten mit Holzgriff, um ausnahmsweise auch von Hand kratzen zu können.

Die Kratzmaschine läuft langsamer als die Poliermaschine, nämlich nur mit 700 ... 750 min^{-1}. Wenn die Poliermaschine auf diese Drehzahl eingestellt werden kann, läßt sie sich auch zum Kratzen benutzen.
Aus dem Kratzwasserkasten tropft seifiges Wasser während der Bearbeitung ständig auf die Bürste, damit sie besser auf der Ware gleitet und nicht »schmiert«. Man kann spezielle Kratzwasserzusätze beziehen, es genügt aber ein übliches Seifenpulver.

Arbeitsverfahren. Bei der Behandlung mit der Zirkularbürste wird die Ware mit leichtem Druck an die Bürste gehalten. Um Streifenbildung zu vermeiden, wird die Richtung immer wieder gewechselt. Wichtig ist, daß das Kratzwasser kontinuierlich fließt.
Die Handbürste benutzt man wie eine normale Borstenbürste und streicht in wechselnder Richtung über die Ware. Wichtig ist auch hier das Kratzwasser. Entweder arbeitet man auch hierbei unter dem Tropfhahn des Kratzkastens, oder man taucht die Bürste immer wieder in die Flüssigkeit ein.

9.1.5   Trommelbearbeitung

Anwendungsmöglichkeiten

Das »Trommeln« (auch: »Schütteln«, »Schüttelfaßpolieren«) wurde früher so betrieben, daß man das Poliergut zusammen mit Stahlkugeln und Seifenlauge in ein horizontal gelagertes Holzfaß einfüllte und dies so lange um seine Längsachse rotieren ließ, bis die Ware den gewünschten Glanz angenommen hatte.
Heute ist das Verfahren so modifiziert worden, daß die Oberflächenveredlung generell von der Vorbehandlung bis zur Hochglanzpolitur in der Trommel erfolgen kann. Es können alle für Schmuck üblichen Metalle und Legierungen, also auch die Unedelmetalle, sogar Schmucksteine getrommelt werden. Besonders günstig ist das Verfahren bei sehr kleinen Schmuckstücken, die nur schwer von Hand behandelt werden können. Es ist ein ausgesprochenes Industrieverfahren für die Serienfertigung, trotzdem kann die Poliertrommel auch im Handwerksbetrieb nützlich sein, wenn Kleinserien oder Folgen ähnlicher Schmuck-

stücke hergestellt werden. Bei ausgesprochener Einzelfertigung und bei Reparaturen lohnt der Einsatz nicht, zumal die Anlage möglichst täglich laufen soll.

Grundlagen des Verfahrens

Man verwendet heute zur Schmuckbearbeitung Trommeln mit sechseckigem Querschnitt aus Kunststoff; man kann sie besser sauberhalten als Holz.
Die Trommel kann zu etwa 25 ... 75 % ihres Volumens gefüllt werden, meist sind es 50 %. Die Drehzahl soll maximal 60 min^{-1} betragen. Bei so langsamer Drehbewegung wird die Füllung in Drehrichtung an der Innenwand mit hochgehoben und, wenn der Schüttwinkel erreicht ist, rollen und rutschen die Bearbeitungskörper und mit ihnen die dazwischenliegenden Werkstücke im schräg durch die Trommel verlaufenden Oberflächenbereich der Aufschüttung wieder zurück. Es ist, als ob gleichzeitig viele kleine Polierstähle auf die Warenoberfläche einwirken. Nur im Oberflächenbereich der Aufschüttung erfolgt also die Bearbeitung, in den tieferen Lagen ist die Bewegung zu träge, so daß diese Ware erst bearbeitet wird, wenn sie bei der Umwälzung auch in die Schüttzone gelangt (Bild 9.21).
Wenn die Trommel zu schnell bewegt wird, rutscht die Füllung nicht mehr, sondern wird in Drehrichtung herumgewirbelt.
Zylindrische Trommeln, wie sie für Kleinstanlagen noch angeboten werden, sind im allge-

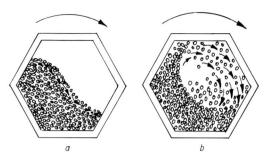

Bild 9.21   Bewegungsablauf in der Trommel (Schema). a) Rollreibung bei normaler Drehzahl, b) Verwirbelung des Füllgutes bei zu hoher Drehzahl

meinen ungünstig, weil an den gerundeten Innenwänden die Bearbeitungskörper nicht weit genug angehoben werden, so daß nur ein geringer Schütteffekt entsteht.

Bearbeitungskörper und Zusätze

Aus Hartkeramik werden *Schleifkörper* unterschiedlicher Form, etwa 4 ... 6 mm groß, hergestellt und meist als Mischung benutzt. Die Wirkung wird dadurch unterstützt, daß sie in einem auf das zu bearbeitende Material abgestimmten Schleifmittelpräparat laufen. Die Keramikschleifkörper scheuern sich im Gebrauch gegenseitig ab, die Kanten werden gerundet, und von Zeit zu Zeit müssen sie erneuert werden (Bild 9.22a).
Die *Polierkörper* sind aus gehärtetem Chromnickelstahl. Meist werden Kugeln von 2 ... 4 mm Durchmesser verwendet, dazu kommen

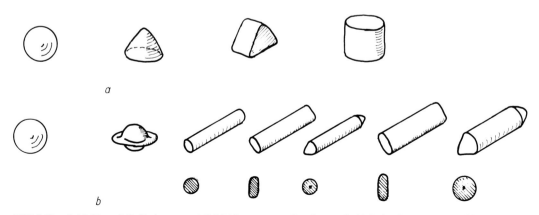

Bild 9.22   Schleif- und Polierkörper. a) Schleifkörper aus Hartkeramik, b) Polierkörper aus Stahl

Polierstifte und Randkugeln (Bild 9.22b), um alle Bereiche des Polierguts zu erfassen. Zur Unterstützung der Polierwirkung werden Poliermittellösungen oder auch »Venezianische Seife« zugesetzt.

Stifte und Polierkugeln müssen immer gemeinsam verwendet werden, da nur so ein befriedigendes Ergebnis erreichbar ist. Die Größe der Polierkugeln muß auf die Ware abgestimmt sein, man achte darauf, daß sie nicht in Vertiefungen oder Durchbrüchen hängenbleiben können.

Die Stahlkörper müssen eine hochglänzende, porenfreie Oberfläche haben, wenn man eine einwandfreie Politur erreichen will. Durch Korrosion kann aber ihre Oberfläche matt und porös werden, da die wäßrige Poliermittellösung wie ein Elektrolyt wirkt, in dem sich durch die Bewegung ein elektrochemisches Element zwischen den unedlen Kugeln und der edlen Ware bildet, so daß von den unedlen Kugeln Teilchen abgelöst werden, die als Ionen in die Lösung gehen. Durch geeignete Zusätze kann eine ausreichende Potentialverschiebung erreicht werden, so daß die Korrosion verhindert und die Lebensdauer der Polierkörper erhöht wird.

Man kann auch kleine würfelförmige *Holzkörper* zur Bearbeitung von Gegenständen mit geringen Vertiefungen und Hinterschneidungen verwenden. Die Holzkörper läßt man zunächst mit feiner Schleifpaste oder Poliersalbe laufen, so daß sie damit überzogen werden. Dann wird die Ware zugesetzt. Die Füllung soll aus etwa $1/3$ Ware und $2/3$ Holzkörper bestehen. Die Drehzahl soll 30 min^{-1} betragen.

Das Schleifen dauert etwa 5 ... 14 h, dann wird ausgewaschen und anschließend 8 ...10 h, ausnahmsweise auch nur 3 ... 4 h, poliert. Günstig ist es, wenn die Trommel mit einem Siebdeckel verschlossen wird, damit überschüssiges Schleif- bzw. Poliermittel herausfallen kann.

Trommelanlagen

Als Beispiel wird eine Trommelmaschine mittlerer Größe vorgestellt (Bild 9.23). Wegen des Trommelinhalts von 2,5 l ist sie für mittlere Betriebe mit Serienfertigung gedacht; für einen kleinen Handwerksbetrieb genügt eine Anlage mit 1 l Trommelinhalt. Die Trommeln aus durchsichtigem Kunststoff sind auswechsel-

Bild 9.23   Polier- und Schleiftrommel. Auswechselbare Trommel (Inhalt 2,5 l), Sieb, Auffangwanne

bar, so daß Schleifen und Polieren gesondert durchgeführt werden können. Die Drehzahl ist regelbar. Mit Sieb und Auffangwanne können die fertigen Teile leicht von den Schleif- und Polierkörpern getrennt werden.

Für Industriebetriebe werden Trommeln von 500 mm Länge und Schlüsselweiten von 250 mm (22 l) oder 360 mm (45 l) empfohlen. Dafür gibt es sogar Großanlagen, auf denen gleichzeitig fünf derartige Trommeln bewegt werden. Sie liegen auf zwei rotierenden Antriebswellen, so daß sie bei laufendem Betrieb abgenommen und umgefüllt werden können.

Arbeitsablauf

Die günstigsten Bearbeitungsbedingungen muß man experimentell ermitteln. Dazu gehören:
- Form und Material der Bearbeitungskörper,
- Mengenverhältnis von Ware und Bearbeitungskörper,
- Art und Menge der Zusätze,
- Dauer der Behandlung.

Es ist immer darauf zu achten, daß die Polierkörper glatt und porenfrei sind, die Lösung muß sauber sein und weißen Schaum bilden.

Wenn die Füllung längere Zeit nicht benutzt worden ist, muß sie zunächst ohne Ware laufen, bis Polierkörper und Lösung einwandfrei sind. Schäumt die Seifenlösung nicht mehr, muß sie erneuert werden.

Die Vorbehandlung der Ware durch Glätten und Schleifen kann 10 h und länger dauern, zum Polieren braucht man nur 0,5 ... 2 h.

Wenn das gewünschte Ergebnis erreicht ist, wird der Trommelinhalt auf ein Sieb gegossen, dessen Löcher so groß sind, daß die Bearbeitungskörper hindurchfallen, während die Ware zurückbleibt.
Unter fließendem Wasser werden anhaftende Reste der Zusatzlösung abgespült.
Die Ware trocknet man in Sägespänen.
Will man einen besonders hohen Glanz erreichen, kann man die Ware abschließend noch einmal in der Trommel trocken zwischen Wildleder-Abfallschnitzeln laufen lassen.

Fliehkraft-Trommelverfahren. Mit steigender Drehzahl wird in der normalen Trommel die Füllung nicht mehr umgewälzt, sondern unter Einwirkung der Zentrifugalkraft ringsum gleichmäßig gegen die Trommelwand gedrückt. Es findet keine Bearbeitung mehr statt.
Bei der Fliehkraft-Trommelanlage FT 5 sind fünf Trommeln auf einer rotierenden Scheibe so angeordnet, daß sie sich mit doppelter Geschwindigkeit in Gegenrichtung drehen. Dadurch überlagern sich Zentrifugal- und Rotationsbewegung: Die Trommelfüllung wird gegen die Wandung gedrückt und gleichzeitig umgewälzt. Dadurch wirken die Schleifkörper wesentlich intensiver auf die Warenoberfläche als bei dem einfachen Abrollen unter Schwerkraft.
Das Verfahren wird besonders zum Entgraten und Glätten der Gußrohlinge, auch zur Bearbeitung von Schmucksteinen eingesetzt. Empfindliche Schmucksteine würden wegen der hohen Beanspruchung Schaden nehmen. Aus dem gleichen Grund ist das Verfahren zum Polieren nicht geeignet.

9.1.6 Säubern verschmutzter Gegenstände

Die folgenden Ausführungen sind unter zwei Aspekten zu sehen:

- Im Zusammenhang mit der Oberflächenbehandlung der Werkstücke geht es darum, die Rückstände der Schleif- und Poliermittel abzulösen, denn eine einwandfreie Politur bekommt man nur, wenn vorher alle Schleifmittelreste entfernt worden sind, und natür-

lich muß auch das fertig polierte Schmuckstück gründlich gesäubert werden.
- Darüber hinaus werden die folgenden Verfahren auch angewandt, um die gebrauchsbedingte Verschmutzung der Schmuckstücke zu beseitigen, wie es bei der Aufarbeitung und Reparatur im Rahmen des Kundenservices erforderlich ist.

Dadurch, daß die Schmutzteile meist mit Fettstoffen vermischt sind, haften sie ziemlich fest an den Gegenständen an. Es ist deshalb am effektivsten, die Fette chemisch zu lösen und abzuziehen, dann kann man die verbleibenden Schmutzteilchen in der Ultraschall-Reinigungsanlage bequem ablösen, oder man muß sie in althergebrachter Weise abbürsten und abspülen.
Wenn die Gegenstände dann noch galvanisiert oder lackiert werden sollen, genügt es nicht, daß sie »sauber« aussehen – sie müssen auch fettfrei sein!
So muß man bei der Behandlung der Ware folgende Wirkstoffe unterscheiden:
- *Fettlösungsmittel,* mit denen die Fettbestandteile des Schmutzes abgelöst und in denen sie dann gebunden werden.
- *Entfettungsmittel,* mit denen der letzte Fettfilm von der schon gesäuberten Oberfläche entfernt wird.

Glühen

Wenn man den verschmutzten Gegenstand ausglüht, verbrennen die Fette, bei der anschließenden Behandlung in warmer Beize lösen sich die Schmutzteile ab. Das ist ein wirkungsvolles Säuberungsverfahren, es läßt sich aber nur bedingt anwenden.
- Das Metall oxidiert beim Glühen, es sei denn, man kann die Oberfläche mit Borsäure abdecken.
- Die Sudschicht muß, zusammen mit eventuellen Verbrennungsrückständen, durch Kratzen oder Schleifen und Polieren entfernt werden.
- Fertige Gegenstände mit hitzeempfindlichen Steinen oder federnden Teilen kann man nicht auf diese Weise behandeln.

Trotz dieser Einschränkungen ist das Verfahren für Silbergegenstände durchaus günstig. Neuanfertigungen werden nach dem Schleifen geglüht und gebeizt, dann gekratzt. Dadurch werden die Schleifmittelreste zuverlässig entfernt. Wenn es notwendig erscheint, kann das Glühen, Beizen, Kratzen wiederholt werden, und man hat eine einwandfreie Oberfläche. Auch bei der Aufarbeitung gebrauchter Silbergegenstände ist diese Methode günstig, zumal dabei gleichzeitig der durch das Anlaufen gebildete unschöne dunkle Belag verschwindet.

Säubern mit Fettlösungsmitteln

Fettlösungsmittel. Ein verhältnismäßig billiges Mittel ist *Benzin,* das sich als schnell wirkendes Lösungsmittel speziell für Fett-Tripel bewährt hat.

Spiritus wirkt ähnlich. Da beide Stoffe leicht brennbar sind, besteht immer eine gewisse Unfallgefahr.

Tri (*Trichlorethylen* C_2HCl_3) und *Per* (*Perchlorethylen* C_2Cl_4) sind Chlorwasserstoff-Verbindungen, die zwar sehr wirkungsvoll sind, aber doch auch gewisse Nachteile haben:
- Alle Fette, Öle, Harze usw. werden besser gelöst als in Benzin.
- Sogar hochglanzpolierte Ware bleibt unverändert.
- Tri und Per sind nicht brennbar.
- Mit Benzin vermischen sie sich gut, und bei weniger als 50 % Benzingehalt ist die Mischung nicht brennbar.
- Unmischbar sind sie mit Wasser.
- Beide Lösungsmittel, besonders Tri, geben bereits bei Zimmertemperatur Dämpfe ab, die berauschend wirken und bei ständiger Einwirkung tödlich sein können.
- Durch offene Flammen werden diese Dämpfe zersetzt in korrosionsfördernde HCl-Dämpfe und giftiges Phosgen $COCl_2$.
- Da Tri und Per durch Lichteinwirkung zersetzt werden können, muß man sie in lichtundurchlässigen Gefäßen aufbewahren.

Wegen der Gesundheitsgefährdung durch die entstehenden Dämpfe sind die Arbeitsschutzbestimmungen unbedingt einzuhalten. Dazu gehört besonders, daß große Bäder mit Absaugvorrichtung ausgerüstet sein müssen und daß der Goldschmied grundsätzlich unter Abzug arbeitet. Da Per weniger gefährlich ist, sollte man dies bevorzugen.

Anwendung der Fettlösungsmittel. Die verschmutzten Gegenstände legt man in das Lösungsmittel und läßt es so lange einwirken, bis die anhaftenden Schmutzteile sich ablösen. Tri und Per werden angewärmt, um die Wirkung zu erhöhen; bei brennbaren Stoffen, wie Benzin, Petroleum, Spiritus ist das zu unterlassen, sie werden grundsätzlich nur bei Zimmertemperatur benutzt.

Nach der Behandlung mit Fettlösungsmitteln kocht man die Ware noch 5 min in konzentriertem Ammoniakwasser (Salmiakgeist), um sie völlig zu entfetten. Danach spült man unter Wasser ab. Die gebrauchten Reste der Fettlösungsmittel bewahrt man in schmalen, hohen Standgefäßen auf, damit sich die Lösung wieder klärt und die Schmutzteile zu Boden sinken.

Säubern mit Entfettungsmitteln

Wirkung der Entfettungsmittel. Es handelt sich um alkalische Stoffe, die geeignet sind, Fette zu lösen und zu binden, so daß die Warenoberfläche völlig entfettet wird:
- Organische Fette werden verseift, d. h., sie werden in fettsaure Salze und Propantriol (Glycerol) gespalten.
- Organische und anorganische Fette werden emulgiert, indem sie als etwa 10^{-5} mm große Tröpfchen in der Flüssigkeit aufgenommen werden.
- Schmutzteile werden im Schaum gebunden und fortgeführt.

Die in Frage kommenden Verunreinigungen enthalten meist mineralische Fette, die sich nicht verseifen, sondern nur emulgieren lassen. Je stärker alkalisch das Entfettungsmittel reagiert, um so wirksamer ist es. Allerdings muß man mit stark alkalischen Stoffen vorsichtig sein, sie können auch die Metalle der Ware angreifen.

Entfettungsmittel. In ihrer Wirkung sind *Natriumhydroxid* NaOH (*Ätznatron*) und *Kaliumhydroxid* KOH (*Ätzkali*) gleich. Sie gelten als besonders starke Mittel, greifen die Haut an und können auch die Metalle beeinträchtigen. *Ammoniumhydroxid* NH_4OH (*Salmiakgeist, Ammoniakwasser*) ist die wäßrige Lösung des

Ammoniaks. Die kräftige Lauge kann Unedelmetalle angreifen, Fette werden gut gelöst, für die Haut ist »Salmiakgeist« weniger schädlich. *Kaliumcyanid* KCN und *Natriumcyanid* NaCN (*Cyankali* und *Cyannatrium*) zeichen sich vor allen übrigen alkalischen Mittel durch besonders gute Fettlösbarkeit aus, dabei können sie gleichzeitig auch dünne Anlaufschichten ablösen. Da sie aber beide hochgiftig sind, ist die Anwendung stark eingeschränkt.

Natriumcarbonat Na_2CO_3 *(Soda)* und *Kaliumcarbonat* K_2CO_3 *(Pottasche)* gelten als schwach alkalisch, sind aber völlig ungiftig und greifen die Metalle nicht an.

Fertigpräparate, die sehr wirksam und dabei möglichst unschädlich sind, werden heute zum Entfetten bevorzugt, wie der Industriereiniger »Multum«, der für Edelmetalle auch in der Ultraschall-Reinigungsanlage benutzt werden kann; Messing und Kupfer laufen aber leicht an. Reine alkalische Chemikalien werden nur noch selten verwendet.

Anwendung der Entfettungsmittel. Die Fertigpräparate verwendet man so, wie es der Gebrauchsvorschrift entspricht, reine Alkalien werden in Wasser gelöst bzw. mit Wasser verdünnt.

Wenn möglich, werden die Lösungen heiß – oft sogar kochend – angewandt, weil dann Benetzbarkeit und Fettlöslichkeit besonders groß sind.

Wenn die Gegenstände bereits in Fettlösungsmitteln gesäubert worden sind, legt man sie noch einige Zeit in die Entfettungslösung, damit auch die letzten Fettreste abgenommen werden. Dabei soll man sie nicht mehr mit den Fingern berühren und nur an Drähten hängend eintauchen, wenn sie fettfrei bleiben sollen. Dann spült man sie gründlich unter fließendem Wasser ab. Wenn anschließend galvanisiert werden soll, wird die Ware, ohne sie zwischendurch zu trocknen, gleich in das Bad gebracht.

Ein Gegenstand ist dann völlig entfettet, wenn er sich gleichmäßig von Wasser benetzen läßt. Man kann die verschmutzte Ware aber auch ohne Vorbehandlung mit Fettlösungsmittel nur mit den Entfettungspräparaten säubern. Man muß ausprobieren, womit man bei bestimmten Arten der Verschmutzung den besten Erfolg hat.

Ultraschall-Reinigungsgerät

Ein solches Gerät gehört in jede Goldschmiedewerkstatt! Auch für den Kleinstbetrieb lohnt sich die Anschaffung. Wer heute noch mühsam den Schmuck mit der Zahnbürste auswäscht, spart auf falsche Weise.

Man muß sich immer darüber klar sein, daß eine gründliche Säuberung nur möglich ist, wenn der chemische Lösungsprozeß mit einer intensiven mechanischen Behandlung der Ware verbunden wird, und dafür ist das Ultraschall-Reinigungsgerät weit effektiver als alles Rütteln, Schütteln und Bürsten.

Um die Wirkungsweise verstehen zu können, sind einige grundsätzliche Erläuterungen nötig.

Als Ultraschall bezeichnet man die Schwingungen jenseits unseres Hörbereichs mit $f \geq$ 16 kHz. Man braucht dazu einen Schallgeber, der in jeder Sekunde mehr als 16000mal hin und her schwingen kann! Das ist kaum vorstellbar – aber technisch möglich.

Im Hochfrequenz-Generator wird der Netzstrom von $f = 50$ Hz auf die erforderliche hohe Frequenz gebracht, und mit Hilfe eines geeigneten Schallgebers werden diese elektrischen Schwingungen in mechanische umgewandelt.

Bei diesen Schallgebern nutzt man den piezoelektrischen Effekt, den man zuerst beim Quarz beobachtet hat: Drückt man einen Bergkristall quer zur Hauptrichtung zusammen, wird seine innere Ladung polarisiert, so daß in einem äußeren Stromkreis eine meßbare Spannung entstehen kann. Dieser Vorgang ist aber auch umkehrbar, denn unter Einwirkung einer äußeren Spannung wird der Kristall deformiert. Man bezeichnet dies als den reziproken piezoelektrischen Effekt. Wenn die äußere Spannung aufgehoben wird, nimmt der Kristall seine ursprüngliche Gestalt wieder an.

Diese Formänderung vollzieht sich in extrem kleinen Dimensionen, sie folgt aber auch im Hochfrequenzbereich verzögerungslos den elektrischen Schwingungen.

Der steigende Bedarf an solchen Ultraschall-Schwingern konnte mit dem Naturquarz nicht mehr gedeckt werden. Heute werden vorzugsweise künstlich hergestellte piezokeramische Schwinger benutzt, beispielsweise aus Bariumtitanat $BaTiO_3$. In dem polykristallinen Keramikkörper werden unter Einwirkung eines elektrischen Feldes die Teilchen so ausgerichtet, daß die hochfrequente Wechselspannung zu einer linearisierten Formänderung des gesamten Schwingkörpers führt; sie ist dann besonders intensiv, wenn die Anregungsfrequenz mit der Eigenfrequenz des Schwingers übereinstimmt; wenn der Resonanzfall erreicht ist.

Die keramischen Schwinger haben gegenüber denjenigen aus Naturquarz folgende Vorzüge:

● Es gibt keine Abhängigkeit von Naturvorkommen mehr.
● Sie sind wesentlich billiger.
● Form und Größe sind unabhängig von den natürlichen Gegebenheiten.
● Wegen des geringeren elektrischen Widerstands kann die Anregungsspannung wesentlich geringer sein.

Die modernen Ultraschall-Reinigungsgeräte sind so aufgebaut, daß der Schwinger nicht mehr in das Bad eingehängt wird, sondern daß er außerhalb des Gefäßes mit der Bodenfläche fest verbunden ist. Dadurch wird das Badgefäß zum Resonanzkörper, und die Badflüssigkeit hat überall die gleiche Intensität der Schwingungen.

Als Badflüssigkeit wird meist ein Fertigpräparat benutzt, das fettlösend und entfettend wirkt, wie etwa Tri oder Per. Es gibt aber auch Präparate, die speziell für die Ultraschallreinigung entwickelt worden sind.

Unter Einwirkung der Ultraschall-Schwingungen werden die Flüssigkeitsteilchen in jeder Sekunde auf dem kleinen Weg von nur etwa $^1/_{1000}$ mm mindestens 16000mal zur Hin- und Herbewegung angeregt, können aber wegen ihrer Massenträgheit dieser Wechselbewegung nicht schnell genug folgen. Zurückflutende Teilchen stoßen mit vorwärtsdrängenden zusammen, durch die Impulswirkung kommt es zur Überlagerung der Bewegungen, auf kleinstem Wege entstehen extrem hohe Beschleunigungen mit schnell wechselnden Drücken von mehr als 10^3 MPa und derartigen Zugkräften, daß durch kurzzeitige Kavitation die Flüssigkeit zerreißt. Mit großer Vehemenz »brandet« die Flüssigkeit gegen die Warenoberfläche und reißt die Schmutzteilchen ab, und dann wird die Flüssigkeit wieder so rasch von der Oberfläche abgezogen, daß kleinste Vakua entstehen, in die der Schmutz hineingesaugt wird.

Durch diese intensive Badbewegung wird die Verteilung und Zerkleinerung der Schmutzteile gefördert und die Emulgierung der Fettteile im Lösungsmittel unterstützt. Besonders bemerkenswert ist es, daß auch in allen feinen Vertiefungen und Durchbrüchen der volle Reinigungseffekt eintritt.

Die handelsüblichen Ultraschall-Reinigungsgeräte sind als Kompaktanlagen gebaut, in denen Hochfrequenz-Generator, Schallgeber und Schwingwanne untergebracht sind, zusätzlich können noch Badheizung und Zeitschaltuhr eingebaut sein. Kleinstanlagen gibt es schon ab 2,5 l, für größere Betriebe geht es bis 30 l Badinhalt (Bild 9.24).

Die Reinigungsflüssigkeit wird erwärmt und durch die thermostatisch gesteuerte Badheizung auf Betriebstemperatur gehalten. Die Ware wird nur 5 ... 20 s lang eingetaucht, ausnahmsweise auch bis 1 min. Wichtig ist, daß die Ware frei hängend im Bad umspült wird, so daß die Badschwingungen voll wirken können. Man benutzt deshalb zweckmäßigerweise für Einzelstücke Drahthaken, für Massenartikel wird als Zusatzgerät ein Warenkorb mitgeliefert, mit dem sie eingebracht werden können.

Nach dem Tauchen wird die Ware unter fließendem Wasser gespült, eventuell bürstet man noch anhaftende Schmutzreste mit der Zahnbürste ab, das ist aber die Ausnahme und macht keine Mühe.

Für Industriebetriebe sind Großanlagen entwickelt worden, in denen die Ware im Durch-

Bild 9.24 Ultraschall-Reinigungsgeräte unterschiedlicher Wannengröße

laufprinzip behandelt wird, während die Reinigungsflüssigkeit im Gegenstromprinzip umgewälzt wird.

9.1.7 Trocknen der Ware

Nach dem Auswaschen muß die Ware schnell getrocknet werden, damit keine Flecken an der Oberfläche zurückbleiben. Einfache, glatte Gegenstände kann man mit einem Geschirrtuch abtrocknen.

Da aber die Schmuckstücke auf solche Weise nicht allseitig getrocknet werden können, ist es üblich, sie in einen Kasten mit Sägespänen – möglichst von harzfreiem Buchenholz – zu legen und sie von allen Seiten mit den Spänen zu bedecken. Das Wasser wird von den Holzspänen aufgenommen, und die Ware ist dann trocken, wenn beim Herausnehmen die Späne von der Ware abfallen. Mit einer weichen Bürste kann man aus den Vertiefungen die restlichen Späne entfernen. Bevor man mehrere kleine Teile in die Späne legt, sollte man sie zählen, damit wirklich alle wiedergefunden werden. Man kann die Sägespäne auch in ein gesondertes kleines Kästchen geben und die Kleinteile darin trocknen, um sie leichter wiederzufinden. Wenn die Teile zusammen mit den Sägespänen in ein grobes Sieb gefüllt werden, kann man nach dem Trocknen die Teile leicht von den Spänen trennen.

Das Trocknen kann man beschleunigen, wenn über dem Trockenkasten ein Infrarot-Strahler angebracht ist.

Für den Industriebetrieb ist der *Holzschrot-Trockner* entwickelt worden. Eine schräg stehende, rotierende Glocke wird mit körnigem, staubfreiem Holzschrot bzw. Trockenschrot gefüllt, die Ware wird darin ständig bewegt, so daß immer neue saugfähige Holzteilchen an die Ware gelangen. Der Inhalt der Glocke wird mit einem Infrarot-Strahler beheizt. Wenn die Ware fertig getrocknet ist, wird die Glocke herumgeschwenkt und in ein Sieb entleert. Bei kleinen Anlagen wird das Sieb von Hand so lange bewegt, bis der Trockenschrot herausgefallen ist, größere Anlagen sind mit einem Vibrationssieb ausgestattet.

Die *Warmluft-Trockenzentrifuge* ist das wir-

Bild 9.25   Warmluft-Trockenzentrifuge

kungsvollste Gerät zum Trocknen größerer Mengen von Schmuckstücken, wobei an 1...5 kg gedacht ist (Bild 9.25). Das Gerät funktioniert im Prinzip wie die übliche Haushalt-Wäscheschleuder. Durch eine intensive Deckelheizung werden auch kompliziert geformte Teile schnell und fleckenfrei getrocknet. Die Heizung ist über einen stufenlos einstellbaren Thermostaten zwischen 0 °C und 80 °C regelbar, so daß auch wärmeempfindliche Teile problemlos in der Schleuder getrocknet werden können. In speziellen, weichen Warenkörben werden empfindliche Teile während der Rotation geschützt. Im Handwerksbetrieb ist es rationell, die Ware heiß zu spülen und dann im Luftstrom eines Radialgebläses zu trocknen.

9.2   Beizen, Färben und Reinigen

9.2.1   Schwefelsäurebeize

Zur Nachbehandlung geglühter und gelöteter Gegenstände aus Edelmetall- und Kupferlegierungen wird auch heute noch vorzugsweise die altbewährte Schwefelsäurebeize benutzt.

Beizgefäße

Form und Größe sind abhängig von den Bedürfnissen des Betriebes. Will man die Beize nur in kaltem Zustand benutzen, sind Gefäße aus Glas, Porzellan, glasiertem Steingut und Kunststoff gut geeignet. In einer mittelgroßen Werkstatt könnte man als Hauptbeizgefäß für kalte Beize ein Vollglasaquarium (Pneumatische Wanne) benutzen. Größere Bleche legt man in Fotoschalen aus PVC, und für Stäbe, Drähte und Scharnierrohre eignet sich gut eine mit Beize gefüllte Flasche.

Wenn die Beize heiß gemacht werden soll, können die Gefäße aus Porzellan, Jenaer Glas oder Feinsilber sein. Für warme Beize bewährt sich gut eine Schüssel aus Jenaer Glas, die auf einem Elektrokocher im Abzugskasten steht.

Das Beste ist ein beheizbares *Spezialbeizgerät*, das für die Erfordernisse des Goldschmieds entwickelt worden ist. Es kann für Schwefelsäurebeize, Salzsäure und für die modernen Beizmittel-Fertigpräparate benutzt werden. Durch eine thermostatische Steuerung wird ermöglicht, daß die Lösung ständig auf konstanter Temperatur im Bereich 50 ... 65 °C gehalten wird; die Leistungsaufnahme beträgt etwa 110 W. Mit einem am Deckel befestigten Schwenksieb werden Kleinteile eingebracht und wieder entnommen. Ein Gerät mit 3,5 l Fassungsvermögen hat den Außendurchmesser von 200 mm (Bild 9.26).

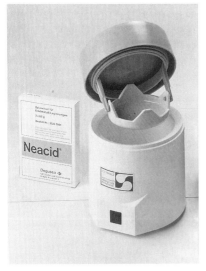

Bild 9.26   Beizgerät

Ansetzen der Beize

Das Gefäß wird mit Wasser gefüllt, und mit dünnem Strahl gießt man etwas Schwefelsäure hinein. Dabei wird eine erhebliche Wärmemenge frei. Würde man umgekehrt vorgehen, also das Wasser in die Säure gießen, erwärmen sich die eingegossenen Wassertropfen durch die Reaktionswärme sofort bis zur Siedetemperatur, und beim Verdampfen ziehen sie sich explosionsartig zusammen und verspritzen mit den Säureteilen. Wegen der Unfallgefahr muß der alte Spruch immer beachtet werden:

Erst das Wasser, dann die Säure,
sonst geschieht das Ungeheure!

Für die heiße Beize genügt ein 5%iger Schwefelsäureanteil, also etwa
1 Teil Schwefelsäure, 20 Teile Wasser.
Bei der kalten Beize genügt ein Säuregehalt bis etwa 10 %, also
1 Teil Schwefelsäure, 10 Teile Wasser.

Umgang mit der Schwefelsäurebeize

Man läßt den heißen Gegenstand entweder an der Luft abkühlen oder löscht ihn in Wasser ab, ehe man ihn in die Beize gibt. Keinesfalls darf er in heißem Zustand in die Beize geworfen werden, denn in der Glühhitze hat sich die Luft in den Hohlräumen des Gegenstands ausgedehnt, so daß beim Ablöschen die Beize in diese Hohlräume hineingesogen würde. Dies trifft für alle feinen Spalten und Poren im Mikrobereich, besonders bei Gußteilen, zu und in noch stärkerem Maße natürlich bei Hohlkörpern, wie Ohrringkugeln oder verbödeten Ringen, in die zum Druckausgleich eine kleine Bohrung angebracht ist. Die Beizreste würden in den Hohlräumen unveränderlich festgehalten, ließen sich auch durch Abspülen nicht entfernen und, da die Schwefelsäure hygroskopisch ist, genügt die Luftfeuchtigkeit, um die chemische Aktivität dieser Reste immer wieder zu erneuern.

Schädigungen der Haut, Zersetzungserscheinungen des Metalls, ja sogar blaugrüne Kupfersulfat-Ausblühungen sind die Folge.

Wurde der Gegenstand vorher in Wasser abgelöscht, füllen sich die Hohlräume mit Wasser, und die Beize kann nicht mehr eindringen. Bei Hohlkörpern muß die Bohrung vor dem Beizen verschlossen werden.

Grundsätzlich läßt man jeden Gegenstand nur so lange in der Beize, wie es unbedingt nötig ist.

Arbeitsschutz

Wegen des bei der Beize üblichen starken Verdünnungsgrads ist die enthaltene Schwefelsäure nicht besonders gesundheitsschädlich. Trotzdem soll man nicht mit den Fingern in die Beize fassen, keinesfalls bei offenen Wunden. Eine Kunststoffpinzette dient zur Entnahme aus kalter Beize, für heiße Beize soll sie aus Messing sein. Kleinteile bringt man mit einer siebartigen Messingkelle in die Beize. Auf keinen Fall darf man mit Stahlwerkzeugen in die Beize kommen, es käme sofort zum Ionenaustausch, und auf der Ware würde sich Kupfer niederschlagen.

Beim Erhitzen der Beize entweicht nur Wasserdampf, die Säureteile bleiben zurück, die Dämpfe sind also ungefährlich. Organische Stoffe werden durch den Kontakt mit der oxidierend wirkenden Schwefelsäure verbrannt. Das bedeutet in der Praxis, daß durch Beizespritzer Löcher in die Kleidung geätzt werden. Mit Sodalösung oder Salmiakgeist kann man die Säurewirkung an Haut und Kleidung neutralisieren. Meist bemerkt man diese Spritzer nicht oder hält sie für harmlose Wasserspritzer, aber wegen ihrer hygroskopischen Wirkung frißt die Säure weiter, ja sogar bei der nächsten Wäsche wird sie noch aktiviert, und der Schaden wird immer größer.

9.2.2 Silber und Silberlegierungen

Beizen und Weißsieden

Feinsilber behält auch beim Erwärmen seine weiße Farbe.

Die Silber-Kupfer-Legierung wird dagegen beim Glühen und Löten schwarz, weil das enthaltene Kupfer an der Oberfläche in der Glühhitze mit dem Luftsauerstoff reagiert und das schwarze Kupfer(II)-oxid bildet.

Durch *Beizen* werden die Oxidteile chemisch herausgelöst, und die Silberlegierung bekommt ihr normales Aussehen wieder.

Dagegen sollen beim *Weißsieden* möglichst alle Kupferteilchen aus der Oberfläche der Le-

gierung herausgelöst werden, so daß diese Außenzone fast nur noch aus Feinsilber besteht und sich dementsprechend verhält.

Beizen. In der Beize werden
- die Flußmittelreste abgelöst,
- das schwarze Kupfer(II)-oxid CuO in Kupfersulfat umgewandelt und in der Beize gelöst,
- Kupfer und das rote Kupfer(I)-oxid Cu_2O nicht angegriffen.

Die Hauptreaktion ist

$$\underset{\text{Kupfer(II)-oxid}}{CuO} + \underset{\text{Schwefelsäure}}{H_2SO_4}$$
$$\rightarrow \underset{\text{Kupfersulfat}}{CuSO_4} + \underset{\text{Wasser}}{H_2O}$$

Alles weitere über den Umgang mit der Beize wurde bereits erläutert.

Weißsieden. Wie schon gesagt, geht es nun nicht mehr nur um die Beseitigung der schwarzen Glühhaut, sondern um die deutliche Erhöhung des Silbergehalts an der Oberfläche der Silberlegierungen.

Man benutzt die Schwefelsäurebeize nun in 10 %iger Konzentration und, wie es beim Weiß-»Sieden« nicht anders sein kann, in heißem Zustand.

Durch höhere Konzentration und Erwärmung wird die Aktivität der Lösung derartig erhöht, daß neben dem schwarzen Kupfer(II)-oxid CuO nun auch die metallischen Kupferteilchen herausgelöst werden können

$$Cu + H_2SO_4 \rightarrow CuSO_4 + H_2$$

Wenn rotes Kupfer(I)-oxid vorhanden ist, kann es auch gelöst werden

$$\underset{\text{Kupfer(I)-oxid}}{Cu_2O} + \underset{\text{Schwefelsäure}}{H_2SO_4}$$
$$\rightarrow \underset{\text{Kupfersulfat}}{CuSO_4} + \underset{\text{Wasser}}{H_2O} + \underset{\text{Kupfer}}{Cu}$$

Trotzdem werden die Zonen der Tiefenoxidation, die sich unter der Oberfläche durch Diffusion des Sauerstoffs beim Glühen gebildet hatten, nicht gelöst!

Im Ergebnis der Reduktion des roten Kupfer(I)-oxids kann an der Oberfläche der Silberlegierung ein dünner Kupferbelag zurückbleiben, der auch in heißer Beize nicht lösbar ist. Man muß eine der folgenden Methoden anwenden:

- Der Gegenstand wird kurz in Salpetersäure getaucht – und sehr rasch wird das metallische Kupfer gelöst. Man darf den Gegenstand nur nicht zu lange in der Säure lassen, damit das Silber nicht angeätzt wird.
- Durch nochmaliges Glühen kann die Kupferschicht oxidiert und dann leicht abgebeizt werden.
- Am besten ist es, wenn man der Beize vor jedem Gebrauch einige Körnchen Kaliumpermanganat $KMnO_4$ zusetzt. Es reagiert mit der Schwefelsäure unter Bildung des Manganheptoxids Mn_2O_7, einem Anhydrit der Übermangansäure:

$$2\,KMnO_4 \quad + \quad H_2SO_4$$
$$\rightarrow \quad Mn_2O_7 \quad + \quad K_2SO_4 \quad + \quad H_2O$$

Dieses Mn_2O_7 ist eine instabile Verbindung, die leicht unter Sauerstoffabspaltung wieder zerfällt, wodurch die sofortige Oxidation des niedergeschlagenen Kupfers in der Beize ermöglicht wird.

Aus praktischer Erfahrung ist ein solcher Zusatz von Kaliumpermanganat zur Beize immer zu empfehlen.

Meist genügt die einmalige Behandlung nicht, um die Oberfläche ganz weiß zu bekommen. Wirkt sie noch gelblich, wiederholt man die Arbeitsgänge »Glühen – Weißsieden – Kratzen« so oft, bis die gewünschte Wirkung erreicht ist.

Solche Werkstücke, die zum Schluß gleichmäßig matt weiß aussehen sollen, müssen mitunter bis zu viermal behandelt werden, bis die Oberfläche gleichmäßig weiß ist. Das kann zu nachteiligen Gefügeveränderungen und zur Tiefenoxidation führen. In solchen Fällen ist es ratsam, das Verfahren dadurch abzukürzen, daß man vor dem zweiten Beizen den Gegenstand mit einem Brei aus Wasser und Kaliumcarbonat K_2CO_3 (Pottasche) einstreicht. Nachdem der Überzug getrocknet ist, wird der eingestrichene Gegenstand geglüht. Dabei verwandelt die Pottasche die Kupferoxide in leichtlösliche Carbonate:

$$K_2CO_3 \quad + \quad CuO$$
Kaliumcarbonat   Kupfer(II)-oxid
$$\rightarrow \quad CuCO_3 \quad + \quad K_2O$$
Kupfercarbonat   Kaliumoxid

Im Laufe der Zeit verbraucht sich die Schwefelsäurebeize. Ein Teil des Wassers verdunstet, besonders bei heißer Beize muß man gelegentlich Wasser nachfüllen, damit der Verdünnungsgrad eingehalten wird. Die ursprünglich farblose Flüssigkeit verfärbt sich zunehmend blaugrün wegen der Anreicherung mit Kupfersulfat. Infolgedessen werden immer mehr Säureteile umgesetzt, so daß die Aktivität der Beize nachläßt; wenn die Lösung kräftig blaugrün gefärbt ist, muß sie erneuert werden.

Weitere Verfahren

Nicht in jedem Fall verträgt die Ware eine Behandlung in der heißen Beize, deshalb sei folgende kaltarbeitende Lösung erwähnt:
100 g Kaliumhydrogensulfat $KHSO_4$ werden in 1 l Wasser gelöst. Diese Lösung wird wie kalte Beize angewandt, und die Oxide werden nach folgendem Reaktionsschema gelöst:

$$2\,KHSO_4 \quad + \quad CuO$$
Kaliumhydrogensulfat   Kupfer(II)-oxid
$$\rightarrow \quad CuSO_4 \quad + \quad K_2SO_4 \quad + \quad H_2O$$
Kupfersulfat   Kaliumsulfat   Wasser

In manchen Fällen ist auch das alte Rezept nützlich, wonach die Silbergegenstände in folgender Lösung gekocht werden:
30 g Weinstein, 60 g Kochsalz, 1 l Wasser.
Wenn das Weißglühen nicht anwendbar ist, weil beispielsweise federnde oder andere hitzeempfindliche Teile enthalten sind, kann man durch galvanische Versilberung eine Feinsilberschicht auf die Silberlegierung auftragen.

Sulfieren

Die natürliche Schwärzung der Siberlegierungen durch Umwelteinflüsse wurde ausführlich behandelt, in diesem Zusammenhang wurde bereits auf die Möglichkeit der künstlichen Schwarzfärbung verwiesen.
Der Goldschmied hat also die Möglichkeit, eine silberne Neuanfertigung dem Kunden in

einem solchen Zustand zu übergeben, wie er sich normalerweise erst im Laufe des Gebrauchs einstellen würde. Außerdem kann man durch die Schwärzung des Silbers in den Vertiefungen und durch Politur der Erhöhungen die Reliefwirkung des Schmuckstücks unterstützen.

Herstellung der Schwefelleber. Es gibt heute Fertigpräparate, mit denen man auf einfache Weise die Silberlegierungen schwarz färben kann. Sie alle wirken dadurch, daß Schwefel freigesetzt wird, der sich mit den Legierungskomponenten verbindet.
Auf einfache Weise kann man die Schwefelleber – das geradezu »klassische« Präparat der Silberschwärzung – selbst herstellen: In einer Schöpfkelle oder einem Schmelzlöffel werden
1 Teil Kaliumcarbonat (Pottasche) K_2CO_3
1 Teil Schwefelblüte S
vermengt und mit etwas Wasserzusatz über mäßiger Flamme zu einem zähflüssigen, braunen Brei zusammengeschmolzen. Wenn die Masse völlig durchgeschmolzen ist, taucht man die Schmelzkelle in einem Topf mit Wasser – und die Lösung ist gebrauchsfertig. Die Wassermenge kann man so bemessen, daß der eingetauchte Schmelzlöffel reichlich bedeckt wird, wenn nötig, kann man dann noch weiter verdünnen.
Beim Zusammenschmelzen spielt sich folgender Vorgang ab:

$$4\,K_2CO_3 \quad + \quad 6\,S \quad + \quad O_2$$
Kaliumcarbonat Schwefel Sauerstoff
$$\rightarrow \quad 2\,K_2S \quad + \quad 2\,K_2S_2 \quad + \quad 4\,CO_2$$
Kaliumsulfid Kaliumthiosulfat Kohlendioxid

Da das Kaliumsulfid leicht Schwefel als kettenförmige Verbindung anlagert, entstehen Kaliumpolysulfide, wie

$$K_2S \quad + \quad 3\,S \quad \rightarrow \quad K_2S_4$$
Kaliumsulfid Schwefel Kaliumpolysulfid

So bildet die Schwefelleber eine Mischung verschiedener Kaliumpolysulfide mit Kaliumthiosulfat.
Schwefelleber hat einen wichtigen Nachteil: Man kann sie nur begrenzte Zeit als aktives Präparat aufbewahren, denn die Sulfide zersetzen sich bei Sauerstoffzutritt, dann ist die ganze Masse unbrauchbar:

$$K_2S \quad + \quad 2\,O_2 \quad \rightarrow \quad K_2SO_4$$
Kaliumsulfid Sauerstoff Kaliumsulfat

Die handelsübliche Schwefelleber muß also luftdicht aufbewahrt werden. Wenn man die Mischung selbst herstellt, soll es immer nur so viel sein, wie man in nächster Zeit braucht.

Anwendung der Schwefelleber. Die Lösung wird in leicht erwärmtem Zustand benutzt. Der Gegenstand wird entfettet, nötigenfalls an einem Draht befestigt, sonst auch mit der Pinzette gehalten, und so schwenkt man ihn in der Lösung. Nach wenigen Sekunden entsteht der Überzug aus Silber- und Kupfersulfid, wodurch sich die ganze Oberfläche gleichmäßig mattschwarz verfärbt. Ist der gewünschte Ton noch nicht erreicht, wird das Tauchen wiederholt. Wenn stellenweise keine Reaktion erfolgt, dann liegt es meist an ungenügender Entfettung.
Die fertige Ware wird unter fließendem kalten Wasser gespült und dann in kalten Sägespänen getrocknet. Heißwasser und warme Späne könnten zu Flecken oder Schwärzung führen. Wenn die sulfierte Oberfläche mit der Messingkratzbürste nachgearbeitet wird, bekommt der stumpfe Überzug einen schönen blauschwarzen Glanz. Natürlich darf diese Bürste nur für diesen Zweck benutzt werden! Meist soll aber nicht die ganze Oberfläche des Gegenstands schwarz bleiben. Sollen beispielsweise bei Reliefziselierungen die Erhöhungen aufgehellt, also von der Sulfidschicht befreit werden, scheuert man die betreffenden Stellen mit feinem Bimsmehl oder Wiener Kalk leicht ab. Es kommt auf die konkrete Form an, ob man die Fingerkuppe, einen Leinenlappen, Kork oder das Schleifhölzchen als Schleifmittelträger benutzt.
Bei manchen Gegenständen ist zu befürchten, daß beim Tauchen auch solche unzugänglichen Stellen mit geschwärzt werden, die dann nicht wieder blankgescheuert werden können. In solchen Fällen trägt man die angewärmte Lösung vorsichtig mit dem Pinsel auf die gewünschten Stellen auf. Um die Lösung besser einwirken zu lassen, legt man das eingestrichene Schmuckstück auf eine vorgewärmte Unterlage.

Pariser Oxid. Mit diesem handelsüblichen Präparat kann man das Silber zuverlässig schwarz färben ohne die Komplikationen der traditionellen Schwefelleber.

Reinigen der Silberlegierungen

Damit soll nicht das Säubern verschmutzter Gegenstände, sondern die Beseitigung der beim Anlaufen entstandenen schwarzen Kupfer- und Silberverbindungen gemeint sein.

Weißsieden. Das Verfahren wurde bereits beschrieben. Es ist die beste Methode, um die angelaufenen Silbergegenstände zu regenerieren. Man kann es aber bei all den Schmuckstücken nicht anwenden, die mit hitzeempfindlichen Besatzmaterialien – Edelsteinen, Perlen, Korallen, Emails, Elfenbein, Holz, Kunststoff usw. – verziert sind. Auch wenn federnde Teile – Schnepper, Ohrringklappe, Nadelstiel – beim Ausglühen weich würden, läßt es sich nicht anwenden.

Mechanische Verfahren. Hierzu gehören alle spanenden Arbeitstechniken wie Feilen, Schaben, Schleifen, Scheuern usw. Mit solchen Verfahren wird die Metalloberfläche merklich angegriffen und verändert, denn es wird nicht nur der schwarze Belag abgenommen, sondern in erheblichem Maße auch die darunter befindliche Metallschicht.

Chemische Verfahren. An erster Stelle sind die *Tauchbäder* zu nennen. Es sind ungiftige Lösungen, in denen die angelaufenen Silbergegenstände nach kurzem Eintauchen wieder einwandfrei blank werden. Ist die Anlaufschicht besonders dick und dicht, weil der Gegenstand lange Zeit nicht gereinigt worden ist, muß man die Lösung längere Zeit einwirken lassen oder andere, intensivere Methoden anwenden. Nach dem Tauchen muß immer gründlich unter fließendem kalten – nicht warmen – Wasser gespült werden.
Nachteilig ist bei den Tauchbädern, daß die behandelte Ware schneller wieder anläuft, und daß sich bei mehrfacher Einwirkung des Tauchbads ein grauer Belag bildet, der durch Kratzen beseitigt werden muß.
Daneben werden *Fertigpräparate* wie Putzpasten, Putzseife und andere Putzflüssigkeiten

angeboten, die genauso ungiftig wie die Tauchbäder sind, mit denen man besonders hartnäckige Anlaufschichten entfernen kann, weil ihre Einwirkung durch mechanisches Reiben und Bürsten unterstützt wird.
Ein einfaches Hausmittel ist die Behandlung mit *Kochsalzlösung* im *Aluminiumtopf.* Auf 0,25 l Wasser kommen 1 Teelöffel Kochsalz und 1 Teelöffel Natriumhydrogencarbonat (Natriumbicarbonat) $NaHCO_3$. Die angelaufenen Silbergegenstände werden so eingelegt, daß sie direkten Kontakt mit dem Aluminium haben, denn die Salzlösung wird zum Elektrolyt, und unter Ausnutzung der großen Spannungsdifferenz zwischen Silber bzw. Kupfer und Aluminium werden die schwarzen Verbindungen von der Silberoberfläche abgelöst. Man kann das Verfahren noch intensivieren, wenn man die Ware mit Aluminiumdraht umwickelt. Die Einwirkungsdauer beträgt 3 ... 5 min. In klarem Wasser wird gespült und dann mit einem weichen Tuch abgetrocknet.

»Salmiakgeist und Kreide« galt noch vor 30 Jahren als das einzig wirksame Putzmittel. Ammoniumhydroxid und Schlämmkreide oder Wiener Kalk werden zu einem Brei angerührt, der mit Lappen oder Bürste auf die angelaufene Fläche aufgetragen wird. Man läßt ihn einige Zeit einwirken, so daß die Sulfide zu leichtlöslichen Komplexverbindungen umgewandelt werden.

$$4\,[NH_4]OH + Ag_2S$$

Ammonium-   Silber-
hydroxid   sulfid

$$\rightarrow 2\,[Ag(NH_3)_2]OH + H_2S + 2\,H_2O$$

Ammonium-   Schwefel- Wasser
silberhydroxid   wasser-
                 stoff

Der angetrocknete Brei wird dann abgerieben oder abgebürstet. In der Kombination chemischer und mechanischer Einwirkung ist das Verfahren besonders wirkungsvoll. Wegen der körnigen Struktur der Kreide bleiben aber feine Kratzer auf dem Metall zurück, was besonders bei polierten Gegenständen sehr störend ist. Da die Gegenstände immer wieder anlaufen und immer wieder geputzt werden müssen, wird die Oberfläche schließlich deutlich verkratzt. Nur im Notfall dürfte man heute noch diese Methode anwenden, sie soll mehr historische Bedeutung haben.

Eine *Natriumthiosulfatlösung* eignet sich für polierte, stark angelaufene Silbergegenstände. Man setzt die Lösung aus 1 Teil Natriumthiosulfat $Na_2S_2O_3$ und 2 Teilen Wasser an, trägt sie auf die Ware auf, läßt sie einige Zeit einwirken und reibt mit einem Leder nach.

Man kann die angelaufene Ware auch in einer *Boraxlösung* kochen. Borax wird bis zur Sättigungsgrenze in kaltem Wasser gelöst, dann wird fast bis zur Siedetemperatur erwärmt. Die Ware bringt man mit einem Zinksieb in die heiße Lösung.

Sehr wirkungsvoll ist das *Kaliumcyanid* KCN zur Silberreinigung. Das Bad soll die Konzentration von etwa 100 g/l KCN haben, etwas Kochsalz wird zugesetzt, und in das leicht angewärmte Bad werden die angelaufenen Gegenstände, die an Silber- oder Messingdrähten befestigt sind, eingehängt. Dabei wandeln sich die Sulfide in leichtlösliche Komplexverbindungen um:

$$4\,KCN \quad + \quad Ag_2S$$
Kaliumcyanid   Silbersulfid
$$\rightarrow \quad 2\,K\,[Ag(CN)_2] \quad + \quad K_2S$$
Kaliumsilbercyanid   Kaliumsulfid

9.2.3 Gold und Goldlegierungen

Beizen und Gelbsieden

Glühen. Da Gold und Silber auch bei Erwärmung nicht mit dem Luftsauerstoff reagieren, wird beim Glühen der üblichen Dreistofflegierung nur das Kupfer oxidieren, die beiden Edelmetalle bleiben unverändert.

Dadurch sind nach dem Glühen und Löten die goldenen Gegenstände ganz unansehnlich gelbbraun bis schwarz, je nach Kupfergehalt und Intensität der Wärmebehandlung; außerdem haften noch die durch die chemische Reaktion verfärbten Lötmittelreste daran. Ein Hinweis sei hier eingeschoben: Wenn der Goldschmied dem Kunden das Schmuckstück während der Arbeit in diesem Zustand zeigt, erweckt er oft nicht so sehr das Interesse an seiner Arbeit, als vielmehr das Entsetzen über das, was aus dem »guten« Gold des Kunden geworden ist. Man sollte mit solchen gutgemeinten Informationen vorsichtig sein.

Weiterbehandlung. Beim *Beizen* werden nur die Kupferoxidteile gelöst, es bleibt eine Grüngoldschicht zurück.

Dagegen können beim *Gelbsieden* auch die Silberteilchen mit herausgelöst werden, so daß man je nach Zusammensetzung der Dreistofflegierung und Auswahl der wirksamen Lösung in der Lage ist, die Eigenfarbe der Legierung oder auch eine Farbänderung der Oberfläche zu erreichen.

Durch anschließendes *Färben* bekommt man einen Feingoldüberzug auf der Legierung, weil in der Färbelösung sogar Goldteilchen aus der Legierung gelöst und dann an der Warenoberfläche wieder niedergeschlagen werden können.

Obgleich Gelbsieden und Färben der Goldlegierungen durch die modernen galvanischen Verfahren verdrängt worden sind, sollen sie hier mit einbezogen werden, da in diesem Buch auch die alten, traditionellen Arbeitsverfahren bewahrt werden sollen. Die Erläuterungen basieren auf zuverlässigen Quellen aus der Zeit, als diese Verfahren noch zum Alltag des Goldschmieds gehörten:

Kulmer, Rudolf Freiherr v.: Die Kunst des Goldarbeiters. Weimar: 1872

Wagner, Alexander: Gold, Silber und Edelsteine. Wien, Pest, Leipzig 1881

Beizen. Üblicherweise gibt der Goldschmied die geglühten und gelöteten Goldgegenstände ebenso, wie es beim Silber beschrieben wurde, in die erwähnte Beize aus verdünnter Schwefelsäure (heiß 5 %ig, kalt 10 %ig). Da in dieser Lösung nur die Kupferoxidteile gelöst werden, bleibt an der Oberfläche der Dreistofflegierung eine Gold-Silber-Oberfläche mit entsprechend vermindertem Kupferanteil übrig. Deshalb hat die gebeizte Ware eine unschöne Oberfläche, die je nach Menge des enthaltenen Silbers matt grün bis grau aussieht. Der Effekt dieses Beizverfahrens besteht nur darin, daß die harte, kupferoxidhaltige Glühhaut in eine weichere, leichter lösliche Grüngoldschicht umgewandelt wird.

Diese Schicht muß bei der anschließenden Oberflächenveredlung entfernt werden, um die eigentliche Farbe der Goldlegierung wieder freizulegen. Wenn man dies mechanisch durch Schleifen und Polieren macht, ist es mühsam, zeitaufwendig und außerdem mit

Materialverlusten verbunden; nur schwer läßt sich beispielsweise auf der Innenseite des Rings der grüne Belag restlos beseitigen. Wenn irgend möglich, wird die Ware deshalb nach dem Beizen durch elektrolytische Entsudung oder Glanzentgoldung nachbehandelt, weil so die grüne Sudschicht überall gleichmäßig abgelöst und die Oberfläche gleichzeitig schon geglättet wird. Das anschließende Polieren ist dann einfach.

Wenden wir uns nun der traditionellen Verfahrensweise zu.

Gelbsieden. Die Ware muß gut entfettet sein. Wenn es möglich ist, glüht man sie vor der Säurebehandlung bei mäßiger Temperatur. Ist das nicht möglich, soll man die Gegenstände etwa 10 min lang in heißer Natronlauge behandeln. Das Gelbsieden hat eine gewisse Ähnlichkeit mit dem Weißsieden der Silberlegierungen, aber bei den farbigen Goldlegierungen gibt es viel mehr Möglichkeiten in bezug auf die Farbwirkung des fertigen Gegenstands. Sie sind abhängig von

● Zusammensetzung der Lösung,
● Anwendungstemperatur,
● Einwirkungsdauer.

Grundsätzlich soll man immer nur Gegenstände gleicher Legierungszusammensetzung gemeinsam in der Lösung behandeln.

Für das Ergebnis des Gelbsiedens ist die Zusammensetzung der Goldlegierung wichtig, wobei folgende Möglichkeiten zu unterscheiden sind:

● Unterschiedlich großer Goldanteil, also Feingehalt.
● Der Zusatz besteht nur oder fast nur aus Kupfer oder Silber (Zweistofflegierung Au-Ag bzw. Au-Cu).
● Beide Zusatzmetalle sind enthalten (Dreistofflegierung Au-Ag-Cu).
● Außerdem sind noch weitere Zusatzmetalle enthalten (beispielsweise Lotlegierungen Au-Ag-Cu-Zn-Cd).

Eine Lösung von *verdünnter Schwefelsäure* (1 Teil Säure, 1 Teil Wasser) wird bei etwa 80 °C benutzt. In dieser Lösung werden die Kupferoxide und auch metallisches Kupfer schnell und gründlich gelöst, Silber wird aber nicht angegriffen.

Aus diesem chemischen Verhalten ergeben sich folgende Möglichkeiten:

● Reine Au-Cu-Legierung (Rotgold) bekommt ihre natürliche Farbe wieder.
● Die Au-Ag-Cu-Dreistofflegierungen nehmen generell eine grünliche Farbe an, deren Intensität vom Verhältnis der Zusatzmetalle und von der Einwirkungsdauer abhängig ist. Auf einer rötlichen Dreistofflegierung, die also einen hohen Kupfergehalt hat, kann eine schöne blaßgelbe Oberfläche entstehen.

Auch *verdünnte Salpetersäure* (1 Teil Säure, 1 Teil Wasser) wird in erwärmtem Zustand angewandt. Die Besonderheit besteht darin, daß nun auch Silber herausgelöst werden kann. Da das Kupferoxid schneller und leichter gelöst wird, richtet es sich nach der Einwirkungsdauer, wieviel Silber weggenommen wird und welche Farbtönung sich dabei einstellt. Generell gilt:

● Au-Cu-Legierungen bekommen ihre natürliche Eigenfarbe, bei längerer Einwirkungsdauer können sie deutlich gelb werden.
● Dies trifft prinzipiell auch für die Dreistofflegierungen Au-Ag-Cu zu, wobei die entstehende Farbe durch das konkrete Mischungsverhältnis bestimmt wird.
● Durch Ausätzen des Silbers kann bei Au-Ag-Legierungen eine blasse Goldfarbe entstehen.

Bei der praktischen *Anwendung* ist folgendes zu beachten: Man beobachtet den Fortgang des Lösungsprozesses, nimmt die Ware immer wieder aus der Lösung, kontrolliert die Farbe und bestimmt so den Farbton der Oberfläche. Für die Einwirkungsdauer kann man keine pauschalen Richtwerte geben. Wichtig ist, daß die Salpetersäure unbedingt chlorfrei ist, weil anderenfalls wie im Königswasser Goldteile gelöst und Silberteile ausgefällt würden; das ergäbe einen fleckigen Belag auf der Ware.

In *reiner Salzsäure* oder in verdünntem Königswasser kann man zwar auch eine satte gelbe Farbe an der Oberfläche bekommen, besonders bei Legierungen mit hohem Feingehalt, aber das Verfahren hat den Nachteil, daß die Oberfläche auch fleckig werden kann. Da durch Salzsäure die Spannungskorrosion gefördert wird, dürfen keine stark umgeformten Werkstücke damit behandelt werden; den geglühten Erzeugnissen macht es nichts aus.

Färben der Goldlegierungen

Während beim Beizen und Gelbsieden die Oberfläche wieder die Normalfarbe der Legierung annehmen soll oder durch Herausätzen der Zusatzmetalle die Farbe korrigiert werden soll, wird nun beim Färben ein Feingoldniederschlag auf der Warenoberfläche angestrebt.

Wenn man durch galvanische Vergoldung auch eine Feingoldbeschichtung ohne großen Aufwand erreichen kann, ist es doch nicht der warme, intensive Goldton des Färbens, besonders deutlich wird dies bei der Mattfärbung, durch die sich manche alte Arbeit auszeichnet. Grundsätzlich gilt:

- Legierungen mit hohem Feingehalt kann man besser färben als niedrigere Legierungen, bei Au 333 wird die Oberfläche durch den hohen Kupfergehalt schwarz.
- Rotgold läßt sich besser färben als Blaßgold.

Dem Färben muß grundsätzlich das Gelbsieden vorausgehen!

Ein altes Rezept für eine Färbelösung beruht auf der Wirkungsweise des Königswassers:

2 Teile konz. Salzsäure
1 Teil Salpetersäure
2 Teile Kochsalz
40 Teile Wasser

Die Mischung muß jedesmal neu angesetzt werden.

Den Kochsalz-Zusatz braucht man nur, wenn die Legierung silberhaltig ist, um das gelöste Silber auszufällen, damit es sich nicht auf der Ware niederschlägt.

Dieses Farbbad wirkt sehr intensiv, man darf den Gegenstand nur kurze Zeit eintauchen und muß das Ergebnis ständig überprüfen. Die folgende Lösung wird genauso angewandt, da sie aber weniger intensiv ist, die Oberfläche also nur langsamer angreift, kann man das Ergebnis besser kontrollieren. Aus der Fülle ähnlicher Rezepturen sei diese, die sich praktisch bewährt hat, herausgegriffen:

115 g Natriumchlorid NaCl
230 g Kaliumnitrat KNO_3
150 g Wasser
170 g Salzsäure HCl

Natriumchlorid und Kaliumnitrat werden gemischt und im Mörser zerstoßen, dann mit dem Wasser angerührt. Bei ständigem Umrühren wird bis zum Kochen erwärmt und dann bei anhaltendem Rühren die Salzsäure zugegeben. Die fertige Lösung soll dann noch 1 min lang kochen.

Die *Durchführung des Färbens* geschieht auf folgende Weise.

Die fertiggestellten Gegenstände werden gut geschliffen, ausgewaschen und leicht geglüht, dann durch Gelbsieden vorbehandelt.

Hat man damit eine fleckenlose, gleichmäßige Oberfläche erreicht, hängt man die Ware an einen dünnen Draht und glüht sie nochmals leicht. Der schwarzgeglühte Gegenstand wird in die leicht kochende Farblösung getaucht und ungefähr 3 min lang darin geschwenkt. Die Wirkung beruht darauf, daß Nitrosylchlorid und freies Chlor ebenso wie beim Königswasser entstehen.

$$\begin{array}{ccccccc}
KNO_3 & + & 2\,HCl & + & NaCl \\
\text{Kaliumnitrat} & & \text{Salzsäure} & & \text{Natriumchlorid} \\
\rightarrow & NOCl & + & Cl_2 & + & NaOH & + & KOH \\
& \text{Nitrosyl-} & & \text{Chlor} & & \text{Natrium-} & & \text{Kalium-} \\
& \text{chlorid} & & & & \text{hydroxid} & & \text{hydroxid}
\end{array}$$

So wird es möglich, daß auch das Gold gelöst wird.

Das entstehende Silberchlorid wird durch das Natriumchlorid gefällt und kann nicht weiter stören.

Wenn sich die Lösung mit genügend Chlorogoldsäure $H[AuCl_4]$ angereichert hat, setzt – ähnlich wie bei der Sudvergoldung – der Ionenaustausch zwischen den edlen Goldionen und den unedleren Kupferionen ein. Daher kommt es, daß sich die Rotgoldlegierungen besser färben lassen.

Durch diesen Ionenaustausch bedeckt sich die Oberfläche der Ware mit einem Belag von neu angelagerten Goldkristallen – sie bekommt ein mattes gelblich-braunes Aussehen.

Es werden also gleichzeitig Teile der Zusatzmetalle gelöst und Goldteile niedergeschlagen.

Die eigentliche Goldfarbe bildet sich erst beim Kratzen, weil mit den Drähten der Kratzbürste der Goldniederschlag geglättet wird.

Wenn die gewünschte Wirkung erreicht ist, nimmt man die Ware aus der Lösung heraus, spült sie ab und neutralisiert mit »Salmiakgeist«. Dann wird gekratzt.

Wenn die Färbung noch nicht ausreicht, muß man nochmals etwa 1 min lang in die Lösung tauchen.

Reinigen

Es wurde schon erläutert, daß das Anlaufen nur auf Legierungen niederen Feingehalts beschränkt ist – in der Praxis ist nur Au 333 davon betroffen – und daß die entstehende Braunfärbung auch nicht so sehr das Aussehen beeinträchtigt wie die Anlaufschicht des Silbers.

Zur Beseitigung der Anlaufschicht können prinzipiell die gleichen Verfahren benutzt werden wie bei den Silberlegierungen. Meist genügt kurzes Tauchen in ein Reinigungsbad.

Da die Verfärbung auch mit normalen Gebrauchsspuren verbunden ist, so daß die Oberfläche durch feine Kratzer matt und stumpf erscheint, soll man dem Kunden empfehlen, das Schmuckstück von Zeit zu Zeit vom Goldschmied aufpolieren zu lassen.

Besonders bei Ringen beeinträchtigen weniger die Anlaufschichten das Aussehen, denn sie reiben sich im Gebrauch sogar wieder ab, als vielmehr die Gebrauchsspuren, und vor allem der Schmutz, der sich auf der Innenseite und in den Vertiefungen ansetzt. Man soll dem Kunden deshalb nahelegen, mit Seife und Zahnbürste seinen Schmuck regelmäßig zu säubern, meist ist dies schon ausreichend!

9.2.4   Kupfer und Kupferlegierungen

Beizen und Brennen

In der *Beize* sollen nur die Oxide und die Lötmittelreste gelöst werden, dagegen werden in der *Gelbbrenne* Messing und Bronze so angeätzt, daß sie leuchtend gelb werden, und auch beim Kupfer kommt die Eigenfarbe erst beim Brennen voll zur Geltung; außerdem wird in der Brenne die Metalloberfläche chemisch eingeebnet, so daß sie sogar auffallend glänzend wird.

Vorbeize. Zur Behandlung von Kupfer und Kupferlegierungen nach dem Löten und Glühen wird die gleiche Schwefelsäurebeize benutzt wie bei den Silberlegierungen.

Vorbrenne. Hiermit wird dann die gleichmäßige, metallisch reine Oberfläche geschaffen. Als Rezept sei empfohlen:

  1 l Salpetersäure
10 g Natriumchlorid (Kochsalz)
  5 g Glanzruß
200 ml Wasser

Glanzruß und Kochsalz werden gemischt. Die mit dem Wasser verdünnte Salpetersäure wird darübergegossen. Ebenso wie die folgenden Lösungen muß die Vorbrenne einige Stunden stehenbleiben, ehe man sie benutzen kann.

Die Ware wird an einem Draht eingehängt oder mit einer Pinzette gehalten, denn man darf die Gegenstände nur kurz in die Lösung tauchen, und dabei muß die Wirkung genau kontrolliert werden. Läßt man die Ware auch nur etwas zu lange darin, wird die Oberfläche matt angeätzt.

Glanzbrenne. Als praktisch erprobte Beispiele können zwei Rezepte empfohlen werden:

  1 l Schwefelsäure
  1 l Salpetersäure
20 ml Salzsäure
20 g Natriumchlorid (Kochsalz)
10 g Glanzruß

Schwefel- und Salpetersäure werden zusammengegossen, dann werden Salzsäure und Kochsalz zugegeben. Nachdem die Reaktionswärme abgeführt ist, wird der Glanzruß zugemischt. Nach 12 h ist die Lösung verwendbar.

Man kann auch folgende Mischung benutzen:

800 ml Salpetersäure
200 ml Schwefelsäure
100 g Kolophonium-Pulver
  50 g Natriumchlorid (Kochsalz)

Das Kolophonium wird in der Schwefelsäure aufgelöst, dann werden Salpetersäure und Kochsalz zugegeben.

Die Ware wird in der Glanzbrenne genauso behandelt wie in der Vorbrenne. Läßt man diese Brenne längere Zeit einwirken, wird sie zur »Mattbrenne«.

Mattbrenne. Hiermit wird von vornherein eine matte Oberfläche angestrebt:

  3 l Salpetersäure
  2 l Schwefelsäure
20 g Natriumchlorid (Kochsalz)
10 g Zinksulfat $ZnSO_4$

Die Säuren werden zusammengegossen und das Kochsalz zugesetzt. Das Zinksulfat wird mit etwas Wasser angerührt und dann ebenfalls zugegeben.

Patina

An der Luft bildet das Kupfer schon bald einen schwarzen Überzug aus Kupferoxid und Kupfersulfid. Unter besonders günstigen natürlichen Bedingungen wird daraus die grüne Patina, die man bei alten Kirchendächern bewundert. Chemisch betrachtet ist es eine Kupfercarbonat-Schicht, die durch den Kohlensäuregehalt der Luft gebildet wird. Aber erst durch das Zusammenwirken verschiedener natürlicher Bedingungen kommt eine wirkliche Patina als fest haftender, malachitartiger Belag auf dem Kupfer zustande: Jahrelang müssen Sonne und Regen auf die Kupferoberfläche einwirken, Staub und andere Schwebeteilchen setzen sich ab, reagieren mit den entstehenden Kupferverbindungen. Es scheint sogar erwiesen, daß erst in der Höhe von mehr als 30 m diese Wirkung entstehen kann, während sich in Bodennähe nur ein schwarzer Belag bildet.

So wird es verständlich, daß es schwierig ist, die beliebte grüne Patina rasch mit Chemikalien aufzubringen; mitunter haftet der grüne Belag nicht fest genug, so daß man ihn gleich wieder abwischen kann.

Sogar die Schwarzfärbung ist problematisch, denn die bei Silberlegierungen so wirksame Schwefelleber reagiert hier nicht einwandfrei: Auf Kupfer wird die Schwärzung fleckig und haftet nicht dauerhaft auf dem Metall, bei Messing kann es sogar passieren, daß gar keine Reaktion eintritt. Man hilft sich bei Messing mitunter so, daß die Oberfläche erst verkupfert und dann geschwärzt wird. Aber wenn man, wie es meist üblich ist, das Grundmetall stellenweise wieder herausschleift, bleiben störende rote Ränder an den geschwärzten Zonen.

Um eine fest haftende Färbung zu erreichen, muß der Metallgrund sorgfältig vorbereitet werden:

- Nicht hochglanzpoliert, sondern mikrofein aufgerauht soll die Metallfläche sein.
- Alle Arten von Fettrückständen müssen entfernt werden.
- Die natürliche Oxidfläche, wenn sie nicht durch grobe Flecken gestört ist, bildet einen zuverlässigen Haftgrund.

Zum Aufrauhen der Oberfläche gibt es verschiedene Möglichkeiten

- Bearbeiten mit feinem Schmirgelpapier
- Abreiben mit feuchtem Bimsmehl
- Bearbeitung mit Schleifklotz oder Schleifschwamm, die vom Werkzeughandel angeboten werden.

Das Entfetten wurde bereits behandelt.

Eine leichte Oxidation mit Wasserstoffperoxid begünstigt die Haftfähigkeit. Die handelsübliche 30 %ige Wasserstoffperoxid-Lösung wird mit der vierfachen Wassermenge verdünnt (6,4 %ige Lösung). Sie wird mit dem Pinsel dünn aufgetupft, bis sich eine leichte Metalloxidation zeigt.

Bei allen Färbeverfahren soll man keine Pinsel mit Naturborsten verwenden, weil sie angegriffen werden können, also nur Kunststoff-Borsten.

Das *Schwarzfärben* von Kupfer und Messing ist recht einfach und unproblematisch, wenn man ein Fertigpräparat benutzt wie »Pariser Oxyd«, das man von einer Werkzeughandlung bekommen kann. Mit einem kurzhaarigen Pinsel stupst man die Lösung möglichst dünn auf und läßt sie einwirken. Begünstigt wird die Reaktion noch, wenn der Gegenstand vorher leicht angewärmt wurde; ist er aber zu heiß, wird die Färbelösung zersetzt, und damit verliert sie ihre Wirkung.

Nach einiger Zeit wird die Ware abgespült. Wenn die Schwarzfärbung noch nicht gleichmäßig und intensiv genug ist, wird das »Pariser Oxyd« noch einmal aufgetragen.

Will man das Präparat selbst herstellen, sind folgende erprobte Rezepturen zu empfehlen:

30 g Natriumsulfid Na_2S

 4 g Schwefelblüte

50 ml Wasser

Diese Stoffe werden zusammen gekocht und dann mit 1 l Wasser verdünnt. In die heiße Lösung wird die Ware so lange getaucht, bis sie die Schwarzfärbung angenommen hat.

Die zweite Möglichkeit ist:

5 %ige Kalilauge KOH

1 %iges Kaliumpersulfat $K_2S_2O_8$

Beide Stoffe werden vermischt, bis zur Siedetemperatur erhitzt, und dann wird die Ware in die heiße Lösung getaucht. Je nach Einwirkungsdauer wird die Kupferoberfläche braun, violett oder schwarz.

Für die *Grünfärbung*, also die »künstliche Patina«, bewährt sich folgendes Präparat:

300 g Kupfer(II)-nitrat $CuNO_3$

1000 ml Wasser

Günstig ist es, ein handelsübliches Netzmittel zuzusetzen, eventuell genügt auch etwas Spiritus.

Für den Erfolg ist die erwähnte Vorbehandlung besonders wichtig, also: Aufrauhen der Metallfläche, Entfetten, Behandlung mit Wasserstoff-Peroxid.

Selbstverständlich werden Haftfähigkeit und Farbschattierung von den Verunreinigungen des Kupfers und den Legierungskomponenten des Messings beeinflußt. Man muß es ausprobieren, es kann sein, daß eine vorherige Schwarzfärbung die Patinierung begünstigt.

Die Kupfernitratlösung wird mit dem Pinsel möglichst dünn aufgetupft, dann muß man abwarten, bis sie reagiert hat und völlig ausgetrocknet ist. Die Wirkung kann verbessert werden, wenn man den Gegenstand vorher leicht anwärmt, eventuell kann man ihn auch nachträglich zusammen mit der Lösung warm machen, man muß probieren, was günstig ist. In jedem Fall muß dies vorsichtig geschehen, bei zu großer Hitze zersetzt sich die Färbelösung und wird wirkungslos.

Im Bedarfsfall kann man auf die getrocknete erste Farbschicht erneut die Lösung auftupfen, damit die Patina dichter und gleichmäßiger wird. Die Färbung ist normalerweise blaugrün; wenn die Lösung auf angewärmtes Metall aufgetragen wird, kann auch eine gelbgrüne bis braungrüne Farbe entstehen.

Wenn man den gefärbten Gegenstand abschließend kurze Zeit in eine alkalische Lösung taucht, z. B. Natronlauge oder Sodalösung, erhält man eine blaugrüne bis blaue Färbung.

Firnisbrand

Kupferblech wird mit Leinöl behandelt, indem bis zu 20mal eine dünne Ölschicht aufgetragen und bei mäßiger Temperatur abgeraucht wird, so daß schließlich ein glänzender, bräunlicher, dunkler Firnisbelag entsteht, der einen dauerhaften Anlaufschutz bietet und mit dem reizvolle dekorative Wirkungen erzielt werden können.

Das Verfahren wurde von dem mittelalterlichen Mönch *Theophilus* so genau beschrieben, daß dies hier direkt zitiert werden kann (*Brepohl*, Theophilus, s. Literaturverzeichnis):

»*71. Auf welche Weise Kupfer brüniert wird.* Laß dir aus dem oben erwähnten Kupfer, das ›Rotkupfer‹ genannt wird, Bleche von erforderlicher Länge und Breite anfertigen. Hast du diese zugeschnitten und deinem Werkstück entsprechend vorbereitet, zeichne darauf Ornamente, Tiere oder was du sonst willst, und graviere dies mit einem schlanken Stichel. Dann nimm Öl, das aus Leinsamen gemacht wird, streiche es mit dem Finger dünn über die ganze Fläche, verteile es gleichmäßig mit der Gänsefeder und halte (das Blech) mit einer Zange über glühende Kohlen, tue dies so lange, bis (das Öl) ausgetrocknet ist. Wenn du erkennst, daß es überall glatt ist, bringe es auf lebhaft brennende Kohlen und laß es so lange darauf liegen, bis es völlig aufhört zu rauchen.

Und wenn es dunkel genug ist, dann ist es gut. Wenn aber nicht, streiche auf diese Weise mit der Gänsefeder (nochmals) ganz wenig Öl auf das erwärmte (Blech), verstreiche jenes (Öl) gleichmäßig und lege (das Blech) erneut auf die angefachten Kohlen und verfahre wie vorhin.

Ist dies abgekühlt, nicht in Wasser, sondern von selbst, dann schabe mit sehr scharfen Schabern sorgfältig die Ornamente aus, so daß die (Zwischen-)Felder dunkel(-braun) bleiben.

Wenn es aber Buchstaben sind, möge es in deinem Gutdünken liegen, ob du sie dunkel (gebräunt) oder vergoldet wünschst.«

Der dekorative Effekt kommt also dadurch zustande, daß die Ornamentflächen innerhalb der gravierten Vorzeichnung freigeschabt werden. Besonders wirkungsvoll ist es, wenn diese

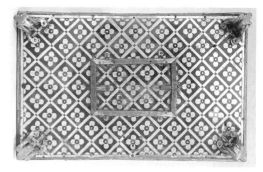

Bild 9.27 Kupferplatte mit Braunfirnis-Ornament. Bodenplatte des »Tragaltars der Kardinaltugenden«, Köln um 1150–1160. (Staatl. Museen zu Berlin, Kunstgewerbemuseum)

Kupferflächen noch vergoldet werden, so daß sich das goldglänzende Ornament prächtig von dem dunkelbraunen Hintergrund abhebt. Heute benutzt man dazu natürlich nicht mehr die Feuervergoldung, sondern das galvanische Verfahren (Bild 9.27).

Japanische Farbmetallgestaltung

Edelmetalle waren in China und Japan schon immer knapp, und so wurden vorzugsweise die unedlen Metalle, besonders in legierter Form als Messing und Bronze, verwendet; Gold und Silber benutzte man nur für Kleingerät und zur Verzierung der Waffen, größere Geräte aus Unedelmetall wurden wohl auch mit Edelmetalldekor versehen. Bei ostasiatischen Metallarbeiten denkt man zunächst an Bronzeguß und Tauschierung. Besonders in Japan wurden raffinierte Farbnuancen des Kupfers und seiner Legierungen entwickelt, die dadurch zustande kamen, daß Legierungen mit speziellen Mischungen verwendet wurden, die auf besondere Weise chemisch behandelt wurden (Bilder F 9.28 bis F 9.30).

Merkwürdigerweise sind die traditionellen japanischen Verfahren bisher kaum in Europa ausprobiert worden, obgleich es in den Fachbüchern gelegentlich Hinweise darauf gab. Es wäre zu wünschen, daß interessierte Metallgestalter sich mit den technischen Grundlagen beschäftigen würden, nicht um die japanischen Vorbilder zu kopieren, sondern um die eigenen Gestaltungsmöglichkeiten zu bereichern. Dabei müssen die Untersuchungen, dem Wesen des Verfahrens entsprechend, in zwei Richtungen gehen:

● Entwicklung der unterschiedlichen Kupferlegierungen in differenzierten Farbnuancen,
● chemische Behandlung dieser Legierungen in den verschiedenen Lösungen.

Metalle

Nigurome. Im Unterschied zu unserem gereinigten Elektrolytkupfer handelt es sich um ungereinigtes Rohkupfer, »Krähenkupfer«, in dem noch Anteile von Sb, As, Ni, Fe und verschiedenen Metalloxiden enthalten sind.
Kara-kane. Eine Mehrstoffbronze, die auch für Glocken verwendet wurde:
4 . . . 20 % Pb, 2 . . . 8 % Sn, Rest Cu.

Kunstbronze, Statuettenbronze, unserem Rotguß vergleichbar, enthält
4 . . . 15 % Sn, 1 . . . 10 % Zn, 1 . . . 3 % Pb, Rest Cu.
Sin-chu. Dies entspricht unserem Knetmessing mit
$33\frac{1}{3}$ % Zn, Rest Cu.
Gin-shi-bu-ichi. Dabei bedeuten im Japanischen:
ichi – ein, shi-bu – Viertel, gin – Silber. Es ist also ein »Viertelsilber« mit
15 . . . 25 % (bis zu 50 %) Ag, Rest Cu.
Shak-do. Eine goldhaltige Kupferlegierung
1 . . . 7 % (bis zu 10 %) Au, Rest Cu.

Chemikalien

Generell geht es bei den japanischen Färbemethoden nicht um chemische Ablösung der Metallteile im Sinne des Ätzens, sondern um eine künstliche Korrosion. Deshalb werden keine Säuren und Oxidationsmittel eingesetzt, sondern Mischungen mild wirkender Salze.
Grundmischung. In 1 l Wasser löst man
20 g Kupfer(II)-sulfat (Kupfervitriol)
   $CuSO_4 \cdot 5 \, H_2O$
20 g Kaliumaluminiumsulfat (Alaun)
   $KAl(SO_4)_2 \cdot 12 \, H_2O$
20 g Kupferacetat (Grünspan)
   $(CH_3COO)_2Cu \cdot 2 \, CuH_2O_2$
Nach dem Beizen und Spülen sollen die Metallteile sofort in die siedende Mischung eingetaucht werden. In Abhängigkeit von Einwirkungsdauer, Temperatur und Konzentration modifiziert sich die Färbung. Es lassen sich etwa folgende Farbtöne erwarten:
Nigurome: emailartig rot
Sin-chu: braun
Shak-do: (1 . . . 2 % Au) bronzefarbig
         (5 . . . 10 % Au) bläulich schwarz
Gin-shi-bu-ichi: perlgrau
Abwandlungen. Auch durch Veränderung der Mengenverhältnisse der Chemikalien wird die Wirkung verändert.
So wird durch Erhöhung des Kupfersulfat-Anteils das Kupfer dunkelbraun gefärbt.
Durch Zusatz von etwas Essigsäure entstehen bei Sin-chu Grüntöne.
Weitere Chemikalien. Man kann mit unterschiedlichen Salzlösungen experimentieren. Konzentration, Temperatur und Einwirkungsdauer der Lösung sind variabel, und dement-

sprechend sind die unterschiedlichen Farbnuancen möglich.

Als Richtwert kann man 0,4%ige wäßrige Lösungen von Kupfersalzen empfehlen, wie Kupferchlorid, -sulfat, -nitrat, -carbonat.

Verarbeitung

Tauschierung. Die unterschiedlichen Kupferlegierungen werden auf kaltem Wege mit dem Grundmetall – meist Stahl – vereint. Erstaunliche Beispiele dafür findet man bei den Schwertzieraten der japanischen Waffen, die man in unseren Museen besichtigen kann (s. Bild 10.17). Die verschiedenen Tauschierungstechniken werden im Kapitel 10.3 behandelt. Die einzelnen Legierungen können im voraus gefärbt und dann eingehämmert werden, mitunter werden sie aber auch zum Abschluß gemeinsam gefärbt.

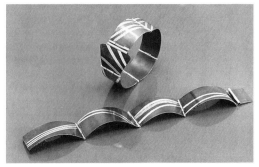

Bild 9.31   Armbänder. Neusilber, Feinsilber. Verwalzung, feuergetönt. Renata Ahrens, Bad Doberan

Mokume-Technik. Das Prinzip besteht darin, daß bis zu 40 dünne Bleche aus Kupfer und den erwähnten Kupferlegierungen, ergänzt durch Gold- und Silberbleche, in bestimmtem Rhythmus aufeinandergelegt und miteinander verlötet werden.

So erhält man ein dickes Ausgangspaket für die Weiterverarbeitung. Um die Vielfarbigkeit zur Geltung zu bringen, werden beispielsweise konische Löcher und Vertiefungen eingearbeitet oder die Kanten abgeschrägt. Man kann die Bleche auch so zuschneiden, daß sie das darunterliegende nicht ganz bedecken und daß dadurch die einzelnen Farbstufen zur Geltung kommen. Das Paket der zusammengelöteten Bleche wird dann ausgewalzt oder ausgeschmiedet. Die eingearbeiteten Durchbrüche und Vertiefungen werden egalisiert, eingeebnet, so daß die Vielfarbigkeit wie eine Maserung sichtbar wird.

Dann werden die verbundenen Metalle noch eingefärbt.

Bild 9.32   Halsschmuck. Neusilber, Feinsilber. Verwalzung, feuergetönt (Bayr. Staatspreis 1982). Renata Ahrens, Bad Doberan

Verwalzungen. Nach gleichem Prinzip kann man beliebige Metalle miteinander verlöten und dann verwalzen, so daß ornamentale Zeichnungen unterschiedlicher Metallflächen in einer Ebene entstehen (Bilder 9.31 und 9.32).

Bei der Wahl der Metallkombinationen wird man auf annähernd gleiches Verhalten bei pla-stischer Umformung achten müssen, besonders aber spielen ästhetische Gesichtspunkte eine Rolle. Da die Metalle beim Verwalzen in eine gemeinsame Ebene gepreßt werden, entsteht eine grafische Wirkung, die sich aus dem Nebeneinander unterschiedlicher Farbflächen ergibt, die durch die Eigenfarbe der Metalle und deren chemische Einfärbung bestimmt werden (Bild 9.33).

Dabei werden die natürlichen Eigentümlichkeiten der Metalle genutzt:

- *Feingold* und *Feinsilber* behalten bei thermischer Behandlung ihre Eigenfarbe.
- *Gold* bleibt gegen Färbungschemikalien resistent.
- *Silber* ist ebenfalls grundsätzlich chemisch beständig, nur durch Schwefelverbindungen wird es geschwärzt (Ag_2S).
- *Kupfer* bildet schon wegen seiner Eigen-

farbe einen guten Kontrast zu den anderen Metallen; durch thermische und chemische Behandlung kann die Farbe in verschiedene Rottöne bis zum Schwarz modifiziert werden.

- *Neusilber* kann als grauweißes Metall in seiner Eigenfarbe eingesetzt werden, durch Wärmebehandlung kann man die Farbe aber auch noch weiter verändern.
- *Messing* und *Bronze* können in ihren natürlichen Gelbtönen genutzt werden, man kann sie aber auch thermisch und chemisch weiter modifizieren.
- Darüber hinaus können auch die im Zusammenhang mit der japanischen Farbmetallgestaltung behandelten Metalle und Legierungen benutzt werden.

So lassen sich mit den Verwalzungen reizvolle Wirkungen erzielen, die einerseits zur flächigen Tauschierung tendieren, andererseits an Niello erinnern können.

9.2.5 Färben des Stahls (Brünieren)

Aus dekorativen Gründen wird die Oberfläche von Stahlgegenständen so behandelt, daß eine dünne bräunliche, bläuliche oder schwarze Oxidschicht entsteht, die gleichzeitig einen gewissen Korrosionsschutz bietet.

So wird bei der Stahltauschierung der Farbkontraste zwischen den weißen und gelben Einlagemetallen und dem dunkelgefärbten Grundmetall genutzt. Diese Stahlfärbung findet man auch bei Waffenteilen und bei Gebrauchsgegenständen.

Das thermische Verfahren ist nichts anderes als das Anlassen des Stahls, man nutzt die bei mäßiger Erwärmung entstehende Verfärbung, denn es besteht ein konstanter Zusammenhang zwischen Temperatur – Dicke der Oxidschicht – Anlaßfarbe.

Man kann die zu färbenden Teile in einem elektrisch beheizten Muffelofen, der mit einem Thermostat geregelt wird, behandeln. Besonders gleichmäßig wird die Färbung, wenn die Teile in heißen Sand oder heißes Öl eingelegt werden. Die mit Sand oder Öl gefüllten Gefäße werden auf der elektrischen Wärmeplatte erhitzt.

Man kann die farbige Oxidschicht auch chemisch erzeugen. Aus der Vielzahl der mögli-chen Rezepte sei eines herausgegriffen, das einfach anzuwenden ist:

400 g Natriumhydroxid NaOH (Ätznatron) werden in 600 g Wasser gelöst; 10 g Kaliumnitrat KNO_3 (Kalisalpeter) und 10 g Natriumnitrit $NaNO_2$ werden zugesetzt. Zum Gebrauch wird die Lösung bis zur Siedetemperatur erhitzt, und die Ware taucht man so lange ein, bis der gewünschte Farbton entstanden ist. Die Wirkung beruht darauf, daß aus der Lösung Sauerstoff frei wird, der an der Stahloberfläche Eisen(II,III)-oxid Fe_2O_3 bildet.

9.3 Feuervergoldung

Besonderheit der Feuervergoldung

Im Hinblick auf den hohen Entwicklungsstand der galvanischen Vergoldungsverfahren mit den hochleistungsfähigen Glanz-, Hart- und Farbgoldbädern erscheint es paradox, auf das alte, umständliche und so gesundheitsgefährdende Verfahren der Feuervergoldung in einem modernen Lehrbuch zurückzukommen, denn sowohl bei der Einzel- als auch bei der Serienfertigung wird der Schmuck heute haltbar und in gewünschter Farbnuancierung galvanisch vergoldet.

Es gibt trotzdem Gründe, durch die gerechtfertig wird, die Technologie der Feuervergoldung hier mit einzubeziehen:

- Es ist zu befürchten, daß die Kenntnis des jahrhundertelang angewandten Verfahrens gänzlich verlorengeht.
- Der Goldschmied sollte sich dafür interessieren, wie bis zum vorigen Jahrhundert ein solcher Goldüberzug auf die alten Arbeiten aufgebracht wurde.
- Bei einer verantwortungsbewußten Restaurierung und auch bei wissenschaftlichen Repliken kann man nur mit der echten Feuervergoldung den ursprünglichen Eindruck historischer Stücke wiederherstellen, und der Verfasser erhielt mehrfach Anfragen von Kollegen, die vor solchen Aufgaben standen.
- Der eigenartige warme Farbton, das satte Gelb des Mattbrandes, der hohe Glanz der stahlpolierten Feuervergoldung, die durch das Glühwachsen erzielten Farbnuancen sind auf keine andere Art zu erreichen.

Herstellung des Amalgams

Um eine möglichst große Angriffsfläche zu bekommen, wird das Feingold so dünn wie möglich ausgewalzt und dann in kleine Stücke zerschnitten. Damit diese Streifen nicht flach auf dem Tiegelboden aufliegen, werden sie etwas durchgewellt.

Wegen des unterschiedlichen thermischen Verhaltens macht es einige Schwierigkeiten, das hochschmelzende Gold mit dem schon bei 357 °C verdampfenden Quecksilber zu vereinigen.

Man kann den Kontakt beider Metalle dadurch erleichtern, daß man die Feingoldteile zunächst einige Zeit in Quecksilber einlegt, gelegentlich umrührt, bis das Gold mit einem Quecksilberüberzug bedeckt ist, so daß es zu einer ersten Diffusion beider Metalle kommt.

Das Gold bringt man dann in einen Hessischen Tontiegel und erhitzt es bis zur schwachen Rotglut. Ein zweiter, größerer Tiegel wird mit Kreide ausgekleidet, um so die Tiegelwände zu glätten. In ihm erwärmt man das Quecksilber.

Seit dem Mittelalter wird als offenbar erprobtes Mischungsverhältnis in den Verfahrensbeschreibungen angegeben:

Au : Hg = 1:8

Vom Standpunkt der Metallkunde läßt sich dies in folgender Weise begründen:

Ein solches Amalgam besteht aus einer Mischung von

88,9 % Hg und 11,1 % Au.

Aus dem Zustandsdiagramm des Systems Au-Hg ist zu ersehen, daß das Amalgam dieser Zusammensetzung eine Liquidustemperatur von etwa 290 °C hat.

Bei weiterer Abkühlung werden im Temperaturbereich 290 . . . 124 °C β'-Mischkristalle der Konzentration von etwa 22 % Au, 78 % Hg aus der Schmelze ausgeschieden. Bei 124 °C haben diese Mischkristalle einen Anteil an der Gesamtmasse von nur etwa 17 %; der größte Teil des Amalgams ist also nach wie vor flüssig. Bei weiterer Abkühlung kommt es zu einer Gefügeänderung: Die β'-Mischkristalle formieren sich um, und es entstehen Kristalle der intermetallischen Phase Au_2Hg_3 (Konzentration etwa 39 % Au; 61 %Hg), die in der quecksilberreichen Restschmelze schwimmen.

Bei Zimmertemperatur bleibt die Zweiphasenmischung bestehen:

- 37 % der Gesamtmasse sind als Kristalle des Atomverhältnisses Au_2Hg_3 erstarrt (feste Phase),
- die restlichen 63 % der Gesamtmasse bestehen aus fast reinem, noch immer flüssigem Quecksilber (flüssige Phase).

Das Gold ist also in den festen Teilchen gebunden, die in der Quecksilber-»Schmelze« schwimmen wie Eis in Wasser. Dieses Gemenge aus festen und flüssigen Teilchen ergibt die typische Konsistenz der streichfähigen, pastösen Vergoldungsmasse.

Selbst wenn etwas Quecksilber beim Zusammenschmelzen der Vergoldungsmasse verdampft und dadurch der Goldanteil wächst, bleibt der pastöse Zustand erhalten, denn erst dann, wenn der Goldanteil mehr als 39 % Au ausmacht, würde das Amalgam bei 124 °C als Gemisch von Au_2Hg_3-Kristallen und β'-Mischkristallen völlig erstarren und wäre natürlich dann nicht mehr streichfähig; aber dieser kritische Zustand würde sich auch unter ungünstigen Bedingungen bei der Ausgangsmischung von 1 Teil Gold, 8 Teilen Quecksilber nicht einstellen. Wenn das Quecksilber die Siedetemperatur von 357 °C erreicht hat, wenn es also, wie es in den alten Lehrbüchern heißt, zu »kochen« beginnt, werden die vorgeglühten Feingoldschnipsel rasch in das Quecksilber hineingeworfen. Mit einem Eisenstab oder Eisenhaken – noch besser wäre ein Titandraht – werden die Goldteile so lange im Amalgam bewegt, bis man schließlich keine festen Stücke mehr fühlt.

»Ist das Gold aufgelöst, so wird der Tiegel aus dem Feuer gehoben und sein Inhalt in kaltes Wasser gegossen, damit er durch die schnelle Abkühlung verhindert werde, zu krystallisieren«, so heißt es in einem altem Lehrbuch.

Durch die rasche Abkühlung wird die Umwandlung der β'-Mischkristalle in die intermetallische Phase Au_2Hg_3 unterdrückt und der Zustand des Temperaturbereichs 290 . . . 124 °C »eingefroren«, so daß die Vergoldungsmasse praktisch aus β'-Mischkristallen, die in flüssigem Quecksilber schwimmen, besteht.

Der Überschuß an flüssigem Quecksilber wird entfernt, indem man die Masse in einem Säck-

chen aus porösem Sämischleder auspreßt. Durch die feinen Poren des Leders sieht man kleine Quecksilbertröpfchen austreten.
Das fertige Amalgam muß blaßgelblich aussehen und streichfähig wie Butter sein.

Vergoldungsfähige Metalle

Am einfachsten ist das Verfahren auf den üblichen Silber-Kupfer-Legierungen anwendbar. Solche vergoldeten Gegenstände wurden im vorigen Jahrhundert als »Vermeil« (franz.: feuervergoldetes Silber) bezeichnet.
Nach geeigneter Vorbereitung können auch Kupfer und Bronze gut vergoldet werden. Messing läßt sich prinzipiell auch vergolden, es kann aber passieren, daß manche Legierungen fleckig werden. In solchen Fällen wird die Oberfläche zunächst verkupfert, es genügt das einfach galvanische Verfahren. Auch Eisen und Stahl müssen vorverkupfert werden.

Vorbereitung der Ware

Da sich die Vergoldung nur mit einer völlig reinen Metallfläche innig verbinden läßt, wird der Gegenstand zunächst in verdünnter Salpetersäure behandelt. Der Konzentrationsgrad ist von der jeweiligen Legierung abhängig. In der unverdünnten Salpetersäure ist die Metalloberfläche schon nach einigen Sekunden blank, bei längerer Einwirkungsdauer werden die Legierungsbestandteile mit unterschiedlicher Intensität gelöst, und die Fläche wird matt. Die Vergoldung verbindet sich zwar besonders gut mit dem Grundmetall, es wird aber auch mehr Amalgam benötigt, um die Porosität auszugleichen und einen glatten Überzug zu bekommen. Wenn es in speziellen Fällen erforderlich ist, kann die Intensität der Salpetersäure erhöht werden, indem sie im Verhältnis von 3:1 Volumenteilen mit Schwefelsäure gemischt wird.

Verquicken der Oberfläche

Silber-Kupfer-Legierungen mit mehr als Ag 750 brauchen nicht verquickt zu werden. In allen anderen Fällen wird durch die Behandlung mit »Quickwasser« bewirkt, daß das Grundmetall zunächst mit einer fest haftenden Quecksilberschicht bedeckt wird, auf das das

Amalgam gut aufgetragen werden kann. Man kann die Quecksilbernitratlösung mit einer Messingdrahtbürste, die in Quickwasser getaucht wird, auftragen, meist ist es aber am zweckmäßigsten, den Gegenstand kurz in die Lösung zu tauchen, bis die Oberfläche ganz mit einer Quecksilberschicht bedeckt ist. Im Ergebnis des Ionenaustauschs werden durch die freie Salpetersäure Teile des Grundmetalls gelöst, die einen Ionenaustausch mit den Quecksilberteilen der Lösung bewirken.

Amalgam auftragen

Auf größeren Flächen wird das Amalgam mit einer Messingdrahtbürste aufgetragen, für kleinere Gegenstände benutzt man den Betragstift, der aus Kupfer oder Messing etwa wie ein Schraubenzieher geformt ist. Messingbürste oder Betragstift werden zunächst in der Quecksilbernitratlösung verquickt, dann erst wird etwas vom Amalgam aufgenommen und möglichst gleichmäßig auf dem Gegenstand verteilt. Zweckmäßigerweise geschieht dies über einer Schüssel, in der das abfallende Amalgam aufgefangen wird. Wenn die Oberfläche vollständig und gleichmäßig bedeckt ist, wird der Gegenstand gut abgespült und in Sägespänen getrocknet.

Abrauchen

Nach wie vor ist für die Feuervergoldung das Holzkohlenfeuer am besten geeignet, weil der Gegenstand über den glühenden Kohlen allmählich erwärmt und gleichmäßig auf der gewünschten Temperatur gehalten werden kann. Dafür wäre heute beispielsweise ein »Spargrill«, wie man ihn bei der Gartenparty verwendet, als Holzkohleofen empfehlenswert. Je nach Größe und Form des Gegenstands werden die zu vergoldenden Gegenstände entweder über der Hitze des Feuers vorsichtig so gedreht, daß das bei Erwärmung dünnflüssiger werdende Amalgam nicht abtropfen kann; wenn es sich um kleinere Stücke handelt, bringt man sie auf einen Rost über die Hitze und wendet sie von Zeit zu Zeit.
Wenn die Siedetemperatur des Quecksilbers erreicht ist, entweicht es als Quecksilberdampf, »es raucht ab«. Der Überzug selbst verliert seine Dünnflüssigkeit und seinen Glanz,

er wird allmählich mattgelb. Wenn die Rauchentwicklung aufgehört hat und der Gegenstand gleichmäßig mattgelb geworden ist, nimmt man ihn vom Feuer und läßt ihn abkühlen. Wenn der Überzug nicht gleichmäßig ist – bräunliche Flecken deuten auf zu dünne Beschichtung hin – oder wenn man eine noch dikkere Goldschicht erreichen möchte, wird die Behandlung wiederholt: Verquicken, Amalgam auftragen, Abrauchen.

Sollte der Überzug stellenweise trüb und blaß aussehen, sind noch Quecksilberreste in der Beschichtung enthalten. Man muß dann den Gegenstand nochmals über den Kohlen intensiv erhitzen, damit auch diese letzten Quecksilberteile ausgetrieben werden.

Nachbehandlung

Wenn der Überzug gleichmäßig mattgelb ohne Flecken und Unebenheiten aufgebracht ist, wird der Gegenstand gekratzt.

Um den reinen Goldton, das »Hochgold«, zu erreichen, müssen die in der Überzugsschicht enthaltenen Quecksilberreste und die aus dem Grundmetall diffundierten Teilchen herausgelöst werden. Deshalb wird der Gegenstand ebenso wie ein massiver Gegenstand im Farbbad behandelt.

Mit dem folgenden Verfahren bekommt der Überzug eine gleichmäßige, satte Goldfarbe; die Oberfläche kann dabei aber auch matt werden:

40 % Salpeter, 35 % Kochsalz, 25 % Alaun.

Die Mischung wird mit etwas Wasser zu einem Brei zusammengekocht. Der Brei wird auf die vergoldete Oberfläche aufgetragen, und man hängt den Gegenstand so lange über das Holzkohlenfeuer, bis der Brei zu einer salzigen Kruste geschmolzen ist. Dann löscht man schnell in Wasser ab, wodurch die Kruste wieder abplatzt. Abschließend wird das vergoldete Werkstück in stark verdünnter Salpetersäure und dann in Wasser gewaschen und schließlich getrocknet.

Glühwachsen

Im Zusammenhang mit der Feuervergoldung ist manchem Goldschmied wohl der Begriff des »Glühwachsens« noch bekannt. Damit wird nicht nur der Vergoldungsüberzug gereinigt, sondern auch farbig verändert. Wenn beispielsweise die Rottönung erreicht werden soll, benutzt man ein Glühwachs aus

82 % gelbem Bienenwachs
 8 % rotem Bolus
 5 % Grünspan
 5 % gebranntem Alaun

Das Wachs wird in einem Metallgefäß geschmolzen, dann werden die Zusatzstoffe so eingerührt, daß eine völlig homogene Masse entsteht. Die Wachsmischung wird nach der Abkühlung zu dünnen Stangen ausgerollt.

Der Gegenstand wird damit eingestrichen und dann so erhitzt, daß das Wachs verbrennt. Dann löscht man ihn in Wasser ab und kratzt ihn mit Essigwasser.

Beim Verbrennen reduziert der Kohlenstoff des Wachses die Metallverbindungen, und die Metallteile diffundieren in den Vergoldungsüberzug. Bolus enthält als wirksamen Bestandteil Eisen(III)-oxid, Grünspan ist Kupferacetat.

Gesundheitsschutz

Schon bei Raumtemperatur entwickelt das Quecksilber giftige, unsichtbare Dämpfe, die beim Abrauchen in besonders hoher Konzentration entstehen. Über die Atemwege werden die Quecksilberdämpfe aufgenommen und im Körper gespeichert. Damit kommt es bei häufigem Umgang und bei langanhaltender Einwirkung zu gefährlichen Quecksilberkonzentrationen im Körper. Die Folgen sind zunächst Zahnfleisch- und Rachenentzündungen, nervöse Störungen, Reizbarkeit, allgemeine Schmerzen, Muskelzittern, Gedächtnisschwund.

Als Vorsichtsmaßnahme ist das Quecksilber in verschlossenen Gefäßen bzw. in Wasser aufzubewahren; da durch die Poren der Haut das Quecksilber aufgenommen werden kann, ist der direkte Kontakt zu vermeiden und eine dichte Schutzkleidung zu tragen. Das Einatmen der Dämpfe stellt eine große Gefahr dar, deshalb ist grundsätzlich im Freien oder unter einem gut funktionierenden Abzug zu arbeiten. Darüber hinaus ist eine Schutzmaske mit speziellen Hg-Atemfilter (braun/rot) erforderlich. Sollten doch im Ergebnis der Arbeit gesundheitliche Störungen auftreten, ist sofort der Arzt aufzusuchen.

10 Sondertechniken

10.1 Niellieren

Grundprinzip des Verfahrens

Aus gestalterischer Sicht ist es ein graphisches Verfahren, denn das fertige Erzeugnis wirkt so, als ob man auf Silberblech mit dem schwarzen Niello gezeichnet oder gemalt hätte. Tatsächlich werden die Motive als Gruben in den Rezipienten eingelassen und mit der Niellomasse ausgeschmolzen; abschließend wird alles plangeschliffen und poliert (Bilder 10.1 bis 10.3).

Grubenschmelz mit schwarzem Email wäre damit vergleichbar, aber statt des harten Kontrasts der unterschiedlichen Materialien Metall und Glas ist beim Niello auch die Einlage aus Metall und gleicht sich dadurch dem Rezipienten mehr an.

Bild 10.1 *Abendmahlskelch. Silber. Bildmotive und Schrift graviert und nielliert; Nodus mit ziselierten Darstellungen der Paradiesflüsse. 2. Hälfte 12. Jh. (Abteikirche Trzemeszno, Polen)*

Bild 10.2 *Armreif, Silber, gesägte und verbödete Gruben, nielliert. Fachschule für Ang. Kunst Heiligendamm, Studienarbeit Margarete Rompf*

Bild 10.3 *Anhänger. Silber, Schrift gesägt und verbödet, nielliert; lineare Ornamente graviert. Fachschule für Ang. Kunst Heiligendamm, Studienarbeit*

Bis in die Antike läßt sich diese Technik zurückverfolgen, *Theophilus* – der mittelalterliche Mönch – hat eine Verfahrensbeschreibung gegeben, die so verläßlich ist, daß sie hier mit eingearbeitet werden konnte.

Leider hat man in unserer Zeit das Niello stark vernachlässigt, fast vergessen, weil der Goldschmied verlernt hat, mit Stichel und Meißel umzugehen. Tatsächlich könnte man das Niello auch heute noch für die Schmuckgestaltung sehr gut nutzen.

Grundmetall und seine Vorbereitung

Am besten läßt sich das Niello auf Silber aufschmelzen, und außerdem ergibt sich so der wirkungsvollste Farbkontrast. Goldlegierungen können nur mit hohem Feingehalt benutzt werden. Auf Kupfer, Messing und Neusilber bindet das Niello nicht, es wird krümelig und platzt ab – Versuche sind zwecklos!

In das Grundmetall müssen zur Aufnahme des Niellos Gruben eingelassen werden. Man kann sie gravieren, herausmeißeln, ätzen oder mit dem Punzen in das Blech ziselieren; man kann das Motiv aber auch aussägen und verböden.

Herstellung des Niellos

Obgleich in der Literatur viele Rezepte und Methoden angegeben werden, wird hier nur ein Verfahren beschrieben, das besonders einfach ist und das sich praktisch bewährt hat.

• 2 Teile Silber und 1 Teil Kupfer werden auf übliche Weise mit etwas Boraxzusatz zusammengeschmolzen.

• Gleichzeitig wird in einer Stahlkelle 1 Teil Blei verflüssigt.

• Zu dieser Bleischmelze wird Schwefelblüte – also gelbes Schwefelpulver – in reichlicher Menge zugesetzt; ist der Schwefel geschmolzen, wird gut umgerührt, damit er sich mit dem Blei verbindet. Da unvermeidlich etwas Schwefel verbrennt, kann man keine konkrete Menge angeben; Schwefelüberschuß ist unschädlich.

• Die Blei-Schwefel-Mischung wird langsam in die Silber-Kupfer-Schmelze gegossen, alles gut umgerührt und vermischt.

• In einen vorgewärmten, hohen, schmalen Schmelztiegel wird Schwefelblüte gefüllt.

• Die Metallschmelze gießt man in diesen Tiegel hinein, der Schwefel schmilzt, und es kommt zur Reaktion mit den flüssigen Metallen. Der Tiegel wird noch weiter erwärmt, damit das Niello flüssig bleibt, die Schmelze wird umgerührt. Es entsteht eine innige Mischung, und die Metalle reagieren mit dem Schwefel.

• Diese Mischung wird in Wasser gegossen, so daß die Niellomasse in Granalien zerfällt.

• In heißem Wasser wird Ammoniumchlorid (Salmiak) angerührt, das später als Flußmittel dienen soll.

• Es wird zusammen mit der Niellomasse in den Mörser gefüllt.

• Das Niello wird feinkörnig zerrieben und mit dem Flußmittel zu einem Brei vermischt.

Das Silber-Kupfer-Verhältnis 2:1 (Ag 667) liegt dicht bei der eutektischen Zusammensetzung (Ag 720), so daß man ein besonders niedriges Schmelzintervall bekommt. In der Nielloschmelze reagiert nur ein gewisser Anteil der Metalle mit dem Schwefel, es entstehen die Sulfide der Metalle in der Reihenfolge abnehmender Affinität zum Schwefel entsprechend ihrer Bindungsenthalpien.

1. PbS 93 kJ/mol;
2. Cu_2S 79 kJ/mol;
3. Ag_2S 29 kJ/mol.

Die Niellomasse wird auf der Basis der Silber-Kupfer-Legierung mit Blei und mit den Sulfiden der beteiligten Metalle gebildet. Sie stellt ein ziemlich kompliziertes Gemenge eutektischer Mischungen und intermetallischer Verbindungen dar, weil Metall mit Metall und Metall mit Sulfid reagieren.

Die Qualität des fertigen Niellos kann man ganz leicht überprüfen: Unter dem Hammer muß es wie Glas zerspringen, und die Bruchfläche muß gleichmäßig schwarz sein. Durch Modifikation des Mischungsverhältnisses werden Schmelzverhalten und die Schwarz-Grau-Tönung verändert.

Wenn die Niellomasse noch nicht den Ansprüchen genügt, muß sie erneut umgeschmolzen und dabei weiter durchgemischt werden.

Wenn das Niello in kompakter Form aufgetragen werden soll, wird die Schmelze als Stange gegossen. Das spröde Niello ist in warmem Zustand bildsam, deshalb muß die Stange dann warmgeschmiedet und warmgewalzt werden.

Auftragen und Einbrennen des Niellos

Die Gruben müssen metallisch blank, fettfrei und ohne Sud sein. Man rührt immer nur soviel Niellomasse mit Ammoniumchlorid an, wie man tatsächlich verbraucht. Üblicherweise wird diese bleiartige Niellomasse mit Spatel oder Pinsel aufgetragen. Günstig dürfte auch die alte Methode sein: Mit einer angespitzten Gänsefeder (oder einem entsprechenden Plastikröhrchen) wird das Niello aufgenommen, und mit einem spitzen Metallstift kann man es dann bequem über der Grube genau dosiert abstreifen. Um es möglichst dicht in die Grube zu packen, drückt man es mit einem kleinen Spatel hinein. Die Gruben müssen reichlich, bis über den Rand gefüllt werden.

Der mittelalterliche Goldschmied schmolz das Niello über dem Holzkohlenfeuer ein, wir verwenden heute möglichst einen elektrischen

Muffelofen, der mit seiner gleichmäßigen, regulierbaren Hitze zum Niellieren genauso gut geeignet ist wie zum Emaillieren.

Hat man also einen solchen Ofen zur Verfügung, wird zunächst der fertig betragene Gegenstand auf dessen Deckplatte getrocknet. Wenn das Wasser restlos verdunstet ist, schiebt man das Werkstück ebenso wie beim Emaillieren in den Ofen.

Zunächst breitet sich das Ammoniumchlorid als weiße Deckschicht über der Niellomasse aus. Mit zunehmender Erwärmung erweicht das schwarze Metallpulver, es zerfließt und füllt als zähe Schmelze bei etwa 500 °C die Grube aus und bedeckt den Rezipienten.

Wenn die Fläche gewölbt ist, besteht die Gefahr, daß das Niello aus den Gruben wegfließt, deshalb müssen solche Gegenstände ständig gedreht werden, man kann sie dazu auch aus dem Ofen herausnehmen und dabei das Niello mit einem Spatel immer wieder in die Gruben schieben.

Wichtig ist, daß man das Niello nicht länger als unbedingt nötig erschmilzt, denn durch Überhitzung verbrennen die Schwefelteile, die Oberfläche wird schwammig und porös.

Da das Niello bei wesentlich niedrigeren Temperaturen schmilzt als das Email, kann das Werkstück vorher vollkommen montiert werden, die Lötstellen fließen nicht nach.

Bei kleineren Werkstücken kann man das Niello auch mit der Lötpistole aufschmelzen. Dabei soll die Flamme möglichst nicht direkt auf das Niello gerichtet werden, und man soll das erschmolzene Niello nicht unnötig lange »quälen«, weil in der offenen Flamme der Schwefelabbrand besonders groß ist. Man erwärmt möglichst von der Rückseite her.

Wenn die Gruben nicht völlig ausgefüllt sind oder wenn noch irgendwelche Poren bemerkt werden, trägt man nach und schmilzt noch einmal.

Wenn die Gruben nur linear graviert sind, kann man sie meist nicht mit dem pulverisierten Niello sauber ausschmelzen. Besser ist dann folgendes Verfahren: Auf die Metallfläche wird etwas Flußmittel aufgeschmolzen, dann wird das Werkstück noch weiter erhitzt, und man streicht den Niellostab über die heiße Oberfläche, so daß die feinen Gravurlinien sauber ausgeschmolzen werden.

Nacharbeit

Zunächst wird das überschüssige Niello mit einer groben Feile von der Oberfläche des Werkstücks so weit entfernt, daß man die Zeichnung wieder erkennen kann. Wenn die Gruben nur flach sind, muß man dabei besonders vorsichtig sein. Werden im Niello Poren freigelegt, muß man ausbessern und nochmals schmelzen.

Dann wird die niellierte Arbeit wie jedes übliche Silberwerkstück nachbehandelt, also: Beizen, Schmirgeln, Schleifen, Polieren.

Mit dem Blutstein erreicht man auch auf dem Niello einen guten Glanz.

Andererseits entsteht auch eine vornehme Wirkung, wenn der Glanz gedämpft wird, indem beispielsweise die Oberfläche zum Schluß mit Bimsmehl abgerieben wird.

Abschließend noch ein dringender Hinweis: Wegen des Bleigehalts müssen alle Tiegel, Werkzeuge und Abfälle – ebenso wie die Utensilien des Weichlötens – gesondert aufbewahrt werden.

10.2 Emaillieren

Seit mehr als zwei Jahrtausenden nutzt der Goldschmied den Glasschmelz zur farbigen Bereicherung seiner Arbeiten. Dabei wurden mit den klassischen Verfahren des Goldschmiedeemails bedeutende Werke geschaffen, die zum festen Bestandteil der Kunstgeschichte geworden sind. Erst als in der Neuzeit die Emails mit günstigeren Eigenschaften in immer mehr Farbtönen hergestellt werden konnten, entwickelten sich neue, experimentelle Techniken, und etwa seit den 20er Jahren unseres Jahrhunderts wurde das Email endgültig von der Bindung an die Goldschmiedearbeiten befreit, und das Emaillieren wurde zu einer selbständigen Richtung des Kunsthandwerks.

Wer sich mit den reizvollen Möglichkeiten der farbigen Glasschmelzen auf Metall intensiver beschäftigen will, findet alle dafür erforderlichen Informationen in den Fachbüchern des Verfassers (s. Literaturverzeichnis).

Wenn hier trotzdem auf das Email eingegangen wird, so geschieht dies unter folgenden Aspekten:

• Der Goldschmied muß wenigstens einige Grundinformationen über die klassischen Emailtechniken haben.
• Er soll darüber hinaus dazu angeregt werden, seine Metallarbeiten durch die Einbeziehung des Goldschmiedeemails zu bereichern.

Es ist nicht sehr aufwendig, sich eine Grundausstattung zum Emaillieren anzuschaffen. Das teuerste ist der Emailofen, aber einen solchen Elektroofen kann man auch für die Goldschmiedearbeiten verwenden.

Bei den klassischen Emailarbeiten ist die goldschmiedische Vorbereitungsarbeit das wichtigste, das eigentliche Emaillieren ist dann ziemlich einfach. Deshalb ist für dieses Verfahren der Goldschmied eher prädestiniert als der spezielle Emailleur. Die eigentliche Schwierigkeit und der besondere Reiz liegt auf gestalterischem Gebiet: Das farbige Glas muß mit dem Metallrezipienten zu einem homogenen Ganzen zusammengebracht werden.

Goldschmiedische Emailtechniken (Bild 10.4)

Zellenemail (émail cloisonné). Als Zeichnung und zur Trennung der Farbflächen werden auf die Grundplatte Stege aus flachgewalztem Draht (etwa 0,15 mm × 0,6 mm Querschnitt) hochkant stehend aufgelegt oder auch aufgelötet. Die Zellen zwischen den Stegen werden mit Email gefüllt. Bei *Steg-* und *Filigranemail* ragen die Stege über das Email hinaus, beim *echten Zellenemail* sind Email und Steg in einer Ebene.

Grubenemail (émail champlevé). Zur Aufnahme des Emails werden in eine dicke Metallplatte durch Gravieren, Meißeln, Ätzen, Drehen, Feilen, Fräsen Gruben eingelassen; man kann aber auch eine gesägte Platte auf ein Grundblech löten.

Senkemail (émail mixte). Es ist eine spezielle Kombination von Gruben- und Zellenemail. In ein dünnes Edelmetallblech wird mit flachen Punzen eine Grube eingesenkt, in die Stege eingelegt werden, die der Zeichnung entsprechend gebogen sind. Die Zellen werden bis zur Ebene des umgebenden Blechs mit Email gefüllt.

Fensteremail (émail à jour). Das haltende Metallgerüst wird aus einer dicken Platte ausgesägt oder aus Stegen montiert. Zunächst wird

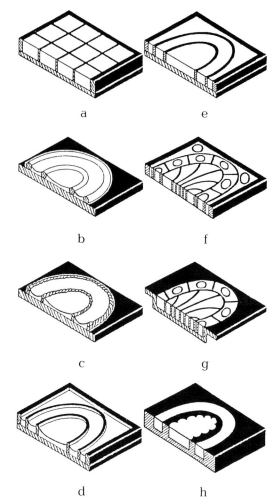

Bild 10.4   Goldschmiedeemail-Techniken als Übersicht. a) Zelleneinlage – Stege aus Flachdraht gebogen, hochkant stehend auf Metallplatte gelötet, zugeschnittene Plättchen eingelegt und geklebt, b) Drahtemail – Konturen aus Runddraht gebogen, aufgelötet, Farbemail muldenförmig eingebrannt, c) Filigranemail – Stege aus gekordeltem Filigrandraht, sonst wie Drahtemail, d) Stegemail – Konturen aus hochkant stehenden Flachdrähten gebogen, aufgelötet, Farbemail muldenförmig eingebrannt, e) Zellenemail – wie Stegemail, aber Zellen ganz ausgefüllt, glattgeschliffen, f) Fensteremail – Gerüst aus Flachdrähten gebogen, montiert, Zwischenfelder mit Email gefüllt und gebrannt, glattgeschliffen; ohne Boden, durchsichtig, g) Senkemail – Gruben in dünnes Blech eingesenkt, mit Zellenemail gefüllt, h) Grubenemail – Vertiefungen in dickes Blech eingearbeitet, Farbemail eingelegt und eingebrannt, glattgeschliffen

das Gerüst mit Glimmer oder Metallfolie hinterlegt. Die Zwischenräume werden bis zur vollen Höhe mit Email gefüllt, danach wird die Schutzunterlage von der Rückseite entfernt und abgeschliffen. Fensteremail wirkt wie farbige Miniaturfenster, deshalb kommt es nur im durchfallenden Licht zur Geltung.

Tiefschnittemail (émail de basse taille). Der Metalluntergrund ist mit Stichel und Meißel als Flachrelief gestaltet, dann wird die ganze Fläche mit durchsichtigem Email überzogen. Die tiefen Stellen erscheinen wegen der großen Emaildicke dunkel, die erhabenen aber heller, weil sie dicht unter der Emailoberfläche liegen.

Körperemail (émail en ronde bosse). Eine Metallplastik ist ringsum allseitig mit Email überzogen. Es kann sich dabei ebenso um eine massiv gegossene Miniaturplastik handeln wie um eine aus Blech getriebene Hohlplastik.

Emailmalerei (émail peindre). Eine Metallplatte wird zunächst mit einfarbigem Email grundiert. Das Motiv wird mit besonders feingeriebenen Farbemails aufgemalt und dann eingebrannt.

Bei der *Limoges-Malerei* wird mit weißem Email auf schwarzem Grund gemalt.

Eine Sonderform ist die *Email-Miniaturmalerei*, denn auf eine Grundierung aus weißem undurchsichtigem Email wird das Motiv nur mit Metalloxidfarben gemalt. Glasmasse und farbgebende Metalloxide werden also getrennt aufgebracht und dann bei mäßiger Hitze zusammengebrannt. Zum Schluß wird die ganze Malerei mit farbloser Emailglasur – dem Fondant – überzogen.

Materialien und Ausrüstung

Emailfarben. Sie bestehen prinzipiell aus folgenden Komponenten:
- Fritte als Grundsubstanz des Glases, in der hochschmelzende Rohstoffe (Quarz, Feldspat) und Flußmittel (Borsäure, Soda, Pottasche, Bleimennige) verschmolzen sind.
- Metalloxide als farbgebende Substanzen.
- Trübungsmittel für undurchsichtige Emails.
Solche Emails werden von Spezialbetrieben hergestellt.

Es hängt von der Zielstellung ab, wie viele Emailfarben man braucht. Je weniger es sind, um so besser wird der Anfänger lernen, mit ihnen umzugehen. So kann es günstig sein, mit 10 verschiedenen Emails zu beginnen und das Sortiment schrittweise zu erweitern. Man bewahrt sie in Weithals-Glasflaschen auf.

Da die Farbe des Rohmaterials nur selten der Wirkung des aufgeschmolzenen Emails entspricht, fertige man sich Probeplatten an, die die Farben auf verschiedenem Untergrund zeigen.

Auf einer rechteckigen Kupferplatte (etwa 6 cm × 15 cm) trägt man senkrecht je einen 1 cm breiten Streifen von Weiß, Elfenbein und durchsichtigem Glasgrund auf; daneben noch einen weiteren Glasgrundstreifen, auf den ein entsprechendes Stück Feinsilber-Emailfolie aufgebrannt wird. Sind die Grundierungen gebrannt, werden von der jeweiligen Emailfarbe, die man später benutzen will, etwa 1 cm breite Streifen quer über die Grundstreifen aufgetragen und gebrannt. So kann man beurteilen, wie die Farbemails auf unterschiedlichem Untergrund wirken.

Emailofen. Man braucht einen elektrisch beheizten Muffelofen, mit dem Temperaturen bis mindestens 1000 °C zu erreichen sind. Für kleine Arbeiten genügt eine Muffelöffnung von 5 cm × 5 cm. Wünschenswert ist es, daß die Temperatur über einen Thermostat geregelt werden kann, allerdings braucht man aber keine Laboröfen mit Präzisionsmessung von + 10 K. Will man größere Emailarbeiten machen, muß der Ofen entsprechend größer sein, dann ist aber auch Starkstromanschluß erforderlich.

Den Elektroofen kann der Goldschmied auch verwenden zum
- Glühen von Halbzeugen,
- Vorwärmen der Küvetten beim Schleuderguß,
- Schmelzen der Metalle,
- Löten von Gegenständen, die gleichmäßig erhitzt werden sollen.

Brennunterlagen. Die zu emaillierenden Gegenstände müssen auf einer Brennunterlage liegen, wenn man sie in den Ofen bringt. Solche Brennunterlagen, auch Brennroste genannt, müssen folgende Eigenschaften haben:
- Sie müssen gegen Glühhitze beständig sein.
- Von der Oberfläche darf kein Zunder abplatzen.

- Sie dürfen sich nicht verziehen.
- Der aufgelegte Emailgegenstand darf nicht anhaften.

Man soll möglichst nur hitzebeständige Sonderstähle verwenden. Asbest, egal in welcher Form, darf mit Rücksicht auf den Gesundheitsschutz nicht mehr benutzt werden.

Man muß die Brennunterlagen immer wieder den konkreten Arbeitsgegenständen anpassen, denn sie sollen sich möglichst nur punktförmig berühren, meist an den Kanten, ausnahmsweise auch als Spitzen, auf denen die Emailfläche aufliegt. Das auf Bild 10.5 gezeigte Beispiel ist als Anregung gedacht.

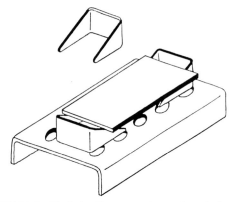

Bild 10.5   Einfache Brennunterlage mit aufgelegter Emailplatte

Arbeitsplatz. Unbedingte Sauberkeit ist Grundbedingung für das Gelingen jeder Emaillierung. Staub, Schmutz, Fett und Fremdstoffe jeder Art sind die wichtigsten Feinde des Emailleurs. Demzufolge muß der Arbeitsplatz peinlich sauber eingerichtet sein. Da, wo man schleift und poliert, kann nicht emailliert werden. Wer auf seinem Werkbrett die Werkzeuge zusammenschiebt, um auf dem Feilnagel das Email aufzutragen, zeigt, daß er das Wesen des Emails nicht erfaßt hat (Bild F 10.6).

Man sitzt an einem einfachen, stabilen *Emailtisch*, getrennt von der Goldschmiedearbeit. Der Emailleur legt das Arbeitsstück vor sich auf ein sauberes *Leinentuch*. Zum Farbauftrag genügen einige *Aquarellpinsel* unterschiedlicher Dicke, die man von Zeit zu Zeit in einem *Glas mit klarem Wasser* abspült. Die Stege werden mit kleinen *Goldschmiedezangen* ge-

bogen und mit der *Pinzette* aufgesetzt. Zum Zerkleinern des Emails dient ein *Porzellanmörser* mit *Pistill*, der möglichst in der Nähe des Wasserabgusses stehen soll. Die ausgewaschenen Emailfarben bewahrt man in kleinen *Schälchen* aus Porzellan oder Kunststoff auf. *Tragantpulver* wird mit Wasser zu einer klebrigen Lösung angerührt, mit der die Stege und Email fixiert werden, bis der Kleber in der Glühhitze rückstandslos verbrennt. Die *Brennunterlagen* mit den daraufliegenden Emailarbeiten werden mit Hilfe von *Tiegelzangen* in den *Emailofen* gesetzt. Zum Richten und als Ablage benutzt man ein *Bretteisen* und einen *Malerspachtel*.

Man schleift die fertige Arbeit am zweckmäßigsten auf dem Feilnagel des Goldschmiedewerkbretts mit *Siliciumcarbid-Schleifstäben* und mit *Schiefer*, dann noch mit verschiedenen *Naßschleifpapieren*.

Diese Erweiterung der Goldschmiede-Ausrüstung genügt, um einfache Goldschmiede-Emailarbeiten ausführen zu können.

Emaillierbare Metalle

Nicht alle vom Goldschmied benutzten Metalle lassen sich auch emaillieren.

Gold eignet sich besonders gut als Grundemail sowohl in reiner als auch in hochkarätig legierter Form. Wegen des Preises ist die Anwendung stark eingeschränkt. Da sich Gold und Goldlegierungen in der Hitze nur wenig ausdehnen, haftet das Email gut, außerdem gibt es auf Gold gute Farbeffekte.

Silber hat dagegen eine größere Wärmedehnung, deshalb ist die Haftfähigkeit des Emails geringer. Der Feingehalt von Ag 950 soll nicht unterschritten werden, die Liquidustemperatur ist dann zu niedrig. Es ist ratsam, den Silberuntergrund immer aufzurauhen, um die Haftfähigkeit zu erhöhen. Als Reflektor durchsichtiger Emails ist Silber sehr wirkungsvoll.

Kupfer eignet sich sehr gut als Emailunterlage, weil es günstige Spannungsverhältnisse ergibt und, durch den hohen Schmelzpunkt bedingt, praktisch nicht verschmort. Die Leuchtkraft der Farben ist allerdings geringer, wenn durchsichtige Emails aufgebracht werden.

Messing. Legierungen mit maximal 5 % Zn sind als »Emailliertombak« gut geeignet, weil sie sich wie Kupfer gegen das Email verhalten, trotzdem aber etwas höhere Festigkeit haben. Alle anderen Messingsorten mit höherem Zinkgehalt sind absolut ungeeignet zum Emaillieren, die aufgeschmolzenen Emails platzen beim Abkühlen wieder ab. Alle diesbezüglichen Versuche sind zwecklos!

Grubenemail

Die erforderlichen Gruben können nach folgenden Methoden aus der dicken Metallplatte herausgearbeitet werden.

Mit dem *Stichel* werden die vorgezeichneten Gruben ausgehoben. Je tiefer die Grube ist, um so dunkler ist bei durchsichtigem Email die Farbe. Da auf Kupfer die durchsichtigen Emails unansehnlich dunkel werden, verwendet man entweder nur undurchsichtige Emails oder man grundiert mit ihnen und schichtet das durchsichtige Email darüber. Bei Silber wird der Grund der Grube aufgerauht, um die Haftfähigkeit zu erhöhen. Die Wände der Gruben bleiben senkrecht, können auch nach unten enger werden; würde man sie wie beim Tauschieren »unter sich« gehend schneiden, käme es zu Spannungsrissen.
Gegebenenfalls kann man in gleicher Weise die Gruben auch mit dem *Meißel* ausheben.

Bild 10.8   Fensteremail. Gelb- und Weißgold, gesägte Durchbrüche ohne Bodenplatte mit Email gefüllt. Ralf Bender, Hanau

Mit geringerem handwerklichem Aufwand kann man die Gruben *ätzen* (s. Kap. 10.7), dann muß man mit Stichel oder Meißel Wände und Boden nur noch nacharbeiten (Bild F 10.7).
Will man bei den elementaren Goldschmiedetechniken bleiben, kann man die Gruben *aussägen* und nachfeilen, und diese Platte wird dann mit hochschmelzendem Silberlot auf ein Grundblech gelötet.
Überdies können, der konkreten Situation entsprechend, auch mit anderen spanenden Methoden die Gruben ausgearbeitet werden, beispielsweise durch *Drehen, Fräsen, Feilen, Bohren.*
In jedem Fall ist es ratsam, den Entwurf so anzulegen, daß durch ungleichmäßige Stegbreiten und durch größeren Anteil der Metallflächen die Spezifik des Grubenemails deutlich wird, damit es sich vom Stegmail unterscheidet (Bild 10.8).

Zellenemail

Ein solides Goldschmiede-Zellenemail soll zunächst mit einem Stegrahmen ausgestattet werden, denn nur so wird erreicht, daß die geschliffene Platte bis zum Rand absolut eben bleibt.
Die dünne Trägerplatte wird so in einen Rahmen aus flachgewalztem Vierkantdraht eingelötet, daß er auf der Vorderseite etwas weiter übersteht als hinten. Man muß diesen Rahmen so dick lassen, daß er beim Schleifen nicht weggerissen werden kann. Einige angestochene Späne geben der Platte eine gleichmäßige Auflage beim Einlöten, und sie verhindern das Verrutschen der Platte beim Emaillieren, wenn das Lot erweicht. Die Stege werden mit den normalen Goldschmiedezangen gebogen, dann geglüht, gebeizt und nachgerichtet (Bild F 10.9).
Mit etwas Tragantlösung klebt man sie leicht auf der Grundplatte an. Nur in besonders komplizierten Fällen und bei starken Rundungen werden die Stege mit etwas Emaillot angeheftet. Lotreste, die auf der Grundplatte breitgelaufen sind, müssen mit dem Flachstichel entfernt werden. Auch die Stege, die nur aufgelegt worden sind, werden vom erschmelzenden Email eingebettet und dann sicher festgehalten.

Metallvorbereitung

Das Email kann nur dann fest auf dem Metall haften, wenn die Metalloberfläche gründlich vorbereitet worden ist, besonders muß sie gut gesäubert und entfettet sein. Eventuell kann man das Metall im Emailofen so weit erwärmen, daß die Fettreste verbrennen, um sicher zu sein, daß sich eine gute Benetzbarkeit mit dem feuchten Email ergibt.

Emailvorbereitung

Die großen Brocken, die von den Emailherstellern geliefert werden, zerschlägt man zunächst in einem Stahlmörser, bei dem das Email in eine zylindrische Öffnung gefüllt und von einem Stahlstempel, der gerade in diese Öffnung paßt, zerkleinert wird (Bild 10.10). Die kleinen Bröckchen, die man durch diese Vorbehandlung bekommt, zerreibt man in einem Porzellanmörser mit dem Pistill; etwas Wasser wird dazugegeben, damit die Körner nicht wegspringen. Während man undurchsichtige Emails möglichst pulverfein reibt, läßt man das durchsichtige noch feinkörnig, dann wird es nach dem Brand besonders klar und leuchtend. Anschließend werden die Emails ausgewaschen. Bei undurchsichtigen kann das Wasser zum Schluß noch leicht trübe sein, bei durchsichtigen muß das Wasser aber ganz klar darüberstehen. Aus Erfahrung kann gesagt werden, daß beim Emaillieren niemals destilliertes Wasser gebraucht wird, mit sauberem Leitungswasser kommt man immer aus.

Bild 10.10   Schlagmörser.
Schematisch als
Schnittdarstellung

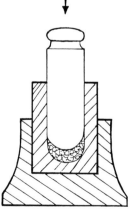

Man füllt die vorbereitete Emailmasse in kleine Schälchen und gibt ein Zettelchen mit der Nummer dazu, damit nichts verwechselt wird. Wird das Email nicht am gleichen Tag verbraucht, bewahrt man es in wassergefüllten Schälchen auf. Alle Gefäße setzt man unter eine Glasglocke, damit das Email nicht einstaubt.

Auftragen des Emails

Mit feuchtem Pinsel wird etwas Email aus dem Schälchen entnommen, auf das Metall aufgetragen und dort verteilt (Bild F 10.11). Der Feuchtigkeitsgrad richtet sich nach der Art der Arbeit. Ist das Email zu naß, verläuft es und mischt sich mit bereits aufgetragenen Farben; ist es zu trocken, wird es sich nicht verteilen. Bei dünnen Metallplatten muß mit der Rückseite begonnen werden. Man streicht darauf etwas Tragant und mischt auch unter das Rückemail (Konteremail) etwas Tragant. Wie eben beschrieben, wird die Emailfarbe aufgetragen, läßt man sie etwas trocknen, dreht vorsichtig um und beträgt in gleicher Weise die Vorderseite. Sowohl bei Zellen- als auch Grubenemail trägt man beim ersten Brand noch nicht bis zur vollen Höhe der Stege bzw. der Gruben auf, weil manche Emailsorten trübe und milchig werden, wenn man sie zu dick aufträgt.

Mit zwei bis vier Bränden muß die volle Höhe erreicht werden, andernfalls verändern sich die einzelnen Farben; so wird beispielsweise Rot nach mehrfachen Bränden schwarz.

Brennen des Emails

Da das Email naß aufgetragen worden ist, muß es zunächst getrocknet werden. Dazu stellt man es so lange auf den Emailofen, bis das Wasser völlig verdunstet und das Pulver trocken ist. Sollte etwas Emailpulver beim Trocknen oder beim Einsetzen in den Ofen abfallen, darf nicht mit feuchtem Email nachgetragen werden, es gäbe trübe Stellen und Ränder. Man hat nur folgende Möglichkeiten:

- Die Stelle wird mit trockenem Emailpulver korrigiert.
- Nach dem Brand wird mit nassem Email ergänzt und nochmals gebrannt.
- Das aufgebrachte Email wird völlig abgenommen und ganz neu betragen.

Wenn der Ofen die vorgesehene Temperatur erreicht hat, wird die Brennunterlage mit dem vorgetrockneten Gegenstand hineingeschoben. Im allgemeinen gilt: große Hitze – kurze Brenndauer.

Wann der richtige Zeitpunkt zur Entnahme aus dem Ofen gekommen ist, kann man nicht aus einem Buch erfahren, denn die Brenndauer ist abhängig von den Emailsorten, aber sie richtet sich auch danach, wie man die Emailfarben ineinanderschmelzen, in der Hitze miteinander reagieren lassen will.
Zunächst sintert das Emailpulver zu einer grießigen Masse zusammen, verschmilzt als zähflüssige Substanz, die Oberfläche ist noch uneben. Der Brand ist abgeschlossen, wenn die Emailoberfläche rotglühend, glänzend und ganz glatt ist.
Hat sich eine ebene Platte im Ofen verzogen, muß sie nach dem Herausnehmen in glühendem Zustand gerichtet werden. Dazu hebt man sie rasch, aber vorsichtig von der Brennunterlage ab, legt sie auf die Richtplatte und drückt sie mit einem Spachtel fest an.

Nachbehandlung des Emails

Beim klassischen Zellen- und Grubenemail wird nach dem letzten Brand die Oberfläche geschliffen, damit sich die Stege und die Metallflächen rings um die Gruben deutlich vom Email absetzen.
Schleifen. Mit Siliciumcarbid-Stäben und reichlich Wasser wird die Oberfläche geschliffen. Das Arbeitsfell wird geleert, über den Feilnagel ein Tuch gelegt, und man arbeitet natürlich so, daß zunächst mit größeren, dann mit feineren Schleifmitteln das Email behandelt wird. Nach dem Siliciumcarbid sind verschiedenfeine Wasserschleifpapiersorten empfehlenswert. Und immer braucht man reichlich Wasser!
Auswaschen. Nach dem Schleifen hat die Emailoberfläche zahlreiche mehr oder weniger große Poren, in denen sich Schleifmittelreste festsetzen, die sich beim fertigen Stück als graue Flecken markieren können, wenn sie nicht durch gründliches Auswaschen entfernt werden. Deshalb wird zunächst mit der Glasbürste unter fließendem Wasser vorgearbeitet, dann wird mit Seife und Zahnbürste so gründ-

lich ausgewaschen, daß man auch mit der Lupe keine Schleifmittelreste in den Poren finden kann.
Korrigieren. Größere Poren muß man mit der Nadel gut säubern, damit man sie beim letzten Brand vorsichtig auffüllen kann. Gleichzeitig werden die Stellen, die nicht in gewünschter Weise mit Email betragen sind, ausgebessert.
Glanzbrennen. Nun kommt der Gegenstand zum letzten Mal in den Ofen, damit die beim Schleifen aufgerauhte Oberfläche wieder zu einer einheitlichen, glatten Fläche verschmilzt. Je heißer der Ofen beim Glanzbrennen ist, um so leuchtender werden die Farben. Wenn die Oberfläche rotglühend glänzt, nimmt man das Werkstück sofort heraus, damit keine unerwünschten Veränderungen den Erfolg der Arbeit beeinträchtigen können.
Polieren. Wenn die Oberfläche einen milden Glanz bekommen soll, wird nur mechanisch poliert. Man kann im einfachsten Fall feines Naßschleifpapier benutzen, womit man einen Seidenglanz bekommt. Eine mattglänzende Oberfläche erreicht man mit Wassertripel auf rotierenden Lindenholzscheiben an der Poliermaschine. Einen höheren Glanz erzielt man mit wäßrigem Polierrot, das ebenso auf die Lindenholzscheibe aufgetragen wird.
In jedem Fall wird der Gegenstand abschließend gründlich ausgewaschen und gesäubert. Fehlermöglichkeiten beim Emaillieren zeigt Tabelle 10.1.

10.3 Tauschieren

Man kann die Tauschierung als eine Metall-Intarsia auffassen: Motive aus weichem Metall werden in einem härteren Metall ohne Verwendung eines Bindemittels mechanisch befestigt (Bilder 10.12 bis 10.16 und F 10.17).

Material

Die Wirkung beruht auf dem Farbunterschied von Einlage- und Grundmetall.
Das Einlagemetall muß weicher als das Grundmetall sein, damit man die Einlage in vertiefte Gruben einhämmern kann.
Besonders beliebt ist die Kombination von Feingold- oder Feinsilberornamenten mit einem geschwärzten Stahlrezipienten. Schöne

Tabelle 10.1   Fehlermöglichkeiten beim Emaillieren

Merkmale	Ursachen	Gegenmittel
Metallteile sind verschmort	Ofen war zu heiß	Ofentemperatur reduzieren
Stege versinken im Email	Stege mit Lot legiert	weniger Lot verwenden
Weiß wird grünfleckig	Email reagiert mit Kupfer	dicker auftragen
Weiß wird gelbfleckig	Email reagiert mit Silber	Kontakt mit Silber vermeiden
Schwarze Flecken auf Email	Eisenzunder aufgespritzt	Brennunterlage säubern
Graue Flecken auf Email	Reste vom Schleifmittel	nach dem Schleifen gründlich säubern
Email porös	überhitzt, ungeeignetes Grundmetall	geringere Brenntemperatur, Metall anpassen
Mißfarbener Belag auf Email	Niederschlag von Gasen	Gasbildung vermeiden
Email grau und trübe	ungenügend ausgewaschen	besser auswaschen
Email wird blasig	Reaktion von Schmutzteilen	besser auswaschen
Trübe Flecken und Ränder	Wasser lief in getrocknetes Emailpulver	gleichmäßig befeuchten
Email reißt ein	ungleichmäßige Wärmeausdehnung benachbarter Emails oder von Email und Metall; falsche Metalldicke; ungenügend Rückemail	Emailkombination ändern, mehr Rückemail auftragen
Farbloses Email wird trübe	zu fein gerieben; zu wenig ausgewaschen; zu dick aufgetragen; zu heiß gebrannt	Fondant grob gemahlen, gut auswaschen, bei mäßiger Temperatur brennen
Platte stark verzogen	falsche Brennunterlage; ungenügend Rückemail	bessere Auflage schaffen, mehr Rückemail

Beispiele findet man an alten Prunkwaffen in den Sammlungen unserer Museen.

Man kann aber auch Bronze oder Messing als Rezipient benutzen und Kupfer oder Silber einlegen. So etwas sieht man an orientalischen Arbeiten.

Einlassen der Gruben

Lineare Ornamente werden mit eingelegten Drähten gestaltet, für flächige Formen benutzt man passende Blechteile. Zur Befestigung muß die Wand der Grube entweder »unter sich gehen«, so daß sich die Vertiefung nach unten hin verbreitert und einen trapezförmigen Querschnitt bekommt, oder an den Kanten der Grube wird ein Grat aufgeworfen, der dann über das Einlagemetall gedrückt wird.

Mit folgenden Techniken können die Gruben ausgearbeitet werden.

Ätzen. Man verfährt genauso, wie es im Kapitel 10.7 beschrieben wird. Es ist charakteristisch, daß mit wachsender Ätztiefe die Kanten »unter sich« gehen und daß der Ätzgrund rauh ist. Beide Erscheinungen sind für die Tauschierung günstig. Nach dem Ätzen braucht man

Bild 10.12   Perkussionsschloß. Stahl mit Silber tauschiert, stellenweise ausgebrochen. Mitte 19. Jh. (Staatl. Museen Schwerin)

Bild 10.15   Ansteckschmuck. Stahl brüniert, mit Silber und Kupfer tauschiert. Rolf Lindner, Erfurt

Bild 10.13   Gewehr mit Schnapphahnschloß. Stahl mit Gold tauschiert. Michele Nattista, Neapel 1774 (Staatl. Museen Schwerin). a) Draufsicht, b) Unteransicht

Bild 10.16   Armreif. Stahl brüniert, mit Silber tauschiert. Wolfgang Schlüter, Hirschburg

nur noch die Grubenränder mit dem Stichel zu glätten, und dann kann man schon das weichere Metall einlegen.

Fräsen. Mit dem kleinen Walzenfräser des Technikmotors kann man die Grube spanabhebend ausnehmen, die Ränder werden mit dem Stichel »unter sich« geschnitten und geglättet. Bei Rohren oder gerundeten Blechen kann man gerade Rillen mit Flach- oder Parallelfeile ausnehmen; manchmal geht es auch mit der Laubsäge oder mit dem Drehmeißel.

Gravieren (Bild 10.18). Die Kappe des Spitzstichels wird schräg angeschliffen. Entsprechend der Zeichnung wird die Rille vorgestochen, indem man den Stichel, so wie es auf Bild 10.18 b zu sehen ist, schräg führt; die gleiche Rille wird dann in Gegenrichtung ebenfalls schräg ausgestochen. Dadurch entsteht der schwalbenschwanzförmige Querschnitt.

Wenn Blechteile eingelegt werden sollen, wird die Grube mit dem Flachstichel als vertiefte Stufe ausgehoben. Mit dem schräggeschliffenen Spitzstichel werden dann die Wände der Grube unterschnitten.

Meißeln (Bild 10.19). Man kittet das Werkstück ebenso auf, wie es beim Ziselieren beschrieben wird. Die Form des Meißels erkennt man auf Bild 10.19 b. Der Meißel wird zwi-

Bild 10.14   Brosche. Stahl brüniert, mit Gold, Silber, Kupfer tauschiert. Rolf Lindner, Erfurt

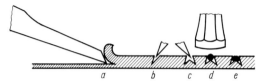

Bild 10.18 Tauschierung mit gravierten Gruben.
a) Stichelschnitt, Seitenansicht, b) erste Stichelfurche,
c) zweite Stichelfurche, d) eingelegter Draht, e) fertig
eingehämmerte Drahteinlage

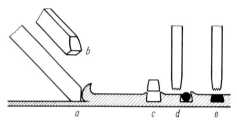

Bild 10.19 Tauschierung mit gemeißelter Grube.
a) Meißelschnitt, Seitenansicht, b) Schneide des Meißels, c) eingemeißelte Grube, d) Anschlagen des
Grats,) fertig eingehämmerte Drahteinlage

schen Daumen und den beiden ersten Fingern
geführt. Man nimmt das Material so weg, daß
ein gleichmäßiger, glatter Schnitt entsteht.
Die Grube muß glatt, ohne Ansätze und Un-
ebenheiten sein, und überall muß sie gleiche
Tiefe haben. Deshalb muß man ganz gleichmä-
ßig und kontinuierlich schlagen.
Beim Meißeln hat die Grube senkrechte
Wände, aber an den Kanten drückt sich ein
Grat hoch, der für dünne Einlagedrähte zur Be-
festigung genügt. Für breitere Drähte und
Blecheinlagen schlägt man mit einem spitzen
Meißel die Wände der Gruben noch schräg.
Punzierung (Bild 10.20). Da hierbei das Metall
nur verdrängt, nicht herausgenommen wird,

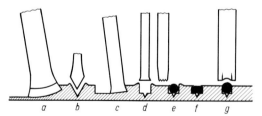

Bild 10.20 Tauschierung mit punzierter Grube.
a) Schrotpunzen, Seitenansicht, b) vorgeschrotete
Rinne, c) Flachpunzen, Seitenansicht, d) Rinne zur
Grube verbreitert, e) Anschlagen des Grats, f) fertig
eingehämmerte Drahteinlage, g) Abrundung des eingelegten Drahtes bei Relief-Tauschierung

muß man prüfen, ob das Verfahren für den
konkreten Anwendungsfall ausreicht. Es ist
vorwiegend für Drahttauschierungen anzuwenden.
Mit einem scharfen Schrotpunzen wird eine
Rille eingeschlagen, deren obere Ränder als
Grat hochgedrückt werden. Diese Rille schlägt
man mit dem Flachpunzen nach, damit sie zur
Aufnahme des Einlagedrahts erweitert wird.
Schrotpunzen und Flachpunzen müssen so abgestimmt sein, daß der aufgeworfene Grat
nicht beschädigt wird.

Befestigen der Einlage

Drahteinlage. Man verwendet einen Runddraht, der die Rille ausfüllt und zunächst noch
etwas über die Fläche des Grundblechs herausragt.
Bei geätzten, gefeilten und gravierten Gruben,
die also nach unten verbreitert sind, wird zunächst das Drahtende eingelegt und mit einigen Hammerschlägen befestigt. Dann wird der
Draht nach und nach weiter eingelegt und festgeschlagen, bis die ganze Rille ausgefüllt ist.
Der Draht muß beim Einschlagen so umgeformt werden, daß er die Schwalbenschwanz-
form ganz ausfüllt.
Abschließend arbeitet man den Draht noch
mit dem Flachpunzen nach, um ihn zu glätten,
und dabei werden auch die Ränder der Gruben mit angeschlagen.
Wenn die Rillen eingemeißelt oder punziert
worden sind, so daß an den Rändern Grat aufgeworfen wurde, legt man das Drahtende ein
und schlägt mit einem leicht aufgerauhten
Mattpunzen die Ränder auf beiden Seiten der
Grube an, so daß der Grat über den Draht gelegt wird. Dann erst schlägt man mit dem
Flachpunzen den Draht ein, damit er in die
Rille gepreßt wird.
Blecheinlage. Der Grund der Grube wird
durch Kreuzhieb mit dem scharfen Meißel aufgerauht, so daß Zähne ähnlich wie bei einer
Feile entstehen. Die Einlagebleche sollen etwas größer als die Grube sein, die Ränder werden schräg gefeilt, damit sie sich der schrägen
Grubenwand anpassen. Das Blech ist ganz
leicht gewölbt, und so wird es eingesetzt. Mit
einigen Hammerschlägen wird es fixiert, und
dann drückt man es mit dem Flachpunzen fest
in die Grube ein.

Bild F1.7 Ansteckschmuck. Titan geschmiedet, thermische Anlaßfarben; Silber; Perle (Olaf Brepohl, Kühlungsborn)

Bild F2.7 Brosche "Natur". Inkrustation von Elfenbein, Horn, Bernstein, schwarzer Koralle, Alabaster, Feinsilber (Gabriele Putz, Magdeburg)

Bild F2.11 Halsschmuck. Reif Messing vergoldet; Mittelteil Holz, plastisch gefeilt und gefräst, Intarsia. (Fachschule für Ang. Kunst Heiligendamm, Abschlußarbeit Kerstin Damm)

Bild F2.14 Brosche. Materialkombination Holz-Schiefer im Silberrahmen (Benito Sellin, Magdeburg)

Bild F2.17 Brosche. Kunststoff, montiert; Silber. Gerhild Freese, Berlin (Staatliche Museen zu Berlin, Kunstgewerbemuseum)

Bild F2.20 Brosche "Iris" mit drehbarem Mittelteil. Mehrfarbiger Kunststoff, gedrechselt; Silber; Edelstahl. (Manfred Stenzel, Luckenwalde)

Bild F8.18 Herrenring. Mehrfarbige Goldlegierung; Deckel des Ringkopfs geöffnet (Ernst Brepohl, Arnstadt 1962)

Bild F8.20 Anhänger. Silber mit Lederband. Hohlkugel, aus gekreuzten Stäbchen montiert (Yvette Ries, Karlsruhe)

Bild F8.27 Brosche. Gold. Ornamentale Zeichnung mit Granalien (Siegfried Meyer, Freiberg, Sa)

Bild F10.9 Bildplatte. Sitzender Petrus. Zellen-email, teilweise mit Silberfolie und Silberpailletten unterlegt.

Bild F10.11 Auftragen des Emails mit dem Pinsel

Bild F10.17 Menuki und Kashira (Japanische Schwertgriff-Verzierungen).
Liegende Figur. Gefärbtes Kupfer, Messing tauschiert, Schildkröte, shak-do
Hahn auf Faß. Shak-do mit Gold, Kupfer, Gin-shi-bu-ichi
Hahn unter Kirschzweig. Stahl mit Gold, Silber, shak-do
gewundener Drache, Sin-chu
Heraldische Blätter. Sin-chu, Grund geschwärzt
Vögel. Shak-do mattiert, dazu Gold, Kupfer, shak-do tauschiert (Museum für Völkerkunde Leipzig)

Bild F10. 52 Brosche. Verschweißte Kupfer-, Messing- und Neusilberbleche; ornamentale Ziselierung (Armgard Stenzel, Luckenwalde)

Bild F10.49 Anhänger. Au 585; ziselierte Figuren (Egon Sellin, Magdeburg)

Bild F10.69 Brosche. Stahlplatte, geätzt und vergoldet; Rahmen und getriebene Blüte aus Silber (Armgard Stenzel, Luckenwalde)

Bild F11.11 Stegbrosche, beidseitig tragbar. Montierte Plättchen: Silber mit partieller Vergoldung; Ebenholz; Elfenbein; Stahlgeflecht (Manfred Stenzel, Luckenwalde)

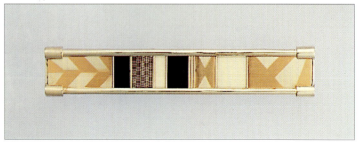

Bild F11.12 Armreif. Oberflächengestaltung durch Galvanoformung (Wolfgang Schlüter, Hirschburg)

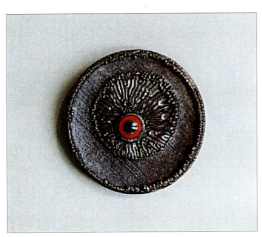

Bild F11.13 Brosche. Oberflächengestaltung durch Galvanoformung (Wolfgang Schlüter, Hirschburg)

Bild F11.15 Ansteckschmuck. Montage von Edelsteinen und Schneckengehäusen mit galvanisch veredelten Metallteilen (Wolfgang Schlüter, Hirschburg)

Um zu zeigen, was man mit den hier beschriebenen Arbeitstechniken machen kann, wurden einige edle Schmuckstücke ausgewählt, deren Schönheit durch fein ausgewogene Proportionen, schlichte Oberflächenbehandlung der Edelmetalle und dezente Kombination mit wertvollen Edelsteinen bestimmt wird.

Arbeiten der Werkstatt Schullin & Seitner, Wien

Bild 1 Halsschmuck aus 16 Einzel-gliedern. Gold, Diamanten

Bild 2 Der gleiche Halsschmuck mit veränderter Stellung der Glieder

Bild 3 Armband, bestehend aus beweglich verbundenen, hohl montierten Gliedern. Gold, Diamanten

Bild 4 Armband, bestehend aus beweglich verbundenen, hohl montierten
Gliedern, deren Kontaktflächen mit Diamanten ausgefaßt sind

Bild 5 Armreif. Gold, Diamanten

Bild 11   Ring. Gold, hohl montiert, Diamanten

Bild 12   Ring. Gelb- und Weißgold, gelber Saphir, Diamanten

Bild 13   Ring. Gold, Smaragd, Diamant

Arbeiten von Helfried Kodré, Wien

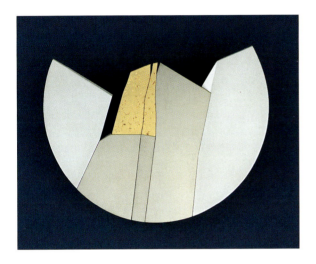

Bild 1 Brosche, aus Silber und Gold hohl montiert, Weißgoldteile sind aufgenietet

Bild 2 Ringe, hohl montiert. Silber, Gold, Weißgold, Palladium

Bild 3 Broschen,
aus Silber hohl montiert

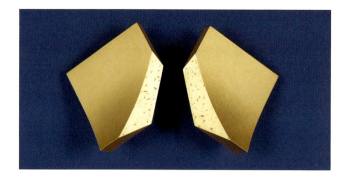

Bild 4 Ohrschmuck,
aus Gold hohl montiert

Bild 5 Ohrschmuck,
aus Silber hohl montiert

Relieftauschierung. Bei Rillen mit aufgeworfenem Grat kann man die Einlegedrähte auch so einschlagen, daß sie leicht plastisch über die Ebene der Grundplatte herausragen. Man benutzt dazu nicht den Runddraht, sondern einen hochkant stehenden Flachdraht. Der Grat der Grube wird mit dem Mattpunzen angeschlagen. Dann braucht man einen Flachpunzen, in den eine Rille eingefeilt ist, die dem Überstand des Einlegedrahtes entspricht. Wenn man mit diesem Punzen über den Draht fährt, werden die Grubenränder endgültig angedrückt, und dabei formt sich das Reliefprofil des Drahtes aus.

10.4 Gravieren

Das Tätigkeitsfeld des Graveurs hat sich heute so ausgedehnt, daß es innerhalb dieses Berufs wiederum Spezialisierungsrichtungen gibt, weil die Arbeit des Graveurs in den verschiedensten Zweigen der Wirtschaft gebraucht wird:

- Flachstichgravur
- Stempelgravur
- Reliefgravur
- Walzengravur
- Stein- und Glasgravur

Der Goldschmied muß nicht auch noch Graveur sein, aber er sollte einige Grundfertigkeiten des Flachstichgravierens beherrschen, damit er nicht immer auf den Graveur angewiesen ist. Deshalb werden hier einige Anregungen dazu gegeben.

10.4.1 Flachstichgravur

Wirkungsweise des Stichels

Der Stichel entspricht der elementarsten Form des spanabhebenden Keils, und alles, was dazu gesagt wurde, trifft auf ihn zu. Er wird schräg auf das Metall aufgesetzt, mit der Handkraft wird er gleichzeitig in das Metall eingedrückt und vorwärtsgeschoben. Dadurch gräbt sich die Schneide in das Metall ein, löst den Span heraus und schiebt ihn vor sich her, so daß eine gleichmäßig tiefe Furche entsteht. Wichtig für die gleichmäßige Wirkung ist die konstante Haltung des Stichels im richtigen Winkel:

Hält man ihn zu steil, bohrt er sich in das Metall ein; hält man ihn zu flach, bildet sich kein Span, man rutscht aus, und es entsteht ein gefürchteter Kratzer.

Durch Übung wird man das Gefühl für die richtige Neigung des Stichels bekommen und damit die optimale Schneidtiefe erreichen.

Stichelformen

Ein Stichel ist dann richtig, wenn er

- aus erstklassigem Material besteht,
- exakt zugeschliffen ist,
- sicher in der Hand liegt.

Der normale Stichel ist aus hochwertigem, feinkörnigen Werkzeugstahl gefertigt. Zur Bearbeitung harter Werkstoffe und um eine möglichst große Standzeit zu erreichen, ist Schnellschnittstahl zu empfehlen; es gibt sogar Stichel mit Hartmetallschneide.

Am Stichelrohling sind die Arbeitsflächen (Bahn, Rücken, Seitenflächen) schon vorgearbeitet.

Dem Verwendungszweck entsprechend werden folgende Grundtypen in unterschiedlicher Breite angeboten (Bild 10.21):

Spitzstichel. Die Seitenflächen sind leicht nach außen gewölbt, während der Rücken meist flach bleibt. Die Rückenbreite kann 1...4 mm betragen, demnach variiert die Größe des

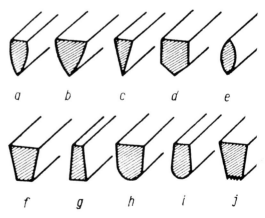

Bild 10.21 Formen der Stichel. a) schmaler Spitzstichel, b) breiter Spitzstichel, c) Messerstichel, d) Facettenstichel, e) Justierstichel, f) Flachstichel mit breitem Rücken, g) Flachstichel mit schmalem Rücken, h) Bollstichel mit breitem Rücken, i) Bollstichel mit schmalem Rücken, j) Fadenstichel

Winkels, der zwischen den Seitenflächen gebildet wird. Spitzstichel benutzt man besonders für Schriftgravuren, denn man kann durch Regulierung der Schnittiefe die Stichbreite verändern, und wenn man den Spitzstichel schräg führt, erhält man den Glanzschnitt.

Messerstichel. Der Querschnitt entspricht einem spitzwinkligen, gleichschenkligen Dreieck. Man kann damit Haarlinien großer Tiefe erreichen.

Facettenstichel. Die Seitenflächen bilden einen Winkel von 100°, im oberen Bereich sind sie aber parallel. Die Rückenbreite kann 1,5 ... 3 mm betragen. Man bekommt mit dem Facettenstichel relativ breite Stiche mit geringer Tiefe.

Justierstichel. Die gewölbten Seitenflächen bilden einen spitzovalen Querschnitt. Der Justierstichel wird besonders zum Ausjustieren der Steinauflage bei Zargenfassungen benutzt. Die Kappe wird schräg zur Hauptachse angeschliffen, weil man so in der Fassung leichter abspanen kann.

Flachstichel. Bahn und Rücken liegen parallel. Die Seitenflächen können schräg verlaufen, so daß ein trapezförmiger Querschnitt entsteht. Die Bahnbreite kann zwischen 0,2 mm und 5 mm liegen. Man graviert damit breite, flache Linien. Der Goldschmied verwendet den Flachstichel zur Nacharbeit seiner Schmuckstücke.

Bollstichel. Die Bahn ist halbrund geformt, wie beim Flachstichel können die Seitenflächen schräg liegen. Die Bahnbreite liegt zwischen 0,1 mm und 5 mm. Der Graveur benutzt ihn für strenge Schriften, der Goldschmied arbeitet auch mit diesem Stichel seine Schmuckstücke nach.

Fadenstichel. Er ist ebenso geformt wie der Flachstichel, in die flache Bahn sind aber mehr oder weniger feine Längsrillen eingefräst. Der Schnitt besteht demnach aus mehreren parallelen Linien. Man kann damit sowohl dekorative Linien als auch eine interessante Flächenbelebung erreichen.

Vorbereitung des Stichels

Da der Stichelrohling meist zu lang ist, muß man möglicherweise ein Stück von der Angel abschlagen.
Der neue Stichel wird genauso in das Stichel-

heft eingeschlagen, wie es bei der Feile beschrieben wurde.

Durch das häufige Nachschleifen wird der Stichel im Gebrauch immer kürzer, deshalb muß man später das Heft gegen ein längeres austauschen, um wieder auf die gleiche Gesamtlänge des Werkzeugs zu kommen. Immer muß der Stichel so lang sein, daß er bequem in der Hand liegt.

Das Zurichten des Stichels wird am Beispiel des Spitzstichels beschrieben (Bild 10.22). Zunächst wird an der rotierenden Siliciumcarbid-Scheibe der langgezogene Anschliff aus dem Rücken des Stichels herausgeschliffen. Dann wird die Stichelbahn leicht »hochgeschliffen«, d. h., von der Unterseite des Stichels wird zur Spitze hin verlaufend etwas weggenommen. Beim Spitzstichel müssen in diesem Bereich die Schneidflächen der Bahn wieder so angeschliffen werden, daß sie bis zur Kappe reichen. Die Kappe soll möglichst klein sein, damit man beim Arbeiten eine gute Übersicht hat, außerdem läßt sich ein solcher Stichel leichter nachschleifen.

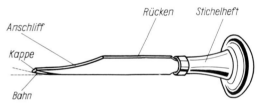

Bild 10.22 Angeschliffener Stichel

Die Kappe bildet mit der Unterkante des Stichels den Keilwinkel, der je nach Härte des Werkstoffs 30 ... 60° betragen soll. Dementsprechend wird die Kappe schräg angeschliffen.

Die so vorbereiteten Flächen der Bahn und der Kappe werden dann auf dem Ölstein feingeschliffen. Dabei muß der Stichel sicher und gleichmäßig geführt werden, damit die Flächen ganz eben bleiben und scharfe Kanten gebildet werden.

Auf Polierpapier werden die Flächen abgezogen, indem man sie zunächst in kreisender Bewegung, dann quer zur Hauptachse bearbeitet. Abschließend werden die Flächen auf hartem Leder mit Korundpulver hochglänzend poliert.

Wer regelmäßig mit dem Stichel arbeitet,

sollte rotierende feinkörnige Diamantscheiben benutzen.

Nur wenn der Stichel so exakt vorbereitet worden ist, kann man einen hochglänzenden, glatten Schnitt erwarten.

Der Stichel ist gebrauchsfertig, wenn er beim Aufsetzen auf den Daumennagel festhakt, ein stumpfer Stichel gleitet über den Nagel hinweg.

Haltevorrichtungen

In seltenen Fällen wird man den Gegenstand beim Gravieren nur mit der Hand festhalten können.

Kleine Platten werden auf *Kittstöcken* befestigt, wie dies schon im Zusammenhang mit dem Feilen beschrieben wurde.

Außerdem gibt es spezielle *Spannvorrichtungen*, in die die Gegenstände fest und sicher eingeklemmt werden und aus denen man sie leicht wieder entnehmen kann. Besonders für Ringe und Besteckteile gibt es solche praktische Hilfsmittel (Bild 10.23).

Bild 10.23 Gravierkugel mit Universal-Spannvorrichtung

Diese Haltevorrichtungen werden in die gußeiserne *Gravierkugel* eingespannt. Wie beim Schraubstock werden sie mit einer kräftigen Schraube unverrutschbar festgehalten, und der besondere Vorteil besteht darin, daß diese Kugel auf einem Lederkranz leicht allseitig drehbar ist. Bei gebogenen Linien wird der Gegenstand gegen den Stichel gedreht!

Arbeiten mit dem Stichel

Der Goldschmied benutzt zur Nacharbeit des fertigen Schmuckstücks neben Feilen und Schaber auch verschiedenartige Stichel.

Zum Ausarbeiten der Steinauflage von Zargenfassungen benutzt er den Justierstichel.

Bei der Gestaltung von Körnerfassungen muß der Goldschmied mit den Sticheln sicher umgehen können. Darüber hinaus ist jedem Goldschmied zu empfehlen, daß er sich auch einige Grundfertigkeiten des Flachstichs aneignet, damit er einfache gravierte Ornamente oder Monogramme auf den Schmuckstücken selbst anbringen kann und bei der Trauringgravur nicht auf den Spezialisten angewiesen ist. Schön ist es auch, wenn man ein kleines Schildchen selbst gravieren kann!

Dadurch soll keineswegs der ausgebildete Graveur ersetzt werden, schwierige und umfangreiche Arbeiten wird man ihm überlassen. Wenn man sich ernsthaft mit dem Flachstichgravieren beschäftigen will, ist es ratsam, daß man sich die Vorbereitung der Stichel und das immer wieder erforderliche Nachschleifen des stumpf gewordenen Stichels von einem erfahrenen Kollegen zeigen läßt.

Gerade beim Gravieren hängt der Erfolg der Arbeit in hohem Maße von dieser Werkzeugbehandlung ab. Hat man die erforderliche Fertigkeit erworben, kann man das eigentliche Flachstichgravieren recht gut im Selbststudium erlernen. Dabei muß man so lange üben, bis man gerade und gebogene Linien unterschiedlicher Breite gleichmäßig, ohne Unterbrechung und Ansatzstellen, mit sauberer, glatter Schnittlfäche in das Metall schneiden kann – ohne dabei auszurutschen.

Wenn es am Anfang nur unbefriedigende »Kratzer« gibt, wenn man dabei immer wieder über die Platte rutscht, soll man nicht resignieren, das sind normale Anfangsschwierigkeiten. Beharrlichkeit wird schließlich belohnt!

Als Übungsplatte nimmt man ein Stück Kupfer- oder Aluminiumblech – Messing ist für den Anfänger zu hart –, etwa 1,5 . . . 2 mm dick und 40 mm × 40 mm groß, befestigt es auf dem Kittstock, den man in die Gravierkugel spannt. Für die Übungen benutzt man zunächst einen Spitzstichel mittlerer Breite.

Als Anregung können die auf Bild 10.24 zusammengestellten Vorschläge dienen. Man be-

Bild 10.24   Vorschläge für Gravierübungen

ginnt mit geraden, durchlaufenden Linien, dann können sie unterbrochen und variiert werden. In der zweiten Reihe sind Beispiele für gebogene Linien gezeigt. Wenn man den Spitzstichel schräg hält, entsteht der breite Glanzschnitt, dessen Wirkung aber nur zur Geltung kommt, wenn er ganz glatt und gleichmäßig verläuft. Dies kann mit solchen Übungen erreicht werden, die in der dritten Reihe wiedergegeben sind. Wenn man in der Lage ist, dünne und dicke gerade Linien zu gravieren, übe man das reizvolle Spiel zwischen dünn und dick bei der gebogenen Linie, die mit Beginn der Rundung anfängt, sich zu verbreitern und am Ende des Bogens wieder die ursprüngliche Dicke erreicht. Dazu wird die Zeichnung zunächst gleichmäßig dünn vorgestochen. Dann schneidet man die Rundung nochmals nach, indem der Stichel im vorhandenen Strich geführt und dabei gekippt werden muß.
Anregungen für die Ausdrucksmöglichkeiten

einer gelungenen Gravur findet man auf den Bildern 10.25 und 10.26.

10.4.2   Guillochierung

Man kann das Verfahren als eine maschinell gesteuerte Flachstichgravierung ansehen, denn der Stichel wird durch den Mechanismus der Werkzeugmaschine mit absoluter Regelmäßigkeit und Präzision geführt, so daß ein flächendeckendes Muster gerader, gekrümmter und einander kreuzender Linien vielfältiger Gestalt entstehen kann.
Man kann Elfenbein, Stirn-Hartholz, Kunststoff guillochieren, vorzugsweise sind es aber gerade oder gewölbte Metallplatten, die mit der Guillochierung dekoriert werden, weil so der Glanzschnitt am besten zur Geltung kommt.
Seit der Mitte des vorigen Jahrhunderts hat

Bild 10.25   Bildplatte mit graviertem Wappen. Silber. Ernst Brepohl, Arnstadt (1938)

sich die Guillochierung im Rahmen der Industrialisierung der Schmuckfertigung entwickkelt, heute aber benutzt man weniger aufwendige Verfahren, und die Guillochierung ist zu einer Liebhabertechnik geworden, die ihre ökonomische Bedeutung verloren hat, die aber reizvoll genug ist, um weiter gepflegt zu werden – und hoffentlich nicht ganz vergessen wird.

Vorzugsweise wurden und werden Kleingeräte damit verziert, wie Zierdosen, Uhrgehäuse, Schreibgeräte, Medaillons, weil auf den gemusterten Flächen die Abnutzungsspuren weniger auffallen als auf glatten. Sehr edel wirken durchsichtige Emails auf guillochiertem Untergrund (Bilder 10.27 und 10.28).

Wenn man sich aktiv mit dem Verfahren beschäftigen will, muß man durch geduldiges Experimentieren und Üben die speziellen Möglichkeiten der verfügbaren Maschine erkunden und für die Gestaltung nutzen.

Ebenso wie bei der Handgravur ist es wichtig, daß der Stichel richtig angeschliffen ist, mit einem verstellbaren Führungsstift wird die Schneidtiefe festgelegt.

Bild 10.26   Graviertes Medaillon. Silber. Englische Arbeit, London 1877 (Privatbesitz)

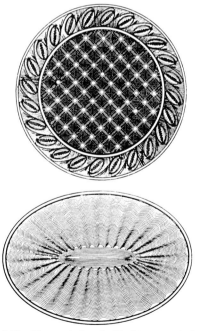

Bild 10.27   Entwürfe für Guillochierung. a) Geradzug-Verfahren, b) Rundzug, kombiniert mit Geradzug-Verfahren

beitung des Werkstücks innerhalb der Maschine koordiniert.

Bei der *Geradzugmaschine* wird das Werkstück in vertikaler Richtung gegen den feststehenden Stichel bewegt, und dabei entsteht eine gravierte Linie. Dann wird der im Support eingespannte Stichel um einen Schritt weitergeschaltet und die nächst Linie geschnitten. So entstehen parallele Linien, deren Abstand über eine Teilscheibe am Support gesteuert wird (Bild 10.29). Wenn das Werkstück mit dem parallelen Muster bedeckt ist, kann man es drehen und eine Kreuzschraffur aufbringen. Wellenförmige und Zickzacklinien werden mittels einer schablonenartigen Musterschiene – der Patrone – erzeugt, die senkrecht neben der Halterung des Werkstücks steht. Bei der Aufundabbewegung des Werkstücks läuft ein federnder Führungsstift – der Taster – im Profil der Patrone und bewirkt die schwingende seitliche Verschiebung des bewegten Werkstücks.

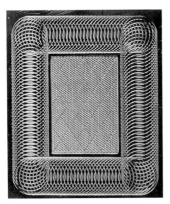

Bild 10.28 Beispiele für Guillochierung. Walter Zeiss, Pforzheim. a) Kelch (Technisches Museum Pforzheim), b) Kastendeckel

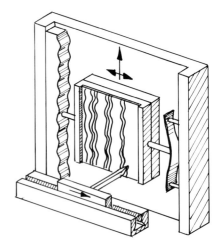

Bild 10.29 Wirkungsprinzip der Geradzug-Guillochiermaschine

Das Prinzip der Guillochiermaschine soll kurz erläutert werden.
Die wichtigsten Grundbauteile sind
- die beiden Elemente zur Aufnahme und Bewegung von Werkstück und Werkzeug,
- die Haltevorrichtung für die Patrone.
Die Maschine wird mit Muskelkraft über Handkurbel und Rädersystem angetrieben. Durch ein kompliziertes mechanisches System werden die Bewegungsabläufe bei der Bear-

Wenn man in eine ebene Platte strahlenförmige Muster schneiden will, muß man das Werkstück auf einer Teilscheibe schrittweise weiterdrehen.

Auf der *Rundzugmaschine* können scheibenförmige Platten, aber auch rohrförmige Bänder verziert werden (Bild 10.30).
Das Werkstück wird an der Stirnseite einer

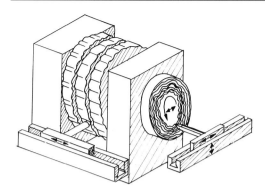

Bild 10.30 Wirkungsprinzip der Rundzug-Guillochiermaschine

waagerechten Welle befestigt, auf der unterschiedliche scheibenförmige Patronen montiert sind, die wahlweise genutzt werden können.

Der Taster ist achsparallel auf einer Schiene verschiebbar, so daß die gewünschte Patronenscheibe gewählt werden kann.

Die rotierende Welle ist federnd gelagert, damit sie der durch Patrone und Taster gegebenen Bewegung folgen kann. Die Überlagerung von Rotation und rhythmischer Hinundherbewegung ergibt eine konzentrische Wellenlinie auf dem rotierenden Werkstück; ohne Patrone entsteht eine einfache Kreislinie. Wenn man den Support umstellt, kann man runde Armreifen oder die Seitenwände runder Dosen mit der Guillochierung dekorieren. Mit Hilfe des »Ovalwerks« – wie es bei der Kunstdrechselei verwendet wird – können auch ovale Flächen und Bänder verziert werden.

10.4.3 Maschinengravur

Mit Hilfe des Pantographen wird eine vergrößerte Schablone abgetastet und das Dekor auf das Werkstück übertragen. Benutzt man einen Stichel, so kann man Guillochierungen ausführen, deren Linien nach allen Richtungen gehen können, während sie auf der Geradzug-Guillochiermaschine nur vertikal verlaufen. Bei der typischen Maschinengravur wird der Werkstoff aber nicht mit dem Stichel, sondern mit einem kleinen rotierenden Fräser herausgelöst, so daß eine ganz andere Wirkung entsteht. Da gibt es keinen Glanzschnitt, keine an-

und abschwellende Linien – sondern nur eine gleichmäßig tief herausgefräste Rille! Es ist also mehr dem Kopierfräsen als der Handgravur vergleichbar.

Zur Beschriftung technischer Geräte und für Schilder wird die Maschinengravur genutzt. Schmuckstücke und Silbergeräte werden durch solche sachlich-technische Maschinengravur abgewertet, die Handgravur ist dafür unerläßlich (Bild 10.31).

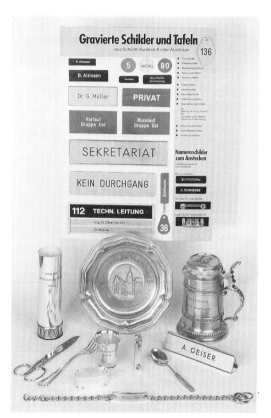

Bild 10.31 Beispiele für Maschinengravur

Das Wirkungsprinzip der Graviermaschine besteht darin, daß der rotierende Fräser nach einer vorgegebenen Schablone geführt wird, und da zur Übertragung ein Pantograph benutzt wird, kann die Zeichnung sowohl in gleicher Größe als auch in Verkleinerung bis zum Verhältnis 1:50 übertragen werden (Bild 10.32).

Das Fräserlager wird in einem am Maschinenständer befestigten Doppeltraggelenk geführt,

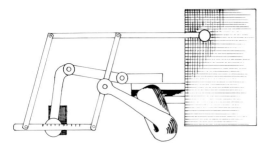

formte Flächen bearbeiten:
- Konvex oder konkav gewölbte Flächen (Oberfläche eines Knopfs, Tubus des Fotoobjektivs)
- Walzenformen außen und innen (Skalentrommel, Trauring-Innengravur)
- Kegelmantelfläche (Wandung eines Bechers oder Pokals) (Bild 10.34).

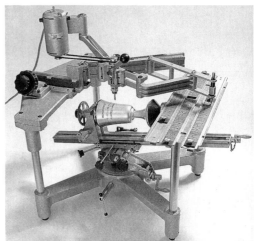

Bild 10.34   Räumlicher Pantograph

so daß der Fräser ganz ruhig und dabei allseitig beweglich arbeiten kann.

Der Pantograph ist als ebenes Gelenkparallelogramm in dem Schwenkgelenk des ausgekröpften Trägers beweglich. Die Seitenlänge des Parallelogramms ist verstellbar, und so kann man die unterschiedlichen Übersetzungsverhältnisse wählen. Bedingung ist in jedem Fall, daß beim Pantographen Fräser, Festpunkt und Taster auf einer Achse liegen.

Die Bedienung der Graviermaschine ist denkbar einfach. Während man lange üben muß, bis man eine saubere Flachstichgravur von Hand ausführen kann, braucht man bei der Maschine nur den Taststift in der Schablone zu führen, und der rotierende Fräser arbeitet dem eingestellten Maßstab entsprechend die Zeichnung heraus (Bild 10.33).

Mit robusten Fräsern kann man Buchstaben oder irgendwelche Motive auch freischneiden, indem das Metall ringsherum weggenommen wird (Prägestempel).

Man kann eine Blechplatte ganz durchfräsen, so daß die Motive als Durchbrüche herausgenommen werden (Spritzschablone). Aus den ebenen Pantographen-Graviermaschinen sind die dreidimensionalen Kopierfräsmaschinen entwickelt worden, mit denen beispielsweise Prägestempel für Münzen und Medaillen nach einem Modellrelief, das wesentlich größer sein kann, ausgearbeitet werden, so daß der Stahlgraveur den Stempel nur noch zu überarbeiten braucht.

Das Abtastsystem kann automatisiert werden, so daß die modernen Gravier-Fräsmaschinen völlig selbständig arbeiten können.

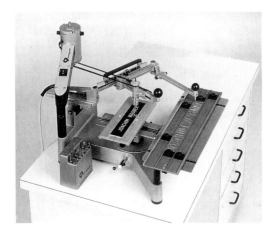

Bild 10.33   Ebener Pantograph

Mit Hilfe von Zusatzeinrichtungen kann man von der ebenen Schablone aus auch anders ge-

10.5   Ziselieren

10.5.1   Begriffsbestimmung

Bei der Definition des Silberschmiedeverfahrens wurde das Ziselieren bereits erwähnt. »Ziselieren« hängt mit »ciseau« (franz.: Meißel) zusammen, und in diesem Sinne war es ursprünglich nur das »Gußziselieren«, also Nachbehandlung und Überarbeitung von Gußstükken. Heute meint man damit üblicherweise das »Treibziselieren«, also die Gestaltung von Reliefs aus Metallblech, die Blechdicke bleibt dabei unverändert. Man braucht dazu nur einfache Werkzeuge, nämlich Ziselierpunzen und Ziselierhammer (Bild 10.35).

Die Dimensionen können ganz unterschiedlich sein: vom überdimensionalen Wandrelief aus Kupferblech bis zum ziselierten Wappen auf einem goldenen Ring.

Neben den handwerklichen Fertigkeiten braucht man gestalterische Fähigkeiten, denn solche Reliefs können durchaus in die Bereiche der Bildenden Kunst gehen.

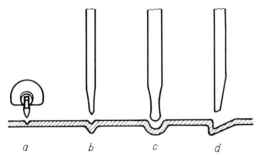

Bild 10.35   Spanende und spanlose Bearbeitung. a) Gravieren, b) Schroten, c) Modellieren, d) Absetzen

10.5.2   Werkzeuge

Punzen

Die charakteristischen Ziselierwerkzeuge sind die Punzen. Es sind Stahlstäbe unterschiedlicher Dicke von etwa 10 . . .18 cm Länge, deren Stirnseite so geformt ist, daß man damit das Blech formen kann. Nach Möglichkeit verwendet man härtbaren Stahl, wie etwa unlegierten Werkzeugstahl. Aus den Pranteln, den Punzenrohlingen, richtet sich der Ziseleur seine

Punzen selbst zu, denn nur so kann er sie seinen speziellen Bedürfnissen anpassen.

Für die Handhabung sind kantige – also quadratische oder rechteckige – Punzen günstiger als runde. Man muß auch die richtige Länge beachten: Sind sie zu kurz, kann man nicht richtig mit dem Hammer zuschlagen, sind sie zu lang, lassen sie sich nicht gut führen. Wenn es notwendig ist, wird der Arbeitskopf des Punzens noch ausgeschmiedet. In jedem Fall wird die Arbeitsfläche so zurechtgeschliffen und -gefeilt, wie sie für die Blechbearbeitung erforderlich ist. Ist sie fertig geformt, wird sie geschmirgelt und so geglättet, daß keine scharfen Ecken und Kanten bleiben, man würde sonst das Blech durchschlagen. Der Punzenkopf wird gehärtet und angelassen, während der Schaft ungehärtet und damit elastisch bleibt. Zum Schluß wird die Arbeitsfläche hochglänzend poliert.

Wenn man sich ernsthaft mit dem Ziselieren beschäftigen will, braucht man zunächst als Grundausstattung ein Sortiment von Punzen in den elementaren Größen und Fassons. Bei jeder neuen Ziselieraufgabe wird man feststellen, welche Punzen noch fehlen, und so wird der Ziseleur seinen Punzenvorrat ständig ergänzen, solange er diese Tätigkeit ausübt.

Die Punzen werden zweckmäßigerweise in stabilen Blechbüchsen aufbewahrt, und es ist der Stolz jedes Ziseleurs, mehrere Hundert Punzen in seinen Büchsen am Arbeitsplatz verfügbar zu haben. Natürlich steckt man sie so ein, daß die Arbeitsflächen nach oben stehen, damit man sofort den geeigneten herausfinden kann.

Die scheinbar unübersehbare Fülle von möglichen Formen läßt sich zu folgenden Grundtypen zusammenfassen (Bild 10.36).

Schrotpunzen (auch: *Zieh-* oder *Trassierpunzen*). Man benutzt sie für lineare Gestaltungen, Schrift und zur Konturierung von Reliefmodellierungen. Der Arbeitsbereich dieser Punzen ist wie ein Keil geformt, aber nicht scharfkantig, sondern mehr oder weniger abgerundet. Um eine sichere Führung bei geraden Linien zu haben, muß der Keil des Schrotpunzens möglichst lang sein. Dazu wird der Rohling zunächst breit ausgeschmiedet, wobei er gleichzeitig keilförmig ausgearbeitet werden muß.

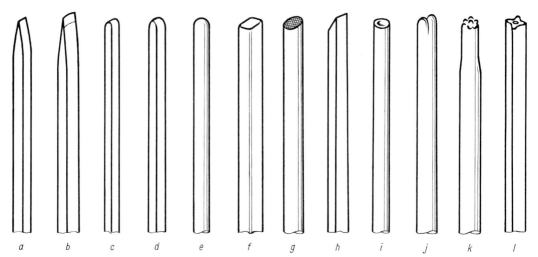

Bild 10.36   Verschiedene Punzenformen. a) und b) Schrotpunzen, c) bis e) Modellierpunzen, f) Planierpunzen, g) Mattpunzen, h) Setzpunzen, i) Hohlpunzen, j) »Faulenzer«-Punzen, k) und l) Musterpunzen

Für gebogene Linien braucht man Schrotpunzen mit gebogenen Arbeitsflächen in unterschiedlichen Radien.

Modellierpunzen. Es ist ein Sammelbegriff, unter dem all die Punzen zusammengefaßt werden, mit denen die Reliefgestaltung realisiert und das Blech modelliert wird. Diese Punzen müssen in Kontur und Wölbung so beschaffen sein, damit mit ihnen die jeweils erforderliche Reliefwirkung erreicht werden kann. Diese Punzen werden aus Pranteln unterschiedlicher Dicke und unterschiedlichen Profils zurechtgefeilt und dann wieder gehärtet, angelassen und poliert.

Planierpunzen. Wie der Name schon sagt, wird mit ihnen das Blech geglättet. Dies bezieht sich besonders auf die Bereiche zwischen den Erhebungen des Reliefs, also den Hintergrund; man kann mit diesen Punzen aber auch die aufgewölbten Flächen glätten und nacharbeiten. Dem Zweck entsprechend muß die Arbeitsfläche dieser Punzen eben sein, die Kontur muß der zu bearbeitenden Fläche angepaßt sein, damit man alle Bereiche zwischen den Reliefwölbungen erreichen kann. Sie sind also quadratisch, rechteckig, rund, dreieckig usw., und das in verschiedenen Größen. Bei diesen Punzen ist es besonders wichtig, daß sie nicht scharfkantig sind, damit keine Kerben im Blech entstehen.

Mattpunzen. Ihre Form entspricht den Planierpunzen, die Arbeitsfläche ist aber nicht glatt poliert, sondern rauh. In den noch weichen Stahl werden auf der Arbeitsfläche kreuzweise Riefen eingeschlagen oder eingraviert. Man kann auch die Zahnung einer alten Feile einschlagen. Nach dem Härten des Punzens ergibt sich bei der Blechbearbeitung ein mehr oder weniger feines Matt.

Setzpunzen. Man kann sie mit den Planierpunzen vergleichen, die Bodenfläche ist aber leicht schräg gestellt. Fährt man mit einem Setzpunzen an einer geschroteten Linie entlang, wird er in dieser Rille geführt, und gleichzeitig wird das Blech nach einer Seite hin scharf abgesetzt.

Holzpunzen. Es kann sogar nützlich sein, wenn man einige Planierpunzen aus Hartholzstäben anfertigt. Sie können genauso wie die Stahlpunzen geformt sein. Man benutzt sie dann, wenn das modellierte Blech abgekittet ist, um auf einer Richtplatte die verzogene Hintergrundfläche einzuebnen, ohne befürchten zu müssen, daß es Schlagspuren auf dem Blech gibt.

Musterpunzen. Damit sind solche Punzen gemeint, die weniger als Hilfsmittel bei der Reliefgestaltung dienen, deren Arbeitsfläche aber so ausgearbeitet ist, daß mit den Punzeneinschlägen bestimmte Muster auf dem Blech entstehen, mit denen die Oberfläche belebt werden kann. Durch regelmäßige Reihen oder durch Häufung der Einschläge ergeben sich sogar ornamentale Wirkungen.

Beim *Hohlpunzen* ist eine halbkuglige Vertiefung in die Arbeitsfläche eingelassen, so daß sich kleine Kreise ergeben. Die *Perlpunzen* haben eine halbkuglige Arbeitsfläche und ergeben kleine Punkte. Eine Weiterentwicklung ist der »*Faulenzer*«-Punzen, dessen Arbeitsfläche aus zwei nebeneinanderstehenden halbkugligen Buckeln gebildet wird. Ist er einmal eingeschlagen, braucht man immer nur einen seiner Höcker in die vorige Vertiefung zu halten, und man hat die Gewähr dafür, daß die Einschläge gleichen Abstand haben. Schließlich kann man die Arbeitsfläche als kleinen Stern, als Blüte oder in beliebiger anderer Form ausarbeiten.

Ziselierhammer

Erst im Zusammenwirken mit dem Ziselierhammer werden die Punzen wirksam. Die typische Form des Ziselierhammers hat sich historisch herausgebildet, und in seiner aus dem 18. Jahrhundert stammenden typischen Form ist er geradezu zum Symbol des Goldschmiedehandwerks geworden (Bild 10.37).

Von der Qualität des Ziselierhammers hängt wesentlich das Arbeitsergbnis ab. Die Schlag-

Bild 10.37   Ziselieren mit Punzen und Hammer auf der Kittkugel

fläche soll mindestens einen Durchmesser von 28 mm haben, die Masse ist abhängig von der erforderlichen Schlagkraft. Besondere Sorgfalt muß man bei der Gestaltung des Stiels aufwenden. Er wird aus federndem Holz, wie Buchsbaum, Hickory oder Esche gefertigt. Den Rohling läßt man sich vom Tischler zuschneiden, dann feilt man sich die erforderliche Form selbst zurecht, glättet die Oberfläche mit Glaspapier, und wenn der Stiel über Nacht in Leinöl eingelegt wurde, bekommt er die notwendige Geschmeidigkeit.

10.5.3   Treibkitt

Die Bezeichnung ist etwas irreführend, da dieser Kitt seltener zum Treiben, aber meist zum Ziselieren benutzt wird. Im Unterschied zu allen sonst üblichen Schlagunterlagen haftet das Blech während der Bearbeitung auf dem nachgiebigen Treibkitt fest, so daß man das Werkstück ungestört, ohne es festhalten zu müssen, bearbeiten kann.

Wenn man keinen fertigen Treibkitt beschaffen kann, genügt auch handelsüblicher schwarzer Siegellack, dessen Konsistenz man noch korrigieren kann, wenn dies erforderlich ist: Soll der Kitt weicher, nachgiebiger werden, schmilzt man gewöhnliche Haushaltkerzen dazu; soll er fester, härter werden, gibt man in den schmelzenden Kitt etwas feinzerriebenes Ziegelmehl oder Gips.

Ein guter Treibkitt muß so beschaffen sein, daß der Aufschlag mit dem Kugelhammer eine leichte Vertiefung ergibt, ohne daß der Kitt wegplatzt.

Wenn man die Rohstoffe beschaffen kann und die Mühe nicht scheut, kann man den Kitt auch nach alten Rezepten selbst zusammenschmelzen: In einem alten Topf werden 3 Teile schwarzes Pech geschmolzen, dann rührt man etwa 2 Teile feines Ziegelmehl oder Gips zu, um den Kitt anzudicken. Nach Bedarf gibt man Talg (oder Haushaltkerzen) zu, damit die Masse die nötige Geschmeidigkeit bekommt.

Den fertigen Kitt kann man in einen flachen Blechkasten – den *Kittkasten* – gießen und darin erstarren lassen. Wenn große Bleche ziseliert werden sollen, kommt nur der Kittkasten in Frage.

Für kleinere Werkstücke ist die *Kittkugel* günstiger, weil man sie während der Arbeit leicht nach allen Seiten drehen kann. Es ist dies eine gußeiserne Halbkugel-Schale, in die der Kitt eingefüllt wird. Um Kitt zu sparen, füllt man die Schale zunächst mit kleinen Ziegelstücken aus, die mit etwas Kitt vergossen werden, und dann erst füllt man die Schale mit dem flüssigen Treibkitt, so daß die eigentliche Kittschicht nur so dick ist, wie man sie zum Befestigen und Modellieren der Werkstücke braucht.

Die Kittkugel steht auf einem Lederkranz oder einem gedrechselten Holzring, so daß sie allseitig beweglich ist.

Im Bedarfsfall kann man zum Ziselieren, besonders zum Schroten, als *harte Unterlage* das Bretteisen oder die Richtplatte benutzen.

Weiche Unterlagen können aus Holz, Filz, Blei, Pappe, Weichplast oder Gummi sein.

Auf all diesen Unterlagen muß das Blech aber während der Bearbeitung immer noch festgehalten werden. Deshalb braucht man, besonders bei der Bearbeitung größerer Werkstücke, noch einen weiteren Helfer.

10.5.4 Anwendung der Punzen

Die wichtigsten Arbeitsgänge bei der Blechziselierung mit den Punzen sind:
- Schroten
- Modellieren
- Absetzen

Zum *Schroten* verwendet man die keilförmigen Schrotpunzen. Mit ihnen gestaltet man auf dem Blech rein lineare Ornamente, Schriftzüge, aber auch die Kontur des späteren Reliefs.

Während beim Gravieren die Furche durch Herauslösen des Spans entsteht, wird sie jetzt spanlos in das Blech eingedrückt. Wenn man auf einer nachgiebigen Schlagunterlage arbeitet, also etwa auf Treibkitt, werden die Linien auf die Gegenseite durchgedrückt.

Der Schrotpunzen wird so, wie es auf Bild 10.38 zu sehen ist, mit Daumen, Zeige- und Mittelfinger gehalten; die beiden übrigen Finger gleiten auf der Oberfläche des Blechs entlang. Man hält den Punzen nicht genau senkrecht, sondern neigt ihn leicht nach hinten, so daß die Schlagkante des Keils leicht angehoben wird. Würde man ihn genau senkrecht stellen, gäbe es nur einen einzigen Einschlag;

hält man ihn zu schräg, »hüpft« er mit jedem Schlag aus der Rille, und es gäbe nur kommaförmige Einschläge.

Man muß das üben!

Bild 10.38   Richtige Haltung des Punzens

Der Punzen steht richtig, wenn man während des Hammeraufschlags in der haltenden Hand keine Belastung spürt. Der Punzen muß »von selbst« seinen Weg nehmen, ohne daß man ihn mit der haltenden Hand weiterrücken muß.

Der Ziselierhammer muß so gehalten werden, daß er sich nur zwischen Daumen und Zeigefinger wie in einem Gelenk bewegt und mit jedem Schlag leicht zurückfedert, so daß das verdickte Stielende gegen die Handfläche trifft. Die Bewegung soll nur aus dem Handgelenk kommen, der Unterarm bewegt sich nicht mit.

Das kann natürlich nicht funktionieren, wenn man den Zeigefinger auf den Hammerstiel legt und den Knauf des Hammers mit der ganzen Hand festhält – ein Fehler, den man immer wieder bei Anfängern sieht. Grundsätzlich darf sich der Goldschmied eine solche Hammerhaltung gar nicht erst angewöhnen, denn auch der Bretthammer und der Treibhammer muß elastisch in der Hand schwingen können.

Wenn man sich mit der reizvollen Ziseliertechnik ernsthaft beschäftigen will, muß man gerade das Schroten gründlich üben, denn es dauert einige Zeit, bis man das richtige Gefühl für das Zusammenwirken von Punzenführung und Hammerschlag bekommen hat, nur wenn das stimmt, kann als Ergebnis ein glatter Strich ohne Absätze und Kerben entstehen. Die Mühe lohnt sich!

Bei Schriftgestaltungen und bei linearen Ornamenten ist die Wirkung allein von der Qualität dieser Linien abhängig; und wenn man für eine Reliefziselierung die Zeichnung sauber vorgeschrotet hat, ist die Modellierung gar nicht mehr so schwierig.

Beim *Modellieren* wird das Relief von der Rückseite her in das Blech eingearbeitet. Dazu verwendet man die Modellierpunzen mit ihren unterschiedlich gewölbten Arbeitsflächen. Gerade beim Modellieren ist es wichtig, daß man eine genügend große Auswahl von unterschiedlichen Punzen zur Verfügung hat. Das Modellieren ist die eigentliche Methode der Reliefgestaltung. Üblicherweise verfährt man so, daß von der Vorderseite her zuerst die Konturen vorgeschrotet werden. Dann nimmt man das Blech vom Kitt ab, glüht es aus, so daß alle Kittreste verbrannt werden, beizt es ab und kittet es dann so auf, daß die bisherige Unterseite nach oben kommt.
Kurz: Das Blech wird umgekittet.
Jetzt erkennt man auf der Gegenseite die vorgeschroteten Konturen als durchgedrückte Linien. Nun kann mit den Modellierpunzen das eigentliche Relief eingearbeitet werden. Dabei besteht immer die Schwierigkeit, daß man während der Bearbeitung nie die tatsächliche, auf der Vorderseite entstehende Wirkung kontrollieren kann. Man muß eine gewisse Vorstellungskraft entwickeln, um aus der Form der entstehenden Vertiefungen und Mulden auf die Wirkung des positiven Reliefs schließen zu können. Das ist besonders kompliziert, wenn mehrere Bildmotive räumlich gestaffelt hintereinander angeordnet werden sollen. Eine gewisse Hilfe ist es, zwischendurch einen Abdruck mit Plastilin zu machen, der zwar um die Blechdicke differiert, aber doch eine gewisse Vorstellung vom erreichten Ergebnis vermittelt.
Wenn man glaubt, die gewünschte Reliefwirkung erreicht zu haben, erwärmt man die aufgekittete Metallplatte mit der Flamme und nimmt sie ab, glüht sie aus, und nach dem Abbeizen kann man das positive Relief beurteilen.
Bei der Bearbeitung des Reliefs ist es unvermeidlich, daß sich in der Umgebung der glatte, unbearbeitete Blechuntergrund mit hochzieht. Durch *Ausrichten* der Vorderseite mit Holzpunzen auf fester, glatter Unterlage – also nicht auf dem Treibkitt – läßt sich das verzogene Blech leicht wieder auf eine Ebene bringen, indem man die Hintergrundflächen mit diesen Holzpunzen planiert. Trotzdem bleibt direkt neben den vorgeschroteten Konturen immer noch eine gewisse Aufwölbung.

Das *Absetzen* mit dem Setzpunzen ergibt dann die scharfe Begrenzung zwischen ebenem Untergrund und Modellierung. Man kann die Blechplatte dabei wiederum auf eine glatte Unterlage legen und von einem Helfer festhalten lassen, man kann sie aber auch nochmals mit der Rückseite aufkitten. Mit dem Setzpunzen fährt man entlang der vorgeschroteten Konturen, wenn nötig zieht man dann mit einem Flachpunzen noch einmal nach. Eine *weiche Modellierung* erzielt man aber auf eine andere Weise. Das aufgekittete Blech wird nämlich sofort nur von der Rückseite mit den Modellierpunzen bearbeitet. Dadurch wächst das Relief direkt aus der Ebene des Blechs mit weichem Übergang ohne abgrenzende Konturen. Um diese Wirkung zu erhalten, wird nach dem Abkitten der Blechhintergrund nur mit den Holzpunzen planiert, die leichte Rundung zwischen Ebene und Relief bleibt.

10.5.5   Beispiele für Ziselierarbeiten

1. Beispiel. Die auf Bild 10.39 gezeigte Brosche kann als ideales Beispiel der Kombination von Treib- und Ziselierarbeit gelten.
Eine Platte, die um einiges größer ist als die Brosche, wird zu einem Kästchen geformt, indem man alle Seiten mit etwa 5 mm Breite rechtwinklig umklappt (Bild 10.40). Das Kästchen wird mit Kitt ausgegossen. Man achte darauf, daß es bis oben hin gefüllt ist und daß keine Luftblasen und Hohlräume bleiben. Dann läßt man es abkühlen.
Die Oberfläche der Ziselierkugel wird leicht angewärmt, und darauf drückt man das vorbereitete Kästchen mit der offenen Kittseite, ohne den Kitt in dem Kästchen nochmals zu erwärmen, denn die vorhandene Wärme reicht aus, um den Kitt des Kästchens fest zu binden. So hat man eine gute Voraussetzung, um das Blech ungestört bearbeiten zu können. Würde man nur das glatte Blech aufkitten, besteht immer die Gefahr, daß sich bei der Ausarbeitung der Modellierung die Ecken des Blechs hoch-

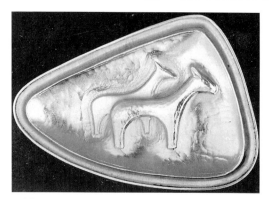

*Bild 10.39   Brosche. Silber. Treibarbeit mit zizelier-
tem Motiv. Gerhard Herbst, Weimar*

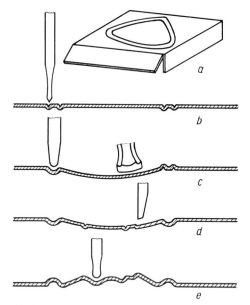

*Bild 10.40   Herstellungsablauf der zizelierten Bro-
sche*

ziehen – kurz darauf ist das ganze Blech abgelöst. Es wird auch empfohlen, die Ecken des
Blechs umzuknicken und in den heißen Kitt
einzudrücken, damit sie besser halten, aber
auch das ist nur eine Behelfsmethode.
Nachdem der Kitt völlig abgekühlt ist – unter
fließendem Wasser geht es noch schneller –
kann mit der Ziselierung beginnen.

- Auf die Platte des Kästchens – also auf die
  spätere Rückseite der Brosche – werden die
  Konturen der äußeren Rinne aufgezeichnet
  (Bild 10.40 a).

- Mit dem Schrotpunzen werden die Konturli-
  nien eingeschlagen, so daß die Rinne scharf
  begrenzt wird (Bild 10.40 b).
- *Umkitten.* Das Kästchen wird mit der
  Flamme angewärmt und von der Kittkugel
  abgehoben. Dann hält man es mit der Zange
  senkrecht über die Kittkugel, erwärmt es
  weiter und läßt so den anhaftenden Kitt
  noch ablaufen. Dadurch verbrennt nicht zu
  viel Kitt beim anschließenden Glühen. Die
  Wände des Kästchens werden in entgegengesetzte Richtung umgeknickt, die bisherige
  Unterseite kommt nach oben. Wieder wird
  das Kästchen mit Kitt gefüllt und auf die
  Kittkugel aufgesetzt.
- Während der Kitt noch warm und weich ist,
  wird die Gesamtfläche der späteren Vorderseite der Brosche mit einem flachgewölbten
  Hammer und mit geeigneten Formpunzen
  als Hohlschale ausgearbeitet (Bild 10.40 c).
- In diese Hohlschale wird das eigentliche
  Motiv eingeschrotet. Mit dem Setzpunzen
  wird die Umgebung des hinteren Tiers zurückgedrückt, und mit passenden Planierpunzen wird die Schalenwölbung wieder
  ausgeglichen (Bild 10.40 d).
- *2. Umkitten.* Von der Rückseite her werden
  die beiden Tiere unter Berücksichtigung der
  gestaffelten Reliefhöhe herausgearbeitet.

*Bild 10.41   Maske. Silber, ziseliert. Gerhard Herbst,
Weimar*

• *3. Umkitten.* Nun muß die Vorderseite der Brosche nachgearbeitet werden: Die Schalenwölbung wird ausgeglichen, die eingeschrotete Vorzeichnung der Motive wird mit Setz- und Planierpunzen so verschlagen, daß diese scharfe Abgrenzung zwischen Grund und Relief nicht mehr sichtbar ist, denn die Wirkung beruht bei dem abgebildeten Beispiel auf der »weichen« Kontur, das Motiv wächst aus dem Untergrund heraus. Nach Bedarf werden noch die Details in das modellierte Motiv eingearbeitet.

2. Beispiel. Auch die Maske (Bild 10.41) ist in einer Kombination von Treib- und Ziselierverfahren hergestellt worden.

• Die gewölbte Grundform der Maske wird aus einem entsprechenden Zuschnitt über gewölbten Punzen mit Holz- und Plasthammer aufgezogen.

• Im Bereich der Stirn wird als Abschluß ein Blech gegengelötet.

• Die vorgeformte Maske wird *aufgekittet*, so daß sie von der Rückseite her bearbeitet werden kann. Dazu wird der Kitt so weit erwärmt, daß man die angewärmte Maske eindrücken kann.

• Augenbrauen und die Kontur der Wangenfalten werden durch Schrotlinien markiert; die Nase wird mit gerundetem Punzen herausgedrückt.

• *1. Umkitten.* Von vorn werden die Augenhöhlen und die Partien zwischen Nase und Kinn mit Modellierpunzen zurückgesetzt. Die Nase wird nachgeformt und modelliert. Die geschroteten Konturen werden verschlagen und überarbeitet.

• *2. Umkitten.* Augenlider und Lippen werden von der Rückseite eingearbeitet. Wenn nötig, wird die Nase noch nachgearbeitet.

• Abschließend werden Augen und Mund ausgesägt.

3. Beispiel. An den beiden Übungsplatten (Bilder 10.42 und 10.43) erkennt man, wie auch komplizierte Reliefgestaltungen letztlich doch nur mit den Grundverfahren realisiert werden: Schroten, Absetzen, Modellieren. Man braucht viel Übung, bis man sich die nötigen Fertigkeiten erworben hat, um solche stark plastische, bewegte Darstellungen derartig exakt gestalten zu können. Hinzu kommt,

Bild 10.42 Reichverziertes Wappen als Ziselierübung. Johannes Kretzschmar, Dresden

Bild 10.43 Ornamentformen des Rokoko als Ziselierübung. Johannes Kretzschmar, Dresden

daß man während der Modellierung nur die Rückseite sieht, das positive Relief der Vorderseite muß man sich danach vorstellen.

Für solche Arbeiten braucht man nicht nur große Fertigkeiten und die Fähigkeit zur plastischen Gestaltung, man braucht viel Zeit – und darin liegt heute das Hauptproblem: Ein solches Miniaturrelief wird teuer! Hinzu kommt, daß der Kunde gestanzte, geprägte und gegossene Reliefs kennt, die bei flüchtiger Betrachtung ähnlich aussehen, wegen der industriellen Fertigung aber unvergleichlich billiger sind. So bleibt wohl auch zukünftig das Ziselieren eine reizvolle Sondertechnik, die nur dann weiterbestehen kann, wenn tüchtige Ziseleure verständnisvolle, fördernde Auftraggeber finden. Überdies wäre es eine schöne Freizeittätigkeit für den Goldschmid, ja für jeden, der eine schöpferische Gestaltungsmöglichkeit sucht, ohne die Stunden kalkulieren zu müssen.

Auf den Bildern 10.44 bis 10.46 und F 10.49 werden unterschiedliche Beispiele vorgestellt, die möglicherweise als Anregungen für eigene Versuche dienen sollen.

10.6   Flambieren

Begriffsklärung

Das Blech wird so erwärmt, daß in der Flammenhitze die Oberfläche und die Kanten erschmelzen – daß also in diesen Bereichen die Liquidustemperatur überschritten wird –, während die tieferen Zonen im festen Zustand bleiben.

Der Goldschmied kennt dies seit eh und je, wenn beim Löten versehentlich das Werkstück stellenweise überhitzt wird und dadurch »schmort« oder »schnurrt« – also verdorben ist.

Nun aber wird ein solcher Effekt absichtlich und zielgerichtet angestrebt, und es wäre un-

Bild 10.44 Anhänger. Silber, freie Ziselierung. Deutsche Arbeit, 16. Jahrhundert (Museum des Kunsthandwerks, Leipzig)

Bild 10.45 Reisenecessaire. Silber, ziseliert. Deutsche Arbeit, um 1870 (Privatbesitz)

Bild 10.46 Stockgriff. Silber, ziseliert (Detailansicht). Chinesische Arbeit, 2. Hälfte des 19. Jahrhunderts (Privatbesitz)

zweckmäßig, diese abwertenden Begriffe für das neue Veredlungsverfahren zu übernehmen, man soll vielmehr vom »Flambieren« sprechen, zumal bereits im vorigen Jahrhundert die auf gleiche Weise gestalteten Etuis französischer und russischer Goldschmiede so bezeichnet werden.

Als in den 50er Jahren erste flambierte Schmuckstücke gezeigt wurden, die anscheinend nichts mehr mit den Traditionen solider Goldschmiedearbeit zu tun hatten, gab es heftige Diskussionen um die Zulässigkeit solcher Arbeiten. Inzwischen ist das Flambieren in die Goldschmiedetechniken eingereiht worden, und man hat erkannt, wie damit die gestalterischen Möglichkeiten erweitert werden können.

Bis zu einem gewissen Grad ist das Ergebnis vom Zufall abhängig, aber mit einiger Erfahrung kann man die gestalterische Wirkung der Flambierung durchaus vorherbestimmen und steuern. Man kann solche Arbeiten durchaus von pseudokünstlerischen »Werken« unterscheiden, mit denen handwerkliches und gestalterisches Unvermögen durch das Flambieren überdeckt werden soll.

Verfahren

Den Glühofen kann man nicht verwenden, weil damit das Blech im Ganzen erhitzt würde, es geht nur mit der Flamme, eventuell nimmt man sogar den Schweißbrenner, besonders bei

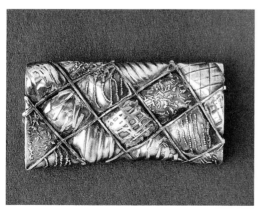

Bild 10.54 Brosche. Silber, Gold. Ziselierte Felder mit Belötungen und Granulation. Gabriele Putz, Magdeburg

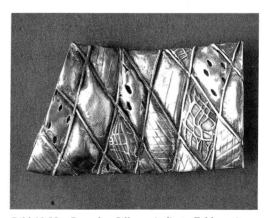

Bild 10.55 Brosche. Silber; ziselierte Felder mit geschroteten und belöteten Mustern. Gabriele Putz, Magdeburg

hochschmelzenden Metallen, wie Kupfer und Messing. Die Einstellung der Flamme und die Dauer der Behandlung wird man probieren müssen. Meist wird man das Blech im Ganzen vorwärmen und dann mit scharfer Flamme gezielt die Oberfläche oder die Kanten behandeln. Wenn die Oberfläche zu schmelzen beginnt, weil sich das flüssige Metall wegen seiner Oberflächenspannung zusammenzieht, rauht sich die Oberfläche auf, und es können sich sogar faltenartige Kontraktionen bilden. Wenn die Kanten erschmelzen, ziehen sie sich zu wulstartigen Verdickungen zusammen. Wenn man im richtigen Moment die Flamme wegnimmt, hat die Oberfläche des Blechs eine reizvolle natürliche Textur bekommen, durch die angeschmolzenen Kanten wird die straffe Kontur in weiche Formen aufgelöst.

Die Wirkung wird noch gesteigert, wenn die frei geformte Flambierung mit glatten, polierten Elementen oder mit Steinbesatz kombiniert wird.

An einigen Anwendungsbeispielen soll das Verfahren näher erläutert werden.

Bei dem auf Bild 10.56 gezeigten Manschettenknopf ist eine einfache rechteckige Silberplatte mit der Schere zugeschnitten und dann mit der Flamme derartig erhitzt worden, daß sich die Ecken einrollen, und die Oberfläche beginnt Falten zu bilden. Wie bei der Brosche auf Bild 10.57 zu erkennen ist, bildet sich auch auf Goldblech die gleiche Struktur beim Flambieren. Bei dem Ansteckschmuck auf Bild 10.58 ist die Metallplatte mit Feilungspulver bestreut worden, das dann aufschmilzt. Natürlich muß die Feilung ganz sauber und frei von Verunreinigungen sein. Um die einwandfreie Bindung zu sichern, wird die Platte zunächst mit Lötmittel eingestrichen, auf das die Fei-

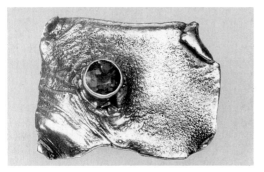

Bild 10.56 Manschettenknopf. Silber mit angeschmolzener Oberfläche. Erhard Brepohl, Bad Doberan

Bild 10.58 Ansteckschmuck. Silber; aufgeschmolzene Feilung. Fachschule für Ang. Kunst Heiligendamm, Studienarbeit

Bild 10.57 Ansteckschmuck. Gold mit angeschmolzener Oberfläche. Hermann Jünger, Pöring

Bild 10.59 Ansteckschmuck. Silber; aufgeschmolzene Feilung. Fachschule für Ang. Kunst Heiligendamm, Studienarbeit

lung gestreut wird, und dann erhitzt man so lange, bis die Oberfläche gerade zu glänzen beginnt. In der Hitze ziehen sich die Feilungsteile zu kleinen Kügelchen zusammen, so daß dies schon eine Vorübung zur eigentlichen Granulation sein kann.

Man kann die Bindung der Feilung noch dadurch erleichtern, daß das Blech zunächst verlotet wird, daß man also auf der Oberfläche das Lot zerfließen läßt. Streut man dann Feilung darauf, sinkt sie in das schmelzende Lot und wird sicher festgehalten (Bild 10.59).

Statt der Feilung können auch andere, beliebig geformte Blech- und Drahtteile aufgeschmolzen werden. Voraussetzung ist immer, daß damit eine konkrete Gestaltungsabsicht realisiert wird und man sich nicht auf irgendwelche Zufallsformen verläßt.

Reizvolle Wirkungen ergeben sich, wenn aufgelötete Drahtstege an ihrer Oberkante mit dem Mikrobrenner angeschmolzen werden. Vorher kann die Grundfläche sandgestrahlt werden.

Für den Ansteckschmuck (Bild 10.60) sind Drähte netzartig auf die Lötunterlage gelegt und dann in der Glühhitze miteinander verschweißt worden. Auch dabei muß mit Flußmittel die Bindung unterstützt werden. Auf der Detailaufnahme (Bild 10.60b) erkennt man, wie reizvoll das Geflecht der Drähte verwoben und verschmolzen worden ist.

Die Manschettenknöpfe (Bild 10.61) sind auf ähnliche Weise entstanden, allerdings wurden die Drähte hier direkt auf die Silberplatte aufgelegt, so daß sie nicht nur miteinander, sondern auch mit der Grundplatte verschmolzen sind.

Auch auf den Bildern 10.56 bis 10.62 erkennt man, welche reizvollen Möglichkeiten sich mit dem Flambieren ergeben.

10.7   Ätzen

Anwendungsmöglichkeiten

Aus einem Werkstoff, dessen Oberfläche partiell durch Lacküberzug geschützt ist, werden in den freiliegenden Bereichen durch chemisch aggressive Stoffe Teilchen herausgelöst, so daß vertiefte Gruben oder Rillen entstehen (Bild 10.64).

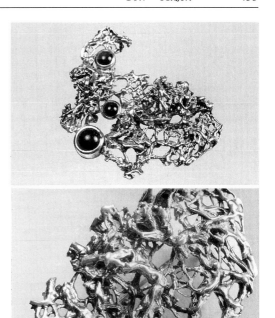

Bild 10.60   Ansteckschmuck. Silber; verschweißte Drahtelemente. Rainer Schumann, Dresden. a) Gesamtansicht, b) Detail

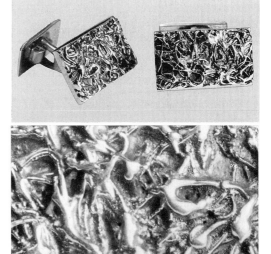

Bild 10.61   Manschettenknöpfe. Silber; Drahtelemente, miteinander und mit der Grundplatte verschweißt. Rainer Schumann, Dresden. a) Gesamtansicht, b) Detail

*Bild 10.62   Brosche. Silber auf Piacrylplatte. Draht-
ösen verlötet und verschweißt. Erhard Brepohl, Bad
Doberan*

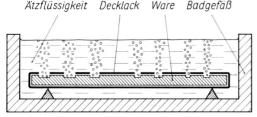

Bild 10.64   Vorbereitete Ware in der Ätzflüssigkeit

Hieraus ergeben sich vielfältige Anwendungs-
möglichkeiten:
- Lineare vertiefte Zeichnung in der Art der
  Radierung   ·
- Flächige, vertiefte Zeichnung
- Vertiefter Hintergrund einer erhabenen
  Zeichnung
- Vorbereitung von Grubenemail, Niello und
  Tauschierung

Die Ätztechnik hat eine lange Geschichte, ein
vorbildliches historisches Beispiel ist der reich-
verzierte Becher auf Bild 10.65.
Im vorigen Jahrhundert wurde das Verfahren
unter Einfluß des Historismus zur formalen
Spielerei, technisch perfekt wurden die Gegenstände überreich mit geätzten Zeichnungen übersponnen. In unserer Zeit gibt es gute
Beispiele dafür, wie die Ätztechnik als gra-
fisch-dekoratives Gestaltungsmittel genutzt
wird (Bilder 10.66 bis 10.68 und F 10.69).
Man kann sich rasch und unbelastet mit der
Ätztechnik beschäftigen, denn man braucht
keine speziellen handwerklichen Fertigkeiten,
man sieht schnell den Erfolg, es macht Spaß.
Man muß aber auch bedenken, daß ein solches

grafisches Verfahren gewisse gestalterische
Voraussetzungen erfordert, es kann sich ja sogar der freien Kunst nähern. Deshalb soll der-
jenige, der eine derartige Begabung nicht besitzt, sich mit einfachen, sauberen Ornamenten begnügen, denn das ist weit besser als
dilettantische Pseudokunst.

*Bild 10.65   Becher. Silber; geätztes Ornament. Um
1500 (Museum des Kunsthandwerks Leipzig)*

*Bild 10.66   Türschilder. Messing und Kupfer; posi-
tive und negative Ätzung. H. Schöne, Senftenberg*

Bild 10.67 Übungsplatten mit geätzten Texturen. Kupfer. Fachschule für Ang. Kunst Heiligendamm, Studienarbeit

Bild 10.68 Brosche. Aluminium; geätzte Textur. Fachschule für Ang. Kunst Heiligendamm, Studienarbeit

Vorbereitung der Ware

Die Oberfläche wird in üblicher Weise behandelt, also gebeizt und geglättet. Da die angeätzten Bereiche matt werden, ergibt sich der beste Kontrast, wenn das Grundmetall gut poliert wird.

Die Flächen können eben oder gewölbt sein.

Alle Bereiche, die vom Ätzmittel nicht angegriffen werden sollen – also auch die Kanten und die Rückseite der Platte –, werden mit Decklack überzogen. Es genügt der schwarze Asphaltlack, also in Terpentin gelöster Asphalt, dem meist noch etwas Wachs und Kolophonium zugesetzt wird. Man bekommt ihn in Bastler- und Künstlerbedarfsgeschäften.

Besonders gut ist der Abdecklack, der in der Polygraphie zur Klischee-Herstellung benutzt wird.

Man kann aber auch jeden anderen säurefesten Lack verwenden, vorausgesetzt, daß er sich nach dem Ätzen wieder ablösen läßt. Es gibt auch säurefeste Folien, die man beispielsweise auf die Rückseite der Platte kleben kann.

Der Asphaltlack muß gleichmäßig dick und ganz dicht aufgetragen werden, alle Fehlstellen werden angeätzt. Wenn die Lackschicht aber zu dick ist, blättert sie ab und bröckelt beim Freischaben aus. Eventuell wärmt man den Gegenstand über einer Heizplatte leicht vor, dann verteilt sich der Lack besser. Man kann den warmen, frisch aufgetragenen Lack auch gleichmäßig mit einem weichen Leder verteilen.

Es gibt das Abdeckmittel auch in fester Form, man streicht es auf den erwärmten Gegenstand auf, und dabei schmilzt es.

Auftragen

Entfernen des Abdeckmittels. Der Gegenstand wird allseitig mit dem Abdeckmittel bedeckt. Um die Zeichnung aufzubringen, wird die Oberfläche mit weißer Plakatfarbe bestrichen, man kann das Motiv von Transparentpapier aufpausen. Für lineare Zeichnungen wird der Decklack mit Radiernadel oder -schaber – der ähnlich wie ein Uhrmacher-Schraubenzieher geformt ist – weggekratzt und das Metall freigelegt.

Man kann auch flächige Motive gestalten, dann werden entsprechend größere Bereiche mit Schaber und Messer freigelegt.

Aufstreichen des Abdeckmittels. Der Decklack wird mit dem Pinsel auf all die Stellen gestrichen, die geschützt werden sollen. Wenn es erforderlich ist, kann man vorher die Metallfläche mit weißer Farbe einstreichen, die Zeichnung vom Transparentpapier aufpausen und mit der Radiernadel in das Metall einritzen. Nach dem Abwaschen der Farbe hat man so eine gute Markierung der Flächen, die mit dem Abdeckmittel einzustreichen sind.

Bei geeigneten Motiven kann man auch die Schablonentechnik anwenden: Das Motiv wird aus Papier ausgeschnitten und auf dem Metall mit wasserlöslichem Kleber befestigt. Das Abdeckmittel streicht man ringsum auf, und die Schablone löst man dann mit Wasser ab.

Bei allen Ätzverfahren liegt es im Ermessen des Gestalters, ob das Motiv durch den erhabenen Bereich als *Hochätzung* oder den vertieften als *Tiefätzung* gebildet wird.

Fotografisches Kopierverfahren. Das Motiv kann auch von einem Foto auf ein lichtempfindliches Abdeckmittel übertragen werden. Solche Ätzungen können auch für unsere Zwecke genutzt werden, es ist aber ein polygraphisches Verfahren, das hier nicht näher behandelt werden kann.

Ätzflüssigkeiten

Wichtig ist generell, daß der Werkstoff *langsam* herausgelöst wird, deshalb benutzt man meist die Säuren in verdünnter Form; nur beim Eisen(III)-chlorid $FeCl_3$ ist es umgekehrt, denn dessen verdünnte Lösung ätzt intensiver als die konzentrierte.

Wenn der Werkstoff zu schnell gelöst wird, kann die ganze Arbeit verderben:

Tabelle 10.2   Ätzmittel

Werkstoff	Zusammensetzung in 1 l Ätzlösung		
	Ätzmittel	Konzentration	Wasserzugabe
Gold	konz. Salpetersäure HNO_3 + konz. Salzsäure HCl	167 ml 500 ml	333 ml
Silber	konz. Salpetersäure HNO_3 + konz. Salzsäure HCl	500 ml 500 ml	–
Silber, Kupfer, Messing	konz. Salpetersäure HNO_3	250 ml	750 ml
Kupfer	konz. Salzsäure HCl + Wasserstoffperoxid (10%ig) H_2O_2	200 ml 140 ml	660 ml
Kupfer, Messing	Eisen(III)-chlorid $FeCl_3$	200 g	800 ml
Aluminium	Eisen(III)-chlorid $FeCl_3$	200 g	800 ml
Eisen, Stahl	konz. Salpetersäure HNO_3	150 ml	850 ml
Glas	konz. Flußsäure HF	1000 ml	–

- Man kann die entstehende Ätztiefe nicht genau genug kontrollieren.
- Die freigelegten Konturen werden unter dem Abdeckmittel weiter ausgeätzt, so daß sie »untergriffig« und unsauber werden.
- Der heftige Angriff des Ätzmittels kann dazu führen, daß ganze Partien des Decklacks abgehoben werden.

Die in Tabelle 10.2 angegebenen Konzentrationen der Ätzmittel sind als Richtwerte anzusehen, nach der Art der Zeichnung und der Beschaffenheit des Gegenstands richtet es sich, wie man diese Mischungsverhältnisse abwandelt.

Ätzvorgang

Man kann ein beliebiges, säurefestes Gefäß benutzen, in das der Gegenstand eingelegt oder eingehängt werden kann; Bedingung ist nur, daß über ihm mindestens noch 3 cm Flüssigkeit verbleibt.

Man wird bei Zimmertemperatur arbeiten müssen, weil der Abdecklack bei Erwärmung erweichen würde.

Die Intensität des Ätzvorgangs kann man nach der Menge der aufsteigenden Gasblasen beurteilen. Nach Bedarf können zum Ausgleich Ätzmittel oder Wasser während des Ätzvorgangs zugesetzt werden. Um die Kontinuität des Ätzens zu sichern, streicht man die Gasblasen von Zeit zu Zeit vorsichtig mit einer Gänsefeder – es gibt dafür nichts Besseres – von der Oberfläche ab.

Es ist normal, daß je nach angestrebter Ätztiefe das Ätzmittel mehrere Stunden lang einwirken muß. Wichtig ist dabei, daß das Ergebnis kontinuierlich kontrolliert werden kann. Am Werkstück kann man die Ätztiefe nur ungenau erkennen oder mit dem Fingernagel ertasten. Besser ist es, wenn zusammen mit dem Werkstück ein Kontrollstreifen aus dem gleichen Material mit ähnlichem Decklacküberzug in die Lösung gelegt wird. Will man die Ätztiefe beurteilen, nimmt man nur die Probe heraus, spült sie ab und schabt vorsichtig ein kleines Stück des Decklacks weg, um die geätzte Stufe genau erkennen zu können. Genügt die Tiefe noch nicht, legt man die Probe wieder ein und setzt die Ätzung fort; ist die verlangte Tiefe erreicht, kann das Werkstück herausgenommen werden.

Mit Beginn des chemischen Angriffs wird durch das Herauslösen der Metallteilchen die Fläche matt. So entsteht schon bald, noch ehe eine merkliche Stufe eingefressen ist, ein Kontrast zu den umgebenden Bereichen, die unter dem Abdeckmittel ihre Politur behalten; für eine solche dekorative Wirkung genügt also schon eine geringe Ätztiefe.

Wenn das Metall für Grubenemail, Niello oder Tauschierung vorbereitet werden soll, braucht man deutlich ausgearbeitete Gruben und Rillen. In solchen Fällen muß das Blech ausreichend dick sein, damit das Ätzmittel durch stundenlanges Einwirken die genügende Tiefe herauslösen kann. Keinesfalls soll man ungeduldig versuchen, durch Erhöhung der Konzentration das Verfahren zu beschleunigen – es ginge auf Kosten der Qualität!

Kupferätzung in Salzsäure

Daß Kupfer in Salzsäure löslich ist, scheint ungewöhnlich, aber durch die Mitwirkung des Sauerstoffs aus dem Wasserstoffperoxid können die Chlorionen wirksam werden (s. Tabelle 10.2).

Das daraus entwickelte Ätzverfahren ist deshalb besonders bemerkenswert, weil mit ihm auch bei tieferen Ätzungen scharfe Konturen ohne Untergriffigkeiten erreicht werden; für andere Metalle, wie Silber, gibt es kein vergleichbares Verfahren.

Da die Mischung nicht lagerfähig ist, muß sie immer wieder neu angesetzt werden.

Man erreicht die gewünschte Qualität der Ätzung aber nur, wenn dafür gesorgt werden kann, daß die Ätzlösung diskontinuierlich einwirkt, die Ware also ständig eingetaucht und wieder herausgeholt wird. So könnte man für rohrförmige Teile, wie Armreif, Serviettenring usw., eine einfache Vorrichtung entwickeln. Mit einem langsam laufenden Elektromotor (etwa $n = 50 \, min^{-1}$) wird der Ring so gedreht, daß er nur 3 ...5 mm tief in die Lösung eintaucht. Nach 2 ...4 h ist die erforderliche Ätztiefe erreicht (nach Information von Dr. Walter Lachmann, Hamburg).

Dem konkreten Anwendungsfall entsprechend muß das Verfahren abgewandelt werden.

Nachbehandlung

Wenn die erforderliche Ätztiefe erreicht ist, nimmt man die Ware aus der Lösung und spült sie in Wasser ab.

So lange der Decklacküberzug noch vorhanden ist, kann man die ausgeätzten Bereiche durch galvanisches Vergolden oder Versilbern noch veredeln.

Bei Silberätzungen kann man diese Stellen aber auch dauerhaft schwärzen: Eine Stunde lang in einer Lösung aus 500 g $FeCl_3$ in 500 ml Wasser tauchen.

Der Decklack wird mit Benzin gelöst oder auch durch Ausglühen verbrannt. Danach muß gebeizt und gekratzt werden.

Die Oberfläche soll nach dem Ätzen möglichst nicht mehr mechanisch bearbeitet werden, weil jeder Materialabtrag auf Kosten der Ätztiefe geht.

Wenn die Ätzung für Grubenemail, Niello oder Tauschierung benutzt werden soll, muß man die Kanten der Gruben mit dem Stichel nacharbeiten und glätten. Bei Email und Niello müssen die seitlichen Wände der Gruben senkrecht sein, nur bei der Tauschierung werden sie »schwalbenschwanzförmig, unter sich gehend« ausgearbeitet.

11 Galvanotechnik

Es kann heute für den Goldschmied nicht mehr genügen, daß er mit den Fertigpräparaten seine Bäder ansetzt und in einem alten Kochtopf seine Erzeugnisse schlecht und recht vergoldet und versilbert. Man muß verlangen, daß er über die prinzipiellen elektrochemischen Vorgänge Bescheid weiß und sich gegebenenfalls bei auftretenden Fehlern helfen kann. Deshalb sollen hier neben den praktischen Anleitungen auch die theoretischen Grundlagen in vereinfachter Form behandelt werden.

Von den Galvanotechnik-Firmen werden alle erforderlichen Chemikalien zum Ansatz der Elektrolyte geliefert. Die Arbeitsanleitungen müssen unbedingt eingehalten werden. Wenn man spezielle Wünsche oder Probleme hat, soll man sich an diese Betriebe wenden.

11.1 Ionentheorie und Dissoziation

Atomaufbau

Innerhalb eines Atoms besteht ein elektrisches Gleichgewicht zwischen dem positiv geladenen Kern und den negativen Teilen der Hülle. Die Anzahl der positiv elektrischen Teile (Protonen) bestimmt die Ordnungszahl des Elements im periodischen System. Diese Anzahl entspricht auch der Menge der negativ elektrischen Teile der Hülle (Elektronen). So sind es bei Na je 11, bei Cl je 17 usw. Die Elektronen befinden sich auf einzelnen Schalen um den Kern, von denen jede nur eine bestimmte Anzahl von Elektronen enthalten kann: die erste 2, die zweite 8 usw.

Molekülbildung

Nur bei den Edelgasen, wie He, Ne, Ar usw., sind alle Elektronenschalen voll besetzt. Bei den meisten der übrigen Elemente ist die äußere Schale nur unvollständig mit Elektronen belegt. Wenn diese Elemente eine chemische Verbindung eingehen, sind sie bestrebt, alle Schalen möglichst vollständig mit Elektronen

zu besetzen, also in den nächsthöheren oder nächstniedrigeren Edelgaszustand überzugehen.

Die Metalle, Wasserstoff und die NH_3-Gruppe geben so viele Elektronen ab, wie ihre Wertigkeit ausdrückt.

Die Nichtmetalle, der Sauerstoff, die Säurereste und die OH-Gruppe können dagegen entsprechend ihrer Wertigkeit Elektronen in ihre unvollständig besetzte Außenschale aufnehmen.

Einen solchen Atomrumpf, bei dem die elektrische Ladung nicht mehr im Gleichgewicht ist, bezeichnet man als »Ion«.

Die Atome vereinigen sich zu einem Molekül, es entsteht eine chemische Verbindung, wobei sich das Ladungsverhältnis innerhalb jedes Atoms ändert: Bei Elektronenabgabe überwiegt die positive Ladung des Kerns, da sich die Anzahl der Protonen nicht ändert; bei Elektronenaufnahme wird die negative Ladung vergrößert.

Die Summe der Ladungen innerhalb des Gesamtmoleküls hebt sich auf.

Die der Wertigkeit entsprechende Anzahl der abgegebenen Elektronen eines Ions und die dadurch entstehende positive Ladung gibt man durch $^+$ an:

H^+, Na^+, Ca^{2+}, Al^{3+}

Beim negativen Ion bezeichnet man die Menge der zusätzlich aufgenommenen Elektronen durch $^-$:

Cl^-, OH^-, SO_4^{2-}.

Beispiel: Na gibt ein Elektron ab und wird zu Na^+. Mit diesem Elektron wird der freie Platz der äußeren Schale des Cl besetzt, und es entsteht das Ion Cl^-. Beide Ionen haben dadurch komplett besetzte Außenschalen (Bild 11.1). Durch die entstandene Polarisierung der elek-

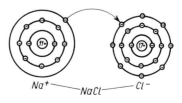

Bild 11.1 Ionenbildung am Beispiel des Natriumchlorids NaCl (Schema)

trischen Ladung werden die beiden Ionen Na$^+$ und Cl$^-$ zum gemeinsamen Molekularverband vereint.

Dissoziation

In wäßriger Lösung zerfallen die Moleküle von Säuren, Salzen und Basen in ihre Ionen, die Molekularteilchen trennen sich also voneinander, ohne die ausgetauschten Elektronen zurückzugeben: Man bezeichnet diese Erscheinung als Dissoziation und die entstandene Lösung wegen ihrer elektrischen Leitfähigkeit als Elektrolyt.

Die Dissoziation ist eine Gleichgewichtsreaktion, bei der ein Teil der zerfallenen Ionen wieder molekular in der Lösung gebunden wird. Der Anteil der frei beweglichen und damit für die Elektrolyse nutzbaren Ionen wird durch den Dissoziationsgrad ausgedrückt. Bei starken Säuren und Basen erreicht er fast 100 %, dagegen haben Komplexsalze nur einen geringen Anteil frei beweglicher Ionen.

Beispiel. Kupfersulfat dissoziiert in wäßriger Lösung

$$CuSO_4 \rightleftarrows Cu^{2+} + SO_4^{2-}$$

In der 0,1 N-Lösung dieses Salzes beträgt der Dissoziationsgrad 39 %.

Mit zunehmender Verdünnung wächst der Dissoziationsgrad, bei unendlicher Verdünnung wären nur noch frei bewegliche Ionen vorhanden.

Mit steigender Temperatur verringert sich dagegen der Dissoziiationsgrad.

Unter Einwirkung eines angelegten elektrischen Feldes wandern die negativen Ionen im Elektrolyt zum positiven Pol, also

die Anionen gehen zur Anode;
die positiven Ionen reagieren am negativen Pol, also

die Kationen gehen zur Katode.

11.2   Metallabscheidung ohne äußere Stromquelle

Hierbei werden die zur Reduktion der Metallionen erforderlichen Elektronen durch elektrochemische Reaktionen in der Lösung gebildet. Dabei unterscheidet man

- Tauchverfahren (früher: »Sudverfahren«), der osmotische Druck ist größer als die Lö-

sungsdruck.
- Kontaktverfahren, das Grundmetall hat direkte Berührung mit einem Kontaktmetall.
- Reduktionsverfahren, die Abscheidung des Beschichtungsmetalls erfolgt durch ein zugefügtes Reduktionsmittel.

Osmotische Theorie

Wenn ein Metall in einen Elektrolyt getaucht wird, hat es das Bestreben, seine Atome als Ionen in die Lösung zu schicken *(Lösungsdruck).* Die Metallionen des Elektrolyts wollen sich dagegen auf der Oberfläche des eingetauchten Metalls als Atome anlagern *(osmotischer Druck).*

Beim Eintauchen entsteht also an der Grenzfläche Metall–Lösung ein elektrischer Ladungsunterschied, ein Potentialgefälle. Ob Lösungsdruck oder osmotischer Druck überwiegt, hängt von der Eigenart des jeweiligen Metalls ab.

Die für unsere Zwecke wichtigen Metalle kann man nach ihrer elektrochemischen Spannungsdifferenz ordnen (Bild 11.2). Der Spannungsunterschied Atom–Ion ist gegen Wasserstoffanode gemessen, die mit 0,00 V festgelegt worden ist. Die angegebenen Werte beziehen sich auf das Metall, nicht auf das Ion, und es wird eine 1n-Lösung des jeweiligen Salzes bei Raumtemperatur vorausgesetzt. Werden Konzentration und Temperatur geändert, ergeben sich andere Werte. Taucht man das Metall in andere Lösungen, beispielsweise in cyanidische Elektrolyte, entstehen völlig neue Potentialwerte, es kann sich sogar die Reihenfolge in der Spannungsreihe ändern. So verhält sich beispielsweise im cyanidischen Elektrolyt das Silber edler als Gold.

Osmotischer Druck größer als Lösungsdruck. Charakteristisch für die rechts von Wasserstoff stehenden Metalle ist dieses Verhalten, es sind die elektrochemisch edlen Metalle.

Beispiel. Ein Kupferstab wird in eine Kupfersulfatlösung getaucht, an der Grenzschicht Metall–Lösung besteht die positive Spannungsdifferenz von + 0,345 V, und das bedeutet, daß der osmotische Druck der Ionen des Elektrolyts größer ist als der Lösungsdruck des eingetauchten Metalls, weil es gegenüber der Lösung einen Überschuß an Elektronen, also

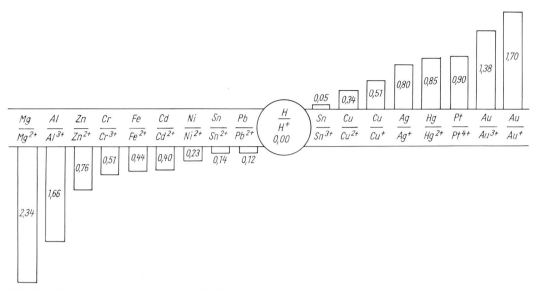

Bild 11.2 Elektrochemische Spannungsreihe (Schema)

an negativer Ladung, hat (Bild 11.3a). Die Cu-Ionen reagieren mit dem eingetauchten Metall, entziehen ihm die überschüssigen Elektronen und ergänzen sich so zum Cu-Atom:

$Cu^{2+} + 2e^- \rightarrow$ Cu-Atom

Der Kupferstab lädt sich positiv auf. Gleichzeitig verringert sich die Anzahl der positiv geladenen Kupfer-Ionen im Bad, der osmotische Druck wird schwächer, und das Bad lädt sich negativ auf.

Der Vorgang ist beendet, wenn das Gleichgewicht zwischen osmotischem Druck und Lösungsdruck hergestellt ist.

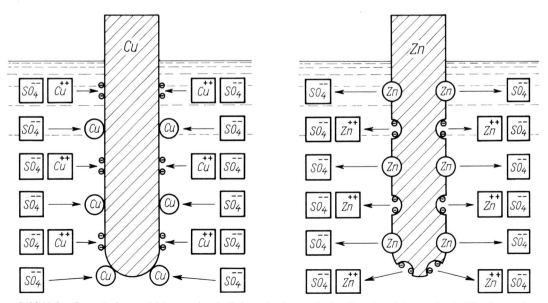

Bild 11.3 Osmotischer und Lösungsdruck (Schema). a) osmotischer Druck > Lösungsdruck (Kupferstab in Kupfersulfatlösung getaucht), b) Lösungsdruck > osmotischer Druck (Zinkstab in Zinksulfatlösung getaucht)

Lösungsdruck größer als osmotischer Druck.
So verhalten sich alle unedlen Metalle, die links von Wasserstoff stehen. Es ist in jeder Beziehung die Umkehrung des eben beschriebenen Falls.

Beispiel. Ein Zinkstab wird in eine Zinksulfatlösung getaucht und darin zersetzt (Bild 11.3b).

Die Spannungsdifferenz ist jetzt negativ, nämlich –0,76 V. Der Lösungsdruck des Zn ist größer als der osmotische Druck der Zn-Ionen in der Lösung.

Der eingetauchte Stab hat Elektronenmangel. Es werden Zn-Atome als Ionen ins Bad gegeben:

$$Zn \rightarrow Zn^{2+} + 2e^-$$

Dadurch lädt sich der Stab negativ auf. Gleichzeitig erhöht sich die Menge der positiven Ionen im Elektrolyt, der also positiv aufgeladen wird. Der Vorgang wäre beendet, wenn an der Grenzschicht Metall–Lösung der Ladungsausgleich und damit der Gleichgewichtszustand erreicht ist. Da jedoch die Zn-Ionen mehr oder weniger schnell von der Lösung fortgeführt werden, dauert der Vorgang oft so lange, bis das Metall völlig aufgelöst ist.

Tauchverfahren

Dieser Vorgang wird auch als Zementation bezeichnet.

Ein unedles Metall wird in die Salzlösung eines edleren Metalls getaucht. Je weiter die beteiligten Metalle in der Spannungsreihe voneinander entfernt sind, um so stärker ist die Reaktion. Das unedle Metall geht in Lösung und verdrängt dadurch das edlere Metall aus dieser Legierung.

Beispiel. Ein Eisenstab wird in eine Kupfersulfatlösung getaucht und dabei mit Kupfer überzogen, also verkupfert (Bild 11.4). Das Eisen hat einen höheren Lösungsdruck, es schickt Ionen in die Lösung:

$$Fe\text{-Atom} \rightarrow Fe^{2+} + 2e^-$$
$$Cu^{2+} + 2e^- \rightarrow Cu\text{-Atom}$$

Da ein solcher Überzug schwammig ist und nicht fest haftet, kommt die Reaktion erst nach Auflösung des Fe zum Stillstand.

Zementation im Versilberungselektrolyt. Wenn die Ware zur galvanischen Versilberung in den Elektrolyt gehängt wird, besteht immer die Gefahr, daß bereits ein Silberüberzug entsteht, noch ehe der Fremdstrom eingeschaltet worden ist. Es handelt sich dabei um eine Erscheinungsform der Zementation, denn wegen ihres höheren Lösungsdrucks gehen Atome der unedlen Warenmetalle als Ionen in die Lösung, während sich die Silber-Ionen aus dem Elektrolyt wegen ihres hohen osmotischen Drucks auf der Ware niederschlagen. Ein solcher ohne Fremdstrom entstandener Silberüberzug ist

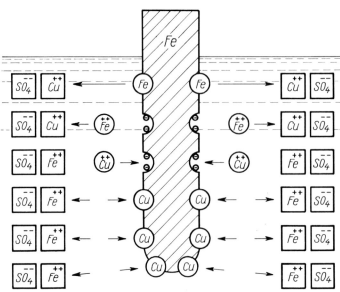

Bild 11.4 Ionenaustausch (Schema) (Eisenstab in Kupfersulfatlösung getaucht)

porös, schwammig und kann auch durch nachfolgende Hartversilberung nicht verbessert werden.

Deshalb muß verhindert werden, daß Silber durch Zementation niedergeschlagen wird.

Quecksilberüberzug (Verquicken). Um die Spannungsdifferenz zwischen dem unedlen Grundmetall und dem edlen Silber zu verringern, wurde die Ware vor dem galvanischen Versilbern verquickt. Schon bei der Feuervergoldung und -versilberung wurde auf gleiche Weise das Grundmetall verquickt, damit das Amalgam gut darauf haftet. Für die modernen Hochleistungsbäder sind solche Vorbereitungen nicht mehr erforderlich, trotzdem folgt aus historischen Rücksichten eine kurze Verfahrensbeschreibung.

Die saure Quecksilberlösung stellte man sich ganz einfach selbst her:
In Salpetersäure wurde Quecksilber bis zur Sättigung gelöst, es entstand Quecksilber(II)-nitrat $Hg(NO_3)_2 \cdot H_2O$. Daraus machte man eine wäßrige Lösung mit etwa 5 ... 10 g/l. Gegenstände aus Kupfer, Messing, Neusilber wurden kurz eingetaucht, und es enstand eine fest haftende, glänzende Quecksilberschicht.

Sudverfahren für Gold und Silber

Weil es im vorigen Jahrhundert noch schwierig war, den zum Galvanisieren erforderlichen Strom zu erzeugen, behalf man sich mit diesen einfachen Methoden, um beispielsweise bei Reparaturen eine dünne Edelmetallschicht aufbringen zu können. Als historische Erinnerung und als Anwendungsbeispiele für den Ionenaustausch sollen auch diese Verfahren kurz erwähnt werden.

Die Wirkung beruhte darauf, daß Atome des unedlen Warenmetalls als Ionen in die Badlösung übergehen und die Edelmetall-Ionen aus dem Bad verdrängen, so daß sie sich als zusammenhängende Überzugsschicht auf der Ware niederschlagen. Sobald dies erreicht war und demnach die Potentialdifferenz nicht mehr bestand, war der Ionenaustausch beendet, damit konnte nur ein hauchdünner Edelmetallüberzug von maximal 0,2 μm entstehen, der sich im Gebrauch rasch wieder abrieb, also nur dekorativen Charakter hatte. Man verwendete die übliche cyanidische Badlösung, erhitzte diese auf 80 ... 90 °C, um die Beweglichkeit der Ionen zu fördern und schwenkte die an einem Draht aufgehängte Ware einige Sekunden lang im Bad, bis sich ein gleichmäßiger Überzug gebildet hatte.

Kontaktverfahren

Hierbei wurde die Potentialdifferenz noch dadurch vergrößert, daß man das Warenmetall in leitende Verbindung mit einem besonders unedlen Metall brachte, indem beispielsweise ein Kupfergegenstand mit Aluminiumdraht umwickelt wurde. Dabei gehen nicht nur die Kupfer-Ionen, sondern auch die noch unedleren Aluminium-Ionen in Lösung und verdrängen gemeinsam die Edelmetall-Ionen aus dem Bad. Der entstandene Überzug war aber genauso dünn und empfindlich wie beim Sudverfahren. Das cyanidische Bad wurde auch erhitzt und die Ware darin geschwenkt, bis sich der Metallüberzug gebildet hatte.

Reduktionsverfahren

Durch die Reduktion der chemischen Verbindung wurde das Reduktionsmittel aufoxidiert, und mit den frei werdenden Elektronen wurden die Metallionen zu Atomen ergänzt. Es war also ein Elektronenaustausch zwischen einer chemischen Verbindung und einem elektrochemisch unedlen Metall. Der Potentialunterschied durfte aber nicht zu groß sein, weil sonst die Reduktion zu schnell abgelaufen und kein brauchbarer Überzug entstanden wäre.

Als Beispiel sei die Anreibeversilberung erwähnt. 13 g Silberchlorid AgCl wurden mit etwas Wasser zu einem Brei angerührt und im Mörser mit 20 g Kaliumhydrogentartrat (Weinstein) $KHC_4H_4O_6$ und 30 ... 40 g Natriumchlorid (Kochsalz) NaCl verrieben.

Diese Paste wurde mit weichem Leder, Leinenlappen oder Finger auf die Warenoberfläche aufgerieben. Es kommt zum Ionenaustausch zwischen den Unedelmetallionen und den freigesetzten Silberionen, wodurch ein dünner Silberüberzug entstand.

11.3   Elektrochemische Beschichtung

11.3.1   Theoretische Grundlagen

Begriffsklärung

Ohmsches Gesetz. Zwischen den elektrischen Grundgrößen Stromstärke I, der Spannung U und dem elektrischen Widerstand R besteht die Beziehung

$$\text{Stromstärke} = \frac{\text{Spannung}}{\text{Widerstand}} \quad \text{oder}$$

$$I\,(\text{A}) = \frac{U\,(\text{V})}{R\,(\Omega)}$$

Badspannung. Durch Umstellung der Gleichung ergibt sich
Spannung = Stromstärke · Widerstand
oder: $U\,(\text{V}) = I\,(\text{A}) \cdot R\,(\Omega)$
Bei der Bestimmung der galvanischen Badspannung muß außer dem Badwiderstand die Polarisationsspannung der Elektroden berücksichtigt werden, d. h. die Spannungsunterschiede, die ohne Fremdstrom zwischen Elektrodenmetall und Badionen bestehen und vom angelegten Fremdstrom als Gegenkräfte überwunden werden müssen:

$$U_\text{K} = \Delta U_\Omega + \Delta U_\text{pA} + \Delta U_\text{pK}$$

U_K – Klemmenspannung
ΔU_Ω – Spannung entsprechend Ohmschem Gesetz
ΔU_pA – Polarisationsspannung der Anode
ΔU_pK – Polarisationsspannung der Katode

Stromdichte. Beim galvanischen Prozeß muß die Stromstärke auf die Größe der Elektrodenoberfläche bezogen werden, nur so bekommt man vergleichbare Werte der Stromintensität. Diese Stromdichte i wird in A/dm^2 gemessen. Für jedes Bad wird eine bestimmte katodische und eine anodische Stromdichte vorgeschrieben. Wenn man am Galvanisiergerät die Stromstärke nicht regulieren kann, muß man die Größe der Warenoberfläche auf die konstante Stromstärke der Anlage einrichten.

$$i = \frac{I}{A}$$

i – Stromdichte in A/dm^2
I – Stromstärke in A
A_K – Warenoberfläche in dm^2
A_A – Anodenoberfläche in dm^2

Besonders wichtig ist die auf die Warenoberfläche A_K bezogene katodische Stromdichte i_K.

Beispiel: a) Beim Vorversilberungselektrolyt ist $i_\text{K} = 2$ A/dm^2. Die Anlage ergibt $I = 1,5$ A. Wie groß kann die Warenoberfläche sein?

$$A = \frac{I}{i_\text{K}} = \frac{1,5\text{ A}}{2\text{ A/dm}^2} = \underline{\underline{0,75\text{ dm}^2}}$$

b) Beim Starkversilberungselektrolyt ist $i_\text{K} = 0,3$ A/dm^2, die Anlage ergibt konstant $I = 1,5$ A. Wie groß kann die Warenoberfläche sein?

$$\frac{1,5\text{ A}}{0,3\text{ A/dm}^2} = \underline{\underline{5\text{ dm}^2}}$$

Stromausbeute. Damit wird der Wirkungsgrad des Elektrolyten ausgedrückt. Die Stromausbeute ergibt sich aus dem Verhältnis von tatsächlich umgesetzter und theoretisch umsetzbarer Stoffmenge. Die Differenz entsteht durch Mitabscheidung von Gasen und durch Sekundärreaktionen im Elektrolyt.

$$\eta = \frac{A\text{e}_\text{pr}}{A\text{e}_\text{theo}} \cdot 100\ \%$$

η – Stromausbeute in %
$A\text{e}_\text{pr}$ – prakt. elektrochem. Abscheidungsäquivalent
$A\text{e}_\text{theo}$ – theor. elektrochem. Abscheidungsäquivalent

So muß bei löslicher Anode die Stromausbeute an Anode und Katode etwa gleich groß sein, damit die Elektrolytmetallmenge nur in geringen Grenzen schwankt.

Die katodische Stromausbeute beträgt 100 %, wenn die Metallmenge abgeschieden wird, die dem elektrochemischen Abscheidungsäquivalent entspricht. Nur bei wenigen Metallen liegen die praktischen Ergebnisse in der Nähe dieses Ideals, bei Silber gilt $\eta = 99\ \%$.

Die anodische Stromausbeute ist dann 100 %ig, wenn so viele Metallteile in Lösung gehen, wie aus dem Gesetz nach Faraday errechnet werden. Wenn die anodische Stromausbeute kleiner als die katodische ist, verarmt der Elektrolyt an Metallteilen.

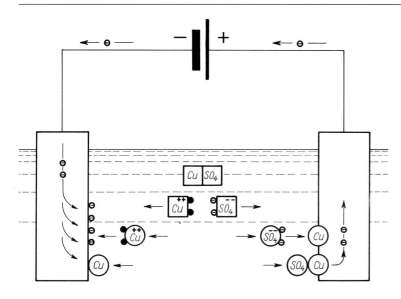

Bild 11.5   Galvanischer Prozeß mit Fremdstrom (Schema) (Kupferelektroden in Kupfersulfatlösung)

Galvanische Metallabscheidung

Beispiel: Saure Verkupferung (Bild 11.5).

Kupfersulfat $CuSO_4 \cdot 5H_2O$	220 g
Schwefelsäure H_2SO_4	30 g
Wasser	1 l

Man hängt in diesen Elektrolyt zwei Elektroden – beispielsweise zwei Kupferplatten –, die mit einer Stromquelle katodisch bzw. anodisch verbunden sind. Der wichtigste Bestandteil des Elektrolyts ist das Kupfersulfat, das im Wasser dissoziiert:

$$CuSO_4 \rightarrow Cu^{2+} + SO_4^{2-}$$

Die Schwefelsäure soll die Bildung von Cu_2O an der Katode verhindern, die Leitfähigkeit erhöhen und den Dissoziationsgrad des $CuSO_4$ verringern, um einen feinkörnigen Niederschlag zu erreichen.

Durch die Fremdspannung wird eine Platte, die Katode, elektrisch negativ. Dadurch erhöht sich in der Umgebung der Katode der osmotische Druck des Elektrolyts, denn an der Katodenoberfläche bildet sich ein Elektronenüberschuß. Er läßt sich dadurch ausgleichen, daß sich Cu^{2+}-Ionen aus dem Elektrolyt an der Katodenoberfläche ansetzen, Elektronen aufnehmen und so zu neutralen Atomen ergänzt werden:

$$Cu^{2+} + 2e^- \rightarrow \text{Cu-Atom}$$

Durch den Fremdstrom wird die andere Kupferplatte positiv elektrisch und damit zur Anode, es werden ihr Elektronen entzogen. Der Fremdstrom bewirkt also, daß das Anodenmetall elektrisch unedel wird. Sein osmotischer Druck wird so weit verringert, daß der Lösungsdruck im Elektrolyt überwiegt. Das negative Sulfat-Ion SO_4^{2-} wird dadurch veranlaßt, seine beiden überschüssigen Elektronen an die Anode abzugeben:

$$SO_4^{2-} \rightarrow \text{SO}_4\text{-Radikal} + 2e^-$$

Durch den Ladungsausgleich der beiden Elektrolyt-Ionen Cu^{2+} und SO_4^{2-} wird der Gleichgewichtszustand im Elektrolyt wieder erreicht. Das neutrale SO_4-Radikal ist nicht frei existenzfähig und entnimmt sofort ein Cu-Atom aus dem Anodenmetall und ergänzt sich so wieder zu $CuSO_4$. Durch die Dissoziation wird der Ausgangszustand wieder hergestellt:

$$CuSO_4 \rightarrow Cu^{2+} + SO_4^{2-}$$

Der Metallgehalt des Elektrolyts müßte theoretisch unverändert bleiben.

Katodenpotential-Stromdichte-Kurven

Voraussetzung für einen kontinuierlichen Abscheidungsprozeß ist der ständige Ionennachschub an der Warenoberfläche. Wird die katodische Stromdichte erhöht, in der Zeiteinheit also eine immer größere Metallmenge auf der Ware niedergeschlagen, verringert sich die

Metallionen-Konzentration des Elektrolyts an der Warenoberfläche, wodurch das Potential, also der Spannungsunterschied des Metalls gegen den Elektrolyt, an der Katode zu negativen, also unedleren Werten verschoben wird. Die so entstandene Potentialdifferenz zwischen dem Ruhepotential und dem durch Fremdstrom entstandenen Potential bezeichnet man als »Konzentrationspolarisation«.

Bei cyanidischen Elektrolyten treten zusätzlich durch den Zerfall der komplexen Metallcyanid-Ionen Reaktionswiderstände auf, die eine »chemische Polarisation« bewirken.

Mit der angelegten Fremdspannung müssen diese Polarisationserscheinungen überwunden werden.

Es muß betont werden, daß die Ruhepotentiale, also die Gleichgewichtswerte, die in der elektrochemischen Spannungsreihe zusammengestellt sind, bei Einwirkung von Fremdstrom stark verändert werden. An der Katode werden sie so stark negativ – also in den negativen Bereich verschoben –, daß beispielsweise das edle Silber im cyanidischen Elektrolyt durchaus ein unedles, also negatives Potential annimmt.

Der Zusammenhang zwischen der Verschiebung des Katodenpotentials – das für den galvanischen Vorgang besonders wichtig ist – in den negativen, also unedlen Bereich und der Stromdichte des angelegten Fremdstroms wird in einem Diagramm dargestellt (Bild 11.6). Der Verlauf der Kurven wird neben den Widerständen der Polarisation sehr stark durch Zusammensetzung und Konzentration des Elektrolyts beeinflußt, außerdem spielen Temperatur und Elektrolytbewegung eine Rolle.

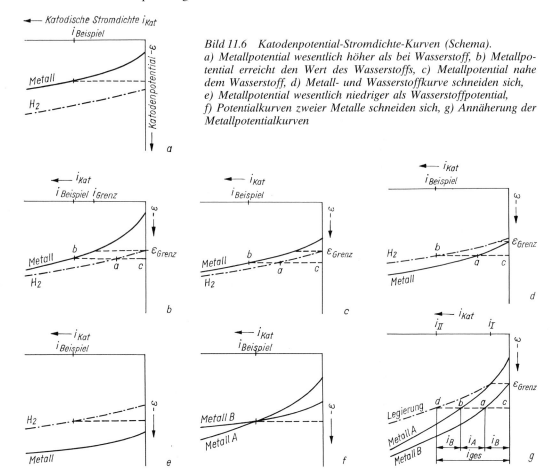

Bild 11.6   Katodenpotential-Stromdichte-Kurven (Schema).
a) Metallpotential wesentlich höher als bei Wasserstoff, b) Metallpotential erreicht den Wert des Wasserstoffs, c) Metallpotential nahe dem Wasserstoff, d) Metall- und Wasserstoffkurve schneiden sich, e) Metallpotential wesentlich niedriger als Wasserstoffpotential, f) Potentialkurven zweier Metalle schneiden sich, g) Annäherung der Metallpotentialkurven

Auf den Ablauf der galvanischen Prozesse hat der Wasserstoff großen Einfluß. Als wäßrige Lösung enthält jeder Elektrolyt neben den Metallionen auch Wasserstoffionen, die an der Katode umgesetzt werden und sichtbar perlend als Wasserstoffgas aus dem Elektrolyt entweichen.

Unter Einfluß des Fremdstroms verschiebt sich auch das Abscheidungspotential des Wasserstoffs zu negativen Werten, wobei das Katodenpotential einen großen Einfluß hat.

Grundsätzlich sind folgende Möglichkeiten zu unterscheiden:

a) Potential des Metalls wesentlich höher als beim Wasserstoff.

Die Potentialkurve verschiebt sich durch die angelegte Fremdspannung zu unedleren Werten, aber auch das Wasserstoffpotential wird verschoben, so daß die Metallionen ungehindert als Atome niedergeschlagen werden können (Bild 11.6a). Wenn allerdings die Stromdichte einen gewissen Grenzwert erreicht, kommt es zur Konzentrationspolarisation an der Katode, weil der Nachschub der Metallionen an der Grenzfläche Ware–Elektrolyt nicht mehr ausreicht. Dadurch wird das Katodenpotential bei dieser Grenzstromdichte immer negativer, bis schließlich das Abscheidungspotential des Wasserstoffs erreicht ist (Bild 11.6b).

Erhöht man die Stromdichte über diesen Grenzwert hinaus, wird durch den Mehrbetrag $\overline{(ac)}$ an der Katode Wasserstoff freigesetzt; zur Metallabscheidung verbleibt nur der Anteil $\overline{ab}$.

Da die Umsetzung der Wasserstoffionen direkt auf der Katodenoberfläche erfolgt, kann es zur Schädigung der aufgebrachten Metallschicht kommen, sie kann schwammig, spröde werden und sogar ganz abplatzen. Demnach kann man diese Elektrolyte nur im Bereich unterhalb der Grenzstromdichte betreiben.

b) Potential des Metalls in der Nähe des Wasserstoffpotentials.

Dies ist in der Praxis der Galvanik der häufigste Fall. Es ist unvermeidlich, daß ein Teil des Stroms für die Mitabscheidung des Wasserstoffs aufgewandt wird (Bild 11.6c). Hat beispielsweise das Metall das edlere Potential, wird schon bei niedriger Stromdichte während

der Metallabscheidung Wasserstoff freigesetzt. Dadurch ist die Stromausbeute entsprechend herabgesetzt. Von der angelegten Stromdichte wird nur der Anteil $\overline{ab}$ zur Metallabscheidung genutzt, während $\overline{ac}$ für die Wasserstoffentwicklung verbraucht wird. Solche Elektrolyte sind so beschaffen, daß durch den entstehenden Wasserstoff keine Schädigung des Metallüberzugs zu erwarten ist.

Praktische Beispiele dafür sind Chrom-, Nickel-, Zink-, Cadmium- und Rhodiumelektrolyte.

Wenn das Wasserstoffpotential edler ist, kommt es erst bei ausreichend hoher Stromdichte zur Metallabscheidung, indem der Anteil $\overline{ab}$ für den Wasserstoff und $\overline{ac}$ für das Metall verbraucht wird (Bild 11.6d).

c) Metallpotential wesentlich niedriger als beim Wasserstoff.

In diesem Fall wird nur der elektrochemisch edlere Wasserstoff abgeschieden, auch bei Erhöhung der Stromdichte kann das Abscheidungspotential des unedlen Metalls nicht erreicht werden (Bild 11.6e). Deshalb kann man Aluminium ebenso wie die Alkali- und Erdalkalimetalle nicht zur galvanischen Beschichtung nutzen.

Abscheidung von Legierungen

Voraussetzung für die gleichzeitige Abscheidung mehrerer Metalle, also die Bildung eines Legierungsniederschlags, ist die Lage der Stromdichte-Potential-Kurve.

Der Idealfall ist erreicht, wenn sich die beiden Kurven schneiden, so daß durch Regulierung der Stromdichte das Mischungsverhältnis beliebig eingestellt werden kann (Bild 11.6f).

Oft aber liegen die Potentialkurven weiter auseinander, dann kann man durch Verminderung der Ionenkonzentration das edlere Metall dem unedleren annähern (Bild 11.6g). Wenn die Stromdichte im Bereich zwischen 0 und i bleibt, wird nur das edlere Metall A abgeschieden. Mit der weiteren Steigerung der Stromdichte werden auch Ionen des Metalls B an der Katode umgesetzt und damit der Legierungsniederschlag ermöglicht. Bei der Stromstärke i_{II} werden beide Metalle in gleicher Menge abgeschieden. Wegen $\overline{ac} = \overline{bd} = i_B$ wird die Legierungskurve konstruiert.

Die Schwierigkeit der Legierungsabscheidung liegt aber nicht so sehr darin, die beiden Metalle gleichzeitig niederzuschlagen, es ist vielmehr das Problem, diese Bedingungen über längere Zeit konstant zu erhalten. Das wird schon dadurch deutlich, daß bei solchen Legierungsbädern meist unlösliche Anoden benutzt werden müssen, so daß sich die Metallionen-Konzentration des Elektrolyts während der Betriebszeit ständig vermindert, denn aus dem Anodenmetall ist ja kein Ausgleich zu erwarten.

Außerdem wird die Niederschlagsqualität beeinflußt durch

- weitere Zusatzstoffe des Elektrolyts, wie Leitsalz und Glanzbildner,
- Abscheidungsbedingungen, wie Temperatur und Elektrolytbewegung,
- pH-Wert.

Die Legierungsabscheidung ist deshalb nur mit modernen Spezialanlagen möglich, die automatisch überwacht und geregelt werden.

Gefüge des galvanischen Niederschlags

Grundsätzlich hat das katodisch abgeschiedene Metall kristalline Struktur. Ähnlich wie bei der Kristallisation aus der Schmelze wird die Kristallbildung bei der galvanischen Metallabscheidung durch die Vorgänge der Keimbildung und des Kristallwachstums bestimmt. Sie sind abhängig von

- Art des Metalls,
- Beschaffenheit des Elektrolyts,
- Abscheidungsbedingungen, besonders Temperatur und Badbewegung.

Die Zielsetzung besteht darin,

- einen festhaftenden Niederschlag
- ausreichender Dicke
- mit dichtem Gefüge und
- glatter, glänzender Oberfläche
- in möglichst kurzer Zeit zu erreichen.

In der Praxis lassen sich aber all diese Forderungen nicht gleichzeitig realisieren. So kann man bei bestimmten Elektrolyten nur mit einem dünnen Überzug eine glänzende Oberfläche bekommen. Glatte, feinkörnige Niederschläge setzen oft lange Expositionszeiten voraus usw.

Optimale *Haftfähigkeit* ergibt sich, wenn es gelingt, das Kristallgefüge des Grundmetalls direkt mit dem galvanischen Niederschlag fortzusetzen, so daß ein inniger Zusammenhalt innerhalb des gemeinsamen Gittergefüges entsteht.

Das ist aber nur in Ausnahmefällen möglich. Normalerweise ist die Kristallstruktur des Grundmetalls an der Oberfläche durch Schleifen und Polieren so deformiert, daß die Kristallite des Niederschlags sich nicht daran anschließen können und eine eigene Struktur bilden, so daß im Mikroschnitt eine deutliche Trennung zu erkennen ist. Die Haftung kommt dann nur durch die Adhäsionskräfte der Atome zustande.

Um eine gute Haftfähigkeit zu erreichen, wird oft – beispielsweise bei der Versilberung – eine besonders hohe Anfangsstromdichte verlangt, so daß die ersten Atomschichten sehr schnell aufgetragen werden. Generell wird aber ein möglichst feinkörniger Niederschlag verlangt, und der entsteht nur, wenn die Ionen möglichst langsam aus dem Elektrolyt an der Warenoberfläche angelagert werden – was allerdings der Effektivität entgegensteht.

Ebenso wie bei der Kristallisation aus der Schmelze ergibt sich der *feinkörnige Niederschlag*, wenn aus möglichst vielen Keimen möglichst viele kleine Kristallite gebildet werden. Ein solcher Niederschlag hat ein dichtes, porenfreies Gefüge und eine glatte Oberfläche.

Es gehört zu den besonderen Vorzügen der cyanidischen Elektrolyte, daß durch die chemische Polarisation bei der Umsetzung der Komplex-Ionen eine derartige Verzögerung entsteht, daß die Niederschlagsgeschwindigkeit absichtlich vermindert wird, um die Feinkörnigkeit des Niederschlags zu erreichen.

Bedeutenden Einfluß auf die Qualität des Niederschlags haben die *Inhibitoren*. Das sind Stoffe, die dem Elektrolyt hinzugefügt werden, damit sie bei der Abscheidung in das Gefüge des Niederschlags eingelagert werden können. Es können organische Substanzen und Kolloide sein, die das Kristallwachstum hemmen und die Feinkornbildung fördern, was besonders für die Abscheidung glänzender Überzüge wichtig ist. Besonders günstig ist es, wenn zusammen mit den Inhibitoren gleichzeitig auch Polarisationserscheinungen wirken.

Bei Erhöhung der Elektrolyttemperatur nimmt die Beweglichkeit der Ionen zu, die

Konzentrationspolarisation verringert sich – auch die Abscheidung der Inhibitoren wird vermindert –, so daß Grobkorngefüge entsteht.

Wird der Elektrolyt bewegt, so wird durch verstärkte Nachlieferung von Ionen die Konzentrationspolarisation zwar vermindert, aber in verstärktem Maße gelangen auch Inhibitoren an die Ware, so daß bei höherer Effektivität des Elektrolyts doch ein feinkörniger Niederschlag entsteht.

Der durch Polarisation entstehende feinkörnige Niederschlag bewirkt nur eine matt schimmernde Oberfläche, die nach dem Galvanisieren durch Kratzen noch geglättet werden muß. Erst durch die Inhibitoren – die auch »Glanzbildner« genannt werden – entsteht der hochglänzende Niederschlag, für dessen Gefüge gilt:

- Die Kristallite müssen so orientiert sein, daß bestimmte Kristallebenen bei den meisten von ihnen parallel zur Oberfläche liegen.
- Die Kristallite dürfen nur so groß sein, daß ihr Durchmesser kleiner als die kleinste Lichtwellenlänge ist, also kleiner als 0,36 µm.

Die Orientierung der Kristallite erfolgt dadurch, daß die elektrischen Feldlinien das Kristallwachstum beeinflussen.

Dicke der Beschichtung

Auf der Grundlage der von *Faraday* erkannten Gesetze läßt sich die galvanisch niedergeschlagene Metallmenge aus den Abscheidungsbedingungen ermitteln:

$$m = c \cdot I \cdot t \cdot \eta$$

m – Masse des abgeschiedenen Stoffs in mg
c – Konstante des elektrochemischen Äquivalents in mg/A · s
I – Stromstärke in A
t – Expositionszeit in s
η – Wirkungsgrad

Es besteht also eine direkte Proportionalität von Niederschlagsmenge und Abscheidungsbedingungen.

Unter Berücksichtigung der jeweiligen Dichte kann man aus der Niederschlagsmenge und der Warenoberfläche auf die Schichtdicke schließen.

$$h = \frac{m}{A \cdot \rho}$$

h – Schichtdicke in cm
m – Masse in g
A – Warenoberfläche in cm^2
ρ – Dichte in g/cm^3

Weitere Informationen über die Anwendung der *Faraday*-Gesetze und die daraus abgeleiteten elektrochemischen Berechnungen muß man der Spezialliteratur entnehmen. Die Schichtdicke ist ein wesentliches Merkmal für die Qualität und Strapazierfähigkeit, also die Nutzungsdauer, einer Überzugsschicht.

In Übereinstimmung mit dem verbindlichen Maßsystem wird heute die Schichtdicke in µm (Mikrometer) angegeben:
1 µm = $^{1}/_{1000}$ mm.
Früher wurde die Auflagendicke bei galvanischer Vergoldung und bei Walzgolddublee in »Nummern« angegeben:
1 mm = 200 Nummern = 1000 µm
1 Nummer = 5 µm = $^{5}/_{1000}$ mm, also 0,005 mm.

Die Qualität der Dubleeauflage wurde auch als Verhältnis von Goldmasse der Auflage und Gesamtmasse des Gegenstands in »Millième« (franz.: Tausendstel) oder nach der üblichen Feingehaltsangabe ausgedrückt. Danach ergab sich für die wichtigsten Dublee-Sorten:

Amerikanisches Dublee: 10 µm = $^{10}/_{1000}$ mm = $^{1}/_{100}$ mm = 2 Nummern; nach Goldanteil 10 Millième bzw. $^{10}/_{000}$ Au
Deutsches Dublee: 20 µm = $^{20}/_{1000}$ mm = $^{1}/_{50}$ mm = 4 Nummern; nach Goldanteil 20 Millième bzw. $^{20}/_{000}$ Au.
Union-Dublee: 50 µm = $^{50}/_{1000}$ mm = $^{1}/_{20}$ mm = 10 Nummern; nach Goldanteil 50 Millième bzw. $^{50}/_{000}$ Au.

Bei versilberten Bestecken wurde der Gebrauchswert entscheidend durch die Auflagequalität bestimmt. Zu Zeiten, als man die Auflagedicke noch nicht exakt messen konnte, drückte man die Qualität durch die aufgelegte Silbermenge aus.
Als Richtwert wurde angegeben, wieviel Silber auf
12 Eßlöffeln + 12 Eßgabeln
abgeschieden wurde (Tabelle 11.1).

Tabelle 11.1   Silbergehalt der wichtigsten Besteckteile

Stückzahl	Bezeichnung der Besteckteile	Aus massivem Silber gefertigt		Versilbert
		Masse von Ag 800 in g	Feinsilberanteil in g	(90er Auflage in g)
12	Eßlöffel	800	640	45
12	Eßgabeln	800	640	45
12	Eßmesser	280	224	30
12	Dessertlöffel	520	416	30
12	Dessertgabeln	520	416	30
12	Dessertmesser	165	132	21
12	Kaffeelöffel	230	184	18
12	Kuchengabeln	160	128	16
1 Paar	Salatbesteck	100	80	6
1	Bowlenlöffel	240	192	12
1	Soßenlöffel	75	60	4
1	Gemüselöffel	110	88	6
1	Fleischgabel	25	20	4

Demnach bedeutete die eingestempelte »90«, daß 90 g Silber auf den erwähnten 24 Besteckteilen niedergeschlagen worden sind. Handelte es sich aber z. B. um einen Bowlenlöffel, dann besagte die »90«, daß die Silberauflage auch auf diesem Besteckteil genauso dick ist. Oft wurde mit einem weiteren Stempel noch angegeben, wieviel Gramm tatsächlich auf diesem Einzelteil aufgelegt sind. Bei Besteckteilen, die normalerweise als Dutzend vorkommen, wie Kuchengabeln, Dessertlöffel usw., bezog sich der zweite Stempel auf die Silbermenge der 12 Besteckteile.

11.3.2   Galvanische Einrichtungen

Gerade auf diesem Gebiet hat sich für den handwerklichen Kleinbetrieb in den letzten Jahren eine beachtliche Entwicklung vollzogen. Als Stromquelle hatte man entweder noch einen alten Galvanisierapparat mit regelbarem Schiebewiderstand oder, wenn man moderner eingerichtet war, einen Thyristorsteller – mit dem normalerweise die Autobatterie aufgeladen wurde. Als Badgefäß diente eine feuerfeste Glasschüssel, die auf einem Elektrokocher stand. Auf der Schüssel stand ein Gestell mit Kontaktstangen, die durch Zuleitungsdrähte mit der Stromquelle verbunden waren, und an die Stangen wurden die Anoden und die Ware gehängt. Für die gelegentlichen Vergoldungs- und Versilberungsarbeiten mit den einfachen Normalelektrolyten reichte das aus. Für die heutigen Ansprüche an die Oberflächenqualität braucht man eine zuverlässige Kompaktanlage mit Hochleistungsbädern.

Galvanische Anlagen

Der normale Wechselstrom (220 V, 50 Hz) wird im Galvanisiergerät in einen Niederspannungs-Gleichstrom umgewandelt. Die dafür wichtigen Bauteile sind Transformator und Gleichrichter.

Das *Kleingalvanisiergerät* (Bild 11.7) ist jedem Goldschmied zu empfehlen, es lohnt sich auch für den Kleinbetrieb, weil man nur so eine optimale Oberflächenqualität erreichen kann.

Der Gleichrichter ist von 0 bis 10 V / 10 A stufenlos regelbar. Die drei Wannen sind aus Polyethylen und haben ein Fassungsvermögen von je 1,5 l. Über jeder Wanne sind zwei Edelstahl-Kontaktstangen für Anoden und dazwischen eine weitere für die Katode installiert. Bei zwei Bädern ist eine Badbewegung eingebaut, mit thermostatisch geregelten Heizstäben können die Elektrolyte beheizt werden.

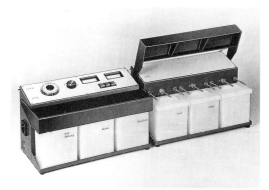

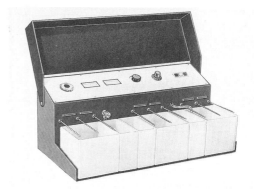

Bild 11.7   Kleingalvanisiergerät. Kompaktgehäuse mit Gleichrichter und Wannenteil (3 Wannen mit je 1,5 bzw. 3 l Inhalt), ergänzt durch Wannenbeistellteil

Bild 11.8   Kleingalvanisieranlage. Kompaktgehäuse mit Gleichrichter und Wannenteil (3 Arbeitswannen mit je 8 l Inhalt und 3 Spülwannen mit je 4 l Inhalt)

Bild 11.9   Galvano-Tische für Industrieanlage

Wenn die Grundausstattung nicht reicht, können mit einem Beistellteil noch weitere drei Wannen hinzugefügt werden. Es ist sehr praktisch, daß man nebeneinander Entfettungsbad und verschiedene Elektrolyte ständig einsatzbereit zur Verfügung hat.

Die etwas größere *Galvanisieranlage* (Bild 11.8) hat drei Elektrolytwannen mit je 8 l Inhalt und drei Spülwannen mit je 4 l, also groß genug, um auch Korpusware oder Schmuck in Kleinserienfertigung zu behandeln. Mit maximal 10 V / 20 A können auch größere Warenflächen beschichtet werden. Auch hierbei sind Badbewegung und -beheizung vorgesehen, außerdem werden die aufsteigenden Dämpfe über den Wannen abgesaugt.

Die *Galvano-Tische* (Bild 11.9) können im Baukastensystem zu einer Mehrzweckanlage den betrieblichen Bedürfnissen entsprechend kombiniert werden. So ist dies die ideale Anlage für den Industriebetrieb. In die Tische können Wannen unterschiedlicher Größe eingebaut werden. Anoden- und Warengestänge, Leitungen, Motore, Absaugvorrichtung, Heizung usw. sind unter der Tischplattenebene installiert, so daß man ungehindert arbeiten kann. In dem Steuerpult hinter den Tischen sind die Armaturen mit Anzeigeinstrumenten, Regler, Schalter usw. untergebracht.

Das *Stiftgalvanisiergerät* (Bild 11.10) bildet eine gute Ergänzung der galvanischen Ausrüstung, weil damit Kleinstflächen galvanisch beschichtet werden können, so daß einzelne Bauteile oder auch bestimmte Ornamentformen mit unterschiedlichen Metallschichten ausgelegt werden können, wie es sonst nur mit aufwendigen Abdeckverfahren möglich wäre. Allerdings ist der Überzug nur dünn, hat mehr dekorativen Charakter, ist nicht auf hohe Abriebbeanspruchung eingerichtet.

Die Ware wird über eine Klemmpinzette mit der Katode des Geräts verbunden, als Anode

dient ein Filzstift, der mit dem Elektrolyt getränkt ist. Man streicht einige Sekunden lang über die vorgesehenen Stellen, bis der gewünschte Überzug entstanden ist.

11.3.3   Galvanische Versilberung

Normalversilberung – Glanzversilberung

Die Zielsetzung besteht darin, unedle, andersfarbige Metalle und Legierungen durch einen fest haftenden, möglichst strapazierfähigen weißen Silberüberzug zu veredeln und zu verschönern. Gegenstände, die aus Silber-Kupfer-Legierungen gefertigt wurden, versilbert man, um mit dem Feinsilberüberzug Farbe und Anlaufbeständigkeit zu verbessern.

Bis vor einigen Jahren gab es für den Handwerksbetrieb nur das *klassische Versilberungsverfahren* mit dem cyanidischen Feinsilberbad, deshalb wurde es in den bisherigen Ausgaben dieses Buches besonders eingehend behandelt. Als »Starkversilberung« wurde dieser Elektrolyt schon vor 100 Jahren für die bekannte 90er Auflage der Besteckteile und die robuste Beschichtung des Hotelsilbers benutzt, aber es gab doch erhebliche Nachteile, die sich sowohl auf die Produktivität als auch auf die Gebrauchseigenschaften auswirkten:

• Der Niederschlag fiel immer matt aus, mußte also anschließend gekratzt oder poliert werden.
• Wegen der niedrigen Stromdichte dauerte es lange, bis eine brauchbare Schichtdicke erreicht werden konnte.
• Da nur eine einfache Feinsilberschicht aufgebracht werden konnte, war der Überzug ziemlich weich, hatte also nur geringe Abriebfestigkeit.

Hochleistungsbäder konnte man nur in speziellen Galvanikwerkstätten größerer Industriebetriebe betreiben, weil die Abscheidungsbedingungen in ganz engen Toleranzen eingehalten werden mußten.

Inzwischen ist die Entwicklung so weit fortgeschritten, daß heute *Hart- und Glanzbäder* zur Verfügung stehen, die so einfach zu handhaben sind, daß nun jeder Goldschmied mit einem handelsüblichen Kleingalvanisiergerät hochglänzende, harte Silberplattierungen aufbringen kann.

Bild 11.10 Kontaktgalvanisiergerät für partielle Metallbeschichtung

Tabelle 11.2   Versilberungs-Elektrolyte

Badzusammensetzung	Vorversilberung	Starkversilberung	Glanzversilberung
Kaliumsilbercyanid $K[Ag(CN)_2]$ (54 % Ag)	8 g/l	50 g/l	67
freies Kaliumcyanid KCN	80 ... 100 g/l	25 g/l (Gestellteile) 35 ... 70 g/l (Massenteile)	140
Kaliumcarbonat K_2CO_3	–	20 g/l	

Abscheidungs-bedingungen	Vorversilberung	Starkversilberung	Glanzversilberung
Anode	Edelstahl	Feinsilber	Feinsilber
Badtemperatur	18 ... 20 °C	18 ... 20 °C	15 ... 25 °C
Katodenstromdichte	0,5 ... 2 A/dm^2	0,1 ... 0,5 A/dm^2	max. 2 A/dm^2
Badspannung, 15 cm Anodenabstand	4 ... 6 V	0,7 ... 1 V	0,4 ... 0,8 V
Abscheidungsmenge	–	14 mg/(m·min)	65 mg/(A·min)
Niederschlagsdicke	–	0,15 μm/min	0,5 μm/min

Sollwerte	Vorversilberung	Starkversilberung	Glanzversilberung
Silber im Elektrolyt	3 ... 4 g/l	15 ... 30 g/l	34 ... 38 g/l
freies Kaliumcyanid	6 ... 10 g/l	20 ... 30 g/l	130 ... 150 g/l
Kaliumcarbonat	–	20 ... 100 g/l	

Die wesentlichen Kenndaten der alten und neuen Silberbäder sind aus der Tabelle 11.2 zu entnehmen.

Elektrochemische Vorgänge

Trotz der offensichtlichen Qualitätsverbesserung der Hart- und Glanzbäder enthalten sie die gleichen Grundbestandteile wie die Normalbäder. Um die komplizierten Vorgänge des galvanischen Prozesses besser verstehen zu können, sollen die Funktionen dieser Hauptbestandteile näher erläutert werden.

Funktion des Kaliumsilbercyanids. Die entscheidende Komponente des Elektrolyts ist das Komplexsalz $K[Ag(CN)_2]$ das in Wasser dissoziiert:

$$K[Ag(CN)_2] \rightarrow K^+ + [Ag(CN)_2]^-$$

In vereinfachter Form kann man sich den elektrolytischen Vorgang folgendermaßen vorstellen, wobei Sekundärreaktionen, wie die vorübergehende Bildung von KOH usw., vernachlässigt werden.

Katode: Das K^+-Ion ergänzt sich zum Atom

$K^+ + e \rightarrow K$-Atom

Anode: Aus dem Komplex-Ion werden das Ag^+-Ion und die beiden CN^--Ionen freigesetzt.

$Ag(CN)_2 \rightarrow Ag^+ + 2\,CN^-$

Katode: Das Ag^+-Ion reagiert mit dem Katodenmetall, nimmt ein Elektron auf, wird dadurch wieder zum Silberatom komplettiert und schlägt sich auf der Ware nieder.

$Ag^+ + e^- \rightarrow Ag$-Atom

Anode: Die CN^--Ionen geben die freien Elektronen an die Anode ab und werden dadurch zu CN-Radikalen.

$2\,CN^- - 2e^- \rightarrow 2\,CN$-Radikale

Eines vereint sich mit dem an der Katode gebildeten K-Atom,

$CN + K \rightarrow KCN$,

das andere löst ein Ag-Atom aus dem Anodenmetall.

$CN + Ag \rightarrow AgCN$.

Aus den beiden Cyaniden bildet sich das Komplexsalz

$KCN + AgCN \rightarrow K[Ag(CN)_2]$.

Durch Dissoziation stellt sich der Ausgangszustand wieder her, und der Vorgang wiederholt sich.

Im Verlauf des Prozesses wird also

- ein Ag-Atom aus dem Anodenmetall herausgelöst und
- ein Ag-Ion aus dem Bad auf der Ware niedergeschlagen.

Anscheinend wird also unter Wirkung des elektrischen Stroms das Silber von der Anode zur Ware transportiert, ohne daß sich die Beschaffenheit des Bades ändert – und so erklärte man sich noch vor 100 Jahren den galvanischen Vorgang.

Durch die verzögerte Freisetzung des Silbers aus dem Komplex-Ion und durch die Nebenreaktion der K^+-Ionen an der Katode wird das Katodenpotential verschoben und die Silberabscheidung derartig verlangsamt, daß der Überzug das gewünschte dichte, feinkörnige Gefüge bekommt.

Der Elektrolyt regeneriert sich also fast vollständig aus dem Anodenmetall, so daß man ihn lange Zeit betreiben kann, ohne Silbersalz nachfüllen zu müssen. Ist die Stromdichte jedoch zu hoch, wird die Anode passiviert, und der Elektrolyt kann sich nicht regenerieren.

Hart- und Glanzversilberung

Die Scheideanstalten liefern die Elektrolyte entweder als fertige Lösungen, abgepackt in Kunststoff-Kanistern, oder als Salze, die man entsprechend der beigefügten Anleitung in destilliertem Wasser auflösen muß – niemals in Leitungswasser! Üblicherweise wird das Salz in die vorgeschriebene Wassermenge bei etwa 40 °C eingerührt, bis alles aufgelöst ist, dann läßt man es etwa 10 h stehen, und alle Bestandteile sind gelöst.

Glanzzusätze werden nach der Gebrauchsanleitung zugesetzt. Man beachte, daß alle cyanidischen Elektrolyte – auch wenn man sie nicht benutzt – nur eine begrenzte Lebensdauer haben, weil sie sich im Laufe der Zeit zersetzen.

Vorbehandlung der Ware

Schleifen und Polieren. Nur auf einer optimal vorbereiteten Oberfläche kann eine glänzende Silberbeschichtung aufgebracht werden. Deshalb muß die Ware sorgfältig geschliffen und poliert werden, ehe man mit dem Galvanisieren beginnt. Auch mit der Glanzversilberung kann man keine Schleifspuren, Kratzer und Feilstriche zudecken, im Gegenteil: Jede Unregelmäßigkeit markiert sich in der Glanzsilberschicht besonders deutlich.

Die Schleif- und Poliermittelreste werden möglichst in einem Ultraschall-Reinigungsgerät mit Hilfe geeigneter Lösungsmittel abgelöst.

Entfetten. Um die Gegenstände im galvanischen Bad wirkungsvoll behandeln zu können, müssen sie möglichst guten elektrischen Kontakt mit dem Katodenanschluß des Galvanisiergeräts haben:

- Schmuckstücke werden an die Kontakthaken oder
- an das Galvanisiergerstell gehängt,
- Ketten werden aufgespannt,
- Einzelstücke und Korpusgegenstände wer-

den mit Kontaktdrähten umwickelt.

Es genügt aber nicht, daß die Ware »sauber« ist, sie muß auch fettfrei sein, damit die Beschichtung fest haftet. Deshalb beginnt die galvanische Behandlung im Entfettungsbad, das auf der Basis von Alkalihydroxiden ohne cyanidische Zusätze funktioniert; die neutralen Anoden bestehen aus Edelstahl.

Entsprechend der Verfahrensbeschreibung wird das Entfettungssalz in Leitungswasser aufgelöst.

Die Ware wird mit einem kräftigen Stromstoß behandelt:

- Spannung 6 ... 8 V
- Stromdichte 5 ... 15 A/dm^2
- Zeit etwa 30 s

Bei zu langer Einwirkungsdauer entsteht auf der Ware ein Anlauffilm, der nur durch Polieren entfernt werden kann. Nach 1 bis 4 Wochen ist das Entfettungsbad zu erneuern. Verbrauchte Bäder müssen neutralisiert werden, ehe man sie wegkippt.

Unter fließendem Wasser wird gut gespült, und ohne zu trocknen neutralisiert man die Ware sofort in einer Lösung von 5 g/l Schwefelsäure, spült nochmals in Wasser ab, und nun ist die Metalloberfläche zum Galvanisieren vorbereitet. Jeder Fingerabdruck aber würde die Wirkung beeinträchtigen!

Verhinderung der Zementation. Diese spezielle Form des Ionenaustauschs wurde bereits behandelt. Auf folgende Weise kann die Zementation verhindert oder doch stark eingeschränkt werden:

- Gegenstände aus Eisen und Stahl werden galvanisch vorverkupfert, um den Ladungsunterschied auf die Spanne Cu – Ag zu verkleinern.
- Zink, Zinn, Blei, Kupfer und Kupferlegierungen, wie Messing, Bronze, Neusilber, werden vorversilbert.
- Das früher übliche »Verquicken«, also ein Quecksilberüberzug in der Quecksilbernitrat-Lösung, ist nicht mehr erforderlich.

Vorversilberung

In einem solchen Bad ist der Anteil der Silberionen durch Zusatz von freiem Kaliumcyanid stark verringert worden, infolgedessen ist das Spannungspotential erheblich unedler als beim normalen Silberbad und nähert sich dadurch den unedlen Metallen und Legierungen so weit an, daß ein erster Silberüberzug möglich wird.

Um sicherzugehen, daß kein Niederschlag durch Ionenaustausch stattfindet, wird zuerst der Strom eingeschaltet und dann erst die Ware an die Kontaktstangen gehängt.

Man läßt die Ware so lange im Bad, bis sich ein gleichmäßig deckender Überzug gebildet hat.

Wenn der Überzug mattweiß ausfällt, wird die Ware gekratzt, nochmals gespült und sogleich in das Glanzsilberbad gebracht.

Bei den modernen Hochleistungsbädern sind die Abscheidungsbedingungen so günstig, daß man Kupfer und dessen Legierungen direkt, also ohne Vorversilberung, beschichten kann.

Hart- und Glanzversilberung

Vorzüge. Die besondere Wirkung ergibt sich durch spezielle »Glanzzusätze«, die im Elektrolyt löslich sind, über deren genaue Zusammensetzung von den Herstellerbetrieben verständlicherweise keine Auskunft gegeben wird.

Grundsätzlich handelt es sich um chemische Verbindungen von

- Schwefel, besonders mit Kohlenstoff,
- Selen und Telur aus der gleichen 6. Hauptgruppe des Periodensystems,
- Arsen, Antimon, Wismut aus der 5. Hauptgruppe.

Wirkungsweise und Chemismus dieser Zusatzstoffe sind noch nicht sicher erforscht, fest steht nur, daß mit ihrer Hilfe ein hochglänzender Silberniederschlag entsteht, dessen Härte und Abriebfestigkeit wesentlich höher als bei der konventionellen Starkversilberung ist. Nicht in jedem Fall sind die erwähnten Wirkstoffe im Gefüge der Silberschicht nachweisbar, es muß also auch indirekte, katalysatorische Einflüsse geben, durch die die Niederschlagsqualität beeinflußt wird.

Bedingt durch die spezielle Struktur des Metallgefüges ist schon bei der Normalversilberung die Härte mit 60 ... 90 HV (Einheiten der Vickershärte) deutlich höher als bei geglühtem Feinsilber; im Hartversilberungsbad werden bis zu 180 HV erreicht. Obwohl Härte und Abriebfestigkeit nicht unbedingt proportional sein müssen, trifft dies für die Hart-Glanz-

Versilberung zu, und wenn man berücksichtigt, daß die Schichtdicke bis zu 100 µm betragen kann, so ergeben sich optimale Gebrauchseigenschaften und eine hohe Lebensdauer für diese Silberüberzüge.

Anwendungsverfahren. Es werden grundsätzlich nur Feinsilberanoden verwendet, möglichst zwei, damit die Ware gleichmäßig erfaßt wird. Die Gesamtanodenfläche sollte nicht kleiner als die Warenoberfläche sein, damit die Regenerierung des Bades gewährleistet bleibt. Die Ware muß sorgfältig vorbereitet sein:

- einwandfrei polierte Oberfläche,
- möglichst in der Ultraschall-Reinigungsanlage ausgewaschen,
- je nach Art der Gegenstände werden sie am Gestell aufgehängt oder mit Kontaktdrähten umwickelt, damit der Katodenstrom einwirken kann,
- im Entfettungsbad wird nochmals gesäubert,
- in Wasser spülen,

- mit verdünnter Schwefelsäure (5 g/l) neutralisieren,
- nochmals spülen und sofort in das Glanzsilberbad einhängen.

Die konkreten Abscheidungsbedingungen ergeben sich aus der Betriebsanleitung der Galvanofirma. Wichtig ist, daß die Stromstärke (in A) auf die abgeschätzte Warenoberfläche (in dm^2) so eingestellt wird, daß die Stromdichte (in A/dm^2) eingehalten wird.

Die Einwirkungsdauer ist abhängig von der gewünschten Niederschlagsdicke, Richtwerte sind in der Betriebsanleitung enthalten.

Die fertige Ware wird gründlich abgespült und getrocknet, weitere Nacharbeit ist nicht erforderlich.

Die Sollwerte von Silber und freiem Kaliumcyanid müssen eingehalten werden, anderenfalls verändern sich die Abscheidungsbedingungen. Nach einiger Zeit muß Glanzzusatz nachgefüllt werden. Da bei Kleinanlagen keine chemische Badanalyse vorgenommen wird, bekommt man von der Galvanofirma

Tabelle 11.3   Fehlermöglichkeiten bei cyanidischer Versilberung

Merkmale	Ursachen	Gegenmittel
Niederschlag haftet nicht	unsaubere Oberfläche, Potentialunterschied Ware – Elektrolyt zu groß, Zementation	säubern, entfetten, vorverkupfern, unter Strom einhängen
Niederschlag blasig	unsaubere Oberfläche	entfetten
Niederschlag streifig	Elektrolyt zu kalt oder zu dickflüssig	erwärmen, mit destilliertem Wasser verdünnen
»Verbrannte« Ränder	Metallgehalt zu gering	regenerieren
Niederschlag grau, Wasserstoffentwicklung	katodische Stromdichte zu hoch	Stromstärke verringern oder mehr Ware einhängen
Schlechte Tiefenstreuung	katodische Stromdichte zu niedrig	Stromstärke erhöhen
Ungleichmäßiger Niederschlag, »verbrannte« Ränder	Abstand Ware – Anode zu gering	Mindestabstand 10 cm
Anode passiv	anodischer Widerstand zu groß	Anode kratzen
Anode weiß-metallglänzend	zuviel KCN	regenerieren
Dunkle Flecken auf Anode, Niederschlag bläulich oder gelb	zuwenig KCN	1 . . . 3 g/l KCN zusetzen

Hinweise zur Badregenerierung. Mögliche Fehler und Vorschläge zu deren Beseitigung sind in Tabelle 11.3 zusammengestellt.

11.3.4 Galvanische Vergoldung

Zwangsläufig ergeben sich nun einige Parallelen zur Versilberung, denn es geht auch hierbei nicht mehr nur um einen einfachen Feingoldüberzug, weil natürlich auch die Vergoldungsverfahren weiterentwickelt worden sind.

Normalvergoldung – Glanzvergoldung

Wie bei der Versilberung sollen andersfarbige Metalle und Legierungen durch einen fest haftenden, möglichst strapazierfähigen Metallüberzug veredelt und verschönert werden. Während beim Versilbern der Überzug ganz einfach »silberweiß« aussehen soll, verlangt man nun die verschiedensten Abstufungen des Goldtons.

Vergleichsweise war die Vergoldungsschicht immer dünner als eine Silberauflage, und weil nur Feingold niedergeschlagen werden konnte, sah die Ware immer unglaubwürdig edel aus, also: »wie vergoldet«.

Seit um 1830 die ersten Versuche angestellt wurden, gab es bis etwa 1950 nur die *einfache Normalvergoldung*, die aber ganz erhebliche Nachteile hatte:

- Der Überzug war weich und hatte nur eine geringe Abriebfestigkeit, da es sich ja nur um weiches Feingold handelte.
- Die Niederschlagsdicke betrug maximal 1 µm.
- Es konnte nur mit sehr geringer Stromdichte von etwa 0,1 A/dm^2 gearbeitet werden, deshalb dauerte die Beschichtung ziemlich lange.
- Trotzdem fiel der Niederschlag so grobkörnig aus, daß die Schicht mattbraun aussah, erst durch anschließendes Kratzen und Polieren entstand die eigentliche Goldfarbe.
- Bei kompliziert gebauten Schmuckstücken war diese Nacharbeit oft ziemlich aufwendig.
- Da nur reines Gold niedergeschlagen wurde, konnte der Überzug nur die Feingoldfarbe haben.

Vorher gab es nur die *Feuervergoldung* (s. Kap. 9.3), die bereits in der Antike bekannt war und bis ins vorige Jahrhundert weit verbreitet und allgemein üblich war. Das Ergebnis war besser als bei der galvanischen Vergoldung – das muß man ausdrücklich betonen –, denn man erzielte einen dickeren und deshalb strapazierfähigeren Überzug in einem schönen, warmen Feingoldfarbton, wie man ihn mit der traditionellen Normalvergoldung nie erreichen konnte. Aber wegen der hohen Gesundheitsgefährdung ist das Verfahren durch die galvanische Vergoldung völlig verdrängt worden.

Schon im Mittelalter wurde zur Materialeinsparung dünnes Goldblech auf Silber gelötet, also *dubliert*. Daraus entwickelte man im vorigen Jahrhundert das *Walzgolddublee*. Es konnte nur von Spezialbetrieben hergestellt und verarbeitet werden, weil dazu eine komplizierte Technologie, besonders beim Löten, erforderlich war. Verfahrenstechnisch bedingt blieben die Schnittkanten der Blechteile unbedeckt. Trotzdem war Dubleeschmuck bis in die Gegenwart sehr verbreitet und beliebt, weil wegen der dicken Goldschicht eine lange Gebrauchsdauer gewährleistet war.

Durch die modernen Verfahren der *Glanz- und Hartvergoldung* konnten alle Nachteile der bisherigen Verfahren überwunden werden:

- Der Niederschlag entsteht wegen der relativ hohen Stromdichte ziemlich schnell.
- Es sind keine Unterbrechungen des Arbeitsverfahrens zum Kratzen der Warenoberfläche erforderlich.
- Der kontinuierlich wachsende Goldüberzug kann so dick wie die Dubleeauflage werden.
- Auf der vorpolierten Ware entsteht ein hochglänzender Goldniederschlag, so daß die Ware kaum noch poliert werden muß.
- Durch die Härtebildner wird der Goldüberzug wesentlich härter und abriebbeständiger als bei der traditionellen Vergoldung.
- Es können gleichzeitig mehrere unterschiedliche Metalle niedergeschlagen werden, so daß Legierungsüberzüge entstehen, mit denen eine ganze Palette differenzierter Farbgoldtöne erreicht wird.

Die modernen Vergoldungsverfahren können nach Tabelle 11.4 systematisiert werden.

Tabelle 11.4   Systematik der galvanischen Goldbeschichtung

Bezeichnung	Beschichtungsart	Dicke in μm	Härte HV	Oberfläche
Traditionelle cyanidische Vergoldung	dünner Feingoldniederschlag	1	80	matt
Feingoldplattierung	dicker Feingoldniederschlag	5 ... 20	bis 100	glänzend
Hartgoldplattierung	dicker Goldlegierungsniederschlag	5 ... 20	bis 400	glänzend
Farbvergoldung	dünner Goldlegierungsniederschlag	0,1 ... 0,5	bis 400	hochglänzend

Mit der *Feingoldplattierung* wird eine glänzende Goldschicht aufgebracht, die ebenso dick und abriebfest ist wie Walzgolddublee. Sogar bei den stark strapazierten Gehäusen der Armbanduhren wurde das Dublee durch solche galvanische Plattierung ersetzt.

Auch bei der *Hartgoldplattierung* entsteht ein glänzender, harter Überzug, der Goldanteil liegt bei 18 bis 23 Karat, und durch Fremdmetallzusätze wird die Härtesteigerung erreicht. Der Farbton entspricht einer Goldlegierung mit hohem Feingehalt. Da das galvanische Gefüge aber nicht genau identisch ist mit dem Gußgefüge, sondern eher als Gemisch der beteiligten Komponenten aufzufassen ist, muß die Überzugsschicht nicht die gleiche Zusammensetzung haben wie ein gleichfarbiges Arbeitsgold.

Hochleistungselektrolyte

Ebenso wie es bei der Versilberung ausgeführt wurde, gilt auch für die Vergoldung, daß die modernen Hochleistungsbäder mit dem Kleingalvanisiergerät vom Goldschmied betrieben werden können und daß die klassische Normalvergoldung nicht mehr eingesetzt werden soll.

Für alle Elektrolyte werden von den Herstellern genaue Verfahrensanleitungen gegeben, nach denen die Bäder angesetzt, betrieben und regeneriert werden müssen. Man erfährt aber kaum etwas über die Zusammensetzung, denn das sind Betriebsgeheimnisse, die oft noch patentrechtlich geschützt sind. Für den Praktiker

Tabelle 11.5   Vergoldungsbäder

Betriebsdaten	Einheit	Crownclad 18-8 C	Crownclad 2000 Mix 'n' Match	Engold HSD
Goldgehalt	g/l	2 ... 10	2,0 ... 6,0	15 ... 20
Cobaltgehalt	g/l	1 ... 2,5	0,5 ... 1,0	–
Nickelgehalt	g/l	–	0,5 ... 2,5	–
Indiumgehalt	g/l	–	1,0 ... 3,0	–
pH-Wert	–	1 ... 1,5	3,5 ... 4,0	6,3 ... 7,0
Temperatur	°C	30 ... 50	25 ... 40	50 ... 70
Stromdichte	A/dm^2	1 ... 5	0,75 ... 1,5	0,55 ... 3,5
Abscheidungsrate bei 1 A/dm^2		1 μm in 10 min	unterschiedlich	1 μm in 100 s
Härte	HV	220	140 ... 225	120

(Nach Angaben der Fa. C. Hafner, Scheideanstalt, Pforzheim)

hätten solche Angaben keine direkte Bedeutung, der wissenschaftlich Interessierte müßte sich mit der Patentliteratur beschäftigen. Hier kann es nur um einige grundsätzliche elektrochemische Zusammenhänge gehen (Tabelle 11.5).

Meist wird das Gold auch bei den modernen Elektrolyten als alkalisches Goldcyanid gebunden, und die Zusatzmetalle Kupfer, Silber und Nickel werden ebenfalls als Cyanverbindungen eingesetzt. Durch sie wird nicht nur die Farbe der Legierungsniederschläge, sondern auch die Härte beeinflußt. Außerdem können noch weitere Metalle zugefügt werden, von denen oft schon geringe Mengen genügen, um die Niederschlagsqualität zu verbessern, dazu gehören Antimon, Arsen, Wismut, Zinn, Cadmium. Außerdem sind organische und anorganische Zusätze enthalten, um die besonderen Abscheidungsbedingungen zu erreichen.

Nach dem pH-Wert unterscheidet man saure, neutrale und alkalische Goldelektrolyte.

Die modernen sauren Elektrolyte sind mit schwachen, meist organischen Säuren angesäuert oder mit einer Mischung aus organischen und Mineralsäuren versetzt. Der pH-Wert liegt bei 3,2 ... 5; bei weniger als pH 3,2 wird der Goldelektrolyt zersetzt.

Bei den neutralen Elektrolyten wird der pH-Wert durch Phosphorverbindungen im Neutralbereich gehalten.

Alkalische Bäder werden im pH-Bereich 11 ... 12 betrieben. Sie haben einen hohen Gehalt von freiem Cyanid, können bis 20 g/l Gold enthalten und arbeiten mit hoher Abscheidungsgeschwindigkeit.

Vorgänge im Elektrolyt

Auch bei den Hochleistungsbädern wird die Abscheidung durch die Komponenten bestimmt, die schon bei den Normalbädern wichtig waren:

- Kaliumgoldcyanid (Kaliumdicyanoaurat) $K[Au(CN)_2]$
- »freies« Alkalicyanid
- Alkaliphosphat als »Leitsalz« sowie zur Steuerung des pH-Wertes.

Kaliumgoldcyanid. Es ist der Metallträger des Elektrolyts. Das Gold wird grundsätzlich nur im einwertigen Zustand abgeschieden. Prinzipiell laufen im Vergoldungselektrolyt die gleichen Vorgänge ab wie bei der Versilberung. Das Komplexion ist stabiler als die entsprechende Silberverbindung, deshalb kommt es kaum zur Zementation. Da für die Hochleistungsbäder unlösliche Anoden verwendet werden, können die niedergeschlagenen Goldteile nicht aus dem Anodenmetall ersetzt werden, der Elektrolyt verarmt an Goldionen, und wenn das zulässige Minimum erreicht ist, muß die Lösung durch geeignete Zusätze regeneriert werden.

Freies Kaliumcyanid. Obgleich Gold in der Spannungsreihe als edelstes Metall steht, ist es in der cyanidischen Lösung unedler als Silber. Durch freies Kaliumcyanid wird der Goldionen-Anteil bezogen auf die Gesamtionenmenge verringert, und das bedingt eine weitere Verschiebung des Spannungspotentials zu unedleren Werten, so daß die Potentialdifferenz zwischen den Goldteilen des Bades und dem unedlen Katodenmetall weiter verringert wird.

Alkaliphosphat. Es fördert die Leitfähigkeit des Elektrolyts, verbessert die Streukraft der Edelmetallionen; bei Farbgoldbädern wird die Goldfarbe beeinflußt.

Vorbereitung der Ware

Alles, was dazu im Zusammenhang mit der Versilberung gesagt wurde, gilt auch für die Vergoldung. Auf die Vorsichtsmaßnahmen zur Verhinderung der Zementation kann man verzichten. Gegenstände aus *Eisen* und *Stahl* bekommen zunächst in einem Vorvergoldungsbad eine erste Deckschicht, auf die dann weiter plattiert werden kann. Wenn nötig, kann man die Ware auch vorverkupfern, ehe man die Vergoldung aufträgt. Mit dem »Crownclad 18–8 C Goldplattierbad« (Fa. *C. Hafner*, Pforzheim) kann man direkt auf Stahl oder andere schwer zu aktivierende Metalle vergolden.

Zink, Zinn, Blei können zur Verringerung der Potentialdifferenz ebenfalls vorverkupfert werden, dann geht man bei der anschließenden Vergoldung kein Risiko ein.

Kupfer und *Kupferlegierungen* können direkt vergoldet werden.

Einen guten Haftgrund und eine glatte Oberfläche bekommt man, wenn die Ware zunächst vernickelt wird. Da aber trotz des nachfolgenden Goldüberzugs allergische Reaktionen ausgelöst werden können, sollte man darauf verzichten.

Man kann generell feststellen, daß die Goldplattierung einfacher auf Unedelmetalle aufzubringen ist als die alte Normalvergoldung.

Beschichtungsverfahren

Nach der Vorbereitung des Metalluntergrunds wird zunächst die dicke Goldplattierung aufgetragen, und darüber kommt dann noch ein dünner Farbgoldüberzug.

Bei den folgenden Beispielen werden unlösliche Anoden aus platiniertem Titan- oder Niobstreckmetall eingesetzt. Demzufolge kann sich das Bad nicht aus dem Anodenmetall regenerieren, und es müssen entsprechend den Verfahrensanweisungen von Zeit zu Zeit Regenerierungslösungen zugefügt werden. Als Anwendungsbeispiele werden die folgenden Elektrolyte vorgestellt, die nach dem Engelhard-Programm von der Firma *C. Hafner*, Pforzheim, vertrieben werden (Tabelle 11.6).

Crownclad 18–8 C. Damit wird es möglich, eine gut haftende Goldschicht direkt auf Edelstahl oder auf andere schwer zu aktivierende Legierungen aufzubringen, wie sie besonders für Uhrbänder und Uhrgehäuse gebraucht wird. Der Niederschlag hat eine beachtliche Härte und haftet so gut, daß auch nachträgliche Umformung noch möglich ist. Es entsteht eine dicke, glänzende Plattierung, bei über 5 μm kann der Glanz etwas nachlassen.

Crownclad 2000 – Mix n' Match. Ein saures, variables Goldbad, das zur Farbvergoldung (0,1 . . . 0,15 μm) und zur Plattierung (bis 5 μm) eingesetzt werden kann. Aus maximal 6 Komponenten können fünf Grundfarben aus einem Basiselektrolyt farbkonstant angesetzt werden. Die Farben kann man dem Wunsch des Kunden entsprechend einstellen. Je nach Zusammensetzung hat der Niederschlag einen Feingehalt von 20 . . . 23,5 Karat. Die Härte hängt von den Fremdmetall-Einlagerungen ab:

Ni/Co 140 . . . 185 HV; Ni/In 155 . . . 225 HV.

Engold HSD. Es ist ein schnell abscheidendes Goldplattierbad für dicke Feingold-Niederschläge bis 300 μm; bis 10 μm ist die Goldschicht hochglänzend. Der dicke Überzug haftet fest auf Edel- und Unedelmetallen und ist so duktil, daß man die Erzeugnisse walzen, biegen und schneiden kann. Die Abscheidungsdauer ist abhängig von der Stromdichte:

0,5 A/dm^2 ergeben 1 μm in 230 s
1,1 A/dm^2 ergeben 1 μm in 100 s
3,3 A/dm^2 ergeben 1 μm in 33 s.

Wenn die Oberfläche stellenweise abgedeckt wird, kann man reliefartige Wirkungen erzielen.

Mögliche Fehler und deren Beseitigung sind in Tabelle 11.6 zusammengestellt.

11.3.5 Galvanisches Rhodinieren

Rhodium zeichnet sich durch hohe Korrosionsbeständigkeit und große Abriebfestigkeit aus.

Mit dem galvanisch aufgebrachten hellweißen Rhodiumüberzug wird

- Weißgold- und Platinschmuck aufgehellt,
- Silberschmuck gegen Anlaufen geschützt.

Obgleich dieser Anlaufschutz durchaus wirkungsvoll ist, konnte sich das Rhodinieren des Silbers nicht allgemein durchsetzen, weil der reizvolle »warme« Schimmer des Silbers durch den »harten« bläulich-weißen platinartigen Glanz des Rhodiums ersetzt wird, so daß ein ganz anderer ästhetischer Eindruck entsteht. Die praktisch nutzbare Schichtdicke liegt bei 0,2 . . . 0,3 μm; bei dicken Auflagen können Haarrisse in der spröden Rhodiumschicht entstehen, wodurch die angestrebte Schutzwirkung aufgehoben wird.

Silber- und Goldlegierungen – also auch Weißgold – können direkt rhodiniert werden, Messing und Neusilber müssen vorher hochglanzvernickelt werden. In jedem Fall muß die Oberfläche sorgfältig vorbereitet werden.

Der Rhodiumelektrolyt ist besonders empfindlich, deshalb müssen die Anweisungen des Herstellers sorgfältig eingehalten werden.

Das frisch angesetzte Bad ist rotbraun, im Laufe der Zeit wird es hellgelb, dann muß es erneuert werden, weil man es normalerweise nicht regenerieren kann. Aber mit dem in 1 l Badlösung enthaltenen Rhodium kann man

Tabelle 11.6   Fehlermöglichkeiten bei cyanidischer Vergoldung

Merkmale	Ursachen	Gegenmittel
Niederschlag fleckig	Reste von Chemikalien, Poren im Grundmetall	Ware säubern
Niederschlag rauh	Bad verunreinigt, zuviel K_2CO_3	Bad filtrieren, regenerieren
Niederschlag blasig	Ware ungenügend entfettet	Ware entfetten
Niederschlag mißfarbig	Anode zu groß oder zu klein	Anodengröße ausgleichen
Niederschlag rot	Elektrolyt durch Kupfer verunreinigt	2 . . . 3 g/l KCN zugeben
Wasserstoffentwicklung, Bad arbeitet träge, Niederschlag grün-schwarz	Goldgehalt zu gering	»Goldsalz« nachfüllen
Wasserstoffentwicklung, Ränder der Ware grobkörnig, grau, Niederschlag grün-schwarz	Katodenstromdichte zu hoch	Stromstärke verringern oder weniger Ware
Schlechte Tiefenstreuung	Katodenstromdichte zu Abstand Ware – Anode zu gering	Stromstärke erhöhen, Mindestabstand 10 cm
Bad arbeitet träge	Elektrolyt zu dickflüssig	mit destilliertem Wasser verdünnen
Anode metallisch glänzend	zuviel KCN	regenerieren

immerhin 400 . . . 600 Ringe beschichten.
Die Einwirkungsdauer ist nur kurz, denn schon nach 2 . . . 3 min ist die erforderliche Schichtdicke erreicht.
Damit überall die volle Stromdichte wirkt, muß man besonders sorgfältig auf direkten metallischen Kontakt achten. So genügt es nicht, eine Kette lose in das Bad zu hängen, man muß sie straff auf das Gestell spannen.
Durch die unvermeidliche Mitabscheidung von Wasserstoff bilden sich an der Warenoberfläche Gasbläschen, die man durch Klopfen und Schütteln entfernen muß, damit keine Flecken entstehen.

11.3.6   Galvanisches Entsuden und Glanzentgolden

Man muß beide Begriffe unterscheiden:
• Durch das Entsuden werden Glühoxide und Beizsud von der Goldlegierung abgelöst,
• durch das Glanzentgolden werden Unebenheiten abgetragen und dadurch die Oberfläche geglättet.

Mit der elektrolytischen Nachbehandlung wird der unschöne grüne Sud auch in den entlegensten Winkeln des Schmuckstücks abgetragen, die zeitraubende Bearbeitung mit Schaber, Schleifhölzern und Ziehfäden entfällt.
Mit dem Glanzentgolden erspart man sich das Schleifen der Oberfläche.

Ausrüstung. Der Elektrolyt wird nach den Angaben des Herstellers angesetzt. Da in heißem Zustand gearbeitet wird, muß die verdunstete Badflüssigkeit mit destilliertem Wasser ersetzt werden. Der Elektrolyt ist nur bedingt regenerierbar, bei nachlassendem Glanz werden 10 . . . 20 g/l Kaliumcyanid zugesetzt.
Man verwendet eine Edelstahlkatode, doppelt so groß wie die Warenoberfläche.
Die Anlage muß eine besonders hohe Stromstärke ermöglichen.

Tabelle 11.7   Fehlermöglichkeiten beim Entsuden und Glanzentgolden

Merkmale	Ursachen	Gegenmittel
Es entsteht kein Glanz, Elektrolyt verfärbt	Standzeit des Bades überschritten, Badtemperatur zu niedrig	Bad neu ansetzen, erwärmen
Dunkelgraue Flecken auf der Ware	salz- oder kalkhaltiges Wasser	destilliertes Wasser verwenden
Braune Flecken auf der Ware	mangelhafte Vorbereitung der Ware, stark kupferhaltige Legierung	erneut reinigen und entfetten, nachpolieren
»Verbrannte« Stellen am Kontaktpunkt	zu hohe Stromkonzentration	Auflagepunkt ändern, Behandlung wiederholen
Wolkige, fast weiße Flecken, kreisförmig um Kontaktstelle	Silberzementation	Elektrolyt neu ansetzen

Arbeitsbedingungen. Das Bad arbeitet bei etwa 70 °C. Die Ware wird als Anode geschaltet. Im unbelasteten Zustand wird eine Spannung von 8 V bei dünnen Drahtkonstruktionen und 12 V bei massiver Ware eingestellt. Nur 3 ... 5 s lang wird die Ware eingehängt; dreimal 1 s ist besser als einmal 3 s. Beim Eintauchen entsteht eine Stromdichte von 100 ... 120 A/dm^2. Das bedeutet, daß für 1 cm^2 Warenoberfläche etwa 1 A gebraucht wird. Erreicht eine Anlage beispielsweise die Stromstärke von 10 A, dann darf die Oberfläche der Schmuckstücke maximal 10 cm^2 betragen.
Da auch die Kontaktdrähte angegriffen werden, sollen sie etwa 4 mm^2 Querschnitt haben. Man kann prinzipiell alle Goldlegierungen damit behandeln, bei mehr als Au 500 ist der Effekt besonders groß.
Sehr zarte Schmuckstücke, dünne Kettchen darf man wegen der Materialabtragung nicht behandeln.
Schmuckstücke, die eine Drahtkugel oder ein Körbchen bilden, wirken als Faradayscher Käfig, so daß im Inneren eine nichtleitende Zone entsteht, die nicht entsudet oder entgoldet werden kann.
Besatzmaterialien, die resistent gegen den Elektrolyt sind, können mit eingebracht werden.
Wichtig ist das abschließende Spülen der Ware, eventuell kann man noch in der Ultraschall-Reinigungsanlage nachbehandeln. Fehlermöglichkeiten zeigt Tabelle 11.7.

Abtragungsvorgang. Mit dem ersten Stromstoß werden die Glühoxide und Teile der Sudschicht von der Warenoberfläche abgerissen. Beim anschließenden anodischen Polieren wird die Metalloberfläche bei etwas niedrigerer Stromstärke geglättet, indem die Mikrorauhigkeiten galvanisch abgetragen werden, weil die »Mikroerhebungen« etwas höhere Stromstärke haben als die Vertiefungen. Besonders wirksam ist der Effekt bei stoßartiger Aufladung, deshalb soll man die Ware mehrfach eintauchen und wieder herausnehmen. Dreimal 1 s ist besser als einmal 3 s!

11.3.7 Galvanoplastik

Die galvanoplastischen Verfahren sind längst in den verschiedensten Bereichen der Technik eingeführt; in unserer Branche wird es als reproduzierendes Verfahren benutzt, um Medaillen und andere Metallgegenstände zu kopieren. Es ist aber an der Zeit, die Möglichkeiten der Galvanik auch direkt als Gestaltungsmittel zu nutzen.
Das Original wird mit einem nichtmetallischen Werkstoff abgeformt, diese Negativform muß elektrisch leitend gemacht werden, damit sie dann so lange galvanisch beschichtet werden kann, bis sich ein stabiler Metallüberzug gebildet hat, der als Kopie des Modells dann von der Negativform abgehoben werden kann. Eine andere Möglichkeit besteht darin, ein

nichtmetallisches Modell galvanoplastisch mit Metall einseitig zu beschichten oder ringsum einzuhüllen.

Vorbehandlung der nichtleitenden Form

Gips: Die Gipsform muß 2 bis 3 Tage lang bei 50 ... 70 °C getrocknet werden, dann wird sie so lange in flüssiges Wachs gelegt, bis alle Poren damit verschlossen sind, also keine Blasen mehr aufsteigen, und die Form vollständig mit Wachs überzogen ist.

Wachs: Modellteile aus Wachs werden in einer wäßrigen Lösung von 50 g/l Natriumcarbonat (Soda) Na_2CO_3 ausgewaschen, gespült und getrocknet, dann mit Schellack-Lösung überzogen (150 g Schellack auf 1 l Spiritus).

Kunststoff: Zunächst werden die Teile entfettet, dann etwa 2 min lang in Chromschwefelsäure getaucht, die man auf folgende Weise herstellt: 100 g Kaliumbichromat $K_2Cr_2O_7$ in 500 ml Wasser auflösen, dann mit 1 l Schwefelsäure auffüllen. Vorsicht, starke Erwärmung! Von dieser konzentrierten Lösung werden 100 ml abgenommen und mit 900 ml Wasser verdünnt. Nach dieser Behandlung wird gründlich gespült.

Die *ABS-Plaste* – Thermoplaste auf der Basis von Akrylnitril-Butadien-Styrol – sind speziell als Grundmaterial galvanischer Metallbeschichtung entwickelt worden. Die Behandlung erfolgt nach den Anleitungen der Hersteller.

Pflanzenteile: Es geht hier nicht um das kitschige Blatt – »Altkupferfarben« –, das dann als Brosche verarbeitet wird, sondern einfach um die technische Möglichkeit der Metallbeschichtung von Pflanzenteilen, die der Gestalter kennen soll, um sie gegebenenfalls zu nutzen.

Das Blatt wird einen Tag lang in eine Kampfer-Benzol-Lösung gelegt. Dabei dringt die Lösung in die Gewebezellen und verdrängt so das Wasser.

Danach wird das Blatt in feinkörnigen Sand eingebettet, der innerhalb von 2 bis 3 Tagen die Kampferlösung aufnimmt, ohne daß sich das Blatt dabei äußerlich verändert – es ist aber völlig ausgetrocknet.

Herstellung der Leitschicht

Die präparierten nichtmetallischen Formteile müssen vor dem Galvanisieren elektrisch leitend gemacht werden. Dies kann durch Beschichten mit Kohle- oder Metallpulver erreicht werden. Andere Verfahren der Metallisierung, wie Vakuumbedampfung, Einbrennen von Metallsalzen, sind nur mit speziellen Einrichtungen durchführbar und bleiben deshalb hier unberücksichtigt.

Graphitieren: Feinster Graphitstaub wird aufgestreut, mit Pinsel und Bürste so verteilt, daß eine zusammenhängende, glänzende, schwarze Schicht entsteht, die dann geeignet ist, den elektrischen Strom zu leiten.

Metallpulver auftragen: Man benutzt Kupferpulver (handelsüblich als »Kupferschliff«), gut geeignet ist auch das sog. »Goldbronzepulver«. Das Metallpulver wird genauso aufgebracht wie Graphit. Durch ihre Adhäsionskräfte haften die Metallpulver zuverlässig auf dem Untergrund.

Chemischer Silberbelag: Das Verfahren ist besonders bei präparierten Pflanzenteilen zu empfehlen. Der Gegenstand wird in eine alkoholische Silbernitrat-Lösung getaucht. Dann läßt man die Lösung abtropfen und taucht die Blätter in eine Reduktionslösung, meist ist es eine Formalin-Lösung (Formaldehyd). Die handelsübliche 40%ige Lösung wird auf 1% verdünnt. Bei dieser Reduktion wird das Silbernitrat zu metallischem Silber.

Silber-Leitlack: Dies ist ein Fertigpräparat, das auf die nichtmetallischen Formteile aufgestrichen wird und dadurch auf ganz einfache Weise einen festhaftenden Überzug von ausgezeichneter Leitfähigkeit ergibt, auf den normal galvanisiert werden kann.

Galvanische Beschichtung

Die Metallschicht soll spannungsfrei, glatt, meist glänzend und möglichst dick aufgetragen werden. Die zur Verfügung stehenden Edelmetallbäder lassen aber nur eine relativ dünne Schicht von maximal 30 µm zu, wenn die Oberfläche noch glatt bleiben soll.

Es ist deshalb am besten, mit den handelsüblichen sauren Kupfergalvanoplastik-Elektrolyten zu arbeiten, mit denen die Schichtdicke von mehreren Millimetern möglich ist. Will man eine glänzende Oberfläche bekommen, muß man anschließend noch 20 ... 60 μm in einem sauren Glanzkupfer-Elektrolyt auftragen.

Natürlich kann man ohne weiteres die verkupferten Teile vergolden oder versilbern, wenn dies notwendig ist.

Während eine galvanische Beschichtung auf metallischen Teilen zu einer innigen Vereinigung der Gitterverbände von Grund- und Überzugsmetall führt, hat der metallische Überzug auf einem nichtmetallischen Untergrund keine chemische oder elektrochemische Bindung mit dem Rezipienten. Die Schicht kann sich also leicht ablösen, wenn sie nicht um den Gegenstand herumgreift, ihn einhüllt oder doch zumindest mit einer aufgerauhten Oberfläche verzahnt wird.

Galvanoplastischer Hohlschmuck

Es handelt sich um eine komplizierte Industrietechnologie, in deren Ergebnis hohle, dünnwandige Schmuckstücke aus Au 333 oder Au 375 serienmäßig galvanoplastisch hergestellt werden. Man kann heute mit Hilfe von rechnergesteuerten Anlagen dicke, spannungsfreie Schichten abscheiden, deren Feingehalt genau eingehalten wird, so daß man sie sogar stempeln kann. Zur Realisierung der Galvanoplastik mit solchen Goldlegierungen gibt es folgende Methoden:

a) Metallkerntechnik: Ein metallischer Kern wird mit einer ausreichend dicken Schicht galvanisch vergoldet. Dabei macht man den Kern aus solchen Metallen, die aus dem fertigen Hohlkörper thermisch oder chemisch herausgelöst werden können, etwa aus Aluminium oder Zink.

b) Wachskerntechnik (Individuell modellierter Wachskern): Zunächst wird ein Wachskern geformt, der dann elektrisch leitend gemacht und mit einer 80 ... 100 μm dicken Kupferschicht galvanisch überzogen wird. Das Wachs wird herausgelöst, die Öffnung verschlossen und die Kupferhaut vergoldet. Abschließend muß das Kupfer vollständig herausgeätzt werden.

c) Wachskerntechnik (Seriell gespritzter Wachskern): Schließlich ist es gelungen, den nach der beim Schleuderguß üblichen Wachsspritztechnik hergestellten Kern leitfähig zu machen und direkt mit der Goldlegierung galvanisch zu beschichten. Als »Auruna-Form« ist das Verfahren von der DEGUSSA Pforzheim entwickelt worden. Es ist ein sehr rationelles Fertigungsverfahren, zu dem aber eine aufwendige Spezialausrüstung nötig ist.

Die Wachskerntechnik hat folgende Vorzüge:

- Das von der Gußtechnologie her bekannte und erprobte Wachsspritzverfahren kann beibehalten werden.
- Da nur zum Schluß aus dem Hohlkörper das Wachs herausgeschmolzen werden muß, ist das Verfahren rationeller als die beiden anderen mit Metallkern.
- Gegenüber dem Massivguß ergibt sich wegen der geringen Wanddicke eine ganz erhebliche Materialeinsparung.
- Im Vergleich mit der Preßtechnik entfallen die großen Aufwendungen für die Werkzeugherstellung und die Komplikationen der Montage der beiden gestanzten Hälften.
- Auch Kleinserien können deshalb schon preisgünstig hergestellt werden.

11.3.8   Galvanoformung

In den 60er Jahren entwickelte sich in den USA aus den Verfahren der Galvanoplastik als neue Methode der Metalltexturierung das »Electroforming«, und sehr schnell wurde es auch in Europa zur Schmuck- und Metallgestaltung genutzt. Inzwischen ist die »Galvanoformung« als neue Gestaltungsmöglichkeit in die Reihe der kunsthandwerklichen Arbeitstechniken aufgenommen worden.

Nachdem in den 50er Jahren der Reiz natürlicher Texturierung durch das Anschmelzen der Metalloberfläche erkannt worden war und mit solchen Flambierungen die Schranken traditioneller Schmuckgestaltung durchbrochen werden konnten, setzte sich mit der Galvanoformung diese Tendenz fort.

Während man normalerweise einen möglichst glatten, porenfreien – neuerdings sogar glänzenden – galvanischen Überzug anstrebt, ist es für die Galvanoformung charakteristisch, daß man bewußt und gezielt grobkörnige, streifige, poröse Niederschläge aufbringt, mit denen sich die interessanten Texturen ergeben. Diese Wirkung kommt dadurch zustande, daß mit ungewöhnlich hoher Stromdichte in der Zeiteinheit eine möglichst große Metallmenge galvanisch niedergeschlagen wird, so daß eine schon an eine dichte Granulation erinnernde Grobkörnigkeit entsteht.

Das Problem besteht darin, daß trotz der hohen Niederschlagsgeschwindigkeit die Beschichtung fest auf dem Untergrund haften muß, und es hat sich erwiesen, daß der saure Kupferelektrolyt, der sich für die Galvanoplastik bewährt hat, auch zur Galvanoformung am besten geeignet ist. Um die erforderliche Abscheidungsgeschwindigkeit zu erreichen, muß man bei der Galvanoformung generell mit Stromdichten arbeiten, die über dem Normalwert des Elektrolyts liegen; man braucht also eine leistungsfähige Gleichstromquelle, die eine hohe Stromstärke liefert.

Die Galvanoformung beruht auf folgenden Grundverfahren:

- Ein nichtmetallischer Rezipient – meist aus Kunststoff – wird galvanoplastisch beschichtet. Dies kann ein nichtmetallisches Modell sein, das mit Metall bedeckt wird, oder eine Negativform, von der die aufgetragene Metallschicht als Positivobjekt wieder abgenommen wird. So weit entspricht dies dem normalen galvanoplastischen Verfahren, durch Modifikation der Niederschlagsbedingungen entsteht aber jetzt die typische Textur der Galvanoformung.
- Neu dagegen ist das Verfahren, bei dem man den Grundkörper zunächst aus Metallfolie oder aus Draht formt, ihn dann so lange galvanisch verstärkt, bis er die gewünschte Gestalt und Stabilität hat. Durch überhöhte Stromdichte entsteht auch hierbei die grobkörnige Textur.

So kann man mit geringer Mühe solche Gegenstände gestalten, die sonst nur in langwieriger Arbeit getrieben und gebogen werden müßten, ja, es sind sogar Formen möglich, die mit anderen Verfahren gar nicht herzustellen wären.

Es lassen sich leider keine »Rezepte« dafür angeben, wie man bestimmte Texturen der Galvanoformung herstellen kann. Wer Freude am Experimentieren hat, soll sich daran versuchen. Das Betätigungsfeld ist weit, die Möglichkeiten sind noch längst nicht erschöpft. Als Anregungen sollen die Beispiele auf den Bildern F 11.11 bis F 11.15 dienen.

Ebenso wie bei der Galvanoplastik gilt, daß mit Edelmetall-Elektrolyten nicht ein so fest haftender Grobkornniederschlag zu erreichen ist. Falls erforderlich, kann man aber auch hierbei die Kupferschicht zum Schluß vergolden oder versilbern.

11.3.9 Entsorgung verbrauchter Elektrolyte

In den Silberbädern entspricht die Niederschlagsmenge fast dem Abbau der Feinsilberanode, deshalb können diese Elektrolyte relativ lange Zeit benutzt werden.

Beim Galvanisieren mit neutraler Anode müssen die verbrauchten Edelmetall-Ionen des Elektrolyten durch Zugabe von spezieller Ergänzungslösung nach Anweisung der Herstellerfirma immer wieder ersetzt werden, damit der Sollwertbereich eingehalten wird.

Schließlich ist aber jeder Elektrolyt einmal verbraucht. Der Edelmetall-Anteil ist nur noch minimal, die hochgiftigen Cyanide bleiben aber aktiv. Auch kleinste Mengen dürfen nicht in das Abwasser oder ins Grundwasser gelangen, sondern müssen fachgerecht entsorgt werden.

Die alten Rezepte zur Rückgewinnung der Edelmetalle durch Zugabe von Zinkpulver basierten auf dem Ionenaustausch zwischen den unedlen Zinkionen und den Edelmetallionen. Solche Verfahren können heute nicht mehr praktiziert werden:

- Trotz hohem Zeit- und Energieaufwand war die Edelmetallausbeute nur gering.
- Der hochgiftige Cyanidgehalt der Restlösung blieb.

Wegen der relativ niedrigen Edelmetallpreise lohnt der ganze Aufwand heute nicht mehr.

Eine spezielle Recycling-Anlage käme höchstens für größere Galvanisierbetriebe in Frage. Für den Kleinbetrieb, in dem nur wenige Liter pro Jahr anfallen, ist es ratsam, die verbrauchten Lösungen getrennt nach saurem und basischem Charakter in Kunststoffbehältern zu sammeln. Die Scheideanstalten bieten die Rücknahme solcher Lösungen als Service an, andernfalls muß man sie als Sondermüll abführen.

12 Funktionelle Bauteile

12.1 Fassungen

Allgemeine Grundsätze

Bereits in der Zeit der ägyptischen Hochkultur, also vor mehr als 4000 Jahren, waren die Gestaltungsprinzipien der Kombination farbiger Schmucksteine mit edlem Metall entwickelt worden. Dünne Metallstege wurden so gebogen und auf ein Blech gelötet, daß Zellen entstanden, in die passend zugeschliffene Plättchen aus Edelstein oder Keramik eingeklebt werden konnten. Ornamente und ganze Bildmotive wurden so gestaltet. Zur Zargenfassung war es dann nur noch ein kleiner Schritt: Der rings um den Stein liegende Steg mußte höher als der Stein sein, damit er über dessen Kante gedrückt werden konnte, so daß der Stein ohne Kitt sicher mit dem Metall verbunden wurde. Aus dieser Grundform haben sich alle weiteren Fassungsarten entwickelt, die nun behandelt werden sollen.

Die Methoden des Juwelenfassens werden im letzten Kapitel dieses Buches behandelt.

Die Fassung ist ein wichtiges Funktionselement, denn in ihr soll der Edelstein »erfaßt« und von ihr »umfaßt« werden, so daß er mechanisch mit dem Schmuckstück verbunden wird.

Wenn die Gestaltung der Steinfassungen auch von den Rücksichten auf die Funktion bestimmt wird, müssen doch Formgebung, Proportion und Oberflächenbehandlung dem Gesamtschmuckstück angepaßt werden. Es ist sogar möglich, daß die Fassung selbst zum gestalterischen Zentrum des Schmuckstücks wird.

Mit der Fassung soll
- der Stein festgehalten,
- in seiner Wirkung gesteigert,
- eine gestalterische Vermittlung zwischen Stein und Schmuckstück hergestellt werden.

Für jeden konkreten Anwendungsfall muß der Goldschmied die bestmögliche Fassung entwickeln, und dazu muß er, wenn dies erforderlich scheint, auch aus einer der üblichen Grundformen eine neue Variante schaffen.

Bei der Auswahl des Fassungsmaterials muß mit Hilfe der Diagramme und Tabellen, die im metallkundlichen Teil des Buches enthalten sind, ein Kompromiß zwischen konträren Gesichtspunkten gefunden werden:
- Damit der Stein möglichst lange Zeit sicher von der Fassung gehalten wird, braucht man ein hartes, verschleißfestes Metall.
- Um die Fassung möglichst leicht und mit geringem Risiko andrücken zu können, soll das Fassungsmetall möglichst weich und dehnbar sein.

Zum Löten der Fassung nimmt man ein Lot mit möglichst hoher Arbeitstemperatur – also ein »hartes« Lot –, damit es bei der weiteren Montage des Schmuckstücks nicht nachfließt.

Kastenfassung

Es ist der einfachste Grundtyp der Fassungen überhaupt. Der Stein liegt auf der Bodenplatte auf und wird von der senkrechten Kastenwand gehalten, deren Oberkante über den Stein gedrückt wird.

Verständlicherweise muß der Stein eine glatte Unterseite haben, deshalb werden meist Cabochons und Tafelsteine so gefaßt. Da von unten kein Licht in die Fassung kommen kann, werden vorzugsweise undurchsichtige Steine dafür in Frage kommen.

Arbeitsfolge. (Bild 12.1). Ein Blechstreifen, etwa 0,25 ... 0,35 mm dick, muß so breit sein, daß man ihn beim Fassen über die Steinkante herumdrücken kann. Er wird der Steinform entsprechend gebogen (Bild 12.1a), auf Länge geschnitten und zusammengelötet. Das Lot wird von innen angelegt!

Der Stein muß in diesen Kasten bequem hineinpassen und gleichmäßig an den Wänden anliegen.

Bei kantigen Steinen nimmt man die Länge jeder Seite in den Zirkel, gibt etwas zu und trägt die Maße in der richtigen Reihenfolge auf den Blechstreifen. Dann biegt man mit der Flachzange straff um die Markierungen, damit die Fassung scharfkantig wird (Bild 12.1c). Man spart sich durch das Anzeichnen mit dem Zirkel das häufige Anpassen des Steins.

Auf einem Zargenriegel, dessen Form der Fas-

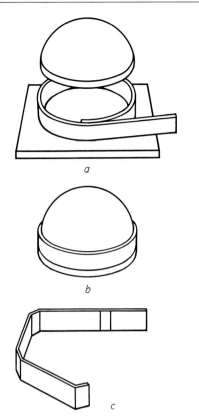

Bild 12.1   Herstellung parallelwandiger Kastenfassungen. a) ovaler Stein mit Zarge und Grundplatte, b) fertige ovale Kastenfassung, c) eingekerbte Zarge für eine Achtkantfassung

sung entspricht, kann man die Fassung nachrichten.

Die Grundplatte wird auf eine Lötunterlage (Rost, Lötsieb) gelegt, auf der die Fassung auch von unten erwärmt wird. Die fertig gerichtete Fassungszarge legt man auf diese Platte, befestigt sie mit einigen rechtwinklig gebogenen Stecknadeln (s. Bild 8.14) oder bindet sie auf der Unterlage fest. Dann wird gelötet.

Nach dem Beizen wird, wenn es der Entwurf verlangt, der Überstand des Bodens weggesägt und an der Fassung glattgefeilt (Bild 12.1 b).

Bei undurchsichtigen Steinen kann man durch ornamentale Sägearbeit die Grundplatte auflockern.

Während der Bearbeitung des Werkstücks wird der Stein nicht wieder in die Fassung ein-

probiert, er könnte an vorhandenen Boraxresten ausplatzen!

Zargenfassung

Diese Fassung ist ebenso zuverlässig wie die Kastenfassung. Da das Licht auch von der Rückseite einfallen kann, ist sie für durchsichtige Steine besonders günstig; undurchsichtige Steine können natürlich auch in der Zargenfassung befestigt werden.

Die Fassung besteht aus einer Zarge mit einer Stufe auf der Innenwand, die als Auflage für den Stein dient.

Diese Steinauflage muß

● breit genug sein, damit der Stein sicher aufliegt,
● absolut eben sein,
● so tief sein, daß die Fassungszarge beim Fassen über die Steinkante gedrückt werden kann.

Nach der Form der Zarge unterscheidet man

● parallelwandige und
● konische Fassungen,

nach der Herstellungsart der Steinauflage

● justierte und
● montierte Zargenfassungen.

Parallelwandige Zarge. Sie wird genauso gemacht wie die Fassungswand der Kastenfassung. Die Blechdicke ist abhängig davon, wie die Steinauflage hergestellt wird.

Konische Fassung. Auch hierbei richtet sich die Blechdicke nach der Art der Steinauflage. Man kann die konische Zarge auf unterschiedliche Weise herstellen, und die folgenden Verfahren gelten nicht nur für Steinfassungen, sondern auch für alle anderen konischen Teile der Schmuckstücke, etwa bei einem Ringunterteil oder beim Rahmen eines Anhängers.

a) Eingefeilte Ecken. Man kann eine normale parallelwandige Zarge anfertigen, deren Ecken dann mit der Messerfeile fast bis zur Oberkante keilförmig aufgefeilt werden. Die Seitenwände kann man dann nach innen klappen, und von der Innenseite aus werden die Ecken verlötet (Bild 12.2a).

Nachteile: Die eingefeilten Ecken können beim Biegen leicht durchbrechen, außerdem hat man an jeder Biegekante eine Lötnaht.

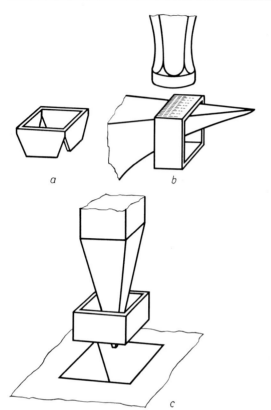

Bild 12.2   Herstellung der konischen Fassung aus parallelwandiger Zarge. a) durch Einkerben, b) durch Ausschneiden, c) durch Stauchen

b) Ausschmieden der Wände. Eine parallelwandige Zarge wird entsprechend dem Kleinstmaß des Konus gebogen. Auf dem Hornamboß oder auf einem passenden Zargenriegel wird daraus die konische Zargenform ausgeschmiedet (Bild 12.2 b).
Nachteile: Durch das Schmieden wird das Metall dünner, die Oberfläche bekommt Schlagspuren, und wenn man sie herausfeilt, wird die Blechdicke noch weiter vermindert.

c) Stauchen in der Matrize. Wenn man ein passendes Staucheisen mit Stempel hat, wird die Zarge auf eine mittlere Größe vorgearbeitet. In der Matrize wird dann der obere Bereich gedehnt und der untere gestaucht (Bild 12.2 c). Um das Einreißen durch Überbeanspruchung zu vermeiden, wird zwischengeglüht! Eventuell kann man die Zarge auch nach einer der an-

deren Methoden vorbereiten, dann braucht man in der Matrize nur noch zu egalisieren.
Die Matrize ist dann besonders nützlich, wenn man sich auf gewisse Standardformen und größere Stückzahlen eingerichtet hat.
Am einfachsten ist es bei den runden Fassungen (Bild 12.3a). Aus einem parallelwandigen Blechstreifen wird eine zylindrische Zarge hergestellt, deren Durchmesser dem Mittelwert der konischen Zarge entspricht

$$l = D_\mathrm{m} \cdot \pi$$

l – Länge des Blechstreifens
D_m – mittlerer Durchmesser des Konus

In einer einfachen runden, konischen Matrize wird die Zarge dann geformt.

d) Am zuverlässigsten ist die *Herstellung aus der Abwicklung.* Es empfiehlt sich, zunächst eine Konstruktion auf Papier zu machen und die Papierform zu kontrollieren. Hat man mehrere gleiche Zargen anzufertigen, lohnt es sich, dafür eine Kupferschablone herzustellen (Bild 12.3b).
Für eine konische runde Zarge zeichnet man zunächst die Zarge in Seitenansicht, und aus der Verlängerung der Seitenwände erhält man den Radius des Kreissektors R der Abwicklung.
Der Abwicklungsstreifen wird begrenzt durch Ober- und Unterkante der Fassungszarge, ihr Abstand ergibt die Zargenhöhe l. Die Zarge ist also Sektor einer Kreisringfläche, deren Länge dem Zargenumfang entspricht, und diese Länge macht die Bogenlänge b aus

$$b = 2\pi r_1$$

b – Bogenlänge
r_1 – großer Radius des Konus

Zu dieser Bogenlänge gehört der Zentriwinkel ω.
So ergibt sich die proportionale Beziehung

$$2\pi R \;:\; b \;=\; 360° \;:\; \omega$$
Umfang Bogenlänge Vollwinkel Zentriwinkel

Beispiel: $r_1 = 11$ mm; $r_2 = 9$ mm; $l = 10$ mm; $R = 50$ mm.
Der Zargenumfang und damit die Bogenlänge beträgt
$b = 2\pi r_1 = 2\pi \cdot 11$ mm $= 69$ mm
Diese Länge kann man nicht genau auf dem

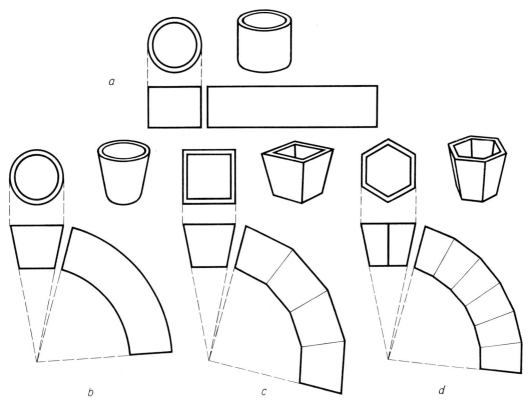

Bild 12.3 Abwicklungen unterschiedlicher Zargen.
a) parallelwandige Zarge, b) konische, runde Zarge,
c) konische, quadratische Zarge, d) konische, sechs-
eckige Zarge

Kreis auftragen, dazu wäre folgendes Verfahren nötig:

$$\omega = \frac{2\,r_1\pi}{2\,R\,\pi} \cdot 360\,° = \frac{r_1}{R} \cdot 360°$$

$$= \frac{11}{50} \cdot 360° = \underline{\underline{79°}}$$

Damit ist die Länge der Abwicklung eindeutig bestimmt!

Nun fällt es nicht schwer, auch für quadratische, rechteckige und achteckige konische Zargen die Abwicklung schematisch darzustellen (Bild 12.3c).

In der Seitenansicht werden die schrägen Kanten bis zum gemeinsamen Schnittpunkt verlängert, um den Radius der Abwicklung zu ermitteln. Man trägt auf dem Kreisbogen die Kantenlängen ab, verbindet sie und hat so die Form der Abwicklung noch leichter konstruiert als bei der runden Zarge.

Die konische sechseckige Zarge wurde nach dem gleichen Prinzip behandelt wie die quadratische (Bild 12.3 d). Wenn das Zentrum der Abwicklung ermittelt wird, ist darauf zu achten, daß man nicht von der Verlängerung der gegenüberliegenden Seiten, sondern immer von den Kanten ausgeht!

Steinauflage der Zargenfassung

Parallelwandige und konische Fassungen können nach Belieben mit montierter oder justierter Steinauflage gestaltet werden (Bild 12.4).

Bei der *montierten Fassung* ist die eigentliche Fassungszarge nur 0,25 ... 0,35 mm dick, und es wird als Steinauflage eine zweite Zarge zugerichtet, die genau in die Fassungszarge paßt. Bei konischen Formen muß sie natürlich auch die gleiche Neigung haben.

Die Auflagezarge muß

● um so viel niedriger als die Fassungszarge

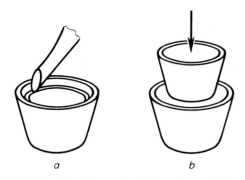

Bild 12.4   Einarbeitung der Steinauflage. a) durch Justieren, b) durch Einlöten der Auflagezarge

sein, wie erforderlich ist, um den Stein einsetzen und fassen zu können,
- ganz gerade sein, damit der Stein sicher aufliegt,
- breit genug sein, damit der Stein, besonders bei parallelwandigen Zargen, nicht nach unten herausgedrückt werden kann.

Fassungs- und Auflagezarge werden ineinandergesteckt und zusammengelötet. Normalerweise wird es so eingerichtet, daß beide Zargen auf der Rückseite bündig abschließen, und die Lotpaillen werden hier aufgelegt.

Für die *justierte Fassung* muß die Zarge etwa 0,8 ... 1 mm dick sein. Die parallelwandige Zarge wird so bemessen, daß man beim Auflegen des Steins gerade noch so viel von der Wanddicke sieht, wie für die eigentliche Fassungszarge nötig ist.

Wenn es eine runde Zarge ist, kann man die Auflagestufe mit dem Steinruhefräser bequem einarbeiten. Ist der Stein kantig oder weicht seine Kontur von der Kreisform ab, muß man die Auflagestufe mit dem Justierstichel ausheben. Es erfordert viel Übung und ziemliche Sicherheit der Stichelführung, wenn eine glatte Auflage von gleichmäßiger Höhe eingeschnitten werden soll, ohne den Fassungsrand unnötig zu schwächen.

Hat man die Auflage nicht genau genug ausgearbeitet, »kippelt« der Stein beim Fassen und kann leicht zerbrechen.

Bei der konischen Zarge ist es schwierig, das richtige Maß für die obere Zargenöffnung zu finden, da die obere Zargenöffnung größer als die Steinrondiste ist. Nach einiger Übung wird man das richtige Verhältnis aber bald gefunden haben.

Mit Steinruhefräser, Justierstichel oder Flachstichel wird die Auflage auch hierbei wie bei der parallelwandigen Fassung eingeschnitten. Aber jetzt wird die Zarge an der Stelle der Auflage dünn und läßt sich beim Fassen leicht umbiegen, trotzdem bleibt die Oberkante unverändert dick, so daß sich eine schöne, volle Außenkontur ergibt. Schneidet man die Auflage aber zu tief ein, kann die Zarge beim Fassen einknicken und wegreißen; bleibt die Wandung zu dick, läßt sie sich beim Fassen nur schwer umlegen.

Befestigen der Steine

Sowohl in der Kasten- als auch in der Zargenfassung wird der Stein dadurch gehalten, daß der obere Teil des Fassungsrandes über die Rondiste des Steins gedrückt wird.

Mit Andrücker oder Bockfuß (Bild 12.5) klappt man zunächst an mehreren einander gegenüberliegenden Stellen die Fassung leicht um, damit der Stein einen vorläufigen Halt bekommt. Nun kontrolliert man nochmals, ob er sicher aufliegt und gerade in der Fassung sitzt. Werden mehrere Steine nebeneinander eingesetzt, stellt man fest, ob deren Tafelflächen, von der Seite gesehen, in einer Höhe liegen. Wenn diese Bedingungen erfüllt sind, drückt man Stück für Stück des Überstands gegen den Stein, indem man mehrmals mit dem Andrücker um die Fassung geht. Bei eckigen Fassungen ist besonders darauf zu achten, daß erst das Material der Ecken gegen den Stein »gestaucht« wird, ehe man die Langseiten anmassiert, anderenfalls besteht die Gefahr, daß die Fassung an den Ecken Zipfel bildet. Liegt die Fassung fest an, drückt man mit dem Verreiber

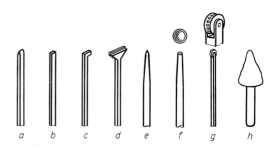

Bild 12.5   Fasserwerkzeuge. a) bis d) Andrücker, e) Anreiber, f) Korneisen, g) Millegriffes-Rädchen, h) Wachsbein

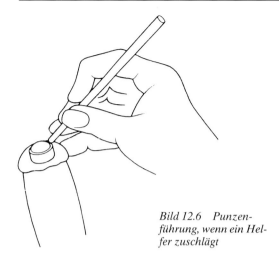

*Bild 12.6   Punzen-
führung, wenn ein Hel-
fer zuschlägt*

eine Hohlkehle haben, dann führt er sich besser. Man benutzt ihn wie einen Andrücker, der
Fasser führt den Punzen, und ein Helfer
schlägt mit dem Ziselierhammer auf den Kopf
des Punzens (Bild 12.6). Auf alle Fälle muß die
Fassung zunächst an einigen Stellen so weit angelegt werden – eventuell mit dem Andrücker
– daß der Stein in der Fassung fixiert wird.
Wenn der Stein beim Schlagen »tanzt«, kann
er leicht zerbrechen. Mit dem Punzen kann
auch eine dicke Zarge schnell und zuverlässig
geschlossen werden, manche Fasser arbeiten
nur so. Der Anfänger muß erst mit weniger
wertvollen Steinen üben, aber möglichst nicht
mit Glassteinen, sie sind besonders spröde und
deshalb zu empfindlich.
Wenn man einige Übung hat, kann man den
Stein auch ohne Helfer allein mit dem Punzen
antreiben. Dazu muß das Schmuckstück immer aufgekittet oder im Faßkloben eingespannt werden. So, wie es auf Bild 12.7 zu sehen ist, wird der Punzen mit der linken Hand
geführt, mit der rechten schlägt man zu. Mit
dem Fasserhammer, der über die Welle des
Technikmotors betätigt wird, kann man sich
diese Arbeit wesentlich erleichtern.

die Schnittkante der Fassung dicht gegen den
Stein, um sie ganz abzudichten.
Mit dem Flachstichel wird die Fassungskante
noch glanzgeschnitten. Heute bevorzugt man
diese glatte Ausführung, man kann aber auf
die dachförmig geschnittene Kante mit dem
Millegriffes-Rädchen eine Perlreihe aufdrük-
ken.
Man kann die Fassung auch mit dem Punzen
antreiben. Die Schlagfläche des Punzens kann

Die *Spiegelfassung* wendet man vorzugsweise
bei Tafelsteinen an. Es handelt sich um Steine

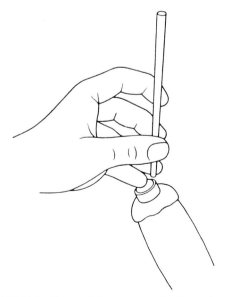 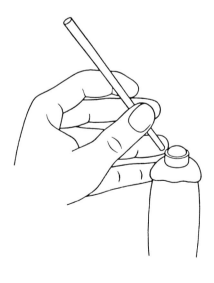

Bild 12.7   Punzenführung, wenn der Stein ohne Helfer fixiert wird

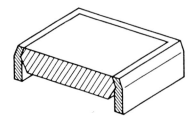

Bild 12.8   Spiegelfassung (als Teilschnitt dargestellt)

mit großer Tafel, meist ist sie ganz flach, und schmaler Seitenfacette, die beispielsweise für Herrenringe verwendet werden. Die Fassungszarge ist so hoch, daß sie die Seitenfacetten ganz bedeckt (Bild 12.8). Da die Fassungszarge besonders dick ist, muß sie mit dem Punzen ganz dicht angetrieben werden. Dann feilt man die Oberkante der Fassung so weit ab, daß sie in gleicher Ebene mit der Steintafel liegt. Nach dem Polieren erscheint es so, als ob der Stein von einem schmalen, glänzenden Metallspiegel eingerahmt ist.

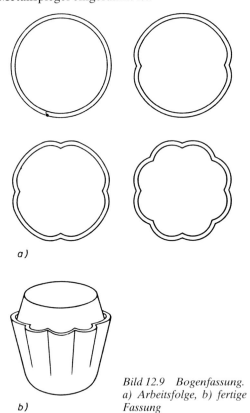

a)

b)

Bild 12.9   Bogenfassung. a) Arbeitsfolge, b) fertige Fassung

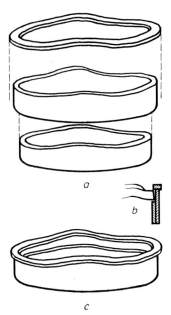

a

b

c

Bild 12.10   Rahmenfassung. a) Einzelteile, b) Wandung mit eingesetzter Kamee (Schnittdarstellung), c) fertige Fassung

Eine aufgelockerte Fassungsart ist die *Bogenfassung* (Bild 12.9). In regelmäßigen Abständen wird die Fassungszarge mit dem scharfen Andrücker oder mit einem kleinen Schraubenzieher gegen den Stein gedrückt, so daß die Fassungszarge zwischen den Eindruckstellen jeweils einen kleinen Bogen bildet. Abschließend wird jeder Bogen glanzgeschnitten. Die Bogenfassung ist also auch ohne Vorkenntnisse ganz einfach anzudrücken!

Rahmenfassung

Die Rahmenfassung eignet sich besonders für Kameen (geschnittene Edelsteine und Muscheln), wird aber auch für Emailplatten, Münzen und ungewöhnliche Steinformen angewandt. Die Besonderheit besteht darin, daß die Fassungszarge an der Oberseite durch einen aufgelöteten Rahmen verschlossen wird und der Stein von der Rückseite her eingeschoben werden muß (Bild 12.10).
Arbeitsfolge (am Beispiel einer Kameenfassung beschrieben). Aus einem etwa 0,3 mm dicken Blechstreifen wird die Fassungszarge so zugerichtet, daß sie genau um die Kamee paßt.

Nachdem sie zugelötet ist, muß man eine Markierung auf der Rückseite des Steins und auf der Fassungsinnenseite anbringen, damit die Kamee immer in gleicher Richtung einprobiert wird.

Mit der Reißnadel gibt man auf der Fassungsinnenseite den Verlauf der gewellten Kameeoberfläche an und feilt die Zarge dementsprechend so aus, daß sie genau mit der Kameenoberfläche abschließt.

Ein Flachdraht, etwa 1,5 mm × 0,4 mm, bildet den Rahmen der Oberseite. Er wird so gebogen, daß er sich der Form der Fassungsoberseite anpaßt und genau aufliegt. Man läßt ihn nach innen breiter überstehen, damit er später die Kamee halten kann; außen bleibt nur ein kleiner Überstand.

Der zugerichtete Draht wird auf die Fassungszarge mit Bindedraht gebunden. Es empfiehlt sich, zunächst nur einige Stellen zu heften, nochmals nachzurichten und dann erst die Fuge ganz durchzulöten.

Schließlich biegt man eine Auflagezarge und feilt deren Oberkante entsprechend der Kontur der Kamee zurecht, damit sie sicher auf- liegt; die Auflage soll so hoch sein, daß sie mit der Unterkante der Fassung abschließt.

Wenn das ganze Schmuckstück fertig poliert ist, wird die Auflagezarge von hinten eingeschoben und eingeklebt, man kann sie auch mit etwas Zinnlot einfinieren.

Mitunter genügt als Steinauflage auch ein einfacher dünner Vierkantdraht, der nach der Kameenform gebogen wurde und mit einigen Stichelspänen fixiert oder auch mit etwas Zinnlot hinter dem Stein befestigt wird.

Krappenfassung

Sie ist eigentlich nur eine Abart der Zargenfassung. Der Stein ruht nach wie vor auf der Steinauflage, jedoch sind von der Fassungszarge nur einzelne Blechstreifen übriggeblieben, die an die Auflage gelötet sind und über die Steinkante greifen.

In der Krappenfassung erscheint der Stein größer, und er bekommt auch mehr Licht als in der Zargenfassung, nachteilig ist allerdings, daß der Stein mit weniger Sicherheit gehalten wird, und so mancher Damenstrumpf ging

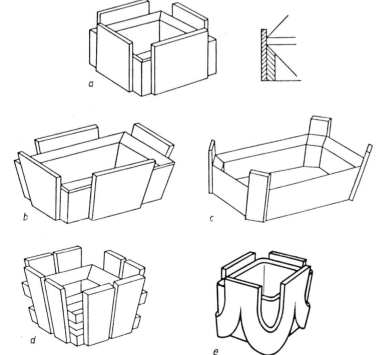

Bild 12.11 Eckige Krappenfassung. a) parallelwandige Krappenfassung, b) und c) konische Krappenfassung, d) konische Krappenfassung mit geteiltem Rahmen, e) Sonderform einer eckigen Krappenfassung

schon kaputt, weil man an einer Krappe hängenblieb. Es gibt verschiedenartige Formen der Krappenfassung, die von Steinform und gestalterischen Bedingungen abhängig sind (Bild 12.11).

Im allgemeinen geht man bei der Herstellung von der Steinauflage aus, die als normale Zarge gemacht wird. Wenn der Stein einen konischen Unterkörper hat, kann man die Oberkante der Auflage dementsprechend abschrägen. Im einfachsten Fall wird an jeder Seite der Fassung außen ein Blechstreifen von mehr oder weniger großer Breite angelötet, der mit der Unterkante abschließt, die Oberkante der Auflage aber so weit überragt, daß er bequem über den Stein gedrückt werden kann. Man kann die Krappen auch etwas länger als nötig machen, weil sie sich dann leichter umlegen lassen.

Bei der Fassung auf Bild 12.12 ist die Herkunft von der Zargenfassung besonders deutlich, denn die Krappen hängen zusammen und werden aus nur einem Blechstreifen entwickelt.

Um den Stein zu befestigen, wird er auf die Auflage gesetzt, und man biegt die Krappen zunächst leicht über den Stein, so daß er sich nicht mehr verschieben kann, weil er dann schief sitzen würde. Die verlängerten Krappen kann man leicht mit der Flachzange andrücken, und dann sägt man sie vorsichtig auf die nötige Länge ab. Wenn die Krappen nur die normale Länge haben, kann man sie entweder auch mit der Zange andrücken, oder man benutzt, wie bei der Zargenfassung, Andrücker oder Punzen. Die Oberkante der Krappen feilt man leicht rundlich, und mit dem Verreiber paßt man die Krappen dicht gegen die Steinoberfläche. Die Krappen sollen nur so weit auf den Stein greifen, wie es erforderlich ist, sind sie zu lang, wird zu viel vom Stein verdeckt, und das ganze Schmuckstück wirkt unschön.

Chaton

Ebenso wie die Krappenfassung ist auch der Chaton aus der Zargenfassung entwickelt. War bei jener die Steinauflage noch als Zarge erhalten geblieben, ist nun die ganze Fassung durchbrochen, und übrig bleiben die kronenförmig angeordneten Krallen, die den Stein umschließen, so daß der Stein von allen Seiten Licht bekommen kann (Bild 12.12). Dadurch

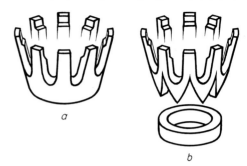

Bild 12.12   Chaton. a) eingefeilte Krappen, b) vorbereiteter Chaton mit Fußreif

bleibt, wie bei der Krappenfassung, die ganze Steingröße sichtbar.

Der Chaton hat den Nachteil, daß er sich leicht abnutzt, man kann dann an den Krappen leicht hängenbleiben, und diese Gefahr ist noch größer als bei der Krappenfassung.

Besonders für Brillanten war der Chaton lange Zeit die bevorzugte Fassungsart. Aus der hier vorgestellten klassischen Grundform sind immer wieder zeitgemäße Abwandlungen entwickelt worden, denen aber immer das gleiche Prinzip zugrundeliegt.

Arbeitsfolge. Eine justierte, konische Zargenfassung bildet die Voraussetzung. Sie ist oben und unten glattgezogen und außen geschmirgelt.

Entsprechend der Krappenzahl wird die Oberkante eingeteilt. Mit der Säge oder mit der Scharnierfeile, deren Schmalseite gerundet ist, kerbt man die Zarge ein. Die dazwischen stehengebliebenen Teile bilden die Krappen.

Mit der Dreikantfeile wird die Fassung von der Unterseite her genau unter jeder Krappe eingekerbt, um dadurch die Zähne frei zu bekommen. Die Zähne können rundlich gefeilt und geschmirgelt werden.

Aus einem Vierkant- oder Flachdraht biegt man schließlich den Fußreif, auf den die Zähne des Chatons gelötet werden. Man kann den Fußreif auch aus einer Blechplatte aussägen und dann unterlöten.

Sehr zweckmäßig ist es, wenn man die Zarge so gestaltet, daß sie schon den Fußreif enthält, dieses Stück absägt, die Zähne in die Zarge feilt und den Fußreif wieder anlötet.

Der Stein wird so gefaßt, daß die gegenüberliegenden Spitzen der Krappen nacheinander mit dem Andrücker über die Steinrondiste geklappt werden. Mit dem Verreiber massiert man die Enden dicht an und feilt sie leicht rundlich, weil dadurch die Fassung gefälliger erscheint. Schließlich drückt man die Krappenenden mit dem Korneisen halbkuglig. Den dabei entstandenen Grat nimmt man mit einer Dreikantfeile ab, die auf einer Seite glattgeschliffen ist.

Ausfassen

Besonders bei Reparaturen ist es erforderlich, daß der Stein vorübergehend aus der Fassung herausgenommen und in die unbeschädigte Fassung wieder eingesetzt werden muß. Dabei ist jeder Stein gefährdet! Bei spröden oder rissigen Steinen ist besondere Vorsicht geboten! In der Tabelle 13.1 sind dazu noch spezielle Angaben gemacht.

In jedem Fall muß das Schmuckstück – ebenso wie beim Fassen – gut eingespannt, aufgekittet oder sonstwie befestigt werden.

Zargenfassung. Ein scharfes, spitzes Messer schiebt man zwischen Fassung und Stein, wobei das Messer als schmaler Keil wirkt und die Fassungswand wegdrücken muß. Dabei muß die Kraft so gerichtet sein, daß man mehr gegen die Fassung als gegen den Stein drückt. Auf keinen Fall darf man versuchen, das Messer als Hebel auf den Stein zu stützen, um so die Fassung wegzudrücken, und man darf das Messer nie verkanten oder winkeln. Wenn die Fassung eng angerieben ist, muß man mit Geduld einen Anfang suchen, auf keinen Fall darf man Gewalt anwenden, denn dann erreicht man nur das Gegenteil, und man reibt die Fassung mit der Klinge nur noch dichter an. Hat man einen Anfang gefunden, reibt man mehrfach um den Stein, drückt dabei ständig gegen die Fassungszarge, bis sie so weit vom Stein weggeschoben ist, daß man ihn herausnehmen kann.

Hat man eine angeschlagene oder eine besonders dickwandige Fassung, die sich mit dieser Methode nicht öffnen läßt, muß man sie auf einer Seite aufsägen. Der Schnitt wird aufgeweitet, und dann wird man den Stein meist herausnehmen können. Nur in Ausnahmefällen

wird es erforderlich sein, die Fassung an zwei gegenüberliegenden Stellen aufzusägen. Ein Blech in der Dicke des Sägenschnitts wird eingelötet und außen und innen mit der Fassung glattgefeilt.

Krappenfassung. Die einzelnen Krappen lassen sich leichter anheben als eine zusammenhängende Zargenwand. Man schiebt das Messer zwischen Krappe und Stein, um sie wegzudrücken; manchmal kann man die Krappe besser noch mit dem Flachstichel anheben.

12.2 Jagdschmuck

Grandeln

Grandeln sind Hirschzähne, genauer gesagt: die beiden Eckzähne aus dem Oberkiefer des Rotwilds – im Unterkiefer hat es keine Eckzähne.
»Hirschgrandeln« im engeren Sinne stammen von den männlichen Rothirschen und sind deutlich größer als die *»Tiergrandeln«* der weiblichen Hirsche (»Tiere« heißen sie in der Jägersprache).
Diese Eckzähne haben einen elfenbeinfarbigen Grundton, und die nicht vom Zahnfleisch bedeckten Teile des Zahns sind durch die in der Nahrung enthaltene Gerbsäure und durch die beim Wiederkauen wirksamen Enzyme und Sekrete braun gefärbt.
Es gibt bei den Grandeln erhebliche Qualitätsunterschiede, und demzufolge können die Preise auch stark differieren. Die Hauptkriterien sind:
- Größe und Form,
- Reinheit des weißen Grundtons,
- Größe und Zeichnung des braunen Flecks,
- Übereinstimmung beider Grandeln des Paars.

Diese eigenartig geformten Zähne mit dem oft sehr schön gezeichneten braunen Fleck wirken so reizvoll, daß sich für ihre Verarbeitung eine eigene Gestaltungsform entwickelt hat und daß man sie sogar meist in Gold verarbeitet. Diese ästhetische Seite allein macht die Beliebtheit des Grandelschmucks nicht aus, denn wenn man Grandeln im Handel auch wie Edelsteine kaufen kann, so sind es doch in erster Linie Jagdtrophäen. Mit den Grandeln verbin-

den sich Erinnerungen an einen unter ganz bestimmten Bedingungen erlegten Hirsch, auf den der Weidmann besonders stolz ist. Deshalb haben die Grandeln für den Jäger eine persönliche Bedeutung, die sich auch auf die Familienangehörigen, die an seiner Jagdleidenschaft Anteil nahmen, übertragen kann.
So hat sich der Jagdschmuck geradezu als eigene Schmuckgattung entwickelt. Die wertvolleren »Hirschgrandeln« verarbeitet man meist paarweise; gelegentlich, beispielsweise bei Ohrringen, kommen die Grandeln auch einzeln vor, meist benutzt man dazu die »Tiergrandeln«.
Für alle üblichen Schmuckgattungen gibt es Beispiele für die Anwendung von Grandeln: Ring, Anhänger, Kollier, Ansteckschmuck, Armschmuck und Ohrringe für die Dame. Sogar bei dem sonst recht zurückhaltenden Herrenschmuck hat der Grandelschmuck seinen festen Platz. So werden Ring, Krawattennadel, Manschettenknöpfe mit den Jagdtrophäen gestaltet, früher kamen noch Uhrkette und das Chatelaine, der kurze Uhrkettenanhänger, dazu.
Es lassen sich mit dem Grandelschmuck keine »gestalterischen Spitzenleistungen« erreichen, und alle Versuche, neue, schlichtere Verarbeitungsmöglichkeiten zu finden, konnten sich nicht durchsetzen, und so ist der Jagdschmuck seit Jahrzehnten bei dem feststehenden Grundschema geblieben:
Meist paarweise, seltener einzeln, werden die Grandeln in eine Kapsel eingesetzt, um sie so zu edlen Eicheln zu stilisieren. Davon ausgehend wird ringsum – meist aus mehrfarbigem Gold – eine Garnitur aus geradezu naturalistisch wirkenden Eichenblättern, kleinen Eicheln und Aststücken entwickelt (Bild 12.13a, b).
Da dieser traditionelle Jagdschmuck zum Repertoire des Goldschmieds gehört, soll, trotz der erwähnten gestalterischen Bedenken, das Herstellungsverfahren hier behandelt werden.

Kapselfassung mit Befestigungslaschen

Um die Grandeln paarweise verarbeiten zu können, muß zunächst die Übereinstimmung beider Grandeln überprüft werden. Sie werden auf gleiche Länge zugeschnitten, indem mit einem schrägen Sägeschnitt ein Stück der

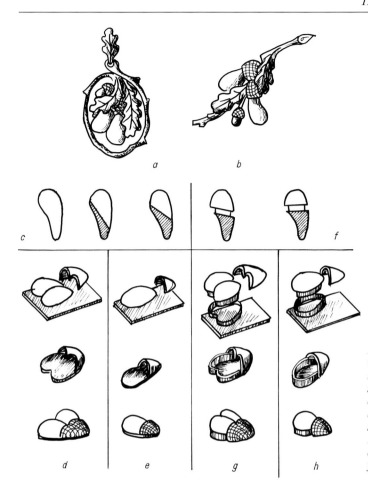

Bild 12.13 Verarbeitung von Grandeln. a) Grandel-Anhänger, b) Grandel-Brosche, c) bis e) Kapselfassung mit flachem Boden, c) Vorbereitung der Grandeln, d) Doppelfassung, e) Einzelfassung, f) bis h) Kapselfassung mit Zarge, f) Vorbereitung der Grandeln, g) Doppelfassung, h) Einzelfassung

Zahnwurzel abgesägt wird, so daß die Grandeln in einer abgerundeten Spitze auslaufen. Die Schnittflächen werden auf der Feile zugeschliffen, so daß beide auf gleiche Höhe kommen. Damit sie möglichst dicht nebeneinander stehen, kann man sie an der Berührungsstelle noch etwas flachfeilen (Bild 12.13c).

Für die eigentliche Fassung des Grandelpaars wird eine Halbkugel geeigneter Größe in der Anke aufgetieft, die später die Kapsel der Eichelfassung bilden soll. In diese Halbkugel werden nebeneinander zwei bogenförmige Öffnungen gesägt und gefeilt, in welche die spitzen Enden der Grandeln eingepaßt werden (Bild 12.13e). Wenn man die vorbereitete Kapsel auf das Bretteisen stellt, kann man kontrollieren, ob die Grandeln richtig in der Kapsel sitzen. Wenn alles stimmt, wird die so vorbereitete Kapsel auf ein dünnes Goldblech

gelötet. Die Grandeln werden auf diesem Blech provisorisch mit Schellack oder Siegellack in ihrer späteren Position befestigt. So kann man die Umrisse der Grandeln genau anreißen und die Befestigungslaschen anzeichnen. Bei leichter Erwärmung werden die Grandeln wieder abgenommen, so daß die Grundplatte ausgesägt werden kann.

In die Oberfläche der Kapsel werden über Kreuz Rillen eingesägt und eingefeilt, damit sie der natürlichen Eichel angeglichen wird.

Ausgehend von dieser Fassung wird das ganze Schmuckstück montiert, wie es später noch beschrieben wird, nach Fertigstellung müssen die Grandeln in der Kapselfassung befestigt werden.

Zunächst werden die Grandeln mit Zweikomponentenkleber in die Kapsel und auf die Grundplatte geklebt. Zur weiteren Sicherung werden dann die Laschen hochgeklappt. Durch diese Lasche bohrt man ein Loch in die Grandel und bereitet einen Stift vor, der leicht konisch befeilt ist und straff in die Bohrung paßt; die Spitze wird glatt gefeilt, der Grat bleibt stehen. Zur Befestigung wird der Stift in die Bohrung hineingedrückt und -geschlagen, wobei der Grat an der Spitze das Verkeilen des Stifts noch fördert. Er soll zum Schluß noch etwa 1,5 mm über die Lasche vorstehen, weil er noch mit Zinnlot eingelötet, also finiert, wird. Erst danach wird das Ende des Stifts versäubert.

Kapselfassung mit Zarge

Diese Fassungsart ist zwar aufwendiger, besonders für Ringe ist sie gut geeignet, weil sie noch eleganter wirkt.
Die Wurzel des Zahns wird nun mit einem kürzeren Schnitt quer zur Hauptrichtung abgesägt (Bild 12.13d). Auch diese Grandeln werden an der Berührungsstelle flach gefeilt, damit sie dicht zusammenstehen.
Parallel zur Schnittfläche wird in jede Grandel eine Stufe eingefeilt, in die die Zarge aufgenommen werden kann; die Berührungsfläche bleibt aber glatt.
Das Grandelpaar wird zusammengekittet, und außerdem kann man beide Grandeln im Bereich der Stufe durchbohren und mit einem Stift verbinden.
Nun biegt man um beide Grandeln eine Zarge (etwa 0,4 mm dick), die genau in die eingefeilte Stufe paßt, so daß Grandeloberfläche und Zarge bündig sind. Da die schmalen Enden der Grandeln von der Kappe überdeckt werden, braucht man die Zarge hier nicht so genau anzupassen, es genügt, wenn sie »herzförmig« ist. Die Kapsel wird so zugeschnitten, daß eine solche gewölbte Form entstehen kann, wie sie auf Bild 12.13g zu sehen ist. Eine verbindliche Schablonenform kann man nicht vorgeben, weil sie immer wieder von Form und Größe der Grandeln abhängig ist. Zunächst wird die Kapsel in der Anke vorgeformt und dann mit dem Punzen auf Blei aufgetieft. Die Öffnung der Kapsel wird so befeilt und gebogen, daß sie die eingesteckten Grandeln möglichst dicht umschließt.
Zarge und Kapsel werden auf eine gemeinsame Grundplatte gelötet, also verbödet.

Schließlich wird das Blech rings um Zarge und Kapsel weggesägt und befeilt.
Nach Fertigstellung des Schmuckstücks werden die Grandeln auch in diese Fassung mit Zweikomponentenkleber geklebt. Wegen der gegenseitigen Verbindung der durchbohrten Grandeln und der zusätzlichen Halterung durch die umgebende Zarge ist diese Methode recht zuverlässig.

Einzelfassung

Beide Fassungstypen können in Übereinstimmung mit den vorhergehenden Verfahrensbeschreibungen auch für einzelne Grandeln verwendet werden (Bild 12.13f, g).

Verarbeitung

Dem Entwurf entsprechend wird das Schmuckstück um die Grandelfassung aufgebaut.

Blätter. Aus dünnem Blech (0,3 mm) werden in angemessener Größe Eichenblätter ausgesägt. Bei Goldschmuck wird dafür oft Grüngold verwendet. Man kann die Blätter aber auch aus normalfarbigem Goldblech aussägen und mit Feingold dublieren, indem man sie auf sehr dünnes Feingoldblech auflötet und dann das Feingold ringsum wegschneidet. Das Feingold wird mit dem Mattpunzen behandelt, die Rippen werden mit dem Schrotpunzen gezogen. Dagegen werden die Grüngoldblätter mit dem Fadenstichel mattiert, und die Rippen werden mit dem Facettenstichel eingraviert.
Die Blätter können eben bleiben, wirkungs-

Bild 12.14   *Übungsbeispiele mit getriebenen Blättern. Birgit Karsten, Firma Nothdurft, Schwerin*

voller ist aber die meist angewandte Modellierung: Auf Bleiunterlage werden die Lappen der Blätter im Wechsel von vorn und von hinten mit entsprechend kleinen Punzen durchgewölbt, so daß jedes Blatt in sich stark bewegt erscheint (Bild 12.14).

Eicheln. Die kleinen Eicheln werden aus halbrundem Schienendraht gefeilt. Mit der Säge wird die Kante der Kapsel eingeschnitten, dann feilt man die Form zurecht. Ein dünner Draht wird am Ende etwas flachgeschmiedet und als Stiel angelötet.

Äste. Sie werden aus dickem Runddraht geschmiedet. Längere Aststücke müssen, dem Wachstumsprinzip entsprechend, verlaufend dünn geschmiedet werden. Durch einzelne Schläge auf dem Bretteisen wird der Draht unregelmäßig angeschlagen, um die natürliche Oberfläche anzudeuten. Kurze Aststücke werden angelötet. Die Bruchfläche des Astes wird schräg angefeilt, ringsum wird ein dünner Runddraht mit reichlich Lot eingeschwemmt, und dann arbeitet man die verbleibende Mulde mit dem Fadenstichel nach. Mit Faden- und Bollstichel wird auch die Struktur der Borke angedeutet.

Montage. Blätter, Eicheln und Äste werden in freier Komposition zusammengestellt und nach Bedarf miteinander und mit der Grandelfassung verlötet. Beim Anlöten des Hauptastes an die Kapsel ist es günstig, diese Kapsel vorher anzubohren und den Ast hineinzustekken. Die Blätter müssen jeweils an mehreren Punkten verlötet werden, damit man nicht an ihnen hängenbleiben kann. Wenn es nötig ist, kann man die Teile von der Rückseite auch durch verdeckte Drähte, Kugeln oder Blechstücke noch stabilisieren. Kleine Bindedrahtknäuel unter der Montage sind eine gute Hilfe, damit die Einzelteile während der Lötung nicht verrutschen.

Fuchsfänge

Damit sind die Reißzähne des Fuchses gemeint. Sie werden ähnlich wie Grandeln, also auch zusammen mit Eichenlaub, verarbeitet. Die Zahnwurzel wird gekürzt und in eine Kapsel gekittet, die als Kugelkalotte geformt ist.

Da der Zahn allseitig rund ist, gibt es keine Grundplatte wie bei der Grandelfassung. Auch die Fuchsfänge werden sowohl paarweise als auch einzeln verarbeitet. Da sie in Längsrichtung leicht aufspalten, muß man sie erforderlichenfalls mit Zweikomponentenkleber wieder zusammenkleben.

12.3 Bewegliche Verbindungen

Bei Ketten und Armbändern, Ohrringen und Anhängern – überall ist es erforderlich, daß einzelne Schmuckteile beweglich miteinander

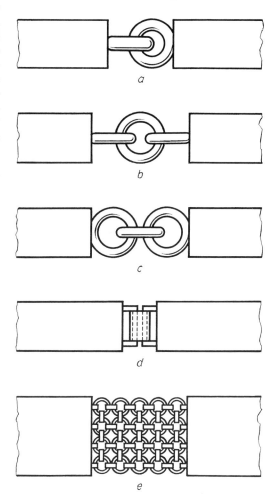

Bild 12.15 Einfache Ösenverbindungen. a) Ösenpaar, b) und c) dreiteilige Ösenverbindung, d) Bügel mit Blechöse, e) Geflechtverbindung

verbunden werden. So vielgestaltig die Verbindungen auch sind, kann man sie doch auf gewisse Grundtypen zurückführen, die nun näher erläutert werden sollen.

12.3.1   Ösenverbindung

Dies ist die Grundform aller beweglichen Verbindungsmöglichkeiten. Die Ösen können auf folgende Weise angelötet werden:

- Als *einfaches Ösenpaar*, bei dem eine Öse senkrecht (stehend), die andere waagerecht (liegend) an die Verbundteile angelötet sind (Bild 12.15a).
- Es kann aber auch eine *dreiteilige Ösenverbindung* sein, bei der die beiden starren Ösen in gleicher Lage, also stehend (Bild 12.15b) oder liegend (Bild 12.15c) an die Verbundteile angelötet sind; die zwischengehängte bewegliche Öse hat die jeweils entgegengesetzte Stellung.

Auch die auf Bild 12.15d gezeigte Verbindung, bei der ein Scharnierrohr als bewegliche Öse dient, entspricht dem Prinzip der dreiteiligen Ösenverbindung.

Die Weiterführung der Ösenverbindung wäre die Kette oder, wie beim Beispiel auf Bild 12.15e, ein flexibles Verbindungsteil.

Zum Anlöten wird die runde Öse an ihrer Fuge etwas flachgefeilt, damit sie eine genügend große Kontaktfläche am Verbundteil hat. Beim Anlöten wird die Fuge der Öse dann gleichzeitig durch das Lot verschlossen.

12.3.2   Scharnierverbindung

Einfaches Scharnier

Die Herstellung des Scharnierrohrs wurde bereits beschrieben. Im allgemeinen soll die Wanddicke ¼ des Gesamtdurchmessers betragen, damit die nötige Stabilität gesichert ist. Alle Bewegungsscharniere sind nach ungerader Zahl geteilt (3, 5, 7 usw.). Beim dreiteiligen Scharnier kann man das mittlere Stück etwas länger machen als beide äußeren.

Das mittlere Scharnier lötet man an den Deckel, die äußeren an das Hauptteil, also beispielsweise den Kasten.

Die Hauptschwierigkeit bei der Anbringung mehrteiliger Bewegungsscharniere besteht darin, die einzelnen Rohrabschnitte dicht aneinanderzubringen, so daß sie sich straff bewegen, ohne zu klemmen.

Wenn man gleichzeitig alle Teile anlegt und wechselseitig festlötet, ist zwar mit ziemlicher Sicherheit ein dichtes Scharnier zu erwarten, die Gefahr des Steiflötens ist aber groß. Lötet man erst eine Seite an und dann die Teile der anderen Seite, kann man zwar bequemer löten, aber die Anpassung ist schwieriger. Beide Verfahren sollen hier beschrieben werden, damit sich der Goldschmied seine Methode auswählen kann.

Arbeitsfolge der 1. Methode. Mit der Scharnierfeile ist eine Rille zu feilen, die genau auf der Fuge in die zu verbindenden Teile eingelassen wird, so daß in jedem Verbundteil genau eine Hälfte der Rille liegt.

Das Scharnier wird in der gewünschten Teilung zersägt, dabei müssen die Schnittflächen unbedingt rechtwinklig zur Hauptachse liegen. Wenn möglich soll im Scharnierkaliber getrennt werden.

Ein leicht eingeölter Stahlstift wird als Führung durch die Scharnierteile gesteckt, die dicht aneinandergeschoben und so auf die vorbereitete Rille gelegt werden. Jedes zweite Teil des Scharniers wird auf einer Seite angelötet (Bild 12.16a). Vorsichtshalber werden die Lötungen mit etwas Plastilin bestrichen, damit

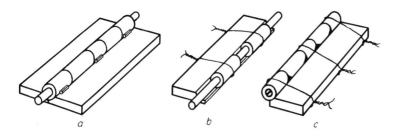

Bild 12.16 Anlöten des Bewegungsscharniers. a) Anlöten des kompletten Scharniers, b) und c) Anlöten der Scharnierstücke an beiden Verbindungsteilen

a   b   c

sie nicht nachfließen, denn nun müssen die dazwischenliegenden Scharnierteile von der anderen Seite angelötet werden.

Sind die Lötungen noch nicht völlig durchgeflossen, trennt man die Verbindung und lötet die Teile einzeln nach, zur Führung wird der Stahlstift aber auch dabei wieder eingesteckt.

Zum Schluß müssen die Scharnierteile haltbar und sauber im Wechsel an beide Verbundteile gelötet sein.

Arbeitsfolge der 2. Methode. Die Auflagerille wird in gleicher Weise eingearbeitet.

Ein Scharnierrohr wird in die vorgesehenen Abschnitte eingeteilt und im Scharnierkaliber von der Scharnierfuge her nur so weit eingesägt, daß die Teile noch zusammenhängen bleiben. Es werden nur die Scharnierteile für eine Verbundseite benutzt, deshalb können die Einschnitte in die Zwischenteile hinein keilförmig erweitert werden. Damit wird das Steiffließen unmöglich.

Das Scharnier wird in die Rille gesetzt, und die vorgesehenen Scharnierteile werden festgelötet (Bild 12.16b). Dann schneidet man von der keilförmigen Schnitterweiterung her die Scharnierfuge ganz durch, und so werden die unbrauchbaren Zwischenteile herausgetrennt. Nun werden solche Scharnierstücke zugeschnitten, die genau in die Zwischenräume passen. Sie werden eingesetzt, und ihre Lage wird an der vorgesehenen Stelle genau angezeichnet.

Die Verbindung kann dann auseinandergenommen werden, die restlichen Scharnierstücke werden auf einen Stahlstift gesteckt und genau an die vorgezeichneten Stellen der Rille gerückt und so festgelötet.

Diese zweite Methode ist weniger riskant, und wenn man gewissenhaft arbeitet, paßt das Scharnier genauso gut zusammen.

Scharnier mit Spannfeder (Bild 12.17)

Eine solche Federmechanik, mit der sich das Scharnier selbsttätig öffnet, kommt beispielsweise bei Zigarettenetuis vor. Das Scharnier wird in der eben beschriebenen Weise angelötet. Statt des Verschlußstifts wird eine Blattfeder eingeschoben. Je nach Schwere des Dekkels braucht man eine oder mehrere solcher Federn. Sie können etwas länger als das Schar

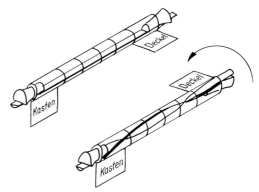

Bild 12.17 Scharnier mit Spannfeder und Keil. a) in Ruhelage, b) bei Beanspruchung

nier sein. Auf einer Seite werden die Federn mit einem Keil eingeklemmt, den man fest in das Scharnier einschlägt. Meist genügt es, wenn die Feder bei geöffnetem Etui flachliegt (Bild 12.17a); man kann die Feder beim Einsetzen aber auch noch etwas verdrehen und dann von der anderen Seite am Scharnierende mit einem zweiten Keil fixieren. Nachdem man sich von der Wirkungsweise der Feder überzeugt hat, werden die Keile auf beiden Seiten endgültig festgeschlagen.

Schließlich sägt man Keil und Federn am Ende des Scharniers ab.

Konterscharnier

Es zeichnet sich dadurch aus, daß das eigentliche Bewegungsscharnier in die beiden Hälften eines größeren äußeren Scharniers gelötet ist. Dadurch hat das Konterscharnier eine bessere Führung und einen sichereren Halt.

Arbeitsfolge eines Armreifgelenks. Zur Aufnahme des Außenscharniers wird der Armreif an der vorgesehenen Stelle so durchbohrt, daß das Bohrloch möglichst dicht an der Außenwand liegt; die Bohrung kann zunächst noch etwas zu klein sein.

Für das Doppelscharnier werden zwei straff ineinanderpassende Rohre zugerichtet. Wenn das Armreifprofil höher als der Durchmesser des äußeren Scharnierrohrs ist, muß der Reif noch neben dem Scharnier verschlossen werden. Dazu wird der Reif mit der Flachfeile bis an die Bohrung eingefeilt. In diese parallelwandige Rille wird ein U-förmig zusammengebogener Blechstreifen bis an die Bohrung ein

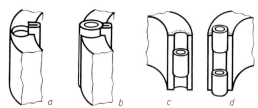

Bild 12.18   Anlöten des Konterscharniers. a) Einsetzen des Schließblechs zum Ausgleich der Armreifdicke, b) Einlöten des Außenscharniers, c) mittleres Bewegungsscharnier in der Scharnierschale, d) äußeres Bewegungsscharnier

geschoben und festgelötet (Bild 12.18a).
Nun kann die Bohrung so erweitert werden, daß das äußere Scharnierrohr gerade hineinpaßt, dabei kann es vorkommen, daß die Außenwand ganz durchgefeilt wird; dies ist vom Armreifprofil abhängig. Das Außenscharnier setzt man ein und lötet es fest (Bild 12.18b).
Mit einem Trennungsschnitt wird das Rohr dann halbiert. Die überstehenden Teile des eingelöteten U-Blechs werden abgetrennt. Die beiden Enden des Armreifs sind nun jeweils mit einem Halbrohr und einem geraden Blechstreifen verschlossen.
In eine Hälfte des Außenscharniers wird das Mittelteil des Bewegungsscharniers eingesetzt (Fuge nach unten) und gut verlötet. Damit keine Lotreste auf der Fläche des Außenscharniers die Beweglichkeit behindern, können die unteren Kanten des Bewegungsscharniers leicht abgeschrägt werden (Bild 12.18c).
Die beiden Armreifhälften werden dann voreinandergestellt, damit auch die beiden äußeren Scharnierteile eingepaßt werden können. Man markiert sich auf den Rohren, wie weit sie eingeschoben werden müssen, damit sie am Mittelscharnier dicht anliegen.
Zum Auflöten werden die beiden äußeren Bewegungsscharniere auf einen Stahlstift geschoben und in das Konterscharnier der zweiten Armreifhälfte den Markierungen entsprechend eingelegt. Zunächst werden die Teile nur leicht geheftet, man kontrolliert noch einmal die Passung des Scharniers, und dann werden die beiden Scharnierenden durchgelötet (Bild 12.18d).
Dann brauchen lediglich noch die überstehenden Enden des Scharniers mit den Seitenwänden des Armreifs bündig gefeilt zu werden. Man steckt provisorisch einen Stift in das Be-

wegungsscharnier, um das äußere Rohr des Konterscharniers eventuell noch so nachzuarbeiten, daß der Armreif weit genug aufgeklappt werden kann.

12.3.3   Barettverbindung

Besonders bei Juwelenarbeiten wird diese Verbindung gern angewandt. Der mögliche Bewegungsradius ist einerseits durch die Form des eingesetzten Keils, andererseits durch die Größe der Zwischenräume begrenzt. Es ist gleich, welche Grundform die zu verbindenden Glieder haben, meist sind es geschlossene Vierkantprofile oder solche, deren Innenwand offen ist, also U-förmige Profilstücke (Bild 12.19).

Arbeitsfolge der Gliederherstellung. Um einen Kern aus Kupfer bzw. Stahl wird ein Vierkantscharnier gezogen. Die Fuge soll möglichst auf einer Kante liegen.
Will man ein Armband anfertigen, biegt man das Rohr um einen Dorn, der dem Innenmaß des Bandes entspricht. Die Glieder werden abgesägt, und man ätzt die Kernstücke heraus.
Sollen die Glieder nur ein U-förmiges Profil bekommen, wird in gleicher Weise, aber in jedem Fall nur mit einer Kupferseele, ein Vierkantscharnier hergestellt. Die Fuge bleibt auf der späteren Armbandinnenseite, man braucht sie nicht zu verlöten. Das Vierkantrohr wird ebenfalls um den Armbandriegel gebogen. Die Innenseite des Vierkantprofils wird aber ganz abgefeilt, bis die Seele freiliegt, und wenn man die einzelnen Glieder absägt, braucht man die Kernstücke nur herauszunehmen. Mit diesem offenen Profil spart man Material, aber die Glieder liegen nicht mehr so angenehm auf der Haut.

Arbeitsfolge der Verbindungselemente. Die beiden Enden jedes Gliedes werden leicht ab-

Bild 12.19   Barettverbindung

geschrägt, damit später die nötige Beweglichkeit der Glieder entsteht.

Bei jedem Glied wird auf einer Seite ein Vierkantdrahtstück eingelötet, dessen Oberseite keilförmig abgeflacht wird. Diese Keile passen in das jeweils folgende Glied, und in dieser Stellung werden sie durchbohrt. Nach dem Vernieten sind die Glieder so beweglich, wie es auf Bild 12.19 zu sehen ist.

12.3.4 Stotzenverbindung (Bild 12.20a)

Verbindung schmaler Glieder

Man kann diese Methode als eine Variante der Barettverbindung auffassen. Dadurch, daß die Glieder seitlich der Bewegung entsprechend ausgearbeitet sind, kommen sie noch mehr der Bewegungsfunktion entgegen.

Arbeitsfolge. Die Glieder werden genauso hergestellt wie bei der Barettverbindung. Sowohl das Vierkant- als auch das U-förmige Profil kann benutzt werden.

Beim Zuschneiden der Glieder muß man nur berücksichtigen, daß man eine Zugabe für das Gelenk braucht.

An jedem Glied wird auf einer Seite das Gelenk halbrund befeilt, auf der anderen Seite wird eine passende Aussparung herausgefeilt, in die jeweils das Gelenk des Nachbarglieds paßt.

Aus einem Vierkantdraht, der genau in die Glieder paßt, werden die Bewegungsstotzen hergestellt. Das eine Drahtende wird halbrund befeilt, dann schneidet man den Stotzen ab. Er muß so lang sein, daß er ein Stück in das ausgefeilte Ende des Gliedes hineingeschoben und so festgelötet werden kann. Die halbrunden Gelenkansätze werden genau in der Mitte durchbohrt, dann setzt man die Glieder paarweise zusammen und durchbohrt noch den Bewegungsstotzen.

Wenn man durch die Löcher die Bewegungsstifte steckt, dürfen die Glieder nur so viel Bewegungsfreiheit haben, daß sich das Band bis zur Geraden aufbiegen läßt. Reicht die Beweglichkeit noch nicht aus, werden die Kanten der Glieder noch etwas abgefeilt.

Verbindung breiter Glieder (Bild 12.20b)

Bei breiten Bändern kann man nicht mehr nur einen Verbindungsstotzen in die Glieder stecken, sondern es muß an beiden Seitenwänden je einer angelötet werden.

Arbeitsfolge. Man beginnt damit, daß man aus Vierkantmaterial – flachgewalzt und hochgestellt – zwei Reifen zurichtet, die den senkrechten Rahmen der Glieder bilden. Die Oberteile der Glieder werden daraufgelötet, und zwar so, daß genügend Abstand für die Gelenke bleibt.

Hinter jeder Deckplatte wird das Glied abgetrennt, dadurch ist an jedem Glied ein Überstand des senkrechten Rahmens, aus diesen Enden feilt man dann die Gelenke zu, auf der anderen Seite wird die passende Aussparung eingefeilt.

Aus dem Material des Rahmens werden kurze, halbrundgefeilte Stotzen zugerichtet, die hinter die halbrunden Ausbuchtungen auf der Innenseite des Rahmens beiderseits angelötet werden.

Die angefeilten Gelenkteile werden durchbohrt, je zwei Glieder dann zusammengesetzt und so auch die Stotzen genau passend durchbohrt.

Durch vorsichtiges Befeilen und Nachsägen wird der Bewegungsspalt soweit wie nötig erweitert.

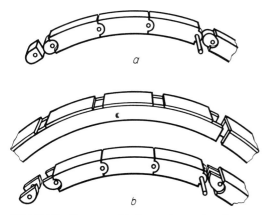

Bild 12.20   Stotzenverbindung. a) am schmalen,
b) am breiten Band

12.3.5   Stiftverbindung

Diese Methode verwendet man vornehmlich beim Juwelenschmuck und anderen wertvollen Goldarbeiten. Man kann die Oberseite auch mit Weißgold dublieren (Bild 12.21).

Arbeitsfolge. Ein flachgewalzter Vierkantdraht (etwa 0,7 mm × 2,5 mm) wird hochkant zu drei Reifen gebogen, deren Innenmaß dem des Armbandes entspricht.

Bild 12.21   Armband mit Stiftbewegung

Zunächst wird dann ein Reif in jeweils 10 . . . 13 mm lange Abschnitte – die späteren Glieder – eingeteilt. Das Maß der halben Drahthöhe wird in den Zirkel genommen, um die Bohrungen anzuzeichnen. Beiderseits der Trennlinie gibt man die waagerechten Striche an und markiert auf ihnen mit gleichem Maß von der Trennlinie her das Bohrungszentrum (Bild 12.21). Der erste Reif wird nun durchbohrt.
Nun wird ein zweiter Reif daruntergelegt. An zwei gegenüberliegenden Stellen wird der Reif durch die vorhandenen Bohrungen durchbohrt, und so werden beide Reifen provisorisch vernietet.
Nun kann man alle übrigen Löcher bohren und die Gliedlängen anzeichnen. Dadurch hat man die Gewißheit, daß die benachbarten Glieder später genau zusammenpassen. Die provisorischen Nietungen löst man erst, nachdem alle Glieder abgesägt und an den Kanten abgerundet worden sind.
Aus dem dritten Reif werden die kürzeren Verbindungsglieder auf entsprechende Weise hergestellt.
Das Band wird schließlich in abgebildeter Weise zusammengesetzt, und die eingeschobenen Stifte werden am Ende vorsichtig verlötet. Durch etwas Plastilin schützt man die Mittelglieder vor dem Steiffließen.

12.3.6   Bewegliche Verbindung von Fassungen

Besonders bei Juwelenarbeiten werden solche bewegliche Verbindungen für aneinandergereihte Fassungen gebraucht. Dabei ist zwischen horizontaler (waagerechter) und vertikaler (senkrechter) Bewegungsrichtung zu unterscheiden.

Horizontale Fassungsverbindung (Bild 12.22a)

Die Fassungen sollen sich möglichst dicht berühren und nur die seitliche Bewegungsmöglichkeit haben. In Ruhestellung müssen sie genau senkrecht hängen.

Arbeitsfolge. Die Fassungen müssen parallelwandig sein. Man kann sie deshalb am einfachsten aus einem Scharnierrohr herstellen, von dem man die erforderlichen Längen abschneidet. Die Einlagen werden eingelötet. Bei der Festlegung der Fassungshöhen ist zu berücksichtigen, daß für den Unterkörper trotz der Bewegungsöse genügend Platz bleibt. Bei Steinen ohne Unterkörper kommt man deshalb mit recht niedrigen Fassungen aus.

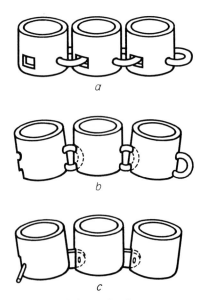

Bild 12.22   Bewegliche Verbindung von Fassungen. a) seitliche Fassungsbewegung, b) Auf- und Ab-Bewegung mit Ösen, c) Auf- und Ab-Bewegung mit Stotzen

Entsprechend der Breite der Verbindungsöse werden zwei Risse am unteren Teil der Fassung angebracht. Zwischen diesen Markierungen sägt man zwei Fenster aus. Ein Steg bleibt noch zwischen ihnen stehen, um den dann die Öse greift.

Eine Dreiviertel-Öse wird durch das Fenster geschoben und an der nächsten Fassung so angelötet, daß sie genau dem Steg gegenübersteht; anderenfalls hängt die Fassungsreihe in Ruhestellung nicht gerade.

Man kann die Fenster auch so groß sägen oder feilen, daß nur noch zwei gegenüberliegende Stege zwischen beiden Öffnungen verbleiben. Dann wird zur Verbindung der Zarge eine ganze Öse um die Stege zweier Fassungen gebogen. Damit die Fassungsreihe gut hängt, ist es ratsam, die Öse an jeweils einem Steg festzulöten, so daß nur eine Fassung frei beweglich bleibt.

Vertikale Fassungsverbindung

Auch hierbei ist es wichtig, daß der Abstand zwischen den Fassungen möglichst gering bleibt.

Arbeitsfolge bei Ösenverbindung (Bild 12.22b). Bei jeder Fassung wird an gegenüberliegenden Seiten etwa in der Mitte eine Bohrung und am Unterrand eine halbrunde Aussparung angebracht. Die Runddrahtösen müssen so ausgewählt werden, daß sie gerade ein Fassungspaar verbinden, ohne daß unnötig große Abstände entstehen. Jeweils an einer der beiden Fassungen wird die Öse steif festgelötet.

Man kann für die Ösen auch Halbrunddraht benutzen, dann muß die obere Öffnung auch halbrund sein, die untere quadratisch.

Wenn man eine U-förmige Öse an eine Fassung anlötet, braucht man die Durchbrüche nur auf einer Seite der Fassung einzuarbeiten.

Arbeitsfolge bei Stotzenverbindung (Bild 12.22c). Mit der Flachfeile wird die Fassung an zwei gegenüberliegenden Stellen von unten her eingekerbt.

Aus Flachdraht, der so gewalzt ist, daß er in die Schlitze paßt, werden die Stotzen zugefeilt, und zwar so, daß sie an einer Seite gerade bleiben und an der anderen halbrund sind. An der flachen Seite sind die Stotzen so in je eine

Kerbe der Fassung zu löten, daß sie nach innen genau mit der Wand abschließen. Man kann auch auf den Schlitz verzichten, wenn man den Stotzen direkt auf die Fassungswand auflöten will.

Dicht neben der anderen Öffnung wird die nächste Fassung durchbohrt, der Stotzen wird eingesetzt, und wenn das Paar richtig paßt, wird auch der Stotzen durchbohrt.

Der Stift wird möglichst an den Enden mit der Fassung verlötet.

12.4 Ketten- und Armschmuckverschlüsse (Tabelle 12.1)

12.4.1 Herstellungsverfahren

Anforderungen

- Der Verschluß ist in erster Linie ein funktionelles Element, denn mit ihm soll Hals- und Armschmuck zuverlässig zusammengehalten werden.
- Zwangsläufig ist der Verschluß aber auch immer Bestandteil der Gesamtgestaltung des Schmuckstücks, indem er entweder möglichst unauffällig eingearbeitet oder als dekoratives Element besonders herausgehoben wird.
- Der Benutzer erwartet, daß er den Verschluß bequem bedienen kann.
- Der Hersteller – Goldschmied oder Industriebetrieb – möchte, daß der Verschluß möglichst einfach herzustellen ist.

Einen idealen Verschluß, mit dem all diese Erwartungen erfüllt werden können und der möglichst an jedes beliebige Schmuckstück paßt, kann es natürlich nicht geben.

In der Praxis sind Federring und Kastenschloß mit Abstand die häufigsten Verschlüsse für Ketten und Armbänder, weil sie industrietechnisch rationell und damit billig herzustellen sind. Man hat sich an diese Verschlußformen gewöhnt, und so werden sie auch dort eingesetzt, wo sie gar nicht in die Gesamtgestaltung passen, ja sogar der Goldschmied benutzt die Industrieverschlüsse bei seiner Anfertigung aus Rücksicht auf den Preis. Tatsächlich aber kann das ganze Schmuckstück durch einen unpassenden Verschluß beträchtlich abgewertet werden, und wenn man dem Kunden eine an-

Tabelle 12.1   Übersicht der Ketten- und Armbandverschlüsse

Verschlußtyp	Bevorzugte Anwendung	Funktions-prinzip	Öffnungsrichtung, bezogen auf Beanspruchungs-richtung	Erforderliche Flexibilität von Kette bzw. Band
Knebelverschluß	Kette	Zugkraft	entgegengesetzt	Längsrichtung
Hakenverschluß	Kette	Zugkraft	entgegengesetzt	Längsrichtung
Linsenverschluß	Kette	Zugkraft	entgegengesetzt	Längsrichtung
Federring	Kette, Armband	Feder	entgegengesetzt	nicht erforderlich
Horizontalschnepper	Kette	Feder	identisch	Querrichtung
Bajonettverschluß	Kette, Armband	Feder	identisch	Drallrichtung
Schraubverschluß	Kette, Armband	Reibung	identisch	Drallrichtung
Kastenschloß	Kette, Armband, Armreif	Feder	identisch	nicht erforderlich
Stiftverschluß	Armband	Reibung	quer	nicht erforderlich
U-Bügelverschluß	Armband	Feder	quer	Querrichtung
Offenes Rohr	Armband	Zugkraft	quer	Quer- und Längsrichtung

sprechende Alternative anbietet, ist er meist bereit, die geringen Mehrkosten für einen Verschluß höherer Gestaltungsqualität aufzubringen. Der Goldschmied muß allerdings auch den Willen dazu haben, einen solchen Verschluß anzufertigen. Die folgenden Beispiele sollen dazu nur Anregungen sein, die für den konkreten Anwendungsfall abgewandelt werden können und müssen. Es gehört zum schöpferischen Prozeß beim Entwerfen, den jeweils geeignetsten Verschluß zu schaffen und in die Gesamtgestaltung einzubeziehen.

Knebelverschluß

Der Verschluß ist ganz einfach (Bild 12.23): Der Knebel wird durch die Gegenöse gesteckt, so daß er dann quer hinter dieser Öse anliegt. Die Herstellung ist denkbar unkompliziert, denn der Knebel ist nichts weiter als ein Drahtstäbchen, an das in der Mitte eine möglichst kleine Öse als Verbindung zur Kette angelötet

wird. Die Gegenöse soll nur so groß sein, daß gerade der Knebel mit der Kette hindurchpaßt.
Es ist nahezu ausgeschlossen, daß der Knebel im Gebrauch unbeabsichtigt wieder durch die Gegenöse rutschen kann. Um ganz sicher zu gehen, kann man an die Gegenöse noch eine zweite Öse anlöten. Hat man den Knebel durch beide gefädelt, ist der Verschluß absolut sicher. Der Knebel sieht noch gefälliger aus, wenn die Enden des Stäbchens zu kleinen Kugeln angeschmolzen werden.
Der Knebelverschluß funktioniert natürlich nur bei einer dünnen Kette, die auch durch die Gegenöse paßt. Bei einer dickeren Zierkette setzt man deshalb noch ein dünneres Kettenstück an, das nur so lang zu sein braucht, daß der Knebel gerade durch die Gegenöse paßt.

Hakenverschluß

Die Grundform wird ganz einfach aus einem Runddraht gebogen (Bild 12.24). Das freie Ende des Hakens soll möglichst lang sein und möglichst dicht an die Öse herangebogen werden. Die Gegenöse soll nur so groß sein, daß der Haken gerade hindurchpaßt.
Voraussetzung für die Funktionstüchtigkeit jedes Hakens ist eine ausreichende Zugbeanspruchung, denn nur unter dieser Vorausset-

Bild 12.23   Knebelverschluß

Bild 12.24   Hakenverschluß

Bild 12.25   Armbandverschluß mit Blechhaken

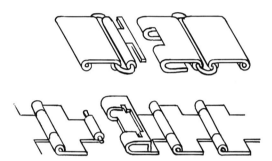

Bild 12.26   Varianten des Blechhakens

zung ist dieser Verschluß zuverlässig; an einem lose getragenen Armband beispielsweise könnte sich der Haken öffnen.

Die erforderliche Zugkraft entsteht

• bei der Halskette durch die Gewichtskraft des Anhängers,
• beim Halsreif, ebenso wie beim Armreif, durch die Federkraft des Reifs,

• beim Armband, wenn es straff auf den Arm gezogen wird.

Den Grundtyp des Drahthakens kann man weiter abwandeln. So kann man einen Blechstreifen genauso biegen wie den Drahthaken, und man kann damit ein breites Armband schließen (Bild 12.25).

Als Anregungen sollen einige Möglichkeiten aufgeführt werden, die der Gestalter noch weiter fortsetzen soll.

Die auf Bild 12.26 gezeigten Verschlüsse bilden eine Kombination von Knebel und Haken. Der Halsreif (Bild 12.27a) ist aus einfachem Runddraht gebogen und beweglich in den geschmiedeten Stäben des Vorderteils eingehängt. Das Gelenk entspricht einem Hakenverschluß, der wegen der angeschmolzenen Kugel zur unlösbaren Verbindung geworden ist. Der Verschlußhaken ist aus dem Runddraht gebogen, die Zuverlässigkeit ergibt sich aus der Federkraft des Reifs und aus der Gewichtskraft des Vorderteils.

Der Reif auf Bild 12.27b wird mit einem Doppelhaken geschlossen, der sowohl funktionelles als auch dekoratives Element ist. Voraussetzung für die Wirksamkeit ist die Federkraft des Reifs.

Eine eigenwillige Lösung ist schließlich auf Bild 12.27c zu sehen. Reif und Vorderteil sind zwei getrennte Teile. Der Reif endet in ausgeschmiedeten, klauenartigen Greifern, in die keulenartige, ausgeschmiedete Drähte des Behangteils eingehängt werden. Der Verschluß funktioniert nur, wenn dieses angehängte Teil schwer genug ist.

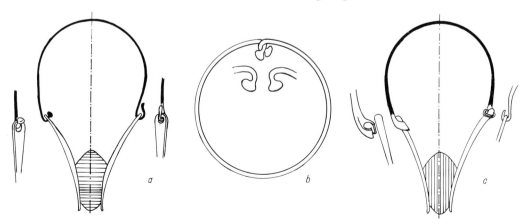

Bild 12.27   Hakenverschluß am Halsreif. a) Gelenk und Haken, b) Doppelhaken, c) Klaue und Keule

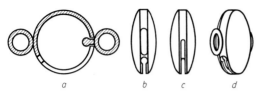

Bild 12.28   Linsenverschluß. a) Schnittdarstellung, b) Seitenansicht mit Verbindungsöse, c) Seitenansicht der gegenüberliegenden Seite, d) perspektivische Darstellung

Linsenverschluß

Die Bezeichnung leitet sich von der linsenförmigen Verschlußkapsel ab, die bei der Normalausführung üblich ist (Bild 12.28). Der Verschluß funktioniert folgendermaßen: Die Kugel des Arretierungsstifts wird durch die Bohrung der Zarge gesteckt, dann zieht sich der Stift bis zum Ende des Schlitzes. Diese Stellung muß mit der Gesamtzugrichtung im Gebrauch übereinstimmen. Deshalb müssen die Verbindungsösen zur Kette hin so angelötet werden, daß sie sich in dieser Stellung gegenüberstehen.

Die Kapsel wird auf folgende Weise angefertigt. Aus flachgewalztem Vierkantdraht oder einem schmalen Blechstreifen wird eine kreisförmige Zarge gebogen, und sie wird mit flachgewölbten Blechscheiben verbödet. Gegen die Zarge lötet man die Runddraht-Verbindungsöse. Neben dieser Öse wird die Zarge durchbohrt, das Loch kann so breit wie die Zarge sein.

Mit einer Flachfeile, die ungefähr so breit wie die halbe Zarge ist, wird von der Bohrung aus in der Mitte der Zarge ein Schlitz eingefeilt, der fast über den halben Umfang der Zarge reicht.

An einen Stift, der gerade in den Schlitz paßt, wird eine Kugel angeschmolzen, die so groß ist wie die Bohrung der Zarge. An das andere Ende des Stifts wird als Verbindung zur Kette eine Runddrahtöse angelötet.

Man wird die linsenförmige Grundform nur dann anwenden, wenn sie zu den Gliedern der Kette oder des Bandes paßt, denn es gibt viele Möglichkeiten, um diesen Grundtyp abzuwandeln.

Bei kugelförmigen Kettengliedern wird die Verschlußkapsel aus zwei Halbkugeln zusammengelötet. Die Zarge ist dann nicht mehr er-

forderlich, denn man feilt den Schlitz in die Lötnaht ein. Man kann aber auch schon vor der Montage die Kanten der Halbkugeln in entsprechender Weise zurechtfeilen, die Lötnaht ist kürzer.

Bei einer Ösenkette könnte man auf die Blechscheiben der Kapsel ganz verzichten, und man verwendet nur die ringförmige Zarge. Da ihre Größe den Kettenösen angepaßt werden kann, ordnet sich der Verschluß gut in den Rhythmus der Kette ein, und da stört es gar nicht, wenn der Mechanismus sichtbar wird.

Von der Linsenform ist bei dem Vorschlag des Bildes 12.29 nichts mehr geblieben, trotzdem ist es der gleiche Verschlußtyp. Es wird eine rechteckige Zarge gebogen, in die das Loch und der Schlitz eingearbeitet werden. Als Knebel könnte natürlich ebenfalls die angeschmolzene Kugel benutzt werden, der abgebildete nagelförmige Stift soll nur als zusätzlicher Vorschlag aufgefaßt werden.

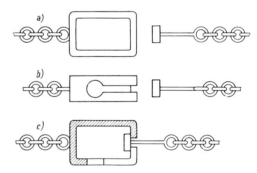

Bild 12.29   Offener Linsenverschluß. a) und b) geöffnet, c) geschlossen. Darstellung: a) und c) Draufsicht, b) Seitenansicht

Es zeigt sich also, daß die unterschiedlichsten Abwandlungen möglich sind:

● Die Kapselform kann den Kettengliedern angepaßt werden (kuglig, oval, langrechteckig, quadratisch, dreieckig, rautenförmig usw.).

● Man kann die Zarge verböden oder offenlassen.

● Die Kapsel kann auf unterschiedlichste Weise ornamental verziert werden.

Das Prinzip des Linsenverschlusses kann so weit verändert werden, daß sich ein verdeckter Verschluß ergibt, der den fortlaufenden Rhythmus des Bandes nicht unterbricht. Bei

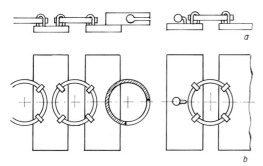

Bild 12.30 Ringförmiger Linsenverschluß auf Armbandrückseite

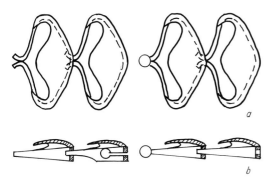

Bild 12.31 Ringförmiger Linsenverschluß, eingearbeitet in Armbandzarge

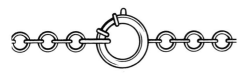

Bild 12.32 Federring

dem Beispiel auf Bild 12.30 sind schmale Blechglieder durch runde Ösen miteinander verbunden. Die Verschlußzarge mit eingearbeiteter Bohrung und Schlitz ist auf das letzte Glied des Bandes gelötet. An der Gegenseite ist ein Stift mit angeschmolzener Kugel aufgelötet, der ebenso wie bei den bisher beschriebenen Verschlüssen eingeführt wird.

Schließlich sieht man auf Bild 12.31 muschelförmige Glieder, deren gewölbte Blechoberteile auf Kader gelötet sind, die jeweils aus Vierkantdraht gebogen und in der Mittelpartie flachgeschmiedet sind. In die ausgeschmiedeten Kader werden Durchbrüche eingearbeitet,

durch die die Enden des Drahtkaders vom nächsten Glied gesteckt werden. Diese Enden brauchen nur etwas auseinandergebogen zu werden, um die Glieder miteinander zu verbinden. Am Verschlußglied wird der Kader etwas breiter gehalten, um Bohrung und Führungsschlitz einarbeiten zu können. Wird beim Gegenglied noch die Verschlußkugel angelötet, hat man einen völlig unsichtbaren Verschluß.

Federring

Jeder Goldschmied weiß, wie ein Federring aussieht und wie er funktioniert, deshalb muß dazu nichts weiter gesagt werden. Die üblichen maschinell gefertigten Anhängerketten haben meist diesen Verschluß, aber auch bei anderen Arten von Hals- und Armschmuck wird er gern verwendet. Der Federring ist mit Abstand der häufigste Verschluß für Ketten und Bänder (Bild 12.32).

Man kann den Federring zwar in mühsamer Handarbeit anfertigen, aber heute ist er ein ausgesprochenes Industrieerzeugnis, er wird sogar schon vollautomatisch produziert. Deshalb ist der Federring besonders preisgünstig. Die Einhängeöse, mit der er in das Kettenende gehängt wird, ist immer so angelötet, daß die Fuge offen ist. Die Kette wird »kalt« – also ohne Hartlötung – eingehängt, weil der Federring wegen der enthaltenen Stahlfeder nicht erhitzt werden darf. Bei einer Reparaturlötung muß der Federring ausgehängt werden, wenn er sich im Flammenbereich befindet.

Der gebrauchsbedingte Verschleiß konzentriert sich auf diese Einhängeöse. Es lohnt nicht, den Federring zu demontieren und die Feder herauszunehmen, um etwa die Öse zu erneuern. Der Federring ist so billig, daß dann, wenn er verschlissen ist, der Verschluß gegen einen neuen ausgewechselt wird. Wenn die Kette für einen besonders wertvollen Anhänger bestimmt ist, kann man die Einhängeöse vorsichtshalber verlöten, wegen der Stahlfeder kann man aber nur Zinnlot verwenden.

Der Federring darf niemals in die Beize gebracht werden, wegen der Stahlfeder kommt es zum Ionenaustausch und damit zum Kupferniederschlag auf der Ware. Die Kette wird entweder nur so weit in die Lösung gehängt, daß der Federring außerhalb der Beize bleibt, oder er muß vorher abgenommen werden.

Schloß mit Horizontalschnepper

Dieser Verschluß wird häufig bei Schnürperl-
ketten benutzt, denn man kann ihn auf einfache Weise maschinell produzieren. Der häufigste Fehler bei den serienmäßig gefertigten
Schlössern ist der ungeeignete Schnepper.
Meist ist das Metall dann zu dünn, es kommt
auch vor, daß das Schnittwerkzeug nicht exakt
eingerichtet wurde und dadurch ein Schenkel
des Schneppers zu schmal ausgefallen ist. Die
Folge ist in jedem Fall, daß ein solcher Schnepper im Gebrauch nicht federt, sondern sich
verbiegt und dadurch seinen Zweck nicht
mehr erfüllen kann. Bei allen Horizontal-
schneppern muß also auf ausreichende Metalldicke und Schenkelbreite geachtet werden.
Zur Anfertigung des Schlosses (Bild 12.33a)
wird die Deckplatte auf etwa 0,5 mm dickem
Blech zusammen mit den Verbindungsstutzen
aufgezeichnet und dann ausgesägt. Auf der
Rückseite kerbt man die Stutzen an den Stellen ein, wo sie an die Deckplatte stoßen, knickt
sie rechtwinklig und verlötet die Kerbstellen.
Der Schnepper wird in angegebener Form aus
einer möglichst harten, elastischen Legierung
ausgesägt.
Nun überprüft man die Funktionsfähigkeit des
Schneppers. Man sieht aus der Abbildung, wie
der Schnepper zunächst um den Stutzen der
Schmalseite gehakt und dann in den Schloßkasten geschoben wird. Die beiden Kerben des
Schneppers rasten in die Stutzen der Längs-
seite. Zum Öffnen wird der Schnepper am
Drücker zusammengedrückt und herausgezogen. Er ist also doppelt gesichert. Erst wenn
man sich am unverbödeten Schloßkasten vom
ordnungsgemäßen Funktionieren des Schneppers überzeugt hat, werden die Stutzen auf
eine Grundplatte gelötet, die genau der Form
der Deckplatte entspricht. An der Schmalseite, die der Schnepperöffnung gegenüber-
liegt, werden Ober- und Unterteil statt mit
Stutzen durch eine zwischengeschobene Verbindungsöse gestützt.
Nach dem gleichen Prinzip kann man Schlösser für mehrreihige Ketten anfertigen (Bild
12.33b). Bei sehr schweren Ketten, etwa mehr-
reihigen Glasketten, sollte man aber zu anderen Verschlüssen greifen, weil sich der Horizontalschnepper bei starker Belastung unbeabsichtigt herausziehen kann.

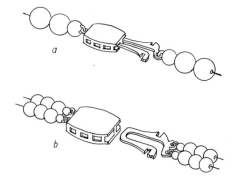

*Bild 12.33   Einseitiger Horizontalschnepper. a) für
einreihige, b) für doppelreihige Perlkette*

Schloß mit zweiseitigem Horizontalschnepper

Diesen Verschluß wendet man bei wertvollen
Perlketten an (Bild 12.34).
Der Schloßkasten kann genauso hergestellt
werden wie beim einseitigen Schnepper. Für
beide Verschlußarten kann man den Kasten
aber auch auf folgende Weise anfertigen.
Deck- und Bodenplatte sind identisch, beide
werden aus dem gleichen Blech ausgesägt. Aus
Vierkant- oder Runddraht werden kurze
Stücke auf die Grundplatte gelötet, die als
Verbindungsstutzen dienen; sie können zunächst etwas überstehen. Auch die Verbindungsöse wird auf die Grundplatte aufgelötet.

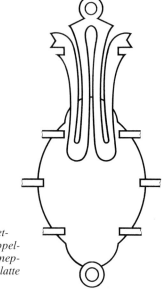

*Bild 12.34   Perlket-
tenschloß mit doppel-
tem Horizontalschnep-
per (ohne Deckplatte
dargestellt)*

Der Doppelschnepper wird in abgebildeter Form ausgesägt. Die Funktionstüchtigkeit wird bei geöffnetem Schloß kontrolliert. Wenn dies erprobt ist, lötet man die Deckplatte auf die Verbindungsstutzen und feilt die überstehenden Enden der Stutzen bündig ab.

Sehr zweckmäßig, aber viel zuwenig benutzt, ist eine Abart des Doppelschneppers, die besonders für flache Armbänder gut geeignet ist (Bild 12.35).

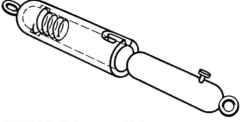

Bild 12.36   Bajonettverschluß

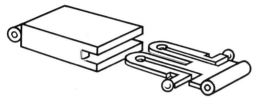

Bild 12.35   Armbandverschluß mit doppeltem Horizontalschnepper

Aus hochkant gestelltem, flachgewalztem Vierkantdraht knickt man einen Rahmen, der die senkrechte Wand des Kastens ergeben soll. Seine Form entspricht einem scharfkantigen »U«, dessen Enden als kurze Widerstände nach innen gebogen werden. Dieser Rahmen wird auf eine Bodenplatte gelötet.

Der Schnepper wird in abgebildeter Form ausgesägt. Halbkuglige Druckplatten werden beiderseits angelötet. Beim vorliegenden Beispiel wird für das Armband Scharnierverbindung angenommen, deshalb wird an den Schnepper das erforderliche Scharnier angelötet.

Nun kann die Funktionstüchtigkeit des Schneppers im aufgelöteten Rahmen ausprobiert werden.

Schließlich wird die Deckplatte auf den Rahmen gelötet und das Verbindungsscharnier an den Schloßkasten gesetzt.

Bajonettverschluß

Der Schnellverschluß, mit dem das Bajonett auf das Gewehr aufgesetzt wurde, ist für den Schmuck abgewandelt worden. Wenn man den Verschlußbolzen in die Verschlußhülse schiebt, wird der Stift in der Führungsrille nach dem Extrempunkt durch den Gegendruck der Spiralfeder wieder etwas zurückgeschoben, so daß der Bolzen in der Hülse zuverlässig festgehalten wird (Bild 12.36).

Der Verschlußbolzen besteht aus einem Rohr, das beidseitig mit einer halbkugligen Platte verschlossen ist. An einem Ende ist die Verbindungsöse angelötet.

Als Verschlußhülse wird ein Rohr zugerichtet, in das der Bolzen gerade hineinpaßt.

Um später die Spiralfeder befestigen zu können, wird an einem Rohrende dicht hinter der Schnittkante eine Nut eingefräst oder eine dünne Öse eingelötet. An dieser Seite wird das Rohr mit einer halbkugligen Platte verschlossen, an die die andere Verbindungsöse gelötet wird.

In die Hülse wird der Führungsschlitz gesägt – aber vorsichtig, damit man nicht die gegenüberliegende Kante des Rohrs beschädigt!

Die Spiralfeder wird in die Hülse eingesetzt und in die Rille bzw. hinter die Öse gesprengt. Man kann auf die Rille bzw. die Öse verzichten, wenn man die Feder einfach in die Hülse mit etwas Zweikomponentenkleber einklebt.

Nun bestimmt man die richtige Stelle für den Widerstandsstift des Verschlußbolzens, bohrt den Bolzen an und lötet den Stift ein.

Die Form des Führungsschlitzes kann unterschiedlich sein, wichtig ist nur, daß der Stift in zwangsläufiger Weise durch die Spiralfeder gegen die Einführungsrichtung gedrückt und daß der Bolzen dadurch in Schließstellung gehalten wird. Die abgebildeten Beispiele (Bild 12.37) können weiter abgewandelt werden.

Bild 12.37   Mögliche Formen des Führungsschlitzes

Als Beispiel für einen komplizierten Bajonettverschluß wird der verdeckte Verschluß vorgestellt, der gleichzeitig die Kittkapseln einer
Seidenkordel enthält (Bild 12.38). (1) und (5)
sind einseitig verbödete Rohre, in die die Kor-
delenden eingeklebt werden sollen; ihr Durchmesser hängt von der Dicke der Kordel ab.
Der gesamte Mechanismus ist im Mittelrohr

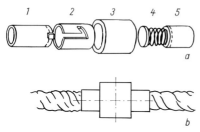

*Bild 12.38   Bajonettverschluß mit Kapseln für Kor-
del. a) Bauteile, b) Gesamtansicht*

verdeckt untergebracht. Das Rohr (1) ist auch
Verschlußbolzen des Bajonettsystems, deshalb ist aus der Bodenplatte der Widerstand
als Vierkantstutzen ausgearbeitet. Die Verschlußhülse entspricht dem Rohr (2), in das (1)
gerade hineinpaßt. Der Führungsschlitz wird
eingesägt. Das Rohr (2) wird in (3) eingelötet,
denn mit dem Rohr (3) soll der Mechanismus
verdeckt werden. Nun wird das Rohr (5) gerade so weit in (2) geschoben, daß man beide
miteinander verlöten kann. Die Spiralfeder
kann mit der abgebildeten Deckplatte verklei-
det werden, die natürlich nur mit Zinnlot aufgebracht werden kann. Die Feder wird schließlich in die Hülse (2) eingeklebt.

Schraubverschluß

Der Verschluß besteht aus Schraubenbolzen
und -mutter, und er wird so gestaltet, daß er
möglichst unauffällig dem Gesamtschmuckstück angepaßt ist.
Vorzugsweise wird der Schraubverschluß bei
Ketten benutzt; bei Bernstein- und Elfenbein-
ketten werden auch die Schlösser aus dem gleichen Material gefertigt, den Gewindebolzen
dreht man aus Elfenbein, Horn oder Kunststoff – Bernstein wäre zu spröde.
Um eine hohe Sicherheit des Verschlusses zu
gewährleisten, soll der Gewindebolzen möglichst dick sein, und man schneidet darauf ein

grobes metrisches Gewinde nach DIN 7513.
Die Verschraubung kann auf unterschiedliche
Weise eingearbeitet werden.
Im einfachsten Fall geht man von einem Rohr
aus (Bild 12.39), von dem ein Stück, das etwa
$\frac{1}{2}\dots\frac{2}{3}$ der Gesamtlänge ausmacht, davon abgesägt und mit Innengewinde versehen wird,
denn es bildet die Mutter; das verbleibende
Stück dient als Handhabe der Schraube. Die
beiden Rohrstücke werden an den offenen Enden verbödet.

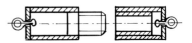

Bild 12.39   Grundform des Schraubverschlusses

Da sich die Einhängeösen beim Verschrauben
nicht mitdrehen sollen, dürfen sie nicht starr
angelötet werden. Deshalb werden die Deckel
der Rohrenden durchbohrt, die Enden der
Ösendrähte werden zu Kugeln angeschmolzen, dann steckt man sie von innen durch die
Bohrlöcher und biegt die Ösen an, die vorsichtig zugelötet werden können. Zum Schluß wird
der Gewindebolzen in die Handhabe eingelötet.
Als Beispiel dafür, wie der Schraubverschluß
für andere Gliedformen genutzt werden kann,
wird die Kugel behandelt.
Man kann den Verschluß auf zwei Kugeln verteilen (Bild 12.40a). Jede Kugel wird aus zwei
Halbkugeln, die in der Anke aufgetieft worden

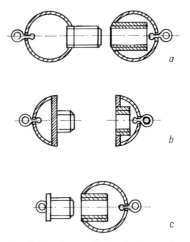

*Bild 12.40   Schraubverschluß. a) Doppelkugel, b)
geteilte Kugel, c) in eine Kugel eingearbeitet*

sind, zusammengelötet. Auf einen Rundstab – den späteren Schraubenbolzen – wird das Gewinde geschnitten; ein Rohr – die spätere Mutter – wird mit dem passendem Innengewinde versehen. Beide müssen sich straff ineinanderschrauben lassen, ohne zu klemmen.

In die Kugel bohrt man die Öffnung für den Bolzen, in die andere für die Mutter. Für die Einhängeösen wird gegenüber ein kleines Loch gebohrt, und die Ösen werden genauso angefertigt wie bei der Grundausführung. Danach werden Bolzen und Mutter eingelötet.

Man könnte den Schraubmechanismus auch in nur einer Kugel unterbringen. Dafür gibt es zwei Möglichkeiten.

Im ersten Fall ist die Kugel halbiert (Bild 12.40b). In die beiden aufgetieften Halbkugeln werden, wie eben beschrieben, die Verbindungsösen eingearbeitet; Bolzen und Mutter werden in gleicher Weise vorbereitet.

Die für den Bolzen vorgesehene Halbkugel wird verbödet, und dann wird der Schraubenbolzen eingelötet.

Das als Mutter vorgesehene Rohr lötet man in die flache Deckplatte, und erst dann verbödet man mit dieser Platte die Halbkugel; das ist bequemer, als in die fertig verbödete Halbkugel das Gewinderohr einzulöten.

Wenn man diesen Verschluß zusammenschraubt, kommt zu der Reibung an den Gewindeflanken noch die Reibung zwischen den flachen Verbindungsplatten, so daß die Zuverlässigkeit noch erhöht wird.

Bei dem zweiten Vorschlag (Bild 12.40c) wird die Kugel auf einer Seite so weit flachgefeilt, bis das Gewinderohr eingepaßt und eingelötet werden kann.

An den Gewindebolzen wird eine runde Scheibe gelötet, die als Handhabe dient.

Diese Form des Schraubverschlusses hat gegenüber der vorigen Ausführung den Vorteil, daß das Gewinde länger sein kann und trotz-

dem in nur einer Kugel unterzubringen ist.

Bei den in nur einer Kugel untergebrachten Schraubverschlüssen kann die beim Kastenschloß übliche Sicherungsacht angebracht werden (Bilder 12.41 und 12.42). Wenn die Sicherung eingerastet ist, kann sich die Schraubverbindung nicht selbsttätig lockern, man erreicht also eine höhere Sicherheit – aber sehr schön sehen die Klappsicherungen nie aus!

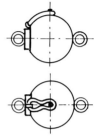

Bild 12.42 Sicherungsacht an Einzelkugel

Der Schraubverschluß ist recht einfach herzustellen, wenn man die erforderlichen Gewindeschneideisen hat, und im Gebrauch ist der Verschluß zuverlässig. Am Beispiel der Kugelform sollte gezeigt werden, wie das Funktionselement in die Schmuckgestaltung einbezogen werden kann. Dadurch soll der Goldschmied angeregt werden, den Schraubverschluß jeweils seinem Entwurf anzupassen. Prinzipiell kann dieser Verschluß jeder beliebigen rotationssymmetrischen Außenform angepaßt werden, wie Walze, Tonne, Ellipsoid (»Olive«), um nur einige wesentliche zu nennen (Bild 12.43).

Kastenschloß

An Ketten, Armbändern und Armreifen wird das Kastenschloß in den verschiedensten Aus-

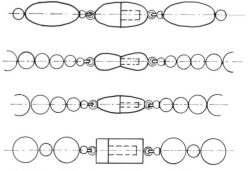

Bild 12.43 Schraubverschlüsse an Perlketten

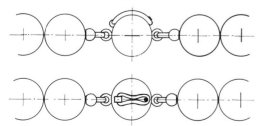

Bild 12.41 Sicherungsacht an geteilter Kugel

führungsformen häufig benutzt, denn wenn es ordentlich ausgeführt worden ist, bildet es einen zuverlässigen Verschluß, der gut in die Gestaltung des Schmuckstücks einbezogen werden kann; außerdem läßt sich das Kastenschloß sowohl industrietechnisch als auch handwerklich anfertigen. Jeder neue Entwurf stellt den Goldschmied vor die Aufgabe, ein neues, den speziellen Bedingungen angepaßtes Kastenschloß zu entwickeln. All diesen Varianten liegt der Grundtyp zugrunde, für den es folgende Ausführungsmöglichkeiten gibt.

1. Variante. Bei dem auf Bild 12.44 gezeigten Armbandverschluß wird aus etwa 0,5 mm dickem Blech die Zarge gebogen, eventuell auch aus zwei Winkeln zusammengesetzt. Diese Zarge muß so breit sein, daß sie der Armwölbung entsprechend befeilt werden kann.

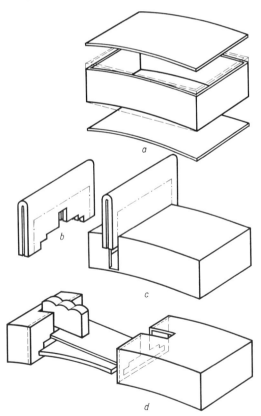

Mit leicht gewölbten Deck- und Bodenplatten gleicher Dicke wird die Zarge zu einem Kasten verbödet.
Um das Schließblech einzuarbeiten, wird der Kasten von oben nach unten in etwa 2 mm Breite bis auf die Bodenplatte mit einer Flachfeile eingefeilt (Bild 12.44c). Das Schließblech wird aus 0,4 mm dickem Blech um ein dünnes Stahlblech gebogen und geschlagen, so daß die Wände des U-förmigen Blechs mit etwas Abstand parallel nebeneinanderstehen. Dieses Schließblech muß in den Schlitz des Kastens passen und allseitig etwas Überstand haben. Die Kontur des Kastens wird auf dem Schließblech angezeichnet. So, wie es im Bild 12.44b klar ersichtlich ist, werden stufenförmig die Kerben für Unter- und Oberschnepper sowie für den Drücker eingefeilt.
Entsprechend der markierten Kontur wird das Schließblech in den Schlitz des Kastens eingesetzt und festgelötet.
Nun kann der Überstand des Schließblechs abgesägt werden. Zwischen den beiden Hälften des Schließblechs wird die Bodenplatte durch einen Sägeschnitt getrennt.
Den Drückereinschnitt des Schließblechs feilt man in die beiden Hälften des Kastens entsprechend der vorgesehenen Drückerlänge weiter ein.
Das Schnepperunterteil wird in den kurzen Teil des Schloßkastens eingelötet (Bild 12.44d); am anderen Ende des Schneppers lötet man dessen schmales Oberteil fest (auf dem die erforderliche Stempelung des Schmuckstücks recht gut angebracht werden kann). Der Schnepper wird also bei diesem Modell aus zwei Hälften zusammengesetzt.
Die Passung des Schlosses ergibt sich dadurch, daß sich im geschlossenen Zustand das Schnepperoberteil genau hinter dem Schließblech spreizt und straff anliegt. Wenn das Schloß »klappert«, hat der Goldschmied nicht genau genug gearbeitet.
Schließlich wird der Drücker auf das Schnepperoberteil gelötet. Auf der Drückeroberseite feilt man einige Kerben ein, damit er sich besser bedienen läßt.
Dadurch, daß die beiden Schnepperteile zusammengelötet werden, ist es unvermeidlich, daß das Blech ausgeglüht wird und so erheblich an Elastizität verliert. Man kann nachträglich durch leichtes Hämmern der Schnepper-

Bild 12.44 Kastenschloß mit zusammengesetztem Schnepper. a) Zarge mit Deck- und Bodenplatte, b) vorbereitetes Schließblech, c) Einsetzen des Schließblechs, d) fertiges Schloß mit Schnepper

spitze eine gewisse Umformungselastizität erzeugen, aber leicht kann es dabei passieren, daß sich die Form des Schneppers verzerrt. Diese Nachteile vermeidet man, wenn zunächst nur das Schnepperunterteil am kurzen Schloßkasten angelötet wird und auf das Schnepperoberteil der Drücker aufgelötet wird; beide Schnepperteile werden durch Hämmern an der Spitze gehärtet und dann wieder geradegefeilt; schließlich werden beide Schnepperteile an der Spitze zusammengenietet.

2. Variante. Eine etwas abweichende Ausführungsform ist auf Bild 12.45 zu sehen. Wiederum geht man von der Zarge aus, die beiderseits verbödet wird. Es wird aber nur ein schmaler Schlitz eingefeilt, weil ein einfaches Schließblech benutzt wird. Da der Schnepper gleichmäßig breit ist, wird eine einfache Stufe eingefeilt (Bild 12.45a).
Das kürzere Kastenteil wird abgesägt und zur Aufnahme des Drückers eingefeilt; an das größere Kastenteil wird das Schließblech gelötet.
Der grundlegende Unterschied zu dem zuerst beschriebenen Typ des Kastenschlosses ergibt sich daraus, daß der Schnepper aus nur einem Blechstreifen zugeschnitten wird, dessen eines Ende in den kurzen Schloßkasten eingelötet wird und an dessen anderes Ende auf der Rückseite der Drücker angelötet wird. Erst dann biegt man den Schnepper scharfkantig

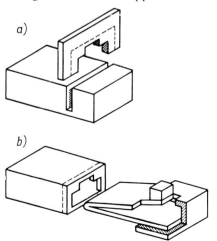

Bild 12.45   Kastenschloß mit einfachem Schnepper. a) Kasten mit vorbereitetem Schließblech, b) fertiges Schloß (am Schnepper Teilschnitt-Darstellung)

um. Selbst wenn das Metall beim Löten weichgeglüht worden ist, erhält man durch diese Beanspruchung beim Biegen eine erhebliche Elastizität – wenn man nicht Pech hat und das Metall an der Knickstelle einreißt.

3. Variante. Bei dem auf Bild 12.46 dargestellten Schloß entspricht zwar der Kasten prinzipiell den vorigen Typen, der Schnepper ist aber anders gestaltet. Der Drücker geht über die ganze Breite des Schneppers, deshalb ist keine Einkerbung im Kasten erforderlich; außerdem wird das Schnepperoberteil mit einer keilförmigen Auflage verstärkt, die den Widerstand beim Einrasten des Schneppers bildet.

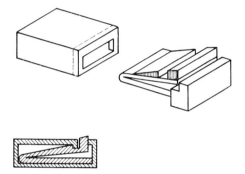

Bild 12.46   Kastenschloß mit verstärktem Schnepper

4. Variante. Gelegentlich wird der Schnepper auch nur gegen eine einfache Platte genietet (Bild 12.47). Das ist recht einfach zu machen, aber der Schnepper kann im Gebrauch an der Lötstelle leicht verbiegen oder sogar abbrechen.

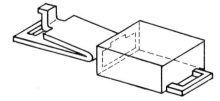

Bild 12.47   Einfaches Kastenschloß mit genietetem Schnepper

5. Variante. Industriell gefertigte Kastenschlösser haben häufig einen so einfachen Schnepper, wie er auf Bild 12.48 zu sehen ist. Drücker und Schnepper sind aus einem einzigen Blechstreifen zugeschnitten und dann gebogen. Im Gebrauch kann sich der Drücker leicht verbiegen, und außerdem betont sich das Schloß im Verlauf des Bandes zu sehr, weil der Drücker immer zu sehr sichtbar bleibt. Dagegen zeichnet sich ein gut gestaltetes Kastenschloß doch gerade dadurch aus, daß der Verschlußmechanismus völlig verdeckt bleibt und nur der Drücker dezent bemerkbar wird.

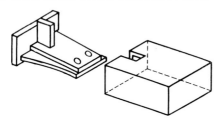

Bild 12.48   Einfaches Kastenschloß, Schnepper nur aus einem Blech gebogen

Abmessungen. Als Grundabmessungen für den Normalfall kann man folgende Hinweise für die Anfertigung des Kastenschlosses geben:

- Der Schnepper hat die erforderliche Elastizität, verbunden mit der nötigen Festigkeit, wenn er etwa 10 mm lang und mindestens 6 mm breit ist bei einer Blechdicke von etwa 0,7 mm.
- Die Kastenhöhe ergibt sich aus der Funktion, denn der Schnepper muß sich darin spreizen können.
- Der Kastenschlitz muß hoch genug sein, damit der zusammengedrückte Schnepper (also zwei Blechdicken) hineingeschoben werden kann.

Das können nur durchschnittliche Werte sein, denn für ein Perlkettschloß kann der Schnepper auch nur 4 mm breit sein, und bei einem besonders breiten Armband kann er mehrere cm breit sein.

Sicherung des Kastenschlosses

Wenn das Kastenschloß ordnungsgemäß gearbeitet ist und wenn die Trägerin den Schnepper richtig eingerastet hat, ist es ein sehr zuverlässiger Verschluß, weil er sich nur dann öffnen kann, wenn der Drücker betätigt wird. Besonders beim Armreif kann es aber leicht passieren, daß sich das Schloß unbeabsichtigt

öffnet, wenn die Trägerin beispielsweise den Arm auf den Tisch legt und dabei den Drücker herunterdrückt.

Man kann dies auf einfache Weise verhindern, wenn man vor und hinter dem Drücker auf den Armreif solche Stutzen auflötet, wie sie auf Bild 12.49 gezeigt werden, denn dann läßt sich der Drücker nur noch mit dem Fingernagel betätigen. Dadurch, daß der Drücker nicht mehr so unvermittelt aus der glatten Fläche des Armreifs herausragt, erfüllen die Stutzen auch eine gestalterische Funktion.

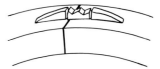

Bild 12.49   Armreif mit Sicherungsstutzen

Meist wird man sich bei wertvollen Stücken nicht auf diese Stutzen beschränken, sondern eine zusätzliche Sicherung anbringen. Auf Bild 12.50 ist eine Reihe derartiger Möglichkeiten dargestellt.

Die Sicherung auf Bild 12.50a besteht aus einer Klappe mit angelötetem Dorn, die in einem Scharnierrohr drehbar ist. Dieser Dorn schiebt sich durch eine seitliche Bohrung des Schloßkastens zwischen den Schnepper und hält ihn so in gespreizter Stellung. Das heißt, daß sich der Schnepper in gesichertem Zustand nicht mehr herunterdrücken läßt.

Die üblichste Form ist die Sicherungsacht (Bild 12.50b). Die Drahtschlaufe ist in einem Scharnierrohr drehbar und rastet hinter der Kugel ein, die am Schnepperteil des Kastens angelötet ist. Es wird gewährleistet, daß der Schnepper weit genug in den Schloßkasten hineingeschoben worden ist – denn nur dann funktioniert die Acht –, außerdem hält sie noch zusätzlich den Schloßkasten zusammen.

Die Sicherungsklappe von Bild 12.50c wirkt ebenso wie die Acht. Statt der Drahtschlaufe wird ein Blechstreifen verwendet, dessen Zuschnitt auf dem Bild zu sehen ist. Die Klappe ist in zwei Scharnieren drehbar und rastet ebenfalls an einer aufgelöteten Kugel ein.

Man könnte sowohl die Acht als auch die Klappe ebensogut auf der Oberseite des Kastens anbringen. Es hätte den Vorzug, daß der Drücker zusätzlich geschützt würde; auf die Si-

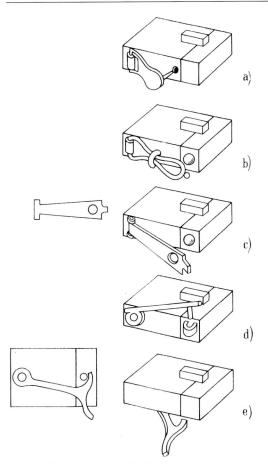

Bild 12.50   Sicherungen des Kastenschlosses.
a) Klappe mit Dorn, b) Sicherungsacht, c) Siche-rungsklappe, d) Sicherungshaken, vertikal, e) Siche-rungshaken, horizontal (mit Rückansicht)

cherungsstutzen würde man natürlich verzich-ten. Meist wird es jedoch störend wirken, wenn das Sicherungselement auf der Ansichtsseite des Schmuckstücks zu sehen ist.
Die Sicherung auf Bild 12.50d wirkt als dreh-barer Hebel in senkrechter Richtung.
Während es zu den Vorzügen des Kasten-schlosses gehört, daß es als funktionelles Ele-ment fast unsichtbar in das Schmuckstück ein-gearbeitet werden kann, bleiben die Sicherun-gen sichtbar und können den gestalterischen Eindruck stören. Deshalb verdient die auf Bild 12.50e gezeigte Ausführungsform besondere Beachtung, denn die Sicherung ist auf der Un-terseite des Schlosses angebracht. Der Siche-rungshaken ist horizontal beweglich und rastet

an einem kurzen Stift oder an einer Kugel ein, wirkt also nach dem gleichen Prinzip wie die bisher besprochenen Sicherungen. Nicht im-mer wird es möglich und erforderlich sein, die-sen Typ einzusetzen, aber in speziellen Fällen kann die verdeckte Sicherung nützlich sein.

Stiftverschluß

Die Grundform des Stiftverschlusses ent-spricht einem einfachen Bewegungsscharnier, bei dem der Stift zum Öffnen des Bandes her-ausgezogen werden kann (Bild 12.51).
Daraus ergeben sich konstruktive Besonder-heiten dieses Verschlusses:
● Die Beweglichkeit des Bandes wird nicht eingeschränkt.
● Da der Stift nicht vernietet wird, muß er auf andere Weise, meist durch Reibung, im Rohr festgehalten werden.
● Um den Stift herausziehen zu können, muß er eine Handhabe bekommen, die man mit dem Fingernagel ergreifen kann.

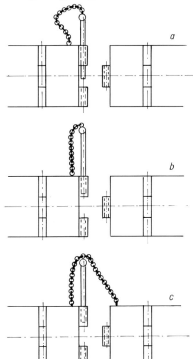

Bild 12.51   Grundform des Stiftverschlusses. a) mit normalem Kettchen, b) mit kurzem Kettchen, c) mit Sicherheitskettchen

- Es muß dafür gesorgt werden, daß der herausgezogene Stift nicht verlorengehen kann. Wenn bei den folgenden Beschreibungen von »unten« und »oben« gesprochen wird, so ist damit die Position auf der Zeichnung gemeint. Die verschiedenen Ausführungsformen werden am dreiteiligen Scharnier erläutert, sie lassen sich aber genauso auch bei fünf- oder siebenfacher Teilung anwenden; für den Benutzer wird dann allerdings die Einführung schwieriger. Deshalb wäre es günstig, auch dann, wenn die Bewegungsscharniere solche mehrfache Teilung haben, den Verschluß auf ein dreiteiliges Scharnier zu beschränken. Zur Anpassung kann man durch eingefeilte Rillen ein mehrteiliges Scharnier imitieren.

Stiftverschluß mit Reibpassung. Auf Bild 12.51a ist die einfachste Ausführung dargestellt, wie sie mitunter bei alten Filigranschmuckstücken vorkommt. Das Verschlußscharnier entspricht in seinen Abmessungen genau den Bewegungsscharnieren. Der Stift ist in der Mitte leicht flachgeschmiedet, um die Reibung zu erhöhen. An einem Ende befindet sich eine Kugel als Griff. Ein dünnes Sicherheitskettchen ist gerade so lang, daß man den Stift aus dem Rohr ziehen kann. Man kann das Kettchen aber auch so kurz lassen, daß der Stift nur bis in das letzte Röhrchen gezogen werden kann (Bild 12.51b).
Wenn das Kettchen sowohl am Stift als auch an beiden Enden des Bandes befestigt wird (Bild 12.51c), hat man noch die Funktion des Sicherheitskettchens. Aber das Sicherheitskettchen, wie es ja auch bei anderen Armbandverschlüssen angebracht wird, ist immer nur eine Notlösung, weil der Träger leicht daran hängenbleiben kann, und im vorliegenden Fall kommt noch hinzu, daß sich dann der Stift unbemerkt herausziehen würde.

Ausgehend von diesem Grundtyp sind zuverlässige Scharnierverschlüsse entwickelt worden, wobei allerdings in einigen Fällen das Verschlußscharnier konstruktionsbedingt etwas dicker als das Bewegungsscharnier wird.
Bei der auf Bild 12.52 gezeigten Ausführungsform ist der Verschlußstift als dünnes, längsgeschlitztes Röhrchen geformt, das straff in das eigentliche Verschlußscharnier eingepaßt wird. Am oberen Ende des Befestigungsscharniers wird ein Schlitz eingefeilt, in den ein Blech als Anschlag eingepaßt wird, das gerade in den Führungsschlitz des Stifts greift und ihn so beim Herausziehen arretiert. Man kann als Anschlag auch einen dünnen Draht in das obere Befestigungsscharnier einführen und einlöten. Bei allen Stiften mit Anschlag ist darauf zu achten, daß der herausgezogene Stift genügend Führung im oberen Scharnier behält, damit er feststeht und nicht »kippelt«, denn es genügt ja, wenn der Stift gerade so weit herausgezogen wird, daß das eingehängte Scharnierteil freigegeben wird.
Empfohlene Montagereihenfolge:
- Verschlußscharnier mit dem Anschlag fertig montieren.
- Stiftscharnier von unten so weit durchschieben, daß es oben etwa zur Hälfte über das Verschlußscharnier herausragt.

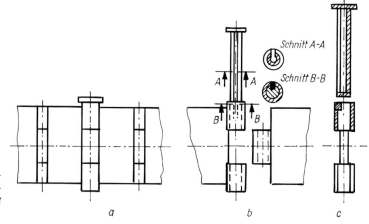

Bild 12.52 Stift als Schieberohr. a) Gesamtansicht, geschlossen, b) geöffnet, c) Stift und Befestigungsscharnier

Schnitt A-A

Schnitt B-B

a   b   c

● In dieser Stellung die Deckplatte auf den Stift löten.

Bei dieser Verfahrensweise wird das Steifflie-ßen beim Löten vermieden; sinngemäß soll das Verfahren auch bei den folgenden Beispielen angewandt werden.

Auf Bild 12.53 ist das gleiche Verschlußprinzip noch einmal zu erkennen, aber jetzt mit zwei Verschlußstiften. Das macht die Herstellung aufwendiger, erhöht aber die Sicherheit, denn das Band würde erst dann verlorengehen, wenn sich die beiden Stifte unabhängig von-einander geöffnet hätten.

Der auf Bild 12.54 gezeigte Stiftverschluß ist recht einfach anzufertigen. Der Stift wird an einer Seite flachgefeilt, lediglich am unteren

Ende bleibt er rund. Als Anschlag wird ein kleiner Vierkantdraht in das obere Ende des Scharniers eingelassen. Die Montage erfolgt nach dem eben beschriebenen Verfahren.

Verschluß mit federndem Stift. Um die Haftfä-higkeit des Stifts im Rohr zu erhöhen, wird er aus zwei Halbrunddrähten zusammengesetzt.

Solche Drähte fertigt man auf folgende Weise an: Zwei flachgewalzte Vierkantdrähte wer-den an einem Ende auf etwa 1 cm Länge zu-sammengelötet, um daraus die Ziehspitze fei-len zu können. Im Runddraht-Zieheisen wer-den sie so weit gezogen, bis das erforderliche Halbrund-Profil erreicht ist.

Die Konstruktion des Verschlusses ist auf Bild 12.55 deutlich zu erkennen. In das obere Scharnierrohr wird ein Schlitz gesägt, in den ein schmaler Blechstreifen, der durch das ganze Rohr hindurchgeht, als Widerstand ein-gelötet wird (Schnitt E – E). Die beiden Halb-runddrähte des Stifts lötet man zunächst auf die untere Führungsplatte und läßt dabei zwi-schen ihnen so viel Abstand, wie für das An-schlagblech gebraucht wird.

Nun wird der Stift von unten in das Rohr ge-schoben; erst dann lötet man die obere Platte an, wobei wiederum der erforderliche Abstand zwischen den Halbrunddrähten beachtet wer-den muß. Zum Schluß werden die Drähte zur Erhöhung der Federkraft in der Mitte etwas auseinandergespreizt.

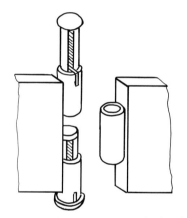

Bild 12.53   Stift als doppelseitiges Schieberohr

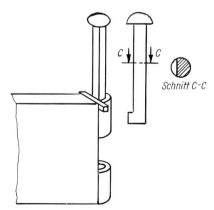

Bild 12.54   Abgeflachter Stift (Widerstand noch nicht bündig gefeilt)

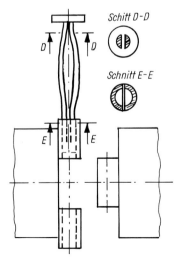

Bild 12.55   Federnder Stift

Der Verschluß mit Spreizfeder (Bild 12.56) hat keine Blockierung gegen Herausrutschen, entspricht insofern dem ersten Beispiel, der Zuverlässigkeitsgrad ist aber wesentlich höher (s. Bild 12.51). Das kurze Führungsrohr paßt genau in das Verschlußscharnier. Zwei Halbrunddrähte, die gerade in das Führungsrohr passen – also dünner als das Befestigungsscharnier sind – werden in hartgezogenem und damit federndem Zustand mit Zinnlot in das Führungsrohr gelötet. Durch das gemeinsame Ziehen im Zieheisen haben sie zwangsläufig ihre Spannung. Um das Einführen zu erleichtern, sind sie am Ende rund gefeilt. Die Sicherheit des Verschlusses wird noch wesentlich erhöht, wenn am unteren Ende des Rohres eine dünne Öse angelötet wird, in die eine Kerbe des Federstifts einrastet.

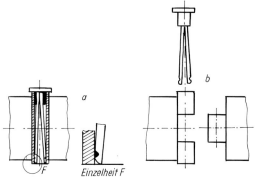

Bild 12.56   Stift mit Spreizfeder. a) geschlossen, b) geöffnet

Drehbarer Stiftverschluß. Dieser Stiftverschluß verspricht optimale Sicherheit, erfordert aber einen erheblichen Arbeitsaufwand, und da der Stift in einem doppelten Rohr geführt werden muß, bekommt dieser Verschluß einen größeren Außendurchmesser.
Ein dünnwandiges Rohr von gewünschter Länge wird vorbereitet, ein zweites muß straff hineinpassen. Dieses Innenrohr ist, wie man auf Bild 12.57 erkennt, etwas kürzer, fast auf der gesamten Länge ist eine Führungsrille eingefeilt. Beide Rohre werden ineinandergelötet. Das Scharnier wird zerteilt und an die Endglieder des Bandes gelötet.
Den Stift paßt man straff in das Innenrohr, an seinem unteren Ende wird ein schmaler Widerstand – ähnlich einem Schlüsselbart – ange-

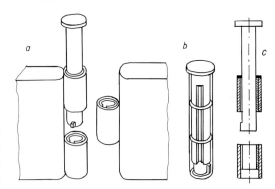

Bild 12.57   Drehbarer Stift. a) geöffnet, b) geschlossen und gesichert (Außenrohr durchsichtig dargestellt), c) Stift und Befestigungsscharnier

lötet, dessen Breite der Führungsnut entspricht; die Höhe wird durch die Dicke des Innenrohrs bestimmt, und die Länge entspricht dem Längenunterschied von Innen- und Außenrohr.
Zur Montage wird der Stift wiederum von unten in das Scharnierrohr geschoben und dann mit der Deckplatte verlötet.
Während des Gebrauchs kann man den Stift nur so weit herausziehen, wie es die Führungsnut erlaubt, man setzt das Gegenscharnier dazwischen, und wenn es die richtige Stellung hat, gleitet der Stift mit seinem Widerstand durch die Nut des Gegenscharniers und wird etwas seitlich verdreht. So kann der Verschluß sich nicht unbeabsichtigt öffnen.

Verschluß mit starrem Stift. Dieser Verschluß ist besonders einfach herzustellen (Bild 12.58), er ist zuverlässig im Gebrauch; Bedingung ist allerdings die erforderliche Flexibilität des Bandes.
Scharnierrohr und Stift werden so zugerichtet, wie es auf der Darstellung deutlich zu erkennen ist. Das obere Scharnierteil wird abge-

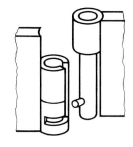

Bild 12.58   Starrer Stift

trennt, die Fuge zwischen den beiden anderen wird nur mit einem Sägeschnitt imitiert. Dicht über dem Ende des Stifts wird so, wie es zu sehen ist, ein Runddrahtstück als Widerstand eingelötet. Den Stift selbst schiebt man in das obere Scharnierteil und lötet ihn darin fest.

In das untere Scharnierteil wird die abgebildete Nut eingefeilt. Schließlich lötet man die Scharnierteile am Band fest.

Um das Schmuckstück zu schließen, müssen die Endglieder voreinandergebracht werden, der Widerstand des Stifts gleitet in der Nut entlang, bis er sich in deren waagerechten Teil verschieben kann, damit die Endglieder des Schmuckstücks wieder in Normallage zurückkommen.

Bügelverschluß

Während beispielsweise das Kastenschloß fast unsichtbar in das Band eingearbeitet werden kann, bleiben die Bügelverschlüsse deutlich sichtbar, deshalb müssen sie in die Gestaltung mit einbezogen werden. Sie eignen sich besonders für breite Bänder, vielleicht aus zarten Drahtelementen oder Ösen, bei denen ein verdecktes Schloß sowieso nicht in Frage käme. Wichtig ist, daß das Band beweglich genug ist, damit der Verschluß getätigt werden kann.

Bei dem U-Bügelverschluß (Bild 12.59) werden an den Endgliedern des Bandes die beiden Scharnierrohre angelötet, dann wird der Verschlußbügel angefertigt.

An einen Draht, der gerade durch das Rohr paßt, wird ein dünnes Röhrchen angelötet, durch das der Draht für die Verschlußklappe geführt wird, der dann zweckentsprechend gebogen und zugelötet wird.

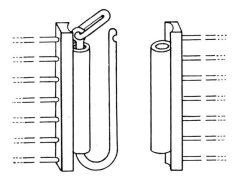

Bild 12.59   U-Bügelverschluß

Durch eines der beiden Scharnierrohr wird der Draht so weit gesteckt, bis die Verschlußklappe anliegt, dann biegt man den Draht zu einem schmalen, parallelwandigen Bügel. Das freie Drahtende wird rundgefeilt und so eingekerbt, daß die Verschlußklappe einrasten kann. Um das Band zu schließen, wird das Gegenscharnier auf den freien Schenkel des U-Bügels aufgeschoben und mit der Verschlußklappe gesichert. Voraussetzung für die Funktionstüchtigkeit ist die gleichmäßige Federkraft des U-Bügels.

Der Aufbau des Verschlusses mit offenem Scharnier ergibt sich aus Bild 12.60. Die eine Verschlußseite besteht aus dem Runddrahtbügel mit aufgeschobenem Scharnierrohr. Wichtig ist, daß der Bügel möglichst scharfkantig geknickt ist. Das Rohr auf der anderen Verschlußseite muß gerade so weit sein, daß das Rohr des Bügels hineinpaßt, der Schlitz muß der Drahtdicke des Bügels entsprechen. Dieses offene Rohr wird so angelötet, daß der Schlitz dicht neben der Lötnaht sitzt.

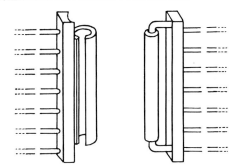

Bild 12.60   Bügelverschluß mit offenem Scharnier

Um das Band zu schließen, wird der U-Bügel seitlich in das offene Rohr geschoben, und wenn sich das Band am Arm straffzieht, nimmt der Verschluß seine Normallage ein und wird so gesichert.

12.4.2   Funktionsanalyse

Gesichtspunkte der Untersuchung

Es wird der Versuch gemacht, die Grundtypen der Verschlüsse miteinander zu vergleichen und daraus Bewertungen für mögliche Anwendungen abzuleiten.

Dabei werden folgende Aspekte berücksichtigt:

- *Anwendung.* Zuordnung der Verschlüsse zu bestimmten Schmuckarten.
- *Funktion.* Ausgehend von der Wirkungsweise wird ermittelt, in welcher Weise die Glieder von Kette bzw. Armband beweglich sein müssen, damit man den Verschluß betätigen kann und welche Bedeutung das Eigengewicht von Kette und Anhänger oder die Spannung des Bandes für die Zuverlässigkeit hat.
- *Öffnungsrichtung.* Zur Beurteilung der Sicherheit des Verschlusses ist es wichtig, wie die Öffnungsrichtung zur Beanspruchungsrichtung steht.
- *Sicherheit.* Es werden die Bedingungen genannt, von denen die Zuverlässigkeit des Verschlusses abhängt.
- *Gestaltung.* Schließlich werden einige Hinweise dazu gegeben, wie der Verschluß in die Gestaltung des Schmuckstücks einbezogen werden kann.

Knebelverschluß (Bild 12.61a)

Anwendung. Verschluß für einreihige Ketten, bevorzugt Gliederketten.
Funktion. Der Knebel wird durch die Gegenöse geführt, deshalb muß das Kettenstück dünn sein; Knebel und Kette müssen durch die Gegenöse passen. Der Verschluß wirkt bei Zugbeanspruchung.
Öffnungsrichtung. Sie ist der Beanspruchungsrichtung entgegengesetzt.
Sicherheit. Auch bei geringer Zugkraft, also an leichten Gliederketten, hält der Verschluß sicher, besonders wenn er mit doppelter Gegenöse ausgeführt ist.
Gestaltung. Dünne Gliederketten und solche Ösenketten, die zur Einreihung der Gegenöse geeignet sind.

Hakenverschluß (Bild 12.61b)

Anwendung. Vorzugsweise als Verschluß für einreihige Ketten, besonders Gliederketten, und für Halsreifen.
Funktion. Um den Haken in die Öse einhängen zu können, muß die Kette eine gewisse Beweglichkeit haben. Der Verschluß wirkt unter Zugbeanspruchung.

Öffnungsrichtung. Sie ist der Beanspruchungsrichtung entgegengesetzt.
Sicherheit. Die Zugkraft muß so groß sein, daß sich der Haken nicht selbsttätig lösen kann. Die Sicherheit wird erhöht, wenn das freie Ende möglichst lang und die Öffnung des Hakens möglichst klein sind.
Gestaltung. Gliederkette mit Anhänger und für Halsreifen.

Linsenverschluß (Bild 12.61c)

Anwendung. Einreihige Ketten, sowohl als Gliederketten, aber auch als Schnürketten mit Perlen und Steinen.
Funktion. Der Verschlußknebel muß bei etwa 160° Verdrehung im Schloß eingerastet werden. Danach muß die Kette genügend Beweglichkeit haben. Der Verschluß wirkt unter Zugbeanspruchung.
Öffnungsrichtung. Sie ist der Beanspruchungsrichtung entgegengesetzt.
Sicherheit. Wenn die Kette schwer genug ist, kann sich der Knebel nicht selbsttätig im Schlitz zurückschieben.
Gestaltung. Die Verschlußkapsel kann gut linsenförmigen, kugligen oder ähnlichen Gliedern angepaßt werden; die offene Ausführung eignet sich für ringförmige Glieder.

Federring (Bild 12.61d)

Anwendung. Verschluß für alle Kettenarten, auch Schnürketten, sowohl als Hals- oder Armschmuck. Nicht geeignet für breite Gliederbänder.
Funktion. Der Federring ähnelt einem Haken, ist aber zusätzlich durch den Federbügel gesichert, deshalb wirkt er auch ohne Zugbeanspruchung.
Öffnungsrichtung. Sie ist der Beanspruchungsrichtung entgegengesetzt, wegen der Sicherung mit dem Federbügel spielt dies aber keine Rolle.
Sicherheit. Bei voller Wirksamkeit der Feder ist der Verschluß absolut sicher.
Gestaltung. Bei Gliederketten paßt sich der Federring gut an, besonders wenn die Ösengröße mit ihm übereinstimmt. Bei dünnen Anhängerketten hebt sich der Federring zwar gestalterisch deutlich ab, ein kleiner Federring ist aber trotzdem im Gebrauch unauffällig. Bei

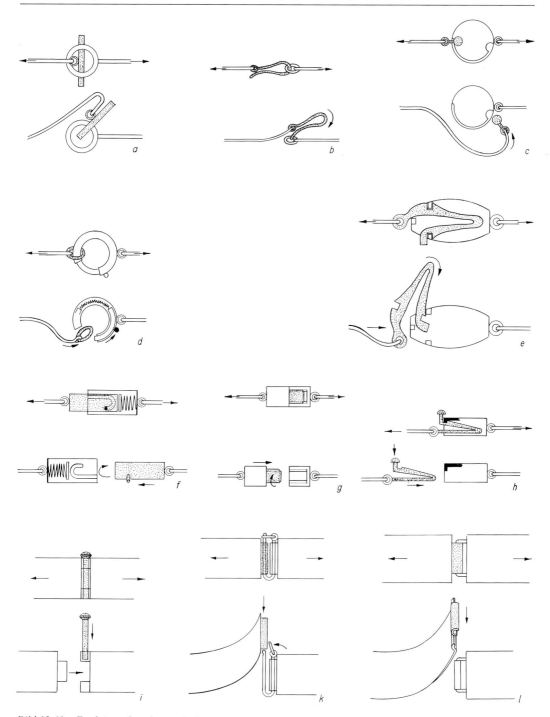

*Bild 12.61   Funktionscharakteristik der Verschlüsse. a) Knebelverschluß, b) Hakenverschluß, c) Linsenver-
schluß, d) Federring, e) Schloß mit Horizontalschnepper, f) Bajonettverschluß, g) Schraubverschluß, h) Kastenschloß, i) Stiftverschluß, k) U-Bügelverschluß, l) offenes Rohr*

allen Bändern mit breiteren Gliedern soll man ihn nicht benutzen, weil er den Rhythmus völlig stört.

Horizontalschnepper (Bild 12.61e)

Anwendung. Er wird vorzugsweise für ein- und mehrreihige Perlketten benutzt.
Funktion. Der Schnepper wird in den Schloßkasten geschoben und rastet mit zwei Kerben ein. Er funktioniert unabhängig von der Zugbeanspruchung, ist sie aber zu groß, kann sich der Schnepper unbeabsichtigt öffnen.
Öffnungsrichtung. Sie ist mit der Beanspruchungsrichtung identisch.
Sicherheit. Bei normaler gebrauchsbedingter Belastung ist der Verschluß zuverlässig, wenn der Schnepper noch um einen Stutzen des Schloßkastens gehakt wird, bekommt er noch eine zusätzliche Sicherung.
Gestaltung. Der Verschluß wird oft bei Schnürketten benutzt, obgleich er die gestalterische Geschlossenheit unterbricht.

Bajonettverschluß (Bild 12.61f)

Anwendung. Verschluß für schmale Ketten und Armbänder.
Funktion. Der Verschlußbolzen wird in das Rohr geschoben, wobei der Stift in der Nut des Rohres geführt wird. Durch Federkraft wird der Verschlußbolzen festgehalten. Der Verschluß wirkt unabhängig von der Zugkraft.
Öffnungsrichtung. Sie ist identisch mit der Beanspruchungsrichtung.
Sicherheit. Bei ausreichender Federkraft ist der Verschluß sehr zuverlässig.
Gestaltung. Wegen seines runden Querschnitts ist der Bajonettverschluß besonders für Ketten mit zylindrischen Gliedern, aber auch für dekorative Fuchsschwanzketten und für Kordelschnüre entsprechender Dicke geeignet.

Schraubverschluß (Bild 12.61g)

Anwendung. Verschluß für schmale Ketten und Armbänder, auch für Schnürketten, besonders wenn die Glieder runden Querschnitt haben.
Funktion. Der Verschluß entspricht der Schraubverbindung, deshalb muß dafür gesorgt werden, daß er unabhängig von den

Nachbargliedern drehbar ist.
Öffnungsrichtung. Sie ist mit der Beanspruchungsrichtung identisch.
Sicherheit. Wegen der im Gewinde auftretenden Reibkräfte ist der Verschluß so zuverlässig wie jede Schraubverbindung, wenn die Schraube ordnungsgemäß festgedreht ist.
Gestaltung. Er kann ebenso wie der Bajonettverschluß verwendet werden, darüber hinaus kann man die Verschraubung auch in rotationssymmetrische Glieder einbauen.

Kastenschloß (Bild 12.61h)

Anwendung: Je nach Breite wird es als Ketten- oder Armbandverschluß benutzt, in abgewandelter Form baut man es auch in den Armreif ein.
Funktion. Der Schnepper wird in den Kasten geschoben und rastet hinter dem Schließblech ein. Der Verschluß ist von äußerer Beanspruchung unabhängig.
Öffnungsrichtung. Sie ist mit der Beanspruchungsrichtung identisch.
Sicherheit. Wenn der Schnepper seine volle Federkraft hat und ordnungsgemäß hinter dem Schließblech einrastet, hat der Verschluß eine hohe Sicherheit. Man muß nur dafür sorgen, daß der Drücker nicht ungewollt ausgelöst werden kann.
Gestaltung. Da der Kasten auf der Rückseite des Ziergliedes verdeckt angebracht werden kann, ist der Verschluß unauffällig. Dabei kann man es auch so einrichten, daß das Glied geteilt und der Verschluß auf beide Hälften aufgeteilt wird, man kann den Schloßkasten aber auch zu einem eigenständigen Zierglied des Schmuckstücks machen.

Stiftverschluß (Bild 12.61i)

Anwendung. Verschluß für breite Armbänder.
Funktion. Die Scharnierglieder werden zusammengesetzt, dann wird der Verschlußstift eingeschoben.
Öffnungsrichtung. Sie steht quer zur Beanspruchungsrichtung.
Sicherheit. Wenn sich der Stift nicht selbsttätig herausschieben kann, ist der Verschluß sehr zuverlässig.
Gestaltung. Bei Scharnierverbindungen an Armbändern paßt sich der Verschluß gut an.

U-Bügelverschluß (Bild 12.61k)

Anwendung. Verschluß für breite Armbänder.
Funktion. Das Band muß seitlich verschiebbar sein, damit das Scharnierrohr auf den Bügel gesteckt werden kann. Die Schließklappe in Verbindung mit der Federkraft des U-Bügels sichert gegen seitliche Verschiebung.
Öffnungsrichtung. Sie steht quer zur Beanspruchungsrichtung.
Sicherheit. Da die Beanspruchung vom U-Bügel aufgenommen wird, ist der Verschluß sehr zuverlässig. Es muß nur dafür gesorgt werden, daß sich das Rohr nicht vom Bügel lösen kann.
Gestaltung. Da das Band ausreichend Beweglichkeit haben muß, damit der Verschluß betätigt werden kann, kommen besonders Ösen- und Geflechtbänder in Frage.

Offenes Rohr (Bild 12.61l)

Anwendung. Verschluß für breite Armbänder.
Funktion. Zum Einhängen muß das Band sowohl in Längs- als auch in Querrichtung verschiebbar sein, denn das Rohr wird von der Seite auf den Bügel geschoben und hält dann durch die Zugkraft des Bandes.
Öffnungsrichtung. Sie steht quer zur Beanspruchungsrichtung.
Sicherheit. Wenn der Verschluß einmal eingerastet ist, kann er sich im Gebrauch am Arm nicht mehr öffnen.
Gestaltung. Er wird in gleicher Weise wie der U-Bügelverschluß benutzt.

Auswertung

Der Begriff »Kette« soll im Zusammenhang mit den Verschlüssen nicht ausschließlich auf Halsschmuck bezogen sein, sondern beinhaltet auch entsprechenden Armschmuck oder andere Anwendungsformen. Verschlüsse, die vorwiegend dem »Armband« zugeordnet werden, können auch bei Halsschmuck mit entsprechend breiten Gliedern benutzt werden.
Bei der Halskette entsteht die mehrfach erwähnte Zugbeanspruchung, die oft Voraussetzung für die Sicherheit des Verschlusses ist, durch die Gewichtskraft der Kettenglieder und des Anhängers, während sie beim Armband durch die Spannung zustande kommt, die

entsteht, wenn es auf den Arm geschoben wird und auf ihm fest anliegt.
Bei allen auf Federkraft beruhenden Verschlüssen muß darauf geachtet werden, daß die Federkraft immer größer ist als die äußere Zugkraft. Das ist besonders beim Horizontalschnepper zu beachten, der nur mit verhältnismäßig geringer Federkraft in ziemlich kleinen Kerben einrastet.
Bei jeder Feder muß mit einer gewissen Ermüdung im Laufe der Zeit gerechnet werden. Dies betrifft besonders alle Arten von Schneppern, die nicht aus Federstahl, sondern nur aus den weicheren Edel- und Buntmetallen gefertigt werden.
Bei allen Schnepperverschlüssen ist die Öffnungsrichtung mit der Beanspruchungsrichtung identisch, deshalb sind bei Ermüdung der Feder solche Schmuckstücke besonders stark gefährdet.
Dagegen haben Haken- und Knebelverschlüsse den Vorzug, daß Öffnungs- und Beanspruchungsrichtung unterschiedlich sind.
Am besten ist es, wenn so wie bei den Stiftverschlüssen Öffnungsrichtung und Beanspruchungsrichtung quer zueinander stehen, weil dann die äußeren Kräfte vollständig von den starren Teilen des Verschlusses – also beispielsweise von den Scharnierrohren und dem Verschlußstift – aufgenommen werden, so daß kein unmittelbarer Zusammenhang zwischen Öffnen und Beanspruchen besteht.
Unter Berücksichtigung all dieser Aspekte muß der Goldschmied zu jedem neuen Entwurf auch einen passenden Verschluß schaffen. Dazu sollen die vorgestellten Grundmodelle Anregung geben. Sie sind aber keineswegs dogmatisch und unverändert zu übernehmen, sondern müssen von Fall zu Fall immer wieder abgewandelt werden. Und außerdem wird es Entwürfe geben, zu denen keiner der vorgeschlagenen Verschlüsse paßt, dann muß der Goldschmied auch einmal einen ganz anderen, vielleicht sogar einen ganz neuen Verschluß erfinden!

12.5   Broschierungen

12.5.1   Funktionselement und Zierform

Solange man die Kleidung nur grob zuschneiden, zusammennähen und verschließen konnte, mußte man die Gewänder mit Nadeln zusammenstecken und zusammenraffen. Mit zunehmender Perfektion der Schneiderkunst konnte man auf diese Hilfsmittel verzichten, und man brauchte die Nadel nur noch als Halterung, um Ansteck-Schmuckstücke am Stoff der Kleidung befestigen zu können.

Sowohl aus funktioneller als auch aus historischer Sicht ist demnach die Ausgangsform für all das, was wir heute als Ansteckschmuck bezeichnen, die einfache Nadel, die als Stecknadel auch heute noch zu unserem Alltag gehört: ein Runddrahtstift, der an einem Ende angespitzt ist, damit er besser durch das Stoffgewebe geschoben werden kann und dessen anderes Ende verdickt ist, damit er nicht durchrutschen kann (Bild 12.62a). Schon frühzeitig wurde aus der Verdickung ein Zierelement, wie wir es beispielsweise bei der Krawattennadel noch heute kennen. Trotzdem blieb der Nachteil, daß wegen der geringen Haftreibung die Nadel genauso leicht wieder aus dem Gewebe herausrutscht, wie sie sich hineinschieben läßt.

Schon in der Antike wurde dieses Problem in genialer Weise dadurch gelöst, daß man die Nadel mit unterschiedlich gestalteten Sicherungen kombinierte, so daß die funktionelle Qualität wesentlich verbessert werden konnte. Gleichzeitig damit vollzog sich der Übergang vom reinen Funktionselement zum funktionell geprägten Schmuckstück.

Eine originelle Lösung ist auf Bild 12.62c zu sehen. Die Nadel ist um einen offenen Ring gewickelt, und da dessen Enden breitgeschmiedet worden sind, wird sie auf dem Ring blockiert. Man schiebt die Nadel durch das Gewebe, rafft den Stoff zusammen, dann hebt man die Nadelspitze etwas an, steckt sie durch die Ringöffnung und verschiebt sie um etwa 90°. Damit ist die Nadel unverlierbar gesichert.

Allgemein bekannt ist die auf Bild 12.62d gezeigte Art der Sicherung, die sich wegen ihrer ausgereiften Gestaltung über die Jahrtausende unverändert erhalten hat und die als »Sicherheitsnadel« jeder kennt. Man kann sie je nach Größe aus 1 ... 2 mm dickem Draht biegen. Die Nadelspitze liegt, durch die elastische Spannung der Nadelwicklung bedingt, auf dem ausgeschmiedeten, leicht schaufelförmig gewölbten Gegenende des Drahtes, und das ist schon der Vorläufer des Hakens.

Schließlich wird eine einfache Fibel gezeigt (Bild 12.62e). Aus einem Stück sind Bügel und Nadel geschmiedet, der Bügel ist leicht durchgewölbt, damit genügend Stoff zusammengerafft werden kann. Der Haken ist dabei schon als Extraelement geformt und angelötet worden.

Es gibt auch heute noch – oder wieder – Formen des Ansteckschmucks, die in sich funktionelle und gestalterische Aspekte vereinen (Bild 12.63), aber üblicherweise hat man eine strenge Trennung des eigentlichen Schmuckstücks und der auf der Rückseite möglichst unauffällig angebrachten Haltevorrichtung – also der Broschierung –, bestehend aus der im Scharnier beweglichen Nadel und dem gegen-

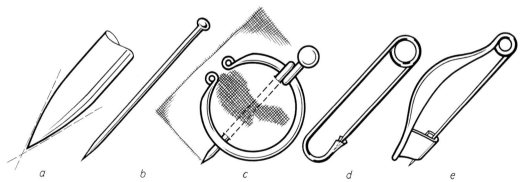

Bild 12.62   Urformen der Broschierung. a) Schema der Nadelspitze, b) Stecknadel, c) Ringfibel, d) Sicherheitsnadel, e) einfache Bügelfibel

überstehenden Broschhaken.

Die Broschierungsteile werden heute weit billiger in guter Qualität industrietechnisch produziert, als es in handwerklicher Einzelfertigung möglich wäre, deshalb werden sie nicht nur beim Industrieschmuck, sondern auch bei Einzelstücken benutzt. Es bleibt immer eine Ermessensfrage, ob es mit der gestalterischen Gesamtkonzeption zu vereinbaren ist, an einem handwerklich gefertigten Schmuckstück die Industriebroschierung anzubringen. So gibt es also durchaus noch immer die Notwendigkeit, daß die Broschierung handwerklich gefertigt wird, damit sie in Form, Größe und Proportion optimal zu einem bestimmten Unikat paßt. Deshalb sollen hier die dazu nötigen Anleitungen gegeben werden.

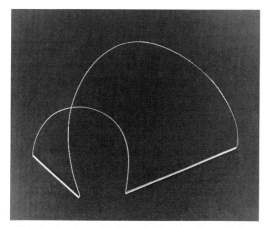

Bild 12.63   Ansteckschmuck. Stahldraht in Silberrohr gesteckt. Fachschule für Ang. Kunst Heiligendamm, Studienarbeit

Aus der Funktion der Broschierung ergeben sich einige prinzipielle und scheinbar selbstverständliche Grundsätze, die – obgleich sie zum Grundwissen des Goldschmieds gehören sollten – besonders den jüngeren Kollegen nicht immer ganz klar sind und deshalb hier zusammengefaßt werden sollen (Bild 12.64):

- Die Nadel wird so angebracht, daß sie mit der *rechten Hand* in das Stoffgewebe geschoben wird. Auf der Broschrückseite muß deshalb das *Nadelscharnier rechts* und der *Haken links* aufgelötet werden.
- Die Öffnung des Hakens zeigt grundsätzlich nach unten. Das gilt auch für Sicherungshaken, damit dann, wenn sich die Sicherung

doch einmal öffnen sollte, die Nadel noch durch die Gewichtskraft der Brosche im Haken gehalten wird.

- Scharnier und Haken werden bei großflächigen Broschen so auf die Rückseite des Ansteckschmucks gelötet, daß die Nadel oberhalb der Mittelachse und mit ihr parallel verläuft. Dadurch wird vermieden, daß die Brosche im Gebrauch nach vorn kippt. Bei einer schmalen Stegnadel geht das natürlich nicht.
- Scharnier und Haken sollen nur so hoch sein, daß die geschlossene Nadel gerade so weit über die Rückseite der Brosche steht, daß genügend Platz für den Stoff bleibt.
- Wenn die Nadel geschlossen ist, muß der Nadelstiel bei seitlicher Betrachtung parallel zur Broschrückseite stehen.
- Der Nadelstiel muß so lang sein, daß die Spitze etwa 1 . . . 2 mm aus dem Haken herausragt.

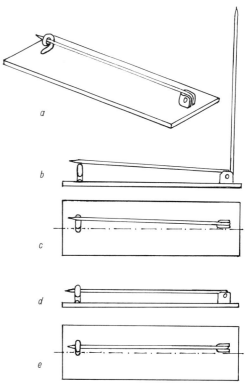

Bild 12.64   Korrekte Anordnung der Broschierung. a) Gesamtansicht, b) Bewegungsbereich des Nadelstiels, c) offener Nadelstiel, Draufsicht, d) eingehakter Nadelstiel, Seitenansicht und e) Draufsicht

- Die Nadel muß sich so weit öffnen lassen, daß sie mindestens senkrecht zur Broschrückseite steht.
- Die Nadel wird am Scharnier so gebogen, daß sie von der Seite gesehen im geöffneten Zustand etwas über dem Haken steht. In der Draufsicht steht die geöffnete Nadel nicht ganz parallel zur Mittelachse, die Nadelspitze befindet sich oberhalb des Broschhakens. Beim Einhängen sitzt die Nadel dann besonders sicher durch ihre Federkraft im Haken, und schon im einfachen, offenen Haken ergibt sich dadurch eine gewisse Sicherheit.

12.5.2   Nadel und Scharnier

Nadelstiel

Man benutzt Runddraht, normalerweise aus der gleichen Legierung, aus der das ganze Schmuckstück gemacht worden ist. Bei Silberschmuck kann man auch das härtere Neusilber nehmen, denn wenn die Nadel nicht festgelötet, sondern nur im Scharnier verstiftet oder vernietet wird, kann sie bei der Stempelung der Feingehaltsangabe unberücksichtigt bleiben.

Als Richtwert kann ein Durchmesser von 1,2 ... 1,5 mm für die Nadel angenommen werden, man muß aber die Relation von Nadellänge und -dicke berücksichtigen: Ein langer Nadelstiel muß dicker als ein kurzer sein, damit in jedem Fall die nötige Stabilität gewährleistet bleibt.

Das Nadelgelenk wird bei der einfachen Ausführung, die für das U-förmige Scharnier vorgesehen ist, als Öse angebogen, in anderen Fällen wird als Gelenk ein durchbohrtes Plättchen oder ein Scharnierröhrchen angelötet.

Danach schneidet man die Nadel auf Länge und feilt die Spitze an.

Sie muß so geformt sein, wie es auf Bild 12.62a zu sehen ist, d. h., aus dem Runddraht feilt man mit leichter Übergangsrundung den Konus an. Die Nadel muß so funktionieren, daß beim Einschieben in das Gewebe die Fäden nicht durchstoßen und beschädigt, sondern nur verdrängt werden.

Zum Anfeilen der Nadelspitze wird der Runddraht in einem Stielkloben gespannt. Man feilt in den Feilnagel eine Führungsrille ein, und darin wird unter ständiger Drehung die Spitze angefeilt und dann geschmirgelt. Abschließend glättet man die Spitze mit dem Polierstahl. Man probiert die Nadel am Arbeitskittel aus: Ist sie richtig angespitzt, läßt sie sich leicht und kontinuierlich ohne zu haken und zu kratzen hindurchschieben.

Krawattennadel

Sie ist ein Anwendungsbeispiel für den einfachen, starr angelöteten Nadelstiel. Die Krawattennadel wird bestimmt durch das Zierelement, das den Blickpunkt auf der Krawatte bildet und damit Bestandteil des Herrenschmucks ist. Außerdem hat die Krawattennadel den praktischen Zweck, die Krawatte am Hemd zu fixieren.

Das stumpfe Ende des Nadelstiels wird rechtwinklig umgebogen, damit die durchstochenen Stoffe unter dem Zierelement Platz haben und das Zierelement richtig aufliegt.

Zum Anlöten der Nadel kann man die Nadelspitze in einen Kork stecken, oder man macht sich eine spezielle Vorrichtung (Bild 12.65), wenn solche Lötungen öfter vorkommen.

Um den Nadelstiel zu festigen und um das Herausrutschen der Nadel zu erschweren, wurde der mittlere Bereich flachgeschmiedet und dann verdreht. Aus gleichem Grund feilt man auch eine spiralförmige Rille in den Runddraht. Die Folge davon war aber, daß die Einstichstelle stark aufgeweitet und markiert wurde.

Für die Krawattennadel gibt es heute nur eine saubere und dabei völlig zuverlässige Ausführung: Der Nadelstiel bleibt ganz glatt, um den Stoff zu schonen; man läßt die Nadel mindestens 50 mm lang, und wenn eine handelsübliche Schiebesicherung aufgeschoben wird, kann man die Krawattennadel überhaupt nicht verlieren.

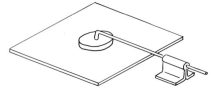

Bild 12.65   Vorrichtung zum Anlöten des Nadelstiels

Zur Befestigung von Abzeichen ist dieser Nadelstiel allgemein bekannt.

U-förmiges Scharnier

Das auf Bild 12.66a gezeigte Scharnier wird aus einem Blechstreifen gebogen, befeilt und für die spätere Nietung durchbohrt. So vorbereitet, kann das Scharnier auf der Rückseite der Brosche angelötet werden.

An den Nadelstiel wird bei der einfachen Ausführung – wie schon erwähnt – das Gelenk als einfache Öse angebogen, die in das Scharnier hineinpaßt und durch die der Niet gesteckt wird. Wenn nötig, wird dieses Drahtende vorher ausgeglüht.

Besser ist es, wenn man eine runde Blechscheibe, etwa so dick wie der Nadelstiel, an einer Seite etwas abflacht und an den Nadelstiel anlötet. Man läßt das Ende des Nadelstiels etwas länger, denn dann, wenn die Nadel im Scharnier kontrolliert wird, feilt man das Nadelende so weit ab, daß die Nadel den Öffnungswinkel von 90° bekommt. Dieses Gelenk wird in das Scharnier eingelegt und so durchbohrt.

Nadel und Scharnier werden mit einem Stift provisorisch zusammengesteckt, man kontrolliert den Bewegungsbereich. Danach wird in die Rundung des U-Scharniers die Hohlkehle eingefeilt, auf der die Nadel aufliegt. Von ihr hängt es ab, ob die Nadel mit der nötigen Spannung im Haken sitzt. Wenn die Nadel auf der Hohlkehle aufliegt, muß im geöffneten Zustand die Nadelspitze etwas über dem Haken stehen.

Man kann das U-förmige Scharnier auch in entgegengesetzter Richtung auflöten. Diese Form findet man beim Industrie-Silberschmuck und bei den handelsüblichen vorgefertigten Scharnieren. Dabei fehlt am Scharnier die Auflage für die Nadel, deshalb wird nicht nur eine Gelenköse an den Nadeldraht gebogen, sondern zusätzlich noch ein stützender Fuß, durch den die geschlossene Nadel die nötige Spannung bekommt.

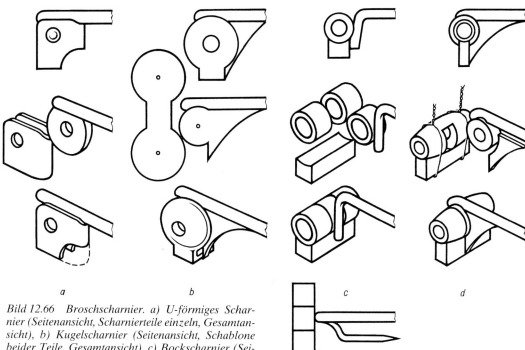

Bild 12.66 Broschscharnier. a) U-förmiges Scharnier (Seitenansicht, Scharnierteile einzeln, Gesamtansicht), b) Kugelscharnier (Seitenansicht, Schablone beider Teile, Gesamtansicht), c) Bockscharnier (Seitenansicht, Scharnierteile, Gesamtansicht, Nebennadel), d) Tonnenscharnier (Seitenansicht, Scharnierteile, Gesamtansicht)

Man kann das Gelenk mit angearbeiterer Stütze auch aus Blech herstellen, das ist aber mehr beim eleganteren Kugelscharnier üblich.

Kugelscharnier

Mit seinen gerundeten Seitenflächen wirkt dieses Scharnier gefälliger als das einfache U-Scharnier, und es paßt am besten zum häufig benutzten Kugelhaken (Bild 12.66b).

Da das Kugelscharnier immer nur mit dem schmalen Zwischensteg aufgelötet wird, kann man es sogar für schmale Stabbroschen gut verwenden.

Die Grundform wird gegebenenfalls nach einer Schablone aus einem 1 mm dicken Blech ausgesägt. Zunächst feilt man den Mittelsteg etwas dünner, die beiden Seiten werden um ein etwa 1,5 mm dickes Blech herumgebogen, dann werden die Backen durchbohrt und leicht rundlich befeilt.

Das Scharnier wird an der Biegestelle, also dem Mittelsteg, aufgelötet, so daß die Nadel mit einem Stützfuß versehen sein muß. Dazu könnte man den Nadeldraht entsprechend biegen, aber üblicherweise sägt man das Nadelscharnier nach einer Schablone entsprechend Bild 12.66b aus und lötet es an die Nadel an.

Man kann das Kugelscharnier auch aus einem nur 0,4 mm dicken Blech herstellen und nach der gleichen Schablone aussägen. Dann muß man aber noch die beiden Seitenflächen mit einem kleinen Kugelpunzen auf Blei auftiefen, um die gleiche Wirkung zu bekommen.

Bockscharnier

Ein Scharnierrohr wird dreiteilig eingesägt und das mittlere Stück bis auf einen Verbindungssteg weggefeilt (Bild 12.66c). Aus einem Vierkantdraht, der oben rundlich ausgefeilt ist, wird das Auflageböckchen zugeschnitten, auf das man das vorbereitete Scharnierrohr aufbindet, um die beiden äußeren Scharnierröhrchen auflöten zu können; der Mittelsteg wird dann weggesägt.

Zwischen beiden Scharnierteilen wird ein Röhrchen eingepaßt, das an die Nadel gelötet werden muß. In die Lötunterlage wird für die Nadel eine Rille geritzt, so daß das Röhrchen quer über die Nadel gelegt und festgelötet werden kann. Es wird so angebracht, daß der Na-

delstiel ein Stück übersteht, denn wenn die Nadel rechtwinklig umgebogen wird, bildet dieses Ende den stützenden Fuß am Scharnierböckchen.

Tonnenscharnier (Gerstenkornscharnier)

Es ist eine elegante Variante des Bockscharniers, die man wegen des höheren Aufwands nur bei besonders wertvollen Schmuckstücken anwendet (Bild 12.66d).

Das Ausgangsscharnier ist dickwandiger, damit man die beiden äußeren Scharnierteile tonnenförmig befeilen kann. Dementsprechend muß auch das Auflageböckchen ausgearbeitet werden. An die Nadel kann der erforderliche Fuß auch als spezielles Blechteil angelötet werden, so daß der Draht gerade bleibt.

Am Drahtende wird das Mittelscharnier angelötet, und dann wird das Blechteil mit seinem Anschlag angepaßt.

Scharnierniet und -stift

Am fertigpolierten Schmuckstück gehört die Befestigung der Nadel zu den letzten Arbeiten, also zum »Finieren«.

Die Nadel wird in das Scharnier eingesetzt, bei dem längeren Bock- und Tonnenscharnier werden die Röhrchen leicht konisch aufgerieben, so daß ein ebenso konisch befeilter Stift *von oben* eingeschoben und in dem Scharnier festgeklemmt werden kann. Bei den anderen Scharnierarten muß man darauf achten, daß der Niet so dick ist, daß er straff in die Bohrung paßt.

In jedem Fall wird der Draht an beiden Seiten so abgesägt, daß er nur wenig übersteht. Durch vorsichtige Schläge mit einer leicht gerundeten Hammerfinne oder mit einem Flachpunzen wird das Drahtende zunächst breit gedrückt und dann zum »pilzförmigen« Nietköpfchen geformt. Mit dem Polierstahl wird der Kopf dann noch angerieben.

Besonders beim Verstiften des Scharniers muß unbedingt die vorgeschriebene Richtung beim Einführen des konischen Stifts eingehalten werden, denn bei einer Reparatur braucht man dann nur den Nietkopf auf der Scharnierunterseite abzufeilen, und man kann den Stift von unten nach oben herausdrücken.

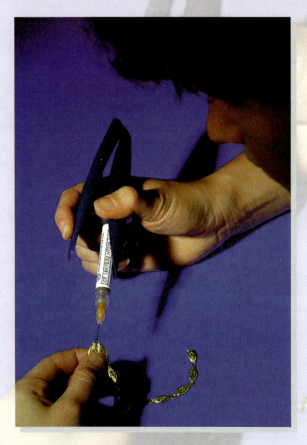

12.5.3 Broschhaken

Grundform

Im einfachsten Fall wird der Haken so geformt, wie es auf Bild 12.67a zu sehen ist, aus Rund- oder Vierkantdraht oder auch aus Blech. Da keine weitere Sicherung vorgesehen ist, muß er möglichst eng gebogen werden, und die Nadel muß die richtige Federspannung haben, damit sie auch im ungesicherten Haken festhält; zuverlässiger sind natürlich die folgenden Sicherheitshaken.

Blechhaken mit Sicherheitsböckchen

Die Grundform wird nach Schablone ausgesägt, das Blech braucht nur 0,3 mm dick zu sein (Bild 12.67b). Mit einem gerundeten Schrotpunzen wird das Blech auf Bleiunterlage in Längs- und Querrichtung halbrund ausgeformt, im Schnittpunkt beider Rundungen wird das Blech mit dem Kugelpunzen aufgetieft, so daß es sich schon in die gewünschte Form zieht. Nach dem Zwischenglühen wird die Endform mit der Zange eingerichtet. Der fertige Haken wird aufgelötet.

Für die Sicherung, die genauso auch beim einfachen Haken angesetzt werden kann, wird ein möglichst dünnes Scharnierrohr in die Grundplatte vor dem Haken eingelassen (Fuge nach unten).

Ein dünner Draht, an dessen Ende eine Kugel angeschmolzen ist, wird durch das Rohr gesteckt, über Kreuz gebogen und am Kreuzungspunkt verlötet. Das Sicherungsböckchen muß so eingerichtet sein, daß es sich beim Hochklappen straff unter dem Nadelstiel entlangschiebt und in leichter Neigung gegen den Haken lehnt.

Schiebehaken (Zugsicherung)

Die Anfertigung dieses Broschhakens erfordert einiges handwerkliches Geschick, der Haken ist aber im Gebrauch zuverlässig und ist gestalterisch wirkungsvoll (Bild 12.67c). Die Nadelspitze greift in ein Röhrchen ein, in dem sich ein zweites, bewegliches Röhrchen befindet, das als Sicherung auf die Nadelspitze geschoben wird. Aus der Funktion folgt, daß der Verschluß mindestens 5 mm lang sein muß.

Das äußere Scharnierrohr wird so auf das Böckchen gelötet, daß die Fuge seitlich bleibt, denn sie wird auf etwa $\frac{2}{3}$ der Gesamtlänge so weit aufgefeilt, daß die Nadel eingehakt werden kann.

Eine dünne Runddrahtöse kann als Verzierung um das offene Rohrende gelötet und im Schlitz aufgefeilt werden (Bild 12.67c). Das Sicherungsrohr muß in das erste genau hineinpassen, und seine lichte Weite muß groß genug sein, daß es auf die Nadelspitze geschoben werden kann. An dieses Rohr lötet man einen kurzen Stutzen, mit dem es sich in dem Schlitz führt und mit dem das Herausrutschen verhindert wird.

So steckt man zur Montage beide Rohre ineinander, zieht das innere nach hinten bis zum Anschlag heraus und lötet eine Runddrahtöse mit eingelegter Kugel oder einfach ein rundes Plättchen als Griffelement an. Bei dieser Lötung muß man besonders vorsichtig sein, damit die beiden Rohre nicht steifließen, sie können mit etwas Öl oder Tripel eingerieben werden.

Haken mit Klappsicherung

Auch dies ist ein beliebter Sicherheitshaken, der relativ einfach handwerklich herzustellen ist (Bild 12.67d).

Nach Schablone werden die Grundform des Hakens (0,3 mm dick) und der Sicherungszunge (0,7 mm dick) so, wie es auf dem Bild zu sehen ist, ausgesägt.

Die Fußteile des Hakens werden so verdreht, daß sie parallel nebeneinanderstehen; das Hakenoberteil wird nach vorn rundgebogen. Dann sind Haken und Sicherungszunge zu durchbohren. Mit beiden Füßen wird der Haken aufgelötet, die Sicherung dann eingesetzt und vernietet.

Der Haken funktioniert richtig, wenn bei offener Sicherung die Nadel gerade hineinpaßt; in geschlossenem Zustand muß die Kante des Hakenoberteils in die Kerbe des Sicherungsbartes einrasten.

Haken mit Drehsicherung

Dieser Haken ist weniger üblich, er sieht aber recht gut aus und läßt sich handwerklich einfach anfertigen (Bild 12.67e).

Aus einem Blech, dessen Dicke der Breite des

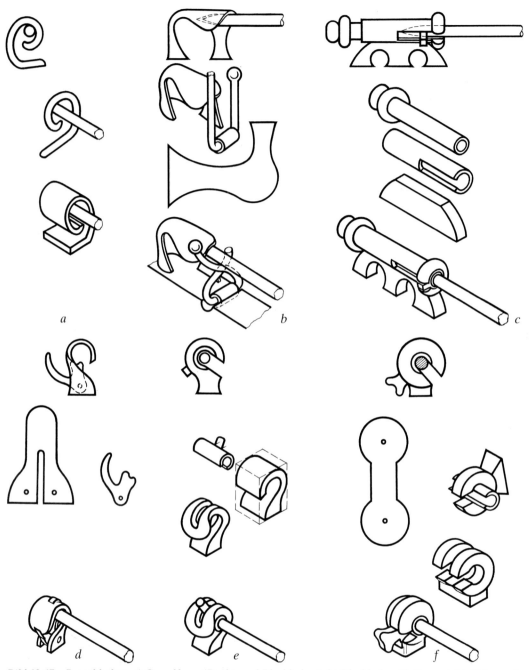

Bild 12.67   Broschhaken. a) Grundform (Draht- und Blechhaken), b) Blechhaken (Seitenansicht, Haken mit vorbereiteter Sicherung, Haken-Schablone, Gesamtansicht), c) Schiebehaken (Seitenansicht, Einzelteile, Gesamtansicht), d) Klappsicherung (Seitenansicht, Schablone für Haken und Sicherungsklappe, Gesamtansicht), e) Drehsicherung (Seitenansicht, Sicherungsrohr mit Hakenrohling, Grundform des Hakens, Gesamtansicht), f) Kugelsicherung (Seitenansicht, Haken-Schablone, Sicherungszunge einzeln, mit zwei Ösen montierter Haken, Gesamtansicht)

Hakens entspricht, wird die Grundform des
Hakens ausgearbeitet, indem zuerst ein genü-
gend großes Loch gebohrt und von da aus die
Öffnung des Hakens herausgesägt wird. Mit der
Feile gibt man dem Haken dann noch eine ge-
fällige Gestalt.

Die Sicherung wird als $^3/_4$-Scharnier, das dick
genug ist, um die Nadel aufzunehmen, in den
Haken eingepaßt. An dieses Rohr lötet man den
Führungszapfen, und dann feilt man für ihn
eine passende Führungsrille in den Haken.

Der Haken wird aufgelötet, und zur Montage
biegt man ihn etwas auf und setzt das Siche-
rungsscharnier ein.

Wenn der Führungszapfen hinten steht, muß
sich die Nadel in den Haken einhängen lassen,
wird der Zapfen nach vorn gedreht, ist die
Sicherung geschlossen.

Kugelhaken mit Drehsicherung

Dies ist der Sicherungshaken, der vorzugsweise industrietechnisch herstellt wird und
deswegen nicht nur bei Industrieschmuck, sondern auch bei Einzelstücken häufig verwendet
wird. Man kann ihn aber auch handwerklich
herstellen (Bild 12.67f). Die Ähnlichkeit mit
dem Kugelscharnier ist offensichtlich. In gleicher Weise wird die Grundform aus 1 mm dikkem Blech nach Schablone ausgesägt, der Mittelsteg dünner gefeilt und dann beide Seiten
U-förmig hochgebogen.

Auch die Sicherungszunge wird nach Schablone ausgesägt. In diese Zunge lötet man ein
offenes Scharnierrohr als Führung ein, das
groß genug ist, um die Nadel aufnehmen zu
können. Nach dem Auflöten des Hakens wird
er so weit aufgebogen, daß die Sicherung eingesetzt werden kann.

Der Öffnungsschlitz muß so ausgearbeitet
werden, daß die Nadel bequem in Haken und
Sicherung paßt und die Sicherung sich gut drehen läßt.

12.5.4 Klemmverschluß

Diese Mechanik wird besonders bei der Krawattenklemme benutzt, die unabhängig von
allen Modetendenzen zum Standardsortiment
des Herrenschmucks gehört (Bild 12.68). Sie
hat eine ähnliche Funktion wie die Krawatten-

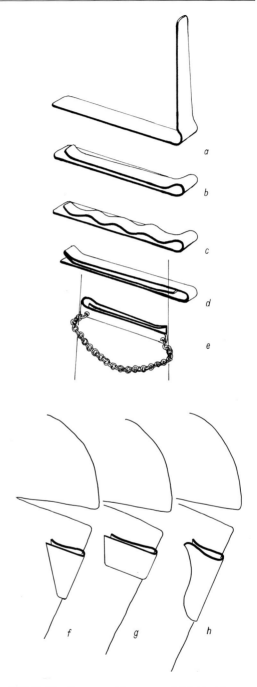

*Bild 12.68 Krawattenklemme und Kleiderklemme.
a) angebogene Federklemme, b) flache Federklemme,
c) gewellte Federklemme, d) doppelte Federklemme,
e) doppelte Federklemme mit Zierkette, f) bis h) Klei-
derklemmen am Revers*

nadel, denn auch mit der Klemme wird die Krawatte am Hemd festgehalten, außerdem ist die Krawattenklemme ein dezentes Herren-Schmuckstück.

Die Grundform wird aus einem kaltgewalzten und dadurch federharten Blechstreifen so gebogen, daß die untere Klemmbacke etwas kürzer, oft auch schmaler als die obere ist. Man benutzt die Rundzange oder biegt den Streifen um einen runden Dorn, damit ein ausreichend großer Biegeradius entsteht. Dabei wird es so eingerichtet, daß im Gebrauch, wenn die Krawatte und das Hemd eingeklemmt sind, beide Klemmbacken parallel stehen, denn nur so bekommt man den erforderlichen Flächendruck. Um die Reibung noch zu erhöhen, kann man die untere Klemmbacke noch zusätzlich gewellt biegen.

Zur Verstärkung der Federwirkung kann der Blechstreifen auch in drei Lagen gebogen werden, wobei zunächst die beiden unteren Klemmbacken scharf zusammengeknickt werden, während die obere Backe wiederum weich mit größerem Biegeradius umgelegt wird. Zum Knicken muß das Metall gerade den richtigen Härtegrad haben, denn sonst bricht es ab.

Solange der Blechstreifen noch gerade ist, wird die sichtbare Oberseite der Krawattenklemme ornamental gestaltet. Günstig ist es, wenn »kalte« Techniken angewandt werden, wie Gravieren, Ziselieren, Ätzen, man kann aber auch belöten, granulieren, flambieren, dann ist es allerdings ratsam, den Blechstreifen etwas dicker zu lassen und die federnde Klemmbacke noch durch Walzen oder Hämmern zu härten.

In entsprechender Form kann die Krawattenklemme auch aus Draht gestaltet werden.

Kleiderklemme

In abgewandelter Form kann der Klemmverschluß in unterschiedlicher Größe und Form auch für andere Zwecke benutzt werden. So kann man einen entsprechend gebogenen Blechstreifen beispielsweise dezent auf die Kragenecke eines Herrenhemdes oder auf das Revers eines Sakkos oder einer Damenkostümjacke schieben.

Die Klemme kann auch als reines Funktionsteil auf die Rückseite eines Schmuckstücks ge-

lötet werden, das dann nicht angesteckt, sondern angeklemmt wird. Der Benutzer kann die Klemme nach seinem Belieben auf- und zubiegen und dadurch unterschiedlichen Stoffen leicht anpassen.

12.6   Ohrschmuck

Einteilung der Grundtypen

Ohrschmuck für das durchlochte Ohrläppchen. Der eigentliche *Ohrring* war ursprünglich tatsächlich ein Ring, der durch das Ohr gesteckt wurde, bei den Kreolen wirkt das noch nach. Heute ist für den Ohrring charakteristisch, daß er zur Befestigung mit einem Drahtbügel durch das Ohrloch gesteckt wird. Das Zierelement kann direkt mit diesem Bügel verbunden sein, es kann aber auch außerdem noch irgendein mehr oder weniger phantasievoll gestaltetes Behangteil angehängt sein.

Beim *Ohrstecker* liegt das Zierteil direkt auf dem Ohrläppchen auf, weil dieser Ohrschmuck mit einem durch das Ohrloch gesteckten Stift befestigt wird.

Angeklemmter Ohrschmuck. Das Zierelement des *Ohrklipps* wird mit einer federnden Klappe am Ohrläppchen festgeklemmt.

Mit der *Ohrschraube* wird der Ohrschmuck am Ohr festgeschraubt.

Als *Phantasieohrschmuck* könnte man all das bezeichnen, was ohne Verwendung der konventionellen Mechaniken an das Ohr geklemmt, gehängt oder auf andere Weise am Ohr befestigt wird.

Ohrlochstechen

Trotz aller Verbesserungen der Klippmechaniken gilt nach wie vor, daß der Ohrschmuck nur dann sicher und zuverlässig befestigt werden kann, wenn er durch das Ohrloch gesteckt wird. Man muß den Kunden aber auch auf die Konsequenz aufmerksam machen, daß mit den Ohrlöchern auch die Verpflichtung verbunden ist, regelmäßig Ohrringe oder Ohrstecker zu tragen, denn andernfalls wächst der durchstochene Kanal im Ohrläppchen wieder zu.

Es ist durchaus üblich, daß der Goldschmied im Rahmen seines Kundendienstes die Ohrlöcher einsticht – er muß sich aber darüber klar sein, daß es sich dabei immer um einen chirurgischen Eingriff handelt, der mit großer Sorgfalt ausgeführt werden muß. Voraussetzung für die komplikationsfreie Operation ist die Beachtung der völligen Asepsis: Das Ohrläppchen muß gründlich gesäubert werden, Ohrringe bzw. Ohrstecker und alle mit der Wunde in Berührung kommenden Werkzeuge und Hilfsmittel müssen in einer Desinfektionslösung behandelt und in sterilem Zustand benutzt werden.

Die Zeiten, da man mit der ausgeglühten Nadel und einem Flaschenkorken als Widerstand das Ohrläppchen durchstach, sind vorbei.

Heute wird das Ohrloch nahezu schmerzlos durchschossen.

Mit dem Ohrlochstecher wird ein Ohrstecker aus absolut resistentem Chirurgiestahl völlig steril in das Ohrläppchen geschossen. Er verbleibt so lange im Ohr, bis die Wunde verheilt ist. Dabei bildet sich im Ohrläppchen ein schlauchartiges Häutchen, ein Kanal, so daß später der Stahlstecker gegen den gewünschten Ohrring ausgewechselt werden kann.

Man kann das Ohrläppchen vor dem Durchlochen vereisen, um es zu betäuben und die Blutung der Wunde zu vermindern.

Normalerweise blutet das Ohrläppchen nur wenig, und die Wunde beruhigt sich schnell. Sollten irgendwelche Komplikationen auftreten, muß unbedingt der Arzt konsultiert werden. So kann es in Ausnahmefällen passieren,

daß die Blutung nicht zum Stillstand kommt oder daß sich die Wunde nach einiger Zeit entzündet.

Nachdrücklich ist darauf hinzuweisen, daß der durch das Ohrloch gesteckte Bügel bzw. Stift physiologisch einwandfrei sein muß. So dürfen Kupfer und seine Legierungen dafür nicht benutzt werden, da unerwünschte Reaktionen mit dem Kupfer Entzündungen verursachen können. Alle für die Schmuckgestaltung üblichen Edelmetalle und deren Legierungen sind dagegen zu empfehlen. Ebenso können die in der Chirurgie gebräuchlichen und bewährten Metalle verwendet werden. So müssen auch bei billigen Modeschmuck-Ohrringen die Bügel aus einer Silberlegierung oder aus Edelstahl gefertigt werden.

Ohrringe

Offener Bügel. Diese Mechanik läßt sich besonders einfach anfertigen, denn man braucht nur einen Runddraht von etwa 0,8 ... 1 mm Dicke so zu biegen, wie es auf Bild 12.69 a zu sehen ist – und der Ohrringbügel ist fertig. Wichtig ist, daß das freie Ende wirklich auch so lang ist, wie es auf der Zeichnung dargestellt worden ist. Dann ist es unmöglich, daß der Bügel unbemerkt aus dem Ohrloch herausrutschen kann.

Bei diesem Bügel, ebenso wie bei den folgenden, die durch das Ohr gesteckt werden, ist zu

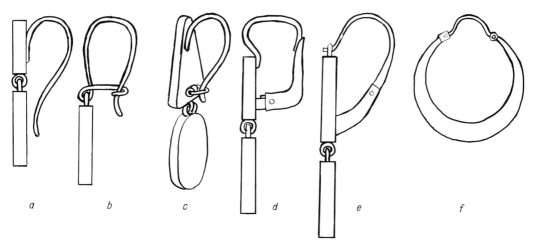

Bild 12.69   Ohrring-Mechaniken. a) offener Bügel, b) Bügel mit Sicherungshaken, c) Bügel mit Klappöse, d) Bügel mit Federklappe, e) beweglicher Bügel, f) Kreolenbügel

beachten, daß das Drahtende abgerundet sein soll, man kann sogar eine kleine Kugel anschmelzen, damit man den Bügel durch den Kanal des Ohrlochs hindurchschieben kann und dann an ihm nicht hängenbleibt; es wäre völlig unsinnig, den Draht anzuspitzen, wie man das manchmal sieht, denn beim Anlegen der Ohrringe könnte sich der Bügel verlaufen und auf schmerzhafte Weise neben dem Kanal einen eigenen Weg im Ohrläppchen suchen.

Bei dem einfachen Haken könnte man als einzige Einschränkung anführen, daß er aus gestalterischer Sicht nicht zu jedem Ohrring paßt.

Die folgenden Ohrringmechaniken sind von diesem Haken abgeleitet, aus dem ein kürzerer Bügel wird, der auf unterschiedliche Weise gesichert wird.

Bügel mit Sicherungshaken. Wie auf dem Bild 12.69 b zu sehen ist, wird die ganze Mechanik aus nur einem Drahtstück gebogen. Der federnde Bügel greift in den angebogenen Haken und wird dadurch zusätzlich gesichert; deshalb kann der Bügel kürzer als bei der vorigen Mechanik sein.

Bügel mit Klappöse (Bild 12.69 c). Der Bügel wird wiederum aus Runddraht gebogen. Auf der Rückseite der Ohrringplatte wird ein Scharnierrohr aufgelötet, in dem eine dreieckige Runddrahtöse beweglich ist. Der Bügel muß so lang sein, daß die Klappöse über das Ende des Drahtbügels geschoben und dann durch die Federkraft des Bügels in dieser Öse festgehalten wird.

Bügel mit Federklappe (»Wiener Brisur«, »Patentbrisur«). Es handelt sich um eine weitverbreitete Mechanik (Bild 12.69d), deren Federklappe aber nur industrietechnisch gefertigt werden kann, in Handarbeit wäre es zu mühsam. Der Bügel kann noch kürzer sein als bei den vorigen Beispielen, weil er mit der Federklappe gesichert wird. Die aus Blech geformte Klappe enthält eine Blattfeder, die auf einen Stutzen drückt, so daß die Klappe wahlweise in geschlossener und in geöffneter Stellung arretiert wird. Die Klappe wird beweglich mit dem Stutzen vernietet.

Im Laufe des Gebrauchs kommt es zur Ermüdung der Blattfeder und zum Verschleiß der Kanten des Stutzens, so daß die Mechanik nachgearbeitet werden muß. Dazu wird die Klappe abgenietet und der Stift herausgedrückt. Dann läßt sich die Blattfeder nachbiegen. Der abgenutzte Stutzen kann mit dem Bretthammer auf dem Bretteisen leicht ausgeschmiedet werden, damit die Klappe wieder straff sitzt; im Bedarfsfall kann man die Stutzen auch ohne großen Aufwand neu anfertigen.

Da die Blattfeder, wie jede Feder, bei Erwärmung ihre Wirkung verliert, muß sie beim Glühen oder Löten des Ohrrings unbedingt abgenommen werden.

Bei wertvollen Juwelenohrringen wird eine zusätzliche Sicherung eingebaut, damit sich die Federklappe nicht unbeabsichtigt öffnen kann, wenn man daran hängenbleibt. Der Bügel ist nur leicht gebogen, federhart, und am Ende hat er auf der Unterseite eine Kerbe. In der Federklappe ist eine rechteckige Öffnung. Wenn die Klappe geschlossen wird, rastet die Kerbe des Bügels ein. Zum Öffnen muß das Ende des Bügels mit dem Fingernagel etwas angehoben werden.

Beweglicher Bügel (Bild 12.69 e). Der Bügel ist an einem Ende so flachgeschmiedet, daß er durchbohrt werden kann und um einen Nietstift in einem Gelenk beweglich ist. Die ausgeschmiedete Fläche hat eine schräge Kante, so daß der Bügel im geschlossenen Zustand einen Anschlag hat, damit er federnd in die kleine Öse unter Spannung eingreift und darin festhält.

Die Gelenkgabel kann aus einem Vierkantdraht hergestellt werden, in den ein Schlitz für den Bügel eingesägt wird. Mit besonderer Vorsicht wird zunächst in den geschlitzten Vierkantdraht ein kleines Loch gebohrt, dann wird der Bügel in gewünschter Stellung eingelegt und ebenfalls durchbohrt.

Kreolenbügel (Bild 12.69f). Die ringförmigen Ohrringe werden mit einem beweglichen Bügel geschlossen, der federnd einrastet. Im Gegensatz zum vorigen Beispiel braucht dieser Bügel keinen Anschlag im Gelenk.

Ohrstecker

Nach der Art, wie der Stift auf der Rückseite des Ohrläppchens gesichert wird, unterscheidet man mehrere Arten.

Stift mit Kerbe. Am Ende des etwa 1 mm dikken, glatten Stifts wird mit der Scharnierfeile eine Rille eingefeilt. Die Sicherung wird aus hartgewalztem Blech nach Schablone angerissen, ausgesägt und durchbohrt. Die Bohrung muß straff auf den Stift passen. Beide Enden des Blechs werden so eingerollt, daß sie dicht voreinanderstehen (Bild 12.70a, b, c). Der Stift wird durch die Bohrung der Druckplatte gesteckt, und die federnden Rollen der Sicherung rasten in die Kerbe des Stifts ein. Länge des Stifts und Lage der Kerbe müssen so eingerichtet werden, daß für das Ohrläppchen genügend Platz bleibt und die Druckplatte der aufgeschobenen Sicherung dicht am Ohrläppchen anliegt, ohne daß es der Trägerin lästig wird. Neben dieser Sicherung, die der Goldschmied ohne großen Aufwand auch selbst herstellen kann, gibt es einige, die sich rationell nur industrietechnisch produzieren lassen, wie etwa die Sicherungsscheibe mit federnder Arretierung (Bild 12.70d), die nur auf die Spitze des Stifts aufgesteckt wird und in die Kerbe am Ende des Stifts einrastet. Der Stift muß dementsprechend kürzer sein.

Gewindestift. Auf den Stift des Ohrsteckers wird ein möglichst grobes, metrisches Gewinde geschnitten, und mit einer Mutter wird der Ohrstecker angeschraubt (Bild 12.70e). Das ist eine einfache und dabei zuverlässige Befestigungsmethode, die noch den Vorteil hat, daß der Benutzer die Stellung der Druckplatte und damit die Belastung des Ohrläppchens entsprechend der Dicke des Ohrläppchens selbst einstellen kann. Es gibt einige unterschiedliche Grundformen für die Mutter, wichtig ist immer, daß genügend Windungen des Befestitungsgewindes eingeschnitten werden können, damit die am Ohrläppchen anliegende Mutter sich nicht unkontrolliert lösen kann. Dazu muß die Druckplatte ziemlich dick sein, man kann zusätzlich noch ein Röhrchen auflöten, um das Gewinde zu verlängern, und schließlich kann auch zusätzlich noch in den Bügel Gewinde geschnitten werden.

Ohrklipp

Im Duden ist die Eindeutschung des englischen »Clip« vorgeschrieben. Ohrklipps werden vorzugsweise als Modeschmuck benutzt, weil man sie ganz nach Belieben zu bestimmten Gelegenheiten anlegen kann, und wenn die Saison vorüber ist, werden sie durch neue ersetzt. Man braucht keine Ohrlöcher, und man braucht demnach auch nicht regelmäßig Ohrschmuck zu tragen, um die Löcher zu erhalten. Allerdings muß man sich darüber klar sein, daß alle Mechaniken, die nur an das Ohr geklemmt werden, also nur durch Reibung festhalten sollen, weniger zuverlässig sind als diejenigen, die durch das Ohrloch gesteckt werden. Wertvoller Juwelenohrschmuck sollte jedenfalls nicht einer Klippmechanik anvertraut werden.

Die einfachste Klippmechanik (Bild 12.71a) findet man zwar meist bei billigem Industrie-Modeschmuck, man kann sie aber auch leicht handwerklich anfertigen. Die Klappe ist in dem Böckchen beweglich, dabei legt sich der

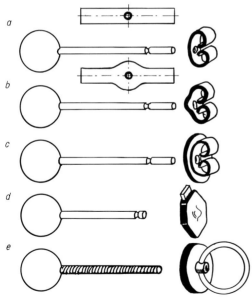

Bild 12.70 Ohrstecker-Mechaniken. a) Kerbstift mit einfacher Sicherung, b) Sicherung mit verbreiterter Auflage, c) Sicherung mit Andruckscheibe, d) Sicherung mit Federscheibe, e) Gewindestift mit Sicherungsmutter

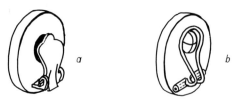

*Bild 12.71   Klipp-Mechaniken. a) Federklappe,
b) Federbügel*

federnde Fuß der Klappe auf die Kante des
Böckchens. Um die Klippmechanik richtig einsetzen zu können, muß man die Wirkungsweise verstehen (Bild 12.72).

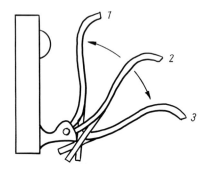

*Bild 12.72   Wirkungsweise der Mechaniken.
(1) Schließbereich, (2) Totpunktlage, (3) Öffnungs-
bereich*

Der Öffnungswinkel beträgt 90°, dazwischen
liegt eine Totpunktstellung. Drückt man die
Klappe nur wenig aus dieser Stellung, kippt sie
durch eigene Federkraft entweder gegen die
Ohrringrückseite oder klappt bis zum Anschlag auf. Die Klappe kann also nur im
Schließbereich (a) wirksam werden, die maximale Spannkraft wird in der Mitte dieses Bereichs vorliegen. Das bedeutet, daß der Ohrklipp nur dann seine volle Zuverlässigkeit
erreicht, wenn in dieser Stellung das Ohrläppchen erfaßt wird. Deshalb muß jeder Ohrklipp
der Trägerin angepaßt werden, indem bei
handgearbeiteten Modellen schon bei der Anfertigung die Klappe auf die Ohrringdicke abgestimmt wird und bei Industriemodellen die
Klappe nachgebogen wird.
Aus der Funktion ergibt sich, daß die Mechanik an der Unterkante der Ohrringrückseite

angelötet werden muß. Um die Anpreßkraft
auf eine möglichst kleine Fläche zu konzentrieren, soll ein kleiner Metallbuckel gegenüber dem Andruckpunkt der Klappe auf die
Rückseite gelötet werden (Bild 12.73). Dabei
muß man darauf achten, daß die beiden An-
druckpunkte genau gegenüberstehen; sind sie
versetzt, rutscht das Ohrläppchen heraus. Der
Klipp würde auch nicht festhalten, wenn nur
der untere Bereich des Ohrläppchens eingeklemmt würde (Bild 12.74).
Das Maximum des Anpreßdrucks wird durch
die Schmerzempfindlichkeit der Trägerin bestimmt, damit hat das Bemühen um Haltbarkeit und Sicherheit seine Grenzen. Auch der
Gebrauch der Ohrklipps muß Freude berei-
ten!
Die Federklappe (Bild 12.75a) kann ihren
Zweck nur erfüllen, wenn sie aus einem federharten Material ist, man braucht deshalb dafür

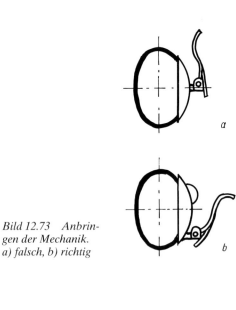

*Bild 12.73   Anbrin-
gen der Mechanik.
a) falsch, b) richtig*

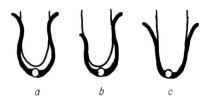

*Bild 12.74   Lage der Druckpunkte. a) einander ge-
genüberliegend, richtig, b) versetzt, falsch, c) zu tief,
falsch*

hartgewalztes Blech, etwa 0,6 mm dick. Klappe und Böckchen werden nach Schablone angerissen und ausgesägt. Die Laschen des Böckchens werden zunächst nur angebogen, denn erst wenn alles montiert und die Oberfläche des Klipps fertig bearbeitet ist, wird als letzte Arbeit die Klappe in die Bohrungen gesetzt und durch Herumbiegen der Laschen befestigt.

Bei handwerklicher Fertigung kann man auf einfache Weise die Federklappe auch aus hartem Runddraht biegen (Bild 12.75 b, c). Als Führung braucht man zwei Scharnierstücke, deren innere Schnittflächen leicht abgesägt sind. Den Drahtbügel setzt man federnd in die Röhrchen ein. Durch die Abschrägung der Rohrenden wird die Stellung des Bügels reguliert, denn er muß so gebogen werden, daß sein Andruckmaximum erreicht ist, wenn er am Ohrläppchen anliegt (Bild 12.71 b).

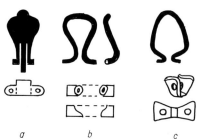

Bild 12.75 Bauteile der Mechaniken. a) Blechklappe und Böckchen, b) Bügel und Scharnier, c) Bügel und Böckchen

Anschraubmechanik

Der Ohrschmuck wird am Ohrläppchen festgeschraubt. Konstruktiv wird dies so gelöst, daß ein U-förmiger Bügel um das Ohrläppchen greift, an dessen eines Ende eine Mutter gelötet wird, in der die Schraube beweglich ist, dessen anderes Ende auf die Rückseite des Zierelements gelötet wird (Bild 12.76). Um die Sicherheit zu erhöhen, wird gegenüber der Schraube ein Andruckbuckel auf die Rückplatte gelötet.

Bei dieser Mechanik kann die Trägerin den Anpreßdruck selbst regulieren.

Ratsam ist es, ein möglichst grobes Gewinde zu verwenden und dafür zu sorgen, daß die Mutter eine möglichst lange Führung hat.

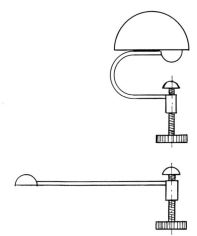

Bild 12.76 Anschraubmechanik. a) fertig montiert, b) Zusammenbau der Teile

Für die Montage gilt folgende Reihenfolge:
- Der Runddraht für den Bügel wird auf Länge geschnitten.
- Noch während er gerade ist, lötet man an ein Ende die Mutter, an das andere den Andruckbuckel an.
- Auf den Gewindestift wird der Schraubenkopf gelötet.
- Der Stift wird in die Mutter geschraubt und die Andruckplatte angelötet.
- Bügel und Andruckbuckel werden auf die Rückseite des Ohrschmucks gelötet.
- Zum Schluß wird der Bügel herumgebogen.

So kann nichts steiffließen, die Montage ist ohne Risiko.

Ohrklemme

Während der Klipp mit der Federklappe am Ohr befestigt wird, was mit den erwähnten Problemen für den Benutzer verbunden ist, wenn der Klipp nicht ganz genau an das Ohrläppchen angepaßt ist, ist der Klemm-Mechanismus wesentlich unkomplizierter.

Als modischer Gag kann eine einfache Klemme auf das Ohrläppchen geschoben werden.

Man kann auch ein Klemmblech auf die Rückseite des Ohrschmucks als Halterung anlöten. Die Formgebung dieses Ohrschmucktyps muß natürlich auf die besondere Befestigungsart und die dadurch entstehende Lage des Schmucks am Ohr eingerichtet werden.

Der besondere Vorteil besteht darin, daß der Benutzer, ebenso wie bei der Kleiderklemme, die Stellung der Klemme ganz einfach seinen Bedingungen entsprechend einrichten kann, wenn er nur das Blech etwas zusammendrückt oder aufbiegt.

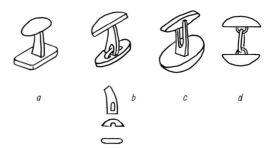

12.7 Manschettenknopf-Mechaniken

Aus der Zweckbestimmung der Manschettenknöpfe ergeben sich die gestalterischen Möglichkeiten und Grenzen:

Bild 12.77   Manschettenknopf-Mechaniken. a) starrer Knebel, b) Klappmechanik, c) Verbindungsöse, d) Federklappe

- Man muß den Manschettenknopf bequem mit einer Hand in die Knopflöcher einführen können.
- Die Manschette soll zusammengehalten werden.
- Der Manschettenknopf muß in den Knopflöchern so sicher befestigt sein, daß man ihn nicht verlieren kann.
- Im Gebrauch darf der Manschettenknopf nicht hinderlich sein.
- Die Mechanik soll möglichst einfach herzustellen sein.
- Die funktionellen Elemente müssen sich der Gesamtgestaltung anpassen.
- Wenn die Ziermotive bestimmte Richtungsorientierung haben, müssen sie spiegelbildlich angeordnet werden, damit sie im Gebrauch auf beiden Manschetten gleichgerichtet erscheinen.

Starrer Knebel (Bild 12.77a). Zwischen Vorder- und Rückplatte wird ein Steg (etwa 1 mm dick) gelötet, dessen Kontur leicht gebogen sein soll, damit sich beide Platten der Form der Manschette anpassen und dicht an ihr anliegen. Die Größe der Rückplatte ergibt sich aus der Länge des Knopflochs. Der Steg soll nur so lang sein, daß man den Manschettenknopf bequem einknöpfen kann.

Dieser starre Manschettenknopf hat den Nachteil, daß er im Gebrauch hinderlich sein kann.

Klappknebel (Bild 12.77 b). Bei der handwerklichen Fertigung wird diese Mechanik bevorzug. Für den Steg soll der Goldschmied eine Schablone haben; die Form entspricht der des Stegs beim starren Knebel.

Der Steg muß so lang sein, daß beim Einführen

in die Knopflöcher, wenn der Knebel am Steg anliegt, zwischen Vorderplatte und Knebel genügend Raum für die Stoffschichten der Manschette bleibt, damit der Knebel dann wieder zurückgeklappt werden kann.

Der Steg wird auf der Rückseite der Zierplatte starr angelötet.

Die Knebelplatte ist beweglich, weil auf ihrer Rückseite eine Brücke aufgelötet ist, in der der Steg drehbar ist. Damit dieses Gelenk sicher geführt wird und nicht »klappert«, soll

- die Brücke mindestens 3 mm breit sein,
- die Aussparung im Steg gerade so groß sein, daß sich die Knebelplatte anlegen läßt,
- der in der Brücke als Gelenk drehbare Teil des Stegs rundgefeilt werden,
- die Öffnung im Steg der halben Länge der Brücke entsprechen.

Die Brücke muß aufgelötet werden, während der bewegliche Steg sich darin befindet, er könnte also steiffließen. Um das zu verhindern, werden in der Brücke neben der Ausrundung zwei Sägeschnitte angebracht, so daß das Lot nur bis dahin fließen kann und den ausgesparten Bereich der Brücke gar nicht erreichen kann.

Auf Bild 12.77c wird eine Variante des Klappknebels gezeigt, die industrietechnisch hergestellt wird. Der Knebel enthält eine Blattfeder, so daß er beim Einführen in die Knopflöcher in Richtung des Stegs und dann in Schließrichtung, also quer zum Steg, einrastet.

Dieser Industrieknebel hat eine fertigungstechnisch bedingte Standardform, so daß oft Vorder- und Rückplatte des Manschettenknopfs keine gestalterische Beziehung haben.

Beim handgearbeiteten Knebelknopf kann

man beide Platten angleichen, wobei meist die Knebelplatte etwas schmaler ist, damit sie gut durch die Knopflöcher geschoben werden kann. Der Knebelverschluß ist recht zuverlässig, läßt sich meist bequem einführen, trotzdem ist er wegen der starren Verbindung von Steg und Vorderplatte im Gebrauch hinderlich.

Kettenverbindung. Die beiden Platten des Manschettenknopfs werden mit einer Ösenkette verbunden; die Kette kann auch auf zwei angelötete Ösen mit einer langovalen Verbindungsöse beschränkt sein (Bild 12.77d). Wie beim Klappknebel muß beim Einführen in die Knopflöcher genügend Platz für den Stoff der Manschette bleiben.

Mit der Kette ist der Manschettenknopf sicher befestigt, und er ist wegen der Flexibilität der Kette angenehm im Gebrauch. Nachteilig ist nur, daß der Knebel keine sichere Führung

beim Durchschieben durch die Manschette hat – dies ist beim Klappknebel besser gelöst.

Druckknopf. Mit den Möglichkeiten der Industrietechnologie kann der Druckknopf zum Verschließen der Manschette benutzt werden. Vorder- und Rückplatte können gleich sein. Auf den Rückseiten beider Platten wird jeweils eine Hälfte des Druckmechanismus angebracht. Dabei läßt man zwischen Platte und Mechanik jeweils so viel Abstand, daß eine Seite der Manschette angeknöpft werden kann.

Dadurch können die beiden Knopfhälften so lange eingeknöpft bleiben, wie das Hemd im Gebrauch ist, nur der eigentliche Druckknopf wird geöffnet und geschlossen.

Auch diese Mechanik ist im Gebrauch starr, wenn man den Arm auf den Tisch legt, kann sich der Druckknopf öffnen.

13 Reparaturarbeiten

13.1 Allgemeine Grundsätze

Es gibt überhaupt keinen Grund, denjenigen Goldschmied, der sich vorwiegend mit solchen Dienstleistungen beschäftigt, die sein ganzes Wissen und Können, viel Erfahrung und Findigkeit erfordern, um ein altes Stück zu erhalten und möglicherweise noch den Pfusch weniger tüchtiger Vorgänger zu beseitigen, als »nur Reparateur« zu degradieren. Ein wirklicher Fachmann und tüchtiger Goldschmied weiß, daß Neuanfertigung und Reparatur zwei Seiten einer Medaille sind, er wird sich auf beiden Gebieten um Höchstleistungen bemühen.

Es gehört zum Service des Goldschmieds, daß er einen angemessenen Teil seiner Arbeitszeit für die Ausführung von Reparaturen verwendet. Es wäre falsch, darin eine leidige Notwendigkeit zu sehen, durch die man an der schöpferischen Tätigkeit gehindert wird. Man muß es vielmehr als einen echten Kundendienst ansehen. Hat man das alte Erbstück wieder flottgemacht, wird sich der Kunde auch dann, wenn er ein neues Schmuckstück oder ein anspruchsvolles Geschenk braucht, an diesen Goldschmied erinnern. Wir erwarten ja auch von den Handwerkern anderer Berufe, daß sie mit der gleichen Bereitschaft unsere Reparaturaufträge übernehmen, wenn Auto, Waschmaschine oder Schuhe defekt sind.

Wer sich eine rationelle Technologie für Reparaturarbeiten entwickelt, wird durchaus auch auf sein Geld kommen, der eigentliche Lohn sollte aber die Freude des Kunden über das wieder gebrauchsfähige Schmuckstück sein!

Reparaturen können aus folgenden Gründen notwendig werden:

- Während des Gebrauchs ist jedes Schmuckstück einem unvermeidlichen Verschleiß durch den Kontakt mit der Umwelt ausgesetzt. Polierte Flächen werden durch feinste Kratzer matt, Steinfassungen werden dünn, gravierte Ornamente nutzen sich ab.
- Bewegliche Teile, wie Verbindungsösen an Ohrringen, Ketten oder Armbänder, werden durch die Reibung der Glieder dünngescheuert.

- Durch starke äußere Beanspruchung können Teile verbogen, verbeult oder abgerissen werden, wenn man versehentlich mit dem Schmuckstück gegen einen harten Gegenstand schlägt oder wenn man irgendwo hängenbleibt.
- Herstellungsfehler können Ursache für Beschädigung stark beanspruchter Teile sein, wenn sie beispielsweise zu dünn ausgeführt oder schlecht gelötet sind.
- Auch Materialfehler können Ursache solcher Schäden sein.

Die Notwendigkeit zur Nachbesserung ergibt sich normalerweise aus dem natürlichen Verschleiß, dagegen nur relativ selten wegen Material- oder Herstellungsfehlern.

Man muß sich darüber klar sein, daß jeder Gebrauchsgegenstand nur eine begrenzte Lebensdauer hat. Durch Ausbesserung oder Auswechslung von Verschleißteilen kann diese Zeit verlängert werden – aber irgendwann ist alles einmal Schrott!

Diese allgemeine Erfahrung wird durchweg bei Kleidung und technischen Konsumgütern akzeptiert, merkwürdigerweise will man es beim Schmuck nicht wahrhaben. Dies hängt mit bestimmten Besonderheiten des Schmucks zusammen:

- Mit dem Schmuck können sich bedeutende ideelle Assoziationen verbinden.
- Es kann ein Erbstück, ein Andenken, ein Geschenk von einem lieben Menschen sein.
- Wegen seines oft beträchtlichen materiellen und wegen des gestalterischen, also ästhetischen Wertes unterscheidet er sich von anderen Gebrauchsgegenständen.
- Der Schmuck unterliegt aber auch einem moralischen Verschleiß, er wird unmodern; und wenn der Nutzer keine so starke Bindung an das Schmuckstück hat, ist er nach einer gewissen Zeit an einer Umarbeitung interessiert.

Der Goldschmied muß diese Gesichtspunkte berücksichtigen, wenn er darüber entscheidet, ob eine Reparatur ausführbar ist oder nicht.

Bei jeder Reparatur gilt die ideale Zielsetzung, den Gegenstand in einen neuwertigen Zustand zu bringen, den ursprünglichen Zustand des Schmuckstücks also wiederherzustellen.

Mit dieser Prämisse muß man an die Arbeit gehen, auch wenn aus objektiven Gründen dieses

Ziel vielleicht doch nicht mehr zu erreichen ist. Wer von vornherein ein Schmuckstück nur wieder zusammenflicken will, damit es eben noch hält, tut weder sich noch dem Kunden einen Gefallen, sondern schädigt generell das Ansehen des Goldschmiedehandwerks.

Durch diese Zielsetzung unterscheidet sich eine Reparatur am Gebrauchsschmuck deutlich von der Restaurierung eines kulturhistorisch wertvollen Stück, denn bei diesem muß in erster Linie der historisch korrekte Zustand erhalten bleiben, man muß das Schmuckstück vor weiterem Schaden bewahren, Ergänzungen oder gar Veränderungen können den Wert einer solchen Arbeit stark vermindern und müssen unterlassen werden.

13.2   Annahme der Reparatur

Der Goldschmied muß im Beisein des Kunden das Schmuckstück genau untersuchen, um Möglichkeit und Umfang der Reparatur im voraus abzuschätzen.

- Dabei muß er beispielsweise ermitteln, ob durch ältere Zinnlötungen die Reparaturmöglichkeit eingeschränkt ist.
- Er muß feststellen, ob hitzeempfindliche Steine ausgefaßt oder beim Löten geschützt werden müssen.
- Bei vergoldeten und rhodinierten Schmuckstücken sowie bei Dublee muß man abschätzen, in welchem Maß der Überzug angegriffen wird.
- Eventuell muß man das Schmuckstück erst reinigen, ehe man eine Aussage treffen kann.
- Im beiderseitigen Interesse ist es erforderlich, den Kunden über die ungefähren Reparaturkosten zu informieren.
- Eventuell muß man den Zeitwert des Schmuckstücks oder den Preis einer Neuanfertigung den Reparaturkosten gegenüberstellen, damit der Kunde entscheiden kann, ob sich für ihn die Reparatur noch lohnt.
- Es festigt das Vertrauen des Kunden, wenn man Kettenlänge, Anzahl der Perlen, eventuell auch Masse des Schmuckstücks oder Größe der Edelsteine und Perlen feststellt und im Beisein des Kunden auf dem Reparaturbeutel vermerkt.
- Wenn Edelsteine bei der Reparatur gefähr-

det werden können, muß man im voraus vom Kunden bestätigt bekommen, daß er bereit ist, das Risiko zu tragen, und dies durch Unterschrift bestätigen lassen.

Leider trifft man immer noch beim Kunden ein mehr oder weniger ausgeprägtes Mißtrauen gegenüber dem Goldschmied an, denn der Laie hat zuwenig Kenntnis darüber, was in der Goldschmiedewerkstatt mit seinem Schmuckstück geschieht, er kennt sich nicht mit den Zusammensetzungen der Edelmetallegierungen aus, und dann kommen noch übertriebene Wertvorstellungen hinzu.

Der Goldschmied kann dem durch die Seriosität seines Auftretens, durch Verständnis für die Kundenwünsche und durch umfassende Aufklärung entgegenwirken. Dazu gehört, daß man sich generell für den Kunden Zeit nimmt, in verständlicher Form seine Fragen beantwortet und über die erforderlichen Aufwendungen bei der Reparatur informiert. Jede Form der Überheblichkeit des »Fachmanns« gegenüber dem »Laien« ist unangebracht. Wenn man beispielsweise den Feingehalt einer Au-333-Legierung erklären will, wird der Kunde möglicherweise »pro mille« nur vom Blutalkohol her kennen, was aber 33,3 % oder einfach $\frac{1}{3}$ Goldgehalt bedeuten, versteht er sofort.

Die numerierten Reparaturbeutel mit Kontrollabschnitt für den Kunden haben sich als Beleg und zur Aufbewahrung der Reparaturstücke bewährt.

Auf dem Reparaturbeutel muß die Adresse des Kunden angegeben werden. Jede Reparaturleistung soll man einzeln aufführen und den jeweiligen Preis einsetzen. Es ist zweckmäßig, die erledigten Reparaturbeutel, nachdem der Kunde seine Schmuckstücke abgeholt hat, noch einige Zeit aufzubewahren, um bei eventuellen Reklamationen noch aussagefähig zu sein.

Wie überall sollen die fertigen Reparaturen nur gegen Vorlage des Kontrollabschnitts ausgehändigt werden. Ist dieser Abschnitt verlorengegangen, soll man die Personalien des Abholers in einem Kontrollbuch festhalten.

13.3   Edelsteine in der Werkstatt

Es gibt zahlreiche gute Edelsteinkunde-Fachbücher, in denen ausführlich und umfassend die Merkmale der Edelsteine, die Probleme der Unterscheidung der Steine und die dazu erforderlichen Untersuchungsmethoden behandelt werden. Trotzdem macht es sich erforderlich, hier einige Hinweise über den Umgang mit den Edelsteinen in der Goldschmiedewerkstatt zu geben.

Wenn der Edelstein in die Fassung eingesetzt ist und die Fassungszarge oder die Krappen über die Kante des Steins gelegt werden, ist er einer hohen Druckbelastung ausgesetzt. Sogar bei solchen Steinen, die im allgemeinen als ungefährdet oder nur wenig gefährdet gelten, muß man vorsichtig sein, weil durch Mikrorisse oder Einschlüsse Schäden entstehen können. Für spröde Edelsteine und solche, die spaltbar sind, müssen die Fassungen aus möglichst weichem Material hergestellt werden.

Besonders bei Reparaturen kommt es vor, daß der Stein nicht aus der Fassung herausgenommen werden kann, so daß er bei der Lötung der Hitze ausgesetzt werden muß. Grundsätzlich ist damit immer ein Risiko verbunden! Auch hier gilt, daß solche Steine, die generell als hitzebeständig gelten, durch innere Spannungen, Mikrorisse und Einschlüsse in der Hitze zu Bruch gehen können. Deshalb soll man den Stein so gut wie möglich vor der Löthitze schützen.

Nach dem Löten kommt dann auch der Edelstein in die Beize. Meist benutzt der Goldschmied 10%ige Schwefelsäure, und man muß sicher sein, daß der Stein von dieser Lösung nicht angegriffen wird. Selbstverständlich darf kein Stein in warmem oder gar heißem Zustand in die Beize gebracht werden. Um den Stein zu schonen, soll die Schwefelsäure-Beize nicht erwärmt werden, und man soll den Stein nicht länger als nötig darin liegen lassen.

In der Tabelle 13.1 wird eine Übersicht über Gefährdung der Edelsteine durch Druck, Hitze und Schwefelsäure-Beize gegeben.

Man soll immer davon ausgehen, daß jeder Edelstein gegenüber derartigen äußeren Belastungen empfindlich ist, deshalb müssen Edelsteine alle mit großer Vorsicht behandelt werden!

Nun einige Bemerkungen zu den einzelnen Steinen.

Diamant. Dieser Inbegriff der Härte und Beständigkeit muß vom Goldschmied doch mit einer gewissen Vorsicht behandelt werden. In Richtung der Oktaederflächen ist der Diamant spaltbar, deshalb darf man beim Anschlagen und Andrücken der Fassung nicht abrutschen – er könnte zu Bruch gehen.

Obgleich Kohlenstoff erst bei mehr als 3500 °C schmilzt, verbrennt der Diamant vor der Lötpistole schon bei Temperaturen ab 850 °C und in Sauerstoff schon ab 720 °C. Es bildet sich an der Oberfläche ein mattweißer Belag, der nur vom Diamentschleifer durch Nachpolieren entfernt werden kann. Man soll also vorsichtshalber den Stein mit Borsäure abdecken, die direkte Erwärmung des Steins vermeiden, und man soll ihn beim Löten möglichst in ein wärmeisolierendes Mittel einpacken.

Säuren, auch in konzentrierter Form, können dem Diamanten nichts anhaben.

Korund. Während der Rubin fast bedenkenlos ins Feuer genommen werden kann, ist der blaue Saphir mit Vorsicht zu behandeln, weil er in der Hitze die Farbe verlieren kann, möglicherweise wegen Veränderungen der farbbildenden Spurenelemente.

Chrysoberyll. Es ist unempfindlich gegen Löthitze und Säuren, hat aber eine deutliche Spaltbarkeit.

Spinell. Beim Erhitzen kann er die Farbe verlieren, die aber bei Abkühlung wiederkommt. Gegen Säuren ist er unempfindlich, und wenn er auch keine ausgeprägte Spaltbarkeit hat, ist er doch spröde und muß beim Fassen vorsichtig behandelt werden.

Topas. Beim Erhitzen kann sich die Farbe ändern. Wegen der deutlichen Spaltbarkeit ist der Topas sogar beim Tragen empfindlich. Von konzentrierter Schwefelsäure kann er angegriffen werden, gegen Beize ist er dagegen resistent.

Beryll. Aquamarin ist bis 750 °C wärmebeständig, kann aber bei höheren Temperaturen die Farbe ändern, deshalb muß er beim Löten geschützt werden. Smaragd darf überhaupt nicht der Hitze ausgesetzt werden, da durch die immer enthaltenen Einschlüsse, Risse und Hohlräume der Stein besonders gefährdet ist. Aus gleichen Gründen ist der Smaragd gegen äußere Kräfte, z. B. beim Fassen, sehr empfindlich; man soll für Zargenfassungen besonders weiche Legierungen wählen. Dagegen ist

Tabelle 13.1   Edelsteine in der Werkstatt
0 – keine Gefahr für den Edelstein
1 – bei vorsichtiger Behandlung geringe Gefahr
2 – Bearbeitung unmöglich

Name	Gefährdung durch		
	Druck	Hitze	Beize
Achat	0	2 Farbänderung	0
Amazonit	2 spaltbar	2 Farbänderung	0
Amethyst	0	2 Farbänderung	0
Aquamarin	1 spröde	1	0
Bergkristall	0	0	0
Chalzedon	0	1	0
Chysoberyll	2 spaltbar	1	0
Chrysopras	1 spröde	2 Farbänderung	0
Citrin	0	2 Farbänderung	0
Diamant	2 spaltbar	2	0
Granat	0	1 Pyrop: 0	0
Hämatit	0	1	0
Jaspis	0	2 Farbänderung	0
Koralle	2	2 Farbänderung	2
Lapislazuli	1	2 Farbänderung	2
Malachit	1	2 Zerfall	2
Markasit	0	2 Zerfall	2
Mondstein	2 spaltbar	2 Bruchgefahr	1
Nephrit	0	1	0
Opal	1 spröde	2 Bruchgefahr	1
Perle	0	2 Verbrennung	2 Zersetzung
Rubin	1 spröde	0	0
Saphir	1 spröde	2 Farbänderung	0
Smaragd	2 sehr spröde	2 Bruchgefahr	0
Spinell	0	0	0
Tigerauge	0	2 Farbänderung	0
Topas	1 spaltbar	2 Farbänderung	0
Türkis	1 spröde	2 Farbänderung	2
Turmalin	1	0	0
Zirkon	2 sehr spröde	2 Farbänderung	1

der Aquamarin kaum druckempfindlich. Alle Berylle sind säurebeständig.

Zirkon. Schon bei 500 °C kann die Farbe umschlagen, deshalb sind alle Zirkone als besonders hitzeempfindlich einzustufen. Sie sind spaltbar. Nur in konzentrierter Schwefelsäure werden die Zirkone bei längerem Kochen angegriffen.

Turmalin. Alle Turmaline sind in der Löthitze beständig, gegen Säuren sind sie resistent, auch gegen Druck sind sie recht widerstandsfähig.

Granat. In der Praxis kommen meist nur Pyrop

– der »Böhmische Granat« des klassischen Granatschmucks – und Almandin vor. Während der Pyrop als völlig hitzebeständig angesehen werden kann, ist es möglich, daß der Almandin durch die Erwärmung seine Farbe verliert und daß er zerspringt.
Gegen Säuren und Druck sind die Granate unempfindlich.

Quarzgruppe. Bergkristall ist völlig hitzebeständig.
Amethyst und dunkler Citrin können schon bei etwa 250 °C die Farbe ändern, während Rauchquarz bis etwa 1000 °C beständig ist. Besonders der Citrin ist beim Fassen druckempfindlich. Alle übrigen Quarze sollten beim Löten geschützt werden, denn sie könnten die Farbe verlieren oder zerspringen. Chrysopras und Rosenquarz bleichen beim Erwärmen aus. Opal ist wegen seiner Struktur gegen Hitze besonders empfindlich.
Die Quarze werden von Flußsäure leicht angegriffen, sind aber sonst säurebeständig.
Beim Fassen ist der Opal, aber auch der Citrin, gefährdet, alle anderen sind ziemlich widerstandsfähig.

Pyrit, Markasit, Hämatit. Sie alle sind empfindlich gegen Hitze und Säuren.

Türkis, Lapislazuli, Malachit. Sie können in der Hitze die Farbe ändern und zerspringen; von Säuren werden sie angegriffen. Wegen der Empfindlichkeit gegen Fett muß speziell der Türkis mit Vorsicht beim Tripelschleifen behandelt werden.

Mondstein, Amazonit. Sie sind hitzeempfindlich und haben deutliche Spaltbarkeit.

Jade. In der Flamme können die Kanten anschmelzen, die Flamme wird gelb gefärbt. Er ist kaum druckempfindlich, gegen Säuren ist er beständig.

Nephrit. Schon in vorgeschichtlicher Zeit wurden daraus Werkzeuge gemacht, weil er ausgesprochen zäh ist; gegen Hitze und Säuren ist er unempfindlich.

Bernstein. Beim Erwärmen verbrennt er, von Säuren wird er gelöst.

Synthetische Steine. Sie verhalten sich wie die entsprechenden echten Steine.

Dubletten. Da sich beim Erwärmen die Verklebung löst, dürfen sie nicht erhitzt werden.

Glassteine. In der Löthitze sind sie nicht immer beständig, nach der Erwärmung müssen sie langsam abgekühlt werden. Rote Glassteine sind besonders hitzebeständig.
Gegen Säuren – mit Ausnahme der Flußsäure – sind die Glassteine resistent.
Beim Fassen können sie leicht ausplatzen.

Perlen, Korallen, Elfenbein. Ebenso wie alle anderen organischen Materialien ändern sie schon bei mäßiger Erwärmung ihre Farbe und verbrennen dann in der Flamme. Deshalb soll man sie, z. B. beim Aufkitten mit Heißkitt, nur so weit erwärmen, daß man sie noch zwischen den Fingern halten kann. Heute bevorzugt man zur Befestigung allerdings den Zweikomponentenkleber.
Schon in der Beize sind sie gefährdet, mit anderen Säuren darf man sie gar nicht in Berührung bringen.

13.4 Generelle Reparaturabeiten

Unabhängig vom konkreten Schmucktyp gibt es eine ganze Reihe von Schäden, die an allen oder doch an mehreren Arten von Schmuckstücken vorkommen können und die durch Reparatur behoben werden müssen.

Reinigen des Schmucks

Während des Gebrauchs bekommen silberne Gegenstände unvermeidlich einen dunklen Belag, sie »laufen an«. Auch Gegenstände aus Goldlegierungen niedrigen Feingehalts verfärben sich, werden dunkel und unansehnlich.
Hinzu kommt, daß sich an den Schmuckstücken während des Gebrauchs Schmutz ansetzt, der sich besonders in Vertiefungen, auf der Innenseite der Ringe und hinter dem Stein anlagert.
In begrenztem Umfang kann der Kunde seinen Schmuck selbst pflegen: Wenn er ihn mit Zahnbürste und Seife auswäscht, wird der Schmutz weitgehend gelöst und entfernt. Durch Behandlung in einem Silberreinigungsbad werden dunkle Beläge von Silberschmuck und -gerät, aber auch von angelaufenen Schmuckstücken aus Au 333 leicht gelöst. In diesem Sinne soll man den Kunden aufklären, damit er immer Freude an seinem Schmuck hat.
Trotzdem gehört es zum Dienstleistungsprogramm des Goldschmieds, daß er den Schmuck seiner Kunden von Zeit zu Zeit auf-

arbeitet und dabei gleichzeitig den Zustand der Fassungen und der funktionellen Elemente überprüft. Darüber hinaus soll es sich der Goldschmied zum Prinzip machen, grundsätzlich jeden Gegenstand, der zur Reparatur gebracht wird, zuerst in der Ultraschall-Waschanlage gründlich zu säubern; hat er keine solche Anlage, muß er den Schmuck mit den üblichen Hilfsmitteln von Hand auswaschen.

Nach Beendigung der Reparaturarbeiten soll jedes Stück soweit wie möglich optisch aufgearbeitet werden. Das bedeutet, daß alle durch Anlaufen entstandenen Veränderungen und natürlich auch die Spuren der Reparatur beseitigt werden, daß man den Gegenstand gut poliert oder kratzt.

Die Freude des Kunden über das in neuem Glanz strahlende Schmuckstück wird diesen Aufwand belohnen!

Abgebrochene Teile

Im Gebrauch kann es leicht passieren, daß der Kunde mit seinem Schmuckstück irgendwo hängenbleibt oder anstößt, so daß Zierteile oder Funktionselemente verbogen oder sogar abgerissen werden.

Abgebrochene Teile müssen normalerweise mit Hartlot wieder angelötet werden. Alle dafür erforderlichen Maßnahmen entsprechen der Montage von Neuanfertigungen und werden in dem jeweiligen Zusammenhang in diesem Buch behandelt.

Gerade bei Reparaturarbeiten ist die präzise Steuerung der Löthitze wichtig, damit nicht irgendwelche benachbarten Teile wegschmelzen. Komplizierte Reparaturlötungen soll nur der erfahrene Goldschmied ausführen – der Lehrling soll sich an einfacheren und weniger riskanten Dingen üben, nicht an Reparaturen! Wenn es sich um goldene Gegenstände handelt, spart man viel Nacharbeit, wenn man die Oberfläche mit Borsäure einstreicht, damit die Politur erhalten bleibt.

Verbogene Teile

Teile, die im Gebrauch verbogen sind, werden mit der Zange wieder zurechtgebogen; braucht man Punzen oder ähnliche Hilfsmittel, müssen sie dem Zweck genau angepaßt sein.

Man überzeuge sich von der Zuverlässigkeit der Lötstelle am beanspruchten Teil und von der Duktilität des Metalls. Es kann durchaus sein, daß man das Stück vorsichtshalber noch weichglühen muß, um kein Risiko einzugehen. Etwas mehr Vorsicht ist auf alle Fälle besser, als wenn man ein abgebrochenes Teil wieder anlöten muß!

Verschlissene Fassungen

Besonders anfällig sind Chatons und Krappenfassungen, weil der Stein nicht an seinem Umfang gleichmäßig festgehalten wird. Man soll den Kunden darüber informieren, daß besonders bei Ringen die Krappenfassung für den täglichen Gebrauch unpraktisch ist, denn nicht immer muß es am Verschleiß liegen, wenn eine Krappe weggebogen oder abgebrochen ist. Es genügt, daß der Kunde hängenbleibt. Ist die Krappe nur verbogen, wird sie vorsichtig wieder angedrückt. Dabei ist die elastische Rückfederung zu berücksichtigen.

Ist die Krappe aber ganz abgebrochen, wird der Stein herausgenommen – wenn er überhaupt noch in der Fassung sitzt – und eine neue Krappe angelötet. Man feilt den Rest der alten Krappe weg, zur Vergrößerung der Kontaktfläche kann man diese Stelle noch etwas abschrägen. Die fehlende Krappe wird genau angepaßt und angelötet. Beim Chaton muß die Steinauflage an der richtigen Stelle eingeschnitten werden.

Im Laufe der Zeit werden durch unvermeidliche Abnutzung die über den Stein greifenden Enden der Krappen dünner und brechen weg. Dadurch verliert der Stein seinen Halt, und er kann aus der Fassung herausfallen. Da der Verschleiß gleichmäßig auf alle Krappen gewirkt hat, muß man in einem solchen Fall den Kunden davon überzeugen, daß die Fassung komplett erneuert werden muß. Dabei kann der Goldschmied noch überprüfen, ob statt der Krappenfassung eine Zargenfassung empfohlen werden soll, weil deren Standzeit wesentlich größer ist.

Im Laufe der Zeit kann auch eine Zargenfassung verschleißen. Dann hilft alles nichts: Die alte Fassung muß restlos herausgesägt und -gefeilt werden, um an ihrer Stelle eine neue Zargenfassung einsetzen zu können. Natürlich gilt dann auch, was im Zusammenhang mit der

Neuanfertigung der Fassungen gesagt worden ist.

Gerade bei Reparaturen muß man druckempfindliche Steine noch vorsichtiger behandeln als bei Neuanfertigungen, denn meist wäre ein gleicher Stein kaum wieder zu beschaffen. Man benutzt deshalb für die Fassung eine besonders weiche Legierung, eventuell drückt man die Zarge nur als Bogenfassung an.

Lockere Steine

Hat sich der Stein im Laufe des Gebrauchs in der Fassung gelockert, dann »klappert« er hörbar, wenn man das Schmuckstück schüttelt.

Dabei kann die Fassung durchaus noch völlig in Ordnung sein. Die Ursache kann ein Herstellungsfehler sein, daß nämlich der Stein keine ausreichende Auflage hat oder daß die Krappen zu kurz bzw. die Fassungszarge zu niedrig sind.

In solchen Fällen muß der Stein ausgefaßt und die Auflage mit dem Stichel nachgearbeitet werden; es kann sogar notwendig werden, daß man deswegen die Fassung erneuern muß. Meist genüg es aber, wenn man den Stein einfach nachfaßt, also die Krappen bzw. die Zarge wieder dicht an den Stein herandrückt.

Bei steilwandigen Cabochons kann es vorkommen, daß der Stein von der Fassungszarge durchaus zuverlässig gehalten wird und trotzdem »klappert«. Dies ist objektiv durch die Beschaffenheit des Metalls begründet, weil die Zarge beim letzten Andrücken nur noch elastisch umgeformt wird und wieder zurückfedert. In einem solchen Fall kann man versuchen, den Fassungsrand mit dem Millegriffes-Rädchen heranzudrücken. Reicht dies nicht, füllt man auf der Rückseite etwas dünnflüssigen Kleber zwischen Steinunterseite und Steinauflage. Damit wird das »Klappern« behoben, trotzdem muß der Stein aber durch die übergreifende Zarge gehalten werden!

Aufkleben von Edelsteinen und anderen Besatzwerkstoffen

Man kann Edelsteine, Perlmutt, Holz, Elfenbein, Kunststoff, aber auch Emailplatten durchaus zuverlässig mit einer Klebung befestigen, wenn man die dazu erforderlichen Voraussetzungen schafft:

- ausreichend große Kontaktfläche,
- Sicherung gegen seitliche Scher- und Biegekräfte, etwa durch einen schützenden Rahmen oder durch eine Zarge,
- Aufrauhen der Kontaktfläche,
- Auswahl des geeigneten Klebers,
- Vorschriftsmäßige Anwendung des Klebers.

Meist benutzt man Zweikomponentenkleber aus weißer oder farbloser Masse. In manchen Fällen sind die dünnflüssigen Schnellkleber günstig. Es gibt aber immer noch Anwendungsmöglichkeiten für die konventionellen Kleber mit Lösungsmittel.

Da die mechanische Halterung des Steins in der Fassung immer noch die zuverlässigste Befestigungsart ist, kommt die Klebung erst dann in Betracht, wenn man das Fassen nicht oder nicht mehr anwenden kann – und das gilt auch für Reparaturen.

Jeder Goldschmied kennt beispielsweise die Situation beim Granatschmuck. Meist sind die Befestigungsstotzen verschlissen, erneuern kann man sie nicht – also kann der Stein nur noch eingeklebt werden.

Aufkitten von Perlen

Bei der Reparatur wird die Perle genauso aufgekittet wie bei der Neuanfertigung.

Selbstverständlich muß man zunächst den alten Kitt restlos entfernen. Wichtig ist, daß Perlteller und Perlstift groß genug sind. Bei manchen Industrie-Schmuckstücken hat man daran gespart. Wenn dies die Ursache für den Verlust der Perle ist, muß man in Absprache mit dem Kunden diese Befestigungselemente verändern oder ganz erneuern.

Zinnlot

Immer wieder trifft man bei Reparaturarbeiten alte, unsachgemäß ausgeführte Lötungen mit Zinnlot an. Sie haben nur geringe Haltbarkeit, und außerdem sehen solche Lötstellen unschön aus, besonders wenn das Lot zu reichlich aufgetragen und ungenügend versäubert worden ist.

Der verantwortungsbewußte Goldschmied wird auch bei den mit Zinnlot verdorbenen Schmuckstücken versuchen, bei der Reparatur die Hartlötung anzuwenden. Dazu ist aber unbedingt erforderlich, daß vorher das Zinnlot restlos von dem Schmuckstück abgelöst wird, anderenfalls würden die Zinn- und Bleiatome in das Grundmetall diffundieren, wodurch es versprödet und Teile herausgefressen werden.

Das alte Zinnlot wird zunächst so weit wie möglich durch Schaben und Feilen mechanisch entfernt.

Wenn das Grundmetall in Salpetersäure beständig ist (Goldlegierungen über Au 750), kann man in 1:4 verdünnter Salpetersäure abkochen.

Für die üblichen Goldlegierungen unter Au 750 und auch für die Silberlegierungen verfährt man folgendermaßen:

Vorausgesetzt, daß kein säureempfindlicher Besatz vorhanden ist, wird das Schmuckstück über Nacht in konzentrierte Salzsäure eingelegt. Am nächsten Tag kann man unbesorgt daran mit Hartlot weiterarbeiten.

Trotz aller Vorbehalte ist es bei Reparaturbeiten mitunter doch nicht zu vermeiden, einmal zum Zinnlot zu greifen, weil durch die zum Hartlöten erforderliche hohe Temperatur

- Besatzwerkstoffe zerstört,
- Oberflächenveredlung verändert,
- zarte Ornamentteile verschmort

werden könnten.

Dem konkreten Fall entsprechend kann wahlweise der Lötkolben oder die Lötpistole benutzt werden. Wichtig ist, daß mit dem Zinnlot sparsam umgegangen wird. Selbstverständlich muß gesichert sein, daß bei beanspruchten Teilen trotzdem die nötige Zuverlässigkeit gewährleistet bleibt.

Sollte statt der Zinnlötung eine Klebung möglich sein, wäre dies zu bevorzugen.

13.5   Spezielle Reparaturarbeiten

Ohrschmuck

Zur Ergänzung muß das, was über die Ohrringmechaniken gesagt wurde, mit herangezogen werden.

Mechanik reparieren. Bei allen Blattfedern, die bei Ohrringmechaniken üblich sind, muß im Laufe der Zeit mit einer unvermeidlichen Ermüdung gerechnet werden. Man muß entweder die Feder nachbiegen oder, wenn dies wegen der Sprödigkeit des Federwerkstoffs zu riskant ist, die benachbarten Teile korrigieren,

etwa indem man das Gegenlager der Feder nacharbeitet.

Bei der Federklappe der Klipps kann man die ganze Klappe etwas mehr durchbiegen, um so den Druckpunkt am Ohrläppchen zu verändern. Genügt dies nicht, nimmt man die Klappe aus dem Böckchen und biegt die Teile neben der Federzunge etwas nach.

Bei der »Wiener Brisur« muß die Verschlußklappe zum Nachspannen der Feder abgenommen werden. Dazu wird der Nietkopf abgefeilt und dann der Niet herausgedrückt. Wenn man die Federzunge nicht biegen kann, erfaßt man die Klappe mit einer kleinen Spitzzange an der Befestigungsstelle der Feder, setzt die Schenkel der Klappe auf den Feilnagel auf, und durch Drehung der Zange werden sie etwas nachgebogen.

Bei der Gelegenheit überprüft man das Böckchen auf den Grad der Abnutzung. Mit einigen leichten Hammerschlägen kann man es so nachschmieden, daß die Feder wieder einen größeren Widerstand bekommt. Die Klappe wird zum Schluß erneut angenietet.

Wenn bei der Mechanik mit beweglichem Bügel dieser Bügel gebrochen ist, sollte man ihn nicht löten, sondern aus Runddraht einen neuen anfertigen.

Im Laufe der Zeit nutzen sich die Ösen von Behangteilen durch die gegenseitige Reibung ab, sie werden dünn, und das Behangteil kann schließlich abfallen.

»Ösen verstärken« bedeutet dann, daß der Goldschmied an der dünn geschlissenen Stelle der Öse etwas Lot aufschmilzt, um so den Materialverlust wieder auszugleichen; besser ist es, die abgenutzten Ösen durch neue, dickere zu ersetzen. Wenn man als Verbindungsöse keine ovale, sondern eine runde einhängt, verteilt sich die Abnutzung während des Gebrauchs auf die ganze Öse, und die Standzeit verlängert sich erheblich.

Grundsätzlich müssen bei Hartlötungen an den Ohrringen vorher alle federnden Teile, wie etwa die Klappen der »Wiener Brisur«, abgenietet werden.

Ansteckschmuck

Broschierung. Gebrauchsbedingt kann
- der Nadelstiel verbogen sein,
- die Nadel im Scharnier »klappern«,
- die Nadelspitze beschädigt sein.

Die Nadel wird mit der Flachzange geradegebogen, man soll die Nadelstiel vorsichtig auf dem Bretteisen mit dem Hammer richten, damit keine unerwünschte Einschläge entstehen. Der Niet wird am Scharnier etwas nachgeschlagen und die Nadel neu angespitzt.

Auf jeden Fall muß bei der Reparatur dafür gesorgt werden, daß

- sich die Nadel leicht, ohne zu »klappern«, bewegen läßt,
- der Öffnungswinkel mindestens 90° beträgt,
- die Nadel sicher federnd in den Haken eingreift, so daß sie mit ausreichender Sicherheit darin festhält,
- die Nadel so angespitzt ist, daß sie mühelos in den Stoff eingestochen werden kann und dabei die Fäden des Gewebes nur verdrängt, aber nicht zerstört werden.

Ist das Nadelscharnier abgebrochen, muß die Nadel ausgenietet werden, ehe man das Scharnier auflötet, damit sie nicht weich wird.

Muß ein Kugelhaken aufgelötet werden, nimmt man vorsichtshalber die Drehsicherung heraus, damit sie nicht steifließt. Allerdings kann man mit einigem Geschick den Kugelhaken auch komplett auflöten, denn die Sicherung fließt ja nur dann fest, wenn man zuviel Lot oder Flußmittel aufgetragen hat oder wenn man den Haken überhitzt hat. Man kann den Schieber der Sicherung nach oben drehen, ihn mit der Kornzange erfassen und so den Kugelhaken in dem Moment, wenn das Lot zu fließen beginnt, an die vorgesehene Stelle aufsetzen. Eine Schiebesicherung schützt man dadurch vor dem Steifließen, daß man mit der Stecknadel einen winzigen Tropfen Öl zwischen die beiden Hülsen fließen läßt.

Mitunter enthält die Brosche hitzeempfindliche Edelsteine oder anderes empfindliches Besatzmaterial, das man weder herausnehmen noch zuverlässig vor der Löthitze schützen kann. In solchen Fällen lötet man Haken und Scharnier auf folgende Weise an: Die Broschierungselemente werden gemeinsam oder einzeln auf eine Blechplatte ausreichender Größe hart aufgelötet. Mit der dadurch entstandenen größeren Bindefläche kann man die Mechanik auf das Schmuckstück aufkleben oder ausnahmsweise auch mit Zinnlot auflöten.

Ketten

Kettenlötungen sind wohl die häufigsten Reparaturarbeiten. Wenn die dünne Anhängerkette ruckartig belastet wird, weil man daran hängenbleibt oder weil daran gezogen wird, kann sie leicht zerreißen. Dies wird noch begünstigt, wenn ein Kettenglied nicht fest genug zugelötet ist oder wenn die Kette durch Abnutzung im Ganzen geschwächt ist.

Sind allerdings alle Ösen der Kette gleichmäßig dünn gescheuert, lohnt es sich nicht mehr, eine Stelle, die zufällig zerrissen ist, zu löten – denn bald reißt die Kette an einer anderen, ebenso schwachen Stelle wieder. Man soll in einem solchen Fall den Kunden über diesen Zustand informieren und ihm zu einer Neuanschaffung raten, damit nicht noch der Anhänger verlorengeht.

Bei der gerissenen Anhängerkette wird an der Bruchstelle eine Öse geöffnet, um mit ihr die beiden Kettenenden wieder zusammenzuhängen. Dazu wird die Öse an ihrer Fuge aufgeschnitten; bei dünnen Kettchen genügt es, wenn man mit einem spitzen Dorn die Öse so weit dehnt, bis die Fuge aufreißt. Man dreht die benachbarten Ösen so, daß deren Fugen von der Verbundstelle abgewandt sind, damit sie nicht so leicht steifließen können.

Die zusammengehängte Kette legt man auf die Lötunterlage, merkt sich genau die Stelle der offenen Öse, legt eine möglichst kleine Lotpaille an, und mit der spitzen Flamme wird diese Öse zugelötet. Eventuell reichen aber die Reste des ursprünglichen Lots an der Fuge aus, und man braucht nur etwas Flußmittel aufzutragen. Es läßt sich oft nicht vermeiden, daß diese Öse steifließt, man muß aber anstreben, daß die benachbarten Ösen beweglich bleiben. Man beachte, daß die Ketten mit einem sehr leichtfließenden Lot industriell gelötet wurden.

Bei der Reparatur braucht man eine kleine, spitze Flamme. Bei der normalen Stadtgas-Lötpistole erreicht man dies auf ganz einfache Weise, indem man die Öffnung der Sparflamme zu einer feinen Düse verkleinert.

Wenn man einen Mikrobrenner mit feiner Kanüle zur Verfügung hat, ist dies besonders günstig.

Alle Versuche, durch Gegenlötmittel die benachbarten Glieder vor dem Steifließen zu schützen, haben sich nicht bewährt. Man empfahl Öl, Tripel, Lehm, Gummi. Aber es ist eine Mehrarbeit, die oft nur dazu führt, daß diese Mittel beim Erhitzen in die Fuge fließen und dort den Lotfluß verhindern. Jeder Goldschmied weiß, wie schwierig es oft ist, die offene Öse wiederzufinden, wenn die Kette auf der Lötunterlage liegt. Deshalb ist es nützlich, wenn man in die Lötunterlage einen Markierungsstrich ritzt und die zusammengehängte Kette quer genau darüberliegt, so daß die Lötstelle genau auf diese Linie kommt. Man kann auch das eine Kettenende leicht vorwärmen, so daß es sich verfärbt und sich so vom anderen Ende deutlich abhebt.

Um das Reparaturverfahren zu rationalisieren, bearbeitet man möglichst viele Ketten gleichzeitig. Dazu werden in die Federringe kleine Plastikschilder mit laufender Nummer gehängt; diese Nummer wird auf dem Reparaturbeutel vermerkt.

Zierketten – auch als »Fassonketten« bezeichnet – werden prinzipiell auf gleiche Weise repariert. Man wird auch an der zerrissenen Stelle eine Öse öffnen müssen. Dabei sucht man sich möglichst die Fuge der Öse und sägt sie auf. Beim Zusammenlöten soll man die Öse so drehen, daß sie an der Stelle frei steht, so daß man die Fuge verlöten kann, ohne daß sie Kontakt mit einer Nachbaröse hat.

Alles, was über die Kettenverschlüsse zu sagen ist, wird in dem entsprechenden Abschnitt des Buches behandelt.

Anhänger

Bei Reparaturen handelt es sich meist um die Beseitigung solcher Schäden, die bereits im allgemeinen Teil behandelt worden sind.

Es kann im Laufe der Zeit die Schlaufe oder die zugehörige Hängeöse durchgeschlissen sein. Die Öse wird dann zweckmäßigerweise ganz erneuert; ob die Schlaufe nur verstärkt oder auch ersetzt wird, hängt davon ab, wie kompliziert diese Schlaufe gestaltet ist. Selbstverständlich ist der Ersatz verschlissener Teile immer die solideste Lösung.

Armband

Die meisten Reparaturen fallen bei den Verschlüssen an. Ein gerissenes Sicherheitskettchen lötet man wie eine Anhängerkette.

Wenn ein Kastenschloß nicht mehr zuhält, liegt es meist daran, daß der Schnepper seine Elastizität verloren hat. Wenn man ihn nur mit dem Messer wieder aufbiegt, ist das Problem schnell, aber nicht dauerhaft gelöst, denn nach kurzer Zeit ist der Zustand wieder genauso; außerdem kann der Schnepper dabei leicht abbrechen.

Besser ist es, wenn man die Schnepperspitze mit der Flachzange zusammenhält und nur den restlichen Teil mit dem Messer hochbiegt, dadurch wird die Knickstelle geschont.

Ist der Schnepper zerbrochen, wäre es am besten, ihn durch einen neuen zu ersetzen. Lötet man ihn wieder zusammen, wird das Metall weich. Deshalb muß man ihn anschließend durch einige Hammerschläge wieder härten, er bekommt dadurch die erforderliche Federkraft. Wenn man die Teile zusammennietet, bleibt die ursprüngliche Federkraft erhalten.

Im Laufe der Zeit stellen sich bei den Verbindungen Verschleißerscheinungen ein. Ösenverbindungen werden an den Kontaktstellen dünngerieben, und man muß entscheiden, ob man die Ösen erneuern kann oder ob man die vorhandenen Ösen – ähnlich wie bei den Ohrringen – nur mit Lot verstärkt.

Bei Scharnierverbindungen verteilt sich der Verschleiß auf eine größere Wirkungsfläche, deshalb sind die Folgen erst nach sehr langer Zeit bemerkbar – oft haben sich dann schon andere Schäden eingestellt, oder der Zeitgeschmack ist über das Armband hinweggegangen.

Wenn durch Gewalteinwirkung ein Scharnierteil abgerissen ist, muß der Stift herausgenommen werden, und das Scharnierstück wird ebenso wie bei der Neuanfertigung angelötet.

13.6 Änderung der Ringweite

Ermittlung von Fingergröße und Ringweite

Ein Ring paßt dann richtig, wenn man ihn gar nicht mehr am Finger spürt. Hat sich im Laufe der Zeit die Dicke des Fingers geändert oder soll der Ring an einen anderen Träger weitergegeben werden, macht sich die Änderung der Ringweite erforderlich.

Die Fingergröße ermittelt man mit dem aus etwa 30 Vergleichsringen bestehenden Ringmaß, die Ringweite wird mit dem konischen Ringstock, auf dem die Maße eingetragen sind, festgestellt (Bild 13.1).

Bild 13.1   Ringstock und Ringmaß

In Deutschland ist die Angabe der Ringweite nach Durchmesser oder innerem Umfang üblich; in Frankreich und in den USA werden die Größen nach genormten Nummern angegeben (Bild 13.2).
Da der Finger nicht rund ist, sondern einen solchen Querschnitt hat, wie er auf Bild 13.3 zu sehen ist, muß man mit einigem Gefühl probieren, welcher Vergleichsring am besten und bequemsten paßt.

Umfang (mm)	Durchmesser (mm)	USA-Norm	Franz.-Norm
70		13	30
68	22	12	28
66	21		26
64		11	24
62	20	10	22
60		9	20
58	19		18
56	18	8	16
54		7	14
52	17	6	12
50	16		10
48		5	8
46	15	4	6
44	14	3	4
42		2	2
40	13		0
		1	

Bild 13.2   Unterschiedliche Maßangaben für Ring-weite

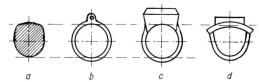

Bild 13.3   Mögliche Meßfehler. a) Fingerform, b) Ringmaß, c) Ring mit herausragender Steinspitze, d) unrunde Schiene

Aus eigener Erfahrung weiß man, daß die Finger im Laufe des Tages leicht anschwellen und daß sie außerdem an heißen Tagen dicker sind als im Winter. Solche Schwankungen muß man berücksichtigen, um ein wirklich zutreffendes Ergebnis zu bekommen.
Recht kompliziert ist die Messung an schlanken, knochigen Fingern: Hat man einen Vergleichsring mit Mühe über das Gelenk geschoben, »klappert« er dann um den Fingeransatz.
Da die Vergleichsringe ziemlich schmal sind, muß man bei breiteren Trauringen und bei Schmuckringen mit breitem Kopf etwas zugeben. Wenn der Ringkopf auf der Innenseite offen ist, kann man eine etwas kleinere Weite annehmen, weil ein solcher Ring leichter aufgestreift werden kann.
Fertigungstechnische Gesichtspunkte, Tradition – und wohl auch etwas Gedankenlosigkeit – brachten es mit sich, daß die Schiene des Rings üblicherweise rund geformt ist. Besser ist natürlich eine solche Schienenform, die der anatomischen Fingerform besser angeglichen ist – etwa eine U-förmige Schiene mit flachgewölbter Fingerauflage – aber dafür kann man die Ringgröße nicht mehr mit dem Ringmaß ermitteln. Einen solchen Ring muß der Kunde direkt anprobieren. Wenn der Kunde den Umfang mit einem Faden oder mit einem Papierstreifen ausgemessen hat, kann das nur als ungefährer Richtwert gelten, weil bei einer solchen Messung unberücksichtigt bleibt, wie sich der starre Ring über den Finger schiebt.
Wenn die Ringweite auf dem Ringstock kontrolliert wird, kann natürlich nur das Maß gelten an der Kante, die am Ringstock anliegt (Bild 13.4). Mit Rücksicht auf die über die Fingerauflage herausstehende Spitze des Steinunterkörpers kann in den Ringstock eine Längsrille eingearbeitet sein. Für einen solchen Ring muß man eine etwas kleinere Fingergröße annehmen.

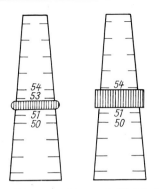

Bild 13.4   Ablesen am Ringstock (Größe 52)

Aufsägen des Rings

Es kann vorkommen, daß der Ring so fest am Finger sitzt, daß man ihn nicht mehr abziehen kann, weil er vielleicht in einen allmählich anschwellenden Finger eingewachsen ist oder weil der Finger durch eine Verletzung plötzlich angeschwollen ist.

Mit einem Kreissägeblatt der Ringsägezange läßt sich die Schiene auf einfache Weise durchtrennen (Bild 13.5). Mit zwei Schienenzangen kann man dann den Ring so weit aufbiegen, daß er sich abziehen läßt.

Wenn man keine Ringsägezange hat, geht es auch mit der Laubsäge, wenn man das Sägeblatt zwischen Finger und Ring hindurchschiebt und dann die Schiene von innen nach außen durchsägt. Mit der Kneifzange sollte man den Ring aber nicht abtrennen!

Bild 13.5   Aufsägen mit der Ringsägezange

Erweiterung von Trauringen

Üblicherweise ist der Trauring fugenlos – und er sollte es möglichst auch bei der Weitenänderung bleiben.

Glatte Trauringe kann man mit der *Trauringrändelmaschine* aufweiten, wenn das Profil mit einer der Walzen übereinstimmt (Bild 13.6).

Das ist die ungefährlichste Methode, denn bei den folgenden Verfahren wird das Material stark auf Dehnung beansprucht, und der Trauring kann auch bei minimaler Weitenänderung schon reißen. Bei allen Fassontrauringen gibt es keine andere praktikable Methode.

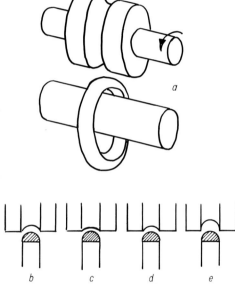

Bild 13.6   Rändelmaschine. a) Wirkungsweise, b) passendes Profil, c) zu flaches Profil, d) zu schmales Profil, e) zu tiefes Profil

Da der Trauring während des Herstellungsprozesses meist schon ziemlich stark beansprucht worden ist, sollte er, wenn möglich, zunächst geglüht werden. Wenn die Weitenänderung über einen größeren Bereich geht, muß man noch einmal zwischenglühen. Handelt es sich um eine kleine Differenz, bringt man den Trauring auf einen leicht geölten *Ringriegel* und treibt mit Holzhammer oder Holzpunzen den Ring auf einen größeren Durchmesser des Riegels (Bild 13.7a). Besonders bei breiten

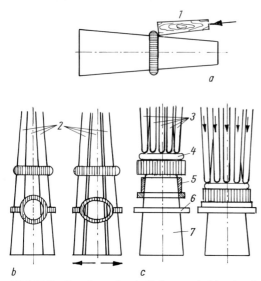

b   c

*Bild 13.7   Erweitern durch Dehnen. a) Ringriegel,
b) Spreizdorn (vor und nach der Erweiterung), c) Federkopf auf Erweiterungsdorn (vor und nach der Erweiterung)*

Profilen ist darauf zu achten, daß man den
Ring mehrfach wendet, damit er sich nicht einseitig dehnt und dadurch die konische Form
des Riegels annimmt.

Bei der Ringerweiterungsmaschine nach dem
System »Schwaan« wird ein Ringriegel verwendet, der aus vier Segmenten besteht (Bild
13.7b). Der Ring wird daraufgesteckt, durch
die Reibung keilt er sich fest. Wenn die Seg-
mente durch den eingebauten Spreizdorn auseinandergedrückt werden, dehnt sich der
Ring. Mit Feingefühl und Vorsicht muß er
langsam gedehnt werden, damit er nicht aus-
einanderreißt.

Eine Weiterentwicklung stellt die *Trauring-
Erweiterungs- und -Verengungsmaschine* der
Firma *Fischer*, Pforzheim dar (Bild 13.7c). Auf
den Erweiterungsdorn wird die Maßscheibe –
einer Unterlegscheibe vergleichbar – gesteckt,
deren Innenmaß der gewünschten Weite entspricht. Dann steckt man den Trauring und zur
Schonung noch eine Kupferscheibe auf den
konischen Dorn. Bei Abwärtsbewegung der
Spindel gleitet der Federkopf auf dem Dorn
abwärts, drückt auf die Kupferscheibe und
schiebt den Trauring bis an die Maßscheibe.

Breite Trauringe werden besonders stark an
den Randzonen beansprucht, so daß sich dort

Risse bilden können, durch deren Kerbwirkung es zum Bruch kommen kann. Um einseitige Beanspruchung und konische Deformation zu verhüten, werden Ausgleichsbuchsen
aus Kunststoff verwendet, auf denen der Ring
zylindrisch bleibt.

Trotzdem bleibt die Bruchgefahr durch die
hohe Beanspruchung beim Dehnen.

Erweiterung von Schmuckringen

Die Schiene wird entweder durch Walzen und
Schmieden gestreckt, oder man vergrößert die
Schiene durch ein eingesetztes Stück.

Da die Schiene beim Strecken kalt bearbeitet
werden kann, besteht für die Steine keine Gefahr. Voraussetzung ist aber, daß die Schiene
dick genug ist und daß die Differenz der Weite
nur gering ist, denn beim Dehnen der Schiene
wird deren Dicke vermindert.

Mit der bekannten *Ringerweiterungsmaschine*
wird die Ringschiene in einer passenden Profilwalze gestreckt (Bild 13.8). Durch seitliche
Bewegung des Handgriffs rollt die Profilwalze
auf der Schiene ab. Ständig wird dabei die bewegliche Walze nachgestellt, damit die
Schiene ohne sichtbare Absätze immer dünner
und damit länger wird. Man muß den Vorgang
genau kontrollieren:

● Das Profil der Walze muß flacher als die
  Schienendicke sein, damit genügend Raum
  zum Nachstellen bleibt.

● Da nur die Schiene gestreckt wird, der Ringkopf aber unverändert bleibt, verzieht sich
  bei größeren Weitendifferenzen der Ring
  oval, und durch die entstehenden Spannungen kann die Schiene sogar abreißen.

● Wenn der Ringkopf länger als die starre
  Walze ist, kann er im Zahnrad beschädigt
  werden.

Es ist riskant, Schmuckringe auf dem konischen Dorn der Trauringerweiterungsma-
schine »Schwaan« zu dehnen, weil die Schiene
an der Lötstelle abreißen kann.

Wenn die Schiene nur schmal und dünn ist,
kann man den Ring auf folgende Weise wei-
ten: Die Schiene wird zunächst flach auf das
Bretteisen gelegt und vorsichtig mit dem
Bretthammer seitlich angestaucht. Dann
streckt man den Ring durch Auswalzen der
Schiene mit der Ringerweiterungsmaschine.
Wenn es erforderlich ist, werden Stauchen und

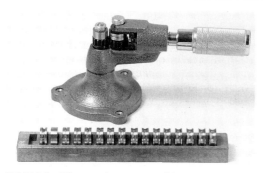

Bild 13.8 Ringerweiterungsmaschine

Auswalzen wiederholt. Hat man keine solche Walze zur Verfügung, kann man den Ring auch auf dem Ringriegel durch Schläge mit der Hammerfinne quer zur Schiene dehnen. Anschließend werden die Einschläge mit dem flachen Hammer geglättet.

Man kann die Schiene auf dem Ringriegel auch mit Stahlpunzen, in die das Schienenprofil eingearbeitet ist, strecken. Auf jeden Fall ist das Auswalzen der Schiene in der Ringerweiterungsmaschine besser – weil schonender – als das Ausschmieden. Durch das Verfahren des seitlichen Stauchens und anschließenden Walzens wird die Struktur des Gefüges bei der Schiene eines gegossenen Rings deutlich verbessert.

Selbst wenn die Schiene gebrochen ist, kann man die Ringweite vergrößern, ohne ein Stück in die Schiene einzusetzen: Die Schienenenden werden so ausgeschmiedet, daß eine bis zu 7 mm lange Überlappung entsteht. Man lötet mit einem möglichst schwerfließenden Lot, weil es besonders haltbar ist. Wegen der großen Bindefläche kann man eine solche Schiene dann bedenkenlos auswalzen.

Wenn die Schiene so dünn ist, daß sie nicht mehr ausgewalzt werden kann, lötet man zur Verstärkung ein passendes Stück auf die Schiene und walzt dann weiter. Das ist eine praktische Methode, um trotz Vergrößerung der Weite die Tragfähigkeit des Rings zu gewährleisten.

Wenn solche Methoden der Erweiterung nicht mehr anzuwenden sind, muß ein Stück in die Schiene eingesetzt werden. Es wird zunächst untersucht, ob bereits eine Lötfuge vorhanden ist. Die Schiene wird dazu leicht angewärmt,

sie verfärbt sich, und man erkennt recht gut den Farbunterschied der Fuge.

Der Ring wird aufgesägt, entweder an der vorhandenen Fuge oder sonst hinten, gegenüber dem Ringkopf. In die Öffnung soll ein passendes Stück eingesetzt werden. Wichtig ist dabei, daß die Fugen genau stimmen; das Profil braucht noch nicht der Schiene zu entsprechen, oft kann man nach der Lötung das eingesetzte Stück besser dem Schienenprofil entsprechend zurechtfeilen (Bild 13.9).

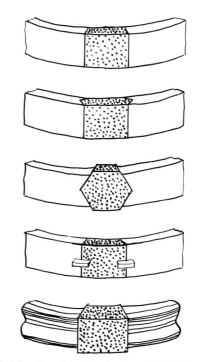

Bild 13.9 Erweitern durch eingesetzte Stücke

Einige nützliche Vorschläge dafür, wie das eingesetzte Stück zum Löten befestigt werden kann, sind auf Bild 13.10 und 13.11 zusammengestellt. Wenn das Stück nicht federnd in die Schiene eingeklemmt werden kann, sollte man ein gelochtes Stahlblech unterlegen und daran die Schiene festbinden (s. Bild 8.12).

Wenn im Ring hitzeempfindliche Steine enthalten sind, kompliziert sich das Lötverfahren. Bernstein, Koralle und Perle sind gegen Wärme so empfindlich, daß man möglichst solche Steine ausfassen oder abnehmen muß, wenn man mit der normalen Gasflamme lötet.

Bild 13.10   Festbinden der eingesetzten Stücke

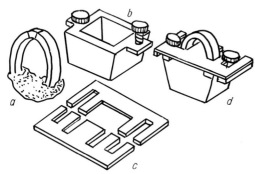

Bild 13.11   Vorrichtung zum Löten von Steinringen. a) vorbereiteter Ring, b) geöffnete Vorrichtung, c) Deckelbleche, d) geschlossene Vorrichtung, fertig zum Löten

Andere empfindliche Steine sollte man möglichst auch herausnehmen; ist dies nicht möglich, muß man sie möglichst zuverlässig gegen die Hitze schützen. Es wurden zahlreiche Möglichkeiten empfohlen, die alle darauf hinauslaufen, daß der Stein in feuchte Stoffe eingepackt wird, so daß die entstehende Wärme zum Verdampfen des Wassers verbraucht und damit vom Stein abgeleitet wird.

Tatsächlich wird der Stein geschützt, wenn man ihn in eine rohe Kartoffel eindrückt oder in feuchte Watte einpackt. Die Werkzeughandlungen bieten heute Isolierstoffe, wie »Hitze-Stop« an, die wie Plastilin formbar sind und mit größter Zuverlässigkeit die Wärmeübertragung verhindern. Zusätzlich kann man den eingepackten Stein in die abgebildete Lötvorrichtung einsetzen, wodurch die empfindlichen Teile außerdem durch die Deckblende vor der direkten Flammeneinwirkung geschützt werden. Das herausstehende Schienenstück wird mit der Gasflamme möglichst rasch erhitzt, damit das Lot schnell fließt und möglichst wenig Wärme zum Ringkopf geleitet wird (Bild 13.11).

Eine solche Lötung wird fast ungefährlich, wenn man mit der extrem heißen Flamme eines Mikrobrenners lötet, die aus Stadtgas, Propan, Acetylen oder Wasserstoff in Verbindung mit reinem Sauerstoff entsteht.

Nach der Lötung läßt man den Ring langsam abkühlen, keinesfalls darf man diesen Prozeß ungeduldig beschleunigen – der Stein würde zerreißen!

Man beachte:

- Eine dicke Schiene leitet die Wärme schneller als eine dünne.
- Eine silberne Schiene leitet besser als eine goldene.
- Auch ein »hitzebeständiger« Stein kann durch strukturelle Störungen seines Gefüges beim Erwärmen zerbrechen.

Verengen von Trauringen

Für die üblichen Trauringe mit halbrundem Profil hat sich die Einstauchplatte mit unterschiedlich großen, konischen Löchern, in die der Trauring mit dem Stempel hineingepreßt wird, gut bewährt (Bild 13.12). Natürlich muß der Ring ständig gewendet werden, damit er innen zylindrisch bleibt. So wie beim Erweitern gibt es auch beim Stauchen Probleme bei Trauringen, die aus Metallen mit unterschiedlichem Dehnungsverhalten zusammengesetzt sind. Goldmanteltrauringe und solche mit Weißgoldeinlage könnten beim Stauchen einreißen. Wenn der Trauring außen mit Facetten, Ziselierungen oder Gravierungen verziert ist, kann man ihn dadurch schützen, daß ein flaches, zusammengelötetes Kupferband um den Ring gelegt und beiderseits angestaucht wird, so daß es sich schützend außen um den Trauring anlegt (Bild 13.12b). Danach kann man ihn ebenso wie einen einfachen, glatten Trauring stauchen.

Bei der Trauringmaschine »Fischer« wird die Änderung der Weite mit Hilfe einer Verengungsbuchse durchgeführt. Einerseits wird dadurch die Ringoberfläche geschützt, andererseits wird dafür gesorgt, daß auch breitere Ringe beim Stauchen zylindrisch bleiben (Bild 13.12c).

Im einfachen Staucheisen besteht bei breiten Trauringen immer die Gefahr, daß sie sich bauchig umformen. In solchen Fällen kann man sich so helfen, daß man den Trauring wei-

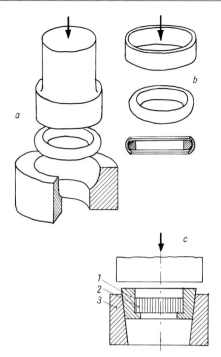

*Bild 13.13 Verengen dick-
wandiger Ringe*

*Bild 13.12 Stauchen des Traurings. a) Stempel und
Staucheisen, b) Anstauchen des Kupfermantels, c)
Stauchen mit Plastbuchse. (1) Plastbuchse, (2) Ring,
(3) Stauchkonus*

ter als erforderlich verengt. Nach dem Glühen
wird er in der Rändelmaschine oder, wenn dies
wegen seines Profils nicht geht, auf dem konischen Dorn der Trauringerweiterungs-
maschine bis zur gefortern Weite gestreckt,
wodurch die Deformation wieder beseitigt
wird.

Verengen von Schmuckringen

Normalerweise wird ein Stück aus der Schiene
herausgesägt, die Schiene zusammengebogen,
gelötet und abschließend rundgerichtet.
Gelötet wird ebenso, wie es beim Erweitern
durch Einsetzen beschrieben worden ist. Um
die Bindefläche zu vergrößern, läßt man die
Schienenenden nicht einfach voreinandersto-
ßen, sondern legt eine schräge Schnittfläche
an, damit die Verbundfläche vergrößert wird.
Bei massiven Herrenringen läßt sich die massive Schiene oft nur mit großer Mühe herumbiegen, wenn die Differenz der Ringweite groß
ist, lassen sich die Ringschultern kaum oder

gar nicht umbiegen. In solchen Fällen ist es ratsam, nach Bild 13.13 keilförmige Stücke aus
dem Ring herauszunehmen.

Bei größeren Steinfassungen und bei zarten
Ringköpfen kann das Ringoberteil beim Biegen und Rundrichten verbogen und deformiert werden. Nur zu leicht reißt dabei die
Schiene vom Ringkopf oder von der Überlei-
tung ab, denn gerade diese Lötstellen werden
beim Rundrichten am meisten beansprucht.
Eine dünne, abgenutzte Schiene kann man
nicht mehr mit der nötigen Zuverlässigkeit
voreinanderlöten. Besser ist es, die Schiene
nur aufzuschneiden und die beiden Enden so
weit zu überlappen, wie es für die gewünschte
Weite erforderlich ist, und sie so zusammenzulöten.

Gut bewährt hat sich bei einer dünnen
Schiene, daß man innen eine verstärkende
Einlage gegenlötet, wodurch die Schiene
gleichzeitig verstärkt und verengt wird. Durch
Ausschmieden oder Auswalzen kann man die
reparierte Schiene ausgleichen (Bild 13.14).
Sollte die Weite nur für eine begrenzte Zeit
verringert werden, klebt man die Einlage nur
mit Zweikomponentenkleber ein.

*Bild 13.14 Verengen
durch eingeklebte Einlage*

14 Fassen von Juwelen

In dem Buch
Kühne, Klaus und *Erhard Brepohl*: Kunsthandwerkliches Schleifen und Verarbeiten von
Schmucksteinen, Fachbuchverlag Leipzig 1988
wurde ausführlich all das behandelt, was der
Goldschmied über die Fassungen und das Fassen wissen muß.
Wie die verschiedenen Typen der Farbsteinfas-
sungen hergestellt werden und wie die Steine
darin befestigt werden, war immer schon in unserem Goldschmiedelehrbuch behandelt worden (Kap. 12.1). Auf vielfachen Wunsch von
Lesern wird hier noch die Spezialtechnik des
Juwelenfassens aus dem erwähnten Buch übernommen, um besonders die jungen Kollegen
anzuregen, es mit der Körnerfassung einmal zu
versuchen.
Aus technischen Gründen ist diese wichtige Ergänzung als »Nachtrag« angefügt.

14.1 Spezialwerkzeuge

Vorbemerkung. Das Fassen von Juwelen ist
Präzisionsarbeit, und dementsprechend müssen
die Werkzeuge beschaffen sein. Neben der üblichen Goldschmiedeausstattung braucht man
Spezialwerkzeuge, die man meist fertig kaufen
kann, eventuell muß man sie für spezielle Arbeiten noch etwas umgestalten; manche Werkzeuge muß man sich selbst anfertigen.
Bohrer (vgl. Kap. 5.5.). Die moderne Technik-
Bohrmaschine ist stufenlos regelbar, und sie

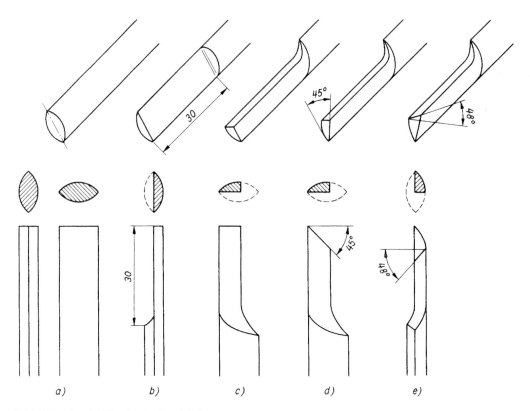

Bild 14.1 Anschleifen des Justierstichels
a) Ausgangsform, b) linke Hälfte weggeschnitten, c) oberer Grat bis fast zur Mitte weggeschliffen,
d) angeschliffene Kappe, e) schräg geschliffene Kappe

hat auch bei niedriger Drehzahl ein ausreichendes Drehmoment, so daß man auf den Dreul ganz verzichten kann.

Für Durchgangsbohrungen und Einsenkungen verwendet man Spiralbohrer, besser sind die erwähnten »Eureka-Bohrer«. Mit dem Spitzbohrer kann man die konische Auflagestufe für Steine mit Unterkörper einarbeiten.

Mit dem Perlbohrer bekommt man flache Einsenkungen für halbrunde Perlen und für Steine ohne Unterkörper.

Fräser (vgl. Kap. 5.6). Man braucht die verschiedensten Formen, um etwa die Durchbrüche von Ajourfassungen nachzuarbeiten oder die Einsenkungen unrunder Steinformen anzupassen. Besonders wichtig ist ein Sortiment von Steinruhfräser, denn damit kann man einfach und zuverlässig die Auflagen runder Körpersteine ausarbeiten.

Stichel (vgl. Kap, 10.4). Man braucht das ganze Sortiment der bereits behandelten Stichformen in unterschiedlicher Breite. Speziell durch die Beschaffenheit der Stichel werden Haltbarkeit und Glanz der Fassung bestimmt, deshalb verlangt man für den Stichel
– hochwertigen Werkzeugstahl,
– scharfe Schneiden,
– hochglanzpolierte Schnittflächen.

Mit dem Justierstichel wird die Fassungswand abgespant, damit die Öffnung der Steinform angepaßt werden kann. Damit man die Spanabnahme genau kontrollieren kann, wird der Arbeitsbereich des Justierstichels auf ein Viertel des Normalquerschnitts reduziert (Bild 14.1), und die Kappe wird schräg angeschliffen, damit der Schneidwinkel kleiner als 90° wird. Die Arbeitsschritte kann man aus der Zeichnung recht gut ablesen.

Korneisen und Korneisengesenk (Bild 14.2). Mit dem Korneisen werden bei der Körnerfassung die Köpfe der aufgestellten Haltespäne halbkuglig geformt. Es sind Rundstäbe aus Werkzeugstahl, etwa 3 mm dick und 70 mm lang. Sie werden in einem auswechselbaren Holzgriff mit Dreibackenfutter befestigt.

Da diese Körner der Steingröße und der Gesamtgestaltung angepaßt sein müssen, braucht man die Korneisen in unterschiedlichen Größen. Nach Möglichkeit sollte man einen Satz von etwa 10 Stück fertig beziehen.

Da die Höhlung des Korneisens stark beansprucht wird, muß sie von Zeit zu Zeit auf dem

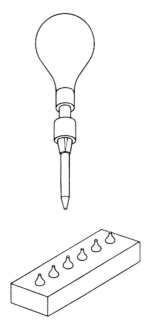

Bild 14.2   Korneisen und Fion

Korneisengesenk nachgearbeitet werden. Das Korneisengesenk, auch als »Fion« bezeichnet, (»donner le fion à …«, franz.: letzte Hand an etwas legen) enthält die kuglige Positivform, hochglanzpoliert, aus gehärtetem Stahl. Das Korneisen wird auf die passende Kugel des Gesenks aufgesetzt, unter leichten Hammerschlägen gedreht, und dadurch wird die Höhlung nachgeformt und poliert.

Andrücker und Millegriffes-Rädchen. Diese Werkzeuge wurden bereits im Kap.12.1 behandelt.

Wachsbein (Bild 14.3). Es ist ein kleines Holzstäbchen, auf das ein kegelförmiges Stück Modellierwachs aufgedrückt ist. Mit diesem Hilfsmittel kann man sehr gut kleine Steine in die Fassung einsetzen und wieder herausziehen.

Kittstöcke (Bild 14.4). Meist verwendet man einfache Rundhölzer, etwa 12 cm lang, 24 … 30 mm dick, ähnlich einem Feilenheft. Die Stirnfläche soll mit Stichel oder Feile über Kreuz eingekerbt werden, damit der aufgeschmolzene Kitt gut festhält. Auf den angewärmten Kitt wird das Schmuckstück aufgesetzt, damit man es während des Fassens sicher festhalten kann. Den Kittstock kann man in der Hand halten oder in die Gravierkugel einspannen.

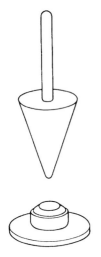

Bild 14.3   Wachsbein

Faßkloben (Bild 14.5) benutzt man speziell für Ringe, wobei die Schiene zwischen die Backen geklemmt wird. Man muß darauf achten, daß der Ringkopf auf dem Holz aufliegt, weil er an der Lötstelle der Schiene stark auf Biegung beansprucht wird.

14.2 Besonderheiten der Juwelenfassung

Im folgenden geht es um die Methoden, die speziell beim Fassen der Brillanten angewendet werden.
Bei den bisher beschriebenen Verfahren bildete die Fassung ein selbständiges Bauelement des Schmuckstücks. Der Stein wurde in einen geschlossenen Kasten, in die nach unten offene Zarge oder in das Chaton-Krönchen eingesetzt

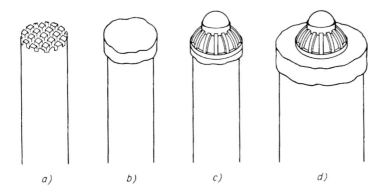

a)   b)   c)   d)

Bild 14.4   Kittstock
a) vorbereiteter Kittstock
b) Kittstock mit beschmolzener Fläche
c) richtig aufgekittetes Schmuckstück
d) falsch aufgekittetes Schmuckstück

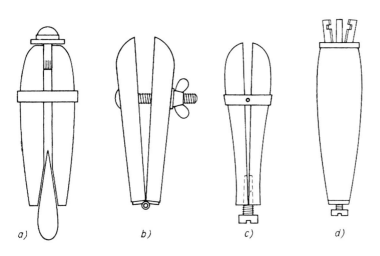

a)   b)   c)   d)

Bild 14.5   Faßkloben
a) Kloben mit Holzkeil
b) Gelenkkloben
c) Kloben mit Keilschraube
d) Kloben mit Dreibacken-Halterung

und durch den umgebenden Zargenrand oder von den über die Steinkante greifenden Krappen gehalten.

Bei den folgenden Methoden wird der Stein in eine massive Metallplatte eingelassen, die ein direkter Bestandteil des Schmuckstücks ist. Den Stein befestigt man mit Haltekörnern.

Trotz aller Unterschiede erkennt man aber das gleiche Prinzip der Aufnahme des Steinkörpers im Metall.

Man bezeichnet deshalb diese Juwelenfassungen auch als »Körnerfassungen«. Das Korn ist eigentlich nichts weiter als ein Span, der mit dem Stichel aus dem Metall herausgelöst – »aufgestochen« – und gegen den Stein geschoben wird. Das Metall des Spans staucht sich dabei zusammen, und die Spitze des Spans schiebt sich vor der Kappe des Stichels hoch. Der Fasser drückt den Span so weit gegen den Stein, daß sich die Wandung der Einsenkung vor dem Span über die Rondiste schiebt. Dadurch wird der eingelassene Stein in der Metallplatte festgehalten.

Sitzt der Stein tief genug, besteht keine Veranlassung, den Span anzukippen, um ihn über den Stein zu bringen: Das Metall würde zu sehr beansprucht, und der Span könnte abbrechen oder zumindest abknicken. Der Haltespan wird deshalb als »Korn« bezeichnet, weil seine hochgeschobene Spitze mit dem Korneisen zu einer Halbkugel umgeformt wird. In dieser Form ähnelt der aufgestellte Span in der Draufsicht einem Samenkorn. Die Befestigungselemente können demnach als »Haltespäne« oder auch als »Körner« bezeichnet werden.

Körnerfassungen finden vorzugsweise bei kleinen Steinen Anwendung, deren Durchmesser 4 mm oder weniger beträgt. In einer Zargenfassung würde von solchen kleinen Steinen kaum noch etwas zu sehen sein. Es wäre zu mühsam, dafür ein Chaton herzustellen, und in den nur noch sehr dünnen Krappen würde der Stein nicht sicher gehalten.

Die eingelassenen Fassungen werden meist so angelegt, daß rings um die Steine das Metall glanzgeschnitten wird. Dadurch erhöht sich die Wirkung der kleinen Steine wesentlich.

Vorzugsweise werden auf diese Weise die Diamanten in Weißgold oder Platin verarbeitet. Wenn ein solches Schmuckstück als »verschnittene Arbeit« von einem tüchtigen Fachmann gestaltet worden ist, fällt es schwer, auf der ausgefaßten Fläche die Abgrenzung von Stein und Metall zu erkennen. Die Steine werden zu Bestandteilen der Gesamtgestaltung und verschmelzen mit den umgebenden, glanzgeschnittenen Metallflächen derartig, daß die funkelnden, glitzernden Steine mit den umgebenden glanzgeschnittenen Metallfacetten eine Einheit bilden.

Ebenso wie die bisher behandelten Steinfassungen sind auch die Gestaltung der eingelassenen Fassung sowie Art und Weise der Einbeziehung in die Gesamtgestaltung des Schmuckstücks den Schwankungen der Mode unterworfen. Im Laufe der Zeit haben sich Herstellungsverfahren und Erscheinungsformen geändert. Trotzdem lassen sich bestimmte Grundtypen bestimmen, die hier näher erläutert werden sollen.

Gerade die eingelassenen Fassungen bilden das spezielle Arbeitsgebiet des Edelsteinfassers.

Erst in unserem Jahrhundert hat sich dieser Spezialberuf herausgebildet. Früher gehörte das Fassen der Schmucksteine zu den Aufgaben des Goldschmieds, aber auch heute sollte der Goldschmied wenigstens die elementaren Fertigkeiten des Fassens beherrschen.

Die Schwierigkeiten des Fassens von Juwelen sollen nicht bagatellisiert werden. Die Anforderungen, die heute an den Edelsteinfasser gestellt werden, sind hoch, und die Spezialisierung ist durchaus gerechtfertigt. Trotzdem ist es schön, wenn der Goldschmied wenigstens kleine Faßarbeiten selbst ausführen kann. Es müßte einem jungen Goldschmied doch Spaß machen, sich auch mit den Grundlagen des Fassens von Juwelen zu beschäftigen und so die Breite seiner technischen Möglichkeiten zu erweitern.

Die bisher behandelten Fassungen wurden mit den üblichen Arbeitsverfahren des Goldschmieds hergestellt. Nur die eigentliche Befestigung der Steine berührte das Arbeitsgebiet des Edelsteinfassers. Bei den eingelassenen Fassungen wird aber vom Goldschmied nur noch die Metallplatte vorbereitet. Das Einsenken der Steinauflage, die Gestaltung der Durchbrüche, das »Verschneiden« der Metallflächen und schließlich das Befestigen der Steine sind Aufgaben des Fassers. Hierzu sind spezielle Werkzeuge und Arbeitsverfahren erforderlich.

Um den interessierten Goldschmied zu eigenen Versuchen auf diesem Gebiet anzuregen, sind die Arbeitsverfahren bei eingelassenen Fassungen bewußt so detailliert beschrieben. Auch der, der bisher keinerlei praktische Erfahrungen auf dem Gebiet hat, soll die Arbeitsschritte nachvollziehen können.

Text und Bild müssen immer im Zusammenhang verfolgt werden. Zweckmäßigerweise übt man die Faßmethoden zunächst an Arbeitsproben, die noch nicht mit einem Schmuckstück verbunden sind. Unvermeidlich wird man am Anfang manchen Fehler machen, und es wäre schade, wenn dadurch ein ganzes Schmuckstück zu Schaden kommt.

Zum Üben soll man möglichst billige, aber nicht zu empfindliche Steine benutzen. Glassteine sollte man nicht verwenden, da sie zu leicht ausplatzen. Günstig sind synthetische Korunde und Spinelle. Soweit vorhanden, eignen sich Pyrope, also die allgemein bekannten »roten Granate«, dazu besonders gut.

Als Metall ist Silber zu empfehlen, möglichst Ag 925 (AgCu 8) oder Ag 900 (AgCu10), weil es die nötige Duktilität aufweist. Bei Kupfer erreicht man nicht den notwendigen Glanzschnitt, und Messing ist zu spröde.

Auf Steingröße und Metalldicke wird bei den jeweiligen Verfahren hingewiesen. Der Anfänger sollte nicht zu kleine Steine benutzen, weil er dann das Ergebnis nicht genau überprüfen kann.

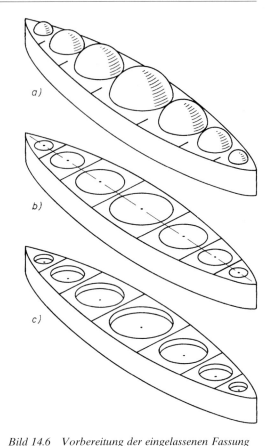

Bild 14.6   Vorbereitung der eingelassenen Fassung
a) Markierung zwischen aufgelegten Steinen
b) Einteilung der Felder und Markierung der Kreise
c) eingesenkte Bohrungen

14.3   Vorbereitung der eingelassenen Fassung

14.3.1   Anpassen der Steine

Da man normalerweise kleine runde Steine für die Körnerfassungen benutzt, sei zunächst von dieser Voraussetzung ausgegangen.

Bevor man die Einsenkungen anbohrt, sind die Steine auf das Schmuckstück zu legen, um die richtige Verteilung auf der vorgesehenen Fläche vorzunehmen (Bild 14.6, a). Zu diesem Zweck wird die Fläche leicht angewärmt und mit etwas Wachs bestrichen, so daß sich ein dünner Überzug bildet, auf dem die Steine ausreichend fest haften. Durch feine Einschnitte mit dem Spitzstichel wird die Lage der Steine markiert (s. Bild   14.6, a). Damit die richtige Anordnung der Steine gesichert bleibt, werden sie abgenommen und dann in gleicher Folge in den Wachskasten gesetzt. Dabei handelt es sich um eine kleine Blechschachtel, auf deren Boden eine dünne Wachsschicht aufgeschmolzen ist, in die man die Steine leicht eindrückt. Auf diese Weise stehen die Steine jederzeit wieder passend zur Verfügung.

Die auf dem Metall angebrachten Markierungen werden, nachdem die Steine abgenommen worden sind, als dünne Linien so gestochen, daß die Felder für die einzelnen Steine abgegrenzt werden (Bild 14.6, b). Mit einem Sticheleinstich wird das Zentrum der Bohrung festgelegt, mit dem Körner kann man das Zentrum dann genau bestimmen. Es muß gesichert sein, daß die Markierungslinien bei den Faßarbeiten wieder verschwinden.

Abschließend wird der Gegenstand mit einem Tuch abgewischt, um das Wachs wieder zu entfernen.

14.3.2 Bohren der Einsenkung

Die Einsenkungen für runde Steine werden mit Bohrer und Fräser in das Metall eingearbeitet. Zunächst benutzt man einen, dem Steindurchmesser entsprechenden Zentrumbohrer. Das Bohrloch wird nur ganz flach angebohrt, so daß sich der Kreis eben abzeichnet. Hat man auf diese Weise alle Löcher markiert, kann die Lage überprüft und bei Bedarf noch verändert werden, indem man mit einem schmalen Bollstichel das Zentrierloch etwas versetzt (vgl. Bild 14.6, a, b).

Will man Steine mit flacher Unterseite, sog. Flachsteine, oder halbe Perlen einlassen, arbeitet man die Einsenkung mit dem Zentrumbohrer so tief, daß der Stein sicher darin sitzt. Die Tiefe ist von der Größe, aber auch von der Form des Steins abhängig. Dabei kommt es besonders auf die Winkel der seitlichen Wandung an (vgl. Bilder 14.6, c und 14.7, a).

Handelt es sich um Steine mit Unterkörper, sog. Körpersteine, ist mit dem Zentrumbohrer so tief vorzubohren, daß die Rondiste gut aufgenommen wird. Diese Einsenkung muß man dann à jour bohren, damit der Stein auch von der Rückseite genügend Licht bekommt. Deshalb wird die Platte mit einem kleinen Spiralbohrer ganz durchgebohrt, wobei ringsum eine schmale Auflagestufe stehenbleibt. Um eine allseitig gleichmäßige Auflage zu erreichen, ist eine gut zentrierte Bohrung notwendig (vgl. Bild 14.7, b). Die Auflagestufe muß nun konisch ausgearbeitet werden, damit der Unterkörper sicher darauf ruht. Hierzu eignet sich am besten der Steinruhefräser, mit dem die passende Abschrägung schnell und sauber zu erreichen ist,

vorausgesetzt, daß der Fräser die richtige Größe hat.

Steht ein solcher Fräser nicht zur Verfügung, kann man die Auflage auch mit einem passenden Spiralbohrer abschrägen (vgl. Bild 14.7, c).

14.3.3 Sägen à jour

Ein durchgestaltetes Schmuckstück muß auch eine einwandfreie Rückseite haben, die Aneinanderreihung einfacher Bohrungen genügt oft nicht. Deshalb werden solche gebohrten Durchbrüche auf der Rückseite mit der Laubsäge ornamental umgestaltet (Bild 14.8).

Die dafür vorgesehene Platte muß die entsprechende Dicke aufweisen.

Die durchgebohrte Platte wird umgekehrt, ein möglichst dünnes Sägeblatt durch die Bohrung gesteckt und damit der Durchbruch auf der Plattenrückseite in gewünschter Form aufgesägt. Dabei darf die Bohrung der Vorderseite, die die Steinauflage ergibt, nicht beschädigt werden. Man kann so auf der Rückseite Quadrate, Rechtecke, Dreiecke und andere Formen heraussägen, die in ihrer Aneinanderreihung eine gute Gliederung der Fläche ergeben.

14.3.4 Justieren

Bei allen Steinen, die nicht genau rund geschliffen sind, muß, nachdem das Loch vorgebohrt wurde, die endgültige Form der Einsenkung mit dem Stichel justiert werden.

Zunächst wird die Einsenkung für den Stein so weit wie möglich mit Bohrer und Fräser vorbereitet. Natürlich kann der Durchmesser nur so groß sein, wie es die kleinste Abmessung der Steinrondiste zuläßt.

Für einen Flachstein ist die Auflagestufe mit Justier- und Spitzstichel so zu korrigieren, daß sie schließlich genau der Steinform entspricht.

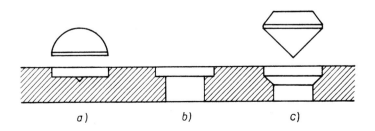

Bild 14.7   Einarbeitung der Steinauflage
a) Einsenkung für Flachstein
b) Einsenkung mit Durchgangsbohrung
c) Auflage für Körperstein

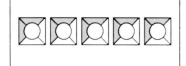

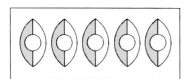

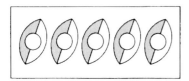

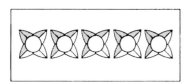

Bild 14.8   Beispiele für Ajourarbeit

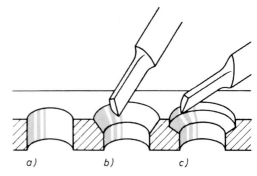

Bild 14.9   Justieren der Auflage für einen Körperstein
a) *Durchgangsbohrung*
b) *Aufweiten mit Justierstichel*
c) *Einschneiden der Steinauflage mit Justierstichel*

Die Einsenkung für einen Körperstein wird mit dem rechts angeschliffenen Justierstichel eingeschnitten, indem man den Kittstock im Uhrzeigersinn dreht, und mit dem Stichel in Gegenbewegung den oberen Bereich der Bohrung konisch erweitert. Es wird so lange nachgeschnitten, bis der obere Rand die Form des Steins aufweist (Bild 14.9, b).

Mit dem Justierstichel arbeitet man die Steinauflage ein, indem man rings um den Rand eine Stufe senkrecht in den Trichter hineinschneidet (Bild 14.9, c). Beim Ausjustieren der Körpersteine ist darauf zu achten, daß das Metall im unteren Teil des Trichters genügend ausgeschnitten wird, damit der Stein tief genug auf der Auflagestufe sitzt. Es kann nämlich passieren, daß man

in solchen Fällen irrtümlich die Einsenkung weiter ausschneidet statt sie zu vertiefen. Das führt schließlich dazu, daß der Stein, will man die Einsenkung immer tiefer ausschneiden, in der Fassung »klappert« und nur noch mühsam oder gar nicht mehr befestigt werden kann.

Für ovale Steine werden 2 Löcher gebohrt. Bei Flachsteinen schneidet man die Auflage als ebene Grundfläche so, daß sie der Steinform entspricht. Bei Körpersteinen wird mit dem Flachstichel die Wandung zwischen den Bohrungen weggeschnitten. Die Fassung muß mit dem Justierstichel ausgearbeitet werden, bis der Stein sicher in der Platte aufgenommen wird.

Es kommt aber auch vor, daß die Steine ganz unregelmäßig geformt sind, um die Größe des Natursteins optimal auszunutzen. Es gibt keine Regel dafür, wie die Einsenkungen für solche Steine mit anormaler Form ausjustiert werden müssen. In jedem Fall ist dafür zu sorgen, daß die Tafel waagerecht steht und nebeneinanderstehende Steine die gleiche Höhe haben. Dabei kann es passieren, daß beispielsweise die Rondiste schräg gelegt werden muß.

Es ist klar, daß man schon einige Übung braucht, um solche komplizierten Justierungen ausführen zu können.

14.3.5   Ausrichten der Steine

Werden mehrere Steine nebeneinander gesetzt, sind sie sowohl in der Draufsicht als auch in der Seitenansicht aufeinander abzustimmen.

Von der Seite gesehen müssen Steine gleicher Größe so gefaßt werden, daß sich die Tafeln auf gleicher Höhe befinden. Sind die Steine unterschiedlich groß, muß auch in der Seitenansicht eine entsprechende Staffelung zu erkennen sein.

Besonders wichtig ist natürlich, daß die Steine in der Draufsicht richtig angeordnet werden.

Beim Nebeneinandersetzen mehrerer runder Steine gleicher Größe muß man darauf achten, daß sie genau in einer Linie stehen. Runde Steine unterschiedlicher Größe sind nach Verlauf zu ordnen.

Haben die Steine aufgrund ihrer Form bereits eine Ausrichtung, ist dies auch bei der Kombination mehrerer Steine zu berücksichtigen. Ovale Steine wird man in Richtung ihrer Längsachse aneinanderreihen. In Ausnahmefällen, etwa dann, wenn die Steine dichter gesetzt werden sollen, ist auch das Zusammenstellen in Querrichtung möglich. Auf keinen Fall wird man quer- und längsgerichtete Steine bunt durcheinander setzen bzw. schief zueinander stellen. Sinngemäß trifft dies auf alle Steinformen zu.

Bei unregelmäßig geformten Steinen wird man versuchen, durch die gegenseitige Zuordnung und die Art der Fassung eine gewisse Regelmäßigkeit zu erzielen.

14.4 Karo-Fassung

Diese Fassung (frz.: carreau) darf man nicht mit der Karree-Fassung (frz.: carrée) verwechseln. Obgleich beide Begriffe soviel wie »Quadrat« bedeuten, werden damit ganz unterschiedliche Fassungen bezeichnet.

14.4.1 Vorbereitung der Karo-Fassung

Die Karo-Fassung besteht aus einer quadratischen Platte, in die ein runder Stein eingelassen und mit Körnern befestigt ist.

Zur Übung sollte man runde Steine mit einem Durchmesser von 3 … 4 mm verwenden.

Man kann als Übungsstück ein einzelnes quadratisches Plättchen mit einer Dicke von 2 mm und einer Kantenlänge von etwa 5 mm zurichten. Ein Blechstreifen, in den man gleich mehrere Karo-Fassungen einarbeitet, eignet sich ebenfalls.

Durch einen Sägeschnitt werden Quadrate voneinander abgegrenzt.

Die Zuverlässigkeit und das Aussehen der Karo-Fassung – und das trifft für jede Körnerfassung zu – hängt entscheidend von der Präzision der Einsenkung ab.

Zunächst wird das Zentrum des Quadrats festgelegt und mit dem Körner markiert. Mit dem Zentrumbohrer, der dem Durchmesser des Steins entspricht, wird nur so weit angebohrt, daß sich der Kreis gerade auf dem Blech markiert. Die Lage des Kreises im Quadrat läßt sich kontrollieren, indem man mit dem Stichel das Zentrum etwas verschiebt. Notfalls kann man die Lage des Kreises noch ändern (Bild 14.10, a). Erst dann wird mit dem Zentrumbohrer auf die endgültige Tiefe weitergebohrt. Handelt es sich um einen Flachstein, senkt man auf diese Weise die erforderliche Auflagestufe ein. Sitzt der Stein tief genug im Metall, ist die Vorarbeit abgeschlossen (Bild 14.10, b).

Soll aber ein Stein mit Unterkörper eingelassen werden, ist mit dem Zentrumbohrer etwa so tief vorzubohren, wie es die Dicke der Rondiste erfordert. Die eigentliche Steinauflage wird erst eingearbeitet, wenn die Fassung fertig verschnitten ist.

Die Karo-Fassung kann – je nach Eigenart und Erfahrung des Fassers – nach folgenden Methoden hergestellt werden.

14.4.2 Karo-Fassung mit 4 Haltekörnern (1. Methode)

Ausarbeiten der Körner

Mit einem hochgeschliffenen, schmalen Facettenstichel wird in jeder Ecke zur Mitte hin ein Korn angestochen, indem ein Span aus der Metallplatte angehoben wird. Dieser Span bleibt zunächst noch ziemlich flach. Man schiebt den Stichel nur so weit, daß man noch weit genug von der Einsenkung entfernt bleibt, damit der Span bei der weiteren Bearbeitung nicht abbrechen kann. Ferner ist darauf zu achten, daß die Wandung der Einsenkung noch nicht verschoben wird, damit sich der Stein unbehindert einsetzen läßt (vgl. Bild 14.10, c und Bild 14.11, a, rechts). Hier sei nochmals nachdrücklich darauf hingewiesen, daß der Stichel genau angeschliffen sein muß, damit der Span zuverlässig und sicher entsteht. Bei einem abgestumpften

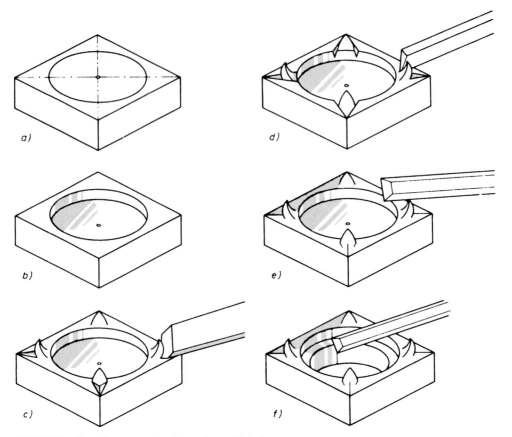

Bild 14.10   Karo-Fassung mit aufgestochenen Haltekörnern
a) Markierung des Kreises, b) flache Einsenkung, c) Aufstechen der Haltekörner, d) Freischneiden der Körner, e) Abschrägen der Facette, f) Einarbeiten der Steinauflage für Körperstein

Facettenstichel passiert es leicht, daß zu großer Druck aufgewendet werden muß und der Span weggestochen wird oder abbricht.

Die Körner werden mit dem Spitzstichel oder einem schmalen Facettenstichel »freigeschnitten«. Das geschieht in der Form, daß mit dem Stichel von der Ecke bis zur Steinöffnung neben dem Span entlanggestochen wird. Dadurch entsteht eine schmale Basis des Spans, so daß die Körner elegant wirken (vgl. Bild 14.10, d und Bild 14.11, a, links).

Glanzschnitt der Flächen
Das Karo wird mit dem Flachstichel in Richtung des Mittelkreises zwischen den Körnern schräg geschnitten und versäubert. Dabei bilden sich die hochglänzenden schrägen Facetten rings um

den Stein. Ist die Fassung aus Gold, wird beim Schneiden mit Wintergrünöl gearbeitet, um den Glanz maximal zu steigern. Bei Silber hat sich auch gewöhnliches Seifenwasser gut bewährt.

Man sollte jedenfalls diese Glanzschnitte nie trocken anfertigen.

Einarbeiten des Steins (vgl. Bild 14.10, e und Bild 14.11, b)
Der Flachstein kann nun eingelegt und gefaßt werden. Für den Stein mit Unterkörper sind noch der Durchbruch und die Auflage einzuarbeiten.

Zunächst wird mit einem Spiralbohrer die Steinauflage so durchgebohrt, daß noch ein schmaler Auflagerand stehenbleibt (Bild 14.11, c). Dabei ist auf die genaue Zentrierung zu achten,

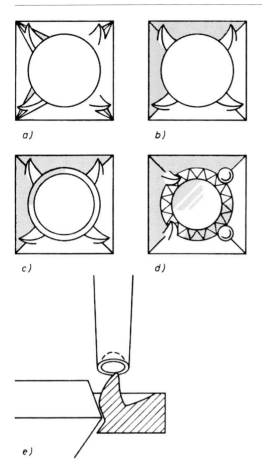

Bild 14.11 Herstellungsablauf für Karo-Fassung mit aufgestochenen Haltekörnern
a) angestochene und freigeschnittene Haltekörner, b) abgeschrägte Facetten, c) eingearbeitete Auflage für Körperstein, d) angedrückte Haltespäne und ausgearbeitete Körner, e) Formung des Korns

damit die Auflage ringsum gleichmäßig ausfällt. Die verbleibende Auflagestufe kann man so abschrägen, daß der Unterkörper des Steins gut aufliegt. Dazu ist es am günstigsten, wenn man einen Steinruhefräser zur Verfügung hat, dessen Durchmesser genau mit dem des Steins übereinstimmt. Gegebenenfalls kann die Schräge auch mit einem passenden Spiralbohrer eingesenkt werden.
Läßt sich die Auflagestufe nicht oder nicht genau genug mit Fräser oder Bohrer abschrägen, muß man sie mit dem Flach- oder Bollstichel ausschneiden (vgl. Bild 14.10, f). Der Stichel soll möglichst hoch geschliffen sein, damit man die obere Kante der Einsenkung nicht berührt. Beim Schneiden wird der Kittstock mit der Gravierkugel ständig gegen die Schnittrichtung gedreht, damit das Metall kontinuierlich abspant.
Das Ziel ist erreicht, wenn der Stein genau in die vorgesehene Einsenkung paßt, so daß er weder beim Eindrücken klemmt noch in der Einsenkung »Spiel« hat. Es ist auch darauf zu achten, daß die Steinhöhe stimmt.
Im Zusammenhang mit der Vorbereitung der eingelassenen Fassung (vgl. Abschnitt 14.3) wurden die genannten Arbeitsschritte bereits in allgemeiner Form behandelt. Die Konkretisierung für die erste Faßübung soll der Bestätigung und der Überprüfung dienen. Bei allen weiteren Beispielen wird auf gleiche Weise verfahren.

Befestigung des Steins
Nach Einsenkung des Steins schiebt man mit dem Facettenstichel das noch schräg stehende Korn gegen den Stein weiter nach vorn, so daß sich dieses Korn über die Rondiste des Steins legt. Schließlich steht die Spitze des Korns senkrecht (vgl. Bild 14.11, d, links).
Die Körner werden immer in diagonaler Reihenfolge angedrückt. Indem man das Korneisen mit kräftigem Druck auf der Kornspitze dreht (vgl. Bild 14.11, d, rechts, und Bild 14.11, e), wird diese halbkuglig geformt.
Die Kontur des Quadrats kann entweder mit dem Flachstichel als schmaler oder als breiter Rand beschnitten werden, oder man schneidet die Kontur als scharfe Kante und drückt mit dem Millegriffes-Rädchen ringsum eine feine Perlkante auf.

14.4.3 Karo-Fassung mit 4 Haltekörnern (2. Methode)

Die Platte wird genauso vorbereitet wie beim vorigen Verfahren. Der Unterschied besteht in erster Linie in der Art der Kornaufstellung. Nachdem der Stein genau eingepaßt worden ist, sind die Körner folgendermaßen auszuarbeiten: Mit dem hochgeschliffenen Facettenstichel werden je 2 Schnitte angebracht, die von der Ecke des quadratischen Plättchens bis zur Steinöff-

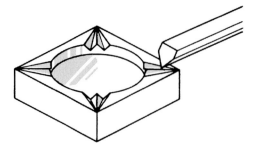

Bild 14.12   Einschneiden der Kornkeile

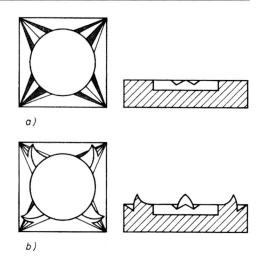

Bild 14.13   Karo-Fassung mit Kornkeilen (Draufsicht, Diagonalschnitt)
a) eingeschnittene Kornkeile, b) aus dem Kornkeil aufgestochene Haltekörner

nung reichen. Dazwischen bleibt jeweils ein »Rippchen« (Kornkeil), das als dachförmiger Metallkeil geformt ist, stehen. Aus ihm wird später das Korn (Bilder 14.12 und 14.13, a).
Die Felder zwischen den Rippchen sind mit dem hochglänzenden breiten Flachstichel schräg nach innen zu schneiden, so daß das Karo neben der runden Öffnung die schrägen Facetten bekommt. Auch bei diesem Verfahren wird wieder feucht geschnitten.
Nun folgen die zur Einsenkung des Steins erforderlichen Arbeiten.
Sitzt der Stein sicher in der richtigen Tiefe der Einsenkung, ist er wie folgt zu befestigen:
Der Facettenstichel wird an der Spitze des Rippchens angesetzt, in Richtung des Steinmittelpunkts vor der Stichelkappe gestaucht und gegen den Stein geschoben. Dabei hebt sich die Kornspitze an, und das Metall wird vor der Stichelbahn über die Rondiste geschoben (Bild 14.13, b).
Wie bereits erwähnt, darf man den Stichel dabei nicht ankippen, die Spitze des Spans stellt sich von selbst von der Stichelbahn auf! Wird der Stichel richtig vorgeschoben, entsteht eine saubere Ecke, die man nicht nacharbeiten muß. In Ausnahmefällen kann man mit dem Flachstichel sauber nachschneiden. Die Körner werden – wie bereits bei der vorigen Methode beschrieben – mit dem Korneisen abgerundet und die Kanten des Quadrats nachgearbeitet.

14.4.4 Karo-Fassung mit 4 Haltekörnern
(3. Methode)

Ist dann durch mehrfache Übung genügend Sicherheit in der Technik des Verschneidens vorhanden, kann man die folgende rationale Methode anwenden. (Der Anfänger sollte sich nicht an ihr versuchen; es wäre schade um den Stein!)
Die Einsenkung für den Stein wird bereits zu Beginn fertig ausgearbeitet. Handelt es sich um einen Flachstein, ist die Auflage mit dem Zentrumbohrer auf die gewünschte Tiefe zu bohren. Will man einen Stein mit Unterkörper einsetzen, müssen außerdem der Durchbruch gebohrt und die Auflagestufe abgeschrägt werden. Erst wenn man sich davon überzeugt hat, daß der Stein genau in die Einsenkung paßt, setzt man ihn ein und beginnt die Verschnittarbeit.
Von den Ecken ausgehend, werden die Körner mit dem Facettenstichel aufgestochen und direkt in Diagonalrichtung gegen den Stein geschoben, so daß er sofort in der Einsenkung festgehalten wird.
Die Körner werden mit dem Korneisen abgerundet. Dann sind die Körner mit dem Spitzstichel freizuschneiden und die Flächen mit dem polierten Flachstichel schräg und glänzend zu schneiden.
Der Stein sitzt jetzt fest und zuverlässig in der Fassung. Bei dieser Methode ist die Fassung schnell fertiggestellt. Allerdings muß man sehr vorsichtig arbeiten, da unmittelbar neben dem Stein mit dem Stichel geschnitten wird.

14.4.5 Karo-Fassung mit 12 Haltekörnern
(1. Methode)

In jeder Ecke werden 3 Körner aufgestellt, von denen 2 als Halterung dienen. Das dritte Korn steht dekorativ dahinter, um die Ecke sinnvoll auszufüllen (Bild 14.14, a).

Zuerst wird die Einsenkung mit dem Zentrumbohrer vorgebohrt. Anschließend stellt man mit dem hochgeschliffenen Facettenstichel in jeder Ecke die 3 Körner auf und drückt sie mit dem Korneisen leicht an.

Dann werden die Körner mit einem schmalen Bollstichel freigeschnitten (Bild 14.14, b) und die Flächen rings um den Stein wieder glanzgeschnitten und abgeschrägt.

Mit dem Zentrumbohrer sind die Einsenkung nachzubohren und die Steinauflage – wie bei den übrigen Methoden – vorzubereiten.

Nach dem Einsetzen des Steins schiebt man die Haltekörner mit dem Bollstichel gegen die Rondiste. Werden dazu Spitz- oder Flachstichel benutzt, entstehen hinter den Körnern unschöne Schnittspuren.

Schließlich sind die Körner mit dem Korneisen endgültig zu formen.

Bei dieser Fassungsart muß besonders auf die gleichmäßige Anordnung der 3 Körner in jeder Ecke sowie deren richtiges Verhältnis zur Größe des Steins und des Karos geachtet werden.

14.4.6 Karo-Fassung mit 12 Haltekörnern
(2. Methode)

Man kann nun – ebenso wie bei der 3. Methode der Vierkorn-Fassung – den Stein zuerst einsetzen und anschließend die umgebende Fläche verschneiden (Bild 14.14, c).

Der Stein wird zuerst in die vorbereitete Einsenkung gesetzt. Dann stellt man in jeder Ecke mit dem Facettenstichel die beiden Haltekörner auf und schiebt sie sofort gegen die Steinrondiste, so daß der Stein zwischen den 8 Körnern einwandfrei festsitzt.

Das dritte Korn kann man von innen oder auch von außen mit dem hochgeschliffenen Facettenstichel aufstellen. Mit dem Korneisen werden die Körner geformt und anschließend mit dem schmalen Bollstichel freigeschnitten. Die Schrägflächen sind mit dem Flachstichel auszuarbeiten.

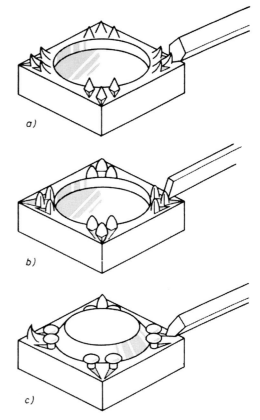

Bild 14.14   Karo-Fassung mit 12 Haltekörnern
a) Aufstechen der Haltekörner mit Facettenstichel, b) Freischneiden mit Bollstichel, c) Zierkörner nachträglich aufgestochen

14.5   Fadenfassung

14.5.1 Fadenfassung mit 2 Körnern

Als Übungsplatte verwendet man einen Silberblechstreifen mit einer Dicke von 1,5 … 2 mm, einer Breite von 4 mm und einer Länge von 40 mm. Die Steine sollen einen Durchmesser von etwa 2,5 mm haben.

Mit dem Zirkel wird die Mittellinie angerissen, und anschließend befestigt man das Blech auf dem Kittstock. Die Arbeitsprobe soll fest auf dem Kitt haften, ohne daß sie einsinkt.

Mit dem Zentrumbohrer werden die Löcher für die Steine ganz schwach markiert, wobei zwischen den Steinen nur ein kaum sichtbarer

Zwischenraum bleiben sollte. Nun kann man die Lage der Bohrlöcher noch einmal kontrollieren. Stehen sie nicht genau in einer Reihe, läßt sich das jetzt noch durch das Verschieben des Zentrierlochs mit Hilfe eines schmalen Bollstichels korrigieren. Würde man gleich auf die erforderliche Tiefe bohren, ließe sich nichts mehr ändern (Bild 14.15, a).

Die Einsenkung bohrt man auf die Tiefe von etwa 0,75 mm, die für den Bohrlochdurchmesser von etwa 2,5 mm angemessen ist (Bild 14.15, b).

Nun werden die Körner vorbereitet.

Der einwandfrei rechts angeschliffene Justierstichel wird am Rand des nachfolgenden Bohrlochs so angesetzt, daß die Schneidrichtung auf das Zentrierloch der vorhergehenden Bohrung zeigt. Langsam, aber kräftig wird der Stichel vorwärtsgeschoben, bis sich ein breiter Span auf der Stichelkappe gebildet hat (Bild 14.15, c und Bild 14.16). Dieser Span darf nicht geradegestellt werden, da der Stein noch nicht eingesetzt ist.

An den Ecken des Streifens werden zunächst keine Körner aufgestellt. Das Metall muß zwischen den Körnern weggeschnitten werden.

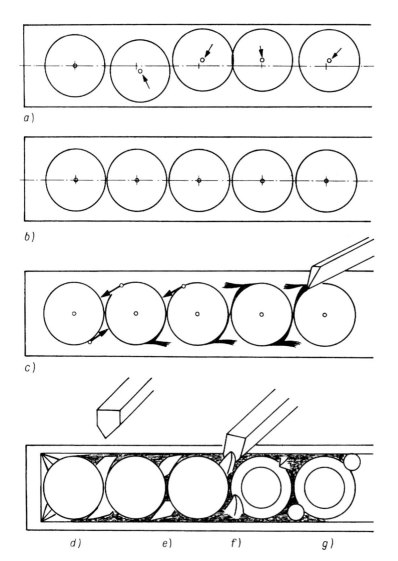

a)

b)

c)

Bild 14.15
Zweikorn-Fadenfassung mit aufgestochenen Körnern
a) Korrektur der Kreiszentren, b) ausgerichtete Kreise, c) Aufstechen der Haltekörner, d) Freischneiden der Haltekörner, e) durchstochene Trennwand und abgeschrägte Facette, f) Andrücken der Haltekörner, g) ausgeformte Körner

d)   e)   f)   g)

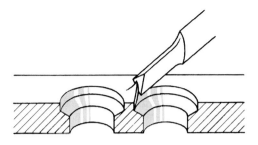

Bild 14.16   Aufstechen des Korns bei der Zweikorn-Fadenfassung

Man kann dazu einen breiten Spitzstichel benutzen. Besser eignet sich jedoch ein Facettenstichel, der so umgeschliffen ist, daß der Winkel zwischen den Schneidflächen nur noch etwa
55° beträgt (vgl. Bild 14.15, d). Zum Freischneiden der Innenkontur wird der Stichel
neben dem Korn so angesetzt, daß er auf das
Zentrum der folgenden Bohrung gerichtet ist.
Würde man den Stichel parallel zur Außenkontur ansetzen, ergäbe sich keine glatte, sondern
eine bogige Kontur.
Man kann die Körner aber auch auf folgende
Weise herstellen: In den Ecken wird das Metall
mit dem umgeschliffenen Facettenstichel so
weggeschnitten, daß in Richtung des Bohrlochs
2 dachförmige Metallkeile, die »Rippchen«
(Bild 14.17, a und Bild 14.18) stehenbleiben.
Nun ist noch der schmale Metallsteg zwischen

den Bohrlöchern zu entfernen. Hier wird der
Flachstichel so angesetzt, daß der Steg – ausgehend von der Kornspitze – V-förmig ausgeschnitten wird (vgl. Bild 14.15, e und Bild
14.17, b).
Schließlich wird mit dem weit heruntergeschliffenen Flachstichel die Innenkontur rings um
den Stein nachgeschnitten, damit die Fläche,
die mit dem Facettenstichel vorgearbeitet wurde, als hochglänzende, glatte Fläche nachgeschnitten werden kann.
Mit dem Flachbohrer ist das Loch nochmals
nachzubohren, um etwaige Unebenheiten, die
sich durch das Schneiden ergeben haben, auszugleichen.
Steine mit flachem Unterkörper können nun
bereits gefaßt werden. Für Steine mit konischem Unterkörper muß man noch die Auflage
einlassen. Wenn der Steindurchmesser 2,5 mm
beträgt, ist zunächst mit einem Bohrer, der
einen Durchmesser von 1,5…1,8 mm haben sollte, die Durchgangsbohrung einzuarbeiten. Anschließend senkt man mit dem Steinruhefräser
mit einem Durchmesser von 2,5 mm die eigentliche Auflagestufe ab.
Die Steine werden mit dem Setzstift, der etwas
angefeuchtet wird, in die Fassungslöcher übertragen. Es folgt die eigentliche Befestigung der
Steine.
Mit dem schmalen Bollstichel sind die Körner
in Richtung des Steinzentrums vorsichtig und
doch kräftig vorwärtszudrücken (vgl. Bild

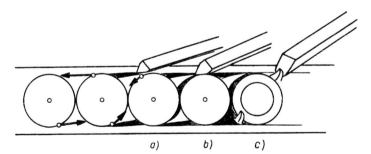

*Bild 14.17   Zweikorn-Faden-
fassung mit Kornkeilen
a) und b) Freischneiden der
Kornkeile
c) Andrücken der Körner*

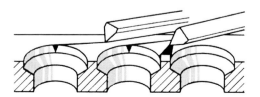

*Bild 14.18   Freischneiden der Kornkeile bei der
Zweikorn-Fassung*

14.15, f und Bild 14.17, c). Dabei muß genau bekannt sein, auf welche Weise das Korn den Stein in der Einsenkung festhält: Denn die Fläche des Korns, die von der senkrechten Wand des Bohrlochs stammt, wird beim Vorwärtsschieben des Kornspans über die Steinkante gedrückt und bildet die eigentliche Arretierung.

Dementsprechend muß man die Vorbereitung des Spans einrichten; denn das Korn kann nur wirksam werden, wenn die Tiefe der Einsenkung im richtigen Verhältnis zum Stein steht.

Ist das Loch zu tief, trifft die Vorderkante des Korns nicht auf den Stein; ist sie zu flach ausgebohrt, hat man zuwenig Material für das Überschieben auf den Stein.

Diese Zusammenhänge verdeutlichen, daß es völlig falsch wäre, den Kornspan durch Anheben des Stichels hochzudrücken, um ihn über die Steinkante zu kippen. Das würde eine wesentliche Überforderung der Duktilität des Kornspanmetalls bedeuten, da bereits durch das Herauslösen aus der Metallfläche und das Zusammenschieben vor der Stichelkappe starke Beanspruchungen entstehen. Das Metall würde eine anschließende Biegebelastung nicht mehr aushalten. Schließlich werden die Körner mit dem Korneisen abgerundet (vgl. Bild 14.15, g).

14.5.2 Fadenfassung mit 4 Körnern

Hierbei handelt es sich wohl um die wichtigste Methode der Juwelenfassung mit aneinandergereihten Steinen. Im Gegensatz zur Fassung mit nur 2 Körnern wird der Stein mit Hilfe der 4 Körner sicherer gehalten. Überdies wirkt diese Fassungsart gefälliger, weil die Zwickel zwischen den Steinen jetzt mit jeweils 2 Körnern besser ausgefüllt sind.

Zum Üben braucht man die gleichen Steine und eine gleich große Silberplatte wie für die Zweikorn-Fassung.

Mit dem Zentrumbohrer werden wiederum die Fassungslöcher flach vorgebohrt.

Die beiden Körner, die in jedem Zwickel gebraucht werden, muß man jetzt auf andere Weise herstellen als bei der Zweikorn-Fassung, weil mit dem Diagonalschnitt nur ein Korn aus dem Zwickel herausgehoben werden kann. Deshalb werden die Körner jetzt mit einem nicht zu steil angeschliffenen Flachstichel auf-

gestellt, der etwas schräg gehalten und dabei der Kornspan aus der Kante des flachen Bohrlochs herausgelöst wird (Bild 14.19, a und Bild 14.20).

Damit die bereits aufgestellten Körner nicht wieder zusammengedrückt werden, ist es empfehlenswert, zunächst bei allen Bohrungen nacheinander jeweils den Span gleicher Länge herauszulösen und hintereinander die nächsten Kornspäne gleicher Lage dagegenzuschieben. Die Reihenfolge ist auf Bild 14.19, a angegeben. Schon beim Aufstellen der Körner muß man darauf achten, daß sie gleich groß werden und in Längs- und Querrichtung genau ausgerichtet stehen. Mit einem Facettenstichel oder einem Spitzstichel wird die Trennwand zwischen den beiden Bohrlöchern weggeschnitten. Ausgehend von den Spitzen der beiden Körner wird das zwischen den flachen Bohrlöchern verbliebene Metall V-förmig bis zum Boden der Bohrlöcher durchgetrennt (vgl. Bild 14.19, b).

Die Innenkontur kann man mit dem hochgeschliffenen Facettenstichel oder mit dem weit heruntergeschliffenen Flachstichel beschneiden (vgl. Bild 14.19, b).

Die Eckkörner am Anfang und am Ende der Reihung stellt man genau so auf wie bei der vorher beschriebenen Faßmethode. Die beiden benachbarten Körner jedes Zwickels werden mit einem ganz schmalen Bollstichel sauber voneinander getrennt (vgl. Bild 14.19, b). Die Bohrlöcher sind noch einmal mit dem Zentrumbohrer leicht nachzubohren. Steine mit flacher Unterseite und Halbperlen kann man jetzt bereits endgültig einlegen. Für Steine mit konischem Unterkörper werden die Einsenkungen ebenso wie bei den vorigen Fassungen eingearbeitet.

Beim Andrücken der Körner sind folgende Besonderheiten zu beachten:

Für die Zweikornfassung wurde verlangt, daß die beiden Körner einander diagonal gegenüberstehen und den dazwischensitzenden Stein halten. Bei der Vierkorn-Fassung werden die Körner nicht in Richtung zum Zentrum des Steins gedrückt, weil sonst Kahlstellen in den Zwickeln entstehen, die den Gesamteindruck der Fassung beeinträchtigen würden. Die Körner werden quer zur Mittelachse der Steinreihung an den Stein herangeschoben (vgl. Bild 14.19, c). Dadurch wird verhindert, daß sich der

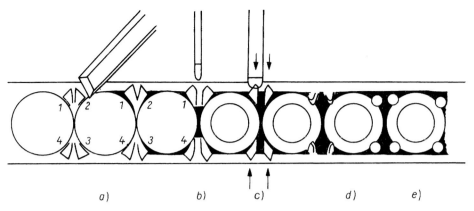

Bild 14.19 Vierkorn-Fadenfassung mit aufgestochenen Haltekörnern
a) Aufstechen der Haltekörner mit Flachstichel, b) Freischneiden mit Bollstichel und durchstochener Trennsteg, c) Andrücken mit Bollstichel, d) abgeschrägte Facetten, e) ausgeformte Körner

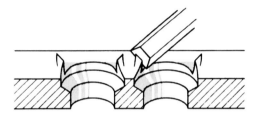

Bild 14.20   Aufstechen der Haltekörner bei der
Vierkorn-Fadenfassung

Abstand der beiden im Zwickel aufgestellten Körner verändert.

Zum Anschieben der Kornspäne wird der gerade angeschliffene Bollstichel quer zur Mittelachse angesetzt und mit gleichmäßigem Druck kräftig, aber doch vorsichtig gegen die Mittellinie geschoben. Dabei hebt sich das Korn an, und der bisher senkrecht am Bohrloch stehende Teil des Korns staucht sich über den dort befindlichen Steinrand (vgl. Bild 14.19, d). Die Körner werden mit dem Korneisen abgerundet (vgl. Bild 14.19, e). Voraussetzung für sicheren Halt ist, wie bei der Zweikorn-Fassung, die richtig bemessene Tiefe des Bohrlochs.

14.5.3 Fadenfassung mit Kornkeil

Besonders für den Anfänger ist es gegebenenfalls schwierig, den Kornspan aus dem vollen Material hochzuziehen. Deshalb soll nun die Methode behandelt werden, die schon für die Karo-Fassung empfohlen wurde, nämlich das Aufstellen des Korns aus dem freigeschnittenen Keil.

Die Vorbereitung der Übungsplatte mit den flachen Bohrungen entspricht den bisherigen Verfahren. Der Unterschied besteht in der Weiterbearbeitung.

Während bisher zuerst die Kornspäne aufgestellt und erst dann das umgebende Metall weggeschnitten wurde, ist es jetzt umgekehrt. Mit einem hochgeschliffenen Facettenstichel wird das Metall rings um den Kornkeil so freigeschnitten, daß die Dreiecksflächen übrigbleiben (Bild 14.21, a).

Die Stege zwischen den Bohrungen werden mit dem Facettenstichel V-förmig getrennt und die Innenkontur wie auf Bild 14.21, b dargestellt beschnitten. Dabei ist darauf zu achten, daß der Stichel tatsächlich in der abgebildeten Schräglage geführt wird.

Mit dem Justierstichel schneidet man die Kornspäne in gleicher Weise aus den Kornkeilen heraus wie aus der glatten Fläche. Alle an-

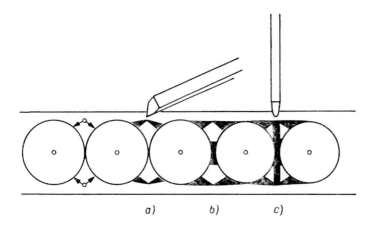

Bild 14.21   Vierkorn-Faden-fassung mit Kornkeilen a) Freischneiden der Korn-keile, b) durchstochener Trennsteg und abgeschrägte Facette, c) Durchtrennen der Kornkeile

deren Arbeiten decken sich mit denen bei der beschriebenen Zweikorn-Fassung.

Auch bei der Vierkorn-Fassung kann man die Kornkeile freischneiden, nachdem die Körner aufgestellt worden sind. Dazu wird ein Spitzstichel oder ein Facettenstichel so angesetzt, daß seine Schneidrichtung zwischen Zentrierloch und Bohrlochrand verläuft. Die Reihenfolge ist aus Bild 14.19 zu ersehen. Die Innenkontur wird hinter den Kornkeilen mit dem Facettenstichel und anschließend mit dem Flachstichel freigeschnitten. Mit dem schmalen Bollstichel werden die Kornkeile so geteilt, daß man die beiden nebeneinander stehenden Körner vorbereiten kann (Bild 14.21, c).

Das Aufstellen der Körner und die gesamte Fertigstellung der Arbeit entsprechen den bereits behandelten Verfahren der Vierkorn-Fassung.

14.5.4   Auslaufende Kornreihe

Wenn man Steine unterschiedlicher Größe nach Verlauf als Fadenfassung einsetzt, kommt es vor, daß der letzte keilförmige Bereich nicht mehr mit Steinen ausgefüllt werden kann. Hier hilft man sich, indem das Feld als Fortsetzung der Steinreihe im gleichen Verlauf mit »Blindkörnern« ausgefüllt wird.

Die Verfahrensweise soll wieder an einigen Übungsbeispielen erläutert werden.

Eine 3 mm dicke Silberplatte wird als spitzwinkliges Dreieck zugerichtet, das bei der Basislänge von 3 mm die Höhe von 30 mm hat. Mit dem hochgeschliffenen Facettenstichel werden von der Spitze aus 2 Kerben geschnitten,

zwischen denen ein freistehender dachförmiger Grat verbleibt (Bild 14.22, a). Aus ihm werden mit dem Flachstichel die Abschnitte für die Blindkörner herausgearbeitet. Damit die seitlichen Konturen des Dreiecks nicht beschädigt werden, muß man die Breite des Stichels dem Verlauf entsprechend auswählen.

Einen Flachstichel, dessen Breite jeweils dem eingeschnittenen Grat entspricht, setzt man in Querrichtung an und drückt ihn kräftig in die dachförmige Kante (Bild 14.22, c).

Die Haltekörner wurden zunächst nur vorgestochen und dann später hochgestellt. Die Zierkörner können ohne Rücksicht auf einen Stein sofort aufgestellt werden. Durch Anwinkeln des Stichels kann man noch etwas nachhelfen (Bild 14.22, c).

Sind alle Zierkörner aufgestellt, werden sie beschnitten und abgerundet. Zunächst werden die Ecken zwischen den Körnern mit dem hochgeschliffenen Facettenstichel so gebrochen, daß die Basis der Körner achteckig wird (Bild 14.22, d). Die Spitzen der Kornspäne werden abgerundet und als Körner ausgeformt (Bild 14.22, e).

14.6   Inkrustation[1]

In eine ebene Metallfläche werden Steine oder Halbperlen eingelegt und mit Haltekörnern befestigt.

Gute Beispiele dafür sind die Medaillons und Uhrgehäuse aus der Zeit der Jahrhundertwen-

---

[1] ouvrage in crusté (frz.): eingelegte Arbeit

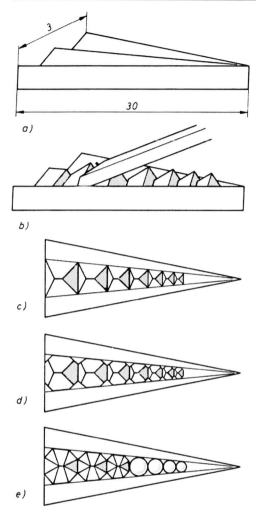

Bild 14.22   Auslaufende Blindkorn-Reihe
a) eingeschnittener Kornkeil, b) Einstechen und Auf-
richten der Keilabschnitte, c) Draufsicht auf die Keil-
abschnitte, d) beschnittene Basis der Körner, e) acht-
eckige und ausgeformte Körner

de, bei denen oft gravierte Ornamente mit solchen eingelegten Steinen kombiniert worden sind. Da hierbei die Metallplatte normalerweise nur dünn ist, muß an den Stellen, die für den Stein vorgesehen sind, von der Rückseite her jeweils ein Verstärkungsplättchen aufgelötet werden. Natürlich ist darauf zu achten, daß der Stein tatsächlich an dieser vorbereiteten Stelle eingelassen wird.

Sollen Steine mit flacher Unterseite gefaßt wer-

den – beliebt waren Halbperlen, Opale und Türkise als kleine halbkugelige Cabochons – wird die Einsenkung nur mit dem Zentrumbohrer eingelassen. Für Steine mit konischem Unterkörper muß man ebenfalls eine entsprechende Einsenkung mit dem Steinruhefräser ausarbeiten.

Zum Befestigen des Steins werden mit dem Facettenstichel in Richtung des Steinzentrums Späne aufgestochen und so gegen den Stein geschoben, daß sie ihn als Haltekörner in der Einsenkung festhalten. Form und Anordnung dieser Schnitte werden nicht nur durch die rein praktische Funktion der Körner bestimmt, sondern hängen im wesentlichen von der ornamental-gestalterischen Absicht ab. So würden oft schon zwei gegenüberstehende Körner genügen. Man kann aber beispielsweise die Schnitte auch so anlegen, daß um den Stein ein achtstrahliger Stern entsteht.

Prinzipiell kann man zur Inkrustation die verschiedensten Typen der eingesenkten Fassung benutzen, wie etwa die Faden-Fassung oder die Pavé-Fassung. Heute werden aber die Karo-Fassung und ihre Abwandlung, die Sternfassung, bevorzugt.

Bei einer echten Inkrustation ist der gesamte Gegenstand bereits fertigpoliert, auch die nötigen Gravuren sind angebracht. Erst dann beginnt der Fasser mit seiner Arbeit. Bei empfindlichen, hochglänzenden Gegenständen empfiehlt es sich, die ganze Oberfläche mit einem Abdecklack zu überziehen, der sich zum Schluß wieder ablösen läßt. Damit soll während der Bearbeitung dem Entstehen von Kratzern vorgebeugt werden.

Der Anfänger sollte zunächst einige Übungen zu dieser Faßtechnik ausführen. Eine Silberplatte, 20 mm x 20 mm groß, wird so aufgeteilt, daß man in abgebildeter Anordnung (Bild 14.23) 8 Steine mit je einem Durchmesser von 3 mm in quadratischen Bereichen von jeweils etwa 4 mm x 4 mm fassen kann.

Mit dem Flachbohrer werden die erforderlichen Senkbohrungen von etwa 1 mm Tiefe eingearbeitet.

In der ersten Reihe sind die Konturen der Karos genau anzureißen und die Steine in der Art der Karo-Fassung zu fassen. Mit dem hochgeschliffenen Facettenstichel oder mit einem kräftigen Spitzstichel werden von den Ecken aus diagonal 4 Körner aufgestellt. Mit dem

Bild 14.23   Übungsplatte zur Inkrustation

rechts angeschliffenen Flachstichel sind die stehengebliebenen Metallflächen innerhalb der angerissenen Quadrate von den Eckschnitten aus in Richtung Steineinsenkung als glatte, hochglänzende Flächen abzuschrägen. Für die ästhetische Wirkung solcher Karo-Fassungen, besonders wenn sie als Inkrustationen benutzt werden, ist es wichtig, daß diese schrägen Flächen ziemlich steil liegen, die Abstände zwischen Kreis und Quadrat also möglichst klein sind, damit keine unnötig großen Ecken entstehen.

Die beiden Steine in der zweiten Reihe werden auch im Karo gefaßt, aber nach dem Verfahren der Kornrippen. In der letzten Reihe kann man einige Sternfassungen ausprobieren. Zuerst werden diagonal die 4 Körner aufgestellt und dann die Innenkonturen mit einem rechts und einem links angeschliffenen Spitzstichel geschnitten.

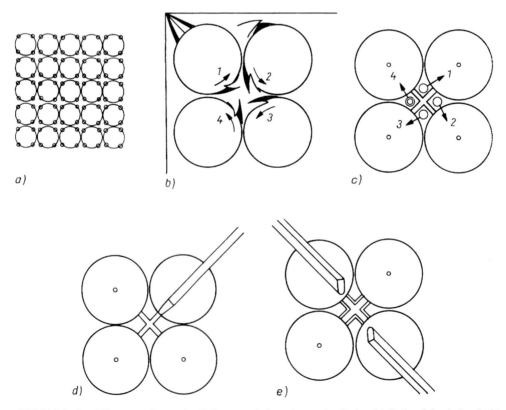

Bild 14.24   Pavé-Fassung mit gerader Reihung – a) Anordnung der Steine, b) Reihenfolge beim Aufstechen der Haltekörner, c) Wirkungsrichtung der aufgerichteten Haltekörner, d) Freischneiden der Kornkeile mit Bollstichel, e) Abschrägen der freigeschnittenen Körner

Bei den beiden ersten Fassungen sollen dreieckige Spitzen geformt werden, bei den letzten leicht geschwungene Formen. Die mittlere Fassung wird als achteckiger Stern erweitert, indem man zwischen die Korneinschnitte je einen breitflächigen Dreieckschnitt setzt, der aber ohne Kornspan bleibt. Wie bei allen bisherigen Körnerfassungen werden die Körner aufgerichtet, an den Stein geschoben und mit dem Korneisen geformt.

14.7 Pavé[1]-Fassung

Wie »gepflastert« stehen die Steine dicht nebeneinander, eingelassen in eine gemeinsame Grundplatte, durch Körner festgehalten. Es spielt keine Rolle, ob die Platte gerade oder gewölbt ist, sie kann größer oder kleiner sein und jede beliebige Kontur haben.

Tatsächlich ist die Pavé-Fassung nichts weiter als eine Aneinanderreihung von Fadenfassungen. Dabei gibt es 2 Grundformen: Bei der älteren Ausführung sind die Steine in waagerechter und senkrechter Richtung linear angeordnet (Bild 14.24, a).

In der modernen Pavé-Fassung wurden die Reihen gegeneinander versetzt, so daß die Steine noch dichter nebeneinanderstehen (Bild 14.25, a).

14.7.1 Gerade Reihung

Vorbereitung der Übungsplatte
Auf einem quadratischen Silberplättchen von 16 mm Kantenlänge wird ein Gitternetz von 2 mm Abstand aufgerissen. Die Übungssteine sollen einen Durchmesser von 2 mm haben. Mit einem Flachbohrer gleicher Größe wird, von links oben beginnend, vorgebohrt, um die Lage der Steine zu markieren. Dabei ist so präzise zu arbeiten, daß sich die Bohrlöcher gerade berühren; sie dürfen weder sichtbare Zwischenstege haben noch sich überschneiden. Notfalls kann man die Lage der vorgebohrten Kreise noch korrigieren (vgl. Abschnitt 14.5.1).

Danach werden die Bohrungen möglichst gleichmäßig auf 1 mm Tiefe eingesenkt.

---

[1] pavé (frz.): Pflaster

Fassen der Steine (1. Methode)
Das Aufstellen der Körner geschieht mit dem Justierstichel. Die äußeren Körner der ersten Reihe werden ebenso angestochen wie bei der Zweikorn-Fadenfassung. An den Ecken formt man die Körner aus freigeschnittenen, dachförmigen Rippchen. In jeder folgenden Reihe sind in den Zwickeln zwischen den Steinen 4 Körner aufzustellen, die so, wie es Bild 14.24, b zeigt, mit dem Justierstichel in der vorgegebenen Reihenfolge aufgestochen werden. Die Körner sind gleich nach dem Aufstellen mit dem Korneisen vorzuformen, damit man ihre Lage richtig erkennt und sie nicht bei der Weiterverarbeitung beschädigt. Die letzte Reihe wird wie die erste als Zweikorn-Fadenfassung behandelt. Die erste und die letzte Reihe sind wie die Zweikorn-Fadenfassung zu beschneiden. In den viereckigen Zwischenfeldern werden die Körner aber durch Schnitte mit einem ganz schmalen Bollstichel voneinander getrennt. Dazu wird in Richtung der Bohrungszentren das Feld über Kreuz durchstochen.

Mit dem Flachbohrer werden die Einsenkungen nochmals nachgebohrt und dadurch die beim Schneiden entstandenen Unregelmäßigkeiten ausgeglichen. Anschließend kann man Flachsteine und Halbperlen einsetzen und befestigen. Für Körpersteine ist mit Spitzbohrer oder Steinruhefräser noch die Auflagestufe auszuarbeiten. Bild 14.24, c zeigt, wie die Körner an den Stein geschoben werden.

Fassen der Steine (2. Methode)
Jetzt werden die Körner nicht aus dem Metall herausgehoben, sondern, wie bei der zweiten Art der Zweikorn-Fadenfassung, freigeschnitten.

Die erforderlichen 4 Körner formt man aus dem quadratischen Feld, indem es mit dem Bollstichel über Kreuz eingeschnitten wird (Bild 14.24, d). Anschließend wird der Stichel leicht nach links und nach rechts geneigt und so die Rille nachgeschnitten, damit die Körner pyramidenförmig ausgeformt werden. Schließlich braucht man sie mit dem Korneisen nur noch auszuformen (vgl Bild 14.24, d).

Diese Körner sind etwas niedriger als die, die aus dem vollen Material aufgestochen sind. Deshalb sollte nach dem Fassen in der Mitte des Vierecks zwischen den Körnern ein wenig angebohrt werden. Auf diese Weise wird das

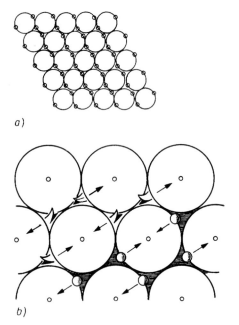

a)

b)

Bild 14.25   Pavé-Fassung in schräger Reihung
a) Anordnung der Steine, b) Aufstechen der Körner

zwischen den Körnern liegende Metall etwas tiefer gelegt, und die Gesamtfassung bekommt ein gefälligeres Aussehen.

14.7.2   Versetzte Reihung

Vorbereitung der Übungsplatte
Da die Steinreihen versetzt angeordnet sind, ist es zweckmäßig, die Kontur der Übungsplatte entsprechend anzupassen, indem sie dreieckig oder rhombisch geformt wird. Die Größe kann der vorigen Übungsplatte angeglichen werden. Die Steinreihen werden so gebohrt, daß sich die Ränder gerade berühren. Es ist unbedingt auf die präzise Anordnung zu achten, weil sie den Gesamteindruck der fertigen Arbeit bestimmt. Die Abstände der Reihen probiert man am besten aus. Die Löcher werden, wie schon mehrfach beschrieben, erst nur leicht markiert, falls erforderlich noch korrigiert und dann auf endgültige Tiefe gebohrt.

Fassen der Steine (1. Methode)
Jede Steinreihe kann man als eine Zweikorn-Fadenfassung behandeln, indem auf gleiche

Weise die Körner aufgestellt (Bild 14.25, b), mit dem Korneisen leicht markiert und die Trennwände zwischen den Bohrungen mit dem schmalen Bollstichel durchgeschnitten werden. Dadurch, daß der Stichel nach links und nach rechts geneigt wird, bekommt man V-förmige Ausschnitte. Die Einsenkungen sind mit dem Flachbohrer nachzubohren. Für Körpersteine muß die Steinruhe eingefräst werden. Erst dann setzt man die Steine ein. Ebenso wie bei der Zweikorn-Fadenfassung werden jeweils 2 Körner in Richtung auf das Steinzentrum herangeschoben und schließlich mit dem Korneisen endgültig ausgeformt.

Fassen der Steine (2. Methode)
Auch bei dichter Reihung mit versetzter Steinanordnung kann man die Körner dadurch herausarbeiten, daß man das umgebende Material freischneidet. Die Stege zwischen den Bohrungen schneidet man ebenfalls weg. Alle weiteren Arbeiten entsprechen den vorher beschriebenen Verfahren.
Die Körner werden jetzt an den Stein herangedrückt, nicht darübergeschoben, so daß sich die Steine beim Ausformen der Körner mit dem Korneisen befestigen lassen.

14.8   Eingeriebene Fassung

Man spricht auch von »Anreiben« oder »Verreiben« und meint damit stets das gleiche: Der Stein wird in eine ebene Platte eingelassen und dadurch gehalten, daß die Kante des umgebenden Metalls ein Stückchen über die Rondiste gerieben wird.
Diese Methode der Steinbefestigung ist in unserer Zeit fast völlig in Vergessenheit geraten. Bei Goldschmiedearbeiten aus dem vorigen Jahrhundert findet man den Effekt, daß kleine Steine ohne sichtbare Fassung in eine Platte eingesetzt sind; das könnten solche »eingeriebene Fassungen« sein. Auch die Steine, die den Kranz der Karmoisierung bilden, werden eingerieben, wie im folgenden Abschnitt noch erläutert wird. Die eingeriebene Fassung ist für kleine Steine besonders günstig, weil nur ein schmaler Metallrand über den Stein gelegt und wenig vom Stein verdeckt wird.
Im Prinzip geht es darum, daß man unter Ausnutzung der Fließfähigkeit das umgebende Me-

tall mit dem Anreiber über die Kante des Steins massiert, so daß er von diesem übergreifenden Rändchen in der Fassung festgehalten wird. Das Verfahren läßt sich deshalb nur bei weichen, duktilen Metallen anwenden.

Bei der angeriebenen Fassung ist die genaue Passung eine unbedingte Voraussetzung, denn ein etwaiger Spalt läßt sich nicht zureiben. Diese Fassungsart wird vorzugsweise für runde Steine benutzt, weil mit Hilfe des passenden Steinruhefräsers die Passung am leichtesten zu erreichen und die genaue Justierung anderer Steinformen schwierig und zeitaufwendig ist.

Für die Übung wird eine Silberplatte mit einer Dicke von mindestens 2 mm empfohlen. Die Steine sollten einen Durchmesser von etwa 3 mm haben.

An den vorgesehenen Stellen wird zunächst á jour gebohrt. Mit dem Steinruhefräser bereitet man die genau passende Einsenkung so vor, daß der den eingesetzten Stein umgebende Metallrand noch etwa 0,5 … 1 mm übersteht. Wird der Stein nicht so tief eingelassen, fehlt das Material zum Überreiben, sitzt er dagegen zu tief, fließt das Metall nicht mehr über den Stein; denn es wird zu stark beansprucht, das Gefüge verfestigt sich und verliert die nötige Duktilität. Es verbleibt ein freier Raum zwischen dem umgeformten Rand und dem Stein. Hat man den Stein eingesetzt und sich vom straffen Sitz überzeugt, erfolgt das eigentliche Anreiben. Das erforderliche Werkzeug, der Anreiber bzw. Verreiber, wurde bereits beschrieben. Dieser Anreiber wird im Winkel von etwa 30° auf die Kante des Bohrlochs gesetzt. Während man ihn in dieser Stellung gleichmäßig und kräftig gegen die Kante drückt, wird er im Uhrzeigersinn um den Stein herumgeführt (Bild 14.26, a). Diesen Vorgang wiederholt man so lange, bis die Kante zu einer schmalen Facette umgeformt und dabei das duktile Metall als schmales Rändchen über den Stein massiert worden ist.

Wird der Anreiber im Winkel von etwa 60° angesetzt und um den Stein herumgeführt (Bild 14.26, b), kann die entstehende Facette anschließend noch steiler gerieben werden. Dabei wird die Spitze des Anreibers so gehalten, daß sie etwas Abstand vom Stein hat, wodurch am unteren Rand des geriebenen Metalls eine ringsum verlaufende Kerbe entsteht. Würde man gleich so steil anreiben, entstünde

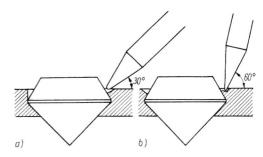

Bild 14.26 Eingeriebene Fassung
a) Einreiben des Steins, b) Nachreiben des Fassungsrandes

an der Metalloberseite ein Wulst, und es verbliebe nicht genug Metall, um den Stein zu befestigen.

Zusammenfassend sei auf einige typische Fehler hingewiesen:

a) Wurde zu tief gebohrt, muß zu viel Metall bewegt werden. Das Metall fließt nicht mehr über die relativ weite Distanz bis zur Rondiste, es verfestigt sich, und es bleibt ein freier Raum zwischen Stein und Metallrand, so daß der Stein nicht hält.

b) Wenn das Loch zu groß ist, bekommt der Stein überhaupt keinen Halt.
   Das angeriebene Metall kann die Rondiste nicht überdecken, weil der Weg zu weit ist. Wenn das angeriebene Metall keinen Widerstand findet, kann es passieren, daß sich der Stein im Loch schräg versetzt, so daß gar keine ordnungsgemäße Steinbefestigung möglich ist.

c) Hält man den Anreiber zu steil, wird das Metall nicht verrieben, sondern nur gestaucht.
   Die eingeriebene Fassung setzt ein möglichst duktiles Metall voraus. Harte Metalle und Legierungen sind nicht geeignet.

14.9 Karmoisierung

14.9.1 Besonderheiten der Karmoisierung

Zweifellos handelt es sich um eine sehr interessante Art der Edelsteinfassung, die für Ringe, aber auch für größere Schmuckstücke, wie Broschen und Anhänger, geeignet ist. Heute wird das Karmoisieren nur noch selten angewendet, weil die nötigen Steine schwer zu beschaffen sind und, was wohl noch wichtiger ist, man die komplizierte und aufwendige Arbeit scheut. Trotzdem sollte man über die Karmoisierung Bescheid wissen. Für einen jungen Goldschmied stellt eine solche Aufgabe durchaus eine Bewährungsprobe dar.

In den zwanziger Jahren wurden vorgestanzte Karmoisierungen angeboten. Heute gibt es komplette Karmoisierungen, die als Präzisionsgußstücke hergestellt werden.

Bei der Karmoisierung ist ein Mittelstein von einem Kranz kleiner Steine, häufig Brillanten, umgeben. Der Zentralstein ist ein besonders edler Farbstein, wie Rubin, Saphir, Smaragd.

Die Karmoisierung ist eine kombinierte Fassung, weil der Mittelstein entweder chatonartig mit Stotzen oder auch in einer glatten Zarge gehalten wird. Die kleinen Randsteine werden mit eingerieben; mitunter werden sie durch zusätzliche Haltekörner unterstützt.

Deshalb wird die Fassungsart vorzugsweise für Ringe angewendet. Am einfachsten ist natürlich die runde Karmoisierung auszuführen. In der Vergangenheit wurde auch gern die gefällige ovale Form gewählt. Daneben gab es spitz- und stumpfovale, ja sogar rechteckige Karmoisierungen.

Um die Erläuterungen zu vereinheitlichen, wird im folgenden Text nur auf die runde Karmoisierung eingegangen. Im Bedarfsfall lassen sich die Ausführungen sinngemäß abwandeln.

14.9.2 Grundaufbau der Karmoisierung

Prinzipiell besteht der Grundkörper aus der Deckplatte und der Randzarge (Bild 14.27).

Die Deckplatte kann in Abhängigkeit von Gesamtgröße und Beschaffenheit der zu befestigenden Steine 1,5 … 3,5 mm dick sein. Um die Fassung gefällig erscheinen zu lassen, wird die Deckplatte leicht durchgewölbt.

Unter die Außenkante der Deckplatte lötet man eine konische Zarge, die genau mit der Platte abschließt. Platte und Zarge werden so abgeschrägt, daß die Fuge genau auf die Außenkante paßt. Die Zarge muß so dick sein, daß sie entsprechend der Steinform bogig ausgefeilt werden kann. Deckplatte und Zarge werden miteinander verlötet.

Die Fassung für den Mittelstein ist so in die Deckplatte einzuarbeiten, daß der Stein etwas über die Platte herausragt, während man die Randsteine als dicht aneinandergereihten Kranz in die Deckplatte einläßt.

Die Randzarge wird, dem Kranz der Randsteine entsprechend, in Bögen eingefeilt, damit sie sich der Form der kleinen Steine möglichst genau anpaßt.

Aus diesem Grundaufbau leiten sich die beiden Haupttypen ab (Bild 14.28).

Man kann die Karmoisierung mit einer Blüte vergleichen, die aus edlen Steinen gebildet wird, denn die eigentliche Metallarbeit soll bei einer gut ausgeführten Karmoisierung nahezu unsichtbar sein.

Im Laufe der Zeit haben sich recht unterschiedliche Ausführungsformen für das Metallgerüst herausgebildet, die sich aber auf 2 Grundtypen zurückführen lassen: die »klassische«, aus dem vorigen Jahrhundert überlieferte und bis in die dreißiger Jahre übliche Form und die später daraus abgeleitete »moderne« Karmoisierung.

Schließlich kann man sagen, daß die Anfertigung dieser Fassung eine hohe Präzision verlangt und es gerade hierbei darauf ankommt, daß Goldschmied und Fasser gut aufeinander eingestellt sind. Ideal wäre es, wenn

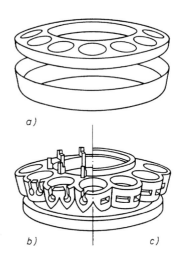

a)

b)   c)

*Bild 14.27 Aufbau der Karmoisierung
a) Deckplatte mit vorgezeichneten Bohrungen und Hauptzarge, b) alte Art der Karmoisierung, c) moderne Art der Karmoisierung*

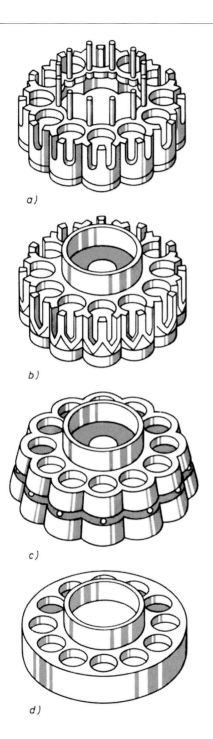

a)

b)

c)

d)

*Bild 14.28 Gestaltungsformen der Karmoisierung
a) klassische Ausführung, b) bis d) moderne Ausführung*

der Goldschmied seine Arbeit auch selbst fassen könnte!

Meist haben die Karmoisierungen, bedingt durch die begrenzte Größe des Mittelsteins, das Format eines Ringoberteils.

14.9.3 Klassische Karmoisierung

In die Deckplatte werden zunächst die Durchgangsbohrungen für die Randsteine eingearbeitet und in diese mit dem Steinruhefräser die Einsenkungen für die Steine vorbereitet. Die Steine sind besonders tief einzulassen und genau einzupassen, da sie später nur eingerieben werden.

Die Bohrungen muß man so anlegen, daß die Steine möglichst dicht nebeneinanderstehen und vom Metall wenig zu sehen ist. Um die Steine soll nur ein kleiner Metallrand verbleiben. Schließlich – und das ist ein bemerkenswertes Kriterium der »klassischen« Karmoisierung – wird die Zarge von der Deckplatte her bei jeder Steinfassung so eingekerbt, daß in der Mitte jedes Bogens eine Krappe, die jetzt »Zunge« genannt wird, stehenbleibt.

Dadurch wird die Fassungszarge in der Draufsicht, aber auch bei seitlicher Betrachtung optisch aufgelockert. Unter jedem der Randsteine feilt man die Zarge so, daß, ähnlich wie beim Chaton, nur noch Auflagespitzen übrigbleiben, die auf einen Fußreif gelötet werden.

Für den Mittelstein wird aus der Deckplatte die erforderliche Öffnung ausgesägt. Um den Stein etwas über der Deckplatte in einer chatonartigen Fassung befestigen zu können, benutzt man Krappen aus Vierkantdraht. Für sie werden in die Zwickel zwischen je 2 Randsteinen passende Kerben eingefeilt, in die man die Krappen einlötet. Wie beim Chaton schneidet man in die Krappen Auflagekerben ein, wobei auf gleichmäßige Höhe zu achten ist, damit man den Stein sicher fassen kann. Beim Einsetzen der Randsteine ist folgende Besonderheit zu beachten: Zunächst wird die Zunge etwas nach außen gebogen, damit sie beim Einsenken der Steinauflage mit dem Steinruhefräser nicht berührt wird. In die Zunge schneidet man eine Auflagekerbe wie in die Krappe eines Chatons. Anschließend biegt man die Zunge wieder nach innen, wobei sie sogar noch ein wenig in den Kreis des Fassungsbereichs hineinreicht.

Der Stein wird so eingesetzt, daß seine Rondiste in der Kerbe der Zunge liegt, so daß der Stein durch die Federkraft der Zunge in der Steinauflage schon festgehalten wird. Der übrige Teil der Fassung wird angerieben, so daß der Stein zuverlässig festsitzt.

Der Mittelstein wird in der Krappenfassung genauso gefaßt, wie es für den Chaton beschrieben worden ist.

14.9.4 Moderne Karmoisierung

Die Vorbereitung der Deckplatte und der Randzarge ist im Prinzip der klassischen Karmoisierung gleich. Die gesamte Fassung wird schlichter und glatter gehalten. Die Randsteine werden wie bei der klassischen Form eingelassen. Die Randzarge feilt man ebenfalls bogig. Die wichtigste Besonderheit besteht darin, daß die Ränder um die kleinen Steine glatt bleiben. Es werden also keine Zungen ausgearbeitet.

Für den Mittelstein bevorzugt man die glatte Zargenfassung, die in die Deckplatte eingelassen wird.

Will man die seitliche Wandung etwas auflockern, kann man die Randzarge parallel zur Deckplatte durchsägen. Die Schnittflächen werden plan abgezogen, und man lötet Teile aus flachgewalztem Vierkantdraht dazwischen. Diese Teile werden außen und innen mit der Wandung glattgefeilt.

Der fertigbearbeitete Kader wird auf den Fußreif gelötet.

14.9.5 Arbeitsproben

Nun noch einige Hinweise zur Anfertigung von Übungsstücken.

Es ist nicht erforderlich, daß man eine komplette Karmoisierung herstellt, denn es geht nur um die Erprobung der wichtigsten speziellen Arbeitsschritte. Deshalb genügt zunächst eine etwas dickere Deckplatte. Da sowohl Krappen- als auch Zargenfassung für den Mittelstein keine besondere Schwierigkeit bieten, wird in die Deckplatte nur die erforderliche Öffnung gesägt. Die gesamte Arbeit konzen-

triert sich auf den Kranz, in den die Steine einzusetzen sind.

Der Einfachheit wegen geht man von der runden Form aus. Auf einer Silberplatte, die leicht durchgewölbt und etwa 2,5 bis 3,5 mm dick ist, wird für den Mittelstein ein Kreis von 10 mm Durchmesser und für die Zentren der Randsteine jeweils der Durchmesser von 20 mm angerissen (Bild 14.29, a).

Der Kranz wird in 12 gleiche Felder geteilt und die Schnittpunkte als Zentren der Randsteine kräftig angekörnt (Bild 14.29, b). Mit einem Spiralbohrer von 2,5 ... 3 mm Durchmesser durchbohrt man die Platte an den gekörnten Stellen, um die Ajouröffnungen für die Steine zu erhalten (Bild 14.29, e).

Nun kann die eigentliche Faßarbeit beginnen, wobei man zunächst bei der modernen Art der Karmoisierung bleibt (Bild 14.29, a bis f).

Das Übungsstück wird so aufgekittet, daß der Rand frei bleibt. Die Platte wird also nicht in den Kitt eingedrückt, sondern nur auf den warmen Kitt aufgesetzt. Die Auflagen für die Steine werden mit dem Steinruhefräser eingesenkt.

Mehr als bei anderen Fassungsarten ist bei diesen eingeriebenen Fassungen auf die genaue Passung der Steine zu achten.

Falls sie nicht genau gleich groß sind, müssen die Bohrungen nachjustiert werden.

Die Steine werden dann in beschriebener Weise eingesetzt und eingerieben.

Da bei der Karmoisierung besonders die Steine zur Wirkung kommen sollen, müssen die glatten Metallzwickel, die zwischen je 2 Randsteinen und dem Mittelstein sichtbar sind, optisch aufgelöst werden. Dazu gibt es mehrere Möglichkeiten:

a) Die Zwickel können mit einem hochgeschliffenen Facettenstichel oder einem gerade angeschliffenen Spitzstichel glatt verschnitten werden.

b) Man kann in den Zwickel auch je ein Zierkorn einsetzen. Dazu wird in der Mitte des Zwickels mit dem Korneisen ein kräftiges Korn ausgedrückt. Mit einem sehr fein angeschliffenen Spitzstichel werden anschließend in Richtung Korn drei leicht geschwungene Kerben geschnitten.

c) Ist zwischen Stein und Fassungsstotzen des Mittelsteins nicht genug Platz, um den Stein auch hier zuverlässig anreiben zu können,

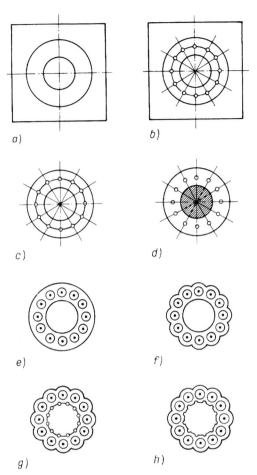

Bild 14.29   Übungen zur Karmoisierung
a) angerissene Außen- und Innenkreise, b) Markierung der Randstein-Zentren, c) ausgesägte Scheibe,
d) ausgesägter Innenkreis, e) Einsenkungen für Randsteine, f) bogig gefeilter Außenrand, g) Bohrungen
für Krappen des Mittelsteins bei alter Art der Karmoisierung, h) ausgesägter Innenkreis

tig an den Stein herangerieben. Ist er jedoch
dicker, reibt man das Metall zunächst innen
gegen den Stein und dann von außen nach.

14.10   Stotzenfassung

In der Nähe des nordböhmischen Städtchens
Trěbeniče (Tschechien) kommen auch heute noch
die tiefdunkelroten Pyrope, die sog. »Böhmi-
schen Granate«, als kleine Steine in erheblicher
Menge vor. Die Steine werden entweder im
Rosenschliff mit glatter Unterseite oder als flache Körpersteine in einfachem Brillantschliff
bearbeitet. Mit dem Steinschliff wurde im Zentrum der Granatindustrie, dem nordböhmischen Turnov, in Abwandlung der Pavé-Fassung die Stotzenfassung als sinnvolle Methode
entwickelt, um mit diesen kleinen Steinen auf
einfache Weise das zu gestalten, was als »Granatschmuck« allgemein bekannt ist.
Die Anfertigung der Stotzenfassung ist in erster Linie Aufgabe des Goldschmieds, weniger
des Fassers, denn die Steine werden nicht
durch aufgestochene Körner, sondern durch
eingelötete Metallstifte, die »Stotzen«, festgehalten.
Die Steine mit Unterkörper werden á jour gefaßt, meist aber verwendet man Flachsteine,
die auf die Grundplatte aufgelegt werden können.
Der gewünschten Gesamtform entsprechend
wird zunächst die Grundplatte vorbereitet, auf
die die Steine verteilt werden. Man kann sie
streifenförmig in der Art der Reihenfassung,
gegebenenfalls auch in verlaufender Größe, an-
ordnen, und zwar ein- und mehrreihig. Auch
gerade oder gewölbte Flächen können in der

wird etwas anders verfahren: Zuerst werden
nur 2 Steine eingesetzt. Mit dem Korneisen
wird an der Spitze des dazwischen liegenden
Zwickels ein kräftiges Korn ausgedrückt,
das bis dicht an die Steine herankommt,
damit sich der entstehende Grat über die
Kanten der beiden Steine legt und sie dadurch festhält.
Dann erst ist der äußere Rand anzureiben.
Wenn er sehr dünn ist, wird er von außen kräf-

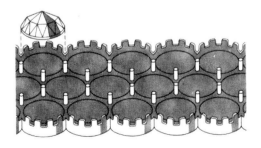

Bild 14.30   Stotzenfassung

Art der Pavé-Fassung völlig mit diesen Granatsteinen bedeckt werden.

Zum Befestigen der Stotzen wird die Grundplatte angebohrt, die Stiftchen werden eingesteckt und mit wenig Lot eingelötet. Sie müssen so zwischen den Steinen angeordnet werden, daß man die dicht aneinanderstehenden Granate damit befestigen kann. Es ist außerdem darauf zu achten, daß die Stotzen exakt ausgerichtet stehen, weil davon der Gesamteindruck des fertigen Stücks wesentlich abhängt (Bild 14.30).

Die Stifte werden auf Länge geschnitten, glattgefeilt und mit dem Korneisen abgerundet.

Die flachen Granatrosen hinterlegt man mit kleinen Pappstücken und einer rötlichen »Granatfolie«. Die Steine werden zwischen die dicht stehenden Stotzen gedrückt. Mit dem Korneisen rundet man die Oberseite der Stotzen noch weiter ab und drückt sie gleichzeitig gegen den Stein, so daß ein Stein von mindestens 2 angedrückten Stiftchen gehalten wird. Den Stotzen kleinerer Steine drückt man mit einem größeren Korneisen oben wie ein Niet flach, so daß dieser Überstand die kleinen Steine festhält. Außen ist das Grundblech entsprechend den Steinen bogig ausgearbeitet. Zum Befestigen wird rings um die Außenkante eine dünne Blechzarge gelötet. Sie ist so eingekerbt, daß einzelne Haltekrappen gebildet werden, mit denen man die äußeren Steine befestigt.

Literaturverzeichnis

Andrés, Louis, Edgar: Verarbeitung des Horns, Elfenbeins usw. Wien, Leipzig: 1925

Baxter, William T.: Jewelry, Gem-Cutting and Metalcraft. 3. Aufl. New York: 1950

Bihlmaier, Karl: Erkennen und Bestimmen von Edelmetallen. Stuttgart: 1951 (Reprint. Stuttgart)

Bovin, M.: Silversmithing and Art Metal. Forest Hills: 1973

Braun-Feldweg, Wilh.: Metall – Werkform und Arbeitsweise. 2. Aufl. Ravensburg: 1968

Brepohl, Erhard: Kunsthandwerkliches Emaillieren. 3. Aufl. Leipzig: 1983

Brepohl, Erhard u. Rudi Koch: Schmuck und Uhren. 6. Aufl. Leipzig: 1988

Brepohl, Erhard: Theophilus presbyter und die mittelalterliche Goldschmiedekunst. Leipzig: 1987

Brepohl, Erhard: Werkstattbuch Emaillieren. Augsburg: 1992

Bührdel, Christian u. Gerald Frömmer: Drehen. 2. Aufl. Berlin: 1987

Czauderna, Georg: Der Silberschmied (Diebeners Handbuch des Goldschmieds Bd. IV). Stuttgart: 1957

Czerwinski, Albert u. Friedr. Hub: Die Goldschmiedelehre. Leipzig: 1931 (Reprint. Stuttgart)

Dispasquale, U.: Jewelry Making. New Jersey: 1975

Dries, Fred u. Hermann Wieland: Der Junggoldschmied. Bd I. Stuttgart: 1956, Bd II. Stuttgart: 1967

Einsiedel, Rudolf: Kunsthandwerkliche Kupferschmiedearbeiten. Leipzig: 1988

Emerson, A. R.: Hand-made Jewellery. New Jersey: 1971

Fairfield, D.: Jewellery Making. London: 1976

Falk, Fritz: Edelsteinschliff und Fassungsformen im späten Mittelalter und im 16. Jahrh. Ulm: 1975

Fröhlich, Max: Das Neue Lehrbuch für Goldschmiede. Aarau: 1955

Garten, R. u. Chr. Schwahn: Klammerbuch. Leipzig: 1929 (Reprint. Stuttgart)

Geisinger, J. L.: Jewelry Maker's Handbook. Mentone Cal.: 1973

Goffroy-Dechaume, Claude: Craft Jewellery. London: 1979

Golz, Wolf-Dietrich: Spanungstechnik. Berlin: 1988

Günther, Claus u. Gottfried Lothmann: Ur- und Umformwerkzeuge. 7. Aufl. Berlin: 1986

Hilpke, Heinz: Handbuch der Graveure, Ziseleure und Gürtler. 2. Aufl. Stuttgart: 1979

Hilpke, Heinz: Werkstattrezepte für Graveure, Ziseleure usw. Stuttgart: 1959

Höhme, Gerd, Herbert Schmidt u. Werner Teichmann: Schneid- und Umformmaschinen. 3. Aufl. Berlin: 1982

Hugger, P. u. A. Mutz: Der Ziseleur. Basel: 1976

Jarvis, Charles: Jewellery – Manufacture and Repair. London: 1978

Joseph, Friedrich: Der Juwelier und das Fassen. Leipzig: 1922

Joseph, Friedrich: Schleifen und Polieren der Edelmetalle. Leipzig: 1926 (Stuttgart)

Klein, Emil: Gold- und Silberbearbeitung. 3. Aufl. Leipzig: 1938

Klein, Johann Georg Friedrich: Ausführliche Beschreibung der Metall-lothe und Löthungen etc. Berlin: 1760 (Reprint. Zentralinst. f. Schweißtechnik. Halle: o. J.)

Kühne, Klaus u. Erhard Brepohl: Kunsthandwerkliches Schleifen und Verarbeiten von Schmucksteinen. Leipzig: 1988

Kulke, Werner (Herausgeber): Fertigungstechnik. 14. Aufl. Berlin: 1987

Kulmer, Rudolf: Kunst des Goldarbeiters, Silberarbeiters und Juweliers. Weimar: 1872

Langfritz: Uhren und Schmuck – Warenkunde. Darmstatt: 1979

Lietzmann, Klaus-Dieter, Joachim Schlegel u. Arno Hensel: Metallformung. Leipzig: 1984

Lochmüller, Walter: Die Kunst zu emaillieren (Diebeners Handbuch des Goldschmieds Bd. V). Stuttgart: 1965

Loyen, Frances: Manual of Silversmithing. London: 1980

Maryon, Herbert: Metalwork and Enamelling. New York: 1971

Mason, A. u. D. Packer: Illustrated Dictionary of Jewellery. Reading: 1974

McCreight, Tim: Metal Working for Jewelry. Workingham: 1979

Neubert, Robert: Der praktische Graveur. Leipzig: 1921

Newman, Harold: An Illustrated Dictionary of Jewelry. London: 1981

O'Connor, Harold: New Directions in Goldsmithing. Calgary: 1975

O'Connor, Harold: Procedurs and Formulars for Metall Craftsmen. Calgary: 1976

O'Connor, Harold: The Jeweller's Bench Reference. Crested Butte: 1977

Pritzlaff, Johannes: Der Goldschmied. 9. Aufl. Leipzig: 1922 (Reprint. Stuttgart)

Raub, Ernst: Edelmetalle und ihre Legierungen. Berlin: 1940

Riege, Martin: Werkzeuge zum Blechschneiden und Blechumformen. 2. Aufl. Berlin: 1979

Rosenberg, Marc: Geschichte der Goldschmiedekunst auf technischer Grundlage (4 Bände). Frankfurt (M): 1910–1925 (Reprint. Osnabrück: 1972)

Rössler, Leopold: Schmuck-Lexikon. Wien: 1982

Rücklin, Rudolf: Kunst des Stahlgravierens. Leipzig: 1926 (Reprint. Stuttgart)

Samietz, Herbert: Metallbearbeitung. Berlin: 1975

Sand, Werner: Verkaufsfachkunde. 3. Aufl. Stuttgart: 1987

Schmalz, J.: Maschinen, Werkzeuge (Firmenkatalog). Pforzheim: o. J.

Schneider, Julius: Kunsthandwerkliches Löten. Leipzig: o. J.

Schwan, Christian: Rezept- und Werkstattbuch. Halle: 1948

Schwan, Christian: Die Metalle, ihre Legierungen und Lote. 3. Aufl. Halle: 1949

Schwan, Christian: Handwörterbuch des Gold- und Silberschmieds. Halle: 1950

Schwan, Christian: Oberflächenbehandlung der Metalle. 3. Aufl. Halle: 1952

Sterner-Rainer, Ludwig: Edelmetall-Legierungen. Leipzig: 1930 (Reprint. Stuttgart: 1983)

Streubel, Curt: Diebeners Leitfaden für die Meisterprüfung. Mühlhausen: 1948

Streubel, Curt: Handbuch der Gravierkunst. 3. Aufl. Leipzig: 1959 (Reprint. Leipzig: 1984)

Thieme, Günther: Fachkunde für Schweißer. 17. Aufl. Berlin: 1982

Untracht, Oppi: Jewelry Concepts and Technology. London: 1982

Wagner, Alexander: Gold, Silber und Edelsteine. Wien, Leipzig: 1921

Weber, A.: Der Goldschmied. Genf: o. J. (1956)

Wehlack, Gustav: Fachrechnen des Gold- und Silberschmieds. Teil I u. II. Leipzig: 1928

Wehlack, Gustav: Fachkunde für das Edelmetallgewerbe. Berlin: 1926 (Reprint. Stuttgart)

Wiener, Louis: Handmade Jewelry. 3. Aufl. New York: 1981

Wolff, F. B.: Praktisches Handbuch für Juweliere, Gold- und Silberarbeiter. Glogau: 1844

Wolters, Jochem: Goldschmied / Silberschmied (Blätter zur Berufskunde). 3. Aufl. Nürnberg: 1975

Wolters, Jochem: Werkstoffe und Materialien (Gold- und Silberschmied, Bd. I). Stuttgart: 1981

Wolters, Jochem: Granulation. München: 1983

Wolters, Jochem: Rechenbuch für das Edelmetallgewerbe. 3. Aufl. Stuttgart: 1987

Zeiss, Walter: Edelsteinfassen. Stuttgart: 1977

Autorenkollektiv: Lehrbuch für Galvaniseure. Leipzig: 1977

Autorenkollektiv: Diebeners Handbuch des Goldschmieds. Leipzig: 1929

o. Verf.: Diebeners Handbuch des Goldschmieds. Bd. I: Tabellen; Bd. II: Werkstoffkunde; Bd. III: Arbeitstechniken; Bd. IV: s. Czauderna, Silberschmied; Bd. V: s. Lochmüller, Emaillieren. Stuttgart: 1965

o. Verf.: Diebeners Werkstattrezepte. 2. Aufl. Stuttgart: 1978

o. Verf.: Diebeners Münztabellen. Stuttgart: 1958

o. Verf.: Fachwörterbuch für das Edelmetallgewerbe (dtsch., engl., franz.) Stuttgart: 1979

o. Verf.: Fachkunde Edelmetallgewerbe. 7. Aufl. Stuttgart: 1992

o. Verf.: Der Silberschmied. Stuttgart: 1973

o. Verf.: Der Junggoldschmied. 5. Aufl. Stuttgart: 1975

Bildquellenverzeichnis

Herbert Beswank, Dresden: 2.2, 4.33 b, c
Foto-Brüggemann, Leipzig: 7.6, 7.9
Walter Danz, Halle: 0.5, 0.8, 0.12, 0.13, 0.14,
   0.20, 0.21, 8.25a, b
Th. Endter, Erfurt: 10.14, 10.15
Foto-Grund, Leipzig: 1.8
B. Kuhnert, Berlin: 2.6, 2.17, 2.18, 2.22, 2.23
Hans-Wulf Kunze, Magdeburg: 10.54, 10.55
Günter Meyer, Pforzheim: 9.28, 9,29, 9.30
Hans Starosta, Göttingen: 4.2
Ulrich Würdoffer, Mölkau: 9.31, 9.32
Sächs. Landesbibl., Abt. Dt. Fotothek, Dres-
   den: 0.4, 0.11, 5.1, 5.99
Staatl. Museen zu Berlin: 0.1, 0.2, 0.3, 0.10
Sartorius GmbH Göttingen: 4.2
Thüringer Industriewerk Rauenstein: 1.11
Werkstoffprüfmaschinen Leipzig: 1.8
Arno Lindner, München: 4.13, 4.36, 4.38
Manfred Heinze, Leipzig: 4.37
Eugen Dinkel, Hochdorf: 4.47
Pressenwerk Morgenröthe-Rautenkranz: 7.6,
   7.9, 7.11
Blechbearbeitungsmaschinenwerk Aue: 7.13
Werkzeugmaschinenfabrik Zeulenroda: 7.17
Rationalisierung und Maschinenbau Stollberg/
   Erzg.: 7.50
Renfert GmbH + Co. Hilzingen: 9.19
Heraeus Pforzheim: 9.24, 9.25, 11.7, 11.8, 11.9,
   11.10

Sachwortverzeichnis

Bezugsquellen

Edelsteine

Diamanten

Ernst Färber
Fax 089/292648

Montblanc Diamonds N. V.
B-2018 Antwerpen oder
40042 Düsseldorf
s. Anzeige auf Seite 6

Hermann Müller
Mainzer Str. 34, 55743 Idar-Oberstein
Tel. 06781-4814, Fax -43380

Edelsteine

AMARASINGHE
Feinste Edelsteine aus Sri Lanka
Postfach 1147
77709 Wolfach
☎ 07834-4410
e-mail: amarasinghe@t-online.de

M. Danilschenko, s. Anzeige S. 566

Groh + Ripp, s. Anzeige zw. S. 512 und S. 513

Hans-Dieter Haag, s. Anzeige zw. S. 512
und S. 513

E. & E. Klein, s. Anzeige zw. S. 176 und S. 177

Opal

Opale
Richard Cullmann
Hauptstr. 43, 55743 Kirschweiler
Tel. 06781-33428, Fax 35402

GIRASOL FEUEROPALE
Umkircherstr. 13, 79112 Freiburg
Tel./Fax 07665-7732 oder
Tel. 0761-551415 / Fax 0761-53278
Feueropale facettiert und cabochon
Edelopal und Matrixopal aus Mexico

Opal-Imperium
Postfach 1202, 26419 Schortens
Tel./Fax 02644/980986 o. 0171/7870184
Mexikanische und australische Opale

Saphir

AMARASINGHE
Feinste Edelsteine aus Sri Lanka
Postfach 1147
77709 Wolfach
☎ 07834-4410
e-mail: amarasinghe@t-online.de

Perlen

Südseezuchtperlen

Kifo GmbH
Kulturheimstr. 13, 80939 München
Tel. 089/325389, Fax 089/32455992

Süßwasserzuchtperlen

Kifo GmbH
Kulturheimstr. 13, 80939 München
Tel. 089/325389, Fax 089/32455992

Zuchtperlen

Kifo GmbH
Kulturheimstr. 13, 80939 München
Tel. 089/325389, Fax 089/32455992

Edelmetalle – Metalle – Halbzeuge

Edelmetall, allgemein

Heraeus Metallhandelsgesellschaft mbH
63450 Hanau
Tel. 06181/399553
Schmuckhalbzeug

Wieland GmbH & Co. s. Anzeige S.10

Edelmetallpulver

HILDERBRAND & Cie. SA
s. Inserat zw. S. 512 und S. 513

Gold

HEIMERLE + MEULE GMBH
Dennigstr. 16, 75179 Pforzheim
Tel. 0 72 31 / 94 00, Fax 0 72 31 / 94 01 99

Heraeus Metallhandelsgesellschaft mbH
63450 Hanau
Tel. 0 61 81 / 39 95 53
Schmuckhalbzeug

Halbzeuge, allgemein

Allg. Gold- und Silberscheideanstalt AG,
s. Anzeige zw. S. 176 und S. 177

K. Fischer Pforzheim, s. Anzeige S. 440

C. Hafner, s. Anzeige zwischen S. 176
und S. 177

Heraeus Metallhandelsgesellschaft mbH
63450 Hanau
Tel. 0 61 81 / 39 95 53
Schmuckhalbzeug

Carl Schaefer, s. Anzeige S. 127

Legierungen

HEIMERLE + MEULE GMBH
Dennigstr. 16, 75179 Pforzheim
Tel. 0 72 31 / 94 00, Fax 0 72 31 / 94 01 99

Heraeus Metallhandelsgesellschaft mbH
63450 Hanau
Tel. 0 61 81 / 39 95 53
Schmuckhalbzeug

Lötpasten

HILDERBRAND & Cie. SA
s. Inserat zw. S. 512 und S. 513

Lote

HILDERBRAND & Cie. SA
s. Inserat zw. S. 512 und S. 513

Platin

HEIMERLE + MEULE GMBH
Dennigstr. 16, 75179 Pforzheim
Tel. 0 72 31 / 94 00, Fax 0 72 31 / 94 01 99

Heraeus Metallhandelsgesellschaft mbH
63450 Hanau
Tel. 0 61 81 / 39 95 53
Schmuckhalbzeug

Schmuckersatzteile

K. Fischer Pforzheim, s. Anzeige S. 440

Flume Technik, s. Anzeige zw. S. 512
und S.513

Schmuckketten

Silber

HEIMERLE + MEULE GMBH
Dennigstr. 16, 75179 Pforzheim
Tel. 0 72 31 / 94 00, Fax 0 72 31 / 94 01 99

Heraeus Metallhandelsgesellschaft mbH
63450 Hanau
Tel. 0 61 81 / 39 95 53
Schmuckhalbzeug

Uhren

Batterien

Energizer Deutschland GmbH
Max-Planck-Str. 30
40699 Erkrath
Tel. 02 11 / 20 02 - 0, Fax 02 11 / 20 02 - 109

Technisches Angebot

Drehbänke

BOLEY, Gebrüder
PF 700162, 70571 Stuttgart
Tel. 07 11 / 1 32 71 - 0, Fax - 90, www.boley.de

Farbgestaltung

Inovis AG, s. Anzeige S. 266

Geräte und Verfahren zur Oberflächenbearbeitung

Seltsam u. Sohn, s. Anzeige S. 318

Gieß- und Schleuderanlagen

Linn High Therm GmbH
Tel. 0 96 65 / 91 40 - 0, Fax 0 96 65 / 17 20
info@linn.de   www.linn.de

Gießtechnik

Schultheiss GmbH, s. Anzeige S. 569

Goldschmiede-Werkstatteinrichtungen

BOLEY, Gebrüder
PF 700162, 70571 Stuttgart
Tel. 07 11 / 1 32 71 - 0, Fax - 90, www.boley.de

K. Fischer Pforzheim, s. Anzeige S. 440

Schembera & Co
Werkzeuge, Maschinen, Geräte und Präzisionstechnik
für Uhrmacher, Goldschmiede Juweliere und Industrie
A-1232 Wien, Kolpingstr. 20
Tel.: (+431) 616 27 00 - 0   Fax: (+431) 616 27 00 - 12
http://www.schembera.at/ E-Mail: info@schembera.at

Lasertechnik

J. Schmalz, s. Anzeige zw. S. 176 und S. 177

Seltsam u. Sohn, s. Anzeige S. 318

Ulrich Wehpke, s. Anzeige S. 317

Mikroschweißgeräte

Seltsam u. Sohn, s. Anzeige S. 318

Pflegemittel

Mollier, s. Anzeige S. 477

Polierbedarf

K. Fischer Pforzheim, s. Anzeige S. 440

Polierbürsten

HATHO GmbH
Postfach 600126, 79031 Freiburg
Tel. 07 61 / 4 21 48, Fax 07 61 / 49 28 48
E-mail: info@hatho.de

Poliermaschinen

OTEC Präzisionsfinish GmbH
Robert-Bosch-Str. 14
75334 Straubenhardt-Feldrennach
Tel. 0 70 82 / 94 01 90, Fax 0 70 82 / 94 01 91
Internet: http:\\www.OTEC.DE
E-Mail: Info@OTEC.DE

Pressereien und Prägeanstalten

Der / Ihr Spezialist für leichte Hohlpressungen
Schmuckpresserei Walter Gräßle
Hauptstr. 127, 75223 Niefern
Tel. 0 72 33 - 62 66 ; Fax 0 72 33 - 8 12 09
E-Mail: schmuckpresserei.graessle@t-online.de

Prüfgeräte

System Eickhorst, s. Anzeige zw. S. 176 und S. 177

Schmelzeinrichtungen

Schultheiss GmbH, s. Anzeige S. 569

Silberschmiede-Bedarf

K. Fischer Pforzheim, s. Anzeige S. 440

Sonstige Maschinen, Geräte und Zubehör

Brepohl, s. Anzeige S. 570

K. Fischer Pforzheim, s. Anzeige S. 440

Seltsam u. Sohn, s. Anzeige S. 318

UNGER
Wilhelmstr. 16, 73525 Schwäb. Gmünd
Tel. 0 71 71 / 18 06 - 25, Fax - 40
Uhrmacher- u. Goldschmiedebedarf

Wolfgang Woop, s. Anzeige S. 523

Tellerfliehkraftmaschinen

OTEC Präzisionsfinish GmbH
Robert-Bosch-Str. 14
75334 Straubenhardt-Feldrennach
Tel. 07082/940190, Fax 07082/940191
Internet: http:\\www.OTEC.DE
E-Mail: Info@OTEC.DE

Vorwärmeausbrennöfen

Schultheiss GmbH, s. Anzeige S. 569

Wachsausschmelzverfahren

Seltsam u. Sohn, s. Anzeige S. 318

Werkstattausrüstungen

BOLEY, Gebrüder
PF 700162, 70571 Stuttgart
Tel. 0711/13271-0, Fax -90, www.boley.de

Werkstattausstattungen

Bijoutil AG, s. Anzeige S. 95

BOLEY, Gebrüder
PF 700162, 70571 Stuttgart
Tel. 0711/13271-0, Fax -90, www.boley.de

Seltsam u. Sohn, s. Anzeige S. 318

Werkzeuge

Engelkemper, s. Anzeige S. 222

K. Fischer Pforzheim, s. Anzeige S. 440

Robert Haager, s. Anzeige S. 286

LIFE LINE
Werkzeug + Furnituren
Eichenweg 17, 71711 Murr
Tel. 07141/4441-0
Fax 07141/4441-10

Gebr. Ott GmbH, s. Anzeige S. 267

Paul Peter Schula, s. Anzeige S. 202

Ladeneinrichtungen und Zubehör

Ladeneinrichtungen

raum – technik – systeme
Riedstr. 25/73760 Ostfildern
Tel. 0711/44995-0 / Fax 449952 0
Glasvitrinen + Ladeneinrichtungen

Präsentationsmittel

Sonstige

Prüflabore

Diamant-Prüflabor, s. Anzeige zw. S. 512
und S. 513

Marketing

Deutsche Schmuck und Uhren
Marketinggesellschaft mbH
Poststr. 1, 75172 Pforzheim
Tel. 07231-145550
Fax 07231-1455521

Perlen- und Schmucktaschen

Schulungen

Heinrich Butschal, s. Anzeige, S. 523

Versicherungen